江苏大学年鉴
2021

江苏大学档案馆 编

江苏大学出版社
JIANGSU UNIVERSITY PRESS
镇 江

江蘇大學
1902
JIANGSU UNIVERSITY

博學 求是 明德

图书在版编目(CIP)数据

江苏大学年鉴. 2021／江苏大学档案馆编. — 镇江：江苏大学出版社，2022.11
ISBN 978-7-5684-1889-8

Ⅰ. ①江… Ⅱ. ①江… Ⅲ. ①江苏大学—2021—年鉴 Ⅳ. ①G649.285.33-54

中国版本图书馆 CIP 数据核字(2022)第 227055 号

江苏大学年鉴.2021
Jiangsu Daxue Nianjian.2021

编　　者／江苏大学档案馆
特邀编辑／沈　芳
责任编辑／张　平　吴小娟
出版发行／江苏大学出版社
地　　址／江苏省镇江市京口区学府路 301 号(邮编：212013)
电　　话／0511-84446464(传真)
网　　址／http:∥press.ujs.edu.cn
排　　版／镇江文苑制版印刷有限责任公司
印　　刷／镇江文苑制版印刷有限责任公司
开　　本／787 mm×1 092 mm　1/16
印　　张／60.25
字　　数／1 400 千字
版　　次／2022 年 11 月第 1 版
印　　次／2022 年 11 月第 1 次印刷
书　　号／ISBN 978-7-5684-1889-8
定　　价／110.00 元

《江苏大学年鉴（2021）》编纂委员会

主任(主审)

李洪波

副主任

吴麟麟　施进华

委员(以姓氏笔画为序)

马志强　马国建　王　谦　王海军　王善民
石宏伟　任旭东　许晓东　蔡英凤　杨道建
沈　芳　陈永清　潘剑锋　嵇康义　戴叶林

主　编

沈　芳

2020 年 1 月 14 日，学校召开"不忘初心、牢记使命"主题教育总结大会。江苏省委主题教育第十二巡回指导组副组长袁森林等出席大会。校党委书记袁寿其做学校主题教育总结报告。

江苏省纪委监委公布省属本科高校纪检监察机构 2020 年度工作综合考核结果，江苏大学纪委（监察专员办）连续第三年获评"第一等次"。

2020 年 2 月 11 日，江苏大学附属医院第三批驰援湖北医疗队 8 名医护人员奔赴湖北黄石。校党委书记袁寿其、副校长全力为 8 名白衣天使壮行。

2020 年 3 月 7 日，学校开展应对新冠肺炎疫情应急处置实战演练。

2020年4月28日，学校召开2020年度全面从严治党工作会议。校党委书记、校党的建设工作领导小组组长袁寿其同志出席会议并讲话，对学校2020年度全面从严治党工作进行了总体部署并提出要求。

2020年6月28日，学校召开第三次国际化工作会议。校长颜晓红做了《坚定信心　坚毅前行　加快提升学校事业发展国际化水平》的工作报告。会上江苏省科学技术厅副厅长赵建国和江苏省教育厅副厅长王成斌共同为科技部、教育部高端基地揭牌。

2020 年 7 月 22 日，江苏省副省长马欣到学校进行专题调研指导。江苏省政府副秘书长徐光辉、省教育厅厅长葛道凯、省农业农村厅副厅长沈毅，镇江市委书记马明龙等陪同调研。

2020 年 9 月 3 日，在习近平总书记给全国涉农高校的书记校长和专家代表回信一周年之际，学校召开进一步贯彻落实习近平给全国涉农高校的书记校长和专家代表的回信暨对学校重要批示精神大会，进一步明确学校农机发展特色和办学思路，加快推进农机特色一流大学创建工作。

2020 年 11 月 14 日，学校召开"三全育人"综合改革推进会暨第四次学生工作会议。校长颜晓红做《落实立德树人根本任务　深化"三全育人"综合改革　奋力书写新时代江大特色一流学生工作新篇章》的工作报告。

2020 年 12 月 6 日，江苏大学第六次团代会、第八次学代会、第七次研代会在校召开。

2020 年 12 月 7 日，学校召开"十四五"事业发展规划草案研讨会。

2020 年 12 月 9 日，学校第四次本科教学工作大会召开，校长颜晓红做《聚焦育人　聚力一流　全面开启江大特色一流本科教育建设新征程》的工作报告。

目录

特　载

概　况

党群工作

人才培养

科学研究·科技服务

人文社会科学研究

学科建设

师资队伍建设

学生工作

图书·档案·出版

学院·中心·研究院

校友会・董事会・基金会

附属医院

表彰·奖励

大事记

特载

报告

承前启后　奋勇争先
开创学校事业高质量发展新局面

——颜晓红同志在江苏大学四届四次教职工和工会会员代表大会上的工作报告

（2020 年 3 月 29 日）

校长　颜晓红

各位代表、老师们、同志们：

首先，我代表学校向仍在新冠肺炎疫情严重地区的海内外同学们、老师们表示诚挚的慰问，向全校师生员工致以亲切的问候，向赴湖北开展医疗支援服务的“江大英雄”、始终奋斗在疫情防控一线的广大工作人员，以及坚守在工作岗位的全校教职员工致以崇高的敬意！我们坚信，有党中央的统一领导指挥，有大家众志成城、共同努力，我们一定能够夺取疫情防控和事业发展的“双胜利”。

下面，我代表学校向四届四次教代会做工作报告，请予审议，并请各位特邀代表和列席人员提出意见。

一、2019 年工作回顾

2019 年是新中国成立 70 周年，也是学校发展史上极不平凡的一年。习近平总书记给包括我校在内的全国涉农高校回信，为学校新一轮发展指明了方向。省委书记娄勤俭、省长吴政隆等领导先后莅临学校，对学校事业发展给予充分肯定、亲切指导和明确要求。省教育厅和镇江市签署合作协议，共同推进学校创建高水平大学，为学校发展提供了更加优越的环境和条件。

一年来，学校坚持以习近平新时代中国特色社会主义思想为指导，深入贯彻全国、全省教育大会和习近平总书记回信精神，全面落实省委书记娄勤俭、省长吴政隆来校调研指示要求，牢固树立新发展理念和高质量发展意识，以立德树人为根本，以强农兴农为己任，努力创建一流大学、办人民满意大学，交出了一份成绩优异的江大答卷，学校办学综合实力、核心竞争力、办学影响力显著增强，形成了以党建高质量引领事业发展高质量的良好局面。软科世界大学学术排名，学校由 2018 年的第 601—700 位提升至第 401—500 位，首次跻身世界 500 强；泰晤士世界大学排名，学校列第 892 位，国内（除港澳台地区）排名由 2018 年的第 51 位前进至第 43 位；QS 亚洲大学排行，学校列第 224 位，国内（除港澳台地区）排名由 2018 年的 67 位提升至第 51 位。

（一）坚持全面从严治党，党的建设呈现新气象

以政治建设为统领，全面加强党的建设，强化党的领导，牢牢把握正确办学方

向，引领全校上下树牢“四个意识”，坚定“四个自信”，做到“两个维护”。

“不忘初心、牢记使命”主题教育扎实开展。以学习贯彻习近平新时代中国特色社会主义思想为主线，把开展主题教育同推动“双一流”和高水平研究型大学建设结合起来，全面落实“守初心、担使命，找差距、抓落实”的总要求。主题教育举措和成效得到省委党史学习教育第十二巡回指导组充分肯定，省委《主题教育简报》3次刊发学校典型做法，新华社客户端、《光明日报》等媒体报道40余次，“学习强国”转载报道10余次。

党的全面领导进一步加强。修订完善校党委全委会、党委常委会和校长办公会等议事规则，进一步完善党委领导下的校长负责制，校党委把方向、管大局、做决策、抓班子、带队伍、保落实的领导职责及全面从严治党的主体责任全面落实，总揽全局、协调各方的领导核心作用充分发挥。以试行年度目标任务综合考核为契机，将“党的建设”与“业务工作”同布置、同考核，把党建考核摆在突出位置，层层压实管党治党主体责任。统战工作创新实践平台，不断加强对民主党派和统战团体的政治领导。

宣传思想文化工作进一步夯实。全面落实意识形态工作责任制，牢牢抓住意识形态工作领导权、主动权，理论武装和思想政治教育工作不断加强。成功开展庆祝新中国成立70周年、“改革先锋进校园”、“时代楷模先进事迹报告会”和第四届“感动江大”人物评选表彰等系列活动。精心打造“校园热点面对面”“五棵松讲坛”等文化品牌，推进校史馆、中国农机文化展示馆和校名文化产品中心建设。强化传统媒体与新媒体融合发展，营造积极、健康、向上的网络文化环境。学校位列全国高校网络舆论影响力排行第7位，获评省教育宣传工作表扬单位。

基层组织与干部队伍建设进一步强化。贯彻落实《中国共产党支部工作条例（试行）》等党内法规，基层党支部标准化、规范化建设有力加强，实现教师党支部书记“双带头人”全覆盖。修订完善二级党组织和学院党政联席会议议事规则，实施38个“书记项目”。出台鼓励激励、容错纠错、能上能下“三项机制”实施办法，修订中层党政领导班子和中层干部年度考核办法，进一步严格干部选任，激励担当作为。组织中层正职干部重走“赶考路”，提升干部政治素质和工作能力。

党风廉政建设进一步深入。制定落实全面从严治党“两个责任”实施办法和责任清单，对10个基层党组织开展巡察。扎实开展警示教育，深入推进校园廉政文化建设。强化作风建设和廉政风险防控工作，深入开展形式主义、官僚主义集中整治，以及“三全育人”综合改革、校园安全隐患排查专项监督。认真贯彻落实中央八项规定精神，修订完善《江苏大学关于严格和规范国内公务接待工作的规定》。推进学校纪检监察体制改革，学校纪委（监察专员办）内设机构、人员编制、办公场所、工作机制基本到位。学校纪委被省纪委监委考评为江苏省属高校纪委“第一等次”。

（二）坚持一流引领，学科建设水平迈向新高度

按照“工科创一流、生医谋跨越、理科求突破、社科强特色、交叉促增长”的建设思路，全力推进农业工程一流学科创建，“双拳出击”强化优势学科方向和“涉农”特色学科方向建设，构建一流学科、高原学科、基础学科和新兴交叉学科协同发展的学科生态体系。学校新增药理学与毒理学、生物学与生物化学2个学科进入ESI全球前1%，学校ESI全球前1%学科数增加到7

个。14个学科进入软科世界一流学科排名，其中2个学科首次进入全球前75位；34个学科入选软科中国最好学科排名，上榜学科数列江苏省属高校第3位。新增机械、能源动力等9个专业学位类别，硕士专业学位类别达20个。农业工程博士点顺利通过学位点专项合格评估。

（三）坚持学为中心，立德树人成效实现新提升

围绕立德树人根本任务，推进人才培养体系、教学质量监控体系、导学服务体系、校园延展体系四大体系建设，为卓越人才的个性化成长和全体学生的复合发展提供坚实保障。学校作为全国25所、江苏省属唯一一所“三全育人”综合改革试点高校，紧紧围绕思政教育“大协同”、育人机制“全贯通”、育人要素“强融合”的总体要求推进改革任务，推动育人的人员全担当、过程全天候、方位全覆盖，有关经验做法在教育部和省教育厅简报专题刊发。进一步确立“以本为本”中心地位，印发《江苏大学关于进一步加强新时代本科生教育工作的若干意见》。完善精英人才培养体系，与中国科学院工程热物理研究所联合成立航空宇航学院，设立吴仲华本科和研究生班。同步推进新工科、新医科、新农科、新文科建设，优化专业结构，大力加强微专业建设。13个本科专业获批国家一流专业建设点，5个专业获批省一流专业建设点。新增6个专业通过工程教育认证，目前学校通过认证专业已达18个，位列全国第3位、全省高校第1位。学校获批国家级虚拟仿真实验教学项目2项，并列江苏省属高校第2位；获批省高校在线开放课程24门、省重点教材11部，分别列江苏省属高校第2和第3位。4项研究生教学案例入选“中国专业学位教学案例中心”等国家案例库。获批国家级“大创”项目89项，斩获国家级学科竞赛奖项257项、国际级奖项6项。“互联网+”创新创业大赛金奖实现历史性突破，学校以总分全国第9名的成绩捧得“挑战杯”全国赛“优胜杯”。学生就业率高位稳定，就业适配性等质量综合指数进一步提升，2019届毕业生总就业率达97.78%。

（四）坚持顶天立地，科技创新能力实现新增强

成功召开第四次科技工作会议，推动实施“特色研究筑峰”“基础研究繁荣”“科研‘国字头’倍增”“协同创新突破”“哲学社会科学振兴”五大行动计划，科技创新成果实现大丰收。学校获国家技术发明奖2项；获江苏省科学技术奖18项，其中一等奖4项，获奖总数位居江苏省属高校第1位；获教育部科学研究优秀成果奖4项（一等奖2项），获奖数列全国高校第15位、江苏省属高校第1位；获行业科学技术奖19项，其中一等奖3项；首次获批中华医学科技二等奖。获批国家自然科学基金项目164项，其中重点项目2项，重大项目课题实现历史突破；获批国家重点研发计划政府间国际合作项目3项；获批国家社会科学基金项目18项；获批国防军工科研项目13项，军工重大项目实现历史突破；获批省重点研发计划（产业前瞻与共性关键技术）重点项目2项（全省共11项）、社发领域重点项目1项、省“杰青”1项、省“优青”2项。获授权国家发明专利942件、境外发达国家授权发明专利21件，转化专利成果230件，获中国专利银奖1项。学校被世界知识产权组织与国家知识产权局共同确定为技术与创新支持中心（目前全省共3个）。

（五）坚持人才为先，师资队伍建设迈上新台阶

围绕“高端、青年、团队、国际化”

队伍建设主题，大力实施“金山学者计划”“青年英才培育计划”“教学名师培育计划”等人才计划，加强高层次人才引育和师德师风建设。柔性引进赵春江院士团队，诺贝尔奖获得者、诺奖联盟主席理查德·约翰·罗伯茨受聘为学校荣誉教授；新增国家级高层次人才11人，新增江苏特聘教授、“双创”人才等省级高层次人才50余人。引进由意大利、瑞典、日本等多国科研人员组成的食品营养与安全国际研究团队。首次为青年英才培育人选聘请校外高层次学术导师，加强青年人才精准培育。深入实施师资国际化“三个一百”计划，全年引进人才中具有一年以上海外经历人数占比51.6%；选派87名教师到国外知名院校进修深造，其中获批省公派39人，居全省第一；招收外籍博士后100人。学校获批中国博士后科学基金特别资助项目17项，列江苏第1位、全国第16位。学校获评江苏省首批引才用才成效显著单位。

（六）坚持开放办学，国际合作交流迈出新步伐

将高质量实施全面国际化作为重要发展战略，大力推进全球多域合作。作为江苏—英国高水平大学20+20联盟江苏方首轮主席单位和秘书处常设单位，学校成功举办联盟成立大会暨国际产学研合作论坛，联合发布《江苏—英国高水平大学20+20联盟江苏宣言》（以下简称《江苏宣言》），迈出了与英国高水平大学实质性合作的重要一步。同克兰菲尔德大学联合申报合作办学机构——江苏大学克兰菲尔德未来技术研究生院，通过专家评审。学校联合来自18个国家和地区的34所高校发起成立农业工程大学国际联盟，当选为理事长单位。新增4所全球排名前200的友好高校，新增2项中外学分互认双学位联合培养招生计划单列项目。成功入围“高等学校学科创新引智计划”。获批国家留学基金委乡村振兴人才培养专项2项、教育部“中非友谊”中国政府奖学金进修生培训项目2项。成功举办第三届中非农业合作发展高峰论坛暨第二届赞比亚农业机械化培训班，承办第26届三国三校国际学术研讨会等15场高水平国际会议。全年选派256名教师赴海外访学交流。近1 200名学生赴海外交流访学，其中出国3个月以上人数达311人，创历史新高。招收学历留学生438人，学历留学生规模达2 200余人，保持全省领先、全国先进。推进本科留学生人才“3+1”“m+n”培养模式改革，全面实施留学研究生同窗学习、同室创新、同台竞技的“三同”趋同化培养，加强生源质量、培养质量、就业质量并重的留学生培养质量体系建设，发布2019来华留学教育质量报告，国际教育影响力进一步提升。

（七）坚守“兴农”初心，特色发展呈现新局面

坚守“以工支农”办学传统，汇聚“教研为农”力量，培养“知农爱农”人才，打造“强农兴农”优势。整合资源重新组建农业工程学院；与江苏省农科院共建的南京研究生院正式挂牌招生；与国家农业信息化工程技术研究中心、中国农业机械化科学研究院签署共建北京研究生院协议；增设设施农业科学与工程本科专业；设立涉农专业本科全额奖学金，农机人才培养体系进一步完善。成立中国农业装备产业发展研究院，打造农机特色高端智库。自筹经费，投入1 150万元立项研发我国农业机械关键共性技术及面向未来的智能农机装备。主持承担国家重点研发计划“智能农机装备”重点专项等一批涉农重点项目。涉农科技成果荣获国家技术发明二等奖1项、教育部科研优秀成果奖3项。作为总师单位参与国家首轮农业全过程无人作业春耕试验，以及首轮秋收秋种试验，受到中央电视台、《人民日报》等权威媒体关注和报道，形成广泛社会影响。受工信部委托完成“中国农机工业发展报告”及“推动农机装备产品创新发展”专题研究任务，为国家制定农机发展政策做出江大贡献。牵头组建全国首个“农机装备再制造创新联盟”，成立江苏省农机装备再制造技术重点实验室。1人荣获“亚洲流体机械杰出工程师奖”和“改革开放40年中国农业工程杰出人物”称号，3人入选国家现代农业产业技术体系岗位科学家，2人获评“中国农机发展60周年杰出人物”。集聚全国行业精英，成功举办落实习近平总书记“大力推进农业机械化、智能化”重要论述暨纪念毛泽东主席“农业的根本出路在于机械化”著名论断发表60周年报告会，行业影响极大提升。学校当选中国农业国际合作促进会副会长单位、全国农村产业融合发展联盟副理事长单位。

（八）坚持扎根江苏，服务江苏高质量发展取得新成效

牢固树立扎根江苏办一流大学的理念，深入贯彻落实江苏“科技改革30条”，修订出台《江苏大学科技成果转化管理办法》《江苏大学专利分割确权管理办法（试行）》等系列政策文件，深入推进省科技改革试点工作。建立“技术经理人”有偿服务新机制，开展技术经理人事务所实体化运营。全年学校签署产学研合同1 240份。以推进实施“123”行动计划为抓手，积极融入国家战略和江苏经济社会发展，共建江苏大学长三角新结构经济学知识产权研究院、扬州（江都）新能源汽车产业研究院、大全研究院等一批校地校企研究院和技术转移分中心，与镇江市共同打造中国智能农业装备国际创新中心。依托学校科技与人才优势，加强与江苏地方企业协同创新，支撑江苏制造业转型升级、提质增效。学校水泵相关研究成果广泛运用于南水北调、太湖流域治理等大型工程，2019年荣获全国农业节水“突出贡献奖”；与镇江恒顺集团共同研发特色食品加工多维智能感知技术，大幅提升生产智能化水平和产品质量，相关成果获评2019年国家技术发明二等奖；与宝银特种钢管有限公司共同合作，围绕先进核能系统核心组件，从材料、结构、制造方面全面创新突破，关键技术达国际领先，相关成果获评2019年江苏省科学技术奖一等奖；与相关企业合作研发的车辆高性能空气悬架产品，形成大规模产业化推广和应用，从根本上改变了长期依赖进口的局面，相关技术成果获2019年江苏科学技术奖一等奖；与常州天合光能股份有限公司等合作，研发高效晶硅太阳能电池低成本制造关键技术及装备，成功打破光伏技术和装备长期被国外垄断的局面，相关成果获2019年教育部科研优秀成果奖一等奖；等等。学校获批首批教育部高等学校科技成果转化和技术转移基地（江苏2所）。

各位领导、老师们、同志们，除上述工作外，学校还认真落实吴政隆省长关于学习贯彻十九届四中全会精神、推动治理体系和治理能力现代化的有关调研指示精神，试行年度目标任务综合考核；推进校园总体规划修编；修订学术奖励办法，试行校长提名教学型教授评聘，破除评聘激励的“五唯”；加强内控体系建设，开展二级单位内控体系专项评价，积极配合领导干部任期经济责任审计、公务接待和科技政策落实审计，试行审结后第三方审计分析评价，推动由审计制度建立向审计体系建设转变；进一步完善社会筹资机制，加强继续教育和社会培训，推进财务制度和信息化建设，规范采购与招标，强化设备共享管理，推动校属企业改制。坚持改善民生，增强师生获得感和幸福感。数字校园平台完成升级，师生办事更加便捷。后勤管理与服务满意率稳步提升，学校获评全国高校后勤事业发展先进单位（能源管理）。科技园大楼竣工交付使用。京江学院迁址京江校区，自主运行能力进一步提升。附属医院内涵建设进一步加强，职工医院医疗条件得到改善。校地共建附属学校纳入镇江市 2020 年十大民生实事项目。新建牡丹园，校园环境进一步美化。完善安全生产责任制，开展全校安全生产检查和督查，平安和谐校园建设进一步加强，学校作为全省唯一受表彰高校获评省“安全生产月”活动优秀单位。与此同时，工会、妇联、老干部部（退管处）、关工委、体育部、出版社、杂志社、图书馆、档案馆、机电总厂及各学院的工作也都取得不少成绩。由于时间关系，不再一一展开。回顾学校全年的工作，可以说是硕果累累、亮点纷呈。这些成绩的取得是各级干部积极作为、全体师生共同奋斗的结果。借此机会，我谨代表学校对大家的辛勤付出表示衷心的感谢！

在总结成绩的同时，我们也要看到当前工作中存在的差距和不足。高层次领军人才与一流大学建设的需求相比还不够；高水平研究型大学建设仍需爬坡过坎；服务江苏高质量发展和农业农村现代化，仍需进一步挖掘潜力发挥更大作用；广大干部解放思想、改革创新的精气神有待进一步加强；等等。对此，我们一定要高度重视，采取有力措施切实加以解决。

二、2020 年工作总体要求和目标任务

2020 年是我国决胜全面建成小康社会、实现第一个百年奋斗目标的圆梦之年，也是学校“十三五”规划收官和科学谋划“十四五”的关键之年。学校面临着第五轮学科评估、新一轮学位点增列、“双万计划”申报、“三全育人”综合改革中期考核等诸多艰巨任务，来到了第四次党代会描绘的“三步走”发展战略的第一个重要关口，进入了冲刺国家“双一流”第一轮滚动增选的关键时期。机遇稍纵即逝，时间不等人，事业不等人，做好今年的工作至关重要。我们必须进一步增强以下 4 种意识：

一要进一步增强“对标”意识。“孔子登东山而小鲁，登泰山而小天下。”站位不同、标准不同，发展自然迥异。无论是“双一流”滚动增选，还是省综合考核，都是一场激烈的竞争。要想脱颖而出，就必须提高站位、看清对手、练硬实力，必须找准标杆、对标补差、加快超越。为此，各条线、各部门、各学院、各学科都要进一步强化对标意识，优势学科要瞄准国内前两位和世界一流，各条线、各部门的工作都要立足做到江苏省属高校前三位，各单位、各学科都要树立标杆，及时跟踪了解标杆，努力追赶标杆，在比学赶超中推动事业新发展。

二要进一步增强“对表”意识。“天下之事，虑之贵详，行之贵力。”多宏伟的战略都要细化成为具体的思路和实在的举措。各条线、各部门、各学院、各学科都要对照“十三五”发展规划、对照“双一流”遴选条件、对照第五轮学科评估、对照省综合考核指标，找差距、明方向，补短板、强弱项，筑高峰、强特色，明确完成各自目标任务的路线图和进度表，并以抓铁有痕、踏石留印的作风对标对表狠抓落实，狠下决心啃最难啃的骨头、攻最难攻的山头，确保各项目标任务按时保质保

量完成。

三要进一步增强“质量”意识。质量就是生命，质量就是价值。从省综合考核到学科评估，再到一流专业和一流学科遴选，无不是对质量的考验与对比。对学校来说，质量的主要体现就是“国字头”的人才、项目、平台和成果，这些“国字头”是我们在各类“考试”中的主要得分点和加分项，是区分优秀和合格不同格次的关键量。当前，我们不仅仅要进一步着力提高“国字头”的数量，更要提升“国字头”的层次和含金量。全校各单位都要树立一流观念、增强质量意识，努力把软实力做硬、把硬实力做铁，力争在学校发展的关键时期拿出标志性的成果，做出有显示度的贡献，争做推动学校发展的“大英雄”。

四要进一步增强“作为”意识。有“为”者方有“位”。一所大学只有为社会做出有显示度的贡献，才能彰显其办学影响和办学地位。学校自1998年转制以来，坚持扎根江苏、服务全国，以服务求支持，以贡献图发展，各项事业取得了长足的进步。当前，学校要创建“双一流”、建设高水平有特色国际化研究型大学，必须进一步强化扎根江苏高质量发展、服务国家重大需求的意识，细化服务江苏强农兴农的举措，提升服务江苏发展和国家需求的贡献度。各学院、各学科都要主动研究国家需求和江苏需要，着力形成服务国家重大需求和区域经济社会发展的“江大经验”，竞相成为科技创新和社会服务的“江大名片”。

2020年学校工作的总体要求是：**以习近平新时代中国特色社会主义思想为指导，深入贯彻党的十九大和十九届二中、三中、四中全会精神，全面落实习近平总书记给全国涉农高校的回信及全国全省教育大会精神，按照江苏省委书记娄勤俭、省长吴政隆调研学校讲话要求，进一步办出特色、彰显特色、放大优势，推进内部治理体系和治理能力现代化，聚焦“双一流”创建和高水平有特色国际化研究型大学建设，对标对表，奋勇争先，确保学校“十三五”规划圆满收官，不断开创学校事业高质量发展新局面。**

鉴于当前新冠肺炎疫情防控的形势，全校上下要坚决贯彻习近平总书记的重要讲话和指示精神，坚持把广大师生的生命安全与身体健康摆在首位，把疫情防控作为当前的头等大事，坚持两手抓、两手硬，毫不放松抓好疫情防控工作，与此同时进一步振奋精神、创新举措，统筹推进学校各项工作，奋力夺取疫情防控和事业发展的“双胜利”。

今年学校的主要预期发展目标是：

——学校高质量发展成效、党的建设高质量成效再上新的台阶。内部治理体系和治理能力现代化建设加快推进，人才培养、科学研究、社会服务、文化传承创新、国际交流与合作等各方面工作列省高水平高校第一方阵，服务江苏“六个高质量”取得更加显著成效，办学声誉与影响、办学治校满意度稳步提升。学校领导班子政治建设进一步加强，风清气正的良好政治生态进一步巩固，党政齐心、上下同心、实干担当、团结奋进的干事创业氛围进一步浓郁。

——学科行动计划有力推进。工程学、农业科学达到或接近世界一流学科行列，化学、材料科学、临床医学、药理学与毒理学、生物学与生物化学等学科水平和国际影响持续快速提升。优势学科建设、学科评估和学位点申报等成效显著，确保软科世界排名前50强学科、教育部第五轮学科评估前2位学科的突破，确保一级学科博士点门类和临床医学、工程类博士专业学位授权点的双突破。

——高端人才引育取得更大成效。高端人才不断线，确保今年新入选“国字头”人才5~7人，力争国家级高层次人才团队实现突破。全年引进高层次人才130人左右。进一步优化人才队伍结构，着力降低生师比，提升高学历教师占比，专任教师博士率列省高水平建设高校第一方阵。

——人才培养质量进一步提升。精心组织国家“双万计划”申报，确保入选第二批国家一流专业建设点数量列省高水平高校前3位，获批国家一流课程10~12门，国家级教学平台实现新突破，国家教材建设奖实现突破。入选研究生专业课程教学案例国家库2~3项。进一步提升生源质量，本科省内招生比例50%以上；硕士研究生招生“百强”高校生源比例稳定在33%以上，其中“双一流”高校生源比例10%以上。国家级学科竞赛获奖数量增长20%以上，其中国家级学科竞赛（国家级A等）第一等次奖项数35项以上。“创青春”“互联网+”大赛金奖不断线。力争再获教育部研究生教育成果奖。深化“三全育人”综合改革，努力形成一批具有全国影响力的育人品牌和典型经验。本科生就业率稳定在96%以上。

——科技创新能力与创新质量进一步提高。力争全年科研总经费达到8.5亿元，其中纵向经费2.8亿元，科研经费、师均科研经费的总量及增量均列省高水平高校前3位。获批国家自然科学基金200项以上，国家重点、重大项目25项以上。获批国家社会科学基金22项以上，重点、重大项目2项。力争省部共建国家重点实验室、国家工程中心等国家级科研平台实现新突破，获批省部级社科基地（智库）1项。获国家级科技成果奖2项及以上、省部级科技成果一等奖8~10项。获省部级人文社科优秀成果奖10项以上，力争实现一等奖的新突破。培育高价值专利50件，授权国家发明专利900件以上、境外发达国家发明专利12件以上，转化专利成果280项以上。发表高质量论文2 400篇、权威社科论文50篇以上，出版高水平学术著作15部以上。

——国际交流与合作进一步深化。新增海外友好高校8所以上（世界前200名高校1~2所），新增学分互认、双学位、招生计划单列项目2个以上。大力提升学生出国（境）学习交流比例，学生海外交流数量1 200人以上，其中毕业生海外深造人数240人以上，出国（境）学习3个月及以上人数不低于400人。江苏大学克兰菲尔德未来技术研究生院获批并正式运行。大力推进赞比亚江苏大学筹备工作，力争获我国教育部备案并取得赞比亚高等教育部办学许可。力争获批第二所孔子学院。

——汇聚多元化社会资源。深入挖掘校友资源，校友捐建大礼堂工程动工；社会捐赠收入较2019年增长30%，社会捐赠总量列江苏省属高校前茅。加快继续教育转型发展，大力发展社会培训，培训收入1 600万元以上。

——进一步加强党的建设，为学校事业高质量发展提供坚强的政治、思想、组织、作风、纪律和制度保障。推进基层党组织建设提质增效，基层党建“标杆院系”“样板支部”“党支部书记工作室”“党员教育实境课堂”等省部级创建项目持续实现突破。进一步提升学校文化软实力，提高对外宣传质量，省级以上新闻报道500篇以上，其中头版40篇、大报大台深度报道120篇。

三、2020年重点工作

为确保完成2020年目标任务，要重点做好以下10个方面的工作：

（一）进一步突出党建质量，为事业发展提供更加坚强有力的保证

深入推进全面从严治党，全面落实党委管党治党、办学治校的政治责任和主体责任，坚持和完善党委领导下的校长负责制，以政治建设为统领加强学校领导班子建设，强化党的全面领导，以高质量党建领航学校事业高质量发展。

深化主题教育成效。坚持把“不忘初心、牢记使命”作为加强党的建设的永恒课题和全体党员、干部的终身课题常抓不懈，形成长效机制，坚持不懈锤炼党员、干部忠诚、干净、担当的政治品格。党组织的战斗堡垒作用、党员的先锋模范作用不断增强。

加强理论武装和思想政治工作。抓实党委理论学习中心组和教职工政治理论学习制度，建好“五类课堂”，打造“思政课程”与“课程思政”教育实践阵地，引导广大党员干部和师生员工深入学习贯彻习近平新时代中国特色社会主义思想，增强“四个意识”，坚定“四个自信”，做到“两个维护”。全面落实意识形态工作责任制，牢牢掌握意识形态工作领导权、管理权和话语权。

加强干部队伍和基层组织建设。建立健全干部选任“五突出五强化”机制，加强政治素质考察，注重人岗相适，突出结构优化，精心谋划、周密组织，全力做好干部集中换届工作。分级分类开展干部专题培训，着力增强干部队伍政治定力、履职能力和整体活力，为学校发展提供坚强的组织保证。深入实施《新时代江苏大学党支部建设“提质增效”三年行动计划（2019—2021年）》，着力推动党支部“标准+示范”建设。大力培育和创建基层党建“标杆院系”“样板支部”“党支部书记工作室”“党员教育实境课堂”，加快推进二级党组织专职化组织员队伍建设，切实发挥基层党组织战斗堡垒作用和广大党员先锋模范作用。

深化全面从严治党。认真贯彻落实党风廉政建设各项规定要求，严格执行中央八项规定及其实施细则精神，深入整治形式主义、官僚主义，坚决反对享乐主义和奢靡之风。按照《江苏大学纪检监察体制改革实施方案》要求，全面完成学校纪检监察体制改革。强化制度建设，推进源头治理，用制度管权管人管事，养成在受监督的环境下工作生活的习惯。认真做好省委巡视、党委巡察、审计监督等反馈意见的整改落实工作，一体推进不敢腐、不能腐、不想腐，努力营造学校风清气正的政治生态和良好的干事创业环境。

统筹做好统战群团和校园安全稳定工作。进一步完善统一战线工作体制机制，深化统战工作实践创新，加强与校内校外各民主党派和统战团体的沟通协调，加大与省域内外教育、科技高层次人才的交流合作力度。进一步推进关工委优质化建设，巩固和提高关工委常态化建设成果。统筹推动工会、共青团、妇联、老干部等工作，服务学校事业发展。进一步强化校园安全管理，维护校园安全稳定。

（二）进一步突出学科特色和内涵建设，加快推进一流学科创建

深入落实《江苏大学学科行动计划（2018—2023）》，集聚优势资源打造农业工程学科高峰，加快推进一流学科创建，着力提升特色优势学科建设内涵与显示度。按照国内有地位、国际有影响的要求，着力打造各学科优势方向和涉农特色方向，不断提升学科竞争力。精心做好迎接教育部第五轮学科评估相关工作，农业工程学科排名要“保三争二”，食品科学与工程、动力工程及工程热物理、机械工程等优势学科排名要实现新突破。积极迎接第二轮专业学位水平评估，推动专业学位教育与职业人才评价标准的有机衔接。全力做好新一轮学位点申报工作，确保一级学科博士点门类的突破。科学拟定专业学位博士点申报方案，确保临床医学、工程类博士专业学位授权点实现双突破。进一步优化优势学科项目制管理，确保优势学科三期项目全部通过中期检查，力争1~2个学科获评优秀等级。

（三）进一步突出立德树人成效，不断完善一流人才培养体系

扎实开展“三全育人”综合改革。贯彻落实“三全育人”综合改革推进会精神，做实“十项育人工程”，建立健全“协同、贯通、融合”一体化育人体系和长效机制。着力加强“三全育人”工作过程监督和结果考核，加大特色经验和典型人物的宣传力度，努力形成一批具有广泛影响力的育人品牌、先进典型和特色做法，确保高质量通过综合改革试点中期检查。以学业导师队伍建设、学业规划教育为抓手，持续加强优良学风建设，提升学生自主学习和终身学习能力。不断优化思政教育、心理健康教育、素质教育、资助育人、学生社区管理等日常管理服务工作机制。进一步加强辅导员队伍建设，促进辅导员队伍专业化、职业化发展。

扎实推进一流本科建设。深入实施本科教育教学“五大工程”，进一步强化教学中心地位。精心组织国家一流本科专业建设点申报，确保获批数量位居江苏省高水平高校前3位。扎实做好工程教育专业认证现场考查和师范专业认证工作。以国际专业认证为抓手，推动专业建设国际实质等效。以“新工科、新医科、新农科、新文科”建设为引领，申报机器人工程等时代性强的新专业，持续打造特色优势专业、做强主干专业、升级改造传统专业，加大微专业建设力度。推进一流课程“双万计划”，全面开展线上、线下、线上线下混合、虚拟仿真项目和社会实践五类课程建设，形成多样化、多类型的一流课程体系。充分利用新冠肺炎疫情防控期间的在线教学经验，加快建立“互联网+教学”“智能+教学”新形态，促进教学方式变革，激发教与学的活力，产出更多高质量在线开放课程。以突出重点、锤炼精品为原则，大力培育国家级规划教材，以及体现学科专业特色的核心课程教材、校企合作工程案例教材和“互联网+”新形态教材等，积极申报全国教材建设奖全国优秀教材。积极构建高水平教学平台，大力推进教学名师和教学团队建设，实施“卓越教师”培养计划。进一步加大本科教学投入，着力改善本科实践教学条件。开展新一轮本科培养计划修订，强化一流专业内涵建设，优化“金山英才班”等各类卓越拔尖人才培养模式。深化创新创业教育改革，不断完善“一院一赛”“一系一项目”，促进教学科研互动融通，确保国家级学科竞赛取得更好成绩。进一步深化体育和艺术教育教学改革，促进学生身心健康发展，力争高水平运动队取得新突破，国家级文艺、体育竞赛奖项实现持续突破。

持续优化研究生培养体系。不断完善研究生招生政策，进一步优化生源结构，提升生源质量。全面修订研究生培养计划，深化研究生培养模式改革。加强研究生精品课程、教学案例库和示范教材建设，促进创新实验室和公共实验平台的建设与共享。将江苏大学克兰菲尔德未来技术研究生院课程融入学校研究生课程，积极推进研究生选修国外高水平大学课程的学分认定工作，进一步提升课程育人内涵。不断加强研究生导师队伍建设，强化导师立德树人使命担当。加强研究生分院、研究生企业工作站和产业教授管理。

（四）进一步突出科技创新质量与社会服务贡献度，努力产出一流成果、形成一流影响

提升科学研究水平。深入贯彻落实学校第四次科技工作会议精神，出台具体实施细则，着力优化科技管理体制机制，进一步释放科技创新的活力动力。加强顶层设计和组织统筹，力争实现国家自然科学基金、国家社会科学基金重点重大项目，以及“国字头”项目的持续突破，推动科研经费总量持续增长。做好国家和省部级科学技术奖，以及教育部和江苏省人文社会科学成果奖的培育、申报和评审跟踪工作，争取重大标志性成果的再突破。精心组织申报省部级以上科研平台，力争实现部省共建国家重点实验室、国家工程中心等国家级创新平台的新突破，确保“混合动力车辆技术国家地方联合工程研究中心”“高端装备关键结构健康管理国际联合研究中心”等顺利通过考核验收。完善学科交叉创新机制，积极筹建规模型跨学科专职科研机构，形成若干具有高度灵活性和适用性的交叉创新研究平台。放大综合办学优势，推动“理医”融合、“工医”创新；深化学校、医院科研协同，进一步加强附属医院和临床医学院建设。出台《创新团队考核实施办法》，突出成果导向，加强团队考核，打造高水平科技创新团队。加强与大型军工集团的联合科技攻关，积极申报各类国防科研军工项目，力争国防军工重大重点项目的再突破。出台“哲学社会科学振兴行动计划”实施细则，推进人文社科内涵式特色发展。按照“一院一平台”要求加强人文社科重点研究基地的申报与建设。进一步弘扬科学家精神，加强作风和学风建设，推进实施科研诚信承诺制度，将科研诚信融入科技管理全过程。

增强社会服务能力。持续推进“123”行动计划，围绕国家战略和江苏产业发展需要，重点打造若干共性关键技术研发合作平台、技术创新联合中心和校地研究院，建立健全校地研究院、研究生院分院协同推进和运行的体制机制，强化政产学研全链条协同创新。以科技镇长团和技术经理人队伍建设为抓手，以技术转移中心有限公司实质化运行和技术经理人事务所实体化运营为着力点，开展多维度产学研合作。高标准建好科技成果转化和技术转移示范基地，促进更多科技成果就地转移转化，不断提升服务江苏的贡献度。推进专利质量提升工程，构建产业专利运营中心，着力提升有效专利、高价值专利及国际发明专利的数量和比例。依托技术与创新支持中心（TISC），加强知识产权国际合作，开展优质技术和知识产权信息服务。加强长三角新结构经济学知识产权研究院建设，着力将其打造成为高水平的决策咨询智库和人才培养基地。

放大优势特色。以农业工程一流学科创建为引领，深入贯彻落实省委书记娄勤俭、省长吴政隆来校调研讲话精神，进一步推进部省共建、省市共建协议内容落地落实。充分发挥农装学部作用，引导开展原创性、引领性、集成性智能农业装备关键技术和器件协同攻关。加快农业工程学院实质化运行，试点研究型学院综合改革，构建一流研究型学院运行模式。加强中国农业装备产业发展研究院建设，努力建成有影响力的“工经管”特色智库联合体。加快推动与镇江市共建中国智能农业装备国际创新中心，努力建成产学研用一体化的世界级智能农业装备产业基地，促进农业装备重大标志性成果产出和转移转化。主动融入乡村振兴战略，组织协调涉农力量在地方、农业园区建立综合示范基地、特色产业基地，以及教授工作站、扶贫工作站等服务平台，推动涉农科技成果对接转化，书写乡村振兴的“江大样本”。依托农业工程国际大学联盟，进一步提升农业工程学科的国际影响力和学术竞争力。

（五）进一步突出高端人才引育，着力打造一流师资队伍

大力推进院士慧聚工程，加大与两院院士、外籍院士等高端人才深层次合作与柔性引进力度。不断创新人才工作机制，依托国家和省高层次人才项目，着力培养和引进一批具有重大影响力的领军人才，确保新增国家级人才及团队数量列省高水平高校第一方阵。继续实施青年英才培育计划，做好遴选、培养、管理及考核等工作。进一步优化海外高层次人才论坛举办形式，强化精准招聘，提升人才引进成效。持续推进“三个一百”计划，鼓励更多中青年教师赴海外研修，招聘更多外籍人才来校任教和开展博士后研究。重视过程管理，提升博士后培养质量，举办中外博士后创新论坛，加大国家博士后基金特殊资助项目和外青专项申报力度。认真做好第四轮岗位聘用工作，实行全员聘用管理，全员签订岗位合同和责任书。进一步推进师德师风建设，深入挖掘优秀教师典型，充分发挥典型引领示范和辐射带动作用。

（六）进一步突出办学国际影响，不断提升国际交流与合作水平

拓展国际合作维度和深度。召开第三次国际化工作会议，全面总结近5年来学校国际化工作的成绩与经验，进一步明确新时期国际交流合作的目标与举措。积极加强与世界一流院校及高水平研究团队的实质性合作，大力推进中外合作办学（校际联合培养）、学分互认及学位互授联授项目，以及江苏省中美大学生双向交流项目与中澳双学位项目。扎实推进江苏大学克兰菲尔德未来技术研究生院建设，做好首届学生招生及教学管理等有关工作。加强沟通协调，有序推进赞比亚境外办学工作。稳步实施“111”引智计划，加强国际联合实验室、国际联合研究中心等联合申报。积极争取国家和省级外国专家项目，着力引进一批国际顶尖人才和专业型外教。精心筹备江苏—英国高水平大学20+20联盟2020年会，依托联盟积极开展高水平的国际合作项目，促进国际产教融合。认真做好国家留学基金委2020年乡村振兴人才培养专项和创新型国际化人才培养项目申报。不断完善多类型、多层次、多途径的学生海外学习体系，持续提升学生海外交流学习的数量和质量。推动筹建第二所孔子学院，高标准运行托福考点。

推进留学生教育提质增效。进一步规范留学生招生管理，优化生源结构，提高生源质量。依托CCN国际预科中心，建好“一对一”CCN预科项目，拓展“1+N”预科项目和中文授课学历教育。开展“一带一路”国家高水平大学师资培养项目，大力培养师资博士生，确保获批教育部中国政府奖学金高校研究生项目和丝路奖学金项目，力争获批“中非友谊奖学金”和“一带一路”师培博士计划。依托农业装备国际（产能）合作联盟，启动中非友谊奖学金农机培训项目，组织开展“一带一路”国家教育和经济概况研究。不断优化留学本科生“1+2+1”产教协同大类培养和留学研究生“三同”趋同培养，进一步完善留学生“三自”导学服务体系和信用管理体系。

（七）进一步突出价值引领，不断深化校园文化内涵

坚持以社会主义核心价值观为引领，通过“以文砺人、以文育人、以文化人”，促进科学精神与人文情怀相交融、文化传承与创新相统一，持续深化校园文化内涵建设。

塑造校园文化品牌。结合迎接江苏大学合并组建20周年（镇江农业机械学院建院60周年）等节庆日和重大活动，开展校园文化、校友文化主题创作，进一步弘扬江大精神，增强师生荣誉感和归属感，着力形成一批集“思想性、教育性、时代性”为一体、师生和校友参与度认同度高的文化品牌。强化“人文大讲堂”“五棵松讲坛”“校园热点面对面”等活动的品牌效应，增强校园文化感染力。

深化校园文化内涵。不断发掘学校人文资源，提升校园景观、建筑等物质载体的精神内涵，着力塑造一流大学人文教育环境。稳步推进中国农机文化展示馆建设，进一步发挥校史馆、校名文化产品服务中心功能，培育农机、水泵、篆刻艺术等特色文化。持续开展“一院一品”工作，推动二级单位建设可展示的特色文化。加强公共艺术教育中心建设，提升美育工作成效。

提升校园文化传播力。进一步发挥文化凝心聚力功能，服务和谐校园建设。不断加强传统媒体与网络新媒体矩阵平台的融合发展，形成校园文化宣传合力。坚持聚焦基层一线，深入挖掘一线教职工的感人事迹，大力宣传立德树人先进典型。

（八）进一步突出治理效能，着力推动内部治理体系和治理能力现代化

优化内部治理结构。根据新形势、新要求，按照适应中国特色现代大学制度和高等教育发展趋势的原则，进一步明晰机构职能边界、明确机构权责归属，不断完善职能部门处室和二级单位系所的结构布局，加强非编常设机构的决策咨询功能建设，不断提升治理水平。

完善考核评价体系。根据《2020年度江苏省地方普通高校综合考核实施办法及有关实施方案》，修订完善《江苏大学年度目标任务综合考核办法（试行）》，更加科学地设置考核指标，合理确定考核等级，规范考核流程，建强考核队伍，以科学、完善的综合考核体系进一步激发各级干部以上率下的决心，增强各单位的一流意识和全体教职工的责任担当，推动学校高质量发展再上新台阶。根据国家关于“提升高校专利质量，促进转化运用”及“规范SCI论文相关指标使用，树立正确评价导向”的新精神和新要求，系统检查修改学校相关制度文件，构建更加科学的科技创新评价体系，营造适应新时代要求的创新环境。

推进人事分配制度改革。修订出台《江苏大学高级专业技术职务评聘资格条件》《江苏大学教学、科研业绩考核实施办法（试行）》《江苏大学教师岗位设置与聘用实施细则》等文件，进一步完善岗位分类管理、人才分类评价、奖励与分配各有侧重的人事管理与激励分配制度。

健全内部控制体系。切实做好领导干部离任经济责任审计整改工作，全面落实整改要求和整改举措，健全长效工作机制。继续施行审结后第三方审计分析评价，开展二级单位内控体系专项评价等审计改革，推动内部审计工作由审计制度建设向审计体系建设转变。持续加强内部控制体系建设，建立健全科学高效的制衡和监督体系，切实做好风险防范和化解工作，进一步推进内部治理体系和治理能力现代化。

（九）进一步突出协调发展，持续加强保障和服务能力建设

在认真回顾总结学校“十三五”发展成绩和存在不足的基础上，紧紧围绕第四次党代会确定的奋斗目标，加强调研论证，科学编制既具备新时代特征又具有系统性、引领性和可操作性的“十四五”事业发展总体规划和专项规划。进一步强化财务预算管理和资金统筹，加强专项资金项目库建设。进一步加强国有资产经营与管理，稳步推进校属企业改制，高质量完成校园规划修编。进一步规范采购与招标管理，提升采购与招标效率。大力加强校友会、基金会建设，着力增强社会资金筹措能力。精心筹划并有序推动迎接江苏大学合并组建20周年相关工作。推进智慧校园基础设施和公共信息资源建设，拓展校园网络服务功能，强化全校数据治理工作。加强大型仪器设备的购置论证和材料出入库管理，推进大型仪器设备深度共享。进一步加强安全生产管理，落实安全生产举措。深入推进“品质后勤”“智慧后勤”建设，进一步提高后勤管理和服务质量。加快推进青年教师周转公寓、食堂交付使用及京江校区验收工作，启动农业工程中心等项目建设。杂志社要着力打造学术高地，进一步提升学校学术影响。出版社要进一步打造特色品牌，增强服务教学科研能力，引进优质著作用于学校阅读育人。图书馆要着力加强农业装备资源中心实体库等特色优质文献资源建设，提高服务育人功能。档案馆要进一步加强档案信息开发利用，提升信息化管理水平。机电总厂要加快智能制造工程实践平台建设，提高实践教学质量。附属医院要进一步加强内涵建设，提升专学科建设与临床诊疗水平。京江学院要以建设高水平应用型大学为目标，不断提升办学水平。继续教育学院要积极申报国家级培训基地和“国字头”培训项目，着力提升继续教育层次，构建终身教育体系。

（十）进一步突出民生改善，不断提升师生的获得感、幸福感

进一步创新工作机制，畅通师生诉求表达渠道，重点关注师生切身利益和反映强烈的急事难事，不断提高教代会提案办理效率和质量。全面推进“就业质量提升工程”，着力提高学生考研录取与留学深造比例，进一步提升学生创业水平和就业层次。完善师生智慧服务平台，提升线上服务范围和质量，推动学生“最多跑一次”改革和“24h 自助设备服务区”建设，促进公共服务便捷化、高效化。持续改善学生宿舍和公共卫生条件。启动校园电力系统配电增容工程和大礼堂修缮工程，改造北固食堂，建成1～2个江苏省餐饮质量安全示范食堂，在西片区增设流动餐车，持续改善师生生活与学习工作条件。加强协调沟通，积极推进附属学校建设。进一步提升离退休工作信息化、精准化水平。积极协调配合市政府推进家属区老旧多层住宅加装电梯试点工作。强化学校卫生防疫监控，探索职工医院由医疗为主向“医防结合”转变的新型工作机制。完善校园门禁管理，强化校园交通、消防、治安、公共卫生等综合治理，深入推进平安健康校园建设，共筑宜居宜业的幸福和谐家园。

各位代表、老师们、同志们！齐心协力驱疴尽，一团锦绣踏春来。疫情终将过去，春天已经来临。在这场波及全球的新冠肺炎疫情面前，我们要牢记：“信心是最长效的疫苗！”越是危机面前，越要坚定信心；越是艰难时候，越要汇聚“英雄气”。让我们将全国人民直面疫情的“英雄气”转化为推动事业发展的强大力量，牢记“以立德树人为根本，以强农兴农为己任，努力创建一流大学、办人民满意大学”的初心与使命，只争朝夕，不负韶华，以更加坚定有力的步伐，朝着一流奋斗目标、朝着开创学校事业高质量发展新局面，努力，努力，再努力！前进，前进，再前进！

砥砺初心、勇担使命，坚定信心、争创一流

——袁寿其同志在江苏大学四届四次教职工和工会会员代表大会上的讲话

（2020年3月29日）

校党委书记　袁寿其

各位代表、老师们、同志们：

今天，我们在这里隆重召开四届四次“两代会”，这次会议原定2月9日召开，受新冠肺炎疫情的影响，推迟至今天召开。这次会议召开的形式与以往有些不同，采取现场会议和视频会议相结合的形式。大家知道，这个寒假突发新冠肺炎疫情，党中央、国务院高度重视，把疫情防控工作作为头等大事和首要政治任务，召开了2次中央政治局会议，61天召开8次中央政治局常委会会议，研究部署疫情防控工作。学校党委第一时间贯彻习近平总书记重要讲话、指示批示和中央政治局常委会精神，做到早谋划、早部署、早行动，坚决落实上级决策部署，正月初三召开常委会专题研究疫情防控工作，成立学校应对疫情领导小组和17个工作组，先后召开6次常委会、5次应对疫情领导小组会议、4次二级党组织书记会议，多次召开工作组会议和校地联防联控会议，全方位推进日报告、零报告制度，以及物资协调供应、隔离区建设、宣传舆论引导、科研攻关等各项防疫工作。与此同时，学校还统筹推进线上教学、线上育人、目标任务考核、机构设置、学位点申报、省市共建、“三全育人”检查等工作，确保各项重点任务和日常工作扎实推进。校领导率先垂范、靠前指挥，我为广大学生上了题为“战‘疫’中的中国温度与江大力量”的信仰公开课，颜校长为全校师生上了新学期第一课，其他校领导深入一线、强化指导；机关职能部门和二级党组织各司其职、精准应对；广大中层干部和师生坚守一线、奋发作为；纪检监察部门忠实履责、严督实查。学校疫情防控工作有力有序，官宣发布至68号，有关经验做法得到教育部、省政府、省委组织部、省纪委和省委教育工委的充分肯定。特别高兴的是，附属医院选派4批17名医护骨干驰援湖北，江大师生和广大校友同心抗“疫”，合力攻坚，为抗击疫情贡献了江大力量。在此，我代表学校党委和行政向为疫情防控付出辛勤劳动的师生员工和医务人员致以崇高的敬意和衷心的感谢！

在党中央坚强领导下，全党全国众志成城、同舟共济、共克时艰，疫情防控形势持续向好，生产生活秩序加快恢复。同时，大家也要清醒地看到，当前疫情形势依然严峻复杂，国际疫情快速蔓延带来了较大输入性风险。按照省教育厅要求，学

校即将开学，这对学校来说才是疫情防控的真正“大考”。因此，全校各单位要毫不放松抓紧抓细抓实各项防控工作，全力以赴做好学生返校各项准备，坚决维护好校园的安全稳定，守护好师生的生命安全和身体健康。

上午，大家听取了校长工作报告和工会、财务、提案、工会经费审查报告。各代表团进行了深入讨论和提案征集，各位校领导听取了各代表团的意见建议。刚才又通过了本次“两代会”决议。从讨论、决议和提案情况来看，大家对学校事业发展高度关注，反映了大家对学校早日跻身国家一流学科建设高校行列的热切期待。颜校长根据学校党委常委会会议精神，做了一个很好的报告，全面总结了学校2019年的工作和主要成绩，分析了学校事业发展存在的短板、面临的挑战，提出了2020年学校事业发展的总体思路、目标任务和主要举措。请各单位组织广大教职工认真学习领会，深入贯彻落实，切实把思想和行动统一到学校决策部署和“双一流”创建上来。

大家知道，今年是全面建成小康社会、实现第一个百年奋斗目标之年，也是深入贯彻落实全国全省教育大会和学校第四次党代会精神的关键之年，更是创建“双一流”的冲刺之年。做好今年工作，我认为就是要砥砺初心、勇担使命，坚定信心、争创一流，举全校师生之力、汇全校师生之智，推进一流学科创建，开创高水平研究型大学建设新局面。关于今年的重点工作，颜校长在工作报告中进行了全面部署，这里我不再重复。下面，我再强调4点意见。

一、旗帜鲜明讲政治，加强党对学校工作的全面领导

坚持正确办学方向，落实党的教育方针，以学习贯彻习近平新时代中国特色社会主义思想为统领，落实《中共中央关于加强党的政治建设的意见》（简称《意见》）和省委实施意见，加强党对学校工作的全面领导，为学校事业发展提供坚强的政治保证。

1. 进一步巩固深化主题教育成果。 2019年9月以来，学校党委切实把开展“不忘初心、牢记使命”主题教育作为最重要的政治任务，各级党组织和广大党员、干部以满腔的政治热情积极投身主题教育，认真贯彻落实“守初心、担使命，找差距、抓落实”的总要求和“五深入五确保”的具体要求，精心谋划部署，狠抓学习教育，抓实基层调研，强化问题检视，夯实整改举措，高质量完成了主题教育的目标任务。学校党委2次在全省主题教育推进会上作大会交流发言，省委主题教育简报3次刊发学校典型做法，省委党史学习教育第十二巡回指导组对学校主题教育工作给予高度评价。1月14日，学校召开了主题教育总结大会，进一步明确了下一阶段的重要任务。在此，我再强调三点。**一是强化理论武装**。要把不忘初心、牢记使命作为加强学校党的建设的永恒课题和全体党员、干部的终身课题，着力加强思想建党、理论强党，自觉学思践悟习近平新时代中国特色社会主义思想，切实以过硬理论滋养初心、引领使命，筑牢团结奋斗的政治根基和思想根基。**二是抓好整改落实**。要突出问题导向、成果导向，对照主题教育民主生活会检视剖析问题，以钉钉子精神抓好突出问题整改，切实在师生反映的痛点和难题上下一番绣花功夫。**三是巩固深化成效**。要把主题教育实效转化为健全立德树人初心、勇担强农兴农使命的制度成果，体现到制度建设和治理水平提升上来，以实实在在的成效向师生交出满意的答卷。

2. 进一步加强意识形态和宣传思想文化工作。宣传工作事关“双一流”创建和学校办学声誉、办学影响力。学校宣传工作总体上处在全省前列、全国先进，但是与全国一流还有差距。我们要按照“汇聚合力、深挖典型，做大体量、强势发声”的思路，着力在宣传江大实践、江大经验上下更大力气，争创全国一流宣传工作。前天我们召开了学校宣传思想文化工作暨文化育人、网络育人工作推进会，要贯彻落实好。要把学习宣传和贯彻落实新思想作为首要政治任务，深入学习习近平新时代中国特色社会主义思想、习近平总书记有关重要论述特别是最新讲话和指示批示精神，创新党委理论学习中心组和教职工政治理论学习方式，多种形式开展新思想教育培训和学习研讨，推动新思想进课堂进教材进头脑。要大力开展思政育人工作，党员领导干部要深入推进“思政课程”与“课程思政”协同育人，放大思政教育示范引领效应。要进一步落实好意识形态责任制，进一步抓好敏感时间节点、关键领域和重要群体的意识形态工作，尤其要重视网络意识形态监管，牢牢把握意识形态领导权、主动权和话语权。要进一步弘扬社会主义核心价值观和社会主义先进文化，精心组织宣传“决胜全面小康、决战脱贫攻坚”主题宣传活动。深入宣传好抗击疫情、“感动江大”典型人物等先进事迹。2020 年开始，“感动江大”人物评选由三年一次调整为两年一次，评选范围扩大到江大校友，致力于挖掘更多的典型人物，共同把江大精神传遍大江南北。要大力推进文化育人工作，着力打造校园文化精品，加强一流校园文化、农机特色文化建设，唱响主旋律，汇聚正能量。我们还要落实好学校师德师风失范行为处理办法，大力宣传优秀教师师德风尚，引导广大教师积极投身“三全育人”事业，争做“四有”好老师。要深刻汲取其他高校违反师德师风典型案例的教训，严肃处理师德失范行为，营造向真向善向美的教书育人生态。

3. 进一步加强党建工作。坚持把学习贯彻习近平新时代中国特色社会主义思想作为统领学校一切工作的总纲，不断强化党的领导，提升党建质量，为学校事业发展提供坚强政治保证。学校党建工作总体是好的，但距离全国一流仍然任重道远。我认为，做好一流党建工作关键看二级党组织和党支部书记的精神状态及抓党建的力度。我们要坚持和完善党委领导下的校长负责制，认真落实好新修订的党委全委会、党委常委会、校长办公会和“三重一大”议事决策规则，聚焦议大事、谋大事，切实履行把方向、管大局、作决策、抓班子、带队伍、保落实的职责。坚持和完善学院党政共同负责制，充分发挥二级党组织在学院事业发展中的政治核心作用，二级党组织书记要坚决履行好学院全面从严治党“第一责任人”职责。要抓好书记项目和基层党支部建设，着力打造一批具有示范性和引领性的书记项目，大力推进党支部建设“提质增效”三年行动计划，2020 年是优质化建设年，要切实在省部级基层党建“示范高校”“标杆院系”“样板支部”等项目中有所突破。要加强党支部和支委会建设，推进组织员队伍建设，全面提升基层党支部的凝聚力、战斗力和号召力，让一流党建成为江大“双一流”创建的助推器。

二、提升办学治校水平，推进治理体系与治理能力现代化

一流大学必须具有一流的管理水平。我们要认真贯彻落实党的十九届四中全会精神，着力构建系统完备、科学规范、运

行有效的办学治校体系，推动学校治理体系和治理能力现代化。

1. 进一步优化学校内部治理体系。近年来，我们不断优化学校治理结构，进一步完善了党的领导、党的建设、全面从严治党及内部控制等体系，特别对“涉农”领域的机构进行了优化调整，有力地推动了学校发展。但是，面对新形势新要求，学校还存在一些不足之处，比如机构职能划分不够清晰，权责不够明确，制度体系需要更新完善，等等。对此，党委常委会进行了研究部署，颜校长已经牵头对优化机构设置方案进行了多次研讨，并征求了相关部门和学院的意见建议，借鉴一流大学的内部治理经验，进一步建立健全权责统一、职能清晰、运行高效的现代大学治理体系，不断提升治理效能。全校各单位要以党的十九届四中全会和学校第四次党代会精神为指导，深入学习“八个讲清楚”的要求和吴政隆省长来校宣讲精神，深刻领会全会推进治理体系和治理能力现代化的思想内涵。要全面梳理现行各项制度，广泛开展调研，特别是要根据巡视巡察、任期经济责任审计和专项审计、省属高校综合考核办法等，进一步完善党的建设、校院决策和运行、“三全育人”综合协调、师德师风建设、财务管理、内部控制、资源优化配置等办学治校制度体系，切实以制度管人管事，为高水平研究型大学建设提供制度保证。

2. 进一步优化年度目标任务综合考核。大家知道，2019 年我们实施了新版年度目标任务综合考核，对所有单位进行首次分类综合考核。现在看，已初步实现了考核的初衷，各单位非常重视，奖优罚劣的政策导向初步形成。可以说，综合考核增强了广大干部教师干事创业的压力，催生了创先争优的动力，激发了争创一流的活力。2019 年省委对学校开展年度综合考核，这是省委、省政府首次对所有省属高校进行考核，学校与省内 12 所高水平大学同台竞争，考核内容主要为党的建设高质量和业务高质量发展两大部分。考核前后，相关单位做了大量工作，较好地完成了“迎考”任务。可以说，在实行综合考核这一点上，我们未雨绸缪，走在了前列。这里我再谈三点意见。**一是充分认识考核的必要性。**大家知道，这次学校综合考核是省委对学校巡视时提出的明确整改要求，也是这些年各单位和教职工的期待，改变以往“干多干少一个样”“干与不干一样”的状态，同时也是“双一流”创建和高水平大学建设的必然要求。总的来说，学校实行综合考核大方向是正确的，也是及时的、必要的。**二是全面落实新修订的综合考核办法。**寒假期间，颜校长牵头，李洪波副书记负责，对标省属高校综合考核指标，校组织部对综合考核办法和实施方案进行了多次研讨和修改完善；针对 2019 年考核工作中的问题，广泛听取了各方面的意见建议。新修订的考核办法及方案已经党委常委会研究通过并印发实施，大家要深入学习领会，抓好目标任务分解，强化贯彻落实。**三是进一步加强综合考核结果运用。**2020 年，学校最大的政治任务就是一流学科创建，每一位教职工都要尽己所能为“创一流”作贡献。学校高标准下达了考核指标，这是落实学校第四次党代会精神和推进高水平大学建设的需要，是必须要完成的任务，关键是要解放思想，把压力变为动力。考核结果将与广大教职工考核评优和奖励性绩效挂钩，与各单位领导班子考核评优挂钩，充分发挥综合考核这根“指挥棒”的作用，促进学校事业高质量发展和争先进位。

3. 进一步加强干部队伍建设。纵观天下兴衰事，自古成败在用人。处级干部作为学校事业的中坚力量，是学校事业高质量发展的谋划者、推动者和落实者。到2020年5月，本届中层干部聘期将满3年。根据学校规定，党委将于上半年开展中层干部集中换届工作。学校已成立干部工作领导小组，印发处级领导干部选拔任用工作实施办法。下一步，学校将严格执行新时代党的干部队伍建设要求，把政治素质考察作为选聘领导干部的第一位任务，切实把那些政治强、作风好，思路宽、业务精，善于抓改革、促发展，想干事、能成事的干部选拔到领导岗位上来，引导干部在争创一流中善作善为，努力打造一支结构优、素质高、能力强的中层干部队伍。学校将大力推进“三项机制”落地落实，激励全校广大干部新担当、新作为。此外，学校将着力完善选、育、用、管“四位一体”的年轻干部培养选拔体系，重点遴选一批优秀年轻干部充实到干部队伍中来。学校还将深入开展领导干部政治能力提升计划，健全二级单位政治建设事项请示报告制度。这里要特别强调的是，换届不是简单的人事更替，而是学校今年的一件大事，是关乎全局、影响长远的政治任务，关系到干事创业的政治生态，关系到“双一流”创建和高水平研究型大学建设。因此，换届期间，全体中层干部要认真履职，确保学校各项工作有条不紊地高效运行；要严守换届纪律，共同营造风清气正的政治生态，共同把这项事关全局和长远的工作开展好，通过人事更替促进事业常新。

三、补短板创一流，推动学校事业高质量发展

2020年是争创一流的大考之年，“国字头”大事要事多，我们要着力补短板、夯根基，要在竞争中抢先作为、争先进位，还要在新起点上谋划新蓝图，推动发展再上新台阶。

1. 勇担使命，“谋划”为先。学校第四次党代会做出了跻身国家一流学科建设高校和世界一流大学行列的战略部署，这是我们谋划工作必须要牢牢把握的大方向。没有好的谋划就很难形成好的规划，改革创新也很难有实质性突破。因此，全校各级领导干部和各学科、各方向带头人都要切实把“谋”字放在突出位置，把自己的单位、学科和方向放在国际国内同行、国家行业区域需求的坐标中衡量，带头谋事，系统思考，2020年尤其要全面、系统谋划学科评估、学位点申报、重大重点项目申报等事关全局的发展任务，切实把事业带向新高度、新境界。具体来说，一方面，要做好“十三五”规划收官工作，各单位要全面总结“十三五”规划实施情况，对照指标，找出短板和弱项，今年再加把劲，把基础打得更牢靠，把短板补得更齐；另一方面，要精心谋划“十四五”规划。党委常委会已经研究通过了学校“十四五”规划编制领导小组和工作组，全面推进规划调研、起草和编制工作。这里我要强调三点。**一是围绕国家急需。**规划要着重体现学校在服务国家乡村振兴、长三角一体化、江苏“六个高质量”等国家和区域战略需求中的担当作为。**二是着力彰显特色。**要切实把“强农兴农”和“放大特色优势”融入校院规划和各条线规划。**三是强化目标导向。**要围绕学校和党代会确定的中长期发展愿景，高起点、高定位设计好五年发展蓝图。

2. 争创一流，“信心”为基。信心源自成绩。近年来，我们在办学治校的各领域取得了不少一流的业绩，比如我们的农机装备、水泵、农产品检测、家蚕基因、知识产权、中小企业、医学检验等都是国内一流的，我们的国际化、“三全育人”、

关工委育人、“挑战杯”竞赛等工作在全国是也一流的。一流是江大人的底气所在，也是江大人的自信所在，更是江大人的不懈追求。可以说，我们在许多领域取得了一流的成绩，对此我们要有充分的自信。但对照研究型大学和一流大学的建设目标，到2035年要建成研究型大学，我们所有学院都应该有博士点，同时要有一批学科、专业、课程、人才、项目、成果等进入国家一流行列，可见，争创一流将是我们今后很长一段时间的任务和追求。我常说，争创一流，人人有责。争创一流不仅是校领导的使命任务，也是各单位领导班子、学科方向带头人的使命担当，更是全体江大师生义不容辞的责任。因此，全校各单位、每个岗位、每个人都要谋一流、创一流、争一流。2020年，是决胜一流学科创建的关键之年，要在“双一流”“双万计划”等“国字头”项目和成果中创造一流成绩，我认为最根本、最需要的还是信心。信心比黄金更重要，全体江大人都要坚定信心，要让信心产生强大的精神力量，把信心转化为创建“双一流”的实际行动。各领域各岗位都要瞄准一流目标任务，始终保持昂扬的斗志，集中力量，攻坚克难，坚决打赢跻身国家一流学科创建这场硬仗。

3. 担当重任，“实干”为要。2020年是学科评估、学位点申报、一流专业和课程等申报建设大年，这些都是关系到学校研究型大学建设的大事。面对这些高峰陡壁，我们能否翻山越岭、勇攀顶峰？面对这些急流险滩，我们能否破浪前行、力争上游？我们能否在这些大大小小的“考试”中取得新成绩，我想关键在于“实干”。要抓实、再抓实，不落实，再好的谋划只能是空中楼阁，再近的目标只能是镜花水月。在座的各位都是学校事业发展的中坚力量，是各条线的带头人和骨干力量，学校各方面事业发展得好不好关键看在座的各位怎么干，干得怎么样。大家要大力弘扬“自强厚德，实干求真”的江大精神，以“干、实干、努力干、创造性干、领导带头干”的实际行动，做到“万众一心加油干，越是艰险越向前”，我们的事业就一定能迈向新的境界。由于疫情的影响，2020年的时间极为紧张，任务极其繁重。可以说，时间不等人！我们必须与时间赛跑，抓重点、抓大事：**一是抓好一流学科。**学校第四次党代会已经明确，要建设世界一流大学，因此，学校将进一步推进农业工程学科特区建设，加速推动各学科同农业工程学科的交叉，力争2020年实现ESI前1‰的学科的突破。除农业工程之外，我们的食品科学与工程、动力工程及工程热物理、机械工程、管理科学与工程等一批学科都要逐步进入国家一流学科建设行列，唯有如此，我们才能跻身一流大学建设行列。我们要高标准做好第五轮学科评估和学位点申报各项准备，相关学科、学院要按照校领导调研申报要求，对标补差、打造亮点，确保获批更多博士点，各优势学科排名都要争先进位。**二是抓好一流专业、一流课程。**各相关学院要认真统筹专业建设三年规划，将13个国家一流专业建设成为名副其实的全国一流专业和“三全育人”示范专业。大力加强一流专业、一流课程培育，力争有更多专业和课程入选国家一流。同时要高度重视一流教材、一流教学成果等优质教学资源的培育。**三是抓好一流成果。**2019年国家奖、省部级奖成绩不错，2020年怎么办？各单位、各学院要思考、要行动，要把“国字头”摆在显著位置，抓实国家自然基金、国家社科基金等项目申报，加强重大科技项目和成果培育，重点谋划“杰青”、“优青”、重大重点项目及国家奖、省部级奖的申报工作。着力完善“提早谋划、政策牵引、精心培育、重点打造”的机制，盯能人、盯强队，确保标志性成果不断线。**四是抓好一流“三全育人”**。2020年是“三全育人”中期检查年，离2021年验收时间已经过半，可以说时间紧、任务重。要加快健全育人体制机制，深入贯彻中共中央、国务院刚印发的《关于全面加强新时代大中小学劳动教育的意见》，建立健全劳育与德育、智育、体育、美育相融合的育人体系，不断深化实践育人实效，实现知行合一，促进学生形成正确的世界观、人生观、价值观，培养有历史责任感、志存高远的时代新人。要对照验收标准，尽快出台“十大育人”方案，凝练经验做法，加大宣传力度，打造特色亮点，努力实现2020年考研录取率、留学深造率、竞赛获奖率持续提高，确保中期检查和试点建设期满考核“优秀”。

我们还要抓好一流队伍建设，精心筹备第三次国际化工作会议，大力推动省部共建、省市共建相关项目落地落实，还有其他方方面面的工作，颜校长在工作报告中已做详细部署，我不再细说。总而言之，全校上下要紧密围绕“双一流”创建和高质量发展目标，牢固树立一流意识，践行一流的理念、思路、举措，一步一个脚印、稳扎稳打向前走，确保一张蓝图绘到底，创造经得起实践和历史检验的一流实绩。

四、深入推进全面从严治党，维护风清气正的政治生态

习近平总书记在十九届中央纪委四次全会上指出，要把“严”的主基调长期坚持下去，推动新时代纪检监察工作高质量发展，这为学校推进管党治党工作提供了根本遵循。

1. 压紧压实主体责任。习近平总书记多次强调，全面从严治党，党委要认真履行主体责任。校党委抓全面从严治党的决心是坚定的，措施是严格的，力度也是前所未有的。深入推进全面从严治党，关键在于落实“两个责任”，要制定好党委主体责任和纪委监督责任清单，抓实二级党组织全面从严治党主体责任，召开全面从严治党工作会议，把管党治党向纵深处推进。需要特别强调的是，抓全面从严治党是校党委领导班子成员、二级党组织书记和党支部书记必须肩负的一项政治责任，是分内之事、应尽职责，不抓、不会抓、抓不好就是不称职、失职、渎职。要进一步加大巡察力度，2020年党委将对20个党组织开展巡察，持续抓严巡察整改，巩固巡察成果，切实把巡察当作一次全面的政治体检。要持续深化纪检监察体制改革，党委常委会已经审议通过了学校二级单位纪检体制改革方案。要不断加强纪检监察队伍建设，提升纪检干部能力。各二级党组织书记要履行好管党治党、全面从严治党“第一责任人”职责，班子成员要履行好“一岗双责”，抓好抓实党风廉政建设。

2. 优化纪监巡审联动机制。要进一步健全纪检监察、巡察审计联动机制，加强内部监督的协调配合，这是2019年省属高校综合考核提出的明确要求，2020年我们要着力推进这项工作。要落实“管好关键人、管到关键处、管住关键事、管在关键时”的要求，建立政治监督、协同监督、日常监督、专项监督及“嵌入式”监督的立交桥，切实把政治监督作为干部监督管理的重中之重，坚决做到党委的重要决策部署指向哪里，纪委的监督检查就跟进到哪里，确保监督科学精准、稳慎有效。进一步建立政治风险防控机制，针对教学科研管理、人才引进、国际交流合作、社团文化活动等重点领域，落实政治风险防控举措，维护学校政治安全稳定。加强廉政风险点排查与防控，完

善招生、后勤等重要领域权力运行与监督制约体系。要严格正风肃纪，紧盯选人用人、安全生产、师德师风、后勤基建、招投标等重点领域，综合运用监督执纪“四种形态”，依规依纪依法从严查处不收敛、不收手的各类违纪和职务违法行为。

3. 加强一流作风建设。近年来，学校着力加强作风建设，机关和学院作风明显好转，教职工干事创业、争创一流的精神风貌初步形成，2020 年我们还要继续深化作风建设。要坚决整治形式主义官僚主义，特别对不作为、懒作为、慢作为的行为予以坚决查处。要持续强化机关和学院工作人员作风建设，选树一批管理服务示范岗，让一流镌刻在教工心里、展现在精气神上、体现在工作成果上，努力促进一流作风在江大校园蔚然成风。要大力推进廉政文化建设，多形式加强警示教育、廉洁自律教育，创建一批廉政文化示范点，引导广大党员、干部率先垂范、严于律己、严以修身，带头作清正、廉洁的表率。

最后，我再强调一下安全稳定工作。大家要牢固树立保稳定、促发展、创一流的大局意识，切实把师生安全放在心坎上，把维护稳定抓在手头上。当前，国务院安全生产督导组正在江苏开展为期一年的安全生产专项整治，督导组 2019 年莅临学校进行安全生产督查，提出了新要求。年初，校领导带队对学校安全生产进行了一次大检查，发现了不少安全隐患和问题。各单位要按照 3 月 19 日召开的学校安全工作会议精神，切实抓好问题整改落实。要加强协同联动，对重点领域、关键环节的安全生产督查常抓不懈，做到早教育、早预防，早发现、早整改。我们还要抓好开学期间卫生消毒、食品安全、校园交通安全等方面的保障工作，及时掌握师生思想动态，跟进做好学生心理疏导工作，努力营造安全、稳定、和谐、幸福的校园环境。

各位代表、老师们、同志们，美好蓝图需要我们用智慧去描绘，一流事业需要我们用汗水去浇灌。站在两个一百年奋斗目标交汇点上，让我们以习近平新时代中国特色社会主义思想为指导，贯彻落实立德树人根本任务，勇担强农兴农伟大使命，以时不我待的精神境界和功成不必在我、建功必定有我的责任担当，只争朝夕、不负韶华，全力推进“双一流”创建和高水平研究型大学建设，以更加优异的成绩向第一个百年奋斗目标献礼。

坚定信心　坚毅前行
加快提升学校事业发展国际化水平

——颜晓红同志在江苏大学第三次国际化工作会议上的报告

（2020 年 6 月 28 日）

校长　颜晓红

今天，我们在这里隆重召开江苏大学第三次国际化工作会议。这次会议是在推动“十三五”圆满收官和系统谋划“十四五”的关键时期，也是在新冠肺炎疫情在全球蔓延、国际交流合作面临严峻挑战的特殊时期召开的，对于全校上下统一思想，坚定国际化发展信心，推动国际合作战略向纵深发展，具有十分重要的意义。本次会议的主要任务是：总结回顾第二次国际化工作推进会以来学校国际交流与合作工作取得的成绩，查找差距和不足，分析面临的新形势与新要求，明确新时期国际化工作的指导思想、预期目标和重点任务，进一步坚定信心、坚毅前行，加快提升学校事业发展国际化水平。

一、过去5年来的国际化工作回顾

第二次国际化工作推进会以来，学校坚持以习近平总书记关于高等教育发展的重要论述精神为指引，认真贯彻国家关于教育对外开放和推进共建“一带一路”教育行动的决策部署，坚持把国际化作为研究型大学建设的必由之路，突出“学术导向、队伍支撑、学生主体、能力提升和氛围营造”，深入实施国际学术声誉提升计划、国际化师资引进培养计划、国际化人才培养计划、国际化管理服务能力提升计划、国际化环境氛围营造计划等，取得了显著的成效，学校办学影响力和竞争力大幅提升，为推进高水平有特色国际化研究型大学建设发挥了重要的推动作用。

（一）合纵连横，办学国际影响显著提升

全球合作范围快速拓展。5年来，学校新增友好院校及科研机构80所，其中QS世界排名前200位的院校6所。目前，学校已与美、澳、日、韩、德、加等48个国家和地区的181所高校、科研机构建立了合作交流和战略伙伴关系，合作伙伴规模逐步壮大。**区域及多边教育合作模式不断丰富。**学校牵头发起由17个国家和地区的33所高校共同成立的农业工程大学国际联盟，并当选为首任理事长单位；牵头发起由69家高校、科研机构和农机企业共同成立的农业装备国际（产能）合作联盟，服务“一带一路”沿线国际农机装备行业发展。学校当选江苏—英国高水平大学20+20联盟首轮主席单位和江苏方常设秘书长单位，联合剑桥大学、牛津大学等16所英国高校和23所江苏高校发布《江苏—英国高水平大学20+20联盟江苏宣言》，推动共建江苏—英国高校发展共同体。加入江苏—安大略省大学联盟、江苏—澳门·葡语国家高校联盟、中国—东盟高等医学教育联盟、工科大学联盟及国际教育创新发展联盟，出任多家联盟副理事长单位。**办学国际影响力日益扩大。**与联合国工发组织和教科文组织、中国农业国际合作促进会等国际合作组织的交流进一步加深。与孔子学院合作承办国家汉办全球首个来华创新试点项目，成功竞标孔子学院总部外派汉语师资岗前培训项目。恢复援外农机培训，成功开展2届赞比亚农业机械化培训班，举办3届中非农业合作发展高峰论坛。应邀参加中央广播电视总台中国国际电视台（CGTN）“全球疫情会诊室”节目，通过视频连线方式与坦桑尼亚、赞比亚等非洲4国分享新冠肺炎疫情防控与复工复产经验。主办国际学术会议66场、海峡两岸学术论坛2场。“三国三校国际学术会议”已连续成功举办了26届，会议已发展成为10多个国家、20余所高校参与的大学生和青年学者的学术盛会。此外学校还应邀出席第四届“一带一路”达沃斯论坛、第七届中非智库论坛、中国东盟教育交流周校长论坛等重要国际会议并做主旨发言，面向全球讲述江大故事、江大经验，学校国际知名度和影响力进一步扩大。

（二）点面结合，人才培养国际化进程显著加快

学生境外学习交流数量大幅增长。5年来，具有海外学习交流经历的学生累

计达4 644人，785人赴哈佛大学、伦敦大学学院、新加坡国立大学等世界名校留学深造。其中，2019年学校赴海外学习交流人数首次突破1 200人，较2014年翻了一番。设立并成功实施金山英才班专项海外研修项目，拔尖人才境外集体研修取得突破。**中外联合培养项目更加丰富。**5年来，新增中美、中澳本科生学分互认双学位项目7项，中法工程师本硕联合培养实验班项目1项，中英研究生双学位项目1项，目前成建制中外合作办学、联合培养项目达10项。学校获批为《中美人才培养计划》121项目创新人才培养实验基地。**学生国际交流平台层次不断提高。**学校获批为国家高水平大学公派研究生项目单位、国家优秀本科生国际交流项目单位、首批国家留学基金委乡村振兴人才培养项目单位，成为教育部考试中心托福网考考点单位。“中日韩暑期创新工程设计项目”和“中日韩创新工程设计竞赛项目”已连续成功举办7届。**中外合作办学机构实现历史突破。**与英国克兰菲尔德大学联合申报的江苏大学克兰菲尔德大学未来技术研究生院成功获批，成为学校办学历史上首个中外合作办学机构，将为学校高层次人才国际联合培养提供重要的平台。

（三）提质增效，“留学江大”品牌日益彰显

留学生规模持续快速增长，结构日益优化。目前，共有来自116个国家和地区的2 728名来华留学生在校学习，其中学历留学生规模达2 239人，较2014年增长100%。学历留学本科生、研究生比例接近1∶1，留学生规模和结构保持全省领先、全国先进。**留学生生源质量不断提升。**“农业工程复合人才硕博培养”连续3年入选中国政府奖学金（CSC）高校研究生项目，“流体机械及工程”“农业电气化与机械化”培养项目入选中国政府奖学金“丝绸之路”项目，“非洲国家高校高层次人才培养”首次入选“中非友谊”中国政府奖学金项目。5年来，共招收中国政府奖学金生442名，累计资助金额达3 304万元。**来华留学教育质量稳步提高。**开设全英文课程497门，4门课程入选教育部来华留学生英语授课品牌课程，20门课程入选江苏省高校全英文授课精品课程，精品课程总数居全省第1位。立项建设全英文教材38部，已出版23部。牵头发起成立“一带一路”国际人才培养产学联盟、农业装备国际（产能）合作联盟，共建国际人才培养实践基地30个，建立了国际国内、校内校外联动的国际人才产学融合培养新模式。本科生留学人才“3+1”“m+n”培养模式改革全面推进，留学研究生同窗学习、同室创新、同台竞技的“三同”趋同化培养深入实施，生源、培养、就业“三质并重”的留学生培养质量体系逐步完善。3名留学生受邀赴联合国进行中文演讲，2名留学生荣获“同乐江苏”外国人汉语演讲大赛决赛一等奖。学校成功入选首批“留学江苏目标高校”、首批教育部来华留学质量认证高校，连续2年发布来华留学质量报告。

（四）外引内培，师资队伍国际化水平显著提高

师资国际化“四个100计划”深入实施，国际化人才引育取得显著成效。5年来，先后成功举办7场海外高层次人才论坛，共引进一年及以上海外学习经历的专任教师256人，占引进专任教师总数的45.8%；选派423名教师赴海外高水平大学或研究机构进修深造，504名教师赴境外参加国际学术会议和科研合作；聘请350人次外国专家来校任教任职，引进专业外教61人，招收境外高水平大学的外籍博士后165人。专任教师中具有一年及以上海外留学经历的比例由2014年的24%上升为目前的36%。**海外高端引智实现新的突破。**“高端流体机械装备与技术学科创新引智基地”成功获批“高等学校学科创新引智计划（111计划）”。邀请数名诺贝尔科学奖获得者来校进行学术交流并聘其为客座教授或荣誉教授。多位国际知名人物做客学校人文大讲堂。成功引进由意大利、瑞典、日本等多国科研人员组成的国际研究团队。获批国际类国家高层次人才计划2项、科技部“高端外国专家引进计划”3项、国家外专局文教类“高端外国专家引进计划项目”15项、“教科文卫重点引智项目”2项、江苏省外国院士类“双创计划”1项、江苏“外专百人计划”5项、江苏省外国专家工作室9个。外国专家先后荣获“中国政府友谊奖”“改革开放40周年最具影响力的外国专家”“江苏友谊奖”“江苏省五一劳动荣誉奖章”等多项荣誉。学校连续荣获“江苏省外国文教专家管理工作先进单位”，成为江苏省高教学会外国文教专家工作研究会会长单位。

（五）协同创新，国际学术影响与科研合作能力显著增强

国家级国际科技合作平台持续实现突破。联合美国北卡罗来纳州立大学国家航空研究院等共建的高端装备关键结构健康管理国际联合研究中心，以及联合法国国立高等工程技术学校等共建的流体工程装备节能技术国际联合研究中心，均获批为国家级国际联合研究中心。**科研平台与科研项目合作成效日渐凸显。**先后与英国利兹大学和德比大学、意大利燃烧与环境研究中心、韩国国立庆尚大学、泰国清迈大学等国外高校、科研机构建立了国际联合实验室，开展食品质量与安全检测、智能车联网与交通大数据、燃气轮机燃烧技术、流体与动力工程等领域的协同科研攻关。近年来，获批国家自然科学基金组织间国际（地区）合作研究项目、“国家重点研发计划”国际合作项目，以及国际（地区）合作与交流项目等18项，累计到账科研经费达1 190余万元，逐步实现了国际科研合作的特色发展和重点突破。**国际学术影响日益扩大。**袁寿其研究员荣获“亚洲流体机械杰出工程师奖”，马海乐教授当选亚洲农业工程学会副主席，一批专家受邀担任国际知名期刊主编、副主编及编委，国际学术话语权初步显现。学校作为第一单位、学校教师作为第一作者（或独立通讯作者）在*Nature Reviews*、*PNAS*、*CellReports*等国际顶级或一流期刊发表高质量研究论文9 000余篇。申请国际专利（PCT）257件，其中国外发达国家发明专利申请148件，授权35件。

（六）立改并举，国际化工作环境与氛围显著改善

国际化工作体制机制进一步理顺。“统一领导、归口管理、分级负责、协调配合”的国际化工作机制进一步巩固，职能部门合力推动、二级单位教职工和学生广泛参与的“大外事”工作格局进一步确立。**国际化管理与组织保障进一步加强。**先后成立语言文化中心、留学中国预科教育联盟国际预科中心（中文）、“一带一路”国际人才学院和产学融合研究院；各二级单位形成了“一把手”主抓主管、分管领导分工负责并配备国际化专员专人落实的工作体系，校院两级国际化管理干部队伍进一步壮大；开设了15期管理干部英语口语培训班，近400人通过了英语口语考核；组织了一批骨干人员赴英国剑桥大学学习人才培养和管理经验，管理队伍国际化服务能力和水平明显提升。**国际化工作制度体系进一步健全。**修订制定《江苏大学国际合作与交流工作管理办法》《江苏大学中外合作办学（联合培养）管理及实施办法》《江苏大学学生短期赴境外交流学习管理办法》，以及来华留学生招生、学籍、英语授课等系列规章制度文件，师资培训出国留学基金、国际学术交流基金、大学生留学交流基金及留学生奖助学金等各类支持政策进一步完善，有力保障了国际化工作又好又快发展。**国际化氛围更加浓郁。**校园各类管理和服务系统的中英文标识进一步规范，校院两级英文网站建设进一步加强。连续举办9届国际文化节，定期举办中外研究生学术论坛等各类活动，国际化校园环境和文化氛围得到显著提升。近年来，学校国际化工作多次受到《人民日报》《光明日报》《中国教育报》等权威媒体的报道。学校连续多次获评江苏省教育国际合作与交流先进学校。

总的来说，过去5年多来的国际化工作表现可圈可点，成绩有目共睹。实践充分证明，国际化是学校加快高水平研究型大学建设的重要路径，是学校提升办学综合实力和国际影响的强大动力。近年来，我校工程学、材料科学、临床医学、化学、农业科学、药理学与毒理学、生物学与生物化学7个学科进入ESI排名全球前1%，ESI综合排名跃升至全球第751位、国内（除港澳台地区）高校第47位。14个学科进入软科世界一流学科排名，2个学科首次进入全球前75位。软科世界大学学术排名，学校首次跻身全球前500强；泰晤士世界大学排名，学校列第892位，国内（除港澳台地区）排名前进至第43位；QS2020亚洲大学排行，学校列第224位，国内（除港澳台地区）排名提升至第51位；等等。这些都是国际化助推学校内涵发展的生动例证。

老师们、同志们，上述这些成绩的取得，是全校师生员工和广大海内外校友共同努力的结果，也是各级领导和社会各界关心支持的结果。在此，我代表学校向为学校国际化工作快速发展做出积极贡献的老师们、同志们、校友们表示衷心的感谢，向长期关心支持我校事业发展的各级领导和各界朋友致以崇高的敬意！

在充分肯定成绩的同时，我们也必须清醒地认识到，与国内外同层次高水平大学相比，与创建“双一流”、建成高水平有特色国际化研究型大学的要求相比，学校国际化工作的质量和效益都有待进一步提升。具体来看，问题和差距主要体现在：**一是学校国际化办学体系还不够健全。**支撑国际化工作可持续发展的四梁八柱还未完全形成，体制机制有待进一步优化。**二是师生国际交流合作的维度和深度有待进一步拓展。**教师与国外高水平同行之间深层次合作的能力仍显不足；学生出国交流的项目类型有待进一步丰富，境外学习交流尤其是具有3个月以上访学经历的学生数量偏少。**三是有效参与国际教育治理和协同创新的话语权不足。**在国际组织或重要国际期刊担任职务的专家教授人数偏少；牵头建设高水平国际联合实验室（研究中心）和牵头承担国际重大科研项目的能力有待进一步增强。**四是来华留学教育竞争力有待进一步提升。**全英文授课教师的数量和教学能力需要进一步提升，全英文授课专业和课程建设系统性、科学性与国际标准存在一定差距，对海外优质生源吸引力有待增强，等等。对于这些问题和差距，我们必须正确面对并高度重视加以解决，努力以更高质量、更高效益的国际化推动学校新一轮跨越发展。

二、国际化工作面临的形势

当今世界正在经历百年未有之大变局。世界多极化、经济全球化、社会信息化、文化多样化深入发展，全球治理体系和国际秩序变革加速推进，世界各国人民的命运从未像今天这样紧紧相连。虽然世界仍然面临着霸权主义、强权政治、战乱恐袭、饥荒疫情等诸多挑战，但和平与发展仍是当今时代的主题。做好新一轮国际化工作，实现学校“别径通幽”的高质量发展，需要我们进一步统一思想、凝聚共识、坚定信心，正确认识和把握国际化工作面临的形势。

（一）我国正处于推动形成全面开放新格局的关键期

对外开放是我国的基本国策。习近平总书记在党的十九大报告中鲜明指出“中国开放的大门不会关闭，只会越开越大”，强调要推动形成全面开放新格局，扩大开放的范围，拓宽开放的领域，加深开放的层次。李克强总理在今年的全国人大会议记者会上又形象地打比喻说：“开放对各国如同空气对人一样，须臾不可离，否则就窒息。”由此可见，我国深化改革开放的宏观环境没有改变，全面开放新格局的形成必将给高等教育发展带来更大的政策红利，必将为全国高校创建世界一流大学和一流学科提供更加有利的国际国内环境。

（二）我国高等教育正处于扩大对外开放的战略机遇期

开放性是高等教育本质特征的重要体现，是培养高素质拔尖创新人才的重要支撑。随着我国全球影响力的大幅提升，国内高校与世界高等院校、科研机构之间的实质性合作越来越频繁，教育对外开放进入从规模向质量转化、从速度向实效转化、从广度向深度转化的“提质增效”新阶段。中办、国办联合印发了《关于做好新时期教育对外开放工作的若干意见》，要求开创更有质量、更高水平的教育对外开放新局面。习近平总书记在全国教育大会上作出“扩大教育开放，提升我国教育世界影响力”的重要指示，为加快和扩大教育对外开放注入了强大动力。日前，教育部等八部门又联合出台了关于加快和扩大新时代教育对外开放的意见，推动形成更全方位、更宽领域、更多层次、更加主动的教育对外开放新局面。做好新时期的国际合作与交流工作，我们必须深刻领会和深入贯彻这些新政策与新精神，进一步加强党对教育开放工作的领导，牢牢把握当前我国加快和扩大教育对外开放的重要机遇，学习和借鉴世界先进的教育理念和办学经验，把提高国际化水平作为质量建设、内涵发展的重要抓手和新的增长点，以开放促发展，全面有效提升学校的国际竞争力和影响力，在国际高等教育和科技舞台展示“江大形象”，为服务党和国家工作大局做出“江大贡献”。

（三）学校正处于全力以赴创建“双一流”的冲刺期

国际化是世界一流大学的共同特征，也是大学自身快速发展的重要引擎。党和国家从实现“两个一百年”奋斗目标和中华民族伟大复兴中国梦的高度，统筹推进世界一流大学和一流学科建设，对高校扩大国际影响、提升国际地位提出明确要求。学校第四次党代会确立了创建世界一流学科、跻身世界一流大学行列的奋斗目标，并将国际合作战略列为“六大战略”之一，明确了国际化“提质增效”的新任务和新要求。因此，我们要在扎根中国大地的同时，拓宽全球视野，瞄准世界一流，通过更广范围、更高层次、更具实效性的国际合作与交流，大力提升师资队伍国际化能力，深化国际人才培养和科研国际协同创新，积极争取和扩大国际话语权，大幅提升学科国际影响力，为学校“双一流”创建和高水平大学建设提供更加坚实有力的支撑。

老师们、同志们，今年突如其来的新冠肺炎疫情在全球迅速蔓延，给世界各国人民的身体健康和生命安全带来了巨大威胁，也给教育对外开放带来极大影响，给学校国际化工作带来了很多困难。尽管如此，我们应该看到，疫情带来的困难和挑战是阶段性的，全球化仍是大势所趋，不会因疫情而逆转或改变。这次疫情的综合效应在全球产生的深远影响，生动地说明了全人类的命运已经紧紧联系在一起，更加深刻地凸显了国际合作的必要性。从长远看，全球化潮流势不可挡，我国全面开放的基本国策不会变，教育对外开放的方向不会变，学校"双一流"创建对国际化的战略需求不会变小、只会变大。因此，我们要始终保持国际化战略定力和战术韧劲，越是风急浪高时，越要心中无惧、行动有力。唯有保持清醒的头脑，显现超人的勇气，拿出创新的举措，我们才能实现国际化工作提质增效的总体目标，书写好新时期教育对外开放的"江大篇章"。

三、未来5年国际化工作的指导思想、预期目标和重点任务

（一）指导思想

以习近平新时代中国特色社会主义思想为指导，深入贯彻全国全省教育大会和中办、国办《关于做好新时期教育对外开放工作的若干意见》及《教育部等八部门关于加快和扩大新时代教育对外开放的意见》精神，全面落实学校第四次党代会关于实施国际化战略的部署要求，按照"围绕中心、服务大局，以我为主、兼容并蓄，提升水平、内涵发展，平等合作、保障安全"的工作原则，以提质增效为目标和主线，以拔尖创新人才培养为核心，以高水平师资队伍建设为抓手，以国际科研协同创新为引擎，创新国际交流合作体制机制，完善对外开放体系，扩大国际办学影响力和竞争力，为推进"双一流"创建和高水平有特色国际化研究型大学建设提供更加有力的支撑。

（二）预期目标

根据上述指导思想，未来5年学校国际化工作的主要发展指标如下。

——国际人才培养：获批1个具有本科专业的高水平中外合作办学机构，江苏大学克兰菲尔德未来技术研究生院高质量运行；通过国际专业认证的本科专业2~3个；新增本科及以上中外合作办学专业8个（含招生计划单列学分互认双学位项目）；到2025年，建成各类联合培养双学位项目30个以上；省优势学科、国家一流本科专业建设点与世界大学综合排名前300位高校或学科专业排名前100位高校的学分互认课程达30%以上；具有3个月以上海外学习或实习经历的本科生比例超过5%，硕士生超过10%，博士生超过30%；本科毕业生出国留学比例达到5%。

——师资队伍建设：聘请外籍院士、诺贝尔奖获得者等海外高端人才5~6人、团队3~4个，引进具有海外博士学位或者博士后经历的青年才俊500人，专任教师具有1年以上海外访学经历的比例超过45%。在国际学术组织、国际重要期刊任职的10人以上。到2025年，在校外籍博士后达到300名左右。

——国际科研合作：新增国际联合实验室、国际联合研究中心、国际技术转移中心10个以上，其中科技部"高等学校学科创新引智计划"1个、国际联合研究中心2~3个；新增国家级国际科技合作项目12~15项；承办高水平国际学术会议6~8场。

——来华留学教育：到2025年，来华学历留学生总规模达3 000人，非学历留学生规模达1 000人。其中，研究生达

1 500 人，博士研究生占 50%以上；本科生稳定在 1 500 人左右，中文授课留学生达 20%以上；来华留学预科生规模达到 300 人，校际交流生达 200 人。

——对外人文交流：新增孔子学院（独立孔子课堂）1～2 所；实现境外办学机构的突破；建成互联网+江南文化传承与传播基地虚拟仿真实验教学平台。

（三）重点任务

1. 聚焦拔尖创新人才培养，实施人才培养国际化提升工程

一是大力推进中外合作办学。积极寻找优质合作伙伴，集聚高端合作办学资源，设立本科专业的中外合作办学机构。实施“一院一项目”工程，加大境外优质教育资源引进力度，每个学院至少建成 1 个中外合作办学（双学位联合培养）项目，持续做好学分互认、学位联授等联合培养项目，高品质运行江苏大学克兰菲尔德未来技术研究生院，开展高层次国际创新人才培养。**二是加强国际专业和课程建设。**融入国际教育质量标准，积极推进国际专业认证；着力引进国际优质课程资源，组织留学回国或境外高水平教师开设双语或全英文课程；积极开展研究生研修海外高校课程的学分互认；在借鉴海外优质课程和教材基础上，着力打造兼具专业深度、视野广度、理念高度的特色国际课程和教材，进一步扩大学生的全球视野。探索大学生创新“一院一品”机制，鼓励他们参与国际竞赛。提倡学院（学科）了解本学科、专业领域衡量人才培养中创新理念、创新设计、工程实践、综合能力等方面的国际赛事，鼓励学院积极组织参加大学生国际创新竞赛、交流活动，倡导学院积极承担至少 1 个大学生国际创新合作（交流、竞赛）项目。**三是持续拓展海外研修渠道。**积极申报国家留学基金委公派研究生项目、创新型人才国际合作培养项目、乡村振兴培养专项；做好金山英才班海外研修专项；成立中法工程师学院；实施大学生海外学习线上项目；设立研究生国际化培养后备班，开拓国际组织实习等渠道，努力形成多类型、多层次的学生海外访学、竞赛、就业等工作体系；完善出国留学指导服务机制，提升学生国际语言能力，高质量运作境外升学项目 50 项，不断提升学生的全球胜任能力。力争到 2025 年，本科毕业生出国（境）升学比例达到 5%，其中赴世界排名前 200 名大学的人数达到每年 150 人以上。

2. 聚焦一流人才引育，实施师资队伍国际化提升工程

一是瞄准世界一流，大力引进国际高端人才。紧紧围绕特色发展和创新需求，以质量和贡献为导向，依托“111 计划”等国家级项目和平台，全职或柔性引进外籍院士、诺贝尔奖获得者等国际大师级高端人才或学术团队来校开展合作，集聚国际一流人才。优势学科须每年申报国家“高端外国专家项目”，支持优秀外国专家申报国家和江苏省外专计划、中国政府友谊奖等。**二是持续推进“四个 100 计划”，引育并举，集聚高质量人才。**每年选派 100 名左右优秀中青年骨干教师赴海外高水平大学或科研机构研修访学，每年聘请 100 名左右国外知名大学和科研院所的外籍教师，每年引进 100 名左右海外高水平大学博士，每年招收 100 名左右外籍博士后。创新海外高层次人才论坛举办形式，开展海外专场招聘，进一步优化学缘结构，大力提升师资队伍国际化比例。到 2025 年，具有 1 年以上海外学习或工作经历的教师比例达 45%，在职外籍教师比例名列江苏省属高校前茅。**三是引导教师积极参与国际教育治理和学术交流。**鼓励教师加强对国际重大教育理念规划的研究，积极参与国际教育教学评估认证、制定相关技术国际标准等；支持教师广泛参与国际学术交流活动，争取在更多国际著名学术会议上作大会报告、在更多国际期刊或国际学术机构任职，提升学校国际学术声誉和话语权。

3. 聚焦一流学科创建，实施学科建设国际化提升工程

一是突出学校办学特色，推动农业工程学科率先进入世界一流学科行列。坚持用国际视野和国际标准，抢占世界农业装备科技创新制高点，努力在部分关键共性技术研究和重大产品研发中确立不可替代性。深入推进农业工程大学国际联盟、农业装备国际（产能）合作联盟建设，不断提升学校在农业工程领域的国际学术声誉和国际影响力。**二是全面提升各学科国际合作水平。**各学科根据自身特点，利用学校高层次人才国际资源和高端平台，规划合作领域和合作伙伴。江苏省优势学科主要合作对象为世界大学综合排名前200位高校或世界学科排名前100位高校，稳固3~5个全方位战略合作国际伙伴。其他学科主要合作对象为世界大学综合排名前500位高校或世界学科排名前200位高校。**三是加快扩大各学科国际影响。**每个省优势学科至少2名骨干教师在国际学术组织任委员及以上职务，或在国际重要期刊任编委及以上职务，积极争取国际学术话语权；每个省优势学科在1个建设期内承办1次以上高水平国际学术会议；PCT专利申请数量跻身中国（除港、澳、台地区）高校前10位，2025年境外发达国家授权发明专利40~50件。

4. 聚焦一流成果产出，实施科学研究国际化提升工程

一是加强国际创新团队建设，积极争取国际科研项目。充分利用20+20联盟、农业工程大学联盟等国际教育科技资源，积极推动教师和学术团队牵头或参与组织一批国际区域性重大研发计划；共建国际科研团队，形成相关领域的学术共同体，共同申报国际科研项目，承担科技部和国家自然科学基金委重大国际合作项目，着力培育新的研究方向和学科增长点。**二是加强科研平台建设，提升国际科研协同创新能力。**遴选若干具有重要影响力的国家级、省部级平台，与发达国家高校和科研机构实验室加强合作，着力打造一批强强联合的交叉集成国际科研平台。稳步实施“111”引智计划，加强国际联合实验室（研究中心）联合申报。到2025年，拥有博士点学科的，尤其是拥有江苏省优势学科的学院、科研机构至少要建成1个国际联合实验室（研究中心）或国际技术转移中心（国别研究中心）。**三是大力支持承办或主办高水平有特色的国际学术会议。**进一步完善承办或主办高水平国际会议和前沿领域专业研讨会的管理机制，加大资助力度，加强与国际学术组织的联络，引导和支持更多单位举办多层次、多学科的国际级别学术会议；邀请更多国际知名学者参加学校举办的学术会议，持续推动国际科研协同创新能力提升。

5. 聚焦品牌打造，实施来华留学教育质量提升工程

一是不断提高留学生生源质量。精心实施教育部高校研究生项目、学校“一带一路”高水平大学师资博士培养项目，进一步对接对国家战略及市场需求，不断调整和优化留学生招生专业、生源结构、学历层次等；充分利用中国和江苏政府奖学金、孔子学院奖学金，以及学校和各类企业奖学金，构建留学生“入学—成长—成才”为一体的多层级奖学金体系，吸引留学生攻读硕士及以上学位；高效运行CCN国际预科中心，确保在稳定留学生规模的基础上，实现留学生招生的优质化、多元化。**二是持续提升留学生培养质量。**加强英语授课师资培养，加大英语授课精品课程和全英文教材建设力度，到2025年新增教育部和江苏省来华留学英语授课精品课程10门、英文教材50部。不断创新留学生培养模式，深入推进留学本科生“1+2+1”产教融合大类培养和留学研究生“同窗学习、同室创新、同台竞技”的“三趋同”培养，强化留学生语言能力、专业知识等方面综合考核，进一步完善“双擎双能”质量保障体系。**三是促进就业与生源、培养质量协同提升，实现留学生的可持续发展。**深化“一带一路”国际人才培养产学联盟、农业装备国际（产能）合作联盟内涵建设，进一步拓展国际人才培养实践基地，“订单式”精准培养高层次国际人才；不断优化留学生导学服务体系和信用管理体系，促进国际国内学生相互融合，培养知华、友华、爱华并积极传播中国理念的友谊使者，不断放大“留学江大”的品牌效应。

6. 聚焦机制、平台建设，实施人文交流国际化提升工程

一是积极融入“一带一路”教育行动，优化全球合作网络。不断深化与传统友好伙伴高校的合作领域和层次，加强与世界一流或知名大学、研究机构的实质性合作，大力加强与“一带一路”沿线国家的教育交流合作。**二是积极拓展国际人文交流平台。**响应国家人文交流机制建设，主动参与人文交流重大项目，依托友好省州、友好城市、师生交流访学等渠道，扩展教育领域合作交流载体。充分依托江苏—英国高水平大学20+20联盟、农业工程大学国际联盟、中国—东盟高等医学教育联盟、工科大学联盟及国际教育创新发展联盟等合作平台，进一步融入教育对外开放大局，发出“江大声音”，讲好“江大故事”，促进民心相通。**三是继续办好孔子学院。**重点做好格拉茨大学孔子学院工作，积极完善、适应当地文化背景和学习生活需求，融合产学研优势的教育交流机制，并加大国际汉语教学师资储备，提升孔子学院办学水平。加强与国家汉办的联络，把握国家政策，充分利用海外校友资源，大力推动新建孔子学院。**四是打造国际中文教育基地。**发挥孔子学院引领示范作用，以汉语言文学专业作为支撑点，以“海外汉语中心”为依托，面向俄罗斯、巴基斯坦、非洲、欧盟等主要目标国家和区域，逐步实现汉语语言文学专业、学科海外可持续发展，建成国际中文教育基地。**五是有序推进赞比亚境外办学。**把筹建非洲赞比亚江苏大学作为促进中非人文交流、服务“一带一路”倡议的重要支点，积极争取国家和海内外各界的合作资源，多方筹措办学经费，高水平规划、高起点建设、高效率推进项目建设，实现境外办学机构的突破。

7. 聚焦体制机制创新，实施服务管理国际化提升工程

一是进一步加强顶层设计。探索校院两级国际咨询委员会、国际化发展委员会制度，邀请海内外知名专家学者参与国际化战略和发展路径的顶层设计。**二是进一步强化政策引导。**学校设立推进国际化工作高质量发展专项支持经费，省优势学科、国家一流专业等平台经费明确不少于10%用于国际化工作的比例，专门用于国际学术交流、人才培养、科研合作、专业与课程建设等。强化国际化绩效评价的引导功能，进一步协调和推动国际化工作进入高质量发展的“快车道”。根据国家最新政策导向，适时修制定绩效考核、职称评定等关联国际化工作的规章文件，为国际化跑出“加速度”营造良好的工作导向和制度环境。**三是进一步健全机构、配强队伍。**为主要部门配备国际化专员，为达到相应条件的二级单位逐步配备分管领导和专兼职国际化工作秘书，加强国际科研平台、联合培养项目、来华留学生等管理服务；定期举办管理队伍英语口语培训，选派优秀管理岗位人员赴境外高校研修访学，切实提高管理人员国际化服务理念和工作素养；选聘外籍员工充实国际化管理队伍，逐步将“柔性服务”转变为“硬核实招”，持续提升国际化管理服务的综合效益。

8. 聚焦环境优化，实施氛围条件国际化提升工程

一是进一步浓郁校园国际化氛围。举办各类具有国际特色的文化活动，做实做强“三国三校”国际学术研讨会、国际文化节、中外研究生学术论坛等特色项目，支持跨文化学生社团建设；逐步完善校园双语标识系统和双语信息网络建设，打造双语校园环境；对接国际标准，注重宣传和服务双重功能，做好校院两级英文网站的改版升级工作，充分展示学科特色、研究领域、办学成果等，使其成为学校展示国际形象的靓丽名片，以及国际学者、海外学生了解学校、选择学校的重要窗口。**二是进一步加强国际化办学基础条件建设。**加大外文资源建设力度，提高英文版藏书的数量和比例，加强国际主流文献数据库建设。将更多国际化理念融入建筑楼宇、办公服务场所等校园环境和基础设施规划建设，更加适应国际化发展的需求，为加强国际交流与合作提供坚实的后勤服务保障。持续推动国际教育版块建设，进一步整合国际处、海外教育学院、语言文化中心、外国语学院等机构用房布局，强化部门协同联动和融合互通，充分释放国际教育资源的集聚效应，形成国际化成果对外展示的“精彩样板”。

老师们、同志们，“察势者智，驭势者赢”。越是困难时，我们越要坚定信心，在危机中育新机，于变局中开新局，善用改革创新的方法应对新挑战、化解新问题。让我们以第三次国际化工作会议为新的起点，进一步增强国际化发展的战略定力，优化体制机制，创新工作举措，聚焦质量，强化效益，克难奋进，为加快实现“双一流”创建和全面建成高水平有特色国际化研究型大学奋斗目标而不懈奋斗！

袁寿其同志在江苏大学第三次国际化工作会议上的讲话

（2020年6月28日）

校党委书记　袁寿其

各位领导、老师们、同志们：

经过精心筹备，学校第三次国际化工作会议今天隆重召开了，这是学校深入学习贯彻习近平新时代中国特色社会主义思想，党的十九大、全国全省教育大会和学校第四次党代会精神的重要举措，也是全面落实教育部等八部门关于加快和扩大新时代教育对外开放意见，推进共建“一带一路”教育行动，促进新时代国际化工作高质量发展的重要部署。

这次会议是在“两个一百年”奋斗目标的历史交汇期，新冠肺炎疫情重塑全球政治经济格局的关键时期召开的。为了开好这次会议，相关校领导带领国际处等单位进行了广泛调研、精心论证，校党委常委会和校长办公会多次进行专题研究。颜校长代表学校党政做了工作报告，全面总结了学校第二次国际化工作会议以来取得的主要成绩，提出了今后一段时期学校国际化工作的指导思想、目标任务。特别是今天，我们非常荣幸地邀请到教育部方司长做了视频讲话，科技部聂司长发来了贺信，多所世界一流大学校长发来了祝贺视频，省科技厅赵厅长、省教育厅王厅长专程来校指导，对学校今后国际化工作提出了新的更高的要求，我们要深入学习领会、认真贯彻落实。我们还表彰了一批国际化工作先进单位和个人，举行了高等学校学科创新引智基地揭牌仪式，这也是学校获批的首个“111计划”引智基地。刚才，6位代表进行了发言，我听后很受启发，也很感动。在此，我和颜校长一起，代表学校党政，向受到表彰的单位和个人表示热烈的祝贺！向为学校国际化事业做出突出贡献的同志们表示崇高的敬意和衷心的感谢！

下面，我就推进新时代国际化工作高质量发展讲4点意见。

一、充分肯定学校国际化工作取得的成就和经验

学校的国际化工作起步早，可追溯到20世纪80年代的亚太农机培训班。特别是2007年我担任校长后，为适应高等教育从外延发展向内涵提升的战略转型，提出了“国字头、国际化”的发展战略，坚持把国际化作为建设高水平大学的重要路径，先后提出一系列国际化的思路、理念、政策和举措。经过10余年的持续努力，特别是近5年的快速发展，学校国际化工作取得了显著成效，归纳起来，我认为有三点。**一是学校国际地位快速提升。**在QS、THE等国际权威世界大学排名中，学校从榜上无名到2016年首次进入TOP1 000,近几年稳步前移。7个学科进入ESI全球前1%，学校全球排名列第751位。学校牵头成立了农业工程大学国际联盟等多个国际学术组织，成功加入中国—东盟工科大学联盟等多个国际教育联盟；当选江苏—英国高水平大学20+20联盟首轮主席单位和江苏方常设秘书长单位；联合牛津大学、剑桥大学、南京大学等高校发布《江苏宣言》；在中非智库论坛等重要国际会议上多次作主旨发言；应邀参加中央广播电视总台中国国际电视台“全球疫情会诊室”节目分享疫情防控经验；等等。这充分表明江大在国际舞台上的地位日益提升，话语权不断增强。**二是国际化内涵建设成效显著。**学校全方位推进国际化工作与教学、科研、学科等深度融合，很好地促进了事业高质量发展，如18个专业通过国际工程教育专业认证，通过数列全国高校第3位；获批国际联合研究中心等3个国家级国际平台，建立9个国际联合实验室，获国家重点研发计划等国际合作项目18项；成功引进多国科研人员组建国际研究团队，聘任诺贝尔奖获得者和知名专家为学校客座教授；等等，这些都进一步凸显了江大国际化的“硬核实力”。**三是国际办学特色与影响获广泛赞誉。**学校留学生教育发展迅速，学历留学生规模位居全国高校前30位、江苏第1位，学校获首批全国来华留学生质量认证高校，教育部分管副部长曾在大会上表扬学校的国际化工作。学校办学影响得到国内外广泛认可，如美国全球教育

联盟、南苏丹和加拿大教育代表团、俄罗斯斯塔夫罗波尔市政府代表团等来校交流合作，马来西亚6所高校校长团、奥地利格拉茨大学校长代表团等一批国外大学校长先后来访，促成了一批国际合作项目；上海市教委、浙江省教育厅及国内相关兄弟高校来校交流国际化工作；开设赞比亚农机培训班，延续并打造学校农机教育输出的国际影响；等等，这些进一步彰显了国际化办学的“江大品牌”。

总的来说，学校国际化工作的成就是突出的，对事业发展的促进是显著的。我认为，有三条基本经验。**一是始终坚守国际化办学的理念与初心。**国际化是学校与生俱来的基因。早在1980年，学校就开始为联合国工发组织和亚太农机网举办农机培训班，开启了农机教育国际输出的先河。学校2008年以来大力实施“国际化”战略，国际化已成为学校发展的目标追求和战略引擎，国际化办学理念已深入人心。**二是始终坚持政策牵引的国际化道路。**学校第二次、第三次、第四次党代会及“十二五”“十三五”规划都把国际化作为重要战略，纳入学校总体规划，出台系列政策措施牵引国际化工作发展。**三是始终弘扬干在实处、走在前列的一流品质。**领导带头实干、师生踊跃参与是学校国际化工作取得佳绩的重要保证，也是最重要的导向。这些基本经验和认识是在长期办学实践中积累形成的，我们要一以贯之坚持下去。同时，对照我国教育对外开放的更高要求，我们也清醒地认识到，同世界一流大学国际化水平相比，学校国际化水平还不够高，发展水平与国家需求还有不小差距，高层次的合作办学机构，国际平台、项目、人才、奖项等还不够多；各学院、各部门、学科、专业国际化程度差距明显、不太平衡；各兄弟高校国际化发展迅速，追兵越来越近；等等。如何补齐短板、缩短差距依然任重道远，需要我们瞄准目标、坚定信心、加快推进。

二、充分认识推进新时代国际化工作高质量发展的重大意义

大学国际化是发展大势。推进教育国际化高质量发展是国家战略，更是高校当前的重要使命，必须充分认识新时代国际化工作高质量发展的深远意义。

1. 推进国际化高质量发展是建设教育强国的重要保证

2020年是实现第一个百年奋斗目标之年，再过30年，我们将建成社会主义现代化强国，实现第二个百年奋斗目标。现代化强国不仅要科技强、经济强，更要教育强，尤其是高等教育要强。纵观世界强国发展之路，欧美日等发达国家都率先实施教育对外开放和教育国际化战略，如欧洲的“博洛尼亚进程”、美国的“富布莱特计划”、日本的“全球伙伴大学计划”等，都大力推动了高等教育迅速发展和质量提升，为本国科技与经济发展提供了大批一流人才和科技成果。因此，在建设高等教育强国目标引领下，我们要积极响应习近平总书记的号召，大力实施“请进来”“走出去”战略，深度融入“一带一路”建设，全面提升教育国际化的广度、深度和力度，大力培育世界一流人才，产出一流科技成果，为实现中华民族伟大复兴提供强大的人才与科技支撑。

2. 推进国际化高质量发展是高等教育内涵式发展的必然要求

党的十九大报告提出，要加快一流大学和一流学科建设，实现高等教育内涵式发展。近日，教育部等八部门联合发文指出，加快和扩大教育对外开放，大力提升我国教育国际影响力，把提质、增效作为

高等教育高质量内涵式发展的重要原则，这就要求高等教育要在世界范围内配置一流资源、吸纳一流师资、培育一流学生、产出一流成果，促进我国高等教育从规模优势转化为质量效益。在全球化发展的今天，许多世界一流大学都把国际教育作为教育发展的重要部分，多措并举吸引全世界优秀师生，形成世界一流人才集聚的强大优势，促进高等教育质量整体跃升。因此，我们必须在世界舞台、国际坐标和全球大学格局中去谋划学校的发展与定位，必须乘势而上，紧紧扭住“国际化”这个牛鼻子，把握“高质量”这个核心，整合全球资源提升本土教育国际化水平，形成世界一流师生流向本土的新格局，最终更好地促进高等教育事业内涵式发展。

3. 推进国际化高质量发展是“双一流”创建和研究型大学建设的必由之路

“双一流”的定位就是中国特色、世界一流。纵观世界高等教育，高质量国际化办学已成为世界一流大学和研究型大学的显著特征。众所周知，香港科技大学、新加坡国立大学都是通过实施国际化战略，在较短时间内实现了超常规发展。斯坦福大学、麻省理工学院通过高质量国际化办学，招揽一流国际学生，成为世界一流大学的典范，这样的例子还很多。“双一流”建设的本质就是要扎根中国大地，办出世界一流高等教育，这就要求我们立足国内，放眼全球，推行高质量国际化办学。这是创建“双一流”的必然选择，更是必由之路。当前，国际化工作还被列为省综合考核的重要指标，是重要得分点。可以说，高质量国际化已成为学校快速发展的重要引擎和鲜明办学特色，我们要坚定不移走出一条更高层次、更宽领域的高质量国际化道路，健全培育一流国际创新人才的国际化教育体系，切实在高质量国际化工作走在前列、做出表率上彰显“江大实践”和“江大贡献”，为学校“双一流”创建和研究型大学建设提供源源不断的动力支持。

三、全力开创新时代国际化高质量发展新局面

学校第四次党代会明确提出了要持续推进国际合作战略，努力成为世界高等教育改革的参与者推动者，为构建人类命运共同体贡献“江大智慧与方案”。如何打造新时代学校国际化工作高质量发展高地，我认为，要抓好三个重点。

1. 树立一流国际化的新理念

大家知道，国家把“双一流”建设作为实现高等教育强国的重要路径，因此，高校国际化一定是“双一流”背景下的国际化，是教学、科研、学科、人才培养各方面的国际化。学校党委提出把国际化作为学校办学的三根支柱之一，把高质量国际化作为推动学校跨越式发展的战略引擎。近期，教育部党组专门下发通知，强调不片面追求来华留学生数量，在确保数量稳定前提下，着力提高质量，提升层次水平。为此，我们要充分认识推进新时代一流国际化工作的内涵，树牢一流国际化的理念。我认为，一流国际化主要体现在 4 方面：**一是层次要高**，要瞄准世界一流，注重同世界一流大学、一流学科、一流专业、一流团队，建立科研联合攻关、学生联合培养、学分互认、学位互授等项目。**二是领域要广**，要注重在教育教学、科研、社会服务等多领域开展广泛的合作，在服务国内的同时，注重服务“一带一路”建设，服务全球。**三是品牌要响**，要探索江大教育输出和优质教育引进等方面的国际化办学新模式，努力打造国际办学“江大品牌”。**四是氛围要浓**，要开展密切、广泛的

国际学术人文交流，着力营造更加浓厚的国际文化氛围。总之，全校上下都要坚定走一流国际化的道路，在“双一流”创建目标和一流国际化理念引领下，通过学科国际化领跑学校国际化高质量发展，更进一步讲，就是要扎根中国大地，率先打造农业工程学科国际化的办学特色和领跑优势。具体来说，要对标世界前10位的一流农业工程学科标准，在“涉农”领域的国际平台、项目、奖项、竞赛等方面拿出更多新招、实招。今年4月29日举办的线上线下结合的“耒耜国际论坛”就是我们在疫情下做出的新探索，社会反响很好。由学校牵头的全国大学生智能农业装备创新大赛今年已经跃升为全球赛事，这必将更好地提升学校农业工程学科的国际影响力。因此，我们要实现从走向世界到融入世界再到引领世界的转变，这方面，农业工程学科要带头加速跑起来，充分发挥学院、学部、产业研究院“一体两翼”的组织优势，争取国际农业工程大会举办权，拓展同世界农业工程领域高校、科研机构和企业的全方位合作，大力培养知农爱农亲农的国际创新人才，推动“涉农”板块成为全球农业工程交流合作的高地。同时，食品科学与工程、动力工程等也都要陆续跻身世界一流行列，切实通过国际引智、借力与深度合作，尽快实现工程学、农业科学率先进入ESI全球前千分之一，唯有如此，我们建设世界一流大学的基础才会更加坚实。

2. 拓展国际化高质量发展的新空间

当前，我国实行教育对外开放、推进教育国际合作的方向没有变、力度更大了。我们要利用好疫情防控这个特殊时期，完善政策、做好规划、科学布局、创新举措。鲁迅先生说：“什么是路？就是从没路的地方践踏出来的，从只有荆棘的地方开辟出来的。”我们就是要努力于变局中开新局。**一要抓好高端国际化师资队伍这个枢纽。**师资国际化先行和引领，是实现高质量学科、科研国际化的先决条件。要大力推进师资国际化“四个100计划”，省优势学科、国家一流专业的师资要成为师资国际化的领头羊，率先在世界名校、世界一流学科中访学交流，开展教育教学、科研等深层次合作。要同世界一流大学建立人才引进的稳定渠道，织密海外引才网络，加大引才力度。这方面，流体中心1年以上出国深造师资比例已达71%，聘任国际知名学者39名，成功获批国家“111计划”引智基地，已初步成为世界流体机械领域高端人才汇聚中心，值得各学科、学院借鉴。同时，我们要精心组织线上线下结合的金山高层次学术论坛，加大力度招揽国际学术大师、高端团队、青年才俊，以及留学博士生、博士后。**二要抓好高端科研合作这个引擎。**各学院、各学科都要同世界一流大学加快建设联合实验室、联合研究中心等高端科研平台，我们的国际师资队伍要搭好桥、牵好线，同国际大师建立深度联系，围绕农业工程、生命科学、人工智能等前沿领域开展协同攻关，切实在原创性、引领性和前沿领域突破一些“卡脖子”技术难题。这方面，土力学院获批了学校首个高端装备结构健康国家级国际合作基地，为我们树立了榜样。各学院、学科、专业都要抢先同世界一流学科、专业及团队建立深度合作关系，特别是省优势学科、博士点学科要落实好“一院一中心”工程，开创高端平台、项目的新空间，筑牢研究型大学发展的根基。

3. 创造国际化人才培养的新环境

只有培养出一流人才的高校，才能成为世界一流大学。在创建“双一流”的征程上，我们不仅要培养一流的“精英人才、卓越人才、创新创业人才”，还要大力培养具有家国情怀、全球视野和国际竞争力的一流国际化人才。当前，学校学生留学访学比例还偏低，2020届本科生出国留学比例仅为2.6%，无论留学生生源质量，还是本土学生国际竞争力都还有很大的提升空间。下一步，怎么办？我们要在危机中育新机，围绕学生的国际化意识、能力和素质提升，创造培养一流国际化人才的有利政策和环境。**一要推进全方位开放办学。**要持续推动江大教育走出去力度，创新开展线上交流访学项目，大力推广在线国际化课程，充分利用好“中国教育云”平台，优先在省优势学科、国家和省一流专业中推出一批国际专业课程。要主动同世界更多一流大学和一流学科高校洽谈学分互认、学位互授及长短期留学访学项目，合作办学项目要覆盖所有学院。要打造“一带一路”教育行动升级版，落实好“推进共建‘一带一路’教育行动”，在沿线国家抢先布局，加强在“涉农”教育上的多维度合作。我们还要深挖国际合作办学潜力，学习借鉴上海纽约大学等做法，充分利用教育部关于适当放宽合作办学主体和办学模式限制的最新政策，开拓合作办学新项目。此外，我们要大力提升留学生教育质量，推广留学研究生“同窗学习、同台竞技、同室创新”“三同”趋同培养模式。各学院要不断探索培养新模式，重点打造“留学江大”精品工程，擦亮江大国际办学的金字招牌。**二要营造一流的国际文化氛围。**文化是一所大学的灵魂，国际文化是大学国际化高质量发展的润滑剂。全校师生要善于对标世界一流，习惯用国际化的思维、方式去开展工作，让自己的工作面向世界，做到日常工作国际化、国际化工作日常化，形成人人参与国际化工作的强大合力。要建设好中外文化共生共荣、多元文化交融交锋的一流国际校园文化，做响江大“国际文化节”品牌，主办、承办全球高规格国际会议。比如，学校牵头举办的“耒耜国际论坛”、“一带一路”农业现代化国际合作发展论坛、“三国三校”国际学术研讨会等已成为国际学术文化交流的品牌和国际学术盛宴。要踊跃参与全球教育治理，鼓励师生参加全球论坛、学术会议及各类国际竞赛，向世界贡献“江大方案”，展示江大风采。

四、推进新时代国际化任务高质量落实见效

目标已经明确，关键在于行动。要建立健全党委统一领导、党政齐抓共管，分类考核、全员参与、全方位推进的国际化工作新格局，推动国际化各项目标任务落地落实。

1. 健全高质量国际化的新机制

要切实加强党委对国际化办学的全面领导，坚持党管国际化办学方向，确保校院党委在国际化办学中始终处于领导地位。我和颜校长是学校国际化工作的第一责任人，二级单位党政主要负责人作为本单位国际化工作第一责任人，校院分管领导要切实担负起国际化工作的职责。要大力探索国际化办学新机制，建立具有中国特色的一流大学国际化管理服务机制，既要彰显江大特色，又要吸收借鉴世界通行做法，切实做到扎根中国大地、办出世界一流。这次学校即将出台的国际化工作分类评价指标体系，充分考虑了自然科学与人文社会科学的差异性，注重发挥不同学科的优势，并在教职工评奖评优、职称评定、“三全育人”等工作中给予特殊激励，以此激发广大师生参与国际化工作的积极性、主动性和创造性，更好地开创人人参与国际化工作的新局面。

2. 狠抓任务举措落实

一分部署、九分落实。学校国际化工作基础厚实，发展潜力大，关键在于我们怎么干，关键在于我们的领导干部怎么带头干。我说过，干部就是要带头谋事、干事、成事。新一届处级干部已基本到位，大家要把贯彻落实本次国际化工作会议精神，作为履新创一流的新起点，团结带领本单位师生员工，把国际化各项目标任务扛在肩上、抓在手里、落到成效上。我们的广大教师、国际化工作者都是国际化的主人，更是国际化工作的推动者和贡献者。当前疫情下，我们的国际化工作暂时受到影响，我想困难是暂时的，越是困难的时候，越是需要我们开动脑筋，创造性工作。我们能不能打破常规，开辟出国际化的新空间？我们能不能做到敢为天下先，走出一条国际化的新路？我们能不能合力攻坚，创造出国际化的江大新优势？我常说，“Nothing is impossible. Everything is possible”。我们的广大干部、教师要大力发扬“钉钉子”精神，以咬定目标不放松、攻坚克难见真章的拼劲和韧劲，蹄疾步稳地将疫情常态化防控下的国际化工作向前推进，做优质量、做强品牌，奋力夺取疫情防控和事业高质量发展的“双胜利”。

各位领导、老师们、同志们，今日之江大，不仅是中国之江大，更是世界之江大。让我们以习近平新时代中国特色社会主义思想为指导，坚定走高质量国际化道路的信心，树牢一流国际化的理念，凝心聚力、奋勇争先，让江大在世界舞台上有更大影响力，奋力书写学校“双一流”创建和高水平有特色国际化研究型大学建设的新篇章，以优异成绩向实现第一个百年奋斗目标献礼！

以立德树人为根本　以强农兴农为己任
奋力开启农机特色一流大学创建新篇章

——颜晓红同志在进一步贯彻落实习近平给全国涉农高校的书记校长和专家代表的回信暨对江苏大学重要批示精神大会上的报告

（2020 年 9 月 3 日）

校长　颜晓红

尊敬的罗锡文院士、陈学庚院士、赵春江院士、陈志会长，各位领导、老师们、同志们：

大家上午好！

值此习近平总书记给全国涉农高校的书记校长和专家代表回信一周年之际，在新学期开学前夕，学校隆重召开进一步贯彻落实习近平给全国涉农高校书记校长和专家代表的回信暨对江苏大学重要批示精神大会，主要目的是进一步牢记总书记关于大力推进农业机械化、智能化的重要论述，以及对高等农业教育和江苏大学发展的殷殷嘱托，进一步把总书记回信和重要批示精神作为学校事业发展的根本遵循和行动指南，坚守立德树人、强农兴农初心使命，凝心聚力、鼓足干劲，奋力开启农机特色一流大学创建新篇章，为推进我国农业机械化、智能化做出新的更大贡献！

下面，我从三个方面向大会作报告。

一、回顾总结学校60年坚持为农服务的光荣历程

不忘初心，方得始终。习近平总书记在瞻仰中共一大会址和浙江嘉兴南湖红船时讲话指出，“我们走得再远都不能忘记来时的路”。60年前，江苏大学的前身之一镇江农业机械学院，为响应毛泽东主席“农业的根本出路在于机械化”重要指示应运而生。60年一路走来，一代代江大人始终坚持服务我国农业机械化办学使命，在接续奋斗中书写了学校“工中有农、以工支农”的辉煌篇章。今天，我们要走好新时期的“长征路”，必须牢记学校过往60年坚守使命、艰难创业的光辉历史，从中找到高水平大学建设的初心、动力和方向。

（一）60年为农初心不改，厚植“工中有农、以工支农”办学底蕴

60年前的今天，为贯彻落实毛泽东主席“农业的根本出路在于机械化”著名论断，以“万人规模、为全国服务”为办学目标的南京农业机械学院招生办学。1961年，学校迁址镇江并更名为镇江农业机械学院；2001年，学校与镇江医学院、镇江师专合并组建江苏大学。作为我国首批以推动农业机械化为使命而设立的全国重点大学，学校可以说为农机而生、因农机而兴。在长期的办学过程中，学校不忘初心、牢记使命，始终围绕农机打造学科品牌，围绕“工中有农、以工支农”增强办学实力，在农机领域人才培养、科技创新、社会服务和国际交流等方面创造了多项“共和国第一”。

作为我国农业机械高等教育教学的中心，学校曾主编了我国第一部农业机械设计教材《农业机械理论及设计》；编写了我国首套《农机手册》；培养了我国第一届农机本科、硕士和第一位农机博士、博士后，获特批设立全国首个农产品加工工程博士点，为国家输送了近9万名农机装备人才和全国超过1/3的农机龙头企业管理者；培养出吉林省政协主席江泽林、交通运输部原部长李盛霖、上汽集团总裁王晓秋、一拖集团原董事长赵剡水、徐工集团董事长王民、中国重型机械集团总经理蔡东、雷沃重工董事长王桂民、一拖集团副董事长蔡济波等一批社会精英。

作为我国高校农业装备科技创新的重要阵地，学校研制出我国第一台半喂入自动脱粒机，研发了国内第一台内燃机水泵，制定了我国第一个水田犁国家标准……创下多项国家农机“第一”；农机装备领域的科技成果获得国家技术发明奖和国家科技进步奖7项，位居全国高校第一；在农机装备领域的专利申请、授权和转化等方面的成果均列全国高校第一；为我国农业机械化促进法的出台发挥了重要的作用。

作为我国农机教育国际交流的先行者，学校从20世纪80年代起，便受联合国工业发展组织和亚太经济社会委员会的委托，为39个发展中国家开办了13期高级农机管理干部培训班，培养了一大批高级农机管理人员和专家。

办学60年来，虽然历经农业机械学科目录调整、专业撤并等发展困难，以及学校合并、规模扩大等历史演变，但学校始终不忘初心，保持了农机教育的人才培养方向和教学科研队伍，成为我国综合性大学中始终坚守农机装备专门人才培养和独立学院建制的高校。目前，学校在农机装备领域拥有国家水泵及系统工程技术研究中心、现代农业装备与技术教育部重点实验室、植保工程农业农村部重点实验室等

一批国家和省部级科研平台，建有农业电气化与自动化等2个国家重点学科和1个国家重点培育学科，构建形成了涵盖大田农业机械、节水灌溉、设施农业、农用动力、农业电气化与信息技术、无人农机、农机先进制造等在内的农业装备学科群和创新团队，并牵头组建了全国唯一的现代农业装备与技术协同创新中心，是拥有耕整地、种植、植保、收获、烘干和秸秆处理等农作物机械化生产全部环节研究方向的高校，也是国内农机领域学科门类最全、学科实力最强、研发团队最集中、培养人才最多的高校。

（二）以农机特色引领一流创建，奏响新时代强农兴农新乐章

近年来，尤其是江苏省人民政府和农业农村部共建江苏大学以来，学校进一步坚定“以立德树人为根本，以强农兴农为己任，办人民满意大学，创建农机特色一流大学”的办学思路，在现代农业装备与技术一流学科创建、知农爱农人才培养、农机装备科技创新、助推区域乡村振兴、农机教育国际合作交流等几个方面精准发力，取得了显著成效。

一是现代农业装备与技术一流学科创建有力推进。深入开展学科梳理，积极构建以农业工程世界一流学科创建为引领、相关学科共同支撑的学科生态体系；不断完善一流学科创建体系，按照研究型学院要求重新组建农业工程学院，下设设施农业工程与信息技术研究院、收获装备研究院、田间管理装备研究院、智能农业研究院、经济作物机械化研究院等5个研究院，先后成立农业装备学部和农业装备产业研究院，协同相关学科的涉农特色方向建设和对农业工程学科的支撑，形成“一体两翼”“三驾马车”合力推动一流学科创建的体制机制。

二是知农爱农人才培养举措更加扎实。设立涉农专业本科全额奖学金，吸引优秀学生进入涉农专业学习；积极开展“新农科”“新工科”融合建设，新增设施农业科学与工程专业及智能制造、大数据技术与管理等一批微专业；深化产教融合，与江苏省农业科学院共建南京研究生院，与国家农业信息化工程技术研究中心、中国农业机械化科学研究院共建北京研究生院，与中国一拖集团共建洛阳研究生院，与江苏农林职业技术学院共建“江苏大学农学院（句容）”；在江苏沃得农机、苏州久富农机等一大批农机龙头企业设立研究生工作站；出版《亲历农机化——中国农机化发展历程》，建设中国农机文化展示馆，举办“耒耜论坛”，邀请著名农机专家进校讲学，将农机文化植入本科专业课程模块，发起全国大学生智能农业装备创新大赛等，培养学生知农爱农情怀。

三是强农兴农科技创新更加聚力。学校自筹经费，每年投入3 000万元，立项研发我国农业机械化薄弱环节关键共性技术及面向未来的智能农机装备，取得一系列重要突破；主持承担国家重点研发计划“智能农机装备”重点专项等一批涉农国家重点项目；新增植保工程农业农村部重点实验室等一批高水平科研平台；获批高端流体机械装备与技术学科创新引智基地；涉农领域新增1项国家技术发明二等奖，并斩获我国农机收获领域首项国家专利金奖。

四是服务区域乡村振兴形成更大影响。依托学校新农村发展研究院等平台与人才、科技优势，深入区域乡村振兴主战场推进产教融合，与镇江市共商共建国际智能农业装备创新产业园；与兴化市合作成立无人农业系统研究院，与新希望集团和浙江温岭共建乡村振兴研究院；参与国家首轮农业全过程无人作业春耕试验及首轮秋收秋种试验，积极研发基于我国北斗系统的全过程无人作业农机系统，形成广泛影响。

五是农机装备产业发展智库建设取得积极进展。设立农业装备文献资源中心，服务全球农机教学科研。成立中国农业装备产业发展研究院，受国家相关部委委托，牵头完成《中国农机工业发展报告（2019）》《农机装备产业发展报告》及《中国农机产业国际竞争力分析报告》。特别是，2019 年 4 月 29 日学校成功承办“落实习近平总书记‘大力推进农业机械化、智能化’重要论述暨纪念毛泽东主席‘农业的根本出路在于机械化’著名论断发表 60 周年报告会”，集聚政府、行业、高校、科研院所农机领域国际国内权威专家，共同回顾总结 60 年来我国农业机械化的发展历程，研讨新时代我国农业机械化、智能化发展思路，在全国产生较大影响。

六是农机教育国际交流合作更加活跃。合作建设了流体工程装备节能技术国际联合研究中心、世界食品保藏研究中心、农业与食品卓越中心等一批国际科研合作平台；发起成立农业工程大学国际联盟、农业装备国际（产能）合作联盟、“一带一路”国际人才培养产学联盟，成立“一带一路”国际人才学院，自主设立并实施“一带一路”高水平大学师资培训计划，受邀在第四届“一带一路”达沃斯论坛交流发言；恢复举办援外农机培训，连续三年为赞比亚农业部举办农业机械化管理干部培训班；携手雷沃重工参加“全球疫情会诊室”，助力国际农业复工复产；在“一带一路”沿线国家招收涉农专业留学生 300 余人，为中国农机企业走出去提供了有力的人才支撑；等等。

学校 60 年来的发展历程告诉我们，担当国家和社会发展使命与学校自我发展、办学特色培育与办学内涵提升是有机统一的过程。学校 60 年坚持为农服务的办学实践已经铸成我们兴学办校的根与魂，化为学校“博学、求是、明德”校训及“自强厚德、实干求真”的江大精神，农机特色已经成为学校最鲜明的底色。推动学校持续高质量发展，我们必须始终举好为农服务的旗帜，不断擦亮“工中有农、以工支农”的金字招牌。

二、深刻把握总书记回信和重要批示精神的核心内涵，以及新时代农机教育面临的新形势与新要求

当前，我国进入了即将全面建成小康社会、实现第一个百年奋斗目标，继而开启全面建设社会主义现代化国家新征程、向第二个百年奋斗目标进军的关键时期，加快补齐农业农村现代化的短板对农机教育提出了更高、更加迫切的要求，为学校发展提供了重要的机遇。

（一）总书记关于“大力推进农业机械化、智能化”的重要论述赋予学校发展新使命

2018 年 9 月，习近平总书记在视察黑龙江北大荒建三江国家农业科技园区时提出“中国人的饭碗任何时候都要牢牢端在自己的手上”“我们这么大的国家，农业是不可或缺的。农业是基础性产业，中国现代化离不开农业现代化”“农业要振兴……就要靠优秀的人才、先进的设备、与产业发展相适应的园区”“要把发展农业科技放在更加突出的位置，大力推进农业机械化、智能化，给农业现代化插上科技的翅膀”“农业科技大有潜力、大有可为”等一系列重农强农论述。这些重要论述，体现了总书记对粮食安全、农业农村现代化等问题的深刻规律性认识，饱含着总书记对农业机械化、对农业科技创新的厚望。学习好、践行好总书记的重要论述

精神，既是学校义不容辞的责任、使命，又是学校提升办学内涵、扩大办学影响的重大机遇。作为农机特色高水平大学，我们要敢于坚持特色、办出特色、彰显特色，放大特色优势，敢于研发顶尖农机科技成果，培养顶尖农机人才，旗帜鲜明创建农机特色一流大学，切实把农机特色优势转化为推动学校事业高质量发展的强大动能。

（二）总书记回信为涉农高校发展指明了方向

2019年9月5日，习近平总书记给全国涉农高校党委书记、校长和专家代表回信，充分肯定了涉农高校对“三农”事业所做的贡献。他鲜明指出，中国现代化离不开农业农村现代化，农业农村现代化关键在科技、在人才。他要求涉农高校要以立德树人为根本，以强农兴农为己任，培养更多知农爱农新型人才，拿出更多科技成果，不断为推进农业农村现代化和乡村振兴做出新的更大贡献。总书记的嘱托立意高远，催人奋进，为学校创建农机特色一流大学指明了前进方向。在教育部指导下，全国涉农高校深入贯彻落实总书记回信精神，先后形成“安吉共识”“北大仓行动”和“北京指南”，为学校农机教育改革发展提供了重要的路径借鉴。

（三）总书记的重要批示及各级领导的指示要求为江苏大学改革发展提供了根本遵循

今年7月4日，习近平总书记对我校去信做出重要批示，为学校未来发展提供了根本遵循。孙春兰副总理、胡春华副总理及省委娄勤俭书记、吴政隆省长、任振鹤副书记先后批示，要求认真贯彻落实总书记重要批示精神，支持江苏大学发展农机事业。国务院丁向阳副秘书长，教育部陈宝生部长、钟登华副部长，农业农村部张桃林副部长，省委任振鹤副书记、马秋林副省长、马欣副省长等领导先后以听取学校汇报或到学校调研的形式，给予学校充分肯定和亲切指导。总书记的重要批示，是学校发展历程中的重要里程碑，必将载入学校办学史册。中央高层的关注和各级领导的支持指导必将给学校加速发展注入强大动力。

（四）新农科、新工科建设赋予农机教育新内涵

面对农业“三新”要求和工业“四新”形势，新农科、新工科建设赋予了农机教育新的内涵。新形势要求学校要树立面向未来的新农机教育理念，坚持以本为本，办一流农机本科教育，制定面向国家需要的新农机人才培养方案，增强产学研和农科教协同育人力量；要创新具有中国特色的新农机人才培养模式，建设一批高质量农机“金课”，培养一大批知农爱农的复合型卓越农机人才；要持续优化专业布局，建设面向智能化、信息化的“金专”，打造涉农方向一流专业集群；要注重学科交叉融合和跨界整合，加强调科学教育、人文教育、工程教育、农业教育的深度融合，努力构建具有中国特色的农机教育质量体系，充分满足新时代农业农村现代化的深层需要。

（五）新时代对农机教育提出更加迫切的要求

没有农业机械化就没有农业现代化。党的十八大以来，以习近平同志为核心的党中央高度重视推进农业机械化。从《中国制造2025》将农机装备列入我国需要重点突破发展的十大领域，到《乡村振兴战略规划（2018—2022年）》《国家创新驱动发展战略纲要》等国家战略重点强调农机化发展，再到国发〔2018〕42号文件专门部署推进农业机械化和农机装备产业转型升级，等等，近年来国家关于推动农机化发展的重大决策部署密集出台。

加快推进农业机械化和农机装备产业升级，关键靠人才、靠科技。然而，当前我国农机装备基础研究薄弱、原始创新能力不足、关键核心技术匮乏、农机装备人才短缺等问题，已经成为制约我国农业机械化发展的瓶颈问题。由于高校合并调整、学科专业调整等因素，专注农机装备领域研究的高校和学科愈来愈少，农业装备领域的专业人才奇缺，不足以支撑我国农机装备制造产业的升级。

因此，加快推进农机装备一流学科建设，加强农机装备领域科技创新和高水平创新人才培养，既是国家战略的急需，也是时代赋予学校的不容错失的重大机遇。我们必须抓住机遇、乘势而上，在为国家农机化事业服务的更大作为中提升学校水平、扩大办学影响。

三、全面落实学习贯彻总书记回信和重要批示精神的目标任务与主要举措

习近平总书记的回信及重要批示，饱含着总书记对我国“三农”特别是对农业高等教育的深厚情怀，这是总书记对学校大力发展农业机械化、现代化给予的充分肯定，是一种厚爱更是一种鞭策。全校上下要自觉提高政治站位，把学习贯彻总书记重要批示精神作为当前和今后很长一段时期的重要政治任务和头等大事，以高度的政治自觉、思想自觉、行动自觉认真谋划好、组织好、推进好各项贯彻落实工作，确保总书记回信和批示精神落地开花、结出硕果。

学校成立了学习贯彻落实习近平总书记对学校重要批示精神工作领导小组和工作组，并决定以总书记给全国涉农高校回信日期 9 月 5 日为简称，启动实施“095”工程，全面推进习近平总书记重要批示精神贯彻落实工作。

（一）总体目标

“095”工程的总体目标是：以立德树人为根本、以强农兴农为己任、创建农机特色一流大学的办学思路进一步确立，全校上下知农爱农、强农兴农的校园氛围进一步浓厚，在农机装备创新型人才培养、科技创新、国际交流等方面的特色优势进一步彰显，现代农业装备与技术学科达到国际先进水平，学校成为我国农业装备与技术的战略策源地、创新发源地、人才输送地和国际交流中心，服务我国农业机械化、智能化和区域经济社会发展的贡献度显著提升。

力争通过一年时间的努力，实现教育部、农业农村部和江苏省共建江苏大学；现代农业装备与技术学科进入我国世界一流学科建设序列；工程学和农业科学进入全球前 1‰；新增 1～2 个涉农国家一流本科专业，新增 1～2 项涉农国家级课程、教材等一流教学成果；获批现代农业装备与技术省部共建协同创新中心、农业农村部智能农业装备重点实验室，新研制出我国现代农机首台（套）装备；新增涉农国家级人才 2～4 名，国家级人才团队实现突破；建成中国农机文化展示馆和中国农机产业基本信息数据库。

到 2023 年，农业工程学科在第五轮学科评估中“保三争二”，食品科学与工程、动力工程及工程热物理、机械工程学科中力争有 1 个学科获评 A 类等级；汇聚两院院士、发达国家外籍院士等一批高层次人才和团队；一流本科教学成果获批数量在全国同类高校中名列前茅；力争获批高端智能农机装备理论与技术省部共建国家重点实验室，建成中国农机装备国际创新中心；中国农业装备产业发展研究院成为国家级智库；农业工程大学国际联盟、农机

装备国际（产能）合作联盟等国际平台影响力不断加大；赞比亚江苏大学建成运行。

（二）重点任务

为推动上述目标的实现，加快推进农机特色一流大学创建，重点是要实施好以下6个方面的行动：

1. 实施现代农业装备与技术一流学科创建行动。一是，瞄准我国农机装备共性技术供给严重缺失、高端装备支撑缺乏等瓶颈问题，紧紧抓住物联网技术和大数据技术为基础的智慧农业蓬勃发展的良好机遇，着力深耕农业装备共性关键技术、全程机械化重大农业装备创制及智慧农业装备三大领域，努力创建领域齐全、特色鲜明、实力强劲、引领行业发展的现代农业装备与技术世界一流学科；**二是，**进一步加强学科梳理，通过农业装备学部政策引导和条件支持，集聚学校优质办学资源，荟萃国内农业装备与技术领军人才，在打造农业装备与技术学科高峰的基础上，促进相关学科形成支撑农业装备与技术特色学科方向，形成特色学科引领、相关学科支撑的高水平研究型大学学科生态体系。

2. 实施“新农科”“新工科”融合建设与知农爱农人才培养行动。一是，以推进教育部“三全育人”综合改革试点为抓手，着力培养有情怀、有担当、有能力的农工融合的知农爱农兴农拔尖创新人才；**二是，**构建融合“新农科”“新工科”理念的人才培养方案，以“现代农业机械设计”为中心，强化“农机农艺融合”“农业装备智能化”两个支撑点，优化以“现代农机”为核心的高度交叉融合的课程体系，构建适应学校“农科+”“工科+”的系列特色课程模块，积极申报建设农业智能装备工程、机器人工程、数据计算及应用等新专业，创建以“现代农机”为核心的一流本科专业集群；**三是，**打造农业工程学院人才培养特区，推进与农机龙头企业和科研院所共建的北京、南京、洛阳研究生院内涵建设，深化产教融合培养高层次农机人才；**四是，**推出一流知农爱农亲农创新人才培养的改革举措，加大涉农专业本科奖学金资助力度，吸引更多优秀学生进入涉农专业学习，引导涉农专业毕业生进入农机装备行业就业，为我国农机装备产业转型升级培养输送更多创新型人才。

3. 实施强农兴农科技创新优势打造行动。一是，依托现代农业装备与技术协同创新中心等平台，集聚校内外创新资源，构建智能农业装备—作物融合基础理论体系，实现农业装备智能化、可靠性与再制造等行业共性关键技术的原创性突破，研发面向未来的智能农机装备，努力破解我国农业装备“卡脖子”问题；**二是，**扎实推进设施农业工程与信息技术研究院、收获装备研究院、田间管理装备研究院、智能农业研究院、经济作物机械化研究院等5个研究院建设，大力提升农机装备领域关键核心技术研发能力；**三是，**加快推进与镇江市政府、启迪控股集团共商共建国家农机装备国际创新中心，努力建成集涉农研发基地、孵化基地、产业基地等产学研用一体化的智能农业装备创新中心；**四是，**加快落实与徐工集团签署战略合作协议，推进共建“江苏大学—徐工集团农业机械研究院”，共同在智慧农业、智能农机、高端核心零部件等领域开展联合攻关；**五是，**落实与南京国家农业高新技术产业示范区签订合作协议，推进与共建“江苏大学农机装备产业技术研究院”及江苏大学研究生分院，打造1 000亩智能农机装备实验示范基地。

4. 实施“涉农”高层次人才引育行动。一是，推进“院士慧聚工程”，在聘任罗锡文院士、陈学庚院士、赵春江院士及中国农机工业协会会长陈志研究员担任学校农业工程领域五大研究院院长的基础上，进一步加大国内外涉农高层次人才引进力度，重点引进两院院士、发达国家外籍院士等行业顶尖人才；**二是，**加速实施“青年骨干教师培养计划”，强化现代农业装备与技术学科人才团队建设，力争一年内实现农业工程学院教学科研人员数量翻番，引育更多农业工程国家级中青年人才，打造一支规模国内第一、科研水平国内领先、具有较强发展潜力的青年农机人才队伍。

5. 实施知农爱农文化建设及农机产业智库建设行动。一是，高质量建设中国农机文化展示馆，努力将其打造成为我国重要的农机文化教育和交流中心；**二是，**精心建设一流农业装备文献资源中心，努力将其打造为该领域文献资源最全、最新的国际文献中心，为师生和行业开展农机装备研究提供一流文献支撑；**三是，**每年4月29日定期举办“耒耜国际论坛”，将其打造成为贯彻落实习近平总书记关于“大力推进农业机械化、智能化”重要指示、推动现代农机装备科技创新的重要国际学术交流平台；**四是，**推进建设中国农机产业基本信息数据库，出版《中国农机产业发展报告》白皮书，努力把农机装备产业发展研究院打造成为国家级智库，为农机装备产业发展提供更加有力的智力支撑。

6. 实施农机教育国际交流合作行动。一是，加强与联合国工发组织、联合国粮农组织的交流与合作，推进国际组织人才学院建设；**二是，**深度融入“一带一路”教育行动，推进“一带一路”国际人才学院建设，实施“一带一路”高水平大学师资培训计划；**三是，**高质量运行农业工程大学国际联盟、农机装备国际（产能）合作联盟，持续提升农机高等教育国际话语权；**四是，**深入落实习近平总书记关于中非合作重要指示精神，精心举办江苏大学第三期赞比亚农业机械培训暨现代农业机械及农产品加工高级工坊。

（三）保障措施

层层压实责任。“095”工程领导小组要切实加强顶层设计和组织领导，定期召开领导小组会议，审议重大事项，做出决策部署，全面推进6项工作任务。各工作组要根据相关任务进一步细化工作方案，制定分工表，明确进度表，逐项确定责任领导和责任人，落细落实各项工作措施，推动各项工作任务落地见效。各教学科研单位要制定支撑和服务强农兴农的行动方案，凝练涉农特色优势方向，组织优秀涉农创新团队，开展学科关联农业装备关键科学问题的创新研究，培养更多强农兴农拔尖创新人才。

注重凝练特色。要牢固树立高质量发展理念，坚持一流目标引领，强化工作成效。各工作组要在推进六大任务中善于创造亮点、总结亮点，不断挖掘先进典型和创新做法，打造有显示度的标志性成果，凝练可复制、可推广的特色经验，不断推进学校治理体系和治理能力现代化。

强化宣传引导。要充分利用线上线下一体式宣传平台，全方位、广角度、多形式宣讲习近平总书记回信及重要批示精神，解读“095”工程任务举措，提高全校师生知晓率和参与度，教育引导师生把思想和行动统一到总书记回信和重要批示精神上来。要深入开展“知农爱农，强农兴农”系列主题活动，通过中心组专题学习、师生宣讲、“农”字课程、主题征文、社会实践等形式与载体，进一步营造爱农亲农强农的校园文化氛围。

加强考核监督。要坚持把学习贯彻落实习近平总书记重要批示精神作为学校当前和今后很长一段时期的重要政治任务和头等大事，强化政治监督和检查督促，落细落实牵头单位和参与单位的工作责任，建立落实台账专项督查，全程动态监督重点工作贯彻落实情况，切实提高督查的精准性和实效性。

老师们、同志们，今天是中国人民抗日战争暨世界反法西斯战争胜利75周年纪念日。我们在这样一个特殊的日子，召开这样一个特别的会议，就是要铭记“落后就要挨打”的历史教训，担负起实现国家强盛和民族复兴的伟大使命，为实现农业农村现代化矢志奋斗；就是要缅怀抗日先烈，学习他们的爱国壮举，敢于牺牲，勇于担当，为强农兴农产出更多科技成果，培养更多拔尖创新人才。江苏大学是一所具有深厚底蕴和光荣使命的大学，学校甫一出生便肩负着为我国农业机械化服务的历史使命。在新的历史征程中，让我们以深入学习贯彻落实习近平总书记回信和重要批示精神为引领，不忘初心、牢记使命，不断发扬“工中有农、以工支农”优良传统，坚定践行服务国家农业机械化、现代化办学使命，培养更多知农爱农新型人才，突破更多现代农机装备“卡脖子”技术，努力为我国农业机械化、智能化插上科技的翅膀，以优异成绩回报总书记的殷切嘱托，向中国共产党建党100周年献礼！

牢记重托、坚定前行，全员行动、奔向一流
奋力开创农机特色世界一流大学发展新局面

——袁寿其同志在进一步贯彻落实习近平给全国涉农高校的书记校长和专家代表的回信暨对江苏大学重要批示精神大会上的讲话

（2020年9月3日）

校党委书记　袁寿其

尊敬的罗锡文院士、陈学庚院士、赵春江院士、陈志会长，老师们、同志们、同学们：

今天，我们在这里隆重召开贯彻习近平总书记给全国涉农高校的书记校长和专家代表的回信暨对我校重要批示精神大会，目的就是进一步统一思想行动、凝聚共识力量，不忘为农初心，勇担强农使命，全面推进一流学科创建，大力营造“争一流、创一流、奔一流”的干事创业氛围，以优异成绩向中央和省委交出满意答卷。

今年7月4日，习近平总书记在我校信件上作出重要批示。随后，国务院副总理孙春兰、胡春华作出批示，省委书记娄勤俭、省长吴政隆、省委副书记任振鹤作出批示。可以说，总书记的重要批示是学校发展史上的标志性事件，具有重大的里程碑意义，必将载入学校办学史册。收到重要批示后，我们深感振奋、备受鼓舞，高度重视、迅速行动。暑假期间，我们先后向国办、教育部、农业农村部、省委、省政府等上级部门做了汇报，国务院副秘书长丁向阳、教育部部长陈宝生接见了学校党政主要领导，省委副书记任振鹤专门听取了学校汇报，副省长马欣、马秋林，农业农村部科教司副司长张晔等到学校专门调研考察。很多干部、教师加班加点，

做了大量务实工作，实现了落实总书记重要批示精神的良好开局。刚才，颜校长做了工作报告，梅校长、全校长发布了相关计划和方案，举行了5个涉农研究院揭牌和院长聘任仪式，以及江苏大学—徐工集团农业机械研究院揭牌仪式，特别是罗院士、陈院士、赵院士、陈会长和师生代表作了精彩发言，我感到这次会议不仅规格很高，而且特别振奋人心，展现出了江大人奋进一流的昂扬风貌，在此，我代表校党委向大家表示衷心的感谢！下面，我就深入贯彻总书记重要批示精神强调三点意见。

一、充分认识贯彻落实总书记给学校重要批示的重大意义

总书记的重要批示是对学校60年来为农服务的高度赞誉，进一步坚定了我们走强农兴农办学道路的信心，为学校创建农机特色一流大学提供了方向指引，落实好总书记重要批示精神意义重大、责任重大。

1. 总书记重要批示是对我校60年来服务农业机械化、现代化的高度认可

习近平总书记在我校信件上作出重要批示，是对江大人60年如一日，坚守服务我国农业机械化、现代化的初心使命，为我国“三农”事业做出突出贡献的高度认可。学校作为一所以农业机械见长的农机特色大学，为国家输送了超过1/3的农机龙头企业管理者；率先开创了农机教育国际输出的先河；研制出我国第一台半喂入自动脱粒机等多种国家首台（套）农机产品；获国家科技成果奖数占全国农机领域国家奖的13.6%。可以说，学校创造了全国农机高等教育领域的多个第一。省委副书记任振鹤在听取学校汇报后指出，江苏大学有着光辉的发展历史，有着难得的发展机遇，一定有着辉煌的未来，学校要在江苏率先实现农业农村现代化、为全国发展探路上展现“江大作为”。总书记及中央、省委领导同志对我校农业机械教育给予的高度认可，极大地激励着我们砥砺初心、勇担使命、矢志奋斗。我们要乘重要批示的“东风”，以更大的决心、更迅速的行动、更有力的举措，加快推进学校“双一流”创建和高水平研究型大学建设。

2. 总书记重要批示坚定了我校走“工中有农、以工支农”办学道路的信心决心

在长期办学过程中，我校形成了“工中有农、以工支农”的鲜明办学特色。总书记的重要批示更加坚定了我们以立德树人为根本，以强农兴农为己任，传承农机根脉，走“工中有农、以工支农”办学道路的信心和决心。2019年，省委书记娄勤俭来校调研时强调，学校要“保持特色、办出特色、彰显特色”，省长吴政隆来校调研时勉励学校要发挥特色优势。我认为，特色就是一流，优势就是生命，我们要始终秉承这一理念，进一步强化“工中有农、以工支农”的办学特色，推动“新工科”“新农科”深度融合，让“农”字底色更加鲜亮。全校师生要进一步树牢为农服务的情怀，积极做为农服务的实践者。全校各教学、科研单位都要参与涉农领域研究，打好学科交叉融合发展牌。全校机关要牢记使命，健全涉农领域体制机制，擦亮“工中有农、以工支农”的金字招牌。

3. 总书记重要批示为我校创建农机特色一流大学提供了根本遵循

我们创建世界一流大学首先要打造现代农业装备与技术一流学科高峰。目前，学校已建成涵盖农业机械、设施农业、节水灌溉等在内的现代农业装备与技术学科，农业工程学科在教育部第四轮学科评估中名列全国第三。在7月份最新ESI排名中，学校工程学上升到前1.27‰，农业科学上

升到 2.63‰，等等。在看到成绩的同时，我们也要看到，学校的学科高峰还不够高，涉农学科支撑度还不够强，学科交叉融合度还不够深，还要进一步优化学科生态体系，推动更多学科与农业工程学科融合发展，形成以农业工程为引领，相关学科支撑农业工程学科发展的学科群，为打造学科高峰筑牢根基。培育一流人才是大学永恒的核心使命，我们要深入践行总书记给涉农高校的回信精神，以立德树人为根本，大力培养知农爱农高层次创新人才，为我国“三农”事业提供源源不断的人才支持；要以强农兴农为己任，努力解决一批农机装备重大科学问题和突破关键共性技术，在服务我国农业科技现代化进程中展现“江大作为”。

二、牢记使命，抢抓机遇，加快推进现代农业装备与技术一流学科创建

据了解，教育部今年年底或明年年初将启动新一轮“双一流”遴选和增列工作。可以说，未来一年是江大奔向一流的重大战略机遇期，也是最佳的历史时期。教育部部长陈宝生指出：习近平总书记的重要批示是江苏大学的重要发展机遇，学校一定要认真贯彻落实好总书记批示精神，努力为我国农业现代化做出更大贡献，教育部将积极支持江苏大学改革发展。但是机遇不等于成功，创建一流学科依然任重道远。这里我重点强调三个方面。

1. 提高政治站位，加强统筹领导

习近平总书记的重要批示就是学校的重大使命、光荣责任。**一要不折不扣贯彻落实好重要批示精神。**7 月 14 日，学校收到批示抄清稿后，党委常委会第一时间专题学习了总书记的重要批示精神，以及中央、省委领导同志的批示精神，学校党委将贯彻落实总书记重要批示精神作为今后很长一段时期最重要的政治任务和头等大事，作为办学治校的行动指南和根本遵循。我们要以推动现代农业装备与技术创建一流学科为总揽，一体化推进落实学校第四次党代会精神、省属高校综合考核、治理体系和治理能力现代化等大事要事，自觉把思想和行动统一到落实总书记重要批示精神上来，着力抓好总书记重要批示精神的贯彻落实，以卓越的成效践行好“两个维护”。**二要建强严密的组织领导机制。**落实总书记重要批示精神是我们必须要做而且是一定要做好的政治任务。学校成立了贯彻落实习近平总书记重要批示精神领导小组和工作组，提出了“095”工程行动计划（2020—2023 年）。相关牵头校领导和牵头单位要担好领头羊角色，围绕每一项工程的具体任务建立责任落实和压力传导机制，做到所有的任务都要有目标、有思路、有举措、有成效、有考核、有监督，纪委要加强跟进督查和推进支持。要建好信息报送机制。中央、省委高度重视总书记重要批示精神落实情况，中办每半年跟进督查，省委每月督查一次，我校每个月要向上级相关部门报送贯彻落实情况。相关责任单位要做好双周信息报送工作，切实把为农服务的初心和使命体现在每天、每周的行动和作为上。相关责任单位还要及时完善学校“095”工程行动计划（2020—2023 年），以及未来一年的建设方案，把方案作为责任书、作战图和时间表，把任务和举措放在我国农业科技现代化的大局中来考量，切实在服务国家和江苏农业农村现代化上贡献“江大力量”。

2. 瞄准国家急需，抢抓重大机遇

我国明年将进入全面现代化建设新征程，到 2035 年国家要基本实现现代化。某种意义上讲，没有农业农村的现代化，就没有国家的全面现代化。农业现代化是

"四化"的短板，必须补上。我校因农机而生，也必将因农机而强。我们要胸怀"中华民族伟大复兴的战略全局"和"世界百年未有之大变局""两个大局"，想国家所想，急国家所急。**一要对接国家战略。**党中央高度重视"三农"问题，习近平总书记强调：农业现代化，关键是农业科技现代化；要大力推进农业机械化、智能化，给农业现代化插上科技的翅膀；要把保障粮食安全放在突出位置，中国人的饭碗任何时候都要牢牢端在自己手上。中央一号文件连续17年聚焦"三农"和农业机械化，《中国制造2025》把农机装备同航空航天装备列入十大发展领域，等等。这些重要论述和政策为我们发挥特色优势、更好地服务农业科技现代化提供了方向指南和战略机遇。据了解，国家将设立农业科技重大专项，支持乡村振兴和农业农村现代化建设，其中应该有江大的一分子，关键在于我们要提前谋划好、对接好。国务院副秘书长丁向阳同志在国办听取我校汇报时，勉励学校要紧紧围绕农业农村现代化等国家重大战略需求，切实解决农机装备领域的关键核心技术，促进我国农机装备领域相关标准和规范的制定。大家可以看到，上级领导对江大的期待非常大，国家的战略就是我们的使命，我们一定要主动争取、积极参与、不负重托。**二要对接江苏"两个率先"。**党的十八大以来，习近平总书记两次到江苏视察时对江苏农业发展提出要求：力争在全国率先实现农业现代化，在走好乡村振兴路方面带好头、领好向。江苏省明确提出到2025年，优势高端农机装备达到国际先进水平。我认为，通过"政产学研用"深度协同服务我省农机装备创新，是学校应尽之责，我们在这方面潜力很大、空间很广。在省委、省政府的关心下，学校同徐工集团签署了全面战略合作协议，我们要利用好这一契机集聚创新资源，在农机装备关键核心技术创新上有江大的话语权和一席之地。2019年江苏省与农业农村部在全国率先签署部省合作框架协议，共同推进全省乡村振兴走在前列，率先基本实现农业农村农民现代化。这是江苏省对党中央做出的庄严表态，江大应该在服务江苏省"三农"事业发展上有担当、有作为，我们要思考如何参与、如何服务，更要抓紧行动起来。去年年底，国务院批复了南京国家农业高新技术产业示范区，定位就是大力发展绿色智慧农业，首要的就是加快推进农业机械化、智能化、信息化。近日，学校和南京农业高新技术示范区也签订了合作协议，这正是江苏大学发挥特色优势、展示价值、做出贡献的契机。我想，这些都是重大机遇，关键在于要抓住机遇，要做出江大的贡献。只有我们主动与国家、省级的规划战略深度融合对接，江大才能真正成为名副其实的中国农机高等教育的旗帜。

3. 深化综合改革，抓实大事要事

落实总书记重要批示精神、创建一流学科不是敲锣打鼓、轻轻松松就能实现的，我们一定要有自我革命的精神，汇聚各方力量和资源，深入推进涉农领域综合改革。我认为要重点抓好以下三个方面。**一要抓高峰学科打造。**学科是龙头，是支撑高水平研究型大学建设的脊梁。只有学科强大了、一流了，创建农机特色一流大学才会更加有底气。省委副书记任振鹤在全省高校领导干部暑期学习培训班上指出：江苏大学的农业机械装备学科很有特色，完全有基础、有条件、有机遇把农业装备与技术学科建设为一流学科，成为真正能够代表江苏水平的大学。我听后，非常受鼓舞，任书记在全省高校领导干部的培训班上表扬江苏大学，这是寄予江大厚望，更是鼓励鞭策，我们一定要牢记重托，紧紧围绕现代农业装备与技术学科创建一流学科这个大局，建好农机特色一流大学的学科生态圈。要把打造高峰学科作为综合改革的特区，拿出特殊改革政策，在人、财、物等各方面加大投入，让一批科研骨干真正融入涉农交叉学科中来。**二要抓高端平台建设。**建设一流学科没有一批高水平的科研平台支撑是难以实现的。我们要积极向教育部、农业农村部、科技部、工信部等上级部门汇报沟通，大力推进现代农业装备与技术省部共建重点实验室、协同创新中心等重大平台建设工作。要深入推进“政产学研用”深度协同，同地方政府、国内外大型农机龙头企业、国内外高校院所、农机行业组织等布局建设一批新的重大项目，大力推动涉农领域创新成果向农机龙头企业转化，全面融入农机装备国家创新体系和产业体系。我们还要建好涉农国际高端平台，加快创建农业工程国际示范学院。**三要抓高层次人才引育。**涉农人才是学校最急缺的科研力量，没有强大的涉农人才队伍支撑，我们提出的任务就难以落实。这次我们非常荣幸聘请了农机领域的三位院士和一位会长出任涉农研究院院长，形成了研究院大师领衔、学术骨干支撑的良好人才梯队。我们要大力引进刚退休的院士、“杰青”等“国字头”人才，招收农业工程领域博士后，以及留学博士、博士后，尽快补齐涉农人才队伍建设的短板。要加快推进“新农科”“新工科”融合发展，探索涉农人才培养的新范式。

三、坚定信心，全员行动，为我国农业农村现代化做出新贡献

今年是学校处级领导干部新聘期开始之年，2023 年就是这一届干部聘期收官之年，也是学校第四届党委领导班子到届之年。现在开始，我们已踏上了新征程，这个新征程就是我们贯彻落实习近平总书记重要批示精神的新征程，也是我们学科争先进位、学位点增列、国家一流专业增列等的新征程，更是我们决战决胜创建一流学科的新征程。可以说，机遇千载难逢，挑战极为艰巨，但我认为机遇大于挑战，现在正是天时、地利、人和之时。这里，我提三点要求与大家共勉。

1. 坚定信心争创一流

在学校创建“双一流”最关键的时刻，总书记的亲切关怀给我们带来了强大信心，坚定了我们必胜的信念。我认为，**信心源自实力。**前几天 2020 软科世界大学学术排名榜公布，学校首次跻身世界 400 强，排名列内地高校第 33—49 位。学校今年在“杰青”、国家科技奖等“国字头”项目、成果上取得了不错的成绩，这些成绩的取得源自江大人的实干和厚重的积淀。这也说明江大是有底气、有实力成为一流大学的。**信心源自信任。**总书记的重要批示是对江大的信任，为我们全方位开启服务我国农业农村现代化新征程提供了方向指引，我们一定要珍惜这份崇高的信任，奋发作为，把总书记的重要批示精神转化为我们干事创业的不竭动力。**信心源自行动。**暑假期间，学校党委常委会研究通过了落实总书记重要批示精神的“095”工程行动计划（2020—2023 年），强势推进“六大工程”；聘请了三位中国工程院院士和一位会长加盟学校；同徐工集团、南京国家农业高新技术产业示范区等签订了重大合作协议；举行了省部共建国家重点实验室筹建、江苏大学赞比亚第三期农机培训等多场重要会议和活动，涉农“空中课堂”正式面向社会开放；等等。这些举措很好地展示了“江大行动”。下一步，江大能不能在农机装备领域承接更多国家急需的任务，创造世界一流成果，做出突出贡献；能不能

在农机高等教育领域成为领先者，这是我们在座各位肩上的重任。我们要迅速行动，全方位改革创新，尽快产出一批有重大影响力的标志性成果，真正把江苏大学建设成为农机装备基础研究和技术创新的高地、知农爱农人才培养的摇篮和国际农机高等教育合作交流的示范窗口。

2. 全员行动奔向一流

创建一流学科和农机特色一流大学的号角已经吹响，我们要真干实干。我认为，**第一，要肩负一流的使命责任。**我曾说，争创一流、人人有责。创建一流学科不仅是学校和农业工程学院的大事，也是全校每一个单位的大事；不仅仅是相关校领导和相关部门、学院负责人的责任，更是每一位校领导、每一位领导干部和教职工的责任。只有大家把江大跻身一流学科当作自己的责任，扛在自己的肩上，才能更好地激发自己的无限创造潜力，我相信大家都有这种爱校荣校情怀和精神境界。**第二，要锤炼一流的精气神。**接到总书记重要批示以后，大家都很忙碌，都很拼。在这个决战的关键时刻，我们更要鼓起士气，拿出一流的精神状态。校领导和各单位领导班子要带头作表率，团结带领全体师生以铁一般的精气神奔向一流。我们要拿出镇江农机学院刚创办时的精气神，在不毛之地建起了万人大学，凭借的就是执着的理想信念、铁一般的责任担当和过硬作风，这才是“自强厚德，实干求真”江大精神的生动诠释。青年才俊是江大的未来，青年教师和同学们要树牢甘于服务祖国农业现代化的家国情怀，在服务我国“三农”事业、投身现代农机装备创新发展中长才干、作贡献，成长为堪当我国农业科技现代化重任的一流领军人才。**第三，要团结一心鼓足干劲。**上下同心、其利断金。我们要大力发扬江大精诚团结的优良传统，众志成城奔一流，凡是有利于一流学科创建的，我们都要积极踊跃地去做，机关要闻令而动、攻坚克难，冲在前、干在先、作表率，奋力开辟为农服务的新空间；各学院、科研机构都要提出涉农特色亮点项目，把落实总书记重要批示精神体现到每个单位和每一位师生行动上。我们还要对标对表，对照“095”工程建设方案，切实在难啃的硬骨头上下足功夫，展现拼的精神和搏的能力，确保一张蓝图绘到底，以舍我其谁的使命担当抓好每项任务。

3. 打造一流业绩圆梦一流

创建“双一流”是一场没有硝烟的激烈争夺战，更是我们输不起的一场重大战役，怎么办？我们如何创造出一流业绩来确保“双一流”成功创建？这是我们在座的每一位，特别是每一位领导干部和学科带头人的重大责任。**一是干事务必成事。**创建“双一流”要体现在干事、成事上，我们要用汗水去浇灌，干一件、成一件。我们要在贯彻落实总书记重要批示上率先实干、抢先行动、争先作为。比如，我们和徐工集团的合作，要将学校的技术积累转移转化到代表中国水平的农机装备中，更好地展现“江大实力”；我们和南京农高区的合作，要在绿色智慧农业上给出“江大方案”；等等。我们还要促成更多大项目、大成果。**二是业绩务必一流。**我们要对标世界一流标准，做出代表国家水平的一流业绩。我们的现代农业装备与技术学科代表的是江苏的最高水平，某些方面也代表中国农机高等教育的最高水平，今后我们还要代表中国成为世界现代农业装备领域的一流学科，我们培养出的涉农人才要成为我国农机装备创新发展的引领者，我校农机科研骨干力量要成为攻克我国农机装备“卡脖子”技术的先进代表，等等。总之，我们要将涉农领域教学、科研、学科、人才培养和产业服务等各个方面打造成为全国一流乃至世界一流。广大干部教师要树立“以贡献求支持、以实力赢认可”的理念，拧成一股绳，在奋进一流中成就一流，在决战一流中圆梦一流，创造出无愧于新时代的新业绩，不辜负江苏大学的“江苏”名片和农机高等教育的“中国名片”。

老师们、同志们、同学们，建设农机特色一流大学是江大人孜孜以求的梦想，更是我们这届党委领导班子和新一届处级领导干部肩上的重任和使命。江大因开国领袖而生，必将因强国领袖而强。新时代、新使命，新征程、新梦想，让我们以习近平总书记的重要批示精神为指导，团结一心、振奋精神，坚定信心、争创一流，以建功必定有我的使命担当向中央、省委交出无愧于新时代的优秀答卷，为我国农业农村现代化做出江大人新的更大的贡献。

把握机遇　夯实举措
加快推进农机特色一流大学创建

——颜晓红同志在新学期干部教师大会上的讲话

（2020 年 9 月 5 日）

校长　颜晓红

各位代表、老师们、同志们：

大家上午好！

今天，我们召开新学期全校干部教师大会，主要任务是回顾总结上半年工作，并对下半年的工作做出部署和安排，进一步把握机遇、奋力冲刺，确保学校“十三五”事业发展规划圆满收官，加快推进农机特色一流大学创建。下面，我从三个方面向大会报告。

一、上半年工作简要回顾

上半年，学校坚持以习近平新时代中国特色社会主义思想为指导，深入学习贯彻总书记对学校重要批示，以及给涉农高校回信精神，全面落实中央和省委各级领导指示要求，坚持把师生生命安全和身体健康放在首位，坚持疫情防控不松懈、教学科研不放松、改革发展不停步，实现了疫情防控和事业发展阶段性“双胜利”。

（一）习近平总书记对学校做出重要批示，为学校发展指明了方向，注入了强大动力

今年 6 月，学校以全国人大常委会副委员长吉炳轩来校调研检查为契机，向习近平总书记写信汇报了我校落实他给涉农高校书记校长和专家代表回信精神的做法和成效，并就加强农机人才培养和科技创新等汇报了学校的思考与建议。

总书记对学校的去信高度重视，做出重要批示。国务院、省委、省政府，以及教育部、农业农村部等上级部门，先后对贯彻落实总书记对江苏大学重要批示精神做出指示。国务院副总理孙春兰、胡春华及省委书记娄勤俭、省长吴政隆、省委副书记任振鹤等领导先后批示，支持发展农机教育事业。国务院副秘书长丁向阳，教育部部长陈宝生、副部长钟登华，农业农村部副部长张桃林，省委副书记任振鹤，副省长马秋林、马欣等领导，先后以听取学校汇报或到学校调研的形式，给予学校充分肯定和亲切指导。

总书记的重要批示，饱含着对我国“三农”事业和农机高等教育的深厚情怀，是对学校60年来坚守为农服务的高度认可，这是学校发展史上的标志性事件，具有重大的里程碑意义。总书记的重要批示为学校进一步发展指明了方向，提供了根本遵循。中央及省、部各级领导的关心支持，给予学校发展更强信心和莫大鼓舞，必将对学校高水平大学建设起到重要的推动作用。

（二）践行以人民为中心发展理念，疫情防控工作取得显著成效

面对汹汹而来的新冠肺炎疫情，学校始终牢固树立以人民为中心的发展理念，坚持把广大师生的生命安全与身体健康放在首要位置，坚决贯彻落实习近平总书记关于疫情防控工作的重要指示精神，全面落实上级关于疫情防控的各项决策部署，按照“坚定信心、同舟共济、科学防控、精准施策”的原则，第一时间谋划，第一时间部署，第一时间行动，及时成立了学校疫情应对领导小组和16个工作组，根据疫情变化先后制定多个版本的防控方案，建立健全了校内校外联防联控机制，以及全员、全环节的防控体系，切实织紧织牢了统一领导、组织有序、协同紧密、措施有效的疫情防控网，坚决防止了疫情向校园输入扩散。学校疫情防控经验、做法被省政府报送至国务院办公厅，疫情防控工作方案2.0版本被列入教育部《高等学校新型冠状病毒肺炎防控指南》参考文献（全国唯一）。

在做好校园疫情防控工作的同时，学校还通过选派医务人员支援湖北、发动学生志愿者就地参加“抗疫”、组织科研力量开展“抗疫”科技攻关等一系列举措，为全国“抗疫”形势持续向好贡献了江大力量。其中，我校附属医院先后选派4批共17名医护骨干驰援湖北，护士赵燕燕获评全国卫生健康系统疫情防控先进个人；周绿林教授主编的疫情防控专业书籍出版发行，为社区疫情防控提供理论指导；颜学升副教授用科研成果为武汉火神山、雷神山医院提供了可靠的污水处理系统；乔冠军教授科研团队研发的红外传感器投入疫情防控一线广泛使用；邹小波教授团队的“中式自动化中央厨房成套装备研发与示范”项目科研成果让防疫人员吃上可口的热乎饭；吴春笃教授团队将研发的静电喷雾消毒机赠送学校，应用于大面积公共区域消杀；等等。除此之外，学校还应邀参加中央广播电视总台中国国际电视台（CGTN）“全球疫情会诊室”节目，通过视频连线方式与坦桑尼亚、赞比亚等非洲4国分享新冠肺炎疫情防控与复工复产经验，为全球“抗疫”奉献了江大智慧。

（三）坚持“国字头”引领，核心办学指标持续实现突破

1项科技成果通过国家技术发明二等奖初评，“全国创新争先奖”“中国青年科技奖”，学校榜上有名。学校国家杰出青年科学基金项目时隔多年再次取得突破；申报各类国家自然科学基金项目986项，创历史新高；申报国家社会科学基金项目72项。获国家发明专利授权488件，获发达国家专利授权26件，专利转让和许可157件，获批第二十一届中国专利银奖1项。新增12门课程上线中国大学MOOC、智慧树平台，9项案例入选国家专业学位教学案例库。8个专业顺利通过2019年度工程教育认证，学校通过认证并且专业数量（19个）在有效期内并列全国第一。聘用中国工程院院士、加拿大两院院士等4人，新增“长江学者”特聘教授、青年学者各1人，入选新世纪百千万人才工程和政府特殊津贴专家4人。上海软科世界一流学科排名，1个学科进入全球前50位，3个学科进入全球前100位，以15个上榜学科数并列全国高校第50位、省属高校第2位。泰晤士高等教育首届中国学科评级，学校以3个A类学科、22个上榜学科数并列内地高校第44位。2020中国大学评价，学校名列全国高校第40位。ESI综合排名，学校跃升至全球第737位、内地高校第47位。2020软科世界大学学术排名，学校首次进入全球前400强，名列国内（除港澳台地区）高校第33—49位。2021泰晤士世界大学排名，学校并列国内（除港澳台地区）高校第51位。

（四）突出高质量发展导向，学校内涵式发展迈出新步伐

——学科建设方面：聚焦“双一流”，进一步明确了一流创建的努力方向，研究制定了现代农业装备与技术一流学科创建方案。加强学科布局顶层设计，从构建高水平大学学位授权体系的高度出发，精心制定了一级学科博士点及专业学位博士点申报方案。积极做好迎接教育部第五轮学科评估的各项准备工作，开展农业工程、机械工程、动力工程及工程热物理、食品科学与工程等学科上一轮评估分析梳理，有针对性地做好补短板、强弱项工作。扎实做好江苏高水平大学建设重点支持高校2017—2020年建设工作总结和2019年度绩效评价。全面深化优势学科绩效考核，过程控制和目标管理相结合的自我评估体系进一步完善。学校7个ESI全球前1%学科排名均有较大提升，工程学、农业科学、化学、材料科学排名分别提升至1.27‰、2.63‰、1.69‰、2.1‰，临床医学、药理学与毒理学、生物学与生物化学3个学科排名均提升70位以上。

——人才培养方面：全面推进疫情防控形势下的教育教学改革，在全国较早实现全面线上教学，18 925名本科生、3 069名研究生、1 000余名留学生顺利完成线上学习内容和考核，实现了“停课不停教、停课不停学”。首次实施研究生招生在线面试，录取2020届博士研究生212人、硕士研究生3 782人、本科生6 803人、学历留学生320人，生源质量稳步提高。积极推进毕业生在线就业，“促毕业，保就业”工作扎实开展，2020届本科生、研究生毕业率分别达98.60%、87.5%；截至9月3日，2020届毕业生就业率为78.11%，其中本科生就业率76.59%、研究生就业率81.16%。全面启动新一轮本科培养方案修订，积极申报建设农业智能装备工程、机器人工程、数据计算及应用等“新工科”“新农科”专业。18个专业入选江苏省品牌专业建设工程（二期项目），人工智能与智能制造学院获批江苏省首批重点产业学院。以优秀成绩通过教育部首批新工科研究与实践项目验收，获批教育部2019年第二批产学合作协同育人项目18个。获国家级“大创”项目立项88项、省级“大创”项目立项297项；荣获美国大学生数学建模竞赛特等奖提名奖、中国大学生计算机设计竞赛一等奖、全国大学生节能减排社会实践与科技竞赛一等奖等国际国内大学生学科竞赛奖项36项。有21项（篇）毕业设计（论文）获评省优秀（省属高校第二）。体育教学特色进一步彰显，学校获评江苏省体育特色学校。团学改革全面推进，1人获评全国优秀共青团干部，1篇实践报告获评全国大学生延安暑期社会实践专项活动优秀社会实践报告（全国共30项）。新一轮研究生培养方案修订和课程改革全面启动，优秀研究生教师评选成功开展，研究生培养过程管理进一步加强。来华留学教育提质增效成效进一步显现，25门课程被认定为江苏高校外国留学生英文授课省级精品课程，获评数列全省第二、省属高校第一。中国政府奖学金生申请人数创历年新高，预录取中国政府奖学金学生88名；首次获批中国政府奖学金“中非友谊”学历生项目，留学生生源国进一步拓展。“一带一路”高校博士师培计划稳步推进，与埃塞俄比亚哈若玛亚等海外高校签署合作备忘录。学校获批为首批国际组织人才培养创新实践基地建设高校。

——科技创新与服务社会方面：重视做好各类各级科研项目、平台及成果奖等组织申报工作，获批江苏省重点研发计划现代农业项目5项、社会发展项目5项、产业前瞻与关键核心技术项目3项，获批项目数量及立项经费创近5年来最高水平。获批省自然科学基金项目52项，其中“杰青”和“优青”项目各2项。5项成果进入江苏省科学技术奖会评答辩。获批江苏高校哲学社会科学重点研究基地和优秀创新团队各1个。积极组织申报“智能农机装备理论与技术省部共建国家重点实验室”“国家智能网联汽车运行控制与信息安全技术国家工程研究中心”“农业农村部蔬菜产地初加工装备重点实验室”“农业农村部智能农机装备重点实验室”等。产学研合作进一步拓展，上半年全校四技合同金额达1.68亿元，合同到账经费3 441万元。扬中市和高港区技术转移分中心进入实质化运营，新建江苏大学流体机械温岭研究院。技术转移中心获评国家技术转移机构优秀等级（A级），技术经理人“三诊”工作模式入选教育部“首批高等学校科技成果转化和技术转移基地典型经验”。科研诚信与学术道德教育进一步加强，编印《江苏大学师生学术规范与学术道德读本》，面向全校师生签订科研诚信承诺书，风清气正的学术风气进一步形成。

——师资队伍方面：新增江苏特聘教授5人（全省高校第一），江苏省有突出贡献中青年专家1人，省“青蓝工程”优秀教学团队1个、中青年学术带头人3人、优秀青年骨干教师3人。入选“双创人才”3人、“双创博士”39人。获批中国博士后科学基金面上资助29项，入选国际交流计划派出项目、引进项目、香江学者计划及学术交流项目各1人，首次获批“中德博士后交流项目”。遴选第四批江苏大学青年英才培育人选32人。以线上形式成功举办第八届金山高层次人才学术论坛，签约各类优秀人才40人。招收博士后112人，其中外籍博士后45人。新增正高职称人员61人，副高职称人员140人。获批省级以上公派出国（境）项目资助50人，其中国家公派20人。修订完善了《江苏大学职员聘用管理办法》等一系列人事制度文件，顺利完成新一轮管理岗位职员聘任。

——国际交流与合作方面：成功召开第三次国际化工作会议，出台了《江苏大学关于加快推进新时代国际化工作高质量发展的若干意见》，为未来5年加快和扩大教育对外开放指明了方向。2020年度地方高校“高等学校学科创新引智计划”正式获批，中外合作办学机构江苏大学克兰菲尔德未来技术研究生院通过教育部审核。新增江苏“外专百人计划”1项、外国专家工作室2个。赞比亚江苏大学筹建工作有序推进。获批国家留学基金委“智能农业装备复合型应用型乡村振兴人才培养专项”和“智能电动车辆及控制系统创新型人才培养项目”。积极创新疫情形势下的学生海外交流服务工作，线上海外学习项目成功开展，新增硕士研究生留学项目4个，3个月以上境外交流学生238人、短期海外研修学生464人，47人获国家留学基金委项目资助。与美国阿卡迪亚大学合作举办的数学与应用数学专业本科教育项目入选“江苏高校中外合作办学高水平示范性建设工程”。

（五）强化特色发展，农机教育与创新体系更加完善

学校成立了学习贯彻落实习近平总书记对学校重要批示和回信精神工作领导小组和工作组，制订了《江苏大学“095”工程行动计划（2020—2023）》，成功召开“进一步贯彻落实习近平给全国涉农高校书记校长和专家代表的回信暨对江苏大学重要批示精神大会”。农业工程学院按照研究型学院要求加快建设，成立了设施农业工程与信息技术研究院、收获装备研究院、田间管理装备研究院、智能农业研究院、经济作物机械化研究院等5个研究院，并聘任中国工程院罗锡文院士、陈学庚院士、赵春江院士、中国农机工业协会会长陈志研究员及校党委书记袁寿其研究员担任研究院院长。耒耜大楼正式启用，采取线上线下相结合的方式创新举办2020“耒耜国际论坛”。农装学部12项立项资助项目取得积极进展，研发出一批高端农机产品，8 kg/s喂入量高产水稻联合收获机主要技术指标达到国际先进水平。中国农机文化展示馆进入施工阶段。共商共建中国农机装备国际创新中心稳步推进。中国农业装备产业发展研究院组织架构进一步健全，受农业农村部委托完成《中国农机产业国际竞争力分析报告》。第六届大学生智能农业装备国际创新大赛正式启动。成功举办2020江苏大学赞比亚第三期农业机械培训暨现代农业机械及农产品加工高级工坊。与巴奥应用科技大学签署“中巴经济走廊”农业与食品高层次人才培养合作协议，共建中巴农业与食品卓越中心。与恒顺集团签署全面合作战略协议，共建“江苏大学恒顺集团研究院”。与徐工集团签署战略合作协议，共建“江苏大学—徐工集团农业机械研究院”。与南京国家农业高新技术产业示范区签订合作协议，共建江苏大学农机装备产业技术研究院及江苏大学研究生分院，打造1 000亩智能农机装备实验示范基地。与中科院上海技术物理研究所南通智能感知研究院签定合作协议，打造国际智慧农业大数据中心，共建江苏大学南通研究生分院。

（六）坚持协调发展，学校内部治理水平不断提高

学校内设机构进一步调整完善，新成立党委考核办公室、机关党委、基建处、法律事务办公室、信访办公室等职能部门，以及数学科学学院、物理与电子工程学院、生命科学学院、知识产权学院等一批教学科研机构，优化调整了安全保卫处、校友会与对外联络办公室等机构职能，撤并了部分行政和教学单位。“十三五”事业发展总结评估、“十四五”规划编制全面启动。校园总体规划修编高质量完成，校属企业体制改革扎实推进。制定出台《江苏大学内部控制评价实施办法（试行）》等一系列规章制度，财务、国资、采购与招投标、审计等工作进一步规范。校友与对外联络工作进一步加强，基金会筹资工作成效进一步提升。实验室安全管理不断加强，实验室中心化和大型设备仪器深度共享进一步推进。构建全校人脸识别管理平台，智慧校园信息资源和基础设施建设显著加强。“一站式”学生事务与发展中心内涵建设进一步深化，完成“24 h自助设备服务区”建设和运行工作，服务学生更加便捷高效。后勤服务保障更加有力，“品质后勤”建设扎实推进。青教公寓正式投入试运行，大礼堂修缮等维修改造工程有序推进。京江校区建设基本完成，京江学院办学内涵实现新提升。创建“江大继教云课堂”，继续教育规范管理进一步加强，终身教育体系进一步完善。以24小时无人值守农业装备文献资源中心为试点，智慧图书馆建设进一步加快。档案馆服务意识、服务水平进一步提升，数字化建设稳步推进。附属医院积极应对疫情防控，医疗服务和公共卫生应急管理能力不断提升。机电总厂创新工作模式落实实践教学任务，提高生产经营效益。附属学校教育教学管理精细化有力推进，2020年中考热点高中录取率保持全市前列。校园治安、交通及消防安全管理等持续加强，平安校园示范校建设成效得到进一步提升。

（七）坚持党的全面领导，党的建设不断完善和加强

理论武装与思想建设进一步加强。坚持把学习贯彻习近平新时代中国特色社会主义思想作为首要政治任务，把学习宣传习近平总书记对学校重要批示和给涉农高校书记校长和专家代表回信精神作为重要内容，不断加强党委理论学习中心组学习、教职工政治理论学习和大学生思想政治教育。认真上好大学生思想政治理论课，精心举办“云端”新学期开学第一课，线上、线下举行2020届毕业班学生党员重温入党誓词活动暨毕业前思政最后一课。全面落实意识形态工作责任制，广大师生自觉树牢“四个意识”，坚定“四个自信”，坚决做到“两个维护”。

党的全面领导进一步落实。深入贯彻落实省委关于加强省属高校领导班子政治建设的有关文件要求，出台《关于加强二级党组织领导班子政治建设的若干措施》。校党委切实履行全面从严治党主体责任，把方向、管大局、做决策、抓班子、带队伍、保落实的领导职责全面落实，党委领导下的校长负责制进一步加强。加强对考核工作的组织领导，修订完善学校年度目标任务综合考核办法和实施细则，推进中层党政领导班子和中层干部考核系统全面升级，切实发挥考核在推动学校事业高质量发展方面的导向与激励作用。

干部组织工作进一步加强。坚持党管干部、党管人才，根据“五突出五强化”干部选任工作要求，顺利完成2020年处、科级领导干部换届聘任工作，人岗相适、人事相宜的干部队伍结构进一步形成。干部年轻化有力推进，换届后的处级干部，40岁以下的达30.2%，50岁以下的占78.6%。成功举办处级和科级领导干部暑期培训班，各级干部担当作为精神和干事创业活力进一步提升。《新时代江苏大学党支部建设“提质增效”三年行动计划（2019—2021年）》深入实施，基层党支部“党建示范创建和质量创优”建设有力推进，40个“书记项目”扎实开展。荣获2019年度全省高校“最佳党日活动”优胜奖。

党风廉政建设进一步深入推进。强化政治监督，做实日常监督，开展专项监督。制定《2020年度落实全面从严治党党委主体责任清单和纪委监督责任清单》，以单明责，按单履责，做好履责记实工作，推动“两个责任”落实。认真贯彻落实中央八项规定精神，抓早抓小，防微杜渐，加强作风建设，持之以恒纠“四风”。修订《江苏大学党委巡察工作实施办法》，落实巡察反馈意见整改、“回头看”和“未巡先改”工作，开展党委第三轮政治巡察工作。深化学校纪检监察体制改革，进一步明确工作职责，强化使命担当，持续深化“打铁必须自身硬”专项行动。开展疫情防控、安全生产、“三全育人”综合改革、“促毕业、保就业”、选人用人等专项监督，强化担当作为。依规依纪依法履行职责，保持正风肃纪反腐高压态势。校纪委获评江苏省属本科高校纪检监察机构2020年度工作综合考核“第一等次”。

宣传和文化建设成效进一步提升。融媒体宣传平台建设进一步加强，校报、电视、广播传统平台和官微、官博、抖音、哔哩哔哩、快手等新媒体融合发展有力推进。“江苏大学”学习强国号上线。发表省级以上外宣稿件300余篇，其中头版头条2篇、头版20余篇、深度报道170余篇、“学习强国”报道近30次。学校连续9年荣获“江苏教育新闻舆论工作表扬单位”。线上校园文化“空中课堂”入选科技战“疫”——2020中国数字化转型优秀案例。创新开展“五棵松讲坛”“校园热点面对面”“读书节”等文化活动，“一院一品”校园文化建设扎实推进。

统战工作体制机制进一步完善，学校党委常委带头联系各民主党派、统战团体和党外代表人士，各二级党组织党员领导联系党外代表人士制度进一步落实。工会、妇联、老干部、关心下一代等工作均得到新加强。

总的来说，上半年大家克服疫情带来的严重不利影响，通过“云教学”“云办公”“云服务”等，创新工作方式，在疫情防控和事业发展的双重“大考”中交出了一份优秀的答卷。成绩来之不易，发展有目共睹。这些成绩的取得，离不开广大干部职工的正确识变、积极应变和主动求变，离不开全体师生的苦干实干。特别是今年暑假，广大干部职工放假不放松、假期变“战期”，不分周六周日，不怕高温酷暑，一手抓常态化疫情防控，一手推进事业高质量发展，以高昂姿态学习贯彻总书记重要批示精神，全校上下呈现出一派奋力奔跑、争先恐后的干事创业景象，令人十分感动。在此，我谨代表学校党委、行政向大家表示衷心的感谢！

在总结成绩的同时，我们也清醒地认识到，对比标杆院校的发展，对照“双一流”创建的要求，学校的工作还有不少不尽如人意之处。比如，支撑学校“双一流”创建的高显示度标志性成果仍然不足；补齐省高校综合考核中“失分项”和“短板”的任务依然十分艰巨；全校上下争创一流的内在动力还有待进一步加强；各二级党组织之间党的建设还不够均衡；等等。下半年，各单位都要在回顾总结上半年工作的基础上，对存在的差距和问题进行认真梳理，并采取有效措施予以解决，确保全年目标任务高质量完成。

二、下半年工作的总体要求

我们常讲，行百里者半九十，讲究的就是慎终如始、善作善成，重视做好最后一阶段的收官工作。下半年是学校承前启后推动“十三五”圆满收官和科学谋划“十四五”事业发展的关键时期，既是落实好“十三五”奋斗目标的“最后一公里”，又是贯彻落实习近平总书记对学校重要批示精神、加快推进农机特色一流大学创建的关键时期。做好新学期的工作，关键要把握住“五个一”。

首先，要下定一条心。学校给总书记的信，既是工作汇报书，也是承诺书、责任书和军令状。总书记的重要批示，以及中央和省委各级领导的指示要求，是一种厚爱更是一种鞭策。我们在信里说到的，不仅要做到，而且要做好、做扎实。这是一份沉甸甸的政治责任，也是关乎学校发展的历史责任。现在从中央到地方，对我校发展农机教育和科技创新都寄予厚望，我们必须全力以赴答好这份考卷，没有任何退路。前两天，我们刚刚召开了“进一步贯彻落实习近平给全国涉农高校书记校长和专家代表的回信暨对江苏大学重要批示精神大会”，发布了《江苏大学“095”工程行动计划（2020—2023）》，明确了指导思想、总体目标和六大主要任务。各有关单位要从坚决做到“两个维护”的政治高度，把贯彻落实总书记的批示精神作为重要政治任务和头等大事，切实扛起责任、担好使命，努力在现代农业装备关键核心技术攻关、高端农机装备研发、高层次农机人才培养，以及农机教育国际交流等方面拿出实实在在的成果，交出一流的成绩单。

其次，要鼓足一股劲。当前，学校正处于迎接教育部第五轮学科评估、奋力冲刺一流学科的关键时期，习近平总书记的重要批示，以及中央和省委、省政府各级领导的关心支持，为学校带来历史性的发展机遇。江苏大学从未像今天这样更加迫切实现创建“双一流”的梦想，从未像今天这样更加接近建设“双一流”的梦想。对此，全校上下必须要有敏锐的机遇意识和强烈的责任意识。面对这一来之不易的重大机遇，各单位都要上紧发条、踩足油门，瞄准目标、一鼓作气、奋力冲刺，以决战决胜的心态、冲刺冲锋的姿态和始终高昂的奋斗激情，推动各项事业快步发展、大步前进，推动学校办学层次迈上新的更高的台阶。

第三，要答好一张卷。今年下半年，我们将迎来省委对学校的第二次综合考核。能否进入第一等次，关乎学校“双一流”创建，关乎全校上下的士气。我们要对标对表最新修订的江苏高校综合考核办法，及时跟进2020年省综合考核工作，层层压实工作责任，强化工作落实的动态监测，建立“考核动态专报”制度，综合运用会议推进、分析研判、信息通报、函告约谈等方式，建立省综合考核指标推进落实的督查、调研、监测机制，确保学校在今年全省高校综合考核中进入第一等次。与此同时，各单位要充分利用接下来4个月的时间，认真对照《江苏大学年度目标任务综合考核办法（试行）》及考核实施细则、各自年度目标任务及“十三五”规划目标任务，查漏补缺，靶向施策，高质量完成全年度各项指标。

第四，要绘好一张图。“十四五”时期是我国全面建成小康社会、实现第一个百年奋斗目标之后，乘势而上开启全面建设社会主义现代化国家新征程、向第二个百年奋斗目标进军的第一个五年。编制好“十四五”规划，对于推动实现学校中长期发展目标，推进“双一流”创建及高水平有特色国际化研究型大学建设具有至关重要的意义。各单位要高度重视、精心组织，在全面、系统、客观总结学校“十三五”规划完成情况的基础上，认真分析我国高等教育进入普及化阶段带来的新形势，准确把握新一轮科技革命与产业变革给学校发展带来的新机遇、新挑战，科学预判未来5年全球高等教育发展方向与特征，坚持目标导向、问题导向和结果导向，聚焦未来5年学校发展的战略性问题、当前发展面临的紧迫性问题和广大师生关心的问题，加强前瞻性思考、全局性谋划、战略性布局和整体性推进。要认真贯彻习近平总书记关于编制“十四五”规划要开门问策、集思广益，把加强顶层设计和坚持问计于民统一起来，把社会期盼、群众智慧、专家意见、基层经验充分吸收进来的要求，汇聚全体师生、广大校友及社会各界的智慧，科学高效、按时保质编制学校“十四五”事业发展规划，画好路线图，绘好施工图，定好时间表，确保学校“十四五”事业发展开好局、起好步。

第五，要绷紧一根弦。自新冠肺炎疫情发生以来，全球已累计有 2 600 余万人确诊，86 万余人因此失去生命。当前国际疫情防控形势依然复杂严峻，国内疫情防控进入常态化阶段，人民的生命安全与身体健康依然遭受着巨大威胁。做好疫情防控工作仍然是学校下半年重点工作，丝毫不能掉以轻心。全校各单位要根据上级关于秋季学期教育教学和疫情防控工作的政策要求及学校疫情防控工作方案，严格按照“防输入、防反弹、防突发、防松懈”要求，落实落细校园疫情防控主体责任。要继续执行“日报告”“零报告”制度，充分认识学生全面返校、学校满负荷运行、应对“疫后综合征”的压力挑战，坚决克服麻痹思想、厌战情绪、侥幸心理、松劲心态。要主动熟悉和把握疫情防控常态化形势下高校教育工作的新特点和新规律，在保障广大师生的生命安全与身体健康的基础上，确保全面恢复正常的教育教学秩序。

三、下半年主要工作任务

根据上述总体要求，对照学校全年党政工作要点，下半年，重点要抓好以下 6 个方面的任务。

（一）以实施“095”工程为抓手，全面贯彻落实习近平总书记重要批示和回信精神

一要高度重视抓好总书记重要批示和回信精神学习宣传工作。进一步深入开展“知农爱农、强农兴农”系列主题活动，通过中心组专题学习、师生宣讲、“农”字课程、主题征文、社会实践等形式与载体，全方位、广角度、多形式宣讲习近平总书记重要批示及回信精神的深刻内涵和重大意义，解读“095”工程任务举措，教育引导师生把思想和行动统一到总书记重要批示和回信精神上来。

二要夯实工作举措，全面落实“095”工程目标任务。围绕现代农业装备与技术一流学科创建、知农爱农新型人才培养和农机装备科技创新等关键点，进一步加强学科梳理，打造特色一流学科引领、相关学科支撑的高水平研究型大学学科生态体系。大力加强涉农高端人才引育，深入开展“新农科”“新工科”融合建设，创建以“现代农机”为核心的一流课程体系和一流专业集群。积极申报筹建现代农业装备与技术省部共建协同创新中心、高端智能农业装备理论与技术省部共建国家重点实验室等国家级科研平台，大力提升学校在农机装备“卡脖子”技术攻关方面的能力与作用。进一步融入“一带一路”教育行动，提升学校在农机教育国际交流合作中的话语权。加快推进中国农机文化展示馆建设，培育江大农机特色文化，着力将中国农业装备产业发展研究院打造成为农机领域高端智库。

力争通过集中攻坚和共同努力，推动现代农业装备与技术学科进入世界一流学科建设行列，推动学校成为我国农业装备与技术的战略策源地、创新发源地、人才输送地和国际交流中心，显著提升服务我国农业机械化、智能化和区域经济社会发展的贡献度。

（二）以政治建设为统领，不断加强和改善党的领导

坚持把党的政治建设摆在首位。牢固树立“四个意识”，坚定“四个自信”，坚决做到“两个维护”，严明党的政治纪律和政治规矩，坚持和完善党委领导下的校长负责制，落实党委管党治党、办学治校的政治责任和主体责任，确保正确办学方向。

加强党的理论武装与思想建设。建立

不忘初心、牢记使命的制度，深化“不忘初心、牢记使命”主题教育，认真组织学习《习近平谈治国理政》第三卷，做到学习跟进、认识跟进、行动跟进。持续深入开展社会主义核心价值观教育，不断加强师生思想引领。扎实推进意识形态工作责任制落实和督查工作，开展二级党组织落实意识形态工作责任制情况考核。认真贯彻落实党中央关于庆祝中国共产党成立100周年活动安排，制定实施学校“百年行动”方案。进一步构建“校内融媒体+校外大宣传”工作格局，打造线上线下一体式宣传模式，不断提升宣传工作成效。进一步突进“一院一品”项目，增强校园文化引领力和示范性。

扎实推进党的组织建设。根据《中共教育部党组关于高校党组织“对标争先”建设计划的实施意见》，培育学校特色党组织，力争获批全国党建工作示范高校，培育创建一批标杆学院、样板支部。根据《新时代江苏高校党支部建设“提质增效”三年行动计划（2019—2021年）》，建成一批省级优质党支部，为培育培优省级特色党支部打下基础，做好党员教育和日常管理工作。认真做好二级党组织、党支部换届工作，认真落实“三会一课”，严格规范党内生活。全面把握省委组织部、省委教育工委工作要求，高质量组织好迎接省属高校年终考核工作，认真做好学校年度目标任务综合考核。

持之以恒推动从严治党向纵深发展。强化政治监督，对各级党组织贯彻落实习近平给全国涉农高校的书记校长和专家代表的回信暨对江苏大学重要批示精神情况开展监督检查，推进政治责任落实。把制止餐饮浪费作为纠“四风”重要内容，驰而不息加强作风建设，持续推进中央八项规定精神化风成俗。实施党委第四轮政治巡察，开展巡察反馈意见整改落实情况督查及“回头看”工作。督促二级党组织切实履行全面从严治党、党风廉政建设责任制主体责任。进一步加强常态化新冠肺炎疫情防控工作督查，继续对学校“三全育人”综合改革、安全生产整治、会议经费管理使用、离任审计等实施专项监督。坚持“严”的主基调，针对巡视巡察、政治监督、日常监督、审计监督、审查调查中发现的各类违规违纪违法和失职失责等问题，持续加大执纪问责力度，实事求是运用监督执纪“四种形态”，一体推进“不敢腐、不能腐、不想腐”，营造学校风清气正的政治生态和良好的干事创业环境。

进一步加强统战工作，推进党外人士参政议政、建言献策和服务社会。高度重视做好保密和安全稳定工作。精心组织召开学校第六次团代会、第八次学代会和第七次研代会。深入推进关工委优质化建设，加强教代会提案办理，不断提升党的群团工作水平，推进工会、妇联、老干部等工作取得新进展。

（三）以迎接省高校综合考核为牵引，深入推进学校内涵建设

聚焦一流学科创建，着力提升学科整体水平。紧密跟踪分析“双一流”滚动遴选政策，进一步夯实工作举措，加快推进现代农业装备与技术高峰学科打造，推动工程学、农业科学进入或接近世界一流学科行列。统筹做好迎接教育部第五轮学科评估和第二轮专业学位水平评估工作，确保农业工程学科“保三争二”，食品科学与工程、机械工程、动力工程及工程热物理等学科和相关专业学位类别排名提档进位。认真做好新一轮学位点申报工作，确保一级学科博士点门类，以及临床医学、工程类博士专业学位授权点实现全面突破。扎实做好省“十三五”重点学科验收工作，确保全部顺利通过并争取一定的优秀率。积极推进交叉学科设置工作，持续优化学科生态体系建设，进一步打造各学科优势方向和涉农特色方向，不断提升学科整体水平。研究出台《江苏大学生命医药板块协同发展意见》，精心制定医、教、研融合发展综合改革方案，加强生命医药跨学科协同交叉融合创新，充分激发生命医药板块发展潜力。

深化“三全育人”改革，不断提升人才培养质量。精心筹备召开第四次学生工作大会暨“三全育人”综合改革中期推进会，深入实施“十项育人工程”，加强特色亮点凝练和典型宣传，努力形成一批具有广泛影响力的育人品牌、先进典型和特色做法，确保以优秀成绩通过教育部检查验收。进一步高度重视做好学生就业工作，加强精准化就业指导帮扶，确保高质量完成全年就业工作目标。大力加强辅导员队伍建设，推动学生工作队伍稳定发展。精心组织召开第四次本科教学工作大会，打造高水平本科人才培养体系。积极做好国家一流本科专业的培育与申报，确保入选第二批国家一流专业建设点数量列省高水平高校前3位，获批国家一流课程10～12门，实现国家级教学平台新突破，斩获国家教材建设奖。持续推进专业认证工作，确保4个工程类专业和首个师范类专业通过认证考查。加强“四新”专业建设，做好专业综合评估，强化一流课程建设。不断完善“一院一赛”“一系一项目”的竞赛体系，确保中国“互联网+”大学生创新创业大赛和“创青春”全国大学生创业大赛金奖不断线。深入学习贯彻全国研究生教育大会精神，准确把握新时代研究生教育的主要任务、方向路径与发展规律，大力提升研究生教育质量。跟踪做好中国学位与研究生教育学会成果奖和省研究生教育成果奖评选工作，力争实现新突破。创新校外研究生培养基地管理运行方式，切实提高研究生协同培养质量。加快推进江苏大学克兰菲尔德未来技术研究生院实质运行，做好首届学生招生及教学管理各项准备工作。进一步促进留学生教育提质增效，高质量完成2019—2020年来华留学教育质量报告，积极筹备来华留学教育质量再认证工作，推进英文授课留学本科生大类培养，探索“研究院+留学生培养”产教融合育人新模式。加强国际组织人才学院内涵建设，积极开展国际组织人才培养创新实践项目，提升国际组织人才培养水平。

强化有效科研理念，大力提升科研创新水平。扎实做好2020年国家科技成果奖申报后续工作，确保国家科技奖不断线。紧密跟进省部级科学技术奖，以及教育部和江苏省人文社会科学成果奖的评审工作，持续关注国家重点研发计划项目申报进展。启动2021年国家科技成果奖，以及国家自然基金、社科基金重大重点、“杰青”和“优青”项目等组织申报和培育工作。深入推进学科交叉创新，加强高水平交叉创新研究平台建设。实施团队考核，着力打造一批高水平科技创新团队。强化与大型和特大型企业的合作，围绕国家重大需求开展联合科研攻关。进一步重视和加强国防科研军工项目申报，力争重大重点项目的再突破。做好2021年度国家社科项目申报的组织工作。进一步规范科研诚信与信用管理，不断加强学术道德和学术诚信教育。

聚焦高端人才引育，持续打造高水平师资队伍。深入推进“院士慧聚工程”，扎实做好院士引进后续服务保障工作，围绕院士打造高水平人才团队，力争国家级创新团队实现突破。围绕现代农业装备与技术一流学科创建目标，不断加大涉农高层次人才引进力度，快速壮大涉农学院师资队伍，精心举办好“智能农业及技术创新”全国博士后论坛。跟踪做好“新世纪百千万人才工程”“政府特殊津贴专家”“双创团队”等重大人才项目的申报和评审工作，启动2021年国家级人才项目遴选和培育。精心举办第九届金山高层次学术论坛，提升海外人才引进成效。扎实推进第三轮岗位聘期考核和第四轮岗位聘任。持续加强师德师风建设，不断提升教师思想政治素质和职业道德水平。

全面贯彻第三次国际化工作会议精神，推进更高水平、更高质量国际交流合作。深入推进国际化“八大提升工程”，研究制定国际化工作分类评价指标体系，积极探索后疫情时代国际化工作规律，不断创新新形势下国际交流与合作模式。稳步实施“111”引智计划，加强国际联合实验室、国际联合研究中心建设。精心举办江苏—英国高水平大学20+20联盟年会暨第二届国际产学研合作论坛，成立国际技术转移中心。进一步推进农业工程大学国际联盟、农机装备国际（产能）合作联盟建设，有序推动赞比亚江苏大学筹建。进一步做好国家和省级外国专家项目，着力引进一批国际顶尖人才和专业型外教。推动孔子课堂建设。积极做好新形势下的学生海外学习交流服务工作，不断提升学生海外交流学习的数量和质量。

（四）以推进落实省市共建协议为抓手，不断提升服务经济社会发展贡献度

进一步贯彻落实省委书记娄勤俭、省长吴政隆关于保持特色、彰显特色、放大特色优势、服务地方经济社会高质量发展的调研指示要求，主动加强与镇江市政府的沟通与合作，积极推进“名城名校协同跃升”战略，推动落实省市共建高水平大学协议，加快构建校地双方高层会商机制，围绕区域特色产业加强校地校企深入合作，协商完善智能农业装备创新产业园建设方案。深入推进与大全集团、恒顺集团、建华集团等镇江龙头企业的合作，深化江苏大学大全研究院及江苏大学恒顺集团研究院内涵建设。加强与镇江新兴航空产业的对接，与镇江航空航天产业园、江苏图南合金股份有限公司合作成立航空新材料研究院。进一步争取镇江市政府支持，推进江苏大学附属学校建设。健全校地干部交流机制，加强校地干部交流和高层次人才引进合作，共同实施驻镇高校毕业生留镇工作，促进毕业生留镇就业创业。

持续推进产学研合作“123”行动，开启院地服务新模式，加强对各学院社会服务工作的指导与考核。深入落实与徐工集团战略合作协议，推进“江苏大学徐工集团农业机械研究院”实质运行。加快建设农机装备产业技术研究院，打造1 000亩智能农机装备实验示范基地，助推南京国家农业高新技术产业示范区建设。推进与重庆黔江区产学研全面合作，围绕重点项目构建常态化合作机制。进一步提升科技成果转移转化能力，深化教育部科技成果转移转化示范基地内涵建设，推动江苏大学技术转移有限公司实质化运行。深入开展专利运营与技术转移的融合发展，加快产业知识产权运营中心建设，高质量建设新结构经济学知识产权研究院。

（五）以深化校院两级管理改革为重点，加快推进学校治理体系和治理能力现代化

试点推进校院两级管理改革。研究出台《江苏大学校院两级管理办法（试行）》及其实施细则，进一步简政放权，突出学院内部办学实体地位，赋予二级单位在人、财、物等方面更多的自主权，充分调动二级单位办学积极性、主动性和创造性，构建学校宏观管理、部门协调配合、学院实体运行的现代大学治理模式。修订完善学校年度目标任务综合考核办法，研发并投入使用新版中层党政领导班子和中层干部考核系统，以科学的综合考核制度体系和运行机制赋能学校治理能力现代化。

进一步加强学校法治工作。深化法律事务办公室内涵建设，推进依法治教、依法办学、依法治校。全面梳理学校机关单位及非编常设机构岗位职责，强化岗位责任意识与担当作为，形成岗位内部有竞争、岗位职责有监督的综合考评体系。

深化考核与评价制度改革。破除“五唯”倾向，修订学校学术评价和学术奖励制度，完善教师职称评审、研究生学位授予和学术评价办法，赋权二级管理单位在核定指标和岗位总量内自主组织实施中级职称评审、副高级职称评议，实现各学科差异化的分类管理。

推进重点工程优质快速建设。加快推进中国农机文化展示馆、大礼堂（修缮）、青教公寓二期、学生宿舍 AB 组团、农业工程中心大楼、国际创新合作中心大楼等一批重大建设工程，为学校快速发展提供更加有力的空间支撑和条件保障。

做好常态化疫情防控工作。各工作组、各单位要严格按照教育部、省教育厅秋季学期教育教学和疫情防控工作要求，落实落细各项常态化疫情防控措施和规定要求，做好校园相对封闭管理，确保学校教学科研事业发展平稳有序，切实保障师生身体健康和生命安全，保证校园安全稳定。

（六）以绩效管理为导向，不断提升学校内部治理效益和水平

启动江苏大学合并组建 20 周年、镇江农业机械学院成立 60 周年暨办学 119 周年纪念活动筹备工作。进一步强化财务预算管理和资金统筹，加强专项资金项目库建设，提升校院两级管理资金绩效。制定出台教学及科研单位公用房调配管理办法，进一步提升资源配置和使用效率，稳步推进校属企业改制。进一步规范采购与招标管理，提升采购与招标信息化建设水平和效率。不断改进审计方式方法，完善审计制度体系。大力加强校友会、基金会建设，着力增强社会资金筹措能力。推进智慧校园基础设施和公共信息资源建设，拓展校园网络服务功能，强化全校数据治理和网络安全工作。加强大型仪器设备的购置论证和材料出入库管理，推进大型仪器设备深度共享。深入推进“品质后勤”“智慧后勤”建设，进一步提高后勤管理质量和服务育人成效。加快推进青年教师周转公寓食堂交付使用及京江校区验收工作，做好在建项目建设和维修改造工作。杂志社要聚焦质量，进一步提升办刊水平。出版社要进一步打造国家出版项目和特色品牌，增强服务教学科研能力。图书馆要着力加强农业装备文献资源中心建设，提升服务水平和育人功能。档案馆要进一步加强档案信息开发利用，提升信息化管理水平。机电总厂要加快智能制造工程实践平台建设，用好创客工场，提高实践教学质量。附属医院要进一步加强内涵建设，提升专学科建设与临床诊疗水平。京江学院要做好转设工作，不断提升办学水平。继续教育学院要积极申报国家级培训基地和“国字头”培训项目，着力提升继续教育层次，打造服务“三农”培训江大品牌。要持续推进民生改善，进一步完善师生智慧服务平台，提升线上服务范围和质量，推动学生“最多跑一次”改革和“24 h自助设备服务区”建设，促进公共服务便捷化、高效化。要不断丰富群众体育活动，推进体育特色学校建设。要完善校园门禁管理，强化校园交通、消防、治安、公共卫生等综合治理，深入推进平安健康校园建设。

老师们、同志们，机不可失，时不再来。在疫情防控常态化和全力推进农机特色一流大学创建的新形势下，高质量完成全年党政工作目标、实现“十三五”规划收官、开启学校事业发展新境界，任务艰巨，责任重大。让我们在习近平总书记重要批示精神的指引下，朝着“双一流”创建和高水平有特色国际化研究型大学的建设目标，砥砺前行，奋力冲刺，以更加昂扬的斗志、更加奋进的姿态和更加闪亮的成绩向建党100周年献礼！

把握重大发展机遇　全力创建“双一流”

——袁寿其同志在新学期干部教师大会上的讲话

（2020年9月5日）

校党委书记　袁寿其

老师们、同志们：

今天我们在这里召开新学期全校干部教师大会，这是在学校事业发展的关键时期召开的一次重要会议。刚才颜校长根据党委常委会的意见，代表学校全面总结了今年以来学校事业发展取得的显著成绩，结合新形势新任务，明确了下半年学校的重点工作和主要任务，会后请各单位抓好贯彻落实。

大家知道，今年是极不平凡的一年。年初暴发的新冠肺炎疫情，是新中国成立以来在我国发生的传播速度最快、感染范围最广、防控难度最大的一次重大突发公共卫生事件。抗击新冠肺炎疫情，是新中国成立以来我国应对突发重大公共卫生事件中规模最大的一次。在以习近平同志为核心的党中央的坚强领导下，经过全国上下和广大人民群众艰苦卓绝的努力，我国疫情防控阻击战取得重大战略成果，疫情防控已进入常态化。抗疫中的中国速度、中国效率、中国力量充分彰显了中国共产党的领导和中国特色社会主义制度的显著优势。在这场“大考”中，江大人与全国人民一道众志成城、共克时艰，学校疫情防控工作成效明显，确保了校园平安稳定。学校疫情防控经验、做法被省政府报送至国务院办公厅，这是学校历史上的第一次，得到了省纪委、省委组织部、省委教育工委的充分肯定；疫情防控工作方案2.0版被列入教育部《高等学校新型冠状病毒肺炎防控指南》参考文献，我校也是全国唯一被列入参考的高校；新华社、《人民日报》、“学习强国”、《中国青年报》等媒体宣传报道50余次（篇），全方位展示了抗疫中的“江大行动”。江大人用实干和担当贡献了疫情防控的“江大力量”，以实际行动诠释了“自强厚德，实干求真”的江大精神。

在抓好疫情防控工作的同时，学校各项工作也在积极推进，确保疫情防控不放松，事业发展不断线。学校在全省率先开展线上教学改革，2月24日起全面线上授课。我们积极推进线上科研，多个科研团队助力企业复工复产；成功举办了2020“耒耜国际论坛”；召开了第三次国际化工作大会；全方位推进线上育人工作；1万余名学生顺利返校；完成了新一轮内设机构优化调整和干部换届聘任工作，高质量开展处级和科级干部培训；扎实推进贯彻落实习近平总书记重要批示精神（“095”工程）；精心制定方案，确保新学期全面恢复教学秩序。可以说，在今年的特殊形势下，我们做到了“两手抓、两不误”，这是全校上下共同努力的结果，凝聚着在座各位的心血，在此我代表学校党委，向大家表示衷心的感谢！

为做好下半年的工作，下面我再强调几点意见。

一、全面落实习近平总书记重要批示精神，抢抓重大发展机遇

习近平总书记在我校的信件上作出重要批示，这是江大发展史上具有里程碑意义的大事件，也是学校加快创建“双一流”的重大机遇，这个发展机遇我们必须抓住、抓好。

一要提高站位，坚决做到“两个维护”。6月12日，全国人大常委会副委员长吉炳轩来校开展《农业机械化促进法》执法检查，他对学校60年来坚守立德树人初心，矢志不渝服务我国农业机械化、现代化给予高度评价，并欣然同意转交学校致习近平总书记的一封信。7月4日，习近平总书记在信上作出重要批示，随后国务院副总理孙春兰、胡春华，省委书记娄勤俭、省长吴政隆、省委副书记任振鹤等作出批示。习近平总书记在我们的信上亲自作出重要批示，彰显了总书记对我国“三农”特别是对农机高等教育的深厚情怀，体现了总书记对学校60年来坚守为农服务，始终坚持为我国农业机械化、现代化做出突出贡献的高度认可。大家知道，习近平总书记历来高度重视“三农”问题，十分关注脱贫攻坚和乡村振兴，多次强调要给农业现代化插上科技的翅膀，确保国家粮食安全，特别是党的十九大把乡村振兴列为决胜全面建成小康社会需要坚定实施的七大战略之一，做出了一系列战略部署。作为一所以农机起家的高校，学校从开始办学那天起，就与“三农”结下了不解之缘，这是一种与生俱来的为农情怀，也是我们在强农兴农道路上初心和使命的真实写照。我认为，习近平总书记给学校重要批示，是学校发展史上的标志性事件，是学校事业发展难得的历史机遇，必将载入江大办学史册。

贯彻落实习近平总书记的重要批示精神，是学校今后很长一段时期的首要政治任务和头等大事，全校上下要珍惜机遇，把思想和行动统一到贯彻落实习近平总书记重要批示精神上来，充分认识习近平总书记重要批示精神的重大意义，以实实在在的成绩践行好“两个维护”。中央、省委有关领导高度重视总书记重要批示落实情况，中办每半年督查落实情况，省委督查室每月督查落实进度。暑假期间，学校领导先后赴国务院、教育部、农业农村部、省委做了汇报，国务院副秘书长丁向阳、教育部部长陈宝生接见了我校党政领导，省委副书记任振鹤专题听取了学校汇报，副省长马欣、马秋林到学校调研指导，学校同徐工集团、南京国家农业高新技术产业示范区等签订了全面合作协议。前天，学校召开了进一步贯彻落实习近平给全国涉农高校书记校长和专家代表的回信暨对学校重要批示精神大会，会上发布了《江苏大学“新农科”“新工科”融合建设方案》《江苏大学“095”工程行动计划》，农业工程学院5个研究院及江苏大学—徐工集团农业机械研究院正式揭牌成立，举行了“国际大学生智能农业装备创新大赛”启动仪式，等等。可以说，7月以来，

我们在贯彻总书记重要批示精神上紧锣密鼓地采取了一系列务实有力地行动，为推进“095”工程开了个好头，下一步要持续深入推进，确保落实总书记重要批示精神取得更大成效。

二要抢抓机遇，振奋争创一流精气神。习近平总书记的重要批示是对江大的认可，更是对学校的鞭策，我们要切实把总书记的重要批示精神转化为干事创业的不竭动力。在给习近平总书记的信中，我们汇报了学校60年来强农兴农的实践，提出了加强农机人才培养、创建农机装备一流学科、增强高端农机装备科研等三方面的建议。大家知道，近年来，学校扎实推进高水平有特色国际化研究型大学建设，特别是学校第四次党代会明确了学校中长期奋斗目标，提出了“三步走”战略和“七个一流”的重点任务，确定了围绕农业工程打造一流学科。可见，落实习近平总书记重要批示精神和推进落实学校第四次党代会精神、推进高水平研究型大学建设是一致的，都是我们必须做而且一定要做好的工作。

我们应该以怎样的精神状态落实好习近平总书记重要批示精神？我认为，最重要的就是锤炼争创一流的精气神。“树活风雨土，人活精气神。”在学校事业发展的关键时刻，全校上下都要鼓足士气，拿出一流的精神状态，敢闯敢拼，敢为人先，校领导和各单位领导班子要带好头、作表率，尤其是今年刚完成换届，新一届干部要振奋精神，要像打了鸡血一样，做到跑在前、冲在先，以饱满的热情、全心的投入、忘我的精神投入工作中，努力把工作做到卓越、做到极致，让社会感受到江大人砥砺奋斗、争创一流的精神风貌。每一位江大师生都要把贯彻落实总书记重要批示精神作为自己的行动自觉，拿出决战一流学科的精气神，以战斗状态投入工作中，以优异成绩向中央、省委交出满意答卷，切实为江苏率先实现农业农村现代化、为国家全面推进乡村展兴做出突出贡献。

二、坚持一流目标，全力创建“双一流”

创建“双一流”是一场激烈的争夺战。我们以怎样的状态、怎样的业绩确保“双一流”创建成功？这是每一位师生特别是各级领导干部、学术带头人和教授都要思考的问题，而且更要在实践中回答好、践行好。

一要乘势而上，加快创建一流学科。我们要紧紧围绕现代农业装备与技术学科创建国家一流学科这个大局，抢抓机遇，不辱使命。**第一，推进大改革，实现大突破。**省委副书记任振鹤在全省高校领导干部暑期培训班上3次点名江苏大学，他指出，江苏大学的农业机械装备学科很有特色，完全有基础、有条件、有机遇，把农业装备与技术学科建设为一流学科，成为真正能够代表江苏水平的大学。我听后，深受鼓舞，这是省委领导对我们的鼓励和期待，我们要坚持向改革要动力，深化涉农领域综合改革，不断完善涉农政策体系，制定涉农学科特区政策，深入落实学科行动计划，各相关学科、学院都要迅速形成支撑现代农业装备与技术的研究方向和研究队伍，建好涉农学科生态圈。要出台涉农队伍建设特区政策，加大人才引育力度，创新引才模式，迅速壮大涉农人才队伍。**第二，胸怀大格局，展现大担当。**要推出知农爱农人才培养改革举措，促进“新工科”“新农科”融合发展；要加快布局建设一批“国字头”涉农创新平台，紧盯国家部委、省委、省政府的需求，彰显江大担当。要参照国际化示范学院建设标准，加快推进农业工程学院国际化示范学院建设。加快建设农机装备产业创新联盟，积极推进现代农业装备与技术省部共建重点实验室、协同创新中心建设。推进“政产学研用”深度协同，同地方政府、国内外大型农机龙头企业、国内外高校院所、国内国际农机行业组织等布局建设一批新的重大项目，全面融入农机装备国家创新体系和产业体系，努力解决一批“卡脖子”技术，大力提升我国农机装备领域关键核心技术研发能力，努力为推进农业现代化做出新贡献。

二要全力以赴，确保省委考核第一等次。2020年省属高校综合考核结果将与经费指标等挂钩，关系到全校师生，这是我们面临的一场“大考”。我认为，**首先，必须要把考核工作摆在优先位置。**2020年省属高校综合考核高校数由2019年12所增加到17所，“第一等次”不超过6所，这是一场硬仗。今天距离省综合考核还有不到4个月，时间紧、任务重、要求高，我们必须高度重视。大家知道，省综合考核考的是相对排名，我们要紧紧盯住兄弟高校，看一看他们的指标完成情况，比一比我们的优势和弱项；要进一步强化特色、巩固优势，去年排名靠前的考核指标今年要继续保持好势头，指标偏后的要加快落实整改措施，确保整改成效。考核指标牵头单位必须把考核放在各项工作优先地位，把各项指标争创全省第一等次作为硬任务，只有更多指标拿到第一等次，我们才可能成为综合考核第一等次高校。**其次，必须要上下联动、加强协调。**各指标牵头单位要同省教育厅机关处室等部门积极对接、汇报，邀请专家指导工作，确保考核汇报材料全面准确。各单位、每一位教职工都要树牢大局意识、赶考意识，全力以赴配合学校做好省委综合考核工作。特别是考核办学治校满意度调查，这是考核的重要内容（省属高校综合考核办法中，考核内容共三部分：高质量发展成效，加强党的建设高质量成效，办学治校满意度调查）。按照规定，学校有1 000名学生和150名教师参与调查，从去年情况看，我们的得分并不高，排名是靠后的。各单位要进一步加强宣传，让师生了解调查的内容、程序和意义，教育师生增强爱校荣校意识，客观评价学校工作，不断提升学校办学成效和社会影响力。**最后，必须做好校内综合考核。**去年我们实施了新版年度目标任务综合考核，进一步增强了广大干部教师干事创业的压力，催生了创先争优的动力，激发了争创一流的活力。今年3月，学校印发了修订版考核办法及方案，下达了考核指标，明确考核结果将与教职工考核评优和奖励性绩效挂钩，与各单位领导班子考核评优挂钩。由于疫情的关系，有些工作受到了一定的影响，各单位要对照指标任务抓紧推进落实，把压力变为动力，拿出最好的状态，保持奋力拼、迎难上的劲头，在高质量发展的道路上来一场“比学赶超”，不断开辟学校事业发展的新境界。

三要加速奔跑，全面开拓一流发展新境界。第一，争创一流是每个人的责任。各单位，各学科、专业、团队，以及每一位教职工都要树牢“争创一流、人人有责”的理念。我经常说，在学科、科研等方面我们暂时比不了清华、北大，但是扫地也扫不过他们吗？我们在“三全育人”等方面还是有优势的。我们要全方位争创一流，把学校第四次党代会提出的“七个一流”任务逐一落实到关键核心指标创一流上，比如，现代农业装备与技术要率先进入国家一流学科行列，食品科学与工程、机械工程、动力工程及工程热物理等一批学科都要创建一流学科，第五轮学科评估中各主流学科排名都要争先进位；获批更多博士点、国家一流专业，各研究方向、团队都要争创行业领域的一流；等等。**第二，争创一流要全力以赴开辟一流空间。**新一届领导干部和学科、方向带头人更要有大谋略、大担当。大谋略体现在我们有没有想国家之所想、急国家之所急，我们要坚持需求导向、问题导向，紧紧盯住国家、省和行业产业重大需求，真正把“国家急需、世界一流”变为主动求变应变、开新局谋新篇的起点。大担当就在于我们要全方位对接乡村全面振兴、“一带一路”建设、长三角一体化等国家战略，在服务国家急需上率先干在实处，切实在大项目、大平台、大奖项等方面实现新突破，为学校赢得更多“国字头”项目、平台及资源。这个暑假，很多单位都没有休息，大家都在抢时间，展现了奋进一流的状态。我相信，只要大家加速奔跑，真抓实干，就一定能圆梦一流。

三、把握重点，推动学校工作不断迈上新台阶

落实习近平总书记重要批示精神，创建农机特色一流大学，有许多工作要做，要抓住主要矛盾和矛盾的主要方面。就2020年工作来说，要抓好几项重点工作，促进全校各项工作迈上新台阶。

一要坚持立德树人，培养一流知农爱农创新人才。立德树人是高校的立身之本。根据目前信息看，在一流学科滚动遴选、学科评估、学位点申报、一流专业建设等工作中，育人工作都是十分重要的指标，甚至是首要指标。学校是教育部“三全育人”综合改革试点建设高校，2021年上半年教育部将开展试点建设验收。我们能否以“优秀”等次通过验收？我认为，要进一步提高政治站位，从创建“双一流”、推进高水平研究型大学建设的高度重视和推进育人工作。要大力建设以“大农机”为核心的一流本科专业群，深化产教融合培养高层次农机人才；加大支持力度，吸引更多优秀学生学习涉农专业，引导毕业生到农机装备领域就创业；深入实施“十大育人”工程，不断提升育人实效，进一步凝练经验做法，打造特色亮点，形成育人“江大品牌”，确保以优秀成绩通过教育部考核验收。要认真筹备学校第四次学生工作会议，出台有力举措，培养更多一流人才。

二要科学编制“十四五”规划。“十四五”时期是我国开启全面建设社会主义现代化国家新征程的第一个五年，谋划好“十四五”时期发展十分重要。2020年以来，习近平总书记多次就“十四五”规划编制工作进行部署，强调要把加强顶层设计和坚持问计于民统一起来，齐心协力把“十四五”规划编制好。对于学校来说，“十四五”是创建“双一流”的关键时期，必须围绕落实习近平总书记重要批示精神和学校第四次党代会确定的目标，编制高质量的“十四五”规划。放假前，我和颜校长分别带队，到相关高校进行了深入调研，感触很深，收获很大。7月1日，学校印发了开展“十四五”规划编制工作的通知，成立了规划编制工作领导小组和11个专项工作组，假期中各工作组做了大量的工作。目前，学校正在深入总结“十三五”规划实施情况，着眼国家和省教育现代化2035两大纲领性文件，结合“双一流”创建目标，科学编制“十四五”规划。各学院、各单位要高度重视“十四五”规划编制工作，各单位党政主要负责人作为本条线、本单位规划编制工作的第一责任人，要切实承担起领导责任，做好责任分工，抓好工作落实，谋划好本条线、

本单位事业发展蓝图。

三要大力加强师资队伍建设。创建“双一流”，必须以一流的师资队伍为支撑。**第一，加强高层次人才及团队建设**。这几年学校围绕院士、国家级人才、青年人才、团队、博士后，采取了许多措施，主动跟踪、加强服务，成效已经初步显现。特别是今年我们聘了 3 位院士任农装研究院院长，“杰青”等都有收获，取得了不错的成绩，但总的来看，我们高层次人才的数量、质量和生师比等方面还不够好，各单位还要继续下功夫、动脑筋，把政策用足，多引进高层次人才。我们不仅要加大国内外涉农高层次人才引进力度，强化现代农业装备与技术学科人才团队建设，也要加大各学科和涉农方向人才团队建设。大家知道，由于新冠肺炎疫情等因素的影响，国外高层次人才回流正在加速，一部分外国人才也愿意到中国来工作，这是一个重要的机遇。要主动出击，积极沟通，加强协调，力争引进一批高层次人才。要努力引进刚退休的院士、“杰青”，充分发挥他们的学术影响力。要加强人才引进后的培养，人才进来后要尽快进团队，各单位要给予更多的支持和关心，加速人才成长和作用发挥。要加强博士后工作，博士后是科研主力，而且没有名额限制，目前在站大约 700 人。要进一步加大博士后尤其是加大海外博士后招聘力度，吸引更多有才华的年轻人来校开展博士后研究，力争 3 年达到 2 000 人的规模，这样我们的底气就更足。**第二，加强师德师风建设**。国家高度重视高校教师师德师风建设，教育部等部门出台了多个文件，学校组织开展了专题教育活动，编印了《江苏大学师德师风建设文件汇编》，制度是完备的，要求是明确的，关键是落实好。一段时间以来，国内高校教师师德师风负面事件时有发生，有的公开发布严重违反政治纪律的言论，有的发生有违师德的教学事故，造成了很恶劣的影响，相关人员受到了严肃处理。就学校来说，也存在一些隐患和风险，对此我们要高度重视，吸取事件教训，对师德师风建设要常抓不懈，抓早抓小，坚持教育引导在先，强化监督检查，发现违反师德师风行为坚决依法依规严肃处理，引导广大教师自觉以德立身、以德施教、以德育德。

四要进一步加强制度建设。制度建设是带有全局性、战略性和长期性的重大问题。著名教育家夸美纽斯认为，制度是学校一切工作的灵魂。2008 年、2014 年，学校开展了两轮制度建设，形成了较为完备的制度体系，有力促进了事业发展。现在学校要创建农机特色一流大学，就要及时修订完善制度体系，充分发挥制度的作用。**第一，要进一步完善“095”工程配套政策**。“095”工程方案总体框架很好，但还需要进一步细化完善，各阶段目标指标如何分解落实，如何提升知农爱农人才培养质量，如何加大高层次人才引育力度，如何提升国际交流层次成效，如何扩大国际影响，这些都需要完善配套政策，进一步改革创新，提出有力举措，加快推进落实。**第二，要进一步完善评价体系**。8 月初，教育部官网公布的对《关于完善高校学科评估制度，促进教育治理体系和能力现代化的提案》的答复，提到学科评估要坚决破除“五唯”顽疾，把人才培养质量放在首位，评价教师不唯“学历”和“职称”，不设置人才“帽子”指标，评价科研水平不唯“论文”和“奖项”。7 月中旬，人社部、教育部公布了《关于深化高等学校教师职称制度改革的指导意见》，提出严把思想政治和师德师风考核，突出教育教学能力和业绩，形成以人才培养为核心，以品德、能力和业绩为导向，评价科学、规范有序、竞争择优的高校教师职称制度。这是国家层面推进“破五唯”的具体举措。需要强调的是，“破五唯”不能从一个极端走向另一个极端，“破五唯”破的是“唯”，不是将经过探索形成的评价机制“全盘否定”；“破五唯”不是不要文凭、论文、帽子，而是不能简单粗暴地将这些量化指标作为唯一的考核依据，我们要的是高水平、高质量的论文、项目，对此我们要有正确的认识。**第三，要深化分配制度改革。**分配制度改革是推进学校治理能力现代化的重要方面，学校事业发展了，广大教职工才能共享发展成果。近期，人社部组织实施人才服务专项行动，其中，人才活力激发行动旨在推进高校、科研院所薪酬制度改革。大家知道，2014 年，学校进行了绩效工资改革，力度比较大，在省内是靠前的。现在 6 年过去了，面对新形势，如何进一步完善？上半年，学校决定进行分配制度改革，相关校领导已经带领人事处等部门做了大量的工作，将结合学校“双一流”创建和综合考核，形成符合上级政策、紧贴学校实际、有利于事业发展的方案。改革的出发点是充分发挥分配制度的激励和导向作用，最大限度地调动和发挥教职员工的主动性、积极性和创造性，加快促进事业发展。

除此之外，还有很多工作，我不再一一强调。各条线各单位都要坚持一流导向，围绕中心抓好重点工作，不断促进学校事业再上新台阶。

四、加强党的建设，以高质量党建引领保障高质量发展

习近平总书记在十九届中央纪委第四次全体会议上强调，要一以贯之、坚定不移全面从严治党，坚持和完善党和国家监督体系，强化对权力运行的制约和监督，确保党的路线方针政策贯彻落实，为决胜全面建成小康社会、决战脱贫攻坚提供坚强保障。我们要深入领会并认真贯彻总书记指示精神，坚定不移地推进全面从严治党向纵深发展，以高质量党建引领保障事业高质量发展。

一要加强政治建设，创一流党建。一流事业需要一流党建为支撑。省属高校综合考核中，党建高质量得分是事业高质量发展的乘数，党建工作越好，学校最终的考核成绩就越好。就去年情况看，我校党建指标总体是好的，但还存在一些短板，要着力解决和改进。要进一步加强校、院领导班子政治建设，坚持“第一议题”学习制度，全面落实党委领导下的校长负责制、学院党政共同负责制，促进班子运行状态、校内政治生态、事业发展势态持续向好，为创建“双一流”提供坚强政治保证。要深入推进党建理论研究，进一步加强理论学习，巩固深化“不忘初心、牢记使命”主题教育成效，为创建一流事业提供理论支撑和思想指引。要不断强化基层党组织建设，下半年我们将进行二级党组织换届，要严格遵守党组织换届规范和纪律，确保换届顺利进行。各二级党组织要以此次换届为抓手，补短板、强弱项，认真落实党支部建设“提质增效”三年行动计划，高质量推进教师党支部书记“双带头人”工程，着力打造一批具有江大特色的“标杆院系”“样板支部”，进一步提升组织力、引领力和示范性，为创建一流党建和一流事业提供组织保障。

二要加强纪律建设，树一流作风。习近平总书记强调，政治生态好，人心就顺、正气就足；政治生态不好，就会人心涣散、弊病丛生。纪律建设是全面从严治党的治本之策，要进一步加强全体干部教师作风

建设。全体领导干部，特别是今年新提任的领导干部要身先垂范，牢固树立“领导就是责任”“业绩就是水平”的理念，鼓足干劲，扎根岗位，树一流作风，干一流业绩。要进一步推进巡察工作，将巡察重点放在二级党组织的政治核心作用、党支部的战斗堡垒作用和党员的先锋模范作用的发挥上，推动被巡察单位改进工作作风，提升工作实效。要进一步加强对中央八项规定精神、“四风”等问题整改落实情况的监督检查，对相关违纪违法行为加大曝光和惩戒力度，切实强化作风建设。这里我要强调一下公务接待的问题，目前学校公务接待虽已比较规范，但审计中仍发现一些问题，要切实推进整改，强化制度落实，为学校事业发展保驾护航。

最后，我还要强调一下安全稳定工作。后天就正式开学了，按照教育部要求，新学期要全面恢复教育教学秩序，**要科学、精准做好校园疫情防控**，按照学校秋季学期学生返校方案，落实好“防输入、防反弹、防突发、防松懈”要求，提升应急处置能力，强化责任落实，严格日常管理，严格活动管控，强化教室、食堂、宿舍、实验室等重点场所疫情防控及安全管理，确保校园安全。**要切实抓好安全生产工作。**近期，国务院江苏安全生产专项整治“回头看”督导组正在省内开展督导工作，学校还存在一些安全隐患和问题。要加强协同联动，对重点领域、关键环节的安全生产进行一次检查，做到早教育、早预防，早发现、早整改。要抓好卫生消毒、食品安全、校园交通安全等方面的保障工作，确保师生在校期间的工作和生活保障。要做好师生思想动态调研，跟进做好心理疏导工作，努力营造安全、稳定、和谐、幸福的校园环境。

老师们、同志们，机遇稍纵即逝，发展时不我待。面对新形势、新要求，全校上下更加需要迎难而上，奋勇争先。让我们以习近平新时代中国特色社会主义思想为指导，全面贯彻落实总书记重要批示精神，进一步统一思想、振奋精神，真抓实干、埋头苦干，全力开创农机特色一流大学建设新局面，为“两个一百年”奋斗目标的实现做出新的更大的贡献！

聚焦育人　聚力一流
全面开启江大特色一流本科教育建设新征程

——颜晓红同志在江苏大学第四次本科教学工作大会上的报告

（2020 年 12 月 9 日）

校长　颜晓红

各位领导、老师们、同志们：

大家下午好！

今天，我们隆重召开江苏大学第四次本科教学工作大会，主要任务是回顾总结第三次本科教学工作会议以来学校本科教学工作的成绩与不足，深入分析新时代本科教学工作面临的新形势与新任务，进一步贯彻落实全国教育大会、全国高校思想政治工作会议，以及新时代全国高校本科教育工作会议精神，解放思想，锐意创新，大力提升立德树人成效，构筑一流人才培养体系，全面开启江大特色一流本科教育建设新征程。

下面，我代表学校分三个方面向大会作报告：

一、充分肯定本科教学工作近5年来取得的显著成绩

5年来，学校坚持以习近平新时代中国特色社会主义思想为指导，深入贯彻党的教育方针，全面落实学校第四次党代会工作部署，以立德树人为根本，以本科教学质量名校创建为统领，坚持学为中心、教为主体，持续推进本科教育教学改革，促进学生德智体美劳全面发展，在高水平人才培养体系建设、本科教育教学改革、优质教学资源建设、教学质量保障体系建设等方面取得突出成效。

（一）坚持“国字头”引领，本科教学质量名校建设取得显著进展

学校新增国家级教学成果奖3项、省级教学成果奖12项，其中我校主持的教学成果“‘卓越引领，产教协同，本研互融’的能源动力类卓越工程人才培养与实践”和“深度产教融合的材料类‘工程素质链’人才培养模式创新与实践”获评国家教学成果二等奖，合作教学成果“推进基础课与实践教学协同创新、致力知识向能力有效转化”获评国家教学成果一等奖。13个专业获批国家级一流本科专业建设点；临床医学专业通过教育部临床医学类专业认证，19个专业通过工程教育专业认证，通过工程教育专业认证并在有效期内的专业数并列全国高校第1位。能源与动力工程实验教学中心获批国家级实验教学示范中心，车辆工程虚拟仿真实验教学中心获批国家级虚拟仿真实验教学示范中心。9人入选新一届教育部高等学校教学指导委员会委员。5门课程获批国家精品在线开放课程，2个项目获批国家虚拟仿真实验教学项目，18门课程入选首批国家级一流本科课程。“新工科理念下新卓越工程人才四维度交融培养模式改革与实践”获批国家级新工科研究与改革实践项目，并以优秀成绩通过验收；“新农科、新工科一体化建设，打造一流涉农专业集群的探索与实践”入选国家级新农科研究与改革实践项目。获批国家级大学生创新创业训练计划项目330项，连续7届、共8次喜捧“挑战杯”全国大学生课外学术科技作品竞赛优胜杯，荣获全国大学生节能减排社会实践与科技竞赛特等奖、全国大学生智能农业装备创新大赛特等奖等高层次奖项55项，名列“2015—2019年全国普通高校学科竞赛排行榜”第18位，获评首批全国高校实践育人创新创业基地、全国创新创业典型经验高校、全国高等学校创新创业教育改革特色典型经验高校。2016年，学校以优异成绩通过本科教学工作审核评估。专家组评价学校：“高度重视人才培养和本科教学工作，本科教学管理规范，内部质量保障体系完善，校内自我评估已经形成制度化、常态化，学业导师制科学有效、创新创业教育特色鲜明。”

（二）坚持内涵发展，本科教育教学改革取得显著成效

——“三全育人”综合改革深入推进。 紧紧围绕落实立德树人根本任务，推动“三全育人”综合改革融入本科教育教学各环节，充分发挥课堂育人主阵地、主渠道作用，出台《江苏大学深化新时代思想政治理论课建设的实施意见》《江苏大学关于提升思政课程与课程思政教育教学质量的实施意见》《江苏大学关于进一步推进本科教育课程思政建设的实施意见》等制度文件，整体构建思政课程、课程思政

与专业思政育人大体系，培育遴选出52个“三全育人”综合改革示范（培育）专业等一批育人先进典型。

——人才培养方案不断完善。全面对标国家本科教学质量标准和专业认证标准，不断修订人才培养方案，持续完善通识教育、学科基础、专业课程、实验实践、自主研学等课程体系，强化体育、美育、劳动教育课程体系，拓展创新创业教育课程体系，大力推动理论教学与实验教学、课内教学与课外实践的充分融合。强化科研、教学协同提升，促进教师将学科前沿成果等新内容、新技术纳入现有课程教学体系，打造“江大农字”特色课程和“科学前沿”融合型课程，增设专业基础大课程、跨学科或学科交叉课程、校企合作课程、全英文（双语）授课课程等。

——招生改革稳步推进。大力实施生源质量提升工程，根据国家、区域经济社会发展需求及科学发展趋势等，不断调整优化招生专业结构和规模，稳步推进大类招生、综合评价、体育特长生等招生改革，加大优质生源基地建设，拓宽招生宣传渠道，丰富招生宣传形式，提升招生宣传效果。2016—2020年学校省内录取线超省控线分值逐年提高，省外录取线超省控线40分的省份数不断增加，生源质量稳步提升。

——专业建设改革不断深化。顺应新一轮科技革命与产业变革，积极升级改造传统专业，增设新工科、新农科、新医科、新文科“四新”专业，建设新国学、智能制造、人工智能与机器人等13个微专业。成立师范教育中心和师范学院，深入实施卓越教师培养计划2.0，师范专业内涵建设不断深化。按照学生中心、产出导向、持续改进的OBE教育理念，整体推进工程教育专业认证，有序推进师范类、医学类专业认证。6个专业获评江苏高校品牌专业建设工程（一期项目），5个专业获评江苏省一流本科专业。

——课堂教学改革与时俱进。推行小班化教学，开展讨论式、研究式、案例式等教学方法改革，引导学生自主性、研究性学习。打造具有高阶性、创新性和挑战度的互动式“金课”，42门课程上线中国大学MOOC和智慧树平台，获批省在线开放课程33门，培育建设校精品在线开放课程和一流课程205门。积极推进教材建设，优化教材选用评价体系，获批江苏省重点教材42部，立项建设校级重点教材109部。积极推进信息技术与课堂教学改革深度融合，在新冠肺炎疫情防控期间率先全面开展线上教学、线上学习、线上考核，实现了“停课不停教、停课不停学”。

——实践育人不断强化。按照融通实体虚拟、综合校内校外的思路，不断拓展实践教育资源，搭建实践与创新教育大平台，人工智能和智能制造产业学院获批江苏省首批重点产业学院建设点。加强实验实训平台建设，新建临床医学技能训练中心、师范生技能训练中心等一批实验实训平台。加大课程设计、毕业设计与生产、社会实际相结合的力度，推动科研实验室和大型仪器设备向本科生开放，积极研发虚拟仿真实验项目，多元化、模块化、学科立体交叉的实践教学体系进一步形成。大学生社会实践活动深入开展。新增省级实践教学平台2个、省级实验教学示范中心4个，获评江苏省本科优秀毕业设计（毕业论文）96篇。

（三）坚持学为中心，多样化、立体式人才培养模式显著优化

——卓越人才培养机制日趋完善。卓越学院内涵建设进一步深化，新设金山英才班和吴仲华班，卓越人才培养体系更加完善。构建形成校企联合技术攻关、合作

教学改革、共建共享平台、共育共享人才“四大”合作机制，聘请百余位企业专家任校外兼职教授，重点打造25家产学研一体化联合培养示范区，开放性实验训练、科研训练、国际化训练，以及生产链、技术链和管理链“三训三链”融合式立体化创新人才培养体系进一步完善。学校当选“中国机械行业卓越工程师教育联盟”副理事长单位。

——创新创业人才培养特色鲜明。按照“学生全体惠及，教师全员参与，本科全程融入，目标分级达成”的思路，在培养模式、教育体系、管理机制、资源建设等方面实施改革，形成双创教育四元融合机制。加强创新创业学院建设，实施“专业课程提升计划”，推动专业教学与创新创业的深度融合，实现学生创新意识、创新思维、创新精神、创新创业能力的全面提升。不断完善“一院一大赛”“一系一项目”学科竞赛体系，推动实验教学示范中心、科研基地、众创空间、创客工场等更大范围开放共享，支持学生早进课题、早进实验室、早进团队。建成“创业人生”“创业管理”“创业计划”等一批国家级精品课程资源，入选省级大学生创新创业实践教育中心，获批省级大学生创新创业项目1 000余项，形成“塔式”创新创业教育体系等一批示范性经验，涌现出牛瑞东、申仕杰、赵金宇等一批大学生创业典型。

——精英人才培养成效不断提升。出台《江苏大学菁英学院管理条例（试行）》，优化菁英学院学员选拔、培养与考核机制，打造“一个优质交流平台、一套完善的培养机制、一支杰出的导师队伍、一批德才兼备的高素质人才”“四个一”运行模式。邀请名师名家开设领导能力、魅力气质、文化修养、创新能力及国际化教育等5类10余门课程和百余场专题讲座，举办“菁”益求精系列分享会、开口练、“行走的课堂”等高品质第二课堂活动，菁英学院人才培养目标达成度不断提高。

——国际化人才培养快速进步。大力实施国际化办学战略，中外合作办学、联合培养、短期访学、来华留学生为一体的培养管理体系进一步完善。新增中美、中澳本科生学分互认双学位项目7项、中法工程师本硕联合培养实验班项目1项，目前成建制中外合作办学、联合培养本科项目10个。学校获批为《1+2+1中美人才培养计划》“121”项目创新人才培养实验基地、国际组织人才培养创新实践基地和国家优秀本科生国际交流项目单位，成立“一带一路”国际人才学院、国际组织人才学院，国际化人才培养平台更加丰富。5年来，具有海外学习交流经历的学生累计达4 644人，862人赴哈佛大学、伦敦大学学院、新加坡国立大学等世界名校留学深造，学生境外学习交流数量大幅增长。来华留学教育量质并升，本科学历留学生规模达925名，“3+1”“m+n”培养模式改革全面推进，生源质量、培养质量、就业质量“三质并重”的留学生培养质量体系逐步完善。学校入选首批“留学江苏目标学校”、首批教育部来华留学质量认证高校。

——知农爱农新型人才培养全面加强。认真贯彻落实习近平总书记给全国涉农高校书记校长和专家代表的回信，以及对我校重要批示精神，大力加强知农爱农新型人才培养。新建农业智能装备工程、设施农业科学与工程等涉农新专业，设立专项奖学金吸引优秀学生就读。建设中国农机文化展示馆，打造农业装备文献资源中心，定期举办耒耜国际论坛，发起全国大学生智能农业装备创新大赛，全校学生的“知农、爱农、为农”情怀得到全面提升。农业电气化、能源与动力工程、食品科学与工程等一批“涉农”本科专业入选国家级一流本科专业建设点。

（四）坚持教为主体，教师教育教学水平显著提升

——师资队伍建设不断加强。围绕“高端、青年、团队、国际化”主题，大力实施师资队伍建设“333 行动计划”“四个 100 计划”“教学名师培育计划”等，打造了一支数量满足教学科研需要、结构合理、充满工作活力和发展潜力的师资队伍。目前，学校专任教师 2 600 余人，高级职称教师占比达 65%，具有博士学位教师占比超过 74%，具有半年以上海外经历的教师占比 41%。出台《江苏大学教学型资格教授聘用办法》《江苏大学本科教学工作奖励与绩效评价办法》等制度，开通教学型教授职称评审绿色通道，引导和激励广大教师积极投入本科教学。近 5 年，学校通过分层选拔、重点培育、机制优化，逐步培育形成一支高素质的教学名师梯队，新增校级教学名师 17 名、省级教学名师 1 名、省“青蓝工程”教学团队 3 个。

——师德师能提升有力推进。出台《江苏大学教师教学能力提升实施办法》《关于教授、副教授为本科生授课的规定》等文件，严格执行教授全员为本科生授课制，落实学科基础课和专业核心课教授主讲制，倡导学科带头人、专业知名教授率先为本科生开设新生研讨课、专业导论课等研讨性课程。严格落实青年教师助理教学制，全面推进面向青年教师的校、院、系和指导教师四级指导、培训与考核工作，建立青年教师教学发展档案。加强系（部）和教研室等基层教学组织建设，制定完善相关教研室评定与考核管理制度，选聘高水平教师担任基层教学组织负责人，激发基层教学组织活力，促进教师教学能力的整体提升。届次化举办教师教学竞赛、双语讲课比赛及信息化技能大赛。成立教师工作部，统筹加强师德师风建设，培育形成了以德立身、以德立学、以德施教、以德育德的良好人才培养生态体系。涌现出戴立玲、郭龙建、邓志丹、魏志祥、周德军等一批感动江大的教师教学典范。

——教师教学发展服务持续优化。以教师教学发展中心为依托，充分利用校内校外两类优质资源，面向全体教师，以新教师、中青年教师为工作重点，搭建梦溪师培园、三江师说苑、三山师评台和名企工作站等四大教师教学发展平台，为教师提供专业化、个性化的教学指导、服务与支持。通过开展“名师讲堂”、教师教学竞赛、教学能力提升专项培训、教学公开课、教学沙龙活动等系列活动，传播现代教育理念，拓展教师视野，激发教师教学激情和创新灵感，营造教学改革、教学创新的氛围，推动教师进行教育反思与教学研究，搭建了开放灵活的教师学习交流平台。

（五）坚持产出导向，本科教学质量管理显著加强

——“培养过程”教学质量标准体系进一步健全。先后出台江苏大学《课堂教学质量标准》《江苏大学本科教学运行管理工作规程》《江苏大学本科教学质量评价与持续改进工作实施办法》等制度文件，建立健全了覆盖教学运行、教学建设、教学管理、学生学习的全过程本科教学质量标准，形成立体化的质量标准体系，确保了教学建设供给侧、教学实施运行区、教学产出评价侧之间的多向互动和协同提升。

——学风建设进一步加强。以班风建设为龙头，以成长导航为引领，以规范管理、严格督查为保障，校、院、班三级联动持续推进优良学风班风建设。深入实施本科生学业导师制，配强配齐学业导师，实现本科生学业规划100%全覆盖，构建了精细化的学业指导和学业预警管理体系。学校涌现出一批“学霸班级”和“学霸宿舍”，先后有78个班级获评为省级和国家级先进班集体。学生深造率和出国研修比例大幅提升，2020届毕业生学士学位授予率98.64%、考研报考率达66%、升学出国率达28.3%。

——“五制并举”质量监控体系进一步完善。通过常规检查、专项检查、过程随机评价和专项评价等方式，构建了包括学生评教制、教学督导制、同行教师与干部听课评议制、教学信息动态汇集制、第三方质量评价反馈制等在内的“五制并举”教学质量监控体系，从以往更多关注质量结果转到更加重视过程，通过关注教学质量形成的主要环节来保障教学质量输出的效果，实现更加科学系统的质量管理。

——“四级链动”持续改进体系进一步优化。通过实施课程目标达成情况分析与改进制、专业人才培养质量年度自评报告制、学院年度本科教学质量报告制、学校本科教学质量年度报告制等举措，建立了由课程、专业、学院、学校构成的“四级链动”教学质量持续改进与考核体系。通过优化质量评价与结果反馈网络平台建设，实现了教师、学生和管理方之间的多向反馈与协同改进。

（六）坚持教学中心地位，本科教学条件建设与保障显著改善

坚持“以本为本”，落实“四个回归”，党委常委会、校长办公会定期研究本科教学工作，先后出台《江苏大学关于进一步加强新时代本科教育工作的若干意见》《江苏大学关于深入实施本科教育教学“五大工程“的意见》等一系列政策文件，推出加强和改进本科教学工作的“一揽子”举措，切实保障本科教学中心地位落到实处。不断完善校领导联系班级制度和领导干部听课制度，强化各级领导对本科教学的精力投入。不断加大本科教学经费投入，确保每年用于教学研究、专业建设、课程建设、实验和实习等4项教学经费的比例不低于学校学费收入的30%，教学经费、教学建设与改革专项经费连年增长。近5年，学校获批中央支持地方改革发展专项经费2.02亿元，江苏高校优势学科建设专项经费、江苏高校品牌专业（一流本科专业）建设专项经费3.67亿元，有力支持了本科教学。新建和改造了一批智慧教室、录播教室、实验室；高起点建设智能制造实验室、师范生技能训练中心、临床医学技能训练中心等实践教学场地；新增仪器设备22 000余台，价值5.72亿元；信息化网络设施与系统不断优化，教学和学习环境进一步改善。

总的说来，过去的5年是我校人才培养的目标达成度、社会适应度、条件保障度、质保有效度和结果满意度不断提升的5年，是我校本科教学质量名校建设深入推进的5年。这些成绩的取得，是全校各单位、全体教职员工，以及全体同学共同努力的结果，特别是广大一线教师和教学管理队伍付出了辛勤汗水和智慧。在此，我谨代表学校向大家表示崇高的敬意和衷心的感谢！

回顾总结学校本科教学工作取得的优异成绩，主要得益于以下5个方面：一是坚持立德树人根本任务，全面贯彻党的教育方针，社会主义办学方向牢牢树立。二是坚持本科教育基础性地位，领导重视、干部用力、教师用心，为本科教学工作有序开展提供了坚强保证。三是坚持学为中心，扎实推进各项教学改革，多样化人才培养模式不断优化。四是坚持教为主体，落实师德师风第一的标准，教师教学水平和育人能力不断提升。五是坚持产出导向，构建了贯通教学建设供给侧、教学实施运行区和教学产出评价侧的本科教学质量保障体系。今后我们要进一步继承和发扬好这些宝贵的经验，推动我校本科教学工作不断迈上新的台阶。

老师们、同志们，在回顾成绩、总结经验的同时，我们也应清醒地认识到，对标教育强国建设与一流本科人才培养的更高要求，以及新时代大学生更加个性化、多元化的发展需要，学校本科教学工作还有不少需要改进和提高的地方，比如："学为中心"的教育理念有待进一步加强；一流人才培养体系有待进一步完善；课程的丰富度，特别是一流课程的数量还不适应一流人才培养的要求；教学名师数量偏少，国家级教学名师尚未真正取得突破；教师、学生对教学和学习的精力投入有待进一步提高；本科教学信息化、现代化建设有待进一步加强；等等。对此，我们要切实采取有效措施加以尽快解决。

二、准确把握新时期本科教学工作面临的新形势、新要求

当今世界正经历百年未有之大变局，我国正处于实现中华民族伟大复兴的关键时期，高等教育发展的内部条件和外部环境发生了深刻变化。做好新时期的本科教学工作，必须把握当下、面向未来，积极顺应新的形势、适应新的要求。

（一）新一轮科技革命加速推动全球教育变革

当前，新一轮科技革命与产业变革正在引发世界格局的深刻调整，速度之快、范围之广、影响之深，可以说是重构了人们的生活、学习和思维方式，全球教育变革也因此加速推进。斯坦福大学"2025计划"提出要实现开环大学、自定节奏、有使命的学习，麻省理工学院提出了"新工程教育转型"计划，佐治亚理工学院提出了开创未来教育行动，欧林工学院全面实施模块化课程，等等。在新一轮科技革命、产业革命和中华民族伟大复兴的历史性交汇时期，我们要把握好战略机遇，充分发挥综合型大学优势，主动适应新技术、新产业、新业态、新模式对新时代人才培养的新要求，大力发展新工科、新农科、新医科、新文科，加速培养拔尖创新人才，提升学生综合素养，构建更加开放的学习环境，提供更加丰富的学习资源，不断提升学校本科教育的核心竞争力。

（二）我国进入新时代呼唤更高质量的本科教育

目前，我国高等教育已经进入普及化阶段，正处于内涵发展、质量提升、改革攻坚的关键时期。近年来，我国先后召开了全国教育大会、新时代全国高等学校本科教育工作会议等重要会议，习近平总书记对教育工作发表了一系列重要论述，对"培养什么人，怎样培养人，为谁培养人"这一教育根本问题做出了深刻解答，为新时代本科教育工作提供了根本遵循。中共中央、国务院印发了《深化新时代教育评价改革总体方案》，为"双一流"建设进一步指明了方向，更加突出培养一流人才、产出一流成果、主动服务国家需求。刚刚召开的十九届五中全会，提出了建设教育强国、科技强国、文化强国、人才强国、体育强国、健康中国的远景目标，对高等教育发展和高校人才培养工作提出了更高要求。新时期本科教学工作要紧扣我国新阶段高质量发展的主题，主动围绕国家战略和江苏经济社会发展需要，统筹推进普及化阶段、新高考背景下的人才培养改革，

积极更新教育理念、更新教学内容、创新教学方法、完善教学评价，大力提升一流人才培养能力和培养质量。

（三）学校“双一流”创建迫切需要建设一流本科教育

当前和今后一段时期，是我校深入贯彻习近平总书记重要批示精神、加快推进“双一流”创建的关键时期。构建一流人才培养体系，提升一流拔尖创新人才培养能力，是当前最紧迫和最重要的任务。做好新时期的本科教学工作，必须全面贯彻落实习近平总书记对我校重要批示精神，以及中央和省委各级领导批示要求，自觉服务学校“双一流”创建的大局，聚焦卓越人才、创新创业人才、精英人才、国际化人才、知农爱农新型人才等多样化人才培养，进一步创新工作理念与工作机制，大力推进一流专业和一流课程建设，加快构建一流本科人才培养体系。要将贯彻党的教育方针与学校办学定位、办学特色有机结合起来，强化学科专业交叉与产教融合，全面提升本科教学运行管理、本科教学建设改革、本科教学质量监控、本科教学服务支持等人才培养全过程的科学化与现代化水平，加快建设江大特色一流本科教育。

三、未来5年本科教学工作的指导思想、总体目标与主要任务

未来5年，是学校全面实施“十四五”规划、推进学校事业高质量发展的重要时期。做好新时期的本科教学工作，必须以立德树人为根本，以学生、学习和学生发展为中心，围绕“学生忙起来、教师强起来、管理严起来、效果实起来”，全面深化教育教学改革，着力打造一流本科人才培养体系，深入推进本科教学质量名校建设。

未来5年本科教学工作的指导思想是：以习近平新时代中国特色社会主义思想为指导，深入贯彻党的十九大，以及十九届二中、三中、四中、五中全会精神，全面落实习近平总书记对我校重要批示，以及全国教育大会、全国高校思想政治工作会议、新时代全国高等学校本科教育工作会议精神，全面落实《深化新时代教育评价改革总体方案》，坚持立德树人根本任务，遵循高等教育和学生成长成才规律，紧紧围绕学校第四次党代会和“十四五”事业发展规划部署，推动教育理念创新、人才培养模式创新与体制机制改革，打造一流本科人才培养体系，着力培养堪当民族复兴大任的一流拔尖创新人才，为全面建设社会主义现代化国家提供强有力的人才支撑。

未来5年本科教学工作的总体目标是：经过5年的努力，“四个回归”全面落实，新工科、新农科、新医科、新文科建设取得显著成效，新工科、新农科融合培养知农爱农新型人才形成全国示范，建成28~33个国家一流专业、40~45门国家一流课程，获批2~4项全国优秀教材奖、2~3项国家教学成果奖。“三全育人”综合改革成效显著、形成示范，涌现一批教学名师和育人典范，学生学习成效和教师育人能力显著增强，基本形成具有新时代特征、国际化特质和江大特色的一流本科人才培养模式和培养体系，本科教学质量名校建设迈上更高台阶。

为确保上述目标的实现，今后一段时期本科教学工作要重点做好以下8个方面的主要任务。

（一）全面落实立德树人任务，打造一流本科培养体系

——突出“三全育人”综合改革。充分发挥教师队伍“主力军”、课程建设

“主战场”、课堂教学“主渠道”作用，完善课程思政教学体系，打造课程思政示范品牌，提升教师课程思政素养，深化课程思政教学改革，创建课程思政教学服务工作站，构建全面覆盖、类型丰富、层次递进、相互支撑的课程思政体系，营造“门门有思政、课课有特色、人人重育人、院院有品牌”的良好局面。强化“三全育人”改革示范专业建设，推动思政教育“大协同”、育人机制“全贯通”、育人要素“强融合”，实现价值塑造、知识传授和能力培养的全面提升。

——突出多样化拔尖人才培养。积极应对新一轮科技革命、产业变革和世界格局变革挑战，主动服务制造强国、健康中国、美丽中国、法治国家等国家战略，紧密对接经济带、城市群、产业链布局，以新工科、新农科、新医科、新文科建设和卓越师范为重要抓手，全面优化以拔尖工程人才培养为引领、以新卓越工程人才培养为示范、以复合型创新创业专业人才培养为主体的本科人才培养体系。全面加强卓越学院、菁英学院、创新创业学院、国际组织人才学院等杰出人才培养平台的建设，全面推进卓越人才、创新创业人才、精英人才、国际化人才培养 2.0 版改革升级。按照拔尖人才成长地、教育教学改革试验田的要求，做好金山英才班、吴仲华班等拔尖人才培养的探索与改革，探索书院+学院新型人才培养模式。持续完善“双路径四层次创新创业教育体系”，做优“一院一大赛”，做实“一系一项目”，推进本科生从二年级起进入科研实验室和教师科研平台进行创新训练，探索本科生研究型培养机制。

——突出新型知农爱农人才培养。依托国家级新农科教改项目“新农科、新工科一体化建设，打造一流涉农专业集群的探索与实践”，全面推进落实《江苏大学新农科新工科融合建设方案》，强化新农科、新工科一体化建设布局，着力建设“现代农机”为核心的一流专业集群。成立新农科拔尖人才实验班，探索农业装备领域拔尖创新人才培养机制，构建形成可推广可示范的新农科新工科融合型知农爱农人才培养模式。

——突出学科交叉融合育人。遵循新时代本科教育教学改革特点，充分发挥综合型大学的办学特色和优势，以促进人的全面发展为目标，积极推进微专业建设、校际联合培养、本硕贯通培养、第二学士学位等改革。进一步扩大学科范围内与跨学科课程的选修学习与学分互认，着力将设计思维、工程思维、批判性思维、数字化思维和环境意识、成本意识、系统意识、规范意识、法律意识等有效植入教学过程，实现理工结合、工工交叉、工文融合、工医渗透，打造具有鲜明江大特色的主修专业+跨学科领域学习的培养模式。

——突出产教融合协同育人。深化与龙头企业、科研院所等名企大院合作交流，加强校企合作特色课程教材、产教融合基地建设，构建一批具有科研支撑、产业对接的协同育人平台，形成教育链、人才链与产业链、创新链的有机衔接，打造共商共管、共建共享的产教融合人才培养新路径。积极推进人工智能和智能制造省重点产业学院建设，实现校内不同学院、学科、专业实践育人平台的互通共享。

——突出学生综合素养提升。坚持正确导向、遵循教育规律、体现时代特征、强化协同育人，以推动学生德智体美劳全面发展为目标，加强体育、美育和劳动教育，全面提升学生综合素养。坚持健康第一教育理念，推动文化学习和体育锻炼融合促进，帮助学生在体育锻炼中享受乐趣、增强体质、健全人格、锤炼意志，实现以体育智、以体育心。坚持以美育人、以美化人、以美培元、以美启德，通过普及公共艺术教育、参加艺术实践活动等方式，引导学生树立正确的审美观念、陶冶高尚的道德情操、培育深厚的民族情感、弘扬中华美育精神。积极探索新时代劳动教育模式，坚持劳动教育与专业教育相融合，设置“劳动教育与实践”必修课程，举办“劳模大讲堂”“大国工匠进校园”等活动，全面提高学生劳动素养。

（二）全面提升专业内涵水平，打造一流本科专业生态

——推进一流本科专业“双万计划”。对标国家一流专业建设“双万计划”，从强化立德树人根本宗旨、教师发展与教学团队建设、课程教材资源开发、实验实训条件建设、学生创新创业训练、国内外教学交流合作、教育教学研究与改革等方面加强专业内涵建设，构建“国家、省、校、院”四级一流专业建设体系。

——打造“四新+卓越”专业集群。以交叉融合为着力点，从学科融合培养、校企联合培养、国际合作培养、“双创”贯通培养4个维度推进新工科、新农科人才多方协同培养。推动人工智能、大数据、云计算、“互联网+”与相关专业的深度融合，逐步形成“新工科+”“新医科+”“新农科+”“新文科+”的“四新”专业集群。大力推进卓越工程师、卓越教师、卓越医生、卓越法治人才、卓越农林人才等“卓越计划2.0”综合改革，形成与“四新”专业建设协同提升的卓越计划专业集群。加强师范教育中心、师范学院建设，推动“三位一体”师范生协同培养模式改革，构建形成与卓越教师培养相适应的师范教育教学新形态。

——全方位推进专业认证。全面落实OBE（Outcome based education，成果导向教育）教育理念，进一步做好工程类专业认证工作，实现可认证领域专业全覆盖，保持全国领先水平。进一步加大医学类、师范类、人文经管类等专业认证工作的力度，力争师范类专业全部通过专业二级认证，新增1~2个专业通过临床医学专业类认证。积极探索相关优势专业进入国际专业认证系列。

——持续推进专业结构优化。按照“减少总量、用好增量、提升存量”的要求进一步建立健全招生、培养、就业质量挂钩的动态调整机制。深化本科专业供给侧改革，深入实施专业大类招生和培养改革，打造特色优势专业、做强主干专业、升级改造传统专业，加大微专业建设力度，实现专业的结构优化和可持续发展。紧紧围绕国家战略及行业、区域发展需要，主动布局国家战略性新兴产业等先导产业相关专业，以及社会建设和公共服务领域改善民生急需的专业，坚决淘汰不能适应社会需求变化的专业。

（三）全面推进课堂革命，打造一流本科课程教学资源

——推进一流课程“双万计划”。树立课程建设新理念，全面开展线下、线上、线上线下混合、虚拟仿真和社会实践5类一流本科课程建设。大力推进课堂革命，完善以学习质量为导向的课程建设激励机制，形成多类型、多样化的教学内容与课程体系。清理并淘汰“积欠型水课”“陈旧型水课”“过窄型水课”等三类水课，着力建设一批具有高阶性、创新性和挑战度的“金课”，构建国家、省、校、院级一流课程四级建设体系，打造一流本科课程“建设与应用、评价与改进”相互促进的课程生态体系，推动学校课程建设水平和教学质量整体显著提升。

——加强特色一流教材建设。将学科研究新进展、行业发展新状态、社会需求新变化及时纳入专业教材，实现理论体系、教材体系、教学体系与价值体系的有效衔接；建设一批能够适应经济社会发展与科技进步要求、体现学科专业特色的核心课程教材，校企合作、多校联合的工程案例教材，以及适应信息技术发展的“互联网+”新形态教材，打造适应“四新”教学改革的教材，培育建设一批国家级优秀教材。积极组织编写和推广使用农业工程相关全英文、双语教材，彰显学校办学特色，扩大学校影响力。

——改革创新课程教学方法。进一步树牢“学为中心”教育理念，深化教学方式改革，全面推进通识课“中班授课+小班研讨”，以及专业基础课、专业课“小班化”研讨、案例式教学方法改革，引导学生自主性、研究性学习。推进现代信息技术与教育教学深度融合，引入境内外知名高校优质在线课程资源，构建校内外结合的优质课程资源供给体系，开展线上线下的混合式教学、翻转课堂改革，实行实时、互动的线上考核，激发学生的求知欲望，提高他们的学习效率和质量。

——不断提升实践教学水平。加强实验室、实践基地、工程训练中心、机电总厂和虚拟仿真实验教学资源等建设，全面推进科研实验室和大型仪器设备等校内实践教学资源的开放共享。大力压缩验证性实验，提升综合性、设计性、研究性实验教学的比例。加强与大院名企产教协同育人，高质量建设若干产业学院。强化基于复杂问题和社会行业前沿的综合实践，提高学生在课程设计、毕业设计、实习实训等实践教学环节的综合应用与实践创新能力。落实“第二课堂成绩单”制度，切实提高实践教育在人才培养体系中的融合度和连贯性。

（四）全面提升教师教学能力，打造一流教学师资队伍

——实施师德师能提升工程。坚持把强化思想政治素质作为教师队伍建设的首要任务，进一步建强专任教师队伍，不断优化师生比，努力打造一支与一流大学创建、一流人才培养相适应的教学队伍。进一步鼓励中青年教师赴境内外高水平大学访学研修，推进青年教师助理教学制，加强教师教学发展中心建设，不断提升教师教书育人能力。进一步强化青年教师专业实践背景，推动青年教师顶岗工作、挂职锻炼，不断提升教师的实践教学能力。严格落实教授100%为本科生授课制度，不断提升高级职称教师为本科生授课课程比例。强化科研反哺教学，推动科研与教学相互融通，进一步激发一线教师深入参与教学、潜心教书育人的积极性、主动性和创造性。进一步营造尊师重教的氛围，不断提高教师教学的荣誉感、使命感和责任感。

——加强基层教学组织团队建设。夯实基层教学组织在制定课程标准、落实教学任务、促进教师教学发展、开展教研活动、推进教学改革等方面的主体作用，将其工作成效纳入学校教学工作考评奖励体系，评选一批优秀教研室、优秀教学集体。加大教学名师和教学团队的培育建设力度，打造一批在提升人才培养质量、促进教师教学发展的示范典型。

（五）全面提升国际办学影响，打造一流国际人才培养品牌

——拓展学生海外学习品牌项目。积极申报创新型人才国际合作培养项目、乡村振兴培养专项，做优做强金山英才班海外研修专项，实施大学生海外学习线上项目，开拓国际组织实习渠道，努力形成多类型、多层次的学生海外访学、竞赛、就业等工作体系。完善出国留学指导服务机制，提升学生的国际语言能力，高质量运作境外升学项目，不断提升学生的全球胜任能力。

——放大“留学江大”品牌效应。加强英语授课师资培养，加大英语授课精品课程和全英文教材建设力度，创新留学生培养模式，深入推进留学本科生“1+2+1”产教融合大类培养，进一步完善“双擎双能”质量保障体系。推进本科留学生教育趋同化培养。深化国际人才培养产学联盟、农业装备国际（产能）合作联盟内涵建设，拓展“一带一路”高水平大学“2+2”留学江大双学位项目。

——打造“国际化+”人才培养新品牌。加大境外优质教育资源引进力度，推进“一院一项目”工程，持续做好学分互认、学位联授等联合培养项目。以国际组织人才培养创新实践项目为平台，以优势学科和一流本科专业建设为抓手，持续提升各专业全英语与双语课程的开设比例，积极建立海外企业工程教育实习基地和国际产学研联合培养基地，同步打造“国际化+卓越”“国际化+新工科”“国际化+新农科”的“国际化+”人才培养新品牌。

（六）全面推进质量革命，构建一流教学质量保障体系

——优化考核评价体系。全面落实《深化新时代教育评价改革总体方案》，坚持把“立德树人成效”作为评价人才培养质量的根本标准，坚持以德为先、能力为重、全面发展。改变“唯分数”的评价方式，以学生能力达成为导向，合理提升学业挑战度、增加课程难度、拓展课程深度，改变课程考核评价方式，通过小组讨论、项目作业、章节测验、实践作品等灵活多样、科学合理的课程考核方式，强化过程考核和学习成效。建立课程监督、评价、退出机制，积极推进公共基础课、公共选修课、学科基础课、专业核心课和其他课程的校院两级课程评估。探索课程质量分级改革，实行优课优酬，引导激励教师潜心从教、精心育人。深化教师教学考核评价改革，坚持将师德师风作为教师素质评价考核的第一标准，贯穿于教育教学全过程。以校院两级管理改革为契机，进一步修订完善教师评价考核制度，把本科教学质量作为教师专业技术职务评聘、岗位考核、绩效考核的主要依据，加强聘期考核，强化岗位意识。

——完善教学质量保障体系。从“评教”为主转为“评学”为主，优化质量管理流程，改进质量管理方式，全面落实师资队伍建设、课程建设、专业建设、实验室建设和学科建设“五位一体”建设思路，完善校、院、系、教师“四级链动”评价反馈机制，充分发挥学生定期评教、日常教学督导、干部教师评议、动态信息收集和校外评价反馈“五制并举”的教学质量监控保障作用，强化校、院、专业年度质量报告制度，不断完善“学生中心、目标导向、持续改进”的教学质量保障体系。

——持续改进教学管理。以打造国际实质等效的人才培养质量为引领，从学生毕业5年左右能够达到的职业和专业成就的培养目标出发，反向设计从培养目标到毕业要求、课程目标的人才培养方案，正向施工从课程目标到毕业要求和培养目标的达成分析，着力构建课程目标达成微循环、毕业要求达成内循环和培养目标达成外循环构成的“三层次三循环”持续改进机制。进一步落实领导干部听课制度，强化教学管理和教学纪律，严肃教学事故处理，提升本科教学治理能力。

——深入推进质量文化建设。从生源、培养、就业的人才培养全过程着手，努力在全校师生中形成以质量为核心的价值观念、意识信念、思维方式、道德规范、规章制度和行为方式，将质量文化内化为全校师生的共同价值追求，打造更具时代特征和学校特色的优秀教风、学风。

（七）全面推进“互联网+”教育，打造一流智慧教学体系

——加强智慧教学环境建设。加快推进现代信息技术与教育教学深度融合，积极探索网络化、数字化、智能化、个性化教学改革，主动运用互联网、大数据、人工智能、虚拟现实等现代技术，塑造教育教学新形态。建成适应学生线上线下一体化学习的智慧教室，改建能够支撑交互性教学需求的教室，在公共空间增设大小各异、形式多样的学术殿堂式研讨区，不断丰富数字化教学资源，着力打造智慧课堂、智慧实验室、智慧校园，推动形成支持学生处处能学、时时可学的泛在化学习新环境。

——加强智慧管理平台建设。从学生学业发展、教师教学发展、教学流程管理需求出发，充分利用大数据、云计算等技术打造新一代智能化教学管理服务大平台，打通信息壁垒、数据孤岛，全面构建学生学业发展“全周期”服务与管理体系，以及教师发展“全息”服务与管理体系，提升师生服务的精准度、精细化。

——深化“后疫情”时代教育教学改革。巩固拓展新冠肺炎疫情防控期间教育教学改革的实践成果，加大线上线下两个平台建设力度，大力度探索线上线下融合的混合式教学，完善学生课程学分互认机制，突出研究型、自主学习，强化过程性、形成性评价，实现实体虚拟两大空间相互融通的“全域教育”。打造云海课堂，构建校内辅修、校外选修、境外研修、线上自修的自主研修体系，拓展学生学术视野。

（八）全面加强本科教学投入，打造一流支持保障体系

——巩固本科教学中心地位。牢牢抓住全面提高人才培养质量的“核心点”，把本科人才培养放在中心地位和前沿地位，以“回归常识、回归本分、回归初心、回归梦想”为基本遵循，激励学生刻苦读书学习，引导教师潜心教书育人，形成全员、全过程、全方位支持本科教育教学的良好氛围。

——加强教学经费投入。优先保障教学基本条件建设，加大对教学改革、教学建设所需经费的支持力度，全面支持一流专业、一流课程等重大教学成果培育建设，统筹各类专项经费，确保学校每年用于学生毕业设计、毕业实习等教学活动经费同比保持10%的增长。

——加强教学资源保障。不断完善图书馆数字文献资源和校内外优秀教学资源建设，努力建成能提供全方位教学支持与服务的数字化教学资源库和开放式网络课程教学平台。加强教室等学习场所环境条件建设，分批次、分阶段在教室安装空调，不断改善学生学习条件。

老师们、同志们，“只有培养出一流人才的高校，才能够成为世界一流大学”。让我们以习近平总书记对我校重要批示精神为指引，聚焦育人初心，聚力一流目标，以为党育人、为国育才的高度责任感和使命感，以只争朝夕、奋发有为的精神状态，全面深化教育教学改革，全力提升人才培养能力与培养质量，奋力建设江大特色一流本科教育，为学校“双一流”创建和高水平有特色国际化研究型大学建设做出新的更大贡献！

袁寿其同志在江苏大学第四次本科教学工作大会上的讲话

（2020 年 12 月 9 日）

校党委书记　袁寿其

老师们、同志们：

在大家的共同努力下，学校第四次本科教学工作会议今天隆重召开了。这次会议是在学校深入贯彻习近平新时代中国特色社会主义思想和习近平总书记关于教育的重要论述，以及给我校的重要批示精神，全面落实学校第四次党代会精神，系统总结“十三五”事业发展成就、科学谋划“十四五”事业发展规划的关键时期召开的一次重要会议，对于准确把握本科教学质量名校建设的目标任务，深入推进“三全育人”综合改革，提升人才培养质量，加快推进“双一流”创建和高水平研究型大学建设，具有十分重要的意义。

刚才，颜校长代表学校作了工作报告，全面总结了学校第三次本科教学工作会议以来取得的主要成绩，深入分析了新时代本科教学工作面临的新形势新要求，提出了今后一段时期学校本科教学工作的指导思想、主要目标和重点任务，具有很强的针对性和可操作性，我们要深入学习领会、认真贯彻落实。王谦处长代表学校发布了本科教学质量系列报告，进一步明确了我校本科教学工作的目标和举措。我们还表彰了一批在本科教学工作中表现突出的先进集体和个人，听取了 6 位代表的交流发言，很受启发。我感到这次会议主题明确、重点突出、内容丰富、催人奋进，开得很成功。在此，我和颜校长一起，代表学校党委和行政，向受到表彰的先进集体和个人表示热烈的祝贺，向为学校本科教学工作和事业发展付出辛勤劳动、做出无私奉献的老师们、同志们表示崇高的敬意和衷心的感谢！

下面，我就进一步做好本科教育教学工作讲三点意见。

一、充分认识建设一流本科教育的重要意义

党的十八大以来，习近平总书记对教育工作做出了一系列重要论述，多次强调人才培养工作和发展高等教育的重要性。建设高质量本科教育体系是推进人才强国战略、建设教育强国的重要保证，也是创建“双一流”高校的重要基础。因此，我们要充分认识建设好、发展好本科教育的重要意义，全面提高人才培养能力。

1. 建设一流本科教育是高等教育发展的必然趋势

党的十九届五中全会提出了 2035 年建成文化强国、教育强国、人才强国、体育强国、健康中国的远景目标。高等教育是一个国家发展水平和发展潜力的重要标志，高质量的高等教育是建成教育强国的关键。当前，我国高等教育正处于内涵发展、质量提升、改革攻坚的关键时期和全面提高人才培养质量、建设高等教育强国的关键阶段。教育部陈宝生部长在新时代全国高等学校本科教育工作会议上强调，本科教

育是高等教育的立命之本、发展之本，要坚持“以本为本”，加强一流本科教育。我们要深刻认识本科教育在高等教育中的核心地位、基础地位，建设一流本科教育是推动高等教育高质量发展的必然趋势，要顺势而为、乘势而上，坚持“以本为本”，全面提升本科教育改革的广度、力度和深度，加快推进“双一流”创建和高水平研究型大学建设。

2. 建设一流本科教育是提升人才培养质量的根本要求

习近平总书记在北京大学师生座谈会上强调，大学是立德树人、培养人才的地方，是青年人学习知识、增长才干、放飞梦想的地方。人才培养是高校的首要职能，人才培养质量是评价大学的首要指标，本科教育则是人才培养中最基础、最根本的工作。我们要始终坚持“以本为本”，推进“四个回归”，不断完善本科教育教学体制机制，建设一流本科教育，全面提升人才培养质量。要将建设一流本科教育与落实习近平总书记对我校的重要批示精神、推进“三全育人”综合改革结合起来，把立德树人成效和人才培养质量作为检验学校一切工作的根本标准，构建以课程育人、实践育人、服务育人等为代表的一体化育人体系，促进学生德智体美劳全面发展。要把本科教育工作放在突出位置，领导要重视本科教育，教师要潜心本科教育，管理要服务本科教育，政策要保障本科教育，切实将“以本为本”落在实处，营造良好的人才培养氛围。

3. 建设一流本科教育是学校事业发展的重要保证

基础不牢，地动山摇。本科教育是高等教育的基础，也是学校事业发展的基础。因此，我们要坚持把本科教育作为学校的中心工作来抓，夯实学校事业发展根基。当前，我们正在深入贯彻落实习近平总书记给全国涉农高校书记校长和专家代表的回信精神，以及对我校的重要批示精神，大力推进“095”工程，抢抓重大发展机遇，奋力创建现代农业装备与技术一流学科和农机特色一流大学。我们要从学校事业发展大局出发，建设一流本科教育，筑牢知农爱农新型人才培养根基，强化“工中有农、以工支农”办学特色，切实将总书记重要批示精神落在实处。要将建设一流本科教育同第五轮学科评估、省属高校综合考核、“三全育人”综合改革试点验收等大事要事结合起来，同部署、同落实，互为支撑、互相促进，推动学校事业高质量、内涵式发展。

二、把握新时代新要求，全面深化改革，建设一流本科教育教学体系

学校第四次党代会明确提出了要持续推进“质量立校战略”，着力形成以提高人才培养质量为核心的质量文化，努力培养具有家国情怀、人文素养、创新精神、实践能力和国际视野的高素质人才。本科教育是提升人才培养质量的基础和关键，我们要树立一流育人理念，深化教育教学改革，强化师资队伍建设，努力创建一流本科教育教学体系，培育一流人才。

1. 围绕立德树人这个根本任务，树立一流育人理念

立德树人是高校的根本任务，也是“双一流”创建、高水平大学建设、学科评估和学位点申报的首要指标。建设一流本科教育要坚持以立德树人为根本，树立一流育人理念，突出人才培养的中心地位，彰显学校办学特色和办学优势，大力培养特色人才和一流人才。**一是树牢“特色化”育人理念。**特色就是优势，就是核心竞争力。在江苏理工大学时期，我们推行

的是理工结合、文理相融的人才培养理念，着力培养文理双修、德智兼备的特色人才，许多杰出校友的发展就得益于这一理念。如今，我们要将“工中有农、以工支农”的鲜明办学特色融入人才培养全过程，大力培养知农爱农高层次特色人才。今年7月4日，习近平总书记对我校作出重要批示，更加坚定了我们走“工中有农、以工支农”办学道路的信心和决心。当前，我们将落实总书记重要批示精神作为今后一段时期的头等大事和首要政治任务，大力推进落实“095”工程六大任务和13个重点项目，以团结拼搏、奋进一流的精气神切实将总书记重要批示精神落细落实、引向深入。我们要进一步加强一流本科教育建设，强化本科教育的“农”字底色，大力推进“新农科”“新工科”“新文科”“新医科”融合发展，将知农爱农情怀教育全面融入人才培养体系，打造江大特色一流学科、一流专业和一流课程，大力培养知农爱农高层次特色人才，以实实在在的育人成效将总书记的重要批示精神落到实处。**二是树牢“三全育人”理念。**上个月，学校召开了“三全育人”综合改革推进会暨第四次学生工作会议，我在会上强调要进一步深化“三全育人”综合改革，提升育人意识，明确育人导向，凝聚育人合力。我们要深入践行“三全育人”理念，进一步完善本科教育评价机制，着力扭转部分专业课教师中仍存在的重科研轻教学、重教书轻育人、重智育轻德育的倾向，充分发挥专业课教师和课堂教育在本科教育中的主渠道作用。要加快构建本科教育一体化育人体系，推动形成专业课教师、学业导师、教辅管理人员等育人主体协同育人的良好格局。每一位教职员工、各条线、各岗位都要将人才培养作为中心工作，坚持“以本为本”，大力推进一流本科教育建设，全面提升人才培养质量。**三是树牢一流意识。**一流意识是一流作为的基础，我多次强调要把一流意识贯穿到办学治校的理念、思路、举措中，营造一流的干事创业氛围，创造一流的工作业绩。如果我们各方面都是一流的，创建一流学科、一流大学也自然会水到渠成。我们要将一流意识贯穿到本科教育教学工作中，大力建设一流本科教育。一流专业是一流人才培养的基本单元，也是一流本科教育的基础。只有深度整合课程、教师、教学、学生及教学方法技术等元素，把专业建设抓实，把一流本科教育办好，培养一流人才的目标才可能实现。目前，学校有国家一流专业13个，我感觉还很不够，与我们的办学水平、办学层次还很不相称。下一步，我们要深入实施国家一流专业“双万计划”，建成一批国家一流专业和省级一流专业，形成以“现代农机”为核心的一流本科专业集群，为创建“双一流”提供有力支撑。

2. 围绕提高人才培养质量这个根本目标，深化本科教育教学改革

习近平总书记强调，只有培养出一流人才的高校，才能够成为一流大学。人才培养质量是学校办学水平的第一体现。建设一流本科教育要始终坚持以人才培养为中心，完善人才培养机制，全面提升人才培养质量。**一是深化本科课程改革。**课程是人才培养的核心要素，课程质量直接影响人才培养质量。因此，我们要高度重视课程建设，尤其是本科课程建设，不断提升课程育人的实效性。我也一直重视本科课程建设，前不久到堂听了1次思政课和1次高数课，感觉任课教师很认真，上课效果也不错，学生的反响也比较好。但我也了解到，仍有少部分老师的授课质量不是很高，上课、备课不用心，课程内容多年不更新，学生不爱听，收获也少。接下来，我们要按照“高阶性、创新性和挑战度”的“金课”要求，抓好课程定位和课程内容建设，提高课程兴趣度和学业挑战度，激发学生学习的积极性和主动性；要深刻把握、主动适应“疫情时代”人才培养新要求，全面巩固深化本科课程信息化改革，着力打造一批线上、线下、线上线下混合式、虚拟仿真实验教学、社会实践等形式相结合的优质慕课和国家一流课程，扩充学生“云端”学习资源，形成时时、处处皆可学的本科教育教学新形态，全面提升人才培养质量。要充分发挥课堂主渠道作用，统筹推进思政课程和课程思政建设，发挥专业课教学的思想引领作用，使各类专业课与思政课正向叠加，将思想政治教育贯穿本科教育教学全过程，全面提升课程育人实效。**二是深化本科生评价机制改革**。今年10月份，中共中央、国务院印发了《深化新时代教育评价改革总体方案》，强调教育评价事关教育发展方向，有什么样的评价指挥棒，就有什么样的办学导向。我们要认真贯彻落实《深化新时代教育评价改革总体方案》及其后续配套文件的要求，坚持“以德为先、能力为重、全面发展”的育人导向，突出思想政治教育主线，坚决改变用分数、用成绩给学生贴标签的做法，优化学生评奖评优、保研升学等评价体系，为学生营造良好的成长成才氛围。要根据学生不同阶段的身心特点，进一步优化完善学生德育、智育、体育、美育、劳动教育评价机制，创新德智体美劳过程性评价办法，构建以德育为牵引、“五育”并举、“五育”共进的一体化育人机制，切实引导学生坚定理想信念、厚植爱国主义情怀、加强品德修养、增长知识见识、培养奋斗精神、增强综合素质。要着力加强体育、美育、劳动教育，特别是要将劳动教育与我校“工中有农、以工支农”的办学特色相结合，探索建立涉农劳动清单制度，明确学生参加劳动的具体内容和要求，让学生在涉农实践中养成劳动习惯，引导学生积极弘扬“劳模精神、劳动精神、工匠精神”，树牢“劳动最光荣、劳动最崇高、劳动最伟大、劳动最美丽”的理念，今后能辛勤劳动、诚实劳动、创造性劳动，为我国农机事业发展和农业农村现代化做出应有的贡献。**三是深化本科教育教学管理机制改革**。教学是人才培养的基础工作，良好的教育教学管理是顺利进行教育教学活动的前提和保证。我们要进一步加强课堂教学管理，认真查找课堂建设和管理中存在的突出问题和薄弱环节，全面提升课堂教学质量。要进一步改进本科教育教学评估，强化人才培养中心地位，突出思想政治教育、学位论文（毕业设计）指导、学生管理与服务、学生参加社会实践、毕业生发展、用人单位满意度等要素。要着力解决“严进宽出”的问题，加大学习过程考核，严格考试纪律，严把毕业出口关。要进一步加强教学秩序管理。我在教学秩序检查和听课时也发现，不管任课老师在讲台上讲得多好，仍有少数学生低头玩手机。我们要严明上课纪律，激发学生的学习兴趣和学习主动性，让“低头族”抬起头来认真听课学习，切实提高学生的学习效率，增强学生的综合素质。

3. 围绕提升育人能力这个关键核心，打造一流师资队伍

习近平总书记强调，一个人遇到好老师是人生的幸运，一个学校拥有好老师是学校的光荣，一个民族源源不断涌现出一批又一批好老师则是民族的希望。教师是立教之本、兴教之源，是提升人才培养质量的关键，建设一流本科教育，培养一流人才，首先要有一流的师资队伍。**一是坚持把师德师风作为教师素质评价的第一标准。**学为人师，行为世范。教师是知识的化身、智慧的灵泉、道德的典范、人格的楷模，教师的思想政治素质和道德修养水平直接影响人才培养的质量。近年来，教育部公布了多起违反师德师风的事件，这要引起我们的高度重视。我们要坚持把师德师风作为教师评价的第一标准，引导广大教师不断提升思想政治素质、职业素养和道德修养，坚决克服重科研轻教学、重教书轻育人等倾向，切实将工作重心放在落实立德树人根本任务和提升人才培养质量上。要进一步完善师德师风考核办法，全面落实高校教师职业行为标准，推动师德师风建设常态化、长效化，把师德师风表现作为业绩考核、职称评聘、评优奖励等首要指标；建立健全师德失范行为的监督处罚机制，实行师德师风“一票否决”制，大力培育高尚师德，树立良好师风，营造风清气正的育人环境。**二是突出教学实绩。**教书育人是教师的第一职责，我们要把认真履行教育教学职责作为评价教师的基本要求，激发广大教师教书育人的热情，引导教师上好每一节课、关爱每一个学生，切实营造出良好的育人氛围。要进一步完善“破五唯”机制，提高教师教学实绩在校内绩效分配、职称评聘、岗位晋级考核中的比重，把参与教研活动，编写教材、案例，指导学生毕业设计、就业创业、社会实践等计入工作量，充分调动教师从事教育教学和育人工作的积极性。在这一方面，我们已经进行了一些探索，如管理学院郭龙建老师因教学业绩突出，被评为教学型资格教授，等等。我们还要进一步完善教学质量评价制度，多维度考评教学规范、教学运行、课堂教学效果、教学改革与研究、教学获奖等教学工作实绩。要鼓励教师特别是教授为本科生上课，明确教师承担本科生教学最低课时要求，确保教学质量。**三是选树先进典型。**榜样的力量是无穷的。打造一流的师资队伍就要大力选树教书育人的先进典型，充分发挥典型示范引领作用。学校教书育人的典型很多，如被评为“江苏省十佳大学生最喜爱的老师”、有着“江苏大学教学艺术家”之称的戴立玲教授，因车祸导致行动不便却一直坚持上课、被誉为“上课是他的灵丹妙药”的邓志丹老师，等等。我希望广大教师都能向戴立玲教授和邓志丹老师学习，潜心教书育人，在不久的将来能涌现出更多像戴教授和邓老师一样的先进育人典型。同时，我认为，学校教书育人典型不少，但是在全国、全省有较大影响力的教学名师太少。下一步，我们要深入实施教学名师培育计划，从培育校级名师开始，逐步培育出省级、国家级名师，切实提升学校本科教育水平和人才培养质量，加快推进学校“双一流”创建。

三、加强领导，真抓实干，确保一流本科教育建设落实见效

全校上下要进一步统一思想、认清形势、明确任务、加强领导、压实责任，树牢本科教育教学工作“一盘棋”的思想，切实将建设一流本科教育相关任务举措落细落实，为创建“双一流”奠定坚实基础。

1. 加强统筹领导，形成工作合力

本科教育工作是一项系统工程，全体教职员工要强化工作协同，凝聚工作合力，加快推进一流本科教育建设。校党委、党委各部门和各二级党组织要加强党对本科教育工作的全面领导，加强顶层设计和工作统筹，优化制度体系和考核体系，为建设一流本科教育提供坚强政治保证。各单位特别是教务

处和各学院要高度重视本科教育，定期研究本科教学工作，及时解决遇到的困难和问题，努力形成并不断完善统一领导、分工负责、齐抓共管的工作格局，切实提升本科教育水平。各学院书记、院长要切实担负起第一责任人职责，大力支持本科教学工作，正确处理好教学、科研和学科建设之间的关系，为提升本科人才培养质量提供强有力支撑。广大教师要进一步树牢育人意识，不断提升思想道德素质和教书育人水平，以堂堂正正的人格、深厚的理论功底和高超的教书育人水平教育学生、引导学生、感染学生，引领学生成长成才。

2. 强化监督考核，压实工作责任

明确了目标和方向，下一步就是狠抓落实。各职能部门和各学院要创新管理机制，健全落实责任分工机制，制定任务清单、责任清单，层层压实工作责任，切实将本科教育工作落细落实。纪委机关要进一步加大对各单位落实本科教育教学工作部署的监督力度，重点督查"破五唯"、学生评价、人才培养等机制是否完善，重科研轻育人、重教书轻育人等倾向是否有效扭转，等等，充分发挥纪委机关在建设一流本科教育中的推动作用。考核办、人事处等部门要进一步完善考核指标体系，将考核结果作为奖惩的重要依据。对考核优秀的单位，在经费、项目等方面加大支持力度；对抓落实有突出成绩的个人，在职称评聘、评优评先等方面优先考虑，进一步激发全校上下参与本科教育工作的积极性，加快推进一流本科教育建设和"双一流"创建。

3. 注重总结宣传，提升育人影响力

我多次强调，我们不仅要脚踏实地、埋头苦干，还要学会总结凝练、加强宣传。学校还有很多优秀的教书育人典型和先进的教学经验做法，关键是我们要深入挖掘和积极打造。当前，学校在选树和宣传教书育人典型方面取得了一定的成效，比如开展"江苏大学优秀教师"、"最受学生欢迎的十佳教师"、"感动江大"人物等评选，并通过官微等渠道宣传他们的典型事迹。但多数宣传仅限于校内，校外宣传推广相对较少。下一步，我们要瞄准更高的目标，认真总结学校在本科教育工作方面的好经验、好做法，大力宣传和推广一线教书育人先进典型，努力在全省乃至全国宣传推介江大本科教育教学工作经验，向全国推出江大教书育人先进典型，进一步扩大江大教书育人工作的影响力和辐射力，为"双一流"创建提供有力支撑。

老师们、同志们，建设一流本科教育，提升人才培养质量，使命光荣、责任重大，我们要以习近平新时代中国特色社会主义思想为指导，深入贯彻落实习近平总书记对我校的重要批示精神，坚持以立德树人为根本、以人才培养为中心、以建设一流本科教育为目标，全面深化教育教学评价改革，真抓实干、团结拼搏、争创一流，奋力开创"双一流"创建和高水平研究型大学建设新局面，以优异成绩向中国共产党百年华诞献礼。

制度

中共江苏大学委员会全体会议议事规则

江大委发〔2020〕1号

第一章　总　则

第一条　根据《中国共产党章程》《中华人民共和国高等教育法》《中国共产党普通高等学校基层组织工作条例》《关于坚持和完善普通高等学校党委领导下的校长负责制的实施意见》《江苏省普通高等学校坚持和完善党委领导下的校长负责制的实施办法》等法规文件，结合学校实际，制定本规则。

第二条　坚持和加强党对学校工作的全面领导，以政治建设为统领全面加强党的建设，全面贯彻党的教育方针，坚持社会主义办学方向，落实立德树人根本任务，把党的领导贯穿办学治校、教书育人全过程。

第三条　坚持党委领导下的校长负责制。学校党的委员会对学校工作实行全面领导，履行管党治党、办学治校的主体责任，发挥把方向、管大局、作决策、抓班子、带队伍、保落实的领导作用，支持校长依法独立负责地行使职权，保证以人才培养为中心的各项任务完成。

第四条　坚持民主集中制，实行集体领导和个人分工负责相结合的制度。凡属重大问题必须按照集体领导、民主集中、个别酝酿、会议决定的原则，由党委集体研究决定。

第五条　学校党的委员会经党员代表大会选举产生，对党员代表大会负责并报告工作。学校党的委员会全体会议（以下简称全委会）在党员代表大会闭会期间领导学校工作，决定涉及学校改革发展稳定和师生切身利益及党的建设等全局性重大问题。

第二章　议事决策范围

第六条　学校党委通过召开全委会的方式，讨论决定以下事项：

（一）学习贯彻习近平新时代中国特色社会主义思想、落实党中央和上级党组织决策部署、执行同级党代表大会决议决定的重大措施。

（二）学校章程、学校总体发展规划、综合改革方案等事关学校改革发展稳定的重大事项。

（三）学校党的建设的重大事项。

（四）决定召开学校党员代表大会，并对提议事项先行审议、提出意见。

（五）讨论确定学校党员代表大会方案、党委工作报告、纪委工作报告和换届方案。

（六）选举学校党的委员会书记、副书记和常委会其他委员；通过学校党的纪律检查委员会全体会议选举产生的书记、副书记；增补和撤销党委委员等。

（七）学校党委及领导班子任期目标，党委常委会工作报告等。

（八）推选出席上级党的代表大会或代表会议的代表。

（九）事关师生员工切身利益的重大事项。

（十）需要由全委会决定的其他重要事项。

第三章　议事决策原则和程序

第七条　全委会议题由常委会确定，议题材料由分管校领导组织相关部门准备，对重大问题和重要议题，在会前要充分调研，进行可行性研究并形成书面意见，否则不予安排会议讨论。

第八条　全委会由常委会召集，由党委书记主持，一般每学期召开 1 次；如有重大问题，可以随时召开。如因工作需要，可以召开全委扩大会议，扩大范围由常委会决定。

第九条　全委会必须有三分之二以上的委员到会方能召开。会议列席人员由常委会讨论确定。

第十条　全委会要坚持科学决策、民主决策、依法决策，防止个人或少数人专断和议而不决、决而不行。议事按以下程序进行：一是主持人或由主持人指定的委员就议题作扼要说明；二是委员就议题发表意见；三是主持人归纳讨论情况，提出初步意见；四是到会委员进行表决。

第十一条　全委会决定多个问题时，应逐项表决。表决可根据讨论和决定事项的不同，采取口头、举手、无记名投票或者记名投票等方式进行。对任用干部事项或决定其他重大事项，应采用无记名投票方式表决。全委会按照少数服从多数的原则做出决定，表决事项时，以赞成票超过应到会委员半数为通过。

第十二条　全委会议题涉及与会人员本人及其亲属的，本人必须回避。

第十三条　党委委员应从时间和精力上保证会议的顺利进行。因特殊情况不能与会的党委委员，须提前向主持人请假，对议题的意见可以书面形式提交或请其他党委委员代为转达。

第十四条　全委会作出的决定或决议，适合公开的应当依据有关规定及时公开。对需要保密的会议内容和尚未正式公布的会议决定，参会人员应当遵守保密规定。

第四章　议定事项执行与监督

第十五条　全委会作出的决议、决定事项，由学校分管领导负责组织实施，党委办公室协助分管校领导进行督办检查。执行情况应当及时通过适当方式向党委书记和全体委员报告。

第十六条　对于因故缺席的党委委员，会议主持人可委托有关党委委员或党委办公室主任通报本次会议重要事项的议事情况和结果。

第十七条　全委会决定的事项，学校单位和个人应当及时执行；对执行不力的，应当依照有关规定问责追责；遇有新的情况和问题，确实不可能按原决定或决议执行时，应及时提交全委会复议。

第五章　附　则

第十八条　学校党委办公室负责全委会的会务工作，主要包括：印发会议材料，通知参会人员，做好会议记录，编发会议纪要，分送学校领导和有关单位，归档会议材料。

第十九条　本规则由学校党委常委会负责解释，具体工作由学校党委办公室承担。

第二十条　本规则自 2020 年 1 月 2 日起施行。原《江苏大学党委全委会议事规则》（江大委发〔2019〕1 号）同时废止。

2020 年 1 月 2 日

中共江苏大学委员会常务委员会会议议事规则

江大委发〔2020〕2号

第一章　总　则

第一条　根据《中国共产党章程》《中华人民共和国高等教育法》《中国共产党普通高等学校基层组织工作条例》《关于坚持和完善普通高等学校党委领导下的校长负责制的实施意见》《江苏省普通高等学校坚持和完善党委领导下的校长负责制的实施办法》等法规文件，结合学校实际，制定本规则。

第二条　坚持和加强党对学校工作的全面领导，以政治建设为统领全面加强党的建设，全面贯彻党的教育方针，坚持社会主义办学方向，落实立德树人根本任务，把党的领导贯穿办学治校、教书育人全过程。

第三条　坚持解放思想、实事求是、与时俱进、求真务实，坚决贯彻党的基本理论、基本路线、基本方略，不忘初心、牢记使命，坚定为党育人的初心和为国育才的立场，把对党忠诚、为党分忧、为党尽职、办人民满意大学作为根本政治担当。

第四条　坚持党委领导下的校长负责制。学校党的委员会对学校工作实行全面领导，履行管党治党、办学治校的主体责任，发挥把方向、管大局、作决策、抓班子、带队伍、保落实的领导作用，支持校长依法独立负责地行使职权，保证以人才培养为中心的各项任务完成。

第五条　坚持民主集中制，实行集体领导和个人分工负责相结合的制度。凡属重大问题必须按照集体领导、民主集中、个别酝酿、会议决定的原则，由党委集体研究决定。

第六条　坚持在宪法和法律范围内活动，严格依据党章和党内法规履职尽责，严格按照权限、规则、程序办事。

第七条　学校党的委员会设立常务委员会（以下简称常委会），常委会在全委会闭会期间，行使学校党委职权，主持学校党委经常工作，对全委会负责并定期报告工作，讨论决定学校改革发展稳定和教学、科研、行政管理及党的建设等方面的重要事项。

第二章　议事决策范围

第八条　常委会会议讨论决定以下事项：

（一）学校党的建设重要事项。

1. 学习贯彻习近平新时代中国特色社会主义思想，落实党的路线方针政策和上级党组织决策部署的重要措施；

2. 加强党的政治建设的重要事项、重要措施；

3. 学校党建工作规划和年度工作计划；

4. 师生思想政治工作、师德师风建设的重要事项；

5. 意识形态工作和民族宗教工作的重要事项；

6. 基层党组织和党员队伍建设的重要事项；

7. 党的纪律检查工作、党风廉政建设、省委巡视整改和校内巡察工作的重要事项；

8. 加强对学校工会、共青团、学生会、研究生会、学生社团等群众组织，学术委员会、学位委员会等学术组织，教职工代表大会、统一战线、老干部和离退休等工作领导的重要事项。

（二）事关学校改革发展稳定及教学、科研、行政管理工作的重要事项。

1. 教师队伍建设、学生培养、学科建设、校园建设等学校内涵发展的重要工作规划和工作计划，校长工作报告，重要改革措施，重要规章制度；

2. 学校内部组织机构和人员编制的设置与调整；

3. 学校年度财务预算方案、决算情况的审定，大额度支出和年度追加预算，重大捐赠，以及其他大额度资金运作事项；

4. 学校重要资产处置、重要办学资源配置、无形资产授权使用方案；

5. 国家或地方各类重点建设项目、国内国（境）外科学技术文化交流与合作重要项目、重大合资合作项目、重要设备和大宗物资采购或购买服务、重大基本建设和大额度基建修缮项目等学校重大项目设立和安排方案；

6. 学术委员会、学位委员会等学术组织建设，以及学校学术评价、审议、评定工作中的重要事项；

7. 省部级以上重大表彰推荐，校级重大表彰事项；

8. 学校安全稳定重要事项和重大突发事件的处理。

（三）干部选拔任用和干部队伍建设的重要事项。

1. 学校干部队伍建设规划和干部教育、管理、监督的重要事项；

2. 学校党政机构、学院、直属附属机构、科研机构等内部组织机构领导班子成员的选拔任用；

3. 学校全资、控股企业校方董事、监事及企业主要负责人人选；

4. 学校中层以上干部在企业、社会团体的兼任职务；

5. 推荐优秀年轻干部和上级党代会代表、人大代表、政协委员等人选。

（四）人才工作的重要事项。

1. 学校人才工作规划、重要人才政策和重要人才工程计划；

2. 人才工作体制机制创新、人才成长环境优化的重要措施；

3. 人才政治把关的重要措施。

（五）校园文化建设和校风教风学风建设的重要事项。

（六）教职工薪酬体系、收入分配及福利待遇、奖励、惩处和其他事关师生员工切身利益的重要事项。

（七）决定召开党委全体会议，并对提议事项先行审议、提出意见。

（八）需要常委会会议讨论决定的其他事项。

第三章　议事决策原则和程序

第九条　常委会会议一般每两周召开1次，如遇重要情况经党委书记同意可随时召开。会议由党委书记召集并主持。党委书记因特殊情况不能参加会议的，可以委托党委副书记召集并主持。

第十条　常委会会议的出席人员为校党委常委。会议必须有半数以上常委到会方可召开；讨论决定干部任免等重要事项，必须有三分之二以上常委到会；讨论决定“三重一大”事项时，党委书记、校长必须同时参加会议。

不是党委常委的校领导、党委办公室主任、校长办公室主任、校纪委副书记可列席会议，其他列席会议人员由会议主持人根据议题需要确定，涉及师生切身利益的重大议题可以邀请师生代表列席。列席人员有发言权，无表决权。

第十一条 常委会会议议题由党委书记提出，也可以由学校党政领导班子成员提出，经党委书记综合考虑后确定。重要议题党委书记应当在会前听取校长意见，意见不一致的议题应暂缓上会。集体决定重大事项前，党委书记、校长和有关领导班子成员要个别酝酿、充分沟通。

凡属学校党委常委自身职权范围内决定的事项，一般不提交常委会研究讨论。

第十二条 议题提出人要根据常委会的议事范围和“三重一大”决策范围，确定拟提交常委会会议审议的议题。议题提出人要事先牵头组织相关部门加强调研，开展科学论证、专家咨询、风险评估等，对需要讨论的问题提出初步解决意见或方案。议题提交前，应向党委书记作简要汇报，有的议题还须经校领导班子相关成员充分酝酿且无重大分歧后提交会议讨论。

第十三条 常委会会议议题实行一事一报制度，议题提出人和相关责任部门应提前将议题方案、决策建议、情况说明以及论证报告等支撑材料提交党委办公室汇总，未按时提交或支撑材料不齐全的，原则不安排上会。

第十四条 为提高议事效率，常委会会议的议题及时间地点，一般应由党委办公室提前1~2天通知到与会人员，并将需提请会议讨论的文件及有关材料，一并送达每位常委及有关人员，以便作好议事准备。

第十五条 常委会会议按既定议程逐项进行，无特殊情况或未经会议主持人同意，一般不临时动议议题或表决事项。

第十六条 常委会会议必须坚持科学决策、民主决策、依法决策，把师生参与、专家论证、风险评估、合法性审查、会议讨论作为重大决策法定程序，防止个人或少数人专断和议而不决、决而不行。

第十七条 凡涉及学校改革发展稳定及“三重一大”事项的决策，一般应经过下列程序：一是党委提出须调研的重大事项，并责成相关校领导或职能部门组织调研。二是在调查研究的基础上提出建议方案，有的可提出两个以上可供比较的方案。三是建议方案提出后，应征求相关职能部门、有关单位的意见，经领导班子成员沟通酝酿后提交会议讨论决定。对干部任免建议方案，在提交常委会讨论决定前，应在党委书记、校长、副书记、纪委书记、分管校领导等范围内进行充分酝酿。对专业性、技术性较强的重要事项，应经过专家评估及技术、政策、法律咨询。涉及学术事务的重要事项，应充分听取学术委员会等学术组织意见。对事关师生员工切身利益的重要事项，应通过教职工代表大会或其他方式，广泛听取师生员工的意见建议。四是常委会会议充分讨论，进行表决。

第十八条 常委会会议应坚持一题一议，由提出议题的常委或分管校领导汇报，列席会议的相关人员可作必要补充，并听取意见，回答问询。与会人员要充分讨论，对决策建议应分别表示同意、不同意或缓议的意见，并说明理由。在讨论决定“三重一大”事项时，每位常委都要充分发表意见，明确表态，党委书记、校长应当最后发表意见。讨论后按照少数服从多数的原则形成决议或决定。对于少数人的不同意见，应认真考虑。如对需决策事项有较大意见分歧，一般应暂缓作出决定，待进一步调查研究、分析论证、交换意见后，提交下次常委会讨论决定或向上级党组织请示。

第十九条 常委会会议讨论决定重要事项时应当进行表决，表决可以根据讨论和决定事项的不同，采用口头、举手、无记名投票或者记名投票等方式进行，赞成票超过应到会常委人数的半数为通过。未到会常委的意见可以用书面表达，但不得计入票数。会议决定多个事项，应逐项表决。推荐、提名干部和讨论决定干部任免时，应当逐人表决。

紧急情况下不能及时召开常委会会议决策的，党委书记、副书记或者其他常委可以临机处置，事后应当及时向常委会报告并按程序予以确认。

第二十条 常委会会议讨论决定干部任免事项，实行无记名票决制，按照下列程序进行：

（一）党委分管干部工作的领导或党委组织部部长，逐一介绍领导职务拟任人选的推荐、考察和任免理由等情况。

（二）与会每一位党委常委、校领导认真酝酿、讨论。

（三）对意见分歧较大或重要问题不清楚的，可暂缓表决。对影响作出决定的问题，责成相关部门及时查清。

（四）在充分发表意见的基础上，与会党委常委采取无记名投票方式，对拟任免人选逐个表明同意、不同意或者缓议的明确意见。缺席的党委常委不得委托他人投票，也不另行投票。

（五）投票结束后，常委会指定一名党委常委或列席人员负责监票，由工作人员负责计票，党委书记当场宣布表决结果。

第二十一条 常委会会议决议分为以下几种：批准或通过；原则批准或通过，按要求作相应修改后实施或发布；暂不形成决议，责成相关单位另行提出意见再行研究；不予批准。

第二十二条 常委会会议讨论形成的决定或决议，由党委书记或由党委书记委托的副书记审定后签发。适合公开的应当根据《江苏大学党务公开实施办法》有关规定及时公开。

第四章　议定事项执行与监督

第二十三条 根据集体领导和个人分工负责相结合的原则，凡经常委会会议研究决定的事项，由分管校领导按照分工负责组织落实。执行情况应当及时向党委书记或党委常委会汇报。如有新的情况和问题，确实不能按原决议执行时，应及时向党委书记或常委会报告。

第二十四条 对于因故缺席的党委常委，会后可由主持人或主持人委托有关党委常委、委派党委办公室主任通报本次会议重要事项的议事情况和结果。

第二十五条 常委会会议形成的决定，任何个人无权改变。个人如有不同意见，允许保留，或在下一次会议上重申，也可以向上一级党组织反映，但必须坚决执行，不得在会议之外发表与决定不同的意见，违者并造成不良后果者按有关规定处理。

第二十六条 健全民主管理和监督制度。扩大党内民主，实行党代表大会代表任期制。健全和规范常委会向全委会定期报告工作并接受监督制度。完善教职工代表大会制度和学生代表大会制度，依法保障和实现师生员工参与民主管理和民主监督的权利。推进党务公开，及时向师生员工、群团组织、民主党派、离退休老同志等通报学校重大决策及实施情况。

第二十七条 党委办公室协助分管校领导做好决议的督办检查工作。

第二十八条 常委会会议决定的事项，学校单位和个人应当及时执行；对执行不力的，应当依照有关规定问责追责；决策执行过程中需作重大调整的，应当提交党委常委会会议决定；需要复议的，按第十一条规定重新提交议题。

第五章　纪律要求

第二十九条　深入学习贯彻落实习近平新时代中国特色社会主义思想，增强“四个意识”、坚定“四个自信”、做到“两个维护”。严格按照新形势下党内政治生活准则办事，严守党内政治纪律和政治规矩，坚持事业至上、出于公心，正确行使权力，做到忠诚干净担当。

第三十条　坚持集体领导制度，自觉维护常委会的集中统一。党委常委同志应当增强全局意识和责任意识，在研究工作时充分发表意见，决策形成后按照分工一抓到底。在党的工作和活动中，不允许用个人主张代替组织主张、用个人决定代替组织决定。在落实、调研、检查、指导工作时发表意见，应当符合常委会决定精神。

第三十一条　常委会会议讨论决定涉及与会人员本人或亲属利害关系，或其他可能影响公正决策的情形，本人应主动回避。

第三十二条　党委常委应从时间和精力上保证常委会会议的顺利进行。因特殊情况不能与会的党委常委，须提前向党委书记请假，对议题的意见可以书面形式提交或请其他党委常委在讨论中汇报，但不作为表决意见。

第三十三条　对于讨论情况和应该保密的会议内容，必须严格保密，未经允许任何人不得泄露。对违反上述情形并造成不良后果者按有关规定严肃处理。

第六章　附　则

第三十四条　党委办公室负责做好常委会会议记录、整理会议纪要，将常委会会议纪要及时印发给全体党委常委，并及时将常委会会议相关决议传达相关部门。会议记录纸质文档和会议纪要纸质文档、电子文档要及时整理归档，并作永久保管。

第三十五条　本规则由学校党委常委会负责解释，具体工作由学校党委办公室承担。

第三十六条　本规则自2020年1月2日起施行。原《江苏大学党委常委会议事规则》（江大委发〔2019〕2号）同时废止。

2020年1月2日

江苏大学校长办公会议议事规则

江大委发〔2020〕3号

第一章　总　则

第一条　根据《中华人民共和国高等教育法》《中国共产党普通高等学校基层组织工作条例》《关于坚持和完善普通高等学校党委领导下的校长负责制的实施意见》等法规文件，结合学校实际，制定本规则。

第二条　坚持党委领导下的校长负责制。校长在学校党委领导下，组织实施学校党委有关决议，行使高等教育法等规定的各项职权，全面负责教学、科研、行政管理工作。

第三条　校长办公会议是学校行政议事决策机构，坚持全面贯彻党的教育方针，坚持社会主义办学方向，落实立德树人根本任务，紧密围绕学校改革发展稳定，科学决策、民主决策、依法决策，把师生参与、专家论证、风险评估、合法合规性审查、会议讨论作为重大决策法定程序，防止个人或少数人专断和议而不决、决而不行，推进学校人才培养、科学研究、社会服务、文化传承创新、国际交流合作等工作。

第二章　议事决策范围

第四条　校长办公会议主要研究提出拟由党委常委会讨论决定的重要事项方案，具体部署落实党委常委会决议的有关措施，研究决定教学、科研、行政管理工作。

第五条　校长办公会议研究提议的重要事项：

（一）教师队伍建设、学生培养、学科建设、校园建设等学校内涵发展的重要工作规划，学校教学、科研、行政管理的重要改革措施、重要规章制度、重要工作计划等。

（二）学校行政管理组织机构和人员编制的设置与调整方案，学术组织机构的设置与调整方案。

（三）学校人才工作计划、重要人才政策、重要人才工程计划，涉及人才工作体制机制创新、人才成长环境优化等重要事项。

（四）学校年度财务预算方案、决算情况的审定，未列入学校年度预算的预算追加和大额度支出，重要捐赠，以及其他大额度资金运作事项。

（五）学校重要资产处置、重要办学资源配置、无形资产授权使用方案。

（六）国家和地方各类重点建设项目、国内国（境）外科学技术文化交流与合作重要项目、重大合资合作项目、重要设备和大宗物资采购和购买服务，重大基本建设和大额度基建修缮项目等学校重大项目设立和安排方案。

（七）学术委员会、学位委员会等学术组织建设，以及学校学术评价、审议、评定工作中的重要事项。

（八）教学、科研、行政管理的省部级以上重大表彰推荐和校级重大表彰事项。

（九）大学文化建设和校风教风学风建设的重要事项。

（十）教职工薪酬体系、收入分配及福利待遇、奖励、惩处和其他事关师生员工切身利益的重要事项。

（十一）校长认为需要提交党委常委会讨论决定的其他事项。

（十二）党委常委会认为需要先由校长办公会议审议的事项。

第六条　校长办公会议讨论决定的事项：

（一）贯彻落实党的教育工作方针政策以及上级部门决策部署，加强教学、科研、行政管理的工作措施。

（二）执行学校党委常委会决定或决议事项的实施方案和重要措施。

（三）学校教学、科研、行政管理等具体规章制度和工作计划安排。

（四）学校人才引进、培养、使用工作的重要事项。

（五）学校教师以及内部其他工作人员的人事聘任、解聘、考核、晋升、管理等重要事项。

（六）学校年度财务预算方案的执行，大额度支出和年度追加预算的执行，大额度资金调动、使用和运作的具体安排，以及财务管理与监督审计的重要事项。

（七）学校重要资产处置、重要办学资源配置、无形资产授权使用方案实施中的重要事项。

（八）学校重大建设、合作、采购项目实施中的重要事项。

（九）学校年度审计计划安排、重点

审计项目执行等年度审计事项。

（十）学校学科设置、建设与评估，专业设置与调整，学位授权点的申报与建设等重要事项。

（十一）人才培养方案制定与修订，课程体系建设和调整，教材编审，年度招生就业和学生毕业等重要事项。

（十二）科研项目设立，科研经费管理，科研成果申报、奖励与转化等重要事项。

（十三）学校服务国家和地方经济发展的重要事项。

（十四）学校对外交流与合作的重要事项。

（十五）实施思想品德教育，推进课程思政建设和教师、学生社会实践的重要举措。

（十六）学校学术委员会、学位委员会等学术组织提交审议的相关事项。

（十七）教师及内部其他工作人员政纪处分，学生学籍管理、奖励及违规处理等重要事项。

（十八）学校安全稳定和后勤保障工作的重要事项。

（十九）教职工代表大会、学生代表大会、研究生代表大会、工会会员代表大会和团员代表大会有关行政工作的提案意见办理事项。

（二十）其他事关学校事业发展、师生员工切身利益的重要行政事项。

（二十一）按规定需要由校长办公会议审议的其他事项。

第三章　议题确定

第七条　校长办公会议由校长召集并主持，校长因特殊情况不能参会时由校长委托的校领导召集并主持。校长办公会议议题由校长提出，也可由学校领导班子其他成员提出，校长综合考虑后确定。

第八条　重要议题校长应当在会前听取党委书记意见，意见不一致的议题应暂缓上会。集体决定重要事项前，党委书记、校长和有关领导班子成员要个别酝酿、充分沟通。

第九条　凡提交校长办公会议的议题，分管校领导必须责成相关部门、单位事先进行充分调研、论证和协商，形成比较成熟的方案、意见或建议，内容包括汇报要点，需要讨论决定的事项以及对所提问题解决办法的方案、意见或建议。提交会议讨论的材料须经提议校领导审核把关后，提前 2 天送校长办公室汇总。

第十条　对于涉及多个部门、单位的议题（尤其是重要制度性文件），议题牵头部门、单位须事先与相关部门、单位充分沟通协商，并将相关部门、单位的意见列入会议材料一并提交校长办公会议讨论决定。

第十一条　除因工作需要临时召集会议外，每次校长办公会议的议题及相关书面材料，须提前 1~2 天送交到与会人员手中，以便做好议事准备。

第十二条　凡分管校领导职权范围内可以决定或协调解决的事项，一般不提交校长办公会议研究讨论。

第十三条　对重要学术事项，在校长办公会议决策之前，应提交校内有关学术机构审议或组织专家评审。

第十四条　对专业性、技术性较强的重要事项，在校长办公会议决策之前，应经过专家评估及技术、政策、法律咨询。

第十五条　对事关师生员工切身利益的重要事项，在校长办公会议决策之前，应通过教职工代表大会或其他方式，广泛听取师生员工的意见、建议。必要时，可以邀请师生代表列席校长办公会议。

第十六条　校长办公会议一般不临时

增加议题。确需临时增加议题的，应征得会议主持人的同意。

第四章 会议召开

第十七条 除法定节假日及寒暑假外，校长办公会议原则上一至两周召开一次，遇有重要情况经校长同意可随时召开。

第十八条 校长办公会议的与会人员包括出席人员和列席人员。出席人员为全体校领导；党委办公室主任、校长办公室主任和校纪委副书记列席。校长办公会议必须有半数以上的校领导出席方能召开。

第十九条 校长办公会议研究的议题涉及到有关部门、单位的，必要时会议主持人可根据提出议题的分管校领导的提议，确定有关部门、单位的主要负责人或相关人员列席会议，并参加相关议题的讨论。紧急情况下不能及时提交校长办公会议研究讨论的事项，可由校长与分管校领导共同商议临机处置，事后应及时向校长办公会议通报。

第二十条 校长办公会议的会议记录、整理会议纪要等相关会务工作由校长办公室负责。

第五章 会议决议

第二十一条 按照一事一议的原则，校长办公会议的议事程序为：一般先由提出议题的校领导就议题作简要说明，有关部门、单位的列席人员可就议题作必要的补充汇报；与会人员根据具体情况充分发表自己的意见，对决策建议分别表示同意、不同意或缓议的意见，并说明理由；在充分讨论的基础上，由会议主持人进行归纳集中，形成会议决议，会议主持人应当最后表态。

第二十二条 校长办公会议讨论重要问题时，必须按照少数服从多数的原则形成会议决定，以表示同意人数超过应出席人数的半数以上为通过。如对重要事项意见分歧较大时，应暂缓作出决定，待进一步调查研究、交换意见后再行讨论。

第二十三条 校长办公会议的决议，由校长办公室整理出会议纪要，经会议主持人签发后，印发给全体校领导和党委办公室主任、校长办公室主任、校纪委副书记。对于具体问题作出的决议，校长办公室将相关决议的通知送达相关部门、单位。

第二十四条 校长办公会议决议一旦形成，任何个人无权改变。出席会议的人员如有不同意见，允许保留，或在下一次会议上重申，也可以向上一级党组织反映，但必须坚决执行，不得在会议之外发表与决议不同的意见，违者并造成不良后果的按有关规定严肃处理。

第二十五条 对校长办公会议的议决事项，如有异议，可进行复议。如提出复议，必须有1名出席校长办公会议的人员动议，并在会前征得半数以上应出席会议人员的同意，方可复议。

第二十六条 凡是应交教职工代表大会审议通过的重要事项，经校长办公会议研究后提交教职工代表大会审议或通过。

第六章 落实督办

第二十七条 校长办公会议形成的决议，各分管校领导根据分工负责的原则予以落实。明确由牵头部门、单位负责并由其他有关部门、单位参与执行的，参与执行的部门、单位应积极配合牵头部门、单位工作，牵头部门、单位应及时将执行情况报告分管校领导。分管校领导于每学期末向校长办公会议报告决议落实情况。对执行不力的，应当依照有关规定问责追责。

第二十八条 对因故未出席会议的人员，会后可由主持人或由主持人委托有关校领导、委派校长办公室主任向其转告本次会议重要事项的议事情况和结果。

第二十九条 在校长办公会议决议的执行过程中，如遇紧急情况确实必须临时调整原决议的，可由校长征求有关校领导意见后进行调整，但应在下次校长办公会议上通报。

第三十条 校长办公室协助各分管校领导做好决议的督办检查工作。

第三十一条 校长办公会议的决议事项，根据《江苏大学信息公开实施办法》的有关规定，适合公开的应及时公开。

第三十二条 校纪委依据职责对校长办公会议的决策执行情况进行监督检查，发现问题，及时报告，提出纠正意见。

第七章 会议纪律

第三十三条 对有涉及与会人员本人或亲属利害关系，或其他可能影响公正决策的情形，参与会议决策或列席人员应当主动回避。

第三十四条 校长办公会议与会人员应从时间和精力上保证会议的顺利进行。对因特殊情况不能与会的人员，须向主持人请假，对议题的意见可以书面形式提交或请其他与会人员代为转达。

第三十五条 与会人员对会议讨论情况和应该保密的会议内容，必须严格保密，未经允许任何人不得泄露。违者并造成不良后果的按有关规定严肃处理。

第八章 附 则

第三十六条 根据《高等学校档案管理办法》的有关规定，校长办公会议记录纸质文档和会议纪要纸质、电子文档均应整理归档，并作永久保管。

第三十七条 本规则由校长办公会议负责解释，具体工作由校长办公室承担。

第三十八条 本规则自 2020 年 1 月 2 日起施行。《江苏大学校长办公会议事规则》（江大委发〔2019〕3 号）同时废止。

2020 年 1 月 2 日

概况

学校综述

江苏大学是 2001 年 8 月经教育部批准，由原江苏理工大学、镇江医学院、镇江师范专科学校合并组建的重点综合性大学，是江苏省人民政府和农业农村部共建高校、首批江苏省高水平大学建设高校、全国本科教学工作水平优秀高校、首批全国 50 所毕业生就业典型经验高校、全国创新创业典型经验高校、首批全国来华留学质量认证高校、全国“三全育人”综合改革试点高校。

学校具有百年办学历史，文化底蕴深厚。原江苏理工大学的前身镇江农业机械学院，是为贯彻毛泽东同志关于“农业的根本出路在于机械化”的重要指示，1960 年由南京工学院（现东南大学）分设独立建校的，办学历史可追溯到 1902 年刘坤一、张之洞等创办的三江师范学堂。学校作为国内最早设立农机专业、最早系统开展农机教育的高校，坚持立足江苏、服务行业，始终以推动我国农业机械化、现代化为使命，培养了我国第一批农机本科、硕士和第一位农机博士、博士后，为我国农业装备人才培养、科技创新，为推动农民增收、农业发展和农村稳定作出了积极的贡献，形成了“工中有农、以工支农”的鲜明办学特色和独特的文化情怀。

学校办学起点高，综合实力一直位居全国百强之列。早在 1978 年，学校就被国务院确定为全国 88 所重点大学之一，1981 年成为全国首批具有博士、硕士学位授予权的高校。近年来，学校聚焦内涵发展，深入实施“高水平、有特色、国际化”发展战略，国内外办学影响持续提升。QS、THE、ARWU 等国际权威世界大学排名，学校均跻身 top1 000。《2020 中国大学评价》，学校综合排名列全国第 40 位。

学校办学规模较大，办学条件优良。学科涵盖工学、农学、理学、医学、管理学、经济学、哲学、法学、文学、教育学、历史学、艺术学等 12 个学科门类。设有 27 个学院，97 个本科专业。专任教师 2 700 余人（具有一年以上海外经历的比例达 37%），集聚了一批高层次人才。在校生 40 000 余人，其中研究生 13 000 余人，学历留学生 2 300 余人。江苏大学京江学院全日制在校生近 10 000 人。校园占地面积 3 000 余亩，各类建筑面积 120 万余平方米。教学科研仪器设备总值 12.1 亿元。图书馆建筑面积 5.1 万平方米，藏书 322 万册，订阅各类数据库 116 个，自建特色数据库 11 个，建有教育部科技查新站、农业装备文献资源中心和国际赛珍珠文献资源中心。拥有一所集医疗、教育、科研、预防为一体的三级甲等附属医院。设有江苏大学出版社和杂志社，出版图书 1 500 余种，主办国际、国内学术期刊 11 种，其中《江苏大学学报》（自然版）、《江苏大学学报》（社科版）、《排灌机械工程学报》为全国中文核心期刊，《高校教育管理》为 CSSCI 来源期刊、全国中文核心期刊、人大复印报刊资料重要转载来源期刊。

学校办学水平高，拥有一批高水平学科。工程学、材料科学、临床医学、化学、农业科学、药理学与毒理学、生物学与生物化学、环境生态学 8 个学科进入 ESI 排名全球前 1%，ESI 综合排名列全国第 46 位。拥有 2 个国家重点学科，1 个国家重点（培育）学科，10 个江苏高校优势学科。拥有 14 个一级学科博士点，44 个一级学科硕士点，20 个硕士专业学位类别。设有 13 个博士后科研流动站。

学校坚持以学为中心、教为主体，不断提升人才培养质量。近年来，学校获国家级教学成果奖8项，形成了以30个国家一流专业和一批国家特色专业、国家级一流本科课程、国家级精品课程、国家精品视频公开课、国家精品资源共享课、国家实验教学示范中心、国家优秀教学团队为代表的优质教学资源；毕业生就业率一直保持在96%以上；学生在全国大学生重大赛事中表现优秀，“挑战杯”全国大学生课外学术科技作品竞赛连续7届喜捧“优胜杯”，全国大学生创业计划大赛连续4届获得双金奖，校大学生男子排球队屡获全国冠军，校女子沙滩排球队获世界大学生运动会第7名，校女子足球队获世界大学生“五人制”足球锦标赛季军。

学校坚持以贡献求发展，不断提升科技创新与服务社会能力。“十三五”期间，学校获批国家自然基金项目847项（连续6年居全国高校前50位）。截至目前，学校共获得国家级科技成果奖16项、何梁何利基金科学与技术创新奖2项、国家杰出青年基金项目3项；拥有国家水泵及系统工程技术研究中心、混合动力车辆国家地方联合工程中心、国家级新农村发展研究院等一批国家级科技创新平台；与镇江市共建镇江国家大学科技园；建有国家知识产权培训（江苏）基地。学校牵头成立的现代农业装备与技术协同创新中心被认定为江苏省首批高校协同创新中心。2015、2016年度，学校发明专利授权量分别列全国高校第6位和第8位；2018年获第二十届中国专利奖金奖。

学校坚持国际开放战略，不断提升国际合作与交流水平。先后与美国、英国、德国、奥地利、澳大利亚、日本等53个国家和地区的195所高校及科研机构建立了长期合作关系，与奥地利格拉茨大学共建了孔子学院和汉德语言文化中心。与德国马格德堡大学、美国阿卡迪亚大学等合作举办了一批联合办学项目；建有中外合作办学机构江苏大学克兰菲尔德未来技术研究生院；合作建设了高端装备关键结构健康管理国际联合研究中心、流体工程装备节能技术国际联合研究中心、世界食品保藏研究中心、高端流体机械装备与技术学科创新引智基地等一批国际科研合作平台。

学校坚持以人为本，大力推进和谐校园、民主法治和校园文化建设，党建创新不断加强。学校党委被中央组织部表彰为全国创先争优先进基层党组织，连续两次被评为江苏省“高校先进基层党组织”。学校多次获江苏省文明单位、和谐校园、平安校园等荣誉称号。

新时代，新目标，新征程。江苏大学将以习近平新时代中国特色社会主义思想为指导，深入学习贯彻习近平总书记对学校重要批示精神，紧紧围绕立德树人根本任务，秉承“博学、求是、明德”校训和“自强厚德，实干求真”江大精神，抢抓国家“双一流”及江苏高水平大学建设的战略机遇，坚定不移地走以提升质量、强化特色为核心的内涵式发展道路，为把学校早日建成“高水平、有特色、国际化研究型大学”而努力奋斗！

【习近平总书记对学校信件作出重要批示】 2020年7月，习近平总书记对学校信件作出重要批示，体现了以习近平同志为核心的党中央对我国农机高等教育事业的高度重视，为学校进一步发挥办学特色优势、创建农机特色一流大学指明了方向、提供了重大历史机遇。

【党的建设全面加强】 以政治建设为统领，不断加强和改善党的领导，牢牢把握“四个服务”发展方向，全面贯彻党的教育方针，深入落实习近平总书记重要批示精神，推动习近平新时代中国特色社会主义思想进课堂、进教材、进头脑，全面从严治党主体责任和意识形态责任制全面落实，干部集中换届和基层组织换届选举圆满完成，高质量、全覆盖开展干部履职能力培训，党的政治建设、思想建设、组织建设、作风建设、纪律建设全面加强。药剂系教工党支部书记工作室获评教育部“双带头人”教师党支部书记工作室，关工委第三次荣膺“全国关心下一代工作先进集体”称号。

【学科水平持续攀升】 学校8个学科进入ESI全球前1%，综合排名列全国（除港澳台地区）高校第46位。15个学科上榜2020软科世界一流学科排名，其中1个学科进入世界前50位，3个学科进入世界前100位。在2020软科世界大学学术排名中，学校首次跻身全球前400强，列全国（除港澳台地区）高校第33—49位。泰晤士高等教育中国学科评级，学校以3个A类学科、22个上榜学科数并列全国（除港澳台地区）高校第44位。

【人才培养质量稳步提高】 坚持立德树人根本任务，成功召开“三全育人”综合改革推进会暨第四次学生工作会议、第四次本科教学工作大会、研究生教育会议，进一步构建、完善一流人才培养体系。获批国家首批一流课程18门，12项案例入选国家专业学位教学案例库。国家级新工科研究与改革实践项目以优秀成绩通过验收，新获批国家级新农科研究与改革实践项目。学校通过工程教育认证并在有效期内的专业数量（19个）并列全国高校第一。人工智能与智能制造学院获批江苏省首批重点产业学院。获批国家级“大创”项目88项，荣获美国大学生数学建模竞赛特等奖提名奖等国际国内大学生学科竞赛奖项36项。2020届毕业生就业率达94%。

【科技创新社会服务能力不断提升】 2020年，学校科技合同总额达9.53亿元。1项成果通过国家技术发明二等奖初评，并斩获“全国创新争先奖”“中国青年科技奖”。主持承担国家重点研发项目和军工重大项目各1项，国家杰出青年科学基金项目再次突破。获批国家自然科学基金项目151项，国家社会科学基金项目19项。16项成果列入2020年度江苏省科学技术奖公示名单（其中一等奖3项）。获授权国家发明专利988件、境外发达国家授权发明专利33件，专利转让和许可287件，获第二十一届中国专利银奖1项。学校被认定为国家知识产权试点高校，获批世界知识产权组织技术与创新支持中心。技术转移中心获评国家技术转移机构优秀等级（A级），技术经理人“三诊”工作模式入选教育部首批“高等学校科技成果转化和技术转移基地典型经验”。

【师资队伍建设取得重要突破】 1人入选俄罗斯自然科学院外籍院士，全职引进中国工程院院士1人，柔性引进加拿大两院院士等3人，新增“长江学者”、国家“杰青”及“千人计划”“万人计划”等其他国家级人才11人。新增江苏特聘教授5人，江苏省有突出贡献中青年专家1人，省“青蓝工程”优秀教学团队1个、中青年学术带头人3人、优秀青年骨干教师3人。入选“双创”人才3人、“双创”博士39人。获批中国博士后科学基金面上资助52项。招收博士后191人，其中外籍博士后75人。

【国际化办学不断深入】 中外合作办学机构江苏大学克兰菲尔德未来技术研究生院和“111”引智基地正式获批，赞比亚江苏大学筹建工作有序推进，与联合国工发组织签署合作备忘录，成为教育部首批“高层次国际化人才培养创新实践基地”建设高校。成功召开第三次国际化工作会议。新增江苏“外专百人计划”1项、外国专家工作室2个。获批国家留学基金委乡村振兴人才培养专项和“智能电动车辆及控制系统”创新型人才国际合作培养项目。当选中泰高等教育合作联盟中方理事长单位。新增硕士研究生留学项目4个，3个月以上境外交流学生462人，47人获国家留学基金委项目资助。招收学历留学生389人。

【特色优势进一步彰显】 与南京国家农业高新技术产业示范区签订总额3亿元的合作协议，打造智能农业装备创新港。与恒顺集团、徐工集团、中科院上海技物所南通智能感知研究院等共建研究院。与宜兴市共建“万亩现代农业智慧示范基地”。牵头成立江苏省智能农机装备产业联盟。自主立项资助项目取得积极进展，研发出一批高端农机产品，8 kg/s喂入量高产水稻联合收获机主要技术指标达到国际先进水平，首台（套）产品100马力无人驾驶轮边电机拖拉机在2020年青岛国际农业机械展上正式发布。受农业农村部委托完成《中国农机产业国际竞争力分析报告》。参加第六届大学生智能农业装备国际创新大赛，学校连续6届捧回“优胜杯”。成功举办2020江苏大学赞比亚第三期农业机械培训暨现代农业机械及农产品加工高级工坊和2020“一带一路”农业现代化国际合作发展论坛。与巴奥科技大学签署“中巴经济走廊”农业与食品高层次人才联合培养协议，共建中巴农业与食品卓越中心。

【打赢疫情防控“战役”】 全面落实上级关于疫情防控的各项决策部署，坚决防止新冠肺炎疫情向校园扩散，率先实现了“停课不停教、停课不停学”。学校多批医疗队员白衣执甲、逆向而行，先后奔赴湖北、新疆、北京，以及非洲等多地援助；广大教师积极投入科研抗疫，科研成果应用到雷神山、火神山等抗疫一线；广大学生志愿者就地参加抗疫行动，在奉献中收获了成长。学校疫情防控经验被省政府报送至国务院办公厅，疫情防控工作方案2.0版被列入教育部《高等学校新型冠状病毒肺炎防控指南》参考文献（全国唯一）。此外，学校还应邀参加中央广播电视总台中国国际电视台（CGTN）“全球疫情会诊室”节目，与非洲4国分享经验，为全球抗疫奉献了江大智慧。

（撰稿：李普华　核稿：霍建伟）

2020年学校党政工作要点

江大委发〔2020〕14号

2020年学校工作的总体要求是：以习近平新时代中国特色社会主义思想为指导，深入贯彻党的十九大和十九届二中、三中、四中全会精神，全面落实习近平总书记给全国涉农高校的回信，以及全国、全省教育大会精神，按照江苏省委书记娄勤俭、省长吴政隆调研学校讲话要求，进一步办出特色、彰显特色、放大优势，推进内部治理体系和治理能力现代化，聚焦“双一流”创建和高水平、有特色、国际化研究型大学建设，对标对表，奋勇争先，确保学校“十三五”规划圆满收官，不断开创学校事业高质量发展新局面。

鉴于当前新冠肺炎疫情防控的形势，全校上下要坚决贯彻习近平总书记的重要讲话和指示精神，坚持把广大师生的生命安全与身体健康摆在首位，把疫情防控作为当前的头等大事，坚持两手抓、两手硬，毫不放松抓好疫情防控工作，与此同时进一步振奋精神、创新举措，统筹推进学校各项工作，奋力夺取疫情防控和事业发展的“双胜利”。

2020年学校事业发展主要预期目标是：

——学校高质量发展成效、党的建设高质量成效再上新的台阶。内部治理体系和治理能力现代化建设加快推进，人才培养、科学研究、社会服务、文化传承创新、国际交流与合作等各方面工作列省高水平高校第一方阵，服务江苏“六个高质量”取得更加显著的成效，办学声誉与影响、办学治校满意度稳步提升。学校领导班子政治建设进一步加强，风清气正的良好政治生态进一步巩固，党政齐心、上下同心、实干担当、团结奋进的干事创业氛围进一步浓郁。

——学科行动计划有力推进。工程学、农业科学达到或接近世界一流学科行列，化学、材料科学、临床医学、药理学与毒理学、生物学与生物化学等学科水平和国际影响持续快速提升。优势学科建设、学科评估和学位点申报等成效显著，确保软科世界排名前50强学科、教育部第五轮学科评估前2位学科的突破，确保一级学科博士点门类和临床医学、工程类博士专业学位授权点的双突破。

——高端人才引育取得更大成效。全年引进高层次人才130人左右。进一步优化人才队伍结构，着力降低生师比，提升高学历教师占比，专任教师博士率列省高水平建设高校第一方阵。

——人才培养质量进一步提升。精心组织国家“双万计划”申报，确保入选第二批国家一流专业建设点数量列省高水平高校前3位，获批国家一流课程10~12门，国家级教学平台实现新突破，国家教材建设奖实现突破。入选研究生专业课程教学案例国家库2~3项。进一步提升生源质量，本科省内招生比例50%以上；硕士研究生招生百强高校生源比例稳定在33%以上，其中“双一流”高校生源比例10%以上。国家级学科竞赛获奖数量增长20%以上，其中国家级学科竞赛（国家级A等）第一等次奖项数35项以上。“创青春”“互联网+”大赛金奖不断线。力争再获教育部研究生教育成果奖。深化“三全育人”综合改革，努力形成一批具有全国影响的育人品牌和典型经验。本科生就业率稳定在96%以上。

——科技创新能力与创新质量进一步提高。力争全年到账科研总经费达到8.5亿元，其中纵向经费2.8亿元，科研经费、师均科研经费的总量及增量均列省高水平高校前3位。获批国家自然科学基金200项以上，获批国家重点、重大项目25项以上，获批国家“杰青”“优青”项目2~3项。获批国家社会科学基金22项以上，重点、重大项目2项。力争省部共建国家重点实验室、国家工程中心等国家级科研平台实现新突破，获批省部级社科基地（智库）1项。获国家级科技成果奖2项及以上、省部级科技成果一等奖8~10项。获省部级人文社科优秀成果奖10项以上，力争实现一等奖的新突破。培育高价值专利50件，获授权国家发明专利900件以上、境外发达国家发明专利30件以上，转化专利成果280项以上。发表高质量论文2 400篇、权威社科论文50篇以上，出版高水平学术著作15部以上。

——国际交流与合作进一步深化。新增海外友好高校8所以上（世界前200名高校1~2所），新增学分互认、双学位、招生计划单列项目2个以上。大力提升学生出国（境）学习交流比例，学生海外交流数量1 200人以上，其中毕业生海外深造数量240人以上，出国（境）学习3个月及以上人数不低于400人。江苏大学克兰菲尔德未来技术研究生院获批并正式运行。大力推进赞比亚江苏大学筹备工作，力争获得我国教育部备案并取得赞比亚高等教育部办学许可。力争获批第二所孔子学院。

——汇聚多元化社会资源。深入挖掘校友资源，校友捐建大礼堂工程动工；社会捐赠收入较 2019 年增长 30%，社会捐赠总量列江苏省属高校前茅。加快继续教育转型发展，大力发展社会培训，培训收入 1 600 万元以上。

——进一步加强党的建设，为学校事业高质量发展提供坚强的政治、思想、组织、作风、纪律和制度保障。推进基层党组织建设提质增效，基层党建“标杆院系”“样板支部”“党支部书记工作室”“党员教育实境课堂”等省部级创建项目持续实现突破。进一步提升学校文化软实力，提高对外宣传质量，省级以上新闻报道 500 篇以上，其中头版 40 篇、大报大台深度报道 120 篇。

为确保完成以上目标任务，2020 年要重点做好以下 10 个方面的工作。

一、进一步突出党建质量，为事业发展提供更加坚强有力的保证

深入推进全面从严治党，全面落实党委管党治党、办学治校的政治责任和主体责任，坚持和完善党委领导下的校长负责制，以政治建设为统领加强学校领导班子建设，强化党的全面领导，以高质量党建领航学校事业高质量发展。

深化主题教育成效。坚持把“不忘初心、牢记使命”作为加强党的建设的永恒课题和全体党员、干部的终身课题常抓不懈，形成长效机制，坚持不懈锤炼党员、干部忠诚、干净、担当的政治品格。党组织的战斗堡垒作用、党员的先锋模范作用不断加强。

加强理论武装和思想政治工作。抓实党委理论学习中心组和教职工政治理论学习制度，建好“五类课堂”，打造“思政课程”与“课程思政”教育实践阵地，引导广大党员干部和师生员工深入学习贯彻习近平新时代中国特色社会主义思想，增强“四个意识”，坚定“四个自信”，做到“两个维护”。全面落实意识形态工作责任制，牢牢掌握意识形态工作领导权、管理权和话语权。

加强干部队伍和基层组织建设。建立健全干部选任“五突出五强化”机制，加强政治素质考察，注重人岗相适，突出结构优化，精心谋划、周密组织，全力做好干部集中换届工作。分级分类开展干部专题培训，着力增强干部队伍政治定力、履职能力和整体活力，为学校发展提供坚强的组织保证。深入实施《新时代江苏大学党支部建设“提质增效”三年行动计划（2019—2021 年）》，着力推动党支部“标准+示范”建设。大力培育和创建基层党建“标杆院系”“样板支部”“党支部书记工作室”“党员教育实境课堂”，加快推进二级党组织专职组织员队伍建设，切实发挥基层党组织战斗堡垒作用和广大党员先锋模范作用。

深化全面从严治党。认真贯彻落实党风廉政建设各项规定要求，严格执行中央八项规定及其实施细则精神，深入整治形式主义、官僚主义，坚决反对享乐主义和奢靡之风。按照《江苏大学纪检监察体制改革的实施方案》要求，全面完成学校纪检监察体制改革。强化制度建设，推进源头治理，用制度管权管人管事，养成在受监督的环境下工作生活的习惯。认真做好省委巡视、党委巡察、审计监督等反馈意见的整改落实工作，一体推进不敢腐、不能腐、不想腐，努力营造学校风清气正的政治生态和良好的干事创业环境。

统筹做好统战群团和校园安全稳定工作。进一步完善统一战线工作体制机制，深化统战工作实践创新，加强与校内校外各民主党派和统战团体的沟通协调，加大与省域内外教育、科技高层次人才的交流合作力度。进一步推进关工委优质化建设，巩固和提高关工委常态化建设成果。统筹推动工会、共青团、妇联、老干部等工作，服务学校事业发展。进一步强化校园安全管理，维护校园安全稳定。

二、进一步突出学科特色和内涵建设，加快推进一流学科创建

深入落实《江苏大学学科行动计划（2018—2023）》，集聚优势资源打造农业工程学科高峰，加快推进一流学科创建，着力提升特色优势学科建设内涵与显示度。按照国内有地位、国际有影响的要求，着力打造各学科优势方向和涉农特色方向，不断提升学科竞争力。精心做好迎接教育部第五轮学科评估相关工作，农业工程学科排名要“保三争二”，食品科学与工程、动力工程及工程热物理、机械工程等优势学科排名要实现新突破。积极迎接第二轮专业学位水平评估，推动专业学位教育与职业人才评价标准的有机衔接。全力做好新一轮学位点申报工作，确保一级学科博士点门类的突破。科学拟定专业学位博士点申报方案，确保临床医学、工程类博士专业学位授权点实现双突破。进一步优化优势学科项目制管理，确保优势学科三期项目全部通过中期检查，力争1~2个学科获评优秀等级。

三、进一步突出立德树人成效，不断完善一流人才培养体系

扎实开展“三全育人”综合改革。贯彻落实“三全育人”综合改革推进会精神，做实“十项育人工程”，建立健全“协同、贯通、融合”一体化育人体系和长效机制。着力加强“三全育人”工作过程监督和结果考核，加大特色经验和典型人物的宣传力度，努力形成一批具有广泛影响力的育人品牌、先进典型和特色做法，确保高质量通过综合改革试点中期检查。以学业导师队伍建设、学业规划教育为抓手，持续加强优良学风建设，提升学生自主学习和终身学习能力。不断优化思政教育、心理健康教育、素质教育、资助育人、学生社区管理等日常管理服务工作机制。进一步加强辅导员队伍建设，促进辅导员队伍专业化职业化发展。

扎实推进一流本科建设。深入实施本科教育教学“五大工程”，进一步强化教学中心地位。精心组织国家一流本科专业建设点申报，确保获批数量位居江苏省高水平高校前3位。扎实做好工程教育专业认证现场考查和师范专业认证工作。以国际专业认证为抓手，推动专业建设国际实质等效。以“新工科、新医科、新农科、新文科”建设为引领，打造特色优势专业，做强主干专业，升级改造传统专业，加大微专业建设力度。推进一流课程“双万计划”，全面开展线上、线下、线上线下混合、虚拟仿真项目和社会实践5类课程建设，形成多样化、多类型的一流课程体系。充分利用新冠肺炎疫情防控期间的在线教学经验，加快建立“互联网+教学”“智能+教学”新形态，促进学习方式变革，激发教与学的活力，产出更多高质量在线开放课程。以突出重点、锤炼精品为原则，大力培育国家级规划教材，以及体现学科专业特色的核心课程教材、校企合作工程案例教材和“互联网+”新形态教材等，积极申报全国教材建设奖全国优秀教材。积极构建高水平教学平台，大力推

进教学名师和教学团队建设，实施“卓越教师”培养计划。进一步加大本科教学投入，着力改善本科实践教学条件。开展新一轮本科培养计划修订，强化一流专业内涵建设，优化“金山英才班”等各类卓越拔尖人才培养模式。深化创新创业教育改革，不断完善“一院一赛”“一系一项目”，促进教学科研互动融通，确保国家级学科竞赛取得更好成绩。进一步深化体育和艺术教育教学改革，促进学生身心健康发展；高水平运动队取得新突破；力争实现国家级文艺、体育竞赛奖项的持续突破。

持续优化研究生培养体系。不断完善研究生招生政策，进一步优化生源结构，提升生源质量。全面修订研究生培养计划，深化研究生培养模式改革。加强研究生精品课程、教学案例库和示范教材建设，促进创新实验室和公共实验平台的建设与共享。将江苏大学克兰菲尔德未来技术研究生院课程融入学校研究生课程，积极推进研究生选修国外高水平大学课程的学分认定工作，进一步提升课程育人内涵。不断加强研究生导师队伍建设，强化导师立德树人使命担当。加强研究生分院、研究生企业工作站和产业教授管理。

四、进一步突出科技创新质量与社会服务贡献度，努力产出一流成果形成一流影响

提升科学研究水平。深入贯彻落实学校第四次科技工作会议精神，出台具体实施细则，着力优化科技管理体制机制，进一步释放科技创新的活力动力。加强顶层设计和组织统筹，力争实现国家自然科学基金、国家社会科学基金重点重大项目，以及“杰青”“优青”等“国字头”项目的持续突破，推动科研经费总量持续增长。做好国家和省部级科学技术奖，以及教育部和江苏省人文社会科学成果奖的培育、申报和评审跟踪工作，争取重大标志性成果的再突破。精心组织申报省部级以上科研平台，力争实现部省共建国家重点实验室、国家工程中心等国家级创新平台的新突破，确保“混合动力车辆国家地方联合工程研究中心”“高端装备关键结构健康管理国际联合研究中心”等顺利通过考核验收。完善学科交叉创新机制，积极筹建规模型跨学科专职科研机构，形成若干具有高度灵活性和适用性的交叉创新研究平台。放大综合办学优势，推动“理医”融合、“工医”创新；深化学校、医院科研协同，进一步加强附属医院和临床医学院建设。出台创新团队考核实施办法，突出成果导向，加强团队考核，打造高水平科技创新团队。加强与大型军工集团的联合科技攻关，积极申报各类国防科研军工项目，力争国防军工重大、重点项目的再突破。出台《江苏大学哲学社会科学振兴行动计划》实施细则，推进人文社科内涵式特色发展。按照“一院一平台”要求加强人文社科重点研究基地的申报与建设。进一步弘扬科学家精神，加强作风和学风建设，推进实施科研诚信承诺制度，将科研诚信融入科技管理全过程。

增强社会服务能力。持续推进“123”行动计划，围绕国家战略和江苏产业发展需要，重点打造若干共性关键技术研发合作平台、技术创新联合中心和校地研究院，建立健全校地研究院、研究生院分院协同推进和运行的体制机制，强化政产学研全链条协同创新。以科技镇长团和技术经理人队伍建设为抓手，以技术转移中心有限公司实质化运行和技术经理人事务所实体化运营为着力点，开展多维度产学研合作。高标准建好科技成果转化和技术转移示范基地，促进更多科技成果就地转移转化，

不断提升服务江苏的贡献度。推进专利质量提升工程，构建产业专利运营中心，着力提升有效专利、高价值专利及国际发明专利的数量和比例。依托技术与创新支持中心（TISC），加强知识产权国际合作，开展优质技术和知识产权信息服务。加强长三角新结构经济学知识产权研究院建设，着力打造使其成为高水平的决策咨询智库和人才培养基地。

放大优势特色。以农业工程一流学科创建为引领，深入贯彻落实省委书记娄勤俭、省长吴政隆来校调研讲话精神，进一步推进部省共建、省市共建协议内容落地落实。充分发挥农装学部作用，引导开展原创性、引领性、集成性智能农业装备关键技术和器件协同攻关。加快农业工程学院实质化运行，试点研究型学院综合改革，构建一流研究型学院运行模式。加强中国农业装备产业发展研究院建设，努力建成有影响力的“工经管”特色智库联合体。加快推动与镇江市共建中国农业装备国际创新中心，努力建成产学研用一体化的世界级智能农业装备产业基地，促进农业装备重大标志性成果产出和转移转化。主动融入乡村振兴战略，组织协调涉农力量在地方、农业园区建立综合示范基地、特色产业基地，以及教授工作站、扶贫工作站等服务平台，推动涉农科技成果对接转化，书写乡村振兴的“江大样本”。依托农业工程国际大学联盟，进一步提升农业工程学科的国际影响力和学术竞争力。

五、进一步突出高端人才引育，着力打造一流师资队伍

大力推进院士慧聚工程，加大与两院院士、外籍院士等高端人才深层次合作力度，以及对高端人才的柔性引进力度。不断创新人才工作机制，依托国家和省高层次人才项目，着力培养和引进一批具有重大影响力的领军人才，确保新增国家级人才及团队数量列省高水平高校第一方阵。继续实施青年英才培育计划，做好遴选、培养，以及管理、考核等工作。进一步优化海外高层次人才论坛举办形式，强化精准招聘，提升人才引进成效。持续推进“三个一百”计划，鼓励更多中青年教师赴海外研修，招聘更多外籍人才来校任教和开展博士后研究。重视过程管理，提升博士后培养质量，举办中外博士后创新论坛，加大国家博士后基金特殊资助项目和外青专项申报力度。认真做好第四轮岗位聘用工作，实行全员聘用管理，全员签订岗位合同和责任书。进一步推进师德师风建设，深入挖掘优秀教师典型，充分发挥典型引领示范和辐射带动作用。

六、进一步突出办学国际影响，不断提升国际交流与合作水平

拓展国际合作维度和深度。召开第三次国际化工作会议，全面总结近 5 年来国际化工作的成绩与经验，进一步明确新时期国际交流合作的目标与举措。积极加强与世界一流院校及高水平研究团队的实质性合作，大力推进中外合作办学（校际联合培养）、学分互认和学位互授联授项目，以及江苏省中美大学生双向交流项目与中澳双学位项目。扎实推进江苏大学克兰菲尔德未来技术研究生院建设，做好首届学生招生及教学管理等有关工作。加强沟通协调，有序推进赞比亚境外办学工作。稳步实施“111”引智计划，加强国际联合实验室、国际联合研究中心等的联合申报。积极争取国家和省级外国专家项目，着力引进一批国际顶尖人才和专业型外教。精心筹备江苏—英国高水平大学 20+20 联盟 2020 年会，依托联盟积极开展高水平的国

际合作项目，促进国际产教融合。认真做好国家留学基金委2020年乡村振兴人才培养专项和创新型人才国际合作培养项目申报。不断完善多类型、多层次、多途径的学生海外学习体系，持续提升学生海外交流学习的数量和质量。推动筹建第二所孔子学院，高标准运行托福考点。

推进留学生教育提质增效。进一步规范留学生招生管理，优化生源结构，提高生源质量。依托CCN国际预科中心，建好“一对一”CCN预科项目，拓展“1+N”预科项目和中文授课学历教育。开展“一带一路”国家高水平大学师资培养项目，大力培养师资博士生，确保获批教育部中国政府奖学金高校研究生项目和丝路奖学金项目，力争获批“中非友谊奖学金”和“一带一路”师培博士计划。依托农业装备国际（产能）合作联盟，启动中非友谊奖学金农机培训项目，组织开展“一带一路”国家教育和经济概况研究。不断优化留学本科生“1+2+1”产教协同大类培养和留学研究生“三同”趋同培养，进一步完善留学生“三自”导学服务体系和信用管理体系。

七、进一步突出价值引领，不断深化校园文化内涵

坚持以社会主义核心价值观为引领，通过“以文砺人、以文育人、以文化人”，促进科学精神与人文情怀相交融、文化传承与创新相统一，持续深化校园文化内涵建设。

塑造校园文化品牌。结合迎接江苏大学合并组建20周年（镇江农机学院建院60周年）等节庆日和重大活动，开展校园文化、校友文化主题创作，进一步弘扬江大精神，增强师生荣誉感和归属感，着力形成一批集“思想性、教育性、时代性”为一体、师生和校友参与度、认同度高的文化品牌。增强“人文大讲堂”“五棵松讲坛”“校园热点面对面”等活动的品牌效应，增强校园文化感染力。

深化校园文化内涵。不断发掘学校人文资源，丰富校园景观、建筑等物质载体的精神内涵，着力塑造一流大学人文教育环境。稳步推进中国农机文化展示馆建设，进一步发挥校史馆、校名文化产品服务中心的功能，培育农机、水泵、篆刻艺术等特色文化。持续开展“一院一品”工作，推动二级单位建设可展示的特色文化。加强公共艺术教育中心建设，提升美育工作成效。

提升校园文化传播力。进一步发挥文化凝心聚力功能，服务和谐校园建设。不断加强传统媒体与网络新媒体矩阵平台的融合发展，形成校园文化宣传合力。坚持聚焦基层一线，深入挖掘一线教职工的感人事迹，大力宣传立德树人先进典型。

八、进一步突出治理效能，着力推动内部治理体系和治理能力现代化

优化内部治理结构。根据新形势、新要求，按照适应中国特色现代大学制度和高等教育发展趋势的原则，进一步明晰机构职能边界、明确机构权责归属，不断完善职能部门处室和二级单位系所的结构布局，加强非编常设机构的决策咨询功能建设，不断提升治理水平。

完善考核评价体系。根据“江苏省地方普通高校综合考核实施办法”，修订完善《江苏大学年度目标任务综合考核办法》，更加科学地设置考核指标，合理地确定考核等级，规范考核流程，建强考核队伍，通过科学、完善的综合考核体系进一步激发各级干部以上率下的决心，增强各单位的一流意识和全体教职工的责任担当，推

动学校高质量发展再上新台阶。根据国家关于“提升高等学校专利质量促进转化运用”及“规范高等学校 SCI 论文相关指标使用 树立正确评价导向”的新精神和新要求，系统检查、修订学校相关制度文件，构建更加科学的科技创新评价体系，营造适应新时代要求的创新环境。

积极推进人事分配制度改革。修订出台《江苏大学高级专业技术职务评聘资格条件》《江苏大学教学、科研业绩考核实施办法（试行）》《江苏大学教师岗位设置与聘用实施细则》等文件，进一步完善岗位分类管理、人才分类评价、奖励与分配各有侧重的人事管理与激励分配制度。

健全内部控制体系。切实做好领导干部离任经济责任审计整改工作，全面落实整改要求和整改举措，健全长效工作机制。继续施行审结后第三方审计分析评价，开展二级单位内控体系专项评价等审计改革，推动内部审计工作由审计制度建设向审计体系建设转变。持续加强内部控制体系建设，建立健全科学高效的制衡和监督体系，切实做好风险防范和化解工作，进一步推进内部治理体系和治理能力现代化。

九、进一步突出协调发展，持续加强保障和服务能力建设

在认真回顾总结学校“十三五”发展的成绩和存在的不足的基础上，紧紧围绕第四次党代会确定的奋斗目标，加强调研论证，科学编制既具备新时代特征又具有系统性、引领性和可操作性的“十四五”事业发展总体规划和专项规划。进一步强化财务预算管理和资金统筹，加强专项资金项目库建设。进一步加强国有资产经营与管理，稳步推进校属企业改制，高质量完成校园规划修编。进一步规范采购与招标管理，提升采购与招标效率。大力加强校友会、基金会建设，着力增强社会资金筹措能力。精心筹划并有序推动迎接江苏大学合并组建 20 周年相关工作。推进智慧校园基础设施和公共信息资源建设，拓展校园网络服务功能，强化全校数据治理工作。加强大型仪器设备的购置论证和材料出入库管理，推进大型仪器设备深度共享。进一步加强安全生产管理，落实安全生产举措。深入推进“品质后勤”“智慧后勤”建设，进一步提高后勤管理和服务质量。加快推进青年教师周转公寓、食堂交付使用及京江校区验收工作，启动农业工程中心等项目建设。杂志社要着力打造学术高地，进一步提升学校学术影响。出版社要进一步打造特色品牌，增强服务教学科研的能力，出版优质著作用于学校阅读育人。图书馆要着力加强农业装备资源中心实体库等特色、优质文献资源建设，提高服务育人功能。档案馆要进一步加强档案信息开发利用，提升信息化管理水平。机电总厂要加快智能制造工程实践平台建设，提高实践教学质量。附属医院要进一步加强内涵建设，提升专业学科建设与临床诊疗水平。京江学院要以建设高水平应用型大学为目标，不断提升办学水平。继续教育学院要积极申报国家级培训基地和“国字头”培训项目，着力提升继续教育层次，构建终身教育体系。

十、进一步突出民生改善，不断提升师生的获得感、幸福感

进一步创新工作机制，畅通师生诉求表达渠道，重点关注师生切身利益和反映强烈的急事难事，不断提高教代会提案办理效率和质量。全面推进“就业质量提升工程”，着力提高学生考研录取与留学深造比例，进一步提升学生创业水平和就业层次。完善师生智慧服务平台，提升线上服

务范围和质量，推动学生“最多跑一次”改革和“24 h 自助设备服务区”建设，促进公共服务便捷化、高效化。加强协调沟通，积极推进附属学校建设。进一步提升离退休工作信息化、精准化水平。积极协调配合市政府推进家属区老旧多层住宅加装电梯试点工作。强化学校卫生防疫监控，探索职工医院由医疗为主向“医养结合”转变的新型工作机制。启动校园电力系统配电增容工程和大礼堂修缮工程，改造北固食堂，建成 1～2 个江苏省餐饮质量安全示范食堂，在西片区增设流动餐车，持续改善师生生活与学习工作条件。完善校园门禁管理，强化校园交通、消防、治安、公共卫生等综合治理，深入推进平安健康校园建设，共筑宜居宜业的幸福和谐家园。

2020 年 3 月 9 日

2020 年学校十件大事

1. 习近平总书记重要批示，为学校创建农机特色一流大学提供了根本遵循。7 月 4 日，习近平总书记在我校信件上作出重要批示，充分肯定学校 60 年来为我国农业机械化、现代化作出的突出贡献，指明了学校坚持以立德树人为根本、以强农兴农为己任、创建农机特色一流大学的前进方向。学校制订“095”工程行动计划和新农科、新工科融合建设方案，全方位推进涉农领域建设，开展知农爱农情怀教育，与南京国家农业高新技术产业示范区、徐工集团等农机名企大院深化涉农战略合作，自主立项突破“卡脖子”技术项目 19 个，与宜兴市共建万亩现代农业智慧示范基地；获批教育部新农科研究与改革实践项目、中国科协学科发展项目等。11 月 13 日，习近平总书记视察应用我校自主研发的水力模型的江都水利枢纽。全校师生奋力书写服务农业农村现代化、“争当表率、争做示范、走在前列”的时代答卷。

2. 全校师生同心抗疫，新冠肺炎疫情防控凸显“江大力量”。学校及时成立疫情应对领导小组和 16 个工作组，精准防控，科学复学，创造了多项率先。疫情防控经验、做法被省政府报送至国务院办公厅，疫情防控工作方案 2.0 版本被列入教育部《高等学校新型冠状病毒肺炎防控指南》参考文献（全国唯一）。附属医院选派多批多名医护人员赴湖北、北京、新疆等地开展新冠肺炎救治工作；涌现出全国抗疫先进个人 1 人，省级抗疫先进个人 10 人，省级抗疫先进集体 2 个。大学生志愿者就地参加抗疫，科研力量开展抗疫科技攻关，学校应邀参加“全球疫情会诊室”节目，为全球抗疫奉献江大智慧。《战“疫”“新”力量，引领学校防疫舆论场》获教育部“共抗疫情　爱国力行”工作案例优秀奖。

3. 坚持党的全面领导，党的建设不断完善和加强。圆满完成处、科级领导干部换届聘任和培训工作，顺利完成基层党组织集中换届选举工作。围绕学校“095”工程、常态化疫情防控等中心工作强化政治监督，获评省纪委监委综合考核“第一等次”。召开“三全育人”综合改革推进大会，出台加快构建思想政治工作体系等系列制度文件，一体化思想政治工作体系初步形成。“十四五”事业发展规划编制工作全面启动。内设机构进一步调整完善。校友总会正式换届。关工委获评全国关心下一代工作先进集体，1 人获评全国关心下一代工作先进工作者。药剂系教工党支部书记工作室入选教育部高校“双带头人”教师党支部书记工作室。

4. 意识形态主阵地进一步加强，宣传思想文化工作亮点突出。积极打造理论学习品牌，推进“五类课堂”建设；精心打造“校园热点面对面”“中华经典吟诵大赛”等品牌文化活动，建设开通线上校园文化“空中课堂”，入选科技战“疫”——2020中国数字化转型成功案例征集活动“教育服务”类别；推进“一院一品”校园文化建设；加强思想文化引领，组建专家宣讲团，开展《习近平谈治国理政》第三卷、民法典等主题宣讲；营造校园农机文化氛围，开展“知农爱农、强农兴农”主题宣讲，开通“知农爱农为农”专题网站，推进中国农机文化展示馆建设。学校官方微信入围“中国大学官微百强”；新媒体中心获评全国优秀高校媒体，位列全国第22位。“江苏大学”学习强国号上线运营。在省级以上媒体（平台）发稿520余篇，其中头版头条5篇、头版40篇、800字以上深度报道200余篇，“学习强国”报道30余次。学校连续第9年被评为江苏省教育新闻舆论工作表扬单位。

5. 推进一流本科建设，教育教学水平及人才培养质量实现新提升。召开第四次本科教学工作会议。教育部新工科研究与实践项目结题获评“优秀”，获批教育部新农科研究与改革实践项目1项。19个专业通过工程教育专业认证，通过认证并在有效期内的专业数量并列全国高校第一；18个专业获推申报国家级一流专业；18门课程获首批国家级一流本科课程，获批课程门数居省属高校前列。“大创”项目立项数再创新高，国家级立项88项；学科竞赛成绩大幅提升，在列入排行榜的国家级竞赛中获奖124项，其中一等奖17项，总数较2019年翻番。

6. 大项目大成果不断突破，科技创新与服务社会成绩突出。获批国家重点研发计划项目1项，实现获批专项经费额度新突破。1项主持成果通过国家科学技术奖评审；16项成果进入2020年度江苏省科学技术奖公示，其中一等奖3项。获批国家自然科学基金项目151项，其中联合基金重点项目4项。获批国防重点项目1项。中国科协学科发展项目“农业装备产业与技术发展路线图研究”实施。江苏省农业装备与智能化高技术研究重点实验室评估获“优秀”。与南京国家农业高新技术产业示范区共建大型校地涉农研究院，签约经费3亿元。获中国专利银奖1项、省专利发明人奖1项。获批国家社科基金19项。获批江苏高校哲学社会科学重点研究基地1个、优秀创新团队1支。

7. 瞄准“一流”目标，学科建设与研究生教育成效突出。研究制定了现代农业装备与技术一流学科创建方案。在ESI大学排名国内排名中提升至46位，在国际排名中上升到722位。15个学科进入软科世界一流学科排行榜，并列国内第50位，化学工程首次进入世界前50名，食品科学与工程进入前75名。在泰晤士首届中国学科评级中，学校以3个A类学科、22个上榜学科并列国内第44位；在泰晤士世界大学学科排名中，学校以6个上榜学科并列国内第36位。在USNews世界大学学科排名中，学校以3个前100位学科、11个上榜学科列国内第46位。学校再获评省研究生招生考务管理“优秀报考点”“优秀招生单位”。新增12项国家级专业学位教学案例。与江苏省产业技术研究院、苏州市相城区政府共建“江苏大学苏州集萃研究生院”。新增省“优博”2篇、省“优硕”18篇。1人获省“十佳研究生导师”提名奖，1个团队获省“十佳研究生导师团队”提名奖。

8. 坚持引育并举，国家级人才引育取得新突破。以“金山学者计划”为载体，大力引育高层次人才。全职引进中国工程院院士1人，柔性引进中国工程院院士1人、外籍院士1人。新增国家级人才11人，取得历史性突破：新增“长江学者”1人、“青年长江学者”1人，国家“杰青”1人，领军人才1人，青年拔尖人才2人；创新人才、青年人才各1人，全国创新争先奖1人，中国青年科技奖1人。新增江苏特聘教授5人（全省高校第一），省“双创”人才3人，省“杰青”“优青”各2人，省有突出贡献中青年专家1人，省“青蓝工程”优秀教学团队1个。中德博士后交流项目实现零的突破。

9. 国际影响力持续提升，国际交流与合作取得新进展。召开第三次国际化工作会议。获批地方高校“高等学校学科创新引智计划”，江苏大学克兰菲尔德未来技术研究生院通过审核。1个合作办学项目获评江苏高校中外合作办学高水平示范性建设工程项目，学校获评2019—2020年度《中美人才培养计划》121项目先进单位。获批第3个国家留学基金委乡村振兴人才培养专项、第1个国家留学基金委创新型人才国际合作培养项目。研究生荣获江苏政府留学奖学金和国家留学基金委奖学金数分别为省属高校第一位和第二位。江苏英国高水平大学联盟国际技术转移中心揭牌。引进顶尖学术大师1名，获批科技部外国青年人才计划1项、外国青年学者研究基金项目3项、江苏省“外专百人”1项，获评江苏省外国文教专家管理工作先进单位。成功获批共建魏茨孔子课堂。“一带一路”高校师资博士培养合作院校新增15家，学校首获“中非友谊”中国政府奖学金学历生项目，新生92人获奖学金创新高；学历生规模达2 210人，其中博士人数首次超过硕士。获批省英文授课精品课程25门。巴奥科技大学江苏大学农业与食品卓越中心成立。获批教育部首批“高层次国际化人才培养创新实践项目”高校。与保加利亚食品技术大学签订人才培养合作协议。与联合国工发组织签署人才培养合作协议。

10. 立德树人根本任务进一步落实，服务青年学子成长成才。召开第四次学生工作会议。连续10年全省学生资助工作绩效评价“优秀”。1名教师获评省大学生心理热线优秀志愿者，1人获评全国百佳心理委员。一站式中心服务岗获评省2020年度“巾帼文明岗”。提前高质量完成省委、省政府制定的2020届毕业生初次就业目标任务；平稳高效完成教育部布点监测工作，获批省首批大学职业生涯教育实践基地；获评省“双创”示范基地评估优秀等次，获中国国际“互联网+”大学生创新创业大赛银奖1项。1名教师获评省高校辅导员年度人物，1名学生获大学生年度人物提名奖。成功召开江苏大学第六次团代会、第八次学代会、第七次研代会。1人获评全国优秀共青团干部。校团委获评江苏省五四红旗团委，1个团支部获评江苏省五四红旗团支部。获“挑战杯”中国大学生创业计划竞赛银奖3项；1个团队获评全国大中专学生志愿者暑期“三下乡”社会实践活动优秀团队；1个团队获评“井冈情·中国梦”全国大学生暑期社会实践专项活动优秀团队；1个项目获得中国青年志愿服务项目大赛银奖；在团中央公布的社会实践评比中荣获6项荣誉。学校通讯站获评中国青年网2019年度优秀校园通讯站；学校获第六届江苏省大学生艺术展演优秀组织奖；“信仰公开课”云计划网络直播活动，总计近700场，参与人次近23万；“信仰公开课”开课4 000余节，实现基层团支部全覆盖；1个青年学习社被命名为江苏省省级“青年学习社”。

组织机构及负责人

校党委书记、副书记、常委名单

书　记：袁寿其

副书记：颜晓红　李洪波

常　委：袁寿其　颜晓红　李洪波
丁建宁　吴春笃　梅　强
张济建　高庆国　全　力
赵玉涛　金丽馥　马志强
杨敬江

校长、副校长名单

校　长：颜晓红

副校长：丁建宁　吴春笃　梅　强
张济建　全　力　赵玉涛
陈　红

校纪委书记、副书记名单

纪委书记：高庆国

纪委副书记：杨志春
夏　民

中国共产党江苏大学第四届委员会委员名单

（以姓氏笔画为序）

丁建宁　马志强　王　谦　王丽敏
尹志国　朱立新　任旭东　全　力
刘国海　李　红　李洪波　杨敬江
杨道建　吴春笃　吴麟麟　邹小波
张济建　金丽馥　赵玉涛　施进华
袁寿其　徐希明　高庆国　梅　强
董德福　嵇康义　颜晓红

中国共产党江苏大学纪律检查委员会委员名单

（以姓氏笔画为序）

石宏伟　吕　霞　杨　娟　杨志春
沈　晨　周国华　赵兴联　赵喜仓
徐惠红　高庆国　彭绍进

校党群单位（部门）及负责人名单

1. 党委办公室（保密办公室合署）

主　任：施进华

副主任：石昌瑞
徐占东（2020.07.04始）

保密办公室

主　任：施进华

副主任：石昌瑞（2020.06.11始）
李　军（兼）

2. 校纪委（监察专员办公室）**机关**（党委巡察工作办公室挂靠）

纪委办公室（副处级建制）

主　任：蒋　军（2020.07.04始）

监督检查处（副处级建制）

处　长：徐惠红（2020.06.11始）

审查调查处（副处级建制）

处　长：宣　言

案件审理处(副处级建制)

处　长：何　铭（2020.07.04 始）

党委巡察工作办公室[2020.05.13成立，挂靠校纪委（监察专员办公室）机关]

主　任：杨志春（兼）（2020.06.11 始）

3. 党委组织部(党校、党委考核工作办公室挂靠，机关党委)

部　长：马志强

副部长：周国华（兼）（2020.06.11 始）

王　飞（2020.06.11 始）

陈　伟（2020.07.04 始）

正处级组织员：

张　红

党校(挂靠党委组织部)

校　长：袁寿其

副校长：李洪波

马志强（常务）

党委考核工作办公室(2020.05.13成立，挂靠党委组织部)

主　任：马志强（兼）（2020.06.11 始）

副主任：王　飞（兼）（2020.06.11 始）

机关党委(2020.05.13成立)

书　记：周国华（2020.06.11 始）

4. 党委宣传部(新闻中心合署)

部　长：金丽馥

副部长：王玉忠

吴　奕（2020.07.04 始）

新闻中心

主　任：金丽馥

副主任：吴　奕（2020.07.04 始）

王玉忠（2020.06.11 止）

5. 党委统战部(社会主义学院挂靠)

部　长：杨敬江

副部长：倪鸿燕（2020.07.04 始）

社会主义学院

院　长：袁寿其

副院长：张济建（2020.08.11 始）

李洪波（2020.08.11 止）

6. 党委教师工作部(人事处合署)

部　长：石宏伟

副部长：廖志凌

7. 党委老干部部(离退休党工委、退休教职工管理处合署)

部　长：马志强

副部长：黄忠来（2020.06.11 始）

林新荣

离退休党工委

书　记：黄忠来（2020.06.11 始）

8. 党委学生工作部(学生工作处合署)

部　长：杨道建

副部长：王海军（兼）（2020.06.11 始）

陈　权（2020.06.11 始）

孙海涌（2020.06.11 始）

张　芬（2020.07.04 始）

沈　辉（2020.07.04 始）

9. 党委研究生工作部(研究生院合署)

部　长：沈　晨

副部长：刘　洁（2020.07.04 始）

10. 党委保卫部(党委人武部、安全保卫处合署)

部　长（处长）：

袁海宇（2020.06.11 始）

副部长：张　钧

石　明

张文忠

赵德民（2020.07.04 始）

11. 机关党群党总支(2020.05.13止)

书　记：张　红（2020.05.13 止）

12. 机关行政党总支（2020.05.13止）

书　记：徐　伟（2020.05.13 止）

13. 机关教科研党总支（2020.05.13止）

书　记：冯　军（2020.05.13 止）

14. 工会

常务副主席：沈良钧（正处职）（2020.05.26 始）

副主席：许湘琴（副处职）

董晓言（副处职）（2020.07.04 始）

15. 团委（菁英学院办公室、公共艺术教育中心挂靠）

书　记：王海军（2020.06.11 始）

副书记：张永强（2020.07.04 始）

张玉宝（2020.07.04 始）

成　珊（2020.11.09 始）

16. 关心下一代工作委员会

17. 妇联

18. 科学技术协会

19. 哲学社会科学联合会

校行政单位（部门）及负责人名单

1. 校长办公室（档案馆、法律事务办公室、信访办公室挂靠）

主　任：吴麟麟

副主任：霍建伟

刘　颖（2020.07.04 始）

薛　鹏（2020.07.04 始）

档案馆（副处级建制，挂靠校长办公室）

馆　长：沈　芳

副馆长：方　雯（2020.07.22 始）

法律事务办公室（2020.03.26设立，与信访办公室合署，挂靠校长办公室）

主　任：薛　鹏（兼）（2020.07.04 始）

信访办公室（2020.03.26设立，与法律事务办公室合署，挂靠校长办公室）

主　任：薛　鹏（兼）（2020.07.04 始）

2. 人事处（人才工程办公室、人才交流中心、教职工发展中心挂靠）

处　长：石宏伟

副处长：廖志凌

刘雁玲（2020.07.04 始）

宋书琴（2020.07.04 始）

人才工程办公室（副处级建制，挂靠人事处）

主　任：刘雁玲（2020.07.04 始）

副主任：李　磊

人才交流中心（副处级建制，挂靠人事处）

主　任：宋书琴（2020.07.04 始）

副主任：杨轶新

教职工发展中心（2020.05.13成立，挂靠人事处）

主　任：石宏伟（兼）（2020.06.11 始）

3. 教务处（招生办公室、卓越学院、教师教学发展中心、师范教育中心挂靠）

处　长：王　谦

副处长：李国栋

李国昊（2020.06.11 始）

李新朝（2020.06.11 始）

薛宏丽

嵇留洋（2020.07.04 始）

招生办公室（副处级建制，挂靠教务处）

主　任：嵇留洋（2020.07.04 始）

卓越学院（挂靠教务处）

院　长：王　谦（兼）

常务副院长：

薛宏丽（兼）（2020.06.11 始）

副院长：许桢英（兼）

高国琴（兼）

耿国庆（2020.07.04 始）

王　爽（2020.07.04 始）

教师教学发展中心（挂靠教务处）
主　任：王　谦（2020.05.26 始）
副主任：李新朝（2020.06.11 始）
王佳佳（兼）（2020.06.11 始）

师范教育中心（2020.04.15成立，挂靠教务处）
主　任：李新朝（兼）（2020.06.11 始）

4. 科学技术处（重大科技项目与成果办公室、镇江工程技术研究院、学术委员会秘书处挂靠）
处　长：任旭东（2020.05.26 始）
副处长：张宜斌
李　军
王　勇（2020.06.11 始）
李　强（2020.07.04 始）
祝　俊（2020.07.04 始）
赵观兵（兼）（2020.07.04 始）

重大科技项目与成果办公室（副处级建制，挂靠科学技术处）
主　任：李　强（2020.07.04 始）

镇江工程技术研究院（副处级建制，挂靠科学技术处）
院　长：张宜斌（2020.06.11 止）
副院长（主持工作）：
左　勇（2020.07.15 始）

学术委员会秘书处（2020.05.13始，挂靠科学技术处）

5. 社会科学处
处　长：马国建
副处长：赵　明

哲学社会科学联合会

6. 研究生院（党委研究生工作部合署，学科建设办公室挂靠）
院　长：全　力（兼）
常务副院长：李　红（正处职）
（2020.05.26 始）
副院长：沈　晨
王昌达
张　云
陈全胜
袁俊杰
周正嵩（2020.07.04 始）

学科建设办公室（副处级建制，挂靠研究生院）
主　任：袁俊杰
副主任：束长安
副主任：徐媛晖（副科职）
（2020.07.22 始）

7. 国际合作与交流处（港澳台事务办公室合署、留学服务中心挂靠）
处　长（主任）：
黄　婷（2020.06.11 始）
副处长（副主任）：
潘剑锋（兼）（2020.06.11 始）
封　云（2020.07.04 始）
邹时建（2020.07.04 始）

港澳台事务办公室（国际合作与交流处合署）
主　任：黄　婷（2020.06.11 始）
副主任：潘剑锋（兼）（2020.06.11 始）
封　云（2020.07.04 始）

留学服务中心（副处级建制，挂靠国际合作与交流处）
主　任：邹时建（2020.07.04 始）
副主任：李　犇（副科职）
（2020.07.22 始）

8. 学生工作处（学生就业指导与服务中心、心理健康教育中心、创新创业学院办公室、"三全育人"创新发展中心挂靠）
处　长：杨道建
副处长：王海军（兼）（2020.06.11 始）
陈　权（2020.06.11 始）
孙海涌（2020.06.11 始）
张　芬（2020.07.04 始）
沈　辉（2020.07.04 始）

学生就业指导与服务中心（副处级建制，挂靠学生工作处）
主　任：沈　辉（2020.07.04 始）
副主任：陈　琦

心理健康教育中心（副处级建制，挂靠学生工作处）
主　任：陈　权（2020.06.11 始）

副主任：陆　菁

吴　婷

创新创业学院办公室

副主任：沈　辉（兼）（2020.07.04 始）

“三全育人”创新发展中心（2019.05.05始，挂靠学工处）

李艳肖（2020.07.04 始）

分析测试中心（副处级建制，挂靠实验室与设备管理处）

主　任：李艳肖（2020.07.04 始）

危险化学品管理中心（划归实验室与设备管理处）

实验室技术安全科（与危险化学品管理中心两块牌子、一套班子）

9. 规划发展处（教育教学研究与评估中心合署）

处　长（主任）：

徐　伟（2020.05.26 始）

副处长（副主任）：胥桂宏

10. 校友会与对外联络办公室（2020.05.13始由发展与对外合作办公室更名为校友会与对外联络办公室）

主　任：任泽中（2020.06.11 始）

副主任：王　鹏

11. 财务处

处　长：嵇康义

副处长：卢桂成

常光辉

12. 审计处

处　长：彭绍进（2020.06.15 始）

副处长：邓汉宾

陈其华（2020.06.22 始）

13. 信息化处（信息化中心合署）

处　长（主任）：许晓东

副处长（副主任）：陆建辉

季海亚

（2020.07.04 始）

14. 实验室与设备管理处（分析测试中心、实验动物中心挂靠）

处　长：陈永清

副处长：朱卫华（2020.06.11 始）

宋元书

15. 国有资产管理处（资产经营管理有限公司合署）

处　长：张伟杰（2020.05.26 始）

总经理：陈　斌（正处职）

（2020.06.11 始）

副处长：陈　斌（2020.06.11 始）

高　峰

黄爱华

蔡东升（兼）

16. 基建处（正处级，2020.05.13成立，原京江学院校区建设办公室、原后勤管理处综合计划科、原国有资产管理处工程管理科和工程计划与质审科成建制划入）

处　长：刘硕敏（2020.05.26 始）

副处长：蔡东升（2020.06.11 始）

龚舒伟（2020.07.04 始）

17. 后勤管理处（后勤服务集团合署）

党委书记：施爱平（2020.05.26 始）

副书记：王善民（2020.05.26 始）

副书记、纪委书记：

赵兴联（2020.06.11 始）

处　长（总经理）：

王善民（2020.05.26 始）

副处长（副总经理）：

施爱平（2020.06.11 始）

付　刚

丁　勇

孙洪亮（2020.07.04 始）

杨春峰（2020.07.04 始）

18. 安全保卫处（2020.05.13始由保卫处更名为安全保卫处）

处　长：袁海宇（2020.06.11 始）

副处长：张　钧
石　明（2020.06.11 始）
张文忠
赵德民（2020.07.04 始）

19. 退休教职工管理处（党委老干部部合署）
处　长：林新荣
副处长：黄忠来（2020.06.11 始）
李玲玲
全晋春（2020.06.11 始）

20. 采购与招标办公室
主　任：许晓世（2020.06.15 始）
副主任：刘显根（2020.07.04 始）

21. 新农村发展研究院管理办公室（2020年换届时此单位撤销）
主　任：金玉成（2020.05.13 止）
副主任：王新忠（兼）（2020.05.13 止）
庄晋财（兼）（2020.05.13 止）

22. 京江学院校区建设办公室（2020.05.13始成建制划入基建处）
主　任：刘硕敏（2020.05.13 止）
副主任：蔡东升（2020.05.13 止）
胡凤芝（2020.05.13 止）
孙　国（兼）（2020.05.13 止）

学院（部）、科研机构及负责人名单

1. 机械工程学院（工业中心、先进制造与现代装备技术工程研究院、微纳光电子与太赫兹技术研究院、智能柔性机械电子研究院挂靠）
党委书记：潘红军（2020.06.11 始）
副书记：鲁金忠（2020.06.11 始）
张黎明（2020.07.04 始）
院　长：鲁金忠（2020.06.11 始）
副院长：许桢英
张忠强（2020.07.04 始）
张黎明（2020.07.04 始）

工业中心（副处级建制，挂靠机械工程学院）
主　任：周　链（2020.06.11 始）

先进制造与现代装备技术工程研究院
（副处级建制，挂靠机械工程学院）
院　长：许晓静（2020.06.11 始）

微纳光电子与太赫兹技术研究院
（副处级建制，挂靠机械工程学院）
执行院长：叶云霞（副处职）

智能柔性机械电子研究院（挂靠机械工程学院）
院　长：丁建宁
副院长：程广贵

农业装备工程学院（农业工程研究院，2020.05.13始撤销建制）
党委书记：施爱平（2020.05.13 止）
副书记：由天艳（兼）（2020.05.13 止）
黄文岳（2020.05.13 止）
院　长：由天艳（2020.05.13 止）
常务副院长：魏新华（2020.05.13 止）
副院长：王新忠（2020.05.13 止）
黄文岳（2020.05.13 止）
贾卫东（2020.05.13 止）

2. 农业工程学院（正处级建制，2020.05.13成立，下设5个研究院挂靠）
党委书记：金玉成（2020.05.26 始）
副书记：由天艳（2020.06.11 始）
周　军（2020.07.04 始）
院　长：由天艳（2020.05.26 始）
副院长：王新忠（2020.06.11 始）
黄文岳（2020.06.11 始）
贾卫东（2020.06.11 始）
徐立章（2020.07.04 始）
周　军（2020.07.04 始）

设施农业工程与信息技术研究院
（副处级建制，2020.05.13成立，挂靠农业工程学院）
院　长：由天艳（2020.06.11 始）

收获装备研究院(副处级建制,2020.05.13成立,挂靠农业工程学院)
执行院长：徐立章（2020.07.04 始）
田间管理装备研究院(副处级建制,2020.05.13成立,挂靠农业工程学院)
院　长：袁寿其（兼）（2020.06.11 始）
执行院长：贾卫东（2020.06.11 始）
智能农业研究院(副处级建制,2020.05.13成立,挂靠农业工程学院)
执行院长：黄文岳（2020.06.11 始）
经济作物机械化研究院(副处级建制,2020.05.13成立,挂靠农业工程学院)
执行院长：王新忠（2020.06.11 始）

3. 汽车与交通工程学院

党委书记：江浩斌（2020.05.26 始）
副书记：尹必峰（2020.06.11 始）
杨　建
院　长：尹必峰（2020.06.11 始）
副院长：汪若尘（2020.06.11 始）
杨　建
耿国庆（2020.07.04 始）

4. 能源与动力工程学院(节能技术研究院挂靠)

党委书记：康　灿
副书记：王军锋
刘　庆（2020.07.04 始）
院　长：王军锋
副院长：高　波
王　爽（2020.07.04 始）
刘　庆（2020.07.04 始）
节能技术研究院(2020.11.26成立,挂靠能源与动力工程学院)
院　长：王军锋（2020.11.26 始）
常务副院长：李　斌（2020.11.26 始）

5. 材料科学与工程学院(新材料研究院、绿色材料与冶金研究院、高分子材料研究院挂靠)

党委书记：杨　娟
副书记：乔冠军
孙　昊（2020.07.04 始）
院　长：乔冠军
副院长：刘海霞
严学华
孙　昊（2020.07.04 始）
刘云建（兼）（2020.07.04 始）
新材料研究院(副处级建制,挂靠材料科学与工程学院)
院　长：刘磊
绿色材料与冶金研究院(副处级建制,挂靠材料科学与工程学院)
院　长：刘云建（2020.07.04 始）
高分子材料研究院(挂靠材料科学与工程学院)
院　长：李松军

6. 电气信息工程学院(高效能电机系统与智能控制研究院挂靠)

党委书记：赵文祥（2020.06.11 始）
副书记：朱孝勇（2020.06.11 始）
叶　涛
院　长：朱孝勇（2020.06.11 始）
副院长：高国琴
叶　涛
徐雷钧（2020.07.04 始）
高效能电机系统与智能控制研究院
(副处级建制,挂靠电气信息工程学院)
院　长：丁世宏（2020.07.04 始）

7. 食品与生物工程学院(农产品加工工程研究院、食品物理加工研究院挂靠)

党委书记：万由令（2020.06.11 始）
副书记：邹小波
夏大庆（2020.07.04 始）
院　长：邹小波
副院长：张红印
周存山（2020.07.04 始）
夏大庆（2020.07.04 始）
农产品加工工程研究院(副处级建制,挂靠食品与生物工程学院)
院　长：蔡健荣（2020.06.11 始）

食品物理加工研究院（无行政级别，挂靠食品与生物工程学院）

院　长：马海乐
常务副院长：何荣海
副院长：任晓锋

8. 环境与安全工程学院（生物质能源研究院、环境健康与生态安全研究院、海绵城市研究院挂靠）

党委书记：黄勇强（2020.06.11 始）
副书记：杜道林（2020.06.11 始）
　　　　杨　博（2020.07.04 始）
院　长：杜道林（2020.06.11 始）
副院长：赵如金（2020.07.04 始）
　　　　许小红（2020.07.04 始）
　　　　杨　博（2020.07.04 始）

生物质能源研究院（副处级建制，2020.05.13成立，挂靠环境与安全工程学院）

院　长：雍阳春（2020.07.04 始）

环境健康与生态安全研究院（副处级建制，挂靠环境与安全工程学院）

院　长：徐婉珍（2020.07.04 始）

海绵城市研究院（挂靠环境与安全工程学院，与江苏大学环境健康与生态安全研究院，两块牌子、一套班子）

9. 计算机科学与通信工程学院（网络空间安全研究院挂靠）

党委书记：孙　国（2020.06.11 始）
副书记：王良民
　　　　吴　昊
院　长：王良民
副院长：吴　昊
　　　　毛启容
　　　　陈锦富（2020.07.04 始）

网络空间安全研究院（2020.11.26成立，挂靠计算机科学与通信工程学院）

院　长：王良民（2020.11.26 始）
常务副院长：成科扬（2020.11.26 始）

理学院（2020.05.13始撤销建制）

党委书记：王善民（2020.05.13 止）
副书记：李医民（2020.05.13 止）
院　长：（暂缺）
副院长：孙　梅（主持工作）
　　　　（2020.05.13 止）
　　　　许伯强（2020.05.13 止）
　　　　李医民（2020.05.13 止）
　　　　张正娣（2020.05.13 止）

10. 数学科学学院（正处级建制，2020.05.13成立。应用系统分析研究院2020.05.19始挂靠）

党委书记：张世兵（2020.06.11 始）
副书记：万　选（2020.06.11 始）
副院长：张世兵（2020.06.11 始）
　　　　张正娣（2020.06.11 始）
　　　　万　选（2020.06.11 始）
　　　　陈文霞（2020.07.04 始）
　　　　王　俊（兼）（2020.07.04 始）

应用系统分析研究院（副处级建制，2020.05.19始挂靠数学科学学院）

院　长：王　俊（2020.07.04 始）

11. 物理与电子工程学院（正处级建制，2020.05.13成立）

党委书记：潘金彪（2020.06.11 始）
副书记：顾瑜婷（2020.07.04 始）
常务副院长：陈元平（主持工作）
　　　　（2020.07.15 始）
副院长：孙宏祥（2020.07.04 始）
　　　　顾瑜婷（2020.07.04 始）

12. 土木工程与力学学院（结构健康管理研究院挂靠）

党委书记：朱　晏（2020.05.26 始）
副书记：毕勤胜
　　　　周西安
院　长：毕勤胜
副院长：周西安
　　　　韩　豫
　　　　陆春华（2020.07.04 始）

结构健康管理研究院(副处级建制,挂靠土木工程与力学学院)

院　长:朱建国

13. 化学化工学院(绿色化学与化工技术研究院、量子与可持续性技术研究院挂靠)

党委书记:倪时平

副书记:庄　蕾

院　长:施伟东

副院长:庄　蕾

潘建明(2020.06.11始)

朱文帅(2020.07.04始)

绿色化学与化工技术研究院(副处级建制,挂靠化学化工学院)

院　长:霍鹏伟

量子与可持续性技术研究院(2020.07.21成立,挂靠化学化工学院)

14. 管理学院(2020.05.13始知识产权学院停止挂靠)

党委书记:王丽敏(2020.06.19始)

副书记:杜建国

欧阳国庆(2020.06.11始)

院　长:杜建国

副院长:欧阳国庆(2020.06.11始)

庄晋财

朱永跃(2020.07.04始)

15. 财经学院(产业经济研究院挂靠)

党委书记:戴叶林(2020.06.11始)

副书记:吴梦云(2020.06.11始)

孙后军(2020.06.11始)

院　长:吴梦云(2020.05.26始)

副院长:陈海波(2020.06.11始)

孙后军(2020.06.11始)

鄢　军

产业经济研究院(副处级建制,挂靠财经学院)

院　长:胡绪华

16. 马克思主义学院(思想政治教育研究院挂靠)

党委书记:王　征

副书记:李　丽(2020.06.11始)

钟小惠

院　长:李　丽(2020.06.11始)

副院长:钟小惠

蒋俊明(2020.07.04始)

李宏刚(2020.07.04始)

思想政治教育研究院(挂靠马克思主义学院)

院　长:李　丽(兼)(2020.06.11始)

17. 法学院(廉政法治研究与评估中心、廉政与法治研究院挂靠)

党委书记:朱玲萍(2020.05.26始)

副书记:李炳烁(2020.06.11始)

陈国强(2020.07.04始)

院　长:李炳烁(2020.06.11始)

副院长:于晓琪(兼)

方晓霞

牛玉兵(2020.07.04始)

陈国强(2020.07.04始)

廉政法治研究与评估中心(副处级建制,挂靠法学院)

主　任:于晓琪

廉政与法治研究院(2020.11.26成立,挂靠法学院)

院　长:高庆国(2020.11.26始)

执行院长:刘同君(2020.11.26始)

副院长:于晓琪(2020.11.26始)

18. 文学院(语言文化中心合署)

党委书记:曲云进(2020.06.11始)

副书记:任晓霏

王　彦(2020.07.04始)

院　长:任晓霏

副院长:江永华(2020.06.11始)

余红艳

王　彦(2020.07.04始)

周　渡(2020.11.09始)

语言文化中心

主　任：任晓霏
副主任：江永华（2020.06.11 始）
　　　　余红艳

19. 外国语学院

党委书记：谢志芳（2020.05.26 始）
副书记：李崇月
　　　　王　蕾（2020.07.04 始）
院　长：李崇月
副院长：张　璘
　　　　吴　鹏
　　　　王　莹
　　　　王　蕾（2020.07.04 始）

20. 艺术学院

党委书记：朱立新
副书记：韩　荣
　　　　范一蓉（2020.06.11 始）
院　长：韩　荣
副院长：范一蓉（2020.06.11 始）
　　　　张　凯
　　　　张文莉

21. 教师教育学院（师范学院合署，2020.05.13始）

党委书记：卜广庆（2020.06.11 始）
副书记：王佳佳（2020.06.11 始）
　　　　董国军（2020.06.11 始）
院　长：王佳佳（2020.06.11 始）
副院长：董国军（2020.06.11 始）
　　　　曹　辉（2020.07.04 始）

师范学院（2020.05.13成立，与教师教育学院合署）

院　长：王佳佳（2020.06.11 始）

22. 医学院

党委书记：沈雪妹
副书记：钱　晖（2020.06.11 始）
　　　　邱　健（2020.07.04 始）
院　长：钱　晖（2020.06.11 始）
副院长：邵启祥（2020.06.11 始）
　　　　王胜军
　　　　龚爱华
　　　　张　徐
　　　　邱　健（2020.07.04 始）

23. 药学院

党委书记：陆　杰（2020.05.26 始）
副书记：魏　渊（2020.06.11 始）
　　　　刘正欣
院　长：魏　渊（2020.05.26 始）
副院长：刘正欣
　　　　冯春来
　　　　童珊珊（2020.11.09 始）

24. 生命科学学院（正处级建制，2020.05.13成立）

党委书记：谭　成（2020.07.04 始）
副书记：谭小力（2020.06.11 始）
　　　　张文娟（2020.06.11 始）
院　长：谭小力（2020.06.11 始）
副院长：张文娟（2020.06.11 始）
　　　　刘晓勇

25. 知识产权学院（正处级建制，独立设置，2020.05.13始。知识产权研究中心合署，江苏省知识产权研究中心、新结构经济学知识产权研究院挂靠）

直属党支部书记：
　　　　李　丹（2020.06.11 始）
副书记：唐　恒（2020.06.11 始）
院　长（主任）：
　　　　唐　恒（2020.05.26 始）
副院长：李　丹（2020.06.11 始）
　　　　赵观兵（2020.07.04 始）
　　　　韩奎国（2020.07.04 始）
副主任：韩奎国（2020.07.04 始）

江苏省知识产权研究中心（挂靠知识产权学院）

新结构经济学知识产权研究院（挂靠知识产权学院）

26. 海外教育学院（“一带一路”国际人才学院、“一带一路”产学融合研究院、国际组织人才学院挂靠）

直属党支部书记：

高　静（2020.05.26 始）

副书记：潘剑锋（2020.06.11 始）

蔡朝辉

院　长：潘剑锋（2020.06.11 始）

副院长：苏建红（2020.06.11 始）

蔡朝辉

崔　勇

“一带一路”国际人才学院（国际组织人才学院合署办公，挂靠海外教育学院）

院　长：高　静（兼）

副院长：崔　勇（兼）

“一带一路”产学融合研究院（2018.01.02始，挂靠海外教育学院）

院　长：高　静（兼）

副院长：崔　勇（兼）

国际组织人才学院（2020.08.31成立，“一带一路”国际人才学院合署，挂靠海外教育学院）

院　长：颜晓红（兼）（2020.08.23 始）

执行院长：潘剑锋（兼）（2020.08.23 始）

常务副院长：崔　勇（兼）

（2020.08.23 始）

副院长：薛宏丽（兼）（2020.08.23 始）

王昌达（兼）（2020.08.23 始）

邹时建（兼）（2020.08.23 始）

张永强（兼）（2020.08.23 始）

27. 继续教育学院

直属党支部书记：

夏建如（2020.06.11 始）

副书记：莫纪平（2020.06.11 始）

院　长：莫纪平（2020.05.26 始）

副院长：季　兵

陆雨林

28. 体育部

党总支书记：张成华（2020.06.11 始）

副书记：王武年

主　任：王武年

副主任：樊晓飞

李宗堂（2020.07.04 始）

29. 流体机械工程技术研究中心

党委书记：张德胜

副书记：张金凤

主　任：袁建平

副主任：张金凤

裴　吉（2020.07.04 始）

彭光杰（2020.07.04 始）

生命科学研究院（2020.05.13始撤销建制）

党总支书记：朱玲萍（2020.05.13 止）

院　长：（暂缺）

副院长：谭小力（主持工作）

（2020.05.13 止）

刘晓勇（2020.05.13 止）

30. 能源研究院

党总支书记：何志霞（2020.06.11 始）

副书记：何晓萍（2020.07.04 始）

院　长：袁寿其（兼）

执行院长：李华明（副处职）

副院长：许　晖（2020.07.04 始）

何晓萍（2020.07.04 始）

31. 汽车工程研究院（正处级建制，独立设置，2020.05.13始）

党委书记：汪少华（2020.06.11 始）

副书记：蔡英凤（2020.06.11 始）

徐　兴（2020.07.04 始）

院　长：蔡英凤（2020.06.11 始）

副院长：袁朝春（2020.06.11 始）

徐　兴（2020.07.04 始）

32. 中国农业装备产业发展研究院（正处级建制，2020.05.13始，新农村发展研究院合署）

院　长：袁寿其（兼）

执行院长：魏新华(正处职)
（2020.06.11 始）
副院长：罗建强（2020.07.04 始）
下设：
信息中心
农业装备发展战略研究所
农业装备制造企业研究所
乡村产业研究所
乡村治理研究所

33. 国际基因组学研究中心(副处级建制)
执行主任：苏兆亮（副处职）

直属单位及负责人名单

1. 医学部
主　任：全　力（兼）
常务副主任：殷朝峰(正处职)
（2020.06.11 始）
副主任：钱　晖（兼）(2020.06.11 始)
陈德玉（兼）

2. 农业装备学部(现代农业装备与技术协同创新中心挂靠)
主　任：颜晓红（兼）
执行主任：毛罕平（无行政级别）

3. 京江学院
党委书记：尹志国（2020.05.26 始）
副书记：赵喜仓（2020.06.11 始）
吴立平
副书记、纪委书记：
陈立勇（2020.06.11 始）
院　长：赵喜仓（2020.05.26 始）
副院长：王国林（2020.06.11 始）
吴立平
范艳华（2020.07.04 始）
陈明军（2020.07.04 始）

4. 附属医院(第一临床医学院)[职工医院]
党委书记：张济建(兼)
（2020.05.26 始）
常务副书记：王　祥(正处职)
（2020.06.11 始）
副书记：陈德玉
徐　岷（2020.07.04 始）
副书记、纪委书记：
吕　霞（2020.06.11 始）
院　长：陈德玉
副院长：王　祥（2020.06.11 始）
陈吉祥
李遇梅
袁国跃
徐　岷（2020.07.04 始）
王冬青（2020.07.04 始）
吕剑平（2020.01.03 止）
总会计师：张开华（副处职）
胸部肿瘤临床医学中心(挂靠附属医院)

5. 图书馆(知识产权信息服务中心挂靠)
党总支书记：张明平（2020.05.26 始）
副书记：符永宏（2020.06.11 始）
刘　竞
馆　长：符永宏（2020.05.26 始）
副馆长：张明平（2020.06.11 始）
周金元
张晓阳
刘　竞
知识产权信息服务中心(挂靠图书馆)
主　任：任乃飞（兼）
副主任：李　丹（兼）
刘　竞（兼）

6. 出版社
直属党支部书记：
陈远东（2020.06.11 始）
副书记：施　康（2020.06.11 始）

社　长：施　康
副社长：陈远东（2020.06.11 始）
　　　　卢　洁（2020.06.11 始）
　　　　芮月英（正处职）
　　　　　（2020.02.24 止）
总　编：陈远东（2020.06.11 始）
　　　　芮月英（正处职）
　　　　　（2020.02.24 止）
副总编：任建波（副处职）
　　　　　（2020.07.04 始）

7. 杂志社

社　长：崔金贵
副社长：徐红星
　　　　徐云峰（2020.07.04 始）

8. 机电总厂（基础工程训练中心）

党总支书记：杜圣庆（2020.06.11 始）
副书记：李　伟（2020.06.11 始）
　　　　许乔宝
厂　长：李　伟（2020.06.11 始）
副厂长：杜圣庆（2020.06.11 始）
　　　　黄跃才（2020.06.11 始）
　　　　吕　翔（2020.07.04 始）

9. 附属学校（正科级建制）

直属党支部书记：
　　　　卢金星（2020.07.15 始）
校　长：陶筱青（2020.07.22 始）
副校长：夏文祥
　　　　蒋　俊（2020.07.22 始）

（撰稿：沈　芳　核稿：王利丹）

调整党委系统部分非编常设机构及其组成人员名单

江大委发〔2020〕80 号

一、江苏大学党风廉政建设责任制领导小组

组　长：袁寿其　颜晓红
副组长：高庆国　李洪波　丁建宁
　　　　吴春笃　梅　强　张济建
　　　　全　力　赵玉涛　陈　红
成　员（以姓氏笔画为序）：
　　马志强　杨志春　杨敬江
　　吴麟麟　金丽馥　施进华
　　彭绍进　嵇康义
办公室主任：杨志春

二、江苏大学依法治校工作领导小组

组　长：袁寿其
副组长：颜晓红
成　员（以姓氏笔画为序）：
　　丁建宁　马志强　马国建
　　王　谦　王海军　王善民
　　石宏伟　任旭东　任泽中
　　全　力　许晓世　李　红
　　李洪波　杨敬江　杨道建
　　吴春笃　吴麟麟　沈良钧
　　张伟杰　张济建　陈　红
　　陈永清　林新荣　金丽馥
　　赵玉涛　施进华　袁海宇
　　夏　民　徐　伟　高庆国
　　黄　婷　梅　强　彭绍进
　　嵇康义　薛　鹏
办公室主任：施进华　吴麟麟

三、江苏大学维护稳定工作领导小组

组　长：袁寿其
副组长：颜晓红　李洪波
成　员（以姓氏笔画为序）：
　　丁建宁　马志强　王　谦
　　王海军　石宏伟　全　力
　　许晓东　李洪波　杨道建
　　吴春笃　吴麟麟　沈　晨
　　陈　红　金丽馥　赵玉涛
　　施进华　施爱平　袁海宇
　　夏　民　高　静　高庆国

黄　婷　梅　强
办公室主任：施进华　袁海宇

四、江苏大学突发公共事件应急处置工作领导小组

组　长：袁寿其　颜晓红
副组长：李洪波　丁建宁　吴春笃
梅　强　张济建　高庆国
全　力　赵玉涛　陈　红
成　员（以姓氏笔画为序）：
王　谦　王海军　王善民
石宏伟　许晓东　李　红
杨道建　吴麟麟　沈良钧
张伟杰　陈永清　陈德玉
金丽馥　施进华　袁海宇
黄　婷　嵇康义　潘剑锋
办公室主任：施进华　吴麟麟

五、江苏大学文明校园建设工作领导小组

组　长：袁寿其
副组长：颜晓红　李洪波
成　员（以姓氏笔画为序）：
丁建宁　马志强　马国建
王　谦　王海军　王善民
石宏伟　任旭东　全　力
杨敬江　杨道建　吴春笃
吴麟麟　沈　晨　沈良钧
张伟杰　张济建　陈　红
金丽馥　赵玉涛　施进华
袁海宇　夏　民　高庆国
黄忠来　梅　强　嵇康义
办公室主任：金丽馥

六、江苏大学保密委员会

主任委员：袁寿其
副主任委员：颜晓红　李洪波　丁建宁
委　员（以姓氏笔画为序）：
马志强　王　谦　石宏伟
任旭东　许晓东　李　红
杨　娟　杨志春　吴麟麟
张德胜　金丽馥　赵文祥
施进华　袁海宇　黄　婷
嵇康义　谢志芳　潘红军
办公室主任：施进华

七、江苏大学国家安全人民防线建设小组

组　长：袁寿其
副组长：李洪波
成　员（以姓氏笔画为序）：
马志强　王　祥　石宏伟
任旭东　许晓东　杨敬江
杨道建　沈　晨　金丽馥
施进华　袁海宇　高　静
黄　婷
办公室主任：袁海宇

八、江苏大学党务公开工作领导小组

组　长：袁寿其
副组长：颜晓红　李洪波
成　员（以姓氏笔画为序）：
马志强　王海军　石宏伟
杨敬江　杨道建　沈　晨
沈良钧　金丽馥　施进华
袁海宇　夏　民
办公室主任：施进华

九、江苏大学统一战线工作领导小组

组　长：袁寿其
副组长：张济建
成　员（以姓氏笔画为序）：
马志强　石宏伟　杨敬江
杨道建　金丽馥　施进华
袁海宇　黄　婷　潘剑锋
办公室主任：杨敬江

十、江苏大学离退休工作领导小组

组　长：袁寿其
副组长：赵玉涛
成　员（以姓氏笔画为序）：
马志强　石宏伟　吴麟麟
沈良钧　林新荣　施进华
施爱平　黄忠来　嵇康义
办公室主任：黄忠来

十一、江苏大学党校校务委员会

校　长：袁寿其
副校长：李洪波　马志强（常务）
校务委员会委员（以姓氏笔画为序）：
马志强　李洪波　杨志春
杨敬江　杨道建　沈　晨
金丽馥　施进华　袁寿其
办公室主任：马志强

十二、江苏大学社会主义学院

院　长：袁寿其
副院长：张济建
成　员（以姓氏笔画为序）：
马志强　李　丽　杨敬江
金丽馥　施进华
办公室主任：杨敬江

十三、江苏大学出版社管理委员会

主　任：袁寿其
副主任：全　力
委　员（以姓氏笔画为序）：
马国建　王　谦　石宏伟
任旭东　李　红　陈　斌
陈远东　金丽馥　施　康
彭绍进　嵇康义
办公室主任：施　康

十四、江苏大学双拥工作领导小组

组　长：袁寿其
副组长：李洪波
成　员（以姓氏笔画为序）：
王　祥　王善民　石宏伟
卢金星　任旭东　吴麟麟
金丽馥　施进华　袁海宇
嵇康义
办公室主任：袁海宇

十五、江苏大学国防教育工作领导小组

组　长：袁寿其
副组长：李洪波
成　员（以姓氏笔画为序）：
马志强　王　谦　王海军
石宏伟　杨道建　吴麟麟
金丽馥　施进华　袁海宇
嵇康义
办公室主任：袁海宇

十六、江苏大学征兵工作领导小组

组　长：袁寿其
副组长：李洪波
成　员（以姓氏笔画为序）：
马志强　王　谦　王海军
杨道建　金丽馥　袁海宇
嵇康义
办公室主任：袁海宇

十七、江苏大学思想政治理论课教学工作领导小组

组　长：袁寿其
副组长：李洪波　梅　强
成　员（以姓氏笔画为序）：
马国建　王　谦　石宏伟
李　红　李　丽　杨道建
吴麟麟　金丽馥　施进华
嵇康义
办公室主任：李　丽

十八、江苏大学民族宗教工作领导小组

组　长：张济建

副组长：李洪波

成　员（以姓氏笔画为序）：

王　征　王玉忠　王海军
许湘琴　孙海涌　李　军
李新朝　杨敬江　张　钧
陈　伟　林新荣　封　云
徐占东　高　静　廖志凌
霍建伟

办公室主任：杨敬江

十九、江苏大学法治宣传教育工作领导小组

组　长：李洪波

副组长：金丽馥

成　员（以姓氏笔画为序）：

王玉忠　王海军　许湘琴
孙海涌　李炳烁　何　铭
张文忠　陈　伟　徐占东
廖志凌　薛　鹏　薛宏丽

办公室主任：王玉忠

二十、江苏大学廉政文化建设工作领导小组

组　长：高庆国

副组长：金丽馥　夏　民　沈良钧

成　员（以姓氏笔画为序）：

于晓琪　王　征　王海军
石昌瑞　吕　霞　朱立新
孙海涌　沈　晨　张明平
陈　伟　黄忠来　常光辉
廖志凌　薛宏丽　霍建伟

办公室主任：夏　民

二十一、江苏大学作风建设工作领导小组

组　长：高庆国

副组长：金丽馥　马志强　夏　民

成　员（以姓氏笔画为序）：

石宏伟　吴麟麟　沈良钧
周国华　施进华　徐惠红
彭绍进　嵇康义

办公室主任：徐惠红

二十二、江苏大学“双一流”及高水平大学建设领导小组

组　长：袁寿其　颜晓红

副组长：李洪波　丁建宁　梅　强
全　力　赵玉涛

成　员（以姓氏笔画为序）：

王　谦　王军锋　王良民
毛罕平　尹必峰　石宏伟
由天艳　毕勤胜　朱孝勇
乔冠军　任旭东　杜建国
杜道林　李　红　吴麟麟
邹小波　金丽馥　施伟东
施进华　袁建平　钱　晖
徐　伟　黄　婷　嵇康义
鲁金忠　潘剑锋

办公室主任：李　红

二十三、江苏大学意识形态工作领导小组

组　长：袁寿其　颜晓红

副组长：李洪波　张济建

成　员（以姓氏笔画为序）：

马志强　马国建　王　征
王　谦　王海军　石宏伟
许晓东　杨敬江　杨道建
吴麟麟　沈　晨　沈良钧
陈远东　金丽馥　施进华
袁海宇　夏　民　高　静
黄　婷　崔金贵

办公室主任：金丽馥

二十四、江苏大学党委巡察工作领导小组

组　长：袁寿其

副组长：李洪波　高庆国

成　员（以姓氏笔画为序）：
马志强　杨志春　周国华
施进华
办公室主任：杨志春
办公室副主任：徐惠红

二十五、江苏大学思想政治工作领导小组
组　长：袁寿其　颜晓红
副组长：李洪波　张济建
成　员（以姓氏笔画为序）：
丁建宁　马志强　马国建
王　谦　王海军　王善民
石宏伟　任旭东　全　力
李　红　杨道建　吴春笃
吴麟麟　沈　晨　陈　红
金丽馥　赵玉涛　施进华
高庆国　黄　婷　梅　强
办公室主任：金丽馥

二十六、江苏大学党委人才（知识分子）工作领导小组
组　长：袁寿其
副组长：颜晓红　李洪波　赵玉涛
成　员（以姓氏笔画为序）：
马志强　马国建　王　谦
王善民　石宏伟　任旭东
李　红　杨志春　杨敬江
吴麟麟　张伟杰　陈永清
金丽馥　施进华　徐　伟
黄　婷　嵇康义
办公室主任：马志强
办公室副主任：石宏伟

二十七、江苏大学年度目标任务考核工作领导小组
组　长：袁寿其　颜晓红
成　员：李洪波　丁建宁　吴春笃
梅　强　张济建　高庆国
全　力　赵玉涛　陈　红
金丽馥　马志强　杨敬江
办公室主任：马志强

2020年8月11日

（撰稿：沈　芳）

调整部分行政非编常设机构及其组成人员名单

江大校〔2020〕161号

一、江苏大学招生委员会
主　任：颜晓红
副主任：袁寿其　梅　强　全　力
成　员（以姓氏笔画为序）：
王　谦　王善民　任泽中
李　红　李洪波　杨道建
吴麟麟　沈　晨　张伟杰
陈　红　赵玉涛　赵喜仓
胡嘉波（教师代表）
莫纪平　嵇留洋　嵇康义
潘剑锋
招生委员会吸纳校友及学生代表参加。
校友代表：郑　伟（镇江宝丰资产管理有限公司董事长，江苏大学镇江校友会会长）
学生代表：当届学生会主席团执行主席
委员会挂靠办公室：招生办公室（本科）

招生委员会下设全日制本科生、研究生、继续教育、来华留学生4个招生工作领导小组及推荐免试研究生工作领导小组：

（一）全日制本科生招生工作领导小组
组　长：梅　强
成　员（以姓氏笔画为序）：
王　谦　杨道建　嵇留洋
领导小组挂靠办公室：招生办公室（本科）

（二）研究生招生工作领导小组

组　长：全　力

成　员（以姓氏笔画为序）：

李　红　沈　晨　周正嵩

领导小组挂靠办公室：研究生院

（三）继续教育招生工作领导小组

组　长：陈　红

成　员（以姓氏笔画为序）：

王　谦　莫纪平　嵇康义

领导小组挂靠办公室：继续教育学院

（四）推荐免试研究生工作领导小组

组　长：梅　强

副组长：李洪波　全　力

成　员（以姓氏笔画为序）：

王海军　王　谦　李　红

杨道建

领导小组挂靠办公室：教务处

（五）来华留学生招生工作领导小组

组　长：赵玉涛

成　员（以姓氏笔画为序）：

王　谦　任晓霏　李　红

黄　婷　嵇康义　潘剑锋

领导小组挂靠办公室：海外教育学院

二、江苏大学教学委员会

主　任：颜晓红

副主任：梅　强　全　力　赵玉涛

成　员（以姓氏笔画为序）：

马国建　王　谦　王武年

石宏伟　任旭东　李　红

李　伟　杨道建　吴麟麟

陈德玉　徐　伟　黄　婷

嵇康义　潘剑锋

各学院（院长）

委员会挂靠办公室：教务处、研究生院、海外教育学院

三、江苏大学学位评定委员会

主　席：颜晓红

副主席：袁寿其　全　力　梅　强

委　员（以姓氏笔画为序）：

丁建宁　马国建　王　谦

王军锋　王良民　王佳佳

毛罕平　尹必峰　石宏伟

由天艳　毕勤胜　朱孝勇

乔冠军　任旭东　任晓霏

杜建国　杜道林　李　红

李　丽　李炳烁　李洪波

李崇月　吴梦云　邹小波

陈　龙　陈元平　赵玉涛

施伟东　袁建平　钱　晖

韩　荣　程晓农　鲁金忠

谭小力　魏　渊

办公室主任：李　红　王　谦

委员会挂靠办公室：研究生院、教务处

四、江苏大学学科建设工作领导小组

组　长：颜晓红

副组长：袁寿其　全　力

成　员（以姓氏笔画为序）：

丁建宁　马国建　王　谦

石宏伟　任旭东　李　红

李洪波　张伟杰　陈永清

赵玉涛　徐　伟　梅　强

彭绍进　嵇康义

领导小组挂靠办公室：研究生院

五、江苏大学“江苏高校优势学科建设工程”项目实施工作领导小组

组　长：颜晓红

副组长：袁寿其　全　力

成　员（以姓氏笔画为序）：

丁建宁　马国建　王良民

王　谦　石宏伟　由天艳

朱孝勇　乔冠军　任旭东

杜建国　杜道林　李　红
李洪波　吴麟麟　邹小波
张伟杰　陈永清　赵玉涛
施进华　袁建平　钱　晖
徐　伟　黄　婷　梅　强
彭绍进　嵇康义　鲁金忠

项目实施工作领导小组办公室设在研究生院。

领导小组下设工作组，承担日常管理和建设工作。工作组成员如下：

组　长：全　力
副组长：李　红
成　员（以姓氏笔画为序）：
王良民　王军锋　毛罕平
尹必峰　由天艳　朱孝勇
乔冠军　刘国海　许文荣
杜建国　杜道林　吴向阳
邹小波　陈德玉　施伟东
袁建平　钱　晖　鲁金忠
詹永照　蔡英凤

六、江苏大学师资队伍建设工作领导小组

组　长：颜晓红
副组长：袁寿其　赵玉涛　高庆国
成　员（以姓氏笔画为序）：
马志强　马国建　王　谦
石宏伟　任旭东　李　红
领导小组挂靠办公室：人事处

七、江苏大学岗位设置与专业技术职务评聘领导小组

组　长：颜晓红
副组长：袁寿其　赵玉涛
成　员（以姓氏笔画为序）：
丁建宁　马志强　马国建
王　谦　王善民　石宏伟
任旭东　全　力　李　红
李洪波　杨道建　吴春笃
吴麟麟　张济建　陈　红
陈永清　施进华　高庆国
梅　强
领导小组挂靠办公室：人事处
下设两个工作组：

（一）专业技术职务评聘工作组

组　长：赵玉涛
成　员（以姓氏笔画为序）：
马国建　王　谦　石宏伟
任旭东　李　红
工作组挂靠办公室：人事处

（二）岗位设置与聘用工作组

组　长：赵玉涛
成　员（以姓氏笔画为序）：
马志强　马国建　王　谦
王善民　石宏伟　任旭东
李　红　杨道建　吴麟麟
陈永清　施进华
工作组挂靠办公室：人事处

八、江苏大学岗位聘用工作申诉委员会

主　任：赵玉涛
成　员（以姓氏笔画为序）：
王　谦　石宏伟　杨敬江
沈良钧　周新云（教师代表）
校法律顾问
委员会挂靠办公室：人事处

九、江苏大学教育国际化工作领导小组

主　任：颜晓红
副主任：袁寿其　赵玉涛
成　员（以姓氏笔画为序）：
王　谦　王善民　石宏伟
许晓东　李　红　杨道建
吴麟麟　沈　晨　张伟杰
金丽馥　袁海宇　徐　伟
黄　婷　嵇康义　潘剑锋
领导小组挂靠办公室：国际处、海外教育学院

（一）中外合作办学工作组

主　任：赵玉涛

成　员（以姓氏笔画为序）：

王　谦　李　红　杨道建

吴麟麟　徐　伟　黄　婷

潘剑锋

工作组挂靠办公室：国际处

（二）留学生工作组

组　长：赵玉涛

成　员（以姓氏笔画为序）：

王　谦　王善民　石宏伟

任晓霏　许晓东　李　红

杨道建　吴麟麟　沈　晨

张伟杰　金丽馥　袁海宇

黄　婷　嵇康义　潘剑锋

工作组挂靠办公室：海外教育学院

十、江苏大学外事工作委员会

主　任：颜晓红

副主任：袁寿其　赵玉涛

成　员（以姓氏笔画为序）：

马国建　王　谦　王海军

王善民　石宏伟　任旭东

许晓东　李　红　杨道建

吴麟麟　沈　晨　张伟杰

金丽馥　施进华　袁海宇

黄　婷　嵇康义　潘剑锋

委员会挂靠办公室：国际处

十一、江苏大学国有资产管理工作委员会

主　任：颜晓红

副主任：吴春笃　丁建宁

成　员（以姓氏笔画为序）：

马国建　王善民　石宏伟

许晓世　任旭东　吴麟麟

张伟杰　陈永清　陈　斌

陈德玉　赵喜仓　施进华

夏　民　唐　恒　袁海宇

符永宏　彭绍进　嵇康义

委员会挂靠办公室：国资处

委员会下设5个工作组：

（一）国有资产管理工作组

组　长：吴春笃

成　员（以姓氏笔画为序）：

马国建　王善民　石宏伟

许晓世　任旭东　吴麟麟

张伟杰　陈　斌　陈永清

符永宏　彭绍进　嵇康义

工作组挂靠办公室：国资处

（二）公用房管理工作组

组　长：吴春笃

成　员（以姓氏笔画为序）：

马国建　王　谦　王善民

石宏伟　任旭东　李　红

杨道建　吴麟麟　沈良钧

张伟杰　陈永清　施进华

袁海宇　徐　伟　黄　婷

嵇康义

工作组挂靠办公室：国资处

（三）公有住房管理工作组

组　长：吴春笃

成　员（以姓氏笔画为序）：

王善民　石宏伟　杨道建

吴麟麟　沈良钧　张伟杰

林新荣　施进华　袁海宇

黄　婷　嵇康义

工作组挂靠办公室：国资处

（四）经营性资产管理工作组

组　长：吴春笃

成　员（以姓氏笔画为序）：

王善民　石宏伟　任旭东

张伟杰　陈　斌　陈永清

彭绍进　嵇康义

工作组挂靠办公室：资产经营公司

（五）无形资产管理工作组

组　长：丁建宁

成　员（以姓氏笔画为序）：

马国建　王　谦　石宏伟
任旭东　李　红　杨道建
吴麟麟　张伟杰　陈永清
金丽馥　施　康　徐　伟
唐　恒　符永宏　嵇康义

工作组挂靠办公室：知识产权中心

十二、江苏大学清理整改办公用房工作领导小组

组　长：李洪波
副组长：吴春笃
成　员（以姓氏笔画为序）：

马志强　王善民　石宏伟
吴麟麟　张伟杰　陈永清
施进华　夏　民　嵇康义

领导小组挂靠办公室：党办、国资处

十三、江苏大学节能减排工作领导小组

组　长：颜晓红
副组长：吴春笃
成　员（以姓氏笔画为序）：

王　谦　王善民　任旭东
李　红　杨道建　吴麟麟
沈　晨　张伟杰　陈永清
金丽馥　赵喜仓　嵇康义

领导小组挂靠办公室：后勤处

十四、江苏大学安全生产委员会

主　任：颜晓红
副主任：李洪波　丁建宁　吴春笃
成　员（以姓氏笔画为序）：

王善民　刘硕敏　李　伟
张伟杰　陈永清　袁海宇
符永宏

委员会挂靠办公室：安全保卫处

十五、江苏大学后勤工作领导小组

组　长：吴春笃
副组长：王善民
成　员（以姓氏笔画为序）：

石宏伟　刘硕敏　许晓东
杨道建　吴麟麟　张伟杰
沈良钧　陈永清　袁海宇
嵇康义

领导小组挂靠办公室：后勤处

十六、江苏大学网络安全和信息化领导小组

组　长：袁寿其　颜晓红
副组长：李洪波　吴春笃
成　员（以姓氏笔画为序）：

马志强　马国建　王　谦
王海军　王善民　尹志国
石宏伟　任旭东　许晓东
李　红　杨道建　吴麟麟
沈　晨　张伟杰　陈永清
沈良钧　金丽馥　施进华
袁海宇　徐　伟　高　静
黄　婷　符永宏　嵇康义
彭绍进

领导小组挂靠办公室：信息化处
领导小组下设两个工作组：

（一）网络安全工作组

组　长：李洪波
副组长：吴春笃
成　员（以姓氏笔画为序）：

王　谦　王海军　王善民
尹志国　石宏伟　许晓东
吴麟麟　杨道建　沈　晨
沈良钧　张伟杰　陈永清
金丽馥　施进华　袁海宇
高　静　黄　婷　符永宏
嵇康义

工作组挂靠办公室：宣传部

（二）信息化工作组

组　长：吴春笃

成　员（以姓氏笔画为序）：

马国建　王　谦　王善民
石宏伟　任旭东　许晓东
许晓世　张伟杰　李　红
杨道建　吴麟麟　陈永清
金丽馥　施进华　赵喜仓
袁海宇　徐　伟　符永宏
黄　婷　彭绍进　嵇康义
潘剑锋

工作组挂靠办公室：信息化处

十七、江苏大学网站建设及新媒体管理工作领导小组

组　长：李洪波

成　员（以姓氏笔画为序）：

马志强　马国建　王　谦
王海军　石宏伟　任旭东
任泽中　许晓东　许晓世
李　红　杨敬江　杨道建
吴麟麟　沈　晨　沈良钧
张伟杰　陈永清　金丽馥
施进华　袁海宇　徐　伟
黄　婷　黄忠来　彭绍进
嵇康义
各二级党组织（书记）

领导小组挂靠办公室：宣传部、国际处

十八、江苏大学人事争议调解委员会

主　任：李洪波

成　员（以姓氏笔画为序）：

石宏伟　沈良钧
葛慧敏（教师代表）
薛　鹏

委员会挂靠办公室：校工会

十九、江苏大学图书馆工作委员会

主　任：陈　红

副主任：符永宏　张明平

成　员（以姓氏笔画为序）：

马国建　王　谦　王海军
王善民　石宏伟　任旭东
任泽中　许晓世　许晓东
李　红　杨道建　吴麟麟
沈　芳　沈良钧　沈　晨
张伟杰　陈永清　金丽馥
赵喜仓　施进华　徐　伟
黄　婷　崔金贵　嵇康义
潘剑锋

委员会挂靠办公室：图书馆

二十、江苏大学公共卫生管理与计划生育工作领导小组

组　长：颜晓红

副组长：张济建　吴春笃

成　员（以姓氏笔画为序）：

王　谦　王武年　王善民
石宏伟　许晓东　杨道建
吴麟麟　沈良钧　张伟杰
陈德玉　金丽馥　袁海宇
符永宏

领导小组挂靠办公室：附属医院

二十一、江苏大学创新创业教育教学工作领导小组

组　长：颜晓红

副组长：李洪波　梅　强　全　力

成　员（以姓氏笔画为序）：

马国建　王　谦　王海军
王善民　石宏伟　任旭东
李　红　李　伟　杨道建
吴麟麟　沈　晨　张伟杰
陈永清　周　链　徐　伟
黄　婷　嵇康义　潘剑锋

领导小组挂靠办公室：教务处

研究生院

学工处

研工部

二十二、江苏大学毕业生就业工作领导小组

组　长：颜晓红

副组长：李洪波

成　员（以姓氏笔画为序）：

王　谦　王海军　杨道建

吴麟麟　沈　晨　施进华

各学院（中心、研究院、所）学生工作分管领导（不含继续教育学院）

领导小组挂靠办公室：学工处

二十三、江苏大学学生申诉处理委员会

主　任：李洪波

成　员（以姓氏笔画为序）：

王海军

孙冬营（管理学院教师、校团委挂职副书记）

杨道建　吴麟麟　沈　晨

张维煜（电气学院教师、校团委挂职副书记）

施进华　袁海宇　嵇留洋

蔡朝辉　校法律顾问

委员会挂靠办公室：校团委

学生申诉委员会吸纳学生代表参加，学生代表为当届校团委学生副书记、学生会轮值主席、研究生会轮值主席。

二十四、江苏大学菁英学院院务委员会

院　长：袁寿其

副院长：李洪波　梅　强

成　员（以姓氏笔画为序）：

马志强　马国建　王　谦

王海军　石宏伟　任旭东

李　红　杨道建　沈　晨

林新荣　金丽馥　柴顺根

黄　婷

委员会挂靠办公室：校团委

二十五、江苏大学心理健康教育工作领导小组

组　长：李洪波

副组长：杨道建　沈　晨　石宏伟

成　员（以姓氏笔画为序）：

王　谦　王海军　王善民

兰魁田　吴麟麟　金丽馥

施进华　袁海宇　嵇康义

领导小组挂靠办公室：学工处

二十六、江苏大学学生奖贷基金工作领导小组

组　长：李洪波

副组长：杨道建　沈　晨

成　员（以姓氏笔画为序）：

王　谦　王海军　任泽中

张伟杰　彭绍进　嵇康义

领导小组挂靠办公室：学工处、研工部

二十七、江苏大学民族学生教育管理工作领导小组

组　长：李洪波

成　员（以姓氏笔画为序）：

王　谦　王海军　王善民

石宏伟　杨敬江　杨道建

沈　晨　金丽馥　施进华

袁海宇　嵇康义

领导小组挂靠办公室：学工处

二十八、江苏大学平安校园与综合治理工作领导小组

组　长：李洪波

成　员（以姓氏笔画为序）：

王善民　石宏伟　刘硕敏
许晓东　杨道建　吴麟麟
沈　晨　沈良钧　张伟杰
陈永清　陈德玉　林新荣
金丽馥　施进华　袁海宇
陶筱青　嵇康义

领导小组挂靠办公室：安全保卫处

二十九、江苏大学消防安全工作领导小组

组　长：李洪波

成　员（以姓氏笔画为序）：

王善民　刘硕敏　杨道建
吴麟麟　沈　晨　张伟杰
陈永清　袁海宇　陶筱青
符永宏

领导小组挂靠办公室：安全保卫处

三十、江苏大学人民调解委员会

主　任：李洪波

副主任：沈良钧　马志强

成　员（以姓氏笔画为序）：

袁海宇
各二级党组织（书记）

委员会挂靠办公室：校工会

三十一、江苏大学体育工作委员会

主　任：梅　强

副主任：李洪波

成　员（以姓氏笔画为序）：

马国建　王　谦　王武年
王海军　王善民　石宏伟
杨道建　吴麟麟　沈　晨
沈良钧　林新荣　金丽馥
周国华　施进华　袁海宇
陶筱青　嵇康义
各学院（分管学生工作的院领导）

委员会挂靠办公室：体育部

三十二、江苏大学教学质量监控领导小组

组　长：梅　强

副组长：许化溪　王　谦　李　红

成　员（以姓氏笔画为序）：

冯　军　任乃飞　许文荣
许友谊　邵学军　倪　良
徐　伟　韩广才　詹永照

领导小组挂靠办公室：教务处

三十三、江苏大学专业与课程教材及网络课件建设工作领导小组

组　长：梅　强

副组长：全　力　赵玉涛　陈　红

成　员（以姓氏笔画为序）：

王　谦　许晓东　李　红
莫纪平　潘剑锋
各学院（院长）

领导小组挂靠办公室：教务处

三十四、江苏大学语言文字工作委员会

主　任：梅　强

副主任：王　谦

成　员（以姓氏笔画为序）：

石宏伟　卢金星　李　红
杨道建　吴麟麟　沈　晨
金丽馥　施　康　崔金贵

委员会挂靠办公室：教务处

三十五、江苏大学校际联合培养工作协调小组

组　长：梅　强

副组长：王　谦

成　员（以姓氏笔画为序）：

杨道建　吴麟麟　嵇康义

相关学院院长

协调小组挂靠办公室：教务处

三十六、江苏大学实践教学工作领导小组

组　长：梅　强

副组长：王　谦　杨道建

成　员（以姓氏笔画为序）：

王海军　王善民　任泽中

李　伟　陈永清　陈德玉

周　链　钱　晖

领导小组挂靠办公室：教务处

三十七、江苏大学全国大学英语四、六级考试工作领导小组

组　长：梅　强

成　员（以姓氏笔画为序）：

王　谦　王善民　许晓东

李　红　李国昊　李崇月

杨道建　袁海宇

领导小组挂靠办公室：教务处

三十八、江苏大学教育教学评估工作领导小组

组　长：梅　强

副组长：王　谦　徐　伟

成　员（以姓氏笔画为序）：

石宏伟　任旭东　李　红

杨道建　陈永清　赵喜仓

黄　婷　嵇康义　潘剑锋

领导小组挂靠办公室：规划发展处

三十九、江苏大学实验动物管理和使用委员会

主　任：丁建宁

副主任：陈永清　王　谦　殷朝峰

成　员（以姓氏笔画为序）：

石宏伟　任旭东　杜道林

何远清　邹小波　陈德玉

袁海宇　钱　晖　嵇康义

谭小力　魏　渊

委员会挂靠办公室：设备处

委员会下设：

（一）实验动物管理委员会

主　任：陈永清

成　员（以姓氏笔画为序）：

王　谦　任旭东　杜道林

何远清　邹小波　陈德玉

钱　晖　嵇康义　谭小力

魏　渊

委员会挂靠办公室：设备处

（二）实验动物伦理委员会

主　任：陈永清

成　员（以姓氏笔画为序）：

马耀鹏　何远清　邹小波

陈德玉　周　洁　钱　晖

谭小力　魏　渊　校法律顾问

委员会挂靠办公室：设备处

（三）实验动物生物安全事件应急工作组

组　长：陈永清

成　员（以姓氏笔画为序）：

王　谦　任旭东　杜道林

何远清　邹小波　陈德玉

袁海宇　钱　晖　谭小力

魏　渊

工作组挂靠办公室：设备处

四十、江苏大学实验室建设与管理工作领导小组

组　长：丁建宁

副组长：陈永清

成　员（以姓氏笔画为序）：

王　谦　王善民　石宏伟

任旭东　李　红　张伟杰

袁海宇　嵇康义

领导小组挂靠办公室：设备处

四十一、江苏大学年鉴编纂委员会

主　任：李洪波

副主任：吴麟麟　施进华

成　员（以姓氏笔画为序）：

马志强　马国建　王　谦

王善民　石宏伟　任旭东

许晓东　李　红　杨道建

沈　芳　沈　晨　张伟杰

陈永清　金丽馥　黄　婷

嵇康义

委员会挂靠办公室：档案馆

四十二、江苏大学档案工作委员会

主　任：颜晓红

副主任：李洪波

成　员（以姓氏笔画为序）：

马志强　马国建　王　谦

王善民　石宏伟　任旭东

许晓东　李　红　杨道建

吴麟麟　沈　芳　沈　晨

张伟杰　陈永清　金丽馥

黄　婷　施进华　嵇康义

委员会挂靠办公室：档案馆

委员会下设两个工作组：

（一）档案鉴定工作组

组　长：李洪波

副组长：吴麟麟　施进华

成　员（以姓氏笔画为序）：

马志强　马国建　王　谦

王善民　石宏伟　任旭东

许晓东　李　红　杨道建

沈　芳　张伟杰　陈永清

金丽馥　黄　婷　彭绍进

嵇康义

工作组挂靠办公室：档案馆

（二）“数字档案馆”建设工作组

组　长：李洪波

副组长：吴麟麟　许晓东

成　员（以姓氏笔画为序）：

马志强　马国建　王　谦

王善民　石宏伟　任旭东

李　红　杨道建　沈　芳

陈永清　张伟杰　金丽馥

施进华　黄　婷　嵇康义

工作组挂靠办公室：档案馆

四十三、江苏大学信息公开工作领导小组

组　长：颜晓红

副组长：李洪波　高庆国

成　员（以姓氏笔画为序）：

马志强　马国建　王　谦

王善民　石宏伟　任旭东

许晓东　李　红　杨志春

杨道建　吴麟麟　沈　晨

沈良钧　张伟杰　陈永清

金丽馥　施进华　莫纪平

黄　婷　嵇康义

领导小组挂靠办公室：校办、校纪委办公室

四十四、江苏大学继续教育工作领导小组

组　长：陈　红

成　员（以姓氏笔画为序）：

马志强　王　谦　王善民

石宏伟　任旭东　任泽中

许晓东　杨道建　张伟杰

嵇康义

各学院（院长，不含京江学院、海外教育学院）

领导小组挂靠办公室：继续教育学院

四十五、江苏大学医学伦理委员会

主　任：许文荣

成　员（以姓氏笔画为序）：

任旭东　邹小波　陈德玉

钱　晖　蒋鹏程　谭小力

魏　渊

委员会挂靠办公室：科技处

四十六、江苏大学财经工作领导小组

组　长：颜晓红

副组长：丁建宁

成　员（以姓氏笔画为序）：

杨志春　吴麟麟　张伟杰

施进华　彭绍进　嵇康义

领导小组挂靠办公室：财务处

四十七、江苏大学采购工作领导小组

组　长：丁建宁

副组长：吴春笃

成　员（以姓氏笔画为序）：

王善民　刘硕敏　许晓世

许晓东　张伟杰　陈永清

彭绍进　嵇康义

领导小组挂靠办公室：采购办

四十八、江苏大学内部控制建设领导小组

组　长：袁寿其　颜晓红

副组长：丁建宁　高庆国

成　员（以姓氏笔画为序）：

全　力　李洪波　吴春笃

张济建　陈　红　赵玉涛

梅　强

领导小组下设两个工作组：

（一）内部控制建设工作组

组　长：丁建宁

成　员（以姓氏笔画为序）：

马国建　王　谦　王善民

石宏伟　任旭东　任泽中

刘硕敏　许晓世　许晓东

李　红　杨道建　吴麟麟

张伟杰　陈永清　陈德玉

赵喜仓　徐　伟　黄　婷

嵇留洋　嵇康义　潘剑锋

工作组挂靠办公室：财务处

（二）内部控制建设监督与评价工作组

组　长：高庆国

成　员（以姓氏笔画为序）：

石宏伟　杨志春　沈良钧

金丽馥　施进华　彭绍进

工作组挂靠办公室：监察专员办

审计处

四十九、江苏大学基本建设工作领导小组

组　长：颜晓红

副组长：吴春笃　陈　红

成　员（以姓氏笔画为序）：

王善民　刘硕敏　许晓世

许晓东　吴麟麟　张伟杰

陈永清　赵喜仓　袁海宇

彭绍进　嵇康义

领导小组挂靠办公室：基建处

五十、江苏大学实验室安全工作领导小组

组　长：丁建宁

副组长：李洪波　吴春笃

成　员（以姓氏笔画为序）：

王　谦　王善民　任旭东

李　红　李　伟　张伟杰

陈永清　袁海宇

领导小组挂靠办公室：设备处

五十一、江苏大学第四届学术委员会及专门委员会

（一）校学术委员会

主任委员：颜晓红

副主任委员：袁寿其　丁建宁

委　员（以姓氏笔画为序）：

丁建宁　王　匀　王　谦

王新坤　毛罕平　孔玉生

乔冠军　任旭东　任晓霏

庄晋财　刘同君　刘国海

闫永胜　孙　梅　苏建红

杜道林　李　红　李华明
李耀明　何　仁　沈湘黔
陈　龙　陈全胜　陈克平
赵文祥　骆　英　袁　润
袁寿其　钱　晖　徐希明
黄星奕　梅　强　曹　辉
董德福　韩　荣　程晓农
詹永照　颜晓红

秘书处：科技处

秘书长：任旭东

副秘书长：马国建　王　谦
石宏伟　李　红

（二）校学术委员会特邀委员

何雅玲　陈学庚　赵春江　姚建铨

（三）专门委员会

1. 学术评价与发展委员会

主任委员：颜晓红

副主任委员：丁建宁

委　员（以姓氏笔画为序）：

丁建宁　马国建　王　谦
毛军平　孔玉生　石宏伟
乔冠军　任旭东　任晓霏
刘国海　孙　梅　李　红
李华明　袁　润　袁寿其
梅　强　董德福　韩　荣
颜晓红

2. 学术道德委员会

主任委员：丁建宁

副主任委员：程晓农

委　员（以姓氏笔画为序）：

丁建宁　王　匀　王新坤
庄晋财　刘同君　闫永胜
苏建红　杜道林　李　红
李耀明　陈　龙　陈全胜
陈克平　赵文祥　钱　晖
徐希明　黄星奕　曹　辉
程晓农　詹永照

五十二、江苏大学博士后管理委员会

主　任：赵玉涛

成　员（以姓氏笔画为序）：

马国建　王军锋　王良民
王善民　尹必峰　石宏伟
由天艳　毕勤胜　朱孝勇
乔冠军　任旭东　杜建国
杜道林　李　红　邹小波
张世兵　张伟杰　陈元平
袁建平　钱　晖　黄　婷
嵇康义　鲁金忠

秘　书：闫志雄

委员会挂靠办公室：人事处

五十三、江苏大学工程建设资金支付工作领导小组

组　长：丁建宁

副组长：吴春笃

成　员（以姓氏笔画为序）：

王善民　刘硕敏　嵇康义
彭绍进

领导小组挂靠办公室：财务处

五十四、江苏大学消费扶贫工作领导小组

组　长：吴春笃

成　员（以姓氏笔画为序）：

王善民　许晓世　吴麟麟
沈良钧　彭绍进　嵇康义

领导小组挂靠办公室：后勤处

五十五、江苏大学科研机构（自然科学类）建设领导小组

组　长：丁建宁

副组长：任旭东

成　员（以姓氏笔画为序）：

王　谦　王善民　石宏伟
李　红　李　强　张伟杰
陈永清　彭绍进　嵇康义
各相关学科负责人

办公室主任：李　强
领导小组挂靠办公室：科技处

五十六、江苏大学科研机构（社会科学类）建设领导小组

组　长：李洪波
秘书长：马国建
成　员（以姓氏笔画为序）：
王　谦　王善民　石宏伟
李　红　张伟杰　陈永清
金丽馥　赵　明　施　康
黄　婷　崔金贵　彭绍进
嵇康义
各相关学科负责人
办公室主任：赵　明
领导小组挂靠办公室：社科处

五十七、江苏大学协同创新中心管理委员会

主　任：颜晓红
副主任：袁寿其　丁建宁　程晓农
委　员（以姓氏笔画为序）：
王　谦　毛军平　石宏伟
由天艳　任旭东　乔冠军
李　红　李其荣　应义斌
张伟杰　陈永清　陈巧敏
彭绍进　韩　敏　韩鲁佳
嵇康义
委员会挂靠办公室：科技处

五十八、江苏大学年终分配工作领导小组

组　长：颜晓红
副组长：赵玉涛
成　员：李洪波　丁建宁　梅　强
全　力
领导小组下设年终分配工作组：
组　长：赵玉涛
成　员（以姓氏笔画为序）：
马国建　王　谦　石宏伟
任旭东　李　红　张伟杰
工作组挂靠办公室：人事处

五十九、《江苏大学学报（自然科学版）》编辑委员会

顾　问：杨胜利　卢耀如　陶文铨
王　浩
主任委员：颜晓红
副主任委员：丁建宁　全　力　徐红星
何　仁
委　员（以姓氏笔画为序）：
丁建宁　马朝臣　王　浩
王良民　王　进　王军峰
王　谦　王登峰　毛军平
尹必峰　由天艳　卢耀如
白博峰　朱　荻　朱孝勇
乔冠军　任旭东　全　力
刘　刚　江浩斌　毕勤胜
孙　成　孙伟锋　李　红
李　琳　李仁发　杜道林
杨胜利　吴春笃　吴光强
邹　云　邹小波　应义斌
何　仁　宋传学　张俊智
陈　龙　陈惟珍　金立生
赵玉涛　赵庆良　赵杰文
赵谋明　施伟东　祝贞学
陶文铨　袁建平　袁新华
高　利　郭　雷　曹树良
程晓农　彭彦昆　鲁金忠
蒋建清　颜晓红　潘志庚
薛友宏
国外编委：
Steven J. Thomson（美国）
Yaser Qudaih（日本）
Yanbo Huang（美国）
Xiaofeng Yang（美国）
Jun Cai（加拿大）
主　编：颜晓红

副主编：李汉中　邹小波　徐红星
　　何　仁　祝贞学

六十、《江苏大学学报（社会科学版）》编辑委员会

主　任：梅　强
副主任：崔金贵　董德福
委　员（以姓氏笔画为序）：
马志强　马国建　任晓霏
刘　钰　刘小新　刘同君
杜建国　李　丽　李良玉
李炳烁　李欧梵　李德顺
杨海坤　吴　波　吴梦云
张　晶　张　璘　张少康
张向凤　陈　红　陈　辉
陈立旭　陈绶祥　范　明
易杰雄　罗　骞　季　进
蒋俊明　金丽馥　金炳镐
赵喜仓　胡良荣　段怀清
姚君伟　梅　强　曹　炜
崔金贵　笪远毅　葛恒云
董德福　程相占
国外编委：
Arnold Berleant（美国）
Curtis Carter（美国）
John Hyman（英国）
Rob Shields（加拿大）
Scott Slovic（美国）
Stefan Majetschak（德国）
Wolfgang Kahl（德国）
主　编：梅　强
常务副主编：崔金贵
副主编：赵喜仓　董德福　马国建
　　张向凤

六十一、《高校教育管理》编辑委员会

顾　问：杨叔子　潘懋元　郝克明
名誉主任：谢维和　杨德广　眭依凡
名誉委员：邬大光　周作宇　吴康宁
　　陈学飞　龚　放　范先佐
主任委员：袁寿其
副主任委员：李洪波　崔金贵
委　员（以姓氏笔画为序）：
么加利　马凤岐　马廷奇
马陆亭　王长乐　王占仁
王运来　王洪才　王建华
王保星　王佳佳　毛亚庆
龙宝新　司洪昌　卢晓东
史秋衡　史静寰　刘　尧
刘志民　刘革平　刘献君
闫广芬　朱德全　杜育红
李　军　李立国　李枭鹰
李润洲　李硕豪　杨天平
肖凤翔　吴振利　别敦荣
沈　红　张忠华　张斌贤
陈　鹏　陈　燕　陈永明
陈廷柱　陈明选　陈秋苹
陈恩伦　林　杰　林金辉
周光礼　赵炬明　赵俊芳
赵婷婷　侯定凯　洪成文
宣　勇　秦惠民　高书国
郭英剑　郭建如　黄明东
曹淑江　曹　辉　阎凤桥
阎光才　程斯辉　靳玉乐
褚宏启　熊庆年
国外编委：
常桐善（美国）
Harry Lewis（美国）
Randy L. Swing（美国）
早川操（日本）
李仁洙（韩国）
主　编：袁寿其
常务副主编：崔金贵

六十二、《江苏大学学报（医学版）》编辑委员会

顾　问：阮长耿

主任委员：许文荣

副主任委员：黄诒森　崔金贵　陈永昌

委　员（以姓氏笔画为序，带＊为常务编委）：

万密密　王　骏　王中群
王书奎　王冬青　王明丽
毛世瑞　毛海婷　方　才
邓宇斌　石　磊　卢　春
卢红艳　叶　庆　丛延广
冯振卿　吕　元　朱东明
朱筱娟　庄　园　刘锦波
许化溪＊　许文林＊　许文荣＊
阮长耿　严永敏　李君荣
李遇梅　杨天乐　杨　红
吴　砂　吴昌平　宋建国
张　徐　张尤历＊　张　文
张晓膺　陆金健　陆荣柱
陈永昌＊　陈宝定　陈海林
陈敏斌　陈德玉　邵启祥
周　雪　周素芳　郑金旭
赵　屹　赵金存　胡　琴
柏　峰　侯德仁　施洁珺
姜润秋　费小明　袁国跃
袁雅冬　钱　晖＊　钱　军
钱晓芹　钱忠明　徐希明
徐　岷　徐　斌　高　静
郭　欣　郭瑞霞　唐宗湘
黄诒森＊　黄朝晖　黄新祥
龚玉萍　崔大伟　崔金贵
梁淑娟　覃江江　童珊珊
曾　烨　管怀进　颜景斌
魏　渊

国外编委：

Xinpeng Dun（英国）
Huabiao Chen（美国）
Xiaosheng Wu（美国）
Weichiang Shen（美国）
Xia Liu（美国）
Bing Li（美国）

主　编：许文荣

副主编：黄诒森　陈永昌　钱　晖　魏　渊　郭　欣

六十三、《排灌机械工程学报》编辑委员会

顾　问：Paul Cooper（美国）　王　浩（院士）　金树德　吴玉林

名誉主任：康绍忠（院士）　周君亮（院士）　陈学庚（院士）

主任委员：袁寿其

副主任委员：施卫东　吴普特　席　光　罗兴锜　李仁年　黄冠华　李庆斌　全　力　崔金贵

委员（以姓氏笔画为序）：

马孝义　王　军　王　洋
王正伟　王军锋　王全九
王国玉　王晓放　王福军
王德忠　毛劲乔　仇宝云
龙新平　田军仓　由天艳
史海滨　付　强　朱兴业
朱祖超　任旭东　全　力
刘小兵　刘厚林　刘梅清
汤方平　许　迪　许唯临
牟介刚　严海军　李　红
李　岩　李　鲲　李久生
李仁年　李文广　李庆斌
李志鹏　李彦彬　杜太生
吴大转　吴普特　汪小昷
张文涛　张兆国　张咸胜
张德胜　陈红勋　陈帝伊
林建忠　罗兴锜　周建中
郑　源　郑旭荣　练继建
胡笑涛　施卫东　袁寿其
袁建平　顾冲时　钱一超
徐云峰　郭鹏程　席　光

黄介生　黄修桥　黄冠华
曹卫东　崔金贵　康　灿
康跃虎　彭旭东　覃大清
程吉林　曾　云　赖喜德
窦华书　蔡焕杰　潘中永
魏列江　戴会超

海外编委：

Andy Chit C. Tan（澳大利亚）
Boo-Cheong KHOO（新加坡）
B. P. M. van Esch（荷兰）
Chaowei Wang（美国）
Charley WU（英国）
Claus-Dieter OHL（德国）
Franco A. Magagnato（德国）
Friedrich-Karl Benra（德国）
Gerard Bois（法国）
Giorgio Pavesi（意大利）
Huihe Qiu（中国香港）
Hyung Hee Cho（韩国）
Kwang-Yong Kim（韩国）
Kazuyoshi Miyagawa（日本）
Mohamed Farhat（瑞士）
Ramesh K. Agarwal（美国）
Roger E. A. Arndt（美国）
Shengcai Li（英国）
Tanongkiat Kiatsiriroat（泰国）
Tomoaki Kunugi（日本）
Yakun Guo（英国）
Yoshinobu Tsujimoto（日本）

主　编：袁寿其

副主编：施卫东　王福军　林建忠
许　迪　戴会超　刘厚林
黄修桥　袁建平　李　红
仇宝云　曹卫东　徐云峰

六十四、《实用心电学杂志》编辑委员会

名誉主编：郭继鸿

主　编：卢喜烈

副主编：曹克将　谭学瑞　张树龙
刘兴鹏　王红宇　王如兴
崔金贵（常务）

委　员（以姓氏笔画为序，带 * 为常务编委）：

丁立刚　马芷琴　马建群
王如兴*　王红宇*　王宏治
王建理　王晋丽　王　晶
王新康　王福军*　王德国*
方玉强　尹彦琳*　邓国兰
石亚君*　卢喜烈*　叶沈锋
付　强*　冯　艳　吉亚军
吕聪敏　朱金秀　刘元生
刘　刚　刘兴鹏*　刘　彤*
刘　鸣*　刘学义　刘振东
刘桂芝　刘　霞*　齐洪涛
孙芸芸　杜先锋　李小荣
李广平*　李方洁　李世锋
李则林　李乔华*　李江波
李兴杰*　李忠杰*　李春雨
杨亚莉　杨丽红　杨晓云*
吴岳平*　何方田*　余　萍
谷云飞　沈仲元　沈　灯
张永庆*　张兆国*　张　波
张建义*　张树龙*　张夏琳*
张海澄*　张　萍*　张　琴*
陈　明　范咏梅　罗昭林*
周白丽　周军荣*　周　菁
郑炜平　郑强荪　郑新权
胡伟国　胡桃红　钟杭美*
郜　玲　侯月梅*　侯瑞田
娄　彬　洪　江　秦地茂
袁晓静　耿旭红　贾邢倩*
夏思良*　徐金义　黄　焰
曹云山　曹克将*　崔金贵
葛利军　蒋　勇　董剑廷
董能斌　韩卫星*　韩凯歌
惠　杰*　景永明　喻荣辉

储　伟* 　储慧民　楚英杰
楚建民* 　雷新军　路永平
蔡卫勋　谭学瑞* 　熊艳霞
潘二明　潘　闽　籍振国

国外编委：

Adrian Baranchuk（加拿大）
Dietmar Schmitz（德国）
Paolo. Della Bella（意大利）
Samuel Asirvatham（美国）
Win-Kuang Shen（美国）
Xun-Zhang Wang（美国）

2020 年 8 月 10 日

（撰稿：沈　芳）

江苏大学四届四次“两代会”各委员会委员名单

第四届教代会执行委员会委员名单

主　任：李洪波
副主任：马志强
副主任兼秘书长：陈锦清
委　员（以姓氏笔画为序　29 人）：
马志强　马海乐　王丽敏（女）
毛军平　尹志国　石宏伟
冯　缨（女）　朱立新　全　力
李洪波　李　红（女）　李仲兴
杨志春　杨道建　吴麟麟
沈良钧　沈雪妹（女）　张洪阳
陈志刚　陈锦清　罗福强
金丽馥（女）　周建忠　赵玉涛
赵梅庆（女）　赵喜仓　施爱平
施进华　崔金贵

第四届工会委员会委员名单

工会主席：李洪波
工会常务副主席：陈锦清
工会副主席：石　明　许湘琴
委　员（以姓氏笔画为序　27 人）：
王丽敏（女）　王国栋　石　明
皮庆元（女）　朱　晏（女）
刘硕敏　许湘琴（女）　孙后军
李洪波　杨宁川　肖　文（女）
张　虹（女）　张红印　陆　杰
陈　红（女）　陈　斌　陈锦清
周新云（女）　徐　伟
徐桂芳（女）　殷朝峰
葛慧敏（女）　董玉荣（女）
董晓言（女）　路正南　樊晓飞
潘红军

第四届经费审查委员会委员名单

主　任：许晓世
副主任：许桢英
委　员（以姓氏笔画为序　7 人）：
于　纹（女）　王邦兆　邓汉宾
许凤青（女）　许晓世
许桢英（女）　赵兴联

第四届提案工作委员会委员名单

主　任：吴麟麟
副主任：夏益伟　石　明
委　员（以姓氏笔画为序　9 人）：
石　明　孙后军　吴麟麟
沈　辉　陈　斌　夏益伟
蒋国伟　蔡　欣（女）
薛宏丽（女）

第四届青年工作委员会委员名单

主　任：任旭东
副主任：董晓言　潘金彪　施伟东
委　员（以姓氏笔画为序　13 人）：
马　骁　冯春来　任旭东
孙延祯　汪少华　余红艳（女）
张德胜　陈海波
赵　明（科技处）　施伟东
董晓言（女）　韩　豫　潘金彪

第四届女教职工工作委员会委员名单

主　任：高　静
副主任：许湘琴　朱玲萍
委　员（以姓氏笔画为序　13 人）：

冯瑞贞　朱玲萍　许湘琴
刘雁玲　张　虹　陈洪香
林新荣　周新云　高　静
徐惠红　葛慧敏　程　宸
褚健耘

第四届福利工作委员会委员名单

主　任：石宏伟
副主任：石　明
委　员（以姓氏笔画为序　7人）：
石宏伟　石　明　卢桂成
李志红（女）　徐　伟
夏益伟　董玉荣（女）

第四届教职工大病医疗互助基金管理委员会委员名单

主　任：李洪波
副主任：陈锦清　林新荣　兰魁田
廖志凌
委　员（以姓氏笔画为序　11人）：
石　明　兰魁田　许晓世
李洪波　杨志春　杨晓祥
陈锦清　林新荣（女）
殷朝峰　嵇康义　廖志凌

第四届住房民主管理委员会委员名单

主　任：吴春笃
副主任：赵喜仓　陈锦清
委　员（以姓氏笔画为序　12人）：
马志强　刘志楠（女）
刘晗青（女）　吴春笃
杨志春　吴麟麟　沈良钧
陈锦清　林新荣（女）
赵喜仓　黄爱华（女）　曹广龙

（撰稿：崔景花　核稿：沈良钧）

调整江苏大学关心下一代工作委员会组织机构及成员

江大委发〔2020〕81号

名誉主任：金树德
主　任：袁寿其
常务副主任：赵玉涛　柴顺根
副主任：赵立强　李文清　汤静霞
秘书长：汤静霞（兼）　王海军
黄忠来
秘　书：李春燕
常务委员（以姓氏笔画为序）：
王海军　齐　红　江小惠
汤静霞　苏宏远　李文清
何新峰　辛俊康　汪肖苹
郎黔山　赵玉涛　赵立强
袁寿其　柴顺根　黄忠来
韩广才　熊英利　樊桂林
委　员（以姓氏笔画为序）：
卜广庆　万由令　马志强
王　征　王　祥　王　谦
王丽敏　王海军　王善民
尹志国　石宏伟　卢金星
曲云进　朱　晏　朱立新
朱玲萍　齐　红　江小惠
江浩斌　汤静霞　孙　国
苏宏远　李文清　杨　娟
杨道建　吴麟麟　何新峰
辛俊康　汪肖苹　沈　晨
沈雪妹　张世兵　张成华
张德胜　陆　杰　林新荣
金玉成　金丽馥　郎黔山
赵文祥　赵玉涛　赵立强
施进华　袁寿其　柴顺根
倪时平　高　静　黄忠来
黄勇强　康　灿　韩广才
嵇康义　谢志芳　熊英利
樊桂林　潘红军　潘金彪
戴叶林

2020年8月11日

学校教职工在各级人大、政协、民主党派等机构任职情况

学校教职工在国家、省、市、区人大、政协任职情况

人大代表

江苏省人大代表：颜晓红
镇江市人大代表：陈德玉　郑金旭
京口区人大代表：陈　红　李君荣　李　红　许晓世　欧阳臻

政协委员

江苏省政协委员：邹小波　陈吉祥
镇江市政协常委：施伟东　袁建平　李遇梅
镇江市政协委员：施伟东　袁建平　李遇梅　陈健美　黄秋生　庄晋财　金　洁　姜正南　周新云　张文莉　沈小平　李耀明　曾　见　武翠红　冯志刚　周宏图　谢　荣　蔡健荣　董　洁　郑为人　杨敬江
京口区政协常委：沈小平
京口区政协委员：沈小平

学校教职工在民主党派中央、省、市级组织任职情况

中国国民党革命委员会(简称民革)

民革镇江市副主委：施伟东　于　明
民革镇江市委委员：周宏图　朱玉全

中国民主同盟(简称民盟)

民盟镇江市副主委：袁建平
民盟镇江市委委员：李君荣　李新朝　沈小平

中国民主建国会(简称民建)

民建镇江市副主委：庄晋财

中国民主促进会(简称民进)

民进镇江市副主委：李耀明

中国农工民主党(简称农工党)

农工党镇江市副主委：李遇梅
农工党镇江市委委员：孙　平　郑金旭

中国致公党(简称致公党)

致公党镇江市委委员：张文莉

九三学社

九三学社镇江市委委员：蔡健荣　王　权　蒋　鹏　冯春来

学校民主党派组织、负责人及成员数

民革江苏大学总支部委员会

主　委：周宏图
副主委：朱　峰　于　明
委　员：霍鹏伟　谢　军
总支下设2个支部，共有成员35人

民盟江苏大学委员会

主　委：袁建平
副主委：李君荣　沈小平　陈吉祥　李新朝
秘书长：朱纯银
委　员：朱纯银　吴秋元　韩　飞　丁青芝　黄　瑶　何　勤　黄秋生　乔　芳　郎黔山　李　晓　连　利
委员会下设9个支部，共有成员175人

民建江苏大学支部委员会

主　委：庄晋财

副主委：田　刚　邹　彬

支部共有成员 14 人

民进江苏大学支部委员会

主　委：李耀明

副主委：陈　红　武翠红

委　员：孙　伟　欧鸣雄

支部共有成员 22 人

农工党江苏大学委员会

主　委：孙　平

副主委：吴建农　王国栋　金　洁　丁　伟

委　员：薛　玉

委员会下设 3 个支部，共有成员 104 人

致公党江苏大学总支部委员会

主　委：张文莉

副主委：谢　荣

委　员：张正娣　崔　晋　陈　萍

总支下设 2 个支部，共有成员 34 人

九三学社江苏大学委员会

主　委：蔡健荣

副主委：芮月英　殷恒波　王　权　蒋　鹏

委　员：张义浜　王　凯　袁　伟　孙亚军　冯春来

委员会下设 5 个支社，共有成员 127 人

学校教职工在市、校侨联、台谊会任职情况

镇江市归国华侨联合会

副主席：施伟东

常务委员：邵学军

江苏大学归国华侨、侨眷联合会

主　席：邵学军

副主席：丁　伟　石　明　刘战胜　刘晗青　汤静霞　李红艳　赵　明

委　员：许　燕　唐　淳　薛红涛　刘　磊　杨　茜　戴立玲

江苏大学台胞眷属联谊会

会　长：郑　铭

副会长：谢　佳

学校教职工在省、市、校无党派人士（党外知识分子）联谊会任职情况

江苏省党外知识分子联谊会

会　员：余江南

镇江市党外知识分子联谊会

副会长：余江南

理　事：冯志刚　仰榴青　李昌烽　冯春来　刘战胜　徐雷钧　胡　磊　王　军　于　卿

江苏大学无党派知识分子联谊会

副理事长：唐　淳（主持工作）　于　卿

秘书长：徐雷钧

学校教职工在省、市、校欧美同学会（留学人员联谊会）任职情况

江苏省欧美同学会

常务理事：施伟东

理　事：刘晗青

镇江市留学人员联谊会

会　长：李遇梅

副会长：赵　明

理　事：施伟东　张　帆　颜伟城

江苏大学欧美同学会（江苏大学留学人员联谊会）

会　长：施伟东

副会长：冯春来　李昌烽

秘书长：赵　明

副秘书长：李红艳　刘战胜

（撰稿：周慧莲　核稿：杨敬江）

党群工作

党风廉政建设与纪检监察工作

综述

【概况】 2020年，校纪委（监察专员办）以习近平新时代中国特色社会主义思想为指导，在省纪委监委和校党委的坚强领导下，认真落实《江苏省属本科院校纪检监察机构工作规定》，持续深化“三转”，聚焦主责主业，忠诚履职担当，扎实推进“领雁、强责、肃纪、润廉、固本”工程，为学校事业高质量发展提供坚强政治保障。在省属高校纪检监察机构综合考核中被评定为“第一等次”，获评学校综合考核优秀单位和“党员示范岗”，党支部获评“四星”先进党支部，3名同志分别荣获全省纪检监察信访举报工作先进个人、校新冠肺炎疫情防控工作先进个人、校先进工作者称号。

【协助校党委落实主体责任】 压紧压实主体责任。协助校党委专题研究全面从严治党、党风廉政建设工作2次，成立党的建设工作领导小组、党风廉政建设和反腐败工作协调小组，加强党对学校工作的全面领导。组织召开学校全面从严治党工作会议，印发“两个责任”实施办法，制定“两个责任”清单，明确校党委领导班子集体责任28条、班子成员责任10条、纪委监督责任8条；与全体校党委常委、40个二级党组织书记签订全面从严治党责任书。发挥履责记实平台“远距离、近监督”作用，上传校党委班子及成员履责信息452条、纪委监督信息146条，二级党组织向校级平台上传5 130条。制定完善《处级领导干部任前政治素质考察办法（试行）》《江苏大学“三重一大”决策制度实施办法》等制度文件；修订完善年度党风廉政建设责任制检查考核细则和《江苏大学年度目标任务综合考核办法（试行）》等，推动年度省委考核重点工作落实。持续强化作风建设。制定完善《江苏大学关于进一步加强作风建设工作的意见》《江苏大学作风建设检查考核办法（试行）》，构建常态抓、长效抓的体制机制。常态化开展调研督导工作，分析研判调研中发现的问题，并提出整改要求。紧盯“五一”、端午、中秋、国庆、元旦、春节等重要时间节点，印发《关于进一步严明中秋国庆廉洁纪律的通知》等，明确“七严禁”，加强教育提醒，开展公务用车、公务接待、制止餐饮浪费等专项监督，坚持不懈纠治“四风”。针对省教育厅公务接待专项审计中发现的问题，校纪委严肃整改落实要求，运用“第一种形态”对37名相关责任人进行处置。协助开展政治巡察。修订《江苏大学党委巡察工作实施办法》，编印党委巡察《工作指南》《工作手册》，组织开展第三、四轮党委巡察，对20个基层党组织开展常规巡察、专项巡察。督促被巡察党组织按照巡察反馈意见制定整改方案“三清单”，对4个党组织开展巡察整改情况“回头看”，推进整改落实工作。督促各单位围绕巡察发现的问题制定或完善制度225项；针对巡察中发现的4类9项共性问题，要求未巡党组织做好“未巡先改”工作，推动长效治理。

【强化监督首要职责】 突出政治监督。围绕学习贯彻习近平新时代中国特色社会主义思想、落实党的教育方针和“立德树人”根本任务、严肃党内政治生活等，对校党委落实“两个维护”情况开展政治监督。参加党委常委会、校长办公会等重要会议，就京江学院转设、干部选拔任用、人才引进等提出意见建议76条；针对疫情防控、思政课建设等，制发监督意见书3

份。出台《关于对学校贯彻落实习近平总书记重要批示精神开展政治监督的实施方案》，跟进“095”工程任务落实，推进习近平总书记重要批示精神落地见效。制定《应对新型冠状病毒感染的肺炎疫情工作督查方案》《关于严明新型肺炎疫情防控工作纪律的通知》，监督推进疫情防控常态化，参与督查 1 800 余人次，提出提醒及整改建议 450 余条，运用“第一种形态”处置 4 起 7 人，督查方案作为学校疫情防控子方案入选教育部《高等学校新型冠状病毒肺炎防控指南》。围绕“促毕业、保就业”强化政治监督，强力推进大学生就业工作。加强干部换届全过程监督，规范做好 270 名新提任干部党风廉政意见回复工作，否决或暂缓 2 人提任。动态更新 600 余名党员干部廉政档案。做实日常监督。综合运用走访调研、约谈提醒、履责记实等方式做细做实日常监督。赴党委宣传部、教务处、人事处、马克思主义学院等二级单位开展专题调研 20 余场次；全覆盖约谈二级单位主要负责人，推动职责有效履行。出台《关于推进“纪监巡审”协同监督的实施意见》，着力构建一体发力的“大监督”格局。推进学校招生录取等方面内控机制建设，学校研究生招生考务管理工作在省级考核中获得第一名。加强年度重点廉政风险防控情况的监督检查，督促各单位梳理权力清单 382 项、风险点 652 个，制定 831 条防控措施，推动形成用制度管权、管事、管人长效机制，扎密制度的笼子，以“小制度”养成“大规矩”。开展专项监督。紧盯关键人、关键处、关键事、关键时，对“三全育人”综合改革、离任审计、招生录取等实施专项监督，向二级单位制发监督意见书、监督提醒函 8 份。根据省纪委安全生产专项整治督查工作的部署要求，突出学校实验室安全、食品安全、生产安全、校园安全等重点开展同步监督。制发《关于严明京江学院转设工作纪律的通知》，严明纪律要求，加强监督检查，确保转设工作风清气正，转设期间教学秩序正常、校园安全稳定。印发《关于开展会议经费管理使用专项监督检查的通知》，协同财务处、审计处等单位，通过信息共享、资源共用、优势互补推动形成监督合力。

【持之以恒正风肃纪反腐】 依规依纪做好信访举报和问题线索处置工作。完善《江苏大学纪检监察信访举报情况定期分析报告办法》《纪检监察信访举报集体研判审议实施办法》等 5 个文件，规范接访、受理、处置和办结等各工作环节。全年受理信访举报 94 件，其中业务内 32 件、业务外 62 件，办结 86 件。严格按照《中国共产党纪律检查机关监督执纪工作规则》《监察机关监督执法工作规定》和省纪委监委有关要求，处置问题线索 25 件，其中谈话函询 16 件、初步核实 8 件，初核后转立案 4 件。着力提升审查调查工作质效。针对巡视巡察、日常监督、审计监督、审查调查中发现的各类违规违纪违法和失职失责等问题，实事求是运用监督执纪“四种形态”，严肃执纪问责。全年立案 4 件，警告处分 3 人，开除党籍 2 人，政务处分 2 人；谈话提醒 37 人次，批评教育 43 人次，诫勉谈话 16 人次，责令书面检查 15 人次；收缴违规违纪款项 336 万元。在严厉整治、形成震慑的同时，扎实做深“后半篇文章”，实现了查处一案、警示一片的效果，全年共有 17 名党员干部主动到学校纪检监察机构说明问题、上交违纪违法所得，2 名领导干部主动投案；制发《关于推动附属医院党委进一步落实全面从严治党主体责任的纪律检查建议》。扎实做好案件审理工作。规范案件审理，严把案件审理关，精准定性量纪，对案件的事实、证据、定性、处理意见、办理程序和手续等进行严格审核；建立集体会商研究机制，坚持会议分析研判，严把案件审理质量关。

【筑牢拒腐防变的思想防线】 推进党规党纪教育和警示教育常态化制度化。组织全体新提任处科级干部参加廉政法规知识考试，组织3 490余名教师党员参加党规党纪知识测试；对处科级领导干部进行集体廉政谈话，开展专题廉政讲座。指导二级单位开展警示教育194场次，17 200余人次接受警示教育。加强廉政文化建设。开展廉政文化建设示范点创建工作，强化示范引领作用；协同校廉政文化建设领导小组各成员单位及相关学院，开展形式多样的廉政文化活动。时任驻省教育厅纪检监察组组长张姬雯来校调研时，对校园廉政文化氛围予以充分肯定。注重理论研究与探索。成立廉政与法治研究院，进一步加强纪检监察理论研究；成功申报省教育纪检监察学会等课题4项，立项校级纪检监察研究课题22项。

【打造高素质专业化纪检监察铁军】 强化理论武装，提升政治能力。落实“第一议题”学习制度，加强政治理论学习；扎实开展专题教育活动，深入学习周恩来总理“六个杰出楷模”精神。建立健全制度体系。出台校纪委（监察专员办）《职能配置、内设机构和人员编制的规定》《关于二级单位纪委、基层党组织纪检委员和专职纪律检查员工作职责的规定》等，进一步明确职责权限、强化指导考核；完成3个二级单位纪委设立，会同党委组织部对46名二级党组织专兼职纪检监察干部进行提名考察，严把“入口关”。提升履职能力。开展业务培训和“实务周周讲”活动；选派1人参加省委巡视，1人赴省纪委监委跟班锻炼，12人次参加省纪委监委业务培训。与镇江市纪委监委签订协作配合框架协议，深化校地合作，8人参加市纪委监委留置案件跟班锻炼。认真落实省纪委监委分类指导工作机制，作为苏南地区组高校纪检监察机构首轮组长单位，牵头召开4次月度会议，强化工作协同、业务交流。

（撰稿：安　理　核稿：蒋　军　杨志春）

组织工作

综述

【概况】 党委组织部是党委职能部门，承担全校干部队伍建设、基层组织建设、党员教育管理和党员、干部教育培训工作，以及校内目标任务年度考核和省属高校综合考核的统筹推进工作。现有工作人员13人，其中正处级领导干部3人（含机关党委书记1人），副处级领导干部2人，五级职员1人，科级领导干部7人。2020年党委组织部工作指导思想是：深入学习贯彻习近平新时代中国特色社会主义思想和党的十九届二中、三中、四中、五中全会精神，特别是习近平总书记对我校重要批示精神，贯彻落实新时代党的组织路线，全面执行省委“五突出五强化”干部选用机制和基层党建“五聚焦五落实”三年行动计划，围绕校党委的总体部署和学校工作大局，以政治建设为统领，不断提高党的建设质量，为“双一流”创建和高水平大学建设提供坚强组织保证。

【干部工作】 1. 圆满完成干部换届工作。修订完善《江苏大学处级领导干部选拔任用工作实施办法》《江苏大学科级领导干部选拔任用工作实施办法》，制定聘任工作实施方案，根据“五突出五强化”干部选用机制，科学确立干部换届工作的总体思路、具体政策、实施步骤。突出政治体检和民主参与，充分发挥“三项机制”正向激励作用，注重在疫情防控阻击战、脱贫攻坚一线考察识别干部，有6名在疫情防控中表现突出的干部和1名支援地方脱贫攻坚战斗的干部获提拔重用。年轻化是本次换届的亮点之一，换届后处级领导干部队伍平均年龄为44.6岁，比换届前年轻3.6岁。换届后全校正处级领导干部106人，副处级领导干部204人，科级领导干部369人。2. 抓好干部教育培训。开展集中培训，换届结束及时组织开展处级、科级领导干部集中培训，培训100%全覆盖。加强干部在线学习，组织干部读书活动，在全体中层干部中开展“对标对表新思想，开拓‘强富美高’新江苏实践新境界”专题读书调研活动，形成了一批有价值的调研成果。选派干部参加中央党校、国家教育行政学院、中央社会主义学院、省委党校、教育部等各类培训班，常态化举办二级党组织书记培训、管理干部培训、党员培训等教育培训工作。3. 做好干部教师挂职锻炼和选调生工作。选派4名领导干部外出挂职锻炼；1人参加省委扶贫工作队，任淮安市淮安区施河镇侯庄村第一书记。选派24名干部教师参加省“科技镇长团”挂职锻炼，配合地方部门做好第十二批科技镇长团的考察工作。协同学工处做好2021年江苏省名校优生选调工作及应届优秀大学毕业生选调工作。4. 抓好干部日常管理。制定《领导干部个人有关事项报告专项整治工作方案》，有序推进整治工作。做好177名处级干部2019年个人有关事项报告上报工作，完成18人的随机抽查工作，开展77名拟提任正、副处级领导干部个人有关事项重点查核工作。认真做好123名拟提任处级领导干部的档案审核。认真做好领导干部请销假、出国（境）审批及因私出入（境）证件、兼职、报告个人有关事项等管理工作。贯彻执行《江苏大学党委组织部关于对领导干部提醒、函询和诫勉的实施办法》，2020年以来提醒21人次，诫勉2人次。做好干部试用期满考核工作。

【党建工作】 1. 以政治建设为统领，巩固深化主题教育成果。制定《关于加强二级党组织领导班子政治建设的若干措施》，常态化开展政治建设调研访谈，持续深化习近平新时代中国特色社会主义思想学习教育。修订出台《江苏大学基层党组织选举工作规定》，成立督导员队伍，顺利完成39个二级党组织换届选举工作。2. 以项目化为导向，提升党建科学化水平。实施“校—院—支部”三级党建“书记项目”制度，建立党建专员和校领导班子成员、二级党组织书记联系党支部工作制度，推动基层党建工作更加“严紧硬”。开展江苏大学新时代党建示范创建和质量创优工作，遴选5个党建标杆学院和10个党建样板支部进行重点培育。建设2个校级党员教育实境课堂示范点，组织开展党的建设理论研究，评选出优秀党建论文81篇，立项重点研究课题9项、一般项目21项，遴选评审20项校级优秀党建工作典型案例。3. 以支部建设为抓手，夯实组织建设基础。修订《江苏大学党支部工作规定》，选优配强366个基层党支部班子，其中教师党支部书记“双带头人”比例达100%。开展江苏大学党支部建设“提质增效”三年行动计划检查工作，推荐申报42个省级优质党支部，培育建设10个校级特色党支部。1个教育部全国党建样板支部通过中期检查验收，获批教育部第二批高校“双带头人”教师党支部书记工作室1个。评定93个市级“四星”党支部，新增1个市级“五星”党支部。1个党支部、1个党小组分获市级“先进基层党组织”“示范党小组”称号。推进大学生党员素质工程、教师党员先锋工程建设，遴选66个校级党员示范岗、5个“研究生样板党支部”和10名“研究生党员标兵”，评比表彰18个“先进学生党支部”、76名“优秀学生共产党员”。5 800余名师生党员自发为支持新冠肺炎疫情防控工作捐款139万余元，以实际行动守初心、担使命，充分发挥先锋模范作用。“学习强国”、《中国教育报》、江苏教育网站专题报道学校基层党建工作成效。4. 高质量做好党员发展及管理工作。制订全年发展党员指导性计划，开展发展党员计划执行情况检查，全年发展党员1 227名。开展发展党员工作专项督查，进一步提高对党员培养过程及发展程序、文书档案的规范性要求。开展年度党费收缴、使用和管理自查工作，公开党费收支情况，接受党员监督。开展党费缴费情况中期检查，做好全校党员管理信息系统建设工作，进一步提高全校党组织、党员信息的准确性、完整性。5. 多举措做好党员教育工作。举办2020届毕业班学生党员重温入党誓词活动暨校长为毕业生讲授思政最后一课，持续做好“学习强国”学习平台的推广使用和建设工作，坚持“周通报”制度，营造良好的学习氛围，学校整体学习参与度在95%以上。坚持双周政治理论学习制度，组织开展党员轮训，切实提高党员的政治素质。

【党校工作】 贯彻执行《江苏大学2019—2023年党员教育培训工作规划》，有计划、分层次高质量开展党员教育培训；向省委教育工委推荐2部作品参与第十五届全省党员教育作品观摩交流活动，推荐1部作品参与全省“党课开奖啦·江苏先锋”优秀党课推荐活动。开展4期党员发展对象培训班，共1 786名学员参与培训并取得结业证书；组织40名学生党支部书记参加全省高校学生党支部书记网络示范培训；组织525名学生党员参加毕业班预备党员培训班；组织110名学生预备党员参加校新生预备党员培训班等。

【考核工作】 1. 全力推进省属高校综合考核工作。一是强化组织推进。先后召开4次专题推进会，分析研判形势，查找短板不足，部署推进工作。通过党委常委会、省考动员部署会、综合项目论证会、编发考核工作专报（共19期）、“一对一”指导等方式，强化迎考工作的组织推进。二是强化研判指导。第一时间组织集体学习有关实施办法，向学校和各指标牵头单位详细传达并提出迎考建议。研制《关于“三清单”编制相关问题的建议》，邀请有关专家指导交流，提高迎考工作针对性和精准度。三是强化调研推进。在校领导带领下，对各指标牵头单位进行专项调研督查，梳理共性、个性问题。四是强化问题导向。针对发现的各类问题，协同有关牵头单位制定方案，向常委会专题汇报，形成决议决定，推动问题得到切实有效解决。五是强化上下联动。会同相关部门前往教育厅主管处室汇报工作，宣传学校发展成就，了解考核政策动向；1人被省考核委遴选为首批党的建设考评专家。学校荣获江苏省2020年度地方普通高校综合考核第一等次。校党政领导班子被表彰为“优秀”。2. 一体推进学校综合考核工作。一是完善考核文件。制定《江苏大学年度目标任务综合考核办法（试行）》《江苏大学教学/科研单位年度目标任务考核实施细则》《江苏大学职能部门/直属单位年度目标任务考核实施细则》，在实施细则中，科学设置计分方法，突出可操作性。二是编印实施手册。梳理年度党政工作要点、各条线工作目标，下达各被考核单位全年目标任务。推进校内二级单位、中层干部考核系统建设工作，印发至各被考核单位中层干部。三是推动校考与省考衔接。会同各条线对照省考核方案，适时修订完善校考办法，做到校考与省考核相衔接。四是全力做好校考工作。召开 2020 年度校内综合考核动员布置会，组织召开考核部门工作协调会，优化考核程序。组织开展中层党政班子和中层干部考核系统升级工作和运行测评工作。

【党组织基本情况】 2020 年年底，全校有二级党委 31 个，二级党总支 4 个，直属党支部 5 个，基层党支部 414 个，其中教工党支部 229 个，学生党支部 147 个，师生联合党支部 18 个，离退休党支部 20 个。在册党员 8 187 人，其中，女党员 4 040 名，占党员总数的 49.35%；在岗教职工党员 3 585 名，占党员总数的 43.79%；学生党员 3 500 名，占学生总数的 7.75%（本科生党员 1 355 名，占本科生总数的 3.75%；研究生党员 2 145 名，占研究生总数的 23.84%）；35 岁及以下的党员 4 894 名，占党员总数的 59.78%。申请入党人数为24 991 人，入党积极分子 5 595 人。

【二级党组织名称（截至 2020 年 12 月 31 日）】 机械工程学院党委、农业工程学院党委、汽车与交通工程学院党委、能源与动力工程学院党委、材料科学与工程学院党委、电气信息工程学院党委、食品与生物工程学院党委、环境与安全工程学院党委、计算机科学与通信工程学院党委、数学科学学院党委、物理与电子工程学院党委、土木工程与力学学院党委、化学化工学院党委、管理学院党委、财经学院党委、马克思主义学院党委、法学院党委、文学院党委、外国语学院党委、艺术学院党委、教师教育学院党委、医学院党委、药学院党委、生命科学研究院党委、知识产权学院直属党支部、海外教育学院直属党支部、继续教育学院直属党支部、体育部党总支、流体机械工程技术研究中心党委、能源研究院党总支、汽车工程研究院党委、京江学院党委、附属医院（第一临床医学院）党委、图书馆党总支、出版社直属党支部、后勤党委、机电总厂党总支、附属学校直属党支部、机关党委、离退休党工委。

江苏大学党组织基本情况（2020 年 12 月 31 日统计）

校级党委	二级党委	二级党总支	直属党支部	基层党支部数				
				总计	教工党支部	学生党支部	联合党支部	离退休党支部
1	31	4	5	414	229	147	18	20

江苏大学党员基本情况（2020年12月31日统计）

<table>
<tr><th colspan="2">项目</th><th>党员数</th><th colspan="2">项目</th><th>党员数</th></tr>
<tr><td colspan="2">总计</td><td>8 187</td><td rowspan="6">入党时间</td><td>1937年7月7日至1945年9月2日</td><td>4</td></tr>
<tr><td colspan="2">正式党员</td><td>6 477</td><td>1945年9月3日至1949年9月</td><td>13</td></tr>
<tr><td colspan="2">预备党员</td><td>1 710</td><td>1949年10月至1966年4月</td><td>139</td></tr>
<tr><td rowspan="2">性别</td><td>男</td><td>4 147</td><td>1966年5月至1976年10月</td><td>159</td></tr>
<tr><td>女</td><td>4 040</td><td>1976年11月至2002年10月</td><td>1 719</td></tr>
<tr><td rowspan="2">民族</td><td>汉族</td><td>8 026</td><td>2002年11月及以后</td><td>6 153</td></tr>
<tr><td>少数民族</td><td>161</td><td rowspan="7">学历情况</td><td>研究生</td><td>3 052</td></tr>
<tr><td rowspan="5">年龄</td><td>35岁及以下</td><td>4 894</td><td>大学本科</td><td>3 111</td></tr>
<tr><td>36岁至45岁</td><td>1 441</td><td>大学专科</td><td>289</td></tr>
<tr><td>46岁至55岁</td><td>719</td><td>中专</td><td>139</td></tr>
<tr><td>56岁至60岁</td><td>301</td><td>高中、中技</td><td>1 485</td></tr>
<tr><td>61岁及以上</td><td>832</td><td>初中及以下</td><td>111</td></tr>
</table>

（撰稿：关雪飞　核稿：张　红）

宣传与思想工作

综述

【概况】 党委宣传部是学校党委负责全校思想政治教育、意识形态工作、校园文化建设、对内对外宣传及校史博物馆等工作的主要职能部门。负责制订学校宣传思想文化工作计划，指导、协调及归口落实学校宣传思想文化工作；协助学校党委做好校院两级党委理论学习中心组及全体教职工政治理论学习工作，组织全校性的理论与形势政策报告会；全面负责学校的对内对外宣传工作；负责校园媒体融合发展，做好《江苏大学报》的出版及电视台、广播台、“江帆网”的运营及维护工作，推进学校官方微信、微博及抖音等新媒体平台建设；严格落实意识形态工作责任制，加强意识形态阵地管理，做好涉校网络舆情的监测、引导和协调处置工作；协调各相关部门做好校园文化建设，做好校史博物馆的建设及参观接待工作，营造健康向上、文明和谐的校园文化氛围；加强党委宣传部自身的队伍、阵地建设，以机关作风建设为抓手，全面提升宣传思想文化工作队伍的水平和层次。

【强化思想政治引领，守牢意识形态主阵地】 1. 坚持政治方向，持续加强理论武装工作。一是强化党委理论中心组学习，制订发布党委理论学习中心组2020年全年学习计划，编印发布中心组学习资料汇编7期，组织校党委理论学习中心组专题学习活动8次。为校院两级中心组成员发放《民法典》等书籍，围绕计划内容和临时专题学习内容有效推进原著学习。策划11月25日校党委、流体中心党委理论学习中心组赴江都水利枢纽开展联学联办实践学习，追寻习近平总书记的足迹，系统学习习近平总书记南水北调重要指示精神，为利国利民的南水北调工程继续贡献江大智慧。制定印发《江苏大学二级党组织理论学习中心组学习制度》《江苏大学二级党组织理论学习中心组巡学旁听实施办法》《江苏大学二级党组织理论学习中心组示范点创建实施方案》，不断推进理论学习中心组科学化、规范化，全年对20个二级党组织理论学习中心组学习开展巡学旁听。二是有效落实2020年教职工政治理论学习，制订印发每学期学习计划，一方面按照学习计划有序开展学习；另一方面结合全国“两会”精神、党的十九届五中全会精神、《民法典》等专题拓展学习内容，积极打造理论学习品牌，推进与开展“五类课堂”建设与评选活动，做实教职工政治理论学习。构建起以习近平新时代中国特色社会主义思想为主线，有机统筹党委理论学习中心组学习、教职工政治理论学习、学生思想政治教育三个层面的“1+3+N”塔式理论武装体系。2. 强化责任落实，提升意识形态工作水平。一是加强制度规范，制定印发《江苏大学二级党组织意识形态工作履职情况报告制度（试行）》《江苏大学二级党组织意识形态舆情报送管理规定（试行）》《江苏大学关于落实疫情防控期间线上教学意识形态工作责任的通知》等文件，强化意识形态工作责任制落实情况的督查考核，规范每季度意识形态领域情况报告和半年度专题分析研判报告提交及年度中期考核，同时不断加强网络意识形态建设。二是强化组织领导，落实意识形态责任制，学校党委与各二级党组织书记签订新一轮落实意识形态工作责任制责任书，落实主体责任；定期召开意识形态工作领导小组会议，部署安排、统筹推进意识形态工作；将意识形态工作纳入党委常委会讨论议题，每月党务工作例会进行布置落实，每半年通报一次意识形态领域情况；每月定期向镇江市意识形态领域情况分析研判联席会议办公室汇报意识形态工作月度分析情况，每季度向省教育厅汇报季度意识形态领域情况。三是加强宣传阵地监管，强化形势研判，加强哲社报告会、研讨会、讲座、论坛，以及横幅、电子屏等申报、审批、发布流程管理，全年共审批、发布各类讲座报告会206场、横幅151条、电子屏72幅（含视频）。3. 注重教育引导，做实做细思想政治工作。一是结合学校“三全育人”综合改革工作整体部署，不断深化思想政治工作“八项工程”和“十大育人”体系的质量提升工程的落实，协同制定《江苏大学关于进一步深化“三全育人”综合改革　加快构建思想政治工作体系的实施意见》，扎实推进思想政治工作。二是以视频会议形式召开2020年江苏大学宣传思想文化工作会议暨文化育人、网络育人工作推进会。开设校党委书记“2020级新生第一堂思想政治理论课”和校长2020届毕业生“重温入党誓词暨毕业前思政最后一课”，打造思政教学完美闭环。三是制定印发“四史”学习教育实施方案、法治宣传教育工作制度等，举办全校师生疫情防控线上专题培训、制止餐饮浪费行为宣传教育、庆祝中国共产党成立99周年、纪念中国人民志愿军抗美援朝出国作战70周年、宪法学习宣传教育、宪法宣传周、“我所经历的脱贫攻坚故事”征集、“爱国心·报国情·强国志”征文、普通话宣传周、教师节系列教育等活动，开展习近平总书记给北京大学援鄂医疗队全体“90后”党员的回信、在全国抗击新冠肺炎疫情表彰大会上的讲话、党的十九届五中全会、《民法典》、《习近平谈治国理政》第三卷、《习近平总书记教育重要论述讲义》等的学习活动；组建党的十九届五中全会精神宣讲团、《民法典》师生宣讲团等，全覆盖开展师生思想政治教育。四是做实师生思想动态采集与分析研判工作；做好2019年思想政治工作研究课题结题和2020年课题申报工作，利用思想政治教育研究分会平台，发布结合校情实际的课题研究指南10项，推进理论研究；积极推荐教师参加省哲社教科骨干培训班；做好江苏“紫金文化人才培养工程”文化英才和“优青”的推荐申报工作；做好江苏大学新冠肺炎疫情防控工作先进集体和先进个人的评选表彰工作。《战“疫”“新”力量，引领学校防疫舆论场》荣获教育部办公厅“共抗疫情、爱国力行”主题宣传教育和网络文化成果征集展示工作优秀案例奖。4. 强化教学组织，有序推进“形势与政策”教育。紧扣教育部高校“形势与政策”教育教学要点，围绕热点、焦点及重点问题，组织编写使用《形势与政策（2020）》教材。召开疫情防控形势下的2020年“形势与政策”课教学视频备课会，制订课程教学大纲，做好课程教学PPT及在线课程制作工作。做好全年“形势与政策”教学组织落实与督促检查工作，将《习近平总书记教育重要论述讲义》列入专题并在全校率先开课，完成全校37 782人次课堂教学，策划组织编写《形势与政策（2021）》教材。推进“形势与政策”线上专题实践；定期维护更新“形势与政策”专题网站。组织参加第三届全省高校“形势与政策”课教学展示活动。做好时政研学社学生社团日常工作指导，强化社团日常管理，积极开展活动，提升社团凝聚力与影响力。

【打造文化活动品牌，浓郁文化育人氛围】

1. 开展核心价值观教育，引领校园文化建设。一是结合学校疫情防控工作安排，开展疫情防控期间线上校园文化活动，征集以“众志成城　共抗疫情”为主题的抗击疫情作品，建设开通线上校园文化“空中课堂”，发布疫情防控科普、居家锻炼指导、知农爱农宣讲等视频140部，上传科普文档及师生自创抗疫文艺作品70条。“空中课堂”入选由《人民日报》全国党媒信息公共平台联合腾讯云共同发起的“科技战‘疫’——2020中国数字化转型成功案例征集活动”的“教育服务”类别评选；二是积极参与镇江市文明城市创建工作，配合完成全国及江苏省文明城市创建巡查工作，印发《江苏大学文明校园创建实施细则》，扎实推进文明校园建设；与镇江艺术创作研究中心联合创建首个高校“戏曲传承基地”，推进学校美育工作。三是认真总结“十三五”校园文化建设情况，编制完善学校“十四五”校园文化建设专项规划，推进实施校园文化建设“八大计划”；开展校风、教风、学风文字表述征集活动。2. 精心打造品牌活动，扎实推进文化育人。成立学校文化育人综合改革工作组，扎实推进文化育人工作。组织开展2020年“五棵松讲坛”计划申报，资助举办25场。举办校党委书记袁寿其“校园热点面对面系列活动之‘校史馆里说文化’”和校长颜晓红“校园热点面对面系列活动之‘实施校院两级管理，促进大学治理现代化’”活动。组织开展2020年“读书节”主题活动、寻找“最美书房”活动、第四届诗词大会、第三届中华经典吟诵大赛，以及高雅艺术进校园活动拓展项目——南京工业大学交响管乐专场音乐会《青春的约定》，传承优秀传统文化，着力推进学校文化引领战略和文化育人工作。开展“缅怀革命先烈，致敬抗疫英雄”清明节爱国主义教育活动，推出“网上祭英烈”互动平台，开展网上祭扫活动。

开展毕业生校歌传唱活动，弘扬“自强厚德，实干求真”江大精神。推进篆刻艺术的传承与发展，策划制作篆刻主题的校名文化产品，拓展校名文化产品品牌。推进“一院一品”校园文化建设，开展并完成“一院一品”精品项目申报、评审及后期推进工作，提升校园文化品牌建设的影响力、引导力和覆盖面。推荐报送的《〈共产党宣言〉节选》《向人民报道》及《马克思写给燕妮的情书》朗诵作品分别荣获2020年“诵读中国”经典诵读大赛江苏省选拔赛二等奖。校报开设“五棵松文化丛书展台”专版，宣传推广五棵松文化丛书。策划举办“奋进新时代　开启新征程　续写新篇章”2021年迎新年晚会。3. 加强环境氛围营造，推进校园环境建设。推进校园环境美化及人文景观建设，以及学校中门景观灯及橱窗、横幅旗杆等修缮工作。策划设计牡丹园纪念碑制作放置方案。做好学校橱窗每月1期的设计制作展出工作，先后推出“抗疫宣传”“众志成城　抗击疫情”“毕业星语”“《民法典》”“辉煌71年　奋进新时代”“优秀学子风采录”“四史学习教育”等主题橱窗8期。做好“‘中坦赞携手，共克时艰’新冠肺炎救治经验分享活动”“第八届金山高层次学术论坛”“第三次国际化会议”“进一步贯彻落实习近平给全国涉农高校的书记校长和专家代表的回信暨对江苏大学重要批示精神大会”“第七届金山食品物理加工研讨会”及校友总会换届大会、校友返校、荣休仪式等学校重大活动，以及学生返校、“五一”、“七一”、毕业季、开学典礼、国庆、中秋等重要时间节点的校园环境氛围营造宣传。围绕“抗疫宣传专题展”“改革奋进中的江苏大学”“新时代　新农机”“坚守立德树人初心　践行强农兴农使命”“学校事业发展汇报（2019—2020）”“学习贯彻落实习近平总书记重要批示精神”等主题，设计制作中文宣传画册，策划制作校史馆英文版图册（4折页）和2020年新版图册（5折页），多层面、多角度宣传展示学校。4. 推进“095”工程项目，培养知农爱农情怀。做好“095”工程项目五“批示精神学习宣传、知农爱农文化建设以农业产业智库建设”牵头单位的方案细化及推进工作，举办“纪念习近平给全国涉农高校的书记校长和专家代表的回信一周年大会暨江苏大学贯彻落实习近平重要批示精神推进会”。一是营造校园农机文化氛围，形成学校特色文化环境。通过校园网主页大图、校园电子屏、校园横幅、灯杆道旗、五棵松桁架及会议中心第二报告厅会场背景墙等文化氛围的营造，贯彻落实习近平总书记重要批示精神；策划设计耒耜大楼农机主题景观制作放置方案；更新“知农爱农”相关校园网首页大图、电子屏6张（面），在五棵松位置安放3.5米×9米宣传桁架，更新替换灯杆道旗164块。二是开展“知农爱农、强农兴农”主题宣讲。组建由退休教师、在职教师及在校生组成的19人宣讲团，围绕坚守“强农兴农”使命、学校农机历史及特色发展、创新研究、学科发展及师生典型等主题开展线上线下宣讲，拍摄制作23个宣讲视频上传至“空中课堂”、专题网站，近2万人次师生以各种方式参与宣讲活动。三是建设开通“知农爱农为农·我的江大情怀”专题网站，将网站入口置于学校主页显著位置；开设宣讲视频、教育动态、江大情怀等版块，定期更新网站信息、丰富网站内容，共发布内容78条。专题网站与“空中课堂”成为讲述学校历史和办学特色、培养师生知农爱农为农情怀的线上宣传阵地。四是持续推进中国农机文化展示馆建设项目进程。调整中国农机文化展示馆建设及校史馆出新机构成员，完成承建公司、监理公司和审计公司的竞标、合同签订工作，校史馆第四至六层施工图纸定稿，工程进入整体施工阶段。定期召开施工方、监理方、审计方及宣传部、基建处、农工院等单位协调推进会。推进校史馆三楼的布展陈列与中国农机文化展示馆的有效整合衔接，全面展示学校事业发展成就与中国农机发展历史，营造校园农机文化氛围和特色文化环境。举办“不忘初心 情系农机”中国农机文化展示馆展品设计大赛，组织专家对参赛作品进行评选，浓郁校园“农”字氛围。

【扎实做好监测引导，提升涉校舆情处置能力】 1. 健全工作机制，积极构建舆论引导格局。进一步加强网络宣传思想工作阵地建设，提升网络舆情监控与应急处置能力，制定《江苏大学网络舆情管理与处置办法》，为学校改革发展营造良好的舆论氛围。印发《江苏大学二级党组织意识形态舆情报送管理规定（试行）》，开展二级党组织网络舆情工作联系人确认工作，落实舆情管理工作责任制。发布推进网络文明倡议书，提高建网用网管网能力，建立文明用网及监测应对机制。疫情防控期间，制定江苏大学应对突发新冠肺炎舆情工作方案，并在学校应对疫情防控宣传组工作方案中明确舆情监测及应对处置等内容，增强与规范突发新冠肺炎疫情事件的舆情应对处置，主动构建起宣传、引导、管理相结合的网络舆论引导工作格局。2. 强化分析研判，有效预防负面信息传播。构建学校与地方沟通协作机制，完善涉校网络舆情分级制度，强化舆情研判及处理机制，妥善化解涉校负面舆情。加强对贴吧、微博、论坛、自媒体号等网络平台舆情的跟踪监测，对收集到的涉校舆情保持高度的政治敏锐性和警觉性，认真甄别判断，及时发现苗头，快速进行处理。根据舆情应对工作流程，及时向舆情涉及单位反馈并与之沟通及核实，填写涉校舆情通报反馈联系单，有效疏导及持续关注舆情发展，避免小问题酿成大事故，主动把握涉校舆情走向。3. 强化正面引导，巩固壮大网络主流舆论。发现涉校负面舆情信息，坚持“宜疏不宜堵、宜快不宜迟、宜统不宜分”的思路。对内重视发挥新媒体平台的功能和作用，通过官方微信、微博及抖音、哔哩哔哩等平台，实现点对群、群对群的信息沟通，占领网络舆论高地，及时发声、科学应对。对外加强与主流媒体的联系合作，重视发挥重点媒体的正面引导作用，更好地把握舆论走向。4. 强化队伍建设，做好突发事件舆论引导。舆情监测工作队伍坚持全天 24 小时实时监测，在做好校园微信群、QQ 群、表白墙等网络舆情监测的同时，扩大范围至贴吧、微博、知乎、各大论坛、自媒体号等媒体平台的监测，及时发现、认真甄别，并做好舆情信息的反馈与上报，维护校园和谐稳定。遇到负面舆情事件，网络评论员队伍及时发声、有效疏导、有力引导，主动把握涉校舆情走向。全年共发现并及时处理全网涉校敏感词提示 50 余万条，人工筛选涉校舆情 320 余条，处理风险舆情 40 余条。

【加强媒体整合，发挥传统媒体特长优势】 1. 校报：强化舆论引领，弘扬校园正能量。截至 2020 年 12 月底，共编辑出版校报 22 期、116 个版面，其中专刊特刊 5 期、专版 22 个。一是围绕疫情防控工作，点、线、面结合开展立体式报道。刊发《我校开展应对新冠肺炎疫情应急处置演练》《万名师生云端同上新学期第一课》等头条消息和相关图片新闻，及时报道学校疫情防控相关工作。策划专刊、专版、专栏，深化防疫抗疫报道，对学校防控疫情工作亮点举措及典型人物、事件进行集中报道，及时引领校园舆论，立体展示学校师生在特殊时期的精神风貌。二是围绕学校重点工作，多形式开展全方位报道。重点聚焦学校“095”工程行动计划、新农科新工科融合建设方案、“三全育人”综合改革等，及时向广大师生传递资讯。进一步加大新闻言论力度，强化舆论引领，刊发《争创一流　实干为要》《让信仰的明灯在心中闪亮》《以高素质专业化队伍助推一流大学创建》等20余篇言论文章，为学校“双一流”创建和事业发展营造了良好的舆论氛围。三是围绕一线基层，打造身边先进典型。“三全育人·我们在行动”“抗击疫情·江大时刻”专栏，以工作通讯的形式深度展现一线工作和一线经验。“立德树人·感动江大”“立德树人·最美江大人”等专栏聚焦平凡人不凡事，在全校掀起学习先进、弘扬先进、关心下一代的热潮。四是围绕校园生活，繁荣校园文化。围绕“知农爱农、强农兴农”主题开设“我的江大故事”专栏，全方位展示学校“工中有农、以工支农”办学特色和独特的文化情怀，以优秀文化作品激励师生传承“责任、创新、实干”的“农机精神”。在毕业季、迎新季、元旦等时间节点，精心打造特刊专版，图文并茂反映校园热点及校园生活，推动校园文化建设。五是完成学校十件大事内容征集、梳理、上报及发布工作、2020年度校报年检材料报送工作、校报社会效益考核评价工作、报纸样本缴送工作、校报发行工作，及时制作电子校报，方便师生掌上读报阅报。校报报送的14件作品获江苏省高校校报好新闻奖，其中获一等奖3篇、二等奖4篇、三等奖7篇，获奖作品类别涵盖主要新闻体裁，获奖率居全省高校前列。2. 电视台：制作多类作品，打造视频影响力。一是围绕抗疫工作，拍摄附属医院援鄂医疗队出征和校园疫情防控的动人事迹，制作了《战疫》、《江苏大学新冠肺炎防控科普系列片》6集、《江苏大学应对疫情应急处置演练教学片》5集，在校内大屏滚动播放，在防疫专题网站、空中课堂发布。1部原创歌曲MV《青春的黑眼圈》入选“全国校园抗击疫情主题原创歌曲MV展播”，并被中国教育电视台官微专题推送；江苏大学“戏曲体操云接力”在中国教育电视台《战‘疫’24小时》第24期播出；戏歌MV《凯旋归》获得镇江市总工会“网聚职工正能量　劳动绽放新风采”短视频一等奖；在2020年“高校影视作品交流展映”活动中荣获一等奖1项、二等奖4项、三等奖5项，抗“疫”主题优秀作品奖1项。二是新闻编排打破常规，重要新闻分条单做，全年播出《江大新闻》80余条，《新闻周报》30余期。策划系列专题片《耒耜学人》，强化“知农爱农、强农兴农”办学特色报道。制作《国色初绽——江苏大学牡丹园》《“樱”你而美丽——江苏大学樱花盛宴》《2020招生宣传片》《六月》MV和《创客教育，打造新工科IT课堂》等校园专题片等17部。三是适应线上线下会议模式，拍摄多场线上致辞活动，协同信息化中心承担团代会、“一带一路”论坛等20场大型会议直播推流工作，参与国际化工作巡礼片拍摄制作、字幕包装，以及教职工荣休典礼暖场短片等工作。拍摄“罗锡文院士报告会”“新教师岗前培训第一课”“十九届五中全会精神解读（市委宣传部）”等7个讲座上传空中课堂。录制的《思政第一课》《开学第一课》《中国龙狮中国戏》被“学习强国”、江苏教育厅公众号采用。3. 广播台：提升服务质量，打造品牌栏目。一是疫情防控期间创新线上工作形式，利用手机录制音频，在蜻蜓FM广播平台、校园网设置“防疫小贴士”“每日播报”栏目，上传疫情防控相关音频117期、校园新闻音频52期。二是全面返校复课后保质保量做好常规工作，每天早、中、晚值班时间近2个小时，并提供调频收听服务近6个小时，完成全校早间广播操、工间操、起床号播放，以及午间新闻、晚间新闻和全天的原创自制节目播放及转播工作。三是继续做好“江大朗读者”“清风江大”等品牌栏目，围绕疫情防控、国庆节、重阳节、学“四史”等主题策划制作10期“江大朗读者”，围绕“敬畏”“克勤克俭”“廉洁”等主题推出14期“清风江大”。四是做好录音、剪辑、播音等服务工作，为“联合基金—重点项目”等奖项申报录音、剪辑10余次，完成新学期升国旗仪式、运动会开幕式等活动的播音工作。五是加强对外合作，加入芒果音乐榜音乐融媒体联盟，成为芒果音乐榜官方合作伙伴，在广播台官方QQ、微信、微博三个宣传平台定期推送节目37期。

【加强平台运营，发挥新媒体传播力】
1. 网络：秉承共建、共享、共融理念，网络育人成效凸显。一是完善工作机制，推进网络一体化思政育人。牵头网络育人工作，成立江苏大学网络育人综合改革工作组，制定《江苏大学网络育人工作实施方案》《江苏大学优秀网络文化成果认定实施办法（试行）》，建设江苏大学思想政治工作网，进一步加强网上思想文化阵地建设，发展积极向上的网络文化，构建网上网下同心圆，增强价值引领吸引力，弘扬主旋律、激发正能量。将校园文化线下活动转化为线上活动，积极组织开展“网络文化节”“校园好网民”“网络文明进校园”等网络文化建设活动，增强校园文化活动的趣味性和吸引力、传播力和辐射力。二是完成学校新闻中心（江帆网）升级改版工作，优化内容设置、突出特色栏目、强化校园文化和农机特色，进一步加强网络阵地建设。截至12月中旬，发布学校要闻434条、综合新闻461条、一线传真1 466条、菁菁校园1 219条，更新上传视频130条、组图新闻及橱窗集锦3组、理论之窗305篇、原创地带67篇、校园生活322篇、学习园地46篇。三是积极适应新形势新要求，建设3个专题网站。疫情防控期间，在全省高校率先开通“疫情防控”专题网站，及时发布中央、省厅及学校疫情防控相关内容，实现疫情防控与思想引导的无缝对接。网站发布文件精神59条、工作动态2 381条、疫情关注335条、通知公告577条、防疫知识178条、典型事迹42条。为迎接学校组建20周年暨办学119周年，筹备校庆专题网站，进一步浓郁氛围，凝聚各方力量，提升美誉度，扩大校庆活动影响力。四是做好学校官网主页通栏大图更新，确保发布内容健康、规范、美观。上传更新官网主页通栏大图64幅。五是持续做好学校二级中文网站的日常检查与审阅，定期浏览各部门、各学院、直属单位中文网站，对全校二级中文网站开展中期及全年检查，评选十佳二级中文网站。2. 新媒体：建好校园融媒体矩阵，传递更强好声音。一是整合校内各级各类网站、微信、微博、抖音、哔哩哔哩等媒体资源，建立健全立体化、融合式的校园媒体矩阵。对全校各单位各学院所属的新媒体平台重新登记备案，严格执行“先批后建”“先审后发”的制度，强化校园新媒体平台管理责任意识。二是目前共运营8个学校官方新媒体平台，与校内各二级新媒体平台实现资源共享、信息互通、融合发展。江苏大学官方微信入选2019—2020年度“中国大学官微百强”名单；江苏大学新媒体中心获得 2019 年度全国优秀高校媒体，位列全国第 22 位。参加“学习强国”毕业典礼云直播及“强国高校联盟”800 多所高校携手开启的“云端毕业季”活动，线上展播《六月》《毕业·你好》等原创 MV。

——官方微信：紧扣热点推送，打造原创精品。官方微信粉丝数达 13.1 万，较 2019 年增长 30.7%。截至 12 月 11 日，2020 年共发布推文 302 条，总阅读量 422.2 万+。其中阅读量 10 万+推文 1 条；阅读量破万推文 121 条，占比 40.1%。一是应对新冠肺炎疫情，策划推送“官宣”系列推文 108 期，总阅读量 140 万+，积极营造了坚决打赢疫情防控阻击战的良好舆论环境。在做好常规选题推送的同时，着重围绕防控知识宣传解读、学校疫情防控信息发布、抗疫一线师生事迹等打造“官宣”系列推文，推文《官宣 1 号：江苏大学应对新型冠状病毒感染肺炎疫情工作有关事宜的通知》阅读量达到 10 万+。二是微信推文跟紧热点。春节前夕，紧抓支付宝“集五福”活动热度，编发《官微送“福”啦！你的福卡集齐了吗?》推文，与江大师生一起迎接崭新的一年。3 月，江大梅花盛开，因疫情原因师生无法返校观赏，官微及时推出《官宣 44 号：“想我了吗?”“想!”》，花景结合，“云端”赏梅，获得广泛好评。习近平总书记 3 月 15 日给北京大学援鄂医疗队“90 后”党员回信后，官微紧跟热点，迅速响应，联合兄弟高校开展学习贯彻总书记重要回信精神网上交流讨论新媒体平台“@大接龙”活动，官微推出《我们都是收信人！江苏大学@淮阴工学院@江苏科技大学，接力棒传起来!》推文，摘选青年师生学习体会，激励广大师生坚定信念、奋发进取，共担民族复兴大任。三是及时报道学校成绩。官微跟踪教育部、青塔网、软科等发布或推送的各类排名榜单，提取学校相关排名信息，第一时间编发推文进行宣传报道。《招生季丨武书连 2020 中国大学排行榜发布，我校综合排名列全国第 40 位》《招生季丨又进步了！2020 软科中国大学排名发布》《23+9!》《江苏大学 11 个学科入选！USNews 2021 年世界大学学科排行榜公布》等排名榜单推文一经发布，便得到广大师生、校友、家长等的关注、转发、点赞和留言，为学校事业发展加油鼓劲。四是做好内容生产，加强各方互动。毕业季，官微编发原创推文《毕业季丨亲密度测试！看你是不是真爱粉》，通过答题测试的形式，让毕业生记住与江大相处的点滴时光。七夕当日，官微联合扬州大学官微，合作推出《@扬州大学，爱你哟!》，收获了较好的粉丝流量。10 月 26 日学校校庆纪念日，推出原创视频推文《有一种缘分，叫和江大同一天生日》，师生表白江大，满怀深情，满满感动。五是对准一线，关注典型。官微继续做好“立德树人”“江大有个你”栏目推文策划，编发的《立德树人丨周国强：只想做个“好老师”》《立德树人丨黄娟：愿做绿荫那片叶》《江大有个你丨徐振霞：两赴西部，将志愿服务进行到底》等推文，对焦师生典型，宣传先进事迹，展现江大人的风采。六是记录分享校园的美好。江大校园，美景迷人，官微推出的《来！给你们点“颜色”看看!》《招生季丨江大赏花哪里去？图鉴在手跟我走!》《七月江大，隰有荷华》等推文，展示校园美景，让人记忆犹新。新生入校后，策划编发推文《“妈，我月半了!”》，展示食在江大的舌尖味道。蓝天高远，白云悠然，江大的秋天美得迷人，官微及时推出《什么是江大的秋天?》《送给江大的每个你》，多角度展示江大秋色之美，与师生、校友、家长分享校园的美好。官方微博：完善栏目板块，增强粉丝黏性。粉丝数超31万，全年涨粉超17万。截至12月12日，2020年累计发布内容2 363条，总阅读量破9 650万，点赞数超24万。@微言教育用稿1条，@江苏教育发布用稿36条。一是每日持续推送，每天不间断推出#早安江大#、#晚安江大#、#江大头条#、#江大分享#、#江大互动#、#光影江大#、#小江实用贴#、#小江家の饭#等栏目的图文及视频消息。二是积极参与活动，提升影响力。参加由微言教育、《人民日报》、新浪微博联合发起的#未来你好毕业典礼#话题，毕业典礼微博直播观看量10.6万。在微博校园发起的扶贫助农活动“开学不当柠檬精”中，在参与比拼的104所高校中，以江苏省第一名、总榜第三名的成绩获得扶贫柠檬1 361个，并与后勤集团共同发起“美好‘食’光，与‘柠’相伴”活动，扶贫助农、助力光盘，话题阅读量破百万。原创视频《听萌新说》获《新京报》“我们视频”评比三等奖。官方QQ：紧跟学生日常，增进交流互动。现有粉丝数量为6 417，每日持续发布贴近学生学习、生活及与疫情相关的动态，共发布内容1 947条，浏览量超290.63万。2020级新生迎新晚会首场直播观看量5 060人次，喜欢数超2.8万。

——官方抖音：活跃线上文化，引领校园风尚。截至12月12日，发布视频179个，总播放量达2 615万，点赞数超19.71万。积极参与“高校洗手舞接力赛”“新春集五福”“抖音拜大年”“趣dou校园”等官方话题活动。疫情防控期间，推出“官宣”系列视频百余条，线上积极引导、增进互动，引发校园内外广泛关注。官方哔哩哔哩：打造特色品牌，丰富网络文化。截至12月12日，平台粉丝超1.7万，开设“校园UP主”“小江答疑”等特色专栏，积极加强线上互动，赢得学生广泛好评。发布视频129个，总播放量达117.42万，点赞量超11.83万。进行2020级新生思政第一课、疫情防控期间复学第一课、信仰公开课、耒耜国际论坛、2020年学生表彰大会等54场直播，最高人气值累计47.59万。直播“辅导员工作室就业大课”，切实利用新媒体网络平台帮助毕业生有效把握就业形势，掌握求职技巧，增强就业竞争力。在哔哩哔哩发起的“加油！开学季”活动中，学校在江苏省排名第4位、全国排名第59位。短视频平台：不断拓展平台，浓郁育人氛围。开通微信视频号，截至12月12日，共发布34条视频，浏览量超121.37万。原创“请收下我的学校名片”视频，单条浏览量超30万，点赞数破1.2万。官方快手平台粉丝数为5 093，发布视频179个，浏览量超272万。在官方快手平台参与由中国大学生在线发起的“高校洗手舞接力赛”活动，成为全国第16位高校接力者，获得“抗疫”手“护者”称号。在快手发起的“抗击疫情学校在行动”中投稿近90篇，累计播放量超140万。在官方央视频积极开展战“疫”必胜、“未来有你”主题毕业季直播等活动。

【讲好江大故事，开创外宣工作新局面】 全年年度工作目标圆满完成，据不完全统计，省级以上发稿520余篇，其中，头版头条5篇、头版40篇，800字以上深度报道200余篇，“学习强国”报道30余次。《人民日报》《光明日报》《科技日报》《农民日报》《中国教育报》《中国科学报》《新华日报》等多次报道学校工作。江苏大学“学习强国”号上线运营，学校连续第9年荣获江苏教育新闻舆论工作表扬单位。1. 加大正面宣传，凝聚抗疫大合力。

充分挖掘学校疫情防控工作的特色做法、亮点经验及典型案例，全面广泛深入展现学校打响疫情阻击战的生动实践。各级各类相关工作报道180余篇，其中人民日报客户端、新华社客户端、央广网、《中国教育报》和《中国科学报》等省级以上报道140篇，“学习强国”转载20余次。一是聚焦特色做法。《扬子晚报》报道学校工作方案成为教育部发布的《高等学校新型冠状病毒肺炎防控指南》参考文献；《中国教育报》报道《江苏大学：筑牢校园安全线》；新华社客户端报道《江苏大学开展“寻变记”思政教育》；《中国教育报》报道学校《“一站式”精准服务学生》；《扬子晚报》报道《母校隔洋“罩”着你！江苏大学理学院为32名海外学子寄送爱心防疫包裹》；《中国科学报》、新华网、“学习强国”平台分别报道《江苏大学：“云上”学习，人人来当监督员》；新华社客户端报道《江苏大学：“空中平台”整合校内文化创业学习资源》；新华网报道《江苏大学：当好“店小二”，深化服务育人》；交汇点新闻报道《江苏大学战“疫”全方位》。二是聚焦科研成果。《新华日报》、《中国科学报》、光明网、“学习强国”平台、交汇点新闻等媒体报道学校《中央厨房：让防疫人员吃上可口的热乎饭》；《人民日报》、光明日报客户端、《扬子晚报》报道学校《9天，完工火神、雷神“两山”污水处理系统》；多家媒体报道《江苏大学现“防疫神器”产学研合作助力校园防疫》《江苏大学服务引江济淮国家重点调水工程建设》等。三是聚焦学生返校。及时对外发布《江苏大学：“同学，欢迎返校！”》《江苏大学研究生4月19日起返校，返校时要自备途中及开学两周内的个人防护用品》。四是聚焦师生典型，《中国科学报》报道《朱轶：“技术咖”的板书直播课堂》；光明日报客户端报道《马海乐：陪企业10年，只待“春暖花开”》；学习强国转载《江苏大学辅导员聚力“三全育人”，精准战“疫”》；《扬子晚报》、交汇点新闻、紫牛新闻分别报道《宅家不宅专业，江苏大学学子搭建线上平台解“两难”》；等等。2. 围绕中心，讲述江大好经验。一是全年围绕“三全育人”主题精心策划组织，《新华日报》刊发整版报道，聚焦学校“三全育人”工作，多角度、多方位介绍江苏大学以立德树人为中心的特色经验和有力措施。《光明日报》《中国教育报》《新华日报》《中国科学报》等媒体报道了学校新工科建设、微专业建设、就业工作、文化育人、药学院课程思政特色做法等典型做法。二是围绕科技工作，《科技日报》《中国科学报》《新华日报》报道了国家“十三五”重点研发计划项目、智能化农机等项目。《中国科学报》《新华日报》《江苏科技报》《江苏经济报》《扬子晚报》报道了江苏英国高水平大学联盟国际技术转移中心揭牌、新结构经济学知识产权研究院揭牌及学校知识产权管理工作的成绩和经验。三是围绕国际化工作，积极打造留学生抗疫典型。留学生莱东翰是中宣部宣传典型，《人民日报》、《新华日报》和“学习强国”平台等多次报道莱东翰写下请战书、积极参与一线抗疫的先进事迹。3. 服务大局，树立江大好形象。围绕落实习近平总书记重要指示精神，不遗余力加大宣传。新华社、江苏卫视等主流媒体对《江苏大学新农科新工科融合建设方案》《“095”工程行动计划》等重要工作进行了报道。《光明日报》、新华社就学校农业工程学院科研团队兑现承诺将科研服务送至田间地头的情况进行了报道，进一步彰显了学校的办学使命和办学理念。《农民日报》《科技日报》

《新华日报》、中国教育电视台、江苏教育频道聚焦报道学校农业工程学科建设和科研成果，以及学校在南水北调工程中的贡献。《新华日报》《扬子晚报》报道了学校“告白祖国　强农兴农”主题灯光秀。为杜绝餐饮浪费现象、建设节约型校园，学校推出特价菜、半份菜、光盘换饮料等多项特色活动；农业工程学院以世界粮食日为契机开展田间劳动课，《科技日报》《中国青年报》《中国教育报》《新华日报》等媒体均对此进行了相关报道。此外，学校中秋节免费发放专属月饼、举办“如何讲好一堂课”专家报告会暨《我的高数笔记》新书发布会等重要活动都得到了众多媒体的关注。4. 深入挖掘，塑造身边好典型。全年外宣工作始终坚持围绕师生、关注师生、服务师生的导向，坚持贴近实际、贴近群众、贴近生活，《科技日报》、《中国科学报》、《新华日报》、新华社、人民日报客户端、光明网等集中报道了学校魏志祥、朱轶、钱晖、邹小波、马海乐、颜学升等一批一线教师、科技工作者、大学生青年志愿者、创业大学生、学校附属医院赴鄂医疗队的先进事迹，其中报道的食品学院院长邹小波荣获全国创新争先奖。关注汽车学院、数学科学学院等学院的优秀毕业生、毕业班，师生的精彩故事生动演绎了“自强厚德　实干求真”的江大精神。5. 整体联动，夯实外宣基础。成功上线江苏大学“学习强国”号，精心打造“江大要闻”“三全育人”“江大光影”“江大风采”“江大讲堂”六大栏目，上传 101 篇图文稿件、44 个主题视频，展现了学校在党建思政、人才培养、科学研究、社会服务、文化传承、国际交流等方面的生动实践。整合校园媒体形成宣传合力，进一步调动基层单位新闻宣传积极性和主动性。与镇江电视台合办的栏目“江大之窗”“江大进行时”按期高质量完成。

【强化校史馆更新维护，提升校史校情育人功能】 1. 做好重要参观接待工作。疫情防控期间，为配合学校重要活动，随时做好重要的接待参观准备工作，做好全国人大常委会副委员长、省委副书记、副省长、共青团江苏省委书记、镇江市委书记、教育部学位管理与研究生教育司司长、农业农村部科教司司长、甘肃省卫健委副主任等重要参观接待工作。全年共接待学校教职工及校外嘉宾近 6 461 人次，完成组团参观 115 余场。2. 做好校史馆维护更新工作。做好校史馆相关史料展陈及全景展示等栏目相关图片更新；收集 2020 年发生的重要事件的照片、证书等，并录入信息管理系统。做好展陈更新及三楼出新内容收集整理，对领导关怀、科研、教学、学科排名视频及杰出校友墙等数据进行更新；完成一楼灯光更换及大厅、一楼、二楼维修改造展区等方案的设计工作；全方位做好全部展柜打胶、除尘、玻璃更换和擦拭，以及墙顶漏水检修、墙面油漆修补、地毯清洗等维护工作；协助工程队完成农机文化展示馆的建设工作。3. 做好校史馆日常管理工作。做好新生入学期间校史、校情教育工作；完善校史馆讲解员团队管理制度，完成新一批中、英、日讲解员招新与培训工作，开展线上练稿评比、讲解培训、校歌传唱、礼仪培训活动，整理学校典型人物事迹、经典故事，随时做好讲解宣传。举办第八届“博古论今　趣味江大”讲解评比活动。

【切实强化政治建设，不断提高部门成员整体素质】 1. 疫情防控期间，团结动员全体成员打好疫情防控宣传战，第一时间成立 7 个宣传工作组，根据学校统一部署，先后制定完善《江苏大学宣传组应对新型冠状病毒感染肺炎疫情工作方案》《江苏大学学生返校宣传组工作方案》等，细化工作目标，突出工作重点，明确工作措施，层层落实宣传工作每个环节、每个细节。疫情防控先进集体、先进个人表彰评选中，部门2名同志荣获疫情防控先进个人称号，宣传部党支部荣获疫情防控先进集体称号。2. 不断强化党风廉政建设，以“未巡先改”“公用房单位自查与学校核查”“会议经费管理使用专项督查”“校内巡查”等工作为抓手，坚持问题导向，认真查摆问题，从严落实完善，强化意识，落实责任，筑牢拒腐防变思想防线。3. 从严落实“三会一课”、组织生活会、民主生活会、谈心谈话等基本制度，加强政治建设，提升政治能力；强化党员日常教育、管理和监督；不断深化巩固“不忘初心、牢记使命”主题教育成果；积极策划主题党日活动，进一步强化党员党性观念和宗旨意识。“壮丽七十年，奋斗新时代”——“四个一”党日活动，荣获2019年度全省高校“最佳党日活动”优胜奖；“以党日活动为抓手，提升党员理想信念教育水平”党建案例，荣获2020年度江苏大学党建工作典型案例评选二等奖。宣传部党支部积极申报并获评江苏大学四星级党支部；积极参加“提质增效”三年行动计划优质党支部评选活动。4. 充分发挥“三全育人”综合改革管理服务示范岗及廉政文化示范点作用，创新工作思路，打造服务亮点。设计制作“一个党支部就是一个战斗堡垒、一个党员就是一面旗帜”文化墙，积极申报廉政文化示范点二星级创建单位。

2020年校外媒体重点宣传报道目录

重要版位

1. 我省获奖数量继续位居全国省份第一
（江苏经济报　2020/1/11）

2. 科创之光照亮江苏创新发展路
（新华日报　2020/1/11）

3. 勇闯改革“深水区”，勇攀科创新高峰　（新华日报　2020/1/15）

4. 发展现代智能农机装备助力江苏农业现代化　（江苏经济报　2020/1/17）

5.“强富美高”新江苏建设的教育声音
（江苏教育报　2020/1/17）

6. 发挥特色优势　提升创新能力
（新华日报　2020/1/19）

7. 责任再压实　措施再落实　坚决打赢疫情防控阻击战（镇江日报　2020/2/6）

8. 疫情不退，我们不退
（江苏教育报　2020/2/12）

9. 江苏：团旗插到防疫最需要的地方
（中国青年报　2020/2/14）

10. 马明龙赴江苏大学调研时强调彰显特色优势创建高水平大学　为镇江高质量发展提供有力支撑
（镇江日报　2020/3/1）

11. 患难见真情　微光显大爱
（人民日报　2020/3/4）

12. 江苏高校迸发战“疫”智慧力量
（新华日报　2020/3/18）

13.“一站式”精准服务学生
（中国教育报　2020/3/30）

14. 在线督导，是“督”更是服务
（中国科学报　2020/3/31）

15. 江苏科学技术奖高校占四成
（新华日报　2020/4/1）

16. 盘活高校知识资产　全流程管理不让专利变“奖状”
（科技日报　2020/4/13）

17. 高校院所勇挑主体责任，是科研诚信治理的必由之路
（科技日报　2020/5/15）

18. 思政之“盐”，如何融入高校课程大餐　（新华日报　2020/6/19）

19. 串联“产学研用”，实现经济价值
（中国知识产权报　2020/6/19）

20. 患难见真情　共同抗疫情
（人民日报　2020/7/14）

21. 副省长马欣赴江苏大学调研农业装备学科建设发展情况
（镇江日报　2020/7/23）

22. “最难就业季”里的优质就业故事
（江苏教育报　2020/7/24）

23. 一场守护生命的异乡接力
（光明日报　2020/8/10）

24. 无悔青春，到祖国最需要的地方去
（新华日报　2020/8/11）

25. 从“象牙塔”走向市场
（江苏教育报　2020/8/21）

26. 静电喷雾机巧解减药增效难题
（中国科学报　2020/8/25）

27. 构建“双链”融合，江苏创新发力
（新华日报　2020/8/26）

28. 杜绝舌尖浪费，校园劲吹节约风
（新华日报　2020/8/30）

29. 高端装备严重匮乏　农业大国遭遇“农机之困”　（科技日报　2020/8/31）

30. 农机装备人才流失严重　亟待一流学科牵引　（科技日报　2020/8/31）

31. 向“剩宴”说不，这份文件定下操作规范　（科技日报　2020/9/3）

32. 用农机特色奏响强农兴农新乐章
（农民日报　2020/9/4）

33. 念好新工科建设的“三字经”
（中国教育报　2020/9/7）

34. 牢记强农兴农使命担当
（中国教育报　2020/9/8）

35. 江苏大学知识产权学院揭牌
（江苏经济报　2020/9/10）

36. 扛起历史重任　投身复兴伟业
（新华日报　2020/9/14）

37. 立德树人　书写新时代强农兴农新篇章　（中国教育报　2020/9/14）

38. 朝阳一代，开启奋斗新篇章
（新华日报　2020/9/17）

39. “舌尖上的节约”成校园新风尚
（新华日报　2020/9/21）

40. 构建思政新格局，唱响育人“主打歌”　（新华日报　2020/9/23）

41. 江苏丰收景里的科技范
（新华日报　2020/9/23）

42. 树立一流意识，推进“三全育人”
（新华日报　2020/9/23）

43. 时代潮头展抱负　不懈奋斗绘青春
（新华日报　2020/10/6）

44. 微专业为学生未来发展赋能
（江苏教育报　2020/10/21）

45. 油菜收割机如何实现智能化“变身”
（农民日报　2020/11/6）

46. 在异乡，来一场慕课的旅行
（中国教育报　2020/11/16）

47. 江苏吹响水科技创新“集结号”
（新华日报　2020/11/25）

深度报道

48. 让留学生从心底认可艰苦奋斗
（中国科学报　2020/2/4）

49. 做香醋制腊肉也用上了人工智能
（中国科学报　2020/2/7）

50. “您的牵挂，由我们来守护！”
（中国科学报　2020/2/25）

51. 知识产权管理推动高校科技成果转化　（中国科学报　2020/2/28）

52. 中央厨房让防疫人员吃上热乎饭
（中国科学报　2020/3/6）

53. 朱轶：“技术咖”的板书直播课堂
（中国科学报　2020/3/10）

54. 江大学子“宅家”搭生鲜平台解决“卖菜”“买菜”两难题
（扬子晚报　2020/3/27）

55. 围绕情感教育优化高校思政工作
（中国教育报 2020/4/6）

56. 高校专利转让，回归创新初心
（新华日报 2020/4/8）

57. 女院长的智能汽车梦
（新华日报 2020/4/29）

58. 农业机械该怎样走向“智能化”
（中国科学报 2020/5/19）

59. 在实习实训中提升学生劳动技能
（中国教育报 2020/5/20）

60. “虚拟体检”，筛查施工作业高危人员（新华日报 2020/5/20）

61. 马海乐：食品技术产业化，“转让一项陪跑十年”
（科技日报 2020/6/9）

62. 探索高校知识产权保护运用新模式
（扬子晚报 2020/6/10）

63. 为“一带一路”育能源动力类人才
（中国教育报 2020/6/12）

64. 江苏大学：在课程思政中传承药味
（中国教育报 2020/6/15）

65. 越洋采访中，微信电话三次被挂断
（新华日报 2020/6/19）

66. 收割机智能化从解放左手开始
（中国科学报 2020/7/7）

67. 积极引导绿色消费
（学习时报 2020/7/10）

68. 和学生在一起永远年轻
（中国科学报 2020/7/21）

69. 新方法精准监测水力机械的“痛点”
（新华日报 2020/7/22）

70. 江苏大学：将科研种进田间地头
（光明日报 2020/8/18）

71. 红芸豆中发现溶血栓之道
（中国科学报 2020/9/28）

72. 那些年，我们一起做过的高数笔记
（中国科学报 2020/10/29）

73. 来华留学生教育宜同不宜殊
（中国科学报 2020/11/10）

74. 总书记视察的这项世纪工程，核心技术来自这里
（科技日报 2020/11/18）

75. 智能精准投饵，让河蟹吃饱又吃好
（中国科学报 2020/11/24）

76. 江苏大学：跑出农机教育事业“加速度”（光明日报 2020/12/22）

77. 极端环境下嗜盐古菌的追寻者
（新华日报 2020/12/9）

一线传真

78. 江苏大学 13 个专业入选国家一流本科专业建设点（江苏经济报 2020/1/7）

79. 国家科学技术奖励大会传出“镇江声音”（镇江日报 2020/1/11）

80. 江大面向社会免费推出 29 门优质在线开放课程（京江晚报 2020/2/10）

81. 江大实施“最美逆行者子女守护计划”（京江晚报 2020/2/16）

82. 支援湖北医疗队返镇人员与大学生分享抗疫体会（京江晚报 2020/3/24）

83. 江大为海外学子寄送爱心防疫包裹
（京江晚报 2020/3/28）

84. 江大甘草研究获批国际科技创新合作重点专项（京江晚报 2020/3/29）

85. 语言实训实践三方战略合作协议签订（京江晚报 2020/4/2）

86. 做细做实开学预案迎接新学期
（新华日报 2020/4/11）

87. 江苏大学研发高效消毒机 助力学生复学（江苏经济报 2020/4/14）

88. 线下线上齐发力，迎接大学新学期
（新华日报 2020/4/15）

89. 2020 年江苏省知识产权宣传周启动仪式（新华日报 2020/4/21）

90. 调研 250 多家苏企发现——抗疫下职业技能线上培训三题待解
（江苏经济报 2020/4/27）

91. 推进蒙学典籍海外传播
（中国社会科学报　2020/6/22）

92. 江苏大学附属法治人才培养基地揭牌　（京江晚报　2020/7/16）

93. 一代又一代人接续，铸就民族复兴伟业　（新华日报　2020/9/5）

94. 林毅夫开讲江大专业第一课
（中国科学报　2020/9/15）

95. 江苏大学研究员徐立章获第十六届“中国青年科技奖”
（京江晚报　2020/10/22）

96. 建13个微专业服务跨学科学习
（中国教育报　2020/10/26）

97. 江苏英国高水平大学联盟国际技术转移中心成立
（中国科学报　2020/11/10）

98. 分众化互动化宣讲推动全会精神入脑入心　（新华日报　2020/11/30）

99. 江苏省智能农机装备产业联盟成立
（新华日报　2020/12/26）

七彩校园

100. 防疫战线闪耀青春之光
（中国教育报　2020/2/24）

101. 一堂特殊的抗疫思政课
（江苏教育报　2020/3/13）

102. 江苏大学：“云”监督，提高线上教学质量　（江苏教育报　2020/4/3）

103. “特殊的毕业求职季，我找到了心仪的工作”　（光明日报　2020/4/21）

104. 700个线上勤工助学岗位支付酬金29万元　（中国教育报　2020/4/27）

105. 畅通成长渠道，培养社会实用人才
（新华日报　2020/5/13）

106. 九九助学基金传递“久久的爱”
（京江晚报　2020/5/26）

107. 线上即时咨询　爱在“云”中传递
（中国教育报　2020/6/7）

108. 江苏大学一硕士生地铁站内完成线上论文答辩　（扬子晚报　2020/6/15）

109. 学霸收到11所世界名校offer
（现代快报　2020/6/30）

110. 这个假期，江苏大学学生当上了药剂师、外卖员……
（交汇点　2020/7/25）

111. 俄罗斯姑娘“云PK”汉语演讲
（京江晚报　2020/7/26）

112. 江苏大学暑期学校：用艺术点亮乡村　（交汇点　2020/7/30）

113. 江苏大学：暑期调研非遗竹编文化　为技艺传承探索新路径
（中央广电总台国际在线　2020/8/7）

114. 大学生普及“互联网+农业”模式，助力果农产品销售
（交汇点　2020/8/15）

115. “非遗苏绣，梦回姑苏”，江苏大学学生探寻苏绣非遗文化
（交汇点　2020/8/17）

116. 江苏大学“半份菜”助力光盘行动　（中国青年报　2020/8/27）

117. 江苏大学：油菜地里的“七彩”科学课堂　（交汇点　2020/8/28）

118. 双胞胎同分考进江苏大学
（扬子晚报　2020/9/7）

119. 江大3万师生不出校门也能就医
（京江晚报　2020/9/12）

120. 小小香囊药草香，江苏大学药学新生收到特别入学礼物
（交汇点　2020/9/18）

121. 教师节那天，老师和学生们都哭了
（扬子晚报　2020/9/21）

122. 逼真体验救火逃生，江苏大学新生同上一堂生动的安全教育课
（交汇点　2020/9/23）

123. “告白”祖国！大学上演灯光秀
（扬子晚报　2020/10/5）

124. 从“平平无奇”到“逆风翻盘”，江苏大学这个班20人被世界名校录取（交汇点　2020/10/8）

125. 把“国家之爱”带往“海的那一边”（镇江日报　2020/11/17）

126. 江苏大学京江学院：20封VLOG“云家书”，开启一堂信仰公开课（扬子晚报　2020/11/19）

127. 江苏大学：让学生“动起来”让文化“活起来”（中国科学报　2020/11/24）

128. 江大“学霸”情侣双双保研：让彼此成为更好的自己（交汇点　2020/12/10）

129. 这名教师“迫不及待”捐款10万元（扬子晚报　2020/12/11）

130. 江苏大学1 361枚扶贫柠檬现场“变身”柠檬饮品免费送师生（交汇点　2020/12/12）

131. 酷！这个学院自建赛车队创佳绩（现代快报　2020/12/30）

网络视角

132. 推迟返校也可实现“弯道超车”，江苏大学给学生们支“妙招”（交汇点　2020/1/31）

133. 江苏大学打响来华留学生防疫保卫战（交汇点　2020/2/3）

134. 江苏大学：疫情面前展现当代大学生担当（人民日报客户端　2020/2/9）

135. 去战斗吧，我们来当你的坚强后盾！江大教师教育学院做好赴抗疫前线人员家属后援工作（交汇点　2020/2/16）

136. 江苏大学：筑牢抗击疫情“三道防线”（新华网　2020/2/18）

137. 江苏大学万名师生“云端”同上新学期第一课（交汇点　2020/2/24）

138. 江苏大学：学生找工作，导师来牵线（交汇点　2020/2/26）

139. 江苏大学开展“寻变记”思政教育（新华网　2020/3/2）

140. 9天，完工火神、雷神“两山”污水处理系统（人民日报客户端　2020/3/12）

141. 江苏大学党委书记袁寿其“云端”开讲“信仰公开课”（交汇点　2020/3/15）

142. 江苏大学：“云上”学习，人人来当监督员（新华网　2020/3/18）

143. 江苏大学：“空中平台”整合校内文化创业学习资源（新华网　2020/4/6）

144. 江苏大学举办就业直播大课，1.5万人次大学生学习网上求职技巧（交汇点　2020/4/11）

145. 线上线下结合，江苏大学举办“2020耒耜国际论坛”（新华网　2020/4/30）

146. 江苏援鄂医疗队做客“全球疫情会诊室”（中央广播电视总台央广网　2020/5/28）

147. 江苏大学获批“中非友谊”中国政府奖学金学历项目（交汇点　2020/6/9）

148. 毕业季里，江苏大学党委书记袁寿其和毕业生谈校史、说文化（交汇点　2020/6/17）

149. 江苏大学召开座谈会　学习全国研究生教育会议精神（新华网　2020/7/31）

150. 江苏大学启动“095”工程行动计划（新华网　2020/9/4）

151. 江苏大学2020级新生迎来思政第一课　书记寄语“做有担当有梦想的青年人”（交汇点　2020/9/15）

152. 汇客厅丨麻省理工博士后王鹏：面对南大、东南的橄榄枝，我选择留在镇江（交汇点　2020/11/7）

153. 讲故事聚力量，江苏大学《中国精神》宣讲团首场开讲反响热烈

（交汇点　2020/11/8）

154. 第十六届全国民间法·民族习惯法学术研讨会在镇江成功召开

（交汇点　2020/11/11）

155. 2020 年江苏省研究生“开放经济与产业发展”学术创新论坛在江苏镇江成功举行　（交汇点　2020/11/17）

156. 签署合作谅解备忘录，江苏大学成为联合国工业发展组织人才培养基地

（交汇点　2020/12/21）

图片精粹

157. 追梦，收获稳稳的幸福

（新华日报　2020/1/4）

158. 学交通安全，度快乐寒假

（法制日报　2020/1/6）

159. 寒冬送温暖　真情暖人心

（江苏工人报　2020/1/14）

160. “乐学 3D 科普”冬令营

（江苏教育报　2020/1/17）

161. 江苏大学：筑牢校园安全线

（中国教育报　2020/3/23）

162. 静电喷雾消毒机

（新华日报　2020/4/14）

163. 科研成果助力复学

（光明日报　2020/4/15）

164. 护航复学

（中国教育报　2020/5/10）

165. 镇江市重点人才企业驻镇高校专场招聘会在江苏大学举行

（中国科学报　2020/6/2）

166. 贷款毕业生的诚信教育

（中国科学报　2020/6/16）

167. 绿色上网　快乐度假

（新华日报　2020/7/10）

168. 学交通安全知识、度快乐文明暑假

（江苏教育报　2020/7/15）

169. 智能科普小课堂

（中国青年报　2020/7/23）

170. 学习伤口包扎技能

（中国教育报　2020/7/25）

171. 暑期安全课

（江苏教育报　2020/7/31）

172. 观鱼学知识

（中国教育报　2020/8/10）

173. 画京剧脸谱　学艺术表演

（人民日报　2020/8/24）

174. 保护水资源　从你我做起

（中国食品安全报　2020/8/29）

175. 油菜花科普活动

（中国科学报　2020/9/1）

176. 墙绘渔文化　环保伴我行

（农民日报　2020/9/16）

177. “限塑令”升级，部分地区先行禁塑　（光明日报　2020/9/19）

178. “光盘”大学生在行动

（中国青年报　2020/10/12）

179. 世界粮食日

（江苏教育报　2020/10/16）

180. 变废为宝倡勤俭

（江苏教育报　2020/10/30）

181. 全国消防日

（新华日报　2020/11/9）

182. AI 助力“精准就业”

（人民日报海外版　2020/11/25）

183. 2020 年江苏省研究生节能低碳科研创新实践大赛

（江苏教育报　2020/11/27）

184. 宣传《中华人民共和国民法典》

（新华日报　2020/11/29）

185. 法润校园伴成长

（中国教育报　2020/12/2）

186. 美好“食”光　你我共享

（镇江日报　2020/12/14）

187. 2021 年全国硕士研究生招生考试

江苏大学考点　（京江晚报　2020/12/27）

188. 江大迎新年晚会

（镇江日报　2020/12/30）

（撰稿：孙英琨　核稿：金丽馥）

统战工作

综述

【强化思想政治引领，筑牢共同思想政治基础】 组织各民主党派和统战团体成员认真学习习近平新时代中国特色社会主义思想，深入学习贯彻党的十九届五中全会精神，巩固多党合作共同思想政治基础。上半年，组织各民主党派和统战团体开展了全国“两会”精神专题学习。下半年，组织全校党外知识分子开展专项学习研讨活动，深入学习习近平总书记给全国涉农高校的书记校长和专家代表的回信暨对我校重要批示精神，以及在科学家座谈会上的讲话精神，研讨如何更好地发挥党外知识分子人才荟萃、智力密集的优势，合力推进农机特色一流大学创建。在党外知识分子中推广“学习强国”科学理论学习阵地和思想文化聚合平台，推动学校党外知识分子线上学习常态化。充分利用统战部网站和江大统战微信公众号，及时推送理论学习资料和学校统战工作动态，发送统战工作微信推文120多篇。举办学校社会主义学院第19期培训班，邀请镇江市委统战部常务副部长、市社会主义学院院长徐建锋同志为全校基层党务工作者、统战干部、统战骨干成员作题为“加强新时代统一战线工作”的专题辅导报告，邀请镇江市委统战部副部长、市民族宗教事务局局长夏和生作专题报告《新时代的宗教问题与宗教工作》。为纪念中国人民志愿军抗美援朝出国作战70周年，组织学员到爱国主义教育基地杨根思烈士陵园现场学习，追忆历史，缅怀先烈。组织学员前往姜堰溱潼蔬菜深加工基地，实地了解现代农业发展现状，加深对“三农”和乡村振兴战略的理解。挖掘提炼具有学校自身特色的统战资源，打造江苏大学“农机人同心逐梦园”，充分展现学校农机领域几代党外知识分子报国奉献、培养人才、参政议政等方面先进事迹，以“身边典型讲身边事”的方式丰富社会主义学院实践教学资源，成为具有鲜明统战教育意义、不断推进党外知识分子思想政治工作的新载体，获批第一批“江苏省高校统一战线同心教育实践基地”。

【强化组织建设，不断夯实学校统战工作基础】 召开民主党派主委、无党派知识分子联谊会负责人线上线下会议，有计划有组织地协助民主党派与统战团体开展学习教育活动，为他们提供必要的经费、场所等服务。支持和协助民主党派有计划地稳步做好组织发展工作。关注民主党派成员发展的“入口关”，提高民主党派组织发展的质量。协助各民主党派市委会对发展对象进行考察，并听取被考察对象所在单位党组织意见。支持和协助民主党派及统战团体加强领导班子建设，根据党派章程，积极协助党派做好换届工作，11月，民建江大支委会圆满完成换届工作。加强与党委组织部的沟通配合，在干部换届中积极向校党委推荐优秀党外知识分子，特别是年轻的优秀党外教师。加强党外人才源头选苗工作，注重扩大视野，加大储备力度。对学校中青年党外人才进行全面摸底，重点关注45岁以下、政治过硬、业务突出、有发展潜力和留学背景的中青年党外人才。积极推荐党外代表人士到地方和党派、团体上级组织担任职务，2名无党派人士经省委统战部研究确定为江苏省党外知识分子联谊会会员，向京口区委组织部推荐优秀党外知识分子 4 人。

【完善工作机制，注重发挥制度建设的效能】 不断完善学校大统战工作格局，积极发挥学校统一战线工作领导小组和民族宗教工作领导小组的作用，进一步明确两个领导小组及成员单位工作职责，各成员单位各司其职，形成统战工作合力。二级党组织统战委员和党务办主任（统战员）配备到位，在教工党支部设统战委员，推动统战工作向基层延伸，初步建立校、院、基层支部三级统战工作网络，扩大统战工作的覆盖范围。坚持和落实校、院两级联谊交友制度，校党委常委带头主动联系各民主党派、统战团体和党外代表人士，干部换届后各二级党组织及时调整联系党外代表人士名单，把思想政治引导贯穿于联谊交友全过程，以积极主动的态度、人情味十足的方式，密切联系交流，主动倾听党外代表人士的意见建议，真心实意为他们服务，帮助他们解决实际问题。坚持向党外代表人士通报情况、征求意见制度，畅通民主监督的渠道。召开校级、院级党外代表人士座谈会，及时通报学校、二级单位重点工作，倾听他们的意见和建议，共同为事业发展献计献策。

【创建平台载体，激发党外代表人士作用发挥】 学校积极为党外代表人士搭建履职尽责平台，按照上级有关文件和会议精神，进一步完善民主监督机制，畅通民主监督的渠道。邀请党外代表人士参加学校领导班子和领导干部的述职述廉会议；在干部考核、考察工作中，注意听取党外代表人士的意见和建议。大力支持和鼓励广大统一战线成员为学校事业发展和地方经济社会发展做贡献。2020 年，就学校人才培养、学科建设、专业发展、师资队伍建设、校地和校企合作等召开多次征求意见建议座谈会，认真梳理各位代表提出的意见和建议，商请相关单位予以落实，并持续跟进落实情况。召开党外市政协委员座谈会，委员们围绕履行政协委员参政议政职能情况、本职工作履职情况，以及对市政协、市委统战部、学校统战条线相关工作的意见和建议等进行交流。支持和引导党外代表人士围绕学校中心工作，立足岗位做好教学科研和管理工作，1 人获 2019 年度国家技术发明二等奖，2 人入选 2020 年全球高被引科学家名单，另有多人获得省、部级及以上科研奖项，1 人获评校 2020 年“最受学生欢迎的十佳教师”。支持各民主党派和统战团体围绕学校中心工作和地方经济建设发展有针对性地组织专题调研，如化学实验室安全教育存在的问题及建议、关于疫情影响下的大学生就业对策和建议、加强人才平台建设完善人才培养引领使用、保障中老年用户放心网络购物、文旅融合背景下公共图书馆的角色定位、推进紧密型医联体和县域医共体建设等，获评农工党江苏省委“农工论坛”征文一等奖 1 项。支持党外代表人士结合专业优势，积极开展社会服务活动，面对年初突发的新型冠状病毒肺炎疫情，校各民主党派、统战团体及成员纷纷行动起来，为坚决遏制疫情蔓延势头、打赢疫情防控阻击战献计出力、捐款捐物。九三学社包泉磊主动请缨，逆行出征湖北，被九三学社中央授予“湖北抗疫一线优秀社员”荣誉称号；附院多名党外知识分子积极参加急诊会诊、抢救危重症患者、协调疫情防控等工作。支持鼓励党外知识分子充分发挥各自特色和影响力，积极参政议政、建言献策，多篇社情民意信息被民主党派中央、省政协及省委办公厅《信息专报》采用。九三学社江苏大学委员会第五支社被九三学社中央授予“2016—2020 年社会服务先进集体”称号，农工党江苏大学基层委员会被农工党江苏省委员会授予“先进基层组织”荣誉称号。2 名党外知识分子获评江苏省抗击新冠肺炎疫情先进个人，多人被民主党派中央、省委表彰。

【坚持服务引导，加强海外统战工作】 坚持把侨务工作融入学校大统战格局中，坚守“以侨为本、为侨服务”的理念，依托省侨办授牌的“为侨服务工作站”平台，继续组织特色活动。在疫情常态化防控背景下，采取线上线下结合的方式，组织网上“微侨家”，组织校侨联干部、侨属侨眷认真学习“两会”精神，支持侨联开展普法学习活动，举办《中华人民共和国归侨侨眷权益保护法》（简称《保护法》）线上直播讲座，参加学习《保护法》《民法典》暨第二届“侨商杯”法律知识竞赛线上、线下活动。在抗击新冠疫情战斗中，校侨联通过线上加强宣传引导工作，组织“抗疫”海报的制作宣传活动，组织侨眷侨属捐款，并将市侨联赠送的外科医用口罩分发给学校海外留学生和有孩子在国外留学急需口罩的留学生亲属，使海外留学生和亲属们深切感受到祖国的关心与温暖。组织赴句容白兔镇参观考察企业和农业基地。创新服务方式，采取线上线下相结合的方式，为高龄归侨侨眷开展一次家政服务、一次线上法律咨询，邀请社区医院医务人员加入微信群开展健康咨询。组织欧美同学会积极开展留学回国人员联谊交流，联合相关单位用线上线下结合的方式开展了 7 场交流会、说明会、分享会，为学校海归教师理解学校科研政策、人事制度、成果转化机制等提供帮助，为促进学校学术交叉融合，开展跨学科、跨学院、跨专业的交流学习提供平台。

【强化协调联动，扎实做好民族宗教工作】 贯彻落实党的民族宗教政策，积极发挥民族宗教工作领导小组作用，完善统战部牵头，学工、研工、党委教师工作部、保卫、教务、科研、国际交流与合作等单位各司其职、协调配合，党团组织和思想政治教育工作队伍充分发挥作用的工作机制，“校—院—班—舍”四级联动确保信息畅通，加强与公安、安全、民族宗教等政府部门的配合，防范抵御校园传教和宗教渗透。在各二级党组织和相关部门的配合下，准确掌握信教师生和少数民族师生的基本情况。协同相关单位开展民族团结进步宣传月活动，铸牢中华民族共同体意识。

【深化理论研究，加强实践创新】 重视统战理论研究和实践创新工作，定期召开统战分会会员研讨会，发动各二级党组织和各民主党派、统战团体撰写统战论文。承担省高校哲学社科研究一般项目 1 项；与镇江市委统战部联合建设“镇江市统战理论研究基地”，联合申报省社科基金统战招标项目 1 项。2020 年学校党建研究会统战研究分会继续开展统战论文评比活动，收到论文 35 篇，评选出一等奖 1 篇、二等奖 3 篇、三等奖 4 篇、优秀奖 5 篇，遴选 3 篇优秀论文参评省委统战部优秀统战理论创新成果奖。推荐 1 篇成果参评省委统战部实践创新成果奖。校党建研究专项课题中统战研究占 8 项。

各级人大代表、政协委员参政议政、建言献策情况

【江苏省第十三届人民代表大会第三次会议议案及建议】 **颜晓红**《关于健全江苏省中小学校医队伍发展机制的建议》《关于加大对省属江苏大学附属医院经费投入力度的建议》《大力发展现代智能农机装备，推动江苏农业现代化建设走在全国前列的建议》。

【政协江苏省第十二届委员会第三次会议提案】 **邹小波**《关于在新一轮高考改革

中发挥高校育人选才作用 以提升学生综合素质的建议》；**陈吉祥**《关于调整幼儿园及小学寒暑假假期的提案》《关于将中医养生学等新专业纳入大学生就业招聘岗位目录的建议》《关于多头管理，规范使用各种医疗救助基金的几点建议》《关于促进智力、精神障碍青年职业教育毕业生公益性岗位就业和辅助性就业的建议》《关于提升地方高等院校“双一流”建设水平的建议》《关于扩大失能/半失能老年人照护“补助工资”发放范围，延伸政府购买养老照护“喘息服务”方式，完善公共养老服务的建议》《关于“进一步贯彻落实科技创新激励放管服改革”的建议》。

【镇江市第八届人民代表大会第四次会议议案及建议】 **郑金旭**《关于精准对接、系统服务，实现更高水平全民健康的建议》；**陈德玉**《关于建设公共停车场，切实解决江大附院停车难的建议》。

【政协镇江市第八届委员会第四次会议提案】 **李耀明**《关于创新义务教育优秀教师职称评定的提案》；**董洁**《关于推进“江苏玉石文化产业园”的提案》；**李遇梅**《关于规范交通事故伤者器官捐献工作的提案》《关于发掘镇江本地民俗文化的提案》；**张文莉**《关于对公交车采用“双语”报站的提案》《关于构建留学人员家属互助养老机制的提案》；**周宏图**《关于提高康复医疗项目医保支付比例的提案》；**蔡健荣**《关于管控城市噪声的提案》《关于尽快建立垃圾分类投放和分类处理的提案》；**庄晋财**《关于改善工商资本下乡土地供给政策的提案》；**卢章平**《关于在国外相关城市设立“赛珍珠与镇江”图书专区的提案》；**金洁**《关于严管行人和非机动车辆交通违法的提案》；**施伟东**《关于处理招商引资涉企历史遗留问题的提案》《关于规范分类分级监管的提案》；**武翠红**《关于做好家庭教育指导服务的提案》；**沈小平**《关于设置建筑垃圾和大件生活废弃物处理点的提案》《关于强化市容管理的提案》《关于增设精神病患者配药点的提案》；**冯志刚**《关于加强与江苏大学联合培养教师的提案》；**谢荣**《关于解决特殊区域停车难问题的提案》《关于在江大附院附近建设公共停车场的提案》；**曾见**《关于提升儿童青少年心理健康服务的提案》；**陈健美**《关于解决农村空心化问题的提案》；**黄秋生**《关于建设保护城市山体的提案》《关于完善镇江市快速交通网的提案》；**姜正南**《关于加强医院急诊分级诊疗的提案》。

（撰稿：周慧莲　核稿：杨敬江）

离退休工作

综述

【概况】 2020年学校新增退休人员92人。截至2020年12月，学校离退休人员达1 870人，其中离休人员38人，退休人员1 832人。

【强化政治引领，夯实党建根基】 1. 深入开展政治理论学习，发挥党建引领作用。认真学习贯彻习近平新时代中国特色社会主义思想及十九届五中全会精神，增强“四个意识”，坚定“四个自信”，做到“两个维护”。坚决贯彻落实中央、省委、校党委重大决策部署，在重大事项和关键环节上充分发挥党组织的政治核心作用。落实“围绕中心抓党建，抓好党建促发展”的工作理念，推动党建工作与部门中心工作同部署、同推进、同落实，在推进中心工作和重点任务中发挥党建引领作用。认真贯彻党中央和上级党组织关于意识形态工作和党风廉政建设的决策部署，加强思想宣传阵地管理，及时完成纪委部署的相关警示教育、党纪党规知识测试，以及履责记实平台、作风建设考评等。“学习强国”平台注册使用当日人均积分长期保持全校前三。2. 组织“六有一提升”达标创建，夯实离退休党支部建设。根据省委老干部局发布的《全省离退休干部党支部“六有一提升”达标创优办法》，统筹做好17个离退休党支部达标创建和组织申报工作。经省委老干部局专家组复核，17个离退休党支部全部达标，实现了全覆盖。3. 以基层党组织换届为契机，创新离退休党支部建设。根据学校《关于做好基层党组织委员会组建与换届工作的通知》要求，严格遵照新颁布的《中国共产党基层组织选举工作条例》，充分发扬民主，严格换届纪律，规范选举程序，按时完成了18个既有党支部的换届工作。离退休党支部实现了队伍年轻化的目标，所有支委的年龄全部低于75岁。同时根据省委老干部局加强离退休干部党建工作的有关精神，创新离退休干部党支部设置方式，在原有17个离退休党支部的基础上，依托退休摄影协会，新组建摄影协会党支部，以期发挥摄影活动的公益性和服务性优势，将党建工作与志愿服务深度融合。

【筑牢疫情防线，维护生命安全】 1. 线上线下齐聚力，实现“全覆盖摸排”。按照学校疫情防控总体部署，通过离退休党支部、老年协会和校区分块电话调研的方式，对全体老同志情况进行全面摸排，对滞留外地、高龄独居等重点人员实行跟踪管理。2. 全方位、多渠道加强宣传教育。一是通过手机短信平台，不定期将疫情防控相关要求告知每一位离退休教职工，做到人人尽知。二是通过离退休党支部、老年协会、关工委等的微信群，随时发布官方信息和防控知识，广泛进行宣传教育。三是通过部门网站和微信公众号发布相关信息，加强宣传引导。3. “双报告”制度加强联防联控。严格实行“日报告”“零报告”制度，同时要求老同志一有特殊情况立即向学校和社区“双报告”。处领导分工负责并与老同志相对集中的社区加强联系，互通信息。作为家属区工作组成员单位，离退休工作处协同做好校本部家属区的疫情防控工作，协助江大社区做好联防联控。4. 以实际行动多方助力抗疫。组织530名离退休党员为抗击疫情捐款53万多元，其中50余人捐款1 000元以上，有两对夫妇分别捐款10万元和20万元。配合疫情防控需要，加强值班人手，为不会使用智能手机的老同志申领健康码。疫情防控期间，配合做好隔断家属区与教学区的相关宣传解释工作。配合做好进出教学区人脸识别系统的使用工作，为所有离退休老同志登记基础信息入库，现场采集人脸信息；为355位离退休教职工家属登记基础信息入库，并进行人脸信息采集。

【大力推进“银发生辉”工程，服务学校事业发展】 1. 深化老干部志愿服务，打造“银发生辉”品牌。通过关工委、老科协等平台，在全校离退休干部中开展形式多样的“银发生辉”志愿者服务，特别注重发挥关工委、老科协组织育人的作用。“四点钟学校”被江苏大学片推荐申报全省“最佳老干部志愿服务项目”，并参与网络展示。《江苏大学离退休老同志积极行动助力抗疫》入编“银发生辉”月报，在全省老干部系统发布。2. 组织参与“知农爱农”宣讲，服务学校“双一流”建设。9位老同志参与学校“知农爱农、强农兴农”师生宣讲团活动，开展线下讲座近10场；6人录制了空中课堂视频，供师生线上收看，总点击量近4 000次。老同志结合自己的亲身经历宣讲学校“工中有农、以工支农”的鲜明办学特色和独特的文化情怀，培养师生心系“三农”和“知农、爱农、为农”情怀，激励师生传承“责任、创新、实干”的“农机精神”，帮助学生树立刻苦钻研、脚踏实地、立志报国的人生信念。3. 组织召开学校发展情况通报会，引导老同志建言献策。组织部分老领导、离退休老同志骨干参加情况通报会，袁寿其书记通报学校事业发展情况。通报会使老同志们对学校各项事业发展状况有了更加全面的认识，对学校当前面临的形势及学校的中长期发展规划也有了更加深刻的理解，增强了老同志对学校未来事业发展的信心，也激发了老同志为学校发展建言献策的热情。

【提供精准服务，打造幸福工程】 1. 开展走访慰问，落实生活待遇。一是坚持落实走访慰问制度。日常慰问生病住院、住养老院老同志 260 多人。为纪念中国人民志愿军抗美援朝出国作战 70 周年，走访慰问 21 位抗美援朝出国作战的老同志，为他们颁发纪念章。教师节前夕，走访慰问了参与“知农爱农”主题宣讲的老同志。年终慰问 9 类人员 680 人，其中上门慰问 100 余人，共发放慰问金 390 400 元。二是完善福利发放方式。考虑到老同志群体的特殊性，积极争取将老同志的“三节”慰问由原来的实物发放改为慰问金上卡，并根据老同志意愿，将扶贫项目相关福利以同样的方式落实。疫情防控常态化之后，及时为 877 位离退休女同志补发妇女节纸品。2. 做好医疗服务，确保老有所医。一是组织好老同志体检。上半年疫情严重，考虑到老同志属易感染人群，多次与职工医院沟通后，将上半年的体检调到下半年。体检期间，做好面上离退休教职工体检的通知、预约、车辆安排及值班服务等工作，同时为长期卧床行动不便的 13 位老同志安排上门体检。二是组织附院多科室专家，就体检结果进行义诊。三是协助做好离退休人员“大病互助基金”申报工作。收集整理申报材料 160 份，同时做好咨询解释工作，并帮助常住外地人员办理医保相关手续。四是推动落实离休干部签约家庭医生工作。加强与镇江市老干部局、市卫健委的联系，积极与职工医院沟通，初步筛选 18 位有相关需求的离休干部，做好相关经费预算。3. 做好居家服务，解决生活难题。一是做好居家养老服务中心的质量监管，进一步规范购买服务兑现方式。二是做好助餐点管理和运营费的使用，采取就餐补贴措施，鼓励老同志刷卡就餐，共补贴 1 830 元。三是联系水电中心继续做好水电零星维修包年服务，配合水电中心党支部为有需要的 50 位老同志免费维修。四是与材料学院、汽车学院、教师教育学院合作，组织大学生志愿者参与为老服务工作。五是协助人事处做好退休人员房贴的调整工作，配合人事处做好 1 825 位退休同志省保资格的确认，核对长住地址、联系电话等相关信息，协助做好离退休人员工资卡的变更工作。4. 协助处理丧事，规范讣告发布。坚持上门吊唁慰藉家属，做好政策解释工作，坚持出席告别仪式，协助申请大病互助，帮助办理丧葬费、抚恤金等事宜。2020 年全校离退休老同志去世 40 人，丧葬费、抚恤金办理 350 多万元。

【开展线上线下文体活动，确保老有所乐】 1. 开展线上活动，助力抗击疫情。上半年，因抗击疫情需要，关闭老同志活动场所，号召广大老同志坚持居家锻炼，倡导各老年协会根据自身特点开展线上文体活动。发动老同志积极参与宣传部组织的“抗击疫情”系列作品征集和展示活动，参加校工会组织的“抗疫情　宅生活”摄影比赛。2. 调整活动方式，应对疫情防控常态化。下半年，疫情防控趋于常态化，各项活动酌情开展。一是分散举行重阳节系列庆祝活动。为 142 位整生日老同志发放生日慰问金，上门慰问 90 岁以上的寿星。为 24 对金婚、钻石婚夫妇举办庆祝活动，组织他们赴金山湖白娘子爱情文化园参观、拍照。在绿野诗社的配合下，为90岁寿星和所有金婚、钻石婚夫妇撰写、制作楹联。各老年协会分别通过联欢会、外出参观等形式开展重阳节庆祝活动。组织了以户外开放场所为主要活动场地的老年趣味运动会，近400人参加活动，项目参与达1 100多人次。二是及时与相关部门沟通，协调安排各协会日常活动场地，保证协会活动正常开展。三是酌情开展教育培训。英语口语、钢琴、舞蹈等培训班正常开展活动，摄影班开展线上培训。四是积极组织参加镇江市范围内的比赛和活动。组织钓鱼协会和门球协会参加镇江市比赛，取得优异成绩。组织协会负责人参加镇江市老科协健步走活动。组织老同志参加桌上冰壶球项目培训，并积极响应市老体协号召，购置了一套桌上冰壶球运动设施，依托市老科协健康组，组织开展桌上冰壶球运动。

【加强对外交流，提升服务水平】 1. 履行片组长单位职责，做好江苏大学片区工作。根据省委老干部局部署，组织完成了江苏大学片第二批、第三批33个离退休干部党支部“六有一提升”达标复核工作和1个示范党支部验收工作，完成了江苏大学片区老干部工作信息统计，开展了2020年度老干部工作情况督查，遴选申报了“最美老干部志愿者”“最美老干部志愿服务团队”“最佳老干部志愿服务项目”各1项，并配合网络展示组织网上投票。2. 加强业务培训交流，拓展工作思路。组织相关人员6人次参加省委老干部局举办的各类培训。与来访的南通大学离退休工作处、离退休党工委一行，交流探讨老干部工作问题与对策。3. 加强信息化建设，增强服务质效。9月26日，江苏省离退休干部服务管理信息化平台正式上线。按照平台运行要求，分批次完成了离退休老同志的信息录入工作，构建了集党建、服务、管理、学习、活动为一体的离退休干部服务管理系统，实现了服务管理、工作交流、统计分析一体化。按照省委老干部局的要求，及时在全国离退休干部信息管理系统中完成2020年学校离退休干部年报统计工作。

（撰稿：周　莹　核稿：林新荣）

2020年江苏大学离休干部情况

人

校区	离休干部人数	参加革命工作时期		享受待遇情况						
		抗战时期	解放战争时期	享受地（厅）级待遇	享受副地（厅）级待遇	享受副省（部）长级医疗待遇	享受按副省（部）级标准报销医疗费待遇	享受地（厅）级医疗待遇	享受县处级待遇	享受正（副）科级待遇
本部	25	4	21	1	5		2	3	17	2
中山	1	1	0	0	0			1	1	0
梦溪	7	2	5	1	0	1		1	5	1
北固	5	1	4	0	1			1	3	1
合计	38	8	30	2	6	1	2	6	26	4

（撰稿：周　莹　核稿：林新荣）

保密工作

综述

2020年是《中华人民共和国保密法》修订实施10周年，也是实现保密工作转型升级第一步战略目标的关键之年。学校深入贯彻落实习近平总书记关于保密工作的重要指示精神，坚持总体国家安全观，认真贯彻落实中央、省、市关于保密工作的决策部署，压实保密责任，加强保密教育，狠抓规范管理，强化监督检查，推动学校保密管理工作再上新台阶。

【坚持问题导向，抓好审查整改落实的“最后一公里”】 学校对第三轮军工保密资格认定现场审查反馈意见认真梳理，制定了包括14个整改问题、30项整改任务的整改方案，明确了整改任务和整改要求，层层压实责任，扎实推进整改落实工作。2019年已完成大部分问题的整改，2020年着重推进归口管理、保密要害部位修缮与加固等问题的整改。在归口管理方面，做好涉密人员档案管理工作，及时更新档案材料，逐步实现涉密人员的全周期管理。抓好军工项目研究过程中的管理及结题之后的管理，常态化监督研发过程及主要环节，进一步加强了军工项目的全过程管理。明确“三员”职责，督促做好日常运维工作，为“信创”工程的启动、推进等关键环节提供技术保障。强化二级学院保密管理责任，督促涉密军工项目所在学院严格执行学校保密制度，加强对本单位相关人员、项目、部位、设备、载体、台账的日常管理，有力促进了保密工作与业务工作的相融合，进一步打开了“涉密业务开展到哪里，保密职责就延伸到哪里”的工作格局。在保密要害部位修缮与加固方面，完成党办机要室、纪委机要室的墙体加固工程，达到物理隔离要求，顺利通过省纪委纪检监察内网测评和市委机要处现场检查，确保了相关设备、载体与信息的安全。机械学院原保密要害部位撤销，新增保密要害部位2个，完成新增部位的墙体加固工作，为学院军工项目有序开展提供了良好的硬件环境。

【精心组织谋划，着力推动保密工作规范化、信息化】 按照上级部门关于推动保密工作规范化、信息化要求，认真做好人员交接、校外专题培训、“信创”工程启动和综合管理信息系统运行等工作。一是扎实有序做好涉密人员新进和脱密工作。根据学校干部换届人事变动情况，及时做好涉密人员数据库更新、新上岗人员审查培训、人员信息上报备案等工作，落实好上岗、在岗、离岗保密管理措施。截至2020年年底，学校共有涉密人员73名，其中新进涉密人员22名，新增脱密人员16名，包括外单位委托学校脱密的人员2名。二是组织相关人员参加省保密协会、市保密局举办的专题培训。先后组织保密办、军工办、信息化处等部门保密管理人员参加省级、市级培训9次，并考取相关资格证书，有力提升了学校涉密人员的专业知识储备和保密管理能力。三是启动“信创”工程第一阶段工作。对学校重要单机实施替代，为“信创”工程的顺利推进提供了经验借鉴和技术保障。四是标准化运行综合管理信息系统。根据市保密局最新要求，2020年10月正式启用综合管理信息系统，分批有序上传制度、人员、设备、日常管理等十大类信息，进一步提升了学校保密工作的规范化运行和信息化建设。

【开展宣传教育，不断强化涉密人员保密意识和能力】 按照镇江市国家保密局组织开展保密宣传教育活动的通知要求，深入开展保密宣传教育系列活动，切实增强广大师生员工的保密意识和防范技能。一是组织保密法规和保密知识学习。各涉密单位积极组织领导干部和涉密人员进行专题学法活动，使涉密人员进一步丰富法律法规和保密专业知识，有效提升了涉密人员的保密素质和能力。二是召开保密委员会（扩大）会议。会议通报了2019年以来学校保密重点工作及下一步工作要点，传达了上级有关文件精神，通过了2019年度学校保密工作先进个人名单，并对下一步工作开展做出部署。三是组织保密知识测试。组织全体涉密人员参加保密知识测试，进一步发挥"以考促学、以学促做"的积极作用。四是开展保密宣传教育月活动。邀请市保密局领导作专题辅导报告，为相关工作人员提供专业指导。通过学校微信、微博推送专题文章，累计有4万余人次阅读。充分利用LED显示屏、宣传图、横幅进行保密宣传，切实营造出自觉保守国家秘密和工作秘密的浓厚氛围。五是赴保密保障中心开展现场教育。11月26日，组织新涉密人员及相关保密管理人员共32人赴市保密技术保障中心进行培训，培训内容包括攻防演练、保密教育和警示教育等环节，使涉密人员的保密素养和能力进一步增强。

【严格保密管理，规范保密行为，提升保密水平】 一是加强涉密载体销毁管理。及时传达全市涉密载体销毁体系和能力建设工作会议精神，要求相关单位对不再使用的涉密光介质、磁介质和大批量的涉密纸介质及时清退移交保密办集中送销，分批次向保障中心送销涉密及内部资料4 000余份。二是加强保密要害部位管理。严格保密要害部位出入管理，进一步完善保密技防设施，回看监控视频8次，检查设施设备8次，及时处理发现的问题隐患。三是加强信息设备和存储设备管理。加强涉密计算机管理，启用、携带外出、密级变更、维修、报废等严格履行审批程序，定期进行安全审计，建立全生命周期管理档案。对于涉密人员的非涉密计算机加强管理和检查，严禁存储、处理、传输涉密信息。四是加强监督检查，消除泄密隐患。专职保密员每月到归口管理部门和保密要害部位进行巡查指导，及时发现并消除泄密隐患。开展1次保密大检查和1次涉密载体保密专项检查，并组织"回头看"，及时督促整改，确保学校2021年顺利通过军工保密资格复查。根据检查结果，形成学校保密风险自评估报告，在年底前对涉密单位、人员履责情况进行考核，考核结果作为表彰奖励、发放保密补贴的重要参考。

（撰稿：李滋阳　核稿：石昌瑞）

国防教育（人民武装）工作

综述

【概况】 江苏大学党委人民武装部与校安全保卫处（部）合署办公，设国防教育科，具体负责国防教育（人民武装）工作。人民武装部肩负着学校国防教育重任，承担本科新生集中军训任务，负责军事理论课程教学与科研、大学生征兵、民兵整组、部队士官招录、国防教育的培训宣讲和相关学生社团组织活动的指导及双拥共建等工作。

【军事技能训练】 自9月16日军训动员开始至9月30日军训成果汇报展示，学校2020级近6 400名本科生共进行了为期15天的集中军训。陆军军事交通学院镇江校区共计派遣95名思想作风好、军事技能强的干部、学员组训。圆满完成了队列、军体拳、轻武器知识、射击学理、射击动作和方法、实弹射击体验、战术、条令、内务整理、安全知识法规、消防技能知识等规定课目的学习和训练任务，大大增强了入校新生的国防意识，提高了他们的思想政治觉悟，激发了他们的爱国热情，培养了他们的艰苦奋斗的作风和不屈不挠、战胜困难的意志，使他们接受了爱国主义、集体主义和革命英雄主义的教育，增强了他们的国防观念、国家安全意识和组织纪律观念，提高了他们的综合素质。

【军事理论课教学与研究】 2020年，学校在本科培养计划中将必修的军事理论课由原来的1个学分调整为2个学分。根据教学需要，党委人武部联合教务处在全校范围内征召了7位军事理论课兼职教师。军事理论教研室购置教学专用笔记本电脑及其辅助设备用于开展网络教学，积极完善教学模式，将线上讲座、小班化教学和慕课网络教学等方式相结合，切实做到人员分流、分时分训，做到线上线下、自学与教学相结合，在潜移默化中培育学生的爱国精神、家国情怀。为加强师资队伍建设和培养，提升教学质量和军事课教师综合能力素质，联合继续教育学院组织省本科高校军事教师培训班，组织落实省高校军事课教学指导委员会在江苏大学开展的巡回授课培训活动。军事理论教研室如期完成了校2020级6 385名新生的军事理论课的教学和考试任务，做好试卷的批改、成绩录入、复核及军事技能训练成绩的录入工作。

【国防教育与双拥共建】 学校党委始终坚持把做好双拥工作，增强军政、军民团结作为推进镇江经济发展、促进军民融合、支持国防建设的大事来抓。2020年调整了双拥工作领导小组成员，由校党委书记袁寿其担任组长，校党委常委、副书记李洪波担任副组长。深入贯彻习近平总书记关于双拥工作重要论述和党的十八大、十九大精神，积极抓好年度军地互办20件实事的各项工作落实，成效显著。学校以实际行动积极支持部队建设，注重做好拥军优属工作。一是搭建平台、做好教育拥军工作。积极为部队培养高技术复合型人才，管理、材料、汽车、机械、土力、艺术、成人教育等学院，以及校体育部和机电总厂（基础工程训练中心）为部队官兵积极提供育人平台，提高现役人员学历层次和技能水平，提供实践平台，更积极帮助官兵联系国家级心理咨询师培训服务，等等，还注重把握军训契机与承训官兵和共建单位开展丰富多彩的双拥共建联谊庆祝活动。二是做好科技拥军工作。支持部队搞好信息化建设，开展军事科技攻关，帮助驻地部队解决改进现有装备、军事训练、战备执勤中遇到的科技难题，立足科技发展和部队需求，为部队提供科技信息、专家咨询等高新技术服务。三是开展先进文化进军营活动。根据部队建设和发展需要，学校积极遴选优秀的专家学者不定期到部队开展专题讲座，优化和拓展官兵的知识结构和视野空间。此外，校团委和学生工作部还利用重大节庆假日，带学生社团和优秀节目到部队进行联谊，服务慰问一线官兵，丰富官兵的业余文化生活。四是做好拥军优属工作。积极帮助部队解决子女入学、入园和校园门禁等现实问题，切实做到为官兵生活排忧解难。学校设置了拥军专项经费账户，组织落实对全校282名退伍复转军人及烈军属进行新春慰问工作，切实做好拥军暖心工程。五是高度重视退伍大学生返校复读和就业指导培训工作。积极贯彻优抚政策，落实各项优惠措施，保证学生回校后能安心读书，并对表现优秀、事迹突出的学生大力宣传，同时广泛协助地方民政部门对其进行表彰，激发学生的爱国爱校热情，传播正能量。六是在民兵组建与组训工作上，学校严格按照省军区和镇江军分区要求，积极配合京口区人民武装部开展整组。受新冠疫情影响，2020年女兵首次由镇江市军分区全程征集审定，学校配合军分区做好首次女兵征集工作，为女兵综合测试提供场所和设备。同时，积极优化整合学校资源，选派计算机学院的3位优秀青年骨干教师到镇江市国防园参加基干民兵驻训培训。七是普及国防教育知识，增强师生国防观念，深入学习发扬革命传统，加强特色教育和管理。先后组织人员赴扬中渡江文化园和扬中革命斗争纪念馆、丹阳上海战役总前委旧址纪念馆参观学习，开展“不忘初心、牢记使命”主题教育党日活动。利用军训契机，在组训的全校新生中同步选拔、培养校国旗护卫队新进队员，突出荣誉观念和集体、奉献意识，深入开展爱国荣校教育。依托历年退伍返校的优秀大学生资源，积极联系校内军事爱好者组建成立江苏大学国防军事协会，挂靠校人武部管理指导，开辟国防教育新阵地。八是高度重视大学生征兵工作，并将其列为学校拥军的一项重要内容，做实做细、抓紧做好。积极开展从应届毕业生中直接招收士官的工作，通过不断加强教育宣传和思想引导，多名同学在其生源地光荣应征入伍，为国家国防建设与发展服务。

【征兵工作】 学校注重把握重大节日和每年征兵、学生军训等契机，深入宣传《兵役法》《国防法》《国防教育法》《国家安全法》《江苏省征兵工作条例》等法规制度，成效显著。认真贯彻落实全国和省两级大学生征兵网络视频工作会议精神，分时间、分程序、分阶段、分步骤地按时完成年度大学生征兵任务。通过强化组织领导，保障征兵工作顺利开展；通过加强宣传发动，激发莘莘学子的参军热情；通过密切协调合作，圆满完成任务。经过初审、体检、心理测试、复检、政审、役前训练等程序，经镇江军分区审核、镇江市京口区人民政府征兵办公室批准，最终有22名男同学和3名女同学从学校光荣入伍。此外，注重做好应征入伍和退伍返校同学的各项服务保障工作，按照规定办理好学籍保留、学费补偿、党团关系转出、拥军卡办理等手续，鼓励学生在军营建功立业，保证入伍大学生无后顾之忧。对退伍返校的同学，注重加强关爱和指导，组织其参加相关培训，积极协助落实复学安置和转专业、学分认定等工作，使其能最大限度地尽快回归和适应校园生活。

（撰稿：姚永伟　核稿：袁海宇）

群团工作

校工会、教代会工作综述

【概述】 2020年，是我国决胜全面建成小康社会、实现第一个百年奋斗目标的圆梦之年，是“十三五”规划收官和“十四五”规划谋划之年，是学校落实习近平总书记重要批示精神奋力冲刺“双一流”的攻坚之年。校工会在学校党委和上级工会的正确领导下，在学校行政的关心和大力支持下，在各基层二级工会的共同努力下，坚持以习近平新时代中国特色社会主义思想为指导，认真贯彻落实党的十九届四中、五中全会精神和学校四届四次“两代会”精神，以坚定的政治性引导教职工，以鲜明的先进性教育教职工，以广泛的群众性凝聚教职工，认真履行“维护、教育、参与、建设”的基本职能，发挥桥梁、纽带作用，广泛发动教职工，真心依靠教职工，热诚服务教职工，以维护广大教职工利益为重点，以有利于学校事业发展为中心，全面构建和谐校园，圆满完成了年度工作目标和学校下达的任务。

【积极投身疫情防控，齐心协力打赢防疫阻击战】 在学校党政的统一部署下，积极参与疫情防控工作。第一时间发布《致全校教职工的一封信》。牵头组建家属区防疫工作组，制定《家属区工作组疫情防控方案》，并根据防疫政策和形势的变化及时修订完善方案。疫情防控期间，作为家属区防疫工作组的牵头部门，校工会督促协调相关部门全面落实防控要求。组建教职工防疫志愿者团队，配合江大社区做好家属区返校教职工登记、筛查、隔离观察、随访报告、生活保障服务。第一时间为教职工购置发放防疫防护用品，解教职工燃眉之急。利用多种途径开展防护知识、防疫政策的宣传教育，为全面复工复学和常态化防疫做出了应有的努力。

【服务大局勇挑重担，助力学校迎接省综合考核】 根据校党委的要求，校工会牵头负责省属高校综合考核“为师生排忧解难解决突出问题”和“加强民主管理”两个指标的任务分解、工作协调及考核材料收集、梳理和总结等工作。校工会高度重视，克服任务重、人手紧、要求高、压力大等困难，群策群力，多次召开专题会议分析总结 2019 年失分原因，研究谋划 2020 年两项指标的应考准备，并主动与省教育厅相关部门对接，向兄弟高校请教，逐步细化、完善、梳理出两个考核指标的任务落实“三清单”及相应的详细原始材料目录，针对两个指标分别制作关于“计分方法”和“指标说明”的支撑材料汇编，同时按照考核满分标准要求，主动协调相关部门对标补差、追求完美，力争考核不失分。

【努力做好维权服务，迎合教职工美好生活向往】 校工会坚持以会员为中心的发展思想，认真履行工会的基本职能，维护教职工合法权益，竭诚服务教职工，着力提升广大教职工的获得感、幸福感。顺利完成 2019 年教职工大病医疗互助基金补助申请及发放工作，全年共计补助 343 人，补助额为 2 261 572 元。教职工法定节假日慰问品标准从每人每年 1 500 元提高到 1 800 元。改进教职工全年慰问品发放及招标方案，慰问品从发放实物改为自主选择超市提货凭证，通过工会信息系统顺利完成了全年“三节”慰问品提货凭证的选择和发放工作。全力做好消费扶贫，助力脱贫攻坚，联合后勤处在政府指定采购平台完成 260 余万元的扶贫产品采购发放工作。开展送温暖活动，全年慰问困难职工 153 人次，慰问费达 124 053 元。成功举办 2020 年退休人员荣休典礼。完成 2020 年生日蛋糕券和午餐补贴的发放工作，午餐补贴标准从每人每年 3 000 元提高到 3 600 元。完成女教工妇女节纸品补发工作。关心关爱单身青年教工，举办云端“玫瑰之缘”单身青年联谊活动，受到市教育工会和单身青年的高度好评。

【切实加强民主管理，增强教职工的主人翁意识】 校工会积极履行教代会工作机构的职责，成功召开四届四次“两代会”视频会议。会后做好各代表团意见汇总和提案征集工作，编印了“两代会”文件汇编。及时召开提案工作委员会会议，对提案和建议进行了分类、汇总，拟定主办单位，共计立案 46 份、建议 26 份，积极督促各相关单位做好提案办理与答复工作，提案办复率和满意率均达 100%。召开四届五次“两代会”，完成工会常务副主席、副主席选举及相关专门委员会委员增补选举工作。召开教代会执委会第五次会议，讨论年终分类考核评价与分配、京江学院转制办学、校院二级管理制度等事关学校事业发展、涉及教职工切身利益的重大问题。发布《关于做好组建分工会及分工会换届选举工作的通知》，指导二级工会做好换届或组建工作，39 个新一届二级工会委员会现已全部到位。指导帮助各二级单位召开二级教代会，助推二级单位加强民主管理。

【认真做好评优竞赛，扎实推进师德师风建设】 积极参与学校“三全育人”综合改革试点工作，发挥工会的职能优势，大力倡导和推进师德师风建设，营造良好的育人环境，弘扬正气，表彰先进，主动掌握意识形态话语权。开展“我与三全育人”征文评比工作，对一等奖获得者进行橱窗风采展示，将一、二等奖作品装订成册分发到各分工会进行宣传推广。与教务处、相关学院一起全力备战第三届全省本科高校青年教师教学竞赛，协调督促相关单位做好赛前指导培训工作，最终取得一等奖 2 名、二等奖 1 名和优秀组织奖的历史最好成绩。评比产生 8 个 2019—2020 年度群众体育工作先进集体。积极开展市教育工会“出彩教育人”的推选工作，6 名教职工获评镇江市“出彩教育人”。2 名同志荣获“镇江市劳动模范”称号。积极参编学校“三全育人”系列丛书，助力“三全育人”工作。

【积极开展文体活动，丰富教职工业余文化生活】 上半年，面对疫情，积极倡导各教职工社团有效组织开展线上教学和训练，编制网上教学视频、示范课件上传学校“空中课堂”指导全校教职工学习；同时指导各社团开展网上直播教学活动，共有 8 个俱乐部开展了 83 次直播活动，教职工参与达上万人次。举办“抗疫情 · 宅生活”摄影线上比赛。开展抗疫文艺作品创作，曲艺俱乐部创作表演了隔空三句半《坚决打赢校园防疫阻击战》和相声《毒家访谈》，弹唱俱乐部创作了抗疫歌曲《致敬抗疫英雄》。发布教职工八段锦比赛预备通知，开展线上视频教学活动，督促各单位加强普及推广。通过开展各种线上文体活动，丰富教职工疫情防控期间的业余生活。下半年，积极开展各类线下文体活动，举办了八段锦比赛、教职工运动会、羽毛球比赛等。组队参加镇江市教育工会举办的高校教职工羽毛球比赛，学校荣获第一名。组队参加镇江市气排球比赛，女青队获第二名，男中老、中青队分获第二、第三名。旗袍俱乐部参加镇江市电视台妇联举办的华服巡演活动。教职工活动中心各活动室正常开放，文艺俱乐部、棋牌俱乐部、茶文化协会等均积极开展各类活动。顺利完成学校迎新年晚会工会负责节目的组织、排练和演出。协同宣传部和文学院成功举办江苏大学第三届中华经典吟诵大赛。

【注重调研加强交流，推动自身建设全面提升】 校工会在做好各项服务工作的同时，不断加强对工会工作的研究，强化自身建设，为做好工会工作提供重要保障。疫情防控期间，组织召开分工会主席视频会议，布置年度工作，为全年工会工作的顺利开展打好基础。召开教职工社团（俱乐部）负责人视频会议，开展优秀社团评比答辩活动，共评出 6 个优秀社团。推进智慧工会信息化工作平台建设工作，已完成一期平台建设。举办新一届分工会主席培训班，加强工会工作实务培训，努力提升分工会主席的工作能力。受省教科工会委托，成立《江苏省高校进一步加强工会工作的实施意见》课题组，认真调研谋划，制定课题研究方案和调查问卷，分别于 11 月和 12 月向省教科工会提交了调研报告和《江苏省高校进一步加强工会工作的实施意见》的初稿和修改稿。全年先后接待省教科工会、市总工会、市教育工会、中南大学、南京中医药大学和南京信息工程大学等上级领导及兄弟院校同行来校调研交流。重视制度建设，修改完善了《江苏大学教职工社团管理规定》，制定了《江苏大学工会关于便民服务商户准入的规定》《江苏大学工会服装管理规定》等。

（撰稿：崔景花　核稿：沈良钧）

共青团工作综述

2020年度，共青团江苏大学委员会高举习近平新时代中国特色社会主义思想伟大旗帜，深入学习贯彻党的十九大和十九届二中、三中、四中、五中全会，以及团十八届四中全会精神，认真落实省第十五次团代会和校第四次党代会精神，围绕立德树人根本任务，坚持党建带团建，紧扣学校党政工作中心，在学校“三全育人”大思政格局中，聚焦主责主业，以思想政治引领和价值引领为核心，以召开校第六次团代会、第八次学代会、第七次研代会为契机，努力构建组织育人、实践育人、文化育人、网络育人、服务育人“五大”育人体系，致力建设有高度、有深度、有力度、有广度、有态度、有温度的青年身边的江苏大学共青团，不断提升团组织的组织力、引领力、服务力和大局贡献度，以实际行动服务学校开创农机特色世界一流大学发展新局面。

第一部分　工作成果

【国家级荣誉】 在第十二届“挑战杯”中国大学生创业计划竞赛中获银奖3项、铜奖1项，最佳人气奖1项，学校获优秀组织奖；1个项目获第七届“创青春”中国青年创新创业大赛铜奖；1人获评“全国优秀共青团干部”；2人荣获2019年度“中国电信奖学金·飞Young奖”；1人获评“中国大学生自强之星”；1支实践团队获评2020年全国大中专学生志愿者暑期“三下乡”社会实践活动优秀团队，1支团队获评“井冈情·中国梦”全国大学生暑期社会实践专项活动“优秀团队”，1篇实践报告获评全国大学生延安暑期社会实践专项活动优秀社会实践报告（全国共30项）；在团中央“镜头中的三下乡”评比中获评优秀组织单位，1个团队获评优秀视频团队，1人获评优秀指导教师；在团中央“我的返家乡实践故事”征集活动中获评最佳组织单位，并获评最佳传播作品1项；1人获评团中央“千校千项”展示活动“青年基层观察员”，1个项目获第五届中国青年志愿服务项目大赛银奖；1项美育改革创新优秀案例入围大学生艺术展演国赛；在中国青年网校园通讯社评选中，1人获评优秀指导教师，1人获评优秀通讯员，学校获评优秀校园通讯站。

【省级荣誉】 1人荣获第15届“江苏青年五四奖章”；校团委获评“江苏省五四红旗团委”，1个团支部获评“江苏省五四红旗团支部”，3人获评“江苏省优秀共青团员”；1个青年学习社获批省级“青年学习社”（2019—2020年度）；“2+1”守护计划志愿服务队获评团省委“向最美逆行者致敬”活动第一批优秀志愿服务组织，5名学生获“江苏省抗疫先进个人”荣誉称号；在省青年志愿服务评选表彰中，1个项目获评“江苏省十佳青年志愿服务项目”，2人获评“江苏省优秀青年志愿者”，1个协会获“江苏省青年志愿服务行动组织奖”，1人获“江苏省青年志愿服务事业贡献奖”，1人获“江苏省青年志愿服务新闻宣传奖”；在省青年志愿服务项目大赛中，1个项目获二等奖，1个项目获三等奖。6项课题立项为2019年度江苏高校共青团思想政治引领工作专项研究课题；在第十一届“挑战杯”江苏省大学生创业计划竞赛中，2件作品获金奖，3件作品获银奖，2件作品获铜奖，2名教师获优秀指导教师，学校捧得“优胜杯”；在2020年度团属报刊宣传工作表彰中，学校获评先进单位，1人获评先进个人；在“学宪法 讲宪法”省级比赛中，1名学生获知识竞赛二等奖，1名学生获演讲比赛二等奖。在2020年高校影视作品交流展映中，1件作品获专题类三等奖、抗疫优秀作品奖。在江苏省第六届大学生艺术展演中获特等奖2项、一等奖2项、二等奖7项、三等奖14项、优秀创作奖1项，江苏大学荣获优秀组织奖。

第二部分　工作举措

【以立德树人为根本，思想政治引领有高度】 1. 创新实施“信仰公开课”云计划。将疫情防控作为思想政治教育鲜活教材，围绕理想信念教育、爱国主义教育、生命教育、社会责任感和制度自信教育等主题，在全省范围内最早通过广播电台、抖音、哔哩哔哩等线上平台开展“信仰公开课”，全校共举办“信仰公开课”云计划网络直播系列活动近700场，课程累计2万余分钟，参与人次近23万，形成了良好的“头雁效应”。线下全覆盖实施“信仰公开课”，团支部全部开设，校院两级举办大中型“领航·开学第一课”活动60余场，校团委举办“与江大同行·与祖国共进”“青马”公开课示范课，线上近万人观看。活动得到《中国青年报》、新华网、中国共青团官网等媒体报道。学校信仰公开课工作做法在《中国共青团》杂志刊登。2. 有序建设“青年学习社”。完善“五强五有”工作模式，开展校级示范型青年学习社遴选，实现校院两级青年学习社建设协同联动。借助江大青年网站、江苏大学团委微信平台定期更新党的最新精神、时事政治等内容，常态化与省内知名青年学习社代表开展交流活动，学习典型经验和优秀做法。3. 增点扩面“先进集结号”。线上线下举办“青春在奉献中绽放”——江苏大学2020年“五四”颁奖典礼暨第五届青年师生信仰公开课；积极开展全国、省、市、校“两红两优”及第八届“十佳青年教职工”、第十六届“百优十佳青年学生”评选推荐；首次开展“江苏大学优秀学雷锋志愿者”评选，共评选出“十佳活力团支部”“十佳团支书”各10个、“五四红旗团支部”113个、“优秀共青团干部”598名、“优秀共青团员”653名、“江苏大学优秀学雷锋志愿者”191名。线上举办《我的青春故事报告会·防疫期间特别节目》，发挥朋辈教育作用，为青年学生提供“能量正补给”。4. 持续从严“大骨班”建设。线上举办大学生骨干培训第二期结业暨第三期开班典礼，探索实行“双班主任制”；通过开展理论学习、红色教育、实践锻炼等模块培养，逐步形成学思践悟网格化培养体系；结合“信仰公开课”，共组织开展参与“文字力——引领高校师生成长发展的核心竞争力”“打造高效合作的团队”等近10场专题学习；组织开展线上学习分享和口才训练活动，拍摄“为湖北加油”祝福视频，帮助“大骨班”学员坚定理想信念、宽阔国际视野、提升综合素质；修订完善《江苏大学大学生骨干培训班实施方案》，严把“青马工程”培养对象选拔入口关，严格落实团省委要求，实现“青马工程”学员中团干部比例不低于60%。

【以团学改革为主线，组织育人有深度】 1. 规范化提升团组织建设标准。发布《关于进一步做好疫情防控期间团小组建设工作的通知》，进一步完善“校团委—院团委—团支部—团小组”组织育人体系；以评促建，制定二级团组织量化考核标准，规范各项基础团务工作要求，做实团员发展、团费收缴、团支部评星定级、团员教育评议、团组织关系转接等工作；3 696 人参加团内推优理论考核，通过率为75.3%；开展第八届“党建带团建”先进单位申报评选工作。在全省率先由校党委印发《江苏大学推荐优秀团员为入党积极分子工作实施细则》《江苏大学推荐优秀团员作党的发展对象工作实施细则》，规范“推优”程序，强化培养过程。发布《江苏大学基层团支部工作清单实施细则》《江苏大学基层团支部工作成绩单实施办法（试行）》，着力构建“以团支部为核心，团干部为关键，团员为基础”的工作格局。2. 层次化提升团支部建设活力。在全省率先组织各团支部开展“汇聚合力　阻击疫情”“绽放战疫青春　坚定制度自信”主题团日活动，共发起 2 000 余次；以“三纵四横五协同”团建项目化体系为基础，实施团聚“135”创新创优工程；通过“党政领导带学、团学干部研学、普通团员共学”的形式，通过线上线下多种方式，组织开展学习习近平总书记“五四”寄语精神、习近平与大学生朋友们系列专题报道、《习近平谈治国理政》（第三卷）等相关活动，江苏卫视《江苏新时空》对学校学习情况进行报道；围绕庆祝新中国成立71 周年、感恩教师节、喜迎团代会·青春献祖国、学习贯彻党的十九届五中全会精神等主题，在全校各级团组织开展系列主题团日活动、云团课等，激发学生爱国情怀、爱校荣校热情，弘扬尊师重教传统，活动被中国共青团官网宣传报道；开展2020 年优秀主题团日评选活动及 2020 年研究生团支部风采展示大赛，选树基层团支部典型。3. 持续深化学生会组织改革。校党委出台《江苏大学学生会（研究生会）深化改革实施方案》，校团委印发《江苏大学学生会（研究生会）述职评议办法（试行）》。切实加强学生社团管理，发挥学生社团育人功能，校党委印发《江苏大学学生社团建设管理实施细则（试行）》，进一步加强党的领导和团委的指导，完成学生社团注册年审工作；创新学生社团管理“云”模式，开展第二十届学生社团巡礼节，全年累计举办线上线下学生社团活动 300 余场，近 25 000 人次参与；组织星级学生社团评选及五星级学生社团答辩会，表彰了先进集体及个人。4. 加快推进菁英学院建设。菁英学院学员培养情况良好，各团支部规范开展团组织生活。疫情以来，开展菁英达人直播间、“菁”益求精出国（境）交流分享会等线上直播和讲座 10 余场，拍摄制作战“疫”云讲演视频 20 个，改编演唱爱国歌曲2 首。顺利举行 2016 级学员结业典礼，评选出 2019 年度“菁英之星”40 名。2018 级学员全员参加江苏大学 2020 年暑期社会实践，其中 27 名学员荣获江苏大学暑期社会实践优秀个人称号。完成第五届 2019 级学员招生工作，开展行走的课堂、菁英乐跑、开口练等品牌活动。

【以素质拓展为抓手，实践育人有力度】

1. 平台推进创新创业工作。继续深化“五大平台”建设，坚持以“挑战杯”系列赛事为目标导向，统领全校创新创业工作。在第十二届“挑战杯”中国大学生创业计划竞赛中，学校 4 件作品进入国赛决赛文本评审阶段；开展第十届“星光杯”大学生课外学术科技作品竞赛，共计有 177 件作品、近千名学生报名参赛，83 件作品通过复评进入决赛；第 19 批大学生科研立项共申报2 551件作品，立项1 606件作品，参与人数超8 000人；科研立项结题950项，结题成果中，SCI、SSCI、CSSCI、EI等高质量论文100项，核心期刊论文55项，全年实际报销经费724 348.3元；上半年以网络文化节为主线、下半年以第十八届科技节为主线共开展各项活动70余场次，超过10 000人次参与。2. 继续优化社会实践机制。围绕“小我融入大我，青春献给祖国；决战脱贫攻坚，投身强国伟业”主题，全校20 000余名学生参与社会实践，组建1 000余支实践团队，重点围绕“党史国情观察”“教育关爱服务”“科技支农帮扶”“助力疫情防控”和“复工复产”等8个专题，深入基层开展了富有意义的社会实践活动，取得了显著成效，涌现出大批典型团队和个人。社会实践工作经验做法在省教育厅网站发布，《人民日报》、央广网、《中国教育报》等国家级媒体报道学校实践活动130次，省级以上媒体报道93次。扎实做好暑期社会实践总结表彰工作，打造全国品牌实践活动，建立社会实践精品项目支持制度，进一步巩固扩大暑期社会实践成果，继续深入挖掘特色实践项目并规范常态开展。3. 不断完善志愿服务体系。努力完善“文化、公益、专业、专项”四维志愿服务体系。积极组织动员学生向社区报到，共有300余名志愿者深入江苏、河南、湖南、云南、贵州、浙江、山西、广东、吉林、四川等地的社区和农村基层一线，参与疫情防控志愿服务。实施“2+1”守护计划，为江苏大学附属医院、镇江市第一人民医院、镇江市中医院的10名支援湖北医务人员的未成年子女提供服务。做好第23届研究生支教团7名成员的培训工作；引导学生融入国家需求，共有11名同学入选“西部计划”，4名同学入选“苏北计划”。举办第12、13期初级救护员培训班，2020级新生应急救护普及培训实现全覆盖。组织第二期防艾同伴教育主持人培训班，2020级新生防艾同伴教育实现全覆盖，组织6场防艾校园行讲座，覆盖学生近2 000人。

【以特色活动为载体，文化育人有广度】1. 持续拓展文化活动内涵。依托“江大之春”“金秋江大”大学生文化艺术节、社团巡礼节等品牌化和届次化系列活动，打造江大排行榜、“新生杯”篮球赛、江大吉尼斯、江大星期六、学术沙龙、研究生体育俱乐部等品牌活动，用“健康、活泼、高雅、时尚”的校园文化引领青春校园，努力满足广大同学的文化需求，让广大同学找得到平台，找得到队伍；坚持“一本四融”理念，弘扬中华优秀传统文化，推动优秀传统文化在高校扎根，增强大学生的文化自觉和文化自信；开展“学宪法 讲宪法”系列活动，校院联动促进法治教育入脑入心，加强和提升青少年法治观念和法律素养，营造校园“尊法、学法、守法、用法”的良好氛围；组织开展“告白祖国 强农兴农”主题灯光秀，厚植爱国荣校情怀，践行知农爱农初心，活动受到“学习强国”、新华网等主流媒体、平台报道。2. 联动促进中外文化交融。举办英文演讲大赛、CROSS-CULTURE PARK跨文化园地交流活动、耶鲁学（讲）堂，为中外学子沟通交流搭建平台，拓宽青年学生的国际视野；发挥英语类学生社团的作用，鼓励开办线上英语角，加强中国学生与在华留学生的工作联系。3. 合力彰显美育育人成效。一是统筹指导大学生艺术实践活动。举办高雅艺术进校园活动1场；举办艺术团“五湖四海同抗疫，青年学子展风采”线上直播文艺汇演，举办“身虽异域 琴传千里”——2020年江苏大学大学生艺术团弦乐团 & 民乐团线上专场演出；组织艺术团8个分团举办表演周活动，开展化妆、礼仪、主持人等专业培训10余场；完成了原创歌曲《六月》的毕业典礼版录音工作，协助完成《六月》MV录制工作；主办2020年第四届江苏大学配音大赛、江苏大学排行榜之主持人风采大赛，全年共选拔节目参与校级活动10余次，组织礼仪300余人次参与校级活动，选拔主持人参与校院级重大活动30余场。组织学生到镇江市文化馆、镇江恒顺集团等参加实践基地活动4场。承办校企活动扬中电气形象代言人选拔之江大专场活动1场。参与团区委青年学习路话剧演出1场。二是强化重大比赛和重要交流活动指导。在2020年高校影视作品交流展映中，1件作品获专题类三等奖、抗疫优秀作品奖。校艺术团合唱团参加镇江市第三届金山合唱节获铜奖。在江苏省第六届大学生艺术展演中获特等奖2项、一等奖2项、二等奖7项、三等奖14项、优秀创作奖1项，江苏大学获优秀组织奖。三是大力夯实美育实践基地建设。与镇江市文化馆、镇江市艺术剧院、镇江民间文化艺术馆等本地文化部门合作共建学生美育实践基地，逐步完善学校与地方文化宣传部门、文艺团体等的协同育人机制。

【以数字媒介为平台，网络育人有态度】

1. 加强新媒体机制建设。完善新媒体平台宣传机制，完成校团委网站升级改版，精彩团学活动第一时间线上线下发布预告；发挥“621”塔式网络矩阵平台作用，全天候服务全校青年师生。着力聚焦宣传队伍建设，建设高素质学生干部队伍，积极发挥网络文明志愿者作用，引领建设清朗和谐的校园网络环境。加强新媒体文创产品开发，“江小博”已成为团员青年喜爱的江大团委形象。持续深化平台内容建设，开设“小博爱学‘习’”“江大青年”“研究生支教团”“艺术有约”“共同战‘疫’”等微信专栏，立体化宣传校院团学组织育人成果。2. 深入落实“青年大学习”行动。完善校、院、团支部三级督学、促学、交流机制，全领域推进“青年大学习”网上主题团课，将“青年大学习”网上主题团课列入团支书培训、团支书沙龙、各团支部主题团日活动、团课。2020年以来，学校“青年大学习”网上主题团课学习参与率一直位列全省综合类本科院校前5名，第九季主题团课参与率位列全省高校第一。作为唯一高校代表，在全省新媒体工作培训班上作专题介绍。3. 细化用活“智慧团建”“PU”平台。依托“智慧团建”系统，实现团员信息标准化管理，全力做好2020届毕业生团员团组织关系线上转接工作。依托“PU”作为实施“第二课堂成绩单”的有效载体，开展“PU”平台培训和交流，建立校院两级“PU”管理工作小组，及时反馈“第二课堂成绩单”，推进解决工作中的问题。目前“PU”实名注册激活人数为30 474人，注册团学组织3 814个，发起活动数52 559个，活动签到率达95%，毕业生第二课堂成绩单输出率达91%。

【以成长需求为向导，服务育人有温度】

1. 理论武装团学干部队伍。完善校、院分级培训体系，每双周召开二级学院团委书记例会并进行主题教育学习，组织所有专职团干部参加学校党校培训班1期，开展集中性团支部书记培训1期，举办基层团支书论坛1期，组织二级学院团委举办第75期团校、第16期基层团支书沙龙，提升团支书团务工作技能，做到院系团干部、团支书培训全覆盖。指导团学干部积极申报共青团课题，邀请知名专家学者为团干部开设理论专题研究讲座，帮助提升团干部队伍专业化水平。2. 精心做好学生权益维护。组织开展“我与校领导面对面——校团委专题开放日”

座谈会，发挥好学生会、研究生会等学生组织维权、舆情信息监控报送和研判工作，打造3·15线上主题宣传活动，通过线上讲座形式增强青年学生权益保护意识。3. 加强青年教师联系引导。在校团委微信公众号做好疫情防控期间学校青年教职工先进事迹的宣传工作；开展第八届“江苏大学十佳青年教职工”工作，授予12位同志“江苏大学十佳青年教职工”荣誉称号，授予8位同志“江苏大学新长征突击手”荣誉称号；常态化开展“江苏大学青年说”，增强活动在青年师生中的影响力与参与度；继续引导青年教师指导青年学生开展科技创新活动。

（撰稿：张永强　戴宇践　核稿：王海军）

关心下一代工作综述

【概况】 2020年，以党的十九大精神和习近平关于做好关心下一代工作的重要指示为指引，在校党委的直接领导与校、院两级关工委的共同努力下，校关工委积极应对新冠肺炎疫情，奋发有为，开展多种形式的活动，关工委优质化建设取得新进展，关心下一代工作取得新成效。学校关工委再次被评选为全国关心下一代工作先进集体，金树德同志被评为全国关心下一代工作先进工作者。

【加强政治引领，牢牢把握正确的政治方向】 1. 加强政治引领。校关工委认真组织关工委常委学习贯彻党的十九届五中全会精神和习近平总书记在纪念中国关心下一代工作委员会成立30周年暨全国关心下一代工作表彰大会的重要指示，校党委书记、关工委主任袁寿其出席会议并讲话。同时，学校关工委紧密联系工作实际，以立德树人为根本任务，积极配合补充、发挥特长，在促进青年师生健康成长方面发挥了积极作用。2. 加强关工委组织建设。在2020年全校干部换届后，校、院关工委领导班子也及时做出相应调整。一是选优配强领导班子。坚持“党建带关建”，校党委书记兼校关工委主任，院党委书记兼院关工委主任，院副书记兼关工委常务副主任，基本做到了班子健全、结构合理。二是进一步充实关工委队伍。本着就地就近、自愿量力的原则，通过多种形式鼓励、组织老干部、老教师参加关心下一代工作，关工委队伍工作能力显著提升，工作实效更加突出。3. 召开校关工委优质化建设工作骨干培训会议。为使新上岗人员尽快适应关工委工作需要，校关工委及时组织召开了优质化建设工作骨干培训班会议，进一步学习和贯彻落实省委教育工委、省教育厅苏委教〔2019〕1号、苏教办关〔2019〕2号及《江苏大学推进关工委优质化建设工作的实施意见》等文件精神。同时，校关工委主要领导明确了工作要求，帮助大家从认识上进一步理解优质化，从思想上进一步重视优质化，从行动上进一步转入优质化。4. 召开了全校第六次关心下一代工作总结表彰大会。会上，柴顺根对关工委四年来的工作成绩进行了总结，袁寿其发表讲话并提出要深入贯彻落实习近平总书记重要批示精神，深度融入“三全育人”综合改革发展大格局，充分发挥关工委在大学生思想政治教育、青年师资队伍建设等方面的作用，扎实推进关工委优质化建设，确保高质量完成省教育关工委优质化建设考核工作。会议对16个二级关工委、11个校关工委工作平台先进集体和103位先进个人进行表彰。5. 充分发挥宣传工作的引领和导向作用。校关工委充分运用微信公众号及二级关工委秘书群、各平台组长群等，及时传达、学习中央及习近平总书记的重要指示精神，及时报道二级关工委开展的各项活动，及时布置省教育系统关工委布置的工作。2021年累计报道工作动态200余篇，制作电子关工委工作简报23期，推送微信公众号162篇，信息传媒平台成为推进关心下一代工作创新发展的强大动力。

【助力抗疫，发挥正能量】 1. 主动作为发倡议。在疫情蔓延之初，校关工委便向全校关工委成员发出“抗击疫情，发挥正能量”的倡议书。倡议一经发出便得到热烈响应，成员自发做起疫情防控宣传工作，并从自身做起，助力战“疫”。倡议书得到省教育系统关工委领导的赞赏，并被推荐作为全省高校学习的典范。2. 以多种形式支持抗疫。一是充分发挥自身优势，配合校团委邀请关工委成员通过笔墨丹青寄语江大学子，表达抗疫斗争必胜的坚定信心，以及对祖国的深深热爱。二是响应校党委号召，踊跃捐款献爱心。三是及时宣传老同志及各学院关工委组织青年学生在当地抗“疫”过程中的感人事迹。四是参加邵仲义志愿者服务队“缅怀先烈，致敬英雄”线上清明祭扫活动，校关工委老同志向同学们讲述属于江大的英雄故事，激励同学们珍惜今天来之不易的幸福生活。

【推进关工委优质化建设，做细做实考核试点相关工作】 1. 制订和落实二级关工委优质化建设基本要求。学习调研兄弟高校二级关工委优质化建设工作的思路与经验，深入二级学院调研关工委各自工作举措，研究制订了《江苏大学二级关工委优质化建设工作基本要求》，并督促各学院完善工作机制，扎实开展活动，强化台账管理。2. 巩固学校关工委常态化建设工作成果。对已获二级关工委常态化建设巩固提高奖的单位，在推进优质化建设工作上下功夫；对全校尚未获得巩固提高奖的两个学院加强工作指导，按要求查漏补缺，筑牢工作基础，并于2020年12月通过听取PPT工作汇报，查看各二级关工委工作网站、工作平台和日常工作情况的文字记录和图片资料，考察二级关工委的工作实际效果，现场会议交流，评审打分，综合评议。校关工委常委会研究并报校领导同意，两个学院获得巩固提高奖。3. 积极开展二级关工委优质化建设考核试点工作。2021年8月，省教育系统关工委发电子函通报了将学校列入关工委优质化建设考核试点3所高校的通知，这是省教育系统关工委对学校关工委工作的充分认可。对此，学校关工委及时按照上级的评审细则开展了相关工作：一是对照评分细则找差距；二是向校党委主要领导及时汇报尚需解决的问题；三是校党委常委会集体研究落实相关工作措施；四是党务工作例会上向二级关工委党委书记明确具体工作要求。切实做到找差距、补短板、强弱项、促提升。五是对照《评分细则》，列出材料清单，整理档案资料，制作PPT，做好两个视频拍摄任务的基础工作。

【不断加强思政教育，扎实开展主题教育活动】 1. 多方位开展大学生思想政治教育。校党委书记、关工委主任袁寿其在抗疫期间作了“战‘疫’中的中国温度与江大力量”网上专题讲座，在新学期伊始，给2020级全体新生以“悟初心，续情怀，做有担当有梦想的青年人”为题上了一堂生动的思政课，给新上岗教师讲授了题为“为党育人，为国育才，努力做新时代‘四有’好老师”的岗前培训开班第一课；时任副校长、关工委常务副主任张济建作了“历经风雨还坚韧——正确认识新冠疫情对我国经济发展的影响”的讲话；柴顺根作了“正心明道　行稳致远——开启大学新征程”主题分享；各学院关工委分别举办“增强‘四个自信’”“90后的责任与担当”等主题信仰公开课，举办“缅怀先烈，致敬英雄”为主题的抗疫宣讲活动，召开“弘扬长征精神，走好新长征路”主题党课，举办诚信感恩教育讲座。为引导学生深入学习贯彻习近平总书记就学校关于加强农机人才培养和科技创新等汇报的批示精神，多个学院关工委开展“知农爱农、强农兴农”主题教育，邀请老领导、老教授作“支农爱农”讲座，使学生对“三农”精神有了深入了解，培养了学生的“爱农、知农、为农”情怀。共开展各类讲座300余场，受众73 000人次。校院关工委组织开展了“讲好战‘疫’故坚定‘四个自信’——新冠疫情下中美国家治理模式的制度与文化比较”信仰公开课专题讲座，近万名观众通过江苏大学官方哔哩哔哩平台观看直播，并向省教育系统关工委申报精品教育案例，案例荣获一等奖。2. 积极组织开展主题教育。及时下发活动通知，并将学习读本扫描制作成电子版通过微信公众号发送给学生学习。安排组织学生与“最美奋斗者”赵亚夫和学校4位交纳“特殊党费”的老干部、老教师进行了两次线上交流，学生深受启发。在主题教育征文活动中，共收到征文593篇；在“读懂中国”活动中，共收到征文254篇。校关工委从中挑选出20余篇征文上报参赛，并为保证征文质量专门安排了点评会及专业老师进行指导。

【二级关工委积极打造特色品牌，不断呈现新亮点】 1. 二级关工委工作亮点纷呈。材料学院加强主题教育，做好思想引领，除课堂主渠道外，围绕“绽放战‘疫’青春·坚定制度自信”、“汇聚合力　阻击疫情”、十九届五中全会精神、学宪法、知农爱农、社会主义核心价值观等主题，开展信仰公开课和主题教育，全校共计有30 000余人次参加。法学院为发挥老教师的专业特长，使其参与“三全育人”工作，邀请老教师开展专业知识科普活动，指导学生参与科研立项、专业竞赛，学生在国家级专业学科竞赛中多次获奖；老教师和青年教师一起指导生产实践和毕业设计等，参与专业建设座谈会，参与建设“三全育人”基地，形成浓郁的专业学习气氛；老教师作为教学督导员，指导青年教师教学；等等。为引导青年学生学习习近平新时代中国特色社会主义思想，弘扬爱国主义精神，艺术学院关工委和工会联合举办“众志成城抗疫情”书画作品比赛，以振奋精神、鼓舞士气、传播正能量、讴歌真英雄的好作品，展现学校教职员工责无旁贷的担当与作为，向奋战在疫情防控一线的全体工作人员和广大人民群众致敬，坚决打赢这场特殊的战役。物电学院关工委老同志向青年教师们介绍入职后的科研、教学等情况，倾囊相授，与新教师们分享自己的教学、科研经验，使青年教师能够更快更好地融入工作，做到立德树人、站稳讲台、志存高远、追求卓越，为“双一流”和高水平大学建设而努力奋斗。2. 将关工委工作融入学院“一院一品”建设中。土力学院关工委与学院学工团队一起构建民族学生思想政治教育“三本三化”的新模式，即以“汉民团结、笃学勤学、诚信快乐”为根本目的，以“教育引领系统化、分层指导个性化、管理服务精细化”为工作思路，全方位、全环节、全过程给予他们特别的关怀，用爱感染他们的内心，推动民族团结，促进民族融合。同时，学院实现了少数民族学生毕业率、就业率、回乡就业率、对学院管理满意率4个100%。财经学院围绕立德树人根本任务，搭建与学生、青年教职工健康成长密切相关的工作平台，其中，与爱校荣校教育相结合，邀请校关工委名誉主任金树德研究员为财经学院700余名师生上“梦想公开课”之领航·开学第一课主题教育。邀请关工委副主任王恒根同志，参加财务1803、国贸1803团支部组织的信仰公开课主题团日活动，为学生介绍了财经学院的办学历程。农业工程学院积极开展“知农爱农”理想信念特色教育。组织学院关工委成员认真学习习近平总书记给全国涉农高校的书记校长和专家代表的回信精神及对“江苏大学写给习总书记的一封信”重要批示精神，以立德树人为根本，以知农爱农为己任，培育学生“知农爱农”情怀，增强学生“强农兴农”意识，培养学生“助农为农”技能。积极配合校党委宣传部、校关工委、组织部、校团委和学工处等部门做好“知农爱农”精神的宣传教育活动，邀请校关工委老师举办“知农爱农、薪火相传”宣讲会、“知农爱农”先进班集体暨学风建设活动，邀请校关工委宣讲团举办“知农爱农”座谈会，邀请院士举办以“知农爱农”为主题的思想教育宣讲会。同时，学院注重农机特色情怀传承培养，注重对广大青年学生的思想传承教育，始终将“知农爱农”理想教育作为关工委工作特色，大力加强大学生“农”字理想信念教育工作，将学生“知农爱农”理想信念特色教育贯穿于关工委工作各个方面，厚植学生“知农爱农”情怀，助力学校建设成为以农机为特色的一流大学。教师教育学院将关工委工作纳入学院“一院一品”“六大导师”导学体系，推动关工委工作与大学生党建、团建工作的融合，形成了包括党政领导干部导师、关工委老同志导师、专兼职辅导员导师、朋辈学长学姐导师、校内学业教授导师及校外基地校友导师等在内的导学体系，通过沟通联动、齐抓共管，对学生的思想道德素质、学业规划成长、专业技能提升等方面提供全方位的指导和支持，发挥育人合力，齐心培养新时代的师范生。3. 积极推动二级关工委对“三困生”的帮扶工作。管理学院结合学院特点创新工作思路，通过老教师联系新生班级工作、“关工委关爱谈心屋”、“疫情期间临时困补”等载体，做好青年学生专业思想教育、政治思想教育、心理咨询和“三困生”帮教工作。马克思主义学院思想道德修养与法律基础教研室支部与2020级研、本贫困新生代表进行简朴而热烈的助学对接活动，同时向各位学生赠送了《习近平的七年知青岁月》和部分生活用品，勉励学生重温习近平总书记青年时期的奋斗足迹，争做有文化、有思想、敢担当、能做事的新时代青年。土力学院领导奔走企业间，发动教师员工缴纳“特殊党费”，为学院贫困学子、学院活动筹集资金，3年累计达18万余元，确保“经费投入”到位；在学院师生中开展冬衣捐赠活动，让贫困学子在寒冬中感受家的温暖，学院已收到募捐的衣物上百件；学院一教师匿名为学院贫困生捐款10万元，成立“砼心”贫困生励志奖助学金。文学院关工委为有需要的同学发放了保暖内衣，让他们在寒冬感受到了学院的温暖。4. 坚持开展校外辅导站工作。流体中心关工委与流体中心2020级研究生党合作支部，赴其一村开展“回顾历史，用心陪伴”主题支教活动。组织其一村儿童回顾历史，学习抗美援朝志愿军的革命精神，并准备了丰富多彩的趣味游戏，让孩子们在了解历史的同时更有参与感，并感受到了陪伴，活动得到了教育部和省、市级媒体的广泛关注，同时流体中心也涌现出了一批志愿做公益的学生。机械学院实地与辛丰镇关工委老师和留守儿童进行交流，开展关爱留守儿童“手拉手读好书”暑期公益活动，向他们科普3D打印知识并赠送科普书籍，同时进行了友谊足球赛。《镇江日报》对相关活动做了报道。

【切实加强关工委平台建设，为青少年健康成长做好事办实事】 1. 教学督导组多种形式严把教学各环节质量关。有15位退休教师参加的校关工委教学督导组，深入课堂、实验室教学一线，对全校本科教学进行督查指导。以立德树人为目标，充分发挥自身的教学经验和教学威望优势，真诚地与青年教师和大学生沟通交流，帮助指导青年教师过好师德关和教学关，关心了解大学生的学习生活情况，推进课程思政教育。特别是2020年上半年，由于突如其来的疫情，学生不能进校，任课教师采取线上教学模式，督导们克服重重困难，在家同步进行线上督查指导，并通过QQ、微信与教师、学生交流。2020年15位教学督导共听（巡）课1 228节次，人均82节次，参加系、室教研活动54人次，开展青年教师教学评讲、评比及座谈36人次。2. 积极组织参加驻镇高校“百名教授老区行”第20次活动暨总结大会和“全国扶贫日”活动。校关工委于2020年10月再次受邀带领医疗专家小队前往句容市白兔镇参加市关工委和市老促会联合开展的国家扶贫日活动，为当地百姓进行义诊。老专家们为村民量血压、测血糖、诊脉，耐心地询问村民们的身体状况，分析病情，讲解注意事项，并在学校关工委工作人员的协同下给村民发放了相关物品，受到当地村民的欢迎。11月18日，驻镇高校“百名教授老区行”第20次活动暨总结大会再回原点，重温初心，在发源地句容市茅山镇举行。在总结大会上，学校金树德同志荣获“突出贡献奖”，学校关工委荣获“先进集体”称号，学校34名老同志荣获“先进个人”称号。此次活动中，江苏大学向茅山镇8名困境学生捐款16 000元，向当地村民捐赠军服200套、军鞋200双、日常药品若干。学校附属医院和职工医院8名医生共同为茅山镇居民进行义诊。同时，举行写春联活动，开设科技咨询台。学校关工委合唱团原创诗歌朗诵《初心如磐　奋勇前行》受到现场群众一致好评。3. 充分发挥合唱团、文化传承组在文化育人方面的积极作用。为提高校关工委合唱团优质化管理水平，保证正常、规范的运行，在原有制度“试行”的基础上，正式出台了《江苏大学关工委合唱团章程》，进一步明确了合唱团的宗旨、任务等。受疫情影响，合唱团集中活动从9月份正式开始。自开始活动以来，全团共训练14次，演出8次。为凸显合唱团的宗旨任务，更好地服务大学生，合唱团精心排练了《百年辉煌向未来》《祖国，慈祥的母亲》《思念》《不忘初心》等大合唱曲目，在迎新生、支援慰问老区、给全校贫困生送温暖、迎新年、信仰公开课等活动和舞台上，共参加彩排和演出12场，受众人数达万人。为纪念“百名教授老区行”活动20周年，合唱团创作了诗朗诵《初心如磐　奋勇前行》，并参加了纪念活动的演出。文化传承组积极开展活动，教环安学院安全专业一年级学生唱京歌《娄山关》。本年度绿野诗社加入关工委文化传承组，召开了以“传承中华经典　培育诗词新人”为主题的诗词创作经验交流座谈会，并进行了诗词朗诵，对在校大学生传承中华文化、提高诗词写作水平起到了很好的推动作用。校关工委为学生选聘了15位在诗词教育领域有一定影响力的老师义务指导，并为他们现场颁发了聘书。4. 各平台小组工作稳步推进。校院关工委“关爱谈心屋”参与谈话的老同志91名，接待学生1 504名，70名老同志参与帮带180余名青年教师。

社区文化广场放映爱国主义影片4部，观众达150人次。“给我一个家”举行了第十六届结对帮扶仪式，2020级6名孤儿学生成了“给我一个家”的新成员。“时雨社”与大宝贝食品商贸有限公司、启源电气股份有限公司签了资助合同，分别资助3名和17名同学。“关爱超市”收到军服200余套、军鞋200余双。健康服务组到食堂进行检查57次，与师生交流285次，征求意见和建议30余条；下半年关工委配合学校做好“光盘”行动的督查，为培养学生勤俭节约的良好美德发挥了积极作用。节能工作组节能巡查28次，参加巡查56人次。

【与时俱进，不断改进工作及服务方式】 1. 坚持会议制度。坚持每两周一次关工委常委集中学习、讨论工作制度，夯实服务基础，即使在防控疫情形势较为紧张时期，讨论工作也未停止，从线下到线上，关工委工作有条不紊地健康运行。2. 不断创新服务方式。工作中重视了解工作平台和二级关工委的工作实效，及时调整工作方式，如“关爱超市”根据学生的需求变化，增设发放生活用品项目，受到学生欢迎。校关工委“关爱谈心屋”职能由原来的坐等，变为主动督促指导二级关工委的“谈心屋”，扎实推进关工委工作，促进学生健康成长。

人才培养

本科教育

普通本科教育

综述

【本科教学运行平稳顺利】 疫情防控期间，研究制定线上教学工作相关准备和实施方案，搭建线上教学平台，做好教学质量监控，多渠道争取资源，积极做好线上教学的运行管理与服务工作，确保“停课不停教、不停学、不停考”，很好地完成了学校教学运行的基础性工作，主要包括：1. 严格落实教授为本科生授课工作。2020年，教授为本科生授课比例达99.2%。2. 学籍管理工作。处理全校本科生转专业、转年级、保留学籍、休学、复学、退学、转学等学籍信息异动工作；实施学业警告预警制度，处理“学业警告”学生212人，退学处理学生9人，处理“降级”学生102人，退学试读处理学生20人。3. 毕业、学位管理工作。2020届毕业生的毕业设计（论文）资格审核、毕业申请、毕业资格审核、学位资格审核；毕业学位证书封皮的制定发放，毕业（结业）证书、学位证书、学位通知书的打印、分发工作，以及结业生的换证审核、证书打印发放工作；2020届本科毕业生人数为5 661人，毕业5 633人，授予学士学位人数5 621人，毕业率99.5%，学位授予率99.29%。

【招生录取工作圆满完成】 1. 招生程序规范，顺利完成各类招生工作。组织综合评价录取、高水平运动队队员录取，完成招生计划6 803人，其中艺术类255人，本一批次6 236人，本二批次（与高职联合办学）录取312人。2. 生源质量稳中有升。2020年，学校在江苏省内生源质量稳定，本一理科投档线为363分，高出省控线16分（2019年高出13分），最高分383分，超出省控线36分；文科投档线为353分，高出省控线10分（2018年高出7分），最高分373分，超出省控线30分。学校文理科在省外30个省（市、自治区）招生，其中理科有25个省录取线超过当地省控线40分及以上，文科有23个省录取线超过当地省控线40分及以上。从生源质量当量和入学难度系数等指标来看，学校整体生源质量稳中有升。

【有序推进专业课程建设】 1. 着力培育一流本科专业。加强顶层设计，超前谋划，积极做好复合材料与工程、工商管理、思想政治教育、产品设计、药物制剂等20余个国家一流本科专业的重点培育工作，推荐的18个专业全部通过省里评审，并被推荐申报国家级一流本科专业建设点。组织能源与动力工程等18个江苏省品牌专业完成了品牌专业建设工程（二期项目）建设任务书和实施方案编制。2. 专业认证工作迈上新台阶。学校通过专业认证的专业数量为20个，工程教育认证以通过专业数19个并列全国高校第一。顺利完成数学与应用数学专业师范认证现场考查。3. 推进“三全育人”综合改革示范专业建设。做好第二批“三全育人”综合改革示范专业的申报与建设工作，测控技术与仪器等33个专业获批为江苏大学“三全育人”综合改革示范专业。4. 做好专业综合评估工作。按照省教育评估院工作安排，组织完成了会计学专业综合评估的专家现场考察（线上），并进行了2020年度医学检验技术、护理学、卫生检验与检疫、英语、日语等相关专业的综合评估自评工作，以及金融数学专业的新设专业综合评估自评工作。5. 新专业申报。根据《教育部高等教育司关于开展2020年度普通高等学校本科专业设置工作的通知》文件精神，组织完成了农业智能装备工程等拟增设新专业的评审与申报工作。同时，根据教育部部署，组织完成了能源与动力工程、农业电气化、计算机科学与技术、公共事业管理和医学检验技术等5个第二学士学位教育专业的申报工作。6. 微专业建设方兴未艾。强化学生复合型培养，立项建设了“新国学”“知识产权”“新结构经济学”等3个微专业；分两批次积极推进立项的13个微专业项目开展学生报名与选修工作，累计有500人次被相关微专业录取。7. 全面修订本科培养计划。出台《江苏大学关于制定2020版本科培养计划的指导意见》，坚持立德树人，对照国家教学质量标准、专业认证标准、一流本科专业标准等，全面修订江苏大学2020版本科培养计划（含第二学士学位）。8. 积极做好一流本科课程建设工作。出台《江苏大学关于一流本科课程建设的实施意见》，积极做好相关课程的培育建设工作。在教育部首批国家级一流本科课程认定结果中，学校共有18门课程被认定为国家级一流本科课程，其中，线上一流课程6门，虚拟仿真实验教学一流课程6门，线上线下混合式一流课程2门，线下一流课程4门。9. 持续推进在线课程建设工作。推动“会计学”等优质课程在中国大学MOOC平台上线，做好中国大学MOOC、好大学在线、智慧树等平台已上线的50门次课程的推广示范工作，积极引入知名高校优质慕课课程，完善“五育课程体系”。学生选课人次突破18 000人次，认可学分者达16 000余人次。进一步加强教师在线教学服务与管理，在中国大学MOOC和超星泛雅平台等开设2 000余门次SPOC课程，助力疫情防控期间线上教学。10. 深入推进思政课程与课程思政工作。开展“江苏大学课程育人示范教学设计评选暨教学改革典型案例”征集评选，确定“‘三全育人’背景下《误差理论与数据处理》教学模式改革与实践”等177篇课程育人示范教学设计暨教学改革典型案例，择优50篇左右汇编为《江苏大学课程育人改革案例集》。11. 加强教材建设工作。18本教材推荐申报省重点教材，获批立项9部。

【纵深推进教育教学改革】 1. 新工科改革与建设走在全国高校前列。“新工科理念下新卓越工程人才四维度交融培养模式改革与实践”获批教育部首批新工科研究与实践项目，并以优秀成绩完成验收，项目研究成果得到应用和推广，推进新工科改革与建设的引导机制和激励政策在兄弟院校产生积极反响。2. 新农科教学改革与实践项目启动。“新农科、新工科一体化建设，打造一流涉农专业集群的探索与实践”获批教育部首批新农科研究与改革实践项目。项目对于深入学习、贯彻落实习近平总书记对学校重要批示精神，加快推进农机特色一流大学建设，快速提升农机人才培养质量具有重要意义。3. 教育部产学合作协同育人项目申报如火如荼。组织开展了教育部产学合作协同育人项目申报工作。共申报41项，进一步深入推进了新工科、新农科、新医科和新文科建设。

【着力推进实践创新工作】 1. 推进创新创业训练和开放实验项目。进一步加强“大创”项目过程管理，重点抓好优秀“大创”项目展示、中期答辩、结题答辩等三个关键节点。2020年立项国家级“大创”项目88项、省级297项、校级860项，均创历史新高，入选教育部2020大学生创新创业年会展示项目1项，并获最佳创意项目奖1项、优秀指导教师奖1项；2019—2020学年完成开放实验项目196项，参与学生12 669人时数；实验项目的种类和数量较往年稳步提升，有力地支撑了本科阶段创新创业教育的实施。2. 加强大学生学科竞赛组织管理。根据2020年中国高等教育学会发布的全国普通高等学校学科竞赛排行榜，修订完善学科竞赛目录，设置了国家级A+竞赛3项、A类竞赛38项、B类竞赛29项、省级A类52项、省级B类76项、校院级160项，进一步扩大了学科竞赛的覆盖面。在发布的学科竞赛排行榜（本科TOP300）中，江苏大学排名77位（列省属高校第2），较前一年度提高4位。3. 省毕业设计（论文）评优再创佳绩。在江苏省普通高等学校本专科毕业设计（论文）评优中，学校获一等奖1项、二等奖7项、三等奖10项、团队优秀毕业设计（论文）3项，获奖总数列省属高校第二。4. 创新创业实践平台和实习基地建设。成立江苏大学人工智能与智能制造学院，人工智能与智能制造学院获批江苏省首批重点产业学院建设点。

【有效保障国际本科教学工作】 1. 新增计算机科学与技术中澳学分互认双学位项目1项，新增成建制本科中外合作办学、联合培养项目共10项。2. 部门协作推进本科生3个月以上赴境外交流项目运行。共153名本科生（2019年137人）参加3个月以上赴境外交流项目，其中58人赴境外学习，95人在境内进行外方线上课程学习。3. 英才班2017/2018级53名学生2020年1月—4月在加拿大参加了“金山英才班”多伦多大学访学项目和“金山英才班”麦吉尔大学访学项目。学生在项目考核和评价中成绩优秀。

【教师教学能力提升工程】 1. 积极组织教师教学能力培训工作。继续与教育部全国高校教师网络培训中心合作，引进由国家教学名师、国家精品开放课程主持人、国家级教学团队带头人、国家级特色专业负责人、“马工程”重点教材负责人等担任主讲教师的50门网络在线培训课程，供学校教师在线学习；拓展线上教学培训，转发线上培训公益讲座100余场；组织教师参加省教育厅委托学校马克思主义学院承办的江苏省本科院校教师课程思政能力提升培训班，累计参加培训教师101人次；组织教学竞赛获奖选手示范教学活动，40余人参加培训。2. 常态化开展名师讲堂、教学沙龙、公开课等活动。举办名师讲堂活动4场，近3 000名教师参加；开展教学沙龙活动19场；组织开展全校公开课54门次。3. 严格落实青年教师助理教学制度。新增76名教师申请助理教学培养。上半年组织专家对助理教学青年教师进行了验收，严把教学关，54名助理教学期教师进入主讲培训期，36名主讲培训期教师通过验收，确保了教学质量稳步提高。4. 组织各类教学竞赛。组织2020年第三届全省青年教师教学竞赛选拔，学校2名教师获一等奖，1名教师获二等奖；在省高校微课与微课程比赛中，获奖总数为10项，其中一等奖3项、二等奖5项。

【加强和完善本科教学质量监控与评价工作】 2020年，教务处开展了多主体、多节点的教学质量监控与评价工作，内容包括期初和期中教学满意度评价、期末学生网上评教、教学督导听课评议、领导干部听课评价、教学信息员信息反馈和期中教学评价等，并对上述各类评价结果进行了统计与反馈。1. 开展疫情防控期间线上教学监控。疫情防控期间，为确保线上教学质量，教务处制定线上教学方案，安排听课人员进行教学检查。科学设计校领导、督导和学院听课反馈问卷，以及学生听课反馈问卷和任课教师反馈问卷。春季学期首日开课，开展全面线上巡课，并在疫情防控期间不间断持续开展巡查工作，对教学实施过程和教学质量进行全程监控和评价。发布疫情防控期间开学首日线上教学质量报告、首周线上教学质量报告和首月本科在线教学质量报告。2. 做好各类考核评优工作。开展2020年“最受学生欢迎的十佳教师”遴选工作。经学生投票（投票率88.94%），教务处、研究生院、海外教育学院审核推荐，校长办公会讨论研究，评出“十佳教师”10名。3. 规范教学行为。严格执行教学事故认定与处理办法，及时处理了2起教学事故。

【推进涉农专业和课程建设，助推学校“095”工程进程】 深入学习和贯彻落实习近平总书记在学校信件上的重要批示精神，以及2019年9月5日给全国涉农高校书记校长和专家代表的回信精神，出台《江苏大学新农科新工科融合建设方案》（江大校〔2020〕182号），全面落实立德树人根本任务，围绕知农爱农人才培养，将思政元素和知农爱农思想全面融入各类课程，优化课程知识结构，构建融合新农科、新工科理念的人才培养方案，深化产教融合培养高层次农机人才。同时，以教育部一流专业与一流课程“双万计划”为契机，大力推进专业和课程建设，为“095”工程建设提供重要支撑。

【加强现代涉农一流专业集群建设】 重点建设涉农专业集群，包括12个专业，分别是农业机械化及其自动化、农业电气化、食品科学与工程、食品质量与安全、能源与动力工程、新能源科学与工程、环境工程、物联网工程、智能科学与技术、智能制造工程、设施农业科学与工程、农业智能装备工程。聚力一流课程建设，“食品加工机械与设备”“大型高地隙喷杆喷雾机工作参数调控虚拟仿真实验”等6门课程被认定为首批国家级一流本科课程。9部教材获批省重点建设教材，其中包括《食品机械与设备》和《食品工程原理》两部涉农专业教材。发放涉农专业新生专项奖学金。学校发放农业机械化及其自动化、设施农业科学与工程、农业电气化3个涉农专业专项奖学金。29名新生获得与学费等额度的新生奖学金，108名新生获得学费50%的奖学金，奖金总额为47.716万元。

（撰稿：刘　洁　核稿：王　谦）

江苏大学本科专业设置情况

序号	学院名称	专业代码	专业名称	学科门类	专业类别	师范标识	学制	学位授予门类
1	材料科学与工程学院	080203	材料成型及控制工程	工学	机械类		四年	工学
2	材料科学与工程学院	080404	冶金工程	工学	材料类		四年	工学
3	材料科学与工程学院	080405	金属材料工程	工学	材料类		四年	工学
4	材料科学与工程学院	080406	无机非金属材料工程	工学	材料类		四年	工学
5	材料科学与工程学院	080407	高分子材料与工程	工学	材料类		四年	工学
6	材料科学与工程学院	080408	复合材料与工程	工学	材料类		四年	工学
7	材料科学与工程学院	080401	材料科学与工程	工学	材料类		四年	工学
8	财经学院	120203K	会计学	管理学	工商管理类		四年	管理学
9	财经学院	120204	财务管理	管理学	工商管理类		四年	管理学
10	财经学院	020106T	能源经济	经济学	经济学类		四年	经济学
11	财经学院	020201K	财政学	经济学	财政学类		四年	经济学
12	财经学院	020301K	金融学	经济学	金融学类		四年	经济学

续表

序号	学院名称	专业代码	专业名称	学科门类	专业类别	师范标识	学制	学位授予门类
13	财经学院	020303	保险学	经济学	金融学类		四年	经济学
14	财经学院	020401	国际经济与贸易	经济学	经济与贸易类		四年	经济学
15	财经学院	071201	统计学	理学	统计学类		四年	理学
16	电气信息工程学院	080601	电气工程及其自动化	工学	电气类		四年	工学
17	电气信息工程学院	080701	电子信息工程	工学	电子信息类		四年	工学
18	电气信息工程学院	080714T	电子信息科学与技术	工学	电子信息类		四年	工学
19	电气信息工程学院	080801	自动化	工学	自动化类		四年	工学
20	电气信息工程学院	082303	农业电气化	工学	农业工程类		四年	工学
21	电气信息工程学院	082601	生物医学工程	工学	生物医学工程类		四年	工学
22	法学院	030101K	法学	法学	法学类		四年	法学
23	管理学院	120102	信息管理与信息系统	管理学	管理科学与工程类		四年	管理学
24	管理学院	120201K	工商管理	管理学	工商管理类		四年	管理学
25	管理学院	120202	市场营销	管理学	工商管理类		四年	管理学
26	管理学院	120206	人力资源管理	管理学	工商管理类		四年	管理学
27	管理学院	120401	公共事业管理	管理学	公共管理类		四年	管理学
28	管理学院	120601	物流管理	管理学	物流管理与工程类		四年	管理学
29	管理学院	120701	工业工程	管理学	工业工程类		四年	工学
30	管理学院	120801	电子商务	管理学	电子商务类		四年	管理学
31	化学化工学院	081301	化学工程与工艺	工学	化工与制药类		四年	工学
32	化学化工学院	070302	应用化学	理学	化学类		四年	理学
33	化学化工学院	070301	化学	理学	化学类	J	四年	理学
34	环境与安全工程学院	082502	环境工程	工学	环境科学与工程类		四年	工学
35	环境与安全工程学院	082505T	环保设备工程	工学	环境科学与工程类		四年	工学
36	环境与安全工程学院	082901	安全工程	工学	安全科学与工程类		四年	工学
37	机械工程学院	080202	机械设计制造及其自动化	工学	机械类		四年	工学
38	机械工程学院	080204	机械电子工程	工学	机械类		四年	工学
39	机械工程学院	080301	测控技术与仪器	工学	仪器类		四年	工学
40	机械工程学院	080705	光电信息科学与工程	工学	电子信息类		四年	工学
41	机械工程学院	081702	包装工程	工学	轻工类		四年	工学
42	机械工程学院	080213T	智能制造工程	工学	机械类		四年	工学
43	计算机科学与通信工程学院	080703	通信工程	工学	电子信息类		四年	工学
44	计算机科学与通信工程学院	080901	计算机科学与技术	工学	计算机类		四年	工学
45	计算机科学与通信工程学院	080902	软件工程	工学	计算机类		四年	工学

续表

序号	学院名称	专业代码	专业名称	学科门类	专业类别	师范标识	学制	学位授予门类
46	计算机科学与通信工程学院	080903	网络工程	工学	计算机类		四年	工学
47	计算机科学与通信工程学院	080904K	信息安全	工学	计算机类		四年	工学
48	计算机科学与通信工程学院	080905	物联网工程	工学	计算机类		四年	工学
49	计算机科学与通信工程学院	080907T	智能科学与技术	工学	计算机类		四年	工学
50	教师教育学院	040101	教育学	教育学	教育学类	J	四年	教育学
51	教师教育学院	040104	教育技术学	教育学	教育学类	J	四年	教育学
52	马克思主义学院	030503	思想政治教育	法学	马克思主义理论类	J	四年	法学
53	马克思主义学院	060101	历史学	历史学	历史学类	J	四年	历史学
54	能源与动力工程学院	080501	能源与动力工程	工学	能源动力类		四年	工学
55	能源与动力工程学院	080503T	新能源科学与工程	工学	能源动力类		四年	工学
56	能源与动力工程学院	081002	建筑环境与能源应用工程	工学	土木类		四年	工学
57	农业工程学院	082302	农业机械化及其自动化	工学	农业工程类		四年	工学
58	农业工程学院	090106	设施农业科学与工程	农学	植物生产类		四年	农学
59	汽车与交通工程学院	080207	车辆工程	工学	机械类		四年	工学
60	汽车与交通工程学院	081801	交通运输	工学	交通运输类		四年	工学
61	汽车与交通工程学院	081802	交通工程	工学	交通运输类		四年	工学
62	食品与生物工程学院	082701	食品科学与工程	工学	食品科学与工程类		四年	工学
63	食品与生物工程学院	082702	食品质量与安全	工学	食品科学与工程类		四年	工学
64	食品与生物工程学院	083001	生物工程	工学	生物工程类		四年	工学
65	食品与生物工程学院	071002	生物技术	理学	生物科学类		四年	理学
66	数学科学学院	070102	信息与计算科学	理学	数学类		四年	理学
67	数学科学学院	070101	数学与应用数学	理学	数学类	J	四年	理学
68	数学科学学院	020305T	金融数学	经济学	金融学类		四年	经济学
69	土木工程与力学学院	081001	土木工程	工学	土木类		四年	工学
70	土木工程与力学学院	120103	工程管理	管理学	管理科学与工程类		四年	工学
71	土木工程与力学学院	080102	工程力学	工学	力学类		四年	工学
72	外国语学院	050207	日语	文学	外国语言文学类		四年	文学
73	外国语学院	050201	英语	文学	外国语言文学类	J	四年	文学
74	文学院	050101	汉语言文学	文学	中国语言文学类	J	四年	文学
75	文学院	050103	汉语国际教育	文学	中国语言文学类	J	四年	文学
76	物理与电子工程学院	070201	物理学	理学	物理学类	J	四年	理学
77	药学院	081302	制药工程	工学	化工与制药类		四年	工学

续表

序号	学院名称	专业代码	专业名称	学科门类	专业类别	师范标识	学制	学位授予门类
78	药学院	100701	药学	医学	药学类		四年	理学
79	药学院	100702	药物制剂	医学	药学类		四年	理学
80	医学院	100203TK	医学影像学	医学	临床医学类		五年	医学
81	医学院	101001	医学检验技术	医学	医学技术类		四年	理学
82	医学院	101007	卫生检验与检疫	医学	医学技术类		四年	理学
83	医学院	100201K	临床医学	医学	临床医学类		五年	医学
84	医学院	101101	护理学	医学	护理学类		四年	理学
85	艺术学院	080205	工业设计	工学	机械类		四年	工学
86	艺术学院	130310	动画	艺术学	戏剧与影视学类		四年	艺术学
87	艺术学院	130403	雕塑	艺术学	美术学类		四年	艺术学
88	艺术学院	130502	视觉传达设计	艺术学	设计学类		四年	艺术学
89	艺术学院	130503	环境设计	艺术学	设计学类		四年	艺术学
90	艺术学院	130504	产品设计	艺术学	设计学类		四年	艺术学
91	艺术学院	130401	美术学	艺术学	美术学类	J	四年	艺术学
92	艺术学院	130506	公共艺术	艺术学	设计学类		四年	艺术学
93	艺术学院	130508	数字媒体艺术	艺术学	设计学类		四年	艺术学

注：1. 专业代码栏中，专业代码后加“T”“K”的专业，分别表示特设专业、国家控制布点专业；
2. 师范标识栏中，标注了“J”的表示师范、非师范两者兼有的专业，未注明者为非师范性质的专业。

江苏大学国家级精品课程

类别	序号	课程名称	负责人	立项年份
国家精品课程	1	电路	孙玉坤	2006
	2	食品加工机械与设备	马海乐	2008
	3	现代食品检测技术	赵杰文	2010
	4	创业管理	梅　强	2010
国家视频公开课	1	创业人生	梅　强	2012
国家精品资源共享课	1	创业管理	梅　强	2013
	2	食品加工机械与设备	马海乐	2013
	3	电路	陈晓平	2013
	4	现代食品检测技术	赵杰文	2013
教育部来华留学英语授课品牌课程	1	国际贸易实务	陈丽珍	2013
	2	会计学	吴梦云	2016
	3	信息安全技术	王昌达	2016
	4	药理学	封　云	2016

续表

类别	序号	课程名称	负责人	立项年份
国家精品在线开放课程	1	创业计划	梅　强	2018
	2	汽车构造	朱茂桃　耿国庆	2018
	3	机械制图	黄　娟	2018
	4	金属材料学	袁志钟	2018
	5	临床基础检验技术	胡嘉波	2018

江苏大学国家级特色专业

类别	序号	专业名称	专业代码	学科门类	专业类别	获批年份
国家级特色专业	1	机械设计制造及其自动化	080301	工学	机械类	2007
	2	电气工程及其自动化	080601	工学	电气信息类	2008
	3	金属材料工程	080202	工学	材料类	2009
	4	车辆工程	080306W	工学	机械类	2010
	5	医学检验	100304	医学	临床医学与医学技术类	2010

江苏大学省级品牌（特色、重点）专业（类）

类别	序号	专业名称	专业代码	学科门类	专业类别	获批年份
省级品牌专业	1	机械设计制造及其自动化	080301	工学	机械类	2003
	2	车辆工程	080306W	工学	机械类	2003
	3	热能与动力工程	080501	工学	能源动力类	2003
	4	金属材料工程	080202	工学	材料类	2003
	5	工商管理	110201	管理学	工商管理类	2006
	6	电气工程及其自动化	080601	工学	电气信息类	2008
	7	医学检验	100304	医学	临床医学与医学技术类	2008
	8	食品科学与工程	081401	工学	轻工纺织食品类	2010
省级特色专业	1	自动化	080602	工学	电气信息类	2003
	2	会计学	110203	管理学	工商管理类	2003
	3	计算机科学与技术	080605	工学	电气信息类	2003
	4	机械电子工程	080307W	工学	机械类	2003
	5	材料成型及控制工程	080302	工学	机械类	2003

续表

类别	序号	专业名称	专业代码	学科门类	专业类别	批准年份
省级特色专业	6	国际经济与贸易	020102	经济学	经济学类	2003
	7	环境工程	081001	工学	环境与安全类	2006
	8	电子信息工程	080603	工学	电气信息类	2006
	9	公共事业管理（医疗保险）	110303	管理学	公共管理类	2006
	10	无机非金属材料工程	080203	工学	材料类	2006
	11	测控技术与仪器	080401	工学	仪器仪表类	2008
	12	临床医学	100301	医学	临床医学与医学技术类	2008
	13	信息与计算科学	070102	理学	数学类	2010
	14	通信工程	080604	工学	电气信息类	2010
省级重点专业（类）	1	机械设计制造及其自动化	080202	工学	机械类	2012
	2	车辆工程	080207	工学		2012
	3	机械电子工程	080204	工学		2012
	4	农业机械化及其自动化	082302	工学		2012
	5	电气工程及其自动化	080601	工学	电气类	2012
	6	农业电气化	082303	工学		2012
	7	金属材料工程	080405	工学	材料类	2012
	8	无机非金属材料工程	080406	工学		2012
	9	材料成型及控制工程	080203	工学		2012
	10	冶金工程	080404	工学		2012
	11	医学检验技术	101001	医学	医学技术类	2012
	12	医学影像学	100203TK	医学		2012
	13	卫生检验与检疫	101007	理学		2012
	14	工商管理	120201K	管理学	工商管理类	2012
	15	会计学	120203K	管理学		2012
	16	市场营销	120202	管理学		2012
	17	人力资源管理	120206	管理学		2012
	18	信息与计算科学	070102	理学	数学类	2012
	19	数学与应用数学	070101	理学		2012
	20	统计学	071201	理学		2012

续表

类别	序号	专业名称	专业代码	学科门类	专业类别	批准年份
省级重点专业（类）	21	物联网工程	080905	工学	计算机类	2012
	22	计算机科学与技术	080901	工学		2012
	23	信息安全	080904k	工学		2012
	24	能源与动力工程	080501	工学	能源动力类	2012
	25	新能源科学与工程	080503T	工学		2012
	26	测控技术与仪器	080301	工学	仪器类	2012
	27	光电信息科学与工程	080705	工学		2012
	28	自动化	080801	工学	自动化类	2012
	29	通信工程	080703	工学		2012
	30	环境工程	082502	工学	环境科学与工程类	2012
	31	环保设备工程	082505T	工学		2012
	32	食品科学与工程	082701	工学	食品科学与工程类	2012
	33	食品质量与安全	082702	工学		2012
	34	生物技术	071002	理学		2012
	35	国际经济与贸易	020401	经济学	经济与贸易类	2012
	36	能源经济	020106T	经济学		2012
江苏省高校品牌专业建设工程	1	车辆工程	080207	工学	机械类	2015
	2	能源与动力工程	080501	工学	能源动力类	2015
	3	机械设计制造及其自动化	080202	工学	机械类	2015
	4	金属材料工程	080405	工学	材料类	2015
	5	工商管理	120201K	管理学	工商管理类	2015
	6	医学检验技术	101001	医学	医学技术类	2015

江苏大学省级精品（优秀）课程（群）

类别	序号	课程（群）名称	负责人	立项年份
省级优秀课程群	1	机械制造课程群	刘会霞	2002
	2	机械设计系列技术基础课程群	卢章平	2004
	3	医学检验主干课程群	许文荣	2004

续表

类别	序号	课程（群）名称	负责人	立项年份
省级一类优秀课程	1	机械设计	鲍庆惠	1993
	2	临床检验学	金蓉珍	1993
	3	微生物学及其检验	刘恭植	1995
	4	叶片泵风机原理及水机设计	林洪义	1998
	5	会计学	孔玉生	1998
	6	微型计算机原理及运用	赵德安	2000
	7	电路	陈晓平	2002
	8	创造学基础	姜　松	2002
	9	液压与气压传动	方昌林	2002
	10	金属材料学	戴启勋	2006
	11	临床检验学	许文荣	2006
省级二类优秀课程	1	材料力学	苏　虹	1993
	2	高等数学	张世伟	1993
	3	工程材料与机制基础	王特典	1993
	4	光学	郭胜康	1993
	5	大学物理	刘映栋	1995
	6	机械原理	马履中	1995
	7	流体力学	杨诗通	1995
	8	机械制造工艺学	李崇豪	1995
	9	电工学	陈正传	1995
	10	生物化学	黄诒生	1995
	11	世界近现代史	金卫星	1995
	12	物理化学	陈恕华	1995
	13	几何量公差与检测	王贵成	1998
	14	机械制图	卢章平	1998
	15	体育	黄东山	1998
	16	汽车理论	毛务本	1998
	17	理论力学	任其西	1998
	18	免疫学及免疫学检验	许化溪	1998
	19	中学物理教学法	邹汉英	1998
	20	思想品德教育	张炳生	1998

续表

类别	序号	课程（群）名称	负责人	立项年份
省级二类优秀课程	21	民法学	喻志耀	2000
	22	大学物理实验	刘映栋	2000
	23	统计学原理	查奇芬	2000
	24	微型计算机原理与接口技术	李　芷	2000
	25	金属学	黄根良	2000
	26	工程热力学	齐　红	2000
	27	心理学	殷方敏	2000
	28	人体解剖学	狄荣科	2000
	29	临床血液学与血液学检验	许文荣	2002
	30	模拟和数字电子技术	成　立	2002
	31	数字逻辑电路设计	鲍可进	2002
	32	邓小平理论概论	金丽馥	2002
	33	无机化学	谢吉民	2002
	34	数据库技术	刘秋生	2004
	35	医疗保险学	周绿林	2004
	36	精密与特种加工	王贵成	2004
	37	内燃机学	王　忠	2004
	38	操作系统	鞠时光	2004
	39	分析化学	闫永胜	2006
	40	工程图学	卢章平	2006
	41	管理学原理	梅　强	2006
	42	马克思主义哲学原理	董德福	2006
省级精品课程	1	材料科学与研究方法	赵玉涛	2008
	2	财务管理	孔玉生	2008
	3	大学体育	李明学	2008
	4	高等数学	田立新	2008
	5	工程力学	孙保苍	2008
	6	机械原理及设计	杨超君	2008
	7	临床免疫学和免疫检验	许化溪	2008
	8	流体力学	闻建龙	2008
	9	食品加工机械与设备	马海乐	2008

续表

类别	序号	课程（群）名称	负责人	立项年份
省级精品课程	10	国际贸易理论与实务	陈丽珍	2010
	11	无机化学	谢吉民	2010
	12	模拟和数字电子技术	成　立	2010
	13	精密与特种加工	王贵成	2010
	14	工程训练	刘会霞	2010
	15	图学基础	卢章平	2010
	16	流体机械原理及设计	陈汇龙	2010
	17	现代食品检测技术	赵杰文	2010
	18	临床血液学与血液学检验	许文荣　谷俊侠	2010
	19	创业管理	梅　强	2010
	20	马克思主义基本原理概论	董德福	2010
江苏省高校全英文授课精品课程（含培育）	1	信息安全技术 Information Security Technology	王昌达	2014
	2	电工电子学 Electric and Electronics	陈　山	2014
	3	土木工程导论 Introduction to Civil Engineering	刘荣桂	2014
	4	局部解剖学 Regional Anatomy	狄荣科	2014
	5	医学免疫学 Immunology	夏　圣	2014
	6	核医学 Nuclear Medicine	毛朝明	2014
	7	国际商务策划 International Business Planning	杨丽丽	2014
	8	管理学原理 Principle of Management	蔡　莉	2014
	9	C++程序设计 Programming in C++	毛启容	2015
	10	有机化学 Organic Chemistry	陈秋云	2015
	11	药理学 Pharmacology	封　云	2015
	12	会计学 Accounting	吴梦云	2015
	13	耳鼻咽喉科学 Otorhinolaryngology	钱　炜	2016

续表

类别	序号	课程（群）名称	负责人	立项年份
江苏省高校全英文授课精品课程（含培育）	14	操作系统 Operating System	牛德姣	2016
	15	基础化学 Basic Chemistry	薛兆历	2016
	16	药学分子生物学 Pharmaceutical Molecular Biology	刘晗青	2016
	17	过程工程原理（化工原理） Process Engineering Principles	殷恒波	2016
江苏省精品在线开放课程	1	材料科学研究方法	杨　娟	2017
	2	工程热力学	王　谦	2017
	3	机械制图	黄　娟	2017
	4	金属材料学	袁志钟	2017
	5	汽车构造	朱茂桃	2017
	6	临床基础检验技术	胡嘉波	2017
	7	临床微生物学检验技术	邵世和	2017
	8	创业管理	梅　强	2017
	9	决策模拟	李毅心	2017
	10	电路原理	李长杰	2019
	11	实验诊断学	胡嘉波	2019
	12	分析化学	范伟强　邱凤仙	2019
	13	工程图学基础	黄　娟　薛宏丽	2019
	14	饮食与健康	严丽荣	2019
	15	珠宝材料概论	陈彩凤	2019
	16	材料导论（双语）	严学华	2019
	17	能源与动力工程测试技术	康　灿	2019
	18	食品工程原理	刘伟民　黄阿根	2019
	19	科技创新与论文写作	程晓农	2019
	20	设计·创设美好生活 ——工业设计产品赏析	孙宁娜	2019
	21	设计与文化	王丽文	2019
	22	车身结构与设计	丁　华	2019
	23	金属基复合材料	赵玉涛　陈　刚	2019
	24	管理运筹学	赵观兵	2019
	25	CPS 技术与创客实践	朱　轶	2019

续表

类别	序号	课程（群）名称	负责人	立项年份
江苏省精品在线开放课程	26	公差与检测技术	王宏宇　吴　勃	2019
	27	药理学	李永金	2019
	28	临床分子生物学检验	孙梓暄	2019
	29	会计学	吴梦云	2019
	30	环境小品设计	韩　荣	2019
	31	卡通绘画技法与欣赏	李　莎	2019
	32	智能制造与控制工程基础	朱孝勇　傅海军	2019
	33	机械设计	杨超君	2019

江苏大学国家级规划教材

类别	序号	教材名称	主编姓名	年份
“十二五”普通高等教育本科国家级规划教材	1	食品机械加工与设备（第2版）	陈　斌	2012
	2	生物化学与分子生物学（第2版）	黄诒森　张光毅	2012
	3	临床血液学与检验（第4版）	许文荣　王建中	2012
	4	单片机原理与应用（第2版）	赵德安	2012
	5	机械原理与设计（上册）	马履中	2012
	6	机械原理与设计（下册）	马履中	2012
	7	流体力学（第3版）	罗惕乾	2012
	8	创业基础	梅　强	2014
	9	电气控制与 PLC 应用技术	黄永红	2014
	10	工程力学基础	孙保苍	2014
	11	集散控制与现场总线（第2版）	刘国海	2014
	12	临床血液学检验（第5版）	许文荣　王建中	2014
	13	食品工程原理	刘伟民　赵杰文	2014
	14	食品机械与设备（第二版）	马海乐	2014
	15	数字逻辑电路设计（第二版）	鲍可进　赵念强　赵不贿	2014
	16	数字逻辑电路设计学习指导与实验教程	马汉达　赵念强	2014
	17	艺术效应与视觉心理——艺术视觉心理学	王令中	2014
“十一五”普通高等教育国家级规划教材	1	材料科学研究办法	戴起勋	2006
	2	金属材料学	戴起勋	2006
	3	有色金属材料及制备	司乃潮	2006
	4	金属基复合材料	赵玉涛	2006
	5	电工学	朱伟兴	2006
	6	微型计算机控制技术	高国琴	2006

续表

类别	序号	教材名称	主编姓名	年份
"十一五"普通高等教育国家级规划教材	7	医疗保险学	周绿林	2006
	8	无机化学	谢吉民	2006
	9	环保设备——原理·设计·应用	郑 铭	2006
	10	机械原理与设计	马履中	2006
	11	图学基础教程	戴立玲	2006
	12	可再生能源概论	左 然	2006
	13	流体力学（第3版）	罗惕乾	2006
	14	食品加工机械与设备（第2版）	陈 斌	2006
	15	食品机械与设备	马海乐	2006
	16	现代食品检测技术	赵杰文	2006
	17	医学沟通学	姜学林	2006
	18	生物化学与分子生物学	黄诒森	2006
	19	汽车工程学Ⅰ	高 翔	2006
	20	汽车工程学Ⅱ	高 翔	2006
	21	信息安全概论（第2版）	赵跃华（第二主编）	2006
	22	基础化学（第2版）	谢吉民	2007
	23	数控机床故障诊断技术（第2版）	王贵成	2007
	24	科技创新与论文写作	戴起勋 赵玉涛	2007
	25	数字电子技术（第2版）	成 立	2007
	26	单片机原理与应用（第2版）	赵德安	2007
	27	医学化学	谢吉民	2007

江苏大学高水平本科教学平台

类别	名称	获批年份
国家级实验教学示范中心	工程训练中心（工业中心）	2013年
	能源与动力工程实验教学中心	2016年
国家级虚拟仿真实验教学示范中心	车辆工程虚拟仿真实验教学中心	2016年
国家级大学生校外实践教学基地	江苏大学—南京汽车集团有限公司工程实践教育中心	2013年
现代产业学院	人工智能与智能制造学院	2021年

2020年江苏大学获批立项省级重点教材

序号	学院	教材名称	教材主编
1	机械工程学院	激光特种加工技术	鲁金忠
2	财经学院	Principles of Accounting（会计学原理英文版）	吴梦云　杨顺华
3	化学化工学院	新能源化工前沿技术（能源化工）	施伟东
4	能源与动力工程学院	Renewable Energy（可再生能源英文版）	王　爽
5	食品与生物工程学院	食品工程仿生学	马海乐
6	医学院	临床基础检验学	胡嘉波　朱雪明
7	艺术学院	环境行为与公共小品	韩　荣　徐　英
8	艺术学院	中国绘画史	张同标
9	体育部	大学体育教程	王武年

江苏大学一流本科专业建设点名单

序号	专业名称	专业代码	专业类别	修业年限	学位授予门类	类别	获批时间
1	数学与应用数学	070101	数学类	四年	理学	国家级	2019年
2	机械设计制造及其自动化	080202	机械类	四年	工学	国家级	2019年
3	车辆工程	080207	机械类	四年	工学	国家级	2019年
4	测控技术与仪器	080301	仪器类	四年	工学	国家级	2019年
5	金属材料工程	080405	材料类	四年	工学	国家级	2019年
6	能源与动力工程	080501	能源动力类	四年	工学	国家级	2019年
7	电气工程及其自动化	080601	电气类	四年	工学	国家级	2019年
8	计算机科学与技术	080901	计算机类	四年	工学	国家级	2019年
9	农业电气化	082303	农业工程类	四年	工学	国家级	2019年
10	环境工程	082502	环境科学与工程类	四年	工学	国家级	2019年
11	食品科学与工程	082701	食品科学与工程类	四年	工学	国家级	2019年
12	医学检验技术	101001	医学技术类	四年	理学	国家级	2019年
13	公共事业管理	120401	公共管理类	四年	管理学	国家级	2019年
14	机械电子工程	080204	机械类	四年	工学	国家级	2020年
15	农业机械化及其自动化	082302	农业工程类	四年	工学	国家级	2020年
16	交通运输	081801	交通运输类	四年	工学	国家级	2020年
17	新能源科学与工程	080503T	能源动力类	四年	工学	国家级	2020年
18	复合材料与工程	080408	材料类	四年	工学	国家级	2020年
19	自动化	080801	自动化类	四年	工学	国家级	2020年
20	食品质量与安全	082702	食品科学与工程类	四年	工学	国家级	2020年
21	信息安全	080904K	计算机类	四年	工学	国家级	2020年
22	物理学	070201	物理学类	四年	理学	国家级	2020年
23	土木工程	081001	土木类	四年	工学	国家级	2020年
24	化学工程与工艺	081301	化工与制药类	四年	工学	国家级	2020年
25	工商管理	120201K	工商管理类	四年	管理学	国家级	2020年
26	国际经济与贸易	020401	经济与贸易类	四年	经济学	国家级	2020年

续表

序号	专业名称	专业代码	专业类别	修业年限	学位授予门类	类别	获批时间
27	思想政治教育	030503	马克思主义理论类	四年	法学	国家级	2020 年
28	法学	030101K	法学类	四年	法学	国家级	2020 年
29	产品设计	130504	设计学类	四年	艺术学	国家级	2020 年
30	临床医学	100201K	临床医学类	五年	医学	国家级	2020 年
31	材料成型及控制工程	080203	机械类	四年	工学	国家级	2021 年
32	交通工程	081802	交通运输类	四年	工学	国家级	2021 年
33	软件工程	080902	计算机类	四年	工学	国家级	2021 年
34	视觉传达设计	130502	设计学类	四年	艺术学	国家级	2021 年
35	统计学	071201	统计学类	四年	理学	国家级	2021 年
36	物联网工程	080905	计算机类	四年	工学	国家级	2021 年
37	信息管理与信息系统	120102	管理科学与工程类	四年	管理学	国家级	2021 年
38	药学	100701	药学类	四年	理学	国家级	2021 年
39	应用化学	070302	化学类	四年	理学	国家级	2021 年
40	英语	050201	外国语言文学类	四年	文学	国家级	2021 年
41	药物制剂	100702	药学类	四年	理学	省级	2019 年
42	安全工程	082901	安全科学与工程类	四年	工学	省级	2021 年
43	电子信息工程	080701	电子信息类	四年	工学	省级	2021 年
44	工程管理	120103	管理科学与工程类	四年	工学	省级	2021 年
45	光电信息科学与工程	080705	电子信息类	四年	工学	省级	2021 年
46	汉语国际教育	050103	中国语言文学类	四年	文学	省级	2021 年
47	化学	070301	化学类	四年	理学	省级	2021 年
48	环保设备工程	082505T	环境科学与工程类	四年	工学	省级	2021 年
49	教育技术学	040104	教育学类	四年	教育学	省级	2021 年
50	医学影像学	100203TK	临床医学类	五年	医学	省级	2021 年
51	高分子材料与工程	080407	材料类	四年	工学	省级	2021 年
52	建筑环境与能源应用工程	081002	土木类	四年	工学	省级	2021 年
53	制药工程	081302	化工与制药类	四年	工学	省级	2021 年

江苏大学通过认证专业

序号	专业	有效期		认证机构
		起始年月	终止年月	
1	车辆工程	2020 年 1 月	2025 年 12 月（有条件）	中国工程教育专业认证协会
2	电气工程及其自动化	2020 年 1 月	2025 年 12 月（有条件）	中国工程教育专业认证协会
3	计算机科学与技术	2020 年 1 月	2025 年 12 月（有条件）	中国工程教育专业认证协会
4	软件工程	2020 年 1 月	2025 年 12 月（有条件）	中国工程教育专业认证协会
5	土木工程	2020 年 1 月	2025 年 12 月（有条件）	中国工程教育专业认证协会
6	化学工程与工艺	2020 年 1 月	2025 年 12 月（有条件）	中国工程教育专业认证协会
7	环境工程	2020 年 1 月	2025 年 12 月（有条件）	中国工程教育专业认证协会
8	食品科学与工程	2020 年 1 月	2025 年 12 月（有条件）	中国工程教育专业认证协会

续表

序号	专业	有效期		认证机构
		起始年月	终止年月	
9	安全工程	2019 年 1 月	2024 年 12 月（有条件）	中国工程教育专业认证协会
10	交通工程	2019 年 1 月	2024 年 12 月（有条件）	中国工程教育专业认证协会
11	信息安全	2019 年 1 月	2024 年 12 月（有条件）	中国工程教育专业认证协会
12	通信工程	2019 年 1 月	2024 年 12 月（有条件）	中国工程教育专业认证协会
13	复合材料与工程	2019 年 1 月	2024 年 12 月（有条件）	中国工程教育专业认证协会
14	机械电子工程	2019 年 1 月	2024 年 12 月（有条件）	中国工程教育专业认证协会
15	机械设计制造及其自动化	2019 年 1 月	2024 年 12 月（有条件）	中国工程教育专业认证协会
16	制药工程	2018 年 1 月	2023 年 12 月（有条件）	中国工程教育专业认证协会
17	金属材料工程	2018 年 1 月	2023 年 12 月（有条件）	中国工程教育专业认证协会
18	测控技术与仪器	2018 年 1 月	2023 年 12 月（有条件）	中国工程教育专业认证协会
19	材料成型及控制工程	2018 年 1 月	2023 年 12 月（有条件）	中国工程教育专业认证协会
20	临床医学	2017 年 5 月	2023 年 11 月	教育部临床医学专业认证工作委员会

江苏大学国家级一流本科课程

序号	学院	课程名称	课程负责人	课程类型	获批时间
1	材料科学与工程学院	金属材料学	袁志钟	线上一流课程	2020 年
2	管理学院	创业计划	梅　强	线上一流课程	2020 年
3	机械工程学院	机械制图	黄　娟	线上一流课程	2020 年
4	能源与动力工程学院	工程热力学	王　谦 吉恒松	线上一流课程	2020 年
5	汽车与交通工程学院	汽车构造	朱茂桃 耿国庆	线上一流课程	2020 年
6	医学院	临床基础检验技术	胡嘉波	线上一流课程	2020 年
7	财经学院	会计学	吴梦云	线下一流课程	2020 年
8	能源与动力工程学院	能源与动力工程测试技术	康　灿	线下一流课程	2020 年
9	食品与生物工程学院	食品加工机械与设备	马海乐	线下一流课程	2020 年
10	外国语学院	大学英语	吴　鹏	线下一流课程	2020 年
11	材料科学与工程学院	金属材料学	程晓农	线上线下混合式一流课程	2020 年
12	汽车与交通工程学院	汽车构造	薛红涛	线上线下混合式一流课程	2020 年
13	管理学院	知识产权创新创业虚拟仿真实验	梅　强	虚拟仿真实验教学一流课程	2020 年

续表

序号	学院	课程名称	课程负责人	课程类型	获批时间
14	能源与动力工程学院	生物质燃气制备过程参数控制与目标反演虚拟仿真实验	王　谦	虚拟仿真实验教学一流课程	2020 年
15	能源与动力工程学院	空化现象可视化与控制虚拟仿真实验教学项目	康　灿	虚拟仿真实验教学一流课程	2020 年
16	农业工程学院	大型高地隙喷杆喷雾机工作参数调控虚拟仿真实验	毛罕平	虚拟仿真实验教学一流课程	2020 年
17	汽车与交通工程学院	车身结构耐撞性与乘员保护评价虚拟仿真实验	江浩斌	虚拟仿真实验教学一流课程	2020 年
18	医学院	心力衰竭整合医学虚拟实验	龚爱华	虚拟仿真实验教学一流课程	2020 年

2020 年江苏大学新增校外实习单位、实习基地

实习单位名称	建立年份
镇江市丹徒区辛丰中学	2020
北京钢研新材料科技有限公司	2020
江苏科辰电力装备有限公司	2020
江苏山连山食品有限公司	2020
江苏启源电力工程有限公司	2020
孚能科技（镇江）有限公司	2020
中兴华会计师事务所（特殊普通合伙）镇江分所	2020
苏州赛琅泰克高技术陶瓷有限公司	2020
中信证券股份有限公司江苏分公司	2020
上海万佐信息技术有限公司	2020
莱克电气股份有限公司	2020
江苏沪泉泵业有限公司	2020
镇江润驰新材料科技有限公司	2020

2020 年江苏大学入选中央与地方共建实验室项目

项目名称	金额/万元
电子信息工程、高分子材料及光电信息类专业认证项目	300
新工科背景下专业转型与新兴专业建设项目	540
虚拟仿真实验项目	160

2020 年江苏大学江苏省优秀本科生毕业设计（论文）

序号	学院名称	毕业设计（论文）题目	学生姓名	指导教师	获奖
1	农业工程学院	劣质穴盘幼苗气吹剔除装置设计	叶梦蝶	韩绿化	一等奖
2	电气信息工程学院	智能单车平衡控制系统研究与设计	王子淳	朱孝勇	二等奖
3	管理学院	小微企业双创基地资源拼凑能力对服务质量的影响研究	刘宏笪	赵观兵	二等奖
4	环境与安全工程学院	镇江市河流中典型邻苯二甲酸酯的测定及其对斑马鱼的生殖毒性研究	毛　伟	吴向阳	二等奖
5	机械工程学院	静电导除型聚合物输油管接头及其连通槽孔加工装置设计	柳苏洋	王宏宇	二等奖
6	机械工程学院	果蔬无损采摘软体机械手及其控制系统设计	王　铮	程广贵 霍福鑫	二等奖
7	食品与生物工程学院	氧化可德兰多糖-阿魏酸接枝共聚物的制备、结构及其功能特性	乔泽茹	闫景坤	二等奖
8	文学院	中国古代蒙学经典的海外传播及其影响研究——《孝经》在古代日本	毛天培	任晓霏	二等奖
9	财经学院	我国制造业隐形冠军企业创新活动的驱动因素研究	童依然	杨丽丽	三等奖
10	法学院	人工辅助生殖法律问题研究	沈雪菊	曾　见	三等奖
11	化学化工学院	生物质纤维素气凝胶/膜叠层结构的构建及油水分离性能的研究	聂新斌	吴才玉	三等奖
12	机械工程学院	三自由度转台机构设计	姜赛珂	张　兵 马佳佳	三等奖
13	计算机科学与通信工程学院	命名数据网络命名隐私保护技术研究	陶　宇	朱　轶	三等奖
14	数学科学学院	复杂网络中的公共品及囚徒困境演化博弈研究	鄢舒婷	韩　敦	三等奖
15	能源与动力工程学院	中低品位余热混合工质双级有机朗肯循环热环境优化设计	罗千皓	王　谦	三等奖
16	能源与动力工程学院	200YW450-30-75 液下排污泵	洪　鹏	徐伟幸 尤保健	三等奖
17	汽车与交通工程学院	重型车辆 W-ECHPS 中绕组式永磁耦合器的结构设计与性能研究	尚　润	江浩斌	三等奖
18	外国语学院	中国外交部发言人应答话语中的“诉诸同情”论证研究	周天宝	吴　鹏 马　瑛	三等奖
19	电气信息工程学院	磁悬浮轴承基础理论、驱动及控制研究	徐　奔 还浚其 郝　亮 程烨东	朱熀秋 张维煜 潘　伟 刁小燕	优秀团队
20	农业工程学院	小型蔬菜穴盘苗全自动移栽机的设计	赫明胜 郭建伦 丁建华 陈　嵘	杨启志	优秀团队

续表

序号	学院名称	毕业设计（论文）题目	学生姓名	指导教师	获奖
21	艺术学院	“烽火记忆”——红色主题教育与展示交互综合设计	孙　俊 张道敏 万馨雨 徐凌珂 胥德连	韩　荣 朱　喆 李　莎 杨东润	优秀团队

2020 年江苏大学优秀本科生毕业设计（论文）

序号	学院名称	学生姓名	毕业设计（论文）题目	指导教师
1	材料科学与工程学院	喻馨叶	新型苯并噁嗪-降冰片烯-双氰三元固化体系的合成及其固化机理与性能研究	张　侃
2	材料科学与工程学院	李绍伟	核电装备关键部件用新型 Fe-Cr-Ni 合金的高温塑性流变行为及机理研究	程晓农 罗　锐
3	材料科学与工程学院	徐　颖	非对称嵌段共聚物中立构复合晶体形成机理的分子模拟研究	聂仪晶
4	材料科学与工程学院	秦钱万	新型锂离子电池铌基负极材料的制备及其电化学性能研究	刘云建 吕　军
5	材料科学与工程学院	谢佳腾	PdAu@ h-CeO_2 光相应型纳米反应器的设计及工艺研究	赵晓华
6	材料科学与工程学院	杨　叶	基于 Python 的铝缸盖铸造数据图显设计	赵国平
7	材料科学与工程学院	岳晓阳	后处理对印刷法制备 BST 厚膜的结构与性能的影响	刘　军
8	材料科学与工程学院	黄　猛	强流脉冲电子束作用下 CrFeCoNiMo 高熵合金组织结构与性能研究	关庆丰
9	材料科学与工程学院	杨　华	二硫化锡/泡沫碳复合材料的制备及电化学性能研究	严学华
10	财经学院	张财经	应对气候变化技术创新对减低雾霾的作用研究	王为东
11	财经学院	黄方玉	差序式领导对家族上市公司财务绩效的影响研究	吴梦云
12	财经学院	陈春瑾	供应链金融中的中小企业信用风险测度及防范研究	谭中明
13	财经学院	李丹钰	国际贸易对江苏省全要素生产率的影响	吴　超
14	财经学院	朱可涵	会计信息披露对企业融资约束的影响研究	姚晶晶
15	财经学院	瞿佳慧	绿色发展视角下绿色信贷对绿色全要素生产率的影响及机制研究	江红莉
16	财经学院	黄思佳	电商平台企业商业模式对财务绩效的影响研究——以拼多多和京东为例	李靠队
17	财经学院	张佳倩	多元化战略与财务绩效关系的实证分析——以制造业为例	石盈芳
18	财经学院	张　媛	数字普惠金融的减贫效应研究	谭中明

续表

序号	学院名称	学生姓名	毕业设计（论文）题目	指导教师
19	财经学院	周　蕾	技术进步对中国碳排放效率影响的实证研究	赵桂梅
20	财经学院	钟　艺	江苏制造业双向 FDI 的价值链升级效应研究	杨丽丽
21	财经学院	黄　烨	资本禀赋异质性对农户入股行为的影响研究——以江苏省为例	徐小阳
22	财经学院	祖静琴	工会主席身份差异对企业绩效影响的实证研究	徐惠珍
23	财经学院	吴婷婷	我国股指期货与股指现货协同发展实证研究	黄正清
24	电气信息工程学院	吴　旭	双向有源桥变换器的调制策略研究	黄振跃
25	电气信息工程学院	雍　爽	基于卷积神经网络的异常心拍分类	沈继锋
26	电气信息工程学院	秦　雯	机载动平台多帧检测前跟踪系统设计	孙月平
27	电气信息工程学院	许一航	基于自抗扰控制的倾转旋翼飞行器设计	沈　跃
28	电气信息工程学院	陈炯希	单/多发射级磁耦合谐振式无线电能传输系统设计	闫小喜
29	电气信息工程学院	王　宁	全 SiC 伺服驱动系统的 EMI 建模与分析	朱孝勇
30	电气信息工程学院	吴玉洁	分布式光伏与储能系统协同优化控制系统设计	黄永红
31	电气信息工程学院	曾广威	永磁轮毂电机无位置传感器控制	周华伟
32	电气信息工程学院	周寅清	飞轮电池用扁型五自由度磁悬浮支承系统设计与特性分析	张维煜
33	电气信息工程学院	陈振烁	基于电磁波透射分析方法的谷物粉掺杂物检测系统设计	徐雷钧
34	电气信息工程学院	韩卓一	风力发电用混合励磁永磁游标电机的设计与性能分析	刘国海
35	法学院	姚　可	代孕背景下的亲子关系认定问题研究	曾　见
36	法学院	张慧宁	“恶意补足年龄制度”在中国的可行性问题研究	唐华彭
37	法学院	鲍　琦	农村基层法治文化建设研究	梅　园
38	管理学院	窦　倩	基于机器学习的新能源汽车潜在客户识别研究	申　彦
39	管理学院	何　怡	老年人智能健康管理现状及对策研究——以衢州市龙游县为例	詹长春
40	管理学院	于晓谦	网购客服交流中表情包的使用对消费者购买行为的影响研究	段冀阳
41	管理学院	谢俊梅	返乡创业农民的“人力资本错觉”及消解策略研究	黄启发
42	管理学院	罗　双	“粉丝经济”背景下社交网络中意见领袖对大学生消费行为的影响研究——以新浪微博为例	冯　缨

续表

序号	学院名称	学生姓名	毕业设计（论文）题目	指导教师
43	管理学院	徐铮娴	基于DEA模型的江苏沿江沿海港口效率评价研究	朱雪春
44	管理学院	薛　诗	服务创新中顾——企价值共创所带来的价值主张协调性问题研究	田红云
45	管理学院	李　珂	多服务多期的产品服务供应链网络均衡研究	彭永涛
46	管理学院	刘　莎	高校教师教学和学生交互作用：动机感染的视角	杨晶照
47	管理学院	吴星妍	长三角城市群工业企业全要素生产率测算及影响因素研究	孙冬营
48	管理学院	周文璐	小微企业双创基地治理结构对孵化服务能力的影响研究	赵观兵
49	管理学院	黄海铮	居民满意度视角下的突发公共卫生事件社区防控效果评价研究——以厦门市新型冠状病毒疫情防控为例	张心洁
50	管理学院	徐倩雯	跨文化知识距离对海外访学高校教师的双元创新行为影响研究——基于知识吸收能力的中介效应	许玲燕
51	管理学院	陈汉聪	社会化媒体信息可信度统计评价研究	樊茗玥
52	化学化工学院	陈立智	铁基负极材料的构建及其电化学性能研究	季振源
53	化学化工学院	樊晓楠	三维大孔氮化硼催化剂的构筑及催化柴油氧化脱硫性能研究	吴沛文
54	环境与安全工程学院	柴惠钰	FePP纳米结构对环氧树脂阻燃性能的影响研究	孔庆红
55	环境与安全工程学院	郭洁茹	基于碳空心球负载双金属纳米复合物的有机污染物电分析研究	朱刚兵
56	环境与安全工程学院	杨　晨	校园大气二氧化碳浓度实时监测分析研究	郑敏学
57	环境与安全工程学院	李兴永	不同环境规制下各博弈方利益关系的演化博弈分析	钟定胜
58	机械工程学院	迟傅轩	一种扬声器骨架自动插端子机设计	毛卫平 宋俊朋
59	机械工程学院	陈　俊	基于超材料的可调谐的太赫兹波宽频吸收器的研究	张海婷
60	机械工程学院	雷文桐	面向装配的电子元器件高精度三维重建技术研究	顾寄南
61	机械工程学院	初启航	基于光敏硅的可调谐的太赫兹波吸收器的研究	宋效先
62	机械工程学院	朱强强	畜牧场智能清洗小车机械和控制系统设计	肖爱民
63	机械工程学院	李湘恒	二维单层二硫化钼对金属银的等离激元传输的影响	吕　柳
64	机械工程学院	骆敬芸	电容式土壤含水量检测系统设计及试验研究	张西良
65	机械工程学院	姚　鑫	家用清洁扫地拖地机结构设计	纪敬虎
66	机械工程学院	沈艳霞	稳定土拌和机集中供粉系统设计	朱长顺
67	机械工程学院	周顺程	伺服控制的夹持式电动载运车设计	朱长顺
68	机械工程学院	武慧林	基于COMSOL仿真的超声成像研究	宋寿鹏

续表

序号	学院名称	学生姓名	毕业设计（论文）题目	指导教师
69	计算机科学与通信工程学院	王鑫瑞	基于 C++模板元编程的编译器生成器的设计	潘雨青
70	计算机科学与通信工程学院	刘政森	容器漏洞扫描工具开发	李晓薇
71	计算机科学与通信工程学院	阮鹏程	由错误数据帧引发的 2.4GRFID 实验平台的研究及改良	周　祥
72	计算机科学与通信工程学院	冯　伟	基于深度学习的人脸检测与表情识别系统的实现	黄如兵
73	计算机科学与通信工程学院	陈　欢	面向 QUIC 服务的 IP-NDN 网关开发	朱　轶
74	计算机科学与通信工程学院	董兴宁	基于生成对抗网络的音乐改编算法的研究	王新宇
75	计算机科学与通信工程学院	赵子安	基于 Android 的 CRM 系统商品资讯平台的设计与实现	熊书明
76	计算机科学与通信工程学院	张金梅	基于 veins 的车联网信标通信协同调制方法研究	江晓明
77	计算机科学与通信工程学院	吴聿轩	远程 FPGA 实验网站的前端设计与开发	肖铁军
78	计算机科学与通信工程学院	李立权	基于强化学习与生成对抗网络的交友推荐系统设计	成科扬
79	教师教育学院	蔡留宝	cMOOC 微信群社会网络中意见领袖的特征及其对群体概念网络形成的影响	王　延
80	理学院	孙晔旸	基于低频 Mie 共振的双频带声法诺效应与应用研究	孙宏祥
81	理学院	沈亚非	二模网络系统群体行为的控制研究	蔡水明
82	理学院	唐　茜	数学语言的内容、特点与训练策略	宋晓平
83	理学院	刘文珊	网络信息传播系统的复杂动力学行为与控制研究	朱霖河
84	理学院	沈雪敏	铅卤钙钛矿微米晶材料受激发射的特性	陈明明
85	理学院	戴凌飞	加权网络中多位游走者的搜索效率	戴美凤
86	马克思主义学院	唐思琦	文艺“泛娱乐化”现象对大学生价值观的影响及对策	孙旭红
87	能源与动力工程学院	郭军军	微藻养殖空气净化器的设计及性能实验研究	王　爽
88	能源与动力工程学院	陈吉祥	基于有机朗肯循环的涡旋膨胀机优化设计	王　谦
89	能源与动力工程学院	邹子文	壁面效应对水翼非定常空化特征的影响	康　灿 葛　杰
90	能源与动力工程学院	王　欣	瞬态传热诱导皮肤组织热响应分析及热损伤估计	王颖泽

续表

序号	学院名称	学生姓名	毕业设计（论文）题目	指导教师
91	能源与动力工程学院	梁国锋	带微柱阵列硅基腔槽设计和集成薄膜加热/测温元件标定	屈　健
92	能源与动力工程学院	李步发	ZLB-70 型轴流泵设计及内流分析	李　忠
93	能源与动力工程学院	徐维聪	华龙一号主泵水力模型设计与性能预测（非均匀导叶）	高　波 施　亮
94	能源与动力工程学院	汪　帅	50 型端吸式高温循环泵设计及数值分析	何秀华 施　勇
95	农业工程学院	朱怀群	无人机温室飞行气流场特性研究	石　强
96	农业工程学院	肖天璞	履带式旱稻联合收割机结构设计—纵轴流式高效脱粒分离装置设计	徐立章 唐　忠
97	汽车与交通工程学院	潘　琼	商用车混合动力电控转向系统设计	江浩斌
98	汽车与交通工程学院	汤嘉铭	乘用车双离合自动变速器设计之壳体设计	朱茂桃
99	汽车与交通工程学院	舒　兰	城市道路平面交叉口信号配时与优化设计	何美玲
100	汽车与交通工程学院	张礼斌	甲醇氛围 F-T 柴油缸内燃烧颗粒的形貌和氧化活性研究	刘　帅
101	汽车与交通工程学院	郑而禾	膜片弹簧离合器设计分析	夏长高
102	汽车与交通工程学院	马浩然	NH_3-SCR 降低 PODE/甲醇双燃料发动机 NO_x 排放的研究	刘军恒
103	汽车与交通工程学院	王万树	一种压电悬臂梁-非对称摆式振动能量收集装置的结构设计与分析	张云顺
104	汽车与交通工程学院	周基锋	铝合金多胞结构的智能设计与软件开发	段利斌
105	汽车与交通工程学院	谭　昆	新型景观拱桥设计	马剑英
106	食品与生物工程学院	李　雯	唾液乳杆菌的筛选鉴定及 D-塔格糖的生物合成	齐向辉
107	食品与生物工程学院	杨　雪	超微粉碎加工对苦瓜粉体外消化特性和抗氧化性的影响	祝　莹
108	食品与生物工程学院	姚伯卿	类球形水果位姿调整机构设计	蔡健荣
109	食品与生物工程学院	李牧雨	用于食品包装的超疏水针状阵列的构建和性能研究	宋云云
110	土木工程与力学学院	顾　杰	以镇江京口区实验小学办公楼为背景的施工组织与技术方案优化设计	张富宾
111	土木工程与力学学院	周天瑜	基于 ADINA 的储液系统的流-固耦合动力学特性研究	王佳栋

续表

序号	学院名称	学生姓名	毕业设计（论文）题目	指导教师
112	土木工程与力学学院	李京铭	镇扬第二通道跨禹山路桥梁设计	延永东
113	土木工程与力学学院	陈志远	某教学楼工程投标及项目管理方案编制	孙翠翠
114	外国语学院	李　蕊	死亡的哲学辩思与哀悼的道德价值——朱利安·巴恩斯小说《终结的意义》研究	毛卫强
115	外国语学院	朱学莲	日本の新感覚派文学の特徴についての一研究——横光利一の「蝿」を中心に	王　莹
116	外国语学院	何　娜	《欲望号街车》的创伤叙事研究	吴庆宏
117	外国语学院	黄潇涵	政治等效原则下的外交翻译——以外交部例行记者会中情感话语为例	张明权
118	外国语学院	巢　雯	从会话含义角度研究萧伯纳剧作《卖花女》中的言语幽默	苏建红
119	文学院	仲腾欢	悲剧英雄：赫克托尔与项羽之比较	罗昔明
120	文学院	孔艺霖	语体语法在对外汉语教学中的应用价值初探	王焕池
121	文学院	刘心妍	医生与牧师——鲁迅与陀思妥耶夫斯基的疾病书写之比较	罗昔明
122	文学院	李思佳	元代“京口四杰”诗文研究	杨贵环
123	无锡机电学院	张　毅	基于卷积神经网络的图像处理的设计与实现	李　萍
124	无锡机电学院	王檬檬	FOC 模式下的无刷电机控制器的研究与实现	芮长颖
125	无锡机电学院	曹　徐	一种用于立体仓库的搬运式 AGV 设计	魏昌洲
126	药学院	孙　璇	基于 3D 打印缓释给药系统的构建及其释放研究	徐希明
127	药学院	刘　琦	双去甲氧基姜黄素多元混合胶束的制备及其评价	曹　霞
128	药学院	陈宇菲	多重 PCR 鉴定羚羊角及其常见伪品的研究	杨　欢
129	药学院	范小蔓	NADH 氧化酶的定向固定化	张业旺
130	药学院	王庭庭	二甲双胍治疗 MK-801 诱导的 SH-SY5Y 精神分裂症样损伤机制初探	孙　竞
131	医学院	王茂叶	hsa-circ-0045602 在胃癌发生发展中的作用机制研究	张　徐
132	医学院	周惠敏	髓源性抑制细胞来源的外泌体抑制小鼠实验性干燥综合征的研究	王胜军
133	医学院	陈逸菲	miR4465 修饰人脐带 MSC 来源的外泌体抑制 CCl_4 诱导的肝损伤	严永敏
134	医学院	张天成	人降钙素原单克隆抗体的制备与纯化	姜旭淦
135	艺术学院	闵　昶	新媒体视域下地域饮食文化的传播设计研究	朱　喆
136	艺术学院	张金瑶	外卖员接单送餐安全辅助设计	孙宁娜 张　凯
137	艺术学院	黄赢凡	结合水上对战与电子竞技的机器人产品设计	沙春发 董佳丽

续表

序号	学院名称	学生姓名	毕业设计（论文）题目	指导教师
138	艺术学院	谈梦圆	科幻题材动画短片创作	孟　翔 朱其林
139	艺术学院	汪子琳	《华为5G》特效系列短片	孟　翔
140	艺术学院	盛文杰	表现主义综合材料绘画研究	姜松平
141	艺术学院	贺英纯	活力营造视角下历史街区空间更新设计	霍　珺
142	农业工程学院	彭　健 梁亚权 李鹏程 李志祥	履带式早稻联合收割机结构设计	唐　忠 梁振伟 徐立章
143	艺术学院	黄天羽 周玉兰 张　磊 朱宇丰	农业机械装备设计	张　凯 孙宁娜 沙春发 刘　钊 董佳丽
144	材料科学与工程学院	崔树刚 王　茜 周皓天 杨　帆 杨玉艳 向文艺	第四代先进核能系统关键部件用高温合金管材的组织及性能研究	程晓农 罗　锐 袁志钟
145	电气信息工程学院	刘译蔓 金燕婷 张　伟	基于高光谱技术的食品分级/分类检测技术研究	傅海军 孙　俊 武小红
146	机械工程学院	郭耿亮 董　鑫 李昊谦	基于机器视觉的金相定量智能分析系统	许桢英 张太良 王　匀
147	机械工程学院	张　健 陆劲成 张竣柯	高速全自动开装封一体机系统设计	朱长顺 陈修祥 吴伟光
148	能源与动力工程学院	夏　千 徐亚巍 刘佳丽 范显旺	西南大学教学示范楼暖通空调设计	葛凤华 胡自成
149	土木工程与力学学院	孙　蓉 李　冰 费盈颖 王　琪 赵明珠	扬中市某住宅地块全过程管理方案	王　鹏 沈圆顺 孙　莹 杨　绯 王　路

续表

序号	学院名称	学生姓名	毕业设计（论文）题目	指导教师
150	土木工程与力学学院	马慧珍 颜孝诚 卢　庆 周清琰 周新妹	丹阳市 2019-090 地块项目建设全过程相关文件编制	温修春 韩　豫 孙翠翠 张秀丽 张富宾
151	艺术学院	谢　晨 何锐琼 施　雨	基于地域特色的文创产品设计	孙宁娜 张　凯 王丽文
152	艺术学院	苏　悦 戴榆伦 赵晶晶	寻迹三国	承　恺 李　莎

2020 年江苏大学在校本科生人数（按学院统计）

学院	年级					合计
	2016	2017	2018	2019	2020	
材料科学与工程学院		336	266	284	358	1 244
财经学院		612	608	579	593	2 392
电气信息工程学院		464	475	529	540	2 008
法学院		146	156	152	118	572
管理学院		410	436	419	473	1 738
化学化工学院		130	116	127	146	519
环境与安全工程学院		118	101	97	117	433
机械工程学院		396	391	410	455	1 652
计算机科学与通信工程学院		469	518	563	558	2 108
教师教育学院		38	29	28	48	143
句容农学院		0	52	54	358	464
马克思主义学院		29	34	28	62	153
能源与动力工程学院		319	293	327	444	1 383
农业工程学院		54	49	64	82	249
汽车与交通工程学院		428	456	445	441	1 770
食品与生物工程学院		128	111	120	168	527
数学科学学院		149	143	183	197	672
土木工程与力学学院		156	145	156	166	623

续表

学院	年级					合计
	2016	2017	2018	2019	2020	
外国语学院		123	200	157	229	709
文学院		136	213	207	228	784
无锡机电学院		229	235	229	245	938
物理与电子工程学院		41	49	60	88	238
药学院		159	156	164	188	667
医学院	324	558	615	662	695	2 854
艺术学院		269	279	267	287	1 102
卓越学院		26	30	26	35	117
总计	324	5 923	6 156	6 337	7 319	26 059

2020 年江苏大学在校本科生人数（按专业统计）

专业	年级					合计
	2016	2017	2018	2019	2020	
安全工程		39	31	31	44	145
保险学		27	27	19	26	99
材料成型及控制工程		100	78	74	84	336
材料科学与工程		0	38	42	0	80
材料类		0	0	0	138	138
财务管理		107	111	103	87	408
测控技术与仪器		52	51	57	58	218
产品设计		48	55	49	50	202
车辆工程		197	211	175	226	809
车辆工程（英才）		9	9	0	0	18
车辆工程（中美交流项目）		13	36	0	0	49
车辆工程（中美学分互认联合培养项目）		0	0	33	27	60
车辆工程（卓越）		44	49	59	54	206
电气工程及其自动化		213	217	212	180	822
电气工程及其自动化（英才）		13	12	0	0	25
电气工程及其自动化（中澳学分互认联合培养）		0	0	30	29	59

续表

专业	年级					合计
	2016	2017	2018	2019	2020	
电气工程及其自动化（卓越）		41	52	58	68	219
电子商务		40	47	41	47	175
电子商务（专转本）		0	0	0	49	49
电子信息工程		104	96	112	97	409
动画		33	32	30	30	125
法学		146	156	152	118	572
复合材料与工程		58	43	39	54	194
高分子材料与工程		85	29	45	0	159
工程管理		49	43	38	43	173
工程力学		19	16	27	25	87
工商管理		58	92	82	85	317
工商管理（中美交流项目）		34	36	0	0	70
工商管理（中美学分互认联合培养项目）		0	0	31	20	51
工业工程		47	42	48	53	190
工业设计		32	31	29	32	124
公共事业管理		0	0	28	59	87
公共事业管理（第二学士学位）		0	0	0	1	1
公共事业管理（医疗保险）		23	21	0	0	44
光电信息科学与工程		57	50	55	58	220
国际经济与贸易		66	110	105	110	391
汉语国际教育		48	48	52	60	208
汉语言文学		56	77	73	90	296
汉语言文学（师范）		32	88	82	78	280
护理学		25	13	15	27	80
化学		25	21	21	0	67
化学工程与工艺		52	47	45	57	201
化学类		0	0	0	89	89
环保设备工程		25	15	13	20	73
环境工程		54	55	53	53	215
环境设计		55	52	54	50	211

续表

专业	年级					合计
	2016	2017	2018	2019	2020	
会计学		175	102	108	111	496
会计学（中美交流项目）		0	24	0	0	24
会计学（中美学分互认联合培养项目）		0	0	22	33	55
机械电子工程		60	125	60	116	361
机械设计制造及其自动化		249	162	201	151	763
机械设计制造及其自动化（英才）		2	0	0	0	2
机械设计制造及其自动化（中法交流项目）		0	14	21	6	41
机械设计制造及其自动化（卓越）		37	47	45	50	179
计算机科学与技术		152	143	155	132	582
计算机科学与技术（第二学士学位）		0	0	0	10	10
计算机科学与技术（英才）		1	5	0	0	6
计算机科学与技术（中澳学分互认联合培养）		0	0	0	30	30
计算机科学与技术（中美交流项目）		0	19	0	0	19
计算机科学与技术（中美学分互认联合培养）		0	0	23	0	23
建筑环境与能源应用工程		46	36	39	53	174
交通工程		50	56	57	68	231
交通运输		55	37	49	66	207
教育技术学（师范）		38	29	28	48	143
金融数学		34	27	27	29	117
金融学		180	180	171	140	671
金融学（中澳学分互认联合培养项目）		0	0	21	29	50
金山英才班		0	0	26	35	61
金属材料工程		79	59	69	82	289
临床医学	232	260	320	350	266	1 428
临床医学（农村订单定向医学生免费培养项目）		0	0	0	105	105
美术学（师范）		41	48	47	51	187
能源经济		23	25	0	0	48
能源与动力工程		99	99	225	240	663
能源与动力工程（动力机械及自动化）		69	67	0	0	136

续表

专业	年级					合计
	2016	2017	2018	2019	2020	
能源与动力工程（流体机械及其自动控制）		71	62	0	0	133
能源与动力工程（流体机械及其自动控制卓越）		41	44	0	0	85
能源与动力工程（吴仲华班）		0	0	27	30	57
能源与动力工程（英才）		0	1	0	0	1
能源与动力工程（卓越）		0	0	51	65	116
农业电气化		22	25	25	57	129
农业电气化（第二学士学位）		0	0	0	2	2
农业电气化（专转本）		0	0	0	51	51
农业机械化及其自动化		54	49	50	58	211
农业机械化及其自动化（专转本）		0	0	0	49	49
人力资源管理		65	69	52	56	242
日语		41	45	31	55	172
软件工程		82	181	109	166	538
设施农业科学与工程		0	0	14	24	38
设施农业科学与工程（专转本）		0	0	0	48	48
生物技术		28	27	28	33	116
生物医学工程		21	18	23	24	86
食品科学与工程		51	47	69	0	167
食品科学与工程（专转本）		0	0	0	46	46
食品科学与工程类		0	0	0	135	135
食品质量与安全		49	37	23	0	109
市场营销		92	91	97	107	387
视觉传达设计		30	32	28	44	134
数学类（中外合作办学）（数学与应用数学）		15	25	27	29	96
数学与应用数学		34	25	33	33	125
数学与应用数学（师范）		66	66	96	106	334
数字媒体艺术		30	29	30	30	119
思想政治教育（师范）		29	34	28	62	153
通信工程		70	88	76	67	301

续表

专业	年级					合计
	2016	2017	2018	2019	2020	
统计学		34	29	30	57	150
土木工程		88	86	91	98	363
卫生检验与检疫		19	6	0	0	25
物理学（师范）		41	49	60	88	238
物联网工程		152	138	206	161	657
物联网工程（专转本）		0	0	0	52	52
物流管理		42	38	41	45	166
新能源科学与工程		62	52	57	56	227
信息安全		72	62	74	62	270
信息安全（英才）		1	0	0	0	1
信息管理与信息系统		61	57	56	59	233
药物制剂		49	45	53	0	147
药学		65	72	60	0	197
药学类		0	0	0	131	131
冶金工程		14	19	15	0	48
医学检验技术		175	200	183	199	757
医学检验技术（第二学士学位）		0	0	0	2	2
医学影像学	92	79	76	114	96	457
应用化学		53	48	61	0	162
英语		54	56	34	70	214
英语（师范）		28	77	83	89	277
英语（中美交流项目）		0	22	0	0	22
英语（中美学分互认联合培养项目）		0	0	9	15	24
制药工程		45	39	51	57	192
智能科学与技术		0	0	32	61	93
智能制造工程		0	0	26	75	101
自动化		122	126	128	142	518
自动化（英才）		0	3	0	0	3
总计	324	5 923	6 156	6 337	7 319	26 059

江苏大学2020届本科生毕（结）业生人数统计

学院名称	班级名称	毕业班人数	毕业生人数
材料科学与工程学院	成型1601	28	28
	成型1602	25	25
	成型1603	26	25
	复合材料1601	23	22
	复合材料1602	25	25
	高分子1601	24	24
	高分子1602	24	23
	高分子1603	25	25
	金属1601	30	30
	金属1602	29	29
	无机1601	27	26
	无机1602	13	12
	冶金1601	26	25
	合计	325	319
财经学院	保险学1601	31	31
	财务1601	36	36
	财务1602	36	36
	财政1601	27	27
	国贸1601	28	28
	国贸1602	32	32
	会计1601	33	33
	会计1602	33	33
	会计1603	32	32
	会计1604	35	34
	会计1605	32	32
	会计1606	33	32
	金融1601	38	38
	金融1602	38	38
	金融1603	36	36
	金融1604	36	36

续表

学院名称	班级名称	毕业班人数	毕业生人数
财经学院	能源经济 1601	33	33
	统计 1601	30	29
	合计	599	596
电气信息工程学院	电气（卓越）1601	27	27
	电气（卓越）1602	19	19
	电气 1601	39	38
	电气 1602	39	39
	电气 1603	36	36
	电信工程 1601	33	33
	电信工程 1602	29	29
	电信科技 1601	26	26
	电信科技 1602	25	25
	农业电气 1601	23	23
	生物医学 1601	19	18
	自动化 1601	29	29
	自动化 1602	27	27
	自动化 1603	26	26
	合计	397	395
法学院	法学 1601	34	34
	法学 1602	33	33
	法学 1603	32	32
	法学 1604	31	31
	合计	130	130
管理学院	电子商务 1601	24	24
	电子商务 1602	23	23
	工商 1601	33	33
	工商 1602	31	31
	工业 1601	27	27
	工业 1602	29	29
	公共（医保）1601	24	24
	人力资源 1601	32	32

续表

学院名称	班级名称	毕业班人数	毕业生人数
管理学院	人力资源 1602	31	30
	物流 1601	33	33
	物流 1602	31	30
	信息 1601	32	30
	信息 1602	29	29
	营销 1601	29	29
	营销 1602	28	28
	合计	436	432
化学化工学院	化工 1601	26	26
	化工 1602	22	22
	化学 1601	27	27
	应化 1601	21	21
	应化 1602	26	26
	合计	122	122
环境与安全工程学院	安工 1601	23	23
	安工 1602	26	26
	环保设备 1601	37	37
	环境 1601	26	26
	环境 1602	27	27
	合计	139	139
机械工程学院	测控 1601	24	24
	测控 1602	22	22
	光电信息 1601	22	21
	光电信息 1602	26	26
	机电 1601	32	32
	机电 1602	28	28
	机械（卓越）1601	22	22
	机械（卓越）1602	21	21
	机械 1601	30	29
	机械 1602	33	33

续表

学院名称	班级名称	毕业班人数	毕业生人数
机械工程学院	机械 1603	27	27
	机械 1604	33	32
	机械 1605	31	30
	机械 1606	31	31
	合计	382	378
计算机科学与通信工程学院	计算机 1601	35	35
	计算机 1602	37	37
	软件 1601	35	35
	软件 1602	38	34
	通信 1601	33	33
	通信 1602	32	32
	网络 1601	30	30
	网络 1602	33	32
	物联网 1601	29	29
	物联网 1602	31	31
	信息安全 1601	30	30
	信息安全 1602	27	27
	合计	390	385
教师教育学院	教育技术（师）1601	29	29
	合计	29	29
理学院	数学（师）1601	36	36
	数学（师）1602	34	34
	数学（中外合作）1601	30	30
	数学 1601	31	31
	物理（师）1601	32	32
	物理（师）1602	29	29
	信计 1601	29	29
	合计	221	221
马克思主义学院	思政（师）1601	28	28
	合计	28	28

续表

学院名称	班级名称	毕业班人数	毕业生人数
能源与动力工程学院	动力（流体）1601	37	36
	动力（流体）1602	36	36
	动力 1601	29	29
	动力 1602	24	24
	动力 1603	29	29
	动力 1604	33	33
	建筑环境 1601	24	24
	建筑环境 1602	24	24
	流体（卓越）1601	23	23
	流体（卓越）1602	18	18
	新能源 1601	28	28
	新能源 1602	25	25
	合计	330	329
农业工程学院	农业机械 1601	29	29
	农业机械 1602	25	25
	合计	54	54
汽车与交通工程学院	车辆（卓越）1601	27	27
	车辆（卓越）1602	24	24
	车辆 1601	34	33
	车辆 1602	32	32
	车辆 1603	31	31
	车辆 1604	31	31
	车辆 1605	36	36
	动力（机械）1601	39	39
	动力（机械）1602	32	32
	交通 1601	22	22
	交通 1602	25	25
	运输 1601	21	21
	运输 1602	22	22
	合计	376	375

续表

学院名称	班级名称	毕业班人数	毕业生人数
食品与生物工程学院	生物技术 1601	29	29
	食品 1601	30	30
	食品 1602	31	31
	食品质安 1601	28	28
	食品质安 1602	22	22
	合计	140	140
土木工程与力学学院	工程管理 1601	25	25
	工程管理 1602	26	26
	工程力学 1601	30	30
	土木 1601	27	27
	土木 1602	26	26
	土木 1603	27	27
	合计	161	161
外国语学院	日语 1601	24	24
	日语 1602	26	26
	英语 1601	31	31
	英语 1602	30	30
	英语 1603	31	31
	合计	142	142
文学院	汉语 1601	28	28
	汉语 1602	30	30
	汉语 1603	33	33
	汉语 1604	33	33
	汉语国际 1601	30	30
	合计	154	154
药学院	药物制剂 1601	27	27
	药物制剂 1602	25	25
	药学 1601	31	31
	药学 1602	29	29
	制药 1601	22	22
	制药 1602	23	23
	合计	157	157

续表

学院名称	班级名称	毕业班人数	毕业生人数
医学院	护理 1601	24	24
	护理 1602	32	32
	卫生检验 1601	24	24
	医学 1501	29	29
	医学 1502	33	33
	医学 1503	31	31
	医学 1504	34	34
	医学 1505	39	39
	医学检验 1601	32	31
	医学检验 1602	32	32
	医学检验 1603	30	30
	医学检验 1604	31	31
	影像 1501	33	33
	影像 1502	30	30
	影像 1503	26	26
	合计	460	459
艺术学院	产品设计 1601	17	17
	产品设计 1602	19	19
	动画 1601	31	30
	工设 1601	17	17
	工设 1602	18	18
	公共艺术 1601	21	21
	环境设计 1601	25	25
	环境设计 1602	25	25
	美术（师）1601	15	15
	美术（师）1602	17	17
	视觉传达 1601	30	30
	数字媒体 1601	28	28
	合计	263	262

续表

学院名称	班级名称	毕业班人数	毕业生人数
无锡机电学院	电气 21641	28	28
	电气 21642	30	30
	机械电子 11641	29	29
	机械电子 11642	29	29
	软件 31641	29	29
	软件 31642	28	28
	市场营销 41641	26	26
	市场营销 41642	27	27
	合计	226	226
总计		5 661	5 633

江苏大学 2019 级学生计算机等级考试通过率统计

学院	修读人数	通过人数	通过率/%
材料科学与工程学院	285	2	0. 70
财经学院	579	19	3. 28
电气信息工程学院	526	17	3. 23
法学院	151	4	2. 65
管理学院	415	8	1. 93
化学化工学院	127	4	3. 15
环境与安全工程学院	90	11	12. 22
机械工程学院	410	7	1. 71
计算机科学与通信工程学院	131	4	3. 05
教师教育学院	26	1	3. 85
马克思主义学院	28	0	0
能源与动力工程学院	340	7	2. 06
农业工程学院	66	0	0
汽车与交通工程学院	446	11	2. 47
食品与生物工程学院	118	13	11. 02
数学科学学院	185	23	12. 43
土木工程与力学学院	151	0	0
外国语学院	160	20	12. 50

续表

学院	修读人数	通过人数	通过率/%
文学院	214	24	11.21
物理与电子工程学院	60	9	15.00
药学院	163	19	11.66
医学院	656	51	7.77
艺术学院	270	10	3.70
卓越学院	26	3	11.54
总计	5 623	267	4.75

江苏大学2019级学生全国大学英语四、六级考试通过率统计

学院	修读人数	四级通过人数	四级通过率/%	六级通过人数	六级通过率/%
材料科学与工程学院	285	205	71.93	35	12.28
财经学院	579	549	94.82	282	48.70
电气信息工程学院	526	459	87.26	149	28.33
法学院	151	146	96.69	77	50.99
管理学院	415	374	90.12	134	32.29
化学化工学院	127	101	79.53	31	24.41
环境与安全工程学院	90	72	80.00	17	18.89
机械工程学院	410	341	83.17	99	24.15
计算机科学与通信工程学院	560	507	90.54	195	34.82
教师教育学院	26	24	92.31	12	46.15
马克思主义学院	28	28	100.00	14	50.00
能源与动力工程学院	340	307	90.29	103	30.29
农业工程学院	66	48	72.73	10	15.15
汽车与交通工程学院	446	369	82.74	129	28.92
食品与生物工程学院	118	105	88.98	24	20.34
数学科学学院	185	174	94.05	96	51.89
土木工程与力学学院	151	127	84.11	33	21.85
外国语学院	33	29	87.88	12	36.36
文学院	214	199	92.99	108	50.47
物理与电子工程学院	60	53	88.33	27	45.00

续表

学院	修读人数	四级通过人数	四级通过率/%	六级通过人数	六级通过率/%
药学院	163	139	85.28	49	30.06
医学院	656	639	97.41	322	49.09
艺术学院	29	24	82.76	7	24.14
卓越学院	26	26	100.00	22	84.62
总计	5 684	5 045	88.76	1 987	34.96

民办本科教育

京江学院综述

（独立学院）

【概况】 江苏大学京江学院（招生代码1845）是1999年成立的公有民办二级学院，2005年经教育部批准为由江苏大学和江苏大学教育发展基金会共同举办的独立学院。学院设置40个专业（方向），涵盖理、工、文、经、管、医、艺等七大学科门类，在校生近1.2万人，全部为四年制本科层次。学院建有3.5万平方米的图文信息中心和4.8万平方米的各类实验室，具有远程视讯、全自动录播、投屏互动等功能的先进多媒体教室124间、11 658座。

【党建与思想政治教育工作】 2020年顺利完成院党委换届选举和纪委组建选举工作。健全党委、党总支、党支部三级组织构架，开展支部、总支、党委组建换届工作。成立机关直属党支部，并探索构建二级学院“教管学”联合党支部。获2020年江苏大学党建工作创新创优一等奖，获校“最佳党日活动方案”三等奖2项，获校优秀党建论文三等奖5篇、鼓励奖1篇，2人获江苏大学党建研究专项课题资助。积极申报2020年度基层党建“书记项目”，2个部门荣获“校级党员示范岗”称号。2020年，学院共290人参加了党员发展对象培训班，发展党员212人。组织各二级学院（部）开展“宪法宣传周”系列活动。向全院师生发出“节约粮食”的倡议，开展“魔方助力光盘行动”“半份菜、小份饭”等特色活动。开展大四护理实习生“VLOG云家书”活动，并借此开展信仰公开课教育。组织学生积极参与“学习强国”大学生爱国征文投稿。以上活动被多家市级以上媒体报道，其中“节约粮食”“VLOG云家书”“退役女兵”等素材4次选登“学习强国”。外宣发稿省级以上媒体（平台）9篇，地市级媒体（平台）1篇，深度报道2篇。开展廉政风险防控排查，完成2019年度12个廉政风险点的整改工作，制订“2020年度重点风险防控时间表”，梳理排查廉政风险点15个。召开学院2020年度警示教育大会，邀请校纪委书记、派驻监察专员高庆国同志进行专题警示教育。组织176名教师党员积极参与党章党规党纪知识测试。组织师生参加作风建设网上考评。邀请法学院民商法教授作《民法典》专题学习辅导讲座。组织师生参加“开学第一课”、全国“思政大课”袁寿其书记“云端”信仰公开课及庆祝中国共产党成立99周年“五个一”等学习活动。组织师生集中收看“两会”实况、“纪念中国人民志愿军抗美援朝出国作战70周年大会”直播，并开展相关主题交流会。“新时期江苏大学京江学院党支部建设困境及提升路径探析——以江苏省独立学院群体为参照”荣获2020年江苏大学中层干部优秀调研成果三等奖。网站首页更新稿件300篇，大幅宣传照片更新20张。2020年“一院一品”校园文化建设精品项目获校三等奖。积极组织教职员工参加江苏大学乒乓球赛、羽毛球赛等赛事。组织教职员工参加学院广播操比赛、第三届运动会、第二届教职员工趣味运动会、第一届教职员工“唱响和谐”卡拉OK大赛。

【教学工作】 成功获批“汽车服务工程”新专业。相继出台《江苏大学京江学院一流课程建设实施意见》《江苏大学京江学院一流本科专业项目建设的实施意见》，评选出一流专业建设项目6项、培育项目2项；一流课程建设项目9项、培育项目17项。《能源经济理论与方法》被确定为省级重点教材立项建设，“能源经济”专业教师在全国能源经济教学联盟中主导编写能源价格学专业教材。1名教师当选江苏省高等教育学会护理教育研究会理事会委员。学院护理教师团队参评的护理学导论教学案例荣获三等奖。物理、化学、机械、电气、计算机、力学、土木、基础医学、经管9个实验室投入使用。2020届软件工程（嵌入式培养）专业毕业率为100%，就业率为90.91%。2020年首次招收软件工程（嵌入式培养）、通信工程（嵌入式培养）专转本学生。招收3+4专业2个，录取60人；3+2专业1个，录取18人；专升本专业11个，录取834人。专业竞赛方面。（1）国家级赛事。第十三届“高教杯”全国大学生先进成图技术与产品信息建模创新大赛，学院获团体一等奖1项、团体三等奖1项，这是学院独立取得的第一项国家级A级赛事一等奖；第六届大学生智能农业装备国际创新大赛，学院获一等奖1项（在全国B类作品中列本科组第5名、独立学院组第1名）、二等奖2项；中国大学生广告艺术节学院奖比赛，学院获银奖1项、铜奖1项。（2）省级赛事。江苏省大学生机器人大赛，学院获三等奖3项，创下最好成绩；江苏省“卓越质量人”大学生质量创新大赛，学院获一等奖1项；2020年TI杯江苏省大学生电子设计竞赛，学院获二等奖3项；全国大学生电子设计大赛（省赛），学院获二等奖1项；江苏省大学生财务决策大赛，学院获三等奖1项；94名学生入围“正大杯”全国大学生市场调查与分析大赛复赛。学科竞赛方面。（1）国家级赛事。5名学生在2020“外研社·国才杯”全国英语演讲、写作、阅读大赛（省赛）中获奖。（2）省级赛事。116名学生在江苏省普通高等学校第十七届高等数学竞赛中获奖；17名学生在第十二届全国大学生数学竞赛（江苏赛区）中获奖。环境设计、视觉传达设计、化学工程与工艺通过省独立学院专业综合评估。教学质量总结《稳步战“疫”，潜心育人，有导有督，确保质量》被省教育厅2018/2019学年江苏普通高校本科教学质量报告部分采用。2 375位毕业生通过学位授予审议，2020届毕业生毕业率99.36%，学位授予率97.29%，创历史新高；截至12月31日，毕业生就业率为84.62%。

【师资队伍建设】 通过人事招聘、校内转聘、退休返聘等方式师资补充59人。新增具有高级职称人员2人。2人获批江苏高校“青蓝工程”优秀青年骨干教师培养对象。通过校内转聘，吸引1名具有高级职称骨干教师来院工作。新增“双师型”教师2人。启动优秀青年教师资助计划，设立学院发展研究课题。举办讲课比赛、微课比赛，推动教师培训常态化，实行“青年教师导师制”，为新进教师配备“授课导师”。注重导师制过程的培养和跟踪，认真做好中期检查与指导。放宽在职进修条件，为青年教师进修深造创造条件。聚焦“1+X”证书制度。全年组织63人次参加短期培训和到企业实习学习。组织辅导员参加全国高校辅导员网络培训示范班，参训辅导员撰写学习心得50余篇；组织3次主题研讨。组织7人参加全国高校辅导员网络培训班。在江苏大学辅导员工作案例评审中，获评三等奖2项。1人获2019年江苏省辅导员年度人物入围奖（2020年评出）。在第八届江苏省高校辅导员素质能力大赛复赛中，获得三等奖1项。在江苏大学辅导员能力大赛中，获得二等奖1项、三等奖2项。

【学生工作】 开设“京江讲坛”，开展“汗水与雨滴尽管落下，少年啊从不畏惧长大”征文、“读万卷书，行万里路”线上读书会、“宪兴邦，法启民”国家宪法日知识竞赛、“寻最美逆行者”等活动，活动被国家、省、市媒体报道。“京江青年”官微发布微信推文223篇，抖音公众号获点赞近万，官方QQ发布说说282条，团委官方微博推送462次。首次入围“博爱青春”省级项目，获得镇江市“三下乡”优秀团队、江苏大学“三下乡”优秀团队等团体荣誉，曹一波获得“全国大学生自强之星”称号，薛影获得全国“三下乡”优秀工作者和镇江市“三下乡”优秀指导教师称号，娄秉文获得江苏省优秀共青团员和“镇江市十大好青年——勤学奋进奖”等荣誉称号。2020届毕业生英语四级通过率为84.69%。1 139人报名硕士研究生考试，报考率为45.27%，480人过国家线，达线率为42.14%；国内高校录取216人，最高分419分，1名学生考取浙江大学软件工程专业硕士研究生，车辆专业一个宿舍4名学生均考上硕士研究生，8名学生考取“双一流”建设高校硕士研究生。扎实做好“3·20”“5·25”“9·20”“12·5”4个常规主题特色活动，构建了心理信息员—心理委员—辅导员—二级学院（部）党总支书记—学生工作部五级网络，确保及时掌握学生心理动态。举办“信仰公开课——战‘疫’云讲演”、云健身、线上观影、主题短视频征集、“疫情下的中国”征文比赛、课外经典读物分享会等抗击疫情系列活动。修订学生留学交流经费资助管理办法。构建线上+线下“学院—辅导员—家长—学生”四级国际化网络联动体系。83人赴海外短期游学。实施外语培训计划，帮助有游学、留学意向的同学提前打通“语言关”。日语班顺利开班授课。拓展日本京都情报大学院大学IT领域短期学习项目、美国加州大学河滨分校冬令营项目等线上学习项目，持续拓宽海外研修渠道。38人赴海外留学深造，其中7人赴QS排名前200名高校留学，留学学生数量和层次均创历史新高。发放国家奖学金、励志奖学金、学校奖学金、国家助学金872.015万元。2人手持“圆梦助学券”入学。15人享受残疾减免政策。1 563名学生成功申请到生源地助学贷款，金额共计1 245.29万元。45人申请服义务兵役学费补偿、退役复学学费资助，金额共计106.4万元。发放社会奖助学金44万元。深化励志责任诚信主题教育，2020届毕业生欠费仅26 972.14元。

【招生与就业工作】 招生方面。2020年，学院合计招生3 572人，其中普高录取2 660人，专升本834人，3+4转段升学60人，“3+2”高专联合培养18人。学院在江苏省内普招录取率为100%，其中，理科最低投档分数线高出省控线12分，文科最低投档分数线高出省控线25分，艺术批次最低投档分数线高出省控线60分，投档分及全省位次排名较2019年略有提升。学院另在17个省（直辖市）完成了招生工作。就业方面。举办江苏大学京江学院2020届毕业生春季网络招聘会，126家单位参会，提供岗位6 441个，有22 000余人次关注；与智联招聘联合举办江苏大学京江学院2020届毕业生春季空中双选会，298家企业入驻，提供岗位9 600余个；组织学生参加镇江市“四校联动”网络专场招聘会。下半年，建立招聘会常态化机制，承办8场招聘会，吸引招聘单位157家，组织宣讲会73场，4 116余人次参加招聘会；参加江苏大学招聘会10场，1 296余人次参加；就业网站审核意向前往学院招聘单位共1 211家，共发布就业信息274余条。

（撰稿：王　蒙　核稿：尹志国）

2020年京江学院专业、在校学生数

层次	学院名称	专业名称	合计/人	一年级/人	二年级/人	三年级/人	四年级/人
本科	财经学院	国际经济与贸易	297	77	67	74	79
		会计学	502	120	130	126	126
		能源经济（专升本）	96	0	0	96	0
		统计学	296	128	58	55	55
		能源经济	194	54	58	46	36
		财务管理	441	99	128	117	97
	管理与人文学院	信息管理与信息系统	209	59	50	46	54
		市场营销	243	63	60	55	65
		公共事业管理（医疗保险）	155	0	51	54	50
		公共事业管理	58	58	0	0	0
		市场营销（专升本）	85	0	0	85	0
		公共事业管理（医疗保险）（专升本）	82	0	0	82	0
		工业工程	130	39	26	34	31
		物流管理	224	58	55	59	52
		视觉传达设计	204	50	50	51	53
		环境设计	180	25	53	54	48
		电子商务	209	57	55	48	49
		质量管理工程	145	38	35	36	36
		人力资源管理	152	36	42	33	41
		环境设计3+4	28	28	0	0	0

续表

层次	学院名称	专业名称	合计/人	一年级/人	二年级/人	三年级/人	四年级/人
本科	机械与动力工程学院	机械设计制造及其自动化	527	146	154	105	122
		机械电子工程	277	75	60	57	85
		车辆工程	540	134	146	130	130
		机械设计制造及其自动化（专升本）	157	0	0	88	69
		能源与动力工程（流体机械及其自动控制）	201	58	44	49	50
		能源与动力工程（电厂热能工程及其自动化）	100	0	0	51	49
		能源与动力工程（动力机械及自动化）	218	61	52	48	57
		汽车服务工程	40	40	0	0	0
		车辆工程（专升本）	67	0	0	67	0
		交通运输	73	0	0	35	38
	电气信息工程学院	自动化	101	0	0	53	48
		通信工程	222	57	58	56	51
		计算机科学与技术	441	128	173	78	62
		计算机科学与技术 3+4	121	34	31	56	0
		电气工程及其自动化	529	140	165	106	118
		电气工程及其自动化（3+2）	16	0	0	16	0
		电子信息工程（专升本）	67	0	0	67	0
		计算机科学与技术（专升本）	85	0	0	85	0
		软件工程（嵌入式培养）（专升本）	52	0	0	52	0
		通信工程（嵌入式培养）（专升本）	53	0	0	53	0
		电子信息工程	149	39	0	54	56
		软件工程（嵌入式培养）	156	39	40	38	39
		通信工程（嵌入式培养）	144	40	38	31	35
		软件工程	274	69	85	58	62
	材料与土木工程学院	材料成型及控制工程	266	92	66	51	57
		土木工程	434	113	110	111	100
		金属材料工程	171	44	35	40	52
		安全工程	68	0	0	36	32

续表

层次	学院名称	专业名称	合计/人	一年级/人	二年级/人	三年级/人	四年级/人
本科	生命科学技术学院	医学检验技术	584	141	181	142	120
		化学工程与工艺	66	0	0	33	33
		护理学	465	113	115	128	109
		护理学（专升本）	113	0	0	67	46
		医学检验技术（专升本）	39	0	0	39	0
		食品科学与工程	131	34	36	31	30
	基础课程教学部	英语	274	59	73	73	69
	总计		11 151	2 645	2 580	3 335	2 591

（供稿：陈　欣　核稿：尹志国）

继续教育（成人教育）

继续教育学院综述

【概况】 江苏大学继续教育学院有正式职工 15 人、聘用人员 11 人，下设 6 个部门：学院办公室、继续教育管理办公室、质量管理办公室、教育技术办公室、培训发展办公室、学历教育办公室。成人高等学历继续教育专业设置齐全，涵盖工学、理学、医学、管理学、经济学、法学、文学、艺术学等学科门类，具有业余、函授形式的本科办学层次，在省内共设有 20 个函授站、教学点，2020 年录取新生 4 883 人，学历继续教育收入 2 682.5 万元。全校非学历教育收入 1 991.56 万元，培训 17 351 人次。继续教育学院全年举办线下培训班 35 期、线上培训班 15 期，培训 4 197 人次，培训收入 456.4 万元。

【党建与思想政治教育工作】 继续教育学院直属党支部不断加强政治建设、思想建设、组织建设、作风建设和纪律建设，较好地完成了全年工作任务。政治建设方面。继续教育学院直属党支部通过深入学习习近平新时代中国特色社会主义思想和党的十九届五中全会精神，不断增强“四个意识”，坚定“四个自信”，做到“两个维护”。学院党政班子围绕立德树人根本任务，坚决贯彻落实中央、省委、校党委的重大决策部署，坚持学院党政共同负责制，认真落实好二级党组织会议和党政联席会议的议事规则。直属党支部认真落实“未巡先改”精神要求，制定“未巡先改”问题清单、任务清单、责任清单，在学院内部层层签订党风廉政建设责任书。高度重视疫情防控和校园安全稳定工作。严格落实疫情防控要求，认真执行教职工外出请假、健康打卡等制度。做好日常安全工作，认真落实安全责任制。思想建设方面。坚持加强政治理论学习，把意识形态工作列入年度工作计划，认真加以落实。加强宣传思想阵地管理，严禁在校园内开展任何宗教活动。高度重视统战工作。坚持中心组理论学习和教职工政治理论学习，全年中心组理论学习 6 次，教职工政治理论学习 7 次。“学习强国”注册率 100%。为全体教职工开设“立德树人，重在立德”党课，强化师德师风建设。认真做好网站建设工作，强化安全防范，落实网站建设管理主体责任和主管责任。组织建设方面。不断加强班子建设，强化责任担当，落实全面从严治党工作。落实党政联席会、直属党支部支委会、院务会议事规则，坚持决策民主化、科学化原则。按要求履责记实平台记录 89 条，开展谈心谈话 53 人次。中层干部按时完成在线学习时长，及时提交学习心得、调研报告。根据《关于领导干部个人有关事项报告的规定》，及时、如实报告个人有关事项。加强党员日常教育管理，全年召开党员大会 9 次，经常性组织政治理论学习。获党建创优创新项目研究二等奖、最佳党日活动三等奖、党建工作典型案例三等奖、中层干部优秀调研成果二等奖、“我与三全育人”主题征文三等奖、统战优秀论文鼓励奖等。继续教育管理办公室主任张东萍、培训管理办公室主任魏静获批校级党员示范岗。作风建设方面。认真落实中央八项规定精神，不断加强纪律教育，持之以恒反“四风”。深入开展形式主义、官僚主义集中整治，开展作风建设专题学习 2 次。编制“作风建设自查自纠情况表”，认真对照查摆。领导班子成员经常开展调研、督查，督导推进条线工作。密切联系师生，听取师生意见，领导班子成员开展谈心谈话 53 次。纪律建设方面。认真落实党风廉政责任制。党组织切实履行主体责任，直属党支部书记认真履行“第一责任人”责任，班子成员认真落实“一岗双责”责任。经常开展廉洁教育和警示教育，坚持抓早抓小、防微杜渐，强化“有权必有责、有责要担当、失责必追究”。切实加强党内监督，主动查摆苗头性问题，规范运用“第一种形态”。一年来，学院未发生违纪事件。

【继续教育管理工作】 按照“加强管理，完善机制，把守底线，防范风险”的思路，不断完善归口管理体系和优化“管办评”分离机制，进一步加强制度约束和监督检查，建立健全办学风险防范长效机制。精心谋划，科学制定学院“十四五”事业发展规划。组织开展“十三五”工作总结和“十四五”规划编制工作，形成江苏大学继续教育学院“十三五”规划总结自评估报告和江苏大学继续教育学院“十四五”发展规划。履行归口管理职能。加强培训目标考核与绩效管理，制定了《江苏大学非学历教育培训管理办法（试行）》。严格各类合同、协议审核和各类证书审核管理，完成学历继续教育 23 个教学点的协议签订工作和非学历教育培训 57 份协议审核工作。完成《江苏大学 2019 年度继续教育发展报告》（含特色案例）的编写上报工作。加强教学点布局优化和管理。撤销了山西省函授站，对拟申请设立学历教育教学点的 2 个单位进行了实地考察。依据省教育厅年审文件精神，对学历教育校外教学点开展自查工作，完成省内站点年审材料的上报。强化对学历教育教学点生源组织、收费和教学等环节的监管和检查。3 个教学点荣获“2020 年度中国高校继续教育优秀函授站”称号。加强学籍和学费管理。完成改革试点项目的招生、考试、录取工作，与 27 家单位签订了校企合作办学协议，录取 867 人，2020 年共录取新生 4 883 人。按时完成在籍学生网上缴费工作，管理规范，一人一票，实现电子发票推送，全年学历教育学费总收入 2 682.5 万元。坚持规范办学、依法办学。加强内控机制建设，修订了党政联席会议等议事规则，制定了《继续教育学院社会培训工作考核与激励办法》《江苏大学高等学历继续教育课程成绩评定办法（试行）》《江苏大学继续教育学院印章管理办法》《江苏大学高等学历继续教育班主任工作职责》《江苏大学继续教育学院安全管理规定》等制度。

【学历继续教育工作】 按照“把牢底线，突出重点，打造亮点，提升内涵”的思路，进一步加强规范管理，深化教育教学改革，促进内涵建设，提高人才培养质量。精心组织在线教学。利用直播平台、“江大继教云课堂”、“V2 教室”等，积极拓展新型面授方式，落实了全部教学点的在线教学任务。全年组织在线教学 246 门课、在线考试 178 场，2020 年夏季毕业生毕业设计（论文）开题和答辩均在线进行。学院获评 2020 中国互联网教育“停课不停学”突出贡献院校奖。《践行教育者的责任和担当——疫情下的江苏大学继续教育》一文参加中国高等教育学会继续教育分会抗疫征稿，被继续教育简报收录。推进“混合式”教学改革向纵深发展。授课方式由“在线资源学习+传统线下面授”变为“在线资源学习+线上互动教学+传统线下面授”，考核评价方式由“在线资源学习成绩+考试成绩”变为“在线资源学习成绩+学习过程考核成绩+考试成绩”，实现了互动教学、精准管理和有效评价。校外教学点 5 327 位学生参与在线满意度问卷调查，满意度达 99.4%。加强专业和课程建设。完成《2020 级教学计划汇编》和 2 个新申报专业的教学计划编制工作。新建“临床微生物学检验技术”“机械制造工程学”“马克思主义基本原理概论”“中国近现代史纲要”4 门在线开放课程，《PEST-3 融媒体高分教程》融媒体教材已签订出版合同。加强教研教改。3 个案例入选“2020 中国高校远程与继续教育优秀案例库”，3 篇论文分别获得江苏省高教学会高校成人教育研究会 2020 年高校继续教育优秀论文评选一、二、三等奖。加强毕业和学位工作。完成 2020 届 6 089 名毕业生审核和 626 名毕业生学位申报工作，学士学位授予率为 10.57%，114 名同学被评为江苏大学高等学历继续教育 2020 届优秀毕业生。强化“三全育人”工作。把“三全育人”考核指标纳入教学点工作评估考核指标体系，规定了班主任工作职责，并将其纳入信息化平台管理。举办了“课程思政”培训班，校本部和校外教学点 1 819 名任课教师和教学管理人员参加了培训班学习。组织开展了 1 次以“敬业、精业、乐业”为主题的“教授大讲堂”。

【非学历教育培训工作】 按照“聚焦国家发展战略，彰显学校办学特色，对内搞活对外合作，加快推进转型发展”思路，坚持“聚焦三农、服务乡村振兴战略”主线，加强“国字头”和“农字头”建设，积极打造服务“三农”、培训“江大”品牌，不断完善培训体制机制，创新思路拓展培训市场，实现了培训“质”和“量”双提升。高质量完成国培和省培项目。和机械工业仪器仪表综合技术经济研究所共同承办了国家级培训项目“装备制造业数字化转型及创新实践”高级研修班。获批并举办“教师课程思政能力提升培训”“军事理论教师培训”“高校足球师资培训”“高校师范专业书法骨干教师专业能力提升培训”4 个省本科院校教师培训项目，以及“机械制造与自动化——先进制造技术前沿及应用实践”“环境艺术设计教学组织与核心课程实操”2 个省高职师资培训项目。获评省高职师资优秀培训项目 1 项，1 人获评优秀管理者。积极开拓培训市场。在规范办学的前提下，积极探索与社会培训机构的项目化合作，加强社会培训校外教学点建设。新建 5 个社会培训教学点，成立了学院社会培训中心，确定了内部机构设置和运行机制，制定了

《继续教育学院社会培训工作考核与激励办法》，强化社会培训目标考核与绩效管理。打造特色培训品牌。突出“聚焦三农、服务乡村振兴战略”主线和“国字头”主题，彰显学校“工中有农、以工支农”办学特色，围绕一条主线，建设六大基地，开拓形成8个专题，在现代农业、农业智能装备、流体机械及工程、乡镇基层干部、基层财税及统计、乡村基础教育、乡村医生等领域形成了特色鲜明的培训品牌项目。《打造“三农”培训品牌，服务“脱贫攻坚”战略》荣获“2019中国高校继续教育优秀成果及特色案例奖”，学院荣获优秀组织奖。推进线上线下“混合式”培训新模式和学历教育与非学历培训学分互认。上线非学历教育培训平台，并同步开通移动端应用，实现了线上线下“混合式”培训新模式，提升了非学历教育管理信息化水平。上线非学历培训课程186门，组织线上培训班15个，培训人数2 905人。开设9个校企合作自主招生考生入学前的线上专业培训班，共培训1 163名学员，积极探索学历教育与非学历教育培训的衔接和学分互认转换。

【教育技术工作】 按照“优化平台、完善资源、创新模式、融合发展”的思路，进一步加强平台建设和课程资源建设，为学历教育和非学历教育培训提供有力的技术支持。更新和完善学历教育教学平台功能。梳理各模块业务需求，推进在线考试和评阅、“学起plus”等功能的应用和维护，学费票据实现电子化。按照“管用分离”原则，明确了平台各级管理员、班主任、教师的权限和责任，确保信息数据真实、可靠、安全。上线非学历教育管理平台收费模块，建成学生缴费、注册、选课等一体化的财务信息管理系统，学历和非学历教育培训的系统化和信息化管理水平得到进一步提高。加强继续教育信息化平台知识产权保护，获授权5项外观设计专利。新上线“江大继教云课堂”平台。课程资源建设取得新进展。新匹配共享38门学历课程资源、17门“爱课程”资源、186门培训课程资源，支持了在线教学和培训。学历教育在线课程总计418门次，总体覆盖率达87.82%，10个校级重点专业在线课程资源覆盖率达到93.27%。第三方使用学校课程资源27万人次，收入108万元，已成功形成“造血”机制。

江苏大学成人高等教育本科专业

学科门类	专业名称	层次	学制	学习形式
理工类	车辆工程	专升本	2.5	函授
理工类	电气工程及其自动化	专升本	2.5	函授
理工类	化学工程与工艺	专升本	2.5	函授
理工类	环境工程	专升本	2.5	函授
理工类	机械设计制造及其自动化	专升本	2.5	函授
理工类	计算机科学与技术	专升本	2.5	函授
理工类	土木工程	专升本	2.5	函授
经管类	金融学	专升本	2.5	函授

续表

学科门类	专业名称	层次	学制	学习形式
经管类	会计学	专升本	2. 5	函授
经管类	市场营销	专升本	2. 5	函授
经管类	工商管理	专升本	2. 5	函授
经管类	物流管理	专升本	2. 5	函授
经管类	人力资源管理	专升本	2. 5	函授
法学类	法学	专升本	2. 5	函授
经管类	药学	专升本	2. 5	函授
经管类	国际经济与贸易	专升本	2. 5	函授
理工类	机械电子工程	本科	5	函授
医学类	医学检验技术	专升本	2. 5	业余
医学类	临床医学	专升本	2. 5	业余
医学类	护理学	专升本	2. 5	业余
艺术类	产品设计	专升本	2. 5	业余
文史类	信息管理与信息系统	专升本	2. 5	业余
艺术类	艺术设计	本科	5	业余

江苏大学函授、业余在籍学生数

学习形式	人数
函授	7 828
业余	1 696
合计	9 524

江苏大学备案函授站（点）分地区统计

设区市	教学点设点单位名称	地址	联系电话
苏州	苏州卫生职业技术学院	苏州国际教育园北区科华路 28 号	0512-65108124
	常熟开放大学（江苏省常熟职业教育中心校）	常熟市泰安新村 31 号	0512-52880117

续表

设区市	教学点设点单位名称	地址	联系电话
无锡	无锡市太奇教育培训中心	无锡市中山路215号恒通大厦4楼	0510-82713026
	江苏省陶都中等专业学校	宜兴市丁蜀镇周墅大桥旁	0510-87403492
	江阴职业技术学院	江阴市君巫路242号	0510-86832383
常州	常州信息职业技术学院	常州市劳动西路9号	0519-86662232
泰州	泰州职业技术学院	泰州市迎春东路8号	0523-86664500
	泰州市姜堰区职工学校	姜堰区人民北路81号	0523-88208985
南通	江苏省南通卫生高等职业技术学校	南通市开发区振兴东路288号	0513-51083091
	南通职业大学	南通市青年东路139号	0513-81050751
	如皋市江海技工学校	如皋市福寿路337号金河大厦四楼	0513-87654493
盐城	江苏医药职业学院	盐城市解放南路283号	0515-88591341
	中共盐城市委党校	盐城市人民中路39号	0515-88399823
淮安	江苏护理职业学院	淮安市黄河西路2号	0517-84920504
连云港	连云港职业技术学院	连云港市新浦区晨光路2号	0518-85985061
徐州	徐州市中大专修学院	徐州市解放南路196号戏马台写字楼三楼	0516-83822033
扬州	扬州市职业大学	扬州市盐阜西路6号	0514-87343524
	扬州市启迪职业培训学校	扬州市扬子江北路413号	0514-87892330
镇江	江苏省交通技术学院	镇江市丹徒新区长香路西大道500号	0511-83366183
	丹阳市人民医院（镇江市丹阳卫生职工中等专业学校）	丹阳市正德路8号（南京师范大学中北学院丹阳校区）	0511-86523551

2020年江苏省成人高等教育省级精品课程、重点专业

江苏省成人高等教育重点专业　2个（2019年认定）

1. 工商管理
2. 计算机科学与技术

江苏省成人高等教育精品资源共享课程　4门（2019年认定）

1. 管理学原理
2. 组织行为学
3. 计算机网络
4. 操作系统

改革与创新

江苏大学获批人才培养模式创新实验区

类别	序号	实验区名称	负责人	公布年份
国家级人才培养模式创新实验区	1	地方高等院校机械动力类人才培养模式创新实验区	袁银男	2007
	2	面向“长三角”国际制造中心机械专业创新创业人才培养模式实验区	王贵成	2009
省级人才培养模式创新实验区	1	工程类创新人才培养模式改革实验基地	袁寿其	2010
校级人才培养模式创新实验基地	1	“现代机械工程师”培养模式创新实验基地	王贵成	2008
	2	中小企业管理类人才培养模式创新实验基地	梅　强	2008
	3	电气信息类专业人才培养模式创新实验基地	孙玉坤	2008
	4	汽车类人才实践创新基地	王国林	2008
	5	流体机械人才培养实验基地	陈汇龙	2008
	6	医学类人才临床技能培养实验基地	眭　建	2008
	7	汽车工程专业卓越工程师培养实践基地	王国林	2010
	8	产学研结合培养药剂学高素质复合型人才培养模式创新实验基地	徐希明	2010
	9	基于“多模式联合培养”的信息与计算科学专业人才培养创新基地	李医民 田立新	2010
	10	工程类创新人才物理（含实验）教学模式改革	许伯强	2010
	11	“现代电气工程师”培养模式创新实验基地	刘贤兴	2010
	12	面向长三角的测控类复合型人才培养模式创新实验基地	陈　进 许桢英	2010
	13	医学检验人才培养创新实验基地	邵启祥	2010
	14	企业信息化人才培养模式创新实验基地	刘秋生	2010

2020年江苏大学获批国家级大学生创新创业训练项目

序号	学院名称	项目号	项目名称	第一主持人	第一指导教师	项目类型
1	材料科学与工程学院	202010299001Z	合金精炼耦合吹气精炼提纯冶金硅过程中硼和磷杂质去除机理研究	王正阳 吴昊天	李军成	创新训练项目
2	材料科学与工程学院	202010299002Z	航空航天用新一代铝锂合金的热变形行为及变形机理研究	曹　赟	罗　锐 程晓农	创新训练项目
3	材料科学与工程学院	202010299003Z	绿色共价有机骨架-碳纳米管/聚六氢三嗪复合材料的结构设计及其摩擦学原理研究	朱金凤 张新浩	闵春英	创新训练项目

续表

序号	学院名称	项目号	项目名称	第一主持人	第一指导教师	项目类型
4	材料科学与工程学院	202010299004Z	高纯度铝合金提纯凝固过程的溶质分布模拟分析	高　鹏 李文昊	贾志宏	创新训练项目
5	材料科学与工程学院	202010299005Z	钒铌氧化物负极材料制备方法的改进及工作机制研究	苏安邦 杨海风	刘云建	创新训练项目
6	财经学院	202010299006Z	供给侧改革下光伏产业结构性过剩的预警机制与化解策略研究——以苏南光伏产业园为例	朱顾宇	张济建 丁绪辉	创新训练项目
7	财经学院	202010299007Z	基于演化博弈的江苏制造业集群创新扩散研究	邹　叶 王璐瑶	姚洪兴	创新训练项目
8	财经学院	202010299008Z	环境规制强度与经济增长的脱钩效应分析——以长三角地区为例	秦　雪	鄢　军	创新训练项目
9	财经学院	202010299009Z	“制度—文化”变迁下乡村治理的多元化主体研究——以江苏省为例	胥辰辰 杨云帆	李靠队	创新训练项目
10	电气信息工程学院	202010299010Z	基于 Livox Horizon 非重复扫描激光的农田自主导航机器人系统设计	黄正阳 张　卓	刘国海	创新训练项目
11	电气信息工程学院	202010299011Z	矢量式旋翼植保飞艇设计	陈佳祺 杨　焓	沈　跃	创新训练项目
12	法学院	202010299012Z	重大突发公共卫生事件中的权利保障问题研究	刘潇龙	李炳烁	创新训练项目
13	法学院	202010299013Z	大学生兼职纠纷中线上平台法律责任研究	朱肖琳	方晓霞	创新训练项目
14	法学院	202010299014Z	人脸识别技术应用的刑事法律风险问题研究	李嘉雯	于晓琪	创新训练项目
15	管理学院	202010299015Z	制造业服务化背景下家具制造企业规模化定制运作模式研究	许莉萍 吴传宇	罗建强	创新训练项目
16	管理学院	202010299016Z	基于物联网的酿酒葡萄农机设备智能调度平台的移动端研发	侯天龙	李　雯 杨启志	创新训练项目
17	管理学院	202010299017Z	互联网+背景下生鲜类农产品物流供应链协同治理研究——以百果园为例	石　萌 石　瑞	赵观兵	创新训练项目
18	管理学院	202010299018Z	基于 Agent 的高校安全疏散仿真研究	梅全涛	刘素霞 梅　强	创新训练项目
19	化学化工学院	202010299019Z	掺杂型 $g\text{-}C_3N_4/Zn_xIn_2S_{3+x}$ 纳米反应器的能带结构及光催化制氢活性的调控研究	王冰琪	张文莉	创新训练项目
20	化学化工学院	202010299020Z	新型复合印迹膜的可控制备及其选择性分离提取青蒿素的性能研究	戴敬宜	孟敏佳 潘建明	创新训练项目

续表

序号	学院名称	项目号	项目名称	第一主持人	第一指导教师	项目类型
21	化学化工学院	202010299021Z	生物质纤维叠层膜的制备及其在红外节能领域的应用	何　旭	邱凤仙	创新训练项目
22	化学化工学院	202010299022Z	3D 打印材料用于燃油深度脱硫的研究	贾广宇 张文丰	朱文帅 吴沛文	创新训练项目
23	化学化工学院	202010299023Z	钼基离子液体/少层 g-C_3N_4 负载型催化剂的构筑及其催化氧化燃油深度脱硫的研究	龚秀洋	贺敏强 荀苏杭	创新训练项目
24	化学化工学院	202010299024Z	Zr 基 MOF 耦合贵金属复合光催化剂的可控制备及光催化还原 CO_2 性能和机理研究	刘　敏	闫永胜	创新训练项目
25	化学化工学院	202010299025Z	HIPEs 模板构筑形状记忆柔性多孔印迹聚合物选择性分离纯化河豚毒素及其机理的研究	卢高晖	潘建明	创新训练项目
26	环境与安全工程学院	202010299026Z	四溴双酚 A 衍生物 DHEE 对发育期雄性大鼠的神经发育毒性及易感性研究	黄　彬 章一昕	吴向阳	创新训练项目
27	环境与安全工程学院	202010299027Z	基于 ArcGIS 校园室外热环境空间分布特征研究	胡定云	郑敏学	创新训练项目
28	机械工程学院	202010299028Z	基于高速摄像的激光增材制造过程原位检测方法研究	王仁杰	许桢英	创新训练项目
29	机械工程学院	202010299029Z	基于高精度多孔硅 MEMS 湿度传感器的智能供水控制系统	高　恺 马　龙	葛道晗 张立强	创新训练项目
30	机械工程学院	202010299030Z	基于激光 3D 打印的金属陶瓷涂层制备	张婉玲	周建忠	创新训练项目
31	机械工程学院	202010299031Z	柔性机器人用高精密小微谐波减速器核心技术的研发	王子恒 张　博	王　匀	创新训练项目
32	机械工程学院	202010299032Z	鱼眼镜头设计与图像校正研究	雷蕾涛	周志强	创新训练项目
33	机械工程学院	202010299033Z	智能排布在快递包裹分拣放置中的应用研究	郑　凯 徐　梦	毛卫平 仲　艳	创新训练项目
34	机械工程学院	202010299034Z	基于热冲压试验机的高强钢屈服强度性能研究	石慧君 谢大伟	陈　炜	创新训练项目
35	计算机科学与通信工程学院	202010299035Z	基于人工智能的工业网络动态访问控制技术	董　杰	王良民	创新训练项目
36	计算机科学与通信工程学院	202010299036Z	基于 Tacotron 2 的语音合成系统的开发与应用	邓俊慧	毛启容	创新训练项目
37	计算机科学与通信工程学院	202010299037Z	基于 sparse 与卷积神经网络的三维人体姿态估计	司清华 胡书森	沈项军	创新训练项目
38	计算机科学与通信工程学院	202010299038Z	基于 NDN 架构的工业互联网安全网关开发	邓　皓 郑涤尘	朱　轶	创新训练项目

续表

序号	学院名称	项目号	项目名称	第一主持人	第一指导教师	项目类型
39	计算机科学与通信工程学院	202010299039Z	基于可见光通信的智能家居系统	安奕璇 袁毓梓	鲍　煦	创新训练项目
40	计算机科学与通信工程学院	202010299040Z	Web 环境下漏洞利用程序检测技术及模拟平台设计	黄创飞	陈锦富	创新训练项目
41	计算机科学与通信工程学院	202010299041Z	基于区块链数据溯源的解决方案和实现	王卓凡 穆丽莎	潘森杉	创新训练项目
42	教师教育学院	202010299042Z	居家在线教育对初中生亲子关系的影响研究	王　苇	康　翠	创新训练项目
43	理学院	202010299043Z	生物入侵对生态系统网络结构的动态影响	谢晓淼	李医民 华　静	创新训练项目
44	理学院	202010299044Z	声波单向传输、聚焦及调控机理及其应用研究	邹洪宇	孙宏祥 贾　鼎	创新训练项目
45	马克思主义学院	202010299045Z	关于民族社区的思想政治工作策略研究	冯曈烨	李　丽	创新训练项目
46	马克思主义学院	202010299046Z	国家治理体系和治理能力现代化视域下高校思想政治理论课路径创新探析——以江苏某大学为例	周欣瑶	魏志祥	创新训练项目
47	能源与动力工程学院	202010299047Z	基于多能源向量的智慧能源微网能量流调控策略	邓雨恒	王　谦 冯永强	创新训练项目
48	能源与动力工程学院	202010299048Z	一体化校园防疫通道的设计	张　萱	王军锋 于　凯	创新训练项目
49	能源与动力工程学院	202010299049Z	一种用于空间消毒的带出口扩张段的射流式气动雾化喷嘴的设计及优化	杨盛翔 李仕国	康　灿	创新训练项目
50	能源与动力工程学院	202010299050Z	一款汇集江大学生科创作品的微信小程序	陈　茂 朱唯一	贾志宏	创新训练项目
51	能源与动力工程学院	202010299051Z	基于 Python 的诱导轮设计程序开发	杨进平 魏礼响	高　波 倪　丹	创新训练项目
52	能源与动力工程学院	202010299052Z	基于磁性吸附原理的非接触式机械密封研究设计	周　涛	陈汇龙	创新训练项目
53	能源与动力工程学院	202010299053Z	基于自由活塞斯特林发电机的一体化发电系统	董宇航 程凌峰	潘剑锋	创新训练项目
54	农业装备工程学院	202010299054Z	烤烟井窖式移栽覆膜插孔机设计	牟窈佳 杜怡霖	杨启志	创新训练项目
55	汽车与交通工程学院	202010299055Z	基于模糊自适应 PID 的客车电控空气悬架车高调节控制算法研究	徐铭阳	孙晓强	创新训练项目
56	汽车与交通工程学院	202010299056Z	汽车侧向避撞分析及控制策略研究	余汪梓 易贵园	姚　明	创新训练项目

续表

序号	学院名称	项目号	项目名称	第一主持人	第一指导教师	项目类型
57	汽车与交通工程学院	202010299057Z	基于水气输运模型车用PEM燃料电池表面微结构优化设计	陈　鑫	尹必峰 贾和坤	创新训练项目
58	食品与生物工程学院	202010299058Z	超声辅助提取多酚过程中抗氧化活性衰减情况研究	石婷婷 吕希雅	骆　琳	创新训练项目
59	食品与生物工程学院	202010299059Z	基于计算机视觉的水果可食性涂膜及装备研发	张馨钰	石吉勇	创新训练项目
60	土木工程与力学学院	202010299060Z	掺杂与缺陷对五边形石墨烯力学性能的影响及机理研究	孙　艺	韩同伟	创新训练项目
61	土木工程与力学学院	202010299061Z	钢结构高强度螺栓预紧力及损伤监测方法研究	田茂远	王自平	创新训练项目
62	土木工程与力学学院	202010299062Z	橡胶砂轻质土动力特性研究	刘若男	周恩全	创新训练项目
63	外国语学院	202010299063Z	翻译语言促学作用研究	李晓涵	苏建红	创新训练项目
64	外国语学院	202010299064Z	网络直播互动教学实践研究——以大学英语阅读课为例	祝誉源 王　艳	庄晓敏	创新训练项目
65	文学院	202010299065Z	日本之道：道家思想在日本的传播与影响——以《道德经》为例	杜雨欣 刘童童	任晓霏	创新训练项目
66	文学院	202010299066Z	朝鲜人笔下的镇江——以崔溥《漂海录》为例	曹贵美 许　悦	蒋传红	创新训练项目
67	文学院	202010299067Z	影视文学对大众秘书职业认知的建构	贺雷晴	乔　芳	创新训练项目
68	文学院	202010299068Z	中国传统村落文化传承视域下的镇江华山畿传说“义妇”形象的历史建构研究	张　哲	余红艳	创新训练项目
69	文学院	202010299069Z	从《宋史·五行志》和《十日谈》看14世纪中西文化的“瘟疫书写”	豆子奕 闻　哲	庞伟奇	创新训练项目
70	药学院	202010299070Z	载多西他赛的藻蓝蛋白纳米粒(PCNP-DTX)的制备及应用	陈艺珊	曹　进	创新训练项目
71	药学院	202010299071Z	基于网络药理学的中药治疗新型冠状病毒肺炎机制比较研究	倪　云	冯春来	创新训练项目
72	药学院	202010299072Z	水蛭标志蛋白质和多肽特征识别物的研究	李　娟 赵奕涵	杨　欢	创新训练项目
73	医学院	202010299073Z	miR-34a调节B细胞的分化，促进类风湿性关节炎进展的机制研究	张珂宇 韩端彬	邵启祥	创新训练项目
74	医学院	202010299074Z	MSC外泌体修复非酒精性脂肪肝的作用及机制	杨苏丽 张　转	严永敏	创新训练项目
75	医学院	202010299075Z	BSA-棉子酚靶向脑抗胶质瘤细胞的研究	朱彤童	龚爱华	创新训练项目

续表

序号	学院名称	项目号	项目名称	第一主持人	第一指导教师	项目类型
76	医学院	202010299076Z	肿瘤细胞来源的 Netrin-1 调控 MDSC 的功能以及机制探究	徐心炜 邓千可	王胜军	创新训练项目
77	医学院	202010299077Z	纳豆激酶与 NMN 单独及联合用药对于肥胖致卵巢功能衰退的作用	张　科 龚子豪	任才芳	创新训练项目
78	医学院	202010299078Z	COVID-19 疫情爆发后医护人员职业紧张反应、职业紧张源及职业认同研究	王锦萧 戴　熙	张　娣	创新训练项目
79	医学院	202010299079Z	MSC 外泌体携载脂质运载蛋白型前列腺素 D 合成酶对胃癌的抑制作用研究	张佳昕 李　眯	孙梓暄	创新训练项目
80	艺术学院	202010299080Z	镇江传统文化的创新传播研究——白娘子虚拟现实角色设计制作	胡　漪	杨东润	创新训练项目
81	艺术学院	202010299081Z	自助无人诊断防疫车	黄月逸 陈　鑫	沙　强	创新训练项目
82	艺术学院	202010299082Z	美术课堂在特殊儿童教育中的应用——以京口特殊教育中心为例	何　晨	刘英俊	创新训练项目
83	艺术学院	202010299083Z	镇江地区传统老字号品牌视觉形象活化研究——以源春为例	黄政祺 贾高飞	Steve Drown	创新训练项目
84	卓越学院	202010299084Z	基于线性机器学习的茶叶近红外光谱分类研究	李　晓	傅海军 陈　勇	创新训练项目
85	卓越学院	202010299085Z	汽车落水紧急逃生装置研究	裴　扬 徐星雨	朱茂桃	创新训练项目
86	卓越学院	202010299086Z	基于熟练驾驶员操控行为特征数据的智能汽车驾驶决策训练	陈宝鑫 高非凡	江浩斌	创新训练项目
87	卓越学院	202010299087Z	基于 stm32 的智能巡航小车	高凌霄	刘国海	创新训练项目
88	卓越学院	202010299088Z	远场语音增强系统设计与实现	张禧辰 李云海	毛启容	创新训练项目

2020 年江苏大学获批江苏省大学生创新创业训练项目

序号	学院名称	项目名称	第一主持人	第一指导教师	项目类型
1	材料科学与工程学院	激光增材制造	肖定强 黄伟杰	刘光磊	省级一般项目
2	材料科学与工程学院	声磁耦合原位制备纳米颗粒增强铝基复合材料	杨　勇 张　鸽	焦　雷	省级一般项目

续表

序号	学院名称	项目名称	第一主持人	第一指导教师	项目类型
3	材料科学与工程学院	脉冲电子束调控 W/Cu 互不固溶体系固溶行为及合金化机制研究	刘慧茹	关庆丰 吕　鹏	省级一般项目
4	材料科学与工程学院	高性能锂离子电池 SiO_x/CNTs/M 复合负极材料的制备及电池性能研究	刘　璇 陈晓菁	苏明如	省级一般项目
5	材料科学与工程学院	混合盐反应过程及其外场调控研究	敖忠廷 刘依伟	陈　飞	省级一般项目
6	材料科学与工程学院	激光表面重熔作用下 AlCoCrFeNi 系高熵合金的微观结构与性能研究	苗瑛琦	吕　鹏 关庆丰	省级一般项目
7	材料科学与工程学院	V_2O_5 纳米针阵列/泡沫碳超级电容器电极材料的制备与性能研究	王　乐	严学华	省级一般项目
8	材料科学与工程学院	以光反馈自混合干涉震动系统测量高锰孪晶钢的形变机理	袁　飞 张肖佩佩	彭敬敦	省级一般项目
9	材料科学与工程学院	Cu-Ti/ZrB_2 基陶瓷高温润湿与界面结合特性的实验与密度泛函理论研究	吴馨越 许志翱	张相召 杨　建	省级一般项目
10	材料科学与工程学院	一种基于毛细效应的新型静电雾化装置	张　帅	霍元平	省级一般项目
11	材料科学与工程学院	锂离子电池 SiO_x/C 复合负极材料的制备与储锂性能研究	樊珈宏	窦爱春	省级一般项目
12	财经学院	基于生命周期评价的光伏国际贸易对中国碳排放的影响研究	程　冉 马新玥	张　鸾	省级一般项目
13	财经学院	新冠肺炎疫情对我国出口跨境电商的影响与策略分析	徐　越 陈晓宇	卢　娜	省级一般项目
14	财经学院	基于 SNA 的生物与信息产业技术轨道融合演化特征与路径研究	许佳婷 殷进进	李丫丫	省级一般项目
15	财经学院	自由现金流量、内部控制与费用粘性研究——以 A 股市场医药类企业为例	贺子涵	苗　晴	省级一般项目
16	财经学院	新冠疫情冲击下数字惠普金融缓解中小企业融资困境的对策研究	楼语欣	江红莉	省级一般项目
17	财经学院	环境规制对中国低碳技术协作网络演化的影响机制研究——基于专利共同发明人信息	桑柳婷 邱宝洁	王为东	省级一般项目
18	财经学院	考虑全球价值链嵌入度的中国碳生产率攀升机制与路径研究	王之越	吴　超	省级一般项目
19	财经学院	“一带一路”沿线国家制度质量对绿色全要素生产率的影响研究	路明生	贺　丹	省级一般项目
20	财经学院	基于物联网技术的海外仓运营与跨境电子商务流程再造	王齐盛 黄英豪	杨丽丽	省级一般项目
21	第一临床医学院	在肌少症诊疗中建立铁代谢指标评估的临床研究	方一鸣	赵国阳 汤加柱	省级一般项目
22	电气信息工程学院	直线轨道交通牵引电机及其控制	徐高聪 谢　蓉	赵文祥	省级一般项目

续表

序号	学院名称	项目名称	第一主持人	第一指导教师	项目类型
23	电气信息工程学院	基于ADRC的倾旋翼关节电机驱动器的设计	王 辉 张明权	刘国海	省级一般项目
24	法学院	“新冠”疫情背景下工伤认定研究	付静蕾	杜乐其	省级一般项目
25	法学院	人工智能创作物的著作权保护问题研究	姚羽晨 樊浩川	周德军	省级一般项目
26	法学院	疫情强制隔离期间被隔离者的生活保障问题研究	乔先良 杨银宝	曾 见	省级一般项目
27	法学院	新冠肺炎疫情防控相关的“口袋罪”司法研究认定	胡雪晴	王春林	省级一般项目
28	法学院	公共卫生行政执法与刑事司法衔接问题研究	盛凯丽 谢路瑶	张 健	省级一般项目
29	管理学院	新时代江苏制造业产业工人职业认同的影响机理及提升对策研究	郭 萌 马苗慧	朱永跃	省级一般项目
30	管理学院	镇江市时间银行的社会信用保障问题研究	邵志平 赵开玉	杨晶照	省级一般项目
31	管理学院	新冠肺炎疫情对中国经济的影响与对策研究	陈蓬涛	王海军	省级一般项目
32	管理学院	基于区块链技术的农产品质量安全追溯体系研究	卢晨皓 杜 念	顾桂芳	省级一般项目
33	管理学院	COVID-19减税降费背景下江苏服务产业集群互惠性合作与绩效关系	汤紫婧	黄贤凤	省级一般项目
34	管理学院	基于ISM模型的应急物流制约因素分析及改进措施研究	唐 鹏	彭永涛 程发新	省级一般项目
35	管理学院	基于理性情绪疗法下的公共危机事件的网络舆情治理——以新冠肺炎为例	高 宇	樊茗玥	省级一般项目
36	管理学院	基于数据挖掘技术的社交网络疫情舆情分析	张思麒 唐文帆	申 彦	省级一般项目
37	化学化工学院	1D/2D CdS/$SnIn_4S_8$核壳棒状复合光催化剂的制备及其光催化灭菌和Cr（Ⅵ）还原活性的研究	张 镔	蒋银花	省级一般项目
38	化学化工学院	光子晶体涂层及其在建筑节能领域的应用	苟 梅	张 涛	省级一般项目
39	化学化工学院	双金属磷硫化物/功能化的二维配位聚合物（M=Ni，Cd，Co）复合材料的界面效应及其光催化分解水制氢性能及机理研究	赵逸冬	霍鹏伟	省级一般项目
40	化学化工学院	g-C_3N_4基光酶耦合体系的构建及其对酚类污染物的降解研究	孙善新 王 鑫	王 赟 韩 娟	省级一般项目
41	化学化工学院	基于纳米酶调控的As（Ⅲ）高特异性分析方法研究	罗志杰	牛湘衡	省级一般项目
42	化学化工学院	柔性细菌纤维素杂化膜的制备及其对水中砷的分离性能研究	陈华仙	杨冬亚	省级一般项目

续表

序号	学院名称	项目名称	第一主持人	第一指导教师	项目类型
43	化学化工学院	g-C_3N_4 基双位点光催化还原 CO_2 体系的构建及其转化乙烯性能研究	陈东海	姜德立 李　娣	省级一般项目
44	化学化工学院	CeO_2 基复合光电极构建及其光电化学制氢应用	刘友超 何　宁	范伟强 白红叶	省级一般项目
45	化学化工学院	Zn_2GeO_4/CNTs/RGO 三元复合负极材料的制备及其储锂性能研究	邹玉明	沈小平	省级一般项目
46	化学化工学院	Cr 掺杂 CoP 多孔纳米片的构筑及其电催化分解水制氢性能研究	王智宏	陈　敏 姜德立	省级一般项目
47	化学化工学院	掺杂型碳点基电极材料的合成及电化学性能研究	张红艳	季振源	省级一般项目
48	化学化工学院	钼掺杂氧化钨纳米片阵列光电催化氮气还原	杨志东 李　琪	施伟东	省级一般项目
49	环境与安全工程学院	基于多色量子点同步检测水环境中 DEP & DBP 的免疫分析方法研究	范云祥	朱　方	省级一般项目
50	环境与安全工程学院	基于 DNA 酶/介孔二氧化硅的高灵敏荧光传感器的构建及环境中铜离子和铅离子的分析研究	贾博元 郭宇嘉	张　祯	省级一般项目
51	环境与安全工程学院	可固定性线粒体近红外比率荧光探针研制及其在 SO_2 检测中的应用	郑琦婕 王燕莹	韩志湘	省级一般项目
52	环境与安全工程学院	扫频超声联合脉冲强光果蔬清洗消毒机	谢肖宇 李　宁	杜彦生	省级一般项目
53	机械工程学院	基于 Robomaster 赛事的多功能控制板	肖凯中 葛炜鑫	房义军	省级一般项目
54	机械工程学院	国产大飞机装配维护机器人前端执行器设计及控制关键技术研究	蔡　阳	钱鹏飞	省级一般项目
55	机械工程学院	基于数字全息无透镜微颗粒成像系统设计	石俊川 柴　昱	丛嘉伟	省级一般项目
56	机械工程学院	基于 Kinect 的地面移动机器人即时定位与地图构建（SLAM）研究	康玉溪	潘海彬	省级一般项目
57	机械工程学院	基于大数据的智能制造生产过程仿真初步研究	左　宇	肖爱民	省级一般项目
58	机械工程学院	基于太阳能真空集热和有机朗肯循环技术的被动传热式太阳房	陆旻炜 李　龙	冯永强 王　谦	省级一般项目
59	机械工程学院	一种基于单片机控制的拉小提琴机器人	陈世纪 吴　昊	孙建荣	省级一般项目
60	机械工程学院	基于卷积神经网络的地铁门异物夹持智能检测方法研究	王　超 赵欣月	许桢英	省级一般项目
61	机械工程学院	以 MAX1978 为核心的半导体激光器温控系统设计研究	尹　亮	宋效先	省级一般项目
62	机械工程学院	差动轮系指南车创新设计与制作	王兆毅	杜岩锦	省级一般项目

续表

序号	学院名称	项目名称	第一主持人	第一指导教师	项目类型
63	机械工程学院	高压线维修机器人结构设计	郭云帆 张荣华	张　兵	省级一般项目
64	机械工程学院	机电一体化的多功能老人拐杖	于　杰	孙建荣	省级一般项目
65	机械工程学院	基于新型全息波导的头戴显示器设计	张普慧	周志强	省级一般项目
66	计算机科学与通信工程学院	面向 AI 的新型 GPU 存储系统	刘鑫源	蔡　涛 牛德姣	省级一般项目
67	计算机科学与通信工程学院	网络流量中基于数据控制流的漏洞利用程序检测方法研究	尹鹤童 赵辰辰	陈锦富	省级一般项目
68	计算机科学与通信工程学院	基于视频图像的火灾烟雾检测方法的研究	吴佳翼 耿常州	李　峰	省级一般项目
69	计算机科学与通信工程学院	基于区块链技术的外卖平台评价机制研究	赵　姣 赵　则	宋香梅	省级一般项目
70	计算机科学与通信工程学院	基于区块链的论文评审及追溯系统	邵晨玺	余春堂	省级一般项目
71	计算机科学与通信工程学院	基于 MVC 模式的虚拟校园网课系统的设计与实现	程　炎 夏富康	林　琳	省级一般项目
72	计算机科学与通信工程学院	基于 NB-IoT 的高可靠智慧消防系统的研究与开发	徐　辉 刘思纯	熊书明	省级一般项目
73	计算机科学与通信工程学院	基于 LoRa 的灾难现场环境信息采集平台	吴丽萍 龚宏亮	张文策	省级一般项目
74	计算机科学与通信工程学院	基于计算机视觉的驾驶员情绪感知识别系统设计	岳成武	成科扬	省级一般项目
75	计算机科学与通信工程学院	区块链日记系统的设计与开发	陆佳慧 刘峻宇	吴　岩	省级一般项目
76	计算机科学与通信工程学院	基于增强现实的互动广告牌	张承楷	林　琳	省级一般项目
77	计算机科学与通信工程学院	基于感兴趣区域的视频隐私保护技术研究与实现	向星滔	金　华	省级一般项目
78	计算机科学与通信工程学院	面向复杂人脸图像的深度聚类研究	黄文焕	贾洪杰	省级一般项目
79	理学院	新冠肺炎疫情背景下的网络谣言传播动力学研究	周梦恬	朱霖河	省级一般项目
80	理学院	藏汉 7-9 年级女学生数学核心素养差异与提升策略的跨文化研究	仁增曲珍	宋晓平 高安娜	省级一般项目
81	理学院	跨文化视域下民族数学的源与流对数学学习的影响研究	布　姆	冯志刚 宋晓平	省级一般项目
82	理学院	Manim——高中数学可视化的新途径	李嘉淳	谭易兰 代国兴	省级一般项目

续表

序号	学院名称	项目名称	第一主持人	第一指导教师	项目类型
83	马克思主义学院	高校思政课如何“把话说到学生心坎儿上”——以新冠疫情期间的线上教学为分析基础	黄湘雯	马耀鹏	省级一般项目
84	马克思主义学院	运用“八个相统一”应对高校思想政治教育中大学生的逆反心理	陈鹏洁 邓　帆	马方方	省级一般项目
85	马克思主义学院	特大公共卫生事件发生时期社会治理的创新——建立“社会治理共同体”	于　雅	鲁　英	省级一般项目
86	能动学院	校园浴室污水余热回收及净化再利用系统	周　丹	罗　明	省级一般项目
87	能动学院	静电式室内空气净化系统	高琦煜 张福强	张　敏	省级一般项目
88	能源与动力工程学院	空调冷凝水多级回收系统	秦琛琛	吴鸽平	省级一般项目
89	能源与动力工程学院	基于火积耗散方法的套管式换热器优化设计方案	赵　轩 杨皓宇	王颖泽	省级一般项目
90	能源与动力工程学院	基于化学吸收法电厂烟气 CO_2 捕集过程中热量的高效利用	刘晓琪 李亚楠	岑旗钢	省级一般项目
91	能源与动力工程学院	适用于南方工厂的太阳能及水资源利用一体化系统	田　芳	韩新月	省级一般项目
92	能源与动力工程学院	基于有机朗肯循环的内燃机排气余热回收发电系统	孙道广	冯永强 王　谦	省级一般项目
93	能源与动力工程学院	垃圾焚烧炉中二噁英的处理（以 CAO 焚烧炉为例）	盛振洋 龚耀勋	张　红	省级一般项目
94	能源与动力工程学院	垃圾焚烧发电厂尾部烟气余热回收与氟塑料换热特性研究	黄　浩 李羽桐	胡自成	省级一般项目
95	能源与动力工程学院	半导体降温型智能医务防护服	孙志昕	苏文佳	省级一般项目
96	能源与动力工程学院	一种用于空气多污染物净化的微藻养殖幕墙	杨文益	胡亚敏	省级一般项目
97	能源与动力工程学院	一种太阳能发电膜蒸馏海水淡化一体化系统	欧康明	韩新月	省级一般项目
98	能源与动力工程学院	新型冠状病毒防护装置	龙　雨	霍元平	省级一般项目
99	汽车与交通工程学院	基于气液动力学模型快速估算锂电池电量的方法研究	刘一夫	江浩斌	省级一般项目
100	汽车与交通工程学院	基于智能手机传感器的行人分心预警系统研究与设计	周　立	倪　捷	省级一般项目
101	汽车与交通工程学院	基于驾驶员意图的节油换挡提醒装置研究	王　磊 庄范颖	何　仁	省级一般项目
102	汽车与交通工程学院	多层可升降式智能车库	杨富康 左　潇	徐　兴	省级一般项目
103	汽车与交通工程学院	基于 HUD 革新后视镜的研究	胡士杰	朱茂桃	省级一般项目

续表

序号	学院名称	项目名称	第一主持人	第一指导教师	项目类型
104	食品与生物工程学院	超声处理大豆-乳清混合蛋白凝胶性质及消化行为的研究	王开芳 杨升龙	伍　娟	省级一般项目
105	食品与生物工程学院	指状青霉侵染采后柑橘机制的初步研究	黄思瑶 马琪琪	杨其亚	省级一般项目
106	土木工程与力学学院	基于再生骨料性能的沥青混凝土力学性能研究	张瑜倩 韩馨怡	张富宾	省级一般项目
107	土木工程与力学学院	基于 VR 的施工安全教育平台研发及使用效果评价研究	王　瑜	韩　豫	省级一般项目
108	土木工程与力学学院	复合材料层合结构的热应变测试方法	唐晓雅 田诗阳	刘红光	省级一般项目
109	土木工程与力学学院	冻融作用下海工混凝土抗氯离子侵蚀性能研究	吴俊霖	陆春华	省级一般项目
110	土木工程与力学学院	基于 PSR 复合测度模型的能源系统脆弱性研究：以 PV 和 CFP 为例	刘嘉雯	王　鹏	省级一般项目
111	土木工程与力学学院	绿色高性能机制砂混凝土的力学性能与工程应用研究	温　婷	沈圆顺	省级一般项目
112	外国语学院	师生对网络教育的情感态度调查——以江苏大学为例	朱允祎	钟兰凤	省级一般项目
113	外国语学院	传染性病毒的电影表征及其伦理启示：以 Outbreak 和 Contagion 这两部美国电影为例	曹倩倩	毛卫强	省级一般项目
114	外国语学院	转专业“不合群”现象及对策研究——以江苏大学英语专业转入生为例	罗熊玲	吕玉勇	省级一般项目
115	外国语学院	基于慕课的大学英语翻转课堂教学模式的探究	王清扬 王瑾蓉	周孝华	省级一般项目
116	外国语学院	儿童文学在青少年外语学习中的作用研究——以《灰姑娘》和《金发女孩和三只小熊》为例	张家雨 张银玲	毛卫强	省级一般项目
117	外国语学院	新型冠状病毒肺炎疫情前后女性医务工作者的形象对比	袁璐娜 袁一丹	钟兰凤	省级一般项目
118	外国语学院	大学英语网络教与学的行为主义与建构主义研究	蒿晓庆	张伟华	省级一般项目
119	文学院	小学低年级看图写话教学中存在的问题及新对策研究	朱　云	武克勤	省级一般项目
120	文学院	立德树人视域下中小学语文教材古诗词编选研究	杨　燕 郝佳祥	周　衡	省级一般项目
121	文学院	寻根文学中的民间诙谐文化与“寻根意识”的发展研究	孙艾馨 钟远华	罗昔明	省级一般项目
122	文学院	镇江蒋乔镇圩田文化对蒋乔民间文学的影响研究	丁婉丽	邓桂姣	省级一般项目

续表

序号	学院名称	项目名称	第一主持人	第一指导教师	项目类型
123	文学院	对江苏卷与全国卷的比较与思考——以高考语文文学类文本阅读为例	江　帆	朱洪祥	省级一般项目
124	文学院	清代大运河诗歌中的镇江元素	亢歌恬	杨贵环	省级一般项目
125	文学院	疾病文学的新篇章——庚子新冠病毒疫情诗歌辑录及研究	于周亚	徐美秋	省级一般项目
126	文学院	《华山畿》中的魏晋六朝民俗大观	刘泽坤	孙凤娟	省级一般项目
127	文学院	以京杭大运河为视点的多重文学视角建构——以徐则臣《北上》为例	刘佳茗 张若昕	周　渡	省级一般项目
128	药学院	多药耐药性肿瘤细胞株的初步建立和评价指标的研究	赵翰林	芮蒙杰	省级一般项目
129	药学院	米诺地尔经皮吸收贴剂的制备及质量评价	王家权	傅海珍 谢　萌	省级一般项目
130	药学院	桑叶中1-脱氧野尻霉素生物合成CYP450羟化酶基因的筛选与克隆	汪雨婷 季梦菲	欧阳臻	省级一般项目
131	药学院	甲基蓝在磁性 $Ni_{1-x-y}Co_yZn_xFe_2O_4$ 纳米颗粒上的吸附性能和电化学行为研究	丁　雪 黄雨薇	刘瑞江	省级一般项目
132	药学院	中成药中龟甲、鳖甲成分的鉴定研究	徐　超 赵俊升	沈玉萍	省级一般项目
133	药学院	白芷药材产地溯源相关蛋白质分子标记的发现及研究	全心怡 常雪君	闻崇炜	省级一般项目
134	药学院	新型ATR抑制剂设计及抗肿瘤活性研究	韦雅琼	冯春来	省级一般项目
135	医学院	新型单宁酸青蒿素聚合纳米颗粒介导肿瘤光热消融与铁死亡的研究	邱江红	杜风移 张苗苗	省级一般项目
136	医学院	BSA-棉子酚增强CpGODN抗肿瘤效应	王　涛	龚爱华	省级一般项目
137	医学院	化疗诱导卵巢癌细胞衰老对肿瘤细胞生物学的影响	吴　倩 王睿韬	邵启祥	省级一般项目
138	医学院	新型冠状病毒肺炎疫情下居家大学生的心理状况调查研究	沈　雯	唐艳林 刘丽群	省级一般项目
139	医学院	环境污染物甲基汞对大鼠星形胶质细胞缺氧应答的影响及其机制研究	赵文英 淡　楠	陆荣柱	省级一般项目
140	医学院	中医“治未病”思想在疫病防治中的应用与探究	周睿辰 李　晨	郭　齐	省级一般项目
141	医学院	基于生物信息学分析筛选乳酸作用MDSCs后差异表达的生物学功能靶基因	戚刘耀 王苏睿	马　洁	省级一般项目
142	医学院	大鼠自体来源真皮成纤维细胞外泌体在糖尿病慢性创面中的修复作用研究	黄驰涵 贾远望	史　惠	省级一般项目
143	医学院	Circ_0010549/miR-27b-5p/c-Met轴在乳腺癌进程中的可能机制	高雨婷 贾蕙宇	孙晓春	省级一般项目

续表

序号	学院名称	项目名称	第一主持人	第一指导教师	项目类型
144	医学院	Linc-RoR 通过结合 hnRNPA2B1 促进胰腺癌中 KRAS 的表达的机制研究	王倩倩 徐雯琴	徐　岷	省级一般项目
145	医学院	透明质酸酸化聚吡咯纳米颗粒介导光热消融用于增强肿瘤免疫治疗	李卓炘	张苗苗 杜凤移	省级一般项目
146	医学院	病毒宏基因组学（Viral-Metagenomics）技术在新发病毒感染性疾病病原确认中的应用研究	冯　蕾 解吉辰	张　文	省级一般项目
147	艺术学院	“网络育人”实践中虚拟教师形象的开发和运用——以在线课程制作为例	王禧雨	杨东润	省级一般项目
148	艺术学院	小型实验室冷却机	鲍卓男	贾洪梅 董佳丽	省级一般项目
149	艺术学院	保护野生动物文化创意	江泽燿 王　震	沙春发	省级一般项目
150	艺术学院	文化遗址的数字展示——以镇江西津渡救生会交互程序为例	许佑新 张照锐	孟　翔	省级一般项目
151	艺术学院	林间智能工作系统	王冬立 狄　昕	沙春发	省级一般项目
152	艺术学院	超越“成品”的“草稿”研究	孙　威 李佳璇	朱光耀	省级一般项目
153	艺术学院	镇江地区非物质文化遗产太平泥叫叫的品牌视觉化设计	张平凡	朱　喆	省级一般项目
154	卓越学院	面向核机器学习的白菜农药残留定性分析方法	沈砚君	武小红	省级一般项目
155	卓越学院	燃料电池双极板高能束成形工艺及机理研究	毛云霄 张宇宸	王　匀	省级一般项目
156	卓越学院	基于模糊机器学习的生菜储存时间鉴别方法	侯晓蕾 沈嘉棋	武小红	省级一般项目
157	卓越学院	自然场景图像中的文字识别	林惠祥	毛启容	省级一般项目
158	卓越学院	果园无人车的障碍物识别与导航	汤丽莉	刘　慧	省级一般项目
159	材料科学与工程学院	IN690 合金在热加工过程中的数值模拟	张俊鹏 田振宇	李冬升	校企合作基金项目
160	材料科学与工程学院	多晶型氧化锰基复合材料的制备及其储能特性的优化	耿宝桂	严学华	校企合作基金项目
161	材料科学与工程学院	轻量化卡巴车轮用超高强韧铝合金的设计与加工过程组织性能调控	宋宏磊	王宏明	校企合作基金项目
162	财经学院	房地产上市公司资金流动性对财务风险的影响研究	彭焱鑫 钱　桢	房彩荣	校企合作基金项目
163	财经学院	后脱贫时代产业富农的机理、制约因素及对策研究	翟欣瑶 张　钰	谭中明	校企合作基金项目

续表

序号	学院名称	项目名称	第一主持人	第一指导教师	项目类型
164	财经学院	绿色金融对农业创新效率提升机制研究——以江苏大学兴化无人农业系统为例	李芸彤 王茜	杨茜 万武	校企合作基金项目
165	财经学院	基于主成分分析的医药上市公司财务绩效评价研究	陈璐 浦秋月	张华	校企合作基金项目
166	财经学院	作业成本法下高校科研项目成本核算研究	俞虹成	张华	校企合作基金项目
167	财经学院	通货膨胀背景下企业税务行为对其经济效益的影响研究	吴峰娟	朱乃平	校企合作基金项目
168	财经学院	全民抗疫新冠病毒背景下企业慈善捐赠行为的税收效应研究	何国兴 刘爽	朱乃平	校企合作基金项目
169	电气信息工程学院	电网侧电化学储能运行分析与提效	汤程烨	黄永红	校企合作基金项目
170	电气信息工程学院	基于机器视觉的莲藕泥藕孔检测方法及装置	谢雨希 许辰涛	袁浩 姬伟	校企合作基金项目
171	管理学院	基于模糊层次分析法的高校虚拟仿真实验项目综合评价研究	张怡	张海斌	校企合作基金项目
172	管理学院	网络直播营销方式及应用效果研究——以赫曼斯碳纳米管科技江苏有限公司为例	钱江英	郭龙建	校企合作基金项目
173	管理学院	农产品电商转型升级促进农业经营集约化的研究	刘宇轩 梁馨文	黄启发	校企合作基金项目
174	管理学院	大数据、人工智能背景下美团外卖静动态订单分配模型及其优化、算法研究	王浩伟	张怀胜	校企合作基金项目
175	管理学院	结合海外自媒体和搜索引擎的泛华农化产品推广策略研究	李娜娜 汪怡	刘明	校企合作基金项目
176	管理学院	基于 Drama Theory 的中国跨省河流水冲突演化多案例分析	吕茉莉	孙冬营	校企合作基金项目
177	管理学院	微信朋友圈广告的投放策略研究	危晓静 刘海燕	宋丁伟	校企合作基金项目
178	管理学院	新型网络 OA 平台推广方案研究——以互盛企业服务（江苏）有限公司为例	龙丽颖 梁海	宋丁伟	校企合作基金项目
179	化学化工学院	亲和 UCST 型温敏聚合物-盐双水相体系构筑及其用于细胞色素 C 的一步分离纯化固定化	李利利 李杰	王蕾	校企合作基金项目
180	化学化工学院	氧化石墨烯二维纳米复合功能膜的研发及其对染料废水在线处理示范应用	陶前途	刘燕	校企合作基金项目
181	化学化工学院	羧甲基纤维素/丙烯酸/活性炭复合水凝胶的制备及其吸附性能的研究	陈隽杰	王晓红	校企合作基金项目
182	环境与安全工程学院	涡流空化协同臭氧氧化污泥减量装置开发	周陈俊男	张波	校企合作基金项目
183	机械工程学院	恒力弹簧支吊架工作状态自动在线监测系统	崔鹏飞 苏开仁	张西良	校企合作基金项目

续表

序号	学院名称	项目名称	第一主持人	第一指导教师	项目类型
184	机械工程学院	基于深度学习的小零件表面质量检测系统	陈赛赛	许桢英	校企合作基金项目
185	机械工程学院	一种基于 LabVIEW 的电动汽车整车控制器的测试系统研究	漆彪强	王　权	校企合作基金项目
186	机械工程学院	圆形管道相贯线切口视觉三维定位系统研究	陈　昌	陈修祥	校企合作基金项目
187	机械工程学院	捻纱机断纱智能化检测、报警及隔离装置研究	刘经阳 李观锋	朱长顺 胥保文	校企合作基金项目
188	机械工程学院	码头输油臂智能对接机器视觉系统研究	弓句民	陈修祥	校企合作基金项目
189	机械工程学院	基于 QFD 的贝雷桥产品概念设计管理策略的研究	王　一 何秀莲	宋丁伟	校企合作基金项目
190	机械工程学院	无人艇自主导航系统研究与开发	李哲源	肖爱民	校企合作基金项目
191	能源与动力工程学院	结合等离子风的校园防疫通道雾化消毒系统设计	王逸歌 黄　波	李　彬	校企合作基金项目
192	能源与动力工程学院	用于校园防疫的车辆快速通道	李　昊	王军锋	校企合作基金项目
193	能源与动力工程学院	防疫通道的新能源系统设计	季茂晟 韩文韬	王　海 王军锋	校企合作基金项目
194	能源与动力工程学院	一种文丘里式空气通道空气雾化喷嘴	虎羽童	康　灿	校企合作基金项目
195	能源与动力工程学院	基于物理法和化学氧化耦合的有机废气处理系统设计	吴志威	刘　璐	校企合作基金项目
196	能源与动力工程学院	海水淡化泵与能量回收一体机设计理论和方法子项目	糜泽灵 倪袁君	张德胜	校企合作基金项目
197	汽车与交通工程学院	基于稳健六西格玛管理的碳纤维复合芯导线拉挤工艺创新	曹瑞阳	王　健	校企合作基金项目
198	食品与生物工程学院	新型食品多彩 3D 打印技术及装备开发	普　珺 杨紫涵	邹小波	校企合作基金项目
199	食品与生物工程学院	微藻多肽-金属螯合物的理化表征和生物利用度分析	阎奕琳 黄晓晴	丁青芝 熊治渝	校企合作基金项目
200	食品与生物工程学院	电场辅助食品保鲜集装箱开发	李佩芸 赵丽娜	李志华	校企合作基金项目
201	食品与生物工程学院	基于计算机视觉技术的食材定量分装技术及装备开发	吉崎好	石吉勇	校企合作基金项目
202	食品与生物工程学院	微藻蛋白超声波辅助脱盐及其动力学研究	潘文文 胡义泽	骆　琳	校企合作基金项目
203	外国语学院	“新冠肺炎”疫情影响下大学生心理健康状况研究——以江苏大学学生为例	沈磊鑫	王　莹	校企合作基金项目

续表

序号	学院名称	项目名称	第一主持人	第一指导教师	项目类型
204	文学院	自媒体广告投放下的文化创意策略研究——以众盟数据公司为例	张　洁 卢培艺	宋丁伟	校企合作基金项目
205	药学院	马勃液体止血创可贴研究	刘佳琦 卢永康	徐卫东 李　强	校企合作基金项目
206	药学院	山黄饮的降糖作用研究	吕亚桂 严　雯	徐卫东 柳　勇	校企合作基金项目
207	医学院	植物源性护发制剂对小鼠体外培养毛囊生长的影响及机制	尚佳伟 纵浩男	王　强	校企合作基金项目
208	管理学院	短视频营销方式及应用效果研究——以江苏爱园健康科技有限公司为例	梁雪娜 周　游	宋丁伟	校企合作基金项目

研究生教育

综述

2020 年，研究生院学科建设与研究生教育工作成效显著，在全省高校研究生教育质量综合评价中获评 A 等，列省属高校前 4。

【招生工作】 2020 年，研究生院圆满完成招生任务。政策调控效果进一步巩固，生源质量和结构得到整体改善，研究生报考人数再创新高，招生内控机制体系建设成效明显。学校在江苏省研究生招生考务管理工作考核中获“优秀报考点”“优秀招生单位”两项荣誉称号，以总分第一位列 18 个高校报考点首位。2020 年共拟录取博士研究生 212 人，其中硕博连读比例为 77.5%；非定向比例为 89.95%，硕博连读比例、非定向比例达新高。全日制研究生比 2019 年扩招 25.5%，共拟录取硕士研究生 3 782 人，其中全日制 3 097 人、非全日制 685 人。生源质量和结构上，“双一流”学科建设高校生源 394 人，占 10.4%；前一百强与“双一流”学科建设高校生源 1 073 人，占 34.65%；民办学院等生源 403 人，占 13%；应届毕业生生源占 67.78%。加强招生宣传，改善生源结构，提高生源质量。2021 年硕士研究生网报江苏大学人数为 13 732 人，创历史新高。重点向理、工、农、医等专业，以及国家关键核心技术领域和基础学科倾斜，下达的招生计划中为 145 人；进一步发挥招生指标分配办法的调节作用，围绕学校“双一流”建设和江苏高水平大学建设的需求，重点支持研究生分院建设需求，下达的招生计划中南京研究生院 50 人、北京研究生院 20 人、中科院工程热物理所 30 人。2020 年下达的专项博士生招生计划为 46 人，下达的硕士研究生招生计划为 245 人。2021 年江苏大学考点报考人数为 7 810 人，涉及 377 家招生单位，其中学校应届生 2 832 人。2021 年江苏大学考点共有考场 272 个，主考、副主考、巡视员、监考员、考务员等各类考务工作人员共计 682 人。整个考务工作有条不紊，秩序井然，实现了“平安研考”目标。

【培养工作】 2020 年全年共毕业博士研究生 150 人，硕士研究生 2 545 人。其中，学术型硕士研究生 988 人，全日制专业学位研究生1 150 人（工商管理 11 人，公共管理 6 人，临床医学 120 人，护理 16 人，会计4人，资产评估1人，应用统计0人，法律46人，教育38人）。在2020年江苏省研究生教育会上，学校研究生教学资源建设工作作为6所高校和单位书面交流之一被推广，“江苏教育发布”也展示和分享了学校的改革举措和经验成效。制定《江苏大学2020年度研究生培养方案修（制）订工作的指导意见（暂行）》，启动新一轮研究生培养方案的全面修订工作。利用已有网络教学资源，主动搭建师生沟通平台，加强线上师资培训，细化教学实施和课程考核等具体规范，实现线上线下课程教学“实质等效”。立项校级教学案例18项，共有13项案例入选国家库，其中法律硕士教学案例入选国家库4项，入库数列全国法律专业学位类别第4名。校级精品教材建设立项9本。制定出台《江苏大学研究生“课程思政”示范课程建设管理办法》，共立项建设“课程思政”示范课程18门。获批研究生创新计划140项。学校共承办江苏省研究生科研创新论坛6次、创新实践大赛2项，开办“暑期学校”2项。组织研究生参加各项赛事，研究生共获得国家级、省级赛事奖项130余项，其中国家级研创赛事获二等奖及以上16项。组织各学院开展硕士开题、博士综合考核工作，严格执行公平、公正、公开原则，严格执行“暂缓通过”的比例，硕士生首次开题后15%、博士生首次综合考核后10%“暂缓通过”。开展部分超期研究生学籍清退预警、公示工作，2020年清退研究生59人。

【学位工作】 2020年，学校有江苏省优秀博士学位论文2篇、优秀学术型硕士学位论文5篇、优秀专业学位硕士学位论文13篇。开展了2020年度校优秀研究生学位论文的评选工作，评选出校优秀博士学位论文40篇、校优秀学术型硕士学位论文62篇、校优秀专业学位硕士学位论文62篇。共授予220人博士学位；共授予2 771人各类硕士学位，其中全日制学术型硕士1 084人、全日制专业学位硕士1 239人（含工程850人、法律47人、公共管理6人、教育38人、临床医学121人、护理15人、会计4人、汉语国际教育16人、艺术22人、国际商务20人，工商管理100人）、非全日制专业学位硕士324人（含工程79人、法律47人、公共管理47人、教育95人、汉语国际教育24人、艺术14人、护理18人）、单证工程硕士95人、单证工商管理硕士6人、同等学力硕士23人。推进学校同等学力人员申请硕士学位全国统一水平考试，以及招生简章发布、资格审查、现场确认、入校培养及论文送审等相关工作。2020年共招收同力学员25人，共授予学位23人。国务院教育督导委员会办公室公布了对学校2017—2018学年度被授予博士学位学生的论文抽检结果，13个学科的15篇博士学位论文全部合格。江苏省评估院公布了对学校2018—2019学年度被授予硕士学位学生的论文抽检结果，共抽检学术硕士学位论文35篇（计105篇次），不合格为4篇次；共抽检专业硕士学位论文43篇（计129篇次），不合格为2篇次。学硕论文抽检评议不合格率为3.70%，高于省平均不合格率（1.57%）；专硕论文抽检评议不合格率为1.59%，低于省平均不合格率（3.59%）。

【质量管理工作】 在江苏省第二届“十佳研究生导师”和“十佳研究生导师团队”评选中，农业工程学院李耀明教授荣获省“十佳研究生导师”提名奖，医学院许文荣教授领衔的“干细胞与肿瘤研究导师团队”荣获省“十佳研究生导师团队”提名奖。能源与动力工程学院的“‘一带一路’能源动力类‘立体—协同—开放’高端人才培养模式的探索与实践”和马克思主义学院的“新时代提升高校研究生思想政治理论课教学实效性的‘3+4’模式创新与实践”获评江苏省研究生教育改革成果优秀奖。

【联合培养与基地管理工作】 根据属地防疫要求，分别制订医学规培生的返岗预案，一共8个批次，共计安全返岗200余人。其他类别专业学位研究生采用线上形式开展实践，确保培养环节不停顿。积极响应江苏省“援青工作”的号召，选派14名研究生赴青海省海南州中小学开展支教实践。为贵德河西寄宿制学校送去欠缺的法治公开课、线上科学普及课和外教口语课，为贵德河东寄宿制学校捐赠500余本学习用书和课外读物，被中国青年网报道。修订、制定《江苏大学研究生联合培养基地建设与管理实施办法（试行）》《江苏大学全日制专业学位研究生专业实践管理实施细则》《江苏大学研究生分院联合培养工作实施细则》等文件。学校已建成省级研究生工作站583家、校级研究生实践基地1 049家，2020年累计输送2 000余名研究生，获评省级优秀研究生工作站29家。采用“课程学习+专业实践+论文开题+科研创新+学位成果”的全链条双导师协同培养方式。学校已聘任103位江苏省产业教授、1 553名校外实践指导教师。2020年获聘产业教授13位，聘任校外实践指导教师283名。

【研究生教育国际化工作】 2020年中外留学研究生“三同”教育（同窗学习、同台竞技、同室创新）得到了进一步的发展。共有22门研究生课程实现了中外同堂授课，打破了中外研究生课程孤立的壁垒。举办第十届中外研究生学术论坛活动，共有1 400余名中外研究生通过线上线下模式参与。进一步规范留学研究生培养过程，确保留学研究生培养质量。2020年完成53个专业的留学研究生培养方案的修订工作，并已实施使用。本次培养方案的修订做到了与国内研究生培养方案修订、制定的同步谋划、同步制定与同步实施。

【克兰菲尔德研究生院建设工作】 完成了77页（4万余字）的《江苏大学克兰菲尔德未来技术研究生院建设方案》，从党建、招生、奖学金设置、教务管理、学籍管理、导师选聘、质量监管、国际科研合作、学历学位认证等方面提出了一揽子政策举措，认真思考、设计了克兰菲尔德研究生院的建设细节。提出了克兰菲尔德研究生院教室、会议室等教学和办公场所改造方案，教室以小型智慧教室为主，需要具备网络直播授课的功能，为英方教师因不可抗拒原因而无法到校授课做好准备工作；考虑到中英两所学校远程办公与学术交流的需要，建设了专门的视频会议室。

研究生教育工作

2020年江苏大学招收攻读博士、硕士学位研究生情况

研究生类别	人数	女	应届毕业生	硕博连读生	在职人员	非全日制
博士研究生	212	90	98	64	28	
硕士研究生	3 782	1 596	2 099	0	696	685

2020 年江苏大学江苏省优秀博士学位论文

序号	论文题目	作者姓名	指导教师姓名	专业
1	基于生成对抗网络的数据驱动人脸表情识别研究	张飞飞	毛启容	计算机应用技术
2	氮化碳基复合光催化剂的制备及降解硫醇类污染物的性能机理研究	朱　志	李春香	环境科学与工程

2020 年江苏大学江苏省优秀硕士学位论文

序号	论文题目	作者姓名	指导教师姓名	专业
1	双杂原子掺杂石墨烯固载金属化合物复合材料的超级电容性能研究	王　滢	章明美	化学
2	基于新型声学人工结构的声波调控研究	夏建平	孙宏祥	电子科学与技术
3	螺旋藻和互花米草共水热液化制备生物油的协同增效机理研究	冯　欢	何志霞	动力工程及工程热物理
4	碳酸氧铋基材料的设计及其增强光催化性能研究	丁鹏辉	李华明	化学工程与技术
5	农村居民重大疾病保障水平适宜度及影响因素研究——基于江苏省的实践调研	郑珊珊	詹长春	公共管理
6	唐判中的法意与文学品格之间的平衡性研究——以白居易《甲乙判》为例	王　绘	张先昌	法律
7	小学数学优质课堂的练习设计特征及达成策略研究	赵铝鑫	钟勇为	小学教育
8	氧化钇透明陶瓷的制备及光学性能研究	蒋志刚	王　匀	机械工程
9	基于光相位边缘特征提取的生物细胞形态及动态活动快速检测实验研究	张明明	季　颖	光学工程
10	二维超薄氮化碳表面杂化及其光催化性能的研究	郝全果	许　晖	环境工程
11	基于类沸石金属有机骨架复合材料的制备及其电化学性能的研究	周赛赛	郝　臣	化学工程
12	海藻制备生物焦/活性炭吸附脱除烟气中单质汞的研究	刘子洋	刘杨先	动力工程
13	酪酸梭菌的诱变育种及其 1，3-丙二醇的发酵与耐受机制的研究	杨苗苗	齐向辉	食品工程
14	脓毒症时调节性中性粒细胞的发现及其负向调控适应性免疫应答的机制研究	于　垚	孙炳伟	外科学
15	护士情域能力评价量表编制及初步应用	吉加梅	罗彩凤	护理
16	供应链环境下 SP 公司采购管理体系构建及应用的研究	戴红波	贡文伟	工商管理
17	镇江市医养结合养老问题及对策研究	拾以萌	周绿林	公共管理
18	政府补贴下考虑消费者行为的再制造定价研究：以 ZL 水泥企业为例	邵汉青	程发新	物流工程

2020 年江苏大学优秀博士学位论文

序号	论文题目	作者姓名	指导教师姓名	专业
1	低维氮化碳纳米材料的设计合成及其光催化产氢性能研究	莫　璺	雷玉成	材料科学与工程
2	磁力丝杠集成电作动器的关键技术研究	凌志健	赵文祥	电力电子与电力传动
3	容错式永磁辅助同步磁阻电机设计、分析与控制	徐媚媚	刘国海	控制科学与工程
4	多功能果蔬采摘机器人的图像识别算法研究	刘晓洋	赵德安	农业工程
5	员工安全主动性行为对小微企业安全生产行为影响的研究——基于双重效应的分析框架	王琦玮	梅　强	管理科学与工程
6	硼亲和高识别复合材料的构建及其选择性分离纯化木犀草素的行为与机理研究	刘树成	潘建明	环境科学与工程
7	按需型/自清洁特殊浸润性功能膜的制备及油水分离性能研究	谢阿田	李春香	环境科学与工程
8	$PbBiO_2Br$ 基材料的设计构筑及其光催化降解环境有机污染物研究	王　彬	朱文帅	环境科学与工程
9	氮化碳基光催化剂的可控制备及其性能与机理研究	车慧楠	闫永胜	环境科学与工程
10	可磁回收银基光催化剂的制备及其降解污染物和杀菌性能研究	黄树全	李华明	环境科学与工程
11	基于多孔石墨相氮化碳材料的构筑及其光催化降解环境有机污染物研究	刘津媛	许　晖	环境科学与工程
12	环境水体中典型邻苯二甲酸酯的污染水平及其复合暴露对斑马鱼的生殖毒性	陈　慧	吴向阳	环境科学与工程
13	TC6 钛合金深冷激光喷丸强化机理及振动疲劳性能研究	李　京	周建忠	机械工程
14	太阳电池用 Si 基 ZnO 薄膜及其界面研究	刘志响	杨　平	机械工程
15	高品质 YAG 基光学透明陶瓷凝胶注模成型及性能调控机制研究	姚　庆	王　匀	机械工程
16	物联网移动群智感知安全和隐私保护关键技术研究	邬海琴	王良民	计算机应用技术
17	Efficient Trust Assessment Methods with Security Consideration in Vehicular Adhoc Networks	Muhammad Sohail	王良民	计算机应用技术
18	非线性演化方程某类的分析波解及其稳定性分析	Naila Nasreen	卢殿臣	控制科学与工程
19	两类含特殊结构的非线性系统的动力学分析及控制研究	彭　淼	张正娣	控制科学与工程
20	Explicit Travelling Wave Solutions and Stability Properties for A Class of Nonlinear Evolution Equations	Mostafa Khater	卢殿臣	控制科学与工程
21	Construction of Exact Travelling and Solitary Wave Solutions for Some Nonlinear PDEs	Mujahid Iqbal	卢殿臣	控制科学与工程

续表

序号	论文题目	作者姓名	指导教师姓名	专业
22	大流量快速启动自吸离心泵设计理论与非定常特性研究	常　浩	施卫东	动力工程及工程热物理
23	铅铋冷却快堆主循环泵优化设计与可靠性分析	卢永刚	王　洋	动力工程及工程热物理
24	基于叶片撞击模型的鱼类友好型轴流泵设计理论与应用	潘　强	施卫东	动力工程及工程热物理
25	淹没式高压水空化射流机理及空泡冲击波强化金属性能研究	杨勇飞	施卫东	动力工程及工程热物理
26	微尺度下氢气/甲烷的预混合燃烧特性及催化反应的影响因素研究	张　倚	潘剑锋	动力工程及工程热物理
27	柴油机喷嘴内特殊流动现象的瞬态特性及对喷雾的影响	郭根苗	何志霞	动力工程及工程热物理
28	电场强化酯交换过程中荷电多相流的基础研究	王东保	王军锋	动力工程及工程热物理
29	MOCVD 生长 AlGaN 反应机理的量子化学计算研究	唐　留	左　然	动力工程及工程热物理
30	茶园辐射霜冻特征响应与防霜能量量化研究	鹿永宗	胡永光	农业工程
31	柴油喷油嘴非圆喷孔内部流动与雾化强化机制	俞升浩	尹必峰	动力工程及工程热物理
32	混合电磁主动悬架全路况节能机理与智能切换控制研究	丁仁凯	汪若尘	车辆工程
33	基于数据驱动的无人驾驶汽车弯道行驶仿人轨迹规划与仿人转向模型研究	李傲雪	江浩斌	车辆工程
34	轮毂电机电动汽车再生制动与摩擦制动的协调控制研究	王骏骋	何　仁	车辆工程
35	基于比色型智能指示标签的典型冷鲜肉新鲜度实时监测研究	翟晓东	邹小波	食品科学与工程
36	Efficacy of Multi-frequency Ultrasound as A Washing Process for Microbial Safety and Nutritional Quality of Cherry Tomato	Abdullateef Taiye Mustapha	周存山	食品科学与工程
37	Effect of Conventional and Ultrasonic Processes on the Functionality and Antioxidative Efficacy of Protein Preparations and Hydrolysates from Comestible Insect（Hermetia Illucens）	Benjamin Kumah Mintah	何荣海	食品科学与工程
38	Angiotensin Ⅱ调控单核/巨噬细胞参与 EAM 进程的机制研究	吕宏祥	苏兆亮	临床检验诊断学
39	柠檬酸盐诱导肿瘤细胞衰老和脂代谢紊乱的机制研究	赵杨静	邵启祥	临床检验诊断学
40	筛选与鉴定骨髓增生异常综合征进展相关表观遗传学驱动分子及其临床意义	周静东	钱　军	临床检验诊断学

2020 年江苏大学优秀硕士学位论文

序号	论文题目	作者姓名	指导教师姓名	专业
1	中空 TiO_2 基异质结光催化剂的构建及其降解抗生素废水研究	张　赛	曹顺生	材料科学与工程
2	海泡石基多功能超浸润复合涂层制备及性能研究	贾雨晗	陈贝贝	材料科学与工程
3	氮掺杂碳负载过渡金属合金纳米颗粒电催化剂的制备及氧还原性能研究	梁加浩	麋建立	材料科学与工程
4	聚苯胺基活性炭孔道结构及表面官能团对超级电容器性能改善机制的研究	刘　超	杨建红	材料科学与工程
5	一维纳米填料对共聚物及环形聚合物结晶行为影响的动态 Monte Carlo 模拟研究	刘荣娟	周志平	材料科学与工程
6	马来酰亚胺官能化苯并噁嗪树脂的制备及性能研究	刘宇奇	张　侃	材料科学与工程
7	碳负载铜基电催化材料的制备及氧还原性能研究	杨丽萍	麋建立	材料科学与工程
8	PPC/LLZTO 复合固态电解质膜的制备、界面改性及电化学性能研究	陈　浩	沈湘黔	材料工程
9	基于碳量子点-磺胺嘧啶印迹荧光传感器的构建及应用研究	高治坤	周志平	材料工程
10	H13 钢激光熔覆耐磨涂层及抗磨机理的研究	姜　伟	王树奇	材料工程
11	基于天然橡胶的补强及自修复材料的设计及其性能研究	刘　勇	聂仪晶	材料工程
12	强流脉冲电子束作用下 Ni-Nb 合金涂层的制备与组织性能的研究	孙平平	关庆丰	材料工程
13	MOF 基氧化物复合材料的制备与气敏性能研究	檀　婧	刘桂武	材料工程
14	三维泡沫碳基超级电容器电极材料的制备与电化学性能研究	王东风	严学华	材料工程
15	生物质基三维多孔材料的制备及其在油水分离中的应用	徐　鹏	杨　进	材料工程
16	钡空位调控钙钛矿金属氧化物微结构及氧还原反应催化机制研究	杨公梅	庞胜利	材料工程
17	氧化锰基复合材料及其储能器件的电化学性能研究	周　辰	严学华	材料工程
18	新型城镇化背景下长三角中心城市群的生态效率及影响因素研究	管　鑫	常新锋	统计学
19	逆变器驱动式六极径向混合磁轴承设计及位移自检测研究	刘甜甜	朱熀秋	电气工程
20	基于改进式观测器的直线游标永磁电机无位置传感器控制技术研究	蒋　阳	吉敬华	电气工程
21	无轴承磁通切换永磁电机优化设计及控制系统研究	许　颖	朱熀秋	电气工程
22	基于高光谱图像技术的大豆种子活力与生活力无损检测研究	李亚婷	孙　俊	农业电气化与自动化

续表

序号	论文题目	作者姓名	指导教师姓名	专业
23	低转矩脉动交替极永磁电机的设计与分析	翟芳芳	刘国海	控制科学与工程
24	基于变磁网络的双凸极记忆电机设计与优化	武继奇	朱孝勇	电气工程
25	无轴承异步电机绕线转子设计及悬浮力补偿研究	丁琪峰	杨泽斌	电气工程
26	永磁辅助无轴承同步磁阻电机及其无速度传感器控制研究	计宗佑	朱熀秋	电气工程
27	六极径向—轴向主动磁轴承电磁特性分析及自抗扰解耦控制研究	王绍帅	朱熀秋	电气工程
28	基于虚拟定子磁链的五相永磁同步电机	周　城	周华伟	电气工程
29	基于分子光谱融合技术的乙醇固态发酵过程监测方法研究	许唯栋	江　辉	控制工程
30	混合产品提供前后知识缺口弥合策略研究	胡炳坤	罗建强	管理科学与工程
31	钛基氧化物负极材料的可控制备及其锂离子电容器性能研究	朱王芹	连加彪	化学工程与技术
32	高温膜燃料电池低铂载量电极开发和稳定性诊断研究	姚东梅	苏华能	化学工程与技术
33	钴铜基纳米复合催化剂的制备与优化及其电催化析氧性能研究	孙　伟	魏　巍	化学工程与技术
34	基于 Bi_4VO_8X（X = Cl，Br）/碳基功能材料的抗生素光电传感应用研究	由福恒	王　坤	化学
35	氮化碳基光电化学传感器的构建及其抗生素检测应用研究	徐宇环	王　坤	化学
36	光驱动抗污性二氧化钛基复合膜的制备及其油水分离性能研究	陈阳阳	闫永胜	化学
37	铋基纳米结构材料的可控构筑及其催化性能研究	岳晓阳	沈小平	化学
38	高分散铜纳米粒子电催化还原二氧化碳的性能研究	肖新新	吕晓萌	化学工程
39	功能化氮化碳材料的构筑及其在光催化中的应用	葛飞跃	徐远国	化学工程
40	铁酸锌/氧化石墨烯气凝胶复合材料的制备及其在对硝基苯酚电化学检测的应用研究	胡慧慧	魏　巍	化学工程
41	智能型氮化碳/银基复合光催化剂的制备及光降解四环素应用研究	孙林林	霍鹏伟	化学工程
42	导电聚合物改性硫化物光催化剂的构建及其去除 Cr（Ⅵ）研究	王对对	徐远国	化学工程
43	基于碳/MOFs 衍生物自支撑超级电容器电极的制备及性能研究	牛浩婷	刘　瑜	化学工程
44	氮化碳基光催化剂材料的制备及光解水产氢性能的研究	黄元勇	施伟东	化学工程
45	MOFs/TiO_2 异质结光电极的制备及其光电化学分解水性能研究	崔伟成	范伟强	化学工程

续表

序号	论文题目	作者姓名	指导教师姓名	专业
46	笼载型杂多酸离子液体复合催化剂的制备及其对缩酮反应的催化性能	谢英杰	姜廷顺	化学工程
47	杂蒽、铜酞菁空穴传输材料在钙钛矿太阳能电池中的应用	丁兴东	李华明	化学工程
48	镍基电极材料的制备及超级电容器性能研究	周亚举	霍鹏伟	化学工程
49	面向节能窗的复合膜材料按需构建及其红外性能研究	魏庚尧	杨冬亚	化学工程
50	金属卟啉表界面修饰复合材料的合成与性质	顾婷婷	朱卫华	化学工程
51	丙烯酸复合天然有机分子类水凝胶吸附性能研究	江成龙	王晓红	化学工程
52	新型钼基化合物/硫掺杂石墨烯纳米复合材料的超级电容性能研究	马天娇	章明美	化学工程
53	层状双金属氢氧化物复合材料的制备及其电化学性能的研究	黄成相	郝　臣	化学工程
54	基于复杂油水分离体系的超浸润材料的制备及性能研究	李张迪	邱凤仙	化学工程
55	基于几种新型碳基纳米复合材料的电化学传感器构建及其在环境与生物分析中的应用研究	张得鹏	朱刚兵	环境工程
56	环境中两种新型污染物的荧光免疫分析方法研究	祝玉琪	张　祯	环境工程
57	纳米金属氧化物催化介质阻挡放电等离子体降解 BPA 的研究	闫　欣	依成武	环境工程
58	激光熔覆 AlCoCrFeNiTi 高熵合金涂层组织与性能研究	於伟杰	王　匀	机械工程
59	原位合成 TiC 及 TiC+TiB 增强 TB8 钛基复合材料组织与性能研究	李　冲	许晓静	机械工程
60	Ni 与异种金属箔板的激光冲击焊接实验研究与数值模拟	李　锋	王　霄	机械工程
61	面向生物传感的光子晶体表面波构筑及性能研究	施建培	杨　平 葛道晗	机械工程
62	磁场辅助脉冲激光旋切制孔机理研究	李　涛	任乃飞	机械工程
63	钴基氧还原催化剂的制备、性能和机理研究	饶　鹏	王　匀	机械工程
64	氧化物神经心态晶体管及其逻辑电路应用	韩　慧	郭立强	机械工程
65	拓扑光子晶体螺旋边界态性质及应用研究	姜　震	高永锋	光学工程
66	基于车辆平顺性的阀控式阻尼可调减振器参数优化设计	曹金鑫	谢方伟	机械工程
67	基于温度传感器的柔性电子皮肤研究	胡永斌	郭立强	机械工程
68	磁光效应调制下 PT 对称结构的传输特性及应用	王誉雅	方云团	通信与信息系统
69	半监督尺寸约束聚类方法研究	唐　伟	杨　洋	计算机科学与技术

续表

序号	论文题目	作者姓名	指导教师姓名	专业
70	基于深度学习的入侵检测技术研究	汪　盼	宋雪桦	电子与通信工程
71	乡村教师培育站的现状、困顿与超越——基于两个培育站的个案研究	许　游	李晓波	教育学
72	小学数学课堂对话教学实施的现状研究	闵　慕	全守杰	小学教育
73	免解包快速相位成像方法及其实验研究	沈启宝	徐媛媛	电子科学与技术
74	基于相控超构材料的声波操控研究	钱　姣	孙宏祥	电子科学与技术
75	用改进的 Khater 法构造一类非线性偏微分方程的行波解	李　婧	卢殿臣	数学
76	喷水推进器进水流道出流畸变特性及控制方法研究	朱　芮	王　洋	动力工程及工程热物理
77	苏南地区典型作物蒸腾和土面蒸发模型及参数的研究	黄　松	闫浩芳	水利水电工程
78	新型职业农民创业路径探讨——基于江苏省镇江市的调研	杨　健	邹富良	马克思主义理论
79	海藻炭基催化剂催化热解废弃白土油制备高品位生物燃料的研究	袁　川	王　爽	动力工程及工程热物理
80	航空煤油转子发动机的喷雾及燃烧特性研究	陆　尧	潘剑锋	动力工程及工程热物理
81	微波辅助制备绿色/磁性玉米秆生物炭脱除烟气中单质汞的研究	单　烨	刘杨先	动力工程
82	非牛顿流体液滴撞击固体壁面的动力学特性研究	沈学峰	刘海龙	动力工程
83	曲面试样在高压水射流作用下的空蚀机理研究	周明明	康　灿	动力工程
84	电化学—光电化学联用比率传感器构建及其链霉素检测研究	申秀丽	由天艳	生态学
85	车用锂离子动力电池电化学—热耦合模型及 SOC/SOH 估计方法研究	林玉珍	徐　兴	车辆工程
86	面向轨迹跟踪的轮毂电机直驱无人车协调控制研究	汤　赵	徐　兴	车辆工程
87	往复式循环液冷与平面热管结合的动力电池热管理系统热均匀性研究	唐　伟	徐晓明	车辆工程
88	混合动力汽车用开关磁阻 BSG 电机模型预测控制研究	王浩祥	陈　龙	车辆工程
89	混合动力汽车车载油气回收系统控制与优化设计	刘　书	何　仁	车辆工程
90	乘用车电磁—电机楔式线控制动系统设计及控制研究	缪佳宇	姚　明	交通运输工程
91	基于多传感器融合的智能车道路障碍物检测	娄新雨	王　海	车辆工程
92	永磁轮毂电机状态反馈控制与无位置传感器控制	胡昌昌	孙晓东	车辆工程
93	EGFR/PPAR δ 信号调控结肠癌细胞代谢机制	苟　倩	侯永忠	生物学

续表

序号	论文题目	作者姓名	指导教师姓名	专业
94	使用随机突变碱基序列模拟脊索动物 TF4 基因内含子的演化	王广冬	王　勇	生物学
95	基于核酸适配体传感器对癌胚抗原高灵敏检测的研究	相文文	高　力	生物学
96	指状青霉侵染采后柑橘的机制研究	钱　鑫	张红印	食品科学与工程
97	比率型铜纳米簇荧光探针的构建及其对紫菜中铅汞镉的检测	李文亭	石吉勇	食品科学与工程
98	镇江肴肉中亚硝酸盐的表面增强拉曼光谱检测方法研究	王井井	陈全胜	食品科学与工程
99	纳米酶基比色传感器的设计及其对饮用水中酚类污染物的检测研究	吴舒雯	郭丹钊	食品科学与工程
100	L-阿拉伯糖异构酶酶学性质表征及乳清粉生物合成 D-塔格糖的研究	张国艳	齐向辉	食品科学与工程
101	慈姑多糖的制备、结构表征及其生物活性研究	顾金燕	张海晖	食品科学与工程
102	基于 IL/DES 双水相催化转化及萃取分离 5-HMF 的集成体系构建	李　墨	余筱洁	食品工程
103	多酶杂化纳米花级联反应体系的构建及其在催化降解淀粉和纤维素中的应用研究	罗　鹏	韩　娟	食品工程
104	小麦淀粉精细结构对煮后挂面爽滑性的影响及分子机制	李清清	孙　俊	食品工程
105	适配体修饰壳聚糖磁纳米粒子的制备及其在赭曲霉毒素 A 检测中的应用	王姝文	王　云	食品工程
106	基于压痕隆起形貌的金属材料残余应力测试方法研究	钱文杰	朱建国	力学
107	关于脉冲式爆炸下的簇发动力学的探讨	魏梦可	韩修静	力学
108	加速侵蚀下配置 FRP 筋的高强混凝土梁长期性能退化研究	宣广宇	陆春华	建筑与土木工程
109	文化典籍在韩国汉语教学中的传播及影响研究——以《史记》为例	杨天天	任晓霏	汉语国际教育
110	基于中介语语料库的中级阶段韩国留学生时量补语习得研究	张　悦	任晓霏	汉语国际教育
111	三种 NADH 氧化酶的结构及催化性质研究	李飞龙	张业旺	药学
112	黄酮含硫含硒衍生物的构建	朱　杰	周爱华	药学
113	龟甲、鳖甲及小儿肺咳颗粒中鳖甲的 DNA 分子鉴定研究	焦兆群	杨　欢	中药学
114	功能型纳米材料结合等温核酸扩增技术用于肿瘤标志物的检测	曹海霞	王　丽	制药工程
115	磁性镍锌铁氧体基纳米复合材料的制备及其应用研究	于庆梅	刘瑞江	制药工程

续表

序号	论文题目	作者姓名	指导教师姓名	专业
116	EVs 在 EV71 感染中枢神经系统中的作用研究	顾佳奇	茅凌翔	临床检验诊断学
117	P300 介导的 C/EBPβ 乙酰化调控 MDSCs 免疫抑制功能的实验研究	王文欣	王胜军	临床检验诊断学
118	HucMSC-Ex 调控 neddylation 修复炎症性肠病的机制研究	王高莹	毛　飞	临床检验诊断学
119	携带 pvl 基因的金黄色葡萄球菌快速检测及其致病机制研究	邹治倩	陈盛霞	病原生物学
120	细胞外亲环蛋白 A 通过 ERK/p47phox 信号通路介导心肌细胞肥大	曹梦菲	袁　伟	内科学
121	ICU 患者医疗器械相关压力性损伤预防的循证实践	顾梦倩	曹松梅	护理
122	扁平化图形设计原理在自闭症儿童辅助康复教具设计中的应用研究	李佳芯	沙　强	美术学
123	基于儿童参与游戏设计的秦淮灯彩数字化传承研究	李南南	卢章平	工业设计工程
124	文化交流背景下隋唐饮具设计研究	王琳琇	韩　荣	艺术设计

2020 年江苏省企业研究生工作站获批名单（江苏大学）

序号	设站单位名称	牵头学院	校内联系人	设站时间	工作站类别
1	江苏逸飞激光设备有限公司	机械工程学院	符永宏	2020 年	企业
2	无锡新佳盛压铸机制造有限公司	机械工程学院	姜银方	2020 年	企业
3	常州英诺激光科技有限公司	机械工程学院	张朝阳	2020 年	企业
4	江苏汇鼎光学眼镜有限公司	机械工程学院	佟艳群	2020 年	企业
5	苏州绿的谐波传动科技股份有限公司	机械工程学院	周建忠	2020 年	企业
6	江苏凯德电控科技有限公司	机械工程学院	符永宏	2020 年	企业
7	江苏大力城电气有限公司	机械工程学院	黄　娟	2020 年	企业
8	扬中市众成管路配件有限公司	机械工程学院	李富柱	2020 年	企业
9	苏州德龙激光股份有限公司	机械工程学院	叶云霞	2020 年	企业
10	江苏亚奥精密机械有限公司	机械工程学院	裴宏杰	2020 年	企业
11	江苏华工激光科技有限公司	机械工程学院	任旭东	2020 年	企业
12	苏州阿诺精密切削技术有限公司	机械工程学院	沈春根	2020 年	企业
13	扬州江宇刃具有限公司	机械工程学院	沈春根	2020 年	企业
14	江苏百瑞尔包装材料有限公司	机械工程学院	王　权	2020 年	企业
15	江苏中科光电有限公司	机械工程学院	王　权	2020 年	企业

续表

序号	设站单位名称	牵头学院	校内联系人	设站时间	工作站类别
16	江苏汤姆智能装备有限公司	机械工程学院	袁　浩	2020 年	企业
17	常州纳捷机电科技有限公司	机械工程学院	袁　浩	2020 年	企业
18	江苏艺轩园林景观工程有限公司	农业工程学院	付为国	2020 年	企业
19	宝胜系统集成科技股份有限公司	汽车工程研究院	梁　军	2020 年	企业
20	中汽研（常州）汽车工程研究院有限公司	汽车与交通工程学院	王　攀	2020 年	企业
21	江苏华源防爆电机有限公司	汽车与交通工程学院	刘军恒	2020 年	企业
22	坤泰车辆系统（常州）有限公司	汽车与交通工程学院	王　建	2020 年	企业
23	江苏永盛传热科技有限公司	汽车与交通工程学院	刘军恒	2020 年	企业
24	无锡恒和环保科技有限公司	汽车与交通工程学院	刘军恒	2020 年	企业
25	江苏博纳汽车零部件有限公司	汽车与交通工程学院	董　非	2020 年	企业
26	泗阳敏于行精密机械有限公司	材料科学与工程学院	王宏明	2020 年	企业
27	江苏海福特海洋科技股份有限公司	食品与生物工程学院	王　林	2020 年	企业
28	扬州科润德机械有限公司（涉农）	食品与生物工程学院	徐　斌	2020 年	企业
29	克明面业股份有限公司（涉农）	食品与生物工程学院	徐　斌	2020 年	企业
30	江苏澳洋生态园林股份有限公司	环境与安全工程学院	赵如金	2020 年	企业
31	沭阳康源泰博生物科技有限公司（涉农）	环境与安全工程学院	杜道林	2020 年	企业
32	镇江默勒电器有限公司	计算机科学与通信工程学院	宋雪桦	2020 年	企业
33	江苏茴香豆网络科技有限公司	计算机科学与通信工程学院	陈锦富	2020 年	企业
34	中电电气（江苏）变压器制造有限公司	计算机科学与通信工程学院	金　华	2020 年	企业
35	江苏省地质矿产局第三地质大队	土木工程与力学学院	李传勋	2020 年	事业单位
36	江苏冠军科技集团股份有限公司	化学化工学院	徐东波	2020 年	企业
37	江苏安卡新材料科技有限公司	化学化工学院	霍鹏伟	2020 年	企业
38	江苏路韬律师事务所	法学院	李炳烁	2020 年	社会组织
39	镇江市人大常委会法工委	法学院	李炳烁	2020 年	党政机关
40	江苏安用座椅科技有限公司	艺术学院	张文莉	2020 年	企业
41	镇江民间文化艺术馆	艺术学院	张文莉	2020 年	事业单位
42	江苏天瑞医学实验室有限公司	医学院	钱　晖	2020 年	企业
43	江苏昌吉永生物科技股份有限公司	药学院	刘瑞江	2020 年	企业
44	东一阀门制造（南通）有限公司	流体机械工程技术研究中心	刘建瑞	2020 年	企业
45	泰州英格伟精密机械有限公司	能源研究院	吉恒松	2020 年	企业

续表

序号	设站单位名称	牵头学院	校内联系人	设站时间	工作站类别
46	洛阳智能农业装备研究院有限公司（涉农）	研究生院	王新忠	2020 年	企业
47	中国一拖集团有限公司（涉农）	研究生院	王新忠	2020 年	企业
48	镇江沃尔夫重工部件有限公司	机械工程学院	程广贵	2020 年	企业
49	苏州春分检测技术服务有限公司	汽车与交通工程学院	刘　军	2020 年	企业

2020 年江苏省优秀研究生工作站获批名单（江苏大学）

序号	设站单位名称	牵头学院	校内联系人	评优时间	工作站类别
1	江苏环太集团有限公司	材料科学与工程学院	袁志钟	2020 年	企业
2	江苏铁锚玻璃股份有限公司	材料科学与工程学院	杨　娟	2020 年	企业
3	江苏索普（集团）有限公司	化学化工学院	谢吉民	2020 年	企业
4	镇江四联机电科技有限公司	机械工程学院	王存堂　郑　刚	2020 年	企业
5	惠龙易通国际物流股份有限公司	计算机科学与通信工程学院	王昌达	2020 年	企业
6	南水北调东线江苏水源有限责任公司（涉农）	流体机械工程技术研究中心	袁寿其	2020 年	企业
7	江苏罡阳转向系统有限公司	汽车与交通工程学院	江浩斌	2020 年	企业
8	建大橡胶（中国）有限公司	汽车与交通工程学院	王国林	2020 年	企业
9	江苏恒顺醋业股份有限公司（涉农）	食品与生物工程学院	马海乐	2020 年	企业
10	中储粮镇江粮油有限公司（涉农）	食品与生物工程学院	蔡健荣	2020 年	企业
11	南京建工集团	土木工程与力学学院	刘荣桂	2020 年	企业

2020 年江苏省产业教授获批名单（江苏大学）

序号	教授姓名	受聘时间	现工作单位	所在学院	岗位名称
1	束兰根	2020 年	中研绿色金融研究院（南京）有限公司	财经学院	金融学
2	肖　晖	2020 年	镇江市计量检定测试中心	电气信息工程学院	控制科学与工程
3	朱桂生	2020 年	江苏索普（集团）有限公司	化学化工学院	化学工程与技术
4	周成林	2020 年	江苏华博数控设备有限公司、董事长	计算机科学与通信工程学院	计算机技术（电子信息）
5	王生辉	2020 年	自然资源部天津海水淡化与综合利用研究所	流体机械工程技术研究中心	动力工程及工程热物理

续表

序号	教授姓名	受聘时间	现工作单位	所在学院	岗位名称
6	冯春凌（涉农）	2020 年	中国一拖集团有限公司	农业工程院	车辆工程
7	刘　洋	2020 年	无锡威孚力达催化净化器有限责任公司	能源与动力工程学院	动力工程及工程热物理
8	沙刘云（涉农）	2020 年	昆山市永宏温室有限公司	农业工程院	农业工程
9	李　春	2020 年	金龙联合汽车工业（苏州）有限公司	汽车与交通工程学院	机械工程
10	朱增赞	2020 年	凯龙蓝烽新材料科技有限公司	汽车与交通工程学院	动力工程及工程热物理
11	李昌珠（涉农）	2020 年	湖南省林业科学院	食品与生物工程学院	食品科学与工程
12	吴建峰（涉农）	2020 年	江苏今世缘酒业股份有限公司	食品与生物工程学院	食品科学与工程
13	李国权（涉农）	2020 年	江苏恒顺醋业股份有限公司	食品与生物工程学院	食品科学与工程

2020 年江苏省优秀产业教授获批名单（江苏大学）

序号	教授姓名	评优时间	现工作单位	所在学院
1	陈　杰	2020 年	江苏罡阳股份有限公司	汽车与交通工程学院
2	庄建新	2020 年	宝银特种钢管有限公司	材料科学与工程学院
3	冯旭松	2020 年	南水北调东线江苏水源有限责任公司（涉农）	流体机械工程技术研究中心
4	郁培昌	2020 年	惠龙易通	计算机科学与通信工程学院
5	李　平	2020 年	镇江出入境检验检疫局国家食品添加剂及调味品检测重点实验室（涉农）	食品与生物工程学院

改革与创新

2020 年江苏大学获批江苏省研究生科研创新与实践创新计划项目名单

序号	项目号	申请项目名称	项目类别	申请人	指导教师
1	KYCX20_3058	统筹推进大中小学思想政治理论课一体化建设研究	科研计划	刘舒文	董德福
2	KYCX20_3059	“三全育人”视域下高校思想政治工作创新路径研究	科研计划	芮方莹	李明宇
3	KYCX20_3060	马克思世界历史理论视阈下人类命运共同体的构建研究	科研计划	郁从娟	阎　静

续表

序号	项目号	申请项目名称	项目类别	申请人	指导教师
4	KYCX20_3054	绿色产业政策对产业结构低碳转型的影响机理与效应检验	科研计划	唐娅华	贺　丹
5	KYCX20_3055	数字金融对城市绿色经济效率的影响：理论机制与实证检验	科研计划	蒋鹏程	江红莉
6	KYCX20_3056	交通基础设施对区域经济的溢出效应——以长三角地区为例	科研计划	杨旭颖	王　健
7	KYCX20_3057	自贸区知识产权保护与运用研究——以南京市江北新区为案例	科研计划	周　花	唐　恒
8	KYCX20_3061	学科生态视域下综合性大学教育学学科建设研究	科研计划	杜赫娜	王佳佳
9	KYCX20_3062	高校教育惩戒权的实践困境与路径探析	科研计划	张雨晗	曹　辉
10	KYCX20_3063	地方立法推动家庭教育发展的路径研究	科研计划	陶　琦	王佳佳
11	KYCX20_3064	《水浒传》在韩国的传播研究	科研计划	李　巧	任晓霏
12	KYCX20_3065	《诗经》中的“上帝”与《圣经》中的“上帝”之比较	科研计划	李明静如	吴晓峰
13	KYCX20_3066	基于关键词的郭沫若诗歌翻译风格研究	科研计划	王玥珉	李崇月
14	KYCX20_3067	大学生跨文化互动的动机类型研究	科研计划	黄　岩	李加军
15	KYCX20_3068	企业形象修复论辩模式研究	科研计划	顾章红	吴　鹏
16	KYCX20_3052	异质型环境规制对经济高质量发展的影响研究	科研计划	罗雨森	路正南
17	KYCX20_3053	医疗保障参与突发公共卫生事件治理的应对策略研究	科研计划	何媛媛	周绿林
18	KYCX20_3095	数字化驱动下产品服务创新耦合机理	科研计划	蒋倩雯	罗建强
19	KYCX20_3096	绿色品牌购买意愿影响因素的实证研究：环境亏欠感的作用	科研计划	徐玉环	杜建国
20	KYCX20_3097	乡村公共数字文化服务背景下用户信息规避行为实证研究	科研计划	蒋琳萍	王　锰
21	KYCX20_3069	复杂网络视角下主体行为对传染病传播影响的研究	科研计划	邵　琦	韩　敦
22	KYCX20_3070	基于碳纳米管-DNA传感器对 Hg^{2+} 高灵敏检测的研究	科研计划	吕秋香	高　力
23	KYCX20_3071	多组学联合分析家蚕杂种优势及其分子机制	科研计划	肖　瑞	陈克平
24	KYCX20_3072	基于超表面的宽频带开放型隔声窗的设计原理与实验研究	科研计划	王　垠	孙宏祥
25	KYCX20_3073	用于相控阵列的 f-k 域分模态叠加损伤成像方法研究	科研计划	费　跃	王自平
26	KYCX20_3074	胶囊填充型自修复复合材料内部损伤及修复机理研究	科研计划	院增瑞	郝文峰

续表

序号	项目号	申请项目名称	项目类别	申请人	指导教师
27	KYCX20_3010	脉冲激光烧蚀提高碳纤维增强钛合金层板层间强度研究	科研计划	杨　宇	任旭东
28	KYCX20_3075	激光与电化学放电复合加工硬脆材料及数值模拟研究	科研计划	赵斗艳	张朝阳
29	KYCX20_3076	层合复合材料冰雹冲击力学响应及剩余强度研究	科研计划	方　鑫	张　超
30	KYCX20_3011	大型工程构件超高速激光熔覆工艺及涂层性能的研究	科研计划	徐　祥	鲁金忠
31	KYCX20_3012	汽车尾气温差发电系统多物理场建模与性能优化	科研计划	罗　丁	汪若尘
32	KYCX20_3013	摩擦压电复合纳米发电机在车辆制动能量回收中应用研究	科研计划	恽　航	何　仁
33	KYCX20_3014	电动汽车开关磁阻电机驱动系统设计与优化	科研计划	刁凯凯	孙晓东
34	KYCX20_3077	激光精密切割碳纤维增强复合材料工艺和机理研究	科研计划	李浩楠	叶云霞
35	KYCX20_3015	石墨烯与原位纳米 ZrB_2 颗粒增强铝基复合材料的制备与性能调控	科研计划	关　创	陈　刚
36	KYCX20_3016	环状聚合物结晶行为的分子模拟研究	科研计划	明永强	周志平
37	KYCX20_3017	$SnO_2/Ti_3C_2T_x$ 基传感器对车内气体探测的研究	科研计划	刘思玮	刘桂武
38	KYCX20_3078	氮掺杂石墨烯纳米带负载过渡金属的制备及其氧还原性能	科研计划	项婷婷	杨　娟
39	KYCX20_3079	$CoFe_2O_4$-氮掺杂碳功能纤维制备及其在锂硫电池中的应用	科研计划	张翠娟	姚山山
40	KYCX20_3080	新型低介电苯并噁嗪树脂的设计合成及其性能研究	科研计划	杨　蕊	张　侃
41	KYCX20_3018	基于机器学习的并行泵系统智能优化技术研究	科研计划	甘星城	袁寿其
42	KYCX20_3019	低压折射式喷头水肥多过程运动规律及喷洒均匀度研究	科研计划	陈　瑞	李　红
43	KYCX20_3081	特大型蜗壳式离心泵驼峰稳定性及旋转失速研究	科研计划	杨雪琪	张德胜
44	KYCX20_3020	轴流泵叶顶泄漏涡空化不稳定性的主动控制方法研究	科研计划	吴浩然	张德胜
45	KYCX20_3021	微波/双氧水改性海藻基多孔碳脱除烟气中单质汞的研究	科研计划	杨　威	刘杨先
46	KYCX20_3022	缓燃向爆震转捩过程中掺混等离子体的加速机制	科研计划	姜　超	潘剑锋
47	KYCX20_3023	柴油机喷嘴内基于涡运动的热力学线空化瞬态特性研究	科研计划	管　伟	何志霞
48	KYCX20_3082	高扬程矿浆泵内大颗粒固体两相流特性研究	科研计划	滕　爽	康　灿

续表

序号	项目号	申请项目名称	项目类别	申请人	指导教师
49	KYCX20_3024	基于表面微结构调控高效 PEMFC 传质强化及水气管理机制研究	科研计划	解　玄	尹必峰
50	KYCX20_3025	飞艇推进系统用电机全速域无位置传感器控制	科研计划	邱先群	赵文祥
51	KYCX20_3026	高性能磁场调制电机设计及其多模式运行研究	科研计划	浦尉玲	全　力
52	KYCX20_3027	多工况广域高效少稀土混合磁材料电机设计与优化研究	科研计划	郑诗玥	朱孝勇
53	KYCX20_3028	车载磁悬浮开关磁阻飞轮电机及其控制研究	科研计划	谢　凯	孙玉坤
54	KYCX20_3029	癌细胞转移潜能信息传感机理与快速检测方法研究	科研计划	魏明吉	张荣标
55	KYCX20_3030	内置式永磁同步电机参数辨识的不匹配模型预测控制	科研计划	安兴科	刘国海
56	KYCX20_3083	面向视频行人再识别的深度神经网络模型关键技术研究	科研计划	王英权	耿　霞
57	KYCX20_3031	非局部椭圆型方程组解的存在性研究	科研计划	耿秋萍	王　俊
58	KYCX20_3084	命名数据网络内容隐私保护技术研究	科研计划	陶　宇	朱　轶
59	KYCX20_3085	基于教师—学生网络的轻量级深度学习研究	科研计划	孙立媛	苟建平
60	KYCX20_3032	自主代客泊车系统信息交互安全模型及防护技术研究	科研计划	华　蕾	江浩斌
61	KYCX20_3033	基于高光谱图像技术的鸡蛋新鲜度检测	科研计划	姚坤杉	孙　俊
62	KYCX20_3034	基于秧苗柔体—图像动态行为的弱病苗实时智能检测技术	科研计划	赵升燚	刘继展
63	KYCX20_3035	多作物收获损失实时监测方法与技术	科研计划	李　洋	徐立章
64	KYCX20_3036	土壤中 Pb^{2+} 的自增强电化学发光适配体传感分析	科研计划	刘晓红	由天艳
65	KYCX20_3086	联合收割机组合式平行双边传动多转子振动特性及平衡方法	科研计划	李　宇	唐　忠
66	KYCX20_3087	基于比率电化学传感器的 AFB1 快速精准检测方法研究	科研计划	李玉叶	由天艳
67	KYCX20_3037	基于火焰宏量制备功能无机纳米金属氧化物光电极	科研计划	陈必义	施伟东
68	KYCX20_3038	热电子效应增强型 $g\text{-}C_3N_4$ 基光催化材料的制备及其性能研究	科研计划	李　鑫	霍鹏伟
69	KYCX20_3039	原子级别卤素杂原子掺杂薄层氮化硼用于吸附脱硫研究	科研计划	罗　静	朱文帅
70	KYCX20_3040	柔性形状记忆多孔柱状印迹聚合物选择性分离纯化河豚毒素的研究	科研计划	王　盼	潘建明
71	KYCX20_3041	过渡金属氮化物基全固态 Z-型光催化剂全解水体系的设计与研究	科研计划	杨金曼	李华明

续表

序号	项目号	申请项目名称	项目类别	申请人	指导教师
72	KYCX20_3042	乳液模板法构建硼亲和印迹材料选择性分离纯化莽草酸	科研计划	朱　瑶	邱凤仙
73	KYCX20_3043	过渡金属量子点复合氮杂碳体系的构建及其人工光合作用研究	科研计划	朱兴旺	许　晖
74	KYCX20_3044	生物质资源高值化利用：芽孢杆菌 L1 高效降解木质素合成香草酸	科研计划	许令侠	孙建中
75	KYCX20_3045	低强度交变磁场强化菜籽粕固态发酵及其机理研究	科研计划	郭丽娜	马海乐
76	KYCX20_3046	基于电化学 3D 打印技术的肉类品质可视化包装膜研究	科研计划	张俊俊	邹小波
77	KYCX20_3047	壳聚糖诱导提高 R. mucilaginosa 对草莓灰霉病防治效力分子机制研究	科研计划	许美秋	张红印
78	KYCX20_3048	荞麦淀粉及其面条制品的慢消化特性及分子机制	科研计划	杜　瑾	徐　斌
79	KYCX20_3088	电生理记录后海马薄片固定处理对高尔基染色结果的影响	科研计划	赵明薇	杨　鲲
80	KYCX20_3049	CircRNA_15430 在幽门螺杆菌感染所致胃癌微环境中的作用及其机制研究	科研计划	刘　云	邵世和
81	KYCX20_3050	小鼠 Tfh 细胞来源 exosomes 对 B 细胞分化的影响及其机制研究	科研计划	陆　健	王胜军
82	KYCX20_3051	Galectin-3 介导胶原糖基化致钙化血管平滑肌骨架重构的机制研究	科研计划	孙　振	王中群
83	KYCX20_3089	R-spondin/Wnt 通路在吸烟诱导 exosomes 促进胃癌发展中的作用	科研计划	郭文浩	梁照锋
84	KYCX20_3090	hucMSC-Ex 增强细胞自噬抑制 YAP 活性延缓糖尿病肾病实验研究	科研计划	尹思琪	钱　晖
85	KYCX20_3091	脐带 MSC 外泌体促 LSEC 自噬抑制肝窦毛细血管化的作用和机制研究	科研计划	王　晨	严永敏
86	KYCX20_3092	circDIDO1 抑制胃癌发生发展新机制研究	科研计划	张佳音	张　徐
87	KYCX20_3093	铁死亡在 PEITC 拮抗饮用水消毒副产物 HANs 神经毒性中的作用	科研计划	周　结	李　芳
88	KYCX20_3094	汉黄芩素/量子点共载高效载体肿瘤乏氧靶向研究	科研计划	陈　鹏	许　颖
89	SJCX20_1392	金融科技对商业银行经营效率的影响研究	实践计划	刘静云	谭中明
90	SJCX20_1393	网络传播行为构成的司法实证研究——以近十年的案例为对象	实践计划	毛　睿	尚清锋
91	SJCX20_1394	基本公共服务均等化视角下我国农村法律服务资源可及性问题研究	实践计划	刘闰秋	李炳烁
92	SJCX20_1395	日本所藏中国大运河文献研究	实践计划	巫　晗	杨贵环

续表

序号	项目号	申请项目名称	项目类别	申请人	指导教师
93	SJCX20_1396	基于系统动力学的农产品物流全过程碳强度控制研究	实践计划	范雪茹	姚冠新
94	SJCX20_1397	劳动密集型企业员工不安全行为产生机理及传染机制研究	实践计划	唐帅帅	刘素霞
95	SJCX20_1398	激励机制视角下无车承运人平台监管策略的演化博弈研究	实践计划	章　琦	李国昊
96	SJCX20_1399	基于旅游意象的镇江大运河文化 APP 设计研究	实践计划	杨　嫣	沙春发
97	SJCX20_1437	基于老年病人角色强化的康复服务需求调查与分析	实践计划	韩　娟	罗彩凤
98	SJCX20_1438	多元化乡村治理内部控制模式构建与运行机制研究	实践计划	孙殿凯	李靠队
99	SJCX20_1439	江苏恒顺醋业股份有限公司企业社会责任绩效评价研究	实践计划	钱锦钰	朱乃平
100	SJCX20_1440	番茄病虫害领域本体构建关键技术研究	实践计划	鲍　彤	任　妮
101	SJCX20_1441	霍德勒绘画中的“短暂和永恒”	实践计划	李　丹	姜松平
102	SJCX20_1400	异种钢水下湿法焊接接头组织与性能非均匀梯度特征研究	实践计划	马　强	雷玉成
103	SJCX20_1401	改性二维过渡金属硒化物对二氧化碳催化还原性能的影响	实践计划	周学成	颜晓红
104	SJCX20_1402	高熵合金颗粒增强铝基复合材料的界面特征及调控研究	实践计划	高立鹏	李桂荣
105	SJCX20_1403	基于 CMOS 工艺的太赫兹振荡器研究与设计	实践计划	孟少伟	徐雷钧
106	SJCX20_1404	基于嗅觉可视化技术的乙醇固态发酵过程监测方法研究	实践计划	毛文成	江　辉
107	SJCX20_1405	基于高光谱图像技术的枸杞品种鉴别	实践计划	唐宁秋	孙　俊
108	SJCX20_1406	低浓度甲醛室温净化低含量 Pt 催化剂研制与应用	实践计划	汪　炎	王发根
109	SJCX20_1407	响应型 Janus 叠层膜的仿生构建及其建筑红外辐射性能研究	实践计划	顾　斌	张　涛
110	SJCX20_1408	可同时检测活细胞中铜离子与锌离子的高灵敏原位分析方法构建与应用研究	实践计划	肖佳轩	张　祯
111	SJCX20_1409	基于强电离放电的替代农药合成体系构建及应用	实践计划	朱开达	吴春笃
112	SJCX20_1410	船舶曲板成形便携式智能三维视觉检测设备开发	实践计划	朱元超	王　霄
113	SJCX20_1390	导电聚合物 4D 打印智能结构的电响应形状记忆性能调控	实践计划	张　航	黄　舒
114	SJCX20_1411	激光喷丸辅助氮化处理 TC4 钛合金的强化机理及其摩擦学性能研究	实践计划	李　礼	周建忠

续表

序号	项目号	申请项目名称	项目类别	申请人	指导教师
115	SJCX20_1412	车载式柑橘自动检测及分级关键技术研究及系统设计	实践计划	王兴鹏	袁　浩
116	SJCX20_1413	脉冲电子束调控电弧离子镀 MCrAlY 涂层高温抗氧化性能研究	实践计划	姚逸铭	蔡　杰
117	SJCX20_1414	SMA 水凝胶软体机器人快速致动及多自由度变形机制研究	实践计划	刘思远	徐　琳
118	SJCX20_1415	基于知识蒸馏网络的口罩遮挡人脸识别应用研究	实践计划	熊祥硕	苟建平
119	SJCX20_1416	智能安防下的行人自动再识别分析系统	实践计划	陈　超	陆　虎
120	SJCX20_1417	基于多试图统一低秩表征学习的谱聚类研究	实践计划	王志扬	沈项军
121	SJCX20_1418	立式长轴泵轴系转子动力学研究	实践计划	宋海勤	张金凤
122	SJCX20_1419	基于立体视觉的花卉在线分级定位与搬运协同控制系统	实践计划	张　运	王纪章
123	SJCX20_1420	基于交叉口双站台的 BRT 优先控制方法研究	实践计划	高双喜	张　鹏
124	SJCX20_1421	高倍率动力电池 PACK 关键技术研发	实践计划	仝光耀	徐晓明
125	SJCX20_1422	NO_2 对 Cu-Fe 催化剂选择性催化还原 NO_x 中 N_2O 生成机理研究	实践计划	金苗苗	王　攀
126	SJCX20_1423	PODE/甲醇双燃料 RCCI 发动机高效清洁燃烧研究	实践计划	王乐健	刘军恒
127	SJCX20_1424	宽温度范围下车载动力电池健康状态在线估计方法	实践计划	乔思秉	王丽梅
128	SJCX20_1425	高速公路环境下交通流对智能汽车接管时间影响及预测研究	实践计划	徐天宇	刘擎超
129	SJCX20_1426	一种获得优质风味的快速发酵虾酱工艺的研究	实践计划	李　影	高瑞昌
130	SJCX20_1427	基于智能手机的马铃薯龙葵素比率荧光检测研究	实践计划	王月影	石吉勇
131	SJCX20_1428	冷鲜黄羽鸡抗菌气调保鲜技术的研究与应用	实践计划	张娇娇	刘　芳
132	SJCX20_1391	基于脂质氧化控制的鱼制品腥味去除技术研究	实践计划	孙良格	王道营
133	SJCX20_1429	茶叶重金属的拉曼光谱检测系统研发	实践计划	陈　萍	郭志明
134	SJCX20_1430	基于深度学习的路面病害智能化检测方法设计及设备平台的研发	实践计划	张　萌	韩　豫
135	SJCX20_1431	动态组合化学指导的胆碱酯酶抑制剂合成研究	实践计划	赵　霜	胡　磊
136	SJCX20_1432	磁性纳米 pH 敏感双靶向智能姜黄素载药系统的构建与评价	实践计划	李　优	刘瑞江
137	SJCX20_1433	儿童安全座椅在线个性化定制系统设计	实践计划	宋　赟	张文莉
138	SJCX20_1434	剪切因子 SFPQ 对恶性黑色素瘤发生中的作用和分子机制研究	实践计划	李沐霖	邰宁正

续表

序号	项目号	申请项目名称	项目类别	申请人	指导教师
139	SJCX20_1435	IRP2 上调胰腺癌干细胞氧化磷酸化水平促铁死亡机制研究	实践计划	王　昕	朱海涛
140	SJCX20_1436	乳酸通过选择性调节胰腺癌细胞中不饱和脂肪酸生成途径抑制铁死亡机制研究	实践计划	姜　伟	赵　峰

2020 年江苏省研究生科研创新实践活动（江苏大学）

序号	主办教指委名称	科研创新实践活动名称	主办学院
1	文学类	2020 年江苏省研究生汉语国际教学技能暨中华才艺大赛	文学院
2	工学 1 类	2020 年江苏省研究生节能低碳科研创新实践大赛	能源与动力工程学院
3	工学 2 类	2020 年江苏省研究生“互联网+”与智能农业学术创新论坛	计算机科学与通信工程学院
4	工学 3 类	百名“材子”大论坛——2020 年江苏省研究生先进材料学术创新论坛	材料科学与工程学院
5	工学 4 类	2020 年江苏省研究生“食品智能检测与加工”学术创新论坛	食品与生物工程学院
6	医学类	2020 年江苏省研究生“重大疾病发生与精准诊疗前沿”学术创新论坛	医学院
7	经济学类	2020 江苏省研究生“开放经济与产业发展”学术创新论坛	财经学院
8	理学 1	2020 年江苏省研究生“凝聚态理论与材料计算”暑期学校	物理与电子工程学院
9	艺术学类	2020 年江苏省研究生“乡村样本・国际整合设计研创”暑期学校	艺术学院
10	工学 1 类	2020 年江苏省研究生“高性能计算在大型装备设计中的应用”学术创新论坛	流体机械工程技术研究中心

2020 年江苏大学优秀研究生教师名单

序号	单位名称	教师姓名	类型
1	机械工程学院	陈明阳	任课教师
2	环境与安全工程学院	许小红	任课教师
3	化学化工学院	梁　旭	任课教师
4	马克思主义学院	蒋俊明	任课教师
5	法学院	唐华彭	任课教师
6	艺术学院	张力丽	任课教师
7	医学院	罗彩凤	任课教师

续表

序号	单位名称	教师姓名	类型
8	机械工程学院	王　匀	指导教师
9	汽车与交通工程学院	徐　兴	指导教师
10	食品与生物工程学院	齐向辉	指导教师
11	环境与安全工程学院	杜道林	指导教师
12	理学院	孙宏祥	指导教师
13	化学化工学院	潘建明	指导教师
14	教师教育学院	武翠红	指导教师
15	医学院	林　江	指导教师
16	药学院	张业旺	指导教师
17	科技信息研究所	刘桂锋	指导教师

2020 年江苏大学优秀研究生导师团队名单

序号	单位名称	团队名称
1	机械工程学院	智能柔性机械电子研究团队
2	农业工程学院	智能化收获机械团队
3	食品与生物工程学院	食品物理加工技术与智能化装备团队
4	管理学院	医疗保障制度改革研究团队
5	流体机械工程技术研究中心	大型水力机械团队
6	科技信息研究所	信息行为与数据管理团队

（撰稿：雷　蕾　核稿：李　红）

留学生教育

综述

学校留学本科生规模不断扩大，为了实现留学生教育的“提质增效”，2020 年海外教育学院继续坚定围绕学校高水平、有特色、国际化研究型大学建设目标，在学校和学院的继续关怀和领导下，在其他职能部门和教学学院的大力支持下，面对突发疫情，明确学院条线工作的发展目标和方向，在同事们通力合作下，不断开拓创新，优化教学管理工作办法，克服工作中遇到的难题，取得了一定成绩，也存在一些问题。

【主要成绩】 1. 抓稳抓实，做好教学常规工作。教学管理办公室的首要工作是确保教学活动正常进行，包括教学任务安排、课表制定并公布、期中期末考试安排、跨校区用车安排、成绩管理、补考、重修等，做好留学生毕业工作。在上半年疫情防控期间，做好在线教学组织与管理工作。为实现“停课不停教、停课不停学”，确保来华留学本科生正常教学秩序和教学进度，保证线上教学质量与线下教学质量实质等效，海外教育学院开展了平台课程建设、线上教学培训、信息技术应用培训等大量前期准备工作，全面审核了来华留学生线上教学开设的教学方案及其应急预案，组建工作小组，多次牵头召开来华留学本科生线上教学工作推进会、培训会，对接“雨课堂”22个教学单位信息、104个行政班级信息，全面部署、落实本学期线上授课相关工作。同时，构建质量监控体系，使用“问卷星”设计，发布了督导和学院听课反馈问卷、学生听课反馈问卷，以及任课教师反馈问卷；“雨课堂”使用师生调查问卷，全面巡查和监督教学实施过程，按月编写来华留学生英文授课线上教学质量报告，并将学生、教学督导、院系领导等听课所反映的问题及时反馈给相关教师，帮助教师不断提高线上教学水平，确保线上教学质量。疫情防控期间，协助语言文化中心组织HSK考试报名；临近期末，做好线上教学考核工作。（1）5月完成了上学期课程线上补考，也为顺利进行期末考试做好准备；（2）合理安排期末考试日程，协助任课教师组织监考及学生考试培训；（3）对于因设备和网络问题不能满足考试要求的留学生可以申请缓考，参加下学期第二周的补考作为缓考；（4）启动留学生延期毕业申请。下半年在疫情缓解情况下，提前规划留学生教学，开学初提出“线上+线下”混合教学模式，配备教学所需设备，提出教学预备方案，使得教学工作顺利展开。2. 加强留学生师资培养工作，保证教育质量。继续执行首次承担留学生教学任务教师试讲制度，通过试讲交流留学生教学工作经验，试讲工作已经成为常态工作稳步进行。各学院自主安排教师试讲，海外教育学院参加指导。确保留学生任课教师胜任教学任务，组织听课和教学督查等；组织期中教学评价，分学院组织留学生任课教师座谈会，交流经验；组织留学生学期评教活动，共有526位留学生任课教师接受留学生投票，留学生投票率为89.38%；推荐医学院的杜凤移老师为留学生推荐十佳教师候选人，推荐封云老师为留学生推荐十佳教师备选人。最终，杜凤移老师获得2020年江苏大学“最受学生欢迎的十佳教师”荣誉称号。第二学期启动英文授课教师资格认定工作，各学院积极组织教师申报，经过学院初审，共收到14份直接认定申请材料、49份评审认定申请材料。由海外教育学院会同教务处、人事处等有关部门组织专家组、留学生代表对参加资格认定的教师进行英语授课能力测试（说课、答辩），40位通过教师资格评审认定。最终有52位留学生任课教师通过英文授课教师资格认定，认定结果为将来承担留学生英文授课教学任务及选派留学生任课教师出国进修提供了依据。3. 推进英语授课精品课程、全英文教材等建设。2020年共有25门课程通过江苏省英文授课精品课程建设验收，名列全省高校第二；22门课程获批校级精品课程；22部教材获批来华留学全英文授课课程教材出版资助；完成2016—2018年11门校级精品课程中检、结题和8门省级精品课程结项验收，并拨付经费。组织来华留学本科教学质量工程特色项目申报，共立项实验实践教学平台15项、线上教学资源11项。举办全英文授课微课比赛，共收到老师报名参赛视频27件，最终14位老师分获一、二、三等奖。发布《江苏大学2019—2020年来华留学质量报告》。4. 发布转专业、降级、退学等决定。审核留学本科生学分情况，根据学籍管理规定共有2人被开除学籍，对28人作留、降级处理，对21人作退学处理，7人办理了退学试读手续，16人延长学习年限，8人办理休学，2人转专业，3人复学。5. 推进留学生自我管理。为提升留学本科生教育培养质量，继续规范课堂管理助理（TMA）、副监考、预科学校教师三支队伍的管理，选拔并合理安排优秀留学研究生参与留学本科生教学管理工作，助力留学本科生教学质量提高，得到任课教师的一致好评。留学研究生深入课堂，协助任课教师进行课堂管理，灵活处理突发事件，严格课堂考勤，并及时以书面形式将留学生课堂表现及教师上课情况汇报给海院，同时指导留学本科生进行学习。教务办合理安排TMA工作，并定时检查工作情况，本学期在“线上+线下”混合教学模式下，共安排约30位TMA进入班级进行课堂管理，发挥了积极作用。TMA工作负责，深得任课老师好评。培训监考人员队伍，让熟悉考试纪律、监考规则的留学研究生进入监考人员队伍，参与留学本科生补考、期中及期末考试的监考工作；严格考试纪律、杜绝作弊，每次集中考试前均会对留学生副监考进行培训，强调监考纪律，总结交流以前监考中出现的问题，要求监考过程中严格执行监考人员职责，同时接受海教院教务办的监督，对于玩忽职守的监考人员，一经发现永不再用。2020年共有11（上半年）+14（下半年）位监考人员参与监考。同时选拔一批优秀的在校留学生研究生担任预科教育教师，充实预科教师队伍，提高基础薄弱的留学生的基础课程质量。6. 完善留学本科生教学管理系统。通过教务管理系统管理留学生教学，可以提高效率，避免出现错误。使用者在使用过程中不断提出优化建议，系统开发公司积极配合进行维护改良，完善了课堂考勤系统，做到了教师可以通过教务系统考勤并汇总考勤情况，有利于加强学风建设，强调课堂考勤纪律。7. 严格执行并拟定教学管理文件。制定并执行《留学生教育督导职能与评聘办法》《TMA与监考人员管理规定》《工作职能及评聘办法》《预科学校指导教师工作职责及评聘办法》《预科学校教师工作职责及评聘办法》。8. 审核毕业与授予学位资格。2020年累计共有145位留学本科生毕业，授予学位137人。另审核2021年将毕业留学生的学分，上报各教学学院开始毕业设计；针对疫情，审核将延期毕业学生名单，提交给学工部门，拟开展学业帮扶。9. 发挥“中国概况”课程的育人功能。2020年上半年因为疫情，只有本科生1个重修班开设了“中国概况”课程；下半年共开设7个班，本科生、硕士生线上、线下各1个班，博士生线上2个班、线下1个班。每个学期开展2~3次研讨活动，探讨教学主题，交流教学方法，讨论实践环节安排。该课程作为新生的公共必修课，一直承担着普及中国文化、强化课堂管理、宣传管理制度的三重任务。10. 一站式服务工作。留学本科生教务办公室每周一下午及周四全天一站式值班，主要为学生提供成绩单，以及预毕业证明的预约及领取服务。2020年上半年因为疫情，没有进行一站式值班，下半年共为留学本科生提供成绩单170份、预毕业证明59份。此外，还为留学本科生提供教学方面的问题解答，帮助留学生查询平均绩点、平均分、学分完成等情况。

【取得成绩的经验】 1. 学校重视，学校各部门及参与教学单位提供工作支持。学校重视留学生教育，全校各单位关注和关心留学生教育的开展，各教学单位也高度重视教师管理和工作配合，均配有留学本科生教学管理人员，且每位老师都积极配合工作。2. 以规章制度为依据，开展留学本科生教学管理。留学生教育是非常严谨的事业，需要用统一规范来进行管理，《江苏大学来华留学生教育管理工作办法》为学校留学生教育管理的根本办法，在该管理办法的指导下，留学本科生教学管理又以《江苏大学来华留学本科生学籍管理规定》为主要指导办法，从学制与学习年限、入学与注册、考勤与请假、课程考核与成绩记载、缓考与重修、学分认定、免修与免听、转学与转专业、休学与复学、学业警告、转年级与退学、毕业设计（论文）、毕业、结业、肄业与学位授予各方面明确了留学生学籍管理规定，基本上解决了教学管理上出现的各类问题。另外，《江苏大学来华留学生英语授课本科专业建设管理规定》《江苏大学英语授课精品课程建设及管理办法》《江苏大学来华留学生任课教师本科教学工作规程实施细则》《江苏大学来华留学生任课教师赴国外教学进修管理办法》《江苏大学来华留学生英语授课教师资格认定暂行管理办法》5 个管理办法分别为专业建设、精品课程建设、教师工作规范、教师赴国外进修选派、英文授课教师资格认定等工作提供了依据。对实际工作中遇到的尚未发文的部分，教务办认真思考，拟定相关的工作管理方案，经学院党政联席会通过后实施。3. 分管领导统筹规划，相关部门提供工作支持。教学管理工作是细致复杂的工作，分管领导关注学校动态，及时将学校教务工作上的安排传达到位，并指导教务办紧跟学校教务开展留学本科生教学管理工作。教务办承担了教务处综合办、教务科、学籍科、教研科、教学质量科、实践教学科、教师教学发展科、人事处师资科、英文预科教育中心及中国文化概论教研室 10 个科室的工作职能，工作涉猎范围广。教务办全体人员分工合作，提高工作效率，对工作中遇到的问题，及时与相关部门负责老师沟通，各方紧密配合，共同加强留学本科生管理，推进留学本科生学风建设。4. 指导各学院留学本科生教学秘书开展工作。教学秘书是教务管理工作顺利开展的重要保证，他们直接面向留学生任课教师，为各学院教学工作及教师发展提供保障。各环节的工作均需要教学秘书上传下达。教务办安排每项任务的时候尽可能细致、周到，避免因工作中出现误解而影响工作进程。5. 充分发挥中外研究生学生助管队伍力量。聘请中外研究生担任留学本科生教务管理助理，逐步建立了两支优秀的留学研究生教学及助管队伍，拟定工作管理职责，严格管理，注重考核，要求留学研究生配合管理，严于律己，高度重视所承担的工作。助管工作受到广大留学生任课教师的一致好评。

【存在的问题】 1. 制度推广及执行力度不够。留学本科生、辅导员及任课教师不了解与留学本科生教学相关的制度，并且制度执行力度不够，出现留学生违反相关教学规定，如无故旷考，或考试作弊等违纪现象，较大比例学生降级或退学，应届毕业率和学位授予率较低。2. 全英文教学师资短缺，不适应留学生教学。很多教学单位只安排 1 位老师负责某门课程，教师出国或教学任务较重的情况下没有其他老师可以替代，就需要调整开课学期或延迟开课，扰乱了正常的教学进程，也对教务办安排教学任务造成了困扰，容易出现漏排情况。有的任课教师对留学生教学工作重视不够，不能按时上传考试成绩等，影响了教务办学籍处理。

【解决对策】 应深入研究工作机制，探索有效的工作方法，并通过以下几方面开展工作，解决以上问题。1. 学习校发文件，修订留学生教学相关制度，并开展制度解读活动。撰写工作流程及工作指南，培训教学秘书及研究生助管。2. 开展英文授课教学法培训。邀请校外机构到学校对正在承担或有意承担留学生英文授课教学任务的老师进行教学法培训，要求开课单位必须为每一门课程配备 A、B 角。3. 开展各类教学竞赛，完善英文授课教师资格认定程序，设立教改项目申报，提高留学生任课教师对留学生教育的重视度。4. 推进留学生教学系统的进一步完善，加强与学院其他部门之间的配合，及时更新在校在籍留学生情况。

（撰稿：丁　敏　核稿：苏建红）

2020 年江苏大学留学本科生专业设置情况

序号	专业名称	学院名称	备注
1	财务管理	财经学院	2017 年新增专业，2021 年招生
2	电子商务	管理学院	2017 年新增专业，2019 年招生
3	材料科学与工程	材料科学与工程学院	
4	工商管理	管理学院	
5	国际经济与贸易	财经学院	
6	机械设计制造及其自动化	机械工程学院	
7	化学工程与工艺	化学化工学院	
8	会计学	财经学院	
9	机械工程	机械工程学院	
10	计算机科学与技术	计算机科学与通信工程学院	
11	临床医学	医学院	
12	食品科学与工程	食品与生物工程学院	
13	土木工程	土木工程与力学学院	
14	药学	药学院	
15	机械工程（流体机械与工程）	能源与动力工程学院	2017 年招生

科学研究·科技服务

综述

【工作业绩与亮点】 2020年全校科研总经费10.61亿元，其中纵向经费2.74亿元，横向科研经费7.87亿元。学校国家重点专项、国家级平台取得新突破，获批国家重点研发计划项目1项，项目总经费8 098万元，其中中央财政专项资金2 098万元；获批科技部、教育部高等学校学科创新引智计划1项（江苏大学高端流体机械装备与技术学科创新引智基地）。“国字头”工程取得新成绩，1项主持成果通过国家科学技术奖会议评审，荣获全国创新争先奖1项、中国青年科技奖1项、中国专利银奖1项。获批国家杰出青年科学基金项目1项、联合基金重点项目4项，国家自然科学基金立项经费创近5年新高。新增国防重点项目1项，实现连续5年获批JG重大、重点项目。8项科技成果荣获各类省部级科技成果一等奖，获批江苏省专利发明人奖1项。江苏大学技术转移中心在科技部考核评价工作中被评为优秀（全国45家）；技术经理人“三诊模式”被选入教育部“首批高等学校成果转化和技术转移基地典型经验”，向全国发布并推广。学校被认定为2020年度国家知识产权试点高校，获批世界知识产权组织技术与创新支持中心（TISC）。全年共培育高价值专利58件，申请发明专利1 421件，获授权发明专利988件，PCT申请86件，获境外发达国家授权发明专利33件，转化专利成果287件。

【党的建设】 科技处党支部围绕立德树人根本任务，坚决贯彻党中央、省委和校党委的重大决策部署，紧紧围绕中心抓党建，树立“抓好党建促发展”理念，不断激发党组织的生命力、凝聚力和战斗力，为学校科研管理和服务工作有序开展提供了保障和动力。落实意识形态工作责任制，加强政治理论学习。通过“三会一课”、支部党员大会、民主生活会、组织生活会、党日活动等各种形式，深入学习党的基本理论，特别是习近平新时代中国特色社会主义思想、《中国共产党章程》、“两准则四条例”等内容，贯彻落实党风廉政建设等规章制度。组织开展了“追忆先烈·知农爱农”主题党日活动。召开了4次支部党员大会，每月召开1次支委会；支部书记、处长带头讲党课。开好民主生活会、组织生活会，做好民主评议党员工作。有序开展谈心谈话活动，了解相关教师的诉求。疫情防控期间，积极开展线上+线下的学习模式，使上级的决策精神能够第一时间传达给全体党员干部；另外，抽调党员干部参加志愿者服务，帮助学生安全返校。严肃认真做好党委巡察整改工作。科技处党支部根据巡察反馈会议精神和反馈意见，召开民主生活会，举一反三，深挖细查，聚焦巡察发现的问题，认真组织学习研讨，精心制定整改方案，建立问题、责任、任务“三清单”，确保任务到人、责任到岗、落实到位，坚决把党委巡察整改要求落到实处，做到以巡促改、以巡促建，实现党支部及科技处各项工作的全面提升，按照要求提交巡察整改情况报告。落实党风廉政建设责任制，切实履行主体责任。支部书记履行“第一责任人”责任，班子成员认真落实“一岗双责”责任。每年开展廉政谈话。按照条线分工，提出廉政风险点和具体防控措施。全方位扎牢制度的笼子。牢固树立法治意识、制度意识、纪律意识，形成尊崇制度、遵守制度、捍卫制度的良好氛围。经常性开展党规党纪教育、廉洁教育、警示教育；综合运用好“四种形态”，尤其是“第一种形态”，抓早抓小，防微杜渐。积极配合校纪委开展工作。

【“095”工程推进情况】 认真贯彻落实习近平总书记重要指示精神，科学谋划、扎实推进“095”工程任务三的三年行动计划，打造强农兴农科技创新优势。积极谋划和推进省部共建国家重点实验室和省部共建协同创新中心筹建工作，召开各类专题会，商讨、确定省部共建国家重点实验室、协同创新中心工作方案。主动向科技部、教育部、农业农村部，以及省科技厅、教育厅、农业农村厅汇报省部共建国家重点实验室及协同创新中心筹建工作进展，积极争取上级部门支持。江苏省农业装备与智能化高技术研究重点实验室在评估中获“优秀”等级，为省部共建国家重点实验室奠定了基础。积极向工信部汇报，申请在学校设立国家农机装备创新中心分中心，联合开展前沿技术和共性关键技术研究，强化省部共建国家重点实验室内涵建设。多次与国家农机装备创新中心、镇江市工信局商讨分中心筹建工作。融入乡村振兴战略，推进中国农机装备国际创新中心创建工作。积极与镇江市、启迪控股集团共商共建中国智能农机装备国际创新中心。上半年，学校与启迪控股集团就创新中心的建设地点、先期启动工程等进行商议，对建设推进中遇到的问题进行梳理，提出对应解决方案及支持政策等需求，并向市委领导汇报。下半年，落实“095”工程行动计划，积极与赵春江、陈学庚院士团队进行接洽，拟在创新产业园引入院士团队；与徐工集团、“中国一拖”及中国农业机械化科学研究院（简称“中国农机院”）就入驻创新产业园事宜达成初步合作意向。9月，引入华为公司、沃得集团等企业资源。积极与各相关单位进行深入探讨，交流创新产业园建设中遇到的政策、资金、运营等方面的问题及需求。创新中心的科创园主要由市科技局、江苏大学、“中国一拖”、徐工集团、中国农机院、华为公司等合作共建，镇江市政府建议江苏大学科研团队以江苏省产业技术研究院专业研究所的形式建设、运营科创园；多方就建设资金、建设方案积极争取省级部门或平台政策的支持。加快推进与江苏南京国家农业高新技术产业示范区（简称“南京国家农高区”）进行合作。副校长丁建宁多次带队赴南京国家农高区，与农高区相关领导进行深入探讨，不断完善江苏大学与南京国家农高区合作方案。目前，已达成共建农机产业研究院共识，于12月底完成签约挂牌。双方就用地、用房方案进行讨论，已形成初步合作方案两套，力争在白马建设新校区，已通过校长办公会讨论。持续推进与徐工集团的合作。经前期反复论证、磋商，双方将在农机装备的无人驾驶、硬件在环两个方向开展实质性合作。

【“三全育人”——科研育人】 科研育人工作组以立德树人为根本任务，不断加强师德师风建设，强化科教协同、产教融合，努力构建科研育人质量提升体系。坚持先进典型引领，培育科研育人优势。把思想价值引领贯穿于科研活动的全过程。通过加强师德师风建设，培育、树立了诸多先进典型，引导教师以德立身、以德立学。在2020年疫情防控期间，学校教师多项产学研合作成果应用于抗疫一线，为抗击新冠疫情贡献了江大科技力量，相关典型事例被多家媒体报道。从这些事例中充分挖掘科研育人要素，形成以科研育人促进人才培养的新局面。强化团队建设，筑牢科研育人根基。打造优秀科研团队，发挥科研育人的持续作用。目前已在农业装备、食品加工、绿色化学与化工、管理科学与工程等学科领域汇聚了一批“长江”学者、“杰青”人才，形成了多支学缘、年龄、职称结构合理，在国内、国际有影响的科研团队。通过团队建设，积极引导师生掌握科技前沿动态，培养集体攻关、联合攻坚的团队精神和协作意识，把学科、专业和科研优势转化为育人优势。拓展协同育人新模式，打出科研育人品牌。积极响应习近平总书记“把论文写在祖国大地上”的号召，充分发挥校地研究院、优秀合作企业作用，努力将优质科研平台资源转化为教学、育人资源。依托校企科研平台、研究生工作站、企业研究院开展科研实践，让学生参加专业相关的项目研究，培养学生自主学习、科学思维、敢于创新和适应社会等综合能力；依托产学研合作，鼓励教师与产业对接，带领学生开展项目研究，将项目成果应用于实践教学，将知识成果应用于社会实践；探索服务“一带一路”的产学研国际化新途径，将产学研工作融入海外留学生培养过程。在全校范围内逐步形成学生科研与教师科研相结合、学生创业与成果转化相契合、人才培养与服务地方经济相融合的协同育人新模式，基本实现了科研与育人的融通和对接。

【学术委员会工作】 调整了江苏大学第四届学术委员会及专门委员会组成人员，并在科技处增设学术委员会秘书处，负责校学术委员相关事务。完善学术性评价体系，突出质量贡献绩效导向。编制并出台了《江苏大学高质量期刊论文认定办法》和《2020年江苏大学科研工作量核算方案》，建立导向明确、客观公正、激励与约束并重的分类评价标准和开放多元的评价方法。制定并发布《江苏大学关于提升专利质量促进专利转化的实施意见（试行）》，强化对专利质量和转化运用的政策导向，优化专利资助政策和绩效奖励政策。弘扬科学家精神，加强作风和学风建设，将科研诚信融入科技管理全过程。通过开展“深入学习贯彻习近平总书记在科学家座谈会重要讲话精神”主题教育、组织收看“2020年全国科学道德和学风建设宣讲教育报告会暨宣传月启动仪式”网络直播、签署“江苏大学师德师风、科研诚信和知识产权承诺书”、发布学术不端典型案例等方式加强科研诚信教育，营造良好的学术氛围。在科技项目、平台、奖励、人才工程等工作中全面实施科研诚信承诺制度，将科研诚信要求融入科技管理全过程。

【科技体制机制建设】 推进科研体制改革，形成规范制度，激发科研人员活力。作为试点单位继续推进省级科研经费和项目管理改革工作，深化落实省委“科技改革30条”，进一步深化学校科技体制改革，推动学校高质量和有组织的科研活动。针对2020年结题的自然科学基金项目结余经费比例过高问题，拟出台新的《关于调整科研结题项目结余经费统筹办法的通知》，加强纵向项目经费监督和督促，规范、按时、合理使用纵向项目经费。规范项目评审、科研资金、合同审批管理，提高科研绩效。严格校内项目、平台、奖项申报评审程序，强化纵向项目中期报告、结题验收管理，按照项目经费管理办法对科研经费进行管理，审核项目预算编制合理性，加强与财务部门的相互联动，确保科研经费安全、合理、高效使用。加强横向项目合同签订前置审批，规避法律风险，维护教师、学校正当权益。

【纵向科研项目】 加强业务学习，创新工作方法，努力提高工作实效。2020年，学校受理上报国家自然科学基金（NSFC）、江苏省科技计划项目2 007项，其中独立申报1 347项，申报国家自然科学基金项目1 005项，创历史新高。组织NSFC“杰青”/重点、省“杰青”/“优青”、省重点研发等项目预答辩18次。获批国家重点研发计划项目1项，财政专项资金2 098万元。获批国家自然科学基金项目151项，其中国家杰出青年基金1项、联合基金重点项目4项，国家自然科学基金立项经费创近5年新高。获批省科技厅项目66项，其中省自然科学基金项目52项，重点研发计划（重点项目）3项，立项经费2 540万元，获批数量及立项经费均创近5年来最高水平。获批省农科院农业自主创新项目12项、教育厅项目26项、镇江市重点研发项目16项。强化过程管理，注重工作细节，不断提高科研服务水平。认真做好项目申报、分类指导、形式审查、校内评审、评审跟踪、中期进展与结题验收等各环节的科研服务工作，不断提高管理服务水平。组织召开了2021年度国家基金项目申报动员会，积极宣传基金政策，拓展申请渠道，组织和引导二级单位发动国家基金申报工作，提高项目申请数量和质量；重点做好“杰青”、“优青”、重大重点、仪器专项、前沿探索等项目申报和服务工作。在疫情防控期间，创新工作思路和方法，通过建立国家自然科学基金申报微信答疑群进行线上答疑、搭建网络答辩平台环境进行网上预答辩提升上会项目答辩质量、开发科技类用印网上申请功能，为申报全过程保驾护航。积极对外拓展，加强与主管部门及兄弟高校沟通与交流。积极参加2020年度国家自然科学基金年度工作会议，参加华东片区（苏州）和浙江片区（杭州）基金管理工作会议；承办2020年度江苏片区基金管理工作会议，约160人参会，与兄弟高校深入交流，掌握最新科研政策动态，学习先进的管理工作经验。

【产学研服务社会】 产学研办及技术转移中心工作开展情况。2020年，学校科技合同成交总额9.585亿元。积极开展产学研对接活动，进一步提升学校科技服务地方的社会影响力。积极组织科研人员参加一系列产学研政金对接活动，全年发布企业技术需求200余项。其中，疫情防控期间积极开展线上对接活动，对接洽谈50余次，助力企业复工复产。联合泰州市高港区科技局举办了江苏大学—高港产学研对接会暨专家巡诊活动；精选103项优秀专利参加江苏省首届专利拍卖季及现场路演。继续实施“123工程”，推动科技与产业深入合作。分别与江苏南京国家农业高新技术产业示范区、金湖县人民政府、江苏省产业技术研究院签订战略合作协议；与政府共建江苏大学流体机械温岭研究院、江苏大学新坝镇（高新区）产业创新联盟等校地平台；与企业共建江苏大学恒顺集团研究院、江苏大学徐工集团农业机械研究院等校企平台；完成与安徽芜湖、泰州高港、扬中三茅等地技术转移分中心的续签工作，与泰兴虹桥工业园区共建江苏大学虹桥技术转移分中心，探索“产业研究院+研究生分院”的新型科技服务平台，努力为地方产业转型升级提供新动能。江苏大学—建华建材研究院将于2020年内挂牌成立，进入实质化运营。“航空复杂构件激光表面强化技术和装备”获第二十二届中国国际工业博览会“CIIF创新引领奖”。“可控制、可调节智能聚合物催化剂的关键技术”获中国科技产业化促进会科技创新二等奖。“多档位混合动力变速箱仿真优化设计开发及应用”项目荣获2020年度江苏省技术转移联盟“十大技术转移优秀案例”。70人获批2020年江苏省产学研合作项目（科技副总合作项目）。2人分获中国技术市场协会金桥奖先进个人一等奖和先进个人二等奖，1人获2020年度江苏省技术转移联盟技术转移服务精英奖。

【常州工程技术研究院】 2020年5月成功组织并举办了常州工程技术研究院第二届理事会议，依据《常州江苏大学工程技术研究院章程》通过了相关人员的换届任命，审核并通过了部分新修订的规章制度。积极推进江苏大学与常柴股份有限公司合作成立新型研发机构工作，引进智慧农机科研项目团队从事产业化项目研究，举办了江苏省现代农机装备与技术示范推广项目启动会及2个国家重点研发计划项目推进咨询会。“可转塘自巡航投饵施药多功能智能作业船”在全国水产养殖机械化现场演示会上现场演示。协办2020年江苏英国高水平大学联盟年会暨第二届国际产学研合作论坛。江苏英国高水平大学联盟国际技术转移中心在常州研究院正式成立。2020年，常州工程技术研究院共签订了130份横向合同，合同总额约1 500万元，实际到账343万元。省、市、区级纵向项目合同总额230万元，到账144万元。获常州科教城管委会颁发的创新成果奖。

【镇江工程技术研究院】 入驻企业镇江爱豪科思公司科研团队研发出具有我国自主知识产权的红外传感器全套核心技术，实现了红外测温传感器的产品研发和批量试制，合作企业已提供数十万件红外测温探头，其探测率、灵敏度、响应时间等关键指标均达到国际先进水平，能更远距离、更快速、更高精度探测体温。工信部相关领导亲临现场视察指导，为全国抗疫工作贡献了江大力量。入驻研究机构田间管理装备研究院成功研制静电喷雾消毒机，该消毒机设置在校内食堂、教室等公共场所，为学校复工复学提供了帮助。另外，学校还向科技部捐赠1台，为科技部食堂恢复正常就餐秩序提供了重要支持。推荐3个项目参加首届长三角高等工程教育大学科技园联盟大学生创业训练营，获最具投资价值奖1项、创意新星奖2项。2020年，签订产学研合作协议10余项，到账经费38.8万元，申报专利15项，申报省发改委工程中心1个；研究院入驻企业销售额突破2 000万元。

【重大科技项目与成果】 2020年江苏大学获国家级和省部级科研成果奖共41项。其中，国家级科研成果奖1项：丁建宁教授团队“高效低成本晶硅太阳能电池表界面制造关键技术及应用”，获国家技术发明二等奖。省部级科研成果奖19项，16项成果获江苏省科技奖，其中一等奖3项、二等奖3项、三等奖10项，一等奖获奖数量居省属高校第一；获河南省科学技术进步奖二等奖1项；获安徽省科学技术奖专业（学科）自然科学一等奖1项。获教育部高校科学研究优秀成果奖（科学技术奖）二等奖1项。21项成果获社会力量奖，其中一等奖4项、二等奖12项、三等奖5项。

【科研平台建设】 重点开展省部级及以上科研平台建设工作。获批2020年度地方高校新建学科创新引智基地“高端流体机械装备与技术学科创新引智基地”。“江苏省农业装备与智能化高技术研究重点实验室”评估优秀等级，为省部共建国家重点实验室奠定良好基础。工业和信息化部、国家农机装备创新中心原则上同意设立国家农机装备创新中心江苏大学分中心。江苏大学“双创”示范基地中期评估为优秀等次。“农业农村部蔬菜产地初加工装备重点实验室”项目正式入库；农业农村部植保工程重点实验室被列入省项目储备库；获批中国石油和化学工业联合会“氢能绿色制备与氢燃料电池重点实验室”。讨论通过《江苏大学协同创新中心建设管理办法》。规范专职科研机构建设。论证、成立了江苏大学量子与可持续性技术研究院、江苏大学节能技术研究院、江苏大学网络空间安全研究院等 3 个校级专职科研机构。

【知识产权工作】 立足国家高质量发展的需求和学校专利工作基础，制定并发布《江苏大学关于提升专利质量促进专利转化的实施意见（试行）》，强化对专利质量和转化运用的政策导向，优化专利资助政策和绩效奖励政策，重点开展高价值专利培育、专利运营等，有效支撑了学校的学科发展和“双一流”建设工作。启动高价值专利培育项目。开展高质量专利申报等专题讲座，通过专利优先审查、优先转化推广等方式支持高价值专利培育，全年共培育高价值专利 58 件，获境外发达国家授权发明专利 33 件。打造专利转化运营新模式。以江阴、东台等地为试点，探索建立围绕地方主导产业的知识产权运营模式，获批无锡市智能制造产业知识产权运营平台；开展专利分级分类管理，完成专利转让许可 287 件。积极争取国家、省级知识产权荣誉和奖励。获批国家知识产权试点高校；获批世界知识产权组织的技术与创新支持中心（TISC），成为 TISC 在华设立的第三批、江苏第三家 TISC 正式运行单位；完成 2 项中国专利奖材料申报，获批江苏省专利发明人奖 1 项。有效支撑优势学科发展。围绕重点学科的重大项目申报等完成各类专利分析 30 多项；完成“高端、智能化收获机械技术高价值专利培育示范中心”项目，以及江苏省高价值专利培育中心项目指南；联合流体研究中心和镇江高新区申报并获批江苏省高端泵产业专利导航项目。

【JG 科研】 2020 年共获批 JG 项目 7 项，立项 3 156 万元，到账 1 283 万元，其中国防重点项目 1 项。获批江苏省 JMRH 科技协同创新平台 1 个。加强顶层设计，推进与军工企业对接与交流。与国防科技大学空天科学学院、中国空气动力研究与发展中心、中国航空发动机集团、中国船舶集团有限公司、浙江清华柔性电子技术研究院等军工集团和科研院所开展了深入交流与合作。按 GJB 质量管理体系标准要求加强项目实施过程管理。完成了体系内项目的内审、管理评审，顺利通过第三方现场监督审核。加强管理人员能力培训，参加了省、市主管部门组织的资格、能力培训，3 人获得岗位任职资格证书。进一步落实军工保密归口管理责任。推动保密工作与业务工作融合。加强涉密载体的过程管理和保密教育，开展保密自查，并配合保密办开展对相关学院的保密检查工作。

【科协工作】 组织开展科技特派员登记注册和选派工作，学校 23 名教师被江苏省科技厅选派为科技特派员，8 名教师被镇江市科技局选派为科技特派员。组织动员 13 支队伍参加首届全国机械工业设计创新大赛，2 个项目进入决赛，获银奖 1 项。积极组织全国创新争先奖、江苏省科协青年科技人才托举工程、江苏省科协调研课题、江苏省青年科技奖等奖项和项目的申报。食品学院邹小波教授荣获第二届全国创新争先奖章，农业工程学院徐立章研究员荣获第十六届中国青年科技奖，汽车工程研究院蔡英凤教授荣获江苏省十大青年科技之星称号。

【科学谋划“十四五”】 对“十三五”以来科学研究和社会服务取得的发展成就和主要经验进行了认真总结，对存在的不足进行了系统梳理和反思。确定了学校科研工作的指导思想、发展思路，同时对照创建“双一流”和建设高水平、有特色、国际化研究型大学的要求，对“十四五”面临的形势和挑战进行了仔细的分析，在此基础上对未来 5 年科学研究和服务社会发展目标、主要任务和行动计划做出了科学的规划。

（撰稿：张志燕　核稿：姚　舟）

科学技术

2020年江苏大学通过鉴定（评审）的科研项目（江苏大学第一单位）

序号	项目名称	组织鉴定单位	证书编号	第一负责人	学院/中心
1	高性能水轮机设计制造与核心部件表面强化关键技术及应用	中国机械工业联合会	JK鉴字【2020】第2141号	任旭东	机械学院
2	水稻/小麦籽粒直收联合收割机智能化设计方法与系统	中国机械工业联合会	JK鉴字【2020】第2148号	李青林	农工院
3	谷物、蔬菜种子高净度收获装备调控系统	中国机械工业联合会	JK鉴字【2020】第2145号	左志宇	农工院
4	温室高效生产自动化关键技术及装备	中国机械工业联合会	JK鉴字【2020】第2144号	毛罕平	农工院
5	绿色温室装备与环境智慧管控技术	中国机械工业联合会	JK鉴字【2020】第2142号	毛罕平	农工院
6	高强度长丝碳纤维复合材料制备及在磁力泵方面的应用	中国机械工业联合会	JK鉴字【2020】第2146号	汪家琼	流体中心
7	高精度水泵四象限多功能试验台	中国机械工业联合会	JK鉴字【2020】第2150号	李彦军	流体中心
8	低压雾化喷头优化设计关键技术	中国机械工业联合会	JK鉴字【2020】第2154号	朱兴业	流体中心
9	高性能重型渣浆泵关键技术研究与工程应用	中国机械工业联合会	JK鉴字【2020】第2149号	施卫东	流体中心
10	大中型泵站装置水力稳定性关键技术研究及工程应用	中国机械工业联合会	JK鉴字【2020】第2140号	张德胜	流体中心
11	大型中开离心泵节能优化及内流控制关键技术研究	中国机械工业联合会	JK鉴字【2020】第2151号	裴　吉	流体中心
12	高效高可靠性光伏水泵关键技术研究	中国机械工业联合会	JK鉴字【2020】第2147号	谈明高	流体中心
13	射流脉冲滴灌产品开发及关键技术研究	中国机械工业联合会	JK鉴字【2020】第2152号	王新坤	流体中心
14	等离子体协同催化脱除NO_x及实现PM低温燃烧关键技术	中国机械工业联合会	JK鉴字【2020】第2118号	王　攀	汽车学院
15	高档数控机床切削工具质量检测与性能评价关键技术及应用关键技术及应用	中国机械工业联合会	JK鉴字【2020】第2121号	王树林	机械学院
16	高强合金构件多能场融合激光表面改性关键技术及其应用	中国机械工业联合会	JK鉴字【2020】第2120号	周建忠	机械学院

续表

序号	项目名称	组织鉴定单位	证书编号	第一负责人	学院
17	转子发动机的流动和燃烧特性及多燃料适应性研究	中国机械工业联合会	JK 鉴字【2020】第 2119 号	潘剑锋	能动学院
18	大载荷无人机高效施药技术及喷洒装备	中国机械工业联合会	JK 鉴字【2020】第 2122 号	王军锋	能动学院

（撰稿：曾章英　核稿：李　强）

2020 年江苏大学科技项目（成果）获省、部级及以上奖项情况

序号	奖励名称	成果名称	所属单位	完成人	获奖等级	单位
1	江苏省科学技术奖	水力机械空化理论与关键技术及应用	江苏大学、北京理工大学、黄河水利委员会黄河水利科学研究院、江苏振华海科装备科技股份有限公司	袁寿其　王　勇 黄　彪（外） 张　雷（外） 任旭东　吴　钦（外） 高　波　邱　勇（外） 付燕霞　郭维克（外） 李贵勋（外）	一等主持	流体机械工程技术研究中心
2	江苏省科学技术奖	动力总成低摩擦功能表面设计制造关键技术及装备	江苏大学、常柴股份有限公司、江苏飞船股份有限公司、南京江峰微特精密机械科技有限公司	尹必峰　符永宏 符　昊　贾和坤 纪敬虎　华希俊 解　玄（外） 徐　波（外） 程用科（外）	二等主持	汽车与交通工程学院
3	江苏省科学技术奖	复杂行驶环境下汽车高性能驾驶辅助系统关键技术及应用	江苏大学、吉利汽车研究院（宁波）有限公司、奇瑞新能源汽车股份有限公司、开沃新能源汽车集团股份有限公司	蔡英凤　刘卫国（外） 王　海　李祎承 袁朝春　李　博（外） 高立新（外） 董钊志（外） 熊晓夏　孙　羽（外） 陈小波	一等主持	汽车工程研究院
4	江苏省科学技术奖	复杂污染水体健康诊断、修复技术与装备开发及应用	江苏大学、江苏维赛科技生物发展有限公司、沭阳康源泰博生物科技有限公司、江苏澳洋生态园林股份有限公司、苏州苏净环保工程有限公司	杜道林　解清杰 赵如金　张　波 武　涛（外） 林振锋（外） 周晓红　依成武 曾　昆	二等主持	环境与安全工程学院

续表

序号	奖励名称	成果名称	所属单位	完成人	获奖等级	单位
5	江苏省科学技术奖	高压燃油喷射空化喷雾理论与关键技术及应用	江苏大学、一汽解放汽车有限公司无锡柴油机厂、中船动力有限公司	王　谦　何志霞 钟汶君　玄铁民 郭根苗　罗福强 柏　金　王一江（外） 张占虎（外）	二等主持	能源与动力工程学院
6	江苏省科学技术奖	汽车电磁制动与摩擦制动的系统集成和协调控制	江苏大学、中车时代电动汽车股份有限公司、苏州海格新能源汽车电控系统科技有限公司、泰乐玛汽车制动系统（上海）有限公司	何　仁　汪　伟（外） 王骏骋（外）　胡东海 吴新兵（外） 刘学军（外） 朱　俊（外）	三等主持	汽车与交通工程学院
7	安徽省科学技术奖	大型高能效耐腐耐磨泵关键技术研究与应用	三联泵业股份有限公司、江苏大学、合肥工业大学、安徽省科学技术研究院	何祥炎（外）　王秀礼 燕　浩（外） 赵媛媛（外） 陈　亮（外） 许吉军（外） 孙国政（外） 李开兵（外） 杨荣霞（外） 唐　成（外）	一等合作	流体机械工程技术研究中心
8	河南省科学技术奖	环境持久性污染物绿色分离富集去除关键技术及应用	河南城建学院、江苏大学	毛艳丽（外） 康海彦（外） 王　赟　刘　彪（外） 罗世田（外） 吴俊峰（外） 韩　娟（外） 牛云峰（外） 闫永胜　宋忠贤（外）	二等合作	化学化工学院
9	江苏省科学技术奖	大型余热回收机组高性能双壳体高温高压泵研发及产业化	江苏永一泵业科技集团有限公司、江苏大学	李　伟　刘　栋 刘永付（外）　王颖泽 朱　勇　黄一峰（外） 季磊磊（外）	三等合作	流体机械工程技术研究中心
10	江苏省科学技术奖	车用高比能动力电源系统关键技术研究与工程应用	江苏春兰清洁能源研究院有限公司、江苏大学	沈华平（外）　栗欢欢 王亚平　杨　桃（外） 王丽梅　刘　良 吉　盛（外）	三等合作	汽车工程研究院

续表

序号	奖励名称	成果名称	所属单位	完成人	获奖等级	单位
11	江苏省科学技术奖	汽油车国六排放控制关键技术研发及产业化	苏州奥易克斯汽车电子有限公司、江苏大学、清华大学苏州汽车研究院（吴江）、安徽艾可蓝环保股份有限公司、柳州五菱柳机动力有限公司	于树怀（外）　李捷辉 华　伦（外） 王　鹏（外） 潘金冲（外） 刘　屹（外） 钟　成（外）	三等合作	汽车与交通工程学院
12	江苏省科学技术奖	极端服役条件下高性能特种安全玻璃的研发及产业化	江苏铁锚玻璃股份有限公司、江苏大学	吴赉华（外） 王银茂（外）　杨　娟 高国忠（外） 袁厚呈（外） 姜守进（外）　王　双	三等合作	材料科学与工程学院
13	江苏省科学技术奖	超薄玻璃物理钢化及超薄光伏组件制造技术及装备	常州亚玛顿股份有限公司、常州大学、江苏大学、常州工业职业技术学院	程广贵　朱科铃（外） 丁建宁　林金锡（外） 林金汉（外） 袁宁一（外）　张忠强 张建根（外） 王国祥（外）	一等合作	机械工程学院/智能柔性机械电子研究院
14	江苏省科学技术奖	淡水水产品关键技术创新及应用	江苏戚伍水产发展股份有限公司、江苏省农业科学院、江苏大学、中国水产科学研究院淡水渔业研究中心	高瑞昌　李　莹（外） 刘　波　袁　丽 戚国祥（外） 戚定泉（外） 冯　进（外）	三等合作	食品与生物工程学院
15	江苏省科学技术奖	乘用车智能化柔性涂装生产线	江苏骠马智能装备股份有限公司、东南大学、江苏大学、江苏科技大学	季松林（外） 戚晨皓（外）　赵德安 蒋小平（外） 陈　伟（外） 李发忠　吴长龙（外）	三等合作	电气信息工程学院
16	江苏省科学技术奖	双塔并联式节能环保大型甲醇合成系统的开发与应用	江苏索普（集团）有限公司、华东理工大学、江苏大学	胡宗贵（外） 应卫勇（外） 张海涛（外） 代松涛（外） 朱卫华　朱桂生（外） 马宏方（外）	三等合作	化学化工学院

续表

序号	奖励名称	成果名称	所属单位	完成人	获奖等级	单位
17	江苏省科学技术奖	海洋深水油气井成套钻具高性能设计制造关键技术与应用	扬州大学、江苏和信石油机械有限公司、长江大学、南京航空航天大学、江苏大学	缪宏（外） 赵钧羡（外） 罗开玉 左敦稳（外） 夏成宇（外） 王明娣（外） 张燕军（外）	三等合作	机械工程学院
18	高等学校科学研究优秀成果奖	苹果光谱图像信息快速无损感知理论与方法	江苏大学	邹小波 郭志明 黄晓玮 李艳肖 石吉勇 赵杰文	二等主持	食品与生物工程学院
19	中国石油和化学工业联合会科学技术奖	石化流程高温高压泵关键技术研究及工程应用	江苏大学、南通大学、重庆水泵厂有限责任公司、镇江福泰克流体技术有限公司、江苏永一泵业科技集团有限公司、江苏双达泵业股份有限公司、湖南湘电长沙水泵有限公司	刘栋 施卫东 李伟 王颖泽 常浩 康灿 丛小青 王天周（外） 严建华（外） 朱勇	二等主持	能源与动力工程学院
20	中国石油和化学工业联合会科学技术奖	大型石化泵及装置关键技术研究与应用	江苏大学、北京理工大学、沈阳鼓风机集团石化泵有限公司、大连深蓝泵业有限公司、杭州杭氧工装泵阀有限公司、中国电建集团上海能源装备有限公司、三联泵业股份有限公司	袁寿其 王秀礼 朱荣生 黄彪 曹卫东 赵媛媛 付强 闫强 严文泽，胡赟	二等主持	流体机械工程技术研究中心
21	中国石油和化学工业联合会科学技术奖	高性能极端工况石化离心泵关键技术研发与推广应用	江苏大学、山东双轮股份有限公司、自然资源部天津海水淡化与综合利用研究所、江苏飞跃机泵集团有限公司、湖州三井低温设备有限公司	赵睿杰 张德胜 施卫东 叶晓琰 彭光杰	三等主持	流体机械工程技术研究中心

续表

序号	奖励名称	成果名称	所属单位	完成人	获奖等级	单位
22	农业机械科学技术奖	高效多工况喷灌装备关键技术研究与应用	江苏大学、江苏旺达喷灌机有限公司、华维节水科技集团股份有限公司、江苏华源节水股份有限公司	袁寿其　李　红 刘俊萍　朱兴业 谈明高　陈　超 向清江　汤玲迪 汤　攀　高志俊	一等主持	流体机械工程技术研究中心
23	中国机械工业科学技术奖	超长服役年限商用车混合动力传动系统关键技术及应用	江苏大学、南京金龙客车制造有限公司、苏州海格新能源汽车电控系统科技有限公司、埃马克（中国）机械有限公司、北京理工大学	胡东海　衣丰艳（外） 张行峰（外） 魏中宝（外） 周稼铭（外）	三等主持	汽车与交通工程学院
24	中国机械工业科学技术奖	新型旋流泵内部流动机理研究及系列产品开发	江苏大学、南通大学、尚宝罗江苏节能科技股份有限公司、亚太泵阀有限公司、新界泵业集团股份有限公司、浙江丰球克瑞泵业有限公司、上海连成（集团）有限公司	高雄发　施卫东 张德胜　曹宇鹏（外） 谭林伟（外）　李　伟 方　波（外）　郎　涛 常　浩　田　飞	二等主持	流体机械工程技术研究中心
25	中国煤炭工业协会科学技术奖	煤矿气水射流防尘技术研究	江苏大学、淮北矿业股份有限公司	马中飞　朱世奎（外） 徐　瑞（外）　莫根林 何伯稳（外） 刘　振（外） 李　志（外） 许帮贵（外） 张永生（外） 岳　魏（外） 蔡祥雷（外）	二等主持	环境与安全工程学院

续表

序号	奖励名称	成果名称	所属单位	完成人	获奖等级	单位
26	中国汽车工业科学技术奖	铝基轻量化新能源乘用车短流程研发制造关键技术及装备	奇瑞新能源汽车股份有限公司、江苏大学、合肥工业大学、中国科学技术大学、唐山松下产业及其有限公司	高立新（外） 陈 龙 倪绍勇（外） 郭玉琴 金 一（外） 袁朝春 陈无畏（外） 茅卫东（外） 李盛良（外） 周甘华（外） 周俊锋（外） 欧阳伟刚（外） 陈 超（外） 王金桥（外） 朱 浩（外）	一等合作	汽车工程研究院
27	中国食品科学技术学会科技创新奖	镇江香醋发酵过程的可视化检测技术及应用	江苏大学、江苏恒顺醋业股份有限公司、镇江恒顺生物工程有限公司	石吉勇 邹小波 李志华 朱胜虎（外） 黄晓玮 夏 蓉（外） 李 信（外） 陶汇源（外） 崔鹏景（外） 赵杰文	一等主持	食品与生物工程学院/农产品加工工程研究院
28	中国食品科学技术学会科技创新奖	淡水水产品加工技术创新与应用	江苏大学、江苏省农业科学院、江苏戚伍水产发展股份有限公司	高瑞昌 李 莹 袁 丽 王 林 苏 丽（外） 戚国祥（外） 居向东（外）	二等主持	食品与生物工程学院
29	中国食品科学技术学会科技创新奖	高效智能化酶解制备植物源活性多肽关键技术研发及其应用	江苏大学、南京财经大学、江苏江大五棵松生物科技有限公司	何荣海 王立峰（外） 马海乐 任晓锋 代春华 骆 琳 曲文娟 丁青芝 李云亮 马海燕（外）	二等主持	食品与生物工程学院/食品物理加工研究院
30	中国食品科学技术学会科技创新奖	食品工业用茶精深加工在线监控及产品数字化评价技术开发	江苏大学、南京融点食品科技有限公司、大闽食品（漳州）有限公司	欧阳琴 岳鹏翔（外） 陈全胜 李欢欢 邵增琅（外） 许 艺（学生） 裴少芬（外） 唐杏燕（外） 杨路成（外） 王晓霞（外）	二等主持	食品与生物工程学院
31	中国机械工业科学技术奖	高性能低振动低噪声舰船用泵关键技术及产业化	江苏振华海科装备科技股份有限公司、江苏大学	邱 勇（外） 王 勇 袁 霄（外） 陈金平（外） 姜大连（外）	三等合作	流体机械工程技术研究中心

续表

序号	奖励名称	成果名称	所属单位	完成人	获奖等级	单位
32	中国机械工业科学技术奖	柴油机颗粒物来源解析与多场协同后处理关键技术及应用	常熟理工学院、江苏大学、清华大学苏州汽车研究院（相城）、中汽检测技术有限公司	许广举（外） 赵洋（外） 李铭迪（外） 刘帅 许述财（外）	三等合作	汽车与交通工程学院
33	中国发明协会发明创业奖成果奖	高效低噪声叶片泵的水利设计与开发	江苏大学、江大流体研究院、哈飞中科根云设备管理有限公司、南京腾图节能科技有限公司、飞龙汽车部件股份有限公司	司乔瑞 袁建平 陆荣 李跃 马正军 冯长虹	二等主持	流体机械工程技术研究中心
34	国家技术发明奖	高效低成本晶硅太阳能电池表界面制造关键技术及应用	江苏大学、天合光能股份有限公司、常州大学、苏州迈为科技股份有限公司、常州捷佳创精密机械有限公司	丁建宁 高纪凡（外） 袁宁一（外） 程广贵 周剑（外） 左国军（外）	二等主持	机械工程学院
35	江苏省科学技术奖	脓毒症时先天免疫功能抑制及器官功能障碍的病理机制研究	苏州市立医院、江苏大学附属医院	孙炳伟（外） 王旭 宋明明（外） 刘大东 徐晓涵（外）	三等合作	附属医院
36	中国轻工业联合会科学技术奖	乳酸菌发酵产品产业化关键技术开发与应用	江苏大学、成都大学、华东理工大学、四川高福记生物科技有限公司	肖香 张崟 范立强 董英 纪小国 谢建将 刘文龙 赵延胜	二等主持	食品与生物工程学院
37	中国轻工业联合会科学技术奖	树脂镜片在线智能化在线检测关键技术及装置	万新光学集团有限公司、江苏大学	孙力 许生炎（外） 欧阳晓勇（外） 张国军（外）	二等合作	食品与生物工程学院/农产品加工工程研究院
38	中国轻工业联合会科学技术奖	智能材料在轻化工产业器件研发及资源化再生产业链中的应用示范	江苏大学、盐城工学院、江苏科技大学、江苏嘉德管道工程有限公司、江苏华庆农业发展有限公司	刘燕 刘宏伟 孟敏佳 陈立庄 殷德庚 陈大伟	二等主持	化学化工学院

续表

序号	奖励名称	成果名称	所属单位	完成人	获奖等级	单位
39	中国轻工业联合会科学技术奖	苹果品质安全精准无损测控关键技术及应用	江苏大学、中国农业大学	郭志明 邹小波 彭彦昆 陈全胜 黄晓玮 赵杰文	三等主持	食品与生物工程学院
40	中国产学研合作创新奖	大型城市复杂交通出行需求下新能源智慧公交关键技术与应用	江苏大学、南京金龙客车制造有限公司、北京理工大学、中通客车控股股份有限公司、山东交通学院	胡东海 衣丰艳 李建威 李中延 范志先 张行峰 周稼铭 华相纲	二等主持	汽车与交通工程学院
41	中国产学研合作创新奖	高效低排放发动机高压燃油喷射与喷雾燃烧关键技术及工程应用	江苏大学、中国第一汽车股份有限公司无锡油泵油嘴研究所、中船动力有限公司、扬州建元生物科技有限公司	何志霞 王　谦 钟汶君 玄铁民 郭根苗 罗福强 王先勇 沈建华 余　雄 商伟伟	优秀奖	能源与动力工程学院
42	中国产学研合作创新奖	新型高效抗汽蚀耐高温高压离心泵研究开发与推广应用	江苏大学、南通大学、沈阳鼓风机集团核电泵业有限公司、江苏永一泵业科技集团有限公司、合肥华升泵阀股份有限公司	李　伟 施卫东 刘　栋 常　浩 白　玲 季磊磊 牛红军 王　洋 刘永付 巫建波	一等主持	流体机械工程技术研究中心

（撰稿：曾章英　核稿：李　强）

2020年江苏大学获批省、部级及以上项目立项情况

序号	项目来源	项目批准号	项目名称
1	2020年江苏省特聘教授	20TPJS-001	2020年江苏省特聘教授
2	2020年江苏省特聘教授	20TPJS-002	2020年江苏省特聘教授
3	2020年江苏省特聘教授	20TPJS-003	2020年江苏省特聘教授
4	2020年江苏省特聘教授	20TPJS-004	2020年江苏省特聘教授
5	江苏省“333工程”科研项目	BRA2020299	2020年“333工程”科研资助第三层次
6	江苏省“333工程”科研项目	BRA2020078	2020年“333工程”科研资助第二层次
7	江苏省“333工程”科研项目	BRA2020298	2020年“333工程”科研资助第三层次

续表

序号	项目来源	项目批准号	项目名称
8	江苏省“333 工程”科研项目	BRA2020297	2020 年“333 工程”科研资助第三层次
9	江苏省青蓝工程	20QLGC-001	2020 年青蓝工程中青年学术带头人
10	江苏省青蓝工程	20QLGC-002	2020 年青蓝工程中青年学术带头人
11	江苏省青蓝工程	20QLGC-003	2020 年青蓝工程中青年学术带头人
12	江苏省青蓝工程	20QLGC-004	2020 年青蓝工程优秀青年骨干教师
13	江苏省青蓝工程	20QLGC-005	2021 年青蓝工程优秀青年骨干教师
14	江苏省青蓝工程	20QLGC-006	2022 年青蓝工程优秀青年骨干教师
15	江苏省“双创博士”引进人才项目	20SCBS001	江苏省“双创博士”引进人才项目
16	江苏省“双创博士”引进人才项目	20SCBS002	江苏省“双创博士”引进人才项目
17	江苏省“双创博士”引进人才项目	20SCBS003	江苏省“双创博士”引进人才项目
18	江苏省“双创博士”引进人才项目	20SCBS004	江苏省“双创博士”引进人才项目
19	江苏省“双创博士”引进人才项目	20SCBS005	江苏省“双创博士”引进人才项目
20	江苏省“双创博士”引进人才项目	20SCBS006	江苏省“双创博士”引进人才项目
21	江苏省“双创博士”引进人才项目	20SCBS007	江苏省“双创博士”引进人才项目
22	江苏省“双创博士”引进人才项目	20SCBS008	江苏省“双创博士”引进人才项目
23	江苏省“双创博士”引进人才项目	20SCBS009	江苏省“双创博士”引进人才项目
24	江苏省“双创博士”引进人才项目	20SCBS010	江苏省“双创博士”引进人才项目
25	江苏省“双创博士”引进人才项目	20SCBS011	江苏省“双创博士”引进人才项目
26	江苏省“双创博士”引进人才项目	20SCBS012	江苏省“双创博士”引进人才项目
27	江苏省“双创博士”引进人才项目	20SCBS013	江苏省“双创博士”引进人才项目
28	江苏省“双创博士”引进人才项目	20SCBS014	江苏省“双创博士”引进人才项目
29	江苏省“双创博士”引进人才项目	20SCBS015	江苏省“双创博士”引进人才项目
30	江苏省“双创博士”引进人才项目	20SCBS016	江苏省“双创博士”引进人才项目
31	江苏省“双创博士”引进人才项目	20SCBS017	江苏省“双创博士”引进人才项目
32	江苏省“双创博士”引进人才项目	20SCBS018	江苏省“双创博士”引进人才项目
33	江苏省“双创博士”引进人才项目	20SCBS019	江苏省“双创博士”引进人才项目
34	江苏省“双创博士”引进人才项目	20SCBS020	江苏省“双创博士”引进人才项目
35	江苏省“双创博士”引进人才项目	20SCBS021	江苏省“双创博士”引进人才项目
36	江苏省“双创博士”引进人才项目	20SCBS022	江苏省“双创博士”引进人才项目
37	江苏省“双创博士”引进人才项目	20SCBS023	江苏省“双创博士”引进人才项目
38	江苏省“双创博士”引进人才项目	20SCBS024	江苏省“双创博士”引进人才项目

续表

序号	项目来源	项目批准号	项目名称
39	江苏省“双创博士”引进人才项目	20SCBS025	江苏省“双创博士”引进人才项目
40	江苏省“双创博士”引进人才项目	20SCBS026	江苏省“双创博士”引进人才项目
41	江苏省“双创博士”引进人才项目	20SCBS027	江苏省“双创博士”引进人才项目
42	江苏省“双创博士”引进人才项目	20SCBS028	江苏省“双创博士”引进人才项目
43	江苏省“双创博士”引进人才项目	20SCBS029	江苏省“双创博士”引进人才项目
44	江苏省“双创博士”引进人才项目	20SCBS030	江苏省“双创博士”引进人才项目
45	江苏省“双创博士”引进人才项目	20SCBS031	江苏省“双创博士”引进人才项目
46	江苏省“双创博士”引进人才项目	20SCBS032	江苏省“双创博士”引进人才项目
47	江苏省“双创博士”引进人才项目	20SCBS033	江苏省“双创博士”引进人才项目
48	江苏省“双创博士”引进人才项目	20SCBS034	江苏省“双创博士”引进人才项目
49	江苏省“双创博士”引进人才项目	20SCBS035	江苏省“双创博士”引进人才项目
50	江苏省“双创博士”引进人才项目	20SCBS036	江苏省“双创博士”引进人才项目
51	江苏省“双创博士”引进人才项目	20SCBS037	江苏省“双创博士”引进人才项目
52	江苏省“双创博士”引进人才项目	20SCBS038	江苏省“双创博士”引进人才项目
53	江苏省“双创博士”引进人才项目	20SCBS039	江苏省“双创博士”引进人才项目
54	江苏省“双创计划”引进人才项目	20SCRC001	江苏省“双创计划”引进人才项目
55	江苏省“双创计划”引进人才项目	20SCRC002	江苏省“双创计划”引进人才项目
56	江苏省“双创计划”引进人才项目	20SCRC003	江苏省“双创计划”引进人才项目
57	江苏省中医药科技发展计划项目重点项目	ZD201911	从“肠道菌群—宿主”共代谢角度探讨痛泻要方治疗肠易激综合征的作用机制研究
58	江苏省重点研发计划产业前瞻与共性关键技术竞争项目（合作）	BE2019025	模面温控、激光熔覆及磨损控制的超高强钢热冲压模具研发
59	江苏省重点研发现代农业（合作）	BE2019360	履带自走式芦苇收获捆扎一体机关键技术研究
60	江苏省重点研发现代农业（合作）	BE2020314	大麦功能性复合全粉生物制造关键技术研究及产品开发
61	江苏省重点研发现代农业（合作）	BE2019359	马铃薯品质劣变控制技术研发
62	林木遗传育种国家重点实验室开放课题	K2020205	氮沉降背景下入侵树种火炬树的环境适应性进化响应机理
63	宁夏回族自治区重点研发计划重点项目合作省厅配套	2019BFH 02022-pt	枸杞智能靶向精量全方位风送式喷药机的研制

续表

序号	项目来源	项目批准号	项目名称
64	清华大学汽车安全与节能国家重点实验室	KF2001	基于分数阶无源网络的车辆悬架正实综合优化与控制
65	清华大学汽车安全与节能国家重点实验室	KF2023	HEV 工作模式切换非线性瞬态动力学定量描述理论研究
66	江苏省杰出青年基金	BK20200042	几类具有变分结构的非线性椭圆型方程正解的性质研究
67	江苏省杰出青年基金	BK20200043	中性粒细胞外泌体与胃癌发生及精准诊疗
68	江苏省优秀青年基金	BK20200103	食品、农产品气味可视化无损检测研究
69	江苏省优秀青年基金	BK20200104	花生中黄曲霉毒素的光—电化学协同感知策略研究
70	江苏省政策引导类计划（国际科技合作、港澳台科技合作）	BZ2020068	基于无人机遥感数据反演的喷灌系统海外应用合作研发
71	江苏省政策引导类计划（引进外国人才专项、国际合作第二批）	BX2019115	针对下一代的洁净燃烧技术开发火焰图像处理工具
72	江苏省政策引导类计划（引进外国人才专项、国际合作第二批）	BX2019100	心血管疾病的基础与临床研究
73	江苏省自然科学基金面上项目（合作）	BK20191227	基于呼吸代谢—能量消耗调控草菇采后保鲜及机制的研究
74	江苏省政策引导类计划（国际科技合作）重点国别产业技术研发合作项目	BZ2018033	新型污泥堆肥炭化节能处理及原位循环利用技术合作研发
75	江苏省重点研发计划（产业前瞻与关键核心技术）	BE2020036	支持方言和情感的复杂环境智能语音交互关键技术研发
76	江苏省重点研发计划（产业前瞻与关键核心技术）	BE2020037	高效率高质量激光精密切割 CFRP 复材关键技术及设备
77	江苏省重点研发计划（产业前瞻与关键核心技术）重点项目课题	BE2020083-3	基于全固态激光雷达的智能网联汽车多目标精准感知关键技术研究
78	江苏省重点研发计划（社会发展）面上项目	BE2020679	靶向软骨细胞成熟分化的骨关节炎转化研究
79	江苏省重点研发计划（社会发展）面上项目	BE2020676	重金属污染土壤微生物矿化原位修复关键技术与污染场地处理应用示范
80	江苏省重点研发计划（社会发展）面上项目	BE2020678	SETD5 作为卵巢癌潜在治疗靶点的研究及其抑制剂筛选
81	江苏省重点研发计划（社会发展）面上项目	BE2020677	谷物及其制品中典型霉菌毒素荧光可视化阵列传感快速检测技术研发与应用

续表

序号	项目来源	项目批准号	项目名称
82	江苏省重点研发计划（社会发展）重点项目	BE2020680	基于外泌体 circRNAs 的胃癌精准诊疗技术与决策体系构建
83	江苏省重点研发计划（现代农业）	BE2020329	食品智能高效固态发酵装备的研发
84	江苏省重点研发计划（现代农业）	BE2020327	麦棉套种全程机械化优质高效生产技术集成创新与示范
85	江苏省重点研发计划（现代农业）	BE2020328	温室用单吊轨式静电喷雾机高效绿色关键技术研发
86	江苏省重点研发计划（现代农业）	BE2020330	智能高效农业灌溉变频提水泵关键技术研究
87	江苏省重点研发计划（现代农业）	BE2020405	基于设施农业废水资源化定向培育产油丝状微藻的复合磁/电场干预技术研发
88	江苏省重点研发计划（现代农业）重点项目（合作）	BE2019318	智能化绿色增效水稻施药机
89	江苏省重点研发计划（现代农业）重点项目（合作）	BE2018362	稻麦周年机械化优质丰产绿色增效技术集成创新与示范
90	江苏省重点研发计划（现代农业）重点项目（合作）	BE2019366	香葱绿色节能脱水加工关键技术集成创新与示范
91	江苏省重点研发计划（产业前瞻与关键核心技术—合作）	BE2019097	快速、大容量、高负荷智能储/分药成套装备与系统集成关键技术研发
92	江苏省自然科学基金面上项目	BK20201414	石墨烯增强功能梯度结构的阻尼特性及非线性气动弹性研究
93	江苏省自然科学基金面上项目	BK20201415	基于 SDN 的车载任务边缘卸载与实时处理关键技术研究
94	江苏省自然科学基金面上项目	BK20201416	BnaGLIP1. C07 调控甘蓝型油菜菌核病抗性的机制研究
95	江苏省自然科学基金面上项目	BK20201417	基于 Agr 信号传导系统模型构建研究环二肽 cFP 抑制单增李斯特菌生物膜形成的分子机制
96	江苏省自然科学基金面上项目	BK20201418	近红外光响应性原位肿瘤疫苗级联刺激肿瘤免疫循环及其应用的研究
97	江苏省自然科学基金面上项目	BK20201419	二维 TMDs 的生物伪装及成像引导下肿瘤精准治疗
98	江苏省自然科学基金面上项目	BK20201420	综纤维素羰基化—缩合加氢制备航油的机理与调控研究
99	江苏省自然科学基金面上项目	BK20201421	基于生物神经网络的脱粒混合物振动筛分理论建模与优化控制方法

续表

序号	项目来源	项目批准号	项目名称
100	江苏省自然科学基金面上项目	BK20201422	天然气分层燃烧转子发动机的燃烧机理研究
101	江苏省自然科学基金面上项目	BK20201423	基于分子离子间弱相互作用调控构建类离子液体超滑体系
102	江苏省自然科学基金面上项目	BK20201424	层面间距调控的中空 $SnSe_x/MoSe_2$ 纳米异质结的构筑及储纳机制研究
103	江苏省自然科学基金面上项目	BK20201425	热失配拉应变调控固体氧化物燃料电池阴极电化学性能微观机制及其应用研究
104	江苏省自然科学基金面上项目	BK20201426	基于共价连接聚合物 MOFs/离子液体固态电解质的协同性能优化及机理分析
105	江苏省自然科学基金青年基金	BK20200898	电热还原法制备高品质碳化硼钠系添加剂的作用机理研究
106	江苏省自然科学基金青年基金	BK20200899	锌离子电池石墨烯基复合正极材料的缺陷—界面作用机理及柔性储能研究
107	江苏省自然科学基金青年基金	BK20200887	多维需求驱动的工业异构网络时间同步机理分析与控制
108	江苏省自然科学基金青年基金	BK20200896	用于天然气中 H_2S 捕集的 MOFs 基多孔离子液体设计及其性能研究
109	江苏省自然科学基金青年基金	BK20200901	太阳能驱动硫化镉/热纤梭菌杂化体系强化秸秆发酵产氢机制研究
110	江苏省自然科学基金青年基金	BK20200895	双束激光—感应复合熔注钢结硬质合金开裂控制机理及双熔池行为研究
111	江苏省自然科学基金青年基金	BK20200900	多孔微纳复合结构柔性触觉传感器压力检测机理研究
112	江苏省自然科学基金青年基金	BK20200886	面向区块链监管的属性基加密访问控制协议研究
113	江苏省自然科学基金青年基金	BK20200888	面向无管理者群组基于区块链的数据共享安全性与可靠性研究
114	江苏省自然科学基金青年基金	BK20200883	随机环境中排队系统平稳分析及均衡策略
115	江苏省自然科学基金青年基金	BK20200885	非局部扩散型时滞传染病系统的动力学行为研究
116	江苏省自然科学基金青年基金	BK20200892	多物理场作用对蛋白质和纤维素液化的影响机制研究

续表

序号	项目来源	项目批准号	项目名称
117	江苏省自然科学基金青年基金	BK20200893	多场耦合作用下纳米流体液滴静电聚结动力学机理研究
118	江苏省自然科学基金青年基金	BK20200894	基于 Maillard 反应的复合藻基原料共水热液化协同耦合机理与 N 迁移定向调控机制研究
119	江苏省自然科学基金青年基金	BK20200897	水稻钵苗二自由度非圆齿轮系多臂移栽机构的设计理论与试验研究
120	江苏省自然科学基金青年基金	BK20200891	p90RSK 调控成纤维细胞增殖与分化促进特发性肺纤维化发生的分子机制探讨
121	江苏省自然科学基金青年基金	BK20200889	新型双功能脂肪酶 Lip10 在卷枝毛霉脂质代谢中的作用及分子机制
122	江苏省自然科学基金青年基金	BK20200890	基于代谢组学解析非淀粉脂对胚芽米的劣变作用机制
123	江苏省自然科学基金青年基金	BK20200884	弹性波在非线性声子晶体结构中的传播特性与控制
124	江苏省自然科学基金青年基金	BK20200905	入侵植物适应重金属污染土壤对周围群体生态的后果
125	江苏省自然科学基金青年基金	BK20200907	有毒中药白附子复制法炮制“毒—效”转化与蛋白类成分降解规律的相关性研究
126	江苏省自然科学基金青年基金	BK20200914	双重限域可控制备新型碳纳米纤维氧还原/析出双功能电催化剂及其性能、机理研究
127	江苏省自然科学基金青年基金	BK20200909	智能汽车横—垂向耦合逆动力学建模及智能递阶控制研究
128	江苏省自然科学基金青年基金	BK20200904	大型物联网中云边智能协同下的激励设计与业务卸载技术研究
129	江苏省自然科学基金青年基金	BK20200908	基于功能化纳米金的靶向蛋白富集及药物作用靶点分析
130	江苏省自然科学基金青年基金	BK20200910	高压共轨柴油机超临界氛围低碳燃料喷雾界面混合层相变机理研究
131	江苏省自然科学基金青年基金	BK20200906	抑制炎性外泌体分泌治疗急性肝功能衰竭
132	江苏省自然科学基金青年基金	BK20200913	面向新型自供电边界检测传感系统的超弹性摩擦纳米发电机输出机理与力电耦合特征研究

续表

序号	项目来源	项目批准号	项目名称
133	江苏省自然科学基金青年基金	BK20200911	基于功率驱动阻尼的车辆半主动 ISD 悬架机电网络正实综合与控制
134	江苏省自然科学基金青年基金	BK20200917	新型全氟化合物 F-53B 暴露致青春期小鼠神经发育毒性及机制研究
135	江苏省自然科学基金青年基金	BK20200912	激光冲击强化碳纤维增强钛合金层板微动疲劳行为研究
136	江苏省自然科学基金青年基金	BK20200902	非协调离散 Stokes 复形及其高精度分析
137	江苏省自然科学基金青年基金	BK20200915	镁合金受控扩散差压凝固组织形成与控制机理研究
138	江苏省自然科学基金青年基金	BK20200903	基于 Fourier-Motzkin 消去法的线性运算及其应用
139	江苏省自然科学基金青年基金	BK20200916	快速大应变碳纳米管复合纤维人工肌肉驱动机理与变刚度机制研究
140	中央本级重大增减支项目	2060302-1	百蕊草基因组及檀香科植物寄生关系形成机制的研究
141	江苏省自然科学基金青年基金（合作）	BK20190238	基于可视嗅觉指纹技术的水产品新鲜度快速表征及其机理研究
142	江苏省重点研发计划（现代农业）重点项目（合作）	BE2019354	全麦粉的智能化（精深）加工关键装备研制
143	江苏省自然科学基金青年基金	BK20190243	薄层氮化硼负载离子液体材料的构筑及其用于氧气氧化柴油超深度脱硫研究
144	中央本级重大增减支项目课题	2060302-2	道地药材苏薄荷化学型形成的分子机制研究
145	国际（地区）合作与交流项目	32081330090	全球食品品质、安全与保障：技术与供应链体系创新
146	国际（地区）合作与交流项目	52050410330	Fundamental Study on Micro-explosion and Combustion Mechanism of Hydrogenated Catalytic Biodiesel-Methanol-Higher Alcohol Blends
147	国际（地区）合作与交流项目—重点国际（地区）合作研究项目（合作）	51920105013	复杂动力环境下海上风机大直径单桩基础微生物加固的防护机理研究
148	国家重点研发计划—政府间国际科技创新合作重点专项—任务—中国 & 芬兰	2018YFE0196600-02	传统酿造食品生产过程智能化质量控制关键技术开发及应用
149	国家重点研发计划—政府间国际科技创新合作重点专项—项目—中国 & 南非	2018YFE0121200	基于催化层全有序结构聚电解质膜燃料电池高性能超低铂载量膜电极研究开发

续表

序号	项目来源	项目批准号	项目名称
150	国家重点研发计划—任务	2019YFC 0312404-03	深海混输系统智能健康监测与损伤识别研究
151	国家重点研发计划—任务	2019YFB 2005204-02	微小型二维液压元件的性能测试方法研究—制造基础技术与关键部件
152	国家重点研发计划—任务	2019YFC 0312401-02	复杂海况下矿粒—水两相流动过程研究
153	国家重点研发计划—任务	2019YFC 0312403-02	深海智能混输泵多目标优化设计方法与样机研制
154	国家重点研发计划—任务	2019YFD 1002505-03	贺兰山东麓产区葡萄生产过程智慧物联管控系统构建与应用
155	国家重点研发计划—任务	2019YFB 131230201	大型施肥作业机器人系统研发
156	国家重点研发计划—任务	2019YFD 1002502-03	酿酒葡萄生产关键装备的研发与全程机械化的示范
157	国家重点研发计划—任务	2019YFB 1504004-02	高品质生物柴油燃烧性能评价指标体系构建
158	国家重点研发计划—任务	2019YFD 0901903-02	虾酱发酵过程控制技术与产品开发
159	国家重点研发计划—任务	2019YFB 1405205-02	面向专利服务、人力资源领域及高新区的应用示范
160	国家重点研发计划—任务	2019YFB 1600503-02	基于多源信息的交通行为准确辨识方法
161	国家重点研发计划—任务	2019YFC 1606602-02	信息交互“终端”构建
162	国家重点研发计划—任务	2019YFC 1606602-03	大数据“云平台”构建
163	国家重点研发计划—任务	2019YFB 1405203-03	研发专利服务、人力资源领域的知识图谱及应用关键技术
164	国家重点研发计划—现代服务业共性关键技术研发及应用示范课题	2019YFB 1405201	创新创业生态模型与智能服务模式研究
165	国家重点研发计划—战略性国际科技创新合作重点专项—乌兹别克斯坦(国际合作)	2018YFE 0208600	甘草资源高效利用关键技术创新与应用
166	国家自然科学基金面上项目（合作）	21871124	磷烯插层 LDHs 纳米反应器的可控构筑及其光催化二氧化碳转化为碳氢燃料的行为和机理研究

续表

序号	项目来源	项目批准号	项目名称
167	国家自然科学基金联合基金项目培育项目河南联合基金（合作）	U1904174	选矿废水中氰化金在亲和泡沫浮选体系中高效选择性分离与强化调控
168	国家自然科学基金面上项目（合作）	81870821	靶向小胶质细胞 CSF1R 的嵌合抗原受体 T 细胞免疫疗法在阿尔兹海默病中作用机制探索
169	国家自然科学基金杰出青年科学基金项目	52025073	永磁容错电机系统
170	国家自然科学基金联合基金重点支持项目	U20A20274	高强高韧可焊原位纳米强化稀土铝合金新材料基础研究
171	国家自然科学基金联合基金重点支持项目	U20A20292	核主泵复杂工况多场耦合机理与整机协同设计及加工工艺优化
172	国家自然科学基金联合基金重点支持项目	U20A20331	车路协同环境下应急救援车辆高机动性行驶状态决策机理与底盘集成控制研究
173	国家自然科学基金联合基金重点支持项目	U20A20333	基于复杂网络理论的智能汽车自主感知与行为认知机理研究
174	国家自然科学基金面上项目	52079057	新型移动式阵列冲击射流的非定常流动及冲刷机理研究
175	国家自然科学基金面上项目	32072019	氨基酸转运蛋白基因 BnAAP3L 参与生长素介导 LBD29 调控油菜侧根发育的分子机制研究
176	国家自然科学基金面上项目	52072159	面向电动轮智能车稳定控制的异质参数高性能协同感知研究
177	国家自然科学基金面上项目	22075111	近红外光响应人工合成酶模拟物光催化体系的构建及分解水产氢性能研究
178	国家自然科学基金面上项目	82072712	NLGN3 激活 RTKs-Gαi1/3 通路促食管癌进展
179	国家自然科学基金面上项目	52077097	交流励磁永磁容错电机及其多区间高效控制
180	国家自然科学基金面上项目	52072158	基于衬套弹簧化的旋转电机式主动悬架结构及控制参数的递进协调
181	国家自然科学基金面上项目	72074098	基于价值感知实现的基层卫生服务社会信任水平及治理策略研究
182	国家自然科学基金面上项目	32072349	多频超声处理调控凝胶网络结构对双蛋白乳化凝胶消化行为的影响及其机制研究
183	国家自然科学基金面上项目	32070003	我国沿海盐碱地嗜盐碱古菌多样性与分类学研究

续表

序号	项目来源	项目批准号	项目名称
184	国家自然科学基金面上项目	62071206	基于贝叶斯分析的 IRS 辅助通信系统信道估计技术的研究
185	国家自然科学基金面上项目	32071521	入侵与本地植物竞争响应全球变化主要因子协同作用及其系统生态机制
186	国家自然科学基金面上项目	22075112	金属集流体/CeO_2 复合体系的氧空位动态调控及其光电化学固氮应用
187	国家自然科学基金面上项目	82074286	基于人工智能及多维大数据扩展的抗肿瘤中药成分组合优化方法及其作用机制研究
188	国家自然科学基金面上项目	52075225	高端复合织构涂层刀具脱粘润滑减摩机理及其切削性能研究
189	国家自然科学基金面上项目	12072132	关于脉冲式爆炸及其诱导的混合模式振荡研究
190	国家自然科学基金面上项目	72071097	面向主动安全的建筑工人前摄危险感知行为的机理与引导
191	国家自然科学基金面上项目	22078131	基于气-固两相反应体系的三维石墨烯载 Zr-MOF@贵金属复合光催化材料宏观体的构筑及选择性光催化还原 CO_2 性能与机理研究
192	国家自然科学基金面上项目	32070501	线粒体 ATP 合酶 ε 亚基 Stunted 调控昆虫生长和蜕皮的机制
193	国家自然科学基金面上项目	52072153	2D-2D 共价三嗪骨架/石墨双炔范德华异质结的激子行为机制及其光催化制氢机理
194	国家自然科学基金面上项目	52072152	基于磺酸化碳点的光控有机开环反应酸催化剂设计
195	国家自然科学基金面上项目	22078135	离子液体稳定的氮化硼负载型单原子吸附剂用于选择性脱硫研究
196	国家自然科学基金面上项目	22075113	多孔半金属氮化碳材料结构调控及其选择性光催化还原 CO_2 制备甲烷研究
197	国家自然科学基金面上项目	52073126	二维介孔 MOFs 异质结本征自修复电极材料的双重可逆动态机制及超电容特性
198	国家自然科学基金面上项目	72071096	工程现场安全风险的强关联机理、传导路径与治理策略研究
199	国家自然科学基金面上项目	52075224	基于分子离子间弱相互作用构建类离子液体超滑体系及机理研究

续表

序号	项目来源	项目批准号	项目名称
200	国家自然科学基金面上项目	52075226	基于脉冲激光加载的复杂微构件冲击液压微成形基础研究
201	国家自然科学基金面上项目	22072060	可控解组装多肽抗菌纳米材料的构建及其抗菌机理和应用研究
202	国家自然科学基金面上项目	72074099	基于复杂关系网络的工业园区企业安全生产不良行为分析与协同治理研究
203	国家自然科学基金面上项目	12072133	微尺度挠曲电复合材料结构及高能密度风致振动能量收集
204	国家自然科学基金面上项目	32072353	超声胁迫下鲜切紫甘蓝体内酚类物质的多层积累及其生物学机制研究
205	国家自然科学基金面上项目	32071905	温室气传病害孢子偏振—衍射图像检测与病害早期预警方法
206	国家自然科学基金面上项目	32070182	肠道病毒 71 型 2C 蛋白分选病毒核酸进入外泌体的作用机制研究
207	国家自然科学基金面上项目	22078132	高通透孔道和精确分子取向识别印迹微球选择性分离纯化 2′-脱氧腺苷的研究
208	国家自然科学基金面上项目	52075223	摩擦可控新型气缸调摩方法及其运动和力伺服超高精度控制策略研究
209	国家自然科学基金面上项目	22075109	金属氧化物的表面晶格调控用于高性能锌离子混合电容器
210	国家自然科学基金面上项目	32071623	血浆蛋白 TBT-bp2 调控典型镇定安眠药物地西泮对鱼类神经行为毒性的作用方式和机制研究
211	国家自然科学基金面上项目	32072355	蛋白质—多糖乳状液的顺序阶梯式超声波的稳定机制研究
212	国家自然科学基金面上项目	82071738	米诺霉素抑制脓毒症引起 TECs 死亡的机制研究
213	国家自然科学基金面上项目	82072044	细胞外基质仿生的去铁胺/硫化铜水凝胶光热治疗糖尿病溃疡感染性创面的研究
214	国家自然科学基金面上项目	62073156	面向多康复模式下人机协作的上肢康复机器人变阻抗控制研究
215	国家自然科学基金面上项目	52072161	基于分段仿射系统理论的空气悬架客车横向失稳机理与主动回稳控制研究
216	国家自然科学基金面上项目	12072134	非均质二维范德华异质结中的力学问题研究及结构物性调控

续表

序号	项目来源	项目批准号	项目名称
217	国家自然科学基金面上项目	32072794	Bm65 蛋白介导 UV 辐射后 BmNPV 与宿主 DNA 损伤修复的机制研究
218	国家自然科学基金面上项目	62072217	广义网络温度及其用于网络异常预警与预防方法的研究
219	国家自然科学基金面上项目	22078134	多功能协同（Ni/MO_x）@ SiO_2 催化剂甲烷干重整反应性能及机制研究
220	国家自然科学基金面上项目	52072160	引入驾驶显著性的智能汽车动态目标感知和轨迹预测方法研究
221	国家自然科学基金面上项目	52072155	面向实时温度差异的动力电池一体化模型构建及容量并行估计研究
222	国家自然科学基金面上项目	52076104	柴油机后喷燃油定向裂解与 DOC/CDPF 催化燃烧的协同机制研究
223	国家自然科学基金面上项目	82071835	m6A 甲基化调控胶原诱导性关节炎小鼠 MDSC 功能变化的机制研究
224	国家自然科学基金面上项目	22078133	泡沫分离—低温凝聚相分离两相传质分离过程集成优化及其对多功能融合酶的选择性分离纯化
225	国家自然科学基金面上项目	32072639	基于跨膜转运途径和作用靶点分析的壳聚糖抑制苹果青霉病菌的分子机理研究
226	国家自然科学基金面上项目	52076105	电流体泰勒锥稳定机制及锥射流失稳破碎机理的探索
227	国家自然科学基金面上项目	82070455	DJ-1 调控胶原—基质囊泡耦联介导糖尿病斑块内微钙化形成的机制研究
228	国家自然科学基金面上项目	72072076	组织嵌入视角下家族企业差序式领导、员工争宠行为及组织创新绩效研究
229	国家自然科学基金面上项目	32072200	植物乳杆菌促进大麦中结合态酚的释放机制与改善能量代谢研究
230	国家自然科学基金面上项目	12074150	三维层状拓扑半金属的热电输运性能研究
231	国家自然科学基金面上项目	82072754	lncRNA ABHD11-AS1/ATP11A 轴维持胰腺癌干细胞中 KRAS 质膜锚定的作用及其机制
232	国家自然科学基金面上项目	22076068	Z 型 p-OCN/磁性中空纳米笼光催化体系协同活化 PMS 去除新型烟碱类农药
233	国家自然科学基金面上项目	62071205	超材料调控倏逝导波的结构损伤超分辨率成像方法

续表

序号	项目来源	项目批准号	项目名称
234	国家自然科学基金面上项目	32072297	新型量子点荧光传感-微流控纸芯片的构建及其可视化检测食品中痕量磺胺类抗生素的应用研究
235	国家自然科学基金面上项目	52072157	轮毂电机驱动汽车动惯性悬架垂向振动负效应抑制机理与拓扑优化控制
236	国家自然科学基金面上项目	82073543	3，3′-二吲哚甲烷通过钙池操纵性钙内流/AMPK/内质网应激抑制胃癌细胞增殖的分子机制
237	国家自然科学基金面上项目	22074055	基于比率电化学传感器阵列的农产品中真菌毒素检测研究
238	国家自然科学基金面上项目	32072248	基于分子对接技术氨基酸稳定鲢肌球蛋白热诱导相行为机理研究
239	国家自然科学基金面上项目	52077098	混合动力拖拉机小电容多功率耦合与高效合成系统研究
240	国家自然科学基金面上项目	52075227	激光干涉与旋印电沉积制备滑动轴承的超浸润微纳结构及润滑减摩机理
241	国家自然科学基金面上项目	32072354	亚临界水效应对多糖链构象转变的影响规律、机制及与免疫调节活性的关系研究
242	国家自然科学基金面上项目	32072276	基于转录组及蛋白质组的扩展青霉侵染苹果分子机制研究
243	国家自然科学基金面上项目	52073125	含扭转分子链段的高性能主链型苯并噁嗪的设计合成及其构效关联机制研究
244	国家自然科学基金面上项目	52077099	高集成度虚拟轴式车载磁悬浮飞轮电池及其安全稳定控制
245	国家自然科学基金面上项目	32071900	栽培基质氢离子浓度集成仿生传感机理与在线监测研究
246	国家自然科学基金面上项目	52072154	阳离子无序层状结构正极材料的储钠机理和构效关系研究及其在钠离子电池中的应用
247	国家自然科学基金面上项目	22075110	非能级因素在界面电荷迁移的作用机制及其高效染料敏化太阳能电池的应用
248	国家自然科学基金面上项目	52071158	声磁/压力耦合调控双相纳米增强铝基复合材料抗蠕变规律及机制
249	国家自然科学基金面上项目	82070638	患者 iPSC 来源肝组织构成细胞的高效诱导扩增及其功能性肝脏类器官的构建与移植评估

续表

序号	项目来源	项目批准号	项目名称
250	国家自然科学基金面上项目	52076103	中链醇/超高活性生物柴油直喷压燃低负荷着火燃烧调控机理研究
251	国家自然科学基金面上项目	32072174	多位受氢体低共熔剂解离厨余生物质糖类凝聚结构及超声协同机制
252	国家自然科学基金面上项目	52072156	旋转车轮区域流动干涉失稳机理及流场控制减阻方法研究
253	国家自然科学基金面上项目	52079058	基于四向耦合离散元方法的泵内非均质颗粒输运机理研究
254	国家自然科学基金面上项目	82071984	梭形介孔铂纳米探针调控胰腺癌组织内TCF1+CD8T细胞免疫效应的机制及靶向成像研究
255	国家自然科学基金面上项目	12071185	Adams迹不等式及其极值函数存在性的相关问题研究
256	国家自然科学基金青年科学基金	32001087	迅速进化的入侵植物：利用基因组学揭示桉树的进化历史及其入侵机制
257	国家自然科学基金青年科学基金	22002051	基于渗流—微流调控的非晶胶体结构的自组装构筑
258	国家自然科学基金青年科学基金	82003649	基于藻蓝蛋白的声动力—化学抗肿瘤集成纳米系统的研究
259	国家自然科学基金青年科学基金	72001095	基于视野定量可控的多场景中行人流疏散机理与管控策略研究
260	国家自然科学基金青年科学基金	32000201	丁香假单胞菌效应蛋白HopAO1与拟南芥免疫信号蛋白互作机制研究
261	国家自然科学基金青年科学基金	22008092	超疏油/超亲水抗污自清洁膜的非均相仿贝壳微界面构筑及舰船舱底乳化油分离研究
262	国家自然科学基金青年科学基金	12002136	薄壳体边界流固耦合噪声机理及控制技术研究
263	国家自然科学基金青年科学基金	62001192	面向高效率功率放大器的非规则匹配结构优化方法研究
264	国家自然科学基金青年科学基金	52002155	电动汽车用高转矩密度电励磁同步电机系统多物理场优化设计与协同控制
265	国家自然科学基金青年科学基金	52002152	近红外吸收碳点光敏剂构建及单线态氧产率提升机制研究
266	国家自然科学基金青年科学基金	52000089	电诱导快速定向驯化氨氧化污泥及强化脱氮机理

续表

序号	项目来源	项目批准号	项目名称
267	国家自然科学基金青年科学基金	52005224	动压气浮陀螺仪转子动态偏心误差传递机理及补偿模型研究
268	国家自然科学基金青年科学基金	32001582	m6A 甲基转移酶 BnaMTA 和 BnaFIP37 调控油菜分枝发育的机理研究
269	国家自然科学基金青年科学基金	22002050	低温高效二维层状钒基复合催化剂可控构筑及其 FCC 烟气脱硝反应机制研究
270	国家自然科学基金青年科学基金	22008095	苝二酰亚胺类微纳材料空间立体构型调控及矿化酚类污染物研究
271	国家自然科学基金青年科学基金	22008091	二维钯基双金属烯磷化物的可控构筑及催化特性
272	国家自然科学基金青年科学基金	22008093	超分子硼亲和印迹聚合物/离子键双网络水凝胶选择性分离纯化柚苷的研究
273	国家自然科学基金青年科学基金	72004082	基于碳排放权及其期权“双权共轭”的企业碳资产运营风险规避机制研究
274	国家自然科学基金青年科学基金	52005220	多参数融合的履带式联合收割机湿烂田块行驶状态估计及路径跟踪控制
275	国家自然科学基金青年科学基金	12002134	高维忆阻器电路的快慢动力学特性及其分岔机制研究
276	国家自然科学基金青年科学基金	52006091	化学链燃烧中铁基载氧体的相分离机理及抑制机制
277	国家自然科学基金青年科学基金	62006098	基于语义知识迁移的弱监督多输出学习研究
278	国家自然科学基金青年科学基金	52005223	超声辅助激光喷丸强化航空铝合金的组织与应力稳定性及其控制机理
279	国家自然科学基金青年科学基金	32001794	食品危害物氯虫苯甲酰胺通过激活 FGF10 通路促进脂肪细胞分化和脂肪积累的机制研究
280	国家自然科学基金青年科学基金	22005125	氮/氧双重缺陷调控构筑多孔 g-C_3N_x/Ag/MFe_2O_y 复合材料及其光催化固氮研究
281	国家自然科学基金青年科学基金	52002156	基于功率驱动阻尼的车辆电磁 ISD 悬架宽频域振动抑制机理与正实综合研究
282	国家自然科学基金青年科学基金	82001975	HucMSC 外泌体转运 miR-13474 调控 CPEB2 促进糖尿病足创面修复的研究
283	国家自然科学基金青年科学基金	52007078	永磁同步电机滚动轴承局部故障机理及特征提取研究

续表

序号	项目来源	项目批准号	项目名称
284	国家自然科学基金青年科学基金	52005222	磁控针状智能表面微小油滴的界面行为及定向输运机理
285	国家自然科学基金青年科学基金	62004084	氧化锡量子点室温气敏性能的掺杂调控及其高湿条件下痕量 H_2S 检测研究
286	国家自然科学基金青年科学基金	82002581	泛素连接酶 NEDD4 调控胃癌转移的机制研究
287	国家自然科学基金青年科学基金	62001193	面向非平稳信号局部特征分析的分数阶变换快速算法研究
288	国家自然科学基金青年科学基金	82003379	HucMSC 外泌体携载 14-3-3ζ 调控 E2F1/SIRT1 延缓皮肤光老化的作用及机制
289	国家自然科学基金青年科学基金	62005106	时间响应变色磷光碳纳米点构建及纸基磷光发射机制研究
290	国家自然科学基金青年科学基金	32002235	应用家蚕线粒体模型初筛促自噬药物及分子机制研究
291	国家自然科学基金青年科学基金	32001417	融合日光诱导叶绿素荧光和冠层参数的稻瘟病田间早期检测方法研究
292	国家自然科学基金青年科学基金	82002111	外泌体 HSPD1 蛋白在 CagA+*H. pylori* 感染胃上皮细胞后调控巨噬细胞分化的机制研究
293	国家自然科学基金青年科学基金	12002137	风力机偏最优运行抑制尾流作用机理及其控制优化研究
294	国家自然科学基金青年科学基金	12001242	禁用子图与图的哈密尔顿问题研究
295	国家自然科学基金青年科学基金	32001388	高粱赤霉素氧化酶基因 SbGA20ox1 调控芒草细胞壁组成的作用与机制研究
296	国家自然科学基金青年科学基金	62002140	软件定义工业控制网络自调整时间同步技术研究
297	国家自然科学基金青年科学基金	12001241	典型非线性数理方程的孤立子碰撞演化和相关控制研究
298	国家自然科学基金青年科学基金	82003181	超小氧化铁毒性机制的研究及其可逆自组装体用于肿瘤治疗的评价
299	国家自然科学基金青年科学基金	22008094	固载型碱性离子液体串联催化剂催化氧化船用燃油中硫化物定向转化脱硫研究
300	国家自然科学基金青年科学基金	62002139	面向区块链监管的属性基加密访问控制协议研究
301	国家自然科学基金青年科学基金	52002154	复杂动态交通场景下行车风险建模与主动避撞策略研究

续表

序号	项目来源	项目批准号	项目名称
302	国家自然科学基金青年科学基金	22005124	MXene 基低温非对称赝电容器的构筑及储能机理研究
303	国家自然科学基金青年科学基金	32000903	*O*-GlcNAc 糖基化修饰 Talin1 调控宫颈癌细胞黏附和转移的机制研究
304	国家自然科学基金青年科学基金	12004142	二维磁性材料中拓扑磁序的形成和调控机理研究
305	国家自然科学基金青年科学基金	22004051	基于多肽自组装构建电化学传感平台并用于阿尔茨海默病血液标志物检测的研究
306	国家自然科学基金青年科学基金	72004081	“政府—供应链”联动作用下中小企业积极安全生产行为形成与引导研究
307	国家自然科学基金青年科学基金	62005107	硅基偏振无关全光位相调制量子纠缠系统机理研究
308	国家自然科学基金青年科学基金	52002153	ZrO_2 空气钎焊用 Ag-金属氧化物复合钎料的高通量计算设计及相关界面结合机理
309	国家自然科学基金青年科学基金	82000809	miRNA－98 介导 GLP－1 受体激动剂调节体脂分布的机制研究
310	国家自然科学基金青年科学基金	12005079	基于双曲空间的复杂网络流行病传播动力学研究
311	国家自然科学基金青年科学基金	82000261	CD137 信号介导 VSMC 衰老及免疫清除障碍促进血管老化机制研究
312	国家自然科学基金青年科学基金	52005225	柔性变刚度微纳互锁结构触觉感知机理研究
313	国家自然科学基金青年科学基金	52005221	差速非圆齿轮系约束的 2R 开链机构设计方法及水稻钵苗移栽机构研究
314	国家自然科学基金青年科学基金	52004103	三维多孔 Si/$NiSi_x$/C 负极材料梯度形变界面的构筑及性能调控
315	国家自然科学基金青年科学基金	12002135	时空网络传播系统的复杂动力学行为与控制研究
316	国家自然科学基金青年科学基金	22005123	双元铜基原子簇催化剂设计及其光电催化 CO_2 还原制乙烯研究
317	国家自然科学基金重大项目	51991385	高品质伺服电机系统层级化理论与综合设计方法
318	国家自然科学基金专项项目	11942212	第十一届全国动力学与控制学术会议
319	国家自然科学基金专项项目	11942418	机器学习在凝聚态物理中的应用研讨会

续表

序号	项目来源	项目批准号	项目名称
320	国家重点研发计划—项目	2020YFC1512400	山区和边远灾区应急供水与净水一体化装备
321	国家重点研发计划—课题	2020YFC1512405	应急供水与净水一体化技术装备集成及应用规范
322	国家重点研发计划—任务	2019YFA012000	负载多种干细胞和外泌体的可注射多功能微支架构建及其对缺血性卒中的修复研究
323	国家重点研发计划—任务	2019YFD 0901903-01-02	鱼露关键发酵菌种筛选与产品开发
324	科技基础资源调查专项子课题	2019FY100701	滩涂细菌和古菌资源及多样性调查
325	国家自然科学基金联合基金项目培育项目	U2032157	钙钛矿催化剂在固体氧化物燃料电池运行过程中“自激励”机制研究
326	中德科学基金研究交流中心项目	GZ1579	高度有序纳米阵列析氧反应电极的构筑及其固—液界面电子传输动力学研究
327	国家自然科学基金面上项目（转入）	11874314	二维薄膜堆垛形成的三维拓扑金属或半金属
328	国家自然科学基金面上项目（合作）	11774220	基于飞秒脉冲时空域调控的三维纳米光栅直写机制及其应用
329	国家自然科学基金面上项目（合作）	12072101	新型超导带材及其电缆多级结构的力—电—磁—热多场耦合问题研究
330	国家自然科学基金面上项目（合作）	3207010072	寡糖类抗生素 saccharomicins 生物合成途径解析
331	国家寄生虫资源库开放课题	2020178	弓形虫标准株的建立
332	化学生物传感与计量学国家重点实验室开放课题	2019018	环糊精功能化碳黑纳米材料超分子主客竞争共轭机制单/双信号电化学传感体系的构建及其对非电活性/电活性手性药物的识别研究
333	火灾科学国家重点实验室开放课题	HZ2020-KF08	锂离子电池组热失控传播模型及液冷抑制技术研究
334	机械系统与振动国家重点实验室开放课题	MSV202106	车辆电磁 ISD 悬架的宽频动力学行为规律与功率驱动半主动控制

（撰稿：金　芳　核稿：季　薇）

2020 年江苏大学教师出版著作（译著）情况

序号	书名	作者	出版社	出版年月	字数/万字	备注
1	天虫礼物——走进蚕的世界	陈克平	安徽科学技术出版社	2019 年 12 月	30	非英文专著
2	Spraying and Micro-irrigation Engineering and Its Application	朱兴业	Jiangsu University Press	2020 年 3 月	51	编著
3	间充质干细胞与肿瘤	朱　伟	东南大学出版社	2020 年 8 月	34. 9	编著
4	外泌体：组织损伤修复与肿瘤诊治	钱　晖	科学出版社	2019 年 11 月	28	编著
5	Application of Nano/Micro-Encapsulated Ingredients in Food Products	林　琳	Elsevier	2020 年 12 月	1. 5	英文专著
6	Industrial Oil Plant	林　琳	Springer	2020 年 11 月	1. 5	英文专著
7	The ELSI Handbook of Nanotechnology：Risk，ELSI and Commercialization	林　琳	Wiley	2020 年 3 月	1. 5	英文专著
8	联合收获中的清选物料堵塞问题及仿生防堵研究	马　征	江苏大学出版社	2020 年 4 月	19. 4	非英文专著
9	食品色彩化学	马海乐	中国轻工业出版社	2020 年 3 月	35	编著
10	Microalgae Biotechnology for Food，Healthy and High Value Products	霍书豪	Springer Nature Singapore Pte. Ltd.	2020 年 1 月	2	英文专著
11	Microalgae Biotechnology for Development of Biofuel and Wastewater Treatment	霍书豪	Springer Nature Singapore Pte. Ltd.	2019 年 5 月	3	英文专著
12	Nondestructive Evaluation of Agro-products by Intelligent Sensing	郭志明	Bentham Science	2020 年 11 月	12	英文专著
13	Bio-Management Of Postharvest Diseases And Mycotoxigenic Fungi	张红印	Taylor & Francis Group	2020 年 1 月	25	英文专著
14	Molecularly Imprinted Polymer Composites	潘建明	Elsevier Ltd.	2020 年 12 月	2	英文专著
15	玻璃电熔炉技术（第二版）	陈金方	化学工业出版社	2020 年 3 月	26. 3	非英文专著
16	Modern Detection Technology for Solid-state Fermentation Process	江　辉	LAMBERT Academic Publishing	2020 年 3 月	33	英文专著
17	Cavitation Erosion	康　灿	科学出版社	2020 年 3 月	31	英文专著

续表

序号	书名	作者	出版社	出版年月	字数/万字	备注
18	模式识别基础理论及其计算机视觉应用	成科扬	西安电子科技大学出版社	2020 年 7 月	26. 8	编著
19	计算机视觉概论与操作实践	成科扬	江苏凤凰科学技术出版社	2019 年 12 月	24	编著
20	Recent Advances in Data Science	韩　飞	Springer	2020 年 1 月	11	英文专著

（撰稿：经　岗　核稿：佘玉云）

2020 年江苏大学各类技术合同统计

（2020 年 1 月 1 日至 2020 年 12 月 31 日）

合同类别	合同数/份	合同成交金额		技术合同预测经济效益调查		
		合计/万元	其中：技术交易额/万元	调查的合同数/份	预计新增投入/万元	预计新增产值/万元
合计	1 211	95 855. 67	91 994. 56			
技术开发合同	524	23 711. 31	22 571. 99			
技术转让合同	330	1 587. 99	1 585. 09			
技术咨询合同	57	532. 29	532. 29			
技术服务合同	300	70 024. 09	67 305. 19			

（撰稿：晏昶皓　核稿：祝　俊）

2020 年江苏大学出版基金资助出版专著情况

序号	著作名称	第一作者	所属单位	出版单位	出版时间	著作类别	字数/万字	资助金额/万元
1	城市有毒污染土壤快速修复技术	解清杰 王慧娟 殷伟庆	环境与安全工程学院	化学工业出版社	2021 年	非英文	20	4

（撰稿：经　岗　核稿：佘玉云）

2020年江苏大学论文统计

篇

收录源	总计
SCI收录	2 418
EI收录	263
中国科技期刊卓越行动计划收录	107
北大中文核心收录	300
CSCD收录	13

（撰稿：经　岗　核稿：佘玉云）

科研基地

江苏大学国家级、省部级科研平台

序号	类别	名称	批准年份	批准/成立单位	负责人	所在学院/部门	备注	申报第一单位
1	国家级平台	国家水泵及系统工程技术研究中心	2011	科技部	袁寿其	流体中心	江苏大学牵头	江苏大学
2		混合动力车辆技术国家地方联合工程研究中心	2013	国家发改委	陈　龙	汽车学院、汽车工程研究院	江苏大学牵头	江苏大学
3		新农村发展研究院	2013	科技部、教育部	袁寿其	—	江苏大学牵头	江苏大学
4		镇江国家大学科技园	2009	科技部、教育部	—	—	共建	镇江新区政府
5		江苏大学技术转移中心（国家技术转移示范机构）	2012	科技部、江苏省科技厅	李　红	—	江苏大学牵头	江苏大学
6		农业生产机械装备国家工程实验室	2011	国家发改委	李耀明	农工院	共建	中国农业机械化科学研究院
7		现代农业装备国家地方联合工程研究中心	2015	国家发改委、安徽省发展改革委	毛罕平	农工院	共建	奇瑞重工股份有限公司
8		国家寄生虫种质资源共享服务平台（国家寄生生物种质资源库、国家寄生虫资源库）	2017	科技部	陈盛霞	医学院	共建	中国疾病预防控制中心寄生虫预防控制所
9		高端流体机械装备与技术学科创新引智基地	2019	科技部、教育部	袁寿其	流体中心	江苏大学牵头	江苏大学
10		高端激光制造装备省部共建协同创新中心	2020	江苏省教育厅	鲁金忠	机械学院	共建	浙江工业大学
1	国家级国际合作平台	高端装备关键结构健康管理国际联合研究中心	2016	科技部	骆　英	土力学院	江苏大学牵头	江苏大学
2		流体工程装备节能技术国际联合研究中心	2017	科技部	袁寿其	流体中心	江苏大学牵头	江苏大学

续表

序号	类别	名称	批准年份	批准/成立单位	负责人	所在学院/部门	备注	申报第一单位
1	省级协同创新中心	现代农业装备与技术协同创新中心	2013	江苏省教育厅	袁寿其	农工院	江苏大学牵头	江苏大学
2		石斛产业化开发省级协同创新中心	2013	安徽省科技厅	欧阳臻	药学院	共建	皖西学院
3		先进生物制造协同创新中心	2012	江苏省教育厅	孙建中	环安学院	共建	南京工业大学
4		高端金属结构材料及装备技术协同创新中心	2014	江苏省教育厅	程晓农	材料学院	江苏大学牵头	江苏大学
1	省部级重点实验室	江苏省汽车工程重点实验室	1998	江苏省教育厅	何　仁	汽车学院	江苏大学牵头	江苏大学
2		江苏省材料摩擦学重点实验室	2002	江苏省教育厅	程晓农	材料学院	江苏大学牵头	江苏大学
3		江苏省光子制造科学与技术重点实验室	2005	江苏省教育厅	周建忠	机械学院	江苏大学牵头	江苏大学
4		江苏省动力机械清洁能源与应用重点实验室	2007	江苏省教育厅	蔡忆昔	汽车学院	江苏大学牵头	江苏大学
5		机械工业金属基复合与功能材料重点实验室	2007	机械工业联合会	赵玉涛	材料学院	江苏大学牵头	江苏大学
6		机械工业机械结构损伤检测评估技术重点实验室	2007	机械工业联合会	骆　英	土力学院	江苏大学牵头	江苏大学
7		现代农业装备与技术重点实验室	2007	教育部、江苏省教育厅、教育部重点实验室、国家重点实验室培育建设点	毛罕平	农工院	江苏大学牵头	江苏大学
8		江苏省道路载运工具新技术应用重点实验室	2008	江苏省科技厅	陈　龙	汽车学院	江苏大学牵头	江苏大学
9		机械工业激光冲击波加工技术重点实验室	2008	机械工业联合会	周建忠	机械学院	江苏大学牵头	江苏大学
10		机械工业离心泵重点实验室	2008	机械工业联合会	康　灿	能动学院	江苏大学牵头	江苏大学
11		江苏省农业装备与智能化高技术研究重点实验室	2009	江苏省科技厅	毛罕平	农工院	江苏大学牵头	江苏大学
12		江苏省农产品物理加工重点实验室	2010	江苏省教育厅	马海乐	食品学院	江苏大学牵头	江苏大学
13		江苏省高端结构材料重点实验室	2012	江苏省科技厅	程晓农	材料学院	江苏大学牵头	江苏大学
14		机械工业设施农业测控技术与装备重点实验室	2012	机械工业联合会	赵德安	电气学院	江苏大学牵头	江苏大学

续表

序号	类别	名称	批准年份	批准/成立单位	负责人	所在学院/部门	备注	申报第一单位
15	省部级重点实验室	江苏省高性能铝镁合金及复合材料工程实验室	2013	江苏省发改委	赵玉涛	材料学院	江苏大学牵头	江苏大学
16		机械工业新能源车辆驱动电机与控制重点实验室	2014	机械工业联合会	刘国海	电气学院	江苏大学牵头	江苏大学
17		江苏省电动车辆驱动与智能控制重点实验室	2014	江苏省教育厅	刘国海	电气学院	江苏大学牵头	江苏大学
18		江苏省检验医学重点实验室	2014	江苏省教育厅	许文荣	医学院	江苏大学牵头	江苏大学
19		江苏省新能源汽车运行智能化技术工程实验室	2014	江苏省发改委	江浩斌	汽车学院	江苏大学牵头	江苏大学
20		江苏省食品智能制造装备工程实验室	2015	江苏省发改委	马海乐	食品学院	江苏大学牵头	江苏大学
21		机械工业内燃机共轨喷射和代用燃料燃烧重点实验室	2016	机械工业联合会	王　谦	能动学院	江苏大学牵头	江苏大学
22		机械工业水污染控制绿色氧化技术与装备重点实验室	2016	机械工业联合会	依成武	环安学院	江苏大学牵头	江苏大学
23		江苏省振动与噪声工程实验室	2016	江苏省发改委	毕勤胜	土力学院	江苏大学牵头	江苏大学
24		江苏省工业网络安全技术重点实验室	2016	江苏省教育厅	王良民	计算机学院	江苏大学牵头	江苏大学
25		石油和化工行业泵及系统节能技术重点实验室	2016	中国石油和化学工业联合会	李　伟	流体中心	江苏大学牵头	江苏大学
26		江苏省绿色新材料与新能源化学工程实验室	2016	江苏省发改委	闫永胜	绿色化学与化工技术研究院	江苏大学牵头	江苏大学
27		农业部植保工程重点实验室	2017	农业部	邱白晶	农工院	江苏大学牵头	江苏大学
28		江苏省水肥药精量混施装备与技术工程实验室	2017	江苏省发改委	李　红	流体中心	江苏大学牵头	江苏大学
29		江苏省农机装备再制造技术重点实验室	2019	江苏省农业农村厅	任旭东	机械学院	江苏大学牵头	江苏大学
30		石油和化工行业氢能绿色制备与氢燃料电池重点实验室	2020	中国石油和化学工业联合会	李华明	能源研究院	江苏大学牵头	江苏大学
31		江苏省高性能透明防护新材料重点实验室	2020	江苏省科技厅	杨　娟	材料学院	共建	江苏铁锚玻璃股份有限公司

续表

序号	类别	名称	批准年份	批准/成立单位	负责人	所在学院/部门	备注	申报第一单位
1	省部级工程（技术）研究中心	江苏省中小功率内燃机工程研究中心	1998	江苏省发改委	刘胜吉	汽车学院	江苏大学牵头	江苏大学
2		江苏省流体机械工程技术研究中心	1999	江苏省科技厅	施卫东	流体中心	江苏大学牵头	江苏大学
3		江苏省农产品生物加工与分离工程技术研究中心	2003	江苏省科技厅	马海乐	食品学院	共建	江苏恒顺醋业股份有限公司
4		江苏省铝基复合材料工程技术研究中心	2003	江苏省科技厅	赵玉涛	材料学院	共建	大亚科技股份有限公司
5		江苏省生物柴油动力机械应用工程中心	2006	江苏省发改委	袁银南	汽车学院	江苏大学牵头	江苏大学
6		江苏省高性能特种精密钢管工程技术研究中心	2008	江苏省科技厅	程晓农	材料学院	共建	江苏银环钢管股份有限公司
7		江苏省拖拉机及机具工程技术研究中心	2008	江苏省科技厅	高　翔	汽车学院	共建	江苏悦达盐城拖拉机制造有限公司
8		江苏省太阳能电池激光加工设备工程技术研究中心	2008	江苏省科技厅	周　明	材料学院	共建	苏州德龙激光有限公司
9		江苏省高温合金工程技术研究中心	2008	江苏省科技厅	赵玉涛	材料学院	共建	丹阳市精密合金厂有限公司
10		国家农产品加工技术装备研发分中心	2009	农业部	马海乐	食品学院	江苏大学牵头	江苏大学
11		江苏省电气设备防护工程技术研究中心	2009	江苏省科技厅	刘国海	电气学院	共建	江苏镇安电力设备有限公司
12		江苏省汽车焊接冲压应用工程技术研究中心	2009	江苏省科技厅	雷玉成	材料学院	共建	无锡市中捷减震器有限公司
13		江苏省汽车零部件精密锻造工程技术研究中心	2009	江苏省科技厅	王雷刚	材料学院	共建	江苏龙城精锻有限公司
14		江苏省养殖环境生态修复工程技术研究中心	2010	江苏省科技厅	储金宇	环安学院	共建	扬州市绿科生物技术有限公司
15		江苏省超临界萃取天然药物工程技术研究中心	2010	江苏省科技厅	徐希明	药学院	共建	江苏江大源生态生物科技有限公司
16		江苏省电力阀门驱动装置工程技术研究中心	2010	江苏省科技厅	冯爱新	机械学院	共建	扬州电力设备修造厂
17		江苏省中小功率内燃机工程技术研究中心	2010	江苏省科技厅	刘胜吉	汽车学院	共建	常柴股份有限公司
18		江苏省空调器用高精度铝箔工程技术研究中心	2010	江苏省科技厅	王雷刚	材料学院	共建	镇江鼎胜铝业股份有限公司
19		江苏省光学材料及玻纤复合材料工程技术研究中心	2010	江苏省科技厅	陈金方	材料学院	共建	江苏中亚新材料股份有限公司

续表

序号	类别	名称	批准年份	批准/成立单位	负责人	所在学院/部门	备注	申报第一单位
20	省部级工程（技术）研究中心	江苏省电热工程技术研究中心	2010	江苏省科技厅	宋新南	能动学院	共建	镇江市东方制冷空调设备配件公司
21		江苏省电力保障专用车辆工程技术研究中心	2010	江苏省科技厅	蔡忆昔	汽车学院	共建	徐州海伦哲专用车辆股份有限公司
22		江苏省新型特殊电热元件设计与制造工程技术研究中心	2010	江苏省科技厅	宋新南 胡自成	能动学院	共建	镇江东方电热科技股份有限公司
23		江苏数字化电冰箱模具工程技术研究中心	2010	江苏省科技厅	陈　炜	机械学院	共建	昆山市三建模具机械有限公司
24		江苏省多功能大容量射频同轴连接器工程技术研究中心	2010	江苏省科技厅	—	—	共建	镇江通达电子有限公司
25		江苏省高模量玻璃纤维工程技术研究中心	2010	江苏省科技厅	—	—	共建	江苏中亚新材料股份有限公司
26		江苏省电变压器用高性能电磁线工程技术研究中心	2010	江苏省科技厅	—	—	共建	江苏中容电气有限公司
27		江苏省全智能大型高频臭氧发生器工程技术研究中心	2010	江苏省科技厅	—	—	共建	江苏康尔臭氧有限公司
28		江苏省电力补偿装备智能化数字控制系统工程技术研究中心	2010	江苏省科技厅	—	—	共建	江苏天源华威电气集团有限公司
29		江苏省特种泵高效水力模型设计工程技术研究中心	2010	江苏省科技厅	—	—	共建	镇江正汉泵业有限公司
30		江苏省（华印）高精密电路板工程技术研究中心	2010	江苏省科技厅	—	—	共建	镇江华印电路板有限公司
31		江苏省冷链物流装备工程技术研究中心	2010	江苏省科技厅	—	—	共建	康飞机器制造有限公司
32		江苏省轨道车辆高分子材料及制品工程技术研究中心	2010	江苏省科技厅	—	—	共建	镇江铁科橡塑制品有限公司
33		江苏省（新美龙）车辆内饰材料工程技术研究中心	2010	江苏省科技厅	—	—	共建	丹阳市新美龙汽车软饰件厂
34		江苏省特种橡胶制品工程技术研究中心	2010	江苏省科技厅	—	—	共建	江苏太平橡胶股份有限公司
35		江苏省生物燃料与应用工程技术研究中心	2010	江苏省科技厅	—	—	共建	江苏恒顺达生物能源有限公司
36		江苏省（丹阳）小麦深加工与综合利用工程技术研究中心	2010	江苏省科技厅	—	—	共建	丹阳市江南面粉有限公司

续表

序号	类别	名称	批准年份	批准/成立单位	负责人	所在学院/部门	备注	申报第一单位
37	省部级工程（技术）研究中心	江苏省（中兴）水飞蓟深度开发工程技术研究中心	2010	江苏省科技厅	—	—	共建	江苏中兴药业有限公司
38		江苏省无源微波器件工程技术中心	2010	江苏省科技厅	杨利霞	计算机学院	共建	镇江市正凯电子科技有限公司
39		江苏省电能传输母线设备工程技术中心	2010	江苏省科技厅	—	—	共建	江苏威腾母线有限公司
40		江苏省视光学材料及制品工程技术研究中心	2010	江苏省科技厅	—	—	共建	镇江万新光学眼镜有限公司
41		江苏省（茂源）水杨酸系列化工工程技术研究中心	2010	江苏省科技厅	—	—	共建	镇江市茂源化工有限公司
42		江苏省（中煤）煤矿数字化集成工程技术研究中心	2010	江苏省科技厅	—	—	共建	镇江中煤电子有限公司
43		江苏省特高压、特种变压器用电磁线工程技术研究中心	2010	江苏省科技厅	—	—	共建	江苏句容联合铜材有限公司
44		江苏省无源微波器件工程技术研究中心	2010	江苏省科技厅	—	—	共建	镇江市正恺电子科技有限公司（更名：江苏正恺电子科技有限公司）
45		江苏省（东海）汽车车轮工程技术研究中心	2011	江苏省科技厅	刘志强	东海汽配研究院	共建	江苏大学东海汽配研究院
46		江苏省潜水电泵工程技术研究中心	2011	江苏省科技厅	施卫东	流体中心	共建	南京蓝深制泵集团股份有限公司
47		江苏省（永一）冶金用泵工程技术研究中心	2011	江苏省科技厅	刘厚林	流体中心	共建	江苏永一泵业有限公司
48		江苏省船用特种泵工程技术研究中心	2011	江苏省科技厅	袁丹青	能动学院	共建	镇江江大泵业科技有限公司
49		江苏省汽车电动助力转向系统工程技术研究中心	2011	江苏省科技厅	江浩斌	汽车工程研究院	共建	江苏超力电器有限公司
50		江苏省冷温热复合精密成形工程研究中心	2011	江苏省科技厅	王雷刚	材料学院	共建	江苏省威鹰机械有限公司
51		江苏省中重型柴油车尾气后处理器工程技术研究中心	2012	江苏省科技厅	李小华	汽车学院	共建	苏州市申达汽车配件有限公司
52		江苏省（艾特克）悬浮滤材工程技术研究中心	2012	江苏省科技厅	吴向阳	环安学院	共建	艾特克控股集团有限公司
53		江苏省铝镁合金型材料加工工程技术研究中心	2012	江苏省科技厅	王雷刚	材料学院	共建	扬州宏福铝业有限公司
54		江苏省（希西维）自润滑向心关节轴承工程技术研究中心	2012	江苏省科技厅	王雷刚	材料学院	共建	江苏希西维轴承有限公司

续表

序号	类别	名称	批准年份	批准/成立单位	负责人	所在学院/部门	备注	申报第一单位
55	省部级工程（技术）研究中心	江苏省（荣德）太阳能光伏硅材料工程技术研究中心	2012	江苏省科技厅	左　然	能动学院	共建	镇江荣德新能源科技有限公司
56		江苏省路面保洁综合处理车辆工程技术研究中心	2012	江苏省科技厅	蔡忆昔	汽车学院	共建	扬州三源机械有限公司
57		江苏省（震东）道路机动车辆照明工程技术研究中心	2012	江苏省科技厅	蔡忆昔	汽车学院	共建	镇江震东电光源有限公司
58		江苏省（亚太）大功率潜水电泵工程技术研究中心	2012	江苏省科技厅	施卫东	流体中心	共建	江苏亚太泵阀有限公司
59		江苏省（尚宝罗）制浆用泵工程技术研究中心	2012	江苏省科技厅	施卫东	流体中心	共建	江苏尚宝罗泵业有限公司
60		江苏省绿色照明驱动及光伏逆变电源工程技术研究中心	2012	江苏省科技厅	李正明	电气学院	共建	江苏领先电子有限公司
61		江苏省（百瑞吉）高效砂浆工程技术研究中心	2012	江苏省科技厅	朱卫华	化工学院	共建	江苏百瑞吉新材料有限公司
62		江苏省（向荣）风电配电设备工程技术研究中心	2012	江苏省科技厅	刘国海	电气学院	共建	向荣集团有限公司
63		江苏省（吟春碧芽）茶叶及深加工工程技术研究中心	2012	江苏省科技厅	胡永光	农工院	共建	江苏吟春碧芽股份有限公司
64		江苏农业园林机械工程技术研究中心	2012	江苏省科技厅	李耀明	农工院	共建	江苏沃得农业机械有限公司
65		江苏省数控精密异型曲面机床工程技术研究中心	2013	江苏省科技厅	顾寄南	机械学院	共建	江苏齐航数控机床有限责任公司
66		江苏省微氮直拉单晶工程技术研究中心	2013	江苏省科技厅	—	材料学院	共建	镇江大成硅科技有限公司
67		江苏省特种专用作业车辆工程技术研究中心	2013	江苏省科技厅	何　仁	汽车学院	共建	鸿运汽车有限公司
68		江苏省电热材料及制品工程技术研究中心	2013	江苏省科技厅	陈　刚	材料学院	共建	江苏顺发电热材料有限公司
69		江苏省食品智能制造工程技术研究中心	2013	江苏省科技厅	马海乐	食品学院	江苏大学牵头	江苏大学
70		江苏省机械及工程结构损伤诊断与管理工程技术研究中心	2014	江苏省科技厅	骆　英	土力学院	江苏大学牵头	江苏大学
71		江苏省数字化汽车模具工程技术研究中心	2014	江苏省科技厅	陈　炜	机械学院	共建	江苏华强模具科技有限公司
72		江苏省汽车座椅安全机构系统工程技术研究中心	2014	江苏省科技厅	江浩斌	汽车学院	共建	江苏力乐汽车部件股份有限公司

续表

序号	类别	名称	批准年份	批准/成立单位	负责人	所在学院/部门	备注	申报第一单位
73	省部级工程(技术)研究中心	江苏省声光电功能陶瓷材料工程技术研究中心	2014	江苏省科技厅	沈湘黔	材料学院	共建	昆山攀特电陶科技有限公司
74		江苏省自补偿超大型数控锻压设备工程技术研究中心	2014	江苏省科技厅	任乃飞	机械学院	共建	江苏中威重工机械有限公司
75		江苏省消声降噪尾气净化消声器工程技术研究中心	2014	江苏省科技厅	何　仁	汽车学院	共建	淮安市滨湖机械有限公司
76		江苏省内燃机气门工程技术研究中心	2014	江苏省科技厅	邵红红	材料学院	共建	镇江维纳特气门有限公司
77		江苏省高强度轻合金汽车零部件工程技术研究中心	2014	江苏省科技厅	何　仁 姜银方	汽车学院、机械学院	共建	丹阳荣嘉精密机械有限公司
78		江苏省高性能环境机电组件工程技术研究中心	2014	江苏省科技厅	许桢英	机械学院	共建	泰州市航宇电器有限公司
79		江苏省固体废物处置与资源化利用工程技术研究中心	2014	江苏省科技厅	殷恒波	化工学院	共建	镇江新宇固体废物处置有限公司
80		江苏省超低温阀门数字化设计及材料成型优化仿真工程技术研究中心	2014	江苏省科技厅	刘建瑞	流体中心	共建	江苏亿阀集团有限公司
81		江苏省国家食醋工程技术研究中心培育点	2014	江苏省科技厅	马海乐	食品学院	共建	江苏恒顺醋业股份有限公司
82		江苏省速溶茶粉工程技术研究中心	2014	江苏省科技厅	陈全胜	食品学院	共建	南京融点食品科技有限公司
83		江苏省散装物料输送装备工程技术研究中心	2015	江苏省科技厅	王　匀	机械学院	共建	镇江三维输送装备股份有限公司
84		江苏省电动汽车快速智能充放电工程技术研究中心	2015	江苏省科技厅	徐　兴	汽车学院	共建	江苏嘉钰新能源技术有限公司
85		江苏省(华龙)耐高温合金工程技术研究中心	2015	江苏省科技厅	陈　刚	材料学院	共建	丹阳市华龙特钢有限公司
86		江苏省新型超硬工具材料工程技术研究中心	2015	江苏省科技厅	雷玉成	材料学院	共建	江苏锋泰钻石工具制造有限公司
87		江苏省智能输配电干线系统工程技术研究中心	2015	江苏省科技厅	孙宇新	电气学院	共建	江苏士林电气设备有限公司
88		江苏省航天互联电器工程技术研究中心	2016	江苏省科技厅	王　匀	机械学院	共建	泰兴市航天电器有限公司
89		江苏省(沃得)工程机械工程技术研究中心	2016	江苏省科技厅	—	—	共建	沃得重工(中国)有限公司
90		江苏省阻燃电缆材料工程技术研究中心	2016	江苏省科技厅	—	—	共建	欧宝聚合物江苏有限公司

续表

序号	类别	名称	批准年份	批准/成立单位	负责人	所在学院/部门	备注	申报第一单位
91	省部级工程（技术）研究中心	江苏省铝合金热处理设备研制工程技术研究中心	2017	江苏省科技厅	赵玉涛	材料学院	共建	南京长江工业炉科技有限公司
92		江苏省煤基生物降解塑料工程技术研究中心	2017	江苏省科技厅	倪　良	化工学院	共建	江苏金聚合金材料有限公司
93		江苏（艺轩）园林苗木工程技术研究中心	2017	江苏省科技厅	—	—	共建	江苏艺轩园林景观工程有限公司
94		江苏省食品新资源药用功能开发工程研究中心	2018	江苏省发改委	徐希明	药学院	共建	镇江市江苏大学工程技术研究院
95		江苏省微纳光电器件精密制造工程研究中心	2018	江苏省发改委	任旭东	微纳光电子与太赫兹技术研究院、机械学院	江苏大学牵头	江苏大学
96		江苏省光电子微组装工程技术研究中心	2018	江苏省科技厅	胡东海	汽车学院	共建	江苏奥雷光电有限公司
97		江苏省光电子微组装工程研究中心	2018	江苏省发改委	胡东海	汽车学院	共建	江苏奥雷光电有限公司
98		湖南省特种泵工程技术研究中心	2018	湖南省科技厅	彭光杰	流体中心	共建	湖南耐普泵业股份有限公司
99		江苏省高性能耐磨有色金属材料及应用工程技术研究中心	2018	江苏省科技厅	纪嘉明	材料学院	共建	镇江汇通金属成型有限公司
100		江苏天瑞精准医学工程技术研究中心	2018	江苏省科技厅	邵启祥	医学院	共建	江苏天瑞医学实验室有限公司
101		江苏省智能车辆及运行工程研究中心	2019	江苏省发改委	蔡英凤	汽车工程研究院	江苏大学牵头	江苏大学
102		江苏省大数据泛在感知与智能农业应用工程研究中心	2019	江苏省发改委	毛启容	计算机学院	共建	江苏大学镇江流体工程装备技术研究院
103		江苏省激光特种智造工程研究中心	2019	江苏省发改委	符永宏	机械学院	共建	镇江市江苏大学工程技术研究院
104		江苏省纳米磷酸铁锂正极材料工程技术研究中心	2019	江苏省科技厅	沈湘黔	新材料研究院	共建	江苏乐能电池股份有限公司
105		省级工业企业技术中心	2019	江苏省工业和信息化厅	赵玉涛	材料学院	共建	扬州戴卡轮毂制造有限公司
106		江苏省新能源智能制造技术及装备工程研究中心	2020	江苏省发改委	丁建宁	智能柔性机械电子研究院	江苏大学牵头	江苏大学
107		江苏省高效储能技术与装备工程研究中心	2020	江苏省发改委	袁寿其	能源研究院	江苏大学牵头	江苏大学

续表

序号	类别	名称	批准年份	批准/成立单位	负责人	所在学院/部门	备注	申报第一单位
108	省部级工程(技术)研究中心	江苏省高端装备电驱动与控制工程研究中心	2020	江苏省发改委	赵文祥	电气学院	江苏大学牵头	江苏大学
109		江苏省新能源汽车电驱动系统与智能控制工程研究中心	2020	江苏省发改委	汪少华	汽车工程研究院	江苏大学牵头	江苏大学
110		江苏省绿色不饱和单体工程技术研究中心	2020	江苏省科技厅	沈灵沁	化工学院	共建	江苏常青树新材料科技有限公司
111		江苏省智能仪器仪表工程技术研究中心	2020	江苏省科学技术厅	王　权	机械学院	共建	江苏赛达电子科技有限公司
112		江苏省智能低压电器工程技术研究中心	2020	江苏省科学技术厅	朱孝勇	电气学院	共建	江苏大全凯帆开关有限公司
1	省级公共服务平台	江苏丹阳眼镜行业科技公共服务平台	2007	江苏省科技厅	顾寄南	机械学院	共建	丹阳市精通眼镜技术创新服务中心
2		江苏省新能源汽车产业中小企业公共技术服务平台	2011	江苏省经济和信息化委员会、江苏省教育厅	蔡忆昔	汽车学院	江苏大学牵头	江苏大学
3		江苏省优生优育公共服务平台网络	2013	江苏省科技厅	狄荣科	医学院		江苏省计划生育科学技术研究所
1	其他省部级科研平台	江苏省产业技术研究院流体工程装备技术研究所	2014	江苏省科技厅	袁寿其	流体中心	江苏大学牵头	江苏大学
2		江苏省扬中电力电器检测技术公共服务中心	2008	江苏省科技厅	—	电气学院	共建	大全集团有限公司
3		煤矿数字化集成关键技术研究及平台开发	2010	江苏省科技厅	顾寄南	机械学院	共建	中煤电子有限公司与清华大学
4		江苏省(好孩子)科学育儿用品研究院	2011	江苏省科技厅	张学荣	汽车学院	共建	江苏省好孩子用品有限公司
5		江苏省高性能合金产业技术创新战略联盟	2010	江苏省科技厅	赵玉涛	材料学院	江苏大学牵头	江苏大学
6		江苏省(丹徒辛丰)轴承产业公共技术服务中心	2011	江苏省科技厅	冯爱新	机械学院	共建	镇江市丹徒区生产力促进中心
7		江苏省药品食品检验检测、筛选及预警公共技术服务中心	2012	江苏省科技厅	欧阳臻	药学院	共建	江苏华健检验检测有限公司
8		江苏大学工业设计中心	2012	江苏省经信委、江苏省教育厅	张　凯	艺术学院	江苏大学牵头	江苏大学
9		儿科药物口服液体缓控释给药系统技术创新平台	2014	广东省科技厅	刘宏飞	药学院	共建	广州医药研究总院有限公司

续表

序号	类别	名称	批准年份	批准/成立单位	负责人	所在学院/部门	备注	申报第一单位
10	其他省部级科研平台	江苏省侨界人才创新创业基地——江苏大学生物质能源研究所	2015	江苏省归国华侨联合会	孙建中	环安学院	江苏大学牵头	江苏大学
11		江苏省出生缺陷筛查及诊断实验室能力建设（无创性产前胎儿出生缺陷超声筛查与诊断能力提升）	2015	江苏省科技厅	狄荣科	医学院	共建	江苏省计划生育科学技术研究所
12		信息安全云服务	2015	江苏省经信委	赵跃华	计算机学院	共建	江苏天创科技有限公司
13		江苏省第三批重点企业研发机构	2015	江苏省科技厅、经信委	王　匀	机械学院	共建	泰州市航宇电器有限公司
14		中国果酒产业科技创新战略联盟	2015	科技部中国农村科技杂志社	马永昆	食品学院	共建	中国农业大学
15		农业部蔬菜脱水加工技术集成基地	2016	农业部	马海乐	食品学院	江苏大学牵头	江苏大学
16		耐环境抗干扰电连接器组件军民融合技术中心建设项目	2016	江苏省经信委	王　匀	机械学院	共建	泰州市航宇电器有限公司
17		江苏大学汽车摩托车研究所有限公司能力提升	2016	江苏省科技厅	江浩斌	汽车学院	江苏大学牵头	江苏大学
18		国家能源非粮生物质原料研发中心华东分中心	2016	国家能源局	孙建中	环安学院	江苏大学牵头	江苏大学
19		江苏省先进流体工程装备产业技术创新战略联盟	2016	江苏省科技厅	袁寿其	江苏大学镇江流体工程装备技术研究院	江苏大学牵头	江苏大学
20		儿童高速汽车安全座椅关键技术高价值专利培育示范中心	2017	江苏省知识产权局	张学荣	汽车学院	共建	江苏省好孩子用品有限公司
21		高端、智能化收获机械技术高价值专利培育中心	2017	江苏省知识产权局	唐　恒	产权中心	江苏大学牵头	江苏大学
22		军民融合技术研发机构（保密）	2017	江苏省军民融合发展办公室	袁寿其	流体中心	江苏大学牵头	江苏大学
23		江苏省新型高效节水灌溉装备产业技术创新战略联盟	2017	江苏省科技厅	袁寿其	流体中心	江苏大学牵头	江苏大学
24		江苏大学“双创”示范基地	2018	江苏省发改委	颜晓红	—	江苏大学牵头	江苏大学
25		江苏省无人化农机装备产业技术创新战略联盟	2018	江苏省科技厅	魏新华	农工院	江苏大学牵头	江苏大学
26		高等学校科技成果转化和技术转移基地（江苏大学）	2019	教育部	李　红	科技处	江苏大学牵头	江苏大学

续表

序号	类别	名称	批准年份	批准/成立单位	负责人	所在学院/部门	备注	申报第一单位
27	其他省部级科研平台	中外合作办学平台“数据科学中的可计算性研究以及对STEM教学推广的探索”	2019	江苏省教育厅	卢殿臣	理学院	江苏大学牵头	江苏大学
28		江苏省农机装备再制造产业技术创新战略联盟	2019	江苏省科技厅	任旭东	机械学院	江苏大学牵头	江苏大学
29		第三批技术与创新支持中心(江苏大学)	2019	国家知识产权局	唐　恒	产权中心	江苏大学牵头	江苏大学
30		江苏省设施有机蔬菜产业技术创新战略联盟	2019	江苏省科技厅	刘继展	农工院	共建	江苏一号农场科技股份有限公司
31		江苏省智能柔性机械电子军民融合平台(涉密)	2020	江苏省科技厅、江苏省军民融合委	丁建宁	智能柔性机械电子研究院	江苏大学牵头	江苏大学
32		江苏省智能农机装备产业联盟	2020	江苏省农业农村厅	全　力	农工学院	江苏大学牵头	江苏大学
33		江苏省特色浆果加工产业技术创新战略联盟	2020	江苏省科技厅	周存山	食品学院	共建	江苏沃田集团股份有限公司
34		江苏省除草机械产业技术创新战略联盟	2020	江苏省科技厅	魏新华	农工学院	共建	埃森农机常州有限公司

(撰稿:经　岗　核稿:佘玉云)

2020年江苏大学新建校外地区研究院及研究中心

序号	名称	校内单位	合作单位	签订日期
1	江苏大学扬中(三茅)技术转移分中心	科技处	扬中市三茅街道办事处	2020.04.20
2	江苏大学新坝镇(高新区)产业创新联盟	科技处	扬中市新坝镇人民政府	2020.05.28
3	江苏大学恒顺集团研究院	食品学院	江苏恒顺醋业股份有限公司	2020.06.05
4	江苏大学芜湖技术转移分中心	科技处	芜湖市科学技术局	2020.07.01
5	江苏大学流体机械温岭研究院	流体中心	温岭市人民政府	2020.07.01
6	江苏大学泰州高港技术转移分中心	科技处	高港区人民政府	2020.08.25
7	江苏大学—江苏悦达投资股份有限公司研究院	汽车学院	江苏悦达投资股份有限公司	2020.12.10
8	江苏大学建华建材集团研究院	科技处	建华建材(中国)有限公司	2020.12.20

(撰稿:晏昶皓　核稿:祝　俊)

人文社会科学研究

综述

【党风廉政工作常抓不懈】 社会科学处按照机关党委要求于2020年10月成立党支部。在日常工作中，社科处能够增强“四个意识”，坚定“四个自信”，做到“两个维护”，全面做好“六稳六保”工作。在政治立场、政治方向、政治原则、政治道路上同党中央保持高度一致，自觉向党中央看齐。严守党的政治纪律和政治规矩。认真落实党风廉政建设责任制，切实履行主体责任。处长履行“第一责任人”责任，班子成员认真落实“一岗双责”责任，处领导班子成员与科长一起，经常利用处务会就工作及履责情况相互交流，督促所有人履行好岗位责任，特别是处级干部的“一岗双责”责任。班子成员经常听取分管范围内党风廉政建设工作情况汇报，每年开展廉政谈话不少于4次。按照条线分工，科室提出廉政风险点和具体防控措施，分管处长确认，并在处务会上讨论、修改。通过重点风险的防控，明确建章立制、拟完成时间、完成情况和责任人等基本要求。全方位牢固树立法治意识、制度意识、纪律意识，形成尊崇制度、遵守制度、捍卫制度的良好氛围。经常性开展党规党纪教育、廉洁教育、警示教育；综合运用好“四种形态”，尤其是“第一种形态”，抓早抓小，防微杜渐。

【强化意识形态与学术道德教育】 加强本处职工政治理论学习。通过“三会一课”、支部党员大会、民主生活会、组织生活会、党日活动等形式，深入学习党的基本理论，特别是习近平新时代中国特色社会主义思想、十九届五中全会精神等，从科学理论中获取理想信念的真理支撑、精神动力、精神支柱，牢固树立政治信仰。社科处在每周一次的处务会及每月一次的全校社科例会中，坚持强调意识形态和学术道德的重要性，要求学院及相关单位常抓不懈，成为常态工作；利用校内各类讲座、学术交流活动、“社科大讲堂”等有意识地强化意识形态和学术道德教育；强化教师海外发表论文时的意识形态管理，实施事前登记承诺，事后在职称评定、年终成果认定中对国际学术论文的意识形态进行审核把关的制度；对教师参加海外学术交流，实行事先申报、事后确认的制度。

【制度建设系统化】 社科处以制度建设为抓手，强化科研管理工作。参与修订了《江苏大学学术奖励办法》，起草了《江苏大学哲学社会科学振兴行动计划实施细则》，通过制度引领，营造科研氛围，为培育更多优秀科研成果做好基础工作。

【项目申报加强组织】 2020年围绕国字头项目不断开展辅导、培训、论证指导工作。上半年度围绕2020年国家社科基金项目走访各人文社科学院和单位，先后召开3次动员会、4次辅导会，经过学院、学校及校外专家的4轮评审，2020年获批国家社科基金19项，其中一般项目13项、后期资助项目4项、教育规划项目2项。在2020年度国家社科基金项目申报数、获批数均有增加的基础上，对2021年度国家社科基金项目的申报工作提早谋划，有条不紊地进行组织，先后进行了校院国家社科基金申报动员、训练营专家讲座与辅导、申报书选题论证和申报书专家指导等相关工作。

【基地与奖项成果丰硕】 2020年度学校教师出版论著34部，152篇论文发表在人文权威期刊上或被SSCI收录。CSSCI收录论文165篇。组织江苏省高校重点研究基地、团队申报，获批江苏高校哲学社会科学重点研究基地1个和优秀创新团队1支。组织江苏省和镇江市哲学社会科学奖项申报动员及辅导会4次。获批江苏省第十六届哲学社会科学优秀成果奖 11 项，其中二等奖 3 项、三等奖 8 项。

【社科联推动校地合作】 开展校地合作工作，拓展与镇江市相关学会、研究会的合作。与镇江市赛珍珠研究会、三国研究会等地域文化特征明显的机构开展合作交流，开展赛珍珠专项研究，部分项目获得市社科联专项资助。完成了教育厅、科技厅及省社科联相关年鉴数据统计及报告工作。疫情防控期间，开展线上学术交流指导会 4 场，发出社科工作者抗疫期间科研工作倡议，完成江苏省社科普及项目申报和推广。2020 年 12 月 23 日，江苏省哲学社会科学界第十四届学术大会苏南区域学术专场在学校举行，苏南五市社科英才齐聚学校。

【以科研育人推进“三全育人”工作】 积极推进“三全育人”综合改革进程，紧扣“科研育人”内涵，持续优化学校科研管理制度，以“科研管理育人、科研活动育人、科研评价育人”为着力点，把思想价值引领贯穿于科学研究全过程。借助市委宣传部、市社科联渠道，宣传学校社科名家及相关优秀成果，树立科研育人典型。联合科技处、宣传部宣传学校人文社科教师在抗击疫情期间的典型事例，部分事例被“学习强国”转载。加强学术道德、学术诚信的宣传教育。引导有科研项目的教师带领本科生开展提升科研能力的社会实践调研等工作，指导学生积极申报大学生创新计划和科研立项。

【其他工作】 起草学校人文社科振兴发展规划小组“十四五”规划，配合学校相关部门完成了研究生导师遴选和人事职称、人才遴选等材料审核工作。完成了江苏省社科年鉴（江苏大学部分）的编制工作，组织教育部全国普通高校社科统计报表编制工作。2020 年，社科处一方面加强自身建设，另一方面加大组织力度，以期达到项目、成果及基地的全面丰收，在校内形成良好的科研氛围，全面提升老师的科研水平，真正服务于广大教师，努力让学校人文社科不断做大做强。明年，社科处将进一步明确工作思路，开拓创新，争取更大的成绩。

（撰稿：万　超　核稿：马国建）

社会科学项目、成果

2020 年江苏大学规划发展处获省、部级及以上人文社科科研项目立项情况

全国教育科学“十三五”规划 2020 年度立项课题					
序号	课题名称	类别	主持人	项目号	经费/万元
1	通向世界一流学科的组织化路径建构与中国经验研究	国家一般	王宝玺	BIA200190	20
2	学校教育功利化现象的精神哲学研究	国家一般	吕寿伟	BAA200028	20
江苏省教育科学“十三五”规划 2020 年度课题立项名单					
序号	课题名称	类别	主持人	项目号	经费/万元
1	基于教学满意度的地方高校专业教学改革研究—以江苏某高校近三年 CCSS 测评为依据	重点资助	王　华 朱玉琴	B-a/2020/01/25	1.5
2	新时代“立德树人”视域下大学文化建设研究	重点资助	张明平	B-a/2020/01/35	1.5
3	江苏“双一流”建设的协同机制与实施策略研究	重点自筹	周国华	B-b/2020/01/28	
4	“双一流”建设背景下江苏一流学科建设策略研究	重点自筹	王宝玺 管叶峰	B-b/2020/01/29	

续表

序号	课题名称	类别	主持人	项目号	经费/万元
5	以一流本科专业建设为核心的一流课程体系建设与实践	立项	梅　强 张菁菁	D/2020/01/26	
6	教师胜任力导向的教育硕士实践能力培养体系研究	重点资助（青年专项）	全守杰	C-a/2020/01/03	1.2
7	日本义务教育学区制的发展历史及现状研究	重点资助（青年专项）	高慧珠	C-a/2020/01/05	1.2
8	新时代大学精神的境遇和培育	重点自筹（青年专项）	吴　奕	C-b/2020/01/05	
9	"资助育人"视角下江苏高校贫困生创业学习及支持策略研究	重点资助（学生资助专项）	徐占东 李宏刚	X-a/2020/02	
10	大数据背景下高校贫困生认定系统的构建与应用研究	重点自筹（学生资助专项）	王训兵	X-b/2020/11	
中国高等教育学会宣传工作研究分会2020年立项课题					
序号	课题名称	类别	主持人	项目号	经费/万元
1	新媒体时代高校思想政治工作体系创新研究	一般	王玉忠	2020XCYB04	1

（撰稿：尤俊英　核稿：徐　伟）

2020年江苏大学获省、部级及以上人文社科科研项目立项情况

序号	年度	级别	项目来源	批准号	文号	项目名称	负责人	所在部门	资助经费/万元
1	2020	B	江苏省社科省市联合专项	20XZB017	立项批文	地方优秀传统文化在国民教育中的有序推进研究	速　成	教师教育学院	4
2	2020	B	教育部重大课题子课题	20JZD035	项目合同	英藏南海问题档案文献整理与研究	吴庆宏	外国语学院	10
3	2020	B	国家知识产权局软科学研究项目		项目合同	高价值专利培育规范化标准化研究	唐　恒	知识产权中心	6
4	2020	B	国家统计局重大项目	2020ZX18	立项批文	区块链技术在统计工作中的应用研究	熊书明	计算机学院	15
5	2020	B	国家统计局	2020LY109	立项批文	内生结构突变下高次趋势单位根检验的理论及应用研究	左秀霞	财经学院	0
6	2020	B	国家知识产权局软科学研究项目	SS20-C-31	立项批文	基于科学统计的知识产权人才评价与监测体系研究	李　丹	知识产权中心	10
7	2020	A	国家社科基金后期资助	20FGLB055	立项批文	新结构经济学视角下的中国知识产权战略	唐　恒	知识产权中心	25
8	2020	A	国家社科基金后期资助	20FGLB066	立项批文	全媒体时代社会网络舆情演化机理与应对策略	李丹丹	管理学院	25
9	2020	A	国家社科基金后期资助	20FZSB004	立项批文	宋代财政审计研究	李永卉	图书馆	25
10	2020	A	国家社科基金后期资助	20FKSB026	立项批文	高校思想政治教育者角色伦理研究	周海燕	马克思主义学院	25

续表

序号	年度	级别	项目来源	批准号	文号	项目名称	负责人	所在部门	资助经费/万元
11	2020	A	国家社科基金一般项目	20BKS084	立项批文	中国特色社会主义社会中的非物质劳动问题研究	李春建	马克思主义学院	20
12	2020	A	国家社科基金一般项目	20BKS140	立项批文	健全培养社会主义建设者和接班人的长效机制研究	肖建国	马克思主义学院	20
13	2020	A	国家社科基金一般项目	20BKS189	立项批文	新时代乡村社会治理共同体建设研究	李明宇	马克思主义学院	20
14	2020	A	国家社科基金一般项目	20BJL079	立项批文	乡村治理体系现代化的影响因素与保障机制研究	金丽馥	马克思主义学院	20
15	2020	A	国家社科基金一般项目	20BWW034	立项批文	朱利安·巴恩斯老年书写研究	毛卫强	外国语学院	20
16	2020	A	国家社科基金一般项目	20BZW011	立项批文	英语世界《文心雕龙》百年传播研究	戴文静	外国语学院	20
17	2020	A	国家社科基金一般项目	20BYY114	立项批文	跨文化体验对大学生跨文化能力发展的影响研究	李加军	外国语学院	20
18	2020	A	国家社科基金一般项目	20BGL113	立项批文	突发事件冲击下再制造供应链履责困境及协同治理研究	田　刚	管理学院	20
19	2020	A	国家社科基金一般项目	20BTQ047	立项批文	政务社交媒体信息效用的影响因素、作用机制与提升路径研究	冯　缨	管理学院	20
20	2020	A	国家社科基金一般项目	20BFX015	立项批文	我国农村法治进程中法律资源配置的现实困境及应对机制研究	李炳烁	法学院	20
21	2020	A	国家社科基金青年项目	20CFX029	立项批文	基于龙泉司法档案的基层民事纠纷解决机制研究（1912—2020）	张　健	法学院	20
22	2020	A	国家社科基金青年项目	20CTQ003	立项批文	标准化推动乡村公共数字文化服务可及性的模式及实施路径研究	王　锰	图书馆	20
23	2020	A	国家社科基金一般项目	20BGL099	立项批文	系统动力学视角下企业社会责任与经济价值的耦合协调机制研究	朱乃平	财经学院	20
24	2020	B	团中央项目	2018ZD058	立项批文	新媒体场域下习近平新时代中国特色社会主义思想融入大学生团员意识的传播路径研究	潘金彪	物理与电子工程学院	0.3
25	2020	B	江苏省社科自筹项目	20SHD002	立项批文	基于家庭医生嵌入的医养结合养老服务供需匹配机制及路径研究	许兴龙	管理学院	0
26	2020	B	江苏省社科自筹项目	20WWD003	立项批文	朱利安·巴恩斯老年书写研究	毛卫强	外国语学院	0
27	2020	B	江苏省社科自筹项目	20TYD004	立项批文	江苏体育产业高质量发展的动力与推进策略研究	樊晓飞	体育部	0

续表

序号	年度	级别	项目来源	批准号	文号	项目名称	负责人	所在部门	资助经费/万元
28	2020	B	江苏省社科一般	20FXB007	立项批文	电信网络诈骗犯罪侦查取证问题研究	吴秋元	法学院	5
29	2020	B	江苏省社科青年	20FXC003	立项批文	刑事缺席审判诉讼结构平衡机制研究	吴进娥	法学院	5
30	2020	B	江苏省社科一般	20GLB009	立项批文	江苏中小企业安全生产治理协同联动机制研究	刘素霞	管理学院	5
31	2020	B	江苏省社科青年	20JYC011	立项批文	疫情背景下大学生创业意愿驱动因素、转化机制及引导策略研究	徐占东	管理学院	5
32	2020	B	江苏省社科英才资助项目	不算年终积分	立项批文	习近平生态文明思想体系创新包容的开放性研究	李　丽	马克思主义学院	5
33	2020	B	江苏省社科英才资助项目	不算年终积分	立项批文	中小企业融资再担保体系系统风险防范研究	马国建	管理学院	5
34	2020	B	江苏省社科“优青”资助项目	不算年终积分	立项批文	教育治理现代化视域下的家长组织研究	王佳佳	教师教育学院	3
35	2020	B	教育部青年项目	20YJCZH064	立项批文	跨文化互动视角下“来华留学生研究生-导师”耦合关系及协同成长策略研究	孔兰兰	管理学院	8
36	2020	B	教育部一般项目	20YJAZH034	立项批文	面向主动安全的建筑工人自动化危险感知行为的前摄引导研究	韩　豫	土木工程与力学学院	10
37	2020	B	教育部青年项目	20YJC870008	立项批文	环境认知视阈下图书馆用户跨空间信息检索交互模型研究	苏文成	图书馆	8
38	2020	B	教育部一般项目	20YJA840021	立项批文	来华留学生在华社会关系模式构建研究——基于社会生态系统理论框架	甄美荣	管理学院	10
39	2020	B	教育部青年项目	20YJC630141	立项批文	我国防范产学研腐败的内部控制治理研究	王海军	管理学院	8
40	2020	B	教育部青年项目	20YJC630059	立项批文	双重网络联动视角下的突发事件舆情演化机理与应对策略研究	李丹丹	管理学院	8
41	2020	B	省社科基地项目	19JD012	立项批文	江苏中小企业融资再担保体系高质量发展研究	张菁菁	管理学院	5
42	2020	B	江苏省社科十九届四中全会专项重点专项	20ZLA007	立项批文	推进江苏深度融入全球创新网络研究	孙华平	财经学院	8
43	2020	B	江苏省社科青年项目	18GLC002	立项批文	河长制下扬子江城市群水环境整体性治理的协同机制及政策工具选择研究	丁绪辉	财经学院	3.638 1
44	2020	B	国家法制与法学理论研究课题	19SFB2005	立项批文	公共法律服务体系建设助推乡村有效治理的机制研究	牛玉兵	法学院	3

（撰稿：万　超　核稿：马国建）

2020年江苏大学获省、部级及以上人文社科奖项情况

序号	级别	获奖时间及类型	获奖项目名称	获奖单位	完成人	单位
1	省级政府	江苏省第十六届哲学社会科学优秀成果奖	农民权利发展：新时代乡村振兴战略背景下的时代命题	江苏大学	刘同君等	法学院
2	省级政府	江苏省第十六届哲学社会科学优秀成果奖	新时代工匠型产业工人培养研究	江苏大学	朱永跃等	管理学院
3	省级政府	江苏省第十六届哲学社会科学优秀成果奖	语料库翻译文体学	江苏大学	任晓霏等	外国语学院
4	省级政府	江苏省第十六届哲学社会科学优秀成果奖	“非学校化”教育40年：从改革理想到教育实践	江苏大学	王佳佳 韦珠祎	教师教育学院
5	省级政府	江苏省第十六届哲学社会科学优秀成果奖	Institutional quality, green innovation and energy efficiency（制度质量、绿色创新与能源效率）	江苏大学	孙华平（江苏大学） Bless Kofi Edziah（江苏大学） 孙传旺（厦门大学） Anthony Kwaku Kporsu（江苏大学）	财经学院
6	省级政府	江苏省第十六届哲学社会科学优秀成果奖	Agent-based simulation of competitive performance for supply chains based on combined contracts（契约组合影响下供应链竞争绩效的计算实验研究）	江苏大学	孟庆峰（江苏大学） 李　真（江苏大学） 刘慧敏（南京大学） 陈敬贤（合肥工业大学）	管理学院
7	省级政府	江苏省第十六届哲学社会科学优秀成果奖	碳排放转移：宏观涌现与微观机理	江苏大学	孙立成	管理学院

2020年江苏大学人文社科出版著作（译著）情况

序号	书名	编著者	出版社	出版年月	字数/千字
1	基于市场导向的高校专利商业化战略：形成与实施	唐　恒 程　龙（学）	经济管理出版社	2020年11月	176
2	我国“三农”热点问题研究	金丽馥	江苏大学出版社	2020年11月	530
3	中国精神——中国共产党人的奋斗故事	刘同君（参与）	中共中央党校出版社	2020年10月	306

续表

序号	书名	编著者	出版社	出版年月	字数/千字
4	交互设计艺术：符号学视影下的艺术内容设计理论及应用	杨东润	江苏大学出版社	2020 年 9 月	264
5	高校生态德育研究（Research on Ecological Moral Education in Colleges and Universities）	郭昭君	Lambert academic publishing	2020 年 8 月	
6	共和国教育学 70 年 · 德育原理卷	张忠华	北京师范大学出版社	2020 年 5 月	294
7	知行明德：新时代高校辅导员的发展之道	李宏刚 李洪波	江苏大学出版社	2020 年 10 月	180
8	新时期中国史学思潮的递进与嬗变：1978—2011	范国强	江苏大学出版社	2020 年 10 月	210
9	新冠肺炎突发疫情的社区防控：组织与管理	周绿林	江苏大学出版社	2020 年 4 月	192
12	游戏艺术创作	韩　涛	武汉大学出版社	2020 年 6 月	643
14	飘	张　璘 等（翻译）	北京理工大学出版社	2020 年 7 月	307
15	光绪丹徒县志	赵永源 周　衡 杨贵环	江苏大学出版社	2020 年 10 月	2 080

2020 年江苏大学人文社科出版基金资助出版专著情况

序号	著作名称	第一作者	所属单位	出版社	出版时间	著作类别	总字数/万字	资助金额/万元
1	网络嵌入与中小企业开放式创新	田红云	管理学院	上海三联书店	2020	非英文专著	25	4
2	高校图书馆读者实体资源检索行为研究	苏文成	图书馆	江苏大学出版社	2020	非英文专著	21	4

2020 年江苏大学人文社科论文统计

篇

CSSCI 收录	122

社会科学基地

2020年江苏大学省、部级基地情况（社会科学）

编号	基地名称	批准/成立年份	批准单位	负责人
1	江苏省中小企业发展研究基地	2008年	江苏省哲学社会科学规划领导小组	梅　强
2	江苏省知识产权研究中心	2008年	江苏省知识产权局	唐　恒
3	能源发展与环境保护战略研究中心	2009年	江苏省教育厅	田立新
4	江苏省统计科学研究基地	2010年	江苏省统计局	赵喜仓
5	创新经济发展与评价研究中心（培育点）	2010年	江苏省教育厅	赵喜仓
6	江苏省统计应用研究基地（校外基地）	2012年	江苏省教育厅	赵喜仓
7	江苏镇江法治政府研究院（校外基地培育点）	2017年	江苏省教育厅	刘同君
8	新时代“三农”问题研究中心	2018年	江苏省教育厅	金丽馥
9	绿色发展与环境治理研究中心	2020年	江苏省教育厅	杜建国

（撰稿：万　超　核稿：马国建）

学科建设

综述

学校强化政策激励，世界一流学科排名持续进位。上海软科发布的2020软科世界大学学术排名，展示了全球领先的1 000所研究型大学，中国（除港澳台地区）共144所高校上榜，学校首次跻身世界400强，排名内地高校第33—49位、世界高校第301—400位。QS发布的亚洲大学排行榜，学校位列中国（除港澳台地区）高校第48位、亚洲地区第204位（2019年分别列第51位、第224位）。

软科发布的软科世界一流学科排名中，学校共有15个学科上榜，其中，化学工程学科首次进入世界前50名。学校上榜学科数量并列全国高校第50名，位列省属高校第2名，在全国非“双一流”高校中位列第3名。在泰晤士高等教育发布的首届中国学科评级中，学校以3个A类学科数、22个上榜学科数并列中国（除港、澳、台地区）高校第44位，在“双非”高校中排名第2，仅次于深圳大学。在USNews公布的世界大学学科排名中，学校以3个前100位学科、总共11个上榜学科数列国内高校第46位，在非“双一流”高校中排名第3。

不断强化考核评估，学科内涵建设进一步加强。学校认真分析江苏省高水平大学建设绩效评价指标体系，对考核指标进行任务分解，圆满完成省级高水平大学及优势特色学科监测数据组织填报工作，同时紧扣核心指标，加强自身建设，确保学校高水平大学建设工程继续保持在第一方阵。

进一步优化优势学科项目制管理，完善考核机制。组织完成了江苏高校优势学科三期项目年度经费预算、中期检查和2018、2019年度标志性成果上报工作。从加强专项经费管理、充分发挥经费效益的角度出发，鼓励和引导各优势学科将项目经费主要用于培育、完成学科行动计划，以及学科任务书中所确定的重点指标和任务；和财务处、设备处等相关职能部门一起，不断完善优势学科财务预算和设备购置管理流程，推进优势学科经费使用进度，确保专项经费用出效益。

学校高度重视学位授权点相关工作，认真组织了2020年度博士、硕士学位授权审核工作，召开学位评定委员会会议，根据学校整体学科布局、申报学位点的社会需求及学科现有的基础条件和特色优势，决定申报12个一级学科博士点、3个博士专业学位类别、1个一级学科硕士点和2个硕士专业学位类别。根据省厅文件精神，围绕国家战略需求，学校从优化学校学科布局角度出发，在前期按规定流程已经完成的学科申报、校内公示、专家评审和学位会表决等准备工作的基础上，最终完成了网络空间安全一级学科硕士点的动态调整增列申报工作。

做好教育部第五轮学科评估和专业学位水平评估的各项组织协调工作。在前期各学科已完成的简况表预填报工作，以及文字性描述和师德师风思政教育等制度设计方面的内容的基础上，对农业工程等关系“双一流”创建的学科，进行重点分析、重点跟踪，全面统筹协调各类资源，确保农业工程学科保持全国前三位并力争进入前两位，确保食品科学与工程、动力工程及工程热物理、机械工程等学科和相关专业学位类别在排名上有所突破。

圆满完成2020年新增研究生指导教师遴选工作，共遴选增列72位博士生导师、208位学术学位硕士生导师和72位专业学位硕士生导师。

学科建设与学位点

江苏大学国家级、省级重点学科

国家重点学科			
序号	所在一级学科	二级学科代码	二级学科名称
1	动力工程及工程热物理	080704	流体机械及工程
2	农业工程	082804	农业电气化与自动化
国家重点（培育）学科			
序号	所在一级学科	二级学科代码	二级学科名称
1	机械工程	080201	机械制造及其自动化
江苏高校优势学科（三期）			
序号	所在一级学科	一级学科代码	
1	农业工程	0828	
2	机械工程	0802	
3	材料科学与工程	0805	
4	动力工程及工程热物理	0807	
5	控制科学与工程	0811	
6	计算机科学与技术	0812	
7	环境科学与工程	0830	
8	食品科学与工程	0832	
9	管理科学与工程	1201	
10	临床医学	1002	
江苏省“十三五”一级重点学科			
序号	所在一级学科	一级学科代码	
1	马克思主义理论	0305	
2	力学	0801	
3	控制科学与工程	0811	
4	计算机科学与技术	0812	
5	交通运输工程	0823	
6	环境科学与工程	0830	
7	管理科学与工程	1201	
江苏省“十三五”一级重点（培育）学科			
序号	所在一级学科	一级学科代码	
1	应用经济学	0202	
2	化学	0703	

江苏大学博士学位授权学科、专业

一级学科博士学位授权点			
序号	门类	一级学科代码	一级学科名称
1	工学	0801	力学
2	工学	0802	机械工程
3	工学	0804	仪器科学与技术
4	工学	0805	材料科学与工程
5	工学	0807	动力工程及工程热物理
6	工学	0808	电气工程
7	工学	0811	控制科学与工程
8	工学	0812	计算机科学与技术
9	工学	0823	交通运输工程
10	工学	0828	农业工程
11	工学	0830	环境科学与工程
12	工学	0832	食品科学与工程
13	医学	1002	临床医学
14	管理学	1201	管理科学与工程

二级学科博士学位授权点					
序号	门类	一级学科代码	一级学科名称	二级学科代码	二级学科名称
1	工学	0801	力学	080101	一般力学与力学基础
2	工学	0801	力学	080102	固体力学
3	工学	0801	力学	080103	流体力学
4	工学	0801	力学	080104	工程力学
5	工学	0802	机械工程	080201	机械制造及其自动化
6	工学	0802	机械工程	080202	机械电子工程
7	工学	0802	机械工程	080203	机械设计及理论
8	工学	0802	机械工程	080204	车辆工程
9	工学	0804	仪器科学与技术	080401	精密仪器及机械
10	工学	0804	仪器科学与技术	080402	测试计量技术及仪器
11	工学	0805	材料科学与工程	080501	材料物理与化学
12	工学	0805	材料科学与工程	080502	材料学
13	工学	0805	材料科学与工程	080503	材料加工工程

续表

二级学科博士学位授权点					
序号	门类	一级学科代码	一级学科名称	二级学科代码	二级学科名称
14	工学	0807	动力工程及工程热物理	080701	工程热物理
15	工学	0807	动力工程及工程热物理	080702	热能工程
16	工学	0807	动力工程及工程热物理	080703	动力机械及工程
17	工学	0807	动力工程及工程热物理	080704	流体机械及工程
18	工学	0807	动力工程及工程热物理	080705	制冷与低温工程
19	工学	0807	动力工程及工程热物理	080706	化工过程机械
20	工学	0808	电气工程	080801	电机与电器
21	工学	0808	电气工程	080802	电力系统及其自动化
22	工学	0808	电气工程	080803	高电压与绝缘技术
23	工学	0808	电气工程	080805	电工理论与新技术
24	工学	0808	电气工程	080804	电力电子与电力传动
25	工学	0811	控制科学与工程	081101	控制理论与控制工程
26	工学	0811	控制科学与工程	081102	检测技术与自动化装置
27	工学	0811	控制科学与工程	081103	系统工程
28	工学	0811	控制科学与工程	081104	模式识别与智能系统
29	工学	0811	控制科学与工程	081105	导航、制导与控制
30	工学	0812	计算机科学与技术	081201	计算机系统结构
31	工学	0812	计算机科学与技术	081202	计算机软件与理论
32	工学	0812	计算机科学与技术	081203	计算机应用技术
33	工学	0823	交通运输工程	082301	道路与铁道工程
34	工学	0823	交通运输工程	082302	交通信息工程及控制
35	工学	0823	交通运输工程	082303	交通运输规划与管理
36	工学	0823	交通运输工程	082304	载运工具运用工程
37	工学	0828	农业工程	082801	农业机械化工程
38	工学	0828	农业工程	082802	农业水土工程
39	工学	0828	农业工程	082803	农业生物环境与能源工程
40	工学	0828	农业工程	082804	农业电气化与自动化
41	工学	0830	环境科学与工程	083001	环境科学
42	工学	0830	环境科学与工程	083002	环境工程
43	工学	0832	食品科学与工程	083201	食品科学

续表

二级学科博士学位授权点					
序号	门类	一级学科代码	一级学科名称	二级学科代码	二级学科名称
44	工学	0832	食品科学与工程	083202	粮食、油脂及植物蛋白工程
45	工学	0832	食品科学与工程	083203	农产品加工及贮藏工程
46	工学	0832	食品科学与工程	083204	水产品加工及贮藏工程
47	医学	1002	临床医学	100201	内科学
48	医学	1002	临床医学	100202	儿科学
49	医学	1002	临床医学	100203	老年医学
50	医学	1002	临床医学	100204	神经病学
51	医学	1002	临床医学	100205	精神病与精神卫生学
52	医学	1002	临床医学	100206	皮肤病与性病学
53	医学	1002	临床医学	100207	影像医学与核医学
54	医学	1002	临床医学	100208	临床检验诊断学
55	医学	1002	临床医学	100210	外科学
56	医学	1002	临床医学	100211	妇产科学
57	医学	1002	临床医学	100212	眼科学
58	医学	1002	临床医学	100213	耳鼻咽喉科学
59	医学	1002	临床医学	100214	肿瘤学
60	医学	1002	临床医学	100215	康复医学与理疗学
61	医学	1002	临床医学	100216	运动医学
62	医学	1002	临床医学	100217	麻醉学
63	医学	1002	临床医学	100218	急诊医学
64	管理学	1201	管理科学与工程	不分设二级学科	

江苏大学硕士学位授权学科、专业

一级学科硕士学位授权点			
序号	学科门类	学科代码	学科名称
1	哲学	0101	哲学
2	经济学	0202	应用经济学
3	法学	0301	法学
4	法学	0305	马克思主义理论

续表

一级学科硕士学位授权点			
序号	学科门类	学科代码	学科名称
5	教育学	0401	教育学
6	文学	0501	中国语言文学
7	文学	0502	外国语言文学
8	理学	0701	数学
9	理学	0702	物理学
10	理学	0703	化学
11	理学	0710	生物学
12	理学	0713	生态学
13	理学	0714	统计学
14	工学	0801	力学
15	工学	0802	机械工程
16	工学	0803	光学工程
17	工学	0804	仪器科学与技术
18	工学	0805	材料科学与工程
19	工学	0806	冶金工程
20	工学	0807	动力工程及工程热物理
21	工学	0808	电气工程
22	工学	0809	电子科学与技术
23	工学	0810	信息与通信工程
24	工学	0811	控制科学与工程
25	工学	0812	计算机科学与技术
26	工学	0814	土木工程
27	工学	0815	水利工程
28	工学	0817	化学工程与技术
29	工学	0823	交通运输工程
30	工学	0828	农业工程
31	工学	0830	环境科学与工程
32	工学	0831	生物医学工程
33	工学	0832	食品科学与工程
34	工学	0835	软件工程

续表

一级学科硕士学位授权点			
序号	学科门类	学科代码	学科名称
35	工学	0837	安全科学与工程
36	医学	1001	基础医学
37	医学	1002	临床医学
38	医学	1007	药学
39	医学	1008	中药学
40	管理学	1201	管理科学与工程
41	管理学	1202	工商管理
42	管理学	1204	公共管理
43	管理学	1205	图书情报与档案管理
44	艺术学	1304	美术学

二级学科硕士学位授权点					
序号	门类	一级学科代码	一级学科名称	二级学科代码	二级学科名称
1	哲学	0101	哲学	010101	马克思主义哲学
2	哲学	0101	哲学	010102	中国哲学
3	哲学	0101	哲学	010103	外国哲学
4	哲学	0101	哲学	010104	逻辑学
5	哲学	0101	哲学	010105	伦理学
6	哲学	0101	哲学	010106	美学
7	哲学	0101	哲学	010107	宗教学
8	哲学	0101	哲学	010108	科学技术哲学
9	经济学	0202	应用经济学	020201	国民经济学
10	经济学	0202	应用经济学	020202	区域经济学
11	经济学	0202	应用经济学	020203	财政学（含：税收学）
12	经济学	0202	应用经济学	020204	金融学（含：保险学）
13	经济学	0202	应用经济学	020205	产业经济学
14	经济学	0202	应用经济学	020206	国际贸易学
15	经济学	0202	应用经济学	020207	劳动经济学
16	经济学	0202	应用经济学	020208	统计学
17	经济学	0202	应用经济学	020209	数量经济学
18	经济学	0202	应用经济学	020210	国防经济学

续表

二级学科硕士学位授权点					
序号	门类	一级学科代码	一级学科名称	二级学科代码	二级学科名称
19	法学	0301	法学	030101	法学理论
20	法学	0301	法学	030102	法律史
21	法学	0301	法学	030103	宪法学与行政法学
22	法学	0301	法学	030104	刑法学
23	法学	0301	法学	030105	民商法学（含：劳动法学、社会保障法学）
24	法学	0301	法学	030106	诉讼法学
25	法学	0301	法学	030107	经济法学
26	法学	0301	法学	030108	环境与资源保护法学
27	法学	0301	法学	030109	国际法学（含：国际公法、国际私法、国际经济法）
28	法学	0301	法学	030110	军事法学
29	法学	0305	马克思主义理论	030501	马克思主义基本原理
30	法学	0305	马克思主义理论	030502	马克思主义发展史
31	法学	0305	马克思主义理论	030503	马克思主义中国化研究
32	法学	0305	马克思主义理论	030504	国外马克思主义研究
33	法学	0305	马克思主义理论	030505	思想政治教育
34	法学	0305	马克思主义理论	030506	中国近现代史基本问题研究
35	教育学	0401	教育学	040101	教育学原理
36	教育学	0401	教育学	040102	课程与教学论
37	教育学	0401	教育学	040103	教育史
38	教育学	0401	教育学	040104	比较教育学
39	教育学	0401	教育学	040105	学前教育学
40	教育学	0401	教育学	040106	高等教育学
41	教育学	0401	教育学	040107	成人教育学
42	教育学	0401	教育学	040108	职业技术教育学
43	教育学	0401	教育学	040109	特殊教育学
44	教育学	0401	教育学	040110	教育技术学
45	文学	0501	中国语言文学	050101	文艺学
46	文学	0501	中国语言文学	050102	语言学及应用语言学
47	文学	0501	中国语言文学	050103	汉语言文字学

续表

二级学科硕士学位授权点					
序号	门类	一级学科代码	一级学科名称	二级学科代码	二级学科名称
48	文学	0501	中国语言文学	050104	中国古典文献学
49	文学	0501	中国语言文学	050105	中国古代文学
50	文学	0501	中国语言文学	050106	中国现当代文学
51	文学	0501	中国语言文学	050107	中国少数民族语言文学（分语族）
52	文学	0501	中国语言文学	050108	比较文学与世界文学
53	文学	0502	外国语言文学	050201	英语语言文学
54	文学	0502	外国语言文学	050202	俄语语言文学
55	文学	0502	外国语言文学	050203	法语语言文学
56	文学	0502	外国语言文学	050204	德语语言文学
57	文学	0502	外国语言文学	050205	日语语言文学
58	文学	0502	外国语言文学	050206	印度语言文学
59	文学	0502	外国语言文学	050207	西班牙语语言文学
60	文学	0502	外国语言文学	050208	阿拉伯语语言文学
61	文学	0502	外国语言文学	050209	欧洲语言文学
62	文学	0502	外国语言文学	050210	亚非语言文学
63	文学	0502	外国语言文学	050211	外国语言学及应用语言学
64	理学	0701	数学	070101	基础数学
65	理学	0701	数学	070102	计算数学
66	理学	0701	数学	070103	概率论与数理统计
67	理学	0701	数学	070104	应用数学
68	理学	0701	数学	070105	运筹学与控制论
69	理学	0702	物理学	070201	理论物理
70	理学	0702	物理学	070202	粒子物理与原子核物理
71	理学	0702	物理学	070203	原子与分子物理
72	理学	0702	物理学	070204	等离子体物理
73	理学	0702	物理学	070205	凝聚态物理
74	理学	0702	物理学	070206	声学
75	理学	0702	物理学	070207	光学
76	理学	0702	物理学	070208	无线电物理
77	理学	0703	化学	070301	无机化学

续表

二级学科硕士学位授权点					
序号	门类	一级学科代码	一级学科名称	二级学科代码	二级学科名称
78	理学	0703	化学	070302	分析化学
79	理学	0703	化学	070303	有机化学
80	理学	0703	化学	070304	物理化学（含：化学物理）
81	理学	0703	化学	070305	高分子化学与物理
82	理学	0710	生物学	071001	植物学
83	理学	0710	生物学	071002	动物学
84	理学	0710	生物学	071003	生理学
85	理学	0710	生物学	071004	水生生物学
86	理学	0710	生物学	071005	微生物学
87	理学	0710	生物学	071006	神经生物学
88	理学	0710	生物学	071007	遗传学
89	理学	0710	生物学	071008	发育生物学
90	理学	0710	生物学	071009	细胞生物学
91	理学	0710	生物学	071010	生物化学与分子生物学
92	理学	0710	生物学	071011	生物物理学
93	理学	0713	生态学	不分设二级学科	
94	理学	0714	统计学	不分设二级学科	
95	工学	0801	力学	080101	一般力学与力学基础
96	工学	0801	力学	080102	固体力学
97	工学	0801	力学	080103	流体力学
98	工学	0801	力学	080104	工程力学
99	工学	0802	机械工程	080201	机械制造及其自动化
100	工学	0802	机械工程	080202	机械电子工程
101	工学	0802	机械工程	080203	机械设计及理论
102	工学	0802	机械工程	080204	车辆工程
103	工学	0803	光学工程	不分设二级学科	
104	工学	0804	仪器科学与技术	080401	精密仪器及机械
105	工学	0804	仪器科学与技术	080402	测试计量技术及仪器
106	工学	0805	材料科学与工程	080501	材料物理与化学
107	工学	0805	材料科学与工程	080502	材料学

续表

二级学科硕士学位授权点					
序号	门类	一级学科代码	一级学科名称	二级学科代码	二级学科名称
108	工学	0805	材料科学与工程	080503	材料加工工程
109	工学	0806	冶金工程	080601	冶金物理化学
110	工学	0806	冶金工程	080602	钢铁冶金
111	工学	0806	冶金工程	080603	有色金属冶金
112	工学	0807	动力工程及工程热物理	080701	工程热物理
113	工学	0807	动力工程及工程热物理	080702	热能工程
114	工学	0807	动力工程及工程热物理	080703	动力机械及工程
115	工学	0807	动力工程及工程热物理	080704	流体机械及工程
116	工学	0807	动力工程及工程热物理	080705	制冷与低温工程
117	工学	0807	动力工程及工程热物理	080706	化工过程机械
118	工学	0808	电气工程	080801	电机与电器
119	工学	0808	电气工程	080802	电力系统及其自动化
120	工学	0808	电气工程	080803	高电压与绝缘技术
121	工学	0808	电气工程	080805	电工理论与新技术
122	工学	0808	电气工程	080804	电力电子与电力传动
123	工学	0809	电子科学与技术	080901	物理电子学
124	工学	0809	电子科学与技术	080902	电路与系统
125	工学	0809	电子科学与技术	080903	微电子学与固体电子学
126	工学	0809	电子科学与技术	080904	电磁场与微波技术
127	工学	0810	信息与通信工程	081001	通信与信息系统
128	工学	0810	信息与通信工程	081002	信号与信息处理
129	工学	0811	控制科学与工程	081101	控制理论与控制工程
130	工学	0811	控制科学与工程	081102	检测技术与自动化装置
131	工学	0811	控制科学与工程	081103	系统工程
132	工学	0811	控制科学与工程	081104	模式识别与智能系统
133	工学	0811	控制科学与工程	081105	导航、制导与控制
134	工学	0812	计算机科学与技术	081201	计算机系统结构
135	工学	0812	计算机科学与技术	081202	计算机软件与理论
136	工学	0812	计算机科学与技术	081203	计算机应用技术
137	工学	0814	土木工程	081401	岩土工程

续表

二级学科硕士学位授权点					
序号	门类	一级学科代码	一级学科名称	二级学科代码	二级学科名称
138	工学	0814	土木工程	081402	结构工程
139	工学	0814	土木工程	081403	市政工程
140	工学	0814	土木工程	081404	供热、供燃气、通风及空调工程
141	工学	0814	土木工程	081405	防灾减灾工程及防护工程
142	工学	0814	土木工程	081406	桥梁与隧道工程
143	工学	0815	水利工程	081501	水文学及水资源
144	工学	0815	水利工程	081502	水力学及河流动力学
145	工学	0815	水利工程	081503	水工结构工程
146	工学	0815	水利工程	081504	水利水电工程
147	工学	0815	水利工程	081505	港口、海岸及近海工程
148	工学	0817	化学工程与技术	081701	化学工程
149	工学	0817	化学工程与技术	081702	化学工艺
150	工学	0817	化学工程与技术	081703	生物化工
151	工学	0817	化学工程与技术	081704	应用化学
152	工学	0817	化学工程与技术	081705	工业催化
153	工学	0823	交通运输工程	082301	道路与铁道工程
154	工学	0823	交通运输工程	082302	交通信息工程及控制
155	工学	0823	交通运输工程	082303	交通运输规划与管理
156	工学	0823	交通运输工程	082304	载运工具运用工程
157	工学	0828	农业工程	082801	农业机械化工程
158	工学	0828	农业工程	082802	农业水土工程
159	工学	0828	农业工程	082803	农业生物环境与能源工程
160	工学	0828	农业工程	082804	农业电气化与自动化
161	工学	0830	环境科学与工程	083001	环境科学
162	工学	0830	环境科学与工程	083002	环境工程
163	工学	0831	生物医学工程	不分设二级学科	
164	工学	0832	食品科学与工程	083201	食品科学
165	工学	0832	食品科学与工程	083202	粮食、油脂及植物蛋白工程
166	工学	0832	食品科学与工程	083203	农产品加工及贮藏工程
167	工学	0832	食品科学与工程	083204	水产品加工及贮藏工程

续表

二级学科硕士学位授权点					
序号	门类	一级学科代码	一级学科名称	二级学科代码	二级学科名称
168	工学	0835	软件工程	不分设二级学科	
169	工学	0837	安全科学与工程	不分设二级学科	
170	医学	1001	基础医学	100101	人体解剖与组织胚胎学
171	医学	1001	基础医学	100102	免疫学
172	医学	1001	基础医学	100103	病原生物学
173	医学	1001	基础医学	100104	病理学与病理生理学
174	医学	1001	基础医学	100105	法医学
175	医学	1001	基础医学	100106	放射医学
176	医学	1002	临床医学	100201	内科学
177	医学	1002	临床医学	100202	儿科学
178	医学	1002	临床医学	100203	老年医学
179	医学	1002	临床医学	100204	神经病学
180	医学	1002	临床医学	100205	精神病与精神卫生学
181	医学	1002	临床医学	100206	皮肤病与性病学
182	医学	1002	临床医学	100207	影像医学与核医学
183	医学	1002	临床医学	100208	临床检验诊断学
184	医学	1002	临床医学	100210	外科学
185	医学	1002	临床医学	100211	妇产科学
186	医学	1002	临床医学	100212	眼科学
187	医学	1002	临床医学	100213	耳鼻咽喉科学
188	医学	1002	临床医学	100214	肿瘤学
189	医学	1002	临床医学	100215	康复医学与理疗学
190	医学	1002	临床医学	100216	运动医学
191	医学	1002	临床医学	100217	麻醉学
192	医学	1002	临床医学	100218	急诊医学
193	医学	1007	药学	100701	药物化学
194	医学	1007	药学	100702	药剂学
195	医学	1007	药学	100703	生药学
196	医学	1007	药学	100704	药物分析学
197	医学	1007	药学	100705	微生物与生化药学

续表

二级学科硕士学位授权点					
序号	门类	一级学科代码	一级学科名称	二级学科代码	二级学科名称
198	医学	1007	药学	100706	药理学
199	医学	1008	中药学	不分设二级学科	
200	管理学	1201	管理科学与工程	不分设二级学科	
201	管理学	1202	工商管理	120201	会计学
202	管理学	1202	工商管理	120202	企业管理（含：财务管理、市场营销、人力资源管理）
203	管理学	1202	工商管理	120203	旅游管理
204	管理学	1202	工商管理	120204	技术经济及管理
205	管理学	1204	公共管理	120402	社会医学与卫生事业管理
206	管理学	1204	公共管理	120403	教育经济与管理
207	管理学	1204	公共管理	120404	社会保障
208	管理学	1204	公共管理	120405	土地资源管理
209	管理学	1204	公共管理	120401	行政管理
210	管理学	1205	图书情报与档案管理	120502	情报学
211	管理学	1205	图书情报与档案管理	120501	图书馆学
212	管理学	1205	图书情报与档案管理	120503	档案学
213	艺术学	1304	美术学	130401	美术学

江苏大学硕士专业学位授权类别一览

序号	专业类别代码	专业类别名称
1	0254	国际商务
2	0351	法律
3	0451	教育士
4	0453	汉语国际教育
5	0854	电子信息
6	0855	机械
7	0856	材料与化工
8	0857	资源与环境
9	0858	能源动力
10	0859	土木水利

续表

序号	专业类别代码	专业类别名称
11	0860	生物与医药
12	0861	交通运输
13	1051	临床医学
14	1054	护理
15	1251	工商管理
16	1252	公共管理
17	1253	会计
18	1255	图书情报
19	1256	工程管理
20	1351	艺术

（撰稿：袁俊杰　核稿：李　红）

师资队伍建设

综述

2020年是学校“十三五”规划收官和谋划“十四五”发展蓝图的承启之年。人事处在校党委和行政的正确领导下，深入贯彻落实习近平新时代中国特色社会主义思想和习近平总书记对江苏大学重要批示精神，以学校中长期奋斗目标为指引，紧紧围绕学校年初下达的目标任务，持续深入实施人才强校战略，聚焦重点，聚力难点，追求跨越，坚决落实好新冠肺炎疫情防控工作，进一步解放思想，深化人事管理制度改革，创新人才引用育留体制机制，全力确保省高质量考核师资队伍指标进第一等次，推动学校师教师队伍建设再上新台阶。

【全力确保打赢疫情防控阻击战】 人事处作为全校疫情防控工作教师工作组牵头单位，坚决做到“疫情防控无小事，扎实举措讲实效”，责任到人，落实到岗。畅通渠道，对接38个二级党委，构建了信息数据专人每日报送机制，全面摸排掌握全校教职工动向，为学校做好教职工疫情防控提供了第一手的数据资料。对疫情发展进行科学研判，精心谋划制定各阶段防控工作预案V1—V4版本。特别是疫情在全球蔓延之际，学校给予境外的教师特殊关爱，让境外的教师感受到学校的爱心。务求长效，严格请销假制度，对教职工出行按照风险等级进行分类管理，对教职工健康数据、出行情况每日监测，扎实常态化疫情防控举措。人事处（党委教师工作部）被评为江苏大学新冠肺炎疫情防控工作先进集体，2人获评先进个人。

【全力确保高端人才引育卓有成效】 （一）学校国家级人才取得历史性突破。首次全职引进中国工程院院士1人，1人入选俄罗斯自然科学院外籍院士，柔性引进中国工程院院士1人、外籍院士1人。新增“长江”学者特聘教授1人、青年学者1人，国家杰出青年基金获得者1人，“万人计划”科技创新领军人才1人、青年拔尖人才2人（历史性突破），创新“千人计划”1人、青年“千人计划”1人，全国创新争先奖1人，中国青年科技奖1人。学校“国字头”人才数量明显增加，与2019年相比净增5人，且层次有了较大提升。（二）省部级人才及团队持续在省内高校排名领先。新增江苏省特聘教授5人（全省高校第1），江苏省“双创计划”“双创人才”3人（全省高校45人）、“双创博士”39人，江苏省杰出青年基金获得者2人，江苏省优秀青年基金获得者2人，江苏省有突出贡献中青年专家1人，江苏省“青蓝工程”优秀教学团队1个、中青年学术带头人3人、优秀青年骨干教师3人，镇江市有突出贡献中青年专家2人，镇江市校地合作引才计划8人（全市11人），受资助金额70万元。学校省部级人才数量持续增长，与2019年相比净增21人。（三）落实学校“095”工程，加强涉农教师队伍建设。扎实推进学校“095”工程，进一步加大国内外涉农高层次人才引进力度，组织了2020年秋季涉农学科专场系列招聘会宣讲会，参加涉农专场人才招聘会。首次与*SCIENCE*杂志合作刊登了招聘信息。全年共引进涉农院士1人，高端人才1人，博士10人。

【全力确保青年英才引育成效显著】 （一）“云”端引才新模式成绩喜人。为应对疫情影响，人事处采用“线上+线下”形式组织了2次金山高层次人才论坛。共邀请182名海外青年才俊在线汇聚，共签约118人，论坛品牌效应进一步凸显。积极与“学术桥”等专业人才网站寻求合作，加大学校引才政策的宣传力度。持续开展“线上招聘”，确保了人才引进工作受疫情影响不大，实现了高层次人才引进的年度目标。引进高端人才 2 人；引进博士 134 人，其中海外博士（后）46 人；引进外籍教师 5 人；引进金山系列人才 15 人（其中短期项目 7 人）。公开招录硕士 95 人。（二）博士后科研队伍补充量、质齐升。全年博士后进站 191 人。获批博士后基金项目共 89 项（其中外籍博士后获批 6 项），项目到账经费 659 万元。6 人次获批博士后国际交流计划，资助经费 140 万元，其中首次获批中德博士后交流项目 1 项。在每 5 年开展一次的全国博士后工作综合评估中，4 个流动站获得优秀等次（其他 9 个均为良好等次），刘雁玲荣获全国优秀博士后管理工作者称号。（三）梯队化培养青年英才。加大青年人才的培育精准度，评选出第四批“青年英才培育计划”培育人选 26 人，其中优秀青年学科带头人培育人选 1 人、优秀青年学术带头人培育人选 2 人、优秀青年骨干教师培育人选 23 人。实施“一对一”培养的导师制，聘请校外院士、“长江”学者或国家杰出青年基金获得者等知名学者担任“优秀学科带头人”“优秀学术带头人”的学术导师。（四）“奋达杰出青年英才”奖励。发挥校友力量，助力青年人才成长，实施“奋达杰出青年英才奖”计划，评选出“奋达杰出青年英才”16 人。（五）教学名师培育。提高教学质量，培育造就高素质教学师资队伍，实施江苏大学教学名师培育计划。结合学生评教结果，评选出校“教学名师培育计划”培育人选 8 人，有效调动全校教师教书育人的积极性。（六）海外研修。充分运用国家留学基金委、江苏省政府、江苏省教育厅资助留学渠道和政策，积极推进校级公派出境研修政策，拓宽渠道帮助优秀教师赴海外留学。全年共 53 人获批各类公派出国项目（校公派和留学生任课教师项目正在评审），其中获批省政府留学奖学金项目 22 人，获批人数全省高校并列第一。派出教师共 11 人次。

【全力确保人事管理制度改革顺利推进】（一）健全和完善制度体系。纲举目张，不断加强人事制度建设，健全和完善管理制度体系。完成制修订《江苏大学思想政治理论课教授资格条件》《江苏大学思想政治理论课副教授资格条件》《江苏大学岗位聘用聘期考核暂行办法》《江苏大学校院两级人事管理改革实施细则（试行）》《江苏大学职员聘用管理办法》《江苏大学教师岗位设置与聘用实施细则》等系列制度文件。（二）科级机构设置改革。进一步优化科级机构设置，构建职责明晰、运转协调的管理和服务体系。完成了科级机构和职数的设置工作，现有内设机构 224 个，科级职数 369 个。（三）顺利推进第四轮岗位聘用。以第四次岗位聘用与管理为契机，立足岗位职责，以业绩和贡献为导向，实施聘期考核与年度考核相结合的多元评价机制。完成了全校 3 781 名教职工的第三轮岗位聘用聘期考核工作，组织了对 708 名管理岗职员及全体专业技术人员的第四轮岗位聘任工作。（四）加大思政课教师和辅导员队伍建设。按照“不迟于 2022 年底前全面落实到位的目标，既要着力解决数量配置不达标问题，也要统筹解决事业编制不落实问题”的省相关文件精神，启动校内专职思想政治理论课教师校内招聘工作，同时加大思想政治理论课教师的引进力度，在 2021 年人才计划中，将马克思主义学院相关专业教师设为紧缺人才，年龄放宽 5 岁引进。

【全力确保日常工作规范高效】（一）人才服务讲质量。根据高层次人才项目的特点，实行项目全过程、全方位管理，在自主申报、单位推荐、学校评审、专家评定、后期跟踪等环节全面做好服务。通过组织各类人才项目申报动员会、答辩辅导会、经验交流会、工作协调会等形式，不断助力申报成功率的提高。通过调研兄弟院校，吸取、借鉴高层次人才引进与培养的经验方法。走访10余个校内二级单位，全面做好高端人才跟踪服务工作。（二）引才工作讲方法。根据学校教学、教辅、辅导员及相关岗位的发展需求，制订公开招聘计划和方案，进行各类岗位人员的公开招聘。全年发布招聘公告6个，发布省厅公示信息15次、校内公示信息16次。（三）人才评价讲科学。始终平稳有序开展职称评聘，准确把握政策与标准，及时向上级有关部门请示在评审过程中出现的问题，公开、公正、公平地操作。新增正高职称61人、副高职称142人、中级职称426人。（四）劳资档案工作强服务。确保教职工工资按时、准确发放。按政策调整公积金基数及老职工的提租补贴、房贴调整等工作。对数据库进行动态管理，建立数据核查机制，及时做好数据的归档。严格考勤制度，做好全校79个二级单位（部门）的考勤工作。积极发挥人事档案的信息服务作用。全年新增档案227卷。召开全校干部人事档案专项审核工作会议及业务培训，并签订“保密承诺书”；正式开始干部人事档案专项审核工作，全年共审核副高及以上干部人事档案510卷。（五）教育培训和资格认定工作重过程。首次举办江苏大学新教师入职仪式，袁寿其书记、颜晓红校长、赵玉涛副校长、职能部门代表及210多名新教师出席仪式。仪式上，全体新教师签订《师德师风承诺书》，并面向国旗庄严宣誓。认真做好新教师岗前培训报名、培训、考试等工作。组织制度宣讲9场，邀请校长、校党委书记及相关职能部门负责人做专题讲座，特别邀请东南大学国家级教学名师李霄翔教授为新教师做专题讲座。全年参加各类国内进修访学的共139人。全年申报高等学校教师资格认定的共248人，130人通过认定，教育厅抽检通过率为100%。（六）博士后工作重提质。多途径宣传学校博士后招收政策，宣传材料做到中英文对照。成功举办智能农业与技术创新全国博士后学术论坛，来自国内外的200余名专家学者、博士后齐聚一堂，围绕农业工程领域前沿技术理论开展学术交流与研讨，学校博士后工作影响力进一步扩大。论坛共收到论文157篇，评出优秀论文38篇。组织专家参加相关博士后服务行活动，促成了专家与常柴股份、东风农机、赛腾机电等全国智能制造技术领先企业进行项目合作对接，有力推动了学校博士后科研成果的有效转化。（七）其他工作稳步推进。坚持法制化思维，力行人性化操作，务求社会化实效，切实做好人事保障与人才服务工作。做好全校人员的社会保险管理工作。本年度共计完成中人待遇核定203人；新增在职参保人员171人，减少131人。做好学校编制外用工的管理工作。做好学校在职及离退休去世人员的丧葬抚恤金发放工作，认真落实政策规定，主动追踪国家发布的社会收入统计信息，及时调整抚恤金发放标准。

【全力确保师德师风建设和“三全育人”改革深入推进】（一）健全管理育人制度体系。建立和完善党委统一领导、党政齐抓共管、院系具体落实、教师自我约束的师德师风建设领导体制和工作机制，坚持育人为本、德育为先，把德育工作贯穿于人才培养全过程，落实到学校管理各个环节。学校成立了校院两级师德建设领导小组。（二）加强思想政治考核。强化各类人才引进和培养过程中的思想政治考核。全方位核准核实拟引进人才的教育背景、工作经历、任职资格、师德师风、学术业绩、学术道德、政治方向和政治立场等，防止弄虚作假，并制定了相应的考核评鉴表，试行“师德师风一票否决”。（三）强化师德师风。做好师德模范推选、教师师德师风专题培训工作，组织全体教师学习并签署师德师风承诺书，选树先进典型，发挥正面示范引领作用，规范考核。编制印发《江苏大学师德师风建设文件汇编》，并按照编号登记发放，做到教职工人手一册。积极引导广大教职工以德立身、以德立学、以德施教、以德育德，跟科技处一起在全校范围内开展师德师风、科研诚信和学术道德规范专题学习教育活动。组织开展了师德建设主题征文活动，评选出一等奖 12 篇、二等奖 24 篇、三等奖 36 篇等。

【全力确保作风建设政治引领作用】（一）高度重视机关作风建设。始终牢记“服务学校奋斗目标，提高为全校教职工服务的水平和质量”的宗旨，秉持“以人为本，人诚事公”的工作理念，坚持“提升人员素质、营造服务环境、加强制度建设，强化内部管理”的作风建设思路，从“抓思想认识、抓工作研究、抓制度执行、抓工作效能”4 方面入手，机关作风建设工作全年常抓不懈。（二）积极应用主题教育成果。持续将“不忘初心、牢记使命”主题教育推向深处，以大力推进政治建设、思想建设、组织建设、作风建设和纪律建设为关键，引领同志们树牢“四个意识”，坚定“四个自信”，做到“两个维护”，进一步提高工作人员的政治素养和工作能力，进一步提升干事创业精气神，激励新担当新作为。

（撰稿：常海虹　核稿：石宏伟）

师资队伍

2020 年江苏大学晋升高级职称（正高）人员名单

一、41 位同志已具备教授任职资格

汪少华　梅德清　魏胜利　景　鹏
董　非　樊　薇　张　韵　张忠强
唐爱坤　乔　芬　姬　伟　李康吉
周华伟　成科扬　刘　哲　霍向东
刘芹芹　李军成　印　胤　徐远国
姜志锋　赵国旗　郑玉龙　徐克生
李　潜　袁　丽　任晓锋　王成全
孟庆峰　孙立成　詹长春　孙华平
金国范　童珊珊　冯春来　申红星
吴　鹏　王　勇（能源研究院）
Sameh Samir Ali Atwa
Shahid Hussain　于明

16 位同志已具备研究员任职资格

陈小波　黄　舒　曹卫东　张金凤
裴　吉　董　亮　王龙滟　王　凯
司乔瑞　景茂祥　丁金瑞　于　卿
陈　承　刘俊锋
Justin Siu Hung Wan
Susan Rutherford

李宏刚同志已具备学生思想政治教育教授任职资格

杨道建、任泽中 2 位同志已具备教育管理研究研究员任职资格

以上人员，2020 年 6 月 21 日起聘任

二、12 位同志已具备主任医师资格

张晓鸣　朱海涛　华　晔　王祖彬
赵江波　施小凤　张德厚　王庆丽
沈恩超　范　昕　孙太存　陈宝定

陈跃华同志已具备主任技师资格

以上人员，2019 年 12 月 6 日起聘任

赵阳、刘兰萍、朱丽群 3 位同志已具备

主任护师资格，2019年11月22日起聘任

三、9位同志已具备主任医师资格

蒋　明　忻　悦　包泉磊　常　明
孙　康　陈兵海　黄汉鹏　李　峰
袁　伟

朱晓奕同志已具备主任中医师资格

万瑛同志已具备主任技师资格

以上人员，2020年12月4日起聘任

严凌花、魏青、张文杰、孟庆玲、闵新珍5位同志已具备主任护师资格，2020年12月4日起聘任

赵燕燕已具备主任护师专业技术资格，2020年3月10日起聘任

2020年江苏大学晋升高级职称（副高）人员名单

一、89位同志已具备副教授任职资格

施德华　王　楠　段利斌　赵秀亮
施蕴曦　李瑞娜　冯　霞　施榆吉
郭二廊　王晓东　徐　坤　朱英霞
徐惠斌　周文杰　刘　璐　卢青波
于　凯　陈　旭　毛彦欣　项子旋
徐　亮　赵正晖　朱会娟　张　星
潘森杉　冯　丽　殷尚男　庄栋栋
曹甫洋　王　斐　彭敬敦　陈　飞
刘　槟　孔丽蓉　沈灵沁　王爱健
钱　海　周恩全　金丹丹　孙　虎
姜世平　张慕宇　王丽雅　刘　圆
王昕杨　韩　敦　杨　洁　周培培
朱茂春　管义钧　谈　强　杨其亚
赵利娜　周晨光　孙冬营　赵广凤
朴雪旭　梁　卉　卢　娜　王　健
杨　茜　丁绪辉　张　晶　刘思瑶
蒋　俊　屈　阳　顾思梦　孙梓暄
覃立嵩　张　跃　王　锰　李　莹
李　楠　苏振军　杨　剑　马璨婧
赵　硕　王　斌　姜永帅　杨丽英
华建业　华思宁　王　勇(文学院)
王　勇(汽车工程研究院)　JI SUNG HO
侯　莉　毛朝明　柳益书　孙继芾

27位同志已具备副研究员任职资格

黄立静　莫根林　陈　思　蒋　跃
李娅杰　汤玲迪　朱　勇　马　悦
戴江栋　马　强　熊　君　张　波
张延志　龚　辰　崔冰波　王爱臣
石超文　唐　琦　徐　力　汤　敏
吕　鹏　方　真　李　明　荀苏杭
荣新山　白竣文　徐保国

8位同志已具备高级实验师任职资格

李　品　胥保文　马汉达
芦　兵　彭晓冰　刘红光
贾　鼎　赵璧影

祁鸣、潘凌理2位同志已具备学生思想政治教育副教授任职资格

李淑艳、吕翔、韩奎国、王亚娜、邱丽华5位同志已具备教育管理研究副研究员任职资格。

以上人员，2020年6月21日起聘任

彭烨同志已具备副研究员任职资格，2020年6月23日起聘任

二、26位同志已具备副主任医师资格

王德强　翟志刚　范宏娟　赵建伟
宋迎春　丰　飞　梁亚鹏　张建国
王焕景　陈　奇　殷　凯　黄　燕
朱荣刚　邱明忠　吴金华　吴胜利
周飞军　严　嵚　丁先超　陈　曦
孙　艳　马　红　韩兰秀　张　建
谭中宝、王丹青等；

范薇、徐遥2位同志已具备副主任药师资格

李梅、刘强、巫丽平3位同志已具备副主任技师资格。

以上人员，2019年12月6日起聘任

13位同志已具备副主任护师资格

姚　静　兰厚萍　唐文玲　段鲁婧

仇海燕　陶　莺　赵　倩　华苏芳
金华怡　苗振英　孔　娟　宋　瑛
华　琴
以上人员，2019 年 11 月 22 日起聘任

三、28 位同志已具备副主任医师资格

王翠平　曹一鑫　徐良洁　石　俊
赵小辉　王小东　胡振奎　孙志伟
周　峰　邹美波　宋　超　杨晓月
潘瑞蓉　陈广华　余云鹏　吴其顺
王　华　尚梦园　马　鹏　钟安菁
王林仙　余　姝　柯先金　杨　萍
刘艳秋　吴　进　任　琎　朱　彦
姚逸同志已具备副主任中医师资格
缪旭同志已具备副主任药师资格
以上人员，2020 年 12 月 4 日起聘任

26 位同志已具备副主任护师资格

刘　妍　孙丽娟　喻镇蓉　高　琳
李瑜琳　殷　俊　沙小妹　夏　青
申瑞芳　冯　薇　韦春秀　杨丽萍
任　艳　谭小翠　施　银　季　云
朱菊红　陈良莹　刘巧艳　陈　赟
王　玲　刘　青　钟广红　瞿　韦
丁　琴　解　敏
以上同志 2020 年 12 月 4 日起聘任

吴冰、李星星 2 位同志已具备思想政治工作人员副研究员资格，取得资格的时间自 2020 年 11 月 25 日起算

张文康同志已具备高级工程师资格，取得资格的时间自 2020 年 11 月 6 日起算

李青同志已具备会计专业高级会计师资格，取得资格的时间自 2020 年 8 月 14 日起算

（撰稿：常海虹　核稿：石宏伟）

2020 年江苏大学新增博士生指导教师名单

江大校〔2020〕2 号

一级学科名称	二级学科名称	导师姓名（以姓氏笔画为序）
力学	工程力学	殷　杰
机械工程	机械制造及其自动化	叶云霞　蔡　杰　戴峰泽
	机械电子工程	钱鹏飞
	车辆工程	王丽梅　孙晓强　杨晓峰
电气工程	电力电子与电力传动	张维煜
	电机与电器	陈　前
材料科学与工程	材料物理与化学	饶德伟
	材料学	张　侃　张晓禹　陈　敏　庞胜利　徐紫巍　潘国庆　Federico Rosei
	材料加工工程	霍向东
动力工程及工程热物理	工程热物理	范宝伟
	动力机械及工程	董　非
	流体机械及工程	王贞涛　王秀礼　王　凯　张金凤
计算机科学与技术	计算机应用技术	成科扬　韩　牟
农业工程	农业机械化工程	马　征　陈　志　杨启志
环境科学与工程	环境科学	尹　盛　李春梅　陈　承　郭慧芳　魏利辉
	环境工程	颜伟城　王　勇

续表

一级学科名称	二级学科名称	导师姓名（以姓氏笔画为序）
食品科学与工程	食品科学	王道营　肖　香　肖建波　欧阳琴　袁　丽　郭志明　黄晓玮　黄璐琦　Maurizio Battino　Maria Daglia　Hesham　R. El-Seedi
	粮食、油脂及植物蛋白工程	张海晖
	农产品加工及贮藏工程	霍书豪
管理科学与工程	管理科学与工程	龙兴乐　田红云　朱乃平　刘素霞　孙华平　林毅夫　韩　豫
临床医学	内科学	汪年松　张华勇　袁　伟　曹云山
	影像医学与核医学	朱海涛　陈宝定
	临床检验诊断学	王　梅　毛　飞　冯春来　茅凌翔　胡嘉波
	外科学	刘　臻
	妇产科学	丁利军
	肿瘤学	邹征云
	麻醉学	阎文军

2020 年江苏大学新增学术学位硕士生指导教师名单

一级学科名称	二级学科名称	导师姓名（以姓氏笔画为序）
应用经济学	产业经济学	石俊国
法学	民商法学	王　浩
马克思主义理论	国外马克思主义研究	李春建
外国语言文学	外国语言学及应用语言学	钟家宝
数学	应用数学	王世鹏　刘凯慧　孙艳楠　荆瑞娟
物理学	凝聚态物理	袁加仁
	声学	贾　鼎
化学	无机化学	刘计省　刘津媛　李敏智
	分析化学	杨文书
	有机化学	薛松林

续表

一级学科名称	二级学科名称	导师姓名（以姓氏笔画为序）
生物学	植物学	陈龙正　赵统敏　郭广君　唐　君
	动物学	徐　鹿
	微生物学	毛　立　毕振威　刘传敏　齐中强　孙　敏　钱　晶　徐秋芳
	遗传学	汤　敏　吴纪中　张云辉　赵　君　娄丽娜　殷剑美　曾爱松
	发育生物学	关　玲
	细胞生物学	陈坤琳
	生物化学与分子生物学	石超文　冯志新　李玉龙　余方伟　张　伟　周珍珍
力学	一般力学与力学基础	马新东　刘　帽
	固体力学	陈　雷　姜世平
机械工程	机械制造及其自动化	李永健　周王凡
	机械电子工程	王敏昌　仲　艳　胡兴好　徐　江
	车辆工程	叶　青　刘雁玲　杨驹丰　周宏月　涂文琼　曹学成
光学工程	光学工程	张晶晶　陶宇峰
材料科学与工程	材料物理与化学	史　璐　印　胤　胡宏伟　柏　凌　徐　晖
	材料学	王秋菊　纪明阳　宋福展　张相召　唐　旭　曹甫洋
	材料加工工程	杜成超　焦静思
冶金工程	有色金属冶金	周　玉
动力工程及工程热物理	工程热物理	齐小方　李　翔　张　波　钟　珊
	热能工程	马　忠　郭培军
	动力机械及工程	李瑞娜　郭根苗
	流体机械及工程	李　岩　李　彬　曹璞钰
信息与通信工程	通信与信息系统	孔　娃
	信号与信息处理	吉　奕
控制科学与工程	控制理论与控制工程	王照伟　李元第
	检测技术与自动化装置	宋向金
计算机科学与技术	计算机应用技术	马忠臣　冯　丽　黄龙霞

续表

一级学科名称	二级学科名称	导师姓名（以姓氏笔画为序）
化学工程与技术	化学工程	刘树成　阳小华　徐东波
	生物化工	汤　宝
	应用化学	王　勇　朱相林　李　浩　姜志锋
	工业催化	宋相海
交通运输工程	交通信息工程及控制	熊晓夏
	交通运输规划与管理	葛慧敏
	载运工具运用工程	倪　捷
农业工程	农业机械化工程	周脉乐　路　恩
	农业生物环境与能源工程	牛其建　纪冠亚　杜　静 奚永兰　曹　凯　鲍恩财
环境科学与工程	环境科学	王永丽　王永峰　王　超　纪　程　陈　瑶 钟小仙　徐烨红　徐　聪　董　星　廖怀建 Justin Siu Hung Wan　Susan Rutherford
	环境工程	黄红英
食品科学与工程	食品科学	Md Zabed Hossain　马　芳　马晶晶 包玉龙　李海腾　何伟伟　宋云云　张志勇 张智宏　昝新艺　徐亚元　徐重新　祭　芳
	粮食、油脂及植物蛋白工程	徐照龙
	农产品加工及贮藏工程	周晨光　郑开逸　彭烨
安全科学与工程	安全科学与工程	朱　方　赵路遥
基础医学	病理学与病理生理学	杨大凯　樊祥山
临床医学	内科学	王　涟　冯文焕　仲　威　李　平　沈珊珊 张　斌　孟　然　赵　丽　曹孟淑　潘静薇
	神经病学	朱晓蕾　张梅娟
	影像医学与核医学	申　锷　麦筱莉　牡　丹 何　健　胡　慧　曹志宏
	临床检验诊断学	王　森　孙爱琴　孙瑶湘 胡志刚*　黄　锋　曹小利
	外科学	王　涛　庄　宗　孙　旭　纪长威　李　伟 杨细虎　邱旭升　陈　波　蒋　军
	妇产科学	周怀君、郑明明
	眼科学	胡　凯
	耳鼻咽喉科学	陈　杰
	肿瘤学	王　旭　王　强　王德强　杜　娟　邹征云 沈　洁（鼓楼）　孟凡岩　隋新兵
	麻醉学	孙玉娥

续表

<table>
<tr><th>一级学科名称</th><th>二级学科名称</th><th>导师姓名（以姓氏笔画为序）</th></tr>
<tr><td rowspan="4">药学</td><td>药物化学</td><td>尹志平</td></tr>
<tr><td>药剂学</td><td>邓纹纹　吴　琳　周升旺</td></tr>
<tr><td>药物分析学</td><td>刘思瑶</td></tr>
<tr><td>药理学</td><td>殷润婷</td></tr>
<tr><td>中药学</td><td>中药学</td><td>徐卫东</td></tr>
<tr><td>管理科学与工程</td><td>管理科学与工程</td><td>王友发</td></tr>
<tr><td>工商管理</td><td>企业管理</td><td>孔兰兰</td></tr>
<tr><td rowspan="2">公共管理</td><td>行政管理</td><td>石　祥</td></tr>
<tr><td>社会医学与卫生事业管理</td><td>陈潇君</td></tr>
<tr><td rowspan="2">图书情报与档案管理</td><td>图书馆学</td><td>苏文成</td></tr>
<tr><td>情报学</td><td>赵文青</td></tr>
<tr><td>艺术学</td><td>美术学</td><td>沙春发　张同标</td></tr>
</table>

2020年江苏大学新增专业学位硕士生指导教师名单

<table>
<tr><th colspan="2">专业学位类别</th><th>导师姓名（以姓氏笔画为序）</th></tr>
<tr><td>教育</td><td>教育管理</td><td>王玉忠　孙月娟　李淑艳　高慧珠</td></tr>
<tr><td colspan="2">机械</td><td>刘　杨　孙恩惠　李　品　柏宗春　柳　军</td></tr>
<tr><td colspan="2">材料与化工</td><td>罗治斌</td></tr>
<tr><td colspan="2">资源与环境</td><td>王玉龙　王秋君　肖留斌　盛　婧</td></tr>
<tr><td colspan="2">能源动力</td><td>和　阳</td></tr>
<tr><td colspan="2">生物与医药</td><td>王庆莲　何　涛　胡花丽　牛丽影</td></tr>
<tr><td rowspan="8">临床医学</td><td>内科学</td><td>丁　澍　王薇彬　刘其锋　刘菊香
许佩佩　李文华　张俊华　张　琦</td></tr>
<tr><td>儿科学</td><td>曲志博　唐　炜</td></tr>
<tr><td>神经病学</td><td>罗　云　夏海平</td></tr>
<tr><td>急诊医学</td><td>尹江涛　张建国</td></tr>
<tr><td>全科医学</td><td>王建成　沙杜鹃</td></tr>
<tr><td>康复医学与理疗学</td><td>徐　蓉</td></tr>
<tr><td>外科学</td><td>厉晓龙　刘　涛　刘　臻　孙振华
杨咏波　沈晓军　张　青　陈达伟*
赵鹏来　郝彦明　徐　武　曹海龙</td></tr>
<tr><td>妇产科学</td><td>朱彦玲　张宁媛　顾　星　翁　侨</td></tr>
</table>

续表

专业学位类别		导师姓名（以姓氏笔画为序）
临床医学	耳鼻咽喉科学	王俊国
	麻醉学	蒋　明　衡　垒
	临床检验诊断学	王建军　邓志勇　沈　瀚
	肿瘤学	王维民　刘　芹　苗　慧
	放射影像学	王冬梅　周　群
	超声医学	王　娴
	核医学	张　鑫
护理		王明明　冯玉玲
会计		万　武　杨顺华
图书情报		梁洪振
艺术	艺术设计	华建业　华思宁

注：标“＊”者为非学校本部及各附属医院的其他单位人员，聘期为四年。

2020 年江苏大学博士后研究人员进站情况

序号	姓名	流动站名称	编号	校内合作导师	进站时间	招收类别
1	Mahmoud Samir El-Sharkawy	环境科学与工程	249477	杜道林	2020-01-02	流动站自主招收
2	ABINAYA	环境科学与工程	249478	孙建中	2020-01-02	流动站自主招收
3	Ahsanullah Soomro	动力工程及工程热物理	249479	潘剑锋	2020-01-02	流动站自主招收
4	张　波	动力工程及工程热物理	249488	何志霞	2020-01-02	工作站联合招收
5	周　岭	动力工程及工程热物理	249718	施卫东	2020-01-06	工作站联合招收
6	BEHNAM SOBHANIARAGH	力学	249816	张　健	2020-01-07	流动站自主招收
7	Faizan Qamar	计算机科学与技术	249817	王昌达	2020-01-07	流动站自主招收
8	M. Benjamin	动力工程及工程热物理	249823	连加彪	2020-01-07	流动站自主招收
9	Hosimin Selvaraj	环境科学与工程	250126	成　亮	2020-01-08	流动站自主招收
10	Asif Mahmood	材料科学与工程	250337	张　文	2020-01-10	流动站自主招收
11	Muhammad Imran Nawaz	农业工程	250339	吴春笃	2020-01-10	流动站自主招收
12	Maria Yaseen	材料科学与工程	250498	唐　华	2020-01-13	流动站自主招收
13	张　涛	环境科学与工程	250508	邱凤仙	2020-01-13	工作站联合招收

续表

序号	姓名	流动站名称	编号	校内合作导师	进站时间	招收类别
14	PARTHIPAN P	环境科学与工程	250626	成　亮	2020-01-13	流动站自主招收
15	Najaf Iqbal	管理科学与工程	250840	姚洪兴	2020-01-15	流动站自主招收
16	周王凡	机械工程	250858	任旭东	2020-01-15	工作站联合招收
17	Ramzan	管理科学与工程	250870	姚洪兴	2020-01-15	流动站自主招收
18	刘雁玲	交通运输工程	251055	汪若尘	2020-01-17	创新基地联合招收
19	karthickeyan viswanathan	动力工程及工程热物理	251374	王　爽	2020-02-17	流动站自主招收
20	Sher Ali	计算机科学与技术	251471	陈锦富	2020-02-21	流动站自主招收
21	Yassine Naciri	动力工程及工程热物理	251508	李海涛	2020-02-25	流动站自主招收
22	Evans Alenyorege	农业工程	251585	马海乐	2020-03-02	流动站自主招收
23	arman amani babadi	动力工程及工程热物理	251586	王　爽	2020-03-02	流动站自主招收
24	Ibrahim Abdelghafar Elsayed Khalifa	食品科学与工程	251587	邹小波	2020-03-02	流动站自主招收
25	杨　福	环境科学与工程	251798	潘建明	2020-03-09	工作站联合招收
26	王　峰	交通运输工程	251885	徐　兴	2020-03-11	工作站联合招收
27	周海超	交通运输工程	252030	王国林	2020-03-17	工作站联合招收
28	吕　柳	机械工程	252053	王　权	2020-03-17	工作站联合招收
29	杨　莹	机械工程	252081	王　权	2020-03-18	工作站联合招收
30	祁浩天	动力工程及工程热物理	252245	王　平	2020-03-24	流动站自主招收
31	TAMILSELVAN PACHIANNAN	环境科学与工程	252540	何志霞	2020-04-02	流动站自主招收
32	Nermeen Yosri Abbas Abdel Hafez	食品科学与工程	252636	邹小波	2020-04-07	流动站自主招收
33	Panneerserlvam John Krishnan	计算机科学与技术	252825	刘　路	2020-04-10	流动站自主招收
34	PATTAN SIDDAPPA GANESH	环境科学与工程	252963	王　赟	2020-04-15	流动站自主招收
35	Rai Nauman Ali	材料科学与工程	253720	刘芹芹	2020-05-08	流动站自主招收
36	Seyyed Ali Latifi Rostami	力学	253764	朱建国	2020-05-09	流动站自主招收
37	Muhammad Haris	控制科学与工程	253803	姚洪兴	2020-05-11	流动站自主招收
38	张柔佳	食品科学与工程	253884	邹小波	2020-05-13	流动站自主招收
39	Aregbe Afusat Yinka	食品科学与工程	253943	马永昆	2020-05-14	流动站自主招收
40	游　帅	环境科学与工程	253956	吴向阳	2020-05-14	工作站联合招收

续表

序号	姓名	流动站名称	编号	校内合作导师	进站时间	招收类别
41	sadia kanwal	环境科学与工程	253957	杜道林	2020-05-14	流动站自主招收
42	Vigneshwari Loganathan	环境科学与工程	253958	蒋建雄	2020-05-14	流动站自主招收
43	Syed Usman Qadri	管理科学与工程	254020	马志强	2020-05-15	流动站自主招收
44	文　豪	环境科学与工程	254201	施伟东	2020-05-21	流动站自主招收
45	Mehdi Baghaee Karkaragh	力学	254262	朱建国	2020-05-22	流动站自主招收
46	Zahid Humeed	管理科学与工程	254274	杜建国	2020-05-25	流动站自主招收
47	徐家乐	机械工程	254477	周建忠	2020-05-28	工作站联合招收
48	Soban Muddassir Dar	材料科学与工程	255211	赵玉涛	2020-06-10	流动站自主招收
49	SUMET MEHTA	控制科学与工程	255437	韩　飞	2020-06-15	流动站自主招收
50	汝金明	机械工程	255579	许晓静	2020-06-17	工作站联合招收
51	谭林伟	动力工程及工程热物理	255853	施卫东	2020-06-22	工作站联合招收
52	徐媚媚	电气工程	256099	吉敬华	2020-06-24	流动站自主招收
53	俞升浩	力学	256255	毕勤胜	2020-06-24	流动站自主招收
54	王　彬	动力工程及工程热物理	256494	夏杰祥	2020-06-29	流动站自主招收
55	胡雪桃	农业工程	256626	石吉勇	2020-06-30	流动站自主招收
56	胡庆松	环境科学与工程	257198	吴春笃	2020-07-02	流动站自主招收
57	李　欣	材料科学与工程	257701	杨建红	2020-07-03	创新基地联合招收
58	丁绪辉	管理科学与工程	257702	张济建	2020-07-03	流动站自主招收
59	Jamile Mohammadi Moradian	材料科学与工程	257704	糜建立	2020-07-03	流动站自主招收
60	樊　薇	交通运输工程	257838	陈　龙	2020-07-06	流动站自主招收
61	潘铜华	农业工程	257840	毛罕平	2020-07-06	流动站自主招收
62	刘　槟	环境科学与工程	257845	倪　良	2020-07-06	创新基地联合招收
63	罗必富	材料科学与工程	257847	施伟东	2020-07-06	流动站自主招收
64	潘　晔	电气工程	257855	陈全胜	2020-07-06	创新基地联合招收
65	钱鹏飞	控制科学与工程	257939	任旭东	2020-07-06	创新基地联合招收
66	Sivarasan	食品科学与工程	257942	林　琳	2020-07-06	流动站自主招收
67	祁珊珊	农业工程	257943	毛罕平	2020-07-06	流动站自主招收
68	曹淑超	交通运输工程	258029	江浩斌	2020-07-07	流动站自主招收
69	卓立军	力学	258162	朱建国	2020-07-07	流动站自主招收

续表

序号	姓名	流动站名称	编号	校内合作导师	进站时间	招收类别
70	刘树成	食品科学与工程	258393	邹小波	2020-07-08	流动站自主招收
71	郝桐帆	计算机科学与技术	258461	周志平	2020-07-08	创新基地联合招收
72	王　博	食品科学与工程	258517	周存山	2020-07-08	流动站自主招收
73	冯永强	动力工程及工程热物理	258525	王　谦	2020-07-08	工作站联合招收
74	Muhammad Siddique Ahmad	动力工程及工程热物理	258916	施伟东	2020-07-10	流动站自主招收
75	张云顺	机械工程	259086	丁建宁	2020-07-10	流动站自主招收
76	王文波	机械工程	259087	顾寄南	2020-07-10	创新基地联合招收
77	胡兴好	材料科学与工程	259292	丁建宁	2020-07-13	流动站自主招收
78	孙月平	控制科学与工程	259639	赵德安	2020-07-14	工作站联合招收
79	孙　芹	农业工程	259730	袁寿其	2020-07-15	流动站自主招收
80	田加猛	力学	260182	王军锋	2020-07-16	流动站自主招收
81	朱相林	环境科学与工程	260187	许　晖	2020-07-16	流动站自主招收
82	Asd	管理科学与工程	260233	孙华平	2020-07-16	流动站自主招收
83	ISAAC ADJEI MENSAH	管理科学与工程	260234	孙　梅	2020-07-16	流动站自主招收
84	于　凯	动力工程及工程热物理	260282	王军锋	2020-07-16	创新基地联合招收
85	刘津媛	动力工程及工程热物理	260283	许　晖	2020-07-16	创新基地联合招收
86	李　可	计算机科学与技术	260404	孙晓东	2020-07-17	流动站自主招收
87	于焰均	电气工程	260475	吉敬华	2020-07-17	流动站自主招收
88	Suhas Kadam	环境科学与工程	260578	成　亮	2020-07-20	流动站自主招收
89	EBENEZER LARNYO	控制科学与工程	260727	代宝珍	2020-07-20	流动站自主招收
90	Ampon- Wireko	控制科学与工程	260730	周绿林	2020-07-20	流动站自主招收
91	Amer Ali Mahdi Amer	食品科学与工程	261037	林　琳	2020-07-22	流动站自主招收
92	李　平	临床医学	261061	陆荣柱	2020-07-22	工作站联合招收
93	Maxwell Opuni Antwi	控制科学与工程	261109	周绿林	2020-07-23	流动站自主招收
94	Rahman Airin	管理科学与工程	261110	朱乃平	2020-07-23	流动站自主招收
95	李　品	机械工程	261178	王　霄	2020-07-23	工作站联合招收
96	刘擎超	交通运输工程	261291	江浩斌	2020-07-24	工作站联合招收
97	Ishmael Mutanda	环境科学与工程	261358	蒋建雄	2020-07-24	流动站自主招收

续表

序号	姓名	流动站名称	编号	校内合作导师	进站时间	招收类别
98	PRANIL VIJAY SAWALAKHE	交通运输工程	261564	梁　军	2020-07-27	流动站自主招收
99	徐占东	控制科学与工程	261886	梅　强	2020-07-29	流动站自主招收
100	冯永海	环境科学与工程	262189	潘建明	2020-07-31	工作站联合招收
101	潘世优	食品科学与工程	262768	齐向辉	2020-08-06	流动站自主招收
102	周小双	机械工程	262773	丁建宁	2020-08-06	流动站自主招收
103	戴胜平	机械工程	262774	程广贵	2020-08-06	流动站自主招收
104	Mostafa Khater	力学	262775	卢殿臣	2020-08-06	流动站自主招收
105	Saptarshi Ghosh	环境科学与工程	263139	蒋建雄	2020-08-11	流动站自主招收
106	AMEEN MUHAMMAD	农业工程	263251	贾卫东	2020-08-12	流动站自主招收
107	Imad Ali	管理科学与工程	263252	孙华平	2020-08-12	流动站自主招收
108	刘计省	环境科学与工程	263271	朱文帅	2020-08-12	工作站联合招收
109	PARKASH ANAND	动力工程及工程热物理	263298	李海涛	2020-08-12	流动站自主招收
110	陈　杰	材料科学与工程	263613	曹大威	2020-08-13	工作站联合招收
111	IQBAL MUHAMMAD WAHEED	食品科学与工程	263798	齐向辉	2020-08-17	流动站自主招收
112	Muhammad Faisal Manzoor	食品科学与工程	264059	徐　斌	2020-08-19	流动站自主招收
113	郭根苗	动力工程及工程热物理	264095	王　谦	2020-08-20	流动站自主招收
114	Abdul Haleem	环境科学与工程	266127	潘建明	2020-09-07	流动站自主招收
115	Muhammad Moeen	环境科学与工程	266128	成　亮	2020-09-07	流动站自主招收
116	AMJAD ALI	材料科学与工程	266238	郭　丽	2020-09-07	流动站自主招收
117	Joshua Harrington Aheto	农业工程	266272	黄星奕	2020-09-08	流动站自主招收
118	SIRAJUNNISA ABDUL RAZACK	食品科学与工程	267033	齐向辉	2020-09-15	流动站自主招收
119	Ganesh Elango	食品科学与工程	267301	陈全胜	2020-09-19	流动站自主招收
120	肖　艳	动力工程及工程热物理	267302	吴向阳	2020-09-19	流动站自主招收
121	王秋菊	材料科学与工程	267533	沈湘黔	2020-09-22	工作站联合招收
122	王乐乐	材料科学与工程	267539	刘芹芹	2020-09-22	流动站自主招收
123	ABDULLATEEF TAIYE MUSTAPHA	农业工程	267541	周存山	2020-09-22	流动站自主招收
124	王豪鑫	材料科学与工程	268043	许　晖	2020-09-26	流动站自主招收

续表

序号	姓名	流动站名称	编号	校内合作导师	进站时间	招收类别
125	Majid Murad	控制科学与工程	268165	蔡　莉	2020-09-28	流动站自主招收
126	林　卿	机械工程	268227	任乃飞	2020-09-28	工作站联合招收
127	JONATHAN KISSI	控制科学与工程	268676	代宝珍	2020-09-30	流动站自主招收
128	HUSSAIN SHAHBAZ	管理科学与工程	269345	JINYAN HUANG	2020-10-14	流动站自主招收
129	Sheikh Farhan Ashraf	控制科学与工程	269371	蔡　莉	2020-10-14	流动站自主招收
130	Mudasir Nazar	环境科学与工程	269375	朱道辰	2020-10-14	流动站自主招收
131	刘　帅	动力工程及工程热物理	269408	尹必峰	2020-10-15	工作站联合招收
132	Muhammad Shahbaz	管理科学与工程	269414	杜建国	2020-10-15	流动站自主招收
133	Mohammed Mustafa Abdelmotalib Elbashier	动力工程及工程热物理	269417	闫浩芳	2020-10-15	流动站自主招收
134	王站峰	机械工程	269566	鲁金忠	2020-10-16	工作站联合招收
135	Zahid	管理科学与工程	269607	胡绪华	2020-10-16	流动站自主招收
136	孟　凡	机械工程	269785	裴　吉	2020-10-19	流动站自主招收
137	YUGUDA TAITIYA KENNETH	环境科学与工程	269788	杜道林	2020-10-19	流动站自主招收
138	AAMIR FAROOQ	控制科学与工程	269968	卢殿臣	2020-10-21	流动站自主招收
139	Bilal Ahmed Memon	控制科学与工程	270238	姚洪兴	2020-10-22	流动站自主招收
140	JAMSHAID UL RAHMAN	控制科学与工程	270240	卢殿臣	2020-10-22	流动站自主招收
141	杨乐云	食品科学与工程	270402	邹小波	2020-10-26	工作站联合招收
142	吴本刚	食品科学与工程	270854	马海乐	2020-10-29	工作站联合招收
143	AHSAN NAZIR	材料科学与工程	271011	霍鹏伟	2020-10-30	流动站自主招收
144	盛　杰	材料科学与工程	271019	刘会霞	2020-10-30	工作站联合招收
145	鹿永宗	农业工程	272173	胡永光	2020-11-13	工作站联合招收
146	张新爱	食品科学与工程	272244	邹小波	2020-11-16	工作站联合招收
147	Seyed Mohammad Hashemi	动力工程及工程热物理	272286	王　平	2020-11-17	流动站自主招收
148	刘奕显	动力工程及工程热物理	272629	李海涛	2020-11-20	流动站自主招收
149	赵　龙	环境科学与工程	272741	朱卫华	2020-11-22	工作站联合招收
150	吴　俣	食品科学与工程	273328	施海峰	2020-11-30	流动站自主招收

续表

序号	姓名	流动站名称	编号	校内合作导师	进站时间	招收类别
151	王　凯	动力工程及工程热物理	273446	刘厚林	2020-12-01	工作站联合招收
152	薛松林	控制科学与工程	274104	潘建明	2020-12-09	流动站自主招收
153	李　浩	管理科学与工程	274108	潘建明	2020-12-09	流动站自主招收
154	王东保	力学	274121	毕勤胜	2020-12-09	流动站自主招收
155	蒋　跃	环境科学与工程	274223	雍阳春	2020-12-10	流动站自主招收
156	周宏月	电气工程	274272	江浩斌	2020-12-10	创新基地联合招收
157	荆哲铖	电气工程	274297	王国林	2020-12-11	流动站自主招收
158	杨广栋	力学	274306	陆春华	2020-12-11	流动站自主招收
159	王　鹏	动力工程及工程热物理	274364	袁寿其	2020-12-11	创新基地联合招收
160	孙　超	管理科学与工程	274365	江浩斌	2020-12-11	流动站自主招收
161	蔡赛华	计算机科学与技术	274366	陈锦富	2020-12-11	流动站自主招收
162	梁向锋	材料科学与工程	274368	赵玉涛	2020-12-11	工作站联合招收
163	李英杰	动力工程及工程热物理	274379	夏杰祥	2020-12-11	流动站自主招收
164	于瀛霄	电气工程	274441	尹必峰	2020-12-14	流动站自主招收
165	钱　海	力学	274598	陆春华	2020-12-15	流动站自主招收
166	郑小军	环境科学与工程	274606	杜道林	2020-12-15	流动站自主招收
167	李傲雪	交通运输工程	274608	江浩斌	2020-12-15	流动站自主招收
168	王丽雅	力学	274616	唐　淳	2020-12-15	流动站自主招收
169	周脉乐	农业工程	274618	陈学庚	2020-12-15	流动站自主招收
170	徐香茹	农业工程	274619	由天艳	2020-12-15	流动站自主招收
171	丁福源	食品科学与工程	274623	邹小波	2020-12-15	流动站自主招收
172	柏　凌	材料科学与工程	274628	乔冠军	2020-12-15	流动站自主招收
173	王婧怡	计算机科学与技术	274629	金丽馥	2020-12-15	流动站自主招收
174	张相召	材料科学与工程	274630	乔冠军	2020-12-15	流动站自主招收
175	李洪亮	材料科学与工程	274650	刘海霞	2020-12-15	流动站自主招收
176	季　晨	机械工程	274651	张忠强	2020-12-15	流动站自主招收
177	张莉慧	食品科学与工程	274732	马海乐	2020-12-16	流动站自主招收
178	周　曼	食品科学与工程	274733	周存山	2020-12-16	流动站自主招收
179	曹学成	交通运输工程	274734	陈　龙	2020-12-16	流动站自主招收
180	吕高强	农业工程	274736	毛罕平	2020-12-16	流动站自主招收

续表

序号	姓名	流动站名称	编号	校内合作导师	进站时间	招收类别
181	潘　强	农业工程	274741	张德胜	2020-12-16	创新基地联合招收
182	常　浩	农业工程	274742	袁寿其	2020-12-16	创新基地联合招收
183	董秀秀	农业工程	274743	由天艳	2020-12-16	流动站自主招收
184	李海腾	食品科学与工程	274744	徐　斌	2020-12-16	流动站自主招收
185	申婷婷	食品科学与工程	274765	邹小波	2020-12-16	流动站自主招收
186	郭灿志	动力工程及工程热物理	274766	丁建宁	2020-12-16	流动站自主招收
187	胡宏伟	机械工程	274767	程广贵	2020-12-16	创新基地联合招收
188	李　翔	动力工程及工程热物理	274769	王　谦	2020-12-16	流动站自主招收
189	任光前	农业工程	274786	杜道林	2020-12-16	流动站自主招收
190	蔡　杰	机械工程	274787	鲁金忠	2020-12-16	流动站自主招收
191	钟　珊	动力工程及工程热物理	274789	王　爽	2020-12-16	工作站联合招收
192	孟宪凯	材料科学与工程	274991	鲁金忠	2020-12-19	创新基地联合招收
193	王朵朵	管理科学与工程	274992	谭小力	2020-12-19	流动站自主招收
194	刘为力	机械工程	274993	王　匀	2020-12-19	流动站自主招收
195	李鹏飞	机械工程	274994	周建忠	2020-12-19	创新基地联合招收
196	包玉龙	食品科学与工程	274995	高瑞昌	2020-12-19	流动站自主招收
197	李　威	动力工程及工程热物理	274996	王　谦	2020-12-19	流动站自主招收
198	王超杰	管理科学与工程	274997	李洪波	2020-12-19	流动站自主招收
199	赵路遥	环境科学与工程	274998	杜道林	2020-12-19	流动站自主招收
200	莫　罂	环境科学与工程	274999	吴向阳	2020-12-19	流动站自主招收
201	赵信毅	材料科学与工程	275006	雷玉成	2020-12-19	创新基地联合招收
202	刘　芳	环境科学与工程	275007	杜道林	2020-12-19	流动站自主招收
203	李浩然	食品科学与工程	275011	邹小波	2020-12-19	流动站自主招收
204	王世鹏	控制科学与工程	275014	夏先伟	2020-12-19	流动站自主招收
205	曹颖赛	管理科学与工程	275017	罗建强	2020-12-19	流动站自主招收
206	凌志健	控制科学与工程	275038	赵文祥	2020-12-21	流动站自主招收
207	王慧蕾	环境科学与工程	275408	吴向阳	2020-12-24	流动站自主招收
208	高海宇	交通运输工程	275620	尹必峰	2020-12-25	流动站自主招收
209	王明刚	控制科学与工程	275621	田立新	2020-12-25	流动站自主招收
210	汪婷婷	计算机科学与技术	275962	乔冠军	2020-12-28	流动站自主招收

2020 年江苏大学博士后研究人员出站情况

序号	姓名	流动站名称	编号	校内合作导师	进站时间	出站时间	招收类别
1	王承克	食品科学与工程	133505	王　坤	2013-09-29	2020-08-18	香江学者计划招收
2	何文森	食品科学与工程	134950	马海乐	2013-11-04	2020-08-18	香江学者计划招收
3	张　鹏	材料科学与工程	136027	董明东	2013-11-29	2020-08-25	国际交流派出项目招收
4	栗欢欢	交通运输工程	140495	陈　龙	2014-04-16	2020-04-15	流动站自主招收
5	彭琬昕	食品科学与工程	140496	许文荣	2014-04-16	2020-03-23	流动站自主招收
6	吴　亮	食品科学与工程	140497	许化溪	2014-04-16	2020-03-26	流动站自主招收
7	刘海龙	动力工程及工程热物理	140498	王军锋	2014-04-16	2020-03-27	流动站自主招收
8	刘　霞	食品科学与工程	140749	许文荣	2014-04-23	2020-03-26	流动站自主招收
9	芮蒙杰	材料科学与工程	140751	徐希明	2014-04-23	2020-04-20	流动站自主招收
10	刘　超	控制科学与工程	141382	朱熀秋	2014-05-22	2020-05-20	流动站自主招收
11	聂仪晶	材料科学与工程	141391	周志平	2014-05-22	2020-05-20	流动站自主招收
12	魏茂彬	环境科学与工程	141394	倪　良	2014-05-22	2020-04-10	流动站自主招收
13	张苗苗	食品科学与工程	143913	许文荣	2014-07-07	2020-06-03	流动站自主招收
14	王　强	食品科学与工程	143914	陈克平	2014-07-07	2020-03-23	流动站自主招收
15	苟建平	控制科学与工程	143917	詹永照	2014-07-07	2020-12-29	国际交流派出项目招收
16	黄立英	环境科学与工程	147117	杨　娟	2014-09-18	2020-09-15	流动站自主招收
17	谢甫哲	交通运输工程	148725	刘荣桂	2014-10-24	2020-10-15	流动站自主招收
18	杨岚钦	环境科学与工程	150375	吴向阳	2014-12-02	2020-11-22	流动站自主招收
19	王纪章	控制科学与工程	150388	李萍萍	2014-12-02	2020-11-30	流动站自主招收
20	王　锋	食品科学与工程	150402	马海乐	2014-12-02	2020-11-30	国际交流派出项目招收
21	高　铭	环境科学与工程	151247	闫永胜	2014-12-19	2020-06-04	流动站自主招收
22	桑建荣	临床医学	151253	许文荣	2014-12-19	2020-12-08	流动站自主招收
23	王晓春	食品科学与工程	151257	段玉清	2014-12-19	2020-12-11	流动站自主招收
24	怯喜周	材料科学与工程	151272	赵玉涛	2014-12-19	2020-02-17	工作站联合招收
25	孙宗保	农业工程	151889	邹小波	2014-12-31	2020-10-30	创新基地联合招收
26	徐　丽	动力工程及工程热物理	152554	袁寿其	2015-01-16	2020-11-23	流动站自主招收
27	甄美荣	管理科学与工程	152560	庄晋财	2015-01-16	2020-11-03	流动站自主招收

续表

序号	姓名	流动站名称	编号	校内合作导师	进站时间	出站时间	招收类别
28	吴　岩	计算机科学与技术	152566	刘　路	2015-01-16	2020-10-30	流动站自主招收
29	张道海	管理科学与工程	152567	杜建国	2015-01-16	2020-10-12	流动站自主招收
30	杨　洋	计算机科学与技术	152570	詹永照	2015-01-16	2020-09-22	流动站自主招收
31	周志强	机械工程	152573	任乃飞	2015-01-16	2020-07-13	流动站自主招收
32	黄如兵	计算机科学与技术	152576	詹永照	2015-01-16	2020-12-26	流动站自主招收
33	戴志聪	农业工程	153182	杜道林	2015-01-27	2020-10-30	流动站自主招收
34	张文波	临床医学	153186	侯永忠	2015-01-27	2020-12-19	流动站自主招收
35	徐　琳	材料科学与工程	156684	丁建宁	2015-06-09	2020-01-13	流动站自主招收
36	刘素霞	控制科学与工程	156991	梅　强	2015-06-16	2020-07-01	流动站自主招收
37	吴世嘉	食品科学与工程	158876	马海乐	2015-07-09	2020-10-13	流动站自主招收
38	李　明	环境科学与工程	162926	杜道林	2015-09-22	2020-05-27	流动站自主招收
39	牛湘衡	控制科学与工程	164311	宋余庆	2015-10-23	2020-04-02	流动站自主招收
40	赵　岩	动力工程及工程热物理	164312	袁寿其	2015-10-23	2020-11-26	流动站自主招收
41	马　洁	食品科学与工程	164321	马海乐	2015-10-23	2020-06-09	流动站自主招收
42	董红军	动力工程及工程热物理	165860	李　红	2015-11-25	2020-12-03	流动站自主招收
43	王雅新	动力工程及工程热物理	165861	李春香	2015-11-25	2020-04-03	流动站自主招收
44	王永丹	管理科学与工程	165862	马志强	2015-11-25	2020-04-03	流动站自主招收
45	马吉春	临床医学	165863	钱　军	2015-11-25	2020-10-13	流动站自主招收
46	纪敬虎	动力工程及工程热物理	165962	袁寿其	2015-11-26	2020-02-17	创新基地联合招收
47	田　洁	食品科学与工程	168527	许化溪	2016-01-14	2020-06-22	流动站自主招收
48	李秀颖	动力工程及工程热物理	168532	李春香	2016-01-14	2020-07-14	流动站自主招收
49	吴海燕	环境科学与工程	169429	邱凤仙	2016-01-29	2020-09-09	流动站自主招收
50	姚祥妹	控制科学与工程	169431	卢殿臣	2016-01-29	2020-06-04	流动站自主招收
51	朱菲菲	食品科学与工程	169443	陈克平	2016-01-29	2020-03-20	流动站自主招收
52	冯永海	环境科学与工程	169450	董明东	2016-01-29	2020-02-17	流动站自主招收
53	马　征	农业工程	169451	李耀明	2016-01-29	2020-04-13	流动站自主招收
54	王婷婷	管理科学与工程	169452	唐　恒	2016-01-29	2020-06-03	流动站自主招收
55	蔡　涛	控制科学与工程	169454	鞠时光	2016-01-29	2020-06-03	流动站自主招收

续表

序号	姓名	流动站名称	编号	校内合作导师	进站时间	出站时间	招收类别
56	张　文	食品科学与工程	169456	邹小波	2016-01-29	2020-09-07	流动站自主招收
57	成科扬	计算机科学与技术	169995	詹永照	2016-03-02	2020-08-07	国际交流派出项目招收
58	刘洪波	动力工程及工程热物理	170587	李春香	2016-03-24	2020-04-24	流动站自主招收
59	张　刚	动力工程及工程热物理	170589	李春香	2016-03-24	2020-04-22	流动站自主招收
60	钱　军	材料科学与工程	171443	张　弛	2016-04-20	2020-01-13	创新基地联合招收
61	杨文书	环境科学与工程	171444	陈志刚	2016-04-20	2020-12-15	流动站自主招收
62	王　军	动力工程及工程热物理	171445	蔡忆昔	2016-04-20	2020-04-02	工作站联合招收
63	丛嘉伟	机械工程	172259	任乃飞	2016-05-17	2020-09-07	流动站自主招收
64	周向同	环境科学与工程	173352	吴智仁	2016-06-15	2020-06-10	创新基地联合招收
65	张　赛	力学	173745	许伯强	2016-06-22	2020-05-27	流动站自主招收
66	李福强	农业工程	175766	贾卫东	2016-07-08	2020-01-16	流动站自主招收
67	王爱健	环境科学与工程	176825	朱卫华	2016-07-19	2020-09-09	流动站自主招收
68	李　程	环境科学与工程	176873	倪　良	2016-07-19	2020-04-20	流动站自主招收
69	陈娟荣	动力工程及工程热物理	176877	吴向阳	2016-07-19	2020-06-04	流动站自主招收
70	苏　宇	机械工程	176880	王贵成	2016-07-19	2020-06-08	流动站自主招收
71	徐紫巍	材料科学与工程	176881	乔冠军	2016-07-19	2020-06-18	流动站自主招收
72	郭　卿	环境科学与工程	178369	邱凤仙	2016-08-15	2020-07-30	流动站自主招收
73	张本国	材料科学与工程	180102	王树奇	2016-09-21	2020-06-22	创新基地联合招收
74	杨　硕	动力工程及工程热物理	180104	霍鹏伟	2016-09-21	2020-04-21	流动站自主招收
75	韩东来	动力工程及工程热物理	180105	李春香	2016-09-21	2020-04-09	流动站自主招收
76	杨石榴	动力工程及工程热物理	181850	袁寿其	2016-10-25	2020-10-27	流动站自主招收
77	王发根	动力工程及工程热物理	181854	施伟东	2016-10-25	2020-01-16	流动站自主招收
78	王书斌	管理科学与工程	181855	姚洪兴	2016-10-25	2020-09-26	流动站自主招收
79	于秀娜	动力工程及工程热物理	182265	闫永胜	2016-11-01	2020-04-24	流动站自主招收
80	金　辉	管理科学与工程	183193	马志强	2016-11-18	2020-09-21	流动站自主招收

续表

序号	姓名	流动站名称	编号	校内合作导师	进站时间	出站时间	招收类别
81	王　梅	食品科学与工程	183194	许文荣	2016-11-18	2020-06-05	流动站自主招收
82	耿阿蕾	环境科学与工程	183957	孙建中	2016-12-05	2020-11-03	流动站自主招收
83	纪润璧	食品科学与工程	183958	许文荣	2016-12-05	2020-03-10	流动站自主招收
84	章明美	环境科学与工程	183967	谢吉民	2016-12-05	2020-07-20	工作站联合招收
85	徐立章	农业工程	184440	李耀明	2016-12-15	2020-07-03	工作站联合招收
86	管美丽	动力工程及工程热物理	184663	李华明	2016-12-20	2020-11-23	流动站自主招收
87	李龙华	动力工程及工程热物理	186096	施伟东	2017-01-06	2020-11-09	流动站自主招收
88	Niki Rezazadeh	动力工程及工程热物理	186100	吴斌鑫	2017-01-06	2020-07-06	流动站自主招收
89	孔兰兰	管理科学与工程	186103	马志强	2017-01-06	2020-12-19	流动站自主招收
90	王会琴	动力工程及工程热物理	186111	王　谦	2017-01-06	2020-07-06	流动站自主招收
91	彭小明	环境科学与工程	186791	邱凤仙	2017-01-17	2020-07-22	流动站自主招收
92	杨永青	临床医学	186800	徐希明	2017-01-17	2020-05-21	流动站自主招收
93	李春梅	动力工程及工程热物理	186823	袁寿其	2017-01-17	2020-12-03	流动站自主招收
94	张　帆	机械工程	186829	袁寿其	2017-01-17	2020-11-03	流动站自主招收
95	郝　楠	农业工程	186832	王　坤	2017-01-17	2020-01-10	流动站自主招收
96	朱　镇	交通运输工程	188362	陈　龙	2017-03-17	2020-08-06	流动站自主招收
97	刘　帅	机械工程	188843	何　仁	2017-03-28	2020-02-21	流动站自主招收
98	戴江栋	电气工程	188850	全　力	2017-03-28	2020-12-11	流动站自主招收
99	高洪燕	机械工程	189292	毛罕平	2017-04-12	2020-12-21	流动站自主招收
100	Umer Farooq	控制科学与工程	189407	卢殿臣	2017-04-18	2020-11-16	流动站自主招收
101	赵利娜	食品科学与工程	189950	张红印	2017-05-09	2020-12-11	流动站自主招收
102	胡东海	机械工程	190576	何　仁	2017-06-12	2020-03-03	工作站联合招收
103	石　磊	临床医学	190577	陆荣柱	2017-06-12	2020-09-03	工作站联合招收
104	muhammad suleman	控制科学与工程	190578	卢殿臣	2017-06-12	2020-11-16	流动站自主招收
105	Raghda Attia Mahmoud Attia	控制科学与工程	190903	卢殿臣	2017-06-19	2020-11-16	流动站自主招收

续表

序号	姓名	流动站名称	编号	校内合作导师	进站时间	出站时间	招收类别
106	Parveen Fatemeh Rupani	环境科学与工程	193808	邵蔚蓝	2017-07-13	2020-10-20	流动站自主招收
107	Md Zabed Hossain	食品科学与工程	195698	齐向辉	2017-08-09	2020-07-02	流动站自主招收
108	Darko Ransford Opoku	动力工程及工程热物理	197420	袁寿其	2017-09-18	2020-04-02	流动站自主招收
109	Amrit Mukherjee	计算机科学与技术	197439	杨利霞	2017-09-19	2020-07-02	流动站自主招收
110	周少东	机械工程	199700	任乃飞	2017-10-31	2020-08-05	工作站联合招收
111	闫　研	环境科学与工程	200114	袁寿其	2017-11-07	2020-07-14	流动站自主招收
112	陈勇将	机械工程	200977	夏长高	2017-11-27	2020-09-28	工作站联合招收
113	贾和坤	动力工程及工程热物理	201845	尹必峰	2017-12-13	2020-02-11	工作站联合招收
114	黄　舒	交通运输工程	202068	鲁金忠	2017-12-18	2020-01-09	工作站联合招收
115	姚晶晶	控制科学与工程	202857	孙　梅	2017-12-27	2020-05-28	流动站自主招收
116	Mohammed Abdalbasit Ahmed Gasmalla	食品科学与工程	202858	马海乐	2017-12-27	2020-01-07	流动站自主招收
117	Qaiser Javed	环境科学与工程	203896	杜道林	2018-01-12	2020-11-03	流动站自主招收
118	Waqas Ahmad	食品科学与工程	203897	陈全胜	2018-01-12	2020-06-09	流动站自主招收
119	裴　吉	动力工程及工程热物理	204146	袁寿其	2018-01-17	2020-02-24	工作站联合招收
120	吕　鹏	材料科学与工程	204577	关庆丰	2018-01-23	2020-06-30	工作站联合招收
121	唐爱坤	交通运输工程	204641	江浩斌	2018-01-24	2020-04-24	工作站联合招收
122	荣新山	材料科学与工程	205013	邱凤仙	2018-01-31	2020-01-06	工作站联合招收
123	Joseph Kirubaharan Christopher	环境科学与工程	205018	雍阳春	2018-01-31	2020-07-07	流动站自主招收
124	孟宪凯	材料科学与工程	205421	周建忠	2018-02-11	2020-05-08	工作站联合招收
125	Sivakumar Esakkimuthu	动力工程及工程热物理	205656	王　爽	2018-03-06	2020-07-17	流动站自主招收
126	孙琳丹	食品科学与工程	205901	陈克平	2018-03-13	2020-09-22	流动站自主招收

续表

序号	姓名	流动站名称	编号	校内合作导师	进站时间	出站时间	招收类别
127	陈允亮	农业工程	206520	贾卫东	2018-03-29	2020-12-15	流动站自主招收
128	Muhammad Sameer Sheikh	交通运输工程	207118	梁　军	2018-04-16	2020-04-03	流动站自主招收
129	申　彦	管理科学与工程	207575	杜建国	2018-04-27	2020-05-06	工作站联合招收
130	Cheera Prasad	材料科学与工程	207888	唐　华	2018-05-08	2020-12-11	流动站自主招收
131	姜德立	动力工程及工程热物理	208467	谢吉民	2018-05-25	2020-10-09	工作站联合招收
132	方　真	环境科学与工程	208647	雍阳春	2018-05-31	2020-11-10	创新人才支持计划招收
133	杨　宁	机械工程	211583	毛罕平	2018-07-09	2020-09-07	工作站联合招收
134	张　超	机械工程	214708	鲁金忠	2018-07-30	2020-08-06	工作站联合招收
135	Nelson Amowine	管理科学与工程	214790	马志强	2018-07-30	2020-11-13	流动站自主招收
136	唐　旭	材料科学与工程	215594	刘　磊	2018-08-10	2020-05-27	流动站自主招收
137	张云雷	动力工程及工程热物理	217638	袁寿其	2018-09-14	2020-10-16	流动站自主招收
138	Shujat Ali	食品科学与工程	217642	陈全胜	2018-09-14	2020-12-02	流动站自主招收
139	宋相海	环境科学与工程	224867	闫永胜	2019-01-09	2020-12-19	流动站自主招收
140	陈琳琳	动力工程及工程热物理	224868	朱文帅	2019-01-09	2020-12-15	流动站自主招收
141	Odey Emmanuel Alepu	动力工程及工程热物理	233093	王　爽	2019-06-27	2020-07-20	流动站自主招收

2020 年江苏大学博士后研究人员获中国博士后科学基金资助项目

序号	项目编号	姓名	进站编号	项目名称	等级	批次	金额/万元
1	2020M671350	袁加仁	247871	二维低对称材料的复杂磁序研究	国家二等	67 批	8
2	2020M671351	贾　鼎	247205	弹性波拓扑材料的设计、制备与性能调控	国家二等	67 批	8
3	2020M671352	崔　森	223012	超短激光脉冲作用下乙炔分子电离轨道成像研究	国家二等	67 批	8
4	2020M671353	姜文安	230546	机电耦合振子俘能器的非线性动力学行为与实验研究	国家二等	67 批	8

续表

序号	项目编号	姓名	进站编号	项目名称	等级	批次	金额/万元
5	2020M671354	何培瑜	232297	盾构主轴承激光微造型协同相变硬化的抗疲劳机理及寿命研究	国家二等	67 批	8
6	2020M671355	刘雁玲	251055	车辆 ISD 悬架网络正实综合与宽频域混合控制方法研究	国家二等	67 批	8
7	2020M671356	杨驹丰	233953	多应力作用下恒压充电阶段动力电池模型构建及老化状态估算研究	国家二等	67 批	8
8	2020M671357	栗　兵	234158	高结晶度三维石墨烯纳米带的可控制备及其氧还原催化性能	国家二等	67 批	8
9	2020M671358	S. Premlatha	236229	高导电碳支撑介孔氮掺杂碳片阵列电极的构筑及储能机制研究	国家二等	67 批	8
10	2020M671359	牛其建	246881	多金属硫化物/杂原子掺杂自支撑碳纳米纤维 Hg^{2+}/Pb^{2+} 光电化学适配体传感器研究	国家二等	67 批	8
11	2020M671360	汪存龙	247222	基于双尺度颗粒协同增强的 Mg-Gd-Y 镁合金的设计制备与强化机理研究	国家二等	67 批	8
12	2020M671361	周　玉	235166	MOFs 衍生高振实密度 Si/$NiSi_x$/C 负极材料的制备与界面性能研究	国家二等	67 批	8
13	2020M671362	李　彬	233745	电场耦合流场强化纳米流体液滴聚结机理研究	国家二等	67 批	8
14	2020M671363	邱　宁	235502	水力机械空泡流溃灭冲击作用下空蚀响应机制研究	国家二等	67 批	8
15	2020M671364	陈琳琳	224868	二维超薄钛锂离子筛的构筑及其电化学选择性提锂研究	国家二等	67 批	8
16	2020M671365	王　超	223481	薄层氮化硼负载氧化还原型离子液体材料构筑及其催化空气氧化柴油深度脱硫研究	国家二等	67 批	8
17	2020M671366	杜晓娇	247089	基于自呼吸型自供能传感技术的微囊藻毒素检测方法研究	国家二等	67 批	8
18	2020M671367	纪冠亚	235157	固体酸机械催化对水稻秸秆酶解效率的影响机理研究	国家二等	67 批	8
19	2020M671368	魏　婕	235513	双光极自供能传感器的设计及小麦制品中赭曲霉毒素 A 和玉米赤霉烯酮的同时检测研究	国家二等	67 批	8

续表

序号	项目编号	姓名	进站编号	项目名称	等级	批次	金额/万元
20	2020M671369	朱　志	241310	2D 高晶态缺陷 CN 的制备及光催化还原 CO_2 的性能与机理探究	国家二等	67 批	8
21	2020M671370	Syed Zaghum Abbas	230966	光辅助非光合菌强化低碳氮比废水深度脱氮的机理研究	国家二等	67 批	8
22	2020M671371	史　惠	223007	HucMSC 外泌体转运新 miRNA（miR-13474）促进糖尿病足溃疡创面修复及其机制研究	国家一等	67 批	8
23	2020M671372	宋云云	247088	自组装固体润滑层针状结构表面的构建及润湿梯度智能调控机理	国家一等	67 批	8
24	2020M671373	白　娟	247212	苦瓜三萜皂苷基于脂滴自噬途径调控脂质代谢的作用机制研究	国家一等	67 批	8
25	2020M671374	王大明	235058	变形假单胞菌末端氧化酶的功能及其代谢工程改造	国家一等	67 批	8
26	2020M671375	孙爱琴	247027	E3 泛素连接酶 NEDD4 促胃癌转移的分子机制	国家二等	67 批	8
27	2020M671376	贾洪杰	223010	面向混合数据的密度感知软谱聚类研究	国家二等	67 批	5
28	2020M671377	张林荣	232124	家族企业差序式领导、员工越轨创新行为及创新绩效研究	国家二等	67 批	5
29	2020M671378	张菁菁	220047	基于政府与供应链共同作用视角的中小企业安全生产行为分析与引导研究	国家二等	67 批	5
30	2020M680065	王　彬	256494	缺陷诱导单原子负载卤氧铋材料的构建及其增强光催化降解抗生素研究	国家一等	68 批	12
31	2020M681494	周培培	246910	基于不连续控制的分数阶时滞网络系统聚群行为研究	国家二等	68 批	8
32	2020M681495	仲　艳	247119	变刚度微纳互锁结构柔性自供能触觉传感器感知机理研究	国家二等	68 批	8
33	2020M681496	李　建	233460	基于光学测量的激光增材制造航空 TC4ELI 合金疲劳裂纹扩展行为及寿命预测	国家二等	68 批	8

续表

序号	项目编号	姓名	进站编号	项目名称	等级	批次	金额/万元
34	2020M681497	张云顺	259086	多稳态势垒尺度自适应可拓调频非线性弹性体能量收集器及应用	国家二等	68 批	8
35	2020M681498	郭二廓	234118	圆柱齿轮强力车齿刀具多刃协同切削与均载延寿设计理论研究	国家二等	68 批	8
36	2020M681499	李永健	247469	溅射辅助激光诱导化学镀铜制备 FPC 电子线路及活化机理研究	国家二等	68 批	8
37	2020M681500	印　胤	231647	基于卷曲薄膜技术的微流控激光器制造	国家二等	68 批	8
38	2020M681501	裴　磊	235498	时变多应力耦合作用下的电池容量损失递推计算方法研究	国家二等	68 批	8
39	2020M681502	徐　晖	246888	三维石墨烯基复合正极材料空间限域结构的优化设计理论及柔性储锌研究	国家二等	68 批	8
40	2020M681503	马　忠	247220	稀土金属掺杂铁基载氧体抑制其相分离的机理研究	国家二等	68 批	8
41	2020M681504	冯　丽	235162	车载混合边云下自主管理与多业务多模式联合卸载技术研究	国家二等	68 批	8
42	2020M681505	徐东波	246382	钴纳米簇/g-C_3N_4 光电极与酶耦合协同催化 CO_2 制备甲酸性能研究	国家二等	68 批	8
43	2020M681506	于　凯	260282	核壳颗粒界面行为及其对驱油用微气泡稳定性的调控机制研究	国家二等	68 批	8
44	2020M681507	曹淑超	258029	地铁站楼梯约束下密集行人流通行机理及动力学建模	国家二等	68 批	8
45	2020M681508	王爱臣	247217	基于结构光反射成像的油菜叶部早期菌核病检测机理研究	国家二等	68 批	8
46	2020M681509	Md. Mehedi Hassan	239181	Study on the mechanism of rapid and label-free detection of antibiotic residue in milk employing the advantages of NIR and SERS	国家二等	68 批	8
47	2020M681510	潘世优	262768	甘蔗渣半纤维素水解残渣的厌氧降解特性及机理研究	国家二等	68 批	8

续表

序号	项目编号	姓名	进站编号	项目名称	等级	批次	金额/万元
48	2020M681511	刘树成	258393	Pickering 高内相乳液模板法构建硼亲和/离子型互穿双网络水凝胶选择性分离纯化柚苷的研究	国家二等	68 批	8
49	2020M681512	陈明毅	246950	锂离子电池系统火灾演化规律及防治技术研究	国家二等	68 批	8
50	2020M681513	张义全	247207	OpaR 调控副溶血弧菌 c-di-GMP 代谢的分子机制研究	国家二等	68 批	8
51	2020M681514	黄　攀	234108	SIRT1 保护肠黏膜屏障功能的机制研究	国家二等	68 批	8
52	2020M681515	马忠臣	247094	基于知识迁移的鲁棒弱监督多输出学习研究	国家二等	68 批	5
53	2020TQ0126	郭根苗	264095	柴油机喷嘴内涡旋流动与空化作用机制及其对喷雾的影响机理	特助（站前）	第 2 批站前	18
54	2020TQ0127	刘津媛	260283	不同空间立体构型的苝二酰亚胺类微纳结构调控及其矿化有机污染物研究	特助（站前）	第 2 批站前	18
55	2020TQ0128	马　忠	247220	生物质化学链气化中 $NiFe_2O_4$ 载氧体的体相铁离子迁移机理及抑制机制	特助（站前）	第 2 批站前	18
56	2020T130256	项子旋	216010	“高效能谐波群”磁场调制永磁电机系统研究	特助（站中）	第 13 批站中	18
57	2020T130257	贾洪杰	223010	不确定混合数据的密度聚类研究	特助（站中）	第 13 批站中	15
58	2020T130258	李祎承	215608	基于地下停车场深度表征建模的智能汽车高精度定位	特助（站中）	第 13 批站中	18
59	2020T130259	龚　辰	215595	气吸喷头内流特性对喷雾雾化及雾滴动力学特性的作用机制	特助（站中）	第 13 批站中	18
60	2020T130260	梁振伟	223028	水稻联合收获机喂入量稳定控制方法及作业信息远程监测系统研究	特助（站中）	第 13 批站中	18
61	2020T130261	魏本喜	186798	基于纳米淀粉稳定的高内相乳液制备与释放调控研究	特助（站中）	第 13 批站中	18

2020 年江苏大学博士后研究人员获江苏省博士后科研资助计划名单

序号	项目编号	姓 名	进站编号	项目名称	等级	批次（年）	金额/万元
1	2020Z004	印　胤	231647	基于卷曲薄膜技术的表面等离激元微腔设计制备与传感应用	A	2020	8

续表

序号	项目编号	姓 名	进站编号	项目名称	等级	批次(年)	金额/万元
2	2020Z005	朱 志	241310	高晶态2D缺陷CN的可控构建及其光催化还原CO_2的性能与机理研究	A	2020	8
3	2020Z010	李永健	247469	阵列激光-感应协同加热调控铁基激光熔覆层组织/应力及机制	A	2020	8
4	2020Z032	周晨光	247079	基于代谢组学的低温等离子体对糙米品质影响及作用机理研究	A	2020	8
5	2020Z084	齐雅静	247077	基于淀粉精细结构、功能组分及加工方式的荞麦制品慢消化解析	B	2020	5
6	2020Z090	苏明如	246889	自支撑SiO_x@MOFs复合负极材料的结构设计及电化学性能研究	B	2020	5
7	2020Z102	张义全	247207	群体感应系统调控副溶血弧菌Ⅳ型菌毛的分子机制	B	2020	5
8	2020Z131	袁加仁	247871	二维磁性材料非共线磁序研究	B	2020	5
9	2020Z151	Arulappan Durairaj	238937	Nondegradable Wastes-derived Single Atom Catalysts	C	2020	2
10	2020Z153	karthickeyan viswanathan	251374	多功能添加剂强化废食用油生物柴油混合燃料在CRDi发动机与定容弹燃烧试验研究与能量分析	C	2020	2
11	2020Z154	Sabapathy Poorna Chandrika	230923	大米工业废水的工程菌群生物反应系统设计与PHAs的生产	C	2020	2
12	2020Z164	王大明	235058	变形假单胞菌末端氧化酶对供氧的适应性表达规律解析及其代谢工程改造	C	2020	2
13	2020Z208	冯 丽	235162	基于边云协同和V2X通信的多业务联合卸载关键技术研究	C	2020	2
14	2020Z220	朱艳秋	235085	阴阳离子表面活性剂调控农药雾滴在水稻叶面撞击行为的机制研究	C	2020	2
15	2020Z225	仲 艳	247119	微纳双级结构柔性自供能触觉传感器感知机理与性能调控机制	C	2020	2
16	2020Z257	孙连山	246383	多巴胺聚合物模板诱导纳米粒子复合超结构的自组装及性能研究	C	2020	2
17	2020Z261	孙爱琴	247027	泛素连接酶NEDD4在胃癌转移中的作用及分子机制	C	2020	2
18	2020Z283	李 彬	233745	电场耦合流场作用下纳米流体液滴聚结机理及可控性研究	C	2020	2
19	2020Z298	邱 宁	235502	水力机械空化流溃灭耦合特性及空蚀抑制机理研究	C	2020	2
20	2020Z308	宋金修	247097	DLI与LED光质调控番茄苗嫁接愈合的生理机制	C	2020	2

续表

序号	项目编号	姓名	进站编号	项目名称	等级	批次（年）	金额/万元
21	2020Z336	陈　瑶	233157	基于转录组学研究 F-53B 暴露致发育期小鼠神经毒性及分子机制	C	2020	2
22	2020Z346	周峥嵘	234106	NAD^+/PGC-1α 调控线粒体自噬参与黄体退化的作用机制	C	2020	2
23	2020Z350	郑玉龙	247363	针对碱骨料反应造成混凝土桥梁结构劣化的机理及性能提升研究	C	2020	2
24	2020Z376	姜文安	230546	面向车载传感器的宽频振动能量采集技术与实验研究	C	2020	2
25	2020Z377	祝　莹	246962	苦瓜多糖调控内质网应激介导杯状细胞黏蛋白分泌的机制研究	C	2020	2
26	2020Z390	徐　晖	246888	锌离子电池正极材料的缺陷调控、结构优化与电化学性能研究	C	2020	2
27	2020Z394	郭二廓	234118	新型多刃强力车齿刀具均载减振机理及延寿方法研究	C	2020	2
28	2020Z400	黄　攀	234108	PI3K/Akt 调控胃黏膜损伤修复机制研究	C	2020	2

2020 年江苏大学博士后国际交流计划派出项目

姓名	流动站名称	编号	合作导师	派出计划国外合作高校
崔冰波	农业工程	223002	魏新华	澳大利亚新南威尔士大学

（撰稿：常海虹）

表彰与奖励

2020 年江苏大学教职工个人获市级及以上表彰奖励情况

获奖单位	获奖人员	获奖名称（号）	授奖单位	授奖时间
规划发展处	王宝玺	2020 年全省教科研工作先进个人	江苏省教育科学研究院	2021.01
附属医院	恽　端	“党建引领新时代医院文化”论文征文一等奖	中国医院协会	2021.01
附属医院	朱　蓓	2018—2020 年改善医疗服务先进典型个人	国家卫生健康委员会办公厅	2021.01.21
附属医院	范　昕　游　涛	脱贫攻坚工作先进个人	镇江市卫生健康委员会	2021.02.18
附属医院	姜　梅	2020 年镇江市“最美志愿者”	镇江市委宣传部等	2021.03.01

续表

获奖单位	获奖人员	获奖名称（号）	授奖单位	授奖时间
医学院	张小昕	全国新医药技术创新博士后学术论坛创新论文奖	全国博士后管理委员会办公室、中国博士后科学基金会、江苏省人力资源和社会保障厅、江苏省博士后协会、连云港市人才工作领导小组、连云港市人力资源和社会保障局	2021. 10
江苏大学关心下一代工作委员会	金树德	镇江市“百名教授老区行”活动“突出贡献奖”	镇江市关心下一代工作委员会、镇江市老区开发促进会、镇江市总工会等	2021. 11. 21
团委	王丽敏	2019 年度江苏省共青团工作先进工作者	共青团江苏省委	2020. 01
团委	王丽敏　孙冬营 范宏民　刘　丹 杜　康　姚　丹	2019 年度江苏高校共青团思想政治引领工作专项研究课题	共青团江苏省委、江苏省教育厅	2020. 01
团委	赵　钧　李成林 黄宝华　周存君 丁雯雯　徐慧敏 王　雪　丁永萍 郑　玮	2019 全市高校红十字会“博爱青春”暑期志愿服务项目优秀指导老师	镇江市红十字会、镇江市文明办、镇江市教育局、镇江市卫生健康委员会、共青团镇江市委	2020. 01
附属医院	张亚峰　姚　静 孙　艳	中国医院协会第二十七届全国医院感染管理学术年会优秀学术论文三等奖	中国医院协会医院感染管理专业委员会	2020. 01
附属医院	张亚峰	抗疫之星	江苏省研究型医院学会感染检验与合理用药专业委员会	2020. 01
附属医院	郭剑峰　汤伟栋 杨　雪	安全生产工作先进个人	镇江市卫生健康委员会	2020. 01. 25
法学院	曾　见	2019 年参政议政工作先进个人	中国农工民主党江苏省委员会	2020. 02
宣传部	金丽馥	镇江中青年社科名家	镇江市哲学社会科学工作领导小组	2020. 03
附属医院	朱菊红　曾　超	2019 年镇江市药品不良反应监测工作先进个人	镇江市市场监督管理局	2020. 03
附属医院	蒋纪琴	2019 年镇江市医疗器械不良事件监测工作先进个人	镇江市市场监督管理局	2020. 03
附属医院	赵燕燕	江苏省三八红旗手	江苏省妇女联合会	2020. 03

续表

获奖单位	获奖人员	获奖名称（号）	授奖单位	授奖时间
附属医院	赵燕燕	江苏“最美医务工作者”	中共江苏省委宣传部	2020.03
附属医院	胡振奎　陈慧丹　黄汉鹏　丁　明　秦宜梅　包泉磊	支援黄石新冠肺炎患者救治和疫情防控突出贡献荣誉证书	黄石市卫生健康委员会	2020.03
附属医院	胡振奎　陈慧丹　黄汉鹏　丁　明　陈良莹　孙国付　秦宜梅　包泉磊	黄石市荣誉市民	黄石市人民政府	2020.03
附属医院	孙志伟　季冬梅	武汉江夏区荣誉市民	武汉市江夏区委、江夏区政府	2020.03
附属医院	尹江涛	武汉市肺科医院“荣誉职工”	武汉市肺科医院	2020.03
附属医院	张艳红	武汉江夏区荣誉市民	武汉市江夏区委、江夏区政府	2020.03
附属医院	赵燕燕	全国卫生健康系统新冠肺炎疫情防控工作先进个人	国家卫生健康委员会、人力资源和社会保障部、国家中医药管理局	2020.03.05
附属医院	赵燕燕	新冠肺炎疫情防控“记大功”奖励	江苏省人力资源和社会保障厅、江苏省卫生健康委员会	2020.03.06
附属医院	赵燕燕　王　笠　季冬梅	抗疫证书	华中科技大学协和江南医院	2020.03.17
附属医院	黄汉鹏	新冠肺炎疫情防控工作先进个人	江苏省人力资源和社会保障厅、江苏省卫生健康委员会	2020.03.20
附属医院	尹江涛	新冠肺炎疫情防控“记功”奖励	江苏省人力资源和社会保障厅、江苏省卫生健康委员会	2020.03.23
江苏大学知识产权学院	王　浩	江苏省知识产权领军人才	江苏省知识产权局	2020.04
团委	周　岭	创新创业好青年	共青团镇江市委员会、镇江市青年联合会、镇江报业传媒集团、镇江市文化广电产业集团	2020.04
团委	张明亮　孙冬营　赵　钧　郑　玮	镇江市优秀共青团干部	共青团镇江市委员会	2020.04
江苏大学知识产权学院	王　浩	江苏省知识产权领军人才	江苏省知识产权局	2020.04
附属医院	沈　琰	镇江市文明职工	镇江市文明办、镇江市总工会	2020.04

续表

获奖单位	获奖人员	获奖名称（号）	授奖单位	授奖时间
附属医院	赵燕燕　王　笠 尹江涛　胡振奎 梅　琼　陈慧丹 张艳红　黄汉鹏 季冬梅　陈良莹 孙国付　孙志伟 秦宜梅	疫情防控好青年	共青团镇江市委等	2020. 04
附属医院	孙志伟	第十三届“镇江市十大杰出青年”提名奖	共青团镇江市委等	2020. 04
财经学院	张明亮	镇江市优秀共青团干部	共青团镇江市委	2020. 04
附属医院	黄汉鹏	江苏好人	江苏文明办	2020. 04. 09
附属医院	秦宜梅	疫情防控表现突出先进团员青年	共青团江苏省委	2020. 04. 09
附属医院	赵燕燕　王　笠 胡振奎　陈慧丹 丁　明　陈良莹 孙国付　包泉磊	新时代“最美逆行者”	湖北省委、省政府	2020. 04. 12
附属医院	张艳红	最美青春逆行者	共青团镇江市委	2020. 04. 16
附属医院	张艳红	镇江好人（大爱之星）	镇江市精神文明建设指导委员会	2020. 04. 30
江苏大学工会	陈锦清	镇江市劳动模范	中共镇江市委、镇江市人民政府	2020. 05
江苏大学工会	陈锦清	镇江市“十佳优秀工会工作者”	镇江市总工会	2020. 05
食品与生物工程学院	邹小波	全国创新争先奖	人力资源和社会保障部、中国科学技术协会、科学技术部、国务院国有资产监督管理委员会	2020. 05
食品与生物工程学院	任晓锋	2020年江苏高校“青蓝工程”优秀青年骨干教师	江苏省教育厅	2020. 05
团委	王丽敏	全国优秀共青团干部	共青团中央	2020. 05
团委	蔡英凤	第十五届“江苏青年五四奖章”	共青团江苏省委、江苏省青年联合会	2020. 05
宣传部	薛　萍	2019年度江苏省报纸好新闻（评论类）三等奖	江苏省新闻工作者协会	2020. 05
海外教育学院	吴文浩	镇江市“我们身边的好青年”	共青团镇江市委员会、镇江市青年联合会	2020. 05

续表

获奖单位	获奖人员	获奖名称（号）	授奖单位	授奖时间
后勤处	钱宇平	“抗击疫情心理援助”志愿者	镇江市文明办、镇江市教育局、共青团镇江市委	2020.05
附属医院	王　东	镇江市劳动模范	中共镇江市委	2020.05
附属医院	周芳芳　王　笠　陈慧丹　张艳红　季冬梅　陈良莹　孙国付　秦宜梅	2020年度镇江市卫生健康系统优秀护士	镇江市卫生健康委员会	2020.05
附属医院	赵燕燕	2020年度市卫健系统十佳护士	镇江市卫生健康委员会	2020.05
外国语学院	万雪梅	2018年度镇江市优秀文艺评论家	镇江市社科联、镇江市文艺评论家协会	2020.05.30
外国语学院	张　钰　黄雅丹　潘秀杰　季丽珺　徐慧霞	2020年外研社“教学之星”大赛全国复赛特等奖	北京外国语大学中国外语与教育研究中心、外语教学与研究出版社	2020.06
学工处	陆　菁　吴　婷	优秀抗疫志愿者	江苏省心理学会	2020.06
附属医院	赵燕燕　李峥璟	2019年全国高校（医学类）微课教学比赛三等奖	《高校医学教学研究（电子版）》编委会	2020.06
附属医院	赵燕燕	2020年全国高校（医学类）微课教学比赛教学风采奖	《高校医学教学研究（电子版）》编委会	2020.06
附属医院	张文华	镇江市职工十佳“合理化建议”	镇江市总工会等	2020.06
附属医院	张文杰	镇江市职工十佳“先进操作法”	镇江市总工会等	2020.06
附属医院	梅　琼　孙志伟　尹江涛　张建国　陈慧丹　丁　明　孙国付　邢　虎	优秀共产党员	中共镇江市卫生健康委员会	2020.06
附属医院	杨晓祥	2019年度江苏省医保研究会医院医保专委会医保管理先进个人	江苏省医疗保险研究会医院医保专业委员会	2020.06.08
外国语学院	吴庆宏	2020年第六届“LSCAT”杯江苏省笔译大赛指导教师（英译汉本科组）二等奖、二等奖	中国翻译协会语言服务创业创新中心、江苏省翻译协会	2020.06.15

续表

获奖单位	获奖人员	获奖名称（号）	授奖单位	授奖时间
外国语学院	万雪梅	2020 年第六届“LSCAT”杯江苏省笔译大赛指导教师（英译汉本科组）一等奖，（汉译英本科组）二等奖	中国翻译协会语言服务创业创新中心、江苏省翻译协会	2020. 06. 15
外国语学院	吴　鹏	2020 年第六届“LSCAT”杯江苏省笔译大赛指导教师（汉译英本科组）三等奖、优胜奖，（英译汉本科组）三等奖	中国翻译协会语言服务创业创新中心、江苏省翻译协会	2020. 06. 15
外国语学院	黄雅丹	2020 年第六届“LSCAT”杯江苏省笔译大赛指导教师（英译汉本科组）三等奖、优胜奖，（汉译英本科组）优胜奖	中国翻译协会语言服务创业创新中心、江苏省翻译协会	2020. 06. 15
外国语学院	李崇月	2020 年第六届“LSCAT”杯江苏省笔译大赛指导教师（英译汉本科组）二等奖、三等奖，（汉译英本科组）一等奖、二等奖	中国翻译协会语言服务创业创新中心、江苏省翻译协会	2020. 06. 15
外国语学院	戴文静	2020 年第六届“LSCAT”杯江苏省笔译大赛指导教师（英译汉本科组）三等奖、优胜奖、（汉译英本科组）一等奖、优胜奖	中国翻译协会语言服务创业创新中心、江苏省翻译协会	2020. 06. 15
外国语学院	丁　建　周小芳 葛华荣　张欣怡	2020 年第六届“LSCAT”杯江苏省笔译大赛指导教师（英译汉本科组）优胜奖	中国翻译协会语言服务创业创新中心、江苏省翻译协会	2020. 06. 15
外国语学院	冯瑞贞	2020 年第六届“LSCAT”杯江苏省笔译大赛指导教师（英译汉本科组）二等奖、三等奖，（汉译英本科组）二等奖、优胜奖	中国翻译协会语言服务创业创新中心、江苏省翻译协会	2020. 06. 15
外国语学院	毛卫强	2020 年第六届“LSCAT”杯江苏省笔译大赛指导教师（英译汉本科组）三等奖、优胜奖	中国翻译协会语言服务创业创新中心、江苏省翻译协会	2020. 06. 15

续表

获奖单位	获奖人员	获奖名称（号）	授奖单位	授奖时间
外国语学院	马　瑛	2020年第六届“LSCAT”杯江苏省笔译大赛指导教师（英译汉本科组）二等奖，（汉译英本科组）二等奖	中国翻译协会语言服务创业创新中心、江苏省翻译协会	2020.06.15
外国语学院	张伟华	2020年第六届“LSCAT”杯江苏省笔译大赛指导教师（英译汉本科组）一等奖、二等奖，（汉译英本科组）二等奖、三等奖	中国翻译协会语言服务创业创新中心、江苏省翻译协会	2020.06.15
外国语学院	朱妍婕	2020年第六届“LSCAT”杯江苏省笔译大赛指导教师（汉译英本科组）一等奖、三等奖、优胜奖，（英译汉本科组）二等奖、三等奖	中国翻译协会语言服务创业创新中心、江苏省翻译协会	2020.06.15
外国语学院	张明权	2020年第六届“LSCAT”杯江苏省笔译大赛指导教师（英译汉本科组）一等奖、二等奖，（汉译英本科组）二等奖	中国翻译协会语言服务创业创新中心、江苏省翻译协会	2020.06.15
外国语学院	吕玉勇	2020年第六届“LSCAT”杯江苏省笔译大赛指导教师（英译汉本科组）二等奖、优胜奖	中国翻译协会语言服务创业创新中心、江苏省翻译协会	2020.06.15
外国语学院	马风华	2020年第六届“LSCAT”杯江苏省笔译大赛指导教师（英译汉本科组）二等奖，（汉译英本科组）二等奖、三等奖、优胜奖	中国翻译协会语言服务创业创新中心、江苏省翻译协会	2020.06.15
外国语学院	任晓霏	2020年第六届“LSCAT”杯江苏省笔译大赛指导教师（汉译英本科组）三等奖、优胜奖，（英译汉本科组）优胜奖	中国翻译协会语言服务创业创新中心、江苏省翻译协会	2020.06.15
外国语学院	李加军	2020年第六届“LSCAT”杯江苏省笔译大赛指导教师（英译汉本科组）一等奖、二等奖、优胜奖	中国翻译协会语言服务创业创新中心、江苏省翻译协会	2020.06.15

续表

获奖单位	获奖人员	获奖名称（号）	授奖单位	授奖时间
外国语学院	苏建红	2020 年第六届“LSCAT”杯江苏省笔译大赛指导教师（汉译英本科组）一等奖、三等奖，（英译汉本科组）一等奖、二等奖	中国翻译协会语言服务创业创新中心、江苏省翻译协会	2020. 06. 15
外国语学院	姚　蔚	2020 年第六届“LSCAT”杯江苏省笔译大赛指导教师（英译汉本科组）三等奖、优胜奖，（汉译英本科组）二等奖、三等奖	中国翻译协会语言服务创业创新中心、江苏省翻译协会	2020. 06. 15
外国语学院	王　翔	2020 年第六届“LSCAT”杯江苏省笔译大赛指导教师（英译汉本科组）三等奖，（汉译英本科组）优胜奖	中国翻译协会语言服务创业创新中心、江苏省翻译协会	2020. 06. 15
外国语学院	吴　静　仪爱松　周孝华	2020 年第六届“LSCAT”杯江苏省笔译大赛指导教师（英译汉本科组）三等奖，（汉译英本科组）优胜奖	中国翻译协会语言服务创业创新中心、江苏省翻译协会	2020. 06. 15
外国语学院	钟兰凤	2020 年第六届“LSCAT”杯江苏省笔译大赛指导教师（英译汉本科组）三等奖、优胜奖，（汉译英本科组）优胜奖	中国翻译协会语言服务创业创新中心、江苏省翻译协会	2020. 06. 15
外国语学院	韩启群　张明亮　陈　红	2020 年第六届“LSCAT”杯江苏省笔译大赛指导教师（英译汉本科组）二等奖	中国翻译协会语言服务创业创新中心、江苏省翻译协会	2020. 06. 15
外国语学院	李　红	2020 年第六届“LSCAT”杯江苏省笔译大赛指导教师（英译汉本科组）二等奖，（汉译英本科组）三等奖	中国翻译协会语言服务创业创新中心、江苏省翻译协会	2020. 06. 15
附属医院	王　笠　孙志伟　张建国　张艳红　丁　明　季冬梅　梅　琼　秦宜梅　胡振奎　孙国付　包泉磊　邢　虎	新冠肺炎疫情防控嘉奖	江苏省人力资源和社会保障厅、江苏省卫生健康委员会	2020. 06. 20

续表

获奖单位	获奖人员	获奖名称（号）	授奖单位	授奖时间
外国语学院	张　钰　黄雅丹　潘秀杰　季丽珺　徐慧霞	2020年外研社“教学之星”大赛江苏赛区二等奖	外语教学与研究出版社、江苏省高等学校外国语教学研究会	2020. 06. 21
附属医院	姜　梅	2014—2019年度镇江市红十字工作先进个人	镇江市红十字会	2020. 06. 29
外国语学院	张　钰　黄雅丹　潘秀杰　季丽珺　徐慧霞	2020年外研社“教学之星”大赛全国复赛特等奖（团体）	北京外国语大学中国外语与教育研究中心、北京外国语大学中国外语测评中心、外语教学与研究出版社、北京外研在线数字科技有限公司	2020. 06. 30
法学院	曾　见	撰写的社情民意信息被农工党中央《信息专报》采用并上报全国政协	中国农工民主党中央委员会办公厅	2020. 07
土力学院	王自平	第六届全国大学生能源经济学术创意大赛优秀指导教师	中国优选法统筹法与经济数学研究会	2020. 07
电气学院	刘　超	江苏省第十二批“科技镇长团”优秀团员	中共江苏省委组织部	2020. 07
电气学院	杨　宁	“兆易创新杯”第十五届中国研究生电子设计竞赛华东分赛区“优秀指导教师”	教育部学位与研究生教育发展中心、全国工程专业学位研究生教育指导委员会、中国电子学会	2020. 07
附属医院	蒋　维	长江网“在线问诊”平台感谢信	长江日报报业集团	2020. 07
附属医院	张建国	江苏省卫生健康行业优秀共产党员	江苏省卫生健康委员会	2020. 07. 01
附属医院	陈　涛	新冠肺炎疫情防控医院运营管理“百佳案例”优秀案例	中国总会计师协会卫生健康分会	2020. 07. 10
附属医院	刘　强	国家卫生健康委员会感谢信	国家卫生健康委员会	2020. 07. 14
附属医院	刘　强	北京大学第三医院感谢信	北京大学第三医院	2020. 07. 14
附属医院	姚　静	江苏省医院协会感染管理专业委员会2020年学术年会优秀论文三等奖	江苏省医院协会医院感染管理专业委员会	2020. 07. 30
附属医院	张亚峰	江苏省医院协会感染管理专业委员会2020年学术年会优秀论文一等奖	江苏省医院协会医院感染管理专业委员会	2020. 07. 30

续表

获奖单位	获奖人员	获奖名称（号）	授奖单位	授奖时间
外国语学院	张　钰　黄雅丹　潘秀杰　季丽珺　徐慧霞	2020 年外研社“教学之星”大赛全国半决赛特等奖	北京外国语大学中国外语与教育研究中心、外语教学与研究出版社等	2020. 08
江苏大学关心下一代工作委员会	金树德	全国关心下一代工作先进工作者	中国关心下一代工作委员会、中央精神文明建设指导委员会办公室	2020. 08
食品与生物工程学院	石吉勇	江苏特聘教授	江苏省教育厅	2020. 08
土力学院	陈　雷	首届长三角高校工科基础力学青年教师讲课竞赛（本科）一等奖	上海市力学学会、江苏省力学学会、浙江省力学学会、安徽省力学学会	2020. 08
团委	王丽敏	2019 年度江苏省青年志愿服务事业贡献奖	共青团江苏省委、江苏省志愿者协会	2020. 08
团委	陈国强	2019 年度江苏省青年志愿服务新闻宣传奖	共青团江苏省委、江苏省志愿者协会	2020. 08
团委	周　岭	2019—2020 年“江苏省青年岗位能手”	共青团江苏省委、江苏省人力资源和社会保障厅	2020. 08
学工处	王训兵　王良民　赵金宇　韩　豫　任泽中　郭龙建　李　勇　孙　玲　赵金宇　袁志钟　程晓农　罗　锐　郭龙建　孙月娟　张　博	第六届江苏省“互联网+”大学生创业创业大赛“优秀指导教师”称号	江苏省“互联网+”大学生创新创业大赛组委会	2020. 08
物电学院	冯　旭	第三届江苏省本科高校青年教师教学竞赛暨第五届全国本科高校青年教师教学竞赛选拔赛理科组一等奖	江苏省总工会、江苏省人力资源保障厅、江苏省教育厅、共青团江苏省委	2020. 08
物电学院	冯　旭	江苏省五一创新能手	江苏省总工会等	2020. 08
物电学院	冯　旭	江苏省技术能手	江苏省人力资源和社会保障厅	2020. 08
物电学院	崔　森	第二届江苏省高校基础物理教师上好一堂课竞赛（实验组）一等奖	江苏省物理学会、江苏省高校基础物理教师上好一堂课竞赛组织委员会	2020. 08

续表

获奖单位	获奖人员	获奖名称（号）	授奖单位	授奖时间
物电学院	尚学府	第十二届江苏省高校基础物理教师上好一堂课竞赛（理论组）一等奖	江苏省物理学会、江苏省高校基础物理教师上好一堂课竞赛组织委员会	2020.08
物电学院	施丽娟	第二届江苏省高校基础物理教师上好一堂课竞赛（实验课）二等奖	江苏省物理学会、江苏省高校基础物理教师上好一堂课竞赛组织委员会	2020.08
物电学院	吕翠红	第十二届江苏省高校基础物理教师上好一堂课竞赛（理论组）三等奖	江苏省物理学会、江苏省高校基础物理教师上好一堂课竞赛组织委员会	2020.08
外国语学院	张　钰　黄雅丹　潘秀杰　季丽珺　徐慧霞	2020年外研社“教学之星”大赛全国半决赛特等奖（团体）	北京外国语大学中国外语与教育研究中心、北京外国语大学中国外语测评中心、外语教学与研究出版社、北京外研在线数字科技有限公司	2020.08
后勤处	刘东霞　李小霞	江苏省第十四届“蓝天杯”幼教优秀教学设计评选活动（2019度）二等奖	江苏省中小学教师培训学会、江苏省教师培训中心	2020.08
附属医院	熊御云　刘　强	新疆抗疫攻坚战荣誉证书	中共新疆维吾尔自治区党委、政府	2020.08
附属医院	黄汉鹏	百名医德之星	中共江苏省委宣传部等	2020.08
附属医院	党胜春　吴　进　陈圣枝　凌亚平　龙卫国	健康蒲城建设特别贡献专家	中共蒲城县委办公室	2020.08
土力学院	王自平	首届长三角高校工科基础力学青年教师讲课竞赛（本科）特等奖	上海市力学学会、江苏省力学学会、浙江省力学学会、安徽省力学学会	2020.08
后勤处	袁　慧　马　蕾　陈星玥	江苏省第十四届“蓝天杯”幼教优秀教学设计评选活动（2019度）三等奖	江苏省中小学教师培训学会、江苏省教师培训中心	2020.08
附属医院	范　昕	2020年第二季度“镇江好人（大爱之星）”（敬业奉献）	镇江市精神文明建设指导委员会办公室	2020.08.10
附属医院	黄汉鹏	2020年镇江市“十大医德标兵”	中共镇江市委宣传部	2020.08.12

续表

获奖单位	获奖人员	获奖名称（号）	授奖单位	授奖时间
附属医院	张建国	2020年镇江市“百名医德之星”（优秀临床医师）	中共镇江市委宣传部	2020.08.12
附属医院	王一茗　邱　榕	2020年镇江市“百名医德之星”（杏林仁医）	中共镇江市委宣传部	2020.08.12
附属医院	游　涛	2020年“中国医师节”表彰活动“援建奉献奖”	新疆生产建设兵团第四师医院	2020.08.19
法学院	丁雯雯	2020年镇江市大学生暑期“三下乡”社会实践活动先进工作者	共青团镇江市委、镇江市学生联合会	2020.09
土力学院	徐慧敏	2020年镇江市大学生志愿者暑期“三下乡”“返家乡”社会实践先进工作者	共青团镇江市委、镇江市学生联合会	2020.09
团委	曹　冬　张　华 王　盼　赵子琪 陈佳楠　朱妍婕 王艳慧　马成成 徐慧敏　姚　丹 丁雯雯　陈　鹏 韩　婷　班小红 洪亚杰　陈　宇 沙德利　范宏民 沙猛猛　褚亚伦 蒋春翔　王　升 赵　钧　薛　影 郑　玮　丁一娟 戴宇践　高　越 韩　涉　袁　卉	2020年镇江市大学生志愿者暑期“三下乡”“返家乡”社会实践活动先进工作者	共青团镇江市委、镇江市学生联合会	2020.09
外国语学院	朱妍婕	2020年镇江市大学生志愿者暑期“三下乡”“返家乡”暑期社会活动先进工作者	共青团镇江市委、镇江市学生联合会	2020.09
后勤处	蒋志华　刘东霞 余　佳　沈　沁 赵晓露　高　攀	京口区第三届“我的教育观”征文评比一等奖	镇江市京口区教师发展中心	2020.09
后勤处	陈星玥　胡梦甜 仇　静　袁　慧 史　萍　王　旭 王慧敏	京口区第三届“我的教育观”征文评比二等奖	镇江市京口区教师发展中心	2020.09
后勤处	曹凯玲	第31届江苏省青少年科技创新大赛（镇江赛区）二等奖	镇江市科学技术协会、镇江市教育局	2020.09

续表

获奖单位	获奖人员	获奖名称（号）	授奖单位	授奖时间
后勤处	袁　慧	“黄埔杯”长三角城市群“创新视角下的教育现代化”征文评选活动三等奖	上海市教育科学研究院普教所、上海市黄浦区教育局、《上海教育科研》编辑部、长三角城市群教科院（所）	2020.09
后勤处	胡梦甜	第31届江苏省青少年科技创新大赛（镇江赛区）二等奖	镇江市科学技术协会、镇江市教育局	2020.09
后勤处	高　攀	第31届江苏省青少年科技创新大赛（镇江赛区）二等奖	镇江市科学技术协会、镇江市教育局	2020.09
后勤处	曹凯玲	第31届江苏省青少年科技创新大赛（镇江赛区）三等奖	镇江市科学技术协会、镇江市教育局	2020.09
后勤处	汤　霄	第31届江苏省青少年科技创新大赛（镇江赛区）三等奖	镇江市科学技术协会、镇江市教育局	2020.09
后勤处	史　萍	第31届江苏省青少年科技创新大赛（镇江赛区）三等奖	镇江市科学技术协会、镇江市教育局	2020.09
后勤处	胡梦甜	第31届江苏省青少年科技创新大赛（镇江赛区）二等奖	镇江市科学技术协会、镇江市教育局	2020.09
后勤处	张请池	第31届江苏省青少年科技创新大赛（镇江赛区）二等奖	镇江市科学技术协会、镇江市教育局	2020.09
后勤处	汤　霄	第31届江苏省青少年科技创新大赛（镇江赛区）三等奖	镇江市科学技术协会、镇江市教育局	2020.09
附属医院	蒋　萍	江苏省第四次脑血管病学术会议病例竞赛一等奖	江苏省医学会学术会务部	2020.09
附属医院	钱粉红	抗击新冠肺炎疫情全国三八红旗手	中华全国妇女联合会	2020.09
附属医院	周美云	2020年度镇江市生殖健康技能竞赛（生殖保健项目）优秀奖	镇江市卫生健康委员会	2020.09
后勤处	袁　慧	第31届江苏省青少年科技创新大赛（镇江赛区）一等奖	镇江市科学技术协会、镇江市教育局	2020.09

续表

获奖单位	获奖人员	获奖名称（号）	授奖单位	授奖时间
后勤处	曹凯玲	第31届江苏省青少年科技创新大赛（镇江赛区）二等奖	镇江市科学技术协会、镇江市教育局	2020.09
管理学院	沙德利	2020年镇江市大学生志愿者暑期“三下乡”“返家乡”社会实践先进工作者	共青团镇江市委、镇江市学生联合会	2020.09
附属医院	张　巍	2020年江苏省护理学会消毒供应中心（室）管理学术会议大会交流三等奖	江苏省护理学会	2020.09.04
附属医院	徐永中	江苏省医院协会第九届医院质量论坛优秀论文三等奖	江苏省医院协会	2020.09.15
附属医院	于　明	2020年镇江市有突出贡献中青年专家	镇江市人民政府	2020.09.22
附属医院	张建国	2020年镇江市有突出贡献中青年专家	镇江市人民政府	2020.09.22
机械工程学院	鲁金忠	2020年镇江市有突出贡献中青年专家	镇江市人民政府	2020.09.22
附属医院	华苏芳	江苏省第二十次妇产科学学术会议论文评选三等奖	江苏省医学会学术会务部	2020.09.27
附属医院	张亚峰	第16届上海国际医院感染控制论坛暨第4届东方耐药与感染大会联合会议优秀论文二等奖	第16届上海国际医院感染控制论坛暨第4届东方耐药与感染大会联合会议	2020.09.27
法学院	于晓琪	镇江共青团“童享阳光·相伴成长”爱心暑托班优秀督导奖	共青团镇江市委、镇江市学生联合会	2020.10
知识产权学院	赵观兵	江苏普通高校本科优秀毕业设计论文二等奖	江苏省教育厅	2020.10
团委	高　越	2020年度全省团属报刊宣传工作先进个人	共青团江苏省委	2020.10
能动学院	沙猛猛	镇江市暑期社会实践先进工作者	共青团镇江市委	2020.10
学工处	曹韵秋　陆　菁　吴　婷	苏中基地高校心理健康教育微课比赛二等奖	江苏省大学生心理健康教育与研究（扬州大学）基地	2020.10

续表

获奖单位	获奖人员	获奖名称（号）	授奖单位	授奖时间
宣传部	王玉忠　高雅晶　冯　磊	“共抗疫情、爱国力行”主题宣传教育和网络文化成果征集展示活动工作案例类优秀奖	教育部思想政治工作司	2020. 10
宣传部	冯　磊	江苏省群众文化“百千万”工程优秀文艺骨干	中国江苏省委宣传部、江苏省文明办、江苏省文化和旅游厅、江苏省文联	2020. 10
知识产权学院	唐　恒	中国标准创新贡献奖二等奖	国家市场监督管理总局、国家标准化管理委员会	2020. 10
知识产权学院	赵观兵	江苏普通高校本科优秀毕业设计论文二等奖	江苏省教育厅	2020. 10
附属医院	解　敏	江苏省医院协会医院急诊管理专业委员会 2020 年学术年会优秀论文奖	江苏省医院协会	2020. 10. 10
农业工程学院	徐立章	第十六届中国青年科技奖	中共中央组织部、人力资源和社会保障部、中国科学技术协会、共青团中央	2020. 10. 15
附属医院	仲　蓉	2020 江苏省医师协会麻醉学医师年会“青年医师之星”病例比赛优胜奖	江苏省医师协会麻醉学医师分会	2020. 10. 18
附属医院	陈小芳	江苏省医院协会第十一届医院管理论坛优秀论文一等奖	江苏省医院协会	2020. 10. 20
附属医院	许安庆	江苏省医院协会第十一届医院管理论坛优秀论文三等奖	江苏省医院协会	2020. 10. 20
电气学院	杨　宁	江苏农业科技杰出人才奖	江苏省农学会	2020. 10. 22
附属医院	戴学标	江苏省第十二次临床医学工程学学术会议论文交流优秀奖	江苏省医学会学术会务部	2020. 10. 24
外国语学院	闫林琼	2020“外研社·国才杯”全国英语阅读大赛省级复赛（江苏赛区）指导一等奖	外语教学与研究出版社、北京外研在线数字科技有限公司、中国外语与教育研究中心、中国外语测评中心	2020. 10. 25

续表

获奖单位	获奖人员	获奖名称（号）	授奖单位	授奖时间
外国语学院	蒋　萍　鞠小丽	2020“外研社·国才杯”全国英语阅读大赛省级复赛（江苏赛区）指导三等奖	外语教学与研究出版社、北京外研在线数字科技有限公司、中国外语与教育研究中心、中国外语测评中心	2020.10.25
外国语学院	李　霞　黄雅丹　张　钰	2020“外研社·国才杯”全国英语写作大赛省级复赛（江苏赛区）指导优胜奖	外语教学与研究出版社、北京外研在线数字科技有限公司、中国外语测评中心	2020.10.25
附属医院	屠海霞	2020年（首届）江苏省护理学会骨科护理专委会及脊柱学组“骨科护理个案”竞赛优秀奖	江苏省护理学会	2020.10.29
校纪委办公室	宣　言	2017—2019年全省纪检监察信访举报工作先进个人	中共江苏省纪委、江苏省监委	2020.10.30
附属医院	秦　洁	2020年江苏省第二届伤口造口案例大赛伤口组三等奖	江苏省护理学会伤口造口失禁护理专业委员会	2020.10.30
附属医院	陈圣枝	2020年江苏省第二届伤口造口案例大赛造口失禁组一等奖	江苏省护理学会伤口造口失禁护理专业委员会	2020.10.30
附属医院	孙国付	镇江市危急重症护理技能竞赛急诊专科个人二等奖	镇江市卫生健康委员会	2020.10.30
附属医院	许　磊	镇江市危急重症护理技能竞赛急诊专科个人三等奖	镇江市卫生健康委员会	2020.10.30
附属医院	徐品艳	镇江市危急重症护理技能竞赛危重症专科个人优秀奖	镇江市卫生健康委员会	2020.10.30
法学院	曾　见	2020年党务论坛征文一等奖	中国农工民主党江苏省委员会	2020.11
法学院	刘　强	江苏省法学会教育研究会年会优秀论文三等奖	江苏省法学会教育研究会年会	2020.11
法学院	刘春花	江苏省法学会教育研究会年会优秀论文一等奖	江苏省法学会教育研究会年会	2020.11
法学院	刘兆路　陈国强	第五届江苏省学生“学宪法　讲宪法”优秀指导老师	第五届江苏省学生“学宪法、讲宪法”活动组委会	2020.11

续表

获奖单位	获奖人员	获奖名称（号）	授奖单位	授奖时间
法学院	董玉荣	江苏省法学会法学教育研究会 2020 年年会及学术研讨会优秀论文二等奖	江苏省法学会法学教育研究会	2020. 11
法学院	彭亚媛　沈　洁	江苏省法学会法学教育研究会 2020 年年会及学术研讨会优秀论文三等奖	江苏省法学会法学教育研究会	2020. 11
文学院 外国语学院	任晓霏　刘　锋 余红艳	2019 年度“江苏省社科应用研究精品工程奖”优秀成果二等奖	江苏省哲学社会科学界联合会	2020. 11
保卫处	赵德民	江苏省新冠肺炎疫情防控工作先进个人	中共江苏省委、江苏省人民政府	2020. 11
土力学院	骆　英	江苏省力学学会贡献奖	江苏省力学学会	2020. 11
生命科学学院	朱克明　谭小力	江苏省植物生理学会第六届青年学术年会优秀论文二等奖	江苏省植物生理学会	2020. 11
生命科学学院	石超文　屠志刚	“2020 年江苏省研究生医学显微成像科研创新实践大赛”三等奖	江苏省医学类研究生教育指导委员会	2020. 11
团委	韩　涉	2020 年全国大中专学生志愿者暑期“三下乡”社会实践“镜头中的三下乡”活动优秀指导教师	共青团中央青年发展部、中国青年报社	2020. 11
学工处	周以林	2019 江苏高校辅导员年度人物	中共江苏省委教育工委、江苏省教育厅	2020. 11
学工处	曹韵秋	江苏高校易班优质公开课征集评选活动二等奖	江苏省高校网络思想政治工作中心、江苏高校易班发展中心	2020. 11
后勤处	蒋志华	江苏省“苏学前会”优秀幼儿教育论文、案例评选活动一等奖	江苏省学前教育学会	2020. 11
后勤处	余　佳	江苏省“苏学前会”优秀幼儿教育论文、案例评选活动二等奖	江苏省学前教育学会	2020. 11
后勤处	史　萍	江苏省“苏学前会”优秀幼儿教育论文、案例评选活动三等奖	江苏省学前教育学会	2020. 11
后勤处	汤　霄	江苏省“苏学前会”优秀幼儿教育论文、案例评选活动三等奖	江苏省学前教育学会	2020. 11

续表

获奖单位	获奖人员	获奖名称（号）	授奖单位	授奖时间
后勤处	马　蕾	江苏省“苏学前会”优秀幼儿教育论文、案例评选活动三等奖	江苏省学前教育学会	2020.11
后勤处	严　霄	江苏省“苏学前会”优秀幼儿教育论文、案例评选活动三等奖	江苏省学前教育学会	2020.11
后勤处	刘东霞	江苏省“苏学前会”优秀幼儿教育论文、案例评选活动三等奖	江苏省学前教育学会	2020.11
后勤处	王　旭	江苏省“苏学前会”优秀幼儿教育论文、案例评选活动三等奖	江苏省学前教育学会	2020.11
后勤处	张清池	江苏省“苏学前会”优秀幼儿教育论文、案例评选活动三等奖	江苏省学前教育学会	2020.11
后勤处	王慧敏	江苏省“苏学前会”优秀幼儿教育论文、案例评选活动三等奖	江苏省学前教育学会	2020.11
后勤处	曹凯玲	江苏省“苏学前会”优秀幼儿教育论文、案例评选活动三等奖	江苏省学前教育学会	2020.11
后勤处	周晓巍	2020年度高校消防运动会二等奖	镇江市消防安全委员会	2020.11
附属医院	卢红艳	江苏省三八红旗手	江苏省妇女联合会	2020.11
附属医院	杜　坡	江苏省见义勇为模范	江苏省人民政府	2020.11
附属医院	党胜春	医疗卫生对口帮扶先进个人	陕西省卫生健康委员会	2020.11
附属医院	兰魁田	镇江市“百名教授老区行”活动先进个人	镇江市精神文明建设指导委员会办公室等	2020.11
附属医院	张亚峰	中华预防医学会第二十九次全国医院感染学术年会优秀论文三等奖	中华预防医学会医院感染控制分会	2020.11
附属医院	张亚峰	江苏省研究型医院学会感染检验与合理用药委员会第二届年会暨第六届云龙微生物与感染论坛二等奖	江苏省研究型医院学会	2020.11
附属医院	丁　伟	2020年“农工论坛”——完善公共卫生管理和服务体系建设征文一等奖	中国农工民主党江苏省委员会	2020.11

续表

获奖单位	获奖人员	获奖名称（号）	授奖单位	授奖时间
附属医院	张文华	新冠肺炎疫情防控对接上海转运卫生防疫工作纪念证书	江苏省涉外联防联控指挥部口岸工作组对接上海转运工作专班卫生防疫组	2020. 11
附属医院	包泉磊	九三学社湖北抗疫一线优秀社员	九三学社中央委员会	2020. 11
附属医院	刘　强	全省抗击新冠肺炎疫情先进个人	江苏省委、江苏省政府	2020. 11
物电学院	郑慧茹　高　俊 赵丽艳　殷红飞	第十七届江苏省高校大学生物理与实验创新竞赛优秀指导教师	江苏省物理学会、江苏省高校大学生物理与实验创新竞赛组织委员会	2020. 11
财经学院	陈银飞	江苏省社科应用研究精品工程优秀成果一等奖	江苏省哲学社会科学界联合会	2020. 11
管理学院	周以林	2019 江苏高校辅导员年度人物	中共江苏省委教育工委、江苏省教育厅	2020. 11
土力学院	顾　斌	第十届江苏省高等学校土木工程专业青年教师讲课竞赛二等奖	江苏省土木建筑学会	2020. 11. 01
附属医院	陈　进	2020 年镇扬泰地区医学工程师技能竞赛个人理论知识竞赛三等奖	镇江市医学会	2020. 11. 06
外国语学院	马　瑛	2020“外研社·国才杯”全国英语演讲大赛省级复赛（江苏赛区）指导二等奖	外语教学与研究出版社、北京外研在线数字科技有限公司、中国外语测评中心	2020. 11. 07
外国语学院	吴爱慧	2020“外研社·国才杯”全国英语演讲大赛省级复赛（江苏赛区）指导优胜奖	外语教学与研究出版社、北京外研在线数字科技有限公司、中国外语测评中心	2020. 11. 07
附属医院	赵　蕾	江苏省护理学会肾内科护理学术会议“个案病例护理”竞赛优胜奖	江苏省护理学会	2020. 11. 07
附属医院	周　璇	江苏省护理学会肾内科护理学术会议重症肾脏病护理大会交流优胜奖	江苏省护理学会	2020. 11. 07
财经学院	王艳慧	2020 年江苏省高校红十字会“博爱青春”暑期志愿服务优秀指导老师	江苏省红十字会、江苏省文明办、江苏省教育厅等	2020. 11. 12

续表

获奖单位	获奖人员	获奖名称（号）	授奖单位	授奖时间
附属医院	谭小翠	2020年江苏省人民医院“骨科专科护理内涵提升与专科发展”研讨学习班“骨科个案护理”大赛三等奖	江苏省人民医院	2020. 11. 15
附属医院	丁　明	抗疫先进个人	江苏省医学会呼吸病学分会	2020. 11. 15
附属医院	邵静怡	2020年镇江市卫生健康系统“小白牙”杯乒乓球赛女单第一名	镇江市卫生健康委员会	2020. 11. 16
机械学院	丁建宁	镇江市人民奖章	中共镇江市委、镇江市人大常委会	2020. 11. 17
江苏大学	黄　娟　薛宏丽　戴立玲	2020年江苏省高校微课教学比赛一等奖	江苏省高校微课教学比赛组委会	2020. 11. 19
江苏大学	吴　旋	2020年江苏省高校微课教学比赛三等奖	江苏省高校微课教学比赛组委会	2020. 11. 19
附属医院	陈慧丹	2020年度镇江市最美家庭（抗疫先锋最美家庭）	镇江市妇女联合会	2020. 11. 20
附属医院	张海鸣	2020年度镇江市最美家庭（科学教子最美家庭）	镇江市妇女联合会	2020. 11. 20
附属医院	朱程成	江苏省护理学会消化内科护理专业委员会“消化内镜治疗并发症应急处理案例”比赛二等奖	江苏省护理学会	2020. 11. 20
附属医院	张文杰	江苏省基层卫生协会2020年学术年会优秀论文	江苏省基层卫生协会	2020. 11. 20
外国语学院	黄雅丹　孔令璇　李　超　张明权　马凤华	2020年全国大学生英语竞赛（NECCS）指导教师C类一等奖	国际英语外语教师协会、中国英语外语教师协会、高等学校大学外语教学研究会	2020. 11. 22
外国语学院	鞠小丽　吴爱慧	2020年全国大学生英语竞赛（NECCS）指导教师C类特等奖	国际英语外语教师协会、中国英语外语教师协会、高等学校大学外语教学研究会	2020. 11. 22
附属医院	刘梦婕	2020年骨科学年会暨江苏省第二十二次骨科学学术会议护理分会场护理论文大会交流一等奖	江苏省医学会学术会务部	2020. 11. 22

续表

获奖单位	获奖人员	获奖名称（号）	授奖单位	授奖时间
外国语学院	卢木林	2020年全国大学生英语竞赛（NECCS）指导教师B类特等奖	国际英语外语教师协会、中国英语外语教师协会、高等学校大学外语教学研究会	2020. 11. 22
附属医院	陈吉祥　张德厚 梅　琼　孙志伟	全省抗击新冠肺炎疫情先进个人	江苏省委、江苏省政府	2020. 11. 25
江苏大学关工委	岳志强	“社会主义核心价值观‘精品教育项目’案例（2020年）”一等奖	江苏省教育系统关心下一代工作委员会	2020. 11. 30
计算机学院	曹清华	江苏省高校微课教学比赛三等奖	江苏省高校微课教学比赛组委会	2020. 12
法学院	唐华彭	江苏省微课教学比赛二等奖	江苏省高校微课教学比赛组委会	2020. 12
法学院	黄宝华	2020年江苏省高校红十字会“博爱青春”暑期志愿服务活动优秀指导教师	江苏省红十字会、江苏省教育厅、共青团江苏省委等	2020. 12
数学科学学院	董高高	江苏省工业与应用数学学会工业与应用数学青年奖	江苏省工业与应用数学学会	2020. 12
外国语学院	张　钰　黄雅丹 潘秀杰　季丽珺 徐慧霞	2020年外研社“教学之星”大赛全国总决赛一等奖	北京外国语大学中国外语与教育研究中心、外语教学与研究出版社等	2020. 12
外国语学院	张　钰　黄雅丹 潘秀杰、季丽珺 徐慧霞	2020年外研社“教学之星”大赛全国总决赛一等奖（团体）	北京外国语大学中国外语与教育研究中心、北京外国语大学中国外语测评中心、外语教学与研究出版社、北京外研在线数字科技有限公司	2020. 12
外国语学院	朱妍婕　吴庆宏	2020年第二届全国高校创新英语挑战活动综合能力赛优秀指导教师	《海外英语》杂志、中国文化信息协会创新文化传播专业委员会、全国高校创新英语挑战活动组委会	2020. 12
海外教育学院	郭婉莹　孙建莹	2020年江苏省外国留学生教育管理先进个人	江苏省高等教育学会外国留学生教育管理研究委员会	2020. 12
海外教育学院	沈嘉怡	2020年江苏省优秀留学生辅导员	江苏省高等教育学会外国留学生教育管理研究委员会	2020. 12

续表

获奖单位	获奖人员	获奖名称（号）	授奖单位	授奖时间
海外教育学院	梁伟松	2020年江苏省抗击新冠肺炎疫情外国留学生管理先进个人	江苏省高等教育学会外国留学生教育管理研究委员会	2020.12
团委	袁志钟　陈纪南	第十一届“挑战杯”江苏省大学生创业计划竞赛优秀指导教师	共青团江苏省委、江苏省教育厅、江苏省科学技术协会、江苏省学生联合会	2020.12
团委	孙　伟　孙雨晨　周　林	江苏省第六届大学生艺术展演活动高校美育改革创新优秀案例评选三等奖	江苏省学生艺术展演活动组委会	2020.12
团委	王艳慧　黄宝华	2020年江苏省高校红十字会“博爱青春”暑期志愿服务项目优秀指导老师	江苏省文明办、江苏省教育厅、江苏省卫生健康委员会、共青团江苏省委、新华报业传媒集团、江苏省广播电视总台、江苏省红十字会	2020.12
团委	袁　卉　周国歧　皮庆元　范一蓉　杨　露　杨　敏　朱　喆　韩　荣　马成成	江苏省第六届大学生艺术展演活动指导教师奖	江苏省第六届大学生艺术展演活动组委会	2020.12
团委	牛　萌　庄　融　董佳丽	江苏省第六届大学生艺术展演活动指导教师奖	江苏省第六届大学生艺术展演活动组委会	2020.12
团委	李冬升　侯　莉　吴　涛　宋联可　王　茹	江苏省第六届大学生艺术展演高校美育改革创新优秀案例特等奖	江苏省学生艺术展演活动组委会	2020.12
学工处	薛　梅	“第八届江苏高校辅导员素质能力大赛”三等奖	中共江苏省委教育工委、江苏省教育厅	2020.12
电气学院	杨　宁	“中联重科”杯第六届大学生智能农业装备国际创新大赛优秀指导教师	中国农业机械学会、中国农业工程学会、江苏省现代农业装备与技术协同创新中心、农业工程大学国际联盟	2020.12
后勤处	能源管理科	江苏省高等学校能源管理先进单位	江苏省高等学校后勤协会能源管理专业委员会	2020.12
后勤处	庄　屏	江苏省高等学校能源管理先进个人	江苏省高等学校后勤协会能源管理专业委员会	2020.12

续表

获奖单位	获奖人员	获奖名称（号）	授奖单位	授奖时间
后勤处	胡志慧　朱　云	2020年度“镇江市五一技术标兵”	镇江市总工会	2020. 12
附属医院	朱　蓓	改善医疗服务突出贡献工作者	健康报社有限公司	2020. 12
附属医院	石　磊	荣誉证书（2020年度在医疗卫生援藏期间工作成绩突出）	中共拉萨市委组织部	2020. 12
附属医院	石　磊	2020年共青团员民族团结闪光行动优秀个人	共青团拉萨市委员会	2020. 12
附属医院	许　辉	江苏省皮肤科医疗质控中心第二届病例比赛三等奖	江苏省皮肤科医疗质量控制中心	2020. 12
物电学院	冯　旭	2019—2020年度镇江市市级党员示范岗	镇江市委组织部	2020. 12
物电学院	冯　旭	镇江市“出彩教育人”	镇江市教育局等	2020. 12
宣传部	王玉忠	2019年度江苏省高校校报优秀作品评选言论类一等奖	江苏省高校校报研究会	2020. 12
宣传部	杨　雨　常　明　王玉忠　胡亚民　闫金金	2019年度江苏省高校校报优秀作品评选新媒体类二等奖	江苏省高校校报研究会	2020. 12
宣传部	任建波　杨　雨　王玉忠	2019年度江苏省高校校报优秀作品评选新媒体类三等奖	江苏省高校校报研究会	2020. 12
宣传部	杨　雨	2019年度江苏省高校校报优秀作品评选新闻摄影类二等奖	江苏省高校校报研究会	2020. 12
宣传部	胡亚民	2019年度江苏省高校校报优秀作品评选新闻摄影类三等奖	江苏省高校校报研究会	2020. 12
宣传部	戚　迪	2019年度江苏省高校校报优秀作品评选新闻文学类三等奖	江苏省高校校报研究会	2020. 12
宣传部	薛　萍	2019年度江苏省高校校报优秀作品评选言论类一等奖	江苏省高校校报研究会	2020. 12
宣传部	薛　萍　吴先琳　程　宸	2019年度江苏省高校校报优秀作品评选通讯类三等奖	江苏省高校校报研究会	2020. 12

续表

获奖单位	获奖人员	获奖名称（号）	授奖单位	授奖时间
外国语学院	鹿雪莹	第三届“人民中国杯”日语国际翻译大赛笔译研究生组日译汉二等奖、优秀指导教师奖	《人民中国》杂志社、教育部高等学校外国语言文学类专业教学指导委员会日语专业教学指导分委员会	2020.12.03
附属医院	裴　坤	2020年度江苏省护理学会血液净化护理学术会议大会交流一等奖	江苏省护理学会	2020.12.05
附属医院	王　祥	2020年第二届寻找卫生健康党建创新案例活动“党建宣传优秀工作者”	健康报社有限公司	2020.12.10
附属医院	陈圣枝	2020年度江苏省护理学会普外科护理学术会议大会交流二等奖	江苏省护理学会	2020.12.11
附属医院	王　祥	江苏省医院协会医院文化建设专业委员会2020年学术年会优秀论文三等奖	江苏省医院协会	2020.12.14
外国语学院	万雪梅	第四届“全国美国文学研究会优秀学术成果奖”优秀学术专著一等奖	全国美国文学研究会	2020.12.15
附属医院	华　晔	优秀援藏干部人才	中共拉萨市委员会	2020.12.15
附属医院	石　磊	优秀援藏干部	拉萨市达孜区人民政府	2020.12.15
附属医院	周　倩	江苏省医院协会2020医院大会“扬子江杯”优秀论文三等奖	江苏省医院协会	2020.12.15
附属医院	魏金文　袁　伟	九三学社镇江市委2020年度先进个人（思想宣传先进个人）	九三学社镇江市委	2020.12.16
附属医院	沈丽华　邱　榕　张　庆　包泉磊　刘　文　孙亚军　赵志泓	九三学社镇江市委2020年度先进个人（社会服务先进个人）	九三学社镇江市委	2020.12.16
附属医院	陆文晶	2020第二届全国医院后勤建设管理大会论文评选三等奖	《中国医院院长》杂志	2020.12.16
外国语学院	戴文静	论文获中国翻译协会跨文化交流研究委员会年度优秀论文三等奖	中国翻译协会跨文化交流研究委员会	2020.12.17

续表

获奖单位	获奖人员	获奖名称（号）	授奖单位	授奖时间
附属医院	刘莹莹	江苏省护理学会“夯基础、重质量—重症技能比赛”CRRT管路操作技术项目三等奖	江苏省护理学会危重病护理专业委员会	2020. 12. 17
附属医院	乔　晨	“豪森杯”优秀论文二等奖	江苏省药学会	2020. 12. 19
附属医院	蒋　鹏	2020年度组织建设先进个人	九三学社江苏省委员会	2020. 12. 24
附属医院	王冬青	个人三等功	镇江市公安局	2020. 12. 25
附属医院	赵治宇	个人嘉奖	镇江市公安局	2020. 12. 25
食品与生物工程学院	周晨光	江苏省“双创博士”	中共江苏省委组织部、江苏省人才工作领导小组办公室、中共江苏省委宣传部、江苏省发展和改革委员会、江苏省教育厅、江苏省科学技术厅、江苏省工业和信息化厅、江苏省财政厅、江苏省人力资源和社会保障厅、江苏省农业农村厅、江苏省商务厅、江苏省卫生健康委员会	2020
法学院	曾　见	指导2016级本科毕业论文获得江苏省优秀本科毕业论文三等奖	江苏省教育厅	2020
附属医院	王　笠	武汉江夏区荣誉市民	武汉市江夏区委	2020
生命科学学院	杨艳华	泰州市创新创业双创人才	泰州市海陵区人才办	2020
流体中心	袁寿其　王秀礼 朱荣生　曹卫东 付　强　胡　赟	大型石化泵及装置关键技术研究与应用	中国石油和化学工业联合会	2020
流体中心	赵睿杰　张德胜 施卫东　叶晓琰 彭光杰	高性能极端工况石化离心泵关键技术研发与推广应用	中国石油和化学工业联合会	2020
流体中心	施卫东	大中型排灌泵站大流量低扬程泵理论和关键技术及推广应用	国务院	2020

续表

获奖单位	获奖人员	获奖名称（号）	授奖单位	授奖时间
流体中心	袁寿其　李　红 刘俊萍　朱兴业 谈明高　陈　超 向清江　汤玲迪 汤　攀	高效多工况喷灌装备关键技术研究与应用	中国农业机械工业协会、中国农业机械学会	2020
流体中心	高雄发　施卫东 张德胜　李　伟 郎　涛　常　浩	新型旋流泵内部流动机理研究及系列产品开发	中国机械工业联合会和中国机械工程学会	2020
流体中心	骆　寅　袁寿其	一种离心泵空化诊断的方法及其装置	国家知识产权局	2020
流体中心	王　勇	高性能低振动低噪声舰船用泵关键技术及产业化	中国机械工业联合会和中国机械工程学会	2020
流体中心	袁寿其　王　勇	水力机械空化理论与关键技术及应用	江苏省人民政府	2020
流体中心	王秀礼	大型高能效耐腐耐磨泵关键技术研究与应用	安徽省人民政府	2020
流体中心	李　伟　刘　栋 朱　勇　季磊磊 孔繁余	大型余热回收机组高性能双壳体高温高压泵研发及产业化	江苏省人民政府	2020
流体中心	王秀礼　付　强 朱荣生	大型化工离心泵关键技术研究及应用	湖南省人民政府	2020
流体中心	司乔瑞　袁建平 陆　荣	高效低噪声叶片泵的水利设计与开发	中国发明协会	2020
财经学院	李文超	春节回乡调研活动个人三等奖	教育部直属机关党委	2019. 08
财经学院	张明亮	第二届江苏省（镇江赛区）大学生艾滋病防治同伴教育主持人技能大赛“优秀指导老师”	镇江市卫生健康委员会、镇江市教育局、共青团镇江市委、镇江市红十字会	2019. 10. 25
财经学院	张明亮	江苏省博爱青春优秀指导老师	江苏省红十字会、江苏省文明办、江苏省教育厅等	2019. 11. 12
附属医院	陈　星	江苏省第一届“外周静脉输液治疗护理”演讲比赛三等奖	江苏省护理学会静脉输液专业委员会	2019. 12. 20

（撰稿：毛寅欣）

2020年江苏大学教职工个人获校级表彰奖励情况

一、2020年度党政领导班子及中层干部考核优秀名单　江大委发〔2021〕3号

1. 党政领导班子年度考核优秀名单

农业工程学院
食品与生物工程学院
环境与安全工程学院
物理与电子工程学院
化学化工学院
管理学院
法学院
知识产权学院
能源研究院
党委办公室（保密办公室合署）
校长办公室
校纪委（监察专员办）机关
党委组织部
党委学生工作部（学生工作处合署）
科学技术处
规划发展处（教育教学研究与评估中心合署）
审计处
京江学院
出版社
继续教育学院

2. 中层干部年度考核优秀人员名单（以姓氏笔画为序）

丁　勇　王　飞　王　征　王　谦
王军锋　王武年　王善民　毛启容
方晓霞　邓汉宾　卢　洁　卢桂成
叶　涛　由天艳　毕勤胜　朱立新
任旭东　任晓霏　刘正欣　许乔宝
许晓世　许晓东　许湘琴　杜建国
李　红　李华明　李玲玲　杨　建
杨　娟　杨敬江　杨道建　吴　鹏
吴立平　吴梦云　邹小波　汪若尘
沈　芳　张开华　张文忠　张正娣
张伟杰　张德胜　陈永清　陈吉祥
欧阳国庆　金玉成　金丽馥　赵　明
赵喜仓　施进华　袁建平　袁朝春
莫纪平　夏　民　夏文祥　倪时平
徐　伟　高　波　高国琴　唐　恒
龚爱华　崔金贵　董国军　韩　荣
蔡健荣　蔡朝辉　廖志凌　潘建明
霍鹏伟　魏　渊

2021年3月4日

二、江苏大学关心下一代工作先进个人名单　江大委发〔2020〕102号（以姓氏笔画为序）

马志兰　丰　德　王　正　王　忠
王大建　王文初　王训兵　王光亮
王丽敏　王恒根　王梦琴　王善民
王德海　仇锦波　卢金星　叶　涛
丛慧琴　成　立　成　珊　曲云进
朱　珺　朱立新　乔忠荣　乔莲华
邬文强　刘　丹　刘方平　刘正欣
刘青山　刘忠德　刘金凤　齐　红
江小惠　汤国良　汤静霞　许抗美
孙正和　孙江荣　孙素华　贡崇颖
苏　虹　苏宏远　杜玉清　李　慧
李文清　李国文　李金伴　杨诗通
杨道建　吴　奕　吴佳乐　吴梦云
何新峰　狄韵芬　辛俊康　汪肖苹
宋顺林　张　平　张　华　张　岳
张永强　张银秀　张德胜　陆一心
陈序东　陈翠英　邵英远　苗芊萍
林新荣　金树德　金海燕　周以林
郑丽琼　郎黔山　封　琳　赵　钧
赵凤祥　赵文华　赵立强　赵海洪
胡康宪　侯保全　侯祥祥　施进华
姚　丹　秦少隽　夏　雨　柴顺根
凌智勇　陶林梅　黄宝华　康立超
蒋俊明　韩广才　景顺荣　熊　桦

熊英利　缪应祺　樊桂林　薛　影
戴立玲　戴和生　魏志祥

2020 年 10 月 23 日

三、江苏大学新冠肺炎疫情防控工作先进个人名单　江大委发〔2020〕121 号（以姓氏笔画为序）

丁　明　王　卫　王　东　王　笠
王　磊　王为其　支良泽　石　明
卢红艳　付　刚　包泉磊　冯　磊
兰魁田　邢　虎　朱　轶　朱文静
朱先林　朱丽云　朱道辰　任国庆
刘　颖　刘大东　汤春梅　许　兵
许　雷　孙　林　孙国付　李　琦
李长杰　李文娟　李文新　杨　云
杨　雨　杨　洁　杨志春　杨丽萍
吴　婷　吴立平　余　悦　邹　芬
沈　权　沈阳阳　沈良钧　张永强
张艳红　陈良莹　陈锦清　陈慧丹
杭建民　季冬梅　周春红　周绿林
赵　峰　赵婷玲　胡振奎　施　佳
施　康　施明玲　祝　俊　袁　飞
贾志宏　钱　骏　徐文芹　徐占东
徐品艳　陶旺仔　黄忠来　常海虹
崔　勇　章　敏　梁　浩　董玉荣
蒋　维　管叶峰　熊御云　颜学升
潘成龙　戴春晖　鞠建国

2020 年 11 月 26 日

四、江苏大学优秀研究生教师名单

江大委发〔2020〕107 号

序号	单位名称	教师姓名	类型
1	机械工程学院	陈明阳	任课教师
2	环境与安全工程学院	许小红	任课教师
3	化学化工学院	梁　旭	任课教师
4	马克思主义学院	蒋俊明	任课教师
5	法学院	唐华彭	任课教师

续表

序号	单位名称	教师姓名	类型
6	艺术学院	张力丽	任课教师
7	医学院	罗彩凤	任课教师
8	机械工程学院	王　匀	指导教师
9	汽车与交通工程学院	徐　兴	指导教师
10	食品与生物工程学院	齐向辉	指导教师
11	环境与安全工程学院	杜道林	指导教师
12	理学院	孙宏祥	指导教师
13	化学化工学院	潘建明	指导教师
14	教师教育学院	武翠红	指导教师
15	医学院	林　江	指导教师
16	药学院	张业旺	指导教师
17	科技信息研究所	刘桂锋	指导教师

2020 年 6 月 16 日

五、江苏大学国际化工作先进个人表彰名单　江大校〔2020〕122 号（以姓氏笔画排序）

王书彦　吕　翔　刘　栋　许桢英
孙建中　李松军　李治文　张　帆
陈秋云　陈恺恺　范一蓉　郑文怡
房厚庆　封　云（医学院）
骆　英　耿国庆　顾水彬　黄　婷
崔　勇　蔡　露

2020 年 6 月 24 日

六、2020 年江苏大学“最受学生欢迎的十佳教师”评选结果　江大校〔2020〕166 号

序号	教师姓名	职称	学院/研究所	备注
1	丁　建	讲师	外国语学院	本科生评选
2	冯　缨	教授	管理学院	本科生评选
3	刘桂锋	研究馆员	科技信息研究所	研究生评选

续表

序号	教师姓名	职称	学院/研究所	备注
4	杜凤移	副教授	医学院	留学生评选
5	尚学府	副教授	物理与电子工程学院	本科生评选
6	周国强	教授	法学院	本科生评选
7	孟　翔	讲师	艺术学院	本科生评选
8	施化吉	教授	计算机科学与通信工程学院	本科生评选
9	贺敏强	教授	化学化工学院	本科生评选
10	钱　军	副教授	化学化工学院	研究生评选

2020 年 9 月 6 日

七、“江苏大学优秀教师”和“江苏大学先进工作者”名单　江大校〔2020〕171 号

1.“江苏大学优秀教师”名单

单位	优秀教师（排名不分先后）
机械工程学院党委	张朝阳　崔承云　朱长顺　梁红玉　张　兵　王　匀　刘会霞
农业工程学院党委	马　征　朱文静　韩绿化
能源与动力工程学院党委	刘杨先　吴贤芳　王晓英　李　忠
汽车与交通工程学院党委	丁　华　何美玲　邵珊珊　嵇　乾　姚　明
材料科学与工程学院党委	陈　飞　李冬升　刘光磊　刘芹芹　苏明如　袁新华　周海涛
电气信息工程学院党委	李长杰　闫小喜　姬　伟　徐　亮　孙宇新
食品与生物工程学院党委	陆道礼　齐向辉　王　蓓　高献礼
环境与安全工程学院党委	张　波　荣新山　王从彦　李丽霞

续表

单位	优秀教师（排名不分先后）
计算机科学与通信工程学院党委	潘雨青　陈锦富　朱　轶　曹清华　郑文怡　林　琳
数学科学学院党委	房厚庆　杜瑞瑾　朱　峰　宋晓平
物理与电子工程学院党委	俞笑竹　冯　伟
土木工程与力学学院党委	王自平　周恩全　温修春
化学化工学院党委	梁　旭　张蓉仙　丁金瑞　赵　龙
管理学院党委	郭龙建　王　忠　孙冬营　白光林
财经学院党委	赵顺娣　陈银飞　丁国平　王　健
马克思主义学院党委	王志刚
法学院党委	张洪阳
文学院党委	李红艳　王丽媛
外国语学院党委	冯瑞贞　华厚坤　徐慧霞　吴媛媛　马风华　权晓菁
艺术学院党委	陈　天　孙宁娜　王　弓　张力丽
教师教育学院党总支	康　翠
医学院党委	许文荣　马　洁　盛良驹　孙梓暄　许　潇　严永敏
药学院党委	童珊珊　王明齐
生命科学学院党委	王　政
体育部党总支	吴国清　李　岚
流体机械工程技术研究中心党委	张　帆
能源研究院党总支	王　平　徐　丽
汽车工程研究院党委	孙晓强　王丽梅
附属学校直属党支部	姜茂盛　冉旭云　纪　琴

2.“江苏大学先进工作者”名单

单位	先进工作者（排名不分先后）
机关党委	伍新雷　王利丹　杨　雨　杜明拴　常海虹　王世胜　高　峰　施卫平　常志斌　笪祖林　乌慧玲　汪云香　夏纯中　马双双
机械工程学院党委	常　燕　王富良
农业工程学院党委	石　强
能源与动力工程学院党委	周德帅
汽车与交通工程学院党委	杨晓峰
材料科学与工程学院党委	赵　南
电气信息工程学院党委	杨　梅　蔡晓磊
食品与生物工程学院党委	查　青
环境与安全工程学院党委	曹　霞
计算机科学与通信工程学院党委	徐佩锋
数学科学学院党委	胡莹晶
物理与电子工程学院党委	徐晨光
土木工程与力学学院党委	夏　雨
化学化工学院党委	牛英杰　侯祥祥
管理学院党委	段慕慕
财经学院党委	陈　晨
马克思主义学院党委	徐青儿
法学院党委	梅　园
外国语学院党委	王海英

续表

单位	先进工作者（排名不分先后）
教师教育学院党总支	冯　玲
医学院党委	邱　健　钱　海
药学院党委	万伟忠
生命科学学院党委	张春霞
海外教育学院直属党支部	高舒婷
体育部党总支	李站起
流体机械工程技术研究中心党委	陈　超
京江学院党委	李　磊　魏　伟
附属医院党委	许安庆　邢　虎　蒋　明　汤伟栋　姚　敏　周洁玉　华　晔　李峄清　陈慧丹　陈　述　赵志泓　徐高兵　吕书红　陈圣杰　张礼荣　周春红　刘　强　张　露　缪　旭　任国庆　朱　蓓　傅　丹　张德厚　张　恺　季春燕　陈爱华　郜宁正　芮金兵　包泉磊　黄贤凤　朱文利　陈良莹　孙国付　蒋　维
图书馆党总支	刘桂锋　刘　琼　汪满容
后勤党委	马　骁　孔庆镇　庄　屏　丁　雷　苏荣臻
机电总厂党总支	刘　兵　陈雪峰　何　鹏

2020年9月7日

八、2019年度江苏大学奋达杰出青年英才奖评选结果　江大校〔2020〕212号

一等奖

朱孝勇　徐立章　蔡英凤

二等奖

孟庆峰　许　晖　王　爽　曲文娟

王　俊　张　徐　赵观兵

三等奖

张心洁　刘　栋　王　海　徐媛媛

张　琪　孙梓暄

四等奖

权晓菁　杜瑞瑾　张西良　周国强

贺敏强　聂仪晶　徐　丹　徐文学

董佳丽　潘雨青

2020 年 11 月 20 日

九、2020 年度江苏大学“教学名师培育计划”培育人选名单　江大校〔2020〕213 号（排名不分先后）

杨　娟　朱茂桃　金丽馥　刘国海

康　灿　陈　欣　吴　鹏　潘雨青

2020 年 11 月 20 日

十、2019—2020 学年江苏大学“优秀学业导师”名单　江大校〔2020〕214 号

机械工程学院（19 人）

王　匀　王后孝　许桢英　孙建荣

杨　磊　杨超君　吴雪莲　张朝阳

陈　进　陈瑞芳　周建忠　顾寄南

郭　娟　程广贵　潘海彬　薛　青

宋寿鹏　王宏宇　周志强

农业工程学院（2 人）

梁振伟　唐　忠

汽车与交通工程学院（19 人）

王丽梅　尹必峰　洪　亮　沈钰杰

倪　捷　李　勇　姚　明　刘　良

刘军恒　赵秀亮　钱卫东　王　峰

薛红涛　梅德清　孙晓强　张晓娜

江浩斌　李瑞娜　何友国

能源与动力工程学院（8 人）

袁寿其　康　灿　王军锋　潘剑锋

陈汇龙　徐惠斌　胡亚敏　刘杨先

材料科学与工程学院（10 人）

赵晓华　罗　锐　汪存龙　王安东

唐玲玲　李亚波　潘秋红　王云龙

李保家　闵春英

电气信息工程学院（15 人）

潘　伟　黄振跃　廖志凌　侯　霞

薛文平　郑　宏　李发忠　傅海军

王芳群　李彦旭　江　辉　姜晋文

乔　薇　方志明　武小红

食品与生物工程学院（6 人）

张家艳　骆　琳　任晓锋　孙　玲

张　灿　肖　香

环境与安全工程学院（2 人）

陈娟荣　王　超

计算机科学与通信工程学院（14 人）

蔡　涛　曹清华　耿　霞　蒋中秋

孔　娃　林　庆　刘　哲　毛启容

宋雪桦　王良民　夏　景　邢玉萍

熊书明　周莲英

数学科学学院（3 人）

高翠侠　高安娜　钱骁勇

物理与电子工程学院（1 人）

张培培

土木工程与力学学院（4 人）

孙翠翠　张秀丽　张　健　钱　海

化学化工学院（15 人）

曲玲玲　刘艳红　刘　燕　李春香

李春梅　陈秋云　范伟强　季振源

郝　臣　黄　燕　章明美　董红军

路桂芬　潘建明　霍鹏伟

管理学院（9 人）

王　艳　熊　强　郭龙建　朱　迅

许玲燕　陈　洋　李毅心　屠文娟

何有世

财经学院（9 人）

周建再　万　武　喻　雁　蒋苏月

苗　晴　吕　白　张　鸾　程李梅

张永忠

马克思主义学院（5 人）

阎　静　马方方　马耀鹏　孙旭红

魏志祥

法学院（5 人）

尚清锋　唐华彭　曾　见　王春林

游文静

文学院（6 人）

武克勤　余红艳　周　渡　罗立新

周　衡　蒋传红

外国语学院（3 人）

张明权　赵康英　庄晓敏

艺术学院（6 人）

沙春发　霍　珺　张　凯　刘庆立

朱其林　朱光耀

教师教育学院（2 人）

陶明华　王　华

医学院（12 人）

毛　飞　周天戟　吴　亮　张　娣

张　锐　曾　建　沈海俊　徐剑鸥

李永金　钱　晖　生秀梅　王苏华

第一临床医学院（1 人）

徐　岷

药学院（8 人）

杨　欢　芮蒙杰　李红霞　刘瑞江

于小凤　冯春来　孙　竞　辛渊蓉

2020 年 11 月 23 日

十一、2019 年度江苏大学“青年英才培育计划”培育人选　江大校〔2020〕217 号（排名不分先后）

1. 优秀青年学科带头人培育人选

孙晓东

2. 优秀青年学术带头人培育人选

刘杨先　石吉勇

3. 优秀青年骨干教师培育人选

袁　野　孙冬营　李丹丹　张云雷

魏　巍　王　蕾　孔丽蓉　俞洋洋

李　明　陈　蕊　孙　钰　朱　勇

蒋　跃　邓久军　包　健　张　宁

胡东海　李　勇　张云顺　孙全才

李志华　张富宾　张　盈

2020 年 11 月 25 日

十二、2020 年度江苏大学本科教学工作优秀教务员名单（10 名）　江大校〔2020〕237 号

机械工程学院

白　霞

能源与动力工程学院

张　莹

材料科学与工程学院

张明芬

食品与生物工程学院

查　青

土木工程与力学学院

程馨盈

管理学院

张银萍

医学院

王　瑾

海外教育学院

丁　敏

教务处

李晓春　朱　琼

2020 年 12 月 9 日

（撰稿：沈　芳）

附表

2020 年度江苏大学教职工情况

人

		教职工数									聘请校外教师	离退休人员	附属中小学幼儿园教职工	集体所有制人员
		合计	校本部教职工					科研机构人员	校办企业职工	其他附设机构人员				
			计	专任教师	行政人员	教辅人员	工勤人员							
总计		5 803	3 806	2 701	500	403	202	158	96	1 743	608	2 467	68	30
其中：女		2 783	1 543	1 010	220	217	96	30	14	1 196	135	1 252	58	3
正高级		785	603	588	8	7		9		173	338	293		*
副高级		1 766	1 399	1 194	87	118		4	12	351	240	623	21	*
中级		2 100	1 291	778	330	180	3	15	22	772	12	*	*	*
初级		479	116	23	18	69	6		3	360		*	*	*
未定职级		673	397	118	57	29	193	130	59	87	18	*	*	*
其中聘任制	小计	162	36	31	5			126			*	*	*	*
	其中：女	29	8	7	1			21			*	*	*	*
	正高级	18	9	9				9			*	*	*	*
	副高级	6	2	2				4			*	*	*	*
	中级	13						13			*	*	*	*
	初级										*	*	*	*
	未定职级	125	25	20	5			100			*	*	*	*

2020 年度江苏大学专任教师、聘请校外教师岗位分类情况

	本学年授课专业教师				本学年授课聘请校外教师				本学年不授课专任教师				
	合计	公共课基础课	专业课		合计	公共课基础课	专业课		合计	进修	科研	病休	其他
			计	其中：双师型			计	其中：双师型					
总计	2 510	367	2 143		608	52	556		191	45	142	4	
其中：女	963	191	772		135	11	124		47	17	28	2	
正高级	543	40	503		338	20	318		45	6	39		
副高级	1 097	164	933		240	9	231		97	34	63		
中级	740	150	590		12	5	7		38	5	31	2	
初级	21	5	16	*				*	2		1	1	
未定职级	109	8	101	*	18	18		*	9		8	1	

2020 年度江苏大学专任教师、聘请校外教师学历（位）情况

人

	研究生			本科	专科及以下
	计	博士	硕士		
1. 专任教师	2 701	1 851	692	158	
其中：女	1 010	604	354	52	
正高级	588	534	39	15	
副高级	1 194	883	235	76	
中级	778	360	361	57	
初级	23		15	8	
未定职级	118	74	42	2	
2. 聘请校外教师	608	432	112	64	
其中：女	135	106	17	12	
外籍教师	18	2	7	9	
其他高校教师	115	89	23	3	
正高级	338	245	59	34	
副高级	240	178	43	19	
中级	12	8	2	2	
初级					
未定职级	18	1	8	9	

2020 年度江苏大学分学科专任教师情况

人

	合计	正高级	副高级	中级	初级	未定职级
总计	2 701	588	1 194	778	23	118
其中：女	1 010	135	439	384	9	43
哲学	53	14	23	16		
经济学	105	15	56	29	1	4
法学	48	5	24	15		4
教育学	112	12	63	26	4	7
其中：体育	63	2	41	17	3	
文学	188	13	64	105	2	4

续表

	合计	正高级	副高级	中级	初级	未定职级
其中：外语	140	7	47	83	1	2
历史学						
理学	166	29	75	53	2	7
工学	1 517	395	652	396	2	72
其中：计算机	128	25	57	43		3
农学						
其中：林学						
医学	273	62	132	65	3	11
管理学	155	35	70	40	3	7
艺术学	84	8	35	33	6	2

2020 年度江苏大学教职工中其他情况

人

	共产党员	共青团员	民主党派	香港	澳门	台湾	华侨	少数民族
教职工	2 687	18	343	1		1		83
其中：女	1 073	13	125					43
专任教师	1 815	11	206					64
其中：女	710	7	65					31

（撰稿：沈　芳）

学生工作

学生工作

学生工作部（处）综述

2020年，学生工作部（处）坚持以习近平新时代中国特色社会主义思想为指导，围绕学校第四次党代会确定的创建“双一流”和高水平研究型大学建设目标，以江苏大学“三全育人”综合改革推进会暨第四次学生工作会议成功召开为契机，克服新冠肺炎疫情带来的重重困难，全面构建一体化育人体系，加快形成“三全育人”崭新局面，确保学生工作“十三五”完美收官，科学谋划“十四五”新篇章。

第一部分　主要成效

【思政教育】 1名辅导员获评2020江苏高校辅导员年度人物，1名辅导员在第八届江苏高校辅导员素质能力大赛决赛中获三等奖；2名学生分获第十五届中国“大学生年度人物”入围奖、2020江苏省“大学生年度人物”提名奖；1名学生参加第四届“思政课学习之星”全国高校大学生马克思主义理论学习夏令营线上活动（全省仅2名）；1个项目荣获“2020年度江苏易班共建高校优秀迎新案例”三等奖。

【就业创业】 学校获评首批江苏省大学生职业生涯教育示范基地；连续5年获江苏省大学生就业创业知识竞赛优秀组织奖；在江苏省“双创”示范基地评估中获评高校和科研院所类优秀等次（全省共7家）；第六届中国国际“互联网+”大赛获银将1项、铜奖1项，5个项目获评江苏省优秀大学生创业项目，3名校外创业导师被选为“互联网+”大赛国赛网评专家；5个项目斩获第六届“互联网+”省赛一等奖，并列全省第五位，学校荣获双赛道省级优秀组织奖；在创响吴江大赛中获二等奖2项、三等奖1项，在京口区青年创业大赛中包揽前三名。

【素质教育】 学校获评“江苏大学国际化工作先进单位”，1人获评“江苏大学国际化工作先进个人”；4篇案例入选学校疫情防控期间在线教学典型案例汇编；3项案例入选学校课程育人示范教学设计暨教学改革典型案例；2名教师在学校微课教学比赛及江苏高校易班优质公开课中分别荣获二等奖和三等奖；1项学业规划类课程课题获批立项江苏高教学会研究课题。

【心理健康教育】 江心工作室作为抗疫志愿者团队获省心理学会通报表扬，2人获评省心理学会优秀抗疫志愿者，1人获评省大学生心理危机预防与干预研究中心优秀热线志愿者。

第二部分　事业发展

面对突如其来的新冠肺炎疫情，学生工作处党支部众志成城团结一致，在上级党组织的领导下，发扬“自强厚德　实干求真”的江大精神，先后荣获江苏大学2019—2020年度党员示范岗、镇江市示范党小组（第五党小组）、江苏大学新冠肺炎疫情防控工作先进集体等党内集体荣誉，以高质量党建促进各项工作目标任务高质量完成。

【以生为本，推动防疫育人齐头并进】 在疫情大考中，始终坚持疫情防控不松懈、服务学生不停步、工作发展不放松，深化贯彻落实，强化使命担当。**1. 科学防疫，贯彻落实防控部署。**认真审核全校近25 000名本科生每日健康打卡信息，牵头做好老生复学返校和新生安全入校工作，周密做好5 000余名暑期留校学生的防疫保障工作。以“江大学工”微信公众号为重要平台，第一时间开展学生思想引领工作，累计发文百十余篇，推送全省辅导员

“云端”战“疫”、心理抗疫等主题微信；加强宣传教育，普及防疫知识，传达防控要求。**2. 勠力同心，学生工作稳步推进。**组织开展“疫情下的中国”征文活动及“共抗疫情、爱国力行”“习近平总书记对江苏大学重要批示精神”主题教育；主动担当“店小二”职责，累计提供代办邮寄服务900余人次，寄送材料2 000余份，线上服务学生3万余人次；制定并完善“不见面审批”制度与“无接触服务”流程，为毕业生在线办理各项业务2万余项，转递邮寄档案7 500余份，并在全省率先恢复线下校园市场；组建18人线上心理服务团，“云端”坚守3 144小时，接访个案260人次，组织讲座、督导50余场，开展学生队伍线上培训204学时；为126名湖北籍家庭经济困难学生发放困难补助25.97万元；为4 610名学生赠送网络流量84.01万元；为600余名学生发放防疫物资等补助15.32万元；增设700余个本科生线上勤工助学岗位，发放报酬76.42万元。

【同心协力，践行“三全育人”使命担当】学校紧扣“三全育人”综合改革试点高校建设，上下同心，协同联动，深入推进“三全育人”工作。**1. 强化部署，组织领导不断加强。**强化组织领导和顶层设计，隆重召开“三全育人”综合改革推进会暨第四次学生工作会议，每月组织召开“三全育人”工作推进会、座谈会、中期检查汇报会等，总结育人成效，推进各项工作。**2. 组织引领，制度设计不断优化。**出台《江苏大学关于进一步深化“三全育人”综合改革加快构建思想政治工作体系的实施意见》、“十大育人”相关建设方案及推进落实文件等系列制度文件；制定“江苏大学‘三全育人’综合改革试点建设主要任务分工表”，制定工作台账，压实各部门育人责任。**3. 高度重视，监督考核不断强化。**制定“三全育人”工作考评办法，将“三全育人”相关工作列入学校年度目标任务综合考核，配合校纪委专项督查和党委第四轮巡察。增设农业工程学院为“三全育人”综合改革示范创建学院，遴选第二批33个“三全育人”综合改革示范专业和一批优秀研究生导师团队。**4. 稳步落实，大力推进“095”工程。**学习贯彻落实习近平总书记对学校信件的批示精神，把“知农、爱农、强农”教育融入涉农学院的学科体系、教学体系、教材体系、管理体系；引导、支持涉农学院依托专业特色和优势，培养更多具有家国情怀、情系民生的“一懂两爱”创新实践型人才；在工作中融入知农、爱农、强农因素，提升涉农专业人才的立德树人实效。**5. 深化研究，育人影响力不断扩大。**组织设立“三全育人”专项研究课题，发表育人相关学术论文10篇，成功申报市厅级以上“三全育人”专项课题8项。组织编写“三全育人”工作简报3期。校党委书记袁寿其在《新华日报》专题刊发署名文章，接受《中国高等教育》杂志专访。

【立德树人，筑牢思想政治教育阵地】以深化大学生理想信念教育为核心，线上线下做好大学生思想政治引领和育人育才实效；以强化辅导员队伍建设和基地建设为抓手，校内校外提升学生工作的影响力和辐射力。**1. 多措并举，持续增强思政教育引领实效。**线上线下编发《大学生思政学习纲要》《大学生党建和思政教育专报》；开展省先进评选、大学生年度人物遴选、校先进个人及奖学金评选、优秀毕业生复评、思政“一院一品”项目验收等活动；线上线下举办2020年毕业典礼、开学典礼、学生表彰大会，立体化开展“毕业星语”“校奖风采”等优秀学子宣传活动；

充分发挥关工委老教师重要作用，多角度、多层次、多方位地开展关爱谈心屋、“给我一个家”、“爱校荣校 知农爱农”等活动。**2. 齐抓共管，不断加强辅导员队伍内涵化建设。**开展专职辅导员招聘 2 次、兼职辅导员招聘 1 次；开办辅导员职业素质能力提升培训班，组织全体专职辅导员参加多项全国、省级培训班；鼓励开展理论研究，组织校思政课题、辅导员工作案例、优秀论文等申报评选；助力辅导员队伍可持续发展，有序推进辅导员年度人物遴选申报、辅导员岗位职级评定、专业技术岗位聘任、辅导员考核等工作。**3. 数管齐下，稳步推进省辅导员研究会和基地建设。**组织开展第八届江苏高校辅导员素质能力大赛复赛，组织研究会辅导员专项课题、工作案例评审及思政工作优秀论文申报评选；拓展研究会微信公众号和基地 QQ 交流群等各类交流平台功能，加强辅导员间科研、工作交流，进行典型宣传展示；协助省厅开展省辅导员信息管理系统更新工作，为全省高校解答系统操作疑难。

【规范服务，从严提升学生管理服务质量】坚持“以生为本、规范服务”理念，以安全稳定为基础、学风建设为重点、便捷学生为目标，不断提高管理服务水平。**1. 夯实基础，加强班风学风建设。**编印 2020 版本科生《学生手册》，持续完善特殊类学生教育管理机制，做好早操、晚自习、文明督查等工作。选优聘强学业导师，定期举办“学业指导教授大讲堂”，做实学生学业规划指导。开展先进班集体评优和单项奖评比，营造对标榜样、砥砺前行的良好学业氛围。2020 届毕业生升学出国率达 28.34%，2021 届毕业生研究生报考率为 66.92%，报考本校率达 23.34%。**2. 筑牢基石，安全教育盖边沉底。**健全“学工—安保—公安”联动机制，开展全员全程全方位法纪安全教育；加强少数民族学生日常教育管理工作，增强“五个认同”。通过网站专栏、微信公众号、社区橱窗、专题展板、主题宣传日、“安全文明建设月”等载体，广泛开展学生社区安全文明宣传教育。严格审核学生社区信息发布内容，全年审批社区宣传活动 100 余件；落实“检查—通报—教育—整改”社区安全检查机制，全年开展安全卫生大评比 3 次、专项检查 60 次、安全巡查 294 次、文明督查 22 次、夜不归宿普查 3 次，通报学生违规违纪 270 余起。**3. 凝聚合力，彰显服务育人效能。**开展“文明宿舍”“百佳宿舍”评选、优秀宿舍风采展示、“明星寝室长”遴选等学生社区品牌活动，强化先进典型的示范引领效应。优化社区宿舍资源配置，保障 2020 级 6 499 名本科生和 3 205 名研究生入驻。完成暑期 1 223 名学生宿舍调整、9 栋楼整体维修出新、23 栋楼局部维修出新等工作。优化学生社区事务办理流程，全年审批住宿申请 531 件、走读申请 407 件、宿舍调换申请 232 件，发放考研晚归证1 966张。周密做好假期留校学生工作，办理留校申请 4 849 件。扎实做好老生返校和新生报到期间各项工作，确保 3 万余名复课返校学生和 9 704 名 2020 级新生安全入住。**4. 分类管理，精细服务优质高效。**修订《“一站式”学生事务与发展中心管理办法》《“一站式”学生事务与发展中心服务规范》，实施月度例会和先进评比制度，保障服务质效。新增服务事项 21 项，开放 24 小时自助服务区，全年累计服务学生 5.1 万人次。打造“事务百科” “我要提问”特色板块，上线“预约办”“网上办”“代理办”等服务，累计为 1 100 余名学生寄送材料 2 500 余份。开展“毕业季”精准服务，助力 1 000 余名学生实现人生理想；开展“新生季”专项服务，邀请 25 个学院 2 000 余名新生走进中心，将服务送到学生身边。协同7个派驻单位举办特色活动，为2 500余名学生提供了扩充知识储备、培养实用技能、提高个人素养的机遇。

【育人育才，全力促进毕业生高质量就业】 坚持“因人制宜、行至有度”的工作思路，深入实施“就业质量提升工程”。截至12月25日，2020届毕业生总就业率为94.04%，就业率保持平稳，就业质量持续向好。**1. 援引荐举，校园招聘市场提质增效。**打造双线融合的立体化校园人才市场，全年线上线下累计组织开展各类招聘会86场、校园宣讲会756场；就业信息平台审核发布招聘公告2 601条，发布职位数14 756个，线上线下超7 600家单位进校揽才，累计提供就业岗位超过20万个。**2. 全面覆盖，就业指导帮扶精准有效。**完成“就业技能提升”及“职业生涯规划”课程教学552学时；高质量开展线上模块化就业指导讲座91场，覆盖学生超11 000人次；开展专场就业指导活动42场，实现就业指导全覆盖；2020届毕业生求职创业补贴覆盖率达8.1%，呈现连年增长态势。**3. 多路并进，就业服务体系日趋完善。**全面推行电子化签约，简化签约及解约流程，精准完成7 887名毕业生就业材料审核；累计办理快递邮寄、咨询等各类业务20 000余项，高效完成教育部就业状况布点监测工作。积极开展公务员类、银行类等职位招考辅导，2020年学校“名校优生选调计划”录取3人。**4. 持续拓展，校地合作质量提档升级。**学校与常州国家高新区、南京江北新区等10余个地方就业主管部门建立合作关系；积极参加杭州、宁波等校地企对接活动；举办香港引才政策宣讲等特色活动。

【推陈出新，持续激发双创教育动能】 遵循“因势利导、纵横有道”的工作思路，深入实施“开放式、项目制、实践性”的精英人才培养模式。学员结业率达96%，奖学金参评率达30%，双创教育成效进一步凸显。**1. 优化配置，双创教育全面革新。**重构课程体系，革新教学模式，匹配知识产权学院、MOOC平台优质课程，拓宽教育教学资源。组织开展“创客脱口秀”“青年创业力量公开课”“朋辈导师云分享”等系列品牌活动20余场，增强学员获得感与归属感。**2. 齐心协力，双创赛事多点开花。**举办第六届“互联网+”校级选拔赛，征集项目726个，覆盖学生近3 000人。设计“直播教学+工具测评+项目实战+全员研讨”师资教学体系，对备赛项目进行立体化会诊，实施“7×14小时”全天候备赛，累计开展线上线下辅导60余次、路演训练100余次，赛事成绩硕果累累。**3. 领促融合，双创实践平稳推进。**强化基地标准化管理，征集遴选第二十一批入驻项目20余项。常态化开展“创新创业成果展”“十佳创新创业之星”及“十佳创业团队”评选活动，征集第七届“互联网+”大赛备赛项目，开展金种子项目训练营。组织遴选5个省大学生创新创业典型案例，1人获评江苏省大学生就业创业年度人物提名奖。

【精准发力，切实增强资助育人实效】 围绕“立德树人”根本任务，筑牢保障型资助根基，拓宽发展型资助通道，扎实推进资助育人内涵式发展。**1. 创新举措，实施精准资助。**奖助学金获奖面超过65%，家庭经济困难学生100%获助。精准发放本科生各类资助资金1.84万余人次1 729.2万余元，建档立卡、孤儿学生学费减免674人406.438万元，发放助学贷款4 260人3 639.95万元，新增社会奖助学金4项23.36万元，欠费率降至1.01%，圆满完成全年目标。疫情防控期间，为5 300余名家庭经济困难学生发放困难补助、网络流量、防疫物资等 125.3 万元；创新性地开展线上新型勤工助学模式，增设 700 余个本科生线上勤工助学岗位，发放报酬共计 76.42 万元。**2. 靶向发力，做好学生成长引领**。常态化开展第十六届“给我一个家”结对帮扶仪式；积极开展“三星”评选、“助学·筑梦·铸人”主题活动、诚信主题教育等宣传活动。结合学生专业优势，推出“抗疫”资助海报创作展等活动，组织“学生资助宣传大使”做好资助政策传播。做好“大学生勤工助学中心”和“伯藜学社”两个社团阵地建设，强化资助育人功能。资助育人成效有国家级报道 3 篇，省级报道（含江苏省教育厅、江苏省学生资助管理中心）13 篇。

【孜孜不倦，积极探索素质教育发展新模式】 依托素质教育课程平台，拓展素质培训服务项目，扎实提升学生海外实践能力，整合各方育人力量，打造全方位、多角度、立体化的课程育人、服务育人和实践育人体系。**1. 创新思路，扎实推进学生国际化工作**。修订《江苏大学学生留学交流经费资助管理办法》，出台疫情防控期间海外学习线上项目资助办法；编印《海外学习项目手册》，开展 129 场项目宣讲会，推出 34 个线上海外学习项目，搭建学生与世界名校交流学习平台；做好因疫情未出行的 163 名学生的协调工作，推荐 44 名学生为校社会实践先进个人；2020 年组织线上线下短期海外交流学习学生 666 人（不含京江），为 788 名海外学习和出国类外语考试的学生资助报销金额 170 余万元。**2. 积极探索，不断提升素质教育质量**。一是课程建设扎实有效。完成 3 门公选课和 1 门必修课共 103 个教学班的线上线下教学任务；重新遴选研究室师资 165 人，构建“一心五环”新教师培养体系；组织 4 场教师培训，开展 18 场教学示范公开课和微课教学比赛。二是培训平台规范有序。建立培训机构年审制，实施培训机构星级评定，不断遴选优质资源；开展巡查 100 余次、教学督查 20 余次。

【育心育德，携手聚力守护学生心理健康】 坚持育人目标导向，注重心育队伍建设，推进“八心育人工程”，落实“教育教学、实践活动、咨询服务、危机预防”四大举措，着力培育完善学生健康人格。**1. 双线结合，积极开展心理健康知识普及教育**。录制 16 期线上课程，完成心理类公选课教学 262 学时；推送 28 期心理科普微信；开设各类心理讲座 55 场次，受众近万人。**2. 校院协同，积极开展心理健康教育实践活动**。结合四大心理健康教育节，全年共举办线上线下活动 200 余场次，开展心理委员、心理信息员等各类培训 245 学时，首次有学生获评全国百佳心理委员。**3. 专兼结合，积极提供优质心理咨询服务**。线上线下咨询服务不间断，2020 年在线值守 335 天，累计 4 020 小时，共接访主动预约个案 659 人次，开展 6 场专业督导。**4. 多方联动，积极开展心理普查和危机干预**。实施心理建档两步测查，毕业班学生心理筛查，“三色预警”动态汇报，精神疾患建档关怀；制定《紧急心理危机预防与干预工作预案》《心理危机处置工作指南》；心理普查建档率 100%，主动干预新生 550 人，保障筛查对象干预率 100%；毕业生心理测查主动干预学生 412 人；协助学院处置心理危机 121 起。

（撰稿：魏小妮　核稿：杨道建　张　芬）

研究生工作部综述

【概况】 2020 年，党委研工部以习近平新时代中国特色社会主义思想为指导，深入贯彻党的十九大和全国研究生教育会议精神，落实立德树人根本任务，坚持“四为”方针，全面推进“三全育人”综合改革，紧紧围绕学校“双一流”创建和高水平研究型大学建设目标，致力培养德才兼备的高层次人才，全面服务于研究生全面成长成才，圆满完成了各项工作任务。

【党的建设工作】 1. 加强政治理论学习，提升党性修养，提升党建工作质量。研工部积极发挥政治核心作用，以党的政治建设为统领，按照学校全面加强党的领导的要求，结合部门工作实际，认真研究部署，旗帜鲜明讲政治，将党的建设融入研工部年度工作计划。不断强化政治学习，坚持“第一议题”制度，认真学习习近平总书记系列讲话精神，引导全体同志深刻领会党中央治国理政新理念、新思想、新战略，牢固树立争创一流意识，切实把理论学习和工作实践相结合。**2. 加强基层组织建设，落实从严治党，扎实推进党的建设。**进一步梳理支部组织建设工作流程，做到科学、规范、高效。坚持“三会一课”制度，加强对支部同志的思想状态的关注，与支部同志交心谈心，谈工作、谈思想、谈生活。贯彻党支部在党建中的主体责任和支部书记第一责任人的责任制度，强化履职尽责意识。全面加强党支部建设，按照江苏大学党支部建设“提质增效”三年行动计划检查指标开展支部建设。加强党员警示教育，深入剖析严重违纪违法干部的典型案例，发挥警示、震慑、教育作用。通过风险排查及整改落实，认真履职，督促研究生院在招生、培养、教育管理、学位，以及学科建设等敏感涉钱、涉人、涉事环节继续加强管控。**3. 主动配合巡察工作，接受巡察监督，认真完成整改落实。**坚持党性原则，严守政治纪律和政治规矩，主动接受巡察组的监督检查。党支部按照巡察工作要求，以端正的态度、良好的精神状态和务实的工作作风全力支持配合巡察组的工作。对于巡察组发现的问题和提出的问题，认真研究梳理，坚持把巡察反馈问题整改落实作为当前重要的政治任务，坚持问题导向，对照反馈的突出问题和不足，研究制订整改方案，逐条逐项分解整改，实现党建工作和事业发展的深度融合。

【思想政治教育】 1. 加强研究生思想政治教育。创新思想引领模式，拓宽研究生思想政治教育渠道，加快构建思政工作体系，唱响爱国主义教育主旋律。部署全校研究生深入学习习近平总书记给复旦大学青年师生党员回信，领悟“在学思践悟中坚定理想信念，在奋发有为中践行初心使命”的深刻内涵。从讲好疫情防控中的爱国主义故事入手，积极宣传学校师生的抗疫感人事迹，在研究生中开展广泛持久的爱国主义教育。会同组织部评选产生5个研究生样板党支部和10名研究生标兵党员，有效推进研究生党建工作质量的整体提升，充分发挥研究生样板党支部和标兵党员的引领示范、辐射带动作用。注重运用研工部官方网站、微信公众号、QQ群等新媒体平台，发挥网络时代新媒体的思想引领作用，2020年度“江大研究生教育”微信公众号共推送微信99期，粉丝数已超12 000人，在研究生中具有较高的影响力。**2. 打造一流研究生导师队伍。**思想引领与制度规范相结合，不断提升研究生导师的政治素养、道德修养、专业功底、个人魅力、治学态度和行为规范，提升指导研究生的能力，既做学业导师，又做人生导师。2020年度印发《江苏大学“三全育人”综合改革示范（培育）研究生导师团队建设工作考核及奖励办法（试行）》，引导各导师团队加强自我建设。会同研究生院发布《江苏大学应对新型冠状病毒感染肺炎疫情工作研究生教育工作组工作方案》，对研究生导师的科研指导提出疫情防控特殊时期要求。完成2020届毕业研究生“导师立德树人网上测评”，在保证研究生隐私的情况下，获取学生对导师的真实评价。对“三全育人”示范（培育）研究生导师团队进行中期考核并及时反馈，打造了以闫永胜教授绿色化学与化工技术团队为代表的典型育人示范研究生导师团队，积极推广“四位一体”研究生培养新模式的育人模式，积极促进学校健康和谐导生关系的形成。**3. 创建特色思政教育品牌活动**。紧贴新时代青年需求，以特色活动为抓手，创新思路实现思政教育活动效果。上半年，三江讲坛以优秀研究生朋辈分享为重点，秉承“非必要、不聚集”的原则，开展线上师生互动活动，支持和指导校研究生会开展线上“三江讲坛之江大研讲家”的相关工作，邀请江苏大学十佳青年学生蒋雯、青海支教研究生方培俊、王智轩围绕“居家战疫”做主题朋辈分享。下半年，在符合疫情防控常态化要求的情况下，邀请校党委书记袁寿其教授为全体研究生新生上了题为“悟初心，续情怀，做有担当有梦想的青年人”的第一堂思政课。思政教育紧抓不懈，为广大研究生保持身心稳定、提升积极求学的精神面貌打下扎实的思想基础。

【日常管理服务】 **1. 发挥奖助育人正向激励作用**。坚持“公平、公正、公开”原则，精准执行评优文件，严格把控操作程序，耐心细致解释政策运用，顺利进行各项奖助学金的评审发放工作。完成2019—2020学年评奖评优工作，共计向5 101名研究生发放奖学金4 169.8万元；完成第三学年毕业生评奖评优工作，面向符合获奖条件的1 466名毕业研究生发放奖学金326.2万元；评选产生99名“江苏大学2020届优秀毕业研究生”。全校范围内评审产生8名研究生省级三好学生，2名研究生省级优秀学生干部和3个省级先进班集体。评奖评优全过程无不规范行为，与各二级研究生培养单位保持密切沟通，有效发挥了奖助育人的正向激励作用。**2. 彰显资助育人人文关怀力量**。合理安排研究生“三助”岗位，为家庭经济困难学生提供切实支持，鼓励研究生参与社会实践，培养其管理协调能力，助力其提升综合能力。疫情防控期间，应在线授课教师和课程的需要，提升研究生助教聘用力度，全年共聘用112名研究生助教。开展2020—2021学年校内研究生助管岗位中各用工部门的指标测算下达、审核和工资发放工作，共计发放研究生助管工资80余万元。同时，精准完成家庭困难学生统计上报和帮扶工作，及时填报年度高校学生资助情况统计月报表和江苏省高校学生资助绩效评价统计报表；根据省资助中心的要求组织学院做好研究生困难生认定、上报工作，以及残疾学生的学费减免及物质帮助需求统计，发放困难生保暖内衣113套。为1 128名研究生办理生源地贷款，合计1 241.856 1万元。会同学工处发布《关于应对新型冠状病毒感染肺炎疫情应急资助工作的通知》，对170名研究生（其中湖北籍62人）发放10.48万元困难补助。做好研究生学费催缴工作，通过严格执行将欠费与助学金发放和评奖评优相挂钩，全年度实现研究生零欠费。**3. 强化心理育人预警防控体系**。进一步强化“研究生心理预警防控四级体系”，巩固加强研究生心理健康教育体系，畅通从学校到研究生个人的各层级心理信息反馈渠道。明确心理委员、课题组和寝室心理信息员的选拔标准和工作职责，开展多样化培训，增强他们的工作胜任力。上半年，会同研究生院为全校研究生开设“研究生心理健康与生涯发展”公选课，共举行课题组心理信息员培训6次，254名课题组心理信息员通过线上教学的形式完成了培训。下半年，对所有研究生新生寝室长开展心理培训。疫情防控期间，注重生理心理同步应对原则，将心理危机干预作为疫情防控体系的一个重要环节。开展了两期江研“云”抗疫心理辅导活动，解答研究生们关心的学业和科研实验等系列问题，化解了他们的焦虑和困惑。对研究生两次在线直播，累计观看13.9万人次，得到了部分学院及相关部门的好评与借鉴，活动被“苏研圈”报道。由于心理育人预警防控体系的良好运转，个别学生的心理问题得到了学院和学校的迅速纾解，本年度研究生未出现因心理问题导致的重大危机和舆情事件。**4. 落实服务育人安全保障功能**。把握开学初、疫情转折等关键时点，多次召开研究生的线上思想动态座谈会，整理收集研究生对于疫情防控、校园安全、社区管理、后勤服务、课程培养等的建议，积极沟通相关部门，以生为本灵活调整疫情管理规定，规范社区管理，切实发挥服务育人功能。及时为考入学校的本校本科生和硕博连读的硕士研究生办理临时住宿和走读通行证。召开暑期留校学生工作会议，规范假期留宿管理，发放3 516名暑期留校研究生的出入证。积极参与2020年研究生宿舍调整方案的制订和实施工作，协调109名非全日制研究生退宿，妥善安排226名男博士的宿舍搬迁，安排3 048名研究生新生入住。加强文明宿舍的教育管理，每月定期和不定期组织对研究生宿舍安全卫生的检查，开展“文明宿舍”“百佳宿舍”的评比，引导广大研究生自立自强，共同创造良好学习生活环境。畅通信息沟通渠道，利用研工部部长信箱及时回复和解决研究生反映的疫情相关问题600余条，及时安抚研究生情绪，做好学校相关政策解释工作，迅速回复和积极服务的态度获得研究生的认可与赞誉。

【创新实践工作】 1. 推动研究生就业创业质量提升。引导研究生树立正确的就业观，培育创业意识，重视市场就业导向、国家经济转型升级需求和本人就业创业意愿的紧密结合，促进研究生就业与地区产业转型升级等区域发展战略的良性互动与深度融合。印发《关于开展江苏大学2020—2021学年研究生职业生涯规划主题教育活动暨第十二届研究生职业生涯规划大赛的通知》，组织动员全校各研究生培养单位，围绕普及研究生职业生涯规划知识，增强研究生科学规划职业生涯的意识和能力。根据2019年分组对抗情况，重新选定牵头单位负责院级联谊对抗赛的统筹与服务工作。认真梳理2020届研究生生源中的特殊情况并开展毕业生生源报送工作。成功招募14名研究生组建了2020年青海省海南州研究生支教团并对招募成员进行系统培训。**2. 浓郁研究生科研文化氛围**。通过部门协同联合，开展多种多样的科研文化活动，积极营造浓郁的校园向学、乐学科研氛围。围绕疫情防控、留学生直播游江大、疫情过后的旅游计划、方言秀、人人学急救、中外电影文化、学会感恩，以及“制止餐饮浪费，培养节约习惯”等主题共进行了10期线上及线下活动，中外研究生参与人数近千人，覆盖全校29个研究生培养单位，拓宽了中外研究生的交流平台，丰富了他们的课余生活，展现了江苏大学研究生积极进取的精神风貌。会同研究生院、团委、海外教育学院举办2020年江苏大学研究生跨文化交流线上活动，会同研究生院、海外教育学院、团委联合举办了江苏大学第十届中外研究生学术论坛。**3. 大力推进科学道德建设力度**。全面弘扬科学道德，教育引导研究生坚持以尊重和保护科学家的创造精神为宗旨，坚持维护科学道德，抵制科学不端行为。印发《关于做好2020年江苏大学研究生科学道德和学风建设宣讲教育工作的通知》，组织各学院开展科学道德和学风建设宣讲教育工作并进行展评。完善研究生科学道德网络答题考核系统，新生入学后将此环节并入研究生学生证办理、研究生国家助学金发放、研究生学籍注册等系列环节，确保2020级全日制研究生100%完成网上测评。引导学院结合学院实际开展科学道德教育活动，100%覆盖在校研究生。

【疫情防控工作】 **1. 准确进行疫情数据整理报送**。疫情发生初期，研工部立即按照上级要求部署各类研究生的信息梳理工作，尤其是对湖北籍研究生及途经湖北的研究生进行重点排查，按照教育部要求及时干预医学规培研究生返岗要求。大年初二研工部工作人员即到岗，按照省教育厅、镇江市政府和京口区政府的要求，每日报送全校研究生健康情况、具体行踪变化、重点疫区及境外研究生信息变化等数据，同时向二级学院发布疫情变动状况。该项工作量大繁复，对于异常数据还需要逐条电话核验，研工部以高度的责任心高效、准确地完成每日的疫情数据报送，为学校疫情防控工作牢筑第一道防线。**2. 严格落实研究生返校政策要求**。疫情防控期间，严格执行学校研究生提前返校政策，根据科研项目的急需程度制定研究生返校程序，严格审核研究生返校条件，确保学生提前安全可控返校。从3月完成全国首批研究生提前复研复学，到5月全国疫情初步稳定，共审核5个批次提前返校学生，到校生未出现任何问题。5月后根据全国疫情形势采取了更加灵活的返校申请形式，每周严格审核一批返校研究生。9月全面实现学校研究生应返尽返，有力保障了校园教学科研秩序。**3. 努力满足疫情防控期间学生服务需求**。为规范返校研究生管理，根据疫情发展控制阶段及时制定《江苏大学新冠肺炎疫情防控期间学生管理暂行规定》《关于加强疫情期间我校研究生外出管理的通知》《关于做好暑期研究生留校管理工作的通知》等文件。多次组织研究生与学校相关部门开展面对面的座谈会，协调后勤集团、学工处、保卫处、职工医院解决返校研究生的实际困难，细致做好返校接待工作。疫情防控期间，慰问集中居住的湖北返校同学；与饮食服务中心沟通，满足社区隔离点的研究生饮食诉求；安抚和疏导少数发热、腹泻研究生的情绪；及时为学校后勤保障部门提供在校生基础数据变更情况等。在《中国研究生》杂志发表题为“多措并举，有序推进，‘云端’育人出实招”的文章，全方位宣传疫情防控期间江大研究生导师、教育管理人员的“育人组合拳”，获得良好社会反响。

（撰稿：徐　航　核稿：沈阳阳）

江苏大学2020级普通免试硕士研究生推荐学生名单 江大教〔2019〕74号

材料科学与工程学院

崔树刚　段哲文　李佳玲　李绍伟
南宗良　秦钱万　孙佳萌　孙　婕
谭萧潇　王成娟　王　婷　于　婷
喻馨叶　周皓天　曹雨桦　陈吉祥
范显旺　梁国锋　刘佳丽　庞春波
苏靖珂　孙洋凯　汪　帅　王永倩
夏　千　徐维聪　徐亚巍　于奚振
朱　炫　邹子文

电气信息工程学院

曾广威　贺鑫洪　衡　可　侯岳骏
劳凯宇　刘译蔓　秦　雯　王洪飞
王　宁　王庆芳　吴　旭　吴玉洁
徐永林　许一航　杨立颖　姚　磊

叶　庆　张建峰　张宇鑫　朱亚铭

食品与生物工程学院

胡庆庆　李　雯　潘正浩　彭泽康
魏文雅　杨　雪

无锡机电学院

孙明阳

理学院

高文婷　黄　钰　李月云　刘文珊
沈亚非　孙晔旸　汪冰冰　汪　瑜

汽车与交通工程学院

蔡　峰　曹秀娟　柴家栋　伏雨旋
高芬霞　郭柯屹　郝俊敌　蒋佳锟
李浩然　凌一洲　刘晓强　刘鑫源
吕晨潇　牛俊严　王　展　文楚玥
徐　陈　张　成　钟郑涛

机械工程学院

卜星宇　陈　俊　初启航　董　鑫
郭耿亮　蒋　林　李昊谦　李亚松
罗芳琳　骆敬芸　秦　彪　王子秦
吴　迪　武慧林　项渝茜　徐军委
于阳光　余　和　朱彪彪

农业装备工程学院

刘　达　肖天璞

土木工程与力学学院

郭文芳　胡光华　路海俊　吴建新
张星宇　周清琰

化学化工学院

何晶晶　侯冰霞　练冬生　杨浩宇
叶招春　张雨琦　郅少琦

环境与安全工程学院

程诗竹　郭洁茹　黄玉梁　雷　恬
刘惠梓　吴睿敏

计算机科学与通信工程学院

蔡宇航　陈晓瑜　陈　镇　戴妙玲
董兴宁　冯　伟　李凯龙　刘成梁
刘　文　刘政森　卢晨晨　施苏峰
汪泽源　王鑫瑞　张金梅　张智慧
赵雪茹　王慧婷

财经学院

毕　禛　陈春瑾　陈　明　胡　敏
黄方玉　李欣纯　李韫彤　王　露
徐　佳　张佳倩　张雨燕　张　媛
钟　艺　周　蕾　朱可涵　祖静琴

教师教育学院

邵明铭

文学院

丁小珊　孔艺霖　秦子仪　仲腾欢

艺术学院

顾　颖　衡佳琦　刘秀敏　王楚涵
张金瑶　赵海凌　赵苏杰

法学院

江晨瑜　蒋静涵　李于兰　王心雨

管理学院

陈彩蓉　陈汉聪　邱亚芹　窦　倩
何　怡　李凯莉　李　珂　李　烨
罗　双　马蓓文　茅　茂　钱丹丹
王皓月　王秋茹　魏　静　吴星妍
谢俊梅　谢丽玲　薛　诗

马克思主义学院

梁　悦

外国语学院

巢　雯　洪淑婷　李　蕊　刘力玮

药学院

陈宇菲　范小蔓　佘胜楠　史文婉
孙　璇　周丽红　朱　蓉

医学院

陈　鸣　陈　思　陈逸菲　甘海宁
巩环宇　何　蒙　金　灿　康　雯
李　群　李玉昆　汪竹涛　王茂叶
王秀平　王岩金　魏雨生　吴　凡
许新微　叶笑寒　袁依雯　周惠敏
周　鹏　周天然

江苏大学2020届本科毕业生名单

（学院、专业均按拼音首字母顺序排列）

材料科学与工程学院

材料成型及控制工程专业

刘成志 孙佳萌 卢　露 徐萧涵
何　玉 孙　婕 王　浩 张政华
方　科 黄　伟 伯　浩 边家通
喻晨辉 丁　旺 王光华 孙振智
刘雪松 向　导 粟利波 王　俊
朱呈波 贾晓光 姚业林 覃黄鑫
赫亮亮 师君祥 陈　浩 王若帆
于　婷 杨　雨 朱　青 陈亦楠
吴毓标 陈文博 朱　震 贾　毅
钱恒达 欧阳亚东 陈传宝
于兴伟 李璐宇 何健林 方新鹏
肖家乐 刘凤全 林　鑫 张嘉乐
韦　强 刘润涛 王华路 潘　迪
李　阳 梁　耀 方　李 曾子涵
杨　叶 严思琴 韦园园 车倩倩
罗　杰 邹　杨 刘　港 徐朝阳
曾繁林 刘東晟 张哲源 曹永鸿
张宇轩 刘逸文 柴玉锋 胡　伟
王内徭 王炳文 高晨欣 薛文超
沈寅峰 马　纪 傅　饶

复合材料与工程专业

刘源涛 马明双 杨　华 王　丽
钟振杰 王婷薇 项义军 崔　乐
唐子杰 汪补全 程云川 郭　涛
杜　俊 李明峰 宁　丁 赵宇轩
陶乙知 张　猛 李志伟 赵建军
苏海伟 崔浩楠 李　阳 龚鸿远
张文静 张颖丽 姚黄欣薇
戎笑远 徐海瑞 肖榜贵 赵朋飞
宋英杰 武正林 钟　武 程志祥
谢佳腾 戴俊生 张红潇 和志杰
于晨旭 王国宏 柴皓茗 班　毅
张　祥 卓伟铭 邹志轩 张　彬

高分子材料与工程专业

于佳丽 裘之锋 庞艳蕊 蒲艳玲
李　垚 李佳玲 潘小杰 杨秀芬
王雪倩 王世崇 张光社 曾　诚
汪晓勇 李伯伦 赖毓峰 贺玉昆
温皓麟 周万木 董　军 林锦坤
邱书鹏 李天柱 胡啸天 何俊良
达瓦顿珠 王成娟 郑筱雯
王　婷 吴　晏 刘一飞 杨香香
王敏玲 钱加敏 张　威 罗　桥
李成功 邓融峰 陈智园 黄泽飞
梅昌福 姚瑞琪 李荣康 张文杰
张　晖 唐　坤 吴一鸣 毛钰涵
叶宝钱 徐　颖 喻馨叶 龙雨欣
李秋莹 曾椿容 贾婉娜 张　敏
黄乔娜 徐　浩 蒋艳刚 魏仕川
王小双 尹　仁 徐广威 谭萧潇
温建龙 刘鹏程 覃　远 杨　阳
苟云飞 徐　洋 刘春园 陆　寅
程则瑞

金属材料工程专业

向文艺 马亚芬 罗静宜 李秋蹑
罗　丹 王　茜 郭伟国 李绍伟
黄　猛 朱永昊 张水敏 陈伟豪
杨　帆 陈文军 张烁乾 葛瑞泽
张绍荣 杨　洋 杨国红 卢声皇
韦小岩 邓　义 邵正朝 张军科
高兴成 陈舒健 范子泽 吴　洋
张　扬 于　森 滕汶宋 陈　曦
任　犇 杨玉艳 陈毓美 许逸丹
焦明月 叶莉莎 吉训翔 王翟羽
廖玮杰 张金山 侯明川 卢嘉东
董泽一 卢绍林 杨　广 王永金
周皓天 李科良 刘建华 杨　琦
张贵健 叶剑王 田永杰 袁旭英
颜超英 黄世鑫 崔树刚

无机非金属材料工程专业

唐　健 梁功莹 王晨曦 莫秋芹

李燕梅 赵 焕 吴钟仁 季明德
余奕威 付克川 王亚鹏 郑远海
戴华星 彭 争 崔玉松 雷博涵
南宗良 封一帅 庄 新 黄云峰
刁志强 付亚明 马宝龙 涂 杰
符军红 褚涵宗 何加珍 刘才会
段哲文 李 瑞 岳晓阳 武子瑞
吴俊芃 王 豪 李 伟 施小正
黄慧鑫 顾家成

冶金工程专业

宋志星 刘 欢 刘千左 潘 锋
孙国辉 黄寅舜 唐彬袁 田 博
钱继凯 梁金山 韩 东 韩诗垚
周 悦 瞿 俊 秦钱万 李 潇
田金梁 司一雄 冯超超 陈义昌
陆 宁 韩 松 吴官文 倪佳华

财经学院

保险学专业

曹丽萍 王 露 肖港慧 张博文
庄 婕 徐文婧 许冬寅 窦 芸
黄心怡 张曹蓉 石瑀曈 薛红亭
蔡银侠 钱 臻 张 慧 何 倩
庞晓雪 尤宇轩 蒋昊池 蔡王峻
沈晓霖 李易阳 李家伟 史家航
陈睿智 陆亚东 胡 瀚 李立凡
黄一原 宋波君 戚宇泽

财务管理专业

程艺涵 张茹惠 李 敏 梁梦寒
祖静琴 吴 珂 王福丽 刘香楠
韩 蓉 马丁芸 龙佳楠 麦 芮
唐 渝 薛梦斐 仲伟琪 王丹贇
杨 铭 冀欣媛 栾慧婷 李欣纯
练 清 汪明华 王若彤 陆曦诞
张媛媛 卞瑞钰 何 毅 李 阳
裴文旭 王泽宇 徐宇翔 卜奎杰
王 珏 赵韶凡 夏雪莲 史添羽
何 翀 黄春燕 缪晓云 杨付翠

左 晖 郭余卫 梁玉梅 许 多
陈映余 莫金英 赵 倩 徐 婷
秦雪佳 沈冰颖 虞 倩 王紫怡
王 茜 朱 铭 李韫彤 杨子萱
杜 洁 陈雨欣 黄思佳 蔡 南
沙子维 张一柱 付清源 熊国林
徐晨越 杨 子 汤 旭 徐啸东
徐逸峰 张鑫梅 付 饶 吴婧娴

财政学专业

郑玉娟 张金榕 李娜莎 唐 兰
徐紫君 张 尹 冯 萍 黄 蕾
张方圆 张子怡 宋欣键 石 尚
公星语 张艺璇 陆 萍 张可欣
吴媛媛 张馨元 谢 睿 徐 佳
张宇衡 郑光天 李春光 滕志东
宾启元 陆杲阳 王慧伦

国际经济与贸易专业

王荣莎 杨 宇 黄雪儿 马振林
马江楠 朱洺锋 赵桂枝 张丽婷
李雨蒙 高渝婷 刘 琦 常 虹
支 玄 浦静怡 张冰沁 周巧玲
任雪瑶 顾婷婷 吴 倩 吴湫焱
崔雨骐 蒋文成 李治纬 钟 艺
徐安举 邓明铭 钱 铖 郭绍桐
刘潇伟 梁振宁 唐放梅 蒙 倩
刘宝琼 符向金 韩雅琳 李 旺
曹露丹 龙娟娟 薛 怡 张宇晴
蔡佳霖 廖晴红 余红华 韩 月
潘 雪 瞿叶文 周淑雯 高亚婷
姚梦洁 周淑贤 李 敏 史滢晨
李文渊 侯泽发 张 深 杨心睿
张 泽 李 佳 常 坤 陈卫明

会计学专业

路 盛 张陟艺 朱虹瑾 苗靖雅
李霜霜 苏欣雨 穆美娟 钱 晨
薛梦婷 楚丽平 陈之琼 高 妍
沈 玥 夏沁蓥 吉 雪 王 欢
袁海莲 陈慧颖 姜 宇 李 享

谢佳书　胡志明　孙　春　周立豪
陈增浩　顾心怡　李　铮　冯　丽
应红新　俞　典　张　楠　丁佳琰
李思懿　黄玲霞　李惠霖　李　佳
秦宇洁　张　娜　张　微　韩冬雪
殷袭明　薛　莹　蒋　蓉　孙梦婷
崔　琪　唐泽宸　商甜甜　黄言溪
高晓涵　王倩婷　张雨燕　张岸琳
江广龙　夏棍怡　彭中星　朱　杰
吴宁松　李家乐　李蔚然　张玉叶
戴奉仪　胡翛然　刘　璐　姚业清
王孝一　钱　婷　陶兰慧　全美玲
王明月　梁欣晨　顾雪琦　杨　星
孙　涛　姜月桦　俞仁爱　戴凯丽
赵梦娇　卞亦心　乔晓婷　车希越
高圆媛　王沐蓉　窦　敏　曹梦瑶
李馨阳　潘修成　胡永乐　费云清
秦正林　邵　毅　姜　璇　温永兴
朱可涵　吴鑫森　刘语迪　刘婧寅
葛　德　朱银平　罗　巧　张瑞琛
潘　宇　吴君丽　赖曾林　郭如心
邱乐涵　何　恬　郭洁雨　沈婷婷
张凯芹　曹　涵　庄姣姣　谢　桐
黄方玉　生雳君　季心慧　程雯萱
郭文燚　张佳倩　于雪妍　李双慧
邓妍沁　江家波　黄　铭　马奕昕
王　优　陆昊宁　郭熠雯　彭雨馨
蔡亚丽　田　燕　王蕊婷　赵玉珠
江　珊　李　忻　钱心怡　金　帆
潘　莹　张红丽　蔡鑫宏　俞金林
郭雪群　肖　姚　郦倩茹　朱雯琦
徐　倩　潘秀怡　宋嘉易　王诗淳
甄子钧　徐　晔　王天意　陈逸州
刘文雪　余　姝　杨惠洁　刘宗冉
蔡思佳　王艺轩　顾雅萱　严乐乐
邵宇杰　张艺译　范晓伟　卓婷婷
张　倩　张　婷　尚　睿　高如瑞
李　静　朱凯莉　杨梦圆　陈　明
徐夏静　华雨菲　罗庆春　朱玉梅
龚玉琢　费　霞　严　岩　张　影
汤　珵　吕根梅　张　越　戴晨曦
殷小舟　孙　鑫　傅晨晓　顾宇豪
谢　帝　宋　玺　魏春秋

金融学专业

王　震　田　媛　张　鑫　李紫玉
刘　灿　刘　影　黄雨彤　李家幸
吴培培　徐镜惠　高秀洁　赵子喆
陈　敏　孙敏烨　王　迪　唐　燕
金文菲　季钦雯　万雪蕾　杨　艳
赵珈慧　盛凤燕　葛舒婷　孙道磊
解　森　许中寅　侯程然　周　涛
罗永祥　陈宇凡　解　政　张海宇
邓　岚　龚铭俊　李可心　张　媛
周　雯　胡　敏　施佳珉　邹志恒
胡丁言　王璐瑶　皮　洋　赵新远
任佩琦　黄佩婷　曹　加　周银燕
汪　旭　张宏钰　严　妍　王贝贝
瞿佳慧　徐诗雅　夏亦舒　吴婷婷
吴嘉鑫　周　森　黄慧琳　邱　阳
蒋　懿　李　演　王思维　万成君
申中李　殷崇志　樊睿远　陈自豪
孙　洋　张　宁　范　波　吴奇龙
马晓敏　冯欣怡　谢子凡　姜雨晨
曹梦娜　马力富　李琳玉　赵冰清
钟丽华　杨　帆　张　昕　杨佩鸢
蔡渝娇　葛甜甜　陈妤娟　庞新怡
胡林柯　徐静文　毛贻文　徐佳丽
姚慧丽　董　敏　周礼缘　丁雪纯
夏霁渲　刘楚辰　戴宗珅　杨研兴
辛文博　李　治　朱凌彬　金　征
潘宗佑　居之安　宗一帆　于　浩
富　丽　蒋青艳　徐　佳　李嘉宾
陈博维　张辰豪　郑梦瑶　胡　帅
马恩娣　张超群　卢　静　梁心岩
魏佳琪　陈思聪　唐秋萍　王燕妮
高伊宁　蒋杨芸　张　萍　葛　稳

金　欣　夏成敏　张羽佳　史慧颖
黄　烨　赵周梦冰　王梓臣
蔡国新　舒跃祖　陈博文　刘振伟
彭　君　刘博浩　刘训政　张　童
胡　伟　徐　亮　陈金超　陈春瑾
欧文文

能源经济专业

陈聪慧　常棣菁　周　蕾　易润豫
连加敏　周坤春　李洁丽　李　琪
何　萍　张　雪　徐思毓　王　淼
何　钰　肖　钰　许晓燕　王　妍
赵　凡　封沁怡　李宇喆　王嘉祺
张财经　王　智　邓凌霄　赵增鑫
靳昭晖　刘志荣　马耀楠　卢泰全
周　凯　王　奔　黄炜卫　翁小栩
顾书铠

统计学专业

赵梓羽　毕　禛　于沅林　连博研
曾凯玥　印　茜　陈　琴　李金玉
毛瑞祺　刘颖超　宋智慧　常　婕
李丹钰　韦艺涵　郑昌萍　李晓希
王　颖　黄　兰　沈佳琪　王佩娟
孙蒙蒙　姜佳佳　何雨峰　葛启兵
江宏康　温沛文　李耘瑞　许　超
许行舟

电气信息工程学院

电气工程及其自动化专业

杨　柳　木扎帕尔·吐尔逊　吴玉洁
董毅超　翁煜超　朱亚军　高荣威
张　炜　黄贵松　张世聪　王宇宁
刘　彤　刘　泉　程小毅　俞舒焜
张　欢　侯岳骏　刘涵文　束煜晖
李孟博　葛　帅　沙李祺　周寅清
胡梓凡　孙　超　王宇杰　李冬虎
龚　宇　强诗佳　张　越　顾钰婷
杨振华　余　越　裴俊安　黄嵘釉
陈泽朋　王俊富　苗佳东　王明瑞
王　凯　袁晓冬　许世烜　劳凯宇
李军平　热孜古力·吐尔迪
高　齐　武　琪　王林胜　蒋德周
高　鹏　黄智康　王　可　黎昱材
马振国　陈昆琦　张　琦　崔贵洋
杰克山拜·赛力克拜　蒋昌健
周经纬　马小乐　王泽晨　戴义贤
袁　浩　杨光绕　衡　可　蒋镓成
吴雨娆　周琳洁　崔玉妹　黄耀东
王颖锋　李志鹏　赵星星　李翔宇
蒋智鹏　刘天宇　卢　杨　孔维恒
庞珺水　李　想　吕思睿　徐轶胜
刘宜杭　朱亚铭　陈昕宇　王　晨
张佳鑫　毛文军　李晓刚　姜　帆
吴国祥　李建沅　杨连杰　俞珏鑫
陈豫成　龚泯全　徐伯成　李先桃
张　晨　张建峰　鞠　灏　施国威
木拉地力·买买提　骆加盛　徐嘉彧
吴育鹏　殷振伟　顾云丽　夏　晨
裴　伟　陈子涵

电气工程及其自动化（卓越）

李惠龙　任曹庆　朱宇航　臧晓华
郦依领　沈　媛　刘海宇　芦芳强
裴敏杰　缪俊锋　吴　旭　顾光荣
施翔宇　许圣钧　陈凯杰　胡庆泽
周天天　徐丹晨　杨金溪　王可欣
赵　曜　李　琨　印竹君　陈隆基
钱承伟　吴立业　王　宁　卢子润
叶　庆　于晨晨　寇　闯　王洪飞
左佳辰　朱沁伟　方　颖　韩卓一
黄琳洁　葛月森　陈国辉　陈杰伟
王呈呈　王　伟　吴孟霖　史亦健
李睿宸　姜茂林

电子信息工程专业

翁凌志　唐伟津　范轶凡　汤培杰
李　崭　简红英　秦　雯　王枫月
李春雨　李彬榕　张桂莲　田　微
孟　娜　朱小青　谢飞洋　董文亮

张宇鑫　张牛勇　刘海平　张泽群
裴剑发　岳　涛　舒　畅　廖鹏翔
郑　辉　贾锦东　薛陶庆　李　林
郁智钧　徐云捷　应宇恒　金燕婷
李　旦　杨立颖　程田莉　陈伦序
蔡月芝　杭盈盈　袁海雪　伏吕慧
熊森富　连冬娟　杨　玲　朱艺歆
谈忆晴　兰爱福　黄大鹏　朱国英
文凯祥　姜新桥　李清林　覃海钦
田翌辰　李　旭　叶诗凡　陈恺健
张　伟　王　阳　王　冰　周朱海
谢　晗

电子信息科学与技术专业

申光召　王鹤钦　徐心语　宋营营
寻　微　尹艺然　宋秀华　窦华珊
金倩澜　周　洁　刘　倩
谷丽扎·阿布杜哈力克　施叶辉
潘耀雄　刘　伟　李　陶　沈亚运
廖仲虎　陆信燃　李　良　雷国靖
汪　博　简智健　段云鹏　严　帅
朱　晨　刘日舟　周伟鹏　林妙津
刘译蔓　王灵娜　孙慧敏　何　翡
梁蕾蕾　娄春晓　王诗宇　韦国朗
詹婷婷　刘佳楠　王志强　张　坤
陈泳霖　毛海韵　邓普建　莫雁飞
王玺文　郝为民　王　庆　曾祥力
杨　浩　迪力夏提江·库都斯

农业电气化专业

白冬阳　赵思源　陆欣媛　韦晓环
陈世兴　贺鑫洪　陈振烁　陈　林
孙　昊　王子烽　谭　昕　陈少飞
潘董兵　朱孔珉　刘　翼　张田栋
敬嘉业　左致友　李清宇　于　锋
陈炯希　于泽伟　陈保楼

生物医学工程专业

代　雪　赵缓缓　王庆芳　韦香玉
马　超　黄培珊　雍　爽　张姗姗
胡方静　周霖崴　解德云　杨宇轩
陈　燃　唐小威　胡昭阳　杨　楷
潘荣禹　崔迎来

自动化专业

李修平　钱齐辰　杨雨梦　张　钰
李　冰　徐朗轩　王永康　潘　宇
张　露　汪　帅　徐永林　张智雄
罗　舜　刘国威　王嘉瑄　谭普荣
任思远　覃志胜　张　振　岑权育
马智伟　陈锦豪　蒋世杰　陈义德
徐云鹏　周子航　韦　杰　李奥博
宋锐沂　杨　阳　喻　月　王伟杰
张洪茂　雍　滔　王靖滋　李　卓
万勤华　郭章文　黄有名　刘绍强
周　智　刘宇杰　李奕岑　郝　帅
刘德友　曾广威　程劲松　姜子健
程　勇　磨江禄　杨智衡　王德伟
姚　磊　许一航　张云瑞　余若婷
张银芳　王　维
苏比努尔·阿不力孜　孙远方
蔡寅昊　陈杰龙　邓永康　曾传军
方　帅　余小松　王　迪　付立桥
张建昂　杨思远　陈希飞　赵晓冬
曹　毅　罗显翔　梁泾洋　郭天宇
熊凌峰　程　超　张　童　张　恒
徐文磊

法学院

法学专业

邵　琪　罗秋红　龚钰煊　柳菁萍
龙昕怡　肖雪蓉　王雅群　洪方舟
李于兰　王心雨　何慧敏　张慧宁
程志芬　鞠文月　秦旭晨　籍舒云
陈栩栖　沈怡君　史晗越　方　晴
马文静　马　妍　陈笑予　周念九
向云广　梁小豪　陈嘉乐　潘　铖
吴治林　钟德能　陈宏亮　王　海
孙章周　陆宇轩　钱唯璐　刘默洋
叶　铃　江晨瑜　张功昊　邹嘉榕

王云帆　杨晓宁　朱梦婷　刘　竹
南慧京　马煜焜　夏　盼　张惠惠
钟雪俊　王　宇　邵筱童　陈韵溢
沈慧晨　刘淑文　顾　菲　陶奕静
鲍　琦　罗可志　李洪旭　陶铂文
宋祥文　邓策仁　王海嘉　张伯健
景旭阳　夏海潮　宋娇阳　杨岷熹
姚　可　贾熙雯　付雪雯　林　容
蔡思佳　周　帆　李　爽　白小梅
李　晴　王若彤　杨艳梅　田佳雨
李丹丹　谢思齐　邱佳丽　潘　睿
张怡萱　杜　娜　薛　锐　冯文君
濮永磊　易长川　何　文　佘子佩
高　航　蔡义雨　陈秀东　尹脉承
郭公为　李可可　魏　洲　刘　昊
张江雪　杨雨遥　周鑫鑫　曾　丹
王小恬　羊　阳　向小翠　郑亚君
贾滨宁　苏紫蕊　张　悦　房健科
郑爱倩　王美芳　王　宁　孙语晨
王豆豆　丁　雪　赵　丹　陈雨欣
杨秀杰　倪石楠　张耀威　刘振雨
樊亚卫　田亚斌　周剑波　许波凡
辛佳东　蒋静涵

管理学院

电子商务专业

蒲　卓　王翔宇　李玉莹　薛浩洁
苏　莹　罗　双　李晓情　曹　琪
邓　燕　杨茜琼　徐　璞　苏颖聪
曹钰椒　王　辉　田广伟　于　骁
胡季平　杜梦帅　孙中磊　何嘉庆
王松涛　潘　铖　李　伟　刘　波
徐鑫辉　程春草　刘雪怡　王一慈
陈梦楠　尚　鑫　李盼盼　谢丽玲
李钦泓　陈维维　陈　鑫　彭家雨
次仁德吉　叶铭锋　王　杰
卓　佳　郭运超　孙　浩　马国栋
黄显骄　石永健　韦炽通　杜振哲

工商管理专业

石梦瑶　陶佳琰　周文璐　谢俊梅
贺莉娟　张亚茹　王　利　莫燕铃
张雨乐　张兰兰　马　冬　鱼文丽
杜亚欣　李越美　茆　桐　朱加加
雷丹红　薛玲宏　张　驰　潘学萌
仇文欣　徐晶晶　朗杰措姆
其美旺姆　边　吉　何昌辉
汤邓瑞　刘少凯　张琦淞　顾钊瑜
郭　翔　项子豪　叶志文　汤媛媛
王梦静　高振哲　沈　芸　李采阳
赵云朵　闫家乐　吴倩冰　吴星妍
郑思祺　杨晓慧　邱佳红　潘思羽
狄文静　包益兰　韩　会　钱丹晴
季梦婷　钱丹丹　钱　香　万　晶
闻　静　赵雅菁　王　鹏　丰圣武
徐艺涵　李　青　土旦巴旦
李　雷　潘佳峰　金相丞

工业工程专业

李梦瑶　田　哲　郑佳妮　杨苗苗
朱　婷　李琴丝　韦凤莎　魏　静
孙霞霞　谢雅丽　陈庭高　李瑞增
袁豆豆　黄　攀　黄永博　金　洋
于晓谦　张帅涛　曾昌林　刘定贵
叶佳金　邓路清　黎廷威　赵学远
邓凌峰　西热洛桑　多吉克珠
杨珊珊　刘思思　陈玺骄　闫柏含
黄贵林　孙嘉懿　周　沙　王素文
李艾静　李婉萌　茅　茂　张琦迪
高　山　陶惟栋　陈宇明　王雨时
汪　凯　温雨霖　程尚斌　程祉璐
王有昌　苏清霖　李　晶　吴子乐
张兴江　江邓锋　昝多杰才仁
巴桑扎西　扎西旦增

公共事业管理（医疗保险）专业

何　怡　罗　英　张　丽　孙琼丽
杨子椰　张海琴　赵婉丽　邱林晓
刘　苗　罗海沙　朱文玲　马月霞

张路路　朱晓玉　黄海铮　顾梅林
胡紫璇　李　婧　曹继文　德　央
汪倾云　韩嘉豪
阿合特力克·巴合提拜
马尔哈买提·巴合提别克

人力资源管理专业

方彦文　丁战先　彭　旭
曲尼加措　徐倩雯　和晶晶
范莹莹　周忠婷　闫雳坤　冯　萌
刘文雁　艾克达古丽·萨力
沈佳怡　金海霞　章红艳　谢玉露
谢迎回　王馨怡　谈　笑　汤肖迪
李鸣威　邸亚芹　虞滢颖　苏冠华
覃学琪　华玉杰　邹金平　房龙勇
龚佳喜　吕家辉　旦　增　马毓文
陈威旨　莫宇锋　李梦娟　马晨晨
刘　莎　韦莹莹　王秋茹　刘晓凤
邵晓晓　海　敏　赫佩瑶　邵海玲
吴珊珊　韩丽娟　王文雨
祖皮艳木·艾合买提　李思涵
姚冰茜　顾鑫蓉　包淑钰　丁希萍
于丹丹　蒋云珂　徐　洋　杨　志
张子奇　李科良　沈富强
其美卓玛　次仁卓玛

市场营销专业

刘杨天　王晓彤　吕　卓　薛　诗
王皓月　邹　婷　倪　雅　张思远
姜雅倩　马蓓文　卢　枫　徐倩茹
周可欣　张秋怡　章　文
端木晨阳　江春玲　杨　琪
邢梦情　马　锐　杨　涛　朱浩宇
杨梦寅　韩　涵　杨宇辰　李芳俊
刘玉洲　华　宇　薛添驰　蔡娴娴
瞿雨婷　韩佶容　祁　洋　俞　晴
刘苏逸　刘晓慧　杨心怡　潘梦云
陆倩倩　丁佳叶　张　文　郁钦徽
邵　铭　卜玉凡　周梦媛　胡月花
陈　兰　陈　诚　丁　潇　宦子卿
沈　建　赵姜彪　苏　嘉　邓孝杨
唐泽鑫　严瑞智

物流管理专业

李贤亮　周思瑜　戚明璐　徐宇辰
曹　莉　李　珂　张　恒　方子卓
徐铮娴　张雪纯　赵诺凡　苏雨寒
刘自为　孙嘉琪　李　烨　封心怡
高　宁　朱　婷　许一乐　李凯莉
张世睿　沈祥垚　黄　晨　郁思齐
周　禹　黄帅帅　蒋宇驰　林若楠
蔡幸峰　周宗玉　王　宇　张　翔
黄　慰　殷　达　黄逸星　王海燕
钱利吉　孙　琴　朱　昊　秦钰钰
左逸菲　顾珂琦　孟　婷　谢紫薇
冯　立　王文婷　蒋金金　王玲莉
郭钰菲　周　颖　顾　翔　周文丰
王　威　张哲祺　谢一轩　俞卢华
陈爱民　谢培成　陈志豪　万祯元
殷骏盛　周昱泽

信息管理与信息系统专业

周文萱　任亚欣　陈杉杉　汪明珠
骆依婷　陈舒玉　马　晗　贾博研
安　琳　王韶宇　窦　倩　裴振文
林　琳　刘晓玲　张丽华　严晨昕
薛洁菲　袁艳燕　王　琴
旦增旺姆　杨文祥　刘　舰
张杰鑫　蔡　尧　何若溢　李宇杰
陈汉聪　郑俊锋　扎西顿珠　亚　培
陈焕丽　王福利　何美春　文　凌
何慧文　许林锋　刘梦玉　李玉琴
刘姝岑　胡娟凤　宋　爽　贾婧彦
白晶琳　袁　婷　杨薇汀　陈彩蓉
倪　仪　蔡佳娓　臧　秦　孙　笑
唐　春　白宝坤　江张杰　毛文智
姚铭泽　陈淋文　骆志立　罗楷文
尺来多吉

化学化工学院

化学专业

王艺伟　郭子威　倪林鑫　何晶晶
芮亚好　宋梦萧　张雨琦　陆润清
张汀　胡新颖　周以萌　纪小雨
陈立智　张一飞　孙一鸣　周翔宇
练冬生　孙从文　吴帆　孙海斌
汤泽宇　卞佳鹏　高文健　柏吉
王卓伟　吴雷　张栋

化学工程与工艺专业

钟清山　林琼香　盛凡　张甜甜
叶招春　覃英　董涛　赵丽
张存馨　白烨　田娇　李美瑶
冯张鑫　蒋林松　郑鹏飞　周宇
郑万豪　邢鹏　刘磊彤　王一凡
陈礼有　张伦帅　申宝林　梁俊
张智霖　杨金鑫　杜江婷　张萍
于平平　邓怡然　陈红利　郅少琦
朱秋钰　巢艺宁　朱健明　罗义飞
徐玉虎　王浩　刘航　武桐
乔冠中　谢雨松　邓邦彬　彭超
谢晶鑫　周春星　赵奔程　赵康康

应用化学专业

杨浩宇　钟丽　田琼　王卉
侯冰霞　肖利亭　奚茜　刘运森
谢子恒　刘诗渊　徐鑫源　吴韬
张华实　吴佳明　柳金波　张恒铭
张晨　杨记　李高翔　黄智康
李智博　王英潇　李欢　樊晓楠
李湘　王馨雨　苏艳菲　邢珂维
甘丽平　陈玉　李桐　盛雪菁
钟恒　丁计超　蒲志龙　王东辉
王刚虎　汪安　王军　王卓楷
王聪　狄锐楠　胡启明　纪宏宸
徐秋实　张咏　王旭乾

环境与安全工程学院

安全工程专业

刘祥　董珂君　雷恬　易晓练
赵航　丛静馨　段欣悦　吴增位
张虎　吉少坤　李桥明　文卓
邱敏　马瑞　刘苇航　付天超
何亮潮　李珏成　李翔宇　刘书楠
郭浩　阿勒腾别克·哈拜
陈春江　王一昕　柴惠钰　李玥
赵媛媛　陈朵朵
古丽司坦·买买吐尔地　曾逸行
王伟　徐朔　漆信鑫　张杨康
徐鹏鑫　李方辉　夏涛　邹成宇
易俊彦　杨晨　朱钰辉　张宇
王鑫　任枞枞　彭方超　吴泽权
冯兴盛　陈伟

环保设备工程专业

李阳　史天宝　段心仪　顾心怡
梁越　张莉娟　何玚　鲁力
沈佩瑶　程捷　林巧玲　田克云
黎彩琦　周羽新　王兰兰　刘雅婷
李亚楠　马瑞蔓　刘博灵　刘宝华
赵帅　顾金增　文奥　徐全
陈明　宋成　吴绪旺　李经纬
曹朝阳　黄玉梁　严康哲　刘子健
曾楚凯　王昊　王吉杰　吴宗坤

环境工程专业

周家业　刘建华　王韵　童笑琴
罗颖维　郑乾璐　樊怡利　刘鲕
杨梅　伍怡雯　周倩倩　贺韵妤
孙帆　董欣　徐晶康　吴鹤鸣
李航　梁显林　侯操正　李茂峰
吴清森　高水年　陆钇江　王雨航
欧青青　孙泽军　金昕　王泰月
李霖昱　詹传香　赵兵　成长

郭洁茹　刘　爽　金柳婧　罗蓉蓉
刘惠梓　黄敏意　武美琪　陈霁清
程诗竹　陈　一　李兴永　王永辉
吴睿敏　郭洪运　刘力源　郭景业
高　健　肖　驰　张　争　高旻昊

机械工程学院

测控技术与仪器专业

索朗次仁　陈周芬　骆敬芸
武慧林　邓晓蓉　杜新阳　李冠贤
王　洋　温俊杰　张亚磊　薛榜利
周　钰　魏明惠　孙钰涵　莫云浪
何思铭　白舜升　周　鑫　周凌寒
谢　方　姚世举　但家鑫　张林豪
吴　迪　项渝茜　费浩雯　刘　玥
林芳芳　薛梓润　巴　片　陈跃威
陈谢天　高远东　赵迎国　贠欢庆
夏瑜麟　王忠泽　王　旭　许　然
刘　鑫　张　鹏　王江福　田开来

光电信息科学与工程专业

罗芳琳　李祥阳　陈　俊　程登科
张露露　李湘恒　王博文　崔登杰
朱　刚　潘朝猛　杨肖辉　聂　胜
黄　煊　杨志超　郑永祺　周洪荣
许泽坤　马文彬　刘施文　陈思卿
车艺长　周露露　周　睿　覃　娟
王文芳　王丹玉　初启航　孙帅博
周　凯　沈　辉　万　靖　许玉龙
王　闯　何宇翔　王耀彬　王力锐
彭　强　陈庭效　曾　彬　陈金迪
王永东　郭思玮　颜明明　王永辉
王虔凌　周　政

机械电子工程专业

李冰洁　刘家雨　潘江云　高镝烽
林　强　汪金辉　吕志鹏　袁　俊
韩　章　王　强　房昱辰　朱强强
田　野　张　欣　吴柯兵　杨卓元
韦兴财　宋雁鹏　盖佰慧　肖俊峣
户飞飞　宁　巍　刘浩斌　连永鹏
宁振兴　刘佳珉　王润寅　张子童
刘克洋　李佳宇　浦学铭　刘业辉
范苗苗　刘　唯　吴慧文　沈非凡
王耀锋　余义辉　黄礼鑫　陈宏博
许松林　迟傅轩　刘月浓　张　健
高永华　杨晓波　孙宗享　罗元吉
何　江　朱陆宁　潘文星　陈　枫
马少飞　秦　波　孟　洋　李亚松
王　越　夏天扬　李亚迪

机械设计制造及其自动化专业

黄　欢　陈钊华　刘　原　尚玉琳
刘路明　张茂丰　谢东升　武思铭
谢观晟　莫秋腱　王文飞　徐　燚
刘世成　康　佳　禹江涛　蔡子恒
夏春文　陈　爽　韩志源　徐　攀
李科林　刘鲲鹏　彭森林　杨秋赋
李昊谦　杨忠健　朱少鹏　熊　刚
祝　辉　洪　弢　胡　睿　陈颖亮
董志军　张紫超　杨　磊　邱　瑞
张豪爽　曾罗喜　黄　波　陆志前
丁鸿鹏　杨　杰　刘泓祯　李廉政
杨　宇　林伟伟　张　宁　任镕炜
高　铭　赵炳南　胡铭华　顾琦峰
陈俊杰　勾致方　孙兆动　陈云飞
郝浩然　吴建邦　王子秦　彭　宇
付佳兴　丁雯雯　姚宇航　杨海鹏
李　焱　朱彪彪　徐军委　刘　冲
安春桥　罗　敏　金　诚　蒋　健
谢　鑫　何　璇　冯鑫晟　高　建
顾　啸　朱　建　马　俊　赵佰旭
于阳光　罗思淮　谷泽辉　苏　祺
付佳辉　姚　军　宋旭东　闫　瑾
段孟欣　李　丽　沈艳霞　李　昂
赵宇凡　何庆军　李　曦　沙建荣
南晓峰　褚　伟　周　赫　李　岩
温佳琪　张竣柯　陆德润　衡金龙
魏洁安　周子健　王子贤　陈之君

石　啸　薛　彪　岳　川　秦　彪
朱晨曦　龚康鑫　陈　晨　薛沈伟
顾跃峰　丁翰韬　张祎凡　姚　鑫
张昕玥　刘信彪　张　航　刘艳皓
田珩稀　王冬冬　李兴能　边海榕
郭耿亮　杨海兵　赵天有　张永鑫
郑　磊　蒋　林　吴楚骐　陆　圣
陶　聪　徐益飞　王高峰　于大超
曹祝伟　罗介华　陈　浩　葛勇州
殷威威　陆凯杰　陆劲成　葛余浩
李尚泽　王泊明志　谈　韵
戚洁雯　郭天宇　艾文浩　吴　浪
孙长富　欧阳宇帆　王时冠
杨宇航　高志荣　戎　杰　刘宏宇
邹俊俊　顾俊杰　乔邱豪　陶泽宇
葛科伟　熊　榴　严小虎　黄承皓
董　鑫　常　凯　王　凯　黄想健
何　琦　马欣海　包嘉慧　张鑫宇
卜星宇

机械设计制造及其自动化（卓越）

吕彦佑　夏　锐　李东禹　赵新宇
王曹威　黄俊文　孙　天　刘笑竹
夏圣博　陈　林　马　帅　杜　敏
刘明强　袁润逸　余　和　殷恒越
倪　旺　舒润扬　周顺程　陈青山
郑少航　陈　梁　梁　瑾　朱俊跃
储　江　倪　韬　荀春法　涂新诚
黄金雷　贺云龙　南玖驻　李　纬
雷文桐　尹延东　张　健　李　葳
杨皓东　周壮壮　赵庆龙　韩晓东
谢万涛　郭银强　张海磊

计算机科学与通信工程学院

计算机科学与技术专业

罗　阳　陈　靖　蒋　权　崔　琪
谢婉君　林小果　刘婉如　李钰凤
张柳玉　李立权　郝硕辉　靳思晨
柏　港　仇凌峰　王　浩　孙鑫炳
周　晋　赖天杰　向廷轩　朱　训
吉洪全　范声财　王志宁　王志豪
蔡宇航　王　镇　董兴宁　汪亚林
朱　浩　郭一凡　邓振宇　黄锦涛
胡　帆　朱昭文　何　潇　戚世兴
万志栋　刘成梁　潘　冰　汤佳雨
姜宇欣　王功鑫　岑燕妮　缪海晴
陈垌宇　刘玉强　沈佳松　张慕涵
乔　旭　杨明青　胡　聪　邱建伟
奚　晗　孙卓群　李凯龙　于　浩
陈勇静　彭　俊　郑志燊　张雄飞
何　洋　施　雨　董文龙　王阳光
祖广豹　徐家幸　徐　昂　杨佳龙
邝家铭　汪山虎

软件工程专业

李　琦　于　果　张智慧　张　熳
唐　苇　林　彬　刘　婷　刘波波
王鑫瑞　杨子瑶　张霆伟　刘　奕
郑浩浩　符恒旭　龚一帆　房殿宇
龙　廷　孙浚源　肖　浩　罗正樑
侯寅骁　陈　立　曾　帅　梁泽添
赖锐滔　蒋玉成　何皓晖　王宇超
朱必松　徐冠宇　李　昱　朱华逸
卢天润　张亚飞　裴代龙　方小阳
李星乐　冯　伟　陈斐铭　楼佳浩
汪晨睿　李昊东　王　辉　赵济扬
李国滔　马晓波　任　杰　李　涛
尹　彬　谢金辉　房大为　胡家豪
曲鹏宇　郭晨阳　曾令锴　朱宋芳
翁　键　刘　磊　程海鑫　夏迪安
丁　戎　王春洋　倪　然　常康康
薛　瑞　李　星　吴安涛　张维民

通信工程专业

郭世豪　张金梅　陈　欢　卢晨晨
陈晓瑜　宋　敏　申玉洁　陈　悦
花钰桐　黄殿雅　陈姝霖　王　寅
周　聪　沈泽远　王远鹏　李　鸿
田　丰　马海亮　许志涛　丛滢淇

张　杰　史钰泓　阚泽屹　元　昊
黄寅明　吴少荣　吴佳健　石运阳
朱旭锋　李银飞　施苏峰　李　杨
赵　尧　蒋　涵　常　周　武雯雯
饶清梅　唐　婷　周晨玥　孙秋岑
卢　钰　洪牡丹　陈华清　胡　斌
朱景华　张利成　李晓阳　郑茂盛
杨智超　陆孝锋　王少锋　朱星宇
薛　康　杨羽涛　李　雄　闵代勇
白宗凡　赵琮琪　刘　康　张舜尧
邹子辰　刘　畅　贺　毅　苏　鹏
郎　毅

网络工程专业

吴何聪　曾国怡　何童瑶　范雨亭
吴国翠　朱一凡　刘　文　赵久露
姜　楠　王慧婷　戴涛烽　李济上
王勇翔　张志远　王晨宇　韩云朋
汪泽源　盛　东　陶　豪　钟永峰
郭　飞　路兆玮　邢国洋　王嘉康
莫廷盼　刘元庆　林志煌　王晋楠
霍嘉良　陈书丹　沈柄宏　王子健
田　伟　麦志刚　伍少玉　李　男
吴丽霞　刘　笑　陈思雨　叶　枝
罗一倩　朱美玲　翁书生　管　寅
陈子厚　甘梓辰　闫旭升　葛金亭
孙朝阳　江佩斯　王志峰　严子涵
邓英豪　吴鸿志　宋　民　郑龙部
苏俊超　陈文雄　濮传威　徐韵恒
陈　彤　黄　峰

物联网工程专业

周宏泰　赵雪茹　李　婕　叶小凤
李梦青　徐一丹　蔡京芹　戴安晨
王佳丽　施雨婷　韦圣楠　王　佳
高　原　周若晨　齐冬亮　张　杰
李锃玮　黄　宇　洪志松　王晨光
陈雨飞　何汪洋　林贤文　施天鹏
谢国宇　金　鑫　陈　镇　王　领
阮鹏程　陈　佳　陶雅丹　祁润梅
秦岳洪　张亚平　安垣君　李佳敏
任文欣　徐家平　戴妙玲　黄　淦
康珠卓玛　王科人　吴联雄
刘宇皓　李　岗　王　杰　黄才林
张雨松　蒙森荣　杨皓宇　王浩达
吴位润　徐天放　浦榆哲　周保宏
周海伦　赵子安　杨劲鸣　荆　鑫

信息安全专业

胡鑫越　蔡静宜　彭丽寻　王思晴
肖涵菲　王金华　王美杰　王雨欣
刘　静　高盈盈　谢晓哲　林新学
徐丙磊　刘亚圣　陈少华　王金涛
廖　将　张天翼　曲星如　刘丰恺
吴钧天　罗　云　樊　荣　陈敏韬
吴聿轩　沈凡斐　崔维亮　陈俊佐
关　磊　梁航宇　翟聪岑　张大琳
黄慧欣　毕晨睿　张雯雯　曹晓雯
吴寒晴　唐紫芬　何沚君　陈佳雨
杨敬局　王能超　张　福　熊相真
万宇杰　杨　雷　贾翼飞　史书豪
谢剑明　刘政森　令狐润　杨　威
曹　杰　孔凡诚　郭　栋

教师教育学院

教育技术学（师范）专业

保国鑫　吴蕴烨　王　欣　黄　菲
王　月　周莹莹　周玉涵　郑　瑶
陆心怡　顾心茹　孙　晴　赵欣怡
张心怡　聂　颖　曹　倩　汤陈佳
邵明铭　孙新丽　周　敏　周　晶
吴　倩　刘映雪　马慧敏　张鹏程
梁贵龙　葛　昊　蔡留宝　王　炜
吴小敏

理学院

数学类（中外合作办学）（数学与应用数学）专业

朱　桐　仇艺瑾　杜天资　黄子橙

孟扬轲　张旻昊　沈德泓　肖漠雨
王予星　崔一扬　周效宇　毛力扬
沙宇杰　胡柯晟　徐维天　解舒涵
蔡婧萱　毛　雨　吴　迪　钱煜曷
方翎懿　韦　笑　陈云岳　余　巍
万彦君　张睿捷　毛昱仁　乔经纬
吴　波

数学与应用数学专业

康金艳　吕　菲　周　洲　金　晨
洪　蕾　吴非燔　曹巨敏　朱晓婷
夏薛涵　薛　颖　夏可欣　周淼铃
黄　钰　李世闻　张静鹏　韩　浩
李祥建　周宇栋　王德志　陈　磊
蒋烨铖　黄香港　陈　旭　顾志航
陈实平　谢灵蕴　张梦溪　周　宇
杨俊逸　刘子涵　常　昱

数学与应用数学（师范）专业

许雨欣　许梅杰　包彩梦　邹含茹
陆晓晴　张晶鑫　唐　茜　曹玉凤
庄卓颖　包婧怡　熊　昕　王童彤
李月云　孙　宁　张璠煜　王文杰
李梦琪　魏井井　张　洁　钱怡洁
王雨薇　周　霄　宋易伟　李志鹏
葛仲华　刘浙徽　胡　晓　王瑜轲
汤宇轩　李　顺　姚宇豪　叶啸涛
蒋太平　沈　同　吴轶泓　刘文珊
苗　晴　赵紫嫣　杨雪香　安雨婷
胡雪莉　周　静　王雨喃　蒋汶洁
孙　笑　汤晓婷　周钰露　张　睿
黄瑜倩　沈仓玥　王梓萌　汪　瑜
汪冰冰　高宇婷　吴沁怡　颜　月
蒋彦婷　苏　纯　戴凌飞　陶峥嵘
沈俊杰　李栋梁　邱孝欢　张灵芝
胡文翰　李耀鹏　曹　宇　于　钰
顾禹涛　杨佳炜

物理学（师范）专业

冯　立　刘　岩　纪陈雨　田欣悦
钱娟娟　陆文婷　沈雪敏　蔡依婷
何玮嘉　安　璐　孙　莉　高秋语
金梓凝　刘　璐　张　洁　吴　燕
施静雯　朱郁楠　陆雨静　朱高标
王步国　陈家禾　蔡雨盛　戴添益
范竹君　王正宇　吉　祥　陆　涛
冯来和　柳锦涛　施斌杰　孙晔旸
许梦瑶　韦舒婷　侯安茹　邵予周
袁　晶　黄嘫舟　柳孟池　史甜甜
孟　笑　王晓蒙　费　帆　高文婷
谈佩芸　杨　楠　刘海杰　富明璇
王亚芳　陈　涛　丁　磊　翟云佳
沈　鹏　俞沣韬　李　杨　徐雨辉
缪顺杰　金　尧　咸志远　刘　昆
张裕阳

信息与计算科学专业

刘静忆　任　源　杨　君　赵春旭
姚传敏　储佳佳　薛茹彬　张果丽
施水玲　黄书婷　刘晓洁　宴雅婷
倪逸彬　辛　昊　朱　唯　沈亚非
金超华　彭　鹏　白珏昆　李　坤
苏　亮　周季栋　章　宇　宁茂峻
王　成　韩廷刚　马国成　侍津尧

马克思主义学院

思想政治教育（师范）专业

颜承婕　梁　悦　潘晶晶　朱柳茜
张江勋　姜甜甜　张晨愉　汪慧琴
卞谢瑜　王亚联　孟　欣　陈星彤
唐思琦　丁婷香　林　芝　张　璐
陈钦颖　陈　智　季晓瑜　袁孝芝
姜　叶　戴馨科　孙子文　杨昕昀
张鹏飞　蒋　瑞　张　顺　张云飞

能源与动力工程学院

建筑环境与能源应用工程专业

王　欣　夏　千　徐亚巍　邓萌萌
李俊霞　段欣欣　李姗燕　曾飞飞
吴榕榕　杨显娟　胡　玮　张　勇

贾兆衡　沈　聪　章崇杰　郭天栋
房鑫永　陈来玉　李耀东　杨立伟
韦增志　王成义　黎明照　姚懿桐
刘佳丽　荆嘉璇　刘峰源　罗　县
沈芳秋　肖姚婷　夏玉洁　陈　成
俞航天　李明昊　周林杰　车佳优
张家杰　赵　旺　周锦涛　龚文浩
刘万航　吴江泓　范显旺　田　鹏
柳汉智　李允朝　陈惠明

能源与动力工程专业

吴梦君　冯　敏　马丽梦　刘昭阳
王文俊　黄星翰　卢绍飞　沈文杰
韩荣港　郭　政　郭泽霖　廖圣平
徐　昊　叶　波　王玉江　唐文东
陈　鹏　王金缘　尹　钿　梁　奔
杨　杰　张　旭　陈海涛　廖晓晨
江徐峰　王子龙　沈颖杰　郭　恒
胡光健　盖素雪　东方洁　马变雄
赖族伟　李　明　张飞杨　张超博
梁家历　李　庆　齐福永　王峤峰
路耀凯　陈吉祥　胡　胜　唐合海
刘明江　康梓彬　吴　鑫　梁国锋
唐峻松　朱麒轩　詹佶霖　郑思齐
姜卫兵　梁佳颖　金朝虎　付斌正
马　驰　赵　拓　吴　澳　苏靖珂
陈小明　黄志凯　何钊辉　余之圳
姚佳桂　张廉治　许凌锋　程　康
吴　洁　高　鸿　赵天睿　孙海超
顾金垲　王子恒　刘　昊　韩璐璐
沈媛媛　邢文帅　何雨非　张　剑
浦钰文　曾常坚　李兆霖　王鹏飞
俞梓菲　石玉颖　章锦阳　赵永琦
滑金鹏　梁　宇　李卓扬　赵殿国
李文豪　何钰琳　王永倩　苏志芳
李策策　许俊杰　侯宗臣　张流杰
张俊中　高云皓　陈文民　姚贤锐
王吉阳　赵诚磊　黄良棋　杨　爽
赵思程　石雄峰　李明昊　周新宇
于一凡　谢　东　李茗潮

能源与动力工程（流体机械及其自动控制）专业

梁　超　程　谦　黄敏蓉　陈整钰
冼心康　郭宇翔　周名超　王　成
邱宇恒　马铭泽　宋　超　韦辉合
黄恒章　刘嘉璇　黄奕凯　王　威
钟永范　孙莉富　郑涵天　陈　钊
范　文　唐威威　刘　晶　于奚振
牛烁智　朱民浩　梁春林　黄伟亮
冯玉甲　张　聪　张清松　程继红
郭亚东　陈智威　孙靖晨　方玄锋
程　志　谭智超　陈孟杰　李春明
易纪元　向以辉　徐恩泽　金洪锐
樊思波　罗朝晖　马恩林　刘　喆
王家奇　郑红宇　肖文旸　吴忠诚
郑　旭　黄政锋　李　政　王淑婷
曹雨桦　孙建鑫　钟　贤　袁思奇
宋亚洲　吉星照　李浩东　陈煜伦
李步发　吕　泽　杨光海　吴伟嘉
韩旭镕　徐嵘臻　王雨秋　郭红涛

能源与动力工程（流体机械及其自动控制卓越）专业

庞春波　崔　云　李　肃　金裕博
陆启明　俞霖奇　潘广琦　叶凌锋
史科航　张智敏　邹子文　徐子耀
汪志远　张　恒　叶剑楠　陈逸杰
于庆洋　胡　帅　刘智宇　丁广鑫
郭成宇　吴跃虎　陈英健　尹　瑾
杨　千　黄　乾　高学思　陈　真
周沁辞　邵张杰　孙　淼　徐维聪
苏巧玲　张舒华　汪　帅　王惠民
王梦豪　蒋　建　王　松　刘佳鑫
宗晓涵

新能源科学与工程专业

王春雨　宋赟恺　李　净　杨　锐
张雨凡　薛　媛　常政丽　李鸿达
杨　浩　周　恬　邓小强　李习文

安泽文 段武洋 鲍锡帅 金敦沅
朱炫 郭军军 李嘉伦 史开焱
张云雄 黎金烨 钟懿 徐磊
叶木林 唐成城 沈迪 高大宝
陈晓丹 马雪芹 彭亦兰 吕绮韵
张瑜悦 庄筱源 刘岩霖 郭磊
罗前松 孙洋凯 余彬 谭豪杰
邓权进 赵兴俊 陈缘 董泽鸿
刘洪胜 马玉东 杨成华 杨家鹏
王琛 简家兴 刘天帅 营佳辰
朱泽宇

农业工程学院

农业机械化及其自动化专业

卞湧文 束宇 庞朝杰 蔡连江
回毅 万炜桢 徐朱洁 李鹏程
肖天璞 曾昱皓 石岩 梁亚权
高天宇 彭健 宋瑞 熊帅
邸占轩 赵云飞 王相春 李玉龙
蔡余江 梁海旭 徐昶 王浩亮
吴文杰 钱雷 岳超 夏欢
姜志嵩 王荣锴 朱怀群 朱梦岚
董佳琪 魏巍 刘家林 李志祥
齐是 牟晋东 罗洋 罗佳承
曹涵 崔毅达 冯亚文 朱计戍
凌浩 钱顺艺 洪志恒 杨志雄
魏东 许珂 朱成 蒋沈
刘达 周仁杰

汽车与交通工程学院

车辆工程专业

蔡旭阳 张雨 杨晨 袁欣
徐胜楠 林育骁 李华友 郗少华
李汭铖 胡宗植 李晓平 蒋龙祥
汤嘉铭 皇甫夏昕 沈伟铭
张轶群 薛志祥 苏新宇 陶飞宇
张名武 吕子言 施鹏飞 孙逸凡
秦太阳 冷飞 戴森宇 颜宇
牛旗旗 张成 金威 李云飞
冯爽 王强 徐海昕 文帅群
周梦瑶 郁铖 陈斌 路保松
高涵 张程 胡茂德 张治富
刘宇航 张哲 丁殿勇 王雨溪
刘思远 潘成龙 王万树 经德胜
王化吉 徐松城 刘亚祥 薛云崧
顾笑 曹羽昊 杨帆 张贺
曹国强 李何亮 周基锋 徐陈
彭潇宇 杨星光 钱正颖 黄庆泽
张煜 吴梦琦 张研 汪珍
戴佳钱 卢文湖 贾伟 徐天昊
张航 李若愚 李成忠 王云飞
李业东 雷艳武 张森 李泽威
陶睿强 管韦巍 仇伟杰 张永春
洪天宇 高势旺 杨勇 张庆元
卢苏安 余永波 陆鹏伟 黎一丁
王仕鹏 刘鹏婷 顾钰 伏雨旋
吕晨潇 李派 牛俊严 潘琼
廖海军 刘经 杜博文 许志洋
苏禹帆 王乔 宋庆 金德明
宋海钦 马健 夏熙 吴越野
王致陈 马海港 吴鹏 侯钰哲
李孝银 季权宇 朱健斌 高泽
魏勇泉 侯文硕 刘晓强 张毅
袁明宇 陈枫 尹天桥 季航骏
杨伟 刘飞龙 马露 金见涛
李自强 江彬 蒋征霖 陈显达
裘宇峰 闫少杰 李恒飞 佟朝阳
陈泽洲 文楚玥 张迪彤 黄成拓
潘冰 李晋源 赵明志 曹秀娟
俞鹏飞 程立 李浩然 郭丛摇
夏金鑫 柴家栋 杜恒 秦维贤
潘登 周伟 张秋实

车辆工程（卓越）专业

郑而禾 王昊 邵文彪 周宇
李志宏 喻振江 温林英 李宁
郭柯屹 陈雪亮 庄佳华 王意明

闫家好　张　琛　陆　溢　王海涛
李颖旭　魏小林　岳　瑞　韦作卓
田　硕　吴　昊　石　浩　周锦柯
蔡　峰　王　展　周　熔　王　浩
倪瑞峰　凌一洲　许乃熹　张猗森
陈殿镛　邓骏匀　程　杰　曾梓徽
孙　逸　冯永刚　浦铭杰　贾方林
李　勇　赵锐东　高赟海　胡鑫浩
熊业飞　马志祥　张　昊　张金帅
杨仕杰　吴金星　薛铭洲

交通工程专业

高芬霞　谭　旭　迟雁文　于　婷
邹佩芸　张娇娇　吴　非　崔晓天
孙　岳　吴振凡　郝俊啟　陈　涛
刘思雅　张权艺　刘晓德　李铠旭
王翼飞　喻易磊　唐　敏　代　涛
扎西平措　旺　庆　符艳铃
张明真　胡福利　武雪贞　邓苏婷
潘锶炜　许继辉　吴奇凡　张方奇
路林文　蒋佳锟　彭恩鹏　张　辉
张恺健　李雨涛　张　凯　姜　卓
赵　斌　谭　昆　张俊杰　汤家辉
冯嘉锡　吴子聪　扎西多吉

交通运输专业

徐　莉　苗正义　张　婵　邵瑞娟
向含宇　罗丽华　王一凡　马帅兴
程方达　周海洋　滕昊燃　龚永坤
张云飞　王卫超　樊　凯　张　泽
樊睿逸　鲁江滨　唐生圆　张　帆
洛布顿珠　姜　旻　刘鑫源
舒　兰　许婷婷　黄明瑜　李昊妍
张振丰　崔凯平　刘　猛　王泽源
谭铸琰　刘宏伟　邢牧野　秦梓裕
程恒权　向　银　林敬烨　赵彦军
李　泽　贾　番　马润涛　朱嘉诚

能源与动力工程（动力机械工程及自动化）专业

沈成成　高翠玉　吴嘉盛　叶梓安
沈　辉　孙林肖　马浩然　向　攀
简　毅　包舒钺　刘　喆　王永旭
刘　源　张鹏飞　关鹏辉　郑　拼
张宇航　孟昭泰　崔同豪　洪庆键
王熙栋　李志鹏　王　明　张鹤萱
黎泽权　孔令沂　曹利鹏　张旭超
刘永驰　吴　杰　王三刚　陈　乐
裴一啸　谢逸辉　徐培渊　徐　驰
王子胥　吴　亮　郭玉璐　卢立锏
陈　展　马国辉　荆东伟　钟郑涛
秦　健　王润东　杜健瑜　余　超
丁鑫华　杨春雨　靳保龙　徐　程
马玉亭　张维真　陈龙飞　杨双宇
李　涛　钟锦情　韦壮邦　李路阳
张文红　刘发富　罗德勇　赵洋洋
杨珠凯　张礼斌　孙天硕　丁　昊
王　伟

食品与生物工程学院

生物技术专业

钟锦坤　陈翠翠　李　雯　戴　甜
苏明珍　常佩佩　聂国欣　程　静
邓会琴　李　锐　张雨珊　郭　琦
邱　泽　周志成　李　超　卢子博
郑鸿儒　卿宾阳　刘　珺　李宗壁
彭文旭　王　杰　李兴伟　黄佳祥
徐智宇　陈文文　李禹宣　吴玉辉

食品科学与工程专业

吴学岑　刘　昕　周巧珍　魏文雅
邹　桑　张璐瑶　王柱梅　张萍益
毕　梦　梁旻洁　李亮亮　张红清
黄梦洁　张金梦
古丽努尔·乌尼尔别克
木开热木·喀迪尔　旦增曲珍
彭泽康　杨昌霖　冯雨航　代永洪
胡尚明　陈　洋　皮桂泉　崔　鑫
李高强　李英男　操政轩　陈敏洋
赵　星　刘玉莲　胡庆庆　万刘灵

李柏鸿　尹利桃　谭浩辰　明庆香
段兴艳　王婧一　乔佳琦　徐方艳
龙世俐　何雅楠　木勒多尔·赛力克
地力胡马力·阿木提　王　悦
按扎提古丽·胡瓦尼西别克
达　拉　李石磊　汪在虎　曹学润
姚伯卿　高素素　汪　凯　李智星
宋锦涛　冯　洛　伊力亚勒
瞿志超　吴嘉琪　仲文豪

食品质量与安全专业

张玉梅　李孟子　吴　玥　杨　雪
贾　彬　李素华　南　洋　宋亭男
蔡珏铭　张沛琳　张蓉蓉　吕冯婧
李　欣　陈胜玲　伍林红　黄晓倩
刘心宇　谢世彩　梁嘉欣　格桑洁
王才政　李俊杰　曲　嵛　王宏利
贾瑞鹏　武子宁　李闻龙　陈　瑶
翁田田　胡怡波　佟昕蒙　王玉婷
杨红瑞　赵文静　庞一烜　虞若涵
杨江梅　叶子怡　郑雪丽　黄海燕
杜　玉　李佳颖　陈彬彬　袁子馨
李哲宇　宋万成　潘正浩　史欣涛
李牧雨

土木工程与力学学院

工程管理专业

孙　蓉　印宇君　朱子棋　吴　昱
顾姝梦　王敏琪　朱　萍　朱翼如
董诺怡　杨婷婷　王晨馨　姜铭健
陈衍超　谢　禹　邱甲乐　施　敏
王志杰　顾　杰　孙开兴　蔡旻宇
孙鑫宇　陈志远　陈逸凡　盛云亮
邓方旭　卢　庆　王　琪　赵明珠
杨　静　李　冰　费盈颖　周清琰
周新妹　马慧珍　陈文嘉　解　燕
龚淑婷　叶大伟　谷志洲　沙汝强
陈韵全　顾洋成　胡天池　刘　诚
程梦元　曹　建　寇恒久　朱辰晓
颜孝诚　丁健宇　刘　洋

工程力学专业

孙珺毅　梁瀚文　侯文韬　王嘉怡
夏　雨　陆蕾玲　李超逸　赵诚睿
夏　榕　毛懿丞　王　威　王子祺
裴岳群　张星宇　田　昊　刘爱俊
孙　宇　沈　彬　王　涛　李明龙
张劲松　郭正西　张宇皇　黄　楠
李俊霖　吴　豪　周天瑜　孙钟宇
黄鑫嵘　倪　扬

土木工程专业

尼玛顿珠　陈　杰　郭文芳
张福芸　田瑞琦　朱芳华　张健伟
冯建通　文　涛　肖联先　路海俊
吴雨阳　漆仲浩　谢少锋　贺龙飞
曾普鑫　翟劲凯　吴建新　田雪晨
赵　勇　艾肯江·吐鲁洪　王守兴
仇　虎　曹佳强　颜治港
旦增久美　万益新　泽旺龙宗
朱　站　宾春全　董　虎　姚程鹏
袁有志　孙　恒　胡光华　朱美良
陈书云　贺世豪　王传金　王　鑫
刘　浩　陈子轩　牟鑫元　张梁深
依马木·吐热克　王　刚　管佳伟
栾容甫　陈　超　门　凯　旺　堆
白玛旺堆　赵圣炎　樊　旭
徐雪冰　章国行　郑汝军　张　策
龚泺钒　廉岸涛　李志伟　董存刚
雷章健　胡思杰　杨　亮　李京铭
张　轩　刘金浩　赵雨森　夏　燚
李健强　栾　全　王振宇
努尔艾力·吐尔洪　史蓝天
余　鹏　魏天纯　次旦多拉
南杰平措

外国语学院

日语专业

钟娜娜　岑国丽　陈家璇　李　悦

陈以天　张祎桐　姜　丽　王　巍
刘　清　周芷琪　陈海妮　陈小雨
包天逸　何玥玥　季玉贤　顾书雯
陈天涯　李青倩　郭子恩　尹　航
黄　欣　段松松　叶逸凡　邹璟丞
刘力玮　顾文心　王　云　王丽红
吴代小雨　万　延　霍锦淑
朱学莲　刘子恒　王海霞　郭　妤
何晓雪　褚嘉苇　秦雨舒　曹　慧
肖　敏　王星宇　王艺璇　靳　楠
李怡漪　刘兴军　陈基富　谭兆余
安川川　杨　凯　叶儒峰

英语专业

曹　雪　侯雅欣　徐子烨　袁　若
张雅倩　周紫婷　王素素　杨　佩
沈玉茜　赵英驰　董明晨　李兴宬
李学敏　林　慧　何　娜　黄潇涵
蔡培巍　徐　飞　高馨蕾　王宇迪
陈小燕　潘潇潇　袁若雪　冷　月
杜再宠　罗华昌　李林峰　吴志宇
吕检生　刘一凡　项一凡　王剑波
蒋凌霄　王忠子　龙丹匀　何薇薇
周鸿飞　冉佳欣　陈露露　周美杏
陈金燕　张　晶　李聪寅　杨思棋
尹　娜　刘梦如　于　佳　孙　欣
秦茜茜　于　樱　李　蕊　姜梦迪
唐淑琴　王　煊　丁雪璐　莫绕瑜
纪晴龙　罗　浩　阮新林　钮广健
汪诗儒　马姣姣　周明莉　余雨遥
陈慧平　马爱辉　韦秋雯　田文丽
赖鹭婷　陈丽钦　姚　珏　洪淑婷
王乐溪　颜佳赟　汤冠伟　陈薛颖
刘　飞　帅　领　刘佳佳　陈　悦
王绥圆　张　钰　刘沁琰　于学伟
蒋少飞　齐　平　刘万里　吴　限
陈　涛　巢　雯

文学院

汉语国际教育专业

张思敏　娄　娄　李　桔　骆小童
龙建月　陈　妍　徐燕莎　王　蓉
农凤梅　王妤予　万　茹　卢楚钧
姚小凡　曹　爽　李梦瑶　高伟华
郑　昕　邹梅湞　吴雯婷　张晓焕
张　楠　张伟婷　王晓琴　孔艺霖
张　琦　王君娴　秦紫纤　刘静娴
张雪莹　王钊江

汉语言文学专业

张　超　王俊慧　倪应丹　李卓宸
王　夏　焦可遇　陆　樱　秦子仪
王　轩　曹　露　陈相君　邵心怡
张旖珺　葛梦洁　张　楠　姜明秀
黄雅丽　杨　红　李思佳　朱演敏
徐　艺　占玉倩　何香莲　刘云梦
薛　飘　孙志超　叶昊晟　李天宇
黄译颖　虞梦婷　储意扬　仲腾欢
胡慧颖　陈瑶瑶　郑明阳　包　瑜
何晓云　贾晶晶　金雪钰　刘心妍
宋　颖　陈若仪　高佩雯　周　颖
李　兰　佘福玲　朱千慧　黄　蒙
杭　冰　刘梦凡　唐书婷　杨　颖
黄琳洁　王孝峰　石　聪　董明辉
顾远鹏　王　博　杜龙娟　周亦璐
洪宇卿　宋苏闽　李清银　程志丽
莫双媛　李雨倩　吴赟嫣　陈　楠
薛海萍　张　赵　丁小珊　乔靓雯
曹瑞哲　袁钰清　郑文茜　陈凯欣
孙嘉雯　吴一楠　苏　星　周佳琪
王　雯　许　珍　吉晶晶　陆　烨
魏　玮　徐　澜　杭明皓　张　场
任　义　谢　祺　崔佳健　朱浩东
孙凌云　周　冉　连心慈　沈玉姣
王嘉琪　黄　蓉　蒋画意　张舒蕾
孙　银　杜丽芬　高佳滢　王　颖
吕沛林　张　芳　李春晓　吴　洁

柴耀桢　吴凌辰　常佩琳　祝天月
陈梦甜　刘欣雨　殷　荫　刘　恋
仲　娴　张心怡　赵雯洁　翟冠华
吴海嵩　徐家文　郭　凯

无锡机电学院

电气工程及其自动化专业

曹义鹏　高　宇　韩　虎　胡　超
蒋元超　李　猛　梁桂瑜　林钧杰
刘善行　潘淮虎　潘　亮　钱伊杰
秦余傲　孙张锋　王大维　吴潇俊
谢振宇　徐宇辉　许　超　严　川
杨　鑫　杨玉春　印留斌　臧征宇
张文超　赵　昫　赵　耀　庄宇星
曹　锟　曹　响　陈　盎　范思凯
耿　硕　顾开元　胡前涛　纪伟聪
姜智耀　李东霖　李佳运　刘　浩
刘　时　陆建钦　祁赵丽　钱　超
孙明阳　万海松　王檬檬　韦绍贤
吴文强　许建宇　闫子豪　姚奇东
张苗苗　张　坡　赵伟峰　郑一鸣
朱慧歆

机械电子工程专业

陈　宇　蔡　俊　陈　晨　陈　慧
陈家旺　陈俊瑶　陈　鹏　陈　伟
成锡军　谷傅成　顾姚凯　郭嘉盛
何志海　蒋卫庭　李梦园　倪佳铭
浦泽洋　盛常上　石子阳　孙　培
王慧敏　王嘉琦　王景豪　杨宇飞
张　盛　章　伟　赵喜琳
郑周易轩　庄召辉　曹家沐
曹　徐　陈　诚　陈　行　陈林超
陈鹏伟　陈文安　丁　浩　顾嘉俊
桂嘉妮　季豪蔚　蒋　伟　李　亮
林　康　刘　多　罗圣灵　吕生荣
浦成涛　钱周同　沈云峰　施家浩
孙　元　王　聪　吴桂军　徐旭东
杨程淋　袁登敏　赵殿虎　左逢源

软件工程专业

顾博楠　顾海鑫　顾恒宇　顾莹莹
郭艺璇　韩天星　李凯兴　李　帅
林李乐　林在宁　刘　跃　钱凯洋
沈沅浩　谈博凡　王　铭　王亚东
吴健国　武梦新　徐　灿　徐　鑫
严盛楠　易　磊　张踩柱　张李学
张昕鑫　张　野　张　毅　郑艳铃
庄志豪　曹　飞　曹　浩　陈昙昊
段　凯　韩宏峰　李　帅　李天豪
李曜冰　刘邦笑　刘　倩　陆义溟
潘敏燕　盛仁杰　汤永安　汪家臣
徐　成　徐泽恩　颜明会　杨海斌
俞佳乐　张　磊　张　强　张言昊
郑锴洋　周明哲　周　雄　宗序杰

市场营销专业

柏　琛　崔莉园　贾方遥　蒋新宇
焦辉鹏　金　慧　李浩祎　李强龙
钱彦亲　汪楠楠　王　倩　王伟阳
王昱翔　王珠敏　吴燮阳　夏陈凯
徐晶晶　徐子健　许俊兰　杨飘飘
杨宇慧　张文超　赵　舜　朱俊屹
朱　荔　朱志雯　曹馨月　陈家浩
陈　嵩　陈蔚然　葛洪昇　季　杰
林　莉　芦子纯　陆　萍　沈佳丽
沈彦廷　孙　钰　王　莹　魏华健
吴佳吟　吴依昀　徐波茵　徐文杰
徐志浩　杨玉娇　姚　慧　张建豪
张校岭　赵　宁　周红燕　周文斌
朱佳仪

药学院

药物制剂专业

何昌隆　丁俞珍　朱开容　范卜溪
杨　晨　黄　夕　肖佳璐　陈泉洁
赵晓平　孙　璇　赵春香　王楠迪
佘胜楠　周丽红　薛媛媛　杨嘉雯
夏小莉　唐林鹏　封　权　尹智超

张　剑　李　昂　白嘉帅　黄学元
刘　琦　钱汉林　旦增晋米
张　萍　王启晓　杨　容　赵珊珊
贺英雪　孙　森　卫晓彤　王庭庭
赵玉兰　罗婷婷　张　旋　蒋文娟
吐尔逊阿依·阿西木　德　珍
买尔哈巴·司马依　王　振
潘　滨　祝敬虎　张小军　侯丙龙
张　涛　林永强　马　骏　王正阳

药学专业

吴林静　杨张众　龚　林　李　叶
秦　源　赵灿梅　宋　悦　何津津
韩　婧　王慧颖　简桂林　赖振梅
赵丹艺　张　锐　张娅琪　陈宇菲
陈顾荣华　唐　柠　白玛措央
覃　拯　吴　雄　郭文杰　罗　铭
周智虎　李耀翔　杨成宇　熊伟翔
高翔宇　张笑国　李　想　鲁洪宇
包剑东　刘后琴　张　岚　王郑郑
彭诗雁　段丹清　葛　超　朴昭妍
王昊文　杜天琪　夏丽娟　景顺莉
王燕妮　徐文君　吴钰婷　束双秀
徐　晶　朱雨菲　代浚甫　鲍丙浩
李东杰　邱向超　康俊俊　彭　云
王昊云　李睿博　方　旭　土振霖
侯　磊

制药工程专业

史文婉　褚锦仙　范小蔓　李　颖
范美美　付若瑛　杨　晨　黄金秋
周梦承　刘润林　徐亚男
达娃吉拉　唐荣辉　桂栋梁
周子君　王佳鹏　贾　超　姬治宇
谭朝林　王福元　吴昇蔚　王　鹏
王嘉玉　刘田利　朱　蓉　任贵英
刘小宁　程巧玲　李　双　侯　婕
张欣雨　李莉娜　李红菊　陆春柳
乔树森　陈　灿　刘兴宇　高良来
王福送　郎学先　连广昌　郑维国
胡开波　涂升辉　许志文

医学院

护理学专业

张　森　王　倩　翁苏节　蒋珺妍
强　露　陈　醒　张　晓　吴　凡
胡　赟　沈斯佳　周　涛　丁月仙
赵昶昀　张　倩　胡朝婷　李雯雯
张雨晴　史子越　刘　高　李孝飞
张　伟　陈森虎　吴中义　杨雅琴
高　静　刘明星　赵　云　苏婷婷
汤新颖　蒋晨璐　杨佳佳　孟　颖
芮文心　丁　燕　张　焱　任衍茹
郭怡婷　徐　洁　孙　琦　刘　瑶
吕晓敏　张　颖　雷　悦　汪　翊
沈怡雯　周小雨　李孟璇　张梦婷
翟明惠　郭佳佳　陈博雅　曹虎男
张文杰　许　涛　舒鹏宇

临床医学专业

周涛涛　崔　玲　吉文文　李玉帆
周天然　李冰依　魏紫羽　何嫣婕
陈遵宇　何美娟　向天涯　李新惘
马紫珺　马蓉蓉　张雯玮　陈羿帆
严文妃　罗嘉豪　余家睿　叶笑寒
吴　立　汪竹涛　弓　孙　陈志远
马文斌　史　彬　李嘉益　李鸿帆
徐福阳　费书琴　吴承帅　谢佳茜
陈　鸣　毛梦圆　徐夏月　张昕彤
万柳辛　解良婕　赵　彤　陈莉婧
纪雨曦　胡雨晴　刘　明　彭玉婵
庄　静　朱　珠　陈伟鸿　樊静欣
孙　浩　徐得立　李鹏举　朱　桓
邓　翀　李玉昆　黄文康　王　灿
仲新宇　吴其超　姚　森　张哲明
徐志伟　卢聪健　马　珺　尚　蒙
宋前犇　刘景娅　叶彦兵　张梦婷
马　蕾　帕提玛·图尔荪　孙璐莹
赵婕吉　龙湫子　袁佳琪　朱　苏

刘　玲　马　贝　丁钰竹　张昕瑜
高　妍　何　俊　李宏达　韩　博
蔡　闯　黄昱衡　夏一锋　徐志祥
沈元昊　夏德鑫　杨　阳　何　鑫
祁　鹏　李　闯　李　经　潘成宇
杨　健　崔丽萍　李　彦　谷　莹
石丁华　阿丽图尼汗·麦麦提明
何　蒙　陈　頔　向鹤麟　袁依雯
薛　钰　周雯雯　刘　慧　李申萍
何一凡　褚良妹　王　晗　阳兴程
钱勇江　江宇航　蒋　宁　杨世伟
杨致远　钱　晗　梁宇成　尤海庆
王兆祥　刘佳洛　吴晓冬　唐子璐
曹献文　李　群　魏关鑫　柴丹丹
郝晶晶　潘莹樱　李海贞　步　彤
蒋　宇　宗明慧　褚　秀　沈昕怡
赵　静　李晨露　周佳敏　厉琳杰
程彩芹　邵可人　郑　旺　姚洪铭
阿吾提·阿布杜拉　魏　伟
张　锐　谢宇晨　戴文浩　王　昊
李潇然　朱　斌　杨　池　徐海峰
杨宇航　吴　妍　马诗雯　孟思敏
谷　雨　赵　耀　徐　玲　刘燕晓
季　逸　师忠港　王艺凡

卫生检验与检疫专业

王双玉　陈萧梦菲　甘海宁
吴梦娇　王茜茜　谢　佳　杨　昭
王　涛　朱娅岚　蓝敏升　李云美
岑雨恩　谯　烨　常红梅　施盈弛
张韵怡　李　成　杨宗育　黄奇明
李　健　王琰帅　蔡旭东　马彦龙
刘哲宇

医学检验技术专业

吴佳妮　王睿琦　陈思敏　张家乐
文莹莹　杨艳辉　马翔宇　田侦丽
郑丽红　迪丽胡马尔·艾力　陆云
霞　蒋佳莹　石亚丽　杨婧妮　彭
怀雪　史奕颖　许锦心　单梦媛
王茹冰　狄逸凡　史厚珍　陈　群
汤文娟　陈逸菲　佘　捷　陈港铖
李云哲　闵嘉睿　丁天焰　王岩金
李世杰　潘玲丽　陈　思　赵丽丽
谢换飞　刘碧涵　常琳琳　杨诗娴
王蓓蕾　金　灿　史　倩　王　颖
陈　瑾　施鑫钰　王茂叶　陶　海
李一镭　徐薇薇　孙瑞佳　朱　妍
刘　雪　陈　骥　刘　静　唐雨婷
何建辉　章　标　阿力木·阿卜迪米提
黄鹏杰　李文豪　何　昊　袁　泽
张鳅丹　马悦章　郭炀杨　王德钦
王秀平　刘品妍　刘国倩　毕千叶
陈晋丹　郝　静　张　越
曾乃提古丽·祖农　周璐璐
陆维维　奚　源　樊　书　栾　瑄
王婷婷　肖　卉　费　菲　徐晨鑫
陈　倩　高　娃　孙晨琳　黄　玥
曹伶玉　戴靖宜　曹泽伟　蒋晓捷
李天捷　汪　鹏　张天成　李凤妍
周惠敏　陶芷欣　仇　欣　袁睿韬
易周易　张连璐　王　琪
沙尼艳木·艾尼娃尔　陈明娟
周雨潇　童　玉　顾鑫蕊　许　洁
张　燕　周婧文　许新微　李宏慧
王　蓉　黄巧云　徐小雪　贾雨甜
茅庆庆　奚雯静　汤思熠　翟鸿儒
孙铭阳　倪　浩　薛钦洋　黄　鑫
魏雨生

医学影像学专业

黄怡逊　干小淳　于家梁　巩环宇
丁佳苗　蒋薇琪　冯江波　钱紫倩
一　诺　周　阳　路　宇　李诗晶
芮梦齐　费雪莲　郑怡雯　赵雨薇
李刘美　顾晓乔　周　绿　曹文静
朱丽敏　王震宇　丁　豫　任　悦
张子宁　赵　威　潘智阳　张　恒
冯　杰　马　力　俞凯杰　陆秋敏

周　鹏　王诗佳　陈梦茹　周医雯
胡宁芬　庄子瑶　葛从青　虞心田
王咏婧　高传美　康　雯　刘婉明
咸　娴　章　彤　万　香　崔　颖
邢卓然　谭　燕　姜莉玲　刘　璐
徐　彤　殷雪健　姬祥鹏　王　宇
俞　愈　方志安　孔　亮　陈大灏
朱俊辉　刘　波　段　炼　魏　妍
于　倩　胡睿洋　姜　梦　任菁怡
张　榆　吉江红　钮　扣　茅　倩
王　钰　杨梦雨　张家雯　钟妍其
王文瑶　翁逸琬　许　萌　葛婧雯
王铖宇　姜　颀　喻志鹏　浦旭锋
姜　军　薛　建　吴　曈　陈智浩
王冉超

艺术学院

产品设计专业

胡玉贝　张美玲　钱　钰　顾　柳
陆梦娇　周　阳　董思含　赵苏杰
施　雨　王　斌　赵轶群　庄　骋
石建明　李雨希　朱宇丰　郑欣楠
黄赢凡　曹雪琦　张海燕　董春苗
徐　蕾　龚圆圆　李晓倩　刘秀敏
邵　会　惠庶然　谭　朋　楚兆丰
李其豪　徐　锐　张　肖　杨　陈
谢顺超　何泰乐　潘森强

动画专业

王　萱　刘　卉　杜小兰　费亚伦
史　欣　苗师宇　熊霄云　吴婉珩
马瑕雪　孟　娜　章雯雯　赵晶晶
杨　倩　秦阿梦　谈梦圆　饶晗晗
刘芬静　罗　慧　毛欣玥　周　标
李昕鹏　杨　鑫　杨昌健　胡　洋
李桂周　吴锦淳　周　洋　肖绍琰
农　飞　廖乃帅

工业设计专业

耿彦昊　罗培文　衡佳琦　付卓灵
周玉兰　邹　映　金　婕　蔡亚琪
黄天羽　朱育燕　王昱璎　谢　晨
甄伟豪　张　磊　杨若贤　崔森浩
朱帮特　王欣怡　麻智平　何锐琼
金秋月　黄丹红　董　夏　张雨婷
严　慧　夏雪吟　吕竹妍　陈珏安
张金瑶　蔡晨辉　罗悦芹　赵　喜
李佳璇　吴明松　丁　波

公共艺术专业

王　乾　汤灿欣　王　学　陈文溢
潘婧怡　邹彦玲　秦露露　杨　舟
王　雨　陈祥丽　沈鸿莹　庞雅宁
黄　安　巫晓硕　黄德祥　祝袁成
潘嘉祺　杨世超　陈健榕

环境设计专业

陈冲冲　邓婧洁　陈佳雯　方嘉雯
王小娟　王　芸　姜泽慧　陈　娟
王安琪　张　铖　杨　樱　王如如
李小莉　滕春叶　覃黎鑫　戴榆伦
郑文卓　邹庆运　刘俊博　周　闯
马天赐　祝伟翔　黄　杨　刘鹏程
吴俊璋　赵连连　倪晓珂　孙　凡
张丽媛　殷华丽　殷　倩　杨歆妮
庄淑怡　苏　悦　龚妍雨　王　璐
卢雪瑶　应　佳　李振源　贺英纯
张煜坤　孙家宝　汪启迪　秦瑞琪
宋　珽　李志豪　邹　鑫　刘天池
赵泽宇　陈经纬

美术学(师范) 专业

张梦依　熊金金　陶山山　丁海楠
段子怡　邱洪玲　周智雯　丁梓安
曹燕驰　刘栅杉　黄景秋　马俊杰
宋绪冕　刘彤威　盛文杰　陈丽玲
赵海凌　张怡宁　霍梦娇　孙　瑜
孙慧慧　王欣怡　杜祎婧　王思诗
齐海婷　徐晓丹　庞美华　张　露
苗佳伟　张政轩　吴　晗　吴尚文

视觉传达设计专业

王泽媛　倪凯凯　王梦以　顾　颖
曹　柯　赵乐瑄　石紫薇　郝睿扬
陈子鸣　闵　昶　陈梦兰　黄梓雁
庄　丽　徐雨露　江无右　吴玙烨
邓　昕　钱虹艳　顾嘉琪　丁欣雨
薛可心　李佳燕　田兴华　张　林
周　洋　张　鼎　吴国巍　金　柯
唐治江　朱栋驿

数字媒体艺术专业

朱彩玲　李　玲　王沁怡　徐　欢
汪子琳　左丹妮　黄清心　樊静怡
胡小会　殷紫倩　张会林　林静雯
吴孟宇　刘佳莉　刘佼佼　王　萌
袁　帆　刘逸青　黄　婷　杨　易
徐璐思　王楚涵　林丽颖　付　煜
苗金宝　蒋文培　赵晨阳　马蔡捷

京江学院

安全工程专业

施佳伟　石萍萍　徐　丹　仇　月
刘　莉　丁　月　单宇荣　刘　敏
徐昳瑄　阳永林　谢锦超　唐鉴钦
孙嘉骏　丁舒荣　刘　震　徐　晨
张百鸣　李大鹏　蒋如飞　何　锡
沈　琦　魏献之　虞　汇　张　正
邵卜磊　张朱樾　孙　宇　刘金涛

材料成型及控制工程专业

李林欣　吴　瑶　姚欢欢　陈雅倩
徐　腾　殷秀峰　王　菲　陈　羽
尹以文　刘家明　孙超胜　钱　程
黄　阳　蒋正恒　朱泽鹏　顾旭晨
王　永　王鑫宇　吕　顺　段北辰
陈嘉豪　汪　明　张　旭　周　宇
时　旭　高海文　叶海伟　王　肖
钱宗昱　曾永靖　张永冈　潘界昌
王思宇　杨承翰　王　政　陆　策
周铭杰　刘骐郡　傅　超　李晨阳
崔　欣　吴文靖　顾　焘　于俭勤
徐永贵　李远凡　季志豪　彭　宁
孙剑宇　陈　果　周子成　董致远
张泽民　王致远　李英豪　麦沛强
张元伟　刘元墩　王培臻　卢　莹
朱森森　时　威　许佳明　刘成鑫
朱亚洋　邹　南　张　吕　丁长俊
刘文杰　梁子鸣

财务管理专业

陆　妍　严智慧　宋芒芒　陈雪莹
陈明珠　张剑敏　丁　琪　孙　洁
于　越　田　玉　石璐瑶　朱佳佳
单　琳　魏若凡　黄　璐　卢研清
肖　琪　施丽娜　华　淼　陆慧芳
唐　琰　艾　鑫　陈璎珞　薛　瑾
陈晓奇　谢　柯　钱俊杰　朱恒越
高　江　许祎宸　徐荣杰　封志远
储一枫　刘楠楠　董君陶　肖俊玉
张　文　叶丽娜　黄　倩　韩　倩
王艺璇　曾洋洋　周昕玥　陶书敏
顾　萱　殷宇涵　陈伟玲　韩香香
邓涵文　田锐旸　金逸云　樊心怡
蒋亚男　邱佳怡　华雨菲　钱　琳
周　悦　张　妍　吴紫凡　陈杰智
钱炜坤　许铭浩　顾冠群　朱逸飞
李金潞　郭思玮　王　韵　罗惠文
鲁　彤　钱雯雯　周苓利　樊家裕
吴赛男　许　朵　王思雨　姜露玉
黄慧颖　蒋诗吟　张　敏　许一笑
戚玉慧　袁子莹　王　倩　朱　丹
郎　希　蒋　炼　陶雨菱　龚楠宁
居立胜　王　宇　张永帮　沈　泉
贾直宗　赵卓然　王　钧　王逸飞

车辆工程专业

陈东辉　唐茗琪　周　瑾　王　鑫
刘　辉　刘　坤　任高焓　卢桂洲
赵秦冰　王小鹏　程万杰　张　辉
万　平　刘淇耀　耿新雨　陈　皓

单　文　黎俊康　季常勇　张　琦
戴子涵　周淳罡　宋　岭　夏悦祥
叶　澍　林宇翔　杨儒仲　葛涵晟
邵紫岚　程　浩　黄铭轲　曾珏洁
王　颖　赵雨桥　谢安康　张燕清
陆瀚扬　雷龚睿　李志鹏　俞永威
顾丰沛　朱凌龙　董炜杰　陆思凯
周　烨　张　越　贺诗榕　高师宇
衣　杰　胡　灿　程云鹏　李　旭
王烁翔　武　克　陈瑜炜　朱兵缘
许　恺　杨　梅　葛清馨　陈　浩
石俊峰　王智民　卢秋宏　洪奕皇
李昱翰　王子涵　汪　颖　庄泽鹏
潘　林　唐　昊　赵文杰　刘烨炜
蒋跃军　唐睿鑫　刘启漂　徐熠晨
王俊杰　赵容庆　刘　爽　葛亿航
刘宇鑫　王维龙　杨小同　张　琦
邵光昊　王明聪　冯智航　刘煜璋
赵永兵　黄　赟　吴家祥　谢佳庆
张思琪　周泓宇　王智文　邹子欢
潘　浩　陈　智　冯晓东　卢东升
黄　轩　许益辉　周恒毅　王益韬
叶思祺　陈清源　崔　洋　耿　泽
翟嘉林　马承旭　赵敬彦　刘　爽
周佳璘　章　朝　王　坤　梁嘉颖
董昊杰　赖滢烽　孙晓彦　徐兴宇
彭鼎涵　周　森　袁　鑫　赵　澄
陆李政　孙茂翔　余　欢　尚修强
吕福志　陈　铠　宋　康　范得民
谈笑天　周　新　刘　俊　叶锦涛
褚立奇　全　鑫　王　予　刘　迁
程　力　刘　林　赵宁宁　张　榕
陈　振　张　磊　韩东辰　袁　辉
周华建　李　康　曹　阳　陶　鑫
杨泽曦　苏军伟　杨伟明　梅林辉
朱晨豪　赵　悦　王佳伟　梁敬天
乐云峰　周　威　马翰林　赵田田
孙舒曼　王　芳　李美莹　倪晨哲
杨　杨　孙　搏　穆亭驰　秦　浩
王友康　王　杰　韩　可　夏　叶
戴志昌　朱红星　李　健　苏康杰
朱钰桁　王　峰　王　畅　王广飞
耿　栋

电气工程及其自动化专业

冯宇迪　梁明昕　陈　琦　邓永文
高少鹏　房泽志　曹瑞坤　邱　迟
王晨枫　陈浩东　张子旭　郑文龙
倪国富　冯佳伟　奚晓丹　任兴旺
祝阳明　张如浩　徐　祎　刘敏杰
王　钰　钱逸霏　丁　珂　单　武
杨小峰　马思远　肖　炜　陶正德
王家栋　黄嘉伟　赵满赟　卢　雨
韩　涛　刘　君　吕　俊　刘经博
闫修赛　蔡瑞金　张　雄　杨建林
万　星　尤　锐　何禹键　许恒杰
金　飞　时　铮　岳　威　何航宇
程宪文　袁宇丰　任宇航　蔡睿智
许国栋　金晨浩　张　力　蔡明干
张小彧　李天翼　邓士岳　朱　磊
周吴敏　刘子豪　陈俊文　万　芊
侯金波　周壮壮　严序康　巫沁轩
赵　杰　汤　浩　马　丁　陈煜峰
季昊凌　徐　琦　王成成　殷　浩
同晨旭　范杨杰　张明旺　徐忠杨
张高成　马祥河　吴　鑫　王振刚
刘华瑀　倪　鋆　胡泽文　李瀚然
许维溢　颜嘉鹏　管　悦　赵小兵
袁子亮　韩　赛　郭　健　吴中元
刘　伟　陆辉军　韩奥杰　赵其源
王志亮　芦　嵘　陈　禛　朱世彬
沈　洋　黄施懿　孙孝楠　王　翔
周友桥　郭雨晨　赵　璟　徐　鼎
居　诚　姜　武　袁辉豪　周慧海
朱雨帆

电子商务专业

李　里　顾秦榕　赵子璇　张　悦

朱建玮　卞颖璐　吴　瑶　黄生婷
连嘉彤　朱炳旭　王锦添　王文浩
虞鹏达　钱　坤　潘振武　杨　鑫
黄　飞　贡璇奕　丁思奇　柏一鸣
焦　雨　刘佳琳　张莉娜　马莉莉
杨　可　陈天颖　徐　刘　季紫仙
王雪蒙　茌宇园　万宝安　谷　威
卞立星　李永森　孙　崴　沈　凌
汤　跃

电子信息工程专业

周静贤　冯学科　李艳丽　张元香
陶嘉男　薛佳仪　武京京　姜伟维
陶玲琳　曹银梅　王云龙　高　涵
赖海胜　赵徐渭　史　磊　王少勇
陆星宽　李智文　蒋弘智　水祁成
彭　涛　钱金凯　过名远　于紫侨
刘艺璇　吕萌萌　秦　锐　张　荟
王　磊　侯　珅　张　翔　李　凡
赵毅楠　郑伟业　苏　斌　钱　业
许　亮　项　鹏　童禹霖　孔凡海
史斌心　李远帆

工业工程专业

张天一　卢昱洋　黄敏慧　仲　瑾
丁　雨　金绍明　朱家正　葛文靖
卢天阳　宋佳龙　史权宇　张　淦
吴熙臻　宋明华　朱学明　梁　烨
唐　啸　蒋振宇　徐泽鹏　胡月明
任雪梅　徐思思　祁楚涵　冯子旋
凌张明　傅永亮　周展乐　刘子旭
张世凡　徐　洲　顾　强　樊康康
王　钊　陆红任　汪靖欣　赵鑫源
徐文磊　陈威威

公共事业管理（医疗保险）专业

张立娟　张　岑　赵翠田　王　金
范祺佳　俞欣沂　王　颖　金雨欣
钱润东　陆云瑶　陈　钰　陆婕妤
王仝仝　田　雨　徐　鑫　杭雨涵
李文彦　顾　璟　周余露　武秀楠
严　涵　潘秋羽　叶维森　侯文卓
洪　天　倪伟犇　王佳佳　贺佳宁
马　琴　吕思瑶　陈予秦　孙　羽
杨奕文　张　倩　唐娜娜　郝　静
冯心怡　赵　静　梁　璨　廖　甜
靖雅缨　赵　欢　刘倩文　朱昱橙
李永流　卢文凯

国际经济与贸易专业

魏　巍　李顺秋　王　倩　郝亦然
濮声静　李露露　刘双双　狄素丽
张如玉　吴　芸　周珺轶　秦月崎
陈晓燕　陶思越　王译婕　王　好
陈艺文　许静怡　嵇蔓寒　王　薇
杨曦智　吴　杰　朱桢阳　许呈昕
朱可寒　孙　榕　徐懿娟　赵　娣
杨　静　陈宇轩　朱　慧　丁永臻
蒋萌萌　沈诗雨　宋　颂　曹　蕾
唐梦婷　杨　阳　余美萱　程园园
吴　静　荣倩华　倪菲尔　俞梦洁
徐碧海　汤森淼　仇安妮　邬镇泽
沈星辰　赵　寅　张云杰　黄　凡
董家铭　曹明煜　李泽慧　汤希钰
叶　蓉　杨　超　陈姝君　王　君
刘子岳　冯　训　杨荣荣　黄佳琪
顾婷婷　徐晓敏　孔淏菡　陈周雯
贾文利　顾　悦　王雪菲　郭小凤
谢涵如　王齐斌　朱　翔　段春晓
黄　涛　赵　旭　司汉霖

护理学专业

张　娜　张雪娟　杨世杰　马　茜
陈默妍　沈嘉欣　黄　群　李莹莹
李楚倩　陈玉洁　周　云　尹　怡
陈　锐　杨　姝　陶舒云　柳晓姝
徐　颖　马静艳　钱　妍　袁晓旭
陈蕴慧　陈　娇　熊雨婷　郭洪妗
杨雪梅　赵雨璇　高　敏　周璞晔
吕强美　徐雯钰　黄　澜　李星星
张小敏　钱佳辉　黄姝怡　徐雯燕

潘思玉　魏兰芝　罗晓清　钱　璟
周　婧　江夏雨　王沁雨　姜　杉
张　鸽　吴坤桐　徐佳怡　闫银雪
邵智慧　梁莹莹　张　悦　张　媛
王新月　姜　薇　陈思瑜　刘子凡
孙玲玉　杨文婧　顾若玉　曹文娟
施慧媚　傅佳蕾　王　朋　赵梦晴
朱睿华　徐沁蕊　陆新琴　陆佳蓉
许　丹　郑　倩　吴　沁　唐云云
崔荧银　孙　萌　季栋梅　张许婷
刘何雅　蔡　敏　涂思慧　任　静
蔡　琴　徐洁颖　刘琳琳　薛荐文
苏莹莹　申　慧　王敏夏　张薷引
郭忠民　陈永强　饶沫澄　刘俊霖
唐　韵　陈嘉宁　朱磊蕾　严娉婷
张楠楠　石子琼　莫媛媛　杨　韵
王　珂　刘　颖　王南竹　邱　媛
濮　萍　沙慧颖　倪佳欣　陈亚楠
季裴佳　李　云　刘艺婷　蒋俊斌
陆　净　曹玲玲　冯智英

化学工程与工艺专业

戴　琴　刘之松　刘学明　丁寅辉
王　丹　盛钧超　宋虎臣　单　文
张萍萍　吴　楠　宋溪钰　唐　静
沈玉婷　康明臻　徐民全　居淳演
余晓明　管伟民　马新楠　柳　赟
张平凡　韦庄鑫　龚前华　顾天楠
蒋俊杰　王天润　徐　钧　左　延
赵葛琛　李　亚　孙昊宸　王星澎
杨楷文　张劼宁　林钰轩

环境设计专业

汤文韬　王　闯　王雨欣　袁天迎
郁金雪　刘　娜　张梦婷　蒋雨莼
马明月　陈　洁　刘　瑶　胡轶男
唐奕雯　夏萍萍　王馨悦　管　敏
徐艺菲　施佳佳　任建新　王　瑞
黄子龙　陈哉行　唐王润景
史　瑞　陆振凯　杨　远　李　哲
石曼曼　程　磊　周　琳　陈　怡
董培培　毛　丽　庄　宁　朱思敏
吴淋艳　曾晓宇　史嘉琪　解冰昕
张晴漪　陆澄淏　李飘飘　陈　珍
陈寅豪　孙　露　唐　能　于彦辉
费香凯　唐强强

会计学专业

周小叶　刘明星　刘许楠　时　晨
游　美　赵梦婷　鲍文婷　王雨诗
江　曼　朱倍茜　石学杰　顾　磊
刘泓佚　龚可欣　陈家歌　朱　桦
成　炎　陈　睿　周　舟　徐婧雯
袁　萍　孙玲玲　陈　姝　陈建宇
陆一帆　吴　真　卞东洋　孙一凡
于天屹　涂玉全　肖　杨　李子娴
林瑶慧　卢宇媛　马晓宇　徐紫昕
刘　洁　孙雪儿　薛明雪　冯　芹
吴　晶　王玲莉　吴雨昕　单　杰
石静宜　钱　檬　周　莹　徐　馨
陈榆婷　崔　笛　管紫荆　毛雪薇
范文佳　王　涵　尹　驰　葛人华
朱浩宇　时英俊　孙东山　郭　楷
朱梓龙　李博文　邵虓轩　王　平
王　钰　单敬晔　黄鸿浪　王金铭
邓　晓　周沐子　章　颖　李　萌
霍文萱　范　奇　吴　青　陈文静
戚笑榕　叶芳洲　陈昱昱　黄霄霄
俞可凡　王文莉　李　慧　吴锞炜
刘　欣　刘颖菲　杨　璐　罗艺恒
周宇科　姜奇宏　陈继铭　徐伟舜
冯迎亮　彭赟豪　韩臻杰　蒋兆俊
吕辰杰　张惠宇　王　琦　陈天翼
钱　晨　陈明艳　肖　凡　陈彦铭
仲　意　赵姗姗　臧舒宁　宋宁宁
谢琴露　王倩倩　阮燕萍　杨嘉妮
谭美玲　陈　思　曹清源　袁明霞
刘一帆　殷　茵　罗姗姗　王云雪
张　娴　周思思　宣　昊　张　俊

束蒙凡　赵　杰　华元浩　杜伟豪
何赵延　陈　睿　于子皓　王碧霞
盛莹莹　丁　宁　娄秉文

机械电子工程专业

朱淑平　邹胜銮　陈景豪　陈兴龙
刘浩杰　贾飞扬　陈　康　贺　嘉
郭　伟　张德桃　孟宇江　宗　桦
储智强　陈　捷　顾新宇　刘　兴
裴智酉　王豪杰　刘　勇　谷俊阳
高安琪　孙　朕　明海亮　窦旭东
张　伟　金　鑫　朱金来　王跃杰
陈　肖　季月梅　王厚轩　贠　柯
王轶萱　游　星　张展飞　季　铖
朱　沣　杨陈虎　徐利祥　董景春
刘仁文　李俊杰　许展翼　宋　艺
王跃进　王　涛　王法阅　房思维
于　彪　陈　锐　黄　恺　马志坤
肖　威　史旭阳　周思远　张　悦
刘成诚　吴健伟　俞　杰　王华帅
唐益鑫　李宗皓　刘一凡　臧　毅
葛佩文　冯　亮　周　政　张纬豪
黄　冰　胡文昊　付子文　骆克文
浦友卿　唐志强　金煜杰　许长钦
高鹏辉　杨家磊　张程辉　郑诗武
杜　拓　郑方贝

机械设计制造及其自动化专业

张　硕　诸昌建　陈俞文　尧云峰
栗增明　陈家俊　姜　吉　卞奇佳
朱恩涛　伏铭强　殷志俊　王建伟
王东升　黄建明　卢　顺　施卓楠
蒋冬炜　陈文浩　朱　恒　卢昊业
尤良伟　顾智豪　张　磊　张富强
杨文超　郭　曼　丁抒恒　夏逸凤
周民兴　金紫珩　李梓涵　李声祺
汪　洋　薛俊飞　周飞翔　陈泓宇
丁　磊　侯超鹏　严永鑫　陈　绅
黎杰杰　贾锡礼　高志达　王子昀
张　鹏　杨柯远　周豫城　吕　杰
吴　越　崔　昊　叶书航　刘恩廷
顾嘉晨　徐　飞　曹丽雯　穆俊宇
张海杰　蒋　广　盛文豪　邹宜鑫
马琛彦　王　晶　章科力　王佳乐
秦　凯　顾　恺　金裕民　杨　俊
仲睿哲　江　也　张　柯　吴　杰
蒋　涛　唐志浩　徐寅葳　邓　鹏
王逸麾　王雅倩　韩　旭　高方均
李耀健　张　鉴　崔隽杰　王维鹏
周刘涛　张祯宇　李思俊　陈哲扬
鲁乾德　叶品佳　沈新宇　叶浩然
郤　宇　赵澎峥　张祯佑　李　明
何　浩　陈光鑫　许智伦　左康恒
张一航　姜旭栋　项宇峰　鲁天楠
周明月　郭凯伦　杨荣鑫　游国梁
徐　柏　王大全　刘文君　刘　泽
杨志涛　邓正东　束嘉铭　王云飞
曹金辉　金　昊　张天帅　黄　琦
张　宇　尹纯阳　史德祥　彭智斌
支振兴　寇　准　李　坚　江益平
陈中原　段韶岚　杨　玲　倪晓菲
侯桃桃　夏彬彬　许国忠　唐志坤
张珈铭　姚宏杰　沈　浩　王绍宇
胡哲源　谭道贝　郑成峰　黄　健
耿凯凯　赵颂嘉　庄正印　马晓彦
葛　康　丁锐力　吴海龙　陆麒元
宋忠健　沈文君　朱佳梅　王　腾
赵　策　王子琪　裘　鹏　何　阳
全　超　金俊峰　郭季诚　郑　阳
乔金涛　陆昕宇　陈　宇　李树鑫
马浩飞　倪子晨　闫长春　龚建鑫
郭　浩　卢向前　周　伟　吕田君
胡飞翔

计算机科学与技术专业

薛　凤　顾　雅　文　雯　刘　祝
李　欣　徐丽君　金婷婷　唐文月
陈　灿　沈家伟　郑　兴　郭　羽
李思宇　魏洋杰　费伯威　王瑞露

谢　宇　林耀辉　肖理想　于庆成
金龙武　朱瑞清　陈　华　朱俊豪
郭智杰　吴玉仁　戴　林　朱哲宇
周凯乾　凌　岚　鲍彩霞　顾迎燕
房　丽　李雨新　朱鹏强　权海波
孙宗凡　王唐胜　潘书剑　颜鹏贵
李其汉　单　浩　王家宁　王　强
徐　鹏　朱　林　崔　捷　孙　伟
李新宇　邢笑天　李　瑞　张洪伟
徐　锋　徐俊华　蒋　洲

交通运输专业

陈秋娣　孟　春　程琳芮　赵婷婷
杨恩华　王一丞　唐玉然　王　杰
郭子昂　韩思杰　王　斌　陈逸旸
盛　开　张　卓　周　欣　朱钧伟
林　林　范　禹　毛宇坤　王　彪
包俊杰　张宇驰　肖　宇　陈　锋
朱承鹏　刘戴鹏　邢　凯　李　飞
恽鹏飞　娄世豪　赵继国　戴亦成

金属材料工程专业

田立鹤　张文彬　曹嘉陈　顾栋梁
周　路　丁子嫣　肖春艳　黄　璐
王彦青　严佳玲　李玉宝　张瑞洪
李廷松　刘玉军　曹朱翔　徐旭彬
陈泽鑫　于正明　向恒杰　曹力扬
蒋志同　凌　峰　丁家伟　蒋沁洋
周仁杰　宋康杰　朱翔亮　王算算
邹　婧　崔力云　侯　茜
昝一玉有　张孟鹏　周　航
吴　杰　马敏杰　刘新疆　许　凯
朱明亮　奚黄桢　史文浩

能源经济专业

黄秋寒　王诗雨　蒋　越　成丹丹
戴一帆　顾佳琳　季海悦　顾雨珩
杨　靓　赵怿霖　陈　娟　霍一婷
许　慧　陆艳慧　廖正源　刘浩权
方　栋　储有伟　梁金星　任　晖
刘佳硕　顾笑坤　汤俊杰　陈　慧
孙　沁　刘　敏　张　璇　刘　梦
李　航　宋　佳　季舒洁　李　彤
许　洁　张怡培　吴丽平　殷伟萍
单　鑫　徐天天　马　谦　李肖钰
吴晟杰　佘嘉宇　顾亦陈　芦　鹏
孙后阳　奚正红　褚依治

能源与动力工程专业

范梦君　陈冬冬　杨海宁　张　恒
黎敏华　鞠秉翰　季也翔　陈　实
吴　涛　周　骁　刘晓强　陈　峰
陈永春　陶煜晨　马云霄　王　森
林志文　丁佳峰　周正阳　许鑫森
刘弘博　戴文顺　朱鹏程　刘　远
周一帆　丁骁斌　曹育铭　祁棣枢
姚怡玲　方　言　刘宇轩　周昊宇
唐　正　王俊武　卢　剑　王嘉祥
刘友奎　丁　锐　纪宽璐　吴汉涛
邢　锐　陈知明　王特立　张卫军
陈旨明　顾　浩　郭富磊　朱孝凯
代梦婷　杨政宇　王铮汉　朱鑫昌
赵　啸　王杭权　王继坤　葛秀成
苑伊婧　赵璐璐　陈　曦　董　娟
丁慧冬　万浏洋　熊世奇　黄继鹏
徐　磊　徐兴晨　方　舟　张振鑫
程翼飞　仲启超　刘　洋　李佳伟
经　亮　丁啸龙　陈友祥　姜　丰
兰天琦　周　辉　周亚东　贾　琦
管　晔　束寅姗　倪馨雅　安洪宝
李卫健　魏振鹏　何树峰　周　南
陈炜鑫　张　昺　邹佳成　曹毓霖
熊　涛　林嘉伟　何发超　金天齐
朱竟成　王　寅　马守营　杨定良
丁凡非　何浩天　刘天翔　刘宇杭
朱　昊　井振威　朱逸文　董春岩
尤婧芸　单　良　俞　玥　吴莹新
蔡佳慧　王志远　郭文剑　齐晓磊
陈珅辉　陶泊晓　周潇涛　柯琳泳
苏　斌　丰思远　周家楷　陈轩冕

李季飞　赵晨昊　王政哲　沈　浩
韩　磊　郑凡坤　殷云鹏　高胤森
熊宏晖　陆嘉臻　宋佳陆　仲　鹏
常聆溢　崔家华　金佳琦　陈可欣
余抒怡　许　波　徐少奇　李智耕
唐浦钧　霍思全　吴大伟　丁瑞飞
孙振杰　陆昌泓　赵　欣　樊高挺
孙　洋　钱沈阳　金抒宏　倪　俊
陈建伟　郭　威　王子平　柏浩然
周　庆　詹袁峰　季寅杰　李　磊

人力资源管理专业

逯　京　费倩茹　王凤慧　林安妮
张雯静　张　宁　王艳君　杨云桃
许　艳　王超群　赵梦瑶　纪心雨
吴洁琰　何　洁　姜　翼　童　菁
葛韩菁　张红梅　陈紫歆　孙琳琳
戚兢悦　黄钰娴　刘玥希　高　扬
王　欣　李冬蔚　朱璐璐　裴佳妮
张舟雨　宜敏悦　周之一　秦　清
朱俊文　孔维誉　胡　苏　黄文杰
赵雪晗　李国庆　张　琪　孙　立

软件工程专业

施瑞杰　胥　雷　钟栋梁　黄永燕
徐靖雅　吕　艳　徐佩雯　李秋宜
王国用　叶恒青　陈　帅　陈佳炜
葛　霖　吴　铭　陈肖肖　经凤翔
严　杰　成志刚　卢加文　张坤城
汤建祥　陈轶凡　郑　凯　吴　涛
余琪文　马　昱　周　荣　黄梦圆
谢　静　李明莺　蒋桂荣　郑晓军
阳康明　曾　潇　杨　明　程溢栋
刘同辉　黄旭东　韩步印　刘振宇
蒋仁亮　王　瑞　张振明　孙余培
沈　海　杨相赟　陈士奇　陈俊旭
申梦杰　陈　斌　马瑶昊　于　森
盛　威

软件工程（嵌入式培养）专业

杨　飞　周德宇　谢群丽　唐川景
韦红梅　屈佳妮　赵贵福　王　利
彭雪峰　张晓锋　周　辉　王　瑞
袁宗祥　殷子琪　胥立祥　施金磊
殷子超　陈重文　陈立夫　杨文斌
吴天昊　鲁　洋　谢　凯　孔　聪
朱熠龙　李崇奇　李昊轩　吴锦华
倪一飞　华玉凯　吴与伦　张子恒
蔡彬良

食品科学与工程专业

马伶晖　梁惠嘉　李　璇　吴俊汇
张　蓉　孟　婷　葛双妹　周文娟
闻莹莹　沈　欣　张丽平　李　萱
李惠薪　王歆怡　赵星月　祁　珏
陈雨欣　范慧琳　翟羽佳　罗　青
苏苇雁　张梦儿　姚卓妤　陈柏翰
嵇光宇　王　涛　章　宇　吴佳乐
刘　岗　王十飞　张　弛　郭　睿
吴文武　谭致远　戴　森　何子祥

市场营销专业

肖艳玲　鲍　磊　颜晓敏　缪红婷
吕嘉欣　吴雅倩　王　婧　刘　岚
马琛琛　卢青青　王潇悦　贺亚婷
杨雨姣　王雅迪　冯方圆　冯之韵
刘珊珊　李事成　周聪聪　高　翔
范林宝　王生伟　贾临峰　陈　涛
管明佳　陈健磊　龚伟聪　马儒康
陈　上　迟莉丽　葛兆莹　陈　昕
陈　朦　张　芸　夏梦涵　钱　潞
王英平　戴菁华　殷小丹　吴　嫘
谢明璐　张诗惠　宋汶静　刘　颖
林庆军　赵静虹　何　阮　卢润华
汤　潜　沈大伟　陈　明　朱冠男
胡文涛　李　晗　潘俊晖　王成云
陶　虎　王钰凡

视觉传达设计专业

王天怡　杨淼淼　张　路　徐　贝
李娟娟　王淑婷　胡杨云　肖　瑾
吴　旻　李倩雅　王通行　王　振

潘隽飚　周　康　张　颖　吴松潮
王　兵　余振东　宋文武　王雪峰
李梦笑　刘倖豪　肖彭琳　景林玲
王　颖　胡雅茹　杨明思　张瑞雪
沈　婕　袁　凤　李静静　许梦翔
吴姣姣　郭芯怡　张宇聪　邵应笑
刘　奇　姜　涛　顾冬良　江昱潼
石　涵　邵一峰　汪　宇

通信工程专业

赵远林　姚　杰　郑伊容　钟志林
寇云璐　吴婷婷　康　笑　褚　萌
陈　缘　刘慧敏　陈菲菲　顾海芹
姚　远　唐荣君　马小龙　罗康荣
陈志强　杨仕瑞　杨宝磊　方　健
鲍明翔　张志成　苏新忠　陈乙恒
周俞森　杨寅嵩　管　昂　刘　通
于腾龙　黄琦涛　肖　成　王礼鹏
徐　威　陈聪聪　汪　怡　李皓佳
祁金燕　王　悦　蔡　静　陈昕悦
洪　雪　张倬玮　孙钰程　潘文韬
朱明辉　贾鹏宇　王星光　包　宁
刘　昊　王彦然　明　峥　祁建伟
蔡　军　叶　茂　冯仲伟　徐晓磊
韦敏捷

统计学专业

刘子阳　陶　淘　诸月红　施晓玥
周　婧　王　凡　韩圣洁　孙　丽
余晶晶　孙　萌　路星怡　朱雯嘉
丁慧琴　刘梦雅　孙筱凡　张　蕾
胡炘鋆　盛逸静　易　涵　宋　阳
王紫纯　季冬梅　徐与伦　顾小雨
倪厚中　程子轩　许铭洲　邹雨轩
侯敏昊　陈子悦　丁剑涛　戴　悦
朱恒怡　陆怡佳　何姗姗　王　茜
蒋燕楠　赵　捷　王　琨　姜　闻
蒋怡宁　钱　鑫　谢　悦　毛逸秋
马道文　李炳蕲　赵奕玮　刘　通
沈　凯　栾成剑　付　泽　王重浩

土木工程专业

谈强强　陈　航　栾振远　朱斌斌
王　果　施张乐　苏　红　朱碧薇
薛　晴　魏可晴　黄智洋　黄义钦
臧立森　张　晨　还　宇　徐新虎
崔　航　濮子文　蒋金强　张涵韬
乔嘉昊　刘　响　殷晓超　张熙骁
邱小宇　方天奇　刘嘉彬　朱子蔚
郭　伟　张晨之　陈　凡　陶昕沂
张　欣　李润港　栾金厚　金冠森
李润泽　朱天骋　陈亚泉　杨　盼
姚世杰　刘　稳　张　阳　刘　虎
陆扬帆　朱　麒　马成祥　顾浩宇
王　梓　张云舒　吴家豪　张飞翔
顾俊虎　钱泽宇　管　瑞　张　赟
王朦朦　严启浩　赵崇铭　帅　琦
邵前鑫　王　健　赵增辉　张　烨
尤　毅　陈啸东　姚成超　余维鹏
刘宏远　周嘉懿　马　跃　张立丰
刘君威　管秋芝　朱赛楠　杨琳琮
符思怡　钱嘉雯　张　芹　苗　军
杨浩添　窦　宇　马　有　季杨帆
王　晨　冯福星　张　伟　杨　鹏
范苏徽　缪　欢　柳孙杰　李　虎
高青龙　陆亿峰　米海龙　董　允

物流管理专业

罗文瑜　刘　颖　陆春花　明　燕
刘奇梦　周　颖　汤雪纯　孙　惠
邵书怡　顾　雯　陆晓烨　仇莉晴
徐亚茹　赵　颖　朱文婧　李星月
陈舒雯　钱　辰　杨　静　李澳弟
许正阳　蒋　进　陈芳清　闫齐齐
丁志强　曾　佩　潘梦瑶　陈　婷
孙　宇　陶文慧　刘林鑫　高　彤
顾　慧　郁　蕾　陈芋蓉　李　晶
朱露露　强玉珠　韩艳文　包　悦
吴志莹　杨天乐　朱圣洁　王贝贝
曹　恒　范李烨　郭星明　何　啸

黄寅辰 张哲 梁冲 吴昊
苗青 郑华宇

信息管理与信息系统专业

沈苏苏 张静怡 戴黛 蒋晔
陈翘楚 贾玲美 单晶 孙柯嘉
张意远 丁柔 谢文秀 夏鑫伟
沈枫 倪锡涛 徐梓荐 赵旭峰
褚一欢 张宏伟 金远航 薛楠
邹振浩 金鑫 詹翔 董万强
邢光忠 陈笑雨 王思婕 黄姝
任智慧 马颖 高佳洁 俞小雨
倪佳甜 卢洁 高朔 顾雯婕
翁如梅 王羽 焦婧 张亚平
杨晓露 朱维忠 廉超超 薛榉丰
周春峰 姜泽宇 李博 王寅杰
孙雨星 黄伟平 刘祥 王鑫
顾宇 吴涛 罗俊杰 陈杰慧

医学检验技术专业

丁琦艺 何乾坤 周炎炘 唐秀雅
陈晓如 杨淑敏 潘诗茜 仇歆
李旻婧 郑惠芹 戴心悦 王雯艳
王慧萍 史淙霖 陈子钥 毛黎晨
桂如林 俞超镪 岳江 蔡宇杰
李艺鸣 王天骏 周炜康 黄雨辰
孙畅 蒋雪筠 王怡文 陈星恒
高唱 聂思维 黄冬蕊 申宁婧
陆媛 包扬雯 解小涵 陈璐
印亭 陈婉沁 陈亦琦 戴雨婷
杨慧 赵婷婷 郇亮 许博文
陈伟 黄刘恒 陈唯卿 马肇泽
蔡沛烊 张钰 乔泽星 杨仕瑾
于雪荞 黄滟 张玉莲 孙嘉慧
李石清 陆钦莹 吴越 陈媛媛
章秀兰 姚毓泓 张伟娜 李佳梅
卞小青 柳佳悦 高立军 姜帅
王琡宇 谭佳佳 刘爽 陈辉
顾金杰 笪文信 顾洁 徐璇
秦德猛 王言 闫曼 徐哲

钟晓欣 魏珍珍 高钰洁 周妍
葛贵喧 卞璐宁 侯怡平 徐文婷
宋丽佳 季雨 王雨婷 乔天骄
林常青 牛冬冬 芮家程 侯家鹏
邹通 朱昌杰 肖锴成 张昊
臧晓頔 袁如 冯玉婷 陈果

英语专业

刘凌霄 郑晓菡 叶颖 黄秀珍
倪素红 袁玮 秦晓香 马嘉雯
陆宇 王屹然 殷俊秀 邹小曼
单亚丽 苏越 殷慧慧 毛沙沙
倪灏 孙露 吴文玲 王孟霞
宋迪迪 郑秋敏 张洁 王锦都
刘雪琦 尤晨玮 赵哲豪 李聪
孙越凡 周麟岳 侯赛群 周恒逸
张琦 张盈毓 潘妍 杨晶玉
卞雅琴 窦紫扬 董小叶 俞盈盈
徐青 吴雅梦 朱雨辰 居婷
顾凌嘉 刘慧琳 寇晶晶 刘益菡
夏正芳 杨丽馨 赵瑞之 郭雨佳
张子昀 陈丽华 鞠东臣 陈心怡
李涵

质量管理工程专业

虞姗姗 陈心怡 万钰琨 朱洁
刁仁洁 周佳 陈冰沁 张琪岳
金晓怡 徐茹婉 刘园园 芮佳
唐钰嵘 郭佳欣 沈明月 王璇
周天琪 张晓洁 葛佳 冯爱淇
孙智娟 罗琦琪 黄鑫 王忠祥
戴仁杰 焦晓新 姜浩嘉 谢忠宇
丁福晟 张凌峰 朱龙 王岩阳
沈一凡 秦峻杰

自动化专业

孔艳 李子龙 陈娟 汪俊成
王为晋 江青松 郝文翰 赖震宇
徐永鑫 闫春幸 于连超 马彪
庞爽 刘欣 盛常宝 潘旭
樊天宇 杨旭 张泽良 张陈翔

王晓波　陆昱迪　李　宇　赵泳杰
郑新宝　陈嘉伟　周春宇　唐　潇
张　杨　张逸群　吴宸辉　逄　英
汤紫娟　钟震峰　位美好　谢银灿
兰希飞　司昊岳　邵　辰　袁陈龙
张　涛　吴志钊　高　波　顾业群
刘啸涵　戴文寅　蒋　鹏　张　伟
郭仁宇　偰　涛　俞　胜　范　杰
吉天祥　魏路铭　叶晓东　严怿晨
陈仕伟　谭志鹏

京江学院（宿迁分部）

电子信息工程专业

陈俊天　仇昊宇　邓旭良　何　涛
胡栋殿　冀福俊　金　雷　李　杰
刘　坚　刘　凯　刘文建　吕望纯
马　越　冒欣杰　倪泽伟　浦浩刚
任治宇　邵金峰　汤逸凡　汪　锐
王　斌　王　鼎　王看民　王雪寒
魏志杰　吴大胜　徐　凯　杨　洋
姚润杰　袁　逵　张盛煜　张　涛
张　旭　张泽辉　赵开元　邹颖斌
陈红燕　程　艳　付彩云　耿宇滢
薛　茜　周　童　白　亮　陈守浩
陈煜曦　陈竹官　郭　宇　胡泯非
纪林锋　姜　冲　梁　峰　林剑威
刘明远　刘　研　吕　俊　马昌嵩
马　如　孟国频　倪　明　秦昊元
邵琪斌　孙新盛　王浩宇　王世杰
王　宇　徐　斌　许远航　薛灵云
杨贤锐　张茂瑞　张苏阳　张宇庭
赵　诚　智通海　周　磊　周永南
朱江淮　朱以帅　纪佳佳　金玉茹
李　欣　潘欣迪　杨　璐　俞婧雯
朱文雅

计算机科学与技术专业

王　云　陈　程　陈作海　丛茂旭
戴鹏远　方新波　黄　涛　姜皓文
蒋昊天　李刘万　李　硕　刘　航
刘　乔　陆光原　毛俊飞　钱鹏程
任柏燚　申树桂　孙浩斌　孙　俊
唐　宇　王元阳　吴　含　吴维超
夏天植　谢林杰　徐　陈　徐　浩
徐　轲　颜廷坤　杨明志　杨玉成
臧　昊　张　晖　朱　炼　卞玉露
陈雪莹　付佳欣　蒋慧敏　李文倩
刘　婕　王　丽　张　莉

（撰稿：徐翠红）

江苏大学2020届本科毕业生“升学”名单

机械工程学院

吕彦佑　尚玉琳　夏春文　陈　爽
夏圣博　李昊谦　袁润逸　余　和
高　铭　倪　旺　郝浩然　吴建邦
王子秦　梁　瑾　姚宇航　周顺程
李　焱　朱彪彪　徐军委　安春桥
冯鑫晟　陈　梁　朱　建　倪　韬
涂新诚　于阳光　段孟欣　沈艳霞
李　昂　何庆军　黄金雷　衡金龙
魏洁安　王子贤　石　啸　薛　彪
秦　彪　朱晨曦　龚康鑫　薛沈伟
顾跃峰　丁翰韬　张祎凡　雷文桐
田珩稀　王冬冬　杨皓东　边海榕
郭耿亮　杨海兵　蒋　林　周壮壮
吴楚骐　葛勇州　陆凯杰　陆劲成
艾文浩　吴　浪　赵庆龙　高志荣
戎　杰　谢万涛　董　鑫　卜星宇
骆敬芸　武慧林　邓晓蓉　杜新阳
温俊杰　张亚磊　周　钰　魏明惠
吴　迪　项渝茜　陈谢天　赵迎国
贠欢庆　王忠泽　王　旭　刘家雨
袁　俊　杨卓元　肖俊峣　刘浩斌
王润寅　刘克洋　王耀锋　许松林
迟傅轩　高永华　李亚松　罗芳琳

陈　俊　张露露　李湘恒　潘朝猛
聂　胜　周洪荣　初启航　沈　辉
何宇翔　彭　强　王永东　郭思玮
周　政　谷泽辉　苏　祺　付佳辉
姚　军　宋旭东

农业装备工程学院

蔡连江　徐朱浩　李鹏程　肖天璞
曾显皓　石　岩　梁亚权　高天宇
彭　健　赵云飞　卞湧文　岳　超
姜志嵩　朱怀群　朱梦岚　董佳琪
刘家林　齐　是　牟晋东　洪志恒
柬　宇　许　珂　刘　达

汽车与交通工程学院

黄庆泽　郑而禾　陈　枫　杨　伟
金见涛　李自强　蒋征霖　蔡旭阳
张　雨　陈显达　杨　晨　袁　欣
徐胜楠　周　宇　李志宏　温林英
郭柯屹　郗少华　薛志祥　张名武
王　浩　冷　飞　颜　宇　牛旗旗
张　成　凌一洲　许乃熹　文帅群
郁　钺　陈殿镛　路保松　张　程
刘宇航　张　哲　丁殿勇　王万树
王意明　闫家好　薛云崧　顾　笑
曹羽昊　陆　溢　周基锋　徐　陈
彭潇宇　戴佳钱　雷艳武　赵锐东
高赟海　李泽威　熊业飞　马志祥
张　昊　管韦魏　张永春　洪天宇
张庆元　伏雨旋　吕晨潇　李　派
牛俊严　王　乔　薛铭洲　石　浩
王致陈　周锦柯　蔡　峰　侯钰哲
王　展　李孝银　高　泽　魏勇泉
侯文硕　周　熔　刘晓强　高芬霞
于　婷　崔晓天　郝俊啟　陈　涛
王翼飞　李恒飞　代　涛　武雪贞
潘锶炜　佟朝阳　蒋佳锟　彭恩鹏
张　辉　李雨涛　张　凯　赵　斌
张俊杰　孙林肖　马浩然　简　毅
包舒钺　刘　源　张鹏飞　张宇航
孟昭泰　张鹤萱　张旭超　裴一啸
徐培渊　钟郑涛　杜健瑜　余　超
丁鑫华　杨春雨　徐　程　马玉亭
张维真　杨双宇　钟锦情　韦壮邦
张文红　张礼斌　孙天硕　文楚玥
张迪彤　邵瑞娟　潘　冰　赵明志
王卫超　刘鑫源　舒　兰　曹秀娟
俞鹏飞　崔凯平　程　立　李浩然
邢牧野　林敬烨　李　泽　朱嘉诚
郭丛摇　杨星光　柴家栋　秦维贤
潘　登

能源与动力工程学院

程　谦　李兆霖　庞春波　杨　浩
周　恬　李习文　金敦沅　朱　炫
郭军军　钟　懿　沈　迪　陈晓丹
马雪芹　庄筱源　郭　磊　孙洋凯
余　彬　谭豪杰　夏　千　徐亚巍
邓萌萌　段欣欣　吴榕榕　章崇杰
郭天栋　李耀东　韦增志　刘佳丽
陈　成　车佳优　赵　旺　周锦涛
龚文浩　刘万航　范显旺　尹　瑾
李　肃　金裕博　陆启明　俞霖奇
郭宇翔　史科航　易纪元　邱宇恒
黄　乾　高学思　马铭泽　罗朝晖
郑红宇　吴忠诚　邹子文　徐子耀
汪志远　徐维聪　苏巧玲　曹雨桦
张舒华　汪　帅　王梦豪　于奚振
蒋　建　牛烁智　朱民浩　李步发
黄伟亮　张　聪　吴伟嘉　丁广鑫
孙靖晨　吴跃虎　陈英健　王文俊
马　驰　吴　澳　苏靖珂　沈文杰
陈小明　韩荣港　郭泽霖　姚佳桂
廖圣平　许凌锋　徐　昊　叶　波
盖素雪　李　明　高　鸿　张飞杨
赵天睿　孙海超　张超博　张　旭

王子恒 郭　恒 李　庆 沈媛媛
章锦阳 赵永琦 邢文帅 路耀凯
陈吉祥 滑金鹏 胡　胜 刘明江
康梓彬 李文豪 吴　鑫 张　剑
浦钰文 梁国锋 王永倩 李策策
詹佶霖 侯宗臣 张流杰 高云皓
姚贤锐 于一凡 谢　东 胡光健
郭红涛

材料科学与工程学院

宋志星 向文艺 刘　欢 滕汶宋
唐　健 叶宝钱 孙国辉 何俊良
黄寅舜 唐彬袁 田　博 钱继凯
梁金山 韩　东 韩诗垚 秦钱万
司一雄 陈义昌 韩　松 罗静宜
李秋蹑 王　茜 李绍伟 黄　猛
陈伟豪 杨　帆 张烁乾 葛瑞泽
张绍荣 杨　洋 陈舒健 范子泽
吴　洋 于　森 杨玉艳 陈毓美
廖玮杰 张金山 卢嘉东 董泽一
周皓天 李科良 刘建华 杨　琦
崔树刚 梁功莹 李燕梅 吴钟仁
南宗良 封一帅 涂　杰 何加珍
段哲文 岳晓阳 武子瑞 李　伟
裘之锋 孙佳萌 孙　婕 张政华
黄　伟 伯　浩 边家通 丁　旺
孙振智 刘雪松 向　导 陈　浩
于　婷 朱　青 陈亦楠 贾　毅
欧阳亚东 陈传宝 何健林
方新鹏 林　鑫 刘润涛 王华路
李　阳 梁　耀 曾子涵 杨　叶
罗　杰 邹　杨 刘　港 曾繁林
张哲源 王炳文 高晨欣 薛文超
沈寅峰 傅　饶 庞艳蕊 李佳玲
王世崇 曾　诚 李伯伦 赖毓峰
王成娟 王　婷 张　威 罗　桥
邓融峰 黄泽飞 喻馨叶 李秋莹
张　敏 黄乔娜 尹　仁 徐广威

谭萧潇 刘鹏程 覃　远 陆　寅
程则瑞 马明双 杨　华 王婷薇
张　猛 李志伟 苏海伟 张文静
戎笑远 赵朋飞 武正林 钟　武
程志祥 谢佳腾 张红潇 王国宏
柴皓茗 张　彬

电气信息工程学院

刘天宇 卢　杨 孔维恒 吴玉洁
庞珺水 董毅超 刘　泉 侯岳骏
孙　超 李冬虎 郦依领 卢子润
刘海宇 芦芳强 裴敏杰 缪俊锋
吴　旭 许圣钧 陈凯杰 吕思睿
高　齐 黎昱材 张　琦 崔贵洋
蒋昌健 胡庆泽 王泽晨 戴义贤
徐轶胜 刘宜杭 朱亚铭 叶　庆
陈隆基 吴立业 王　宁 寇　闯
王洪飞 张　越 张佳鑫 俞珏鑫
杨光绕 衡　可 龚泯全 张建峰
鞠　灏 方　颖 韩卓一 黄琳洁
吴孟霖 史亦健 李睿宸 姜茂林
王永康 潘　宇 张　露 徐永林
刘国威 任思远 陈锦豪 陈义德
徐云鹏 张洪茂 李奕岑 刘德友
曾广威 王德伟 姚　磊 许一航
蔡寅昊 方　帅 余小松 付立桥
陈希飞 罗显翔 梁泾洋 程　超
张　恒 徐文磊 李　崭 简红英
秦　雯 李春雨 李彬榕 董文亮
张宇鑫 张牛勇 李　林 应宇恒
杨立颖 程田莉 蔡月芝 伏吕慧
朱国英 姜新桥 李　旭 张　伟
徐心语 顾钰婷 宋营营 宋秀华
潘耀雄 刘　伟 沈亚运 杨振华
段云鹏 刘译蔓 王灵娜 孙慧敏
何　翡 梁蕾蕾 娄春晓 詹婷婷
邓普建 王庆芳 马　超 黄培珊
张姗姗 陈　燦 崔玉妹 贺鑫洪

黄耀东　王颖锋　裴　伟　王俊富
陈子涵　张云瑞　蒋智鹏

食品与生物工程学院

钟锦坤　吴学岑　魏文雅　邹　桑
彭泽康　杨昌霖　胡庆庆　尹利桃
徐方艳　姚伯卿　吴嘉琪　李　雯
戴　甜　常佩佩　程　静　邓会琴
李　锐　邱　泽　周志成　李　超
刘　珺　徐智宇　陈文文　杨　雪
宋亭男　吕冯婧　陈胜玲　伍林红
黄晓倩　谢世彩　王才政　武子宁
刘　昕　佟昕蒙　赵文静　庞一烜
郑雪丽　李佳颖　袁子馨　宋万成
潘正浩

环境与安全工程学院

童笑琴　郑乾璐　樊怡利　刘　鲡
周倩倩　贺韵妤　陆钇江　李霖昱
詹传香　赵　兵　郭洁茹　刘惠梓
黄敏意　陈霁清　程诗竹　陈　一
李兴永　吴睿敏　郭洪运　高　健
肖　驰　张　争　高旻昊　董珂君
雷　恬　张　虎　刘苇航　何亮潮
李翔宇　刘书楠　陈春江　柴惠钰
陈朵朵　邹成宇　易俊彦　冯兴盛
顾心怡　梁　越　沈佩瑶　周羽新
李亚楠　马瑞蔓　顾金增　陈　明
吴绪旺　李经纬　曹朝阳　黄玉梁
王　昊　吴宗坤

计算机科学与通信工程学院

万志栋　刘成梁　张智慧　张金梅
陈　欢　卢晨晨　陈晓瑜　申玉洁
田　丰　马海亮　史钰泓　阚泽屹
元　昊　黄寅明　石运阳　施苏峰
赵　尧　常　周　饶清梅　唐　婷
孙秋岑　卢　钰　洪牡丹　张利成
杨智超　陆孝锋　王少锋　朱星宇
杨羽涛　闵代勇　赵琮琪　张舜尧
苏　鹏　刘婉如　靳思晨　王　浩
周　晋　王志宁　蔡宇航　董兴宁
郭一凡　潘　冰　缪海晴　刘玉强
李凯龙　于　浩　郑志燊　董文龙
徐丙磊　曹晓雯　万宇杰　杨　雷
刘政森　郭　栋　张　熳　唐　苇
张霆伟　龚一帆　罗正樑　朱华逸
冯　伟　李昊东　赵济扬　马晓波
胡家豪　翁　键　刘　磊　常康康
薛　瑞　何童瑶　吴国翠　刘　文
王慧婷　王晨宇　汪泽源　盛　东
王嘉康　李　男　濮传威　赵雪茹
叶小凤　洪志松　陈雨飞　徐　昂
陈　镇　阮鹏程　祁润梅　张亚平
徐家平　戴妙玲　吴联雄　黄　淦
李　岗　王　杰　黄才林　张雨松
王浩达　赵子安　杨劲鸣　李　星
杨佳龙　张亚飞　黄　峰　裴代龙
汪山虎

理学院

王予星　崔一扬　周效宇　毛力扬
沙宇杰　胡柯晟　康金艳　吴非燔
朱晓婷　薛　颖　夏可欣　黄　钰
李世闻　周宇栋　陈　旭　顾志航
谢灵蕴　张梦溪　杨俊逸　刘子涵
常　昱　邹含茹　李月云　王文杰
汤宇轩　李　顺　沈　同　王雨喃
汤晓婷　汪　瑜　汪冰冰　吴沁怡
颜　月　戴凌飞　李栋梁　刘文珊
杨　君　赵春旭　储佳佳　施水玲
倪逸彬　沈亚非　彭　鹏　解舒涵
朱　桐　仇艺瑾　蔡婧萱　杜天资
吴　迪　黄子橙　钱煜翯　方翎懿
韦　笑　陈云岳　万彦君　张睿捷
孟扬轲　张旻昊　沈德泓　肖漠雨

侍津尧			

土木工程与力学学院

郭文芳	冯建通	文　涛	路海俊
吴雨阳	漆仲浩	谢少锋	吴建新
田雪晨	王守兴	胡光华	贺世豪
王　鑫	刘　浩	陈子轩	栾容甫
陈　超	樊　旭	徐雪冰	夏　燚
史蓝天	王敏琪	姜铭健	顾　杰
陈志远	盛云亮	李　冰	费盈颖
周清琰	顾洋成	刘　洋	王嘉怡
夏　雨	陆蕾玲	李超逸	毛懿丞
张星宇	田　昊	李明龙	黄　楠
周天瑜	孙钟宇		

化学化工学院

叶招春	覃　英	董　涛	赵　丽
白　烨	田　娇	李美瑶	周　宇
邢　鹏	王一凡	张伦帅	申宝林
张　萍	于平平	陈红利	郅少琦
朱秋钰	巢艺宁	朱健明	徐玉虎
王　浩	周春星	赵奔程	杨浩宇
田　琼	侯冰霞	肖利亭	刘运森
徐鑫源	吴佳明	赵康康	柳金波
王英潇	李　欢	樊晓楠	王馨雨
甘丽平	陈　玉	王东辉	王刚虎
汪　安	王　军	王卓楷	狄锐楠
纪宏宸	张　咏	王旭乾	倪林鑫
何晶晶	宋梦萧	张雨琦	陆润清
胡新颖	周以萌	陈立智	孙一鸣
周翔宇	练冬生	孙从文	吴　帆
卞佳鹏	高文健	吴　雷	

管理学院

李梦娟	任亚欣	陈杉杉	陈舒玉
马　晗	安　琳	窦　倩	林　琳
蔡　尧	陈汉聪	文　凌	陈彩蓉
臧　秦	田　哲	李琴丝	魏　静
黎廷威	陈玺骄	茅　茂	王雨时
汪　凯	谢俊梅	张亚茹	李越美
刘少凯	吴倩冰	吴星妍	潘思羽
钱丹晴	钱丹丹	李　雷	潘佳峰
吕　卓	薛　诗	王皓月	倪　雅
马蓓文	华　宇	胡月花	陈　诚
宦子卿	徐倩雯	冯　萌	谢玉露
汤肖迪	邸亚芹	华玉杰	王秋茹
刘晓凤	韩丽娟	何　怡	罗　英
张　丽	杨子椰	张海琴	邱林晓
马月霞	罗　双	尚　鑫	李盼盼
谢丽玲	彭家雨	徐宇辰	李　珂
徐铮娴	李　烨	高　宁	李凯莉
张　翔	左逸菲	顾珂琦	王文婷
蒋金金	谢一轩		

财经学院

路　盛	刘潇伟	何　翀	刘婧寅
曹梦娜	李琳玉	陈博维	张辰豪
田　媛	马振林	朱洺锋	高渝婷
张冰沁	周巧玲	刘　璐	崔雨骐
钟　艺	姚业清	韩　月	姚梦洁
史滢晨	张　深	李家幸	高秀洁
葛舒婷	许中寅	邓　岚	皮　洋
赵新远	任佩琦	严　妍	瞿佳慧
吴婷婷	邱　阳	李　演	王思维
范　波	杨　帆	胡林柯	徐静文
董　敏	夏霁渲	辛文博	郑梦瑶
胡　帅	唐秋萍	张羽佳	黄　烨
徐　亮	陈金超	张　楠	于　浩
丁佳琰	李思懿	徐　佳	严乐乐
陈春瑾	苗靖雅	楚丽平	夏沁蓥
李　享	胡志明	李　佳	王倩婷
张雨燕	张岸琳	吴宁松	王孝一
王明月	赵梦娇	乔晓婷	车希越
曹梦瑶	李馨阳	费云清	邱乐涵
黄方玉	程雯萱	张佳倩	于雪妍
李双慧	邓妍沁	钱心怡	俞金林

郭雪群 宋嘉易 王诗淳 张　倩
尚　睿 华雨菲 戴晨曦 谢　帝
祖静琴 韩　蓉 龙佳楠 唐　渝
冀欣媛 王若彤 王泽宇 梁玉梅
许　多 李韫彤 黄思佳 汤　旭
余　姝 蔡思佳 冯欣怡 谢子凡
毕　禛 常　婕 李丹钰 郑昌萍
张金榕 徐紫君 张方圆 张　媛
张玉叶 周　雯 胡　敏 戴奉仪
张宇衡 许行舟 欧文文 温永兴
赵韶凡 魏春秋 吴婧娴 顾心怡
常棣菁 周　蕾 连加敏 王　淼
肖　钰 张财经 王　智 吴鑫淼
刘志荣 夏雪莲 王　露 肖港慧
张博文 许冬寅 石瑀曈 冯　丽
尤宇轩 应红新 李立凡 宋波君
李嘉宾 胡翛然 姜雨晨 戚宇泽

马克思主义学院

颜承婕 梁　悦 姜甜甜 卞谢瑜
陈星彤 丁婷香 陈钦颖 蒋　瑞
张云飞

法学院

龚钰煊 李于兰 王心雨 钟德能
江晨瑜 钟雪俊 邵筱童 顾　菲
陶奕静 罗可志 邓策仁 白小梅
杨艳梅 潘　睿 张怡萱 郭公为
王小恬 陈雨欣 辛佳东 蒋静涵
陆宇轩

文学院

朱浩东 虞梦婷 陈　妍 王　蓉
万　茹 郑　昕 张晓焕 张伟婷
孔艺霖 倪应丹 李卓宸 焦可遇
秦子仪 王　轩 杨　红 占玉倩
洪宇卿 储意扬 仲腾欢 胡慧颖
何晓云 金雪钰 刘心妍 陈若仪
佘福玲 刘梦凡 石　聪 王　博
李清银 程志丽 丁小珊 郑文茜
陆　烨 张　场 高佳滢 吴凌辰
陈梦甜 翟冠华 徐家文

外国语学院

马姣姣 刘力玮 徐子烨 赵英驰
林　慧 何　娜 徐　飞 罗华昌
吕检生 陈露露 李聪寅 尹　娜
秦茜茜 李　蕊 丁雪璐 莫绕瑜
马爱辉 韦秋雯 姚　珏 洪淑婷
王乐溪 颜佳赟 刘佳佳 季玉贤
王　云 吴代小雨 霍锦淑
何晓雪 李怡漪 巢　雯

艺术学院

陈丽玲 罗培文 衡佳琦 周玉兰
黄天羽 谢　晨 杨若贤 严　慧
吕竹妍 张金瑶 张梦依 赵海凌
孙　瑜 杜祎婧 盛文杰 毛欣玥
李昕鹏 杨　鑫 赵苏杰 郑欣楠
黄赢凡 李晓倩 刘秀敏 邵　会
楚兆丰 巫晓硕 龚妍雨 顾　颖
郝睿扬 丁欣雨 黄清心 樊静怡
胡小会 王楚涵

教师教育学院

吴蕴烨 周莹莹 周玉涵 赵欣怡
邵明铭 刘映雪 吴小敏

医学院

费书琴 吴承帅 周涛涛 崔　玲
谢佳茜 巩环宇 郭炀杨 尚　蒙
宋前犇 陈　思 毛梦圆 王秀平
王睿琦 何嫣婕 何美娟 马紫珺
罗嘉豪 余家睿 叶笑寒 吴　立
汪竹涛 马文斌 史　彬 陈莉婧
胡雨晴 刘　明 庄　静 陈伟鸿

孙　浩　徐得立　朱　桓　李玉昆
黄文康　王　灿　仲新宇　张哲明
徐志伟　马　蕾　孙璐莹　赵婕吉
龙秋子　朱　苏　丁钰竹　张昕瑜
何　俊　李宏达　韩　博　蔡　闯
徐志祥　夏德鑫　何　鑫　李　闯
周医雯　魏　妍　一　诺　曹文静
张子宁　潘智阳　马　力　俞凯杰
周　鹏　康　雯　刘婉明　咸　娴
崔　颖　姬祥鹏　俞　愈　朱俊辉
刘　波　姜　梦　任菁怡　吉江红
杨梦雨　钟妍其　王文瑶　许　萌
王铖宇　姜　颀　浦旭锋　薛　建
王冉超　周惠敏　刘品妍　陶芷欣
吴　凡　张　倩　吴中义　张　焱
曹虎男　马翔宇　田侦丽　史厚珍
陈逸菲　佘　捷　陈港铖　丁天焰
王岩金　刘碧涵　常琳琳　金　灿
史　倩　王茂叶　唐雨婷　毕千叶
奚　源　费　菲　戴靖宜　蒋晓捷
袁睿韬　周雨潇　周婧文　许新微
贾雨甜　茅庆庆　翟鸿儒　魏雨生
王双玉　袁　泽　甘海宁　王茜茜
王　涛　朱娅岚　蓝敏升　李云美
马悦章　常红梅　施盈弛　李　成
黄奇明

药学院

刘后琴　吴林静　杨张众　史文婉
褚锦仙　范小蔓　杨　晨　黄金秋
周梦承　王佳鹏　朱　蓉　张　岚
程巧玲　李　双　李红菊　刘兴宇
高良来　郎学先　连广昌　胡开波
李　叶　何津津　韩　婧　王慧颖
张娅琪　陈宇菲　陈顾荣华
吴　雄　杨成宇　彭诗雁　段丹清
景顺莉　王燕妮　束双秀　徐　晶
朱雨菲　康俊俊　李睿博　土振霖

丁俞珍　朱开容　范卜溪　杨　晨
赵晓平　孙　璇　佘胜楠　周丽红
薛媛媛　杨嘉雯　夏小莉　张　剑
李　昂　黄学元　刘　琦　张　萍
王启晓　杨　容　贺英雪　孙　森
卫晓彤　王庭庭　蒋文娟　潘　滨
王正阳

第一临床医学院

柴丹丹　崔丽萍　何　蒙　陈　頔
向鹤麟　袁依雯　李申萍　何一凡
王　晗　阳兴程　钱勇江　蒋　宁
杨世伟　杨致远　钱　晗　梁宇成
王兆祥　吴晓冬　潘莹樱　步　彤
蒋　宇　宗明慧　褚　秀　沈昕怡
赵　静　李晨露　厉琳杰　程彩芹
郑　旺　魏　伟　张　锐　谢宇晨
戴文浩　杨宇航　吴　妍　曹献文
马诗雯　孟思敏　赵　耀　徐　玲
李　群　季　逸　王艺凡

物电学院

沈雪敏　高秋语　刘　璐　张　洁
陆雨静　朱高标　陈家禾　吉　祥
冯来和　柳锦涛　施斌杰　孙晔旸
韦舒婷　柳孟池　史甜甜　高文婷
王亚芳　翟云佳　俞沣韬　李　杨
张裕阳

无锡职业技术学院

陈　晨　郭嘉盛　李梦园　王慧敏
王嘉琦　杨宇飞　陈文安　顾嘉俊
桂嘉妮　蒋　伟　高　宇　蒋元超
许　超　严　川　刘　浩　孙明阳
郑一鸣　韩天星　林李乐　林在宁
刘　跃　王亚东　张　毅　曹　飞
汪家臣　颜明会　杨海斌　张　强
杨宇慧　赵　舜　陈　嵩　陆　萍
吴依昀　徐波茵

江苏大学2020届本科毕（结）业生人数及获取学位情况

学院名称	班级名称	毕业班人数	毕业人数	授学位人数	学位授予率
材料科学与工程学院	成型1601	28	28	28	100.00%
	成型1602	25	25	25	100.00%
	成型1603	26	25	25	96.15%
	复合材料1601	23	22	22	95.65%
	复合材料1602	25	25	25	100.00%
	高分子1601	24	24	24	100.00%
	高分子1602	24	23	23	95.83%
	高分子1603	25	25	25	100.00%
	金属1601	30	30	30	100.00%
	金属1602	29	29	29	100.00%
	无机1601	27	26	26	96.30%
	无机1602	13	12	12	92.31%
	冶金1601	26	25	25	96.15%
	合计	325	319	319	98.15%
财经学院	保险学1601	31	31	31	100.00%
	财务1601	36	36	36	100.00%
	财务1602	36	36	36	100.00%
	财政1601	27	27	27	100.00%
	国贸1601	28	28	28	100.00%
	国贸1602	32	32	32	100.00%
	会计1601	33	33	33	100.00%
	会计1602	33	33	33	100.00%
	会计1603	32	32	32	100.00%
	会计1604	35	34	34	97.14%
	会计1605	32	32	32	100.00%
	会计1606	33	32	32	96.97%
	金融1601	38	38	38	100.00%
	金融1602	38	38	38	100.00%
	金融1603	36	36	36	100.00%
	金融1604	36	36	36	100.00%
	能源经济1601	33	33	33	100.00%
	统计1601	30	29	29	96.67%
	合计	599	596	596	99.50%

续表

学院名称	班级名称	毕业班人数	毕业人数	授学位人数	学位授予率
电气信息工程学院	电气（卓越）1601	27	27	27	100.00%
	电气（卓越）1602	19	19	19	100.00%
	电气1601	39	38	38	97.44%
	电气1602	39	39	39	100.00%
	电气1603	36	36	36	100.00%
	电信工程1601	33	33	33	100.00%
	电信工程1602	29	29	29	100.00%
	电信科技1601	26	26	25	96.15%
	电信科技1602	25	25	25	100.00%
	农业电气1601	23	23	23	100.00%
	生物医学1601	19	18	18	94.74%
	自动化1601	29	29	29	100.00%
	自动化1602	27	27	26	96.30%
	自动化1603	26	26	26	100.00%
	合计	397	395	393	98.99%
法学院	法学1601	34	34	34	100.00%
	法学1602	33	33	33	100.00%
	法学1603	32	32	32	100.00%
	法学1604	31	31	31	100.00%
	合计	130	130	130	100.00%
管理学院	电子商务1601	24	24	24	100.00%
	电子商务1602	23	23	23	100.00%
	工商1601	33	33	33	100.00%
	工商1602	31	31	31	100.00%
	工业1601	27	27	27	100.00%
	工业1602	29	29	29	100.00%
	公共（医保）1601	24	24	24	100.00%
	人力资源1601	32	32	32	100.00%
	人力资源1602	31	30	30	96.77%
	物流1601	33	33	33	100.00%
	物流1602	31	30	30	96.77%
	信息1601	32	30	30	93.75%
	信息1602	29	29	29	100.00%
	营销1601	29	29	29	100.00%

续表

学院名称	班级名称	毕业班人数	毕业人数	授学位人数	学位授予率
管理学院	营销 1602	28	28	28	100.00%
	合计	436	432	432	99.08%
化学化工学院	化工 1601	26	26	26	100.00%
	化工 1602	22	22	22	100.00%
	化学 1601	27	27	27	100.00%
	应化 1601	21	21	21	100.00%
	应化 1602	26	26	26	100.00%
	合计	122	122	122	100.00%
环境与安全工程学院	安工 1601	23	23	23	100.00%
	安工 1602	26	26	26	100.00%
	环保设备 1601	37	37	37	100.00%
	环境 1601	26	26	26	100.00%
	环境 1602	27	27	27	100.00%
	合计	139	139	139	100.00%
机械工程学院	测控 1601	24	24	24	100.00%
	测控 1602	22	22	21	95.45%
	光电信息 1601	22	21	21	95.45%
	光电信息 1602	26	26	26	100.00%
	机电 1601	32	32	32	100.00%
	机电 1602	28	28	28	100.00%
	机械（卓越）1601	22	22	22	100.00%
	机械（卓越）1602	21	21	21	100.00%
	机械 1601	30	29	29	96.67%
	机械 1602	33	33	32	96.97%
	机械 1603	27	27	27	100.00%
	机械 1604	33	32	32	96.97%
	机械 1605	31	30	30	96.77%
	机械 1606	31	31	31	100.00%
	合计	382	378	376	98.43%

续表

学院名称	班级名称	毕业班人数	毕业人数	授学位人数	学位授予率
计算机科学与通信工程学院	计算机 1601	35	35	35	100.00%
	计算机 1602	37	37	37	100.00%
	软件 1601	35	35	35	100.00%
	软件 1602	38	34	33	86.84%
	通信 1601	33	33	33	100.00%
	通信 1602	32	32	32	100.00%
	网络 1601	30	30	30	100.00%
	网络 1602	33	32	32	96.97%
	物联网 1601	29	29	29	100.00%
	物联网 1602	31	31	30	96.77%
	信息安全 1601	30	30	30	100.00%
	信息安全 1602	27	27	27	100.00%
	合计	390	385	383	98.21%
教师教育学院	教育技术（师）1601	29	29	29	100.00%
	合计	29	29	29	100.00%
理学院	数学（师）1601	36	36	36	100.00%
	数学（师）1602	34	34	34	100.00%
	数学（中外合作）1601	30	30	30	100.00%
	数学 1601	31	31	31	100.00%
	物理（师）1601	32	32	32	100.00%
	物理（师）1602	29	29	29	100.00%
	信计 1601	29	29	29	100.00%
	合计	221	221	221	100.00%
马克思主义学院	思政（师）1601	28	28	28	100.00%
	合计	28	28	28	100.00%
能源与动力工程学院	动力（流体）1601	37	36	36	97.30%
	动力（流体）1602	36	36	36	100.00%
	动力 1601	29	29	29	100.00%
	动力 1602	24	24	24	100.00%
	动力 1603	29	29	29	100.00%

续表

学院名称	班级名称	毕业班人数	毕业人数	授学位人数	学位授予率
能源与动力工程学院	动力 1604	33	33	33	100.00%
	建筑环境 1601	24	24	23	95.83%
	建筑环境 1602	24	24	24	100.00%
	流体（卓越）1601	23	23	23	100.00%
	流体（卓越）1602	18	18	18	100.00%
	新能源 1601	28	28	28	100.00%
	新能源 1602	25	25	25	100.00%
	合计	330	329	328	99.39%
农业工程学院	农业机械 1601	29	29	29	100.00%
	农业机械 1602	25	25	25	100.00%
	合计	54	54	54	100.00%
汽车与交通工程学院	车辆（卓越）1601	27	27	27	100.00%
	车辆（卓越）1602	24	24	24	100.00%
	车辆 1601	34	33	32	94.12%
	车辆 1602	32	32	32	100.00%
	车辆 1603	31	31	31	100.00%
	车辆 1604	31	31	31	100.00%
	车辆 1605	36	36	36	100.00%
	动力（机械）1601	39	39	38	97.44%
	动力（机械）1602	32	32	32	100.00%
	交通 1601	22	22	22	100.00%
	交通 1602	25	25	25	100.00%
	运输 1601	21	21	21	100.00%
	运输 1602	22	22	22	100.00%
	合计	376	375	373	99.20%
食品与生物工程学院	生物技术 1601	29	29	29	100.00%
	食品 1601	30	30	30	100.00%
	食品 1602	31	31	31	100.00%
	食品质安 1601	28	28	28	100.00%
	食品质安 1602	22	22	22	100.00%
	合计	140	140	140	100.00%

续表

学院名称	班级名称	毕业班人数	毕业人数	授学位人数	学位授予率
土木工程与力学学院	工程管理 1601	25	25	25	100.00%
	工程管理 1602	26	26	26	100.00%
	工程力学 1601	30	30	30	100.00%
	土木 1601	27	27	26	96.30%
	土木 1602	26	26	26	100.00%
	土木 1603	27	27	26	96.30%
	合计	161	161	159	98.76%
外国语学院	日语 1601	24	24	24	100.00%
	日语 1602	26	26	26	100.00%
	英语 1601	31	31	31	100.00%
	英语 1602	30	30	30	100.00%
	英语 1603	31	31	31	100.00%
	合计	142	142	142	100.00%
文学院	汉语 1601	28	28	28	100.00%
	汉语 1602	30	30	30	100.00%
	汉语 1603	33	33	33	100.00%
	汉语 1604	33	33	33	100.00%
	汉语国际 1601	30	30	30	100.00%
	合计	154	154	154	100.00%
药学院	药物制剂 1601	27	27	27	100.00%
	药物制剂 1602	25	25	25	100.00%
	药学 1601	31	31	31	100.00%
	药学 1602	29	29	29	100.00%
	制药 1601	22	22	22	100.00%
	制药 1602	23	23	23	100.00%
	合计	157	157	157	100.00%
医学院	护理 1601	24	24	24	100.00%
	护理 1602	32	32	32	100.00%
	卫生检验 1601	24	24	24	100.00%
	医学 1501	29	29	29	100.00%
	医学 1502	33	33	33	100.00%

续表

学院名称	班级名称	毕业班人数	毕业人数	授学位人数	学位授予率
医学院	医学 1503	31	31	31	100.00%
	医学 1504	34	34	34	100.00%
	医学 1505	39	39	39	100.00%
	医学检验 1601	32	31	31	96.88%
	医学检验 1602	32	32	32	100.00%
	医学检验 1603	30	30	30	100.00%
	医学检验 1604	31	31	31	100.00%
	影像 1501	33	33	33	100.00%
	影像 1502	30	30	30	100.00%
	影像 1503	26	26	26	100.00%
	合计	460	459	459	99.78%
艺术学院	产品设计 1601	17	17	17	100.00%
	产品设计 1602	19	19	19	100.00%
	动画 1601	31	30	30	96.77%
	工设 1601	17	17	17	100.00%
	工设 1602	18	18	18	100.00%
	公共艺术 1601	21	21	21	100.00%
	环境设计 1601	25	25	25	100.00%
	环境设计 1602	25	25	25	100.00%
	美术（师）1601	15	15	15	100.00%
	美术（师）1602	17	17	17	100.00%
	视觉传达 1601	30	30	30	100.00%
	数字媒体 1601	28	28	28	100.00%
	合计	263	262	262	99.62%
无锡机电学院	电气 21641	28	28	28	100.00%
	电气 21642	30	30	30	100.00%
	机械电子 11641	29	29	29	100.00%
	机械电子 11642	29	29	28	96.55%
	软件 31641	29	29	29	100.00%
	软件 31642	28	28	28	100.00%

续表

学院名称	班级名称	毕业班人数	毕业人数	授学位人数	学位授予率
无锡机电学院	市场营销 41641	26	26	26	100.00%
	市场营销 41642	27	27	27	100.00%
	合计	226	226	225	99.56%
总计		5 661	5 633	5 621	99.29%

江苏大学2020届本科毕业生就业率统计（截至2020年12月25日）

院系	专业	就业率	其中				暂不就业率	待就业率
			协议和合同就业率	创业率	灵活就业率	升学率		
合计		92.47%	57.25%	0.21%	6.69%	28.32%	1.08%	6.45%
机械工程学院	学院合计	93.98%	66.49%	0.00%	0.26%	27.23%	0.52%	5.50%
	机械设计制造及其自动化	96.05%	67.11%	0.00%	0.44%	28.51%	0.44%	3.51%
	机械电子工程	95.00%	76.67%	0.00%	0.00%	18.33%	0.00%	5.00%
	测控技术与仪器	86.96%	56.52%	0.00%	0.00%	30.43%	0.00%	13.04%
	光电信息科学与工程	89.58%	60.42%	0.00%	0.00%	29.17%	2.08%	8.33%
农业工程学院	农业机械化及其自动化	100.00%	53.70%	1.85%	1.85%	42.59%	0.00%	0.00%
汽车与交通工程学院	学院合计	93.09%	56.65%	0.53%	1.33%	34.57%	1.60%	5.32%
	车辆工程	94.88%	53.95%	0.47%	1.40%	39.07%	0.93%	4.19%
	能源与动力工程（动力机械工程及自动化）	97.18%	63.38%	0.00%	1.41%	32.39%	1.41%	1.41%
	交通运输	86.05%	65.12%	2.33%	0.00%	18.60%	6.98%	6.98%
	交通工程	85.11%	51.06%	0.00%	2.13%	31.91%	0.00%	14.89%
能源与动力工程学院	学院合计	96.97%	57.58%	0.30%	2.73%	36.36%	0.00%	3.03%
	能源与动力工程	98.69%	57.21%	0.00%	3.06%	38.43%	0.00%	1.31%
	新能源科学与工程	92.45%	62.26%	0.00%	1.89%	28.30%	0.00%	7.55%
	建筑环境与能源应用工程	93.75%	54.17%	2.08%	2.08%	35.42%	0.00%	6.25%
材料科学与工程学院	学院合计	92.59%	46.60%	0.31%	4.63%	41.05%	2.78%	4.63%
	材料成型及控制工程	96.20%	43.04%	1.27%	6.33%	45.57%	2.53%	1.27%
	冶金工程	92.31%	34.62%	0.00%	3.85%	53.85%	0.00%	7.69%
	金属材料工程	94.92%	44.07%	0.00%	3.39%	47.46%	3.39%	1.69%
	无机非金属材料工程	90.00%	50.00%	0.00%	10.00%	30.00%	5.00%	5.00%

续表

院系	专业	就业率	其中				暂不就业率	待就业率
			协议和合同就业率	创业率	灵活就业率	升学率		
材料科学与工程学院	高分子材料与工程	88.89%	50.00%	0.00%	2.78%	36.11%	4.17%	6.94%
	复合材料与工程	91.67%	54.17%	0.00%	2.08%	35.42%	0.00%	8.33%
电气信息工程学院	学院合计	93.45%	59.70%	0.25%	2.02%	31.49%	0.25%	6.30%
	电气工程及其自动化	96.25%	55.63%	0.63%	3.13%	36.88%	0.63%	3.13%
	电子信息工程	85.48%	56.45%	0.00%	0.00%	29.03%	0.00%	14.52%
	电子信息科学与技术	86.27%	54.90%	0.00%	1.96%	29.41%	0.00%	13.73%
	自动化	96.34%	60.98%	0.00%	2.44%	32.93%	0.00%	3.66%
	农业电气化	100.00%	95.65%	0.00%	0.00%	4.35%	0.00%	0.00%
	生物医学工程	94.74%	68.42%	0.00%	0.00%	26.32%	0.00%	5.26%
食品与生物工程学院	学院合计	96.43%	65.71%	0.00%	1.43%	29.29%	0.00%	3.57%
	生物技术	100.00%	55.17%	0.00%	0.00%	44.83%	0.00%	0.00%
	食品科学与工程	98.36%	80.33%	0.00%	0.00%	18.03%	0.00%	1.64%
	食品质量与安全	92.00%	54.00%	0.00%	4.00%	34.00%	0.00%	8.00%
环境与安全工程学院	学院合计	97.12%	64.03%	0.00%	4.32%	28.78%	0.00%	2.88%
	环境工程	98.11%	49.06%	0.00%	5.66%	43.40%	0.00%	1.89%
	环保设备工程	97.30%	72.97%	0.00%	0.00%	24.32%	0.00%	2.70%
	安全工程	95.92%	73.47%	0.00%	6.12%	16.33%	0.00%	4.08%
计算机科学与通信工程学院	学院合计	91.07%	50.77%	0.00%	14.29%	26.02%	1.02%	7.91%
	通信工程	93.85%	33.85%	0.00%	13.85%	46.15%	1.54%	4.62%
	计算机科学与技术	93.06%	59.72%	0.00%	6.94%	26.39%	0.00%	6.94%
	软件工程	91.89%	55.41%	0.00%	12.16%	24.32%	0.00%	8.11%
	网络工程	90.48%	58.73%	0.00%	15.87%	15.87%	1.59%	7.94%
	信息安全	87.93%	60.34%	0.00%	17.24%	10.34%	3.45%	8.62%
	物联网工程	88.33%	35.00%	0.00%	21.67%	31.67%	0.00%	11.67%
土木工程与力学学院	学院合计	96.89%	64.60%	0.00%	6.21%	26.09%	1.24%	1.86%
	工程力学	100.00%	60.00%	0.00%	3.33%	36.67%	0.00%	0.00%
	土木工程	95.00%	60.00%	0.00%	8.75%	26.25%	2.50%	2.50%
	工程管理	98.04%	74.51%	0.00%	3.92%	19.61%	0.00%	1.96%

续表

院系	专业	就业率	其中				暂不就业率	待就业率
			协议和合同就业率	创业率	灵活就业率	升学率		
化学化工学院	学院合计	95.08%	41.80%	0.00%	3.28%	50.00%	0.00%	4.92%
	化学	85.19%	25.93%	0.00%	0.00%	59.26%	0.00%	14.81%
	应用化学	95.74%	42.55%	0.00%	6.38%	46.81%	0.00%	4.26%
	化学工程与工艺	100.00%	50.00%	0.00%	2.08%	47.92%	0.00%	0.00%
管理学院	学院合计	97.02%	77.75%	0.00%	2.29%	16.97%	0.23%	2.75%
	信息管理与信息系统	98.36%	78.69%	0.00%	0.00%	19.67%	0.00%	1.64%
	工商管理	98.44%	81.25%	0.00%	0.00%	17.19%	0.00%	1.56%
	市场营销	100.00%	82.46%	0.00%	1.75%	15.79%	0.00%	0.00%
	人力资源管理	93.65%	74.60%	0.00%	3.17%	15.87%	0.00%	6.35%
	公共事业管理（医疗保险）	100.00%	41.67%	0.00%	29.17%	29.17%	0.00%	0.00%
	物流管理	95.31%	76.56%	0.00%	0.00%	18.75%	0.00%	4.69%
	工业工程	94.64%	80.36%	0.00%	0.00%	14.29%	0.00%	5.36%
	电子商务	97.87%	87.23%	0.00%	0.00%	10.64%	2.13%	0.00%
财经学院	学院合计	92.65%	59.60%	0.00%	8.85%	24.21%	0.00%	7.35%
	能源经济	93.94%	57.58%	0.00%	15.15%	21.21%	0.00%	6.06%
	财政学	81.48%	40.74%	0.00%	25.93%	14.81%	0.00%	18.52%
	金融学	92.57%	58.78%	0.00%	6.76%	27.03%	0.00%	7.43%
	保险学	100.00%	58.06%	0.00%	12.90%	29.03%	0.00%	0.00%
	国际经济与贸易	91.67%	65.00%	0.00%	6.67%	20.00%	0.00%	8.33%
	统计学	86.67%	63.33%	0.00%	6.67%	16.67%	0.00%	13.33%
	会计学	92.93%	60.61%	0.00%	5.56%	26.77%	0.00%	7.07%
	财务管理	95.83%	61.11%	0.00%	13.89%	20.83%	0.00%	4.17%
马克思主义学院	思想政治教育	92.86%	39.29%	0.00%	17.86%	35.71%	0.00%	7.14%
法学院	法学	86.92%	62.31%	0.00%	10.77%	13.85%	0.77%	12.31%
文学院	学院合计	90.91%	56.49%	0.00%	9.09%	25.32%	1.95%	7.14%
	汉语言文学	91.94%	58.06%	0.00%	8.06%	25.81%	0.81%	7.26%
	汉语国际教育	86.67%	50.00%	0.00%	13.33%	23.33%	6.67%	6.67%
外国语学院	学院合计	92.96%	42.96%	0.00%	28.87%	21.13%	2.82%	4.23%
	英语	93.48%	35.87%	0.00%	32.61%	25.00%	3.26%	3.26%
	日语	92.00%	56.00%	0.00%	22.00%	14.00%	2.00%	6.00%

续表

院系	专业	就业率	其中				暂不就业率	待就业率
			协议和合同就业率	创业率	灵活就业率	升学率		
艺术学院	学院合计	93.13%	56.49%	1.53%	22.52%	12.60%	1.91%	4.96%
	工业设计	85.71%	48.57%	2.86%	11.43%	22.86%	14.29%	0.00%
	动画	96.67%	46.67%	0.00%	40.00%	10.00%	0.00%	3.33%
	美术学	93.75%	40.63%	0.00%	34.38%	18.75%	0.00%	6.25%
	视觉传达设计	93.33%	60.00%	3.33%	20.00%	10.00%	0.00%	6.67%
	环境设计	96.00%	88.00%	2.00%	4.00%	2.00%	0.00%	4.00%
	产品设计	97.22%	55.56%	0.00%	22.22%	19.44%	0.00%	2.78%
	公共艺术	76.19%	28.57%	4.76%	38.10%	4.76%	0.00%	23.81%
	数字媒体艺术	100.00%	57.14%	0.00%	28.57%	14.29%	0.00%	0.00%
教师教育学院	教育技术学	86.21%	51.72%	3.45%	6.90%	24.14%	3.45%	10.34%
医学院	学院合计	78.35%	43.81%	0.00%	4.64%	29.90%	1.03%	20.62%
	临床医学	63.44%	20.43%	0.00%	0.00%	43.01%	3.23%	33.33%
	医学影像学	80.90%	47.19%	0.00%	0.00%	33.71%	0.00%	19.10%
	医学检验技术	81.60%	48.80%	0.00%	8.00%	24.80%	0.80%	17.60%
	卫生检验与检疫	92.00%	36.00%	0.00%	16.00%	40.00%	0.00%	8.00%
	护理学	85.71%	69.64%	0.00%	7.14%	8.93%	0.00%	14.29%
药学院	学院合计	93.63%	50.32%	0.00%	2.55%	40.76%	2.55%	3.82%
	制药工程	88.89%	53.33%	0.00%	0.00%	35.56%	6.67%	4.44%
	药学	98.33%	58.33%	0.00%	1.67%	38.33%	0.00%	1.67%
	药物制剂	92.31%	38.46%	0.00%	5.77%	48.08%	1.92%	5.77%
第一临床医学院	临床医学	75.34%	6.85%	0.00%	15.07%	53.42%	0.00%	24.66%
数学科学学院	学院合计	93.71%	55.35%	0.00%	4.40%	33.96%	3.14%	3.14%
	数学与应用数学	95.38%	55.38%	0.00%	3.85%	36.15%	2.31%	2.31%
	信息与计算科学	86.21%	55.17%	0.00%	6.90%	24.14%	6.90%	6.90%
物理与电子工程学院	物理学	96.72%	60.66%	0.00%	4.92%	31.15%	3.28%	0.00%
无锡职业技术学院	学院合计	92.92%	68.14%	0.44%	9.29%	15.04%	3.10%	3.98%
	机械电子工程	94.83%	62.07%	1.72%	13.79%	17.24%	1.72%	3.45%
	电气工程及其自动化	93.10%	70.69%	0.00%	10.34%	12.07%	5.17%	1.72%
	软件工程	92.98%	66.67%	0.00%	7.02%	19.30%	0.00%	7.02%
	市场营销	90.57%	73.58%	0.00%	5.66%	11.32%	5.66%	3.77%

京江学院2020届本科毕（结）业生人数及获取学位情况

系	班级	毕业班人数/人	毕业生人数/人	结业生人数/人	不授学位人数/人	授学位人数/人	学位授予率
汽车与交通工程系	J车辆（专转本）1601	22	22		4	18	81.82%
	J车辆（专转本）1602	22	21	1	4	18	81.82%
	J车辆1601	29	29		5	24	82.76%
	J车辆1602	28	28		1	27	96.43%
	J车辆1603	26	26		1	25	96.15%
	J车辆1604	28	28		2	26	92.86%
	J车辆1605	30	30			30	100.00%
	J运输1601	32	32		4	28	87.50%
	J动力（机械）1601	28	28		1	27	96.43%
	J动力（机械）1602	26	26		5	21	80.77%
机械工程系	J机电1601	28	28		1	27	96.43%
	J机电1602	27	27		2	25	92.59%
	J机电1603	27	27		3	24	88.89%
	J机械（专转本）1601	23	23		2	21	91.30%
	J机械（专转本）1602	24	24		4	20	83.33%
	J机械1601	27	27		4	23	85.19%
	J机械1602	24	24		2	22	91.67%
	J机械1603	26	26			26	100.00%
	J机械1604	27	27		3	24	88.89%
	J机械1605	26	26			26	100.00%
能源与动力工程系	J动力（热能）1601	30	30		2	28	93.33%
	J动力（热能）1602	28	28		1	27	96.43%
	J动力（流体）1601	26	26		1	25	96.15%
	J动力（流体）1602	26	26		1	25	96.15%
外语系	J英语1601	29	29		1	28	96.55%
	J英语1602	28	28		3	25	89.29%
	J视觉传达1601	22	22			22	100.00%
	J视觉传达1602	21	21			21	100.00%
	J环境设计1601	27	27			27	100.00%
	J环境设计1602	22	22			22	100.00%
安全工程系	J安工1601	28	28		1	27	96.43%

续表

系	班级	毕业班人数/人	毕业生人数/人	结业生人数/人	不授学位人数/人	授学位人数/人	学位授予率
材料科学与工程系	J 成型 1601	27	27		2	25	92.59%
	J 成型 1602	25	25			25	100.00%
	J 成型 1603	18	18		2	16	88.89%
	J 金属 1601	23	23		5	18	78.26%
	J 金属 1602	19	18	1	5	14	73.68%
电气信息与自动化工程系	J 电气 1601	32	32		1	31	96.88%
	J 电气 1602	30	30		3	27	90.00%
	J 电气 1603	28	27	1	2	26	92.86%
	J 电气 1604	28	28		2	26	92.86%
	J 电信工程 1601	22	21	1	3	19	86.36%
	J 电信工程 1602	21	21		2	19	90.48%
	J 自动化 1601	29	29			29	100.00%
	J 自动化 1602	30	29	1	3	27	90.00%
化学化工系	J 化工 1601	35	35		5	30	85.71%
计算机科学与通信工程系	J 计算机 1601	27	27			27	100.00%
	J 计算机 1602	28	28		1	27	96.43%
	J 软件 1601	25	25		1	24	96.00%
	J 软件 1602	28	28		1	27	96.43%
	J 软件（嵌入）1601	33	33		2	31	93.94%
	J 通信 1601	29	29		1	28	96.55%
	J 通信 1602	29	28	1	6	23	79.31%
土木工程系	J 土木 1601	24	24		1	23	95.83%
	J 土木 1602	25	24	1	4	21	84.00%
	J 土木 1603	24	24		3	21	87.50%
	J 土木 1604	24	24		3	21	87.50%
基础医学与医学技术系	J 检验 1601	25	25			25	100.00%
	J 检验 1602	27	27		1	26	96.30%
	J 检验 1603	26	26			26	100.00%
	J 检验 1604	26	26		1	25	96.15%
临床医学系	J 护理 1601	31	31			31	100.00%
	J 护理 1602	30	29	1	1	29	96.67%
	J 护理 1603	28	28		1	27	96.43%
	J 护理 1604	27	27		2	25	92.59%
食品与生物工程系	J 食品 1601	36	36			36	100.00%

续表

系	班级	毕业班人数/人	毕业生人数/人	结业生人数/人	不授学位人数/人	授学位人数/人	学位授予率
管理系	J 工业工程 1601	20	20		2	18	90.00%
	J 工业工程 1602	19	18	1	1	18	94.74%
	J 公共（医保）1601	26	26		1	25	96.15%
	J 公共（医保）1602	20	20			20	100.00%
	J 物流 1601	27	25	2	2	25	92.59%
	J 物流 1602	29	29			29	100.00%
	J 信息 1601	26	26			26	100.00%
	J 信息 1602	30	30			30	100.00%
	J 营销 1601	28	28			28	100.00%
	J 营销 1602	30	30		1	29	96.67%
	J 电商 1601	20	20			20	100.00%
	J 电商 1602	17	17			17	100.00%
	J 人力资源 1601	40	40			40	100.00%
	J 质量管理 1601	34	34		3	31	91.18%
财经系	J 国贸 1601	29	28	1	1	28	96.55%
	J 国贸 602	29	27	2	2	27	93.10%
	J 国贸 1603	25	24	1	1	24	96.00%
	J 会计 1601	35	35			35	100.00%
	J 会计 1602	32	32		2	30	93.75%
	J 会计 1603	34	34			34	100.00%
	J 会计 1604	34	34			34	100.00%
	J 财管 1601	33	33		1	32	96.97%
	J 财管 1602	32	32			32	100.00%
	J 财管 1603	31	31			31	100.00%
	J 能源经济 1601	24	23	1	1	23	95.83%
	J 能源经济 1602	24	24			24	100.00%
	J 统计 1601	29	29			29	100.00%
	J 统计 1602	23	23		1	22	95.65%
合　计		2 516	2 500	16	141	2 375	94.40%

（撰稿：陈　欣　核稿：尹志国）

京江学院2020届毕业生就业率统计

专业	就业率	其中		
		协议和合同就业率	灵活就业率	升学率
合计	85.02% (2 139/2 516)	60.37% (1 519/2 516)	14.19% (357/2 516)	10.02% (252/2 516)
能源经济	68.75% (33/48)	39.58% (19/48)	20.83% (10/48)	8.33% (4/48)
国际经济与贸易	85.54% (71/83)	30.12% (25/83)	50.60% (42/83)	4.82% (4/83)
英语	50.88% (29/57)	24.56% (14/57)	7.02% (4/57)	19.30% (11/57)
统计学	82.69% (43/52)	69.23% (36/52)	7.69% (4/52)	5.77% (3/52)
机械设计制造及其自动化	90.96% (161/177)	51.41% (91/177)	30.51% (54/177)	8.47% (15/177)
材料成型及控制工程	90.00% (63/70)	64.29% (45/70)	8.57% (6/70)	15.71% (11/70)
机械电子工程	91.46% (75/82)	50.00% (41/82)	29.27% (24/82)	10.98% (9/82)
车辆工程	89.19% (165/185)	69.19% (128/185)	5.95% (11/185)	14.05% (26/185)
金属材料工程	92.86% (39/42)	64.29% (27/42)	11.90% (5/42)	14.29% (6/42)
能源与动力工程（电厂热能工程及其自动化）	81.03% (47/58)	68.97% (40/58)	0.00% (0/58)	12.07% (7/58)
能源与动力工程（动力机械工程及自动化）	70.37% (38/54)	57.41% (31/54)	3.70% (2/54)	9.26% (5/54)
能源与动力工程（流体机械及其自动控制）	61.54% (32/52)	48.08% (25/52)	0.00% (0/52)	13.46% (7/52)
电气工程及其自动化	97.46% (115/118)	74.58% (88/118)	11.02% (13/118)	11.02% (13/118)
电子信息工程	90.70% (39/43)	62.79% (27/43)	16.28% (7/43)	9.30% (4/43)
通信工程	94.83% (55/58)	72.41% (42/58)	8.62% (5/58)	13.79% (8/58)
自动化	96.61% (57/59)	59.32% (35/59)	25.42% (15/59)	11.86% (7/59)
计算机科学与技术	81.82% (45/55)	34.55% (19/55)	30.91% (17/55)	16.36% (9/55)

续表

专业	就业率	其中		
		协议和合同就业率	灵活就业率	升学率
软件工程	90.57% (48/53)	58.49% (31/53)	26.42% (14/53)	5.66% (3/53)
软件工程（嵌入式培养）	90.91% (30/33)	66.67% (22/33)	15.15% (5/33)	9.09% (3/33)
土木工程	96.91% (94/97)	74.23% (72/97)	8.25% (8/97)	13.40% (13/97)
化学工程与工艺	100.00% (35/35)	48.57% (17/35)	28.57% (10/35)	22.86% (8/35)
交通运输	84.38% (27/32)	71.88% (23/32)	3.13% (1/32)	9.38% (3/32)
食品科学与工程	97.22% (35/36)	75.00% (27/36)	5.56% (2/36)	16.67% (6/36)
安全工程	82.14% (23/28)	78.57% (22/28)	0.00% (0/28)	3.57% (1/28)
医学检验技术	77.88% (81/104)	60.58% (63/104)	1.92% (2/104)	15.38% (16/104)
护理学	90.52% (105/116)	77.59% (90/116)	11.21% (13/116)	1.72% (2/116)
信息管理与信息系统	75.00% (42/56)	58.93% (33/56)	10.71% (6/56)	5.36% (3/56)
市场营销	79.31% (46/58)	68.97% (40/58)	5.17% (3/58)	5.17% (3/58)
会计学	71.11% (96/135)	53.33% (72/135)	10.37% (14/135)	6.67% (9/135)
财务管理	70.83% (68/96)	51.04% (49/96)	11.46% (11/96)	7.29% (7/96)
人力资源管理	97.50% (39/40)	75.00% (30/40)	20.00% (8/40)	2.50% (1/40)
公共事业管理（医疗保险）	93.48% (43/46)	60.87% (28/46)	21.74% (10/46)	10.87% (5/46)
物流管理	94.64% (53/56)	75.00% (42/56)	10.71% (6/56)	8.93% (5/56)
工业工程	87.18% (34/39)	69.23% (27/39)	12.82% (5/39)	5.13% (2/39)
质量管理工程	91.18% (31/34)	73.53% (25/34)	2.94% (1/34)	14.71% (5/34)

续表

专业	就业率	其中		
		协议和合同就业率	灵活就业率	升学率
电子商务	91.89% (34/37)	59.46% (22/37)	18.92% (7/37)	10.81% (4/37)
视觉传达设计	88.37% (38/43)	51.16% (22/43)	27.91% (12/43)	6.98% (3/43)
环境设计	61.22% (30/49)	59.18% (29/49)	0.00% (0/49)	2.04% (1/49)

（供稿：王亚洲　核稿：尹志国）

江苏大学2020年选调生名单

序号	学院	姓名	性别	学历	实际工作单位名称	备注
1	电气学院	贡　浩	男	硕士研究生	中共扬州市委组织部	名校优生
2	管理学院	赵诺凡	男	本科生	中共盐城市委组织部	名校优生
3	马克思主义学院	李赵君	女	硕士研究生	中共宿迁市委组织部	名校优生
4	汽车学院	陆鹏伟	男	本科生	中共南京市委组织部	选调生
5	机械学院	吴晔盛	男	硕士研究生	中共无锡市委组织部	选调生
6	管理学院	张书诚	男	硕士研究生	中共镇江市委组织部	选调生
7	机械学院	刘　启	男	硕士研究生	中共镇江市委组织部	选调生
8	环安学院	刘雅婷	女	本科生	中共镇江市委组织部	选调生
9	财经学院	朱可涵	女	本科生	中共泰州市委组织部	选调生
10	法学院	花　珏	女	硕士研究生	中共盐城市委组织部	选调生

江苏大学2020年“村官”名单

序号	学院	学号	姓名	实际工作单位名称	学历
1	药学院	3160902014	达娃吉拉	日喀则市村居医务人员	本科
2	药学院	3161602047	德　珍	日喀则市村居医务人员	本科

江苏大学 2020 届博士毕业生名单
（以学院、专业、姓名拼音首字母为序）

材料科学与工程学院

材料科学与工程专业

崔久云　侯海港　侯艳嫔　李　毅
李志宝　刘明权　莫　婴　沈洪强
宋永秀　陶　然　田小花　王增凯
温合静　谢茂青　徐克强　徐维台
朱　俊

财经学院

管理科学与工程专业

张希羚

经济系统分析与管理专业

胡晓明

电气信息工程学院

电力电子与电力传动专业

凌志健　陶　涛　王满商　肖　凤
叶小婷　朱利东

控制科学与工程专业

陈　晨　郭　威　李浩然　刘　陆
徐娟娟　张　千

控制理论与控制工程专业

姚苏华　袁　伟

农业电气化与自动化专业

郭建江　刘新波

农业工程专业

李国晓　刘晓洋　周　鑫　芦　兵

管理学院

管理科学与工程专业

陈鹰峰　戴盼倩　高　鹏　赫英淇
金基瑶　李　娟　李星苇　孙斐斐
王　平　王亚娜　杨　松　张笑天

化学化工学院

环境科学与工程专业

车慧楠　郭东刚　季梦夏　罗必富
王　彬　谢阿田　邢　正　严鹏程
杨庆军　张正媛

环境学院

环境工程专业

李　潜

环境科学专业

汪松美

环境科学与工程专业

张　波

环境与安全工程学院

环境科学与工程专业

陈　慧　李　莉　任光前　王　强
宜坚坚　张晓颖

机械工程学院

机械工程专业

查长礼　陈　兰　李　京　练　毅
童照鹏　吴树谦　姚　庆　张洪峰
张孝龙　张幼明

机械设计及理论专业

马　亮

计算机科学与通信工程学院

计算机应用技术专业

孔　娃　施磊磊

理学院

控制科学与工程专业

彭　森　钟萍萍

系统工程专业

程悦玲　徐传海

流体机械工程技术研究中心

动力工程及工程热物理专业

白　玲　常　浩　金永鑫　李　浩
罗凯凯　孟　凡　杨勇飞　叶兴海
袁　野　张光建

流体机械及工程专业

陈新响

能源与动力工程学院

动力工程及工程热物理专业

唐　留　王东保　张　亮

农业工程学院

机械工程专业

王奇瑞　丁　肇

农业工程专业

杜　哲　刘　伟　鹿永宗　苏　展
朱成喜

农业生物环境与能源工程专业

袁俊杰　张海燕

汽车与交通工程学院

车辆工程专业

仇成群　丁仁凯　黄大星　李傲雪
李凯强　王骏骋　张恩慧

动力工程及工程热物理专业

田　晶　王楚翘　俞升浩

交通运输工程专业

于文浩

食品与生物工程学院

食品科学与工程专业

陈　通　董亚婷　韩　冬　何林富
胡雪桃　王凯利　王　洋　吴　平
翟晓东　张继贤　张兆丽　朱家骥

土木工程与力学学院

固体力学专业

瞿　汭　刘　聃

医学院

临床检验诊断学专业

戴东方　黄　佳　李　涛　吕宏祥
庞　吉　戚欣欣　孙　丽　王　婷
韦　静　吴　静　杨　萍　尹　磊
张建国　张　宇　赵杨静

江苏大学2020届学术型硕士毕业生名单

（以学院、专业、姓名拼音首字母为序）

材料科学与工程学院

材料科学与工程专业

陈　璐　陈鹏辉　陈亚楠　崔展祥
丁一凡　董沈慧　方　正　桂寒蒙
桂　香　韩六琦　华　松　华伟文
黄济华　黄玉晋　贾雨晗　蒋海涛
荆延秋　居海涛　李成龙　李　建
李琳杰　李松伟　李祥明　李洋城
李易凌　梁加浩　廖林晨　林逢建
刘　畅　刘　超　刘荣娟　刘炘城
刘　阳　刘宇奇　龙江馨　罗　强
罗　壮　孟令巧　牟姝妤　彭新成
蒲　蕾　钱　振　秦礼平　沙翔宇
申吉有　沈　伟　苏春艳　孙永兴
孙　悦　汤文杰　王明渊　王圣楠
王　威　王永瑛　王　钊　王志学
韦家波　吴　凤　吴文浩　杨　华
杨　康　杨丽萍　张　栋　张鸿翔
张进明　张禄祥　张明奇　张　赛
赵康佳　郑　帅　周钰皓　朱　盟
朱志朋　庄　严

钢铁冶金专业

谢坚锋

财经学院

会计专业

陈志超　樊泽旭　蒋　雯　刘思佳
陆海焕　史弘韬　孙凯伦　王　瑶

徐　文　姚　祎　张玉萌　郑益尚
周　婷　周学振　朱莎妮

统计专业

查振涛　车梦哲　关承龙　管　鑫
王桂梅　王秋明　王雨婷　杨　瑾
张梦宇

应用经济学专业

陈　默　陈业昕　杜鹏飞　姜苏航
焦梦露　林汉连　刘丽娟　盛　亮
王　盼　徐宵宵　杨加亮　杨孟卓
宜秀炜　尹　星

电气信息工程学院

电气工程专业

卞　瑞　曹晨晨　陈　浩　成　瑀
黄凤晓　季佳磊　蒋　阳　梁彩霞
刘　鉴　刘甜甜　卢　浩　倪佳俊
钱梦男　宋文涛　陶炜国　王　均
王　锐　王艳阳　吴明哲　许　颖
颜玉洁　姚　甜　于　笑　张礼帅
张　炜　朱慧敏

电子科学与技术专业

汪柏康　殷鹏程

控制科学与工程专业

卞子煜　陈驰原　成国宇　戴　超
邓东宁　耿　畅　何思伟　侯建成
黄忠裕　李　硕　宋成炎　田　鹏
王　哲　杨继明　翟芳芳　张凯中
张松云　周　晶

农业电气化与自动化专业

陈思扬　段成俊　顾雯炜　韩万阳
韩亚光　靳博文　李成琪　李亚婷
夏郑伟　宣　君　殷福嘉　赵儒亚
赵振洲　诸紫燕

生物医学工程专业

贺万堑

信号与信息处理专业

吴敏敏

管理学院

工商管理专业

陈　玙　狄雨臻　丁露露　杜陈倩
郭阿妮　何泽慧　江晓壮　刘雪纯
刘　译　冒瑞华　孟天宇　钱海琴
苏佳璐　汪清琳　王梦丹　王　平
王　潇　杨宇哲　张海燕　张　洋

公共管理专业

卜潇雅　陈美林　方模平　刘　欢
刘彤彤　周云霞

管理科学与工程专业

丁佳佳　方致远　顾　敏　胡炳坤
贾　珊　蒋海芸　李　舵　李　慧
李　慧　李沛然　刘昊来　刘　雪
陆　剑　陆文茜　陆智贤　马成儒
马　媛　乔元东　施志霖　王　涵
王凌凯　吴苏闽　谢宝峰　杨　娜
杨孝景　杨　旭　尹俣潇　袁　鹏
张凤娇　张书诚　张甜甜　周卓赟

化学化工学院

化学专业

安克奇　陈阳阳　戴文瑶　丁建芬
方秀林　高　杨　姜　亮　李　凯
李　龙　梁希萌　刘波涛　刘旭东
门秋月　蒲文杰　齐　越　阮晓文
邵　健　温宝伟　邢又元　徐宇环
杨　荣　由福恒　于思宇　於亦男
袁　铭　岳晓阳　张晓旭　郑　伟

化学工程与技术专业

陈　勇　成的锴　贾星原　林长青
刘明洋　孙　伟　王　灿　王　宇
薛晓熠　姚东梅　俞汉强　朱王芹

环境与安全工程学院

安全科学与工程专业

黄　哲　梅　杰　田　峥　曾　维

环境科学与工程专业

陈煜轩　高闽敏　耿婷婷　顾金洋
顾蓝天　何　敏　李东晓　李启笛
刘　丹　司海兵　宋由页　汪从胜
伍丙德　徐成飞　许焕征　杨洪宇
于泽惠　张哲涵　周君立　周小华

机械工程学院

光学工程专业

傅　爽　李精博　李　凯　刘远方
尚文文　王　超　徐　航　杨晓寒

机械工程专业

曹　栗　陈　健　陈　静　陈其杰
崔建坤　戴　荣　邓智文　范海洋
高承钻　龚进喜　顾胜乾　郭召恒
韩　璇　何梦虎　胡晏明　姜　锋
蒋　泽　焦加飞　柯　俊　黎良臣
李昌磊　李　畅　李　冲　李　锋
李茂文　李　涛　李文兵　马　永
毛俊宏　毛　强　孟　帅　邵亦锴
施建培　孙佳杰　孙俊雨　唐　慧
田绪亮　王安斌　王　虹　王建平
王茂森　王赛甫　王晓军　王中豪
魏金秀　吴　俊　吴　轲　肖　琦
徐　褚　燕瑾瑾　杨　超　杨　凯
於伟杰　张红劲　张　杰　张晓磊
张　耀　张云峰　赵家曦　赵　磊

仪器科学与技术专业

陈俊成　胡国强　李宇翔　乔梦丽
孙佳丽　孙　玥　王　荣　韦运余
修晓波　徐　众　张　坤　朱大猛

计算机科学与通信工程学院

电子科学与技术专业

汪　凯

计算机科学与技术专业

曹莉敏　陈丹丹　陈　鹏　董　娜
管天华　韩凯健　胡惊涛　黄多林
黄　磊　蒋　瑞　刘　芳　刘　莉
刘　帅　罗晓贞　石　优　唐　伟
王　磊　魏国强　吴婷婷　夏　宇
邢　斌　薛罗阳　袁晓峰　张光普
张明政

控制科学与工程专业

蔡文鹏　余超杰

软件工程专业

胡津昌　张　翅　张犬俊　张祖法

通信与信息系统专业

程吉喆　付垠凯　黄睿岚　李　鹃
罗　强　田学智　王誉雅　朱燕飞

教师教育学院

教育学专业

党　乐　丁春云　高　雅　韩东旭
胡　甜　刘　彤　沙东亚　吴敏贤
杏永辉　徐振霞　许　游　叶雨涵
于　晴　赵梦雅　周　慧　朱心怡

科技信息研究所（图书馆）

图书情报与档案管理专业

曹晨晨　陈建福　崔靖华　崔欣卉
刘邦国　卢文康　戚　筠　沈世玲
王　丹　王　萌　吴　韩　张　裕

理学院

电子科学与技术专业

还洪炜　李　响　彭光威　钱　姣
沈启宝　汤菲菲　王佩佩　张苏青

控制科学与工程专业

王学银　徐　翔　杨一帆　张彦超
周　洁　邹宇师

数学专业

代长喜　高亚南　侯永博　胡鹏琪
胡维鼎　黄　静　霍佳伟　琚婷婷
李　婧　李静静　李笑蓉　李旭霞
凌　璐　刘　飞　刘静怡　刘雅萍

刘一帆　吕香香　青　婷　宋立媛
苏　翠　孙瑜培　屠明轩　王春辉
王璐安琪　王闰秋　张　路
张　妍　张　颖　张　颖　赵珊珊
赵婷婷　周巧利　周依阳　周英英

统计学专业

鲍　丹　李世林　赵梦迪

流体机械工程技术研究中心

动力工程及工程热物理专业

蔡佳熙　曹满辉　陈圣波　陈一鸣
邓起凡　冯　健　顾　琦　韩　晨
黄　鑫　蒋　伟　李恩达　李　滔
刘　祥　芦　鑫　陆梦雅　陆友东
马凌凌　潘慧山　邵　珂　邵文博
施　亚　孙中康　唐亚静　田　骁
王　磊　王万宏　王　献　魏雪园
温慧知　夏华猛　谢佳栋　徐　捷
徐希魏　徐玉敏　许继恩　余健恩
张乃舒　张颖翀　周晨佳　周　敏
朱　芮　宗　平　邹　磊

生物医学工程专业

程玉皎　王佳明　王　昆　杨佳楠

水利水电工程专业

黄　松　王凯丽　王　轩　薛子龙
张晨曦

马克思主义学院

马克思主义理论专业

陈宝华　陈　鑫　陈　燕　葛　格
郭彦迪　韩智超　李亚军　李赵君
林晓荣　陆　晨　马晓双　倪　响
庆光燕　石　成　石伟伟　侍舒玮
王　蕾　王　艺　吴芯懿　颜　婧
杨　丰　杨　健　杨　露　张　旭
赵路明　赵翔宇　周旭慧　朱叶琴

马克思主义哲学专业

李　娜　刘文芳　桑延海　王熙越
张海洁

能源与动力工程学院

动力工程及工程热物理专业

陈　祥　陈怡平　陈振亚　桂　铠
韩　婷　黄秋涵　季言广　康佳明
冷钰鹏　李　琛　刘嘉琪　刘梦瑶
卢　鹏　陆　尧　陆元刚　孙　巍
孙　巍　孙　耀　王慧园　王悦柔
谢昀彤　徐俊才　杨　航　杨世杰
杨耀林　杨志伟　袁　川　昝　晨
展亮亮　张　凯　张亚玲　张耀元
张羽钧　周春萍　周　晗　朱江涛

力学专业

董　凯

农业工程学院

机械工程专业

承银辉　李佳圣　陆敬尧　王晗昊
吴又新　熊伟琪　张　婧　周学渊
周跃鹏

农业电气化与自动化专业

吉　鑫

农业工程专业

毕晓雅　高　峰　李立治　李　嵩
孙坷达　王胜增　姚春阳　臧　帅
张浩天

农业机械化工程专业

陈安娅　陈安焱　仇　解　樊威鹏
冯志超　韩　敏　胡景熙　黄冠龙
李海深　李　浩　刘志鹏　潘浩然
秦　芳　阮玉强　张鹏鹏　张学聪
周　望

生态学专业

陈柏年　陈佳佳　陈　倩　陈晓乐
刘　齐　申秀丽　杨　赛　张进权

汽车与交通工程学院

车辆工程专业

陈晨 陈坤 成宵 崔义忠
戴玮 丁俊杰 耿灿 顾喜薇
过羿丞 韩桐 胡枫 胡楠楠
黄映秋 季銮顺 姜震 蒋振宏
林玉珍 刘书 刘伟 陆怡
马瑞 牛登辉 盛家炜 施雁云
施袁华 孙东 孙瑞 汤赵
唐伟 王浩祥 王宗程 严炎智
杨勇杰 虞屹 喻康颖 臧勇
张睿 赵晓聪 赵鑫文 周新宸
朱大全

动力工程及工程热物理专业

安美生 包亚超 曹培国 陈祎
程静峰 冯亚康 高婉莹 黄超
季亮 贾奎 李维鑫 刘理凡
刘天宇 陆大勇 徐斌 叶泽
赵玺乾 周靖 周志峰 朱宗宁
左磊

交通运输工程专业

陈程 丛森森 韩静文 洪健
胡瀚斌 李亚勇 郦路遥 刘朋
沈安诚 孙玥晨 王军 王啟鹏
王伟 殷越洲 余路洋 曾磊
张成祥 朱俊炜

生命科学学院

生物学专业

崔周磊 苟倩 韩旭 何方涛
嵇梦晨 江毅丹 李栋 李凯霞
刘城 刘鸿潇 马海燕 祁馨宇
任真 孙丹琳 孙茜 孙伟娟
谭晓娜 王安林 王广冬 王沁芸
王韬 王伟杰 王啸晨 王宇涛
吴丹丹 吴红 相文文 禹艳坤
赵凤云 左璐璐

食品与生物工程学院

食品科学与工程专业

蔡吴丹 陈明杰 陈秀 陈玉
丛镜郦 封韬 顾金燕 顾宁
何玉婷 候志亮 计健 姜慧
蒋艳娟 康欣欣 黎玲玲 李文亭
廖敏 刘丹丹 刘利平 刘双双
牟瑶瑶 钱鑫 秦维 尚林林
沈旸 束王慧 孙权山 王安成
王井井 王平月 王庆红 王天真
王心磊 吴舒雯 吴喜红 杨璇
杨耀 郁姗姗 曾椿淋 张彩芹
张国艳 张黎明 张泽翔 赵倩
赵阳洁 朱慧敏

土木工程与力学学院

防灾减灾工程及防护工程专业

王凌云 伊思航

结构工程专业

林智扬 王豪杰 徐鹏飞

力学专业

陈兰兰 董颖涛 龚玉昊 韩伟
衡山 蒋滔 蒋艳丹 李峰忠
李鹏飞 刘野 钱磊 钱文杰
王奔 魏梦可 俞成荣 曾天成
张斌 张慧颖

外国语学院

外国语言学及应用语言学专业

陈曦 陈亚芳 冯卫红 顾珏怡
李佳佳 刘雯 陆秋妍 潘妍妍
彭筱琨 戎甜 唐俊怡 屠梦蕾
汪琪 王楚文 王佳佳 王雅莉
徐玮 薛钰 叶锦秀 余彦迪
朱乐亚

药学院

药学专业

曹雅琦　陈恒巍　傅鹤秀　李飞龙
李文静　李　洋　马　萍　庞　慧
任德万　任耀坤　邵凤霞　万靖萱
王思琦　王　伟　谢育娇　徐　涵
徐利丽　杨昱华　于静静　章晓雅
赵　露　朱　杰　朱　洁

中药学专业

陈立群　焦兆群　李琦爽　李志强
马　青　杨翠云　杨娅娅　于长杰
张　杰　张　丽　郑甜碧　周红秋
朱锐灵

医学院

病理学与病理生理学专业

常　洁　李帼瑞

病原生物学专业

苗仁杰　姚　敏　邹治情

儿科学专业

薛　菲

妇产科学专业

张　煜

基础医学专业

唐伟红

临床检验诊断学专业

蔡　琴　蔡　伟　常　怡　陈方舟
陈天琰　陈　耀　陈宇斐　仇思洁
丁　璟　高凤威　顾佳奇　韩田田
韩新烨　胡玉燕　李　雪　凌　薇
刘　菲　刘锦雯　陆　薇　茅浙英
邵　孟　石　洁　宋黄戎　汪林翠
王高莹　王静燕　王琼妮　王蓉蓉
王文欣　吴倩倩　谢飞婷　薛　程
姚雨叶　余佳红　张蓓蓓　张璐玢
周文慧　周小荷　周新茹　朱昱蓉

临床医学专业

丁楷模

麻醉学专业

雷道赟　李　敏　郑永锋

免疫学专业

蔡　茸　车　扬　陈　嘉　樊慧敏
邱莎丽　陶佳玲　王慧璇　徐梦雪
张凌逸　赵康容

内科学专业

耿田欣　郭　畅　刘宣辰　史小东
王慧之　徐　煜　于　凡　赵佳伟
朱　昕

外科学专业

曹苏成　沈　愁　王月霞　周　洋

影像医学与核医学专业

蔡晓杰　曹雄锋　陈　建　许学文

艺术学院

美术学专业

曹昕钰　陈　丹　李佳芯　李　楠
李世龙　马　腾　史小诗　吴悠然
徐博文　周　林

江苏大学2020届专业型硕士毕业生名单

（以学院、专业、姓名拼音首字母为序）

材料科学与工程学院

材料工程专业

卞迎春　陈　浩　陈　健　陈　磊
陈秋静　陈荣华　陈　旺　董文斌
豆海军　段昭宇　高天明　高　欣
高治坤　郭鹏伟　郭锐铎　何曾宝
胡志超　黄靖然　姜　伟　焦成成
金　蕾　雷继梅　李舜玲　李向阳
李旭娇　李　训　李正杰　梁广伟
梁静静　林珮瑶　刘宝通　刘　明
刘佩玲　刘雁焘　刘　勇　刘玉敏
卢沿松　马文涛　彭　刚　钱继龙
钱　伟　钱逸文　施凯霞　石海洋
宋亚乘　孙昊宇　孙平平　孙善善
孙新凯　檀　婧　汤晶晶　田娜娜

汪　威　王东风　王慧杰　王　凯
王梦琪　王　瑞　王　枭　王雨亭
吴宗朕　夏超艺　夏　振　肖　蓉
徐　浩　徐浩添　徐　鹏　严必胜
杨公梅　杨华兴　杨明欣　杨　阳
姚恒山　尤亚颖　袁小雪　张　慧
张　洁　张雪宁　张彦超　张振豫
赵光辉　周　辰　朱佳茗　朱亚龙
朱雨晨　左　琳

冶金工程专业

方梦龙　龚思敏　郭道峰　刘　柯
刘　帅　刘　彤　苗　果　宋金鹏
唐　锋　张　德

财经学院

国际商务专业

陈芳芳　程思婧　程余苹　贾　悦
金　晶　李　华　李　曼　刘美麟
裴时俊　宋娜娜　孙亚晨　王方方
魏　萌　伍玉琳　严舒萌　杨光耀
袁文婧　张芬芬　张　颖　周东东

会计专业

林燕燕　夏　旭　张　琰　赵天贻

电气信息工程学院

电气工程专业

陈　诚　陈　池　陈凤云　陈洪伟
陈文汝　程　玲　崔　强　丁　可
丁琪峰　杜康康　段璐瑶　凤丽云
高　远　耿　洋　顾加亭　顾雨冰
顾志伟　何永贵　华亦峰　计宗佑
蒋　敏　李　胜　李雅倩　刘　超
陆洋锐　罗晨晖　沈晓康　史晓丽
陶俞丞　滕再兴　万　洋　王晨钰
王绍帅　吴　函　吴　琪　武继奇
徐　升　闫　静　颜　磊　殷红烨
殷生晶　尹　雯　于　慧　张　旗
张　强　张珊珊　张　熙　张雄辉
赵　茜　钟　欢　周　城　周广磊
朱　丹　朱晟辉　祝颖菲

电子与通信工程专业

陈春冰　陈佳俊　崔建军　方忠驰
葛　啸　龚吴浩　何小飞　胡方圆
黄云海　石姗姗　王　舟　张　涛
赵文静　郑敬豪

控制工程专业

鲍时全　蔡　洋　曹舒悦　陈光宇
陈　伟　崔恒梅　崔艳海　戴小康
高　建　贡　浩　韩　滢　何　衍
何　雨　贺　帆　黄　蓉　蒋冬生
蒋　忠　金　攀　李浩楠　李　健
刘　伟　刘晓峰　刘　勇　苗学良
沙正道　王连耀　王双键　韦　宣
吴　边　吴任迪　许唯栋　于美芳
张　健　张　玲　张圆成　章金龙
赵璜晔　朱保钊

法学院

法律（法学）专业

陈潮潮　陈承龙　陈悦琳　成伟卿
高云燕　顾　勇　韩　妞　胡晶荧
江　涛　江雯蒨　兰嘉敏　刘　敏
陆科研　南　亚　陶雨欣　汪　慧
王　静　王治富　吴　杰　吴雨秋
武夫英　肖　丽　许晴晴　严　瑶
杨　芳　杨轩君　张东升　张青旺
赵　晨　周晓雪　周星茹　朱　仪
朱雨婷

法律（非法学）专业

陈　涛　戴碧薇　董君清　付尚民
龚水花　浩　琦　胡建香　胡巧雨
花　珏　黄致远　季善威　蒋宝玉
金华兵　金　瑞　李　娇　李雪茹
李岩松　李宇欣　李　哲　李　准
厉　根　刘传琦　刘　俭　刘兆路
陆　宇　罗润东　马　娴　潘圆丽

蒲媛明　钱金婷　沈雨欣　石春余
宋督超　苏　泽　孙亚旭　唐铭子
汪　朋　王　丹　王　虹　王　欢
王　瑶　王泽华　魏小妮　吴泾豪
肖丹丹　谢志超　徐梦迪　徐　悦
杨家明　殷苏枫　袁华怡　袁佳佳
张晨阳　张惠雅　张闻勇夫
张　欣　郑　东　郑　龙　周　松
朱久银

管理学院

工商管理专业

卞　晶　常　伟　车　悦　陈　晨
陈丽文　陈　鹏　陈　祥　丁筱茜
董明宇　董　振　高诗珺　高　燕
高　益　高逸群　高曌嫄　顾　超
何逸峰　贺　钊　胡　畅　黄　斐
黄丽佳　黄　炎　季明明　贾新鹏
蒋安阳　蒋　超　孔德东　兰年年
冷　馨　李　广　李　健　梁思宇
林玉铃　凌　强　刘博华　刘　菲
刘静訸　刘　群　刘应欣　陆　吉
陆张帆　罗雪晨　马　健　倪　飞
倪亚楠　祁　萌　任　刚　商亚莉
施　瑶　眭　丽　孙赋贤　孙古扬
涂文芳　王佳泉　王群会　王晓莉
王元辰　王　悦　吴佳玮　吴　涛
吴熙鹏　谢　维　谢雨瀚　徐　晶
徐　娟　徐　彤　杨　昊　杨　曦
姚　敏　殷晓东　袁梦露　张　慧
章晶晶　赵　心　郑　吉　郑　潇
郑欣茹　朱　莉　朱　艳　左晨宇

工业工程专业

储磊磊　戴冬烨　邓一鸣　高思颖
韩　磊　韩天赐　姜平静　李凌霄
刘吉林　刘　旭　刘宇腾　陆　含
吕晓斐　苏兴民　王家琪　谢文华
辛依林　严　媛　杨　鹏　杨永旭
叶　威　尹建建　应梦煌　袁　煜
张蓓蓓　张　宇　张正娇　周浩然
周　磊　周立鑫

公共管理专业

陈亚京　陈　艳　陈宇杰　陈媛媛
戴超凡　戴　昱　丁　超　丁一舟
董　林　杜　赟　房　元　高　超
高理雯　郭亚晖　韩　婵　何伟凡
花　蒙　姜　建　蒋澄瑜　孔　敏
刘　畅　刘　蕾　刘　玥　陆林华
吕　芬　马　琼　倪晓东　潘　晨
秦　臻　戎文婷　时　璇　唐　虹
童　丹　汪　辉　汪　清　汪妍君
王锦杰　王　帅　王　婷　王　烜
谢奕骏　杨　阳　殷沣祎　殷　璐
尹　庄　张　馨　张　衍　赵映杰
周　颖　周　颖　朱晨榕　朱　玮
朱　悦

物流工程专业

邓存慧　刘晶金　许淇安　周友智

化学化工学院

化学工程专业

敖文梅　曹伟静　陈锐杰　陈晓东
陈　媛　程兰紫　程世青　崔伟成
戴呈静　戴　莉　邓代洁　丁静亚
丁兴东　丁　毅　董金涛　高　佳
高元飞　葛飞跃　葛　艳　顾婷婷
郭　伟　韩柏林　韩园园　何晓妹
胡慧慧　黄成相　黄来海　黄秋艳
黄元勇　季　蓉　贾　浩　简亚萍
江成龙　景　旋　李莉莉　李张迪
刘慧茹　刘茂松　卢劲文　陆亚辉
罗应彪　马天娇　牛浩婷　祁　莹
乔小磊　权　彪　任仕曼　史　柯
宋佩林　孙林林　谭　倩　王　宾
王对对　王念红　王倩倩　王文娟
王雅芹　王银涛　魏庚尧　吴　洁

项清芳　肖新新　谢英杰　徐欢欢
徐凌秋　徐　引　徐远翔　姚惠玲
姚　磊　叶钰珍　于忠勇　虞文杰
张凤卿　张海波　张鸿淋　张　全
张林佳　张荣政　赵　杰　智文静
周　芹　周赛瑜　周亚举

环境与安全工程学院

安全工程专业

陈姝同　戴超明　高　颖　孙启立
孙友亮　谭静宇　王睿玮　王宇欣
王智轩　宣健杰

环境工程专业

董良欢　傅　毓　何伟杰　胡安安
胡　瑞　胡文杰　黄　珊　姜　琪
姜　舒　解玉洁　李　琴　梁　念
刘　坤　刘永超　马　云　蒲　欣
沈　鑫　孙健雄　索　迪　王　莲
徐　凡　徐永亮　徐自爱　薛　颖
闫　欣　杨明月　姚　倩　于亚辉
张得鹏　赵　帅　赵文亮　周　磊
祝玉琪

机械工程学院

光学工程专业

龚道磊　郭宏宇　姜　震　孔　昕
李不同　陆勤慧　潘　森　沈建明
谭瑞发　唐　旺　徐　健　于露露
曾　让　张　钰　赵　健　朱仁杰

机械工程专业

曹金鑫　陈德茂　陈剑飞　陈龙龙
陈　强　陈　特　陈　鑫　陈智鹏
陈子清　程　震　戴启明　丁　扬
丁　阳　董灵健　段梦思　范晋伟
范永胜　房鲁南　付　江　高　军
葛　亮　韩　慧　何达新　胡华健
胡永斌　胡尊刚　花迎顺　黄飞虎
黄烁铭　黄　涛　黄　宇　蒋佳宝
蒋　尧　蒋子良　金　涛　靳鹏飞
康颜奎　乐德正　李坊之　李国君
李　可　刘建芳　刘　启　刘　正
陆　斌　栾小康　马殿文　马冬辉
马文迅　冒文彦　倪　剑　聂学武
宁　斌　潘湘强　钱　磊　邱玮珺
邱正威　饶　鹏　施　伟　侍　磊
孙　超　孙有为　汤　杰　唐金科
田佳男　万快弟　万天一　汪博伦
汪张煜　汪正朝　王炳文　王佳波
王天豪　王宗伟　韦嘉辉　吴晔盛
夏　鹏　徐兴超　徐　烨　许　增
薛　虎　薛　会　姚振宇　于凡顺
俞　乐　岳志鹏　张　斌　张天赐
张　洋　张振远　赵呈向　赵顺顺
郑新涛　周长禄　周　骋　周　杭
周麟坤　周文广　周　宇　朱梦成
朱　明　朱　倩　朱帅杰　朱翊航

仪器仪表工程专业

包金叶　陈　诚　陈宜松　陈忠位
丁福强　董景耀　顾君兰　韩梦娜
蒋　斌　刘　晨　刘春成　卢成轩
邱　越　史玉坤　吴华清　邢月华
徐　陈　杨　铭　姚　滔　叶　昕
袁跃梅　张柏和

计算机科学与通信工程学院

电子与通信工程专业

戴舒雅　解　晖　李大为　林　頔
刘康兵　束晓敏　宋敬军　童　欣
汪　盼　夏晓璇　徐　拓　闫紫薇

计算机技术专业

曹天赦　陈　洁　陈文龙　陈小顺
程　露　邓壮来　杜　阳　冯凯强
冯　磊　符精晶　戈世琛　耿宜鹏
韩　煦　胡永涛　黄昌彬　季玉凤
景　迪　李世超　李永乐　李镇宇
刘天泉　柳曾雄　罗德应　马梓程

梅汉涛　倪成功　倪若婷　聂中泽
钱玉婷　强　娜　沈曙臻　宋　刚
宋　君　孙传文　孙家傲　孙世璞
孙　爽　孙同陈　孙正祥　陶家栋
陶　陶　王朝晖　王国庆　王　浩
王　杰　王　康　王玉玺　韦　尧
夏　政　徐煜涵　许　宽　杨园园
杨云成　姚焙继　姚嘉莹　姚奕如
詹毕晟　张　徐　张　振　赵洁洁
赵立瑾　赵书磁　周承如　朱　青
朱韵晨　庄　星　邹长朋

软件工程专业

包骐豪　陈　曦　郭军超　刘赛雄
涂晓波　万炜宸　王琳琳　薛艳飞
姚　棋

教师教育学院

教育管理专业

钱　骏

现代教育技术专业

钱　斌　徐　洋　朱晨旭

小学教育专业

陈慧敏　陈志昆　仇　咪　范倩倩
方　娜　顾　芳　顾岳澄　黄　静
康家慧　康宇晗　李巧玲　李　珠
郦翔伟　刘二茜　刘艳萍　闵　慕
潘宁利　潘昕怡　石　慧　宋嘉胜
宋如雪　孙乐乐　汤　琴　王　浩
王　沁　王婷婷　王　莹　武剑青
徐　立　杨贝妮　杨　超　杨沁雯
张　华　张　洁　张　稳　张依洁
赵　园　周　奇　周晓月　朱怡萍

学科教学（化学）专业

喻海龙　袁秋香

学科教学（数学）专业

陈　超　戚嘉伟　王大棚　张自超

学科教学（思政）专业

肖　雪

学科教学（物理）专业

陈开玉　陆孝青　谭丽花　郑　雪

学科教学（英语）专业

蔡康丽　董　铮　方　婷　高嘉苓
高雅茹　郭　萍　金敏敏　孔维丽
赖玉春　李　靖　李淑娜　李　婷
李欣雨　李泽菲　盛　洁　万珉嵩
王　静　王　静　王静秋　王　娟
王　艳　王梓君　许　婷　张君逸
张鑫鑫　张雪文　章　健　赵靓妹
周李蕾　周颖娇　朱　颖

学科教学（语文）专业

陈奕甫　陈媛捷　丁娇娇　付谭谭
李思民　林业铭　凌雅楠　罗元媛
钮明菲　潘亚纳　钱婉君　沈艺琳
孙慧芹　孙悦蕾　王　婧　王凯峰
王志瑶　谢　芮　许志杰　杨盈盈
张　丽　张梦宇　赵平利　邹怡莹

学前教育专业

陈　蓉　陈云婷　董　燕　甘子路
韩敏燕　李梦竹　李　青　陆　纯
牛晓静　牛颖颖　裴雨纳　司盼盼
谈　颢　王芳芳　王晓靖　吴　丹
谢　燕　许丽凡　杨璞玉　张　典
郑能菲　周玲莉　周页川

流体机械工程技术研究中心

动力工程专业

蔡海坤　曹　玲　董　健　房洪芹
耿浩涵　韩岳江　何文婷　景玉成
刘玉涛　潘　琦　尚欢欢　汪雨露
王振清　吴天澄　吴　哲　肖　宇
谢　磊　杨　波　杨　阳　叶　韬
俞田宝　张　敏　张　骞　张为栋
张子龙　周润泽　周运凯

能源与动力工程学院

动力工程专业

陈　驰　陈海涛　陈来祚　单　烨
丁　帅　高可可　高绪浩　耿邦杰
韩晓敏　韩　宣　胡蓓蓓　李　超
李建明　李　金　李伟超　李增林
廖文言　茅艳琳　芮　璐　商　昊
沈学峰　宋春光　宋　亮　王　超
王玉帛　王志昊　韦　一　吴　凡
武识博　谢晓凤　徐晟轩　杨永梅
郁有阳　曾海翔　张晨欣　张丽丽
张　顺　张　伟　张　悦　周明明
周　言　朱海鹏

农业工程学院

农业工程专业

常国政　陈　坤　陈雪艳　仇树成
储宇豪　崔银伟　董景涛　杜光雨
房秋悦　顾容榕　郭燚赟　李润丰
李欣雨　李　勇　刘兴达　刘一俊
罗朝霞　缪　鹏　王　超　王冠群
王佳慧　王天宇　王　震　姚成建
翟佳林　张文涛　周梦渊

汽车与交通工程学院

车辆工程专业

毕善汕　卞加柱　蔡嘉伟　陈　瑶
丁大状　房　宇　龚　星　郭聪聪
洪　俊　胡昌昌　惠易佳　吉　柳
江中旭　蒋旭东　解　建　李阿龙
李仁仁　李银刚　刘　韬　刘雅晨
刘志伟　刘　庄　柳亚子　娄新雨
罗崇恩　秦东方　邵　瑜　石贞洪
司俊领　宋金行　孙旭东　孙彦军
汤其明　田肖肖　王成皓　王恩龙
王海涛　王　卉　王　磊　王万青
王效宇　魏　涛　魏　悦　吴培鸿
吴陶然　肖　轩　邢　浩　俞依杰
占　超　张博翰　张　弛　张　迪
张　东　张光林　张　涛　赵艮权
赵文涛　周启豪　周润泽　朱　宸
朱大钎　朱南楠　竺玉强

动力工程专业

陈晓轩　陈志宇　崔宸睿　董文斌
范启隆　葛琪琪　何春晖　胡义攀
贾　茹　蒋红坤　金天宇　金炜凯
李　凯　李　游　刘　宁　刘　阳
刘志远　罗　冬　戚小龙　宋德才
孙　超　王　钺　王　力　魏　帅
袁佳孙　苑天林　张　涵　张翰亮
张　琦　朱勇晨　祖家骏

交通运输工程专业

陈　晨　陈志超　胡云骢　黄　芳
姬广奥　李金桐　陆天悦　缪佳宇
阮　涛　汪鹏飞　王长辉　王文飒
温鹏景　夏　然　徐　刚　徐　鹏
羊　杰　杨友森　张玉辰　周必扬

食品与生物工程学院

食品工程专业

柴宇虬　陈　敏　陈琦莹　陈书蓓
陈　甜　陈薪乡　程　欣　崔洁媚
党庆玲　丁文龙　丁　祎　段雅娴
高志飞　侯　婷　李　墨　李清清
李志坤　梁黎明　廖　雪　刘凯月
刘小翠　罗　鹏　马胜梅　毛　超
彭　凯　史文静　宋雅婷　陶聪琦
汪东升　汪　涛　王沛昌　王姝文
王肖肖　王一凝　武利霞　向珈慧
闫雪莉　严　冬　杨慧慧　杨　靖
杨志坤　于欣欣　袁惠琦　翟容容
张承慧　张军柯　张　倩　张益忠
郑晓燕　周　晶

土木工程与力学学院

建筑与土木工程专业

陈　飞　范胜帅　韩文霞　胡明明
惠　洋　江留慧　蒋晓菲　李向楠
李宇宏　刘　栋　刘荣浩　吕亚兵
倪　林　倪铭志　盛若愚　孙　悦
陶　涛　翁　煜　徐　可　许建飞
宣广宇　杨怡青　杨煜昕　姚嘉诚
殷　潇　尹丹宁　尹贞贞　张灵灵
周天舒　朱少杰　宗之鑫　左萍萍

文学院

汉语国际教育专业

柴思茹　陈　睿　陈　媛　程浩天
程　慧　仇婧涵　单毅君　韩　柳
胡珊珊　李　超　廖瑾瑜　林梦娜
刘乐乐　刘玲玲　刘　姝　刘　思
潘佳双　庞静怡　齐　瑞　石　璐
宋　琦　苏梦园　孙　琳　孙　昱
王斐斐　王兴丽　肖丹丹　熊文静
徐　行　杨　念　杨天天　杨　阳
姚　信　于梦飞　张厚行　张婧宁
张　悦　郑佳晴　钟　倩　邹忻汐

药学院

制药工程专业

曹海霞　陈　超　陈小艳　冯　磊
顾川江　蒋佳伊　金　艳　赖文龙
李志立　刘彩芸　刘　逍　刘阳华
满　娜　唐　磊　王　昊　王立勇
文　文　夏昀卿　杨　眉　杨　娜
于庆梅　余剑吟　余　洋　张康奕
郑乘云

医学院

儿科学专业

乐　涛

耳鼻咽喉科学专业

高　松

妇产科学专业

栾晓瑾　熊尚婉　颜一丹　杨美玲

护理专业

曹　粒　陈　思　崔静文　高　红
高　勤　耿慧君　顾梦倩　郭　凡
胡沿每　黄莺莺　金　慧　马　翠
沈金炜　施　银　史春璐　孙　敏
王菁菁　王明明　王　玮　王亚萍
王燕婷　吴金平　邢　唯　徐妍妍
徐　艺　严雪芹　杨　杨　尹五青
郁嘉娴　张　丹　张　慧　张怡琳
张　颖　赵小艳　周　漾

临床检验诊断学专业

卞玉莹　程建军　丁　超　高乾乾
康　萍　李欣霖　刘佳梦　刘婷婷
孙国康　唐丽娟　汪　慧　魏丹丹
吴　瑶　叶　芬　张文哲　郑　玉
周亚玲

麻醉学专业

郭　琪　蒋　锦　刘晓田　陆培春
彭飞飞　卫世有　徐振锴

内科学专业

曹梦菲　陈　敏　戴梅清　丁祥梅
耿　跃　景乐乐　阚美佳　李梦晴
李晓蕊　李彦彦　刘怡晨　娄方明
马贝贝　马金玉　莫　辉　倪修凡
庞棋文　邵海锐　孙双双　锁星星
唐玲玲　王志鹏　夏　虹　徐莉莉
徐心怡　徐泽炎　许跃文　俞景涵
张黎莎　张　垚　张　庄　赵　琛
赵　越　周天磊　朱　妍　朱转转

皮肤病与性病学专业

罗凤林　周沪程

神经病学专业

柴　云　黄斐然　刘　奕　孟　洁
钱胜男　王春燕　魏　虹　朱圆圆

外科学专业

曹　萱　陈柯妍　陈正威　储　涛
方　煜　黄佳敏　李　震　陆　浩
吕德民　吕季阳　马宇桥　齐　明
任天宇　孙　燃　孙治宇　王诚悦
王重阳　魏利超　肖国梁　薛　博
杨　勇　尤宗琦　张金虎　张　睿
张伟亚　张　瑜　赵　甦　周　强
周新童

影像医学与核医学专业

丁　奕　郭小燕　邵　珣　王　鼎
许梦苗　殷常青　张　政

肿瘤学专业

卜　茜　高星宇　谷旭宇　胡滨滨
陆菁菁　陶　清　王景芝　王云帆
杨艺苓

艺术学院

工业设计工程专业

陈学强　陈叶君　封　佳　胡士磊
胡　越　蒋　博　解佳莹　李　贺
李红俊　李南南　李　楠　宋奕霖
涂雯倩　王　静　武　彤　许波琴
闫文丽　袁义凡　张　博
张雯晴子　祝　倩

美术专业

高　飞　郝蔡宜　孔祥震　李　娜
李致莹　刘　攀　刘鑫卓　鲁桂薛
马一芳　潘佳利　庞　景　滕晓红
王珊珊　徐　历　徐　彦　姚亚琪
张锦文　张文博　郑泽君

艺术设计专业

东小艺　董　磊　皇甫生鸿
康佳佳　李粟庭　刘天琦　潘柯邑
孙菁阳　陶照丽　王冠力　王琳琇
吴　琮　谢婧靖　谢晓慧　颜　焕
翟丽娟　朱晓茜

江苏大学2020年工程硕士毕业生名单

（以学院、专业、姓名拼音首字母为序）

材料科学与工程学院

材料工程专业

孙光涛

电气信息工程学院

电气工程专业

丁朝辉　董　龑　顾维平　韩　禹
李向超　吕　悦　秦　澄　孙咸凯
万新云　王　帅　王　鑫　徐秀祥
许　泉　杨　帆　郁　炎　袁　君
张立东　张　渊　赵迎亚　庄　严

控制工程专业

陈福云　陈　茜　耿　阳　李超群
刘昕宇　许珑泷　薛聿尧　杨　燕
虞　凡　赵晓东

管理学院

工业工程专业

高　攀　任　徐　隋　晋　朱永兵

项目管理专业

查姿伊　陈　旻　陈　宇　管立军
黄祉绮　郦芳菲　刘国龙　牛　健
孙　涛　王　芳　杨家敏　杨　雯
姚　骥　殷烨虹　朱秋香

化学化工学院

化学工程专业

陈　璟　毛　亮　许海清

环境与安全工程学院

安全工程专业

唐玉军

环境工程专业

陈　忠　贺金林　江　洋　张倩羽
周　钢　庄丽丽

机械工程学院

机械工程专业

陈书炎　段同峰　刘海波　柳晓玲
杨　凯　周萌萌

仪器仪表工程专业

崔善超　刘　亮

计算机科学与通信工程学院

计算机技术专业

陆小飞　缪红霞　沈丹丹　王　轶
奚达新　赵本刚　卓丽栋

软件工程专业

周纯纯

流体机械工程技术研究中心

动力工程专业

陈中友

能源与动力工程学院

动力工程专业

陈　丽　黄　坤　刘光祥　陆霞杰
邢冬燕　徐　进

汽车与交通工程学院

车辆工程专业

蔡文宇　丁新其　王英杰　张茂宁
邹　强

食品与生物工程学院

食品工程专业

郭　磊　杨　鹏

土木工程与力学学院

建筑与土木工程专业

刁湘涛　黄贤斌　徐　迪　颜道淦
姚卫忠

江苏大学2020年获取同等学力硕士学位学生名单

（以学院、专业、姓名拼音首字母为序）

财经学院

会计学专业

兰洪华　李　静

教师教育学院

教育学专业

朱孟滢

教育学原理专业

程　诚　张丽霞

课程与教学论专业

俞春霞

药学院

药剂学专业

丁　倩　张碧月

医学院

儿科学专业

朱　敏

妇产科学专业

顾文文

临床检验诊断学专业

黄　霞　陆　娟　张丽娜

免疫学专业

邓之奎　吴新明　张欢妍

内科学专业

韩长鸣　韩年华　祁英杰　孙俊翔
田广玉　周广辉　朱竹君

江苏大学2020年获取工商管理硕士（MBA）学位学生名单

（以姓名拼音首字母为序）

管理学院

工商管理专业

AISHA ALEXIS SUBRIA THOMPSON

KARIM ZAKHRY
LINDA OBU
MBIFI ROY NTSINU
NANA ESI QUAGRAINE
OLIVIER SERUGABA
SAMUEL AKOWUAH
STEPHEN ADDAI-DANSOH
TORDZRO MARY NORVIENYO AFUA
卞　晶　常　伟　车　悦　陈　晨
陈丽文　陈　鹏　陈　祥　丁筱茜
丁玉娟　董明宇　董　振　高诗珺
高　燕　高　益　高逸群　高曌嫄
顾　超　管莉莉　韩树林　何逸峰
贺　钊　胡　畅　黄　斐　黄丽佳
黄　炎　黄　喆　季明明　季伟伟
贾新鹏　蒋安阳　蒋　超　孔德东
兰年年　冷　馨　李　广　李　健
李默之　李　双　梁思宇　林玉铃
凌　强　刘博华　刘　菲　刘静訸
刘　群　刘应欣　陆　吉　陆张帆
罗雪晨　马　健　倪　飞　倪亚楠
潘　苗　祁　萌　任　刚　商亚莉
施　瑶　眭　丽　孙赋贤　孙古扬
涂文芳　王佳泉　王　健　王群会
王文婷　王晓莉　王元辰　王　悦
吴佳玮　吴茜金　吴　涛　吴熙鹏
谢　维　谢雨瀚　徐　晶　徐　娟
徐　彤　许成钧　杨　昊　杨　曦
姚　敏　殷晓东　袁梦露　翟国平
张　慧　章晶晶　赵　心　郑　吉
郑　潇　郑欣茹　仲　敏　周　杰
周晓玮　朱　莉　朱　艳　庄建军
左晨宇

（撰稿：陈　艳）

江苏大学 2020 届毕业研究生就业率统计（截至 2020 年 12 月 25 日）

院系	专业	就业率	其中				暂不就业率	待就业率
			协议和合同就业率	创业率	灵活就业率	升学率		
合计		97.29%	84.78%	0.26%	4.92%	7.34%	0.07%	2.64%
机械工程学院	学院合计	97.29%	84.78%	0.26%	4.92%	7.34%	0.07%	2.64%
	机械工程	97.34%	93.62%	0.00%	0.53%	3.19%	0.00%	2.66%
	机械电子工程	100.00%	100.00%	0.00%	0.00%	0.00%	0.00%	0.00%
	仪器科学与技术	100.00%	93.33%	0.00%	0.00%	6.67%	0.00%	0.00%
	光学工程	95.83%	83.33%	0.00%	0.00%	12.50%	0.00%	4.17%
	仪器仪表工程	96.15%	96.15%	0.00%	0.00%	0.00%	0.00%	3.85%
农业工程学院	学院合计	90.12%	80.25%	0.00%	1.23%	8.64%	1.23%	8.64%
	生态学	50.00%	37.50%	0.00%	0.00%	12.50%	0.00%	50.00%
	机械工程	100.00%	90.91%	0.00%	0.00%	9.09%	0.00%	0.00%
	农业工程	90.91%	81.82%	0.00%	0.00%	9.09%	2.27%	6.82%
	农业机械化工程	100.00%	94.12%	0.00%	5.88%	0.00%	0.00%	0.00%
	农业电气化与自动化	100.00%	0.00%	0.00%	0.00%	100.00%	0.00%	0.00%

续表

院系	专业	就业率	其中				暂不就业率	待就业率
			协议和合同就业率	创业率	灵活就业率	升学率		
汽车与交通工程学院	学院合计	100.00%	86.86%	1.14%	6.29%	5.71%	0.00%	0.00%
	车辆工程	100.00%	86.21%	0.00%	5.75%	8.05%	0.00%	0.00%
	动力工程及工程热物理	100.00%	92.00%	0.00%	4.00%	4.00%	0.00%	0.00%
	动力机械及工程	100.00%	100.00%	0.00%	0.00%	0.00%	0.00%	0.00%
	交通运输工程	100.00%	80.00%	6.67%	13.33%	0.00%	0.00%	0.00%
	载运工具运用工程	100.00%	100.00%	0.00%	0.00%	0.00%	0.00%	0.00%
	动力工程	100.00%	90.32%	0.00%	3.23%	6.45%	0.00%	0.00%
能源与动力工程学院	学院合计	98.96%	89.58%	0.00%	2.08%	7.29%	0.00%	1.04%
	力学	100.00%	100.00%	0.00%	0.00%	0.00%	0.00%	0.00%
	动力工程及工程热物理	97.67%	86.05%	0.00%	0.00%	11.63%	0.00%	2.33%
	工程热物理	100.00%	100.00%	0.00%	0.00%	0.00%	0.00%	0.00%
	动力工程	100.00%	92.16%	0.00%	3.92%	3.92%	0.00%	0.00%
材料科学与工程学院	学院合计	95.48%	81.41%	0.00%	3.02%	11.06%	0.50%	4.02%
	材料科学与工程	92.93%	75.76%	0.00%	3.03%	14.14%	1.01%	6.06%
	材料学	100.00%	100.00%	0.00%	0.00%	0.00%	0.00%	0.00%
	材料工程	97.70%	85.06%	0.00%	3.45%	9.20%	0.00%	2.30%
	冶金工程	100.00%	100.00%	0.00%	0.00%	0.00%	0.00%	0.00%
	钢铁冶金	100.00%	100.00%	0.00%	0.00%	0.00%	0.00%	0.00%
电气信息工程学院	学院合计	97.55%	85.78%	0.49%	0.98%	10.29%	0.00%	2.45%
	电气工程	97.73%	84.09%	0.00%	0.00%	13.64%	0.00%	2.27%
	电力电子与电力传动	100.00%	100.00%	0.00%	0.00%	0.00%	0.00%	0.00%
	电子科学与技术	100.00%	100.00%	0.00%	0.00%	0.00%	0.00%	0.00%
	信号与信息处理	100.00%	50.00%	0.00%	0.00%	50.00%	0.00%	0.00%
	控制科学与工程	92.59%	70.37%	0.00%	0.00%	22.22%	0.00%	7.41%
	农业工程	100.00%	100.00%	0.00%	0.00%	0.00%	0.00%	0.00%
	农业电气化与自动化	100.00%	93.33%	0.00%	0.00%	6.67%	0.00%	0.00%
	生物医学工程	100.00%	100.00%	0.00%	0.00%	0.00%	0.00%	0.00%
	电子与通信工程	100.00%	92.00%	4.00%	4.00%	0.00%	0.00%	0.00%
	控制工程	97.56%	92.68%	0.00%	2.44%	2.44%	0.00%	2.44%

续表

院系	专业	就业率	其中				暂不就业率	待就业率
			协议和合同就业率	创业率	灵活就业率	升学率		
食品与生物工程学院	学院合计	98.18%	86.36%	0.00%	0.91%	10.91%	0.00%	1.82%
	食品科学与工程	98.31%	84.75%	0.00%	1.69%	11.86%	0.00%	1.69%
	食品科学	100.00%	100.00%	0.00%	0.00%	0.00%	0.00%	0.00%
	食品工程	98.00%	88.00%	0.00%	0.00%	10.00%	0.00%	2.00%
环境与安全工程学院	学院合计	97.56%	84.15%	0.00%	7.32%	6.10%	0.00%	2.44%
	环境科学与工程	95.00%	80.00%	0.00%	15.00%	0.00%	0.00%	5.00%
	环境科学与工程	100.00%	100.00%	0.00%	0.00%	0.00%	0.00%	0.00%
	安全科学与工程	100.00%	40.00%	0.00%	20.00%	40.00%	0.00%	0.00%
	安全工程	100.00%	90.91%	0.00%	0.00%	9.09%	0.00%	0.00%
	环境工程	97.44%	87.18%	0.00%	5.13%	5.13%	0.00%	2.56%
法学院	学院合计	98.96%	90.63%	0.00%	8.33%	0.00%	0.00%	1.04%
	法律（非法学）	98.39%	90.32%	0.00%	8.06%	0.00%	0.00%	1.61%
	法律（法学）	100.00%	91.18%	0.00%	8.82%	0.00%	0.00%	0.00%
计算机科学与通信工程学院	学院合计	98.54%	85.40%	0.73%	2.92%	9.49%	0.00%	1.46%
	电子科学与技术	0.00%	0.00%	0.00%	0.00%	0.00%	0.00%	100.00%
	通信与信息系统	100.00%	100.00%	0.00%	0.00%	0.00%	0.00%	0.00%
	控制科学与工程	100.00%	100.00%	0.00%	0.00%	0.00%	0.00%	0.00%
	计算机科学与技术	100.00%	84.00%	0.00%	0.00%	16.00%	0.00%	0.00%
	计算机应用技术	100.00%	50.00%	0.00%	0.00%	50.00%	0.00%	0.00%
	软件工程	100.00%	57.14%	0.00%	7.14%	35.71%	0.00%	0.00%
	电子与通信工程	100.00%	92.31%	0.00%	7.69%	0.00%	0.00%	0.00%
	计算机技术	98.61%	90.28%	1.39%	2.78%	4.17%	0.00%	1.39%
土木工程与力学学院	学院合计	98.48%	80.30%	0.00%	9.09%	9.09%	0.00%	1.52%
	力学	100.00%	60.00%	0.00%	10.00%	30.00%	0.00%	0.00%
	固体力学	100.00%	100.00%	0.00%	0.00%	0.00%	0.00%	0.00%
	结构工程	100.00%	100.00%	0.00%	0.00%	0.00%	0.00%	0.00%
	防灾减灾工程及防护工程	50.00%	0.00%	0.00%	50.00%	0.00%	0.00%	50.00%
	建筑与土木工程	100.00%	92.31%	0.00%	7.69%	0.00%	0.00%	0.00%
化学化工学院	学院合计	97.24%	75.17%	0.00%	0.69%	21.38%	0.00%	2.76%
	化学	97.50%	62.50%	0.00%	0.00%	35.00%	0.00%	2.50%

续表

院系	专业	就业率	其中				暂不就业率	待就业率
			协议和合同就业率	创业率	灵活就业率	升学率		
化学化工学院	化学工程与技术	100.00%	78.57%	0.00%	7.14%	14.29%	0.00%	0.00%
	环境科学与工程	100.00%	87.50%	0.00%	0.00%	12.50%	0.00%	0.00%
	化学工程	96.39%	79.52%	0.00%	0.00%	16.87%	0.00%	3.61%
管理学院	学院合计	97.14%	89.52%	0.00%	2.86%	4.76%	0.00%	2.86%
	工业工程	100.00%	93.33%	0.00%	3.33%	3.33%	0.00%	0.00%
	物流工程	100.00%	100.00%	0.00%	0.00%	0.00%	0.00%	0.00%
	管理科学与工程	100.00%	94.29%	0.00%	2.86%	2.86%	0.00%	0.00%
	工商管理	95.00%	80.00%	0.00%	0.00%	15.00%	0.00%	5.00%
	公共管理	86.67%	86.67%	0.00%	0.00%	0.00%	0.00%	13.33%
	工商管理	100.00%	0.00%	0.00%	100.00%	0.00%	0.00%	0.00%
财经学院	学院合计	98.53%	92.65%	0.00%	2.94%	2.94%	0.00%	1.47%
	应用经济学	92.86%	85.71%	0.00%	0.00%	7.14%	0.00%	7.14%
	国际商务	100.00%	93.10%	0.00%	6.90%	0.00%	0.00%	0.00%
	统计学	100.00%	88.89%	0.00%	0.00%	11.11%	0.00%	0.00%
	管理科学与工程	100.00%	100.00%	0.00%	0.00%	0.00%	0.00%	0.00%
	会计学	100.00%	100.00%	0.00%	0.00%	0.00%	0.00%	0.00%
马克思主义学院	学院合计	94.29%	65.71%	0.00%	17.14%	11.43%	0.00%	5.71%
	马克思主义哲学	83.33%	50.00%	0.00%	16.67%	16.67%	0.00%	16.67%
	马克思主义理论	96.55%	68.97%	0.00%	17.24%	10.34%	0.00%	3.45%
外国语学院	外国语言学及应用语言学	95.24%	71.43%	0.00%	19.05%	4.76%	0.00%	4.76%
艺术学院	学院合计	97.80%	78.02%	2.20%	16.48%	1.10%	0.00%	2.20%
	美术学	88.89%	77.78%	0.00%	11.11%	0.00%	0.00%	11.11%
	工业设计工程	100.00%	80.56%	0.00%	19.44%	0.00%	0.00%	0.00%
	美术	100.00%	80.95%	4.76%	9.52%	4.76%	0.00%	0.00%
	艺术设计	96.00%	72.00%	4.00%	20.00%	0.00%	0.00%	4.00%
教师教育学院	学院合计	93.94%	84.24%	0.00%	8.48%	1.21%	0.00%	6.06%
	教育学	81.25%	68.75%	0.00%	0.00%	12.50%	0.00%	18.75%
	教育管理	100.00%	100.00%	0.00%	0.00%	0.00%	0.00%	0.00%
	学科教学（思政）	100.00%	100.00%	0.00%	0.00%	0.00%	0.00%	0.00%
	学科教学（语文）	100.00%	84.62%	0.00%	15.38%	0.00%	0.00%	0.00%

续表

院系	专业	就业率	其中				暂不就业率	待就业率
			协议和合同就业率	创业率	灵活就业率	升学率		
教师教育学院	学科教学（数学）	100.00%	100.00%	0.00%	0.00%	0.00%	0.00%	0.00%
	学科教学（物理）	100.00%	100.00%	0.00%	0.00%	0.00%	0.00%	0.00%
	学科教学（化学）	100.00%	100.00%	0.00%	0.00%	0.00%	0.00%	0.00%
	学科教学（英语）	90.91%	81.82%	0.00%	9.09%	0.00%	0.00%	9.09%
	现代教育技术	100.00%	100.00%	0.00%	0.00%	0.00%	0.00%	0.00%
	小学教育	93.75%	85.42%	0.00%	8.33%	0.00%	0.00%	6.25%
	学前教育	95.83%	83.33%	0.00%	12.50%	0.00%	0.00%	4.17%
医学院	学院合计	96.67%	86.67%	0.00%	6.67%	3.33%	0.00%	3.33%
	基础医学	100.00%	100.00%	0.00%	0.00%	0.00%	0.00%	0.00%
	免疫学	100.00%	100.00%	0.00%	0.00%	0.00%	0.00%	0.00%
	病原生物学	100.00%	66.67%	0.00%	0.00%	33.33%	0.00%	0.00%
	病理学与病理生理学	100.00%	100.00%	0.00%	0.00%	0.00%	0.00%	0.00%
	临床医学	100.00%	100.00%	0.00%	0.00%	0.00%	0.00%	0.00%
	内科学	88.89%	88.89%	0.00%	0.00%	0.00%	0.00%	11.11%
	神经病学	100.00%	100.00%	0.00%	0.00%	0.00%	0.00%	0.00%
	影像医学与核医学	100.00%	100.00%	0.00%	0.00%	0.00%	0.00%	0.00%
	临床检验诊断学	97.18%	85.92%	0.00%	8.45%	2.82%	0.00%	2.82%
	外科学	88.89%	66.67%	0.00%	11.11%	11.11%	0.00%	11.11%
	妇产科学	100.00%	100.00%	0.00%	0.00%	0.00%	0.00%	0.00%
	耳鼻咽喉科学	100.00%	100.00%	0.00%	0.00%	0.00%	0.00%	0.00%
	肿瘤学	100.00%	80.00%	0.00%	0.00%	20.00%	0.00%	0.00%
	麻醉学	100.00%	100.00%	0.00%	0.00%	0.00%	0.00%	0.00%
	护理	97.56%	87.80%	0.00%	9.76%	0.00%	0.00%	2.44%
药学院	学院合计	95.24%	80.95%	0.00%	4.76%	9.52%	0.00%	4.76%
	药学	91.67%	70.83%	0.00%	4.17%	16.67%	0.00%	8.33%
	中药学	100.00%	76.92%	0.00%	7.69%	15.38%	0.00%	0.00%
	制药工程	96.15%	92.31%	0.00%	3.85%	0.00%	0.00%	3.85%
流体机械工程技术研究中心	学院合计	96.59%	84.09%	1.14%	2.27%	9.09%	0.00%	3.41%
	动力工程及工程热物理	96.08%	88.24%	0.00%	0.00%	7.84%	0.00%	3.92%

续表

院系	专业	就业率	其中				暂不就业率	待就业率
			协议和合同就业率	创业率	灵活就业率	升学率		
流体机械工程技术研究中心	水利水电工程	100.00%	66.67%	16.67%	16.67%	0.00%	0.00%	0.00%
	生物医学工程	75.00%	75.00%	0.00%	0.00%	0.00%	0.00%	25.00%
	动力工程	100.00%	81.48%	0.00%	3.70%	14.81%	0.00%	0.00%
生命科学学院	生物学	100.00%	90.00%	0.00%	0.00%	10.00%	0.00%	0.00%
科技信息所	图书情报与档案管理	100.00%	83.33%	0.00%	0.00%	16.67%	0.00%	0.00%
第一临床医学院	学院合计	98.80%	84.34%	0.00%	7.23%	7.23%	0.00%	1.20%
	内科学	97.14%	82.86%	0.00%	8.57%	5.71%	0.00%	2.86%
	儿科学	100.00%	100.00%	0.00%	0.00%	0.00%	0.00%	0.00%
	神经病学	100.00%	100.00%	0.00%	0.00%	0.00%	0.00%	0.00%
	皮肤病与性病学	100.00%	100.00%	0.00%	0.00%	0.00%	0.00%	0.00%
	影像医学与核医学	100.00%	83.33%	0.00%	16.67%	0.00%	0.00%	0.00%
	临床检验诊断学	100.00%	100.00%	0.00%	0.00%	0.00%	0.00%	0.00%
	外科学	100.00%	73.33%	0.00%	13.33%	13.33%	0.00%	0.00%
	妇产科学	100.00%	50.00%	0.00%	0.00%	50.00%	0.00%	0.00%
	肿瘤学	100.00%	100.00%	0.00%	0.00%	0.00%	0.00%	0.00%
	麻醉学	100.00%	100.00%	0.00%	0.00%	0.00%	0.00%	0.00%
	皮肤病与性病学	100.00%	0.00%	0.00%	0.00%	100.00%	0.00%	0.00%
文学研究所	汉语国际教育	100.00%	65.00%	0.00%	32.50%	2.50%	0.00%	0.00%
数学科学学院	学院合计	100.00%	85.11%	0.00%	6.38%	8.51%	0.00%	0.00%
	数学	100.00%	82.86%	0.00%	8.57%	8.57%	0.00%	0.00%
	统计学	100.00%	100.00%	0.00%	0.00%	0.00%	0.00%	0.00%
	控制科学与工程	100.00%	88.89%	0.00%	0.00%	11.11%	0.00%	0.00%
物理与电子工程学院	电子科学与技术	100.00%	66.67%	0.00%	11.11%	22.22%	0.00%	0.00%
汽车工程研究院	学院合计	100.00%	90.91%	0.00%	2.27%	6.82%	0.00%	0.00%
	车辆工程	100.00%	97.14%	0.00%	0.00%	2.86%	0.00%	0.00%
	交通运输工程	100.00%	66.67%	0.00%	11.11%	22.22%	0.00%	0.00%

奖学金

江苏大学 2020—2021 学年国家奖学金：博士研究生获奖名单（30 000 元/生）

机械工程学院：顾嘉阳　罗春晖
农业工程学院：李　洋　丁丽君　赵升燚
汽车与交通工程学院：解　玄
能源与动力工程学院：许浩洁
材料科学与工程学院：张瑞龙　钱　炜　何艳芳
电气信息工程学院：梅珂琪　魏明吉　曹东辉
食品与生物工程学院：许　艺　王瑶瑶　姬青华
环境与安全工程学院：朱兴旺
计算机科学与通信工程学院：朱　青
数学科学学院：王　凡
土木工程与力学学院：魏梦可
化学化工学院：叶　健　岳学杰　白　雪
管理学院：罗雨森
财经学院：贺　琦
医学院：吴佩佩　石映红
流体机械工程技术研究中心：李春岩　陈　轲
汽车工程研究院：刁凯凯

（撰稿：徐　航　核稿：沈阳阳）

江苏大学 2020—2021 学年国家奖学金：硕士研究生获奖名单（20 000 元/生）

机械工程学院

张　蕾　姚逸铭　程　维　汪　卉
何　玥　黄　华　杨海亮　刘建春
杨　帅　高国庆　胡梦楠

农业工程学院

张　奔　王美琳　艾安君　梁亚权
武晓坤　刘　洋

汽车与交通工程学院

李慧云　胡　昊　朱　涛　方　钰
卢奕睿　张礼斌　刘　刚

能源与动力工程学院

马雪芹　李美君　杨诗琪　王晓洁

材料科学与工程学院

高立鹏　郝柏然　何燕苹　李艳丽
王有强　董　喆　刘佳奇　陆　寅
王　倩

电气信息工程学院

孙志伟　张林东　袁佳浩　张彬彬
孙　超　曹　燕　王佳楠　周　旭
周云瀚

食品与生物工程学院

王　丽　朱阿芳　甘子玉　陈　萍
冯　拓　王月影　张长才　陈芷羽

环境与安全工程学院

程慧源　陈　晨　黄冬艳　王　玥

计算机科学与通信工程学院

程彭洲　沈清风　周京慧　陈静怡
陈　倩　陶　宇

数学科学学院

邵　琦　吴云霞

物理与电子工程学院

杨帅珩

土木工程与力学学院

张　萌　孙　洋　喻　萍

化学化工学院

韩凯航　沈晓良　姚广磊　陆奕凯
徐胜杰　管　雯

管理学院

郭亚涛　牛艺霏　侯彦超　杨欣琦
包小玉　姜亚文

财经学院

许　健　唐娅华　吕程扬　张雨祥

马克思主义学院

袁　琪　王艺琳

法学院

娄秉文　羌杨洋

文学院

李明静如

外国语学院

王玥珉

艺术学院

杨　嫣　张雪原　吴菁航

教师教育学院

陆慧玲　韩晓琴　张雨晗

医学院

张　冉　邹雪琴　黄浩敏　杨子君
张　璐　蒋安琪　杨吉羚　陈　璐
周惠敏　钱勇江　楚明强　许新微

第一临床医学院

蔡珍生

药学院

赵开仁　李　优　任思如

流体机械工程技术研究中心

杨　飞　龚小波　廖敏泉　李广朋
郭　超　杨　港

生命科学研究院

贾　晓　李　腾

科技信息研究所

程越欣

汽车工程研究院

李昊轩　何定畅　张　瑶

能源研究院

周昌健　赵丽娟

（撰稿：胡亚民　核稿：沈阳阳）

江苏大学 2020—2021 学年
国家奖学金：本科生获奖名单

机械工程学院

郑澳生　高　恺　吴　越　傅泽宇
田晓凡

农业工程学院

郝帅华

汽车与交通工程学院

侯芊荷　幸警言　王　健　杨瑞新
郭城志

能源与动力工程学院

张逸飞　张　萱　杨　旭　薛逸文

材料科学与工程学院

苏安邦　陈永鹏　赵佳乐

电气信息工程学院

周金宇　陈文龙　欧阳鑫　任　红
贺佳珏　杨少文

食品与生物工程学院
刘晓霜

环境与安全工程学院
许笑笑

计算机科学与通信工程学院
曾君玉　杨慧敏　余　筱　荣嘉祺
张浩东　周泽康

数学科学学院
何　乐　张雨韵

物理与电子工程学院
许雨薇

土木工程与力学学院
张帅楠　王成龙

化学化工学院
周天天

管理学院
王伟吉　时　锐　史梦霞　张　樱
曾太贺龙

财经学院
何慧忠　石舒可　陆师禹　任丽君
吕一晗　周星妤　张小燕

马克思主义学院
周欣瑶

法学院
钟小羽

文学院
王万里　周昕茹

外国语学院
吕天雄　秦怀宇

艺术学院
黄政祺　冯星乐　罗旖旎

教师教育学院
葛　薇

医学院
逄明昌　邹　婷　蔡瑶瑶　陆定坤
吴　倩　陈梦湘　汤靖文

第一临床医学院
谭仕东

药学院
唐嘉唯　陈艺珊

卓越学院
沈砚君

无锡机电学院
臧　渊

京江学院
韩雪丽　朱逸飞

江苏大学2020—2021学年国家励志奖学金获奖名单

材料科学与工程学院
张　昊　李聪聪　赵梦玺　张庚鋆
陆云彬　雷海强　陈长新　马振锋
胡　妍　曹洪洋　张梦杰　黄昭鑫
李心蕊　何　潇　李　昆　高　杰
张海晴　杨志海　黄广峥　王　归
刘俊菱　杨　欢　谭　莉　陈弼贤
成　旭　崔　鑫　苗瑛琦　陈薇玫
李青松　张　晋　方佳俊　段林烨
赵佳乐　姜沣航　陈永鹏　常汝帆
党正玲　黄兹彬　秦　缘　陈仕杰

马俊杰　唐文健　盛荣凡　赵　腾
李寒月　郭鑫利　董晓辉　连毓东
彭德锋　池流亮　连恒超　杨凯鑫
相　辉　陈霜楠　朱　倩　王佳璇
牛晓婷　李慧慧

财经学院

陈梓玄　胡　林　朱元元　孟李娜
罗佳欣　彭子龙　倪雅情　黄金茹
郑　婷　陈香屹　魏圆圆　王新星
韦欢欢　张晋纶　王肖肖　李婷婷
梁雪婷　付丽娜　王　佳　刘若锦
俞虹成　杨紫荷　李灿灿　吕晓莉
张　钰　石金汝　陈源琳　周　静
徐宗瑞　潘　旭　范玉婷　刘馨萍
周明亮　范佳佳　周　洲　方　颖
许巧钰　罗婷婷　郑青红　蒋　茗
唐琦姝　林晶晶　孙婷婷　裴文艺
张丽娟　文　灿　田　昙　王春艳
孟德醒　李冰冰　王美艳　陈晓梅
夏梦溪　杨胜豪　孙翼雯　曹舰文
李俊红　郭根延　刘文娟　陈兆任
杨　凡　陈涵潇　钞晨飞　张小燕
郑文晴

第一临床医学院

何婉婷　刘效谷　林警威　陈小爱
张贺龙　谭仕东　汪兴龙　潘灿灿
陈文杰　孙晓雨　夏　颖　陈利文
田小容　彭　燕　倪冬金　谭　婷

电气信息工程学院

穆亚星　严家园　周珊珊　魏佳强
刘　涛　王　振　王玉祥　高　岩
文方均　张佳瑞　王　鹤　龚　晟
周雨婷　邓思思　吴澳华　杜世祥
庄　帅　黄冬梅　何佳琪　席晓锋
张佳预　周红亮　陈　锁　刘诗龙
宋　健　吕　圣　许炜东　刘海龙
孙妙君　曹淋凯　朱福喜　潘雨薇
薛　彪　尹明园　吴彩妮　吴丽敏
谢丽姿　王　园　宫清法　潘家龙
胡　烜　张能双　赵梦桃　李　莎
徐高聪　李宜果　申琦清　雷豪杰
高　康　魏鸿飞　任　红　孔庆福
宋欣悦　刘金翠　吕锦辉　周鹏燕
蒙　英　黄塘友　赵海洋　刘紫倩
余　梦　漆　翔　叶　硕　丁思颖
李增龙　张全宇　石井龙　康童童
白　丽　段帮艺　冯雪婷　李浦生
李红艳　苗　宇　张家奇　罗亿权
仝海博

法学院

罗洪秀　熊　荣　胥佳丽　欧婷婷
李　惠　钟小羽　胡晓欣　杜利利
臧嘉雯　邵　羽　郭二勇　孙　洁

管理学院

甘丽琼　缪星月　张源源　赵灿灿
魏越越　杨婉迪　黄佳佳　孙　宇
徐佳颖　章梨香　普　静　原晓朦
宋梦珂　孙泽荧　何谨汝　李永燕
岳紫涵　陆爱莲　华　霞　乔巧娇
何　钢　宋　娟　陈阿紫　王　莹
李　婷　张善娇　郜宇晴　黄云燕
马　露　晁华君　周　芸　杜晗晓
蔡锦生　虞蕊娇　石　瑞　雷　朵
吕明星　王浩伟　梁馨文　周灵香
魏佳萌　史梦霞　刘海燕　李余平
钱江英　熊健丽　任万英　周旭扬
文闽花　徐静茹　陆仕嫣　马晓雪
唐玲艳　钱雅如　徐　秦　王　可
李晓菲　任子然　邹如意　张亚龙
郭　燕　刘昕鑫　孙倩如　陆庆虹
王　昕　单孟孟　岳晓慧　杜雪怡
毋其扣　张　婧　刘　阳　戴文轩
肖志洁　安　娇　王雨奇

曾太贺龙

化学化工学院

任玥玥 刘邦祥 杨羚泽 王红梅
何 雪 张黔会 姜鑫茹 韦天歌
王孟媛 许艳玲 兰会玲 张帅龙
陈 雯 何 旭 刘 莉 徐芊牵
龚秀洋 刘友超 孙善新 肖立佳
杨 振 王 捷 苟 梅 魏丹蕊
朱佳诗 侯滢滢 张传磊

环境与安全工程学院

徐小凡 张 琦 汪 念 郑国淋
燕 凤 李文博 张冰冰 郝嘉元
贾博元 郑琦婕 王燕莹 范云祥
夏 广 汪雪娇 龚 研 李文月
张 婷 丁俊超 耿孝国 陈淑研
钱鸿昌

机械工程学院

贾茜茹 汤 杰 梁 赐 李 兴
王 涛 李风来 沈 箫 倪振涛
史永乐 陈可欣 刘晶玉 梁佳雪
盛举义 蒋金玲 李雅菲 张 腾
常新月 丁丽莎 佐方圆 张 瑞
王鹏祥 石俊川 陈俊滨 张婉玲
杜 豪 秦忠刚 杨瑞雪 王健骅
李 龙 马爱娟 高 希 王 一
康波涛 徐海涛 熊 超 王月彤
李毓雯 廖廷兵 肖方凯 张 伟
吕壮壮 张 宇 鄢松岩 段俊涛
邓怿莹 漆清华 赵宝乐 尹文旋
苏守武 秦冰冰 刘 熙 许洪波
魏亚金 刘 疆 许珂畅 高鸿磊
杨 超 郭龙海 许升嫄 王 勇
吕思荣 钱 凯 周亿萍

计算机科学与通信工程学院

王 婷 单鹏畅 周秋百 尚文腾
马媛媛 张宏梅 李云霄 耿常州
周云军 马 慧 李 宁 董 杰
沈乔洁 刘相伟 盖怀成 郭秋曼
高鑫洋 龚恩宇 严浏阳 周云涛
邱佳雯 粟 洁 任晓瑨 陈荣林
肖智龙 张清飞 张雨晴 刘为杰
肖亚轩 蔡国龙 方志学 李 祥
魏少博 胡飞龙 邱海扬 李冰玉
支 莹 虞俊鹏 朱文辉 李敬辉
郭 瑶 赵俊杰 徐 辉 程 炎
崔艳梅 李阳阳 吴成帅 徐冰洋
莫林源 王明杰 王芸芸 孙 振
郑 智 郭梦洁 黄文燕 戴高博
鲍嘉嘉 邹宛臻 张浩东 陈思旭
王超红 张嘉祥 彭祥秀 吴 单
卓俊男 王 璐

江苏农林职业技术学院

池 晴

教师教育学院

张莉莎 张 娅 石发军 屈思怡
张媛媛 皮天珍

马克思主义学院

陈鹏洁 叶 梅 赵 跃 王月娇
吴德庭 朱诗琦

能源与动力工程学院

张瑞平 卢勇文 余 栋 汪海文
李 凡 蔡 勇 康建业 郭 帅
郝彦凯 李 晶 史迪超 陈金波
张俊杰 李 博 刘 亮 侯学良
王 蓓 吴志威 杨德睿 张 泽
黄 浩 陈梦婷 刘志望 郭志华
张 萱 唐玉婷 曹 雪 黄 波
田中杰 马 劲 卢 烁 张逸飞
谢宇超 黄宽胜 何富鑫 刘晓琪

郭晨龙　严　爽　李宝鹏　连立群
雷　玲　杨　磊　顾　炜　吴志强
昝星宇　朱程龙　杨文龙　徐小楠
张　壮　郑文婕　刘　康　徐　笑
周兴伟　吴佳文　陈彦燕　陈雅婷

农业工程学院

郭永锈　胡夏夏　何　涛　郝帅华
许耀匀　韩非凡　李兴群　范玉龙
甄军全

汽车与交通工程学院

赵伟仁　单天赐　张　浩　王　磊
许慧玲　蔡宇航　王庆灏　李学建
李　颖　韦志金　王　梦　周全吉
张　淼　赵高士　龚　玲　乔　新
王晓峰　李其鹏　赵　英　杨玉童
晋亚鹏　朱　强　李智运　陈新全
石小青　李晗琦　陈警伊　许　可
代瑞波　侯芊荷　单羽晨　徐铭阳
胡佳丽　吴作伟　王诺诺　许　峰
苏一哲　陈观迎　张焰佳　曾大曦
陈一凡　郝光祥　张帅杰　邵麟焙
张正军　邱华荣　胡　鹏　赵　颖
白　鑫　冯德福　李　璇　李晓刚
李俊豪　荣　毅　孙清阳　成泽鹏
杨金鑫　徐兆建　郑楷杰　陈耀资
党利俊　李嘉龙　吴　浩　曹万彪
刘　畅　魏　林　苏凌云　覃梦乐
高煜明　赵梦梦　孙云腾

食品与生物工程学院

虞燕华　杨　倩　赵文君　郭美美
马凤萍　马立鑫　刘友勤　闫　丹
李笑岚　吴燕伶　古湘月　胡煜骞
陈静如　杨　柳　王开芳　李　巧
刘　旭　赵丽娜　杨隆羲　杨康业
徐夏霏　汪易柔　赵　盼　江泓霄
梁雨婷　崔　玲　禄海娜　刘锦涛
李玉涵　张文慧

数学科学学院

刘　杰　郑义凤　周梦恬　杜晓春
王连芳　李贞萱　范雨欣　尹琳琳
陈　静　芦　娜　鲁刘慧　刘春蕊
赵跃刚　谢晓淼　郑文欣　刘吉祥
邓思夏　阎美如　李　翔　陈　涛
秦文侠　黄巍龙　李守琛　王泽予
黎肖肖

土木工程与力学学院

商东伟　赵振川　樊晓莹　陈　明
王　毅　郑建波　王秋霞　杨　丽
张志宇　李梅萍　伍明霞　潘　倩
乔琳茹　李梦娟　杨丽娜　丁孟翔
李一凡　谭　磊　盛天浩　李　乐
李知键　张帅楠　黄　源　李民昊
郑　杰　李　飞　莫益杨　陈天佑
龚　英　王　越　徐　诺　莫文强
华优明　刘长胜　祖佩佩

外国语学院

朱文雅　周怡枫　王巧玲　龚迎雪
李　娴　周美晴　孙逸婕　段杰雨
李晓涵　祝誉源　刘心怡　成柏颖
陈芷璇　杨晓霞

文学院

杨　敏　朱　云　董婧怡　邱　玲
孙　昕　夏　倩　尹梦弦　王万里
张潇丹　徐淑欣　徐　轩　陈梦超
刘苗苗　杨凤瑞　张晓敏　梁娟娟
程科怡

无锡机电学院

李　聪　顾佳煜　袁　鹏　房先丽
郭　健　顾　晖　刘　腾　王春霖
储开慧　龚靖尧　崔雷雷　吴　昊

李心怡　龚宇杰　顾思源　王洪柳
黄玲林　蒋雯秀　刘　远

物理与电子工程学院

张雨淇　邢佳丽　李晶晶　张依然
张婷婷　唐　颖　唐文生　刘佳琳

药学院

杨丽雅　刘亚然　宋　丽　乔春雪
张　媛　王康丽　麦劭清　李　琳
印志洁　钱　瑞　成家禧　蔡晋芳
罗苗苗　颜小静　王华冰　季梦菲
邢子涵　郭添添　张　娜　邓小丽
林赛英　李　博　张海霞　唐嘉唯
袁俊杰　李海霞　谢成悦　王嘉惠
李炀楠　陈晓冰　陆晓慧　王祥澎
李国艳　朱炫垒　邓冰雁

医学院

徐　苏　闫　昊　余　丽　谢　晶
任雅艺　曲　婕　高三美　乔雪涵
胡秋梅　张厚云　陈星池　贾建业
朱　艳　江京洲　王晓玉　张　转
刘　月　王　星　茹雅茜　李　晓
周　珊　席雪茹　卢　姿　许　薇
胡燕燕　刘　玲　易义德　江梦颖
吴　蔓　罗伟华　谢镇繁　吕巧怡
宋兰心　朱金梅　王　欢　余　露
陈　曦　杨晶晶　陈　婷　何国献
贾远望　杨　倩　相新宇　赵云云
郑如意　张梨洁　李书念　刘姝彤
罗　吉　徐　杨　周　畅　余　红
杨　嫚　陈印洁　胡玉岚　张　慧
王凯迪　韩海云　徐茹晗　任丽君
郭佳颖　秦　媛　文　婕　孙硕辉
陈　悦　周　悦　郭盈帆　胡雨琴
孙　蕊　袁梦冉

艺术学院

黄月逸　王　芸　朱思羽　雷　雨
梁洁怡　农莎莉　章锡凯　邓明理
向俞虹　高思源　王子尊　赵莉莉
方小哲　张梓坤　窦阳泽　丁在旺
罗旖旎　朱龙强　朱可欣　薛晨茜

卓越学院

张　龙　冯亚杰　侯晓蕾　李秋霖

江苏大学2020年社会奖助学金本科生获奖名单及发放情况

奖励、资助类别	学院	金额/元	受助人数	奖助名单	奖助标准/(元·人$^{-1}$)
“中天钢铁”奖学金	材料学院	30 000	10	牛　腾　万永杰　余　辉　贺成龙　黄兹彬　陈仕杰　杨乾秀　盛荣凡　赵　腾　朱　倩	3 000
	财经学院	6 000	2	丁长松　孙阿娣	3 000
	第一临床医学院	3 000	1	陈银胤	3 000
	电气学院	24 000	8	张佳瑞　王　振　刘　涛　胡家瑞　庞东泽　杜永宝　乔冠澎　孙　淼	3 000
	法学院	3 000	1	陈　珊	3 000
	管理学院	3 000	1	曹克准	3 000
	化工学院	6 000	2	杨志东　张自威	3 000

续表

奖励、资助类别	学院	金额/元	受助人数	奖助名单	奖助标准/（元·人$^{-1}$）
“中天钢铁”奖学金	环境学院	3 000	1	许　诺	3 000
	机械学院	24 000	8	贾茜茹　杜学武　梁佳雪　郑澳生　马　龙　张　浩　谭　超　马林林	3 000
	计算机学院	3 000	1	盖怀成	3 000
		3 000	1	丁　龙	3 000
	土力学院	3 000	1	张　祥	3 000
	文学院	3 000	1	王佳玉	3 000
	药学院	3 000	1	叶　冰	3 000
	能动学院	3 000	1	郭　帅	3 000
后勤服务集团“自强计划”	财经学院	4 000	1	蒋　茗	4 000
	化工学院	4 000	1	解庚宁	4 000
	土力学院	4 000	1	努尔比耶·努尔艾麦提	4 000
	药学院	8 000	2	王震宁　加羊卓玛	4 000
	艺术学院	4 000	1	范韩阳	4 000
莱麦丹爱心助学金	财经学院	1 000	1	夏迪耶·托合提	1 000
	电气学院	1 000	1	努尔买买提·依不热依木	1 000
	环安学院	3 000	3	阿丽耶·阿迪力　麦麦提阿布都拉·于苏英　伊斯马伊力·马木提	1 000
	教师教育学院	1 000	1	沙迪迪	1 000
	农工学院	1 000	1	马永格	1 000
	食生学院	3 000	3	艾克帕江·麦麦提依明　希尔瓦纳·热合曼　热娜·努尔麦麦提	1 000
	土力学院	1 000	1	依拉木江·艾合买提	1 000
	外国语学院	1 000	1	马甲玲	1 000
	药学院	1 000	1	杨晔庆	1 000
	医学院	2 000	2	努尔孜牙·买买提　买迪苏·阿合买江	1 000
“两个共产党员”助学金	计算机学院	2 000	1	陈建业	2 000
	马克思主义学院	2 000	1	罗志珍	2 000
	农业工程学院	2 000	1	郝帅华	2 000
	数科学院	2 000	1	郭永强	2 000
	外国语学院	2 000	1	杨熠帆	2 000

续表

奖励、资助类别	学院	金额/元	受助人数	奖助名单	奖助标准/(元·人$^{-1}$)
龙腾卓越奖助学金	机械学院	4 000	2	漆清华　杜　豪	2 000
	能动学院	10 000	5	唐玉婷　周　凯　苏美婷　刘汶东　张　壮	2 000
	汽车学院	12 000	6	张贵严　徐　侗　许　峰　陈　昂　姜　伟　荣　毅	2 000
	卓越学院	4 000	2	侯晓蕾　冯亚杰	2 000
邵仲义助学金	材料学院	3 000	1	曾渺渺	3 000
	医学院	3 000	1	陈佳琦	3 000
	艺术学院	9 000	3	戴康潞　贾智棋　王　振	3 000
	机械学院	3 000	1	陈晒晒	3 000
	电气学院	6 000	2	郭　想　杨海涛	3 000
	管理学院	3 000	1	马健航	3 000
	汽车学院	6 000	2	周礼军　徐铭阳	3 000
	医学院	3 000	1	王吉瑞	3 000
时雨社	电气学院	51 000	17	郑琨萍　蒲小杰　汤国亮　卢继彬　李青青　寇　译　杨勇爱　李盼辉　杜宇帆　向关海　王延鸽　陆　取　施家路　苏　伟　王梦凡　阿卜力提普·艾合麦提托合提　麦麦提吐尔孙·艾力	3 000
	管理学院	3 000	1	罗国珍	3 000
	环安学院	3 000	1	张　涛	3 000
	农业工程学院	3 000	1	陈顺林	3 000
	食品学院	3 000	1	李诚林	3 000
	物电学院	3 000	1	张浩宇	3 000
星星奖助学金	管理学院	5 000	1	祝　杨	5 000
	药学院	5 000	1	李海霞	5 000
长文奖学金	材料学院	500	1	尤　静	500
	食生学院	4500	9	周发剑　希尔瓦纳·热合曼　金卫强　陈　娜　王　珏　韩朋定　马　硕　张国泽　孙明慧	500
周先生个人资助	医学院	5 000	1	张思渝	5 000

续表

奖励、资助类别	学院	金额/元	受助人数	奖助名单	奖助标准/(元·人$^{-1}$)
泗洪助学金	材料学院	7 620	1	陈雪齐	7 620
		8 680	1	陈飞乐	8 680
		7 100	1	洪海杰	7 100
	财经学院	7 440	1	陈爱静	7 440
		7 520	1	尹　颖	7 520
		5 860	1	陈志杰	5 860
		7 040	1	夏晓云	7 040
		5 200	1	叶向阳	5 200
	电气学院	7 420	1	李梦杰	7 420
		7 800	1	桂随缘	7 800
		7 080	1	孙　展	7 080
	法学院	5 520	1	谢冠群	5 520
	管理学院	6 250	1	张琼琼	6 250
		8 076	1	吕逸雪	8 076
		6 060	1	杨鸿宇	6 060
		7 000	1	高　远	7 000
	化工学院	7 580	1	石若南	7 580
	机械学院	8 030	1	李顺杰	8 030
	计算机学院	7 296	1	石乐乐	7 296
		7 650	1	刘为杰	7 650
		7 970	1	张成浩	7 970
		6 420	1	裴　航	6 420
		8 350	1	彭子翔	8 350
		6 340	1	邵昱森	6 340
	汽车学院	6 680	1	王　阳	6 680
		8 200	1	张贵严	8 200
		7 615	1	许又元	7 615
	外国语学院	5 860	1	许还予	5 860
	文学院	7 850	1	汤唯一	7 850
		6 960	1	屈雅宁	6 960
	物电学院	6 120	1	张雨琪	6 120

续表

奖励、资助类别	学院	金额/元	受助人数	奖助名单	奖助标准/(元·人$^{-1}$)
泗洪助学金	药学院	7 960	1	颜　东	7 960
	医学院	7 440	1	孙秀敏	7 440
		7 140	1	吴　行	7 140
		10 971	1	韩　丽	10 971
		6 740	1	陈泽宇	6 740
		8 600	1	金哲斯	8 600
		8 980	1	张文静	8 980
	艺术学院	6 660	1	高思源	6 660
		8 760	1	张雪缘	8 760
		6 800	1	张可宇	6 800
	能动学院	8 420	1	穆　瑞	8 420
		7 060	1	裴文倩	7 060
伯藜助学金	材料学院	55 000	11	张海晴　黄广峥　李雅静　陶秀清　吉　浩　连毓东　陶　静　王佳璇　蔡定虎　李鑫浩　符雪玉	5 000
	财经学院	80 000	16	李　凡　陈香屹　刘若锦　宋晓妮　张　娟　唐琦姝　林晶晶　文　灿　姜丽萍　王春艳　陈　忆　孙翼雯　刘　爽　孔维翠　陆雨洁　樊红玉	5 000
	电气学院	55 000	11	常乐乐　王　园　王　成　王明阳　黄瑞鹏　叶尔努尔·木土拜　石井龙　冯雪婷　蔡云飞　柏兴忍　张得申	5 000
	法学院	35 000	7	欧婷婷　王媛媛　邵　羽　高　艾　吴美华　胡贝贝　叶林君	5 000
	管理学院	70 000	14	王　蓉　吴梦菲　宋　娟　曼苏尔·麦麦提　王　莹　周灵香　任万英　钱雅如　王嘉彬　单孟孟　安　娇　李金兰　杨丽媛　李潇雅	5 000
	化工学院	35 000	7	康子良　仁青罗拉　徐芊牵　张自威　周伟通　薛银秀　解庚宁	5 000
	环安学院	20 000	4	燕　凤　王　逸　唐梦晗　李佳玮	5 000
	机械学院	60 000	12	史永乐　石贝贝　高佳缘　刘晶玉　李雅菲　丁丽莎　封　雨　王　序　谭　超　李文芳　叶　凯　陈嘉环	5 000

续表

奖励、资助类别	学院	金额/元	受助人数	奖助名单	奖助标准/(元·人$^{-1}$)
伯藜助学金	计算机学院	80 000	16	王莹莹　王　苗　毛小龙　何　媛　谭琴娜　肖　杨　雷　玲　蒋　赏　郭梦洁　张浩东　王超红　夏雨情　罗　丹　李　乾　李安妮　栾雷雨	5 000
	教师教育学院	20 000	4	韦国添　屈思怡　邢洁玲　葛　薇	5 000
	马克思主义学院	15 000	3	王　妍　孟诗婷　张雨蝶	5 000
	能动学院	70 000	14	刘　虎　蒋新宇　陈梦婷　周　凯　张　萱　唐玉婷　李瑜珈　周兴伟　陈彦燕　何宇晨　贾建光　郭云浩　姚伟伟　吴思杰	5 000
	农工学院	20 000	4	骆俊良　范玉龙　刘千豪　马永格	5 000
	汽车学院	55 000	11	徐玉磊　韩嘉伟　封　雨　王　胜　王远超　吴明华　闫家强　于　洋　苏凌云　刘君豪　侯博文	5 000
	食生学院	40 000	8	玛尔孜亚·别来克　夏热巴南木·阿布里提甫　王开芳　潘文文　塔西亚·阿布都沙拉木　崔　玲　李亚博　阿依古再丽·艾则孜	5 000
	数科学院	25 000	5	刘　杰　黄正涛　陈　静　张云倩　张　越	5 000
	土力学院	35 000	7	陈章利　伍明霞　郝东晖　李护良　王　越　何显朋　李柯莹	5 000
	外国语学院	20 000	4	张约敬　刘定坤　马菲菲　丁涵香	5 000
	文学院	30 000	6	杨　敏　李秀霞　王　蓉　尹丹丹　武佳慈　谢　帅	5 000
	物电学院	10 000	2	唐文生　覃介保	5 000
	药学院	30 000	6	朱亚婷　钟华羽　何玉香　刘红梅　王　艳　翁雪迪	5 000
	医学院	90 000	18	张　转　蒋玉春　毛玉红　刘　玲　张梦婷　宁彬捷　罗　吉　马　梅　戴世国　刘　杰　程方正　胡雨琴　李桃珍　李雯雯　邵亚淑　朱　姝　王宇婷　杜丽霞	5 000
	艺术学院	35 000	7	刘娇娇　黄月逸　马林亮　强琳羚　张福旭　徐小龙　邹　颖	5 000
	卓越学院	15 000	3	张　龙　刘锦茂　罗　兰	5 000

江苏大学2020—2021学年校长奖章研究生获奖名单
（博学类）

机械工程学院：顾嘉阳　张　蕾
农业工程学院：李　洋　张　奔
汽车与交通工程学院：胡　昊
能源与动力工程学院：李美君
材料科学与工程学院：高立鹏
电气信息工程学院：孙志伟
食品与生物工程学院：王　丽
环境与安全工程学院：程慧源
计算机科学与通信工程学院：程彭洲
数学科学学院：邵　琦
土木工程与力学学院：张　萌
化学化工学院：韩凯航
管理学院：牛艺霏
财经学院：许　健
法学院：娄秉文
艺术学院：杨　嫣
教师教育学院：张雨晗
医学院：吴佩佩　杨子君
第一临床医学院：蔡珍生
药学院：赵开仁
流体机械工程技术研究中心：杨　飞
汽车工程研究院：李昊轩

（撰稿：徐　航　核稿：沈阳阳）

江苏大学2020—2021学年校长奖学金：本科生获奖名单

机械工程学院：朱新宇　周　童　吴　越
农业工程学院：任　辉
汽车与交通工程学院：何章成　郑曰文　陈　鑫
能源与动力工程学院：台颖娣　李培君
材料科学与工程学院：曹　赟　尹小丹
电气信息工程学院：李怀龙　丁雨晴　李伊莎　潘逸轩
食品与生物工程学院：吕金月
环境与安全工程学院：楼志宏
计算机科学与通信工程学院：刘梦阳　陈　笑　杨慧敏　杨　阳
数学科学学院：杨　帆
物理与电子工程学院：邹洪宇
土木工程与力学学院：蒲彦儒
化学化工学院：陈彩霞
管理学院：杜　甜　蔡思琴　王诗婕
财经学院：贾鑫龙　宋晓妮　陈梦妍　石舒可　吴凯进
马克思主义学院：张雨清
法学院：徐　帆
文学院：韩茂修
外国语学院：冯李瑶
艺术学院：陈尚仪　胡炜钊
教师教育学院：牛世婧
医学院：蒋文昊　逄明昌　刘倩怡　冯　蕾　周飞晗
第一临床医学院：冯啸尘
药学院：陈韵秋
卓越学院：徐星雨
京江学院：王化佳　曹一波

心理健康教育

综述

【概况】 2020年心理健康教育中心在党委学生工作部（处）的领导下牢记“立德树人”根本任务，坚持育心与育德相结合，主体思维、反向思维、融合思维相结合，按照“一切以学生为本，关注全人的身心健康发展，实施全程的心理健康教育，强化全员的心理保健意识，努力营造全校的心理教育氛围”的“一本四全”理念，在系统思维视域下构建队伍建设、教育教学、实践活动、咨询服务、预防干预“五位一体”的心理育人模式，努力推进课堂教学“塑心工程”、平台建设“润心工程”、实践活动“健心工程”、咨询服务“暖心工程”、心理监测“安心工程”、危机管理“护心工程”、助人自助“舒心工程”、理论实践“强心工程”的“八心”育人工程建设，形成协同协作、同向同行的全员、全过程心理育人合力，着力培育学生健康心态。

【工作队伍建设】 提升专兼职心理工作人员的业务能力，专职人员参加省级以上督导培训 322 小时，省级以上会议 8 人次。全年举办 6 期心理咨询师专业督导培训，120 人次参与。将心理健康知识与能力培训纳入学校辅导员工作能力提升培训计划和新入职研究生导师培训计划，举办各类教师培训 6 场次。分层分类培养参与心理工作的学生队伍，上半年组织 2019 级全日制本科生心理委员参与“大学生心理健康教育”等理论课程的学习，共计 7 轮次 168 个学时；下半年完成 2020 级 234 名全日制本科生、103 名研究生心理委员 8 个学时的线下培训、14 个专题 MOOC 培训；评选出 2019—2020 学年 10 名十佳心理委员和 46 名优秀心理委员。上半年完成 2019 级 1 597 名本科生心理信息员 10 个班次累计 20 个学时的培训、研究生课题组 200 余名心理信息员 15 个学时的理论及培训；下半年完成了 2020 级1 716名本科生心理信息员 15 个班次累计 45 个课时的培训、研究生 6 个班次共 700 余名心理信息员 24 个学时的理论培训。组织朋辈咨询员开展了 12 个学时的培训，组织心理社团参与社会实践和素质拓展，不断提升工作体验性与专业性。1 名学生获评全国百佳心理委员，2 名学生获评全国百佳心理委员提名奖。

【教育教学工作】 心理健康研究室实施新教师“结对—听课—试讲—示范—督导”一体制培训方案，提升心理课程教师教育教学水平，发挥心理知识普及课堂主渠道作用。修订“大学生职业生涯规划”教学大纲，承担“大学生心理健康教育”“爱情与性健康”“幸福心理学”“大学生职业生涯规划”“学业规划概论”等课程共计 262 学时的教学任务。中心教师主编出版抗疫心理书籍 1 本，参编省教育厅指定材料 1 本，1 项省级课题立项。中心教师参与制作的抗疫心理宣传片获“全国高校影视作品交流展映”活动教学类一等奖和二等奖，微课作品获苏中基地心理健康教育微课比赛二等奖。

【心理实践活动】 结合心理健康教育、重大节庆日等主要时间节点，心理中心开展心理健康主题教育，举办以“逆境携行，你我同心”为主题的第九届“3・20 咱爱您”心理健康教育周、以“健康心理，你我同创”为主题的第十九届“5・25 我爱我”心理健康教育月、以“幸福传递，你我同建”为主题的第七届“9・20 就爱您”新生心理教育周和以“呵护心灵，你我同行”为主题的第十届“12・5 要爱我”身心健康教育月活动。注重校院协同，激发二级学院的创造性与积极性，协同开展各类心理活动 120 余场次，开展讲座 55 场、团辅 5 场，受众 3 万余人。心理育人活动被江苏省教育厅网站专题报道。

【心理咨询服务】 心理中心线上线下全通道开放心理咨询，线上值守不停歇，线下每天开放 5 个咨询室、10 个时间段，全力满足大学生心理咨询服务需求。对心理咨询师采取“学习—上岗—再学习”的培养模式，岗前培训注重咨询伦理、规章制度、案例书写规范等的要求，提升咨询师自我觉察与专业素养；加强对二级心理辅导站的指导，扩大学生的咨询渠道；咨询服务注重过程，保证一人一档，不断完善各项管理流程，中心全年接访心理咨询 1 198 人次。对学业警告学生开展精准化服务，举办第十七期学业励志素质帮扶教育活动，参与学员 68 人。

【危机预防干预】 注重加强危机管理体系建设，实施专职人员 24 小时危机值班制、晚间心理咨询师生双值班制、“三色预警”对象动态汇报制、心理危机即刻报告制、精神疾患建档关怀制、新生心理档案“前筛+普测”两步普查制等，提升危机的研判与预防能力，分层筛查、分级预警，完善快速反应机制，不断规范危机处置流程，共处置危机 121 起，切实维护了校园安全、稳定的环境。共为 9 477 名 2020 级本科生、研究生建立了心理档案，普查参与率、筛查人员干预访谈率 100%。1 名教师获评省大学生心理危机预防与干预研究中心优秀热线志愿者。

【抗疫心理支持】 根据学校总体部署，制定紧急心理危机干预预案，组建工作队伍，开通服务通道。从 2 月 1 日起 QQ（江小可、江小爱）每天 12 小时值班，累计值守共 3 600 小时，邮箱、网站 24 小时响应回复，接访线上咨询 270 余人次。对重点学生逐一摸排。微信平台发布 24 期心理科普知识专题，为学生答疑解惑，缓解情绪，提升学生的抗压能力。中心教师组织开展 32 场次云端活动；咨询师线上“面对面”普及心理健康知识，共开展教师心理讲座 7 场、学生云端心理讲座 7 场、学生队伍线上心理培训 204 学时。抗疫心理工作获《中国教育报》《江苏教育报》报道。江心工作室作为新冠肺炎疫情志愿者团队被江苏省心理学会通报表扬，工作室 3 人次获省级表彰。

（撰写：慕亚芹　核稿：陆　菁）

留学生学生工作

综述

【工作成就和所获荣誉】 1. 队伍建设：学工团队在疫情防控中表现突出，获评 2020 年度镇江市五一巾帼标兵岗；辅导员吴文浩积极投入留学生疫情防控一线，为留学生的健康安全和后勤保障做出极大努力，他的先进事迹被光明网和中国青年网专题报道，他也被评为镇江市“我们身边的疫情防控好青年”；Arun 和孙建莹在东盟旅游形象大使比赛中获得优秀指导老师奖。2. 文化建设：举办 54 场线上活动（包括国际文化节系列活动 19 场）、10 场线下活动。疫情防控期间，学院努力为境内外留学生创造丰富的交流机会。学院微信公众号发布 144 次、346 条（包括疫情防控相关 102 条），阅读量 26.3 万次。完成制作 20 份关于留学生安全和健康知识的系列 PPT 和手册。3. 制度建设：推动建立来华留学生校外实习管理警校共建机制，与镇江市公安局在会议中心举行“来华留学生校外实习管理警校共建签约仪式”；建设校内楼层长管理体系，经过严格选拔，17 名楼层长参加留学生公寓管理。4. 学生获奖：坦桑尼亚籍留学生 FATHIYA MOHAMED SAID 在第三届“丝路青年梦想汇”演讲比赛中获得二等奖；津巴布韦籍留学生杨靖和乌干达籍留学生天使分别获得“中国—东盟大学生旅游形象大使选拔赛”一等奖、三等奖；杨靖还获得学校 2020 年第十六届“十佳青年学生”的荣誉称号；俄罗斯籍留学生娅娜和印度籍留学生罗兰荣获2020“同乐江苏”外国人汉语演讲比赛二等奖；2名留学生的抗疫故事入选国家留学基金管理委员会的抗疫故事征文集；1名留学生在第八届“赢在南京”青年大学生创业大赛“一带一路在华留学生”赛道中获三等奖。

【工作基本情况概述】 1. 勇担职责使命，坚守抗疫一线。2020年新年伊始，一场突如其来的疫情悄然肆虐神州大地，人民健康遭受严重威胁。疫情就是命令，防控就是责任。为了守护1 880多名留学生的生命健康和学校的安全稳定，学工条线在第一时间就进入抗疫“战时”状态，条线教工始终坚守在工作岗位上，以战“疫”必胜的信心、共克时艰的信念和精准细致的服务，始终陪伴留学生左右。学工办成员严格遵守学校制定的疫情防控措施，如《学历留学生工作组关于加强疫情防控的工作方案及处置预案》《学历留学生工作组关于进一步加强疫情防控的工作方案及处置预案》，以及校内留学生工作小组、校外留学生工作小组和应急保障工作小组的工作方案，履行工作职责。24小时随时响应，坚持每日全面摸排学生信息，确保学生排查全覆盖全更新，信息报送无遗缺无错漏；坚持实时跟踪学生行程，及时掌握返镇学生的身体状况，解答外地归来隔离学生的困惑，多次陪同发烧学生就医；积极配合驻华使领馆，确保离境回国留学生旅途安全；组织策划线上及线下活动46场；积极开展思想引导，引导留学生共抗疫情，其中贝宁籍留学生莱东翰的抗疫故事受到新华社、人民网等国家级媒体深度报道。2. 守护心灵，关注留学生心理健康。积极关注留学生心理健康，及时公布院聘英国、新加坡及学校三位兼职心理咨询师的信息，积极做好留学生心理引导工作，开通三条心理辅导热线，为留学生提供远程心理辅导，和留学生心理社团Heart一起，开展危机干预和线上团体活动。坚持做好留学生的密切观察者、耐心倾听者、真情陪伴者。带领留学生心理协会，面向全体留学生宣传疫情防控期间的心理健康知识和调适方法；主动发现留学生群体中出现的因疫情产生的心理异常现象，发现后及时安排转介；对滞留异地的学生，每日送上诚挚问候，确保暖意时刻萦绕。3. 服务育人，为留学生解疑释惑。疫情防控期间，做好校内住宿的400余名留学生的物资保障，每日统计、代购、运输、分发面包、纯净水、牛奶和防护用品等物资。每周收集、安排及带领留学生至银行办理业务，保证封校期间留学生正常的生活需求。由于疫情，第一学期的教学活动以线上的形式开展。线上授课对留学生来说是新鲜事物，学工办成员不厌其烦地为留学生解决如软件下载、绑定江苏大学企业微信公众号、登记因网络不佳导致的各类教学或考试问题等。学工办定期召开留学生代表的线上视频会议，同时要求所有专兼职辅导员每月至少召开一次线上班会，为留学生答疑解惑，安抚留学生的情绪，解决各类问题。4. 继续发挥留学生导学服务体系的作用。继续弘扬学校留学生“自我教育、自我管理、自我服务”的优秀传统，建立和完善留学生导学服务和信用体系，挖掘留学生的潜力，开展群策群力、精准帮扶，将志愿服务、社会贡献通过信用积分与评奖评优挂钩。疫情刚刚爆发，国际医学生协会（IMSA）与牵手走世界协会（HIH）就联手普及流行病学防护知识，线上线下展开宣传，监测学生体温，体现了良好的社区服务意识。研究生协会（学术俱乐部）针对部分本科生的学习困难将线下补习变成了线上辅导。物资保障小分队中的志愿者主要负责统计留学生的物资需求，以楼为单位，统一购买、派送，大宗货物联系后勤批发购买，确保物资安全、价格合理。5. 抗疫事迹突出，优秀人物不断涌现。辅导员吴文浩，突出示范，亮身份、亮责任。大年初一当天即从家乡返校坚守留学生疫情防控一线。妥善隔离安置两名由武汉返校的留学生，安抚并协助另一名滞留武汉的留学生撤侨回国，为留学生的健康安全和后勤保障做出极大贡献；疫情防控期间十余次到车站接留学生返校。他的先进事迹被光明网和中国青年网以“疫情挡不住温情　江大战‘疫’很暖心”和“江苏大学打响来华留学生防疫保卫战”为题报道。吴文浩被评为镇江市“我们身边的疫情防控好青年”。抗疫保卫战中也涌现出了很多留学生典型，如“非洲白求恩”莱东翰回国后受到贝宁卫生部部长的接见，并在贝宁的疫情防控中被委以重任。新华网以“贝宁留学生莱东瀚：我是外国人，但不是中国抗疫的‘外人’”为题对其事迹进行了专题新闻报道。还有四处奔走、从萨拉热窝为中国寄回一箱口罩的波黑博士奥利娅，等等。学工团队在本次疫情防控中的突出表现获得了各级部门的认可，获得了2020年度镇江市五一巾帼标兵岗称号。

（撰稿：王　斌　核稿：蔡朝辉）

江苏大学留学本科生专业设置情况

序号	专业名称	学院名称	备注
1	财务管理	财经学院	2017年新增专业，2021年招生
2	电子商务	管理学院	2017年新增专业，2019年招生
3	材料科学与工程	材料科学与工程学院	
4	工商管理	管理学院	
5	国际经济与贸易	财经学院	
6	机械设计制造及其自动化	机械工程学院	
7	化学工程与工艺	化学化工学院	
8	会计学	财经学院	
9	机械工程	机械工程学院	
10	计算机科学与技术	计算机科学与通信工程学院	
11	临床医学	医学院	
12	食品科学与工程	食品与生物工程学院	
13	土木工程	土木工程与力学学院	
14	药学	药学院	
15	机械工程（流体机械与工程）	能源与动力工程学院	2017年招生

（撰稿：丁　敏　核稿：苏建红）

江苏大学2020届毕（结）业留学生名单（本科）

序号	学院	专业	姓名	性别	国籍/地区	学制	毕结业	是否授学位
1	财经学院	国际经济与贸易	NILOLA SPARARALO	男	塞尔维亚	4	毕业	是
2	财经学院	国际经济与贸易	MWILA BWANGA BWALYA	女	赞比亚	4	毕业	是
3	财经学院	国际经济与贸易	LISA LWAMBA CHILANDO	女	赞比亚	4	毕业	是
4	财经学院	国际经济与贸易	MEKDES KIFLU GEBREMEDHIN	女	埃塞俄比亚	4	毕业	是
5	财经学院	国际经济与贸易	KATAYI NANKAMBA	女	赞比亚	4	毕业	是
6	财经学院	国际经济与贸易	JAMES KUZALO MUNTHALI	男	马拉维	4	毕业	是
7	财经学院	国际经济与贸易	YASMIN SANI BAKO	女	尼日利亚	4	毕业	是

续表

序号	学院	专业	姓名	性别	国籍/地区	学制	毕结业	是否授学位
8	财经学院	国际经济与贸易	MACHERERA TAPIWA	女	津巴布韦	4	毕业	是
9	财经学院	国际经济与贸易	YEABSERA WOLDE LAKEW	男	埃塞俄比亚	4	毕业	是
10	财经学院	国际经济与贸易	ABLE GILLES CEDRIC EVRARD ANEYE	男	科特迪瓦	4	毕业	是
11	财经学院	国际经济与贸易	ANGELINA TEMBO	女	赞比亚	4	毕业	否
12	财经学院	国际经济与贸易	AMIR ABERRA ALI	男	埃塞俄比亚	4	毕业	是
13	财经学院	国际经济与贸易	NEBIYAT TADESSE GEDIY	女	埃塞俄比亚	4	毕业	否
14	财经学院	国际经济与贸易	ELEANOR WUKEH JOHN-OTI	女	尼日利亚	4	毕业	是
15	财经学院	会计学	WALTER MUNASHE CHANAKA	男	津巴布韦	4	毕业	否
16	财经学院	会计学	ESAIE GUEMOU	男	几内亚	4	毕业	是
17	财经学院	会计学	ALISTAR TAFADZWA MURAPIRO	男	津巴布韦	4	毕业	是
18	财经学院	会计学	WALTER MUNASHE CHANAKA	男	津巴布韦	4	无	是
19	管理学院	工商管理	CHRISTIAN JAMES BALL	男	英国	4	无	是
20	管理学院	工商管理	MOLLY ZYAMBO	女	赞比亚	4	毕业	是
21	管理学院	工商管理	KEAOLEBOGA KALWETSE	男	博茨瓦纳	4	毕业	是
22	管理学院	工商管理	TEOFILA NGUEMA AYANG	女	赤道几内亚	4	无	是
23	管理学院	工商管理	IRAKOZE KELLIA	女	布隆迪	4	毕业	是
24	管理学院	工商管理	PAUL VICTORY HAOKEN	男	印度尼西亚	4	毕业	否
25	管理学院	工商管理	TEOFILA NGUEMA AYANG	女	赤道几内亚	4	毕业	否
26	管理学院	工商管理	CHRISTIAN JAMES BALL	男	英国	4	毕业	否
27	管理学院	工商管理	ABENA ASOR BOATENG	女	加纳	4	毕业	是
28	管理学院	工商管理	KEZIAH KUMAH	女	加纳	4	毕业	是
29	化工学院	化学工程与工艺	SALIH AWAD ABDELMAGEID MOHAMED AHMED	男	苏丹	4	无	是
30	化工学院	化学工程与工艺	NANDIPHA LONCWAZI MAZIBUKO	女	津巴布韦	4	毕业	否
31	化工学院	化学工程与工艺	LISA NYANYAMA CHIKONGOYE	女	坦桑尼亚	4	毕业	是
32	化工学院	化学工程与工艺	MAHAMMUD SHIRE SUDI	男	肯尼亚	4	毕业	是
33	化工学院	化学工程与工艺	SALIH AWAD ABDELMAGEID MOHAMED AHMED	男	苏丹	4	毕业	否
34	化工学院	化学工程与工艺	SIMOMBELA MIKUNGA	男	赞比亚	4	毕业	是
35	化工学院	化学工程与工艺	CATHERINE	女	印度尼西亚	4	毕业	是
36	化工学院	化学工程与工艺	GEORGE NJOROGE MUHINDI	男	肯尼亚	4	毕业	是

续表

序号	学院	专业	姓名	性别	国籍/地区	学制	毕结业	是否授学位
37	化工学院	化学工程与工艺	GUGULETHU JEMAINE NYATHI	女	津巴布韦	4	毕业	是
38	化工学院	化学工程与工艺	NATNAREE THANIKKOON	女	泰国	4	毕业	是
39	化工学院	化学工程与工艺	ASAYILE NAMAKANDO SITUMBEKO	女	赞比亚	4	毕业	否
40	化工学院	化学工程与工艺	TINASHE BLESSING TAKUNYAYI	男	津巴布韦	4	毕业	是
41	化工学院	化学工程与工艺	MAHAMMUD SHIRE SUDI	男	肯尼亚	4	毕业	否
42	化工学院	化学工程与工艺	BONIFACE IBEZIMAKOR	男	尼日利亚	4	毕业	是
43	化工学院	化学工程与工艺	GRACE UMURUNGI	女	卢旺达	4	毕业	是
44	化工学院	化学工程与工艺	CLARISSE NTAMPAKA DUSHIME	女	卢旺达	4	毕业	是
45	机械学院	机械设计制造及其自动化	AKOKYEM ISAAC	男	加纳	4	毕业	是
46	机械学院	机械设计制造及其自动化	FERNAND STYVEN ASIA SALA	男	刚果	4	毕业	是
47	机械学院	机械设计制造及其自动化	MUNASHE TRISH SAKAROMBE	女	津巴布韦	4	无	是
48	机械学院	机械设计制造及其自动化	MUNASHE TRISH SAKAROMBE	女	津巴布韦	4	毕业	否
49	机械学院	机械设计制造及其自动化	BRIGHTON NYASHA CHIRUKAMARE	男	津巴布韦	4	毕业	是
50	计算机学院	计算机科学与技术	MICHAEL CHUKWUDI NELSON	男	尼日利亚	4	毕业	是
51	计算机学院	计算机科学与技术	JULIET WANZA NDAVI	女	肯尼亚	4	无	是
52	计算机学院	计算机科学与技术	TERENCE MWARE	男	津巴布韦	4	毕业	是
53	计算机学院	计算机科学与技术	PETER KINGDOM	男	加纳	4	毕业	是
54	计算机学院	计算机科学与技术	JOHN SHUMBA	男	赞比亚	4	毕业	是
55	计算机学院	计算机科学与技术	CHANSA BWALYA	男	赞比亚	4	毕业	是
56	计算机学院	计算机科学与技术	CHISANGA BWALYA	男	赞比亚	4	毕业	是
57	计算机学院	计算机科学与技术	ADAKU NWAKA NNENNAYA INEM	女	尼日利亚	4	毕业	是
58	计算机学院	计算机科学与技术	JALUD-JAMAL NKURIKIYE	男	布隆迪	4	毕业	是
59	计算机学院	计算机科学与技术	PAUL KIYAMBU MVULA	男	刚果（金）	4	毕业	是
60	食品学院	食品科学与工程	YOLANDANI	女	印度尼西亚	4	毕业	是
61	土木工程与力学学院	土木工程	UZOR IKENNA SHERIFF	男	尼日利亚	4	毕业	是

续表

序号	学院	专业	姓名	性别	国籍/地区	学制	毕结业	是否授学位
62	土木工程与力学学院	土木工程	SHEHAB FADHL ABDULWAHAB AL-ALIMI	男	也门	4	毕业	是
63	土木工程与力学学院	土木工程	TINASHE NEVILLE GAKAKA	男	津巴布韦	4	毕业	是
64	土木工程与力学学院	土木工程	ALAIN FERNAND MUNEZERO	男	布隆迪	4	无	是
65	土木工程与力学学院	土木工程	HASINA DIAMONDRALALAINA TIANARISOANAVALONIRINA	女	马达加斯加	4	毕业	是
66	土木工程与力学学院	土木工程	CLIVE NGONI MUJURU	男	津巴布韦	4	毕业	是
67	土木工程与力学学院	土木工程	SEYOUM AREGAY FEKADU	男	埃塞俄比亚	4	毕业	是
68	土木工程与力学学院	土木工程	AHMED KALID AHMED	男	埃塞俄比亚	4	毕业	是
69	土木工程与力学学院	土木工程	BONOLO PRINCE MAGAMA	男	博茨瓦纳	4	毕业	是
70	土木工程与力学学院	土木工程	ISAAC KAMBALA	男	马拉维	4	毕业	是
71	土木工程与力学学院	土木工程	ANDREW KABWE CHISHIMBA	男	赞比亚	4	毕业	是
72	土木工程与力学学院	土木工程	MUNYEMBA LUBO GLORIA	女	刚果	4	毕业	是
73	土木工程与力学学院	土木工程	MWIVWANJI SINKALA	男	赞比亚	4	毕业	是
74	土木工程与力学学院	土木工程	OMBOMI KIMICHEL-RAPHAN	男	刚果（布）	4	毕业	是
75	土木工程与力学学院	土木工程	MATAMBO PANASHE NIGEL	男	津巴布韦	4	毕业	是
76	土木工程与力学学院	土木工程	MAGALIE NGOIE MULEKA	女	刚果（金）	4	毕业	是
77	土木工程与力学学院	土木工程	STEVEN MTONGA	男	赞比亚	4	毕业	否
78	土木工程与力学学院	土木工程	IFEANYI EMMANUEL IGBOJIONU	男	尼日利亚	4	毕业	是
79	土木工程与力学学院	土木工程	KABANGE LILIANE KABWE	女	刚果（金）	4	毕业	是
80	土木工程与力学学院	土木工程	ASANTE VICTOR WANDA	男	马拉维	4	毕业	是
81	土木工程与力学学院	土木工程	MOHAMAD HAFED MOHAMED	男	吉布提	4	毕业	否
82	土木工程与力学学院	土木工程	QUEEN LEILLA UMUTONIWASE	女	卢旺达	4	毕业	是
83	土木工程与力学学院	土木工程	HESHAM NOURELDIN ELSHABRAWY SELIM MOHAMED	男	埃及	4	毕业	是
84	土木工程与力学学院	土木工程	ANDREW KAWUKI	男	乌干达	4	毕业	是

续表

序号	学院	专业	姓名	性别	国籍/地区	学制	毕结业	是否授学位
85	土木工程与力学学院	土木工程	ALAIN FERNAND MUNEZERO	男	布隆迪	4	毕业	否
86	文学院	汉语言文学	HECTOR EDUARDO SUAREZ GONZALEZ	男	委内瑞拉	4	毕业	是
87	药学院	药学	STEPHANE MPUNDU	男	布隆迪	4	毕业	是
88	药学院	药学	SOLENE NTIHOGORA	女	布隆迪	4	毕业	是
89	药学院	药学	NTINESHWA ISHAKA EDDYBERT	男	布隆迪	4	毕业	是
90	药学院	药学	MIRIAM MUPINGA	女	津巴布韦	4	无	是
91	药学院	药学	NIKUZE HERTHA	女	布隆迪	4	毕业	是
92	药学院	药学	HIYAM SAID SALUM	女	坦桑尼亚	4	毕业	是
93	药学院	药学	FERIAL IDRIS ABDURAHMAN	女	埃塞俄比亚	4	毕业	是
94	药学院	药学	SAMUEL EKOW BINEY	男	加纳	4	毕业	否
95	药学院	药学	MIRIAM MUPINGA	女	津巴布韦	4	毕业	否
96	药学院	药学	RUJEKO CHRISTIANE CLARA CHAKANYUKA	女	津巴布韦	4	毕业	是
97	药学院	药物制剂	GISA BRIAN JOSHUA	男	卢旺达	4	毕业	是
98	药学院	药物制剂	MUGISHA NICOLE	女	布隆迪	4	毕业	是
99	医学院	临床医学	MATSIKIRA SHAMISO MITCHELLE	女	津巴布韦	6	毕业	是
100	医学院	临床医学	MEKALA SAI CHARAN	男	印度	6	毕业	是
101	医学院	临床医学	BHUT ARCHAN JAYANTBHAI	男	印度	6	毕业	是
102	医学院	临床医学	NAVDHA KOTKOT BHATNAGAR	女	印度	6	毕业	是
103	医学院	临床医学	PATEL PRIYAL NAYAN	女	印度	6	无	是
104	医学院	临床医学	TSHIYING MUSANS JOHNNY	男	刚果（金）	6	无	是
105	医学院	临床医学	SHAMSA MOHAMOUD ABDI	女	美国	6	毕业	否
106	医学院	临床医学	SANDRA SATHYAN	女	印度	6	毕业	是
107	医学院	临床医学	ARUN CHANDRAN	男	印度	6	毕业	是
108	医学院	临床医学	NABILA KAZMI	女	印度	6	毕业	是
109	医学院	临床医学	MERAT JEREMY JEAN BENOIT	男	法国	4	毕业	是
110	医学院	临床医学	LUKUNDO ROSE-ANNA MAMBWE	女	赞比亚	4	毕业	是
111	医学院	临床医学	SIGAUKE MAZVITA ELLEN	女	津巴布韦	4	毕业	是
112	医学院	临床医学	THAPELO JUSTICE RALIKONYANA	男	莱索托	4	毕业	是
113	医学院	临床医学	IVANIO SANOSSI DABO	男	几内亚比绍	4	无	是
114	医学院	临床医学	NOREEN SHONETTE LINO	女	津巴布韦	4	无	是
115	医学院	临床医学	FAEZA ABDULGAFUR KHWAJA	女	印度	4	毕业	是

续表

序号	学院	专业	姓名	性别	国籍/地区	学制	毕结业	是否授学位
116	医学院	临床医学	MADZINGA PRIMROSE IVAINASHE	女	津巴布韦	4	无	是
117	医学院	临床医学	PATEL PRIYAL NAYAN	女	印度	4	毕业	否
118	医学院	临床医学	MOHAMED FARAH ELMI	男	索马里	4	无	是
119	医学院	临床医学	NAFISAH KOTOMAH	女	加纳	6	毕业	是
120	医学院	临床医学	IBRAHIM MOHAMED BARRE	男	肯尼亚	6	毕业	是
121	医学院	临床医学	LESEDI BINTA FALAMA	女	博茨瓦纳	6	毕业	是
122	医学院	临床医学	PATEL JAY KAMLESHBHAI	男	印度	6	毕业	是
123	医学院	临床医学	VASHISHTHA KAUSHIKKUMAR JOSHI	男	印度	6	毕业	是
124	医学院	临床医学	SHEHU SHAMSUDDEEN	男	尼日利亚	6	毕业	是
125	医学院	临床医学	MBOUNGOU CELESTE PRINCIA	女	刚果（布）	6	毕业	是
126	医学院	临床医学	UMUCYO NTIDENDEREZA HONORINE	女	卢旺达	6	毕业	是
127	医学院	临床医学	SONGA GANZA GRACE	女	卢旺达	6	毕业	是
128	医学院	临床医学	ANN-LISA GYIMAH	女	加纳	6	毕业	是
129	医学院	临床医学	MATTAR MARYAM OMAR	女	坦桑尼亚	6	毕业	是
130	医学院	临床医学	REDWAN ABDUL RAHMAN ALBARAZI	男	叙利亚	6	毕业	是
131	医学院	临床医学	PORTIA GOLDA AFERI WENYONU	女	加纳	6	毕业	是
132	医学院	临床医学	KUBETA UNOPA RUMBIDZAI THELMA	女	津巴布韦	6	毕业	是
133	医学院	临床医学	ATOBRAH JONATHAN NANA ADJEI	男	加纳	6	毕业	是
134	医学院	临床医学	MADZINGA PRIMROSE IVAINASHE	女	津巴布韦	6	毕业	否
135	医学院	临床医学	CHEWE FOSTINA BANDA	女	赞比亚	6	毕业	否
136	医学院	临床医学	LUYANDO RACHEL TWAAMBO	女	赞比亚	6	毕业	是
137	医学院	临床医学	APPIAGYEI ELLEN	女	加纳	6	毕业	是
138	医学院	临床医学	MAZIRIRI CHIPO	女	津巴布韦	6	毕业	是
139	医学院	临床医学	KANKAM BOATENG EVANS	男	加纳	6	毕业	是
140	医学院	临床医学	PADIMA TIISETSO	男	南非	6	毕业	是
141	医学院	临床医学	ARHIN KWEKU ESSILFE	男	加纳	6	毕业	是
142	医学院	临床医学	ARKORFUL NANA AMA	女	加纳	6	毕业	是
143	医学院	临床医学	MWENGWE MASEKA	女	赞比亚	6	毕业	是
144	医学院	临床医学	AISHA ABBA EL-GUJJA	女	尼日利亚	6	毕业	是
145	医学院	临床医学	AGILCIO RODRIGUES MENDONCA	男	几内亚比绍	6	毕业	是
146	医学院	临床医学	IVANIO SANOSSI DABO	男	几内亚比绍	6	毕业	否

续表

序号	学院	专业	姓名	性别	国籍/地区	学制	毕结业	是否授学位
147	医学院	临床医学	AMOAH EMMANUELLA	女	加纳	6	毕业	是
148	医学院	临床医学	NOREEN SHONETTE LINO	女	津巴布韦	6	毕业	否
149	医学院	临床医学	RUSHAMBWA KELLY ANESU	女	津巴布韦	6	毕业	是
150	医学院	临床医学	NANKAMBA CHISOLA	女	赞比亚	6	毕业	是
151	医学院	临床医学	TSHIYING MUSANS JOHNNY	男	刚果（金）	6	毕业	否
152	医学院	临床医学	SAMURIWO RODRICK TAKUDZWA	男	津巴布韦	6	毕业	是
153	医学院	临床医学	PROMISE PAIDAMOYO KAPUMHA	女	津巴布韦	6	毕业	是
154	医学院	临床医学	MOHAMED FARAH ELMI	男	索马里	6	毕业	否
155	医学院	临床医学	GQUPU THOBANI	男	南非	6	毕业	是
156	医学院	临床医学	MUPFUMIRA NATALIE	女	津巴布韦	6	毕业	是
157	医学院	临床医学	MAKINA DELANE TINOTENDA	女	津巴布韦	6	毕业	是
158	医学院	临床医学	AGAKPE ESTHER MAWUFEMOR	女	加纳	6	毕业	是
159	医学院	临床医学	TCHABO GUIMATSIA GWLADYS ELSA	女	喀麦隆	6	毕业	是
160	医学院	临床医学	ZINDABA NDHLOVU	女	赞比亚	6	无	是
161	医学院	临床医学	MUSTAFA KHALDOUN MOHAMAD FARHAT	男	叙利亚	6	无	是

（撰稿：丁　敏　核稿：苏建红）

江苏大学2020届毕业留学研究生名单（硕、博）

序号	姓名	性别	层次	国籍	学院	专业
1	CHANEZ MAOUCHE	女	博士研究生	阿尔及利亚	材料科学与工程学院	材料科学与工程
2	BILAL AHMED MEMON	男	博士研究生	巴基斯坦	财经学院	管理科学与工程
3	RABNAWAZ KHAN	男	博士研究生	巴基斯坦	财经学院	管理科学与工程
4	SAIF ULLAH	男	博士研究生	巴基斯坦	财经学院	管理科学与工程
5	PETER YAO LARTEY	男	博士研究生	加纳	财经学院	管理科学与工程
6	JONAS BAWUAH	男	博士研究生	加纳	财经学院	管理科学与工程
7	DANKYI ALEX BOADI	男	博士研究生	加纳	财经学院	管理科学与工程
8	ALEX ANTWI-ADJEI	男	博士研究生	加纳	财经学院	管理科学与工程
9	BLESS KOFI EDZIAH	男	博士研究生	加纳	财经学院	管理科学与工程
10	SAMPSON AGYAPONG ATUAHENE	男	博士研究生	加纳	财经学院	管理科学与工程
11	ISAAC JERRY KWABENA ASARE	男	博士研究生	加纳	财经学院	管理科学与工程
12	ALBERT HENRY NTARMAH	男	博士研究生	加纳	财经学院	管理科学与工程

续表

序号	姓名	性别	层次	国籍	学院	专业
13	MOHAMMED MUSAH	男	博士研究生	加纳	财经学院	管理科学与工程
14	TAKURIRAMUNASHE FAMBA	男	博士研究生	津巴布韦	财经学院	管理科学与工程
15	MAGAKAM TCHAMEKWEN ALIDA	女	博士研究生	喀麦隆	财经学院	管理科学与工程
16	MOHAMMED ISMAIL ALHUSSAM	男	博士研究生	叙利亚	财经学院	管理科学与工程
17	MUHAMMAD ABUBAKAR	男	博士研究生	巴基斯坦	电气信息工程学院	电力电子与电力传动
18	SHEIKH FARHAN ASHRAF	男	博士研究生	巴基斯坦	管理学院	管理科学与工程
19	SYED MUHAMMAD BASIT RAZA BUKHARI	男	博士研究生	巴基斯坦	管理学院	管理科学与工程
20	Shoaib Asim	男	博士研究生	巴基斯坦	管理学院	管理科学与工程
21	NAVEED AHMED	男	博士研究生	巴基斯坦	管理学院	管理科学与工程
22	MAJID MURAD	男	博士研究生	巴基斯坦	管理学院	管理科学与工程
23	HASNAIN JAVED	男	博士研究生	巴基斯坦	管理学院	管理科学与工程
24	SABA FAZAL FIRDOUSI	女	博士研究生	巴基斯坦	管理学院	管理科学与工程
25	MUHAMMAD SALMAN	男	博士研究生	巴基斯坦	管理学院	管理科学与工程
26	SULAMAN MUHAMMAD	男	博士研究生	巴基斯坦	管理学院	管理科学与工程
27	ISAAC GUMAH AKOLGO	男	博士研究生	加纳	管理学院	管理科学与工程
28	WILLIAM ADOMAKO KANKAM	男	博士研究生	加纳	管理学院	管理科学与工程
29	JOSEPH OWUSU-MARFO	男	博士研究生	加纳	管理学院	管理科学与工程
30	EBENEZER LARNYO	男	博士研究生	加纳	管理学院	管理科学与工程
31	MAXWELL OPUNI ANTWI	男	博士研究生	加纳	管理学院	管理科学与工程
32	JONATHAN KISSI	男	博士研究生	加纳	管理学院	管理科学与工程
33	LAMINI DAUDA	男	博士研究生	加纳	管理学院	管理科学与工程
34	OSWIN AGANDA ANABA	男	博士研究生	加纳	管理学院	管理科学与工程
35	SABINA AMPON-WIREKO	女	博士研究生	加纳	管理学院	管理科学与工程
36	OTOO ANTHONY AKAI ACHEAMPONG	男	博士研究生	加纳	管理学院	管理科学与工程
37	SAMUEL AFRIYIE	男	博士研究生	加纳	管理学院	管理科学与工程
38	NKRUMAH NANA KWAME EDMUND	男	博士研究生	加纳	管理学院	管理科学与工程
39	COURAGE SIMON KOFI DOGBE	男	博士研究生	加纳	管理学院	管理科学与工程
40	WISDOM WISE KWABLA POMEGBE	男	博士研究生	加纳	管理学院	管理科学与工程
41	RICHARD SARFO GYASI	男	博士研究生	加纳	管理学院	管理科学与工程
42	AKEY-TORKU BENEDICTA	女	博士研究生	加纳	管理学院	管理科学与工程
43	NGUYEN BICH NGOC	女	博士研究生	越南	管理学院	管理科学与工程
44	IMRAN KHAN	男	博士研究生	巴基斯坦	化学化工学院	环境科学与工程
45	ISAAC KWAKU ATTATSI	男	博士研究生	加纳	化学化工学院	环境科学与工程

续表

序号	姓名	性别	层次	国籍	学院	专业
46	MICHAEL OPOKU ADOMAKO	男	博士研究生	加纳	环境与安全工程学院	环境科学与工程
47	ERIC GYIMAH	男	博士研究生	加纳	环境与安全工程学院	环境科学与工程
48	JAMILE MOHAMMADI MORADIAN	男	博士研究生	伊朗	环境与安全工程学院	环境科学与工程
49	JOSEPH SEKYI-ANSAH	男	博士研究生	加纳	机械工程学院	机械工程
50	VITUS MWINTERIBO TABIE	男	博士研究生	加纳	机械工程学院	机械工程
51	LUBAMBA KASANGU ERIC	男	博士研究生	刚果（金）	计算机科学与通信工程学院	计算机应用技术
52	BONNAH ERNEST	男	博士研究生	加纳	计算机科学与通信工程学院	计算机应用技术
53	MICHAEL OMARI	男	博士研究生	加纳	计算机科学与通信工程学院	计算机应用技术
54	AUGUSTINE MONNEY	男	博士研究生	加纳	计算机科学与通信工程学院	计算机应用技术
55	DIYAWU MUMIN	男	博士研究生	加纳	计算机科学与通信工程学院	计算机应用技术
56	MOSTAFA MOHAMED ABDELAZEEM KHATER	男	博士研究生	埃及	理学院	控制科学与工程
57	MUJAHID IQBAL	男	博士研究生	巴基斯坦	理学院	控制科学与工程
58	NAILA NASREEN	男	博士研究生	巴基斯坦	理学院	控制科学与工程
59	DAVID YARO	男	博士研究生	加纳	理学院	控制科学与工程
60	ISAAC ADJEI MENSAH	男	博士研究生	加纳	理学院	控制科学与工程
61	ALEXANDER FORDJOUR	男	博士研究生	加纳	流体机械工程技术研究中心	动力工程及工程热物理
62	STEPHEN NTIRI ASOMANI	男	博士研究生	加纳	流体机械工程技术研究中心	动力工程及工程热物理
63	MAHMOUD AHMED ELEMAM MOHAMED ABOUASY	男	博士研究生	埃及	流体机械工程技术研究中心	农业工程
64	PETER KWEKU OTCHERE	男	博士研究生	加纳	能源与动力工程学院	动力工程及工程热物理
65	MOKHTAR IBRAHIM ELSAYED HUSSAIN DABBOUR	男	博士研究生	埃及	食品与生物工程学院	食品科学与工程
66	JOSHUA HARRINGTON AHETO	男	博士研究生	加纳	食品与生物工程学院	食品科学与工程
67	RICHARD OSAE	男	博士研究生	加纳	食品与生物工程学院	食品科学与工程
68	BENJAMIN KUMAH MINTAH	男	博士研究生	加纳	食品与生物工程学院	食品科学与工程
69	ERNEST BONAH	男	博士研究生	加纳	食品与生物工程学院	食品科学与工程
70	COURAGE SEDEM DZAH	男	博士研究生	加纳	食品与生物工程学院	食品科学与工程

续表

序号	姓名	性别	层次	国籍	学院	专业
71	JOSEPH KWABENA AHIMA	男	博士研究生	加纳	食品与生物工程学院	食品科学与工程
72	ABDULLATEEF TAIYE MUSTAPHA	男	博士研究生	尼日利亚	食品与生物工程学院	食品科学与工程
73	MOHAMED HAMED ABDELAZIZ AHMED	男	博士研究生	埃及	医学院	临床检验诊断学
74	MOHAMMED MUKHTAR YUSIF	男	博士研究生	加纳	医学院	临床检验诊断学
75	EMMANUEL KOFI ATTA	男	硕士研究生	加纳	财经学院	会计学
76	OBENG KWAKYE	男	硕士研究生	加纳	财经学院	会计学
77	EVANS KWABENA ASARE	男	硕士研究生	加纳	财经学院	会计学
78	GIGAMON JOSEPH PRAH	男	硕士研究生	加纳	财经学院	会计学
79	BISMARK KOFI OWUSU SARFO	男	硕士研究生	加纳	财经学院	会计学
80	ETHEL DZIDEFO ASIMAH	女	硕士研究生	加纳	财经学院	会计学
81	BAKU RAPHAEL KWAME	男	硕士研究生	加纳	财经学院	会计学
82	KUDAKWASHE KIMP NYAMOTO	男	硕士研究生	津巴布韦	财经学院	会计学
83	JEAN-JACQUES DOMINIQUE BERAUD	男	硕士研究生	多哥	财经学院	统计学
84	OLIVIER JOSEPH ABBAN	男	硕士研究生	加纳	财经学院	统计学
85	DUNCAN OMENDA HONGO	男	硕士研究生	肯尼亚	财经学院	统计学
86	PANKOVA OLGA	女	硕士研究生	俄罗斯联邦	财经学院	应用经济学
87	JOSHUA CLIFFORD KOFI AMISSAH	男	硕士研究生	加纳	财经学院	应用经济学
88	OFORI MICHAEL KWABENA	男	硕士研究生	加纳	财经学院	应用经济学
89	ALEXANDER BAAH	男	硕士研究生	加纳	财经学院	应用经济学
90	SAMUEL FRIMPONG	男	硕士研究生	加纳	财经学院	应用经济学
91	ISAAC ADUBOFOUR	男	硕士研究生	加纳	财经学院	应用经济学
92	RAHMATU CHIBSAH	女	硕士研究生	加纳	财经学院	应用经济学
93	ELIZABETH SENA AJORSU	女	硕士研究生	加纳	财经学院	应用经济学
94	NTI THOMAS	男	硕士研究生	加纳	财经学院	应用经济学
95	RETHABILE MPEQA	男	硕士研究生	莱索托	财经学院	应用经济学
96	NANAH JUSTICIA ALLIE	女	硕士研究生	塞拉利昂	财经学院	应用经济学
97	CHILOMBO STEPHANIA MUMBA	女	硕士研究生	赞比亚	财经学院	应用经济学
98	SHAHEEN NAILA	女	硕士研究生	巴基斯坦	电气信息工程学院	控制科学与工程
99	MONEMOU OUO OUO ROBERT	男	硕士研究生	几内亚	法学院	法律
100	ROSEMOND ATAMPOKAH	女	硕士研究生	加纳	管理学院	工商管理
101	YANKYIRAH KWAKU AMOFAH	男	硕士研究生	加纳	管理学院	工商管理
102	MAXWELL ANABA	男	硕士研究生	加纳	管理学院	工商管理

续表

序号	姓名	性别	层次	国籍	学院	专业
103	DASILVEIRA ISAAC KOFI	男	硕士研究生	加纳	管理学院	工商管理
104	TIMOTHY AMOAKO	男	硕士研究生	加纳	管理学院	工商管理
105	ALBERTA BAABA ANNAN	女	硕士研究生	加纳	管理学院	工商管理
106	MAVIS AGYAPOMAH BAAFI	女	硕士研究生	加纳	管理学院	工商管理
107	COLLINS BOAKYE	男	硕士研究生	加纳	管理学院	工商管理
108	KARIM ZAKHRY	男	硕士研究生	叙利亚	管理学院	工商管理
109	XU BIN	男	硕士研究生	澳大利亚	管理学院	工商管理（MBA）
110	TORDZRO MARY NORVIENYO AFUA	女	硕士研究生	加纳	管理学院	工商管理（MBA）
111	LINDA OBU	女	硕士研究生	加纳	管理学院	工商管理（MBA）
112	SAMUEL AKOWUAH	男	硕士研究生	加纳	管理学院	工商管理（MBA）
113	NANA ESI QUAGRAINE	女	硕士研究生	加纳	管理学院	工商管理（MBA）
114	COURT-TAWIAH ALBERTA	女	硕士研究生	加纳	管理学院	工商管理（MBA）
115	STEPHEN ADDAI-DANSOH	男	硕士研究生	加纳	管理学院	工商管理（MBA）
116	MBIFI ROY NTSINU	男	硕士研究生	喀麦隆	管理学院	工商管理（MBA）
117	OLIVIER SERUGABA	男	硕士研究生	卢旺达	管理学院	工商管理（MBA）
118	AISHA ALEXIS SUBRIA THOMPSON	女	硕士研究生	牙买加	管理学院	工商管理（MBA）
119	AMARTEIFIO EDWINA NAA AMERLEY	女	硕士研究生	加纳	管理学院	公共管理
120	FORTUNE AFI AGBI	女	硕士研究生	加纳	管理学院	公共管理
121	LAWRENCE KWAKU DABANKA	男	硕士研究生	加纳	管理学院	公共管理
122	KOFI JUNIOR MARFO	男	硕士研究生	加纳	管理学院	公共管理
123	ABREDU PEARL	女	硕士研究生	加纳	管理学院	公共管理
124	PHANUEL MAWULI KOFI SEGBEFIA	男	硕士研究生	加纳	管理学院	公共管理
125	EMMANUEL BOSOMPEM BOADI	男	硕士研究生	加纳	管理学院	公共管理
126	ANDY-VANS DUAH POKU	男	硕士研究生	加纳	管理学院	公共管理
127	WILLIAM AFFUL GYIMAH	男	硕士研究生	加纳	管理学院	公共管理
128	ROBERT TEYE PLAHAR	男	硕士研究生	加纳	管理学院	公共管理
129	YAW FRIMPONG	男	硕士研究生	加纳	管理学院	公共管理
130	ANDREWS YAW MINKAH	男	硕士研究生	加纳	管理学院	公共管理
131	KARDA ABDULFATAWU	男	硕士研究生	加纳	管理学院	公共管理
132	AGYEMANG PREMPEH FREDUA SYLVESTER	男	硕士研究生	加纳	管理学院	公共管理
133	CHENO WAFO ROSINE	女	硕士研究生	喀麦隆	管理学院	公共管理
134	NYASO HAMISI MALILO	女	硕士研究生	坦桑尼亚	管理学院	公共管理
135	Bach Ngoc Anh	女	硕士研究生	越南	管理学院	公共管理

续表

序号	姓名	性别	层次	国籍	学院	专业
136	OTSILE MORAKE	男	硕士研究生	博茨瓦纳	管理学院	管理科学与工程
137	GILBERT JOSHUA ATTEH SEWU	男	硕士研究生	加纳	管理学院	管理科学与工程
138	FELIX BOABENG OPOKU	男	硕士研究生	加纳	管理学院	管理科学与工程
139	BOAHEMAAH LUCY	女	硕士研究生	加纳	管理学院	管理科学与工程
140	LLOYD ANADJOE	男	硕士研究生	加纳	管理学院	管理科学与工程
141	SULEMAN ZELIAT BADMUS	女	硕士研究生	加纳	管理学院	管理科学与工程
142	APPIAH MARTINSON YEBOAH	男	硕士研究生	加纳	管理学院	管理科学与工程
143	AMA AYENSUA TANDOH	女	硕士研究生	加纳	管理学院	管理科学与工程
144	RAUF IBRAHIM	男	硕士研究生	加纳	管理学院	管理科学与工程
145	CHRIS JOJO OBI	男	硕士研究生	加纳	管理学院	管理科学与工程
146	ADRIANA OBIMPEH-QUAYSON	女	硕士研究生	加纳	管理学院	管理科学与工程
147	KOFI AGYENIM BOATENG	男	硕士研究生	加纳	管理学院	管理科学与工程
148	EUNICE OPOKU	女	硕士研究生	加纳	管理学院	管理科学与工程
149	MIGHTY DANIEL LARYEA ARYEE	男	硕士研究生	加纳	管理学院	管理科学与工程
150	MUSTAFA RASHID MAKASSY	男	硕士研究生	坦桑尼亚	管理学院	管理科学与工程
151	OLUIGBO CHIDINMA JUDITH	女	硕士研究生	尼日利亚	化学化工学院	化学
152	ADELAIDE ANGELA DADZIE	女	硕士研究生	加纳	环境与安全工程学院	环境科学与工程
153	PETER KABA	男	硕士研究生	加纳	环境与安全工程学院	环境科学与工程
154	BARBARA PEPRAH	女	硕士研究生	加纳	环境与安全工程学院	环境科学与工程
155	RAKHWE KAMA	男	硕士研究生	塞内加尔	环境与安全工程学院	环境科学与工程
156	JOHN MARK ANDAH	男	硕士研究生	加纳	计算机科学与通信工程学院	计算机科学与技术
157	TUFFOUR PRISCILLA	女	硕士研究生	加纳	计算机科学与通信工程学院	计算机科学与技术
158	FRANK KOFI ESSIEN	男	硕士研究生	加纳	科技信息研究所	图书情报与档案管理
159	AHMED ABDUL RAZAK	男	硕士研究生	加纳	科技信息研究所	图书情报与档案管理
160	ADANSIE PRINCE	男	硕士研究生	加纳	理学院	数学
161	FALL IBRA	男	硕士研究生	塞内加尔	流体机械工程技术研究中心	动力工程及工程热物理
162	RAJAB OMARY	男	硕士研究生	坦桑尼亚	流体机械工程技术研究中心	农业工程
163	DERICK ADU-MENSAH	男	硕士研究生	加纳	汽车与交通工程学院	动力工程及工程热物理
164	ASHWANI SAINI	男	硕士研究生	印度	汽车与交通工程学院	机械工程

续表

序号	姓名	性别	层次	国籍	学院	专业
165	ADDAI FRANK PEPRAH	男	硕士研究生	加纳	生命科学研究院	生物学
166	SAJID BASHEER	男	硕士研究生	巴基斯坦	食品与生物工程学院	食品科学与工程
167	PATRICK OWUSU-ANSAH	男	硕士研究生	加纳	食品与生物工程学院	食品科学与工程
168	NYABAKO BELINDA AMANDA	女	硕士研究生	津巴布韦	食品与生物工程学院	食品科学与工程
169	FADZAI COLLETTA CHIKARI	女	硕士研究生	津巴布韦	食品与生物工程学院	食品科学与工程
170	GANESHA YANUAR ARIEF WIJAYA	男	硕士研究生	印度尼西亚	食品与生物工程学院	食品科学与工程
171	ISAAC OFFEI	男	硕士研究生	加纳	土木工程与力学学院	结构工程
172	DANIEL KUMAH	男	硕士研究生	加纳	土木工程与力学学院	土木工程
173	MANTEAW SYLVIA OHENE	女	硕士研究生	加纳	外国语学院	外国语言学及应用语言学
174	FELIX SARFO MANU	男	硕士研究生	加纳	外国语学院	外国语言学及应用语言学
175	NYASHA MALBERMORE CHANDAVENGERWA	女	硕士研究生	津巴布韦	外国语学院	外国语言学及应用语言学
176	ABDUL-NAZIF MAHMUD	男	硕士研究生	加纳	医学院	临床医学
177	SAID ABDULRAHMAN SALIM MZEE	男	硕士研究生	肯尼亚	医学院	临床医学
178	MUSLIMAT KEHINDE ADEBISI	女	硕士研究生	尼日利亚	医学院	临床医学

（撰稿：李军南　核稿：崔　勇）

江苏大学2020年中国政府奖学金获得者名单

序号	姓名	国籍	学生类别	专业名称
1	MERCY DUKE JAMES	坦桑尼亚	本科生	工商管理
2	IFTIKHAR SHUKUROV	阿塞拜疆	本科生	机械工程（流体机械及工程）
3	THI THIEN NGUYEN	越南	本科生	机械工程（流体机械及工程）
4	ALI HUSEYNOV	阿塞拜疆	本科生	机械工程（流体机械及工程）
5	ISRAILOV ZAFARZHON	俄罗斯联邦	本科生	机械工程（流体机械及工程）
6	BAKTIYOROV DAVRON	乌兹别克斯坦	本科生	机械工程（流体机械及工程）
7	BRIAN KYALO MUTUA	肯尼亚	本科生	计算机科学与技术
8	SETH DELPHIN MARLAND EKOULA	刚果（布）	本科生	交通运输
9	SASHANA SASHAKAY CRANSTON	牙买加	本科生	临床医学
10	SANTIAGO NZAMIO EYAMA BINDANG	赤道几内亚	本科生	临床医学

续表

序号	姓名	国籍	学生类别	专业名称
11	Ha LAN TRâN	越南	本科生	临床医学
12	THANH LAM NGUYEN	越南	本科生	农业机械化与电气化
13	ZIA UR REHMAN	巴基斯坦	本科生	农业机械化与电气化
14	THI PHUONG THAO PHAM	越南	本科生	农业机械化与电气化
15	M AQSHAL JILHAM KARUNIA	印度尼西亚	本科生	农业机械化与电气化
16	DUC THINH TRAN	越南	本科生	农业机械化与电气化
17	KHAIR MOHAMMAD AHMADI	阿富汗	本科生	农业机械化与电气化
18	DINH CONG NGUYEN	越南	本科生	农业机械化与电气化
19	KIMCHHAY SIM	柬埔寨	本科生	农业机械化与电气化
20	THI HOAI NGUYEN	越南	本科生	农业机械化与电气化
21	THI MINH THU HOANG	越南	本科生	农业机械化与电气化
22	ZHANDOS TOLEUBAYEV	哈萨克斯坦	本科生	农业机械化与电气化
23	GERRY HALIM	印度尼西亚	本科生	农业机械化与电气化
24	TRA MY BUI	越南	本科生	农业机械化与电气化
25	PHONETHIP OPHASO	老挝	本科生	农业机械化与电气化
26	THI DIEU LINH NGHIEM	越南	本科生	农业机械化与电气化
27	JENNIFER MONICA	印度尼西亚	本科生	农业机械化与电气化
28	NILUFAR JOLMURZAEVA	乌兹别克斯坦	本科生	农业机械化与电气化
29	NUR ARIF ADIYANTO	印度尼西亚	本科生	农业机械化与电气化
30	ASMA MOHAMMED HAMOUD AL-YOUSOFI	也门	硕士研究生	病理学与病理生理学
31	MAJUTO ELIAS MTILIKO	坦桑尼亚	硕士研究生	电气工程
32	ASWILLAH SETTIMBA	乌干达	硕士研究生	工商管理
33	RUQAYYA MUNIR SAGGAF	坦桑尼亚	硕士研究生	工商管理
34	JERRYLINE T WONDE	利比里亚	硕士研究生	工商管理
35	SALEH MEHDIYEV	阿塞拜疆	硕士研究生	工商管理（MBA）
36	SEAN OSAHAR LEVI	圭亚那	硕士研究生	公共管理
37	PETER BANDA	马拉维	硕士研究生	公共管理
38	MAHMUD AFFA SANI	尼日利亚	硕士研究生	公共管理
39	JOSEPH NOAH BANGURA	塞拉利昂	硕士研究生	公共管理
40	SCARLETT DECKRY FAI	所罗门群岛	硕士研究生	公共管理
41	NORBERT LUNANI MMASI	肯尼亚	硕士研究生	公共管理
42	LUCY JOVIN LYIMO	坦桑尼亚	硕士研究生	公共管理
43	ANISSA MOHAMED SAID	吉布提	硕士研究生	会计学
44	SHIVIRA WANJA MWANGI	肯尼亚	硕士研究生	教育学
45	PETRO MBUJA JOSEPHAT	坦桑尼亚	硕士研究生	农业工程

续表

序号	姓名	国籍	学生类别	专业名称
46	MELISA ROMINA QUISPE PUMA	秘鲁	硕士研究生	生态学
47	ANTONIO FIDINIRINA TELESPHORE	马达加斯加	硕士研究生	食品科学与工程
48	ALIZAMIN iBRAHiMOV	阿塞拜疆	硕士研究生	水利工程
49	GODWIN DZANGARE	津巴布韦	硕士研究生	图书情报与档案管理
50	EDER JOHN DELGADO DE PINA	佛得角	硕士研究生	图书情报与档案管理
51	MIAN SAFIR KHAN	巴基斯坦	硕士研究生	土木工程
52	CHARLES LABER ODOKONYERO	乌干达	硕士研究生	土木工程
53	LINDA PHARAOH	津巴布韦	硕士研究生	外国语言文学
54	ANASTASIIA HONCHAR	乌克兰	硕士研究生	外国语言文学
55	SOLOMON OWUSU	加纳	硕士研究生	外科学
56	SERIGNE MODOU KARA MBENGUE	塞内加尔	硕士研究生	信息与通信工程
57	ALBERTINA DA CONCEICAO LUSSANJE	安哥拉	硕士研究生	应用经济学
58	IBRA FALL	塞内加尔	博士研究生	动力工程及工程热物理
59	MUHAMMAD NAUMAN	巴基斯坦	博士研究生	动力工程及工程热物理
60	NAPARAT KASETSOMBOON	泰国	博士研究生	动力工程及工程热物理
61	RUSS NDUSE	博茨瓦纳	博士研究生	动力工程及工程热物理
62	MONZON KORO KONE	马里	博士研究生	动力工程及工程热物理
63	ZAWAR HUSSAIN	巴基斯坦	博士研究生	动力工程及工程热物理
64	ANDREA MARIA VACA LUCERO	厄瓜多尔	博士研究生	管理科学与工程
65	MD ALI HAIDER	孟加拉国	博士研究生	管理科学与工程
66	AHMED ABOELMAAREF HAMODA SHAMROUKH	埃及	博士研究生	环境科学与工程
67	ESRAA ADEL ABDELKARIM ABDELKARIM	埃及	博士研究生	环境科学与工程
68	MOHAMMED IBRAHIM SAYED AHMED MOHAMMED	埃及	博士研究生	环境科学与工程
69	ABDOU-WASSIOU ADAMOU	多哥	博士研究生	机械工程
70	SHAWKAT ALI	巴基斯坦	博士研究生	控制科学与工程
71	ISSAHAKU SONTAA JAKALIA	加纳	博士研究生	控制科学与工程
72	KINDE NEGESSA DISASA	埃塞俄比亚	博士研究生	农业工程
73	ALI RAZA	巴基斯坦	博士研究生	农业工程
74	HAMMED ADENIYI SALAMI	尼日利亚	博士研究生	农业工程
75	ABDALLAH HAROLD MOSHA	坦桑尼亚	博士研究生	农业工程
76	JOHN JAIRO GAMBOA OCAMPO	哥伦比亚	博士研究生	食品科学与工程
77	CHIDIEBELE EMMANUEL NWANKWO	尼日利亚	博士研究生	食品科学与工程

（撰稿：吴文浩　核稿：高　静）

江苏大学2020年留学江苏政府奖学金协议奖学金获得者名单

序号	护照姓名	国别	学生类别	申请专业	部奖或全奖
1	MARIA MAGANO NASHILYO	纳米比亚	硕士研究生	会计学	全奖
2	SELMA INDILENI TEOFELUS	纳米比亚	硕士研究生	工商管理（MBA）	全奖

（撰稿：吴文浩　核稿：高　静）

江苏大学2020年留学生校长奖学金获得者名单

序号	姓名	国籍	学生类别	学费/万元	生活费/（万元/12个月）	专业名称
1	TINA WENG	南非	本科生	0.72	无	金融学
2	YAP ZHENG ONG	马来西亚	本科生	0.72	无	电子商务
3	ARTEM TIKHONOV	俄罗斯联邦	本科生	1	无	计算机科学与技术
4	OLAKUNLE ELIJAH OLUSEGUN	尼日利亚	本科生	1	无	食品科学与工程
5	GUNTULE PATRICIA DALLAS SEME	坦桑尼亚	本科生	1	无	食品科学与工程
6	JANE MKANDAWIRE	赞比亚	本科生	1	无	食品科学与工程
7	SALIKH ABDULGALIMOV	俄罗斯联邦	本科生	1	无	机械工程
8	SABRINA ISSACK MOSHI	坦桑尼亚	本科生	1	无	电子商务
9	ABDULLAH HASSAN HASAN FAREA AL-MATHANI	也门	本科生	1	无	电子商务
10	MARIA FERNANDA GUTIERREZ VELASCO	墨西哥	本科生	1.8	1	电子商务
11	ESENIIA ZHARDAN	俄罗斯联邦	本科生	1.8	1	工商管理
12	KAROLINA SHAFIGULLINA	俄罗斯联邦	本科生	1.6	1	汉语国际教育
13	SEMEN POSKRIAKOV	俄罗斯联邦	本科生	1.6	1	汉语国际教育
14	OLESYA SAVATEEVA	俄罗斯联邦	本科生	1.8	1	国际经济与贸易
15	DANILA ULIANOV	俄罗斯联邦	本科生	2.2	1	数字媒体艺术
16	SVETLANA BATAKOVA	俄罗斯联邦	本科生	1.8	1	工商管理
17	ARINA PROTIANOVA	俄罗斯联邦	本科生	1.6	1	汉语国际教育
18	ANASTASIIA NAUMENKO	俄罗斯联邦	本科生	2.2	1	数字媒体艺术
19	ELIZAVETA IUSHCHENKO	俄罗斯联邦	本科生	1.8	1	市场营销
20	LIYA LARIONOVA	俄罗斯联邦	本科生	1.6	1	汉语国际教育
21	BEKSULTAN SARYKOV	俄罗斯联邦	本科生	1.72	1	工商管理
22	ROMAN LEBEDEV	俄罗斯联邦	本科生	1.8	1	工商管理
23	DIANA LATYPOVA	俄罗斯联邦	本科生	1.6	1	汉语国际教育
24	ALEKSANDRA LUKASH	俄罗斯联邦	本科生	1.6	1	汉语国际教育
25	POLINA TEPINA	俄罗斯联邦	本科生	1.6	1	汉语国际教育

续表

序号	姓名	国籍	学生类别	学费/万元	生活费/（万元/12个月）	专业名称
26	ANASTASIIA VALEEVA	俄罗斯联邦	本科生	1. 8	1	国际经济与贸易
27	SOFIA BARANOVA	俄罗斯联邦	本科生	1. 8	1	国际经济与贸易
28	ILYA SOKOLOVSKIY	俄罗斯联邦	本科生	1. 8	1	国际经济与贸易
29	SVETLANA KLIMOVA	俄罗斯联邦	本科生	1. 72	1	金融学
30	SHAKHBOZBEK ABDURASULOV	乌兹别克斯坦	本科生	0. 8	无	计算机科学与技术
31	DIANA DENGA	俄罗斯联邦	本科生	1. 8	1	工商管理
32	SEMEN PRONIN	俄罗斯联邦	本科生	1. 8	1	工商管理
33	ZHASMINA SHAMSIEVA	俄罗斯联邦	本科生	1. 8	1	国际经济与贸易
34	TAIDE MERCEDES FLORES BURGOS	墨西哥	硕士研究生	3	1	工商管理（MBA）
35	PROMISE CHIDINDU AKPOTUA	尼日利亚	硕士研究生	2	无	病原生物学
36	MAHMUD ABDULKADIR MAGASHI	尼日利亚	硕士研究生	2	无	外科学
37	ABDULLAHI MUHAMMAD ABU RIMI	尼日利亚	硕士研究生	2	无	外科学
38	IBRAHIM ABUBAKAR SANI	尼日利亚	硕士研究生	2	无	外科学
39	MATSI MANAGER MAILAFIYA	尼日利亚	硕士研究生	2	无	外科学
40	KEZIAH KUMAH	加纳	硕士研究生	2	无	管理科学与工程
41	OLAMIDE RACHEAL OYEBOLA	尼日利亚	硕士研究生	2	无	工商管理（MBA）
42	GLORIA LUBO MUNYEMBA	刚果（金）	硕士研究生	2	0. 5	工商管理（MBA）
43	ALISTAR TAFADZWA MURAPIRO	津巴布韦	硕士研究生	2	无	会计学
44	MAWUNYA YAWA BEKUI	加纳	硕士研究生	2	无	应用经济学
45	ELINA KRISTIINA NUMMELA	芬兰	硕士研究生	2	无	工商管理
46	MARIAN LISA NUNOO	加纳	硕士研究生	2	无	工商管理
47	CECIL THOMPSON	加纳	硕士研究生	2	无	工商管理
48	WILFRIED SYNTYCHE AMA EPEZAGNE	科特迪瓦	硕士研究生	2	无	工商管理
49	SULEMANA BABA SEIDU	加纳	硕士研究生	2	无	工商管理（MBA）
50	FRANK HAMMOND	加纳	硕士研究生	2	无	工商管理（MBA）
51	YVETTE MUNYANA	卢旺达	硕士研究生	2	0. 5	工商管理（MBA）
52	CHRISTABEL VIALA POBEE	加纳	硕士研究生	2	无	公共管理
53	PRINCE HENRY EBBEY	加纳	硕士研究生	2	无	公共管理
54	GIDEON OBIRI-YEBOAH	加纳	硕士研究生	2	无	公共管理
55	LORETTA DARKOA ASARE	加纳	硕士研究生	2	无	公共管理
56	PETER EKOW OTABIL QUAYE	加纳	硕士研究生	2	无	公共管理
57	ANITA NTI-KWAKYE	加纳	硕士研究生	2	无	管理科学与工程
58	ORNELLA BANZE LENGE	刚果（金）	硕士研究生	2	0. 5	工商管理（MBA）

续表

序号	姓名	国籍	学生类别	学费/万元	生活费/(万元/12个月)	专业名称
59	TINASHE BLESSING TAKUNYAYI	津巴布韦	硕士研究生	2	无	管理科学与工程
60	COLLINS CHINEMEREM ASINUGO	尼日利亚	硕士研究生	2	无	工商管理(MBA)
61	JAMES KURNIADY	印度尼西亚	硕士研究生	2	无	工商管理
62	ABIODUN JOSEPH OLAJIRE	尼日利亚	硕士研究生	2	无	工商管理(MBA)
63	NIZAR BOURASS	摩洛哥	硕士研究生	2	无	工商管理(MBA)
64	GLODY BENI KAPINGA	刚果(金)	硕士研究生	2	无	管理科学与工程
65	MUHAMMAD MUSHIRI IDRIS	尼日利亚	硕士研究生	2	无	工商管理(MBA)
66	FAZLAY RABBI TALUKDER	孟加拉国	硕士研究生	2	无	管理科学与工程
67	RUFARO YVONNE CHINGAIRA	津巴布韦	硕士研究生	2	0.5	工商管理(MBA)
68	ENOMA ISIBOR	尼日利亚	硕士研究生	2	无	工商管理(MBA)
69	GEHAD AHMED YAHYA MAYAS	也门	硕士研究生	2	无	工商管理(MBA)
70	THERESA PUOPELEE	加纳	硕士研究生	2	无	应用经济学
71	ABENA ASOR BOATENG	加纳	硕士研究生	2	0.5	管理科学与工程
72	SIMOMBELA MIKUNGA	赞比亚	硕士研究生	2	无	材料科学与工程
73	IFEANYI EMMANUEL IGBOJIONU	尼日利亚	硕士研究生	2	无	土木工程
74	JONATHAN EMMANUEL MANGELEKA	坦桑尼亚	硕士研究生	2	0.5	车辆工程
75	MAHAMMUD SHIRE SUDI	肯尼亚	硕士研究生	2	无	化学工程与技术
76	MIRIAM MUPINGA	津巴布韦	硕士研究生	2	无	生物学
77	ASANTE VICTOR WANDA	马拉维	硕士研究生	2	无	土木工程
78	HESHAM NOURELDIN ELSHABRAWY SELIM MOHAMED	埃及	硕士研究生	2	无	土木工程
79	ISAAC APPIAH	加纳	硕士研究生	2	无	计算机科学与技术
80	EMAN YASSER HUSSEIN GABALLA	埃及	硕士研究生	2	无	动力工程及工程热物理
81	SHARON WADZANAI CHISHIRI	津巴布韦	硕士研究生	2	无	生物学
82	MD SUZAUDDULA	孟加拉国	硕士研究生	2	无	食品科学与工程
83	PAUL KIYAMBU MVULA	刚果(金)	硕士研究生	2	0.5	计算机科学与技术
84	MAME DIARRA BOP	塞内加尔	硕士研究生	2	无	食品科学与工程
85	ANSLEM ESELE ABIODE	尼日利亚	硕士研究生	2	无	食品科学与工程
86	RODAS GETAHUN KIDANE	埃塞俄比亚	硕士研究生	2	无	机械工程
87	AWANAM SALOMON ATAMPA	多哥	硕士研究生	2	无	生物学
88	JOSEPHINE IFUNANYA ANI	尼日利亚	硕士研究生	2	无	生物学
89	FRANKLIN FIAGBOR	加纳	硕士研究生	2	无	教育学
90	GHALIB BILAL AHMAD	巴基斯坦	硕士研究生	2	无	外国语言文学
91	PETRINA NARKIE DOWUONA	加纳	硕士研究生	2	无	外国语言文学

续表

序号	姓名	国籍	学生类别	学费/万元	生活费/（万元/12个月）	专业名称
92	MUNAWAR SUBHI IBRAHIM IBRAHIM	伊拉克	硕士研究生	2	无	外国语言文学
93	THIERRY MUJIMB RUKIND	刚果（金）	硕士研究生	2	无	工商管理（MBA）
94	AHMED MOHAMED ADEL EZZAT GAD	埃及	硕士研究生	2	无	计算机科学与技术
95	SIRIPHIN LIMSIRISOTORNPHAT	泰国	硕士研究生	3	无	工商管理（MBA）
96	JADE KANJANAKUL	泰国	硕士研究生	3	无	工商管理（MBA）
97	JOSE RAFAEL CERVANTES MARTINEZ	墨西哥	硕士研究生	3	1	工商管理（MBA）
98	AKARADEJ SAWETSILA	泰国	硕士研究生	1.5	无	工商管理（MBA）
99	HAJAR KORCHI	摩洛哥	硕士研究生	1.5	无	工商管理（MBA）
100	FELIX GUSTAVO VIQUEZ BERMEO	墨西哥	硕士研究生	2.5	1	工商管理（MBA）
101	SAMARA GUADALUPE CARLOS CASTANEDA	墨西哥	硕士研究生	2.4	1	机械工程
102	MARIA FERNANDA RUBIO CAMACHO	墨西哥	硕士研究生	2.4	1	机械工程
103	ALDO ANTONIO GALINDO CHAVEZ	墨西哥	硕士研究生	2.4	1	机械工程
104	JOSE EDUARDO TALAMANTES TAPIA	墨西哥	硕士研究生	2.4	1	机械工程
105	MARIO GARCIA GONZALEZ	墨西哥	硕士研究生	2.2	1	机械工程
106	WALTER MUNASHE CHANAKA	津巴布韦	硕士研究生	3	1.8	工商管理（MBA）
107	CALEB JESSE-MAXWELL	加纳	硕士研究生	2	无	工商管理（MBA）
108	JEFFERSON EFFENDI	印度尼西亚	硕士研究生	3	无	工商管理（MBA）
109	MISS BANTHIDA NIRATTISAYAWANIT	泰国	硕士研究生	1.5	无	工商管理（MBA）
110	MISS JANEJIRA PHUENGRANG	泰国	硕士研究生	3	无	工商管理（MBA）
111	YOLANDANI	印度尼西亚	硕士研究生	2.4	1.8	食品科学与工程
112	ENOCK ADJEI AGYEKUM	加纳	博士研究生	4.2	0.5	临床医学
113	SAID ABDULRAHMAN SALIM MZEE	肯尼亚	博士研究生	4.2	无	临床医学
114	JEAN-JACQUES DOMINIQUE BERAUD	多哥	博士研究生	2.6	0.5	管理科学与工程
115	ROSEMOND ATAMPOKAH	加纳	博士研究生	2.6	无	管理科学与工程
116	ETHEL DZIDEFO ASIMAH	加纳	博士研究生	2.6	0.5	管理科学与工程
117	FREDRICK OTENG AGYEMAN	加纳	博士研究生	2.6	0.5	管理科学与工程
118	NANA ESI QUAGRAINE	加纳	博士研究生	2.6	无	管理科学与工程
119	RETHABILE MPEQA	莱索托	博士研究生	2.6	无	管理科学与工程
120	OLUSEYE DAVID AKINTUNDE	尼日利亚	博士研究生	2.6	无	管理科学与工程
121	WILLIAM AFFUL GYIMAH	加纳	博士研究生	2.6	0.5	管理科学与工程
122	MUSTAFA RASHID MAKASSY	坦桑尼亚	博士研究生	2.6	无	管理科学与工程

续表

序号	姓名	国籍	学生类别	学费/万元	生活费/（万元/12个月）	专业名称
123	YAW FRIMPONG	加纳	博士研究生	2.6	0.5	管理科学与工程
124	OTSILE MORAKE	博茨瓦纳	博士研究生	2.6	0.5	管理科学与工程
125	LLOYD ANADJOE	加纳	博士研究生	2.6	0.5	管理科学与工程
126	FORTUNE AFI AGBI	加纳	博士研究生	2.6	无	管理科学与工程
127	OBENG KWAKYE	加纳	博士研究生	2.6	0.5	管理科学与工程
128	EVANS KWABENA ASARE	加纳	博士研究生	2.6	0.5	管理科学与工程
129	JOSHUA CLIFFORD KOFI AMISSAH	加纳	博士研究生	2.6	0.5	管理科学与工程
130	KWASI SAMPENE AGYEMANG	加纳	博士研究生	2.6	0.5	管理科学与工程
131	FRANK KOFI ESSIEN	加纳	博士研究生	2.6	无	管理科学与工程
132	PHANUEL MAWULI KOFI SEGBEFIA	加纳	博士研究生	2.6	0.5	管理科学与工程
133	PEARL ABREDU	加纳	博士研究生	2.6	无	管理科学与工程
134	ANDY-VANS POKU DUAH	加纳	博士研究生	2.6	无	管理科学与工程
135	MUHAMMAD BILAL	巴基斯坦	博士研究生	2.6	无	管理科学与工程
136	AHMAD ISMAIL	巴基斯坦	博士研究生	2.6	无	管理科学与工程
137	MUHAMMAD IATZAZ UL HASSAN	巴基斯坦	博士研究生	2.6	无	管理科学与工程
138	LOUIS DAVID JUNIOR ANNOR	加纳	博士研究生	2.6	无	管理科学与工程
139	VIRGIL NBELLAH ABEDANA	加纳	博士研究生	2.6	无	管理科学与工程
140	FRANCIS AYENSU	加纳	博士研究生	2.6	无	管理科学与工程
141	BENJAMIN ANUM MILLER	加纳	博士研究生	2.52	无	管理科学与工程
142	CHRISTOPHER LAMPTEY	加纳	博士研究生	2.6	无	管理科学与工程
143	BRIGHT PARKER QUAYSON	加纳	博士研究生	2.6	0.5	管理科学与工程
144	HASEEB AHMAD	巴基斯坦	博士研究生	2.6	无	管理科学与工程
145	SHOAIB ZAFAR	巴基斯坦	博士研究生	2.6	无	管理科学与工程
146	FAZEELAT AZIZ	巴基斯坦	博士研究生	2.6	无	管理科学与工程
147	YUSRA	巴基斯坦	博士研究生	2.6	无	管理科学与工程
148	EVANS ADJEI	加纳	博士研究生	2.6	无	管理科学与工程
149	JEPHTHAH KWAME AFAKO	加纳	博士研究生	2.6	无	管理科学与工程
150	STEPHEN NANA KWAME AHENKIEN-YIADOM	加纳	博士研究生	2.6	0.5	管理科学与工程
151	PHILIP BATSA ADOTEY	加纳	博士研究生	2.6	无	管理科学与工程
152	EDEM SEGBEFIA	加纳	博士研究生	2.6	0.5	管理科学与工程
153	YUNUS ADAMS	加纳	博士研究生	2.6	无	管理科学与工程
154	SHARIFEEN SULTANA	孟加拉国	博士研究生	2.6	无	管理科学与工程
155	ITSASO IREGUI DEL CAMPO	西班牙	博士研究生	2.6	0.5	管理科学与工程

续表

序号	姓名	国籍	学生类别	学费/万元	生活费/（万元/12个月）	专业名称
156	SERGINA ODOLEY ESAABA MCCLAUDE-MENSAH	加纳	博士研究生	2. 6	0. 5	管理科学与工程
157	SAMUEL OFORI	加纳	博士研究生	2. 6	0. 5	管理科学与工程
158	ARBI SETIYAWAN	印度尼西亚	博士研究生	2. 6	0. 5	管理科学与工程
159	GABRIEL OSAGIEDUWA ODIASE	尼日利亚	博士研究生	2. 6	无	管理科学与工程
160	BARBARA PATRICIA ESCAMILLA CABRERA	墨西哥	博士研究生	2. 6	0. 5	管理科学与工程
161	YVETTE FERGUSON ARTHUR	加纳	博士研究生	2. 6	无	管理科学与工程
162	JOYCEMARY WILLIAM KALLAGHE	坦桑尼亚	博士研究生	2. 6	无	管理科学与工程
163	NYASO HAMISI MALILO	坦桑尼亚	博士研究生	2. 6	0. 5	管理科学与工程
164	DOMINIC ACHARI	加纳	博士研究生	2. 6	无	管理科学与工程
165	MARTINSON YEBOAH APPIAH	加纳	博士研究生	2. 6	0. 5	管理科学与工程
166	PAUL NKRUMAH	加纳	博士研究生	2. 6	无	管理科学与工程
167	SADAF AKHTAR	巴基斯坦	博士研究生	2. 6	无	管理科学与工程
168	DAVID ADJETEY AHINAKWAH	加纳	博士研究生	2. 6	无	管理科学与工程
169	AMA AYENSUA TANDOH	加纳	博士研究生	2. 6	无	管理科学与工程
170	TAJAMUL HUSSAIN	巴基斯坦	博士研究生	2. 6	无	管理科学与工程
171	EDWINA NAA AMERLEY AMARTEIFIO	加纳	博士研究生	2. 6	无	管理科学与工程
172	FRANCIS KYERE	加纳	博士研究生	2. 6	无	管理科学与工程
173	MOSES NII AKWEI MINGLE	加纳	博士研究生	2. 6	0. 5	管理科学与工程
174	MALCOM FRIMPONG DAPAAH	加纳	博士研究生	2. 8	0. 5	环境科学与工程
175	BRIAN MUSIKAVANHU	津巴布韦	博士研究生	2. 8	无	环境科学与工程
176	FRANK PEPRAH ADDAI	加纳	博士研究生	2. 8	无	环境科学与工程
177	PETER KABA	加纳	博士研究生	2. 8	0. 5	环境科学与工程
178	AMENSISA NEGASA BEGI	埃塞俄比亚	博士研究生	2. 8	0. 5	材料科学与工程
179	ROBERT AGYARE OFOSU	加纳	博士研究生	2. 8	无	控制科学与工程
180	MUHAMMAD TAYYAB BUTT	巴基斯坦	博士研究生	2. 8	无	环境科学与工程
181	SARMAD YOUSIF MOUSSA AL-SAFFAR	伊拉克	博士研究生	2. 8	0. 5	环境科学与工程
182	TIBEBU TSEGAYE ZIGALE	埃塞俄比亚	博士研究生	2. 8	0. 5	环境科学与工程
183	SANWAL ASLAM	巴基斯坦	博士研究生	2. 8	无	环境科学与工程
184	MANSUUR HUSEIN	加纳	博士研究生	2. 8	0. 5	环境科学与工程
185	VANESSA CHIAMAKA OKECHUKWU	尼日利亚	博士研究生	2. 8	0. 5	环境科学与工程
186	EMMANUEL KWADZO KATANI	加纳	博士研究生	2. 8	无	计算机科学与技术
187	BANNING SAMUEL OSEI	加纳	博士研究生	2. 8	无	计算机科学与技术
188	MICHAEL CHRISTOPHER XENYA	加纳	博士研究生	2. 8	无	计算机科学与技术

续表

序号	姓名	国籍	学生类别	学费/万元	生活费/（万元/12个月）	专业名称
189	FRANCIS KWADZO AGBENYEGAH	加纳	博士研究生	2.8	无	计算机科学与技术
190	KORDZO ATTA NUKU ABIEW	加纳	博士研究生	2.8	无	计算机科学与技术
191	REXFORD NII AYITEY SOSU	加纳	博士研究生	2.8	无	计算机科学与技术
192	FAROUQ SESSAH MENSAH	加纳	博士研究生	2.8	无	控制科学与工程
193	NURUDEEN ALABI OWOLABI	尼日利亚	博士研究生	2.8	无	农业工程
194	AYESHA ZAFAR IQBAL	巴基斯坦	博士研究生	2.8	无	食品科学与工程
195	RHODA AGYEI-BOATENG	加纳	博士研究生	2.8	无	食品科学与工程
196	HAWBASH MUHIALDDIN JALIL	伊拉克	博士研究生	2.8	无	食品科学与工程
197	OLIVIER JOSEPH ABBAN	加纳	博士研究生	2.8	0.5	控制科学与工程
198	DANIEL OWUSU-MENSAH	加纳	博士研究生	2.8	无	机械工程
199	MANAR KAMAL SAAD ABDELNABI	埃及	博士研究生	2.8	无	环境科学与工程
200	MOHAMED KHAIRY ELSAYED ABDELWHAB	埃及	博士研究生	2.8	无	环境科学与工程
201	CYRUS ADDY	加纳	博士研究生	2.8	0.5	动力工程及工程热物理
202	SHEERAZ ALEEM BROHI	巴基斯坦	博士研究生	2.8	无	农业工程
203	MUHAMMAD AFTAB	巴基斯坦	博士研究生	2.8	0.5	材料科学与工程
204	KEVIN ZEBAZE DJUKA MBA	喀麦隆	博士研究生	2.8	无	环境科学与工程
205	ELIASU ISSAKA	加纳	博士研究生	2.8	无	环境科学与工程
206	JOSEPH KWAME LEWBALLAH	加纳	博士研究生	2.8	无	动力工程及工程热物理
207	NOMAN ASHRAF	巴基斯坦	博士研究生	2.8	0.5	车辆工程
208	KINGSLEY CHUKWUEBUKA OKOYE	尼日利亚	博士研究生	2.8	0.5	环境科学与工程
209	SULIMAN KHAN	巴基斯坦	博士研究生	2.8	0.5	食品科学与工程
210	EMMANUEL CHIGOZIE AHAM	尼日利亚	博士研究生	2.8	0.5	环境科学与工程
211	MOHAMED SY SAVANE	几内亚	博士研究生	2.8	无	环境科学与工程
212	DANIEL KUMI OWUSU	加纳	博士研究生	2.8	无	动力工程及工程热物理
213	DINA HOSNY SOLIMAN ELNAGAR	埃及	博士研究生	2.8	无	动力工程及工程热物理
214	JESSE NII OKAI AMU-DARKO	加纳	博士研究生	2.8	无	材料科学与工程
215	HUMMAIRA KANWAL	巴基斯坦	博士研究生	2.8	无	力学
216	MOHAMED OSMAN HASSAN	索马里	博士研究生	2.8	无	食品科学与工程
217	ABDUL RAZAK MONTO	加纳	博士研究生	2.8	无	食品科学与工程
218	FREDERICK ABANKWA	加纳	博士研究生	2.6	无	管理科学与工程
219	PERNILLE SKOV SANDER	丹麦	博士研究生	2.6	无	管理科学与工程
220	LESLIE OFOE AMEGAVIE	加纳	博士研究生	2.6	无	管理科学与工程

续表

序号	姓名	国籍	学生类别	学费/万元	生活费/（万元/12个月）	专业名称
221	ERNEST KAY BAKPA	加纳	博士研究生	2.6	无	管理科学与工程
222	DINAH QUACOE	加纳	博士研究生	2.6	无	管理科学与工程
223	BLESSING DWUMAH MANU	加纳	博士研究生	2.6	无	管理科学与工程
224	PRISCILLA ADOMAKO GYASI	加纳	博士研究生	2.6	无	管理科学与工程
225	GARBA BETCHEM	喀麦隆	博士研究生	2.8	无	食品科学与工程
226	HAFIZ NAVEED ANJUM	巴基斯坦	博士研究生	2.6	无	管理科学与工程
227	MATTHEW KUUNYIGR	加纳	博士研究生	2.6	无	管理科学与工程
228	OZIEGBE SIMEON EBHOTA	尼日利亚	博士研究生	2.6	无	管理科学与工程

（撰稿：吴文浩　核稿：高　静）

江苏大学2020年留学生优秀奖学金获得者名单

序号	姓名	班级	奖学金类型
1	MANASA DEVI RONGALA	MBBS2019	一等
2	IANA AIUGOVA	汉语国际教育（中文）2018秋	一等
3	RIKHAV ROMANCHBHAI VORA	MBBS2019	一等
4	MUBANGA BWALYA	BBA2018春	一等
5	ISMAIL ABDULRAHMAN ZUBEIR	IET2017秋	一等
6	MAHAM KHALID RAO	PH2018	一等
7	KENNY ANTHONY	FML（CSC）2017秋	一等
8	ALICE UMUTONIWASE	CE2017秋	一等
9	AVNI GUPTA	MBBS2018（1）	一等
10	MICHAEL LORDMARK MUBAIWA	MBBS2018（1）	一等
11	SUSHANT SUNIL ZADE	MBBS2018（2）	一等
12	NANDHINI SELVARAJ	MBBS2019	一等
13	SHAGUFTA PARVEEN	MBBS2017（1）	一等
14	ANGEL AYEBARE JENNY TIBEIHAHO	FSE2017	一等
15	CALVIN YEE FEN LEE	MBBS2016	一等
16	JERRICIA ANNA NELAGO NDILIMEKE KAMBONDE	CEP2018	一等
17	DORCAS MALEMO KIFUNGO	CEP2018	一等
18	CHELSEA ASARIBAMAH NAM-KATOTI	CST2018	一等

续表

序号	姓名	班级	奖学金类型
19	BOLA MOMOH	IET2018	一等
20	ZAINAB KOROMA	MBBS2016	一等
21	ABDULRAZAK YASSIN FARAH	MBBS2015（2）	一等
22	RINASHE MUTIWEKUZIWA	ACC2017秋	一等
23	ANTHONY KWESI QUARM	PH2018春	一等
24	KINJAL CHIRAG DAVE	MBBS2017（2）	一等
25	REUBEN SENKWE	CE2017秋	二等
26	ALEENA ARIYATTU PADAYATTY JACOB	MBBS2017（2）	二等
27	PULKIT SHARMA	MBBS2018（2）	二等
28	SOFIIA KASHFULLINA	汉语国际教育（中文）2018秋	二等
29	VIKTORIIA GUBINA	汉语国际教育（中文）2018秋	二等
30	JESSIE MAGONZIWA	ACC2017秋	二等
31	SUBER ABDI MOHAMED	MBBS2019	二等
32	DHAIRY SHAILESHBHAI PATEL	MBBS2016	二等
33	PATEL HIMANGI RAMESHKUMAR	MBBS2018（2）	二等
34	WONGELAWIT TEKA GEBREYESUS	IET2018	二等
35	BEENE SILOKA	IET2019	二等
36	TIWONGE NDHLOVU	CE2018	二等
37	SAMUEL YEMANE YEEBIYO	CST2018	二等
38	ZAINA OMARY MOCHIWA	PH2019	二等
39	MD FURKAN UDDIN	FML（CSC）2017秋	二等
40	RUCHI KUMARI	MBBS2018（1）	二等
41	KAPIL ROHILLA	MBBS2018（1）	二等
42	DHIRAJ BHARTI	MBBS2018（1）	二等
43	VISHNUMAYA PADMAKUMAR	MBBS2018（2）	二等
44	NIVEDITA NAIK	MBBS2018（1）	二等
45	UPVANJOT KAUR	MBBS2018（2）	二等
46	HIRAL BHARATBHAI UNDHAD	MBBS2016	二等
47	MUTINTA BLESS CHANSHI	MBBS2016	二等
48	JUSANNE KADEDRA REID	MBBS2016	二等
49	NYASHA PANASHE NYANHETE	MBBS2016	二等

续表

序号	姓名	班级	奖学金类型
50	KUMAIL MOHAMMED NADEEM	MBBS2019	二等
51	ARSHIYA PARVEZ MEMON	MBBS2019	二等
52	SYDELLE OMOYEME ANIMIKHENAH	MBBS2019	二等
53	BRENDAN CHUKWUEMEKA EZEUDOKA	PH2018	二等
54	TATENDA NICOLE MUKURUVA	ACC2018	二等
55	MWANSA NKANA	ACC2018	二等
56	AIMALOHI MAYOWA MOMOH	MBBS2018（1）	二等
57	TAKUNDA TADIWANASHE MOYANA	ACC2019	二等
58	ANJALI DAS SREEJA	MBBS2015（2）	二等
59	LEKHA SREENIVASAN	MBBS2015（1）	二等
60	SHARMILLA VINCENT RAJA	MBBS2015（1）	二等
61	JOSPHINE REEVA ABRAHAM	MBBS2015（2）	二等
62	NOUR ABDIHAKIM ALI	MBBS2015（2）	二等
63	GAURANG HASMUKHBHAI SUHAGIYA	MBBS2015（1）	二等
64	ABUBAKER WADAMBA	BBA2017 秋	二等
65	TARIRO MABHIZA	CE&P2018 春	二等
66	SHALOM YINGISANI CIELO MBOWENI	CS&T2018 春	二等
67	MUHAMMAD HASSAM SAEED	ME2018 春	二等
68	TANAKA MALONEY MAGWENZI	PH2017 秋	二等
69	ROHIT MOHAN	MBBS2019	二等
70	RITU CHAHAL	MBBS2019	二等
71	SUHANI RATHORE	MBBS2019	二等
72	CAROL LANDOMUHLE DUBE	MBBS2019	二等
73	IDOWU ONYINYE ADESANYA	FSE2017	二等
74	SIDDHI SANJAY CHAVAN	MBBS2017（2）	二等
75	GAGANDHWAJ SINGH RATHORE	MBBS2017（1）	二等
76	SAFA	MBBS2017（1）	二等
77	HUZAIFA ASGHAR	MBBS2017（1）	二等
78	PHEONA ADELLA MC KENZIE	MBBS2017（1）	二等
79	DANIEL TOBECHUKWU ASADU	PH2019	三等
80	WENDY SOLOMON	PH2018	三等

续表

序号	姓名	班级	奖学金类型
81	JACQUELINE OHEMAA KYEKYE BOATENG	BBA2017 秋	三等
82	NIVEDITA	MBBS2019	三等
83	VANSHITA JOSHI	MBBS2019	三等
84	TANAKA SASHA MUNGOFA	PH2018 春	三等
85	JOEL JOHN KATTAKKAYAM	MBBS2017（2）	三等
86	ASHISH AKLECHA	MBBS2018（1）	三等
87	FARHANA LATHIEF	MBBS2019	三等
88	RIYA SINGH	MBBS2016	三等
89	YASHWANTH KUMAR KURUBA BOJJAPPAGARI	MBBS2017（2）	三等
90	PREET DINESHKUMAR PATEL	MBBS2019	三等
91	MITHIL KETANKUMAR PATEL	MBBS2019	三等
92	NEHA PULICHARAM VEETTIL BASHEER	MBBS2019	三等
93	TELITAH EUNICE CHIMUTANDA	PH2019	三等
94	NANDINI KAMAL BOHRA	MBBS2019	三等
95	BHARGAVI KIRITBHAI PATEL	MBBS2018（1）	三等
96	NISHA YADAV	MBBS2018（2）	三等
97	UTKARSH GUPTA	MBBS2018（2）	三等
98	TANA JITENDRAKUMAR MEVADA	MBBS2016	三等
99	ROSEMARY FREMAH	MBBS2016	三等
100	SARAH MUSHIYA KAZADI	MBBS2019	三等
101	DEEP MANISHBHAI SOJITRA	MBBS2019	三等
102	YUKTA MITTAL	MBBS2019	三等
103	RUVIMBO HEATHER MUOMBA	ACC2019	三等
104	ARCHIT SINGHAL	MBBS2019	三等
105	CHIPO KUMWENDA	IET2019	三等
106	MUSTEFE KADER TAHIR	CE2017 秋	三等
107	AMINE EL MAJDOULI	FML（CSC）2017 秋	三等
108	PAULO CARDOZO SOARES AMARAL	FML（CSC）2017 秋	三等
109	OSCAR CHIDIEBERE UKAEGBU	PH2018	三等
110	SHAZMINA MOHAMMAD	MBBS2016	三等
111	PAUNI FRANCOISE BONVE	MBBS2015（1）	三等

续表

序号	姓名	班级	奖学金类型
112	VASHNAVI GUPTA	MBBS2018（2）	三等
113	SIMRAN GIRN	MBBS2018（2）	三等
114	FARIDA SULEMAN	MBBS2018（2）	三等
115	AJAY	MBBS2018（1）	三等
116	SAVI BHATNAGAR	MBBS2018（2）	三等
117	ANKIT YADAV	MBBS2018（2）	三等
118	JOSEPH SELASI FIANU	MBBS2018（2）	三等
119	AMISHA JAISWAL	MBBS2018（1）	三等
120	SYED SHARIB AHMED	MBBS2018（2）	三等
121	SANJOT KAUR	MBBS2018（1）	三等
122	NITYA DIPAKKUMAR SACHANI	MBBS2016	三等
123	ROHANKUMAR SHASHIKANT CHAVAN	MBBS2016	三等
124	DHRUVESH HIMMATBHAI RANGANI	MBBS2016	三等
125	BERNARD HACKMAN	MBBS2016	三等
126	TANYA LAMBA	MBBS2019	三等
127	ABHISHEK KUMAR NIRMALKAR	MBBS2019	三等
128	PRAPTI SOMESHWAR SONKUSARE	MBBS2019	三等
129	ABDUL-LATIF DIRISHAD OTHMAN HASSAN	MBBS2019	三等
130	MOHAMED DAHIR ABDISALAM	MBBS2017（1）	三等
131	SALONI DEVENDRA POSWAL	MBBS2017（2）	三等
132	NAIYA GUPTA	MBBS2017（2）	三等
133	DIVYESH ASHVINKUMAR PATEL	MBBS2017（2）	三等
134	RAGHUL SATHYAMURTHY	MBBS2016	三等
135	DRUSILLA DAMARES NAA YEMOTELEY ODOI	MBBS2017（2）	三等
136	GEORGIA MAWUENA GODSWAY	MBBS2016	三等
137	RAHEL JOHN	MBBS2017（2）	三等
138	DONA KURIAKOSE	MBBS2016	三等
139	TAWANDA EDDIE JUNIOR MUNONGO	CST2018	三等
140	SINGHAL MEHUL	MBBS2018（2）	三等
141	ASHUTOSH PATHAK	MBBS2018（2）	三等
142	ABHIJITH KADUKKASSERI	MBBS2016	三等

续表

序号	姓名	班级	奖学金类型
143	EMMANUEL NKANZA CHIBANDA	MBBS2016	三等
144	AJAY DEV MANOJ KUMAR	MBBS2015（1）	三等
145	ANKIT MANUBHAI GAUDANI	MBBS2015（1）	三等
146	CHRISTA BABY KURIAKOSE	MBBS2015（2）	三等
147	HARITHA DURGA KRISHNADAS	MBBS2015（2）	三等
148	SANJAY BALASUBRAMANIAM	MBBS2015（2）	三等
149	NIDHI KANAIYALAL DIYORA	MBBS2015（1）	三等
150	AMINA ABBA EL-GUJJA	MBBS2015（1）	三等
151	ELAIYABHARATHI THANGARASU	MBBS2015（2）	三等
152	JUTAMAS PHAOCHOMTHONG	MBBS2015（1）	三等
153	RAHENUMA YUSUF PATEL	MBBS2015（1）	三等
154	JOKEBED TSHIBONDO MPIANA	CE2018	三等
155	MICHELLE MUTSAKANYI	ACC2018 春	三等
156	DEBORAH BAIDU	ACC2018 春	三等
157	CALEB OPOKU MENSAH	ACC2018 春	三等
158	ANGELOUS MOYO-MASIYE	BBA2018 春	三等
159	MOHAMED AZIZ CHEBAANE	BBA2017 秋	三等
160	TATIANA MUBANGA MUTEB	BBA2018 春	三等
161	VALERIE NJAMBI MUYA	CE&P2017 秋	三等
162	KALKIDAN ZELALEM DEJENE	CE2017 秋	三等
163	WA TSHILUMBU GRACE TSHILUMBU	CE2017 秋	三等
164	MUNASHE PIUS RATEIWA	PH2018 春	三等
165	FATHIYA MOHAMED SAID	MBBS2019	三等
166	SISANDA MAULANA	FSE2017	三等
167	JESSICA KINEMO WA MUTOMBO	FSE2018	三等
168	NTETHELELO MARCIA-ANNE MPOFU	MBBS2017（2）	三等
169	AKASH ARVINDBHAI HIRPARA	MBBS2017（1）	三等
170	KAINAT AFTAB	MBBS2017（1）	三等
171	ANAKHA MADAPPALLY	MBBS2017（2）	三等
172	ANTHONY JOSEPH MANOHAR NARISETTI	MBBS2017（2）	三等
173	JOSEPHINE NAA NORKOR DOWUONA	FSE2019 秋	三等

续表

序号	姓名	班级	奖学金类型
174	TANUJ YADAV	MBBS2019（1）	社会活动之星
175	ASHEESH MEGHWANSHI	MBBS2017（2）	社会活动之星
176	SARAH MUSHIYA KAZADI	MBBS2019（1）	社会活动之星
177	EMMANUEL NKUDEDE	MASTER2018 春	社会活动之星
178	JULIUS NUERTEY NANOR	Master2018 秋	社会活动之星
179	MORRANT HEMANS	Master2019 秋	社会活动之星
180	SHAGUFTA PARVEEN	MBBS2017（1）	社会活动之星
181	HUSSEINI SULEMANA	MASTER2018 春	社会活动之星
182	ADRIA NIRERE	PHD2018 秋	社会活动之星
183	OLUWATOBI PELUMI ADELEKE	MASTER2017 秋	社会活动之星
184	ABDIRAHMAN AHMED GEDI	MASTER2017 秋	社会活动之星
185	OBED AFOTEY OKLE	MASTER2019 春	社会活动之星
186	KAINAT AFTAB	MBBS2017（1）	社会活动之星
187	ANTHONY KWESI QUARM	PS2018 春	社会活动之星
188	PRINCE MASHAVAVE	MASTER2019 春	社会活动之星
189	RIYA SINGH	MBBS2016（1）	体育之星
190	ANGEL AYEBARE JENNY TIBEIHAHO	FSE2017 秋	文艺之星
191	PULKIT SHARMA	MBBS2018（2）	文艺之星
192	MUBANGA BWALYA	BBA2018 春	文艺之星
193	ANDREW KWAMINA BRAM	PHD2018 秋	文艺之星
194	MUHAMMAD AWAIS	MASTER2018 春	学术之星
195	UTKARSH GUPTA	MBBS2018（2）	成长之星
196	MICHAEL LORDMARK MUBAIWA	MBBS2018（1）	成长之星
197	WINFRED OKOE ADDY	PHD2018 秋	成长之星
198	KINJAL CHIRAG DAVE	MBBS2017（2）	成长之星
199	GAGANDHWAJ SINGH RATHORE	MBBS2017（1）	成长之星

（撰稿：王　斌　核稿：蔡朝辉）

表彰与奖励

2020 年江苏大学学生集体、个人获市级及以上表彰奖励情况

获奖单位	获奖人员（单位）	获奖名称（号）	授奖单位	授奖时间
财经学院	陈泉如	镇江市青年联合会第八届委员会全体会议“优秀志愿者”称号	共青团镇江市委员会 镇江市学生联合会	2021.11
数学科学学院	汪婧怡	2020 年高教社杯全国大学生数学建模竞赛本科组江苏省一等奖	全国大学生数学建模竞赛江苏赛区组织委员会	2020.01.01
法学院	张　杨	第三届“江苏省高校诗歌大展”决赛三等奖	江苏省作家协会委员会 青春杂志社 江苏省高校文学联盟	2020.01
团委	扬青春善美，奏生命乐章	2019 全市高校“博爱青春”暑期志愿服务优秀项目	镇江市红十字会 镇江市文明办 镇江市教育局 镇江市卫生健康委员会 共青团镇江市委	2020.01
团委	郑　倩　钱渊方　李　惠 王星煜　唐溧璘　谢雨香 邱默然　李宇虹　陶才峰	2019 全市高校“博爱青春”暑期志愿服务优秀大学生志愿者	镇江市红十字会 镇江市文明办 镇江市教育局 镇江市卫生健康委员会 共青团镇江市委	2020.01
药学院	刘澳鑫	华语辩论世界杯扬州赛区季军	华语辩论世界杯组委会	2020.01
财经学院	胥辰辰	2020 广发证券大学生微创业行动华东区铜奖	中国青年报社	2020.01
财经学院	邓睿璇	第 22 届全国新概念作文大赛二等奖	新概念作文大赛组委会	2020.01
法学院	夏　浦　熊伟健	江苏省 2019 年度优秀新闻宣传成果奖优秀奖	中国农工民主党江苏省委员会	2020.02
团委	江苏大学菁英实践团队	2019 年“追寻红色足迹·情系圣地发展”全国大学生延安暑期社会实践专项活动优秀社会实践报告	2019 年“追寻红色足迹·情系圣地发展”全国大学生延安暑期社会实践专项活动组委会	2020.03
团委	江苏大学研究生“2+1”守护计划志愿服务队	“向最美逆行者致敬”活动“优秀志愿服务组织”	共青团江苏省委 江苏省志愿者协会	2020.03

续表

获奖单位	获奖人员（单位）	获奖名称（号）	授奖单位	授奖时间
法学院	樊浩川	“青年眼中的年味”全媒体联动中荣获“文化推广大使”称号	中国青年报社	2020. 04
外国语学院	洪淑婷	2020年全市“我们身边的好青年”评选活动，被评为“勤学上进好青年”	共青团镇江市团委 镇江市青年联合会 镇江报业传媒集团 镇江市文化广电产业集团	2020. 04
数学科学学院	胡潇逸	2020年第四届全国大学生环保知识竞赛	全国大学生环保知识竞赛组委会	2020. 04
数学科学学院	胡潇逸	2020年全国大学生国家安全知识教育知识竞赛	中国大学生在线	2020. 04
数学科学学院	胡潇逸	2020年全国大学生组织管理能力大赛	全国大学生组织管理能力大赛组委会	2020. 04
数学科学学院	谢晓森	2020年美国大学生数学建模竞赛国际二等奖	COMAP	2020. 04
数学科学学院	李航宇	美国大学生数学建模竞赛M奖	COMAP	2020. 04
团委	韩茂修　谈少鸿　顾三姗 王　婕　周立鑫　秦汉成 方培俊	2019年度“镇江市优秀共青团员”	共青团镇江市委员会	2020. 04
团委	江苏大学电气信息工程学院电气工程及其自动化（卓越）专业电卓1701班团支部 江苏大学土木工程与力学学院工程管理1702班团支部	镇江市五四红旗团支部（总支）	共青团镇江市委员会	2020. 04
食品与生物工程学院	贺卓芳	第四届全国大学生环保知识竞赛优秀奖	中国绿发会	2020. 04
药学院	张　媛	江苏省三好学生	江苏省教育厅	2020. 04
管理学院	王　婷	镇江市“勤学上进好青年”	共青团镇江市委员会 镇江市青年联合会 镇江报业传媒集团 镇江市文化广电集团	2020. 04
土木工程与力学学院	胡光华	江苏省土木工程专业优秀毕业生（本科）	江苏省土木建筑学会教育工作委员会	2020. 05. 30
法学院	张东禹	2020年全国高校传统文化知识竞答江苏省三等奖	2020年全国高校传统文化知识竞答组委会	2020. 05

续表

获奖单位	获奖人员（单位）	获奖名称（号）	授奖单位	授奖时间
团委	江苏大学机械学院机械（中法）1701团支部	江苏省五四红旗团支部（团总支）	共青团江苏省委	2020.05
团委	蒋　玥　张雨琪	江苏省优秀共青团员	共青团江苏省委	2020.05
药学院	陈　鑫	第十五届全国大学生文学作品大赛二等奖	中国散文学会 全国大学生文学作品大赛组委会	2020.05
财经学院	余华琛	第十五届全国大学生文学作品大赛三等奖	全国大学生文学作品大赛组委会 中国散文学会	2020.05
管理学院	物流1701 王莹 公共（医保）1701 杜甜	本科生江苏省优秀学生干部	江苏省教育厅 共青团江苏省委员会	2020.05
管理学院	工商1701班	本科生江苏省先进班集体	江苏省教育厅 共青团江苏省委员会	2020.05
管理学院	蔡思琴　杜　甜　叶雨曦	2020年全国企业竞争模拟大赛总决赛一等奖	中国管理现代化研究会决策模拟专业委员会	2020.05
管理学院	蒋　玥	江苏省优秀共青团员	共青团江苏省委	2020.05
能动学院	孙　睿	节能减排大赛省级二等奖	江苏省能源研究会	2020.05
土木工程与力学学院	周清琰	江苏省大学生工程管理专业优秀毕业生	江苏省土木建筑学会	2020.06.10
土木工程与力学学院	余　霞	2020全国高校传统文化知识竞答江苏省一等奖	2020年全国高校传统文化知识竞答组委会	2020.06.13
外国语学院	胡小雪　汪　婷　王玥珉 顾章红　花振豪　罗燕萍 曹倩倩	2020年第六届“LSCAT”杯江苏省笔译大赛（英译汉本科组）三等奖	江苏省翻译协会 中国翻译协会 语言服务创业创新中心	2020.06.15
外国语学院	缪东菊　骆沁玥　李东慧 汪　可　谷琳玉　陈舒阳 陈薪羽　李晓涵　秦怀宇	2020年第六届“LSCAT”杯江苏省笔译大赛（英译汉本科组）二等奖	江苏省翻译协会 中国翻译协会 语言服务创业创新中心	2020.06.15
外国语学院	张蓉蓉　任婷婷　张明玉	2020年第六届“LSCAT”杯江苏省笔译大赛（英译汉本科组）一等奖	江苏省翻译协会 中国翻译协会 语言服务创业创新中心	2020.06.15
外国语学院	骆沁玥　花振豪　曹　霞 吕天雄　王书翀	2020年第六届“LSCAT”杯江苏省笔译大赛（汉译英本科组）优胜奖	江苏省翻译协会 中国翻译协会 语言服务创业创新中心	2020.06.15
外国语学院	汪　可　李艳玲　朱孟丹 陈舒阳　张家雨	2020年第六届“LSCAT”杯江苏省笔译大赛（汉译英本科组）三等奖	江苏省翻译协会 中国翻译协会 语言服务创业创新中心	2020.06.15

续表

获奖单位	获奖人员（单位）	获奖名称（号）	授奖单位	授奖时间
外国语学院	王玥珉　任婷婷　罗燕萍　叶志景　何　娜　李艾琪　李晓涵	2020年第六届"LSCAT"杯江苏省笔译大赛（汉译英本科组）二等奖	江苏省翻译协会 中国翻译协会 语言服务创业创新中心	2020.06.15
外国语学院	顾章红　陆亚萍　李　漫　秦怀宇	2020年第六届"LSCAT"杯江苏省笔译大赛（汉译英本科组）一等奖	江苏省翻译协会 中国翻译协会 语言服务创业创新中心	2020.06.15
外国语学院	曹　霞　吕天雄　田欣怡　张旭然　朱静佳	2020年第六届"LSCAT"杯江苏省笔译大赛（英译汉本科组）优胜奖	江苏省翻译协会 中国翻译协会 语言服务创业创新中心	2020.06.15
外国语学院	叶罕辰	2020年第四届普译奖全国大学生翻译比赛英译汉组（初赛阶段）三等奖	普译奖全国大学生翻译比赛组委会	2020.06
计算机科学与通信工程学院	杨　阳	江苏省省级优秀学生干部	江苏省教育厅 共青团江苏省委	2020.06
计算机科学与通信工程学院	通信1701	江苏省省级先进班集体	江苏省教育厅 共青团江苏省委	2020.06
流体机械技术研究中心	王金辉	第四届全国大学生环保知识竞赛	中国绿发会大学生发展工作委员会	2020.06
流体机械技术研究中心	流体硕1801班	江苏省先进班集体	江苏省教育厅	2020.06
流体机械技术研究中心	张乾坤	江苏省优秀研究生干部	江苏省教育厅	2020.06
生命科学学院	生科硕1801班	江苏省省级先进班集体	江苏省教育厅 共青团江苏省委	2020.06
数学科学学院	胡潇逸	2020年度江苏省现代教育技术应用作品大赛二等奖	江苏省教育科学研究院	2020.06
数学科学学院	胡潇逸	2020年度江苏省现代教育技术应用作品大赛三等奖	江苏省教育科学研究院	2020.06
数学科学学院	胡潇逸	2020年全国高校传统文化知识竞答	2020年全国高校传统文化知识竞答组委会	2020.06

续表

获奖单位	获奖人员（单位）	获奖名称（号）	授奖单位	授奖时间
食品与生物工程学院	贺卓芳	2020年全国大学生组织管理能力大赛三等奖	中国人生科学学会创新教育专业委员会	2020.06
食品与生物工程学院	杨依然　陈蓬涛　黄诗婷　吴宇晴	CIFST-第二届“三只松鼠杯”休闲食品创新大赛提名奖	中国食品科学技术学会	2020.06
土木工程与力学学院	李梅萍	江苏省三好学生	江苏省教育厅 共青团江苏省委	2020.06
药学院	王立玮	2020年第四届普译奖全国大学生翻译比赛汉译英组三等奖	“普译奖”全国大学生翻译比赛组委会	2020.06
药学院	王立玮	2020年第六届“LSCAT”杯江苏省笔译大赛（英译汉本科组）	江苏省翻译协会	2020.06
药学院	石　雨	第四届普译奖全国大学生翻译比赛英译汉组三等奖	普译奖全国大学生翻译比赛组委会	2020.06
法学院	汤甜甜	第四届全国高校商务英语知识竞赛决赛三等奖	中国对外贸易经济合作企业协会 商务英语专业工作委员会	2020.07
外国语学院	陈薪羽	第九届全国口译大赛（英语）江苏赛区复赛一等奖	中国翻译协会	2020.07
流体机械工程技术研究中心	王金辉	2020年全国大学生组织管理能力大赛决赛	全国大学生组织管理能力大赛组委会	2020.07
团委	大学生骨干培训班实践团	2019年“井岗情　中国梦”全国大学生暑期社会实践专项活动“优秀团队”	共青团中央青年发展部 全国青少年井冈山革命传统教育基地管理中心	2020.07
团委	曲洪川　宋安齐　花江峰　郑明雪　侯海港	江苏省抗疫先进个人	江苏省学生联合会	2020.07
食品与生物工程学院	张书箐	2020年全国大学生计算机技能应用大赛三等奖	中国软件行业协会培训中心	2020.07
药学院	王立玮	2020年全国大学生计算机技能应用大赛Word科目三等奖	中国软件行业协会培训中心 全国大学生计算机技能应用大赛组委会	2020.07

续表

获奖单位	获奖人员（单位）	获奖名称（号）	授奖单位	授奖时间
药学院	王立玮	2020年全国大学生计算机技能应用大赛PowerPoint科目三等奖	中国软件行业协会培训中心 全国大学生计算机技能应用大赛组委会	2020.07
药学院	王立玮	2020年全国大学生计算机技能应用大赛Excel科目二等奖	中国软件行业协会培训中心 全国大学生计算机技能应用大赛组委会	2020.07
机械工程学院	罗俣宸	第十九届全国大学生机器人大赛ROBOMASTER2020机甲大师对抗赛国家级三等奖	全国大学生机械创新设计大赛组委会	2020.08.01
机械工程学院	谢海滢	第六届江苏省“互联网+”大学生创新创业大赛省级一等奖	江苏省“互联网+”创新创业大赛组委会	2020.08.01
机械工程学院	黄霆扬	第十九届全国大学生机器人大赛ROBOMASTER 2020机甲大师对抗赛（线上）国家级三等奖	全国大学生机械创新设计大赛组委会	2020.08.01
机械工程学院	李　龙	第十五届全国大学生智能汽车竞赛全国总决赛二等奖国家级二等奖	中国自动化协会	2020.08.01
机械工程学院	郭　俊	第六届江苏省“互联网+”创新创业大赛省级三等奖	江苏省“互联网+“创新创业大赛组委会	2020.08.01
机械工程学院	周凯祥　张日凯	江苏省研究生数学建模竞赛省级三等奖	江苏省理学1类研究生教育指导委员会 江苏省工业与应用数学学会	2020.08.12
机械工程学院	梁振楠　廖彩淇　唐梦雨	第一届江苏省研究生数学建模竞赛省级三等奖	江苏省理学1类研究生教育指导委员会 江苏省工业与应用数学学会	2020.08.12
机械工程学院	毕　杨	第十九届全国大学生机器人大赛ROBOMASTER 2020机甲大师对抗赛（线上）国家级三等奖	全国大学生机械创新设计大赛组委会	2020.08.20
机械工程学院	王月彤	全国大学生智能汽车竞赛国家级二等奖省级一等奖	中国自动化协会	2020.08.26

续表

获奖单位	获奖人员（单位）	获奖名称（号）	授奖单位	授奖时间
机械工程学院	董正乾　徐　磊　陈占富　陈尚爽	第六届江苏“互联网+”创新创业大赛省三等奖省级三等奖	江苏省“互联网+“创新创业大赛组委会	2020.08.31
机械工程学院	董正乾	第十一届“挑战杯”江苏省大学生创业计划竞赛省赛银奖省级二等奖	共青团江苏大学委员会	2020.08.31
机械工程学院	高　翔　赵　煜　吴梦琪	“兆易创新杯”第十五届中国研究生电子设计竞赛省级二等奖（华东分赛区二等奖）	中国学位与研究生教育学会 中国科协青少年科技中心 中国电子学会	2020.08.31
机械工程学院	陈占富	第十一届“挑战杯”江苏省大学生创业计划竞赛省赛银奖省级二等奖	江苏省大学生创业计划竞赛组委会	2020.08.31
机械工程学院	唐小康	“兆易创新杯”第十五届中国研究生电子设计竞赛省级三等奖	中国学位与研究生教育学会 中国科协青少年科技中心 中国电子学会	2020.08.31
电气信息工程学院	梁益帆　蔡港祥	全国大学生智能汽车竞赛百度组全国二等奖	中国自动化协会	2020.08
电气信息工程学院	张驰宸	全国大学生智能汽车竞赛四轮组华东赛区一等奖	中国自动化协会	2020.08
电气信息工程学院	贺奇正	全国大学生智能汽车竞赛信标组华东赛区二等奖	中国自动化协会	2020.08
电气信息工程学院	严　文	全国大学生智能汽车竞赛华东赛区三等奖	中国自动化协会	2020.08
电气信息工程学院	赵梦桃	全国大学生智能汽车竞赛华东赛区 AI 电磁组三等奖	中国自动化协会	2020.08
法学院	汤甜甜	2020 年“远见者杯”全国大学生创新促就业（简历设计）大赛优秀奖	中国电子商会 智慧中国杂志社 全国大学生创新促进就业委员会	2020.08
法学院	吴　瑶	镇江共青团“童享阳光，相伴成长”爱心暑托班志愿活动优秀志愿者	镇江市润州区雯心草（市级）示范班	2020.08
流体机械工程技术研究中心	杨雪琪	2020 年江苏省研究生数学建模科研创新实践大赛	江苏省理学 1 类研究生教育指导委员会	2020.08

续表

获奖单位	获奖人员（单位）	获奖名称（号）	授奖单位	授奖时间
流体机械工程技术研究中心	王子超　杨雪棋　周　强	江苏省第二届研究生数学建模科研创新实践大赛	江苏省理学 1 类研究生教育指导委员会	2020. 08
流体机械工程技术研究中心	金永鑫　王子超	江苏省第六届“互联网+”大学生创新创业大赛	江苏省教育厅	2020. 08
流体机械工程技术研究中心	张安琪　顾发东　杨　飞	江苏省研究生数学建模科研创新实践大赛	江苏省教育厅	2020. 08
流体机械工程技术研究中心	祁　炳	第十七届“挑战杯”江苏省选拔赛决赛一等奖	共青团江苏省委	2020. 08
数学科学学院	温　迪	江苏省数学建模竞赛一等奖	江苏省数学学会	2020. 08
团委	“爱的防护伞”项目	2019 年度江苏省十佳青年志愿服务项目	共青团江苏省委 江苏省志愿者协会	2020. 08
团委	王　阳　韩茂修	2019 年度江苏省优秀青年志愿者	共青团江苏省委 江苏省志愿者协会	2020. 08
团委	江苏大学医学院青年志愿者协会	2019 年度江苏省青年志愿服务行动组织奖	共青团江苏省委 江苏省志愿者协会	2020. 08
团委	“扎根大别山区 情暖留守儿童”十年公益支教	2019 年江苏省青年志愿服务项目大赛关爱留守儿童类项目二等奖	共青团江苏省委 江苏省文明办 江苏省公安厅 江苏省民政厅 江苏省生态环境厅 江苏省水利厅 江苏省文化和旅游厅 江苏省卫生健康委员会 江苏省应急管理厅 江苏省慈善总会 江苏省残疾人联合会	2020. 08
团委	致敬永恒的生命——关爱遗体器官捐献者	2019 年江苏省青年志愿服务项目大赛恤病助医类项目二等奖	共青团江苏省委 江苏省文明办 江苏省公安厅 江苏省民政厅 江苏省生态环境厅 江苏省水利厅 江苏省文化和旅游厅 江苏省卫生健康委员会 江苏省应急管理厅 江苏省慈善总会 江苏省残疾人联合会	2020. 08

续表

获奖单位	获奖人员（单位）	获奖名称（号）	授奖单位	授奖时间
团委	为建筑女工撑起爱的防护伞	2019 年江苏省青年志愿服务项目大赛其他类别三等奖	共青团江苏省委 江苏省文明办 江苏省公安厅 江苏省民政厅 江苏省生态环境厅 江苏省水利厅 江苏省文化和旅游厅 江苏省卫生健康委员会 江苏省应急管理厅 江苏省慈善总会 江苏省残疾人联合会	2020. 08
食品与生物工程学院	田　静　于　丹　李幸军 孙洪涛　何定畅　杨翔天	2020 年江苏省研究生数学建模科研创新实践大赛二等奖	江苏省理学 1 类研究生教育指导委员会	2020. 08
食品与生物工程学院	张亚新　梁振楠　唐梦雨	2020 年江苏省研究生数学建模科研创新实践大赛三等奖	江苏省理学 1 类研究生教育指导委员会	2020. 08
食品与生物工程学院	王亚珍	第六届中国国际“互联网+”大学生创新创业大赛江苏省选拔赛一等奖	江苏省教育厅	2020. 08
食品与生物工程学院	王新宇　魏晓鸥　甘子玉 朱　丹　郭子昂　陈智扬 张长才　王月影　刘　超 张　雪　刘　黎	第六届中国国际“互联网+”大学生创新创业大赛江苏省选拔赛三等奖	江苏省教育厅	2020. 08
财经学院	解　玄　许　晟　陈　鑫 吴安黛　闫梦华　朱俞青 陈志凌　曹　加　崔舒然 端木晨阳　唐捷旭 俞升浩	2020 年“互联网+”大学生创新创业大赛暨第九届“花桥国际商务城杯”省二等奖	江苏省“互联网+”大学生创新创业大赛组委会	2020. 08
财经学院	傅裕卿	第六届江苏省“互联网+”大学生创新创业大赛一等奖	江苏省“互联网+”大学生创新创业大赛组委会	2020. 08
财经学院	宋宇尧	第六届“东方财富杯”全国大学生金融精英挑战赛二等奖	共青团中央青年发展部	2020. 08
财经学院	郭然喆　程嘉豪　李宛颖 何　静	第六届“东方财富杯”全国大学生金融精英挑战赛三等奖	共青团中央青年发展部	2020. 08

续表

获奖单位	获奖人员（单位）	获奖名称（号）	授奖单位	授奖时间
管理学院	刘欢欢　李文静	2020年第六届“互联网+”大学生创新创业大赛江苏省一等奖	江苏省教育厅	2020. 08
机械工程学院	吕　天	第十五届全国大学生智能汽车竞赛人工智能创意赛国家级二等奖	中国自动化协会	2020. 08
机械工程学院	王孟妮	“兆易创新杯”第十五届中国研究生电子设计竞赛省级二等奖（华东分赛区二等奖）	中国学位与研究生教育学会 中国科协青少年科技中心 中国电子学会	2020. 08
机械工程学院	万　成	第十三届“高教杯”全国大学生先进成图技术与产品信息建模创新大赛机械类3D打印国家级一等奖	全国大学生先进成图技术与产品信息建模创新大赛组委会	2020. 09. 22
机械工程学院	万　成	2020“蔚来杯“中国大学生电动方程式大赛国家级二等奖	中国汽车工程协会	2020. 09. 22
机械工程学院	万　成	2020中国大学生方程式汽车大赛国家级三等奖	中国汽车工程协会	2020. 09. 22
机械工程学院	郑　耀	“康尼杯”第八届江苏省大学生机械创新设计大赛省一等奖	江苏省大学生机械创新设计大赛组委会	2020. 09. 26
法学院	王　凯　胡贝贝　陶佳钰　罗布卓玛	“青年中国行”第八届大学生暑期社会调研实践活动全国百强团队	中华青年精英项目（中华全国青年联合会秘书处）	2020. 09
法学院	冒晓慧　曾怡雯	2020大学生暑期“三下乡”实践活动先进工作者	共青团镇江市委员会 镇江市学生联合会	2020. 09
法学院	“法系人情，情牵温暖”实践团队	2020大学生暑期“三下乡”实践活动优秀团队	共青团镇江市委员会 镇江市学生联合会	2020. 09
外国语学院	陈薪羽	第九届全国口译大赛（英语）东部赛区大区赛优秀奖	中国翻译协会	2020. 09

续表

获奖单位	获奖人员（单位）	获奖名称（号）	授奖单位	授奖时间
外国语学院	格桑花支教团实践团队	2020年镇江市大学生志愿者暑期“三下乡”“返家乡”社会实践活动优秀团队	共青团镇江市委员会 镇江市学生联合会	2020.09
外国语学院	王馨悦　顾章红	2020年镇江市大学生志愿者暑期“三下乡”“返家乡”社会实践活动先进个人	共青团镇江市委员会 镇江市学生联合会	2020.09
外国语学院	陈晓凡　顾洪铭　张纪媛 钱俊杰 刘　琪（英师2003） 焦明君（日语2002）	2020年第二届全国高校创新英语挑战活动综合能力赛（大众组）初赛优秀奖	《海外英语》杂志 中国文化信息协会创新文化传播专业委员会 全国高校创新英语挑战活动组委会	2020.09
外国语学院	顾洪铭　何沁凌　张纪媛 王苗科　宣锦仪 姜鼎文（英师2003）	2020年第二届全国高校创新英语挑战活动综合能力赛（专业组）初赛优秀奖	《海外英语》杂志 中国文化信息协会创新文化传播专业委员会 全国高校创新英语挑战活动组委会	2020.09
数学科学学院	黄海玲	2020年全国高校传统文化知识竞答江苏省二等奖	全国高校传统文化知识竞答组委会	2020.09
食品与生物工程学院	杨曦晨	2019年江苏省大学生“水杉杯”话剧展演月活动普通组独幕剧三等奖	江苏省戏剧家协会	2020.09
食品与生物工程学院	林滨凤　吴继忠　谢荟瑶 张运莲　李文静　殷明星 朱阿芳　王　丽　许　艺 荣雅文	2020年第十一届“挑战杯”江苏省大学生创业计划竞赛一等奖	共青团江苏省委	2020.09
土木工程与力学学院	王舒翎　陈向晖	镇江市大学生志愿者暑期“三下乡”“返家乡”社会实践先进个人	共青团镇江市委员会镇江市学生联合会	2020.09
土木工程与力学学院	周茗柯	镇江市金点子征集优秀奖	共青团镇江市委员会 中共镇江市研究室 中共镇江市委网信办 镇江市政务服务办 镇江市人力资源和社会保障局	2020.09

续表

获奖单位	获奖人员（单位）	获奖名称（号）	授奖单位	授奖时间
药学院	钱欣雨　马　瑞	2020 年镇江市“三下乡社会实践先进个人”	镇江市学生联合会 镇江市委员会	2020.09
财经学院	胥辰辰	2020 新道财务数智化大赛省级一等奖	中国高等教育学会高等财经教育分会	2020.09
财经学院	马晓叶	2020 年镇江市大学生暑期“三下乡”社会实践先进个人	共青团镇江市委员会 镇江市学生联合会	2020.09
能源与动力工程学院	晏小雨　王　波　何富鑫 吴秀芝	市级优秀实践团队	镇江市学生联合会	2020.09
能源与动力工程学院	张　旭	镇江市暑期社会实践先进个人	镇江市学生联合会	2020.09
能源与动力工程学院	陈子昊　彭洋建	江苏省大学生数学建模竞赛三等奖	江苏省高等学校数学教学研究会	2020.09
团委	牛世婧　张雨晗　冯学力 刘欣茹　王张鑫　徐红主 李玮琦　张诗韵　张　惠 陆双倩　洪婉祯　郑曰文 顾章红　王馨悦　马晓叶 丁　琰　党凯翔　徐　乐 周　正　裴珊珊　王舒翎 陈向晖　崔　玲　刘　旭 冒晓慧　曾怡雯　钱欣雨 马　瑞　杜庚庭　吴宏宇 李双雨　李双雨　吴　滢 张言东　邢泉峰　黄鑫龙 王思博　张　浩　孙善新 苟　梅　张名瑀　时　锐 张梦真　水森君　张　旭 巩世成　白鸿云　王笔谈 张晨阳　张传上　单　俊 仇昕宇　吴云霞　刘　璐 陆云彬　涂成宇　杨诗羽 于美子　阮宏威　狄雨璐 张姝旋	2020 年镇江市大学生志愿者暑期“三下乡”“返家乡”社会实践活动先进个人	共青团镇江市委员会 镇江市学生联合会	2020.09

续表

获奖单位	获奖人员（单位）	获奖名称（号）	授奖单位	授奖时间
团委	江苏大学教师教育学院食不知“野”社会实践团队、农工普法追梦实践团队、民法典宣传普及实践团队、智慧农业现代技术应用研究实践团队、文学院“诗颂”实践团队、江苏大学“缤纷暑假”实践团队、江苏大学“朝晖暮霭”博爱青春实践团队、格桑花支教团实践团队、“奉博爱之心，献生命之髓”实践团队、“送金融保险知识下乡，助力乡村疫后振兴”实践团队、“艺术设计助力乡村振兴”实践团队、江苏大学“垃圾回窝”实践团队、“教渔尚乐”实践团队、“法系人情，情牵温暖”实践团队、“小手拉大手”安全用药科普社会实践团队、江苏大学医学院“博爱青春，生命永恒”团队、江苏大学医学院“英雄寻访，医心为民”暑期社会实践团队、江苏大学环保协会实践团队、机械学院学生会扶贫普法实践团队、“中国各地水资源现状与保护”实践团队、“献礼华诞”实践团队、“久久如一话初心，代代为功担使命”实践团队、“助力城市‘援建者’，创和谐新时代”实践团队、畅享科技实践团队、植保无人机实践团队、“厉行节约，反对浪费”实践团队、江苏大学美丽中国社会实践团队、“走绿色发展之路，助力脱贫攻坚战”实践团队、“‘云’路相伴，青春‘童’行”关爱世业洲留守儿童实践团队、“讲好抗疫故事，传递中国力量”实践团队	2020 年镇江市大学生志愿者暑期“三下乡”“返家乡”社会实践活动优秀团队	共青团镇江市委员会 镇江市学生联合会	2020.09

续表

获奖单位	获奖人员（单位）	获奖名称（号）	授奖单位	授奖时间
机械工程学院	朱　睿	第九届全国大学生机械创新设计大赛慧鱼组竞赛国家级一等奖	全国大学生机械创新设计大赛组委会	2020. 10. 01
机械工程学院	李宏洲	第九届全国大学生机械创新设计大赛慧鱼组竞赛省级三等奖	全国大学生机械创新设计大赛组委会	2020. 10. 01
机械工程学院	卞志鹏	中国大学生机械工程创新创意大赛省级二等奖	中国大学生机械工程创新创意大赛组委会	2020. 10. 01
机械工程学院	闵泳翊　黄炳林　魏　瑞	第九届全国大学生机械创新设计大赛慧鱼组竞赛省级二等奖	全国大学生机械创新设计大赛组委会	2020. 10. 10
机械工程学院	毕　杨	第九届全国大学生机械创新设计大赛慧鱼组竞赛省级二等奖	全国大学生机械创新设计大赛组委会	2020. 10. 10
机械工程学院	朱鑫磊	第九届全国大学生机械创新设计大赛慧鱼组竞赛省级一等奖	全国大学生机械创新设计大赛竞赛组委会	2020. 10. 10
机械工程学院	周亿萍	第九届全国大学生机械创新设计大赛慧鱼组竞赛省级二等奖	全国大学生机械创新设计大赛组委会	2020. 10. 10
机械工程学院	张　宇	中国大学生机械工程创新创意大赛省级二等奖	中国大学生机械工程创新创意大赛组委会	2020. 10. 19
外国语学院	杨　朵　陈楚怡　张晗玥	2020“外研社·国才杯”全国英语写作大赛省级复赛（江苏赛区）优胜奖	外语教学与研究出版社 北京外研在线数字科技有限公司 中国外语测评中心	2020. 10. 25
外国语学院	夏立昕　陆昕辰	2020“外研社·国才杯”全国英语阅读大赛省级复赛（江苏赛区）三等奖	外语教学与研究出版社 北京外研在线数字科技有限公司 中国外语与教育研究中心 中国外语测评中心	2020. 10. 25
外国语学院	陈　萌	2020“外研社·国才杯”全国英语阅读大赛省级复赛（江苏赛区）一等奖	外语教学与研究出版社 北京外研在线数字科技有限公司 中国外语与教育研究中心 中国外语测评中心	2020. 10. 25
电气信息工程学院	司雨鑫　施　姗	“第五届全国大学生预防艾滋病知识竞赛”优秀奖	中国预防性病艾滋病基金会	2020. 10

续表

获奖单位	获奖人员（单位）	获奖名称（号）	授奖单位	授奖时间
电气信息工程学院	鄢旭晖	2020年江苏省TI杯大学生电子设计竞赛二等奖	全国大学生电子设计竞赛江苏赛区组委会	2020. 10
法学院	姚羽晨	第五届全国大学生预防艾滋病知识竞赛优秀奖	全国大学生预防艾滋病知识竞赛组委会	2020. 10
法学院	张沁怡　王靓颖	全国大学生英语竞赛初赛（C类）二等奖	中国英语外语教师协会（TEFL China）和高等学校大学外语教学研究会	2020. 10
法学院	樊浩川	"青年当红不让"2020全国大学生服装搭配师、美陈师大赛系列活动优秀传播工作者	中国青年报社	2020. 10
外国语学院	周怡枫　朱文雅　周美晴　孙逸婕　王巧玲　龚迎雪　李　娴　李晓涵　段杰雨　刘心怡　陈芷璇　祝誉源　杨晓霞　成柏颖	2019至2020学年度国家励志奖学金	江苏省教育厅	2020. 10
外国语学院	钱俊杰	2020年第二届全国高校创新英语挑战活动英语词汇赛（英语专业组）初赛优秀奖	《海外英语》杂志 中国文化信息协会创新文化传播专业委员会 全国高校创新英语挑战活动组委会	2020. 10
数学科学学院	何　乐	2020高教杯全国大学生数学建模省二等奖	中国工业与应用数学学会	2020. 10
数学科学学院	张蜀琪　朱宇轩　朱静文　黎肖肖	江苏省普通高等学校第十七届高等数学竞赛本科一级B组三等奖	江苏省高等学校数学教学研究院 江苏省普通高等学校高等数学竞赛组织委员会	2020. 10
团委	江苏大学"博爱传承，生命永恒"团队	2020年全国大中专学生志愿者暑期"三下乡"社会实践活动优秀团队	共青团中央青年发展部	2020. 10
食品与生物工程学院	邹　金　许满青　祁红娜	CIFST-2020年度恒顺香醋杯学生创新大赛最佳工艺奖	中国食品科学技术学会	2020. 10
食品与生物工程学院	贺卓芳	2020年全国大学生职业发展大赛优秀奖	中国信息协会信息化发展研究院	2020. 10

续表

获奖单位	获奖人员（单位）	获奖名称（号）	授奖单位	授奖时间
海外学院	FATHIYA MOHAMED SAID	第三届“丝路青年梦想汇”演讲比赛二等奖	丝绸之路城市联盟 中国友好和平发展基金会 北京丝绸之路合作与发展促进会 中国人民大学重阳金融研究院	2020. 10
管理学院	谈少鸿	校长奖学金	江苏大学	2020. 10
管理学院	李星苇　李　娟 欧阳晨慧　潘蓉蓉 谈少鸿　吴思远　黄　曼 秦　琳　王　玥	国家奖学金	教育部	2020. 10
管理学院	李星苇　谈少鸿	校优秀研究生标兵	江苏大学	2020. 10
管理学院	黄海铮	第九届全国医药卫生管理专业本科生毕业论文竞赛二等奖	中国医药卫生管理大学联盟理事会	2020. 10
机械工程学院	卢新辉	第九届全国大学生机械创新设计大赛慧鱼组竞赛暨慧鱼工程技术创新大赛（2020）国家级一等奖	全国大学生机械创新设计大赛组委会	2020. 10
机械工程学院	吕　天	第十一届“蓝桥杯”全国软件和信息技术专业人才大赛二等奖	蓝桥杯全国软件和信息技术专业人才大赛组委会	2020. 10
机械工程学院	付佳帅	第十一届江苏省机器人大赛兵器对抗项目三等奖	江苏省大学生机器人大赛组织委员会	2020. 11. 01
机械工程学院	付佳帅	第十一届江苏省机器人大赛光电搬运项目三等奖	江苏省大学生机器人大赛组织委员会	2020. 11. 01
机械工程学院	马　龙	第十一届江苏省机器人大赛兵器对抗项目一等奖	江苏省大学生机器人大赛组织委员会	2020. 11. 01
机械工程学院	马　龙	第十一届江苏省机器人大赛密室夺宝项目三等奖	江苏省大学生机器人大赛组织委员会	2020. 11. 01
机械工程学院	王仁杰	“康尼杯”第八届江苏省大学生机械创新设计大赛一等奖	江苏省大学生机械创新设计大赛组委会	2020. 11. 01
机械工程学院	李毓雯	中国大学生电动方程式大赛国家级二等奖	中国汽车工程协会	2020. 11. 01

续表

获奖单位	获奖人员（单位）	获奖名称（号）	授奖单位	授奖时间
机械工程学院	弓句民	第十一届江苏省大学生机器人大赛兵器对抗项目一等奖	江苏省大学生机器人大赛组织委员会	2020. 11. 01
机械工程学院	弓句民	第十一届江苏省大学生机器人大赛密室夺宝项目一等奖	江苏省大学生机器人大赛组织委员会	2020. 11. 01
机械工程学院	弓句民	第十一届江苏省大学生机器人大赛分道越野项目二等奖	江苏省大学生机器人大赛组织委员会	2020. 11. 01
机械工程学院	李毓雯	“康尼杯”第八届江苏省大学生机械创新设计大赛三等奖（2个）	江苏省大学生机械创新设计大赛组委会	2020. 11. 01
机械工程学院	肖方凯	第十一届江苏省大学生机器人大赛（分拣搬运（光电车型）（本科组）三等奖	江苏省大学生机器人大赛组织委员会	2020. 11. 01
机械工程学院	张　宇	“康尼杯”第八届江苏省大学生机械创新设计大赛三等奖	江苏省大学生机械创新设计大赛组委会	2020. 11. 01
机械工程学院	朱　睿　杨晨曦	第五届江苏省智能（虚拟）仪器大赛一等奖	江苏省虚拟仪器竞赛组委员会 江苏省仪器仪表学会	2020. 11. 01
机械工程学院	韩　龙	江苏省智能虚拟仪器大赛一等奖	江苏省虚拟仪器竞赛组委员会 江苏省仪器仪表学会	2020. 11. 01
机械工程学院	马勇杰	第十一届江苏省大学生机器人大赛分道越野项目（I型）一等奖	江苏省大学生机器人大赛组织委员会	2020. 11. 01
机械工程学院	卞志鹏	华教杯大学生数学竞赛省级三等奖	华教杯大学生数学竞赛组委会	2020. 11. 01
机械工程学院	陈航滨	第十三届高教杯全国大学生先进成图技术与产品信息建模创新大赛图学基本知识全国二等奖	全国大学生先进成图技术与产品信息建模创新大赛组委会	2020. 11. 01
机械工程学院	汪　鑫	第十一届江苏省大学生机器人大赛二等奖	江苏省大学生机器人大赛组织委员会	2020. 11. 01
机械工程学院	黄宇珩　李　龙	“康尼杯”第八届江苏省大学生机械创新设计大赛三等奖	江苏省大学生机械创新设计大赛组委会	2020. 11. 01

续表

获奖单位	获奖人员（单位）	获奖名称（号）	授奖单位	授奖时间
机械工程学院	何　山	第五届江苏省智能（虚拟）仪器大赛一等奖	江苏省虚拟仪器竞赛组委员会	2020. 11. 01
外国语学院	秦怀宇	2020“外研社·国才杯”全国英语演讲大赛省级复赛（江苏赛区）二等奖	外语教学与研究出版社 北京外研在线数字科技有限公司 中国外语测评中心	2020. 11. 07
外国语学院	王玥珉	2020“外研社·国才杯”全国英语演讲大赛省级复赛（江苏赛区）优秀奖	外语教学与研究出版社 北京外研在线数字科技有限公司 中国外语测评中心	2020. 11. 07
机械工程学院	毛继强	第十一届江苏省机器人大赛分道越野（Ⅰ型）一等奖	江苏省大学生机器人大赛组织委员会	2020. 11. 08
机械工程学院	毛继强	第十一届江苏省机器人大赛密室夺宝一等奖	江苏省大学生机器人大赛组织委员会	2020. 11. 08
机械工程学院	毛继强	第十一届江苏省机器人大赛兵器对抗三等奖	江苏省大学生机器人大赛组织委员会	2020. 11. 08
机械工程学院	严　灿	第十一届江苏省大学生机器人大赛二等奖	江苏省大学生机器人大赛组织委员会	2020. 11. 08
机械工程学院	严　灿	第十一届江苏省大学生机器人大赛三等奖	江苏省大学生机器人大赛组织委员会	2020. 11. 08
数学科学学院	王佳璐	2020年全国高校传统文化知识竞答江苏省一等奖	全国高校传统文化知识竞答组委会	2020. 11. 11
财经学院	李坤其　张　钰　王　冬	2020年江苏省研究生“开放经济与产业发展”学术创新论坛三等奖	江苏省经济学类研究生教育指导委员会 江苏大学产业经济研究院	2020. 11. 14
机械工程学院	毛继强	第十一届江苏省机器人大赛光电搬运（光电车型）（本科组）三等奖	江苏省大学生机器人大赛组织委员会	2020. 11. 14
财经学院	李　新	2020年江苏省研究生“开放经济与产业发展”学术创新论坛优秀奖	江苏省经济学类研究生教育指导委员会 江苏大学产业经济研究院	2020. 11. 14
机械工程学院	刘　疆	第十一届江苏省大学生机器人大赛三等奖	江苏省大学生机器人大赛组织委员会	2020. 11. 15

续表

获奖单位	获奖人员（单位）	获奖名称（号）	授奖单位	授奖时间
机械工程学院	陈航滨	第十三届高教杯全国大学生先进成图技术与产品信息建模创新大赛尺规作图全国二等奖	全国大学生先进成图技术与产品信息建模创新大赛组委会	2020. 11. 16
机械工程学院	徐圆芝　谭　超	第十一届江苏省大学生机器人大赛分拣搬运（光电车型）（本科组）三等奖	江苏省大学生机器人大赛组织委员会	2020. 11. 16
数学科学学院	王佳璐	2020 全国高校祖国知识竞赛江苏省二等奖	全国高校祖国知识竞赛组委会	2020. 11. 16
机械工程学院	曹　杰	第七届微米纳米技术创新与产业化科研成果转化学生大赛国家级特别贡献奖	中国仪器仪表协会	2020. 11. 17
机械工程学院	弓句民	第十三届“高教杯”全国大学生先进成图技术与产品信息建模创新大赛国家级一等奖	全国大学生先进成图技术与产品信息建模创新大赛组委会	2020. 11. 18
机械工程学院	郭云帆　赵予澄	第十三届“高教杯”全国大学生先进成图技术与产品信息建模创新大赛国家级二等奖	全国大学生先进成图技术与产品信息建模创新大赛组委会	2020. 11. 18
机械工程学院	谢大伟　杨旭炎	第十三届“高教杯”全国大学生先进成图技术与产品信息建模创新大赛 机械类 3D 打印国家级一等奖	全国大学生先进成图技术与产品信息建模创新大赛组委会	2020. 11. 18
机械工程学院	谢大伟　杨旭炎	第十三届“高教杯”全国大学生先进成图技术与产品信息建模创新大赛 机械类国家级二等奖	全国大学生先进成图技术与产品信息建模创新大赛组委会	2020. 11. 18
机械工程学院	谢大伟	第十三届“高教杯”全国大学生先进成图技术与产品信息建模创新大赛 机械类尺规绘图国家级三等奖	全国大学生先进成图技术与产品信息建模创新大赛组委会	2020. 11. 18

续表

获奖单位	获奖人员（单位）	获奖名称（号）	授奖单位	授奖时间
机械工程学院	杨旭炎	第十三届“高教杯”全国大学生先进成图技术与产品信息建模创新大赛 机械类尺规绘图国家级二等奖	全国大学生先进成图技术与产品信息建模创新大赛组委会	2020. 11. 18
机械工程学院	杨旭炎	第十三届“高教杯”全国大学生先进成图技术与产品信息建模创新大赛 图学基础知识国家级二等奖	全国大学生先进成图技术与产品信息建模创新大赛组委会	2020. 11. 18
机械工程学院	黄霆扬	第十三届“高教杯”全国大学生先进成图技术与产品信息建模创新大赛机械类尺规绘图国家级二等奖	全国大学生先进成图技术与产品信息建模创新大赛组委会	2020. 11. 18
机械工程学院	黄霆扬	第十三届“高教杯”全国大学生先进成图技术与产品信息建模创新大赛机械类 3D 打印国家级一等奖	全国大学生先进成图技术与产品信息建模创新大赛组委会	2020. 11. 18
机械工程学院	方竣扬	第十三届“高教杯”全国大学生先进成图技术与产品信息建模创新大赛机械类尺规绘图国家级三等奖	全国大学生先进成图技术与产品信息建模创新大赛组委会	2020. 11. 18
机械工程学院	方竣扬　肖武龙　丁佳伟	第十三届“高教杯”全国大学生先进成图技术与产品信息建模创新大赛机械类 3D 打印国家级一等奖	全国大学生先进成图技术与产品信息建模创新大赛组委会	2020. 11. 18
机械工程学院	肖武龙　丁佳伟	第十三届“高教杯”全国大学生先进成图技术与产品信息建模创新大赛机械类尺规绘图国家级二等奖	全国大学生先进成图技术与产品信息建模创新大赛组委会	2020. 11. 18
机械工程学院	丁佳伟	第十三届“高教杯”全国大学生先进成图技术与产品信息建模创新大赛机械类团体国家级二等奖	全国大学生先进成图技术与产品信息建模创新大赛组委会	2020. 11. 18

续表

获奖单位	获奖人员（单位）	获奖名称（号）	授奖单位	授奖时间
机械工程学院	范君建	第十三届“高教杯”全国大学生先进成图技术与产品信息建模创新大赛尺规绘图国家级二等奖	全国大学生先进成图技术与产品信息建模创新大赛组委会	2020. 11. 18
机械工程学院	范君建	第十三届“高教杯”全国大学生先进成图技术与产品信息建模创新大赛基础知识国家级二等奖	全国大学生先进成图技术与产品信息建模创新大赛组委会	2020. 11. 18
机械工程学院	单　畅	第十三届“高教杯”全国大学生先进成图技术与产品信息建模创新大赛国家级一等奖	全国大学生先进成图技术与产品信息建模创新大赛组委会	2020. 11. 18
机械工程学院	单　畅	第十三届“高教杯”全国大学生先进成图技术与产品信息建模创新大赛国家级二等奖	全国大学生先进成图技术与产品信息建模创新大赛组委会	2020. 11. 18
机械工程学院	段俊涛	高教社杯全国大学生数学建模竞赛本科组国家级二等奖	中国工业与应用数学协会、全国大学生数学建模竞赛组织委员会	2020. 11. 20
机械工程学院	董钧逸	第十三届“高教杯”全国大学生先进成图技术与产品信息建模创新大赛个人赛（图学基础知识）国家级三等奖	全国大学生先进成图技术与产品信息建模创新大赛组委会	2020. 11. 20
机械工程学院	董钧逸	第十三届“高教杯”全国大学生先进成图技术与产品信息建模创新大赛个人赛（尺规绘图）国家级三等奖	全国大学生先进成图技术与产品信息建模创新大赛组委会	2020. 11. 20
数学科学学院	钱雨菲	2020 年全国大学生英语竞赛 C 类三等奖	国际英语外语教师协会 中国英语外语教师协会 高等学校大学外语教学研究会	2020. 11. 22
机械工程学院	许洪波	江苏省第十七届高等数学竞赛三等奖	江苏省高等学校数学教学研究会 江苏省普通高等学校高等数学竞赛组委会	2020. 11. 22

续表

获奖单位	获奖人员（单位）	获奖名称（号）	授奖单位	授奖时间
机械工程学院	沈天宇	江苏省普通高等学校第十七届高等数学竞赛二等奖	江苏省高等学校数学教学研究会 江苏省普通高等学校高等数学竞赛组委会	2020. 11. 22
机械工程学院	李哲源	“康尼杯”第八届江苏省大学生机械创新设计大赛二等奖	江苏省大学生机械创新设计大赛组委会	2020. 11. 25
电气信息工程学院	赵新宇	江苏省大学生数学竞赛二等奖	江苏省高等学校数学教学研究会 江苏省普通高等学校高等数学竞赛组委会	2020. 11
电气信息工程学院	汪　鑫　徐明吉　彭德锋　廖建桥	第十一届江苏省大学生机器人大赛多足机器人项目二等奖	江苏省大学生机器人大赛组织委员会	2020. 11
电气信息工程学院	周金宇	全国大学生数学建模竞赛（江苏赛区）三等奖	中国工业与应用数学学会	2020. 11
电气信息工程学院	孟宪博	江苏省 CUBA 篮球联赛第二名	江苏省学生体育协会	2020. 11
电气信息工程学院	开吾斯尔·沙依提	江苏省“省长杯”大学生足球联赛（校园组）冠军	江苏省学生体育协会	2020. 11
电气信息工程学院	廖汉福　林　昕	第十七届江苏省高校大学生物理与创新竞赛三等奖	江苏省物理学会 江苏省高校大学生物理与实验创新竞赛组织委员会	2020. 11
法学院	孙思睿　李嘉雯	第五届全省学生“学宪法讲宪法”决赛二等奖	第五届江苏省学生“学宪法、讲宪法”活动组委会	2020. 11
法学院	王婷婷　王子怡	2020 年“致敬镇江，经典传诵”大学生诗词大会“诗词抄写打卡”“打卡之星”荣誉称号	中共镇江市委宣传部 镇江市哲学社会科学界联合会	2020. 11
法学院	汤甜甜	第五届全国大学生预防艾滋病知识竞赛优秀奖	全国大学生预防艾滋病知识竞赛组委会	2020. 11
法学院	周　花	江苏省研究生“制度建设和国家治理现代化”学术创新论坛二等奖	江苏省哲法史学类研究生教育指导委员会	2020. 11
法学院	蒋笑盈	第四届江苏省研究生法律案例大赛最佳辩手	江苏省哲法史学类研究生教育指导委员会	2020. 11
法学院	王之琪　蒋笑盈　王科宇　李晨雪	第四届江苏省研究生法律案例大赛亚军	江苏省哲法史学类研究生教育指导委员会	2020. 11

续表

获奖单位	获奖人员（单位）	获奖名称（号）	授奖单位	授奖时间
流体机械工程技术研究中心	王子超　杨雪棋　周　强　金力成　李　志　张宇航　程智明　朱建成　李明慧　杨思佳　郭　超　孙雪雷　廖敏泉　陈猛飞　王彪彪　申纯浩　邓凡杰　张皓阳　何　攀　赵有龙　周　游　李　静　豆晓辉　薛佩东　叶和宇	江苏省研究生节能低碳科研创新实践大赛	江苏省工学1类研究生教育指导委员会主办	2020. 11
流体机械工程技术研究中心	张晨滢　龚小波　张猛等	江苏省研究生节能低碳科研创新实践大赛	江苏省工学1类研究生教育指导委员会	2020. 11
生命科学学院	赵　静　曹　维	江苏省植物生理学会第六届青年学术年会优秀论文二等奖	江苏省植物生理学会	2020. 11
数学科学学院	高越飞	江苏省高等数学竞赛二等奖	江苏省高等数学竞赛研究会	2020. 11
数学科学学院	倪鑫磊	江苏省高等数学竞赛一等奖	江苏省高等数学竞赛研究会	2020. 11
数学科学学院	彭警波	江苏省第十七届高等数学竞赛一等奖	江苏省高等学校数学教学研究会 江苏省普通高等学校高等数学竞赛组委会	2020. 11
数学科学学院	朱雨悦	“田家炳杯”第六届全国师范院校师范生教学技能竞赛一等奖	田家炳基金会	2020. 11
数学科学学院	刘　杰　谢晓森　刘吉祥	国家励志奖学金	江苏省教育厅	2020. 11
数学科学学院	杨美鑫	第十七届高等数学竞赛本科一级B组二等奖	江苏省普通高等学校高等数学竞赛组委会 江苏省高等学校数学研究会	2020. 11
数学科学学院	严泽园　阎美如	全国大学生数学建模竞赛本科组江苏省一等奖	全国大学生数学建模竞赛江苏赛区组织委员会	2020. 11
数学科学学院	阎美如　邓思夏	2019—2020国家励志奖学金	江苏省教育厅	2020. 11
数学科学学院	黄　菲	2020年高教社杯全国大学生数学建模竞赛	全国大学生数学建模竞赛江苏赛区组织委员会	2020. 11

续表

获奖单位	获奖人员（单位）	获奖名称（号）	授奖单位	授奖时间
数学科学学院	邓思夏	2020年高教社杯全国大学生数学建模竞赛本科组二等奖	中国工业与应用数学学会 全国大学生数学建模竞赛组委会	2020. 11
数学科学学院	李　婕	江苏省第十七届高等数学竞赛三等奖	江苏省高等学校数学教学研究会	2020. 11
数学科学学院	张　婷　刘　冰	第五届全国大学生预防艾滋病知识竞赛优秀奖	全国大学生预防艾滋病知识竞赛组委会	2020. 11
数学科学学院	周福盛	2020年高教社杯全国大学生数学建模竞赛本科组江苏省一等奖	中国工业与应用数学协会 江苏省工业与应用数学协会 全国大学生数学建模竞赛江苏赛区组委会 江苏省高等学校数学教学组委会	2020. 11
数学科学学院	刘梦怡	江苏省普通高等学校第十七届高等数学竞赛本科一级B组二等奖	江苏省高等学校数学教学研究院 江苏省普通高等学校高等数学竞赛组织委员会	2020. 11
数学科学学院	廖炳龙	江苏省普通高等学校第十七届高等数学竞赛本科一级B组三等奖	江苏省高等学校数学教学研究院 江苏省普通高等学校高等数学竞赛组织委员会	2020. 11
团委	江苏大学“走绿色发展之路，助力脱贫攻坚战”暑期社会实践团队	2020年全国大中专学生志愿者暑期“三下乡”社会实践“镜头中的三下乡”活动优秀视频团队	共青团中央青年发展部 中国青年报社	2020. 11
团委	唐秋月	团中央“千校千项”展示活动“青年基层观察员”	中国青少年新媒体协会 中青在线网站	2020. 11
团委	归达豪　曹　宇　原　欣 高亮亮　于佳鑫　王睿璇 俞旺昭　徐　宁	江苏省第八届全民健身运动会暨2020年江苏省学生街舞锦标赛齐舞项目冠军	江苏省学生体育协会	2020. 11
团委	曹宇	江苏省第八届全民健身运动会暨2020年江苏省学生街舞锦标赛个人斗舞项目冠军	江苏省学生体育协会	2020. 11
食品与生物工程学院	魏晓鸥　甘子玉　张　宁 朱　丹　王新宇	第五届江苏省科协青年会员创新创业大赛优秀奖	江苏省科学技术协会	2020. 11

续表

获奖单位	获奖人员（单位）	获奖名称（号）	授奖单位	授奖时间
食品与生物工程学院	郭荣勇	第二十九届高教社杯全国大学生数学建模竞赛二等奖	中国工业与应用数学学会	2020. 11
食品与生物工程学院	李森楠	第二十二届全国大学生英语竞赛三等奖	高等学校大学外语教学研究会	2020. 11
食品与生物工程学院	吴继忠　谢荟瑶　赵　佳 张运莲　朱阿芳　王志敏 许　艺　康文翠　荣雅文	第五届江苏省科协青年会员创新创业大赛三等奖	江苏省科学技术协会	2020. 11
土木工程与力学学院	陶松涛	第三届全国高校“百佳心理委员”	中国心理学会心理危机干预工作委员会	2020. 11
土木工程与力学学院	张　彬	江苏省大学生职业规划大赛二等奖	江苏省大学生职业规划大赛组委会	2020. 11
海外学院	ANGEL AYEBARE JENNY TIBEIHAHO	2020 中国—东盟教育交流周“中国—东盟大学生旅游形象大使选拔赛”决赛三等奖	外交部、教育部和贵州省政府	2020. 11
海外学院	MICHAEL LORDMARK MUBAIWA	2020 中国—东盟教育交流周“中国—东盟大学生旅游形象大使选拔赛”决赛一等奖	外交部、教育部和贵州省政府	2020. 11
物理与电子工程学院	朱　云　李默蹊	全国大学生英语竞赛 C 类三等奖	高等学校大学外语教学研究会	2020. 11
物理与电子工程学院	王子琦	江苏省第十七届高等数学竞赛本科一级 A 组三等奖	江苏省高等学校数学教学研究会	2020. 11
物理与电子工程学院	刘宇荷	江苏省普通高等学校第十七届高等数学竞赛本科一级 A 组三等奖	江苏省高等学校数学教学研究会	2020. 11
物理与电子工程学院	许雨薇	2020 年全国大学生英语竞赛 C 类特等奖	高等学校大学外语教学研究会	2020. 11
财经学院	胥辰辰	新道财务数智化大赛国家级三等奖	中国高等教育学会高等财经教育分会	2020. 11
财经学院	毛天娴	全国大学生数学建模大赛国家二等奖	中国工业与应用数学学会	2020. 11

续表

获奖单位	获奖人员（单位）	获奖名称（号）	授奖单位	授奖时间
财经学院	金顺林　管撷乐	第十一届工商银行杯全国大学生金融科技创新大赛二等奖	中国工商银行	2020. 11
财经学院	朱怡菲	2020 年全国大学生英语竞赛（NECCS）C 类特等奖	高等学校大学外语教育研究会	2020. 11
管理学院	李佳静　强　蓉　黄玉婷	2020 年第六届“互联网+”大学生创新创业大赛全国银奖	教育部	2020. 11
管理学院	冯志达　贺园园　牛艺霏	2020 年第六届“互联网+”大学生创新创业大赛全国铜奖	教育部	2020. 11
管理学院	厉　剑　马苗苗　马健航	第七届“学创杯”全国大学生创业综合模拟大赛总决赛特等奖	高等学校国家级实验教学示范中心联席会	2020. 11
机械工程学院	谢大伟	第十一届江苏省大学生机器人大赛分道越野项目（I 型）二等奖	江苏省大学生机器人大赛组织委员会	2020. 11
机械工程学院	谢大伟	第十一届江苏省大学生机器人大赛创新创意赛（I 型）三等奖	江苏省大学生机器人大赛组织委员会	2020. 11
机械工程学院	赵鹏禄　李虹霞	第五届江苏省智能（虚拟）仪器大赛一等奖	江苏省虚拟仪器竞赛组委员会	2020. 11
机械工程学院	赵鹏禄	第十一届江苏省大学生机器人大赛一等奖	江苏省大学生机器人大赛组织委员会	2020. 11
机械工程学院	刘班甫	第十一届江苏省大学生机器人大赛三等奖	江苏省大学生机器人大赛组织委员会	2020. 11
机械工程学院	周政东	第十一届江苏省大学生机器人大赛智能搬运项目三等奖	江苏省大学生机器人大赛组织委员会	2020. 11
机械工程学院	李海龙	第十一届江苏省大学生机器人大赛密室夺宝项目三等奖	江苏省大学生机器人大赛组织委员会	2020. 11
机械工程学院	徐　睿	第十一届江苏省大学生机器人大赛兵器对抗项目三等奖	江苏省大学生机器人大赛组织委员会	2020. 11
机械工程学院	吴一凡	第十一届江苏省大学生机器人大赛（密室夺宝项）三等奖	江苏省大学生机器人大赛组织委员会	2020. 11

续表

获奖单位	获奖人员（单位）	获奖名称（号）	授奖单位	授奖时间
机械工程学院	吴一凡	第四届江苏大学生机器人大赛（分道越野项）二等奖	江苏省大学生机器人大赛组织委员会	2020. 11
机械工程学院	吴一凡	第四届江苏大学生机器人大赛（兵器对抗项）二等奖	江苏省大学生机器人大赛组织委员会	2020. 11
能源与动力工程学院	黎洪伸　韦宗豪　刘　燚　田中杰	江苏省第十七届数学竞赛三等奖	江苏省高等学校数学教学研究会	2020. 11
能源与动力工程学院	陈雅婷　叶　聪　薛逸文	2020 全国大学生英语竞赛二等奖	高等学校大学外语教学研究会	2020. 11
能源与动力工程学院	朱唯一	“御龙湾”如皋市动漫大赛一等奖	如皋市科学技术协会	2020. 11
能源与动力工程学院	韦宗豪	2020 全国大学生英语竞赛三等奖	高等学校大学外语教学研究会	2020. 11
能源与动力工程学院	吉　雨	发表学术刊物	《空天防御》编辑部	2020. 11
能源与动力工程学院	张逸飞	全国大学生数学建模竞赛国家级二等奖	中国工业与应用数学协会	2020. 11
机械工程学院	付佳帅	第三届中国高校智能机器人创意大赛国家级三等奖	中国高校智能机器人创意大赛组委会	2020. 12. 01
机械工程学院	朱　睿	第三届中国高校智能机器人创意大赛国家级二等奖	中国高校智能机器人创意大赛组委会	2020. 12. 01
数学科学学院	陈秋存	第十二届全国大学生数学竞赛（数学 B 类）三等奖	中国数学会	2020. 12. 01
外国语学院	任九重	第三届“人民中国杯”日语国际翻译大赛笔译研究生组日译汉二等奖	人民中国杂志社 教育部外国语言文学类教学指导委员会日语专业教学指导分委员会	2020. 12. 03
机械工程学院	薛江波　薛逸文	2020 中国工程机器人大赛暨硬笔书法项目国家级二等奖	中国人工智能学会中国工程机器人大赛暨国际公开赛组委会	2020. 12. 03

续表

获奖单位	获奖人员（单位）	获奖名称（号）	授奖单位	授奖时间
机械工程学院	李毓雯	2020 中国工程机器人大赛暨国际公开赛省级三等	中国人工智能学会中国工程机器人大赛暨国际公开赛组委会	2020. 12. 11
机械工程学院	许洪波	第十二届全国大学生数学竞赛国家级一等奖	中国数学会	2020. 12. 12
外国语学院	周天宝	"第十五届江苏省高校外语专业研究生论坛"优秀论文二等奖	江苏省高校外语专业研究生论坛组委会 江苏省高等学校外国语教学研究会 江苏省文学类研究生教育指导委员会 江南大学外国语学院	2020. 12. 13
外国语学院	王玥珉	"第十五届江苏省高校外语专业研究生论坛"优秀论文三等奖	江苏省高校外语专业研究生论坛组委会 江苏省高等学校外国语教学研究会 江苏省文学类研究生教育指导委员会 江南大学外国语学院	2020. 12. 13
机械工程学院	陈占富	第十二届"挑战杯"中国大学生创业计划竞赛全国决赛铜奖国家级三等奖	第十二届"挑战杯"中国大学生创业计划竞赛组委会	2020. 12. 14
外国语学院	张晗玥　冯李瑶　顾章红	国家奖学金	教育部	2020. 12. 14
数学科学学院	王　静	第十二届全国大学生数学竞赛省级三等奖	中国数学会	2020. 12. 14
土木工程与力学学院	李亚博　蒲彦儒	本科生国家奖学金	教育部	2020. 12. 14
数学科学学院	刘吉祥	2020 年全国高校勤俭节约知识竞赛江苏省一等奖	中华炎黄文化研究会	2020. 12. 17
数学科学学院	刘吉祥	致远杯公益文化公开赛镇江市一等奖	昆山市致远社区公益服务中心	2020. 12. 17
外国语学院	骆沁玥	"2020 年江苏省研究生外语学科交叉与学术创新论坛"学术论文优秀奖	江苏省文学类研究生教育指导委员会 扬州大学	2020. 12. 20

续表

获奖单位	获奖人员（单位）	获奖名称（号）	授奖单位	授奖时间
外国语学院	缪东菊	“2020年江苏省研究生外语学科交叉与学术创新论坛”学术论文三等奖	江苏省文学类研究生教育指导委员会 扬州大学	2020. 12. 20
电气信息工程学院	高煜明	2020中国工程机器人大赛暨国际公开赛二等奖	中国人工智能协会	2020. 12. 21
数学科学学院	代可可	2020全国高校勤俭节约知识竞答江苏省二等奖	中华炎黄文化研究会	2020. 12. 21
数学科学学院	代可可	2020全国高校传统文化知识竞答江苏省三等奖	全国高校传统文化知识竞答组委会	2020. 12. 23
机械工程学院	董钧逸	第三届中国高校智能机器人创意大赛国家级三等奖	中国高校智能机器人创意大赛组委会	2020. 12. 28
机械工程学院	谢海滢	第六届中国国际“互联网+”大学生创新创业大赛国家级银奖	全国“互联网+”创新创业大赛组委会	2020. 12. 30
生命科学学院	马禄玥　程秀珠	国家奖学金	教育部	2020. 12. 31
土木工程与力学学院	陆　伟	博士研究生国家奖学金	教育部	2020. 12. 31
土木工程与力学学院	徐　靖　岳鑫鑫　宋　锦	硕士研究生国家奖学金	教育部	2020. 12. 31
电气信息工程学院	王德伟	“中联重科”杯第六届大学生智能农业装备国际创新大赛国家一等奖	国际农业和生物系统工程委员会 农业机械学会 中国农业工程学会 江苏省现代农业装备与技术协同创新中心 农业工程大学国际联盟	2020. 12
电气信息工程学院	王德伟	“CEDC”中日韩第十届创意工程设计大赛特等奖	亚洲创新研究教育	2020. 12
电气信息工程学院	赵新宇	全国大学生数学竞赛二等奖	中国数学会	2020. 12

续表

获奖单位	获奖人员（单位）	获奖名称（号）	授奖单位	授奖时间
电气信息工程学院	高煜明	“中联重科”杯第六届大学生智能农业装备国际创新大赛一等奖	中国农业机械学会 中国农业工程学会 江苏省现代化农业装备与技术协同创新中心 农业工程大学国际联盟	2020. 12
电气信息工程学院	李俞杨	“中联重科”杯第六届大学生智能农业装备国际创新大赛一等奖	中国农业机械学会	2020. 12
电气信息工程学院	王佳俊	“中联重科”杯第六届大学生智能农业装备国际创新大赛特等奖	中国农业机械学会 中国农业工程学会 江苏省现代农业装备与技术协同创新中心 农业工程大学国际联盟	2020. 12
电气信息工程学院	王佳俊	CEDC 2020 Sliver Award（中日韩创新项目竞赛）	Consortium for Innovative Research & Education of Asia	2020. 12
电气信息工程学院	鄢旭晖	“中联重科”杯第六届大学生智能农业装备国际创新大赛一等奖	中国农业机械学会 中国农业工程学会 江苏省现代农业装备与技术协同创新中心 农业工程大学国际联盟	2020. 12
电气信息工程学院	杨少文	“中联重科”杯第六届大学生智能农业装备国际创新大赛特等奖	中国农业机械学会 中国农业工程学会	2020. 12
法学院	张东禹	第五届全国大学生预防艾滋病知识竞赛优秀奖	全国大学生预防艾滋病知识竞赛组委会	2020. 12
法学院	徐　帆　余文春	国家级奖学金	中华人民共和国教育部	2020. 12
外国语学院	秦怀宇	2020 年第二届全国高校创新英语挑战活动综合能力赛（专业组）全国复赛 二等奖	《海外英语》杂志 中国文化信息协会创新文化传播专业委员会 全国高校创新英语挑战活动组委会	2020. 12
外国语学院	秦怀宇　陈薪羽	2020 年第二届全国高校创新英语挑战活动综合能力赛（精英组）全国复赛 二等奖	《海外英语》杂志 中国文化信息协会创新文化传播专业委员会 全国高校创新英语挑战活动组委会	2020. 12
外国语学院	秦怀宇	2020 年第二届全国高校创新英语挑战活动综合能力赛（精英组）总决赛 二等奖	《海外英语》杂志 中国文化信息协会创新文化传播专业委员会 全国高校创新英语挑战活动组委会	2020. 12

续表

获奖单位	获奖人员（单位）	获奖名称（号）	授奖单位	授奖时间
外国语学院	潘钰静　周雁旻　朱　晨 陈施佳　江紫莹　姜沅伶 刘　佳　罗欣雨　张　琪 张子康　赵紫晗　顾佳黛 李　婷（英师2003） 吴苏苏（英师2003）	2020年第二届全国高校创新英语挑战活动综合能力赛（大众组）初赛 优秀奖	《海外英语》杂志 中国文化信息协会创新文化传播专业委员会 全国高校创新英语挑战活动组委会	2020. 12
外国语学院	潘钰静　王雨欣　朱　晨 陈薪羽　罗欣雨	2020年第二届全国高校创新英语挑战活动综合能力赛（大众组）全国复赛 三等奖	《海外英语》杂志 中国文化信息协会创新文化传播专业委员会 全国高校创新英语挑战活动组委会	2020. 12
外国语学院	金　烨　陈施佳　陆昕辰	2020年第二届全国高校创新英语挑战活动综合能力赛（专业组）初赛 优秀奖	《海外英语》杂志 中国文化信息协会创新文化传播专业委员会 全国高校创新英语挑战活动组委会	2020. 12
外国语学院	周雁旻	2020年第二届全国高校创新英语挑战活动综合能力赛（大众组）全国复赛 一等奖	《海外英语》杂志 中国文化信息协会创新文化传播专业委员会 全国高校创新英语挑战活动组委会	2020. 12
外国语学院	周雁旻　骆沁玥（研19）	2020年第二届全国高校创新英语挑战活动综合能力赛（大众组）总决赛 二等奖	《海外英语》杂志 中国文化信息协会创新文化传播专业委员会 全国高校创新英语挑战活动组委会	2020. 12
外国语学院	施泽宇	2020年第二届全国高校创新英语挑战活动综合能力赛（大众组）总决赛 三等奖	《海外英语》杂志 中国文化信息协会创新文化传播专业委员会 全国高校创新英语挑战活动组委会	2020. 12
外国语学院	张博雅　陈薪羽　张纪媛	2020年第二届全国高校创新英语挑战活动综合能力赛（专业组）全国复赛 三等奖	《海外英语》杂志 中国文化信息协会创新文化传播专业委员会 全国高校创新英语挑战活动组委会	2020. 12
外国语学院	张　琪	2020年第二届全国高校创新英语挑战活动综合能力赛（大众组）全国复赛 二等奖	《海外英语》杂志 中国文化信息协会创新文化传播专业委员会 全国高校创新英语挑战活动组委会	2020. 12

续表

获奖单位	获奖人员（单位）	获奖名称（号）	授奖单位	授奖时间
外国语学院	骆沁玥（研 19）	2020 年第二届全国高校创新英语挑战活动综合能力赛（大众组）复赛 二等奖	《海外英语》杂志 中国文化信息协会创新文化传播专业委员会 全国高校创新英语挑战活动组委会	2020. 12
外国语学院	顾文驰　吴　敏	第九届江苏省师范生教学基本功大赛中学外语学科三等奖	江苏省教育厅 江苏省教师教育专业指导委员会	2020. 12
流体机械工程技术研究中心	安　策　汤胜楠　姚吉成　郭瑾楠　王金辉　张乾坤　宋海勤	研究生国家奖学金	教育部	2020. 12
数学科学学院	倪鑫磊　顾　智	全国大学生数学竞赛一等奖	中国数学会	2020. 12
数学科学学院	倪鑫磊	华教杯全国大学生数学竞赛二等奖	全国大学生数学竞赛组委会	2020. 12
数学科学学院	彭警波	第十二届全国大学生数学竞赛二等奖	中国数学会	2020. 12
数学科学学院	郑义凤　刘　杰	第十二届全国大学生数学竞赛（数学 B 类）二等奖	中国数学会	2020. 12
数学科学学院	张一郎	第十二届全国大学生数学竞赛（数学 B 类）三等奖	中国数学会	2020. 12
数学科学学院	王博涵　文金榜　苏　洋	第十二届全国大学生数学竞赛（数学 B 类）一等奖	中国数学会	2020. 12
数学科学学院	赵子敏	2020 年高教社杯全国大学生数学建模竞赛江苏省一等奖	全国大学生数学建模竞赛江苏赛区组织委员会	2020. 12
数学科学学院	吕东润　谢晓森　李　婕　马思睿　宋　薇　张　怡　高铭湘	第十二届全国大学生数学竞赛（数学 B 类）三等奖	中国数学会	2020. 12
数学科学学院	顾唐莹	2020 年高教杯全国大学生数学建模竞赛本科组江苏省一等奖	全国大学生数学建模竞赛江苏赛区组织委员会 江苏省高等学校数学教学研究会 中国工业与应用数学学会 江苏省工业与应用数学学会	2020. 12
数学科学学院	何　乐	第十九届全国大学生数学竞赛二等奖	中国数学会	2020. 12

续表

获奖单位	获奖人员（单位）	获奖名称（号）	授奖单位	授奖时间
数学科学学院	杨美鑫	第十二届全国大学生数学竞赛（非数学类）三等奖	中国数学会	2020. 12
数学科学学院	姜　帅　陈　涛　周福盛	第十二届全国大学生数学竞赛（数学 B 类）一等奖	中国数学会	2020. 12
数学科学学院	吕彩娥	第十二届全国大学生数学竞赛（数学 B 类）二等奖	中国数学会	2020. 12
数学科学学院	房骋宇　钱昱岑　徐天清　吕嘉禾　孙奕洲	APMCM 亚太地区数学建模比赛全国三等奖	北京图象图形学学会 亚太地区大学生数学建模竞赛组委会	2020. 12
数学科学学院	宋　薇　孙天赐	全国大学生数学竞赛专业 B 江苏赛区三等奖	中国数学会	2020. 12
数学科学学院	姜　帅　周福盛	全国大学生数学竞赛专业 B 江苏赛区一等奖	中国数学会	2020. 12
数学科学学院	顾展诚	全国大学生数学竞赛专业 B 江苏赛区二等奖	中国数学会	2020. 12
数学科学学院	岑江林　陈秋存　邓　焕	全国大学生数学竞赛（数学 B 类）三等奖	中国数学会	2020. 12
数学科学学院	沈科丞	粤港澳金融数学建模比赛优胜奖	广东省工业与应用数学学会 粤港澳国家应用数学中心	2020. 12
数学科学学院	王　静	全国大学生数学竞赛省级三等奖	中国数学会	2020. 12
数学科学学院	马域非	第六届江苏省大学生艺术展演一等奖	江苏省教育厅体卫艺处	2020. 12
数学科学学院	邬少骢	第六届江苏省大学生艺术展演大合唱甲组二等奖	江苏省教育厅体卫艺处	2020. 12
团委	曹　赟　袁　飞　张琰琳　侯彦超　赵林祎　陈乐利　包小玉　余沁音　李绍伟　韦家波　吴继忠　许　艺　谢荟瑶　李建成　张运莲　赵　佳　吴安黛　朱阿芳　荣雅文　南旭东　傅裕卿　屈桐瑶　王　凌　王　紫　张龙龙　黄发洲　钱江英	第十二届“挑战杯”中国大学生创业计划竞赛银奖	第十二届“挑战杯”中国大学生创业计划竞赛组织委员会	2020. 12

续表

获奖单位	获奖人员（单位）	获奖名称（号）	授奖单位	授奖时间
团委	徐　磊　陈占富　张国荣 姚　盼　董正乾　赵　佳 左小林　苗　丽　吴　越 于　超	第十二届“挑战杯”中国大学生创业计划竞赛铜奖	第十二届“挑战杯”中国大学生创业计划竞赛组织委员会	2020. 12
团委	南旭东　傅裕卿　屈桐瑶 王　凌　王　紫　张龙龙 黄发洲　钱江英	第十二届“挑战杯”中国大学生创业计划竞赛网络人气项目	第十二届“挑战杯”中国大学生创业计划竞赛组织委员会	2020. 12
团委	为建筑女工撑起爱的防护伞	第五届中国青年志愿服务项目大赛银奖	共青团中央 中央文明办 民政部 水利部 文化和旅游部 国家卫生健康委员会 中国残疾人联合会	2020. 12
团委	曹　赟　袁　飞　张琰琳 侯彦超　赵林祎　陈乐利 李绍伟　韦家波　丁恒楠 程越欣　吴继忠　谢荟瑶 张运莲　李文静　殷明星 朱阿芳　许　艺　林滨凤 荣雅文　王　丽	第十一届“挑战杯”江苏省大学生创业计划竞赛金奖	共青团江苏省委 江苏省教育厅 江苏省科学技术协会 江苏省学生联合会	2020. 12
团委	张俊杰　李步发　孙靖晨 马　驰　蔡晓朦　孙殿凯 王　远　王逸歌　许浩洁 陈　鑫　解　玄　许　晟 吴安黛　闫梦华 端木晨阳　朱俞青 曹　加　唐捷旭　徐　磊 陈占富　张国荣　姚　盼 董正乾　赵　佳　左小林 苗　丽　吴　越　于　超	第十一届“挑战杯”江苏省大学生创业计划竞赛银奖	共青团江苏省委 江苏省教育厅 江苏省科学技术协会 江苏省学生联合会	2020. 12
团委	彭静心　冯祥宸　周　辉 贺园园　谢华彬　陈文佳 冷卫敏　尹　杭　王梓宇 朱　凯　南旭东　傅裕卿 屈桐瑶　王　凌　王　紫 张龙龙　黄发洲　钱江英	第十一届“挑战杯”江苏省大学生创业计划竞赛铜奖	共青团江苏省委 江苏省教育厅 江苏省科学技术协会 江苏省学生联合会	2020. 12
团委	杨学超　石炳楼	江苏省第六届大学生艺术展演活动戏剧展演甲组三等奖	江苏省学生艺术展演活动组委会	2020. 12

续表

获奖单位	获奖人员（单位）	获奖名称（号）	授奖单位	授奖时间
团委	马晓叶　曾怡雯	2020 年江苏省高校红十字会“博爱青春”暑期志愿服务项目优秀大学生志愿者	江苏省文明办 江苏省教育厅 江苏省卫生健康委员会 共青团江苏省委 新华报业传媒集团 江苏省广播电视总台 江苏省红十字会	2020. 12
团委	余　霞　卢欣彤　祁廷廷 杨新萌　刘淑伟　唐铭逸 朱　凌　杨　妮　计雨霏 张　佳　刘菲儿　高凌云 毕　玥　叶莲芳　汪佳钰 周子易　张滢娇　冯婧淘 马　露　韩佳辰　张瑾瑜 施　瑶　田蒙蒙　刘懿槿	江苏省第六届大学生艺术展演活动舞蹈展演甲组二等奖	江苏省学生艺术展演活动组委会	2020. 12
团委	董星辰　唐丰林　李岸泽 崔　晶　王蒲懿　范常春 王旭宁　杨昊天　严颖楠 寸待民　吴瑞泽　贾允奇 莫本昌　卢　睿　李　转 侯欢珂　郭心怡　梁邦园 尹　淞　李宇健　孔庆超 刘宝泽　白凯晨　李　显 罗森康　邬少骢　王佳婧 陆佳慧　黄雨昕　张　妙 单　劼　隋　源　黄璐瑶 臧嘉文　朱澄央　黄　茜 周辰思　文　婕　周冰青 朱彤童	江苏省第六届大学生艺术展演活动大合唱展演甲组二等奖	江苏省学生艺术展演活动组委会	2020. 12
团委	张　妙　董星辰　徐　航 王蒲懿　王淑滢　常馨月 朱西遥　侯欢珂　郭心怡 尹　淞　黄璐瑶　秦子涵 周辰思　周冰青　朱澄央	江苏省第六届大学生艺术展演活动小合唱展演甲组特等奖	江苏省学生艺术展演活动组委会	2020. 12
团委	李　孟　焦思涵	江苏省第六届大学生艺术展演活动艺术作品展绘画乙组二等奖	江苏省学生艺术展演活动组委会	2020. 12
团委	张煜琪　顾佳伟　马华花 石文豪　于欣业　张舒雅	江苏省第六届大学生艺术展演活动艺术作品展绘画乙组三等奖	江苏省学生艺术展演活动组委会	2020. 12
团委	姜　鑫	江苏省第六届大学生艺术展演活动艺术作品展书法篆刻乙组三等奖	江苏省学生艺术展演活动组委会	2020. 12

续表

获奖单位	获奖人员（单位）	获奖名称（号）	授奖单位	授奖时间
团委	陈兴田　包　琦　段薇薇	江苏省第六届大学生艺术展演活动艺术作品展设计展乙组一等奖	江苏省学生艺术展演活动组委会	2020. 12
团委	戴济民　秦丽轩　黄政祺	江苏省第六届大学生艺术展演活动艺术作品展设计展乙组二等奖	江苏省学生艺术展演活动组委会	2020. 12
团委	黄政祺　贾高飞　崔梦君	江苏省第六届大学生艺术展演活动艺术作品展设计展乙组三等奖	江苏省学生艺术展演活动组委会	2020. 12
团委	陈越扬　梁　霄　马域菲　汪　琢　陈芷萱　邵禺哲　胡煜东	江苏省第六届大学生艺术展演活动小合奏/重奏展演甲组一等奖	江苏省学生艺术展演活动组委会	2020. 12
团委	陈文春　时　锐　徐若璇　姜　月　杜雨欣	江苏省第六届大学生艺术展演活动艺术展演活动高校美育改革创新优秀案例评选二等奖	江苏省学生艺术展演活动组委会	2020. 12
团委	黄政祺　戴济民　赵鹏程　崔梦君　张宇涵　贾高飞　苏照辉	江苏省第六届大学生艺术展演活动学生艺术实践工作坊展评二等奖	江苏省学生艺术展演活动组委会	2020. 12
团委	潘子卓　王沁语　江子睿　杨　嫣　黄成贤　宋美贞　王冰涵	江苏省第六届大学生艺术展演活动学生艺术实践工作坊展评三等奖	江苏省学生艺术展演活动组委会	2020. 12
团委	白竺玉　罗丽斯　倪晨嘉　许鸿文　向星滔　杨　帅	江苏省第六届大学生艺术展演活动朗诵展演甲组三等奖	江苏省学生艺术展演活动组委会	2020. 12
团委	胡向阳　张文姗　陈雪莲　熊　旎	江苏省第六届大学生艺术展演活动微电影展三等奖	江苏省学生艺术展演活动组委会	2020. 12
土木工程与力学学院	郭永杰	第十二届全国大学生数学竞赛（非数学组）二等奖	中国数学会	2020. 12
土木工程与力学学院	蒲彦儒	2019 年度中国大学生自强之星	中国青年报社	2020. 12
物理与电子工程学院	张海琪	江苏省第八届全民健身运动会暨 2020 年江苏省学生健美操锦标赛第一名	江苏省学生体育协会	2020. 12
物理与电子工程学院	唐　颖	第十二届全国大学生数学竞赛初赛（非数学类）三等奖	中国数学会	2020. 12

续表

获奖单位	获奖人员（单位）	获奖名称（号）	授奖单位	授奖时间
物理与电子工程学院	刘宇荷	第十二届全国大学生数学竞赛（非数学类）二等奖	中国数学会	2020.12
财经学院	吉正敏　汪家幸　李蓉蓉	2020全国研究生统计建模大赛	中国统计教育学会	2020.12
财经学院	彭静心　冯祥宸　周　辉 贺园园　谢华彬　陈文佳 冷卫敏　尹　杭　王梓宇 朱　凯	2020第十一届“挑战杯”江苏省大学生创业计划铜奖	共青团江苏省委	2020.12
财经学院	杨朝晖　杨旭颖　邓育洲	2020年江苏省研究生“新时代经济发展与金融科技”科研创新大赛二等奖	东南大学经济管理学院	2020.12
财经学院	刘静云	2020年江苏省研究生“新时代经济发展与金融科技”科研创新大赛三等奖	江苏省经济学类研究生教育指导委员会 东南大学经济管理学院	2020.12
财经学院	陈　鑫　解　玄　许　晟 吴安黛　闫梦华 端木晨阳　朱俞青 曹　加　唐捷旭	2020年第十一届“挑战杯”江苏省大学生创业计划竞赛银奖	共青团江苏省委 江苏省教育厅 江苏省科学技术协会 江苏省学生联合会	2020.12
财经学院	胥辰辰	第十一届“工商银行杯”全国大学生金融科技创新大赛省级三等奖	中国工商银行江苏省分行	2020.12
财经学院	毛天娴	江苏省第十七届高等数学竞赛省级一等奖	江苏省高等数学大赛组委会	2020.12
财经学院	毛天娴	江苏省“互联网+”创新创业大赛省级三等奖	江苏省“互联网+”创新创业组委会	2020.12
财经学院	傅裕卿	第十二届“挑战杯”中国大学生创业计划竞赛银奖	第十二届“挑战杯”中国大学生创业计划竞赛组委会	2020.12
财经学院	隋　源	江苏省第六届大学生艺术展演合唱组二等奖	江苏省学生艺术展演活动组委会	2020.12
财经学院	马晓叶	2020年江苏省“博爱青春”“优秀大学生志愿者”	江苏省红十字会 江苏省文明办 江苏省教育厅 江苏省卫生健康委员会 共青团江苏省委 新华报业传媒集团 江苏省广播电视总台	2020.12

续表

获奖单位	获奖人员（单位）	获奖名称（号）	授奖单位	授奖时间
财经学院	施　瑶	江苏省第六届大学生艺术展演舞蹈组甲组二等奖	江苏省学生艺术展演活动组委会	2020.12
财经学院	刘懿槿	江苏省第六届全国大学生艺术展演舞蹈甲组二等奖	江苏省学生艺术展业活动组委会	2020.12
管理学院	周旭扬　林可捷　伍育瑾　张献东	2020年度第五届全国大学生人力资源管理知识技能竞赛总决赛一等奖	中国人力资源开发研究会	2020.12
管理学院	范梦颖　郑晶晶　刘立安	2020江苏省研究生公共管理案例分析大赛一等奖	江苏省管理类研究生教育指导委员会	2020.12
管理学院	杨学超	江苏省第六届大学生艺术展演活动三等奖	江苏省教育厅	2020.12
机械工程学院	卢新辉	第三届中国高校智能机器人创意大赛国家级二等奖	中国高校智能机器人创意大赛组委会	2020.12
机械工程学院	弓句民	第三届中国高校智能机器人创意大赛国家级三等奖	中国高校智能机器人创意大赛组委会	2020.12
机械工程学院	董钧逸	第十二届全国大学生数学竞赛（江苏赛区）省级三等奖	全国大学生数学竞赛组委会	2020.12.12
能源与动力工程学院	陈玉鹏	全国创新教育成果征集展示国家级一等奖	中国互联网新闻中心	2020.12
能源与动力工程学院	许鸿文	江苏省第六届大学生艺术展演活动省级三等奖	江苏省艺术展演活动组委会	2020.12
能源与动力工程学院	许鸿文	2020年“领航杯”江苏省大学生信息技术应用能力比赛省级三等奖	江苏省教育厅办公室	2020.12
能源与动力工程学院	黎洪伸　田中杰	第十二届全国大学生数学竞赛三等奖	中国数学会	2020.12
能源与动力工程学院	王志凡　胡少嘉　纪德龙　柴云志	可再生能源大赛国家级三等奖	中国可再生能源协会	2020.12

续表

获奖单位	获奖人员（单位）	获奖名称（号）	授奖单位	授奖时间
能源与动力工程学院	薛逸文	可再生能源大赛国家级二等奖	中国可再生能源协会	2020.12
能源与动力工程学院	王逸歌	第十一届“挑战杯”江苏省大学生创业计划竞赛银奖	江苏省科学技术协会	2020.12
农业工程学院	柴晓玉 孙贻新 苗丰凯 严玉奇 李 洋 刘 哲 魏亚州 彭海涛 高 峰 徐海波	“中联重科”杯第六届大学生智能农业装备国际创新大赛 A 类一等奖	国际农业和生物系统工程委员会 中国农业机械学会 中国农业工程学会 江苏省现代农业装备与技术协同创新中心 农业工程大学国际联盟	2020.12
农业工程学院	卢 科 任 辉 李禧尧 刘 鑫 张 彪 姚梦娇 刘嘉欣 李 静 武东东 熊积奎 武晓坤 安城昆 庄 进 代富彬 张 运 茆 寒 高志恒 王 旭	“中联重科”杯第六届大学生智能农业装备国际创新大赛 A 类二等奖	国际农业和生物系统工程委员会 中国农业机械学会 中国农业工程学会 江苏省现代农业装备与技术协同创新中心 农业工程大学国际联盟	2020.12
农业工程学院	曹云龙 胡一凡 吴冠宇 刘欣茹 牟窈佳 王 要 任 坤 何倍倍 苏小梅 段朝晖	“中联重科”杯第六届大学生智能农业装备国际创新大赛 B 类二等奖	国际农业和生物系统工程委员会 中国农业机械学会 中国农业工程学会 江苏省现代农业装备与技术协同创新中心 农业工程大学国际联盟	2020.12
财经学院	胥辰辰	江苏省大学生财务决策大赛省级优秀奖	中国高等教育学会高等财经教育分会	2019.01
数学科学学院	李 婕	江苏省第十六届高等数学竞赛三等奖	江苏省高等学校数学教学研究会	2019.06
财经学院	洪文颖	镇江市“歌唱祖国”合唱比赛二等奖	镇江市音乐家协会	2019.06
财经学院	马新玥	江苏省第十六届高等数学竞赛二等奖	江苏省高等学校高等数学竞赛组委会	2019.06
财经学院	白丽天	第十九届全国大学生田径锦标赛男子 400 接力第七名	中国大学生体育协会	2019.08
财经学院	胥辰辰 李子璇	第十届“工商银行杯”全国大学生金融科技创新大赛省级三等奖	中国工商银行江苏省分行	2019.11

续表

获奖单位	获奖人员（单位）	获奖名称（号）	授奖单位	授奖时间
财经学院	洪文颖	江苏省农学会第三届“创星杯”创新创业大赛创业组二等奖	江苏省农学会	2019. 11
财经学院	马晓叶	国家励志奖学金	江苏省教育厅	2019. 11
财经学院	陆娇娇	江苏省第十六届高等数学竞赛二等奖	江苏省高等学校高等数学竞赛组委会	

（撰稿：沈　芳）

2020 年江苏大学学生集体、个人获校级表彰奖励情况

一、2020 年度江苏大学先进学生党支部、优秀学生共产党员（排名不分先后）　江大委发〔2020〕117 号

1. 先进学生党支部（18 个）

机械工程学院 2018 级机械工程硕士研究生党支部
农业工程学院硕士 2018 级党支部
汽车与交通工程学院本科生第一党支部
能源与动力工程学院建环本科生党支部
材料科学与工程学院无机材料与器件研究所研究生党支部
材料科学与工程学院复合材料与工程本科生党支部
电气信息工程学院本科生第一党支部
电气信息工程学院博士研究生党支部
食品与生物工程学院本科生第二党支部
计算机科学与通信工程学院本科生第二党支部
化学化工学院研究生第二党支部
管理学院本科生营销电商党支部
管理学院 2019 级硕士研究生第三党支部
财经学院国际商务硕士研究生党支部
艺术学院 2018 级硕士研究生党支部
医学院 2018 级研究生第一党支部
流体机械工程技术研究中心 2019 级硕士研究生党支部
京江学院 2017 级本科生第二党支部

2. 优秀学生共产党员（研究生 45 名）

机械工程学院：顾嘉阳　朱元超
　　万苗苗　陈占富
农业工程学院：杜晓雪　胡志远
汽车与交通工程学院：袁　鑫
能源与动力工程学院：左晓慧
材料科学与工程学院：张萱萱
　　张　瑜
　　陆宝彪
电气信息工程学院：田　甜　汪　龙
食品与生物工程学院：辛禹洁
　　张俊俊
　　李　洁
　　刘宇轩
环境与安全工程学院：张　琪
计算机科学与通信工程学院：崔晨晖
　　李小雪
数学科学学院：杨慧贤
物理与电子工程学院：朱建飞

化学化工学院：卢　健　张真真
　　刘园园
管理学院：章　琦　范梦颖
财经学院：汪　静　陈文书
马克思主义学院：王　婕
文学院：刘妍汝
外国语学院：花振豪
艺术学院：王彦东　毛芳怡
医学院：林　莉　尹思琪　张佳音
　　杨吉羚
药学院：李　冉
流体机械工程技术研究中心：安　策
汽车工程研究院：张　健
第一临床医学院：毛良浩　张　玥
图书馆：徐振宇
能源研究院：周固礼

3. 优秀学生共产党员（本科生31名）

机械工程学院：周　童
汽车与交通工程学院：何章成
　　郑日文
　　王　磊
　　杨　梅
　　陈新全
能源与动力工程学院：张雨琪
　　郭　帅
材料科学与工程学院：曹　赟
　　杨艳涛
食品与生物工程学院：周瑶洁
环境与安全工程学院：汪逸凡
计算机科学与通信工程学院：孙　凡
　　陈秋涛
土木工程与力学学院：李梅萍
管理学院：杜　甜
财经学院：贾鑫龙　杜敏君
文学院：韩茂修
医学院：刘浩然　夏春冬秋
　　高三美　周子璇
药学院：陈韵秋
京江学院：卢徐霖　徐　甲　张　岚
　　魏帅帅　叶诗妍　甘　录
第一临床医学院：蒋一诺
获奖时间：2020年11月12日

二、江苏大学2020届本科生优秀毕业生名单　江大校〔2020〕118号

1. 机械工程学院（44人）

吴　迪　武慧林　邓晓蓉　项渝茜
陈跃威　王　旭　初启航　罗芳琳
周　政　陈　俊　王永东　周洪荣
李亚松　高永华　刘　唯　刘家雨
沈非凡　秦　彪　蒋　林　王子秦
董　鑫　徐军委　朱彪彪　吴　浪
郭耿亮　于阳光　沈艳霞　李昊谦
陆劲成　卜星宇　赵佰旭　尚玉琳
曾罗喜　赵炳南　夏春文　张豪爽
张祎凡　周子健　魏洁安　余　和
李　纬　杜　敏　周顺程　李东禹

2. 农业工程学院（5人）

肖天璞　梁亚权　卞湧文　朱怀群
刘　达

3. 汽车与交通工程学院（45人）

凌一洲　李浩然　牛俊严　陈显达
柴家栋　刘晓强　刘鑫源　郭丛摇
吕晨潇　伏雨旋　张　成　许乃熹
徐　陈　曹秀娟　周基锋　杨　伟
金见涛　陈泽洲　高芬霞　温林英
顾　钰　刘飞龙　侯文硕　舒　兰
杨　晨　刘鹏婷　郑而禾　文楚玥
文帅群　袁明宇　张　研　徐胜楠
张娇娇　刘思雅　杜　恒　张维真
张明真　牛旗旗　张迪彤　陈　枫
郝俊啟　吴　非　孙天硕　王　展
王卫超

4. 能源与动力工程学院（39 人）

梁国锋　路耀凯　叶　波　胡　胜
郭　政　陈吉祥　王　欣　夏　千
徐亚巍　邓萌萌　刘佳丽　车佳优
范显旺　郭宇翔　于奚振　张　聪
易纪元　曹雨桦　郭红涛　李　净
常政丽　朱　炫　孙洋凯　张瑜悦
陈晓丹　苏靖珂　王子恒　李策策
沈媛媛　张　剑　王永倩　邹子文
陆启明　庞春波　俞霖奇　于庆洋
徐维聪　汪　帅　蒋　建

5. 材料科学与工程学院（34 人）

宋志星　秦钱万　韩　松　罗　丹
李绍伟　葛瑞泽　陈舒健　周皓天
崔树刚　梁功莹　南宗良　于佳丽
段哲文　岳晓阳　孙佳萌　孙　婕
于　婷　陈传宝　李　阳　曾子涵
杨　叶　傅　饶　庞艳蕊　李佳玲
王成娟　王　婷　喻馨叶　李秋莹
谭萧潇　杨　华　项义军　程云川
苏海伟　肖榜贵

6. 电气信息工程学院（46 人）

胡梓凡　吴玉洁　张　越　董毅超
顾钰婷　王泽晨　蒋智鹏　衡　可
劳凯宇　崔玉妹　龚泯全　张建峰
张佳鑫　朱亚铭　张牛勇　金燕婷
董文亮　张宇鑫　徐云捷　李彬榕
杨立颖　张　伟　姜新桥　宋营营
徐心语　刘译蔓　王玺文　王　宁
许圣钧　吴　旭　李　琨　胡庆泽
王可欣　卢子润　史亦健　叶　庆
韩卓一　姜茂林　寇　闯　贺鑫洪
王庆芳　黄培珊　姚　磊　许一航
李　卓　余若婷

7. 食品与生物工程学院（14 人）

陈　瑶　胡怡波　胡庆庆　王婧一
明庆香　杨　雪　梁嘉欣　张玉梅
李宗壁　邓会琴　程　静　魏文雅
彭泽康　吴学岑

8. 环境与安全工程学院（13 人）

陆钇江　陈　一　赵　兵　郭洁茹
刘惠梓　程诗竹　吴睿敏　雷　恬
邱　敏　赵媛媛　顾心怡　黄玉梁
刘雅婷

9. 计算机科学与通信工程学院（43 人）

董兴宁　周　晋　何　洋　李凯龙
汤佳雨　郑志燊　刘成梁　徐　昂
张智慧　王鑫瑞　冯　伟　李昊东
薛　瑞　陈　欢　陈姝霖　陈晓瑜
卢晨晨　施苏峰　张金梅　张舜尧
洪牡丹　卢　钰　刘　文　盛　东
汪泽源　王慧婷　刘　笑　沈柄宏
朱美玲　陈　镇　叶小凤　金　鑫
阮鹏程　赵雪茹　赵子安　戴妙玲
徐家平　刘丰恺　彭丽寻　万宇杰
刘政森　谢剑明　曹晓雯

10. 理学院（22 人）

孙晔旸　汪　瑜　陈家禾　翟云佳
陆雨静　侍津尧　谈佩芸　周森铃
刘文珊　汪冰冰　杨　君　侯安茹
何玮嘉　沈亚非　钱怡洁　冯来和
周　霄　刘　岩　安雨婷　黄　钰
刘海杰　沈雪敏

11. 土木工程与力学学院（16 人）

黄鑫嵘　陆蕾玲　张星宇　田　昊
周天瑜　孙钟宇　孙　蓉　陈志远
李　冰　周清琰　郭文芳　吴建新
路海俊　胡光华　徐雪冰　李京铭

12. 化学化工学院（13 人）

李美瑶　叶招春　张　萍　郅少琦
周　宇　陈立智　何晶晶　练冬生
杨浩宇　侯冰霞　李　欢　李　湘
王馨雨

13. 管理学院（44 人）

薛浩洁　苏　莹　罗　双　程春草
谢丽玲　周文璐　谢俊梅　顾钊瑜
赵云朵　吴星妍　钱丹丹　田　哲
李琴丝　魏　静　闫柏含　茅　茂
苏清霖　何　怡　张海琴　汪倾云
谢玉露　汤肖迪　邸亚芹　王秋茹
韩丽娟　于丹丹　李　珂　李　烨
李凯莉　孙　琴　孟　婷　王文婷
安　琳　窦　倩　陈汉聪　文　凌
杨薇汀　陈彩蓉　薛　诗　马蓓文
徐倩茹　韩佶容　俞　晴　丁佳叶

14. 财经学院（62 人）

王　露　李立凡　宋波君　李欣纯
许　多　祖静琴　韩　蓉　李韫彤
刘香楠　龙佳楠　张艺璇　唐　兰
钟　艺　常　坤　薛　怡　张宇晴
崔雨骐　浦静怡　张佳倩　张雨燕
郭文燚　邓妍沁　陈　明　俞仁爱
黄方玉　周立豪　李思懿　徐　倩
戴晨曦　赵玉珠　刘婧寅　乔晓婷
俞金林　朱可涵　徐夏静　路　盛
季心慧　张红丽　郭如心　张　媛
郑梦瑶　邱　阳　王　迪　胡林柯
欧文文　胡丁言　黄　烨　王燕妮
陈春瑾　于　浩　胡　敏　唐秋萍
徐　佳　瞿佳慧　辛文博　盛凤燕
周　蕾　王　森　何　萍　李丹钰
连博研　毕　禛

15. 马克思主义学院（3 人）

陈　智　梁　悦　姜甜甜

16. 法学院（13 人）

周念九　李于兰　王心雨　江晨瑜
刘淑文　陶奕静　张伯健　林　容
邱佳丽　潘　睿　许波凡　王　宁
王豆豆

17. 文学院（16 人）

秦子仪　杨　红　李卓宸　程志丽
吉晶晶　丁小珊　佘福玲　储意扬
仲腾欢　陈若仪　王君娴　孔艺霖
郑　昕　高佳滢　常佩琳　蒋画意

18. 外国语学院（15 人）

李　蕊　蒋凌霄　赵英驰　刘力玮
巢　雯　林　慧　徐　飞　黄潇涵
何　娜　朱学莲　王　云　冷　月
霍锦淑　洪淑婷　蔡培巍

19. 艺术学院（22 人）

殷　倩　郑文卓　陈经纬　贺英纯
张金瑶　衡佳琦　周玉兰　金秋月
赵苏杰　曹雪琪　石建明　赵海凌
盛文杰　张梦依　丁梓安　陈子鸣
顾　颖　丁欣雨　王泽媛　王楚涵
潘嘉祺　李昕鹏

20. 教师教育学院（4 人）

孙新丽　邵明铭　吴　倩　蔡留宝

21. 医学院（40 人）

崔　玲　周天然　叶笑寒　汪竹涛
陈　鸣　李玉昆　仲新宇　丁钰竹
李　闯　周　鹏　张子宁　巩环宇
周医雯　胡宁芬　康　雯　朱俊辉
薛　健　钟妍其　翁苏节　蒋珺妍

张　晓　吴　凡　张　倩　胡朝婷
赵　云　李孟璇　甘海宁　史厚珍
陈逸菲　王岩金　陈　思　金　灿
王茂叶　唐雨婷　王秀平　肖　卉
周惠敏　周婧文　许新微　魏雨生

22. 第一临床医学院（7 人）

何　蒙　袁依雯　李　群　谷　雨
徐　玲　向鹤麟　孟思敏

23. 药学院（14 人）

史文婉　范小蔓　朱　蓉　程巧玲
龚　林　赵丹艺　陈宇菲　徐　晶
吴钰婷　黄　夕　孙　璇　佘胜楠
周丽红　王庭庭

24. 海外教育学院（11 人）

ESTHER MAWUFEMOR AGAKPE
FAEZA ABDULGAFUR KHWAJA
NATALIE MUPFUMIRA
RODRICK TAKUDZWA SAMURIWO
PRIYAL NAYAN PATEL
ARCHAN JAYANTBHAI BHUT
PAUL VICTORY HAOKEN
HASINA DIAMONDRALALAINA TIANARISOANAVALONIRINA
WALTER MUNASHE CHANAKA
RUJEKO CHRISTIANE CLARA CHAKANYUKA
GUGULETHU JEMAINE NYATHI

25. 京江学院（242 人）

卢昱洋　丁　雨　胡月明　祁楚涵
陆云瑶　俞欣沂　顾　璟　孙　羽
梁　璨　唐　静　沈玉婷　郑惠芹
史淙霖　陈晓如　桂如林　黄冬蕊
陈亦琦　秦德猛　章秀兰　陈　果
王雨婷　钟晓欣　逯　京　张舟雨
孙琳琳　戚兢悦　徐茹婉　沈明月
沈一凡　赵　悦　杨　杨　邵紫岚
葛涵晟　贺诗榕　许　恺　刘　爽
刘启漂　刘宇鑫　吴家祥　陈　智
马承旭　谈笑天　王　予　余　欢
周佳璘　毛宇坤　陈　锋　孟　春
刘　莉　刘　震　仇　月　陈　实
范梦君　杨政宇　朱孝凯　郭富磊
苑伊婧　赵璐璐　周　辉　安洪宝
倪馨雅　王志远　齐晓磊　孙振杰
金佳琦　常聆滋　唐奕雯　王馨悦
管　敏　陈　怡　程　磊　郑　凯
汤建祥　曾　潇　李明莺　谢　静
顾　雅　金婷婷　顾迎燕　权海波
徐　锋　徐俊华　杨仕瑞　顾海芹
洪　雪　王　悦　祁金燕　李梦笑
胡杨云　胡雅茹　景林玲　唐川景
韦红梅　屈佳妮　吴锦华　马志坤
周思远　张　悦　王华帅　郑诗武
黄　健　尧云峰　殷志俊　尤良伟
郭　曼　丁抒恒　陈泓宇　严永鑫
贾锡礼　高志达　崔　昊　曹丽雯
金裕民　王雅倩　周刘涛　叶浩然
周明月　邓正东　张　宇　李　坚
段韶岚　陆　妍　宋芒芒　陈雪莹
施丽娜　樊心怡　张　妍　肖俊玉
鲁　彤　樊家裕　黄慧颖　石学杰
卢宇媛　马晓宇　陈榆婷　崔　笛
王　钰　李　萌　王文莉　刘颖菲
霍文萱　王倩倩　殷　茵　于子皓
娄秉文　胡炘鋆　易　涵　赵　捷
谢　悦　吴　瑶　焦　雨　季紫仙
李事成　高　翔　王　婧　冯方圆
张诗惠　殷小丹　徐梓荐　邢光忠
罗俊杰　吴　涛　廉超超　霍一婷
陆艳慧　张怡培　殷伟萍　单　鑫
袁　玮　邹小曼　张　洁　尤晨玮
杨丽馨　夏正芳　周恒逸　吴　瑶
王致远　姚欢欢　李廷松　严佳玲

崔力云　凌　峰　刘君威　杨琳琼
苏　红　薛　晴　陆扬帆　魏可晴
管　瑞　尤　毅　冯福星　郁　蕾
刘　颖　王贝贝　闫齐齐　陈舒雯
潘梦瑶　王云龙　于紫侨　许恒杰
范杨杰　管　悦　韩　赛　逄　英
陈雨欣　彭　涛　刘艺璇　郑文龙
万　芊　严序康　陈　娟　卢　雨
张小彧　江青松　于连超　郭　睿
周友桥　王为晋　陈仕伟　曹银梅
范　杰　闫春幸　郝亦然　狄素丽
王　薇　许呈昕　朱　慧　宋　颂
余美萱　汤希钰　刘子岳　马　茜
杨雪梅　钱佳辉　姜　杉　魏兰芝
钱　璟　蔡　敏　许　丹　孙　萌
张许婷　沙慧颖

26. 无锡机电学院（20 人）

王嘉琦　成锡军　王慧敏　左逢源
袁登敏　陈文安　孙明阳　韦绍贤
蒋元超　王檬檬　刘　跃　郭艺璇
陆义溟　刘　倩　李天豪　杨宇慧
赵　舜　吴依昀　徐波茵　曹馨月
获奖时间：2022 年 6 月 23 日

三、江苏大学 2020 届研究生优秀毕业生名单　江大校〔2020〕118 号

1. 机械工程学院（9 人）

陈　健　焦加飞　施建培　饶　鹏
韩　慧　张　坤　许　增　蒋子良
张　钰

2. 农业工程学院（6 人）

张浩天　刘　齐　秦　芳　陈　坤
顾容榕　罗朝霞

3. 汽车与交通工程学院（7 人）

赵晓聪　毕善汕　周润泽　娄新雨
陈　祎　宋德才　韩　静

4. 能源动力与工程学院（3 人）

陆　尧　沈学峰　桂　铠

5. 材料科学与工程学院（5 人）

莫　婴　刘荣娟　陈亚楠　周　辰
徐　鹏

6. 电气信息工程学院（7 人）

刘晓洋　曹晨晨　翟芳芳　耿　畅
周　城　葛　啸　于美芳

7. 食品与生物工程学院（5 人）

赵阳洁　李文亭　罗　鹏　张承慧
翟晓东

8. 环境与安全工程学院（3 人）

姜　琪　刘津媛　于泽惠

9. 计算机科学与通信工程学院（5 人）

王誉雅　夏　政　刘天泉　陶　陶
胡惊涛

10. 理学院（3 人）

王学银　李旭霞　钱　姣

11. 土木工程与力学学院（5 人）

刘　野　李宇宏　钱文杰　韩文霞
江留慧

12. 化学化工学院（7 人）

于思宇　牛浩婷　黄树全　江成龙
胡慧慧　谢英杰　高元飞

13. 管理学院（4 人）

李　慧　王　涵　刘彤彤　周立鑫

14. 财经学院（3人）
蒋　雯　周学振　吴　甜

15. 马克思主义学院（1人）
桑延海

16. 法学院（1人）
陈悦琳

17. 艺术学院（2人）
王琳琇　李南南

18. 教师教育学院（3人）
闵　慕　徐振霞　许　游

19. 医学院（1人）
周静东

20. 第一临床医学院（1人）
王慧之

21. 药学院（5人）
李飞龙　曹海霞　李文静　朱　杰
王思琦

22. 流体机械工程技术研究中心（8人）
黄　松　王　轩　许继恩　薛子龙
朱　芮　施　亚　邓起凡　常　浩

23. 科技信息研究所（1人）
陈建福

24. 海外教育学院（4人）
NAILANASREEN
CHIDINMA JUDITH OLUIGBO
JAMILE MOHAMMADI MORADIAN
ABDULLATEEF TAIYE MUSTAPHA
获奖时间：2020年6月23日

四、江苏大学优秀研究生导师团队
江大校〔2020〕107号

序号	单位名称	团队名称
1	机械工程学院	智能柔性机械电子研究团队
2	农业工程学院	智能化收获机械团队
3	食品与生物工程学院	食品物理加工技术与智能化装备团队
4	管理学院	医疗保障制度改革研究团队
5	流体机械工程技术研究中心	大型水力机械团队
6	科技信息研究所	信息行为与数据管理团队

五、江苏大学大学生“新长征突击手”（22名）
江大校〔2020〕158号

于　骁　王　轩　王时冠　刘骐郡
许行舟　苏　星　杨　伟　张瑞洪
张　璐　陈　睿　金　欣　金雪钰
单　文　姚　森　顾远鹏　倪　雅
徐振霞　徐晓丹　曹露丹　董小叶
韩晓东　潘淮虎

六、江苏大学2020级优秀本科生新生名单
江大校〔2020〕174号

1. 机械工程学院
光电信息科学与工程：潘正南
谢少龙
机械设计制造及其自动化：梁臣龙
宋　密
文瑶琪
智能制造工程：梁祖宽

2. 农业工程学院
农业机械化及其自动化：王铭慧

3. 汽车与交通工程学院
车辆工程：蔡承羲　凡雨坤　齐康康
宋羿霏　汤宇杭　张靖文
交通工程：肖驰宇

交通运输：汪林宝

4. 材料科学与工程学院

材料成型及控制工程：黄训超 王余祥

材料类：李欣宇

金属材料工程：吴 瑶 尹添威

5. 电气信息工程学院

电气工程及其自动化：

陈加免 范倪明 冯政委 华品元 莫相举 王笑言 殷康嘉 臧世家

电子信息工程：曹慧玲 曹俊毅 马海鹰

6. 食品与生物工程学院

生物技术：丛宏日

7. 计算机科学与通信工程学院

计算机科学与技术：卜令喆 顾孙凡 刘析纬 徐铄然 杨曜羽 姚怡屹

软件工程：朱 健

通信工程：刘宇琛

8. 数学科学学院

数学与应用数学（师范）：

曹冰雯 冯安琪 杭 赜 孔嘉玮 李瑞玲 刘怡宁 卢吴慧 汤凯奇 王顾骏 肖 敏 朱欣怡

9. 管理学院

公共事业管理：张碧洋

10. 财经学院

会计学：黄 欣 潘仕诚 苏 昕 于骏杰 张晓雯

11. 马克思主义学院

思想政治教育（师范）：江宜双

12. 法学院

法学：霍晨轩 刘慧敏 童 攀 叶林君 周 舟

13. 文学院

汉语国际教育：杨煋语

汉语言文学：唐清诗

汉语言文学（师范）：陈雨轩 朱琪敏

14. 外国语学院

日语：唐运艳

英语（师范）：曹雅萱 陈玉旻 褚梦瑶 钱骏杰 沙子祺 施 楠 王 慧 余鑫玥 周思霞

15. 艺术学院

动画：许淑仪 赵绪敏

环境设计：崔许源

美术学（师范）：高 楠 蒋奕杰

视觉传达设计：张 宇

数字媒体艺术：王冰冰

16. 教师教育学院

教育技术学（师范）：许德锟

17. 医学院

临床医学：崔慧霖 丁润中 杜 飞 顾 畅 顾欣诚 郭宇冰 郭政强 洪逸非 霍思敏 李雯雯 马嘉遥 邵敏柯 苏慧茹 唐毅琳 田藤杰 汪华隆 王冰宇 吴海菁

徐信诚　薛轶阳　严心袁
杨钧元　杨　蓝　杨玉琮
尹碧云　于新琦　臧　雨
詹　皓　张　斌　张　骏
张　乐　张立山　张诗振
张义凯　周昊鹏　周　萍
周　舟　朱超然　朱隽奇

临床医学（农村订单定向医学生免费培养项目）：薛林怡
医学检验技术：陈奕锦　孙亦琪
医学影像学：郭冬玲　李香毓
谢铭石

七、江苏大学2019—2020学年优秀研究生标兵、三好学生标兵等先进个人名单　江大校〔2020〕202号

1. 江苏大学优秀研究生标兵（52人）

机械工程学院：刘阳光　吴予澄
农业工程学院：李　宇　陈　倩
汽车与交通工程学院：陈　彪
颜　龙
能源与动力工程学院：倪　靖
王远光
材料科学与工程学院：张翠娟
周子翼
喻桢璐
杨光宇
电气信息工程学院：刘　通　顾理成
俞俊杰
食品与生物工程学院：文超婷
李家珩
盛　任
杨永存
环境与安全工程学院：韦　梅
王　舒
计算机科学与通信工程学院：孙伟峰
王宇轩
数学科学学院：边　敏
物理与电子工程学院：袁友文
土木工程与力学学院：徐　靖
化学化工学院：吴　成　王璐璐
邱智伟
管理学院：李星苇　谈少鸿
财经学院：王儒奇　钱璐欢
马克思主义学院：王　婕　吴琳华
法学院：蒋欢星
文学院：赵芮辰
外国语学院：顾章红
艺术学院：李　月
教师教育学院：缪英洁
医学院：张婷娟　袁海涛　林　莉
张佳音
第一临床医学院：王　敏
药学院：黄　威
生命科学学院：马禄玥
流体机械工程技术研究中心：季磊磊
姚吉成
王金辉
汽车工程研究院：吴旻凯　邬江陵

2. 江苏大学优秀研究生、优秀研究生干部（260人）

机械工程学院

校优秀研究生（19人）：
杨锡平　李佳奇　刘思远　张翌星
顾嘉阳　吴予澄　陆　恒　刘　博
彭　锐　杨　宇　苏小青　凌　俊
付　来　徐　磊　吴佳伟　李玉萍
田文胜　王英明　姚逸铭
校优秀研究生干部（5人）：
刘阳光　朱元超　刘浩强　李浩楠
万苗苗

农业工程学院

校优秀研究生（9人）：
张　承　陈　倩　李　宇　陈祥超

邢凯燕　赵晓琪　胡珉珉　姜　晟
王　俭
校优秀研究生干部（2 人）：
孙贻新　杜晓雪

汽车与交通工程学院

校优秀研究生（5 人）：
张晓曼　石凯凯　孟子涵　张启霞
蒲　俊
校优秀研究生干部（10 人）：
陈　彪　江绍康　于　丹　颜　龙
董雪晴　方　钰　王涯鑫　刘金裕
王志民　吴　蒙

能源与动力工程学院

校优秀研究生（6 人）：
倪　靖　王其锶　王　欣　袁起飞
王晓洁　许浩洁
校优秀研究生干部（1 人）：
王远光

材料科学与工程学院

校优秀研究生（13 人）：
魏延臣　关　凡　刘　松　杨成康
周子翼　杜雪泽　王　倩　张慧慧
张萱萱　季雪素　陆宝彪　苗　畅
张　瑜
校优秀学生干部（7 人）：
尹正亮　杨光宇　张翠娟　李佳伦
扈鑫雨　喻桢璐　成　超

电气信息工程学院

校优秀研究生（15 人）：
范文杰　曹东辉　曹　硕　王健萍
顾理成　朱鹏飞　胡双齐　俞俊杰
刘　通　郝　亮　杨燕矫　曹　燕
夏雨航　高静雅　王　顺

校优秀研究生干部（5 人）：
吴梦瑶　王婷钰　周云瀚　崔　晗
庄珍珍

食品与生物工程学院

校优秀研究生（15 人）：
文超婷　员君华　刘二蒙　李家珩
荆　卉　余运波　杨永存　朱阿芳
魏晓鸥　陆靓瑜　胡　洋　陈　萍
蔡　哲　陈婷婷　张俊俊
校优秀研究生干部（2 人）：
盛　任　陈芷羽

环境与安全工程学院

校优秀研究生（3 人）：
陈新语　杜慧爽　朱开达
校优秀研究生干部（5 人）：
王　舒　李雪松　韦　梅　吴　敏
邢泉峰

计算机科学与通信工程学院

校优秀研究生（7 人）：
孙伟峰　鲁峻羽　张天琪　陈海波
薛　雅　王宇轩　虞爱红
校优秀研究生干部（5 人）：
崔晨晖　奚　琰　瞿树鹏　黄金钾
王　林

数学科学学院

校优秀研究生（3 人）：
陈　悦　边　敏　陈文欢
校优秀研究生干部（2 人）：
杨慧贤　朱雨勋

物理与电子工程学院

校优秀研究生（2 人）：
袁友文　顾　鑫

土木工程与力学学院

校优秀研究生（6人）：

徐　靖　李　杰　宋泽鹏　周丰毅

张　萌　夏逸波

化学化工学院

校优秀研究生（11人）：

卢　健　吴　成　王璐璐　解仲凯

顾　斌　邱智伟　汪　炎　余德健

崔海宁　蒋湘丽　任永晴

校优秀研究生干部（6人）：

沃新星　张　璇　杜　盈　刘园园

尚丹丹　聂新斌

管理学院

校优秀研究生（5人）：

李星苇　罗雨森　赵林祎　沈静静

朱腊梅

校优秀研究生干部（8人）：

王　婷　朱家秀　张轩霆　章　琦

谈少鸿　郭亚涛　臧美琦　黄晶茹

财经学院

校优秀研究生（8人）：

王儒奇　汪　静　钱璐欢　董　可

王鑫惠　张　欢　赵　广　朱佩佩

校优秀研究生干部（1人）：

陈文书

马克思主义学院

校优秀研究生（4人）：

吴琳华　王　婕　刘舒文　袁　琪

法学院

校优秀研究生（1人）：

张　雨

校优秀研究生干部（1人）：

蒋欢星

文学院

校优秀研究生干部（1人）：

陈保君

外国语学院

校优秀研究生干部（2人）：

花振豪　顾章红

艺术学院

校优秀研究生（2人）：

陈锡玲　陈　岑

校优秀研究生干部（4人）：

李　月　毛芳怡　徐　乐　王彦东

教师教育学院

校优秀研究生（1人）：

陈文静

校优秀研究生干部（2人）：

缪英洁　王　阳

医学院

校优秀研究生（9人）：

张婷娟　陆　健　尹思琪　袁海涛

沈支佳　谷　雨　雷　璇　刘　艳

王慧婷

校优秀研究生干部（14人）：

崔宇丹　李　敏　林　莉　苏肖宇

南方雨　应乐倩　张昱培　黄佳彬

王一成　杨吉羚　陆　聪　朱孝仁

王　晨　张佳音

第一临床医学院

校优秀研究生（2人）：

臧光耀　毛良浩

校优秀研究生干部（3人）：

张　玥　宓兰兰　王　敏

药学院

校优秀研究生（5 人）：

徐金涛　黄　威　潘　帅　田　梅

田向荣

校优秀研究生干部（1 人）：

廖明春

生命科学院

校优秀研究生（2 人）：

赵金凤　蔡康涛

校优秀研究生干部（2 人）：

马禄玥　孔安琪

流体机械工程技术研究中心

校优秀研究生（9 人）：

季磊磊　姚吉成　陈　轲　王金辉

宋海勤　杨思佳　顾发东　范凤仪

陈猛飞

校优秀研究生干部（1 人）：

华　琳

科技信息研究所

校优秀研究生（2 人）：

唐江浩　程越欣

汽车工程研究院

校优秀研究生（2 人）：

邹江陵　吴旻凯

校优秀研究生干部（4 人）：

冀建宇　方培俊　黄爱宝　陈　玲

3. 江苏大学三好学生标兵（80 人）

机械工程学院：朱新宇　周　童　张闻祺　吴　越　高　恺

农业工程学院：任　辉

汽车与交通工程学院：何章成　郑日文　祁义恒　吴　楚　陈　鑫　周　立

能源与动力工程学院：台颖娣　李培君　曹　程　董宇航

材料科学与工程学院：曹　赟　尹小丹　宋宏磊　苏安邦

电气信息工程学院：李怀龙　丁雨晴　李伊莎　潘逸轩　卢宏平　董星雨

食品与生物工程学院：吕金月　周若雨

环境与安全工程学院：楼志宏

计算机科学与通信工程学院：刘梦阳　陈　笑　杨慧敏　杨　阳　荣嘉祺　刘思纯

数学科学学院：杨　帆　郭一晗

物理与电子工程学院：邹洪宇

土木工程与力学学院：蒲彦儒　李亚博

化学化工学院：陈彩霞

管理学院：杜　甜　蔡思琴　王诗婕　王伟吉　朱　尧

财经学院：贯鑫龙　宋晓妮　陈梦妍　石舒可　吴凯进　朱顾宇

马克思主义学院：张雨清

法学院：徐　帆　余文春

文学院：韩茂修　陈　倩

外国语学院：冯李瑶　张晗玥

艺术学院：陈尚仪　胡炜钊　周　瑜

教师教育学院：牛世婧

医学院：蒋文昊　逄明昌　刘倩怡　冯　蕾　周飞晗　郑瑞淇　张珂宇

第一临床医学院：冯啸尘

药学院：陈韵秋　王立玮

卓越学院：徐星雨

京江学院：王化佳　曹一波　项泽远　王淇欑　卢徐霖　倪程浩

4. 江苏大学三好学生　优秀学生干部（2 769 人）

机械工程学院

校三好学生（111 人）：

盛举义　王清艳　周宇欣　吴　越
邵逸帆　熊　超　师　婷　徐陆婕
张馨元　杨　柳　赵鹏禄　吕　天
易振钊　常新月　郑澳生　段俊涛
毛继强　薛　钊　邓怿莹　吴佳漪
黄炜东　石天昊　严　灿　曾　晴
耿帅杰　张敏杰　刘宇豪　黄敏捷
徐韶莲　陈宇航　李浩正　李毓雯
马　龙　肖方凯　付佳帅　张舒婷
吴东雨　单　畅　胡志强　刘　疆
许珂畅　高鸿磊　周　潜　许　鸣
沈天宇　王仁杰　谢远东　何秀莲
邢　煜　朱新宇　张婉玲　杜　豪
卞志鹏　霍佳康　刘榕潇　李　龙
陆旻炜　汪　鑫　方竣扬　李　苏
贺　清　邹雨凡　秦冰冰　傅泽宇
刘铠豪　田晓凡　郑茜文　陆泽宇
徐圆芝　刘佳琪　贾茜茹　张庆贺
王　涛　丁　旭　应　捷　陈世纪
吴　昊　陈可欣　唐　越　鲁　震
严丁虎　董鑫琰　杨旭炎　张　浩
谭　宁　司钱欣　张闻祺　谢大伟
王健骅　朱　睿　罗星伟　陈　帅
张雨薇　夏予晨　朱鑫磊　华臻羽
杨瑞雪　秦忠刚　张海龙　赵连锁
许俐媛　王之风　陈志豪　徐雄隽
于清清　吴　瑶　徐欣冉　袁浩淞
许洪波　邱佳悦　董钧逸

校优秀学生干部（26 人）：

梁佳雪　王俊卓　蒋金玲　王月彤
刘俊男　郭潇潇　辛姗姗　王鹏祥
王思博　张　宇　杜学武　高　恺
宋毅恒　雒　民　李风来　吕军元
张嘉蓓　周　童　孔伟丰　柴　玉
许国强　张国荣　尹文旋　谢智韬
冒森山　张佳乐

农业工程学院

校三好学生（16 人）：

张玉莹　闫树岗　李禧尧　任　辉
杨菁晶　陶　昆　牟窈佳　潘宇镭
杜怡霖　于桦昊　郝帅华　许耀匀
苟梽焯　张笑语　范玉龙　赵文杰

校优秀学生干部（3 人）：

刘　鑫　杨　甜　刘　佳

汽车与交通工程学院

校三好学生（128 人）：

姬留新　余　洁　王雨为　何章成
王新怡　欧阳文杰　鲁学涛
陈珂立　王　磊　张　扬　陶　乐
陈新全　王　翔　金周丁　王平琼
卢凌霄　李锦辉　张海明　崔峥嵘
梁子聪　冯欣宇　刘　畅　石小青
祁义恒　朱世林　邓　倩　李智淇
张　康　孙瑞妮　蔡宇航　刘　韬
熊诗辰　王福超　赵高士　庹昊南
杨玉童　王晓芳　左　潇　潘奕辰
蒋　睿　徐　侗　李嘉辰　薛　凯
刘鹏程　葛金华　李辰龙　许　峰
贾孟其　王　健　代瑞波　白　鑫
田李凡　王　军　卞超文　单羽晨

曾祥鑫　符　昊　杨雨臣　李晗琦
韩嘉伟　陈腾宇　吴　楚　苏一哲
秦启瑞　甘泽亮　陈　杰　刘轩江
杨　凯　李思远　张正军　孙浩铭
邱华荣　郑雯雯　陈　鑫　覃文山
王星星　周　立　杨礼游　陈一凡
郝光祥　张帅杰　俸耀臻　王　瑞
焦雪峰　徐晟伟　郑文杰　杨瑞新
韩艳秋　冯皓阳　李岸泽　陈　昂
颜湘炎　王柯永　王子宁　徐宇秋
费天阳　刘　尧　施以恒　徐　晨
杨　航　郭城志　钱　莹　杜思宁
徐兆建　谭　哲　张　佳　徐　超
党利俊　李嘉龙　孙嘉佐　薛德英
李　军　李子垕　李金展　李　璇
彭世蓉　泰铭淇　蔡明宇　杨汝帆
吴　浩　刘　畅　李季淼　苏凌云
覃梦乐　高煜明　赵梦梦　孙云腾
王瑞海

校优秀学生干部（24 人）：

过永强　郑曰文　李智勇　孙翊恒
李　立　卜祥振　王宗旺　胡南镕
王晓峰　李其鹏　蔡云昊　洪婉祯
徐铭阳　侯芊荷　幸警言　杜琬茹
邵麟焙　袁雨琪　姜　伟　罗炜斌
成泽鹏　尹　澳　丁　甲　方雨贤

能源与动力工程学院

校三好学生（70 人）：

卞时刚　李　博　欧康明　汪海文
张　梦　曹　程　侯学良　古启鑫
杨礼华　吕靖玮　张雨琪　陈金波
张俊杰　刘忆东　胡　添　丁　啸
张盛平　吴福来　王　祎　史迪超
赵　轩　徐　丽　张逸飞　连立群
吕晴鹏　郭志华　沙彦秀　陈梦婷
田中杰　曹　雪　吴秀芝　祝培樑
薛逸文　张　泽　唐玉婷　王　萍
马　劲　吉陈慧　杨盛翔　虞奇峰
顾　炜　廖叶婷　吴志强　陈　成
许浩楠　陈　科　刘　康　陈彦燕
陈雅婷　龚婷婷　宋安齐　郑文婕
谢云韵　叶　聪　吴林洁　孙天瑜
姚权峰　王喜月　谢　飞　王宇建
林俊燕　常清林　袁健平　何　钧
王远财　刘　燚　吴瑞雁　郑诣杰
黄　玮　罗雅文

校优秀学生干部（43 人）：

郭　帅　康建业　林　滢　李　凡
蔡　勇　董宇航　倪仁忠　李培君
台颖娣　杨文益　储晨阳　李英平
刘宇彤　李　晶　杨昕宇　彭海蒙
黄　浩　虎羽童　杨　旭　谢宇超
李宝鹏　周　丹　何富鑫　郭晨龙
刘晓琪　孙道广　杨德睿　张　萱
黄　波　朱香凝　裴文倩　李佳琳
刘懿槿　齐玉卓　徐炜娜　钟　炫
徐小楠　于　鑫　张　壮　洪燕莎
纪德龙　陈　茂　胡少嘉

材料科学与工程学院

校三好学生（82 人）：

史禄鑫　陆云彬　苏友明　陈　洁
熊　丽　安彤舸　尹小丹　吴华杰
刘　杰　马振锋　郭　敏　杨艳涛
潘建海　张雪垠　段向杰　黄昭鑫
高　杰　曾伟庭　李俊学　袁　月
金宇慧　葛恒茹　赵梦玺　沈周轶
蒋志达　袁　飞　赵　悦　黄兹彬
郭　涛　张肖佩佩　张　晋
段林烨　周运龙　高　鹏　姜沣航
虢宇峰　陈永鹏　耿宝桂　党正玲
洪文颖　万　雄　张俊文　刘俊菱
宋　翊　杨　欢　崔　鑫　苏安邦
秦　缘　杨　缘　朱　琳　牛姿诺
牛晓婷　王腾飞　叶　炫　张一诺

刘璇　李楠　李慧慧　程方栋
许瀚文　施威涛　彭德锋　袁振华
谢天　廖家琦　池流亮　赵子瑞
童德林　关怡心　曹立坤　杨凯鑫
张铭轩　孙茂馨　相辉　胡馨月
唐文健　赵腾　李寒月　郭文静
董晓辉　李荣喆　朱文龙

校优秀学生干部（16 人）：

张晓艳　李心蕊　汪思宇　王琳琳
张琰琳　曹赟　宋宏磊　陈飞乐
陈薇玫　赵佳乐　杨秋月　谭莉
谢佳益　邵裕淇　向柯冰　刘庭硕

电气信息工程学院

校三好学生（126 人）：

张睿哲　郭澄　姜泽宇　李怀龙
毛一风　杜世祥　吴澳华　廖云飞
周雨婷　邓思思　龚晟　刘涛
凌金诚　吴岷桐　冷卫敏　邹劲松
赵伟辰　陈文龙　吴润秋　冯健为
刘紫倩　赵新宇　胡扬　徐欢
杨鑫　施高峰　相振国　余梦
查军泽　李增龙　谢可铭　张传上
李想　潘逸轩　曹淋凯　孙妙君
史文旭　姚瑶　李宗金　朱福喜
仝佳庚　高康　焦偲瑛　郭奕
任红　叶濰龙　钱浩　刘登杰
蔡强　张家焱　杨博　陆遥
李雨露　郭子航　王龙　李振
陈子靖　汪仁媛　丁雨晴　王鹤
李立　杭赟　董星雨　颜雨桐
高鹏宇　郭龙雨　周金宇　高映洁
谢雨希　张锁龙　成浩　倪俊贤
王笔谈　缪雨函　周晓文　李响
尹奕淳　王奕天　张启鹏　陈康
王园　卢宏平　李美晨　苗宇
仝海博　李红艳　汤程烨　汪舒
吴彩妮　蔡云霞　徐忆柳　贺佳珏
周鹏燕　付张蕾　席晓锋　周红亮
唐崎　顾敏娟　姬凌敏　费城
李伊莎　王淼　傅天宇　蓝天龙
许炜东　蔡港祥　郑剑辉　李莎
何霖　丁洁　张卓　叶华生
王辉　李雪　李钰　王健昀
苗嘉成　刘思伟　许思聪　顾志杨
杨少文　边少涵　李治言　王嘉怡
张全宇　石井龙

校优秀学生干部（35 人）：

王一鸣　武云江　钱渊方　张佳瑞
白旭松　周柏涛　董辰阳　徐亮
刘浪　朱敏　杨炜煜　杨焓
陆添凤　赵海洋　唐红　郭恒
杜景锐　薛彪　雷豪杰　谷阳
魏鸿飞　顾玉俊　李浦生　周馨语
董萱　蔡加敏　唐润田　任贵硕
向雨竹　张佳预　孙锦程　梁益帆
徐高聪　盛子健　钟林俊

食品与生物工程学院

校三好学生（37 人）：

张琪　李森楠　符佳琦　李玉涵
瞿溢珂　崔玲　张书箐　贺卓芳
杨雯静　江泓霄　尹新宇　汪易柔
曹天宇　杨隆義　李堃芳　刘瑞霞
张艳　周若雨　陆慧佳　王雨菲
卢歆怡　苏盈盈　杨依然　张家怡
康月　刘友勤　吕金月　毋宁宁
童娟　刘晓霜　古湘月　徐倩倩
吴泽伟　杨紫涵　刘旭　王一凡
梁采莹

校优秀学生干部（4 人）：

胡煜骞　林琮晞　赵一繁　杨柳

环境与安全工程学院

校三好学生（24 人）：

徐澍琛　尹淞　陆晓惠　夏广

夏雨情　李慧洁　史龙辉　黄　帅
燕　凤　徐　欣　刘世珍　钱鸿昌
楼志宏　丁佳锃　吴　悠　汪逸凡
许笑笑　贾博元　章一昕　郭宇嘉
郝　伟　霍艳玲　郝伟业　凌儒可

校优秀学生干部（10 人）：

莫楚尧　武　楠　范劲松　耿孝国
赵　珊　刘苹萱　郝嘉元　黄　彬
唐梦晗　郭　昊

计算机科学与通信工程学院

校三好学生（111 人）：

张宏梅　沈雅馨　周云军　张　振
李佳汶　许　成　潘珮源　茅伟龙
孙庆成　孙　凡　李玮琦　李祥瑞
张嘉琳　庄子祥　高鑫洋　周秋百
朱凌凯　付红燕　田建业　刘梦阳
张　欣　于　彤　张　冲　李　宁
董　杰　肖　健　王维佳　李竹澄
李　祥　董立豪　余　筱　粟　洁
蔡国龙　肖亚轩　方　俊　贾　渊
方志学　强明睿　文世伟　吴　键
陈哲阳　黎　洋　李漪婷　郭高玲
芦　辉　孙庆慧　彭仕枫　谢嘉迪
万宣林　黄　睿　杨志芳　王照源
卜　凡　张雨晴　陈荣林　陈立新
何理波　荣嘉祺　丁海轩　温凌峰
董昌龙　李敬辉　赵　鹏　曾君玉
李欣如　刘　雪　唐　安　汤颖欣
曲海鑫　李文智　仲启咏　高凡雅
董屹晨　郭梦洁　宋宇杰　张雯静
宋瑞冬　赵鹏飞　黄文燕　沈宇轩
吕梓龙　汤韵芝　吴凯悦　林逸龙
王超红　陈思旭　张嘉祥　黄文焕
商泽洋　杨之杰　邵惟孜　王芸芸
王晶晶　谢正聪　柳仕祺　刘毓博
强宇琛　刘　瑶　王　坤　王文卓
卓俊男　袁跃辉　王欣宇　郭柯月
周泽康　王定轩　李阳阳　白斌雯
李丽莎　程　曦　王智磊

校优秀学生干部（40 人）：

潘　林　单鹏畅　耿常州　陈金鹏
陈秋涛　范佳屹　杨　阳　郭秋曼
马媛媛　张时洁　刘典雅　陈　笑
刘思纯　陈宇阳　周　成　张婧炜
龚恩宇　周　婷　马　慧　叶卿怡
杨慧敏　耿啸秋　张宇凡　陆　坤
支　莹　肖智龙　余宗璧　李　悦
徐　辉　张承楷　裴　航　许亦昕
张浩东　吴诚远　顾芸碧　徐冰洋
王明杰　王昌杰　刘　杨　李沅格

数学科学学院

校三好学生（34 人）：

孙天赐　陆碧涵　缪新鸿　王泽予
钱雨菲　张欣媛　张蜀琪　刘梦怡
黎肖肖　顾展诚　徐浩钧　李　翔
马思睿　胡俊朗　骆语凭　檀　泉
赵跃刚　王雨薇　张炜熠　胡潇逸
王佳璐　刘吉祥　杨　帆　陈　静
彭警波　杨佳凝　汪雪薇　孟庆雪
树　云　朱雨悦　陆　纯　陆泽琪
周梦恬　李　玲

校优秀学生干部（14 人）：

姜　帅　张朝晟　贾贝贝　席绍赟
郭一晗　姜佩汶　阎美如　郝思雯
陈　想　顾唐莹　谢晓淼　赵子敏
许子瑜　刘　杰

物理与电子工程学院

校三好学生（8 人）：

张凯凯　邢佳丽　范鹤腾　刘佳琳
李默蹊　徐　涛　倪文彬　卢文栋

校优秀学生干部（7 人）：

刘照民　邹洪宇　唐　颖　单　俊
仇昕宇　唐文生　许雨薇

土木工程与力学学院

校三好学生（30 人）：

蒲彦儒　张志宇　余　霞　屈思源
方轶文　张书豪　郑建波　陈　明
刘若男　王铭晨　乔　靖　乔琳茹
潘　倩　李知键　李亚博　黄　源
郑　杰　郜孝文　朱宇杰　章　月
孙丹丹　陈天佑　袁凯伟　龚　英
钱子晗　莫文强　王成龙　张夏齐
贾惠茹　祖佩佩

校优秀学生干部（17 人）：

李梅萍　缪心玥　王　毅　温　婷
郝东晖　陈向晖　盛天浩　唐晓雅
李仕国　李　乐　王浩然　李鑫蔚
王嘉涛　周茗柯　张文弟　华优明
马　梁

化学化工学院

校三好学生（17 人）：

曹珈旖　何　雪　兰义营　黄钦涯
胡　健　姜鑫如　陈莲花　杨　阳
谢弘灏　马瑞凯　任秋园　段瑞丹
戴敬宜　魏丹蕊　何　宁　王玮琪
刘　颖

校优秀学生干部（22 人）：

任玥玥　孙令豪　杨羚泽　何美莹
乔禄颖　杨婧怡　吴杰义　徐芊牵
刘友超　肖立佳　魏思婷　苟　梅
韩　笑　许淑婷　周天天　何　旭
王芙蓉　周昱成　吴　凯　陈彩霞
陆佳慧　郑伊旸

管理学院

校三好学生（82 人）：

黄玉婷　甘子琴　宋　娟　郑兴彤
邰季雯　李　丹　汤铠源　刘倩倩
王　蕾　杨苏雨　严馨雨　庞翔文
章梨香　李心恬　金思娴　张芙榕
原晓朦　王诗婕　虞蕊娇　刘宇轩
史梦霞　魏佳萌　胡媛媛　周可可
张一睿　孙倩如　朱昱皓　胡雪琴
王　昕　陈　文　许莉萍　徐佳颖
梅全涛　马　宁　周　芸　孙　慧
祝　杨　毛颖韬　刘昕鑫　施冬莉
苏文航　邱晓龙　朱韵文　陆爱莲
华　霞　刘　艺　任万英　邬钰琴
马苗慧　仲采薇　徐娅萍　苏莹莹
窦笑宇　钱雅如　王　敏　那容搏
王雨奇　杜泽浩　王　柔
曾太贺龙　李佳静　张源源
罗琪燊　王伟吉　黄云燕　张　怡
高　炎　蒲正佳　王　可　金渊甜
杜昊楠　杜　甜　张　瑜　贺　桢
蔡思琴　何谨汝　钱江英　田斯佳
汪钰蓉　刘孟瑶　谢冯辉　吕梦婷

校优秀学生干部（48 人）：

卢晨皓　杜　念　王佳煒　李　蝶
夏　宁　王刚萍　戴文轩　金夏卿
朱　尧　卢培艺　桑嘉豪　顾文倩
石　瑞　蒋　鹏　梁馨文　倪辰玲
廖　瑶　贾玉行　宋博文　杜晗晓
刘晓玉　许力铸　蒋　玥　陈芳妹
李　兰　熊健丽　时　锐　郭　萌
韩佳辰　赵欣欣　殷　菲　王　莹
尤伊婷　杜　颖　李双草　陈风莹
陈修春　张心宁　岳佳瑶　吴　涛
吴海斌　马健航　李晓菲　王瑞琰
周诗怡　王少凡　张　樱　朱　悦

财经学院

校三好学生（133 人）：

黄　蕾　倪文立　丁　典　宋晓妮
季钰杰　王若雨菡　王　路
彭宇欣　马瑞鹏　孙凡禹　肖梦婧
魏圆圆　周宇燃　刘煜文　陈梦妍
范倩雯　曹舒颉　王越琦　黄晓晓

许嘉宁 陈思涵 朱昕玥 滕 菲
龚 真 刘心宁 赵甜甜 刘若锦
程 丽 曹秀云 蒋 莹 吴思远
康颖洪 孙雯静 朱元元 贾鑫龙
吕晓莉 龚轶凡 王 珂 吴佳慧
姜 莱 翟欣瑶 陈曈洋 刁芸菲
章雨言 黄淑琴 李雅雯 赵予湉
郭雯钰 宋依宁 毛天娴 朱顾宇
秦 雪 蒋舒雯 邹 叶 吴凯进
吴舒璇 吴珂凡 刘雨琪 包东洋
孙婷婷 厉 剑 潘嘉维 齐依昂
赵晨露 刘书宇 褚 欣 征嘉杰
傅裕卿 许巧钰 周玟羽 何慧忠
徐小玲 罗婷婷 尹 妍 高欣瑜
谭欣怡 郑青红 张文宇 谢宇皓
华婧倩 沈 晨 唐琦殊 王紫琳
康金叶 黄佳敏 李程程 石舒可
胥辰辰 李子璇 孙新宇 王佳妮
文 灿 叶雨曦 夏梦溪 庄筱欣
徐晗钰 陈 忆 王杉文 张 蕾
艾婧宣 施若彤 余华琛 陆师禹
曾庆涵 古芯菏 朱倩林 管撷乐
施 瑶 王 馨 陆娅霓 朱梦颖
金顺林 曹舰文 吕思嘉 仲培培
吴倩怡 宁 怡 孙 露 王浩文
子 怡 吴蔓菁 陆嘉怡 陆子婕
孙芳玲 陈兆任 杨佳雯 庄琬颖
史 昊 杨云帆 郭子畅 张小燕
孔 杰 刘雅婷

校优秀学生干部（46 人）：

李中元 朱陈叶 罗仪婵 王帼娟
黄铭锴 凌子叶 张秋玥 朱刘艳
王欣怡 郇宇翔 张芷宁 潘 旭
王美艳 王一彤 周星妤 朱琳燚
李冰冰 周 楠 朱姝蓉 张欣旸
任琳炜 黄静怡 李致远 洪铭泽
陈 悦 浦秋月 张丽娟 钱 桢
李宛颖 王韵楚 孙翼雯 赵欣颖
刘 佳 周 曼 刘传恒 王 爽
宋宇尧 王方圆 张严之 孙若兰
徐一铭 傅 蕾 刘婧怡 顾佳妮
陈泉如 吴昱萱

马克思主义学院

校三好学生（9 人）：

张雨清 赵 跃 陈鹏洁 水淼君
王辰颖 周欣瑶 黄璐瑶 刘雨璇
张鑫愉

法学院

校三好学生（32 人）：

田 歌 汤甜甜 徐 帆 李 霞
余文春 刘珺旸 王晓彤 韩 婧
汪若瑜 张阳阳 田婉祯 杨 亮
张雯宵 林有藩 胥佳丽 柴 思
李 惠 戴倩儿 潘逸静 朱礼志
陈芷萱 李泽凯 赵桂梅 戴栩露
唐秋月 李 雯 蒋哲诚 丁仙军
袁奕晨 胡怀升 李雨馨 樊 超

校优秀学生干部（10 人）：

钟小羽 孙思睿 赵鹏杰 臧嘉雯
邵 羽 李嘉雯 杜利利 董 悦
郭甜甜 彭文凤

文学院

校三好学生（37 人）：

丁婉丽 张 哲 张文文 江 帆
张 琦 徐怡然 李紫怡 冯 森
冷 宇 周玲玲 孙怡琳 梅美琳
何婷婷 吴梦瑶 许 悦 尹梦弦
韩茂修 杜雨欣 杨凤瑞 李佳颖
赵 妍 谢曜宇 吴梦雨 魏彦琳
汤逸雨 凌裕欣 吴晨璐 孙 昕
陈 倩 姚 玲 张淑楠 陆昕辰
张 丹 尹思渊 李研佳 陈 颖
江一婧

校优秀学生干部（19 人）：
袁钰琳　戴天娇　郎紫含　冷奕澳
徐　可　周昕茹　张　惠　谢　可
邓俊雯　张　洁　张智咏　徐煜蓉
陶雅琴　何谢辰　潘若琪　钱紫玥
周芳芸　夏立昕　房沁晔

外国语学院

校三好学生（40 人）：
冯李瑶　李聪颖　袁　珉　秦怀宇
张晗玥　杨晓霞　吕　佳　王欣怡
曾　晨　朱文雅　杨熠帆　孙逸婕
李晓涵　陈舒阳　曹倩倩　刘文慧
成柏颖　牟洁怡　王杜缘　姜奥蒙
赵雨童　李　娴　刘琨琦　陈晓凡
刘心怡　杨　旭　李文华　王小煜
尹觉杵　温丹妮　赵雨婷　王瑾蓉
程文清　罗欣雨　王宇娇　姜心怡
王雨婷　赵　博　祝誉源　陈楚怡
校优秀学生干部（8 人）：
陈薪羽　吴佳慧　王经国　刘明煜
姜朝霞　邹　萱　鲍珊珊　唐铭逸

艺术学院

校三好学生（54 人）：
季柏良　袁　旭　王　怡　吕立元
陆佳怡　蒋可慧　孙竞达　时静雯
马淇钰　衡　菲　毛　威　陈　鑫
周凌余　王冬立　黄唯一　柳芯芯
方小哲　余唯一　蒋雨霏　徐佳宁
杨欣雯　王禧雨　李熔华　李　玮
胡宇冰　蒯思媛　冯星乐　孙思璇
章沁怡　陆　蕾　求寒旦　赵莉莉
季建梅　黄　欢　罗旖旎　胡　漪
黄　璐　杨　尧　胡　敏　杨　巧
周鑫宇　杨文睿　陈　敏　王李文
钱佳颖　沈　琦　黄雅婷　陈高琴
陈怡柠　苏照辉　谢　沁　任欣晨
李伊萌　王　晞
校优秀学生干部（29 人）：
王振业　周　瑜　王昕越　陈心田
胡炜钊　曹耘齐　吴淑蓉　彭瑶瑶
韩　啸　陈尚仪　董　婷　戚晓妍
殷琪雯　张梓坤　蒋钰蓉　胡向阳
单发硕　高欣艾琳　马宏宇
黄政祺　王　兰　张译文　朱龙强
李曦萌　宋俊贤　葛金雯　吴阚雨
宫丽娜　王梦遥

教师教育学院

校三好学生（6 人）：
王壹一　杨宇晴　石发军　王　苇
肖霞钰　陈　红
校优秀学生干部（4 人）：
许雨晗　牛世婧　屈思怡　皮天珍

医学院

校三好学生（207 人）：
郭志颖　徐　苏　蒋文昊　杜新月
刘浩然　顾宇峰　汪阳洋　李明悦
张雪冰　郁念慧　江京洲　顾思谦
彭　琳　严振宇　胡秋梅　曹佳丽
吴清清　张　尹　龚　宇　周俊邑
李　晶　刘倩怡　周飞晗　谭仕东
李丰岑　郑瑞淇　逄明昌　王晓玉
石禹恒　缪　徐　冯　蕾　江梦颖
李　钰　张　典　陈银胤　何婉婷
陈文杰　王思远　高　昕　王倩倩
袁敏莉　秦松言　孙晓雨　唐浩文
张志明　刘　煜　刘　月　蔡敏琪
查　璇　周心蕙　周　越　崔琳婧
张欣怡　陈　琦　王惟一　王丽沙
席雪茹　陈怡静　刘　悦
夏春冬秋　薛雯心　潘凯文
杨啸东　王　尧　黄明慧　周　珊
徐　炜　周子璇　刘文蕙　王　熠

潘佳敏 王惠玲 刘思远 朱畅畅
刘怡恬 赵 媛 刘范凯 易义德
陆定坤 邹 婷 吴可心 时 丹
王梦涛 蔡瑶瑶 时 欣 赵云云
刘 铭 汤靖文 李双雨 刘宇婷
张珂宇 吴 倩 李加利 祁乙明
陈梦湘 李 京 顾雅涵 陈景政
蔡嘉琦 顾翊翔 缪志成 梅佳真
张留芳 陈 婷 李昱瑢 贾远望
周雨静 曹永杰 杭苏宁 袁佳莹
沈 雯 毛 颖 周 烨 吴辰晨
钱宇豪 戴宇飞 谭新宇 张腾旭
孔旭晨 罗 吉 李昱钰 杨苏丽
李骁宸 陈印洁 潘 芸 解吉辰
张梨洁 李卓炘 刘龚震 赵 艾
夏宇轩 马宇佳 徐 杨 周 畅
张佳昕 王 霄 叶 雨 高雨婷
赵泽宇 魏 来 钟治齐 刘雨诗
滕瑞文 陈 嘉 孟 时 冯靖洵
师 语 王玫茜 陈长安 刘润旸
董 晓 郁佳培 戴世国 郑芷洁
高晓航 刘申浩 徐乐言 赵晓莉
钱智超 周冰青 施艺航 杨嘉琪
徐培荣 张 慧 杨智然 徐茹晗
王攀琪 吴 迪 姚可轩 韩海云
王奕哲 朱彤童 周凌毅 刘 奕
王 欢 顾原菁 华 凌 刘艺菲
玛伊拜·木沙江 潘昕昀 秦国凌
李 世 曾可越 方心月 左文严
范子奕 周雪莹 王 亮 胡雨琴
赵心澜 叶海旸 陆 昱 钱 雨
王烜黎 陈子翔 杨佳蔚 陈铭恺
戴科宇 周 悦 孙 蕊 袁梦冉
吴芷菁 张滢娇 赵忻怡 张雅莉
任丽君 郭佳颖

校优秀学生干部（4 人）：

魏晓雨 高三美 乔雪涵 张 转

第一临床医学院

校三好学生（10 人）：

冯啸尘 蒋一诺 林警威 张贺龙
陈栩槿 徐吉利 陶良颖 张语轩 吴思渔 李 婧

药学院

校三好学生（46 人）：

乔春雪 梅 双 黄曙光 蔡晋芳
成家禧 陈韵秋 黄佳滢 宋 丽
张 媛 刘亚然 王立玮 林心如
胡瑞珠 朱烨婷 杨丽雅 要宇星
雷承洁 褚 琳 罗苗苗 丁 雪
陈艺珊 郭添添 张 锦 邓小丽
林赛英 钱欣雨 季梦菲 夏若瀛
吴梦雪 赵雅琴 吴怡蓓 唐嘉唯
高凌云 陆晓慧 刘红梅 邬诗媛
朱炫垒 方娜英 陈思宇 陈季璇
赵红娜 何婷薇 王煜鹏
沈袁佳宜 邵佳丽 李国艳

校优秀学生干部（4 人）：

张海霞 李 博 韦 依 李海霞

卓越学院

校三好学生（17 人）：

常雪宇 刘佳昊 浦骁威 高非凡
张 龙 刘锦茂 徐星雨 周昕然
李泽楠 侯晓蕾 李 晓 高凌霄
邵禺哲 胡翔宇 张严严 王家宝
黄熙宁

京江学院

校三好学生（629 人）：

田 轲 蒋宽胜 李梦帆 沈恩同
李 斌 朱 玉 方 婷 朱俊儒
尹好婕 沈其飞 严栩佳 刘娅慧
徐语涵 朱雯静 陈梦迪 郝雨晨
施方舟 陈酉鹏 丁云丽 吴勤妍

蔡文婷	林雨晴	蒋雪莲	郭吉锋
李帅帅	曹一波	王　奥	吴皖兰
邢　霞	潘　毅	黄新宇	林鸿儒
张　希	李荣磊	史雯华	谢乃玉
张　昆	刘　岸	胡欣灿	赵佳敏
季　旺	朱　颖	孙　玲	张小迪
朱逸飞	王　珺	华文荥	吴宗泽
陈何雪	王小蕾	崔　颖	余慧平
杨旭成	杜仁东	董蕴仪	苏继萍
俞佳慧	居汶萱	房　薇	朱瑞程
徐　梦	杨昴祥	赵文倩	姜　姝
董　倩	杨　蕾	孙凤鹤	郭佳旎
时雪同	顾倩巧	卞曹婧	杨沐恩
吴媛华	杨思懿	曹丽文	王　赟
李皓宇	于　皓	胡华清	林银芳
严子钰	张益宁	王县金	沈丽婷
唐诗楠	詹海婷	徐思钰	邢凯月
包纪媛	游黄希	袁　媛	冯　菊
朱钰晗	郑　娜	殷文静	贾成梅
李　星	孙小慧	杨　亚	张　芸
陈星月	毛逸凯	吴　圆	瞿嘉伟
许丽媛	俞　琪	兰梦梦	张紫琪
房明月	欧燕芬	唐　慧	赵一播
吴昊天	张　硕	赵宇翔	凌丽红
陈　静	费小祝	吴牧韩	徐伶智
陶慧敏	冯家怡	常春梅	宋增妮
陆玉清	陆文捷	张露琛	杨小霞
曹梦旋	汪霏菲	黄永超	邢芯艾
王　蓉	范靖宇	支　萍	朱滟枚
王　聪	韦文君	杨　丹	王　羽
王雨婷	朱梦颖	陈嘉慧	祝美玲
张　馨	高　寒	张曼曼	崔元彬
王淇欑	耿礼阳	朱旭光	童　彬
徐升阳	毛　炜	倪　琳	朱维佳
崔俊杰	杨慧娴	张文杰	程鸿祥
崔志鸿	孙　鑫	丁　锦	朱鹏飞
陈　操	颜嘉诚	李傲然	朱照勇
朱　杰	王志鹏	谭志鹏	陈开鸿
钟佳瑞	沈嘉博	谢皖婷	谭珎妍
王克峰	顾明峰	詹绍博	周　彪
王庭伟	夏端阳	王明玖	尹曼琦
刘家琪	张文鑫	马子淇	程雅珺
王雨晨	陈　芸	李梦盼	王　婷
胡佳恩	刘子琦	刘文杰	邓海娟
刘　静	朱晨龙	杨振宇	沈晓龙
金雨晨	沈家濠	张　静	胡　月
杨新光	时　达	王欣宇	卢海啸
张志青	刘佳鸣	杨一帆	叶剑平
余乐韬	王婉婉	施雅雯	高云飞
贾英子	连清清	殷世雨	蒋　韬
王　丽	赵建存	周一鸣	莫虚明
段彦竹	杨　智	周绍华	王飞艳
于金鑫	沈　泽	李　慧	刘香香
李佳雯	唐文韬	唐宇诚	曹　欢
沈　阳	王润田	江宇杰	郭清兰
孙婷慧	罗晓娜	庄　婷	王　涛
邵晓燕	汪婷婷	周　标	包婷婷
邹玥燕	王欣欣	韩　婷	崔晶晶
王　珊	韦洪丽	饶楠博	马雪妍
温治剑	戴忠祥	刘　芳	王　亮
盛　雨	滕　越	张文倩	邱　钰
黄　蓉	董怡辰	朱佳炜	胡浩兰
吴欣月	苏　洋	孙婧涵	罗文杰
郑紫彤	董圆媛	薛林霞	马晓清
孙　敏	凌雅芝	施　夏	乔雪琼
冯雨芳	杨　柳	李梦圆	王洪东
张　婧	甘　录	陆咏琪	吴法芹
肖馨怡	黄小庆	唐俪文	施　琦
韩志雪	冯梦瑶	刘大玲	陈　瑞
杨　晴	鲍淑娴	李若琛	刘　婧
张　松	刘　颖	李小凡	高　兴
臧佳乐	王伟嘉	莫非奇	张露婷
顾琦珏	严佳乐	花金雯	叶冬青
梁碗椅	谈子悦	潘程龙	马　燕
陈奕涵	高盼成	曹佳琳	沈诗楠
樊佳怡	刘冬梅	李建新	胡　婕

张玲玲　高聪容　沈湘芸　侍润卉
何子怡　高嘉宁　李冬艳　张晓庆
羌月瑶　李桑璇　于烨银　周　烨
崔文婧　訾春梅　李林娇　邓文静
周　冉　倪端蔚　曾可钦　陈双林
郭依欣　田梦雅　王皓琪　李　琦
李曦喆　许静雯　谈永健　朱雅文
刘　雨　王庭钰　顾李诞　顾淑怡
王思宇　张文萱　贾子慧　凌素华
张　雯　索　丽　张　琼　郁　盼
谢嘉萍　邱丽晶　赵雅婷　潘　晨
王啸枫　肖　韩　郑兆春　鞠静怡
毛钰琳　吴佳佳　朱远芳　刘　敏
王水林　顾子佳　陈昌龙　吴蕊芯
徐晨冲　顾　娟　张思懿　戴旖婷
王梦娇　朱昕怡　卜俊姿　张　哲
陈纪芸　龚鑫彧　管嘉琪　王嘉杰
梅豫湘　王锐锋　王怡凡　张芃菲
陈　萌　刘美如　张　静　张敏慧
杨寅钦　邹家旺　杨沛俭　许梦巍
孙　瑞　杨天祺　郭佳乐　许家欣
时玉鹏　茅云艳　邱冬冬　杜　媛
周孟成　沈志航　沈佳豪　王　宇
骆晴晴　徐泠湘　蒋　雪　朱婷玉
何　璇　任星龙　顾焱吉　黄　烨
吴康杰　宋　宇　刘文洁　莫平凡
徐文宇　曹　昕　盛　涛　杨　涛
刘　通　仲稳稳　李露莹　马云溪
赵余霞　赵文静　吉　敏　黄婷慧
焦永杰　武立美　肖田润　周浩宇
陈乐文　侯俊芳　徐毅恒　侯文玉
张德伟　李燕萍　王泽松　陶　勇
侯季涵　胡　彪　王俊哲　高小龙
王　程　王浩羽　金世锋　汤苏东
王化佳　王祖昆　谢洋洋　李　龙
周家港　谭淇元　庄　玥　李宇航
刘　楠　梁启佳　严佳雯　薛　涛
徐　鑫　庄光亮　李　聪　孙　浩

陈徐磊　武倩雨　蔡茂建　甘甜甜
宋厚剑　徐　甲　杨宏伟　梁元舜
杨尚兵　周旭祥　卞庆舟　黄　正
王　英　周秋红　薛佳霖　仇庆青
许士杰　顾佳炜　项泽远　纪博文
葛前峰　程日菲　曹明龙　颜　童
王名佳　王述威　郭耀龙　许琳琳
邵天乐　张海军　鲁子昂　黄紫梁
解思雨　钱　程　蒋文烨　满煜琳
罗　盼　王林强　徐才俊　曾露萍
梁　颖　刘玉婷　朱晗瑞　秦　怡
袁玉娟　李雅欣　石翊苇　袁吉利
强琳霞　吉保芸　陈秋燕　马斯逸
黄文婷　徐凡茹　徐　茹　佘丹丹
杨　静　张　欣　孔子琳　佟文馨
张　颖　王雨萌　刘　洁　张　璐
顾佳敏　陆　娟　于　莉　邹　瑜
王　洁　宋珠莹　尚　彬　范　莹
韦　茜　查佳仪　陆娇娇　刘　颖
张　钰　梅佳艺　高　天　钱　澜
张梦婷　徐美月　刘南婷　张天岚
马　静　孙　畅　沙婧岩　朱承媛
刘雅慧　孙芷妍　杜　曼　俞　越
高玉慧　王春芝　蓝钊予　王多多
张　洋　邢庆增　倪程浩　陈江敏
孔祥慧　巩鑫萍　毛维玥　钱薇佳
张璐瑶　方子忆　崔新雨　朱志蕊
赵雅倩　沙昱含　彭　芪　刘晓青
徐心怡　李嘉玮　张林玉　王文智
陈宇航　毛香勤　周俊伟　王　昊
苏　蔚　蒋筱萱　诸健琴　张　婧
朱陈晔　徐晓倩　姚　欢　杨　涛
卢铭洲　仇思雨　徐　飞　尹鲲龙
邹瑜茜　陈含池　孙超凡　陈思佳
程琳清　封　悦　顾　璇　郑凌琦
贾戴瑶　许智皓　吴　玮　张　杰
丁胜杰　宋慧娴　蔡鹏程　周雨桥
彭嘉怡　魏姝琪　郑越凡　石硕雨

周丽丽

校优秀学生干部（137 人）：

张锦源　赵静雅　彭诗祺　马玉婷
薛书豪　李傲松　董剑玲　朱思义
管　琦　叶诗妍　吕　杨　徐焕钊
周　敏　田航航　杜宇峰　徐思辰
徐欣怡　杨　鹏　秦缘梦　李　晔
薛海洋　王晶晶　王会勇　齐　洁
朱雨婷　梁宇超　秦嘉焓　刘景怡
卢　仪　王天龙　唐湘淇　唐嫣格
张　林　孙卫勇　陈李鸿　张　岚
肖　可　韩雪丽　沈宇娟　张　运
姚　远　沈晨昕　张　艺　尹晓然
张馨月　吕　洋　张屹彪
皇甫晓杰　邹　可　王　梦
王晋杰　徐　慧　刘宇轩　刘铭洋
朱清涛　赵雨康　李　萍　吴　健
蒋志超　周林达　岳　敏　沈映池
郑　宇　印文萱　薛　州　杨星星
张志超　刘婷婷　徐成诚　周俊杰
张渂渲　谢佳乐　沈煜茗　周子胲
史中浩　刘　婷　吕孟学　刘孙湘
史雪莲　谢周源　王　爵　顾　云
胡冰冰　刘　琦　倪高菲　陈允钦
费文妍　李彦霖　周智超　钱飞宇
李雨桐　李　余　常慧慧　李雅文
周文芹　邵　苗　蒋芷玥　卢徐霖
姚佳佳　赖欣欣　向正濠　袁菡雨
张　晨　万梓豪　印周遥　王　磊
徐羽婷　高震宇　余婷婷　昂亚琴
张一政　唐　晟　韦　锋　李雯璐
周益德　谢堂帅　侯道龙　赵艳琼
孙　菊　解玉苗　徐　强　魏钰哲
贺怡然　鞠宇航　成子鸣　徐放笛
彭明星　沈镇阳　邵海涛　俞　杰
魏帅帅　顾　昊　易　敏　蒋新希
尹　瑞　陈　前　丁　露

无锡机电学院

校三好学生（56 人）：

李　聪　曹伟伟　王林杰　顾佳煜
王婕妤　夏家炜　林澳敏　房先丽
龙　宇　张建华　严佳豪　崔富荣
袁光浩　顾　晖　王春霖　卢聪慧
徐烨枫　刘泽宇　查栩豪　胡嘉楠
邬　凯　赵唐潮　杜宇轩　顾　浩
严皖舒　臧　渊　邱雨琪　刘　溪
狄奕成　李心怡　曹　骏　李光亚
徐　威　卢奕霖　皋　爽　陈　昊
陈　中　宗　悦　陈雅萍　顾思源
鲁叶青　汪俊秀　严光慧　陈佳文
杨欣雨　俞天善　张子龙　蒋雯秀
吴婉晴　徐钰苗　韩　高　陆思宇
袁进文　郭　倩　裴　悦　谭　倩

校优秀学生干部（32 人）：

袁文卿　李武利　赵盛威　黄天博
沈一凡　丁子涵　王梓旭　蒿鑫磊
储开慧　张　锐　施　玥　顾聪慧
钱　辰　卞　悦　陆嘉琪　田　浩
金冰冰　李婧妍　聂士强　沈嘉良
钱紫怡　王红艳　王　晴　毛金羽
王洪柳　王青云　郑树海　丛晓燕
李　奕　吴　梦　顾嘉诺　韦玉玲

江苏农林职业技术学院

校三好学生（10 人）：

陈海洲　池　晴　梁文杰　孙　悦
吴雅琪　钱　程　穆　野　倪润思
张睿彦　马彩霞

校优秀学生干部（5 人）：

徐梦倩　沈家礼　周尚卓　周　磊
王洪丽

（撰稿：沈　芳）

附　表

2020 年江苏大学招生、在校生来源情况

人

生源地	招生数			在校生数								
	合计	普通专科生	普通本科生	合计	普通专科生	普通本科生	成人专科生	成人本科生	网络专科生	网络本科生	硕士研究生	博士研究生
总　计	7 012		7 012	47 062		26 107		9 832			9 996	1 127
北　京	10		10	59		46					13	
天　津	105		105	462		421					40	1
河　北	91		91	549		376					154	19
山　西	240		240	1 343		982		82			253	26
内蒙古	45		45	244		177					56	11
辽　宁	80		80	437		339					79	19
吉　林	68		68	382		286					60	36
黑龙江	61		61	326		253					63	10
上　海	32		32	157		130					24	3
江　苏	3 703		3 703	27 896		12 569		9 585			5 209	533
浙　江	145		145	804		597					196	11
安　徽	184		184	1 881		768					1 024	89
福　建	77		77	383		315		4			57	7
江　西	90		90	592		359					212	21
山　东	149		149	1 330		550					677	103
河　南	217		217	1 685		899					678	108
湖　北	92		92	592		383					186	23
湖　南	97		97	579		430					136	13
广　东	44		44	229		169					59	1
广　西	215		215	918		857					55	6

续表

生源地	招生数			在校生数								
	合计	普通专科生	普通本科生	合计	普通专科生	普通本科生	成人专科生	成人本科生	网络专科生	网络本科生	硕士研究生	博士研究生
海　南	49		49	376		200		161			14	1
重　庆	79		79	408		314					91	3
四　川	164		164	914		668					222	24
贵　州	252		252	1 129		1 039					79	11
云　南	206		206	900		853					45	2
西　藏	56		56	225		224					1	
陕　西	88		88	487		359					116	12
甘　肃	172		172	884		723					144	17
青　海	30		30	133		125					7	1
宁　夏	63		63	280		259					20	1
新　疆	108		108	466		437					24	5
香　港												
澳　门												
台　湾				12							2	10
华　侨												

2020 年江苏大学学生变动情况

人

分类	上学年初报表在校生数	增加学生数					减少学生数									本学年初报表在校生数
		合计	招生	复学	转入	其他	合计	毕业	结业	休学	退学	开除	死亡	转出	其他	
总 计	46 178	15 983	15 682	286	1	14	15 099	14 357	66	265	399		5	1	6	47 062
普通本科、专科生	24 787	7 289	7 012	262	1	14	5 969	5 594	66	252	46		4	1	6	26 107
普通专科生																
普通本科生	24 787	7 289	7 012	262	1	14	5 969	5 594	66	252	46		4	1	6	26 107
成人本科、专科生	11 505	4 677	4 671	6			6 350	6 089			261					9 832
成人专科生	1						1				1					
成人本科生	11 504	4 677	4 671	6			6 349	6 089			260					9 832

续表

分类	上学年初报表在校生数	增加学生数					减少学生数									本学年初报表在校生数
		合计	招生	复学	转入	其他	合计	毕业	结业	休学	退学	开除	死亡	转出	其他	
网络本科、专科生																
网络专科生																
网络本科生																
研究生	9 886	4 017	3 999	18			2 780	2 674		13	92		1			11 123
硕士研究生	8 803	3 802	3 787	15			2 609	2 551		12	45		1			9 996
博士研究生	1 083	215	212	3			171	123		1	47					1 127

2020 年江苏大学在校生中其他情况

人

分类	共产党员	共青团员	民主党派	香港	澳门	台湾	华侨	少数民族	残疾人
总计	3 059	30 886	24			12		2 043	49
普通本科、专科生	604	22 511						1 744	45
普通专科生									
普通本科生	604	22 511						1 744	45
成人本科、专科生	439	2 352	5					68	
成人专科生									
成人本科生	439	2 352	5					68	
网络本科、专科生									
网络专科生									
网络本科生									
研究生	2 016	6 023	19			12		231	4
硕士研究生	1 646	5 818	7			2		209	3
博士研究生	370	205	12			10		22	1

2020 年江苏大学其他学生情况

人、人次

分类	集中培训（班数）	培训时间（学时）				结业生数								注册学生数	
		计	集中培训	远程培训	跟岗实践	计				其中：女				计	其中：女
						计	集中培训	远程培训	跟岗实践	计	集中培训	远程培训	跟岗实践		
自考助学班	*	*	*	*	*		*	*	*		*	*	*		
普通预科生	*	*	*	*	*	*	*	*	*	*	*	*	*	16	5
研究生课程进修班	*	*	*	*	*	*	*	*	*	*	*	*	*	*	*
进修及培训	52	397 062	121 032	28 998	247 032	4 952	3 319	1 257	376	2 177	1 372	535	270	*	*
其中：资格证书培训	*													*	*
岗位证书培训	*													*	*
一年以上	*														
党政管理培训	23	73 778	52 460	21 318		2 704	1 543	1 161		1 050	555	495		*	*
企业经营管理培训	2	5 200	5 200			170	170			66	66			*	*
专业技术培训	16	40 872	40 872			1 054	1 054			414	414			*	*
其中：幼儿园教师														*	*
中小学教师	5	10 160	10 160			260	260			120	120			*	*
中职学校教师														*	*
高等教育学校教师														*	*
职业技能培训	7	262 592	15 560		247 032	859	483		376	580	310		270	*	*
其中：农村劳动者														*	*
进城务工人员														*	*
其他培训	4	14 620	6 940	7 680		165	69	96		67	27	40		*	*
其中：学生	4	14 620	6 940	7 680		165	69	96		67	27	40		*	*
老年人														*	*

2020 年江苏大学外国留学生情况

人、人次

		毕（结）业生数	授予学位数	招生数		在校生数					
				计	其中春季招生	合计	第一年	第二年	第三年	第四年	第五年及以上
总计		970	309	1 063	11	2 957	1 063	510	510	453	421
其中：女		437	98	475	3	903	184	226	180	125	188
按学历分	小 计	324	309	417	11	2 216	417	415	510	453	421
	专科		*								
	本科	135	120	124	1	1 073	124	195	216	180	358
	硕士研究生	116	115	126	2	633	126	140	178	160	29
	博士研究生	73	74	167	8	510	167	80	116	113	34
培训		646	*	646	741	646	95				
按大洲分	亚洲	95	41	143		680	143	161	137	91	148
	非洲	285	263	288	10	1 475	288	234	342	348	263
	欧洲	227	2	252	1	372	252	87	25	5	3
	北美洲	361	1	369		403	369	24	2	4	4
	南美洲	2	2	4		7	4	1		1	1
	大洋洲			7		20	7	3	4	4	2
按经费来源分	国际组织资助										
	中国政府资助	26	26	80		294	80	80	48	59	27
	本国政府资助										
	学校间交换					92		92			
	自费	944	283	983	11	2 571	983	338	462	394	394

（撰稿：沈　芳）

交流与合作

综述

【概况】 2020年度国际合作与交流处（港澳台事务办公室）实有工作人员13人。国际合作与交流处是学校负责对外合作与交流工作的归口管理部门，通过国际合作与对交流活动的管理、指导、协调与服务，促进学校教学、科研和管理水平的提高，从而提升学校的国际知名度。

【合作交流】 加强与国外高校联系，积极搭建海外交流平台，拓展中外联合办学、合作办学渠道。2020年1月21日与巴基斯坦巴利亚大学（Bahria University）签署了《江苏大学与巴利亚大学学术研究合作谅解备忘录》；2020年3月10日与美国韦恩州立大学（Wayne State University）签署了《江苏大学与韦恩州立大学1+1+1联合硕士培养项目》；2020年5月7日与喀麦隆雅温得大学科技学院（University Institute of Science and Technology of Yaounde）签署了《江苏大学与雅温得大学科技学院合作协议》；与利比里亚切顿大学（Cuttington University）签署了《江苏大学与切顿大学合作协议》；与利比里亚威廉·杜伯曼大学（William V. S. Tubman University）签署了《江苏大学与威廉·杜伯曼大学合作协议》；与贝宁帕拉库大学（University of Parakou）签署了《江苏大学与帕拉库大学合作协议》；与博茨瓦纳博茨瓦纳大学（University of Botswana）签署了《江苏大学与博茨瓦纳大学合作协议》；与刚果（金）布卡武天主教大学（Universite Catholique de Bukavu）签署了《江苏大学与布卡武天主教大学合作协议》；2020年6月3日与加纳苏尼亚尼能源和自然资源大学（University of Energy and Natural Resources, Sunyani）签署了《江苏大学与苏尼亚尼能源和自然资源大学合作协议》；2020年7月6日与英国普利茅斯大学（University of Plymouth）签署了《普利茅斯大学与江苏大学合作协议书》；2020年8月5日与埃塞俄比亚哈若玛亚大学（Haramaya University）签署了《江苏大学与哈若玛亚大学合作协议》；2020年9月7日与爱尔兰都柏林城市大学（Dublin City University）签署了《江苏大学与都柏林城市大学学术合作谅解备忘录》；2020年10月9日与巴基斯坦巴奥应用技术学院（Pak-Austira Fachhochschule）签署了《巴奥应用技术学院与江苏大学谅解备忘录》；2020年11月5日与英国利物浦大学（University of Liverpool）签署了《利物浦大学与江苏大学学生交流协议》；2020年12月3日与俄罗斯沃罗涅日国立工程技术大学（Voronezh State University of Engineering Technologies）签署了《江苏大学与沃罗涅日国立工程技术大学学术合作谅解备忘录》；2020年12月11日与英国贝尔法斯特女王大学（The Queen's University of Belfast）签署了《贝尔法斯特女王大学与江苏大学谅解备忘录》；2020年12月15日与澳大利亚新南威尔士大学（The University of New South Wales）签署了《新南威尔士大学与江苏大学谅解备忘录》；2020年11月19日与加纳塔马勒科技大学（Tamale Technical University）签署了《江苏大学与塔马勒科技大学合作协议》；2020年12月8日与加纳发展研究大学（University of Development Studies）签署了《江苏大学与发展研究大学合作协议》；2020年12月19日与奥地利联合国工业发展组织（United Nations Industrial Development Organization）签署了《联合国工业发展组织与江苏大学谅解备忘录》。其中，巴基斯坦巴利亚大学、巴奥应用技术学院，喀麦隆雅温得大学科技学院，利比里亚切顿大学、威廉·杜伯曼大学，贝宁帕拉库大学，博茨瓦纳博茨瓦纳大学，刚果（金）布卡武天主教大学，加纳苏尼亚尼能源和自然资源大学、塔马勒科技大学、发展研究大学，英国普利茅斯大学、贝尔法斯特女王大学，埃塞俄比亚哈若玛亚大学，爱尔兰都柏林城市大学，俄罗斯沃罗涅日国立工程技术大学，澳大利亚新南威尔士大学，奥地利联合国工业发展组织，共计 18 所高校或科研机构是 2020 年新增的合作单位。

【国际会议】 江苏大学 2020 年共举办 16 场国际会议，分别是 2020 耒耜国际论坛、第七届金山食品物理加工研讨会（国际论坛）、第二届食品营养与安全国际研讨会、第 21 届亚洲液体雾化和喷雾系统学术年会、非线性分析与偏微分方程及其应用国际研讨会、智能制造暨第二届柔性机械电子产业化国际论坛、“三国三校”新冠肺炎疫情应对国际会议、2020 年江苏—英国高水平大学联盟年会暨第二届国际产学研合作论坛、第五届金山流体机械工程国际学术研讨会、第四届全球变化与生物入侵国际学术研讨会、第十四届微米纳米技术创新与产业化国际论坛、2020 新能源智能汽车技术青年学者国际论坛暨第八届江苏青年科学家年会、第一届物联网与智能应用国际会议、2020 智能传感器技术及信号成像技术国际学术研讨会、第七届江苏大学国际检验医学“金山论坛”、2020“一带一路”农业现代化国际合作发展论坛。参会外宾合计 272 人，来自 34 个国家，具体有美国、英国、加拿大、西班牙、俄罗斯、澳大利亚、意大利、瑞典、德国、法国、土耳其、荷兰、奥地利、瑞士、新加坡、巴基斯坦、日本、韩国、印度、泰国、越南、埃及、尼日利亚、保加利亚、印度尼西亚、阿根廷、肯尼亚、尼泊尔、刚果、摩洛哥、卡塔尔、沙特阿拉伯、塞内加尔、苏丹。1. 2020 年 4 月 29 日，由中国农业机械学会、中国农业机械工业协会、中国农业工程学会、中国农业机械化协会、中国农业机械流通协会主办，江苏大学和农业工程大学国际联盟联合承办的“2020 耒耜国际论坛”在学校召开。受疫情影响，2020 年“耒耜国际论坛”采取线上线下相结合的方式创新举办。本次论坛以“脱贫攻坚，农机赋能”为主题，围绕“智能农业装备发展趋势”展开研讨，来自美国、英国、泰国等 7 个国家和地区及中国农业大学、浙江大学、吉林大学等 60 余所涉农高校的 300 余位专家学者参加会议。开幕式上，原农业部副部长、国务院原扶贫办主任刘坚，中国工程院院士汪懋华、罗锡文、陈学庚、赵春江，清迈大学校长 Niwes Nantachit，北亚利桑那大学副校长 Daniel Palm，广东省农业科学院院长陆华忠，河北农业大学副校长张立杰，沈阳农业大学副校长王铁良等以网络视频方式参会。农业农村部南京农业机械化研究所所长陈巧敏、西华大学副校长余孝其、中国一拖集团副董事长蔡济波，以及江苏大学党委书记袁寿其、校长颜晓红等现场出席会议。江苏省农业科学院院长易中懿主持开幕式。会上，江苏大学聘任了一批熟悉技术、熟悉行业、熟悉市场、熟悉政策的知名专家担任研究院咨询委员会委员。汪懋华院士、赵春江院士、英国利兹大学 Steve Banwart 教授等作报告。29 日下午，江苏大学耒耜大楼启用仪式暨农业装备成果展在江苏大学科技园举行。论坛还举办了“农业装备产业发展”“‘十四五’农机发展”两场次研讨会，为推动我国农机人才培养和科技创新，助力乡村振兴、决胜脱贫攻坚做出新的更大的贡献。2. 学校主办的“第七届金山食品物理加工研讨会（国际论坛）”

于2020年9月20日顺利召开。来自不同国家的530余位学者线上、400多位老师和研究生线下参加论坛。副校长赵玉涛参加开幕式并致辞，论坛开幕式由食品物理加工研究院院长马海乐教授主持。论坛按照超声波、超高压、冷等离子体、电场、红外、微波、射频等食品物理加工研究方向，邀请了美国、加拿大、澳大利亚、意大利、爱尔兰和中国香港的9位本领域国际著名专家做专题报告。为了加强食品物理加工领域的学术交流，自2014年起学校发起并组织召开了食品物理加工研讨会，先后邀请78位国内外专家做主旨报告，对食品物理加工在科学创新、技术突破及产业升级等方面的支撑引领作用进行深入探讨并达成了共识，在国内外产生了重要的影响。3. 2020年10月26日，第三届食品营养与安全国际研讨会在学校举办，本次研讨会通过线上和线下结合的方式进行。食品与生物工程学院院长邹小波教授主持本次研讨会，介绍了食品营养与安全国际联合研究中心成立两年来的工作进展。本次研讨会邀请了意大利马尔凯理工大学Maurizio Battino教授、西班牙维戈大学Xiao Jianbo教授、意大利那不勒斯腓特烈二世大学Maria Daglia教授、瑞典乌普萨拉大学Hesham R. El-Seedi教授、英国利兹大学Michael Norman Routledge副教授等食品营养与安全领域享有国际盛誉的专家，分享了天然活性成分、功能性食品、生物活性化合物和营养健康评价等方面的全球食品营养与安全领域的最新成果，探讨了食品营养与安全发展方向和前沿进展。2019年8月，江苏大学组建了食品营养与安全国际联合研究中心，邀请西班牙维戈大学Maurizio Battino和Xiao Jianbo教授等多位专家加盟该国际联合研究中心。4. 2020年10月23日至26日，第21届亚洲液体雾化和喷雾系统学术年会召开。300余名国内外专家学者以线上、线下相结合的模式参会，深入交流研讨液体雾化和喷雾系统研究领域的最新研究成果，分析了当前液体雾化和喷雾系统利用所面临的形势和挑战，进一步明确了未来的研究方向和任务。会议由亚洲液体雾化与喷雾系统学会主办，江苏大学能源研究院承办。这也是该学术会议自1996年召开以来第四次由中国内地承办。校党委书记袁寿其出席会议并致开幕词，国际喷雾学会主席文森特·麦克唐纳教授、亚洲喷雾学会主席尹英彬教授及亚洲喷雾学会副主席李理光教授分别致辞。会上，国内外专家学者围绕液体雾化和喷雾系统领域的研究开展广泛而深入的学术研讨交流。中国工程院院士苏万华教授、英国皇家工程院院士高塔姆·卡尔加吉教授、来自美国的国际喷雾学会主席麦克唐纳教授、日本喷雾学会主席森吉泰生教授等国际著名专家学者做国际特邀报告。清华大学、上海交通大学、西安交通大学、浙江大学等高校18位专家做国内特邀报告。5个分会场进行了论文交流与墙报展示，会议还评选出10篇优秀论文并颁发了证书。5. 2020年10月24日至25日，由学校主办的非线性分析与偏微分方程及其应用国际研讨会在云端召开。来自美国、加拿大、澳大利亚等国家和地区的300余名专家学者及研究生参加了本次研讨会。校长颜晓红在开幕式致辞，介绍学校事业发展及数学学科建设情况。会议为来自国际国内数学领域的领军人才和青年才俊提供了学习、交流与合作的平台。国内外知名专家做了多场报告，围绕椭圆型方程、抛物型方程、其他非线性偏微分方程、变分方法、动力系统、复杂网络、生物数学和数学建模等主题交流最新研究成果和学术发展动态，展开了广泛学术讨论。6. 智能制造暨第二届柔性机械电子产业化国际论坛于 2020 年 10 月 27 日至 29 日在扬中市举行。近 200 名国内外业内知名专家学者、省市智能制造相关企业负责人应邀以视频连线、集中到会的方式，共议产业发展，共话创新未来。开幕式由江苏大学党委常委、副校长丁建宁主持。南京航空航天大学校长、中国工程院院士单忠德，湖南大学教授、中国工程院院士罗安，以及江苏省科协党组书记、副主席孙春雷，镇江市委常委、宣传部部长孙晓南，江苏大学党委副书记、校长颜晓红等相关行业、党政领导出席会议。江苏大学校长颜晓红代表江苏大学致辞。大会论坛同时邀请美国国家工程院院士、美国得克萨斯大学分校教授 Ray. H. Baughman、得克萨斯大学教授 Shaoli Fang、美国科罗拉多大学教授 Franck Vernerey，以及美国科罗拉多大学助理教授 Kai Yu 视频连线致辞。论坛得到中国科协企业创新服务中心、高端制造装备协同创新中心（西安交通大学）的支持。单忠德院士、罗安院士、Ray. H. Baughman 院士和 Franck Vernerey 教授等做主旨报告。国家杰出青年基金获得者朱向阳、刘红忠等做了专题报告，与会专家分享了相关领域的最新研究进展及课题组的研究成果。7. 2020 年 10 月 30 日，“三国三校国际学术研讨会”新冠肺炎疫情应对专题国际会议以线上与线下相结合的方式成功举办。江苏大学、泰国清迈大学等 5 所亚洲高校的 26 名师生代表参会，学校 3 名优秀师生代表参会并做学术报告。本次会议主题为“新冠肺炎疫情应对、预防和经验”，旨在通过“三国三校”各轮流举办方高校分享在新冠肺炎疫情防控进入新常态下的工作、学习和生活经验，进一步加强国际交流与合作。首先，清迈大学副校长 Rome Chiranukrom 教授致辞，随后进入主题演讲、学术论坛和互动交流环节。学校医学院许潇老师做主题演讲，分享学校在疫情防控期间和进入新常态下的创新教学模式。2017 级本科生逄明昌通过讲解 AI 技术在江苏大学校园的应用，分享学校智能化疫情防控举措。2019 级研究生王晨玺介绍疫情防控期间学校打造的校园学习生活支持系统。最后，全体与会嘉宾围绕报告内容进行了深入交流，并对“三国三校国际学术研讨会”未来发展进行展望。学校师生的精彩表现得到与会嘉宾的高度赞赏。8. 2020 年 11 月 5 日至 6 日，2020 年江苏—英国高水平大学联盟年会暨第二届国际产学研合作论坛在常州科教城举行。本次活动由江苏省教育厅与英国文化教育协会主办，江苏大学承办，东南大学、利物浦大学和常州科教城协办。来自江苏和英国 48 所成员高校的 270 余名嘉宾参会，围绕“后疫情时代的跨国科研与教育”“后疫情时代先进制造、环境工程及医疗健康等领域面临的挑战与机遇”等主题开展交流、分享经验。此外，年会还举行了校际合作协议签约仪式、联盟工作委员会委员聘书颁发仪式、“江苏英国高水平大学联盟国际技术转移中心”揭牌仪式，开启了江苏高校与英国高校实施高水平合作、加快和扩大教育对外开放的新篇章。会上，校长颜晓红致欢迎辞，科技部外国专家服务司发贺信表示祝贺。江苏省教育厅副厅长王成斌指出，江苏省教育厅采取了强有力的措施，加强联盟建设。利物浦大学、克兰菲尔德大学、约克大学等 10 所英国高校校领导也发来视频，对大会的召开表示祝贺。闭门会议通报了联盟执行委员会成员单位和理事单位名单，讨论了《江苏—英国高水平大学联盟优质科教资源建设行动计划（2021—2023）》和联盟 2021 年工作计划，为联盟未来发展指明了方向。闭幕式上，联盟英方执行主席、利物浦大学电气与电子工程系主任艾伦·马歇尔对联盟年会暨国际产学研合作论坛的丰硕成果进行了全面总结。9. 2020 年 11 月 12 日，第五届金山流体机械工程国际学术研讨会在学校召开。会议采取全英文交流形式，来自美国、德国、法国等国内外知名专家学者、科研人员及研究生应邀通过线上、线下相结合的方式参加了研讨会。本次国际研讨会由国家水泵及系统工程技术研究中心、国家流体工程装备节能技术国际联合研究中心、高端流体机械装备与技术学科创新引智基地、江苏省产业技术研究院、中国农业机械学会排灌机械分会主办，江苏大学承办。校党委书记袁寿其致辞。随后，来自美国圣路易斯华盛顿大学、韩国工业技术研究院、江苏大学、新加坡南洋理工大学、法国巴黎高科—国立高等工程技术大学、德国凯泽斯劳滕工业大学、西班牙瓦伦西亚理工大学的特邀专家围绕“流体机械工程中的基础理论及应用”做精彩的线上专题报告，分享相关领域的最新研究进展及创新成果，并与现场参会人员展开了交流讨论。会上，流体中心从高层次国际化平台建设、高水平学者互访、国际会议交流及学生国际化培养 4 个方面详细介绍了近三年开展的国际合作与交流工作。10. 2020 年 11 月 16 日至 19 日，第四届全球变化与生物入侵国际学术研讨会在镇江举行。来自国内外近百家高校和科研院所的 200 多位国内专家学者及 50 多位国外专家学者参会。本次研讨会由中国生态学学会生物入侵专业委员会主办，江苏大学、台州学院和沈阳农业大学联合承办。学校副校长梅强、中国生态学学会生物入侵专业委员会主任冯玉龙教授、学校环境与安全工程学院院长杜道林到会致辞。来自中国科学院、清华大学、复旦大学、中国农业大学、南京农业大学、河南大学等国内知名科研院所和高校，以及来自康斯坦兹大学、新南威尔士大学、俄克拉荷马州立大学、哈特福德大学、马萨诸塞大学等国外知名科研院所和高校的 200 多位专家学者做了近百场学术报告，不仅涉及气候变化背景下外来入侵生物入侵机理等理论研究，也涵盖了入侵生物防控等应用研究，进一步加强了国内外全球变化和外来生物入侵领域专家学者的学术交流与合作。11. 2020 年 11 月 21 日至 23 日，第十四届微米纳米技术创新与产业化国际论坛在镇江市举办。150 多名知名专家学者、微纳制造相关企业负责人围绕“智能、健康、绿色、生活”主题，共同探讨微纳领域的学术前沿、成果转化与产业瓶颈，共享微米纳米技术的研发成果，共商微米纳米技术创新发展，共议科技助推产业化融合发展。校长颜晓红，中国仪器仪表学会副秘书长张莉，副校长丁建宁，中国仪器仪表学会微纳器件与系统技术分会理事长、苏州大学机电工程学院院长孙立宁等在会议上致辞。开幕式由中国仪器仪表学会微纳器件与系统技术分会常务副理事长、清华大学朱荣教授主持。本次论坛主要分为邀请报告、学生大赛及青年学者论坛三部分。论坛嘉宾主题报告精彩纷呈。副校长丁建宁，苏州大学机器人与微系统研究中心主任孙立宁，摩擦学国家重点实验室、清华大学田煜等专家分别在本届学术会议上做主旨报告。第七届微米纳米技术“创新与产业化”科研成果转化学生大赛同期举行，来自西安交通大学、华中科技大学、中科院微电子研究所等单位的 24 支代表队参加，同学们的创新思维和精彩的科研成果展示赢得了评委们一致好评。12. 2020 年 11 月 28 日，2020 新能源智能汽车技术青年学者国际论坛暨第八届江苏省青年科学家年会在学校小礼堂开幕。来自美国得克萨斯理工大学、日本东京大学、加拿大滑铁卢大学、加拿大康考迪亚大学，以及清华大学、上海交通大学等国内外知名高校的200余名青年学者参加了论坛。中国工程院院士郭孔辉，江苏省科学技术协会副主席冯少东，江苏省汽车工程学会理事长孙军、秘书长徐爱民等出席开幕式。本次会议由江苏大学汽车工程研究院承办。校长颜晓红致欢迎辞。吉林大学郭孔辉院士、加拿大康考迪亚大学帕基里萨米院士、东南大学殷国栋教授、日本东京大学中野公彦教授、美国得克萨斯理工大学杨景周教授做主旨报告。本次论坛以“科技应对挑战，创新引领未来”为主题，设“智能网联汽车与智慧交通”“节能与新能源汽车技术”和“车辆动力学与底盘控制”三个分论坛，与会嘉宾聚焦汽车电动化与智能化技术的最新发展方向开展了充分的交流。13. 2020年11月27日至29日，第一届物联网与智能应用国际会议在镇江市举办。来自美国、英国、中国、新加坡等9个国家的100多位学术界和业界的研究者就“物联网、人工智能等理论、方法及其在农业、教育等领域中的应用”进行研讨。会议由江苏大学主办，江苏大学计算机科学与通信工程学院承办，工业网络控制安全江苏省重点实验室、大数据泛在感知与智能农业应用江苏省工程研究中心、镇江市计算机学会、北京信通传媒有限责任公司协办。大会主席、学校校长颜晓红致欢迎辞。大会邀请北京农业信息技术研究中心首席科学家、中国工程院院士赵春江研究员，浙江大学信息学部常务副主任陈积明教授，大湾区5G工业联盟主席、香港城市大学曾剑锋教授分别作主旨报告。本次大会共收到纽卡斯尔大学、布拉德福德大学、东南大学等72家单位论文投稿105篇，62篇论文最终被录用。与会期间，论文作者采用线上线下相结合的方式，分别就“智慧农业与智能应用”“物联网与智能安全技术”“智能算法与优化”“多媒体与人工智能”4个专题进行分组报告与研讨。14. 2020年11月28日至30日，2020智能传感器技术及信号成像技术国际学术研讨会在学校顺利召开。本次研讨会是由江苏大学和江苏省力学学会主办，学校科技部“高端装备关键结构健康管理国际联合研究中心”、土木工程与力学学院、结构健康管理研究院共同承办的一次高水平国际研讨会，大会组委会主席由国际联合研究中心主任骆英教授担任，中科院于起峰院士为名誉主席。本次研讨会旨在促进国内外智能传感器技术及信号成像技术的领域的交流与合作，将多种结构故障预测与智能传感器技术相融合，促进实验力学领域智能传感器技术及信号成像技术的进一步发展，分享实验力学与多学科交叉应用经验。会议邀请了来自美国北卡罗来纳州立大学的Fuh-Gwo Yuan教授、美国俄克拉荷马大学的Yingtao Liu教授、澳大利亚蒙纳士大学的Wing Chiu教授、南洋理工大学的Soh Chee Kiong教授、深圳大学外籍教授FuYu、江苏大学土木工程与力学学院朱建国教授等专家及全国其他高校同仁专家进行研讨。在防疫常态化的形势下，本次大会采用线上与线下相结合的形式，跨越了地域和时间限制，大家共同探讨智能传感器技术及信号成像技术领域的未来发展和工程应用。与会专家围绕航空航天关键部位的智能传感与健康监测、复合材料损伤演化的光测力学、非接触光声无损检测系统等问题展开了深入的学术交流，扩大了我国在国际智能传感器技术及信号成像技术领域的影响力。15. 2020年12月19日至20日，第七届江苏大学国际检验医学“金山论坛”在镇江举办。本次论坛由江苏大学主办，江苏省医学会检验学分会、镇江市外泌体基础与转化应用重点实验室协办。副校长张济建致开幕词，介绍了学校历史沿革、学科建设和科研教学等情况，希望与会专家学者与江苏大学进一步加强合作研究。教育部医学技术类教指委副主任委员、重庆医科大学尹一兵，江苏省医学会检验学分会主任委员许文荣，大会主席、医学院院长钱晖分别发言。论坛以“创新、交流、探索、发展”为主题，日本国立儿童健康和发育研究所、香港大学、复旦大学等科研院所与高校的近20位国内外专家围绕“21世纪医学发展的趋势、挑战与对策”“BMP4与脂肪组织重塑”“急性缺血性卒中血管开通治疗研究进展”等主题通过线上或线下方式做大会报告。

16. 2020年12月19日至20日，由中国农业国际合作促进会主办、学校承办的“一带一路”农业现代化国际合作发展论坛举行。国际组织代表，外国官员和专家学者，我国农业装备行业企业、高校和研究机构代表围绕“人类团结—数字赋能，高质量发展‘一带一路’农业”主题，共同探讨“一带一路”农业现代化国际合作发展。12月19日下午，论坛开幕式上，联合国工发组织农业司司长德耶内·泰泽拉，巴基斯坦国家农产品特别委员会常委珊达娜·古尔匝罕，意中友好协会名誉主席、意大利共和国国会议员安东尼奥·塔索，英国四十八家集团俱乐部主席史蒂芬·佩里，意大利江苏商会主席朱裕华，俄罗斯自然科学院院士、俄罗斯沃罗涅日国立林业技术大学校长德拉巴留科·米哈伊尔·瓦连京诺维奇，塞内加尔驻广州总领事穆哈玛杜·艾尔·巴希尔·迪亚克，柬埔寨国际商会副会长李德美，联合国粮农组织中国区助理代表张忠军，中国农业国际合作促进会会长翟虎渠，中国人民争取和平与裁军协会副会长于洪君，农业农村部对外经济合作中心主任张陆彪，南南合作促进会副会长须同凯，江苏省教育厅副厅长王成斌，中科院院士沈学础，工程院院士赵春江，校党委书记袁寿其，校长颜晓红等出席开幕式。袁寿其致欢迎词。开幕式举行了联合国工发组织与江苏大学合作谅解备忘录线上签约仪式、教育部“高层次国际化人才培养创新实践基地”揭牌仪式、江苏大学校企合作国际人才实践基地授牌仪式，以及江苏大学—镇江龙顺“一带一路”新材料研究院揭牌仪式。副校长赵玉涛主持签约和授牌仪式。在20日上午的主旨报告与研讨环节，赵春江、沈学础、于洪君和张陆彪分别做“智慧农业发展”“农业大数据应用”“‘一带一路’国际产能合作”“中国农业‘走出去’”主旨报告。校长颜晓红、南通智能感知研究院院长刘银年、江苏悦达集团智能农业装备有限公司董事长王圣杰等产学研界专家围绕“数字赋能农业”话题展开讨论。穆哈玛杜·艾尔·巴希尔·迪亚克、须同凯和“一带一路”非洲研究联盟理事长傅朗、丝路产能促进中心副主任杨光等领导就“人类团结促发展”主题进行研讨。20日下午，农业装备国际（产能）合作联盟一届三次会议和项目对接研讨会召开。在联盟会议上，副校长、联盟副理事长丁建宁做2020年工作汇报并提出2021年工作规划。会议对联盟理事单位的变更和增补申请进行了审议。联盟理事长颜晓红发表讲话。在项目对接会上，与会代表围绕“后疫情时代国际产能合作”“境外农业合作政策”和企业“走出去”案例分享等内容展开深入探讨。论坛期间还举办了“一带一路”中非研究联盟一届三次会议。

【来访接待】 2020年接待来自美国、英国、加拿大、澳大利亚等4个国家的专家学者5批次、12人次，其中包括英国皇家工程院院士、克兰菲尔德大学校长、教授 Peter Gregson 爵士，英国皇家工程院院士、克兰菲尔德大学副校长 Simon Pollard 等。

【外专工作】 2020 年聘请了来自南非、日本、英国、美国、加拿大、法国、菲律宾、牙买加等国的 65 名各类外国文教专家、教师。获批 2020 年度地方高校“高等学校学科创新引智计划”（111 计划）。获批科技部外国专家服务司“外国青年学者研究基金项目”3 项、“外国青年人才计划”1 项、江苏省外国专家工作室 2 个和江苏省“外专百人计划”1 项。获评“江苏省外国文教专家管理工作先进单位”。

【出国工作】 2020 年派出短期因公出国（境）团组 15 个，共计 28 人次。这些团组赴美国、加拿大、英国、澳大利亚、新加坡、瑞士、德国等国家进行科研合作、学习研修、出席国际会议等方面的国际交流与合作。

【港澳台工作】 2020 年无因公赴港澳台地区学习交流团组。

（撰稿：皮香格　核稿：张　婧）

出国（境）情况

2020 年江苏大学短期公派出国（境）情况

团组	序号	姓名	部门/单位	出访事由	国家/地区	邀请单位	出访时间	备注
1	1	张步云	江苏大学汽车工程研究院	学习研修	美国	韦恩州立大学	2020. 01. 01—2020. 12. 31	
2	2	张孝良	江苏大学汽车工程研究院	学习研修	美国	韦恩州立大学	2020. 01. 01—2020. 12. 31	
3	3	刘　洁	江苏大学教务处	带队实习	加拿大	多伦多大学	2020. 01. 11—2020. 01. 30	
4	4	徐高红	江苏大学电气信息工程学院	学习研修	英国	谢菲尔德大学	2020. 01. 13—2021. 01. 12	
5	5	邹小波	江苏大学食品与生物工程学院	国际会议	英国	英国皇家物理学会	2020. 01. 14—2020. 01. 19	
6	6	吉　奕	江苏大学电气信息工程学院	学习研修	澳大利亚	格里菲斯大学	2020. 01. 15—2021. 01. 14	
7	7	任旭东	江苏大学研究生院	国际会议	新加坡	亚太科学与工程研究所	2020. 01. 16—2020. 01. 20	
8	8	李文鹏	江苏大学管理学院	学习研修	加拿大	湖首大学	2020. 01. 16—2020. 07. 15	
9	9	申小娟	江苏大学材料科学与工程学院	学习研修	加拿大	滑铁卢大学	2020. 01. 20—2021. 01. 19	
10	10	颜晓红	江苏大学	参加第四届“一带一路”达沃斯论坛	瑞士	联合国训练研究所	2020. 01. 21—2020. 01. 24	
	11	罗建强	中国农业装备产业发展研究院	参加第四届“一带一路”达沃斯论坛	瑞士	联合国训练研究所	2020. 01. 21—2020. 01. 24	
	12	封　云	国际处	参加第四届“一带一路”达沃斯论坛	瑞士	联合国训练研究所	2020. 01. 21—2020. 01. 24	

续表

团组	序号	姓名	部门/单位	出访事由	国家/地区	邀请单位	出访时间	备注
11	13	饶德伟	江苏大学材料科学与工程学院	学习研修	美国	加州大学圣克鲁兹分校	2020. 04. 01—2021. 03. 31	
12	14	杨　萍	江苏大学附属医院	学习研修	澳大利亚	澳大利亚利物浦医院	2020. 01. 24—2020. 04. 19	
13	15	骆　寅	江苏大学流体中心	学习研修	新加坡	新加坡国立大学	2020. 07. 10—2021. 01. 10	
14	16	王一茗	江苏大学附属医院	援外医疗	桑给巴尔	国家卫生健康委员会	2020. 07. 05—2021. 07. 20	双跨团组
	17	季春燕	江苏大学附属医院	援外医疗	桑给巴尔	国家卫生健康委员会	2020. 07. 05—2021. 07. 20	双跨团组
	18	王　燕	江苏大学附属医院	援外医疗	桑给巴尔	国家卫生健康委员会	2020. 07. 05—2021. 07. 20	双跨团组
	19	张　炜	江苏大学附属医院	援外医疗	桑给巴尔	国家卫生健康委员会	2020. 07. 05—2021. 07. 20	双跨团组
	20	朱荣刚	江苏大学附属医院	援外医疗	桑给巴尔	国家卫生健康委员会	2020. 07. 05—2021. 07. 20	双跨团组
	21	杨旭东	江苏大学附属医院	援外医疗	桑给巴尔	国家卫生健康委员会	2020. 07. 05—2021. 07. 20	双跨团组
	22	郦　强	江苏大学附属医院	援外医疗	桑给巴尔	国家卫生健康委员会	2020. 07. 05—2021. 07. 20	双跨团组
	23	李　莹	江苏大学外国语学院	援外医疗	桑给巴尔	国家卫生健康委员会	2020. 07. 05—2021. 07. 20	双跨团组
	24	周飞军	江苏大学附属医院	援外医疗	桑给巴尔	国家卫生健康委员会	2020. 07. 05—2021. 07. 20	双跨团组
	25	孙　康	江苏大学附属医院	援外医疗	桑给巴尔	国家卫生健康委员会	2020. 07. 05—2021. 07. 20	双跨团组
	26	陈兵海	江苏大学附属医院	援外医疗	桑给巴尔	国家卫生健康委员会	2020. 07. 05—2021. 07. 20	双跨团组
	27	张礼荣	江苏大学附属医院	援外医疗	桑给巴尔	国家卫生健康委员会	2020. 07. 05—2021. 07. 20	双跨团组
15	28	魏　巍	江苏大学实验室与设备管理处	学习研修	德国	德累斯顿工业大学	2020. 11. 01—2021. 01. 31	

（撰稿：皮香格　核稿：张　婧）

来华（大陆）情况

2020 年江苏大学聘请长期外国文教专家、教师情况

序号	姓名	国籍	合同有效期
1	Matsumoto Daisuke	日本	2013. 09. 01—2021. 01. 15
2	Shaun Leslie Miller	南非	2008. 09. 01—2021. 07. 15
3	Payam Alambeigi	伊朗	2014. 02. 24—2023. 01. 15
4	Mika Matsumoto	日本	2010. 08. 25—2021. 01. 15

续表

序号	姓名	国籍	合同有效期
5	Mark Ritchie Celcius Cuento Juachon	菲律宾	2013. 10. 08—2021. 07. 15
6	Christopher James Dorman	美国	2015. 03. 01—2020. 07. 09
7	Kim Wei Toh Ooi	英国	2017. 02. 20—2021. 01. 15
8	Diego Ayala Caceres	巴拉圭	2017. 02. 20—2021. 07. 15
9	Kazuki Okauchi	日本	2017. 09. 04—2021. 07. 15
10	Emilien Gerard Fabrice Liebart	法国	2017. 11. 06—2020. 07. 15
11	Paul Kenneth Nicholls	加拿大	2018. 02. 26—2020. 01. 15
12	Kevin Stewart Craig	南非	2018. 09. 03—2022. 07. 15
13	Chantelle Anita McLeod	牙买加	2018. 09. 03—2021. 07. 15
14	Morgane Jane Aurore Colombe	法国	2019. 09. 01—2021. 07. 15
15	Vivyca Ashley Barnaby	牙买加	2019. 09. 10—2020. 07. 15
16	Claire Alexandra Chang	美国	2020. 09. 07—2021. 07. 15
17	Raphaël Roger Fagot	法国	2020. 09. 07—2021. 07. 15
18	Amélie Emilie Agathe Noël	法国	2020. 09. 07—2021. 07. 15
19	Ari Michael Jeory	新西兰	2020. 12. 01—2021. 07. 15
20	James Yang	美国	2020. 06. 01—2020. 07. 01
21	Jessica M. Hill	美国	2020. 05. 04—2020. 06. 26
22	Carlos Ortiz	美国	2020. 05. 04—2020. 06. 26
23	Jody George	美国	2020. 04. 13—2020. 06. 21
24	Xizhong Zheng	德国	2020. 05. 04—2020. 06. 26
25	Yanxia Jia	加拿大	2020. 05. 04—2020. 06. 26
26	Geoffrey Rickert	美国	2020. 10. 10—2021. 01. 22
27	Michael Hamwi	法国	2020. 02. 16—2020. 02. 29
28	Jean Tellechea	法国	2020. 04. 05—2020. 04. 18
29	Alvaro Llaria	法国	2020. 03. 01—2020. 03. 15
30	Adriana Aguilera Gonzalez	法国	2020. 04. 19—2020. 05. 02
31	Octavian Curea	法国	2020. 09. 15—2020. 12. 15
32	David Gomez	法国	2020. 10. 05—2020. 12. 02
33	Zina Boussaada	法国	2020. 09. 17—2020. 10. 30
34	Gerard Bois	法国	2020. 11. 01—2021. 01. 25
35	Giorgio Pavesi	意大利	2020. 12. 15—2021. 01. 15
36	Vernon R. N. Chinene	赞比亚	2020. 08. 01—2020. 11. 30
37	Mundia Muya	赞比亚	2020. 08. 01—2020. 11. 30
38	Julie Jie Wen	澳大利亚	2020. 10. 29—2020. 11. 26
39	Zhang Fengxiang	赞比亚	2020. 08. 01—2020. 11. 30

续表

序号	姓名	国籍	合同有效期
40	Obed M. Lungu	赞比亚	2020. 08. 01—2020. 11. 30
41	Thomson Kalinda	赞比亚	2020. 08. 01—2020. 11. 30
42	Sande Ngalande	赞比亚	2020. 06. 18—2020. 11. 18

（撰稿：章　敏　核稿：支良泽）

2020 年江苏大学外国专家短期来校讲学、访问情况

序号	外宾姓名	国家/地区	来访目的	起止时间
1	Peter Gregson	英国	中英联合研究生院答辩	2020. 01. 06—2020. 01. 07
2	Simon Pollard	英国	中英联合研究生院答辩	2020. 01. 06—2020. 01. 07
3	Jiang Ying	英国	中英联合研究生院答辩	2020. 01. 06—2020. 01. 07
4	Jazreel Goh	英国	中英联合研究生院答辩	2020. 01. 06—2020. 01. 07
5	Cathy He	英国	中英联合研究生院答辩	2020. 01. 06—2020. 01. 07
6	Xiaoxiao Liu	英国	中英联合研究生院答辩	2020. 01. 06—2020. 01. 07
7	Fuh-Gwo Yuan	美国	学术交流	2020. 01. 19—2020. 01. 28
8	刘　昭	赞比亚	合作洽谈	2020. 08. 16—2020. 08. 19
9	胡　伟	澳大利亚	合作洽谈	2020. 09. 17—2020. 09. 19
10	林　岳	澳大利亚	合作洽谈	2020. 09. 17—2020. 09. 19
11	周思颖	澳大利亚	合作洽谈	2020. 09. 17—2020. 09. 19
12	杨先一	加拿大	学术交流	2020. 11. 05—2020. 11. 07

（撰稿：章　敏　核稿：支良泽）

建立友好合作关系情况

2020 年江苏大学与国（境）外高校、科研机构合作交流签署协议情况

序号	签署时间	国家/地区	境外合作单位（中文）	签署协议名称（英文）	签署协议名称
1	2020. 01. 21	巴基斯坦	巴利亚大学	Bahria University Memorandum of Understanding on Academic&Research Collaboration Between Jiangsu University and Bahria University	江苏大学与巴利亚大学学术研究合作谅解备忘录
2	2020. 03. 10	美国	韦恩州立大学	Wayne State University 1+1+1 DMP Cooperation Agreement Jiangsu University and Wayne State University	江苏大学与韦恩州立大学 1+1+1 联合硕士培养项目
3	2020. 05. 07	喀麦隆	雅温得大学科技学院	University Institute of Science and Technology of Yaounde Collaboration Agreement Jiangsu University and University Institute of Science and Technology of Yaounde	江苏大学与雅温得大学科技学院合作协议

续表

序号	签署时间	国家/地区	境外合作单位（中文）	签署协议名称（英文）	签署协议名称
4	2020. 05. 07	利比里亚	切顿大学	Cuttington University Collaboration Agreement Jiangsu University and Cuttington University	江苏大学与切顿大学合作协议
5	2020. 05. 07	利比里亚	威廉·杜伯曼大学	William V. S. Tubman University Collaboration Agreement Jiangsu University and William V. S. Tubman University	江苏大学与威廉·杜伯曼大学合作协议
6	2020. 05. 07	贝宁	帕拉库大学	University of Parakou Collaboration Agreement Jiangsu University and University of Parakou	江苏大学与帕拉库大学合作协议
7	2020. 05. 07	博茨瓦纳	博茨瓦纳大学	University of Botswana Collaboration Agreement Jiangsu University and University of Botswana	江苏大学与博茨瓦纳大学合作协议
8	2020. 05. 07	刚果（金）	布卡武天主教大学	University Catholique de Bukavu Collaboration Agreement Jiangsu University and Universite Catholique de Bukavu	江苏大学与布卡武天主教大学合作协议
9	2020. 06. 03	加纳	苏尼亚尼能源和自然资源大学	University of Energy and Natural Resources, Sunyani Collaboration Agreement Jiangsu University and University of Energy and Natural Resources, Sunyani	江苏大学与苏尼亚尼能源和自然资源大学合作协议
10	2020. 07. 06	英国	普利茅斯大学	University of Plymouth University of Plymouth and Jiangsu University Articulation Agreement	普利茅斯大学与江苏大学合作协议书
11	2020. 08. 05	埃塞俄比亚	哈若玛亚大学	Haramaya University Collaboration Agreement Jiangsu University and Haramaya University	江苏大学与哈若玛亚大学合作协议
12	2020. 09. 07	爱尔兰	都柏林城市大学	Dublin City University Memorandum of Understanding on Academic Collaboration between Jiangsu University (The People's Repulic of China) and Dublin City University (Ireland)	江苏大学与都柏林城市大学学术合作谅解备忘录
13	2020. 10. 09	巴基斯坦	巴奥应用技术学院	Pak-Austira Fachhochschule Memorandum of Understanding between Pak-Austira Fachhochschule: Institute of Applied Science and Technology and Jiangus University	巴奥应用技术学院与江苏大学谅解备忘录
14	2020. 11. 05	英国	利物浦大学	University of Liverpool Agreement for Jiangsu University Student Mobility Programme between University of Liverpool and Jiangsu University	利物浦大学与江苏大学学生交流协议
15	2020. 12. 03	俄罗斯	沃罗涅日国立工程技术大学	Voronezh State University of Engineering Technologies Memorandum of Understanding on Academic Collaboration between Jiangsu University (The People's Republic of China) and Voronezh State University of Engineering Technologies (Russia)	江苏大学与沃罗涅日国立工程技术大学学术合作谅解备忘录
16	2020. 12. 11	英国	贝尔法斯特女王大学	The Queen's University of Belfast Memorandum of Understanding between The Queen's University of Belfast and Jiangsu University	贝尔法斯特女王大学与江苏大学谅解备忘录

续表

序号	签署时间	国家/地区	境外合作单位（中文）	签署协议名称（英文）	签署协议名称
17	2020. 12. 15	澳大利亚	新南威尔士大学	The University of New South Wales Memorandum of Understanding between The Universityof New South Wales and Jiangsu University	新南威尔士大学与江苏大学谅解备忘录
18	2020. 11. 19	加纳	塔马勒科技大学	Tamale Technical University Collaboration Agreement between Jiangsu University and Tamale Technical University	江苏大学与塔马勒科技大学大学合作协议
19	2020. 12. 08	加纳	发展研究大学	University of Development Studies Collaboration Agreement Between Jiangsu University and University of Development Studies	江苏大学与发展研究大学合作协议
20	2020. 12. 19	奥地利	联合国工业发展组织	united nations industrial development organization Memorandum of Understanding Between United Nations Industrial Development Organization And Jiangsu University	联合国工业发展组织与江苏大学谅解备忘录

（撰稿：戴　研　核稿：章心仪）

举办国际会议情况

2020 年江苏大学举办（承办）国际会议情况

序号	会议中文名称	会议英文名称	举办单位	举办时间	参会人数（外宾）	其他参会国家
1	2020 耒耜国际论坛	LEISI International Conference 2020	农业工程学院	2020. 04. 29	300（8）	美国、泰国、英国、巴基斯坦、埃及、尼日利亚
2	第七届金山食品物理加工研讨会（国际论坛）	The 7th International Workshop on Innovation and Commercialization of Food Physical processing Technology	食品学院	2020. 09. 20	140（10）	美国、加拿大、保加利亚、西班牙、澳大利亚
3	第二届食品营养与安全国际研讨会	International Symposium on Food Nutrition and Safety	食品学院	2020. 09. 29	25（5）	西班牙、意大利、瑞典、英国
4	第 21 届亚洲液体雾化和喷雾系统学术年会	The 21st Annual Conference of Liquid Atomization & Spray Systems-Asia	能源研究院	2020. 10. 23—2020. 10. 26	200（45）	日本、韩国、印度、美国、德国、英国、西班牙、澳大利亚、意大利、加拿大
5	非线性分析与偏微分方程及其应用国际研讨会	International Workshop on Nonlinear Analysis, Partial Differential Equations and Applications	数学科学学院	2020. 10. 24—2020. 10. 25	300（5）	美国、加拿大、澳大利亚

续表

序号	会议中文名称	会议英文名称	举办单位	举办时间	参会人数（外宾）	其他参会国家
6	智能制造暨第二届柔性机械电子产业化国际论坛	Intelligent manufacturing 2nd International Symposium on Flexible mechatronics	机械学院（智能柔性机械电子研究院）	2020. 10. 27—2020. 10. 29	100（11）	英国、美国、新加坡
7	"三国三校"新冠肺炎疫情应对国际会议	Tri-U International Conference on Emergency Measures in COVID-19 Epidemic	医学院	2020. 10. 28	16（13）	泰国、日本、印度尼西亚
8	2020年江苏英国高水平大学联盟年会暨第二届国际产学研合作论坛	Annual General Meeting 2020 of Jiangsu-UK World-Class University Consortium & The 2nd International University-Industry-Research Collaboration Forum	国际处	2020. 11. 05—2020. 11. 06	240（78）	英国、土耳其、巴基斯坦、美国、阿根廷
9	第三届金山流体机械工程国际学术研讨会	3rd Jin Shan International Symposium on Fluids Machinery and Engineering	流体中心	2020. 11. 12	150（8）	美国、德国、法国、西班牙、新加坡、韩国
10	第四届全球变化与生物入侵国际学术研讨会	The 4th International Conference on Global Change and Biological Invasion	环安学院	2020. 11. 16—2020. 11. 19	400（20）	美国、德国、荷兰、英国、韩国、加拿大、澳大利亚、瑞士、肯尼亚、尼泊尔
11	第十四届微米纳米技术创新与产业化国际论坛	The 14th International Workshop on Innovation and Commercialization of Micro & NanoTechnology（ICMAN 2020）	机械学院、智能柔性机械电子研究院	2020. 11. 21	150（20）	英国、法国、德国、美国、日本、新加坡
12	2020新能源智能汽车技术青年学者国际论坛	2020 International Forum on China New Energy Intelligent Vehicle Technology for Young Scholars	汽车工程研究院	2020. 11. 27	200（3）	美国、加拿大、日本
13	2020年物联网与智能应用国际会议	International Conference on Internet of Things and Intelligent Applications 2020	计算机学院	2020. 11. 27—2020. 11. 29	150（25）	美国、英国、刚果、巴基斯坦、西班牙、越南、意大利、法国、摩洛哥、奥地利、德国、卡塔尔、沙特阿拉伯

续表

序号	会议中文名称	会议英文名称	举办单位	举办时间	参会人数（外宾）	其他参会国家
14	2020智能传感器技术及信号成像技术国际学术研讨会	2020 International Symposium on Intelligent Sensor Technology and Signal Imaging Technology	土力学院	2020. 11. 27—2020. 11. 30	100（6）	美国、英国
15	第七届江苏大学国际检验医学“金山论坛”	The 7th International Laboratory Medicine “Jinshan Forum” of Jiangsu University	医学院	2020. 12. 19—2020. 12. 20	200（3）	美国、日本
16	2020“一带一路”农业现代化国际合作发展论坛	2020 “Belt and Road” Forum for International Cooperation and Development on Agricultural Modernization	海外教育学院	2020. 12. 19—2020. 12. 21	150（12）	塞内加尔、巴基斯坦、意大利、埃及、俄罗斯、英国、摩洛哥、苏丹

（撰稿：支良泽　核稿：封　云）

管理·服务·保障

校园校舍

2020 年江苏大学校园面积分布及土地资产明细表

序号	校区	土地使用权人	坐落位置	面积/平方米	折合亩	发证或取得日期	证书号
1	校本部	江苏大学	镇江市学府路 301 号	849 592. 11	1 274. 38	2018. 01. 08	苏（2018）镇江市不动产权第 0001940 号
		江苏大学	镇江市学府路北侧	769 446. 53	1 154. 16	2018. 06. 05	苏（2018）镇江市不动产权第 0036098 号
	小计			1 619 038. 64	2 428. 54		
2	北固校区	江苏大学	镇焦路 2 号	64 989. 30	97. 48	2000. 06. 13	镇国用（京 2000）字第 10069 号
		江苏大学	东吴路 20 号	2 150. 90	3. 23	2000. 06. 29	镇国用（京 2000）字第 10084 号
	小计			67 140. 20	100. 71		
	合计			1 686 178. 84	2 529. 25		
3	梦溪校区	江苏大学	梦溪园巷 30 号	44 378. 20	66. 57	2000. 07. 15	镇国用（京 2000）字第 10087 号
4	中山校区	江苏大学	中山西路 63 号	32 806. 50	49. 21	2004. 07. 28	镇国用（京 2004）字第 1148795 号
5	附院老门诊部	江苏大学	解放路 307 号（老门诊部）	6 666. 70	10. 00	2011. 12. 06	镇国用（京 2011）第 12432 号
全校合计				1 770 030. 24	2 655. 03		

（撰稿：郇　强　核稿：黄爱华）

2020 年江苏大学校舍情况

平方米

	学校产权建筑面积				在建工程	非学校产权建筑面积		
	计	其中				计	独立使用	共同使用
		危房	当年新增	被外单位借用				
总计	1 238 346. 57		46 187	39 880				
一、教学及辅助用房	455 386. 97							
教室	111 935. 68							
图书馆	48 397. 47							
实验室、实习场所	158 058. 37		36 895					
专用科研用房	106 208. 88							
体育场馆	15 256. 65							
会议场馆	15 529. 92							

续表

	学校产权建筑面积				在建工程	非学校产权建筑面积		
	计	其中				计	独立使用	共同使用
		危房	当年新增	被外单位借用				
二、行政办公用房	74 385. 43							
三、生活用房	541 056. 88							
学生宿舍	409 839. 62							
学生食堂	26 761. 2							
教工单身宿舍	18 614. 22							
教工食堂	4 132. 02							
生活福利及附属用房	81 709. 82		9 292					
四、教工住宅	23 656. 24							
五、其他	143 861. 05			39 880				

（供稿：郈　强　核稿：黄爱华）

仪器设备

综述

【概况】 实验室与设备管理处下设综合办公室、实验室管理科、实验室技术安全科、计划供应科、设备管理科、实验动物中心等6个科室中心，另有分析测试中心（副处级单位）挂靠。实验室与设备管理处现有处长1名，副处长3名，分析测试中心主任1名（兼），教职工共计47人。

【实验室建设与管理】 1. 贯彻落实好校党委第四次党代会精神，推进大型仪器共享平台建设。全校40万元以上的大型仪器设备可参与共享393台套，已加入校内共享平台网329台套，可共享大型仪器入网率达到83.7%。对50万元以上的大型科研仪器设备使用情况、服务收入进行评价，2020年有效工作总机时达到284 812小时，年服务收入1 743.6万元，对外服务收入1 395.25万元。制定《江苏大学实验材料、易耗品和低值品管理规定（暂行）》加强材料出入库管理，方便师生、简化流程，提升了信息化水平。2. 仪器设备资产管理。（1）按合同、发票审核各类设备信息。2020年新增设备6 015台（件），价值人民币13 321万元；处理报废申请1 760台（件），价值人民币2 241万元。目前，全校在账仪器设备共计107 926台（件），资产总额达15.89亿元。（2）按时完成省教育厅关于2019—2020年度实验室信息及仪器设备信息上报工作。积极参加国有资产管理系统培训，通过日常建账指导培训各级资产管理员。（3）落实《江苏大学国有资产管理办法》《江苏大学仪器设备管理办法》文件精神，开展了2020年固定资产（设备资产）清查盘点工作，并组织核查，上报盘点报告。3. 实验室队伍建设。（1）协助人事处制定《江苏大学正高级实验师资格条件（试行）》（江大校〔2020〕32号），实验技术人员今后可以评聘高级实验师。（2）按照《江苏大学自制实验仪器设备管理办法》，组织专家对2019年度立项的自制仪器设备项目进行了中期检查。组织实验技术人员进行2020年度自制仪器设备项目申报，共申报32项，共有14个项目获批立项，经费50万元。(3) 注重加强实验室技术人员的培训，提高实验室人员的实验技术水平，及时通知实验人员参加各类培训。分三批次对大仪器共享平台的院级管理员、设备管理员就共享平台的使用进行了业务培训。组织实验室相关人员近100人次参加江苏省和国家科教仪器设备会展。(4) 走访调研全校27个教学科研单位，听取各学院的建议和意见，做好实验技术人才队伍的建设工作，协助各学院制订“十四五”实验技术人才计划和本年度的人才增补计划，向人事处申报计划并获批。4. 实验室日常管理。(1) 填报“高等教育质量监测国家数据平台”实验室数据；报送学年本科教学质量实验室设备基本报表；做好实验室相关数据的统计、项目的申报、仪器设备的数据汇总，优势学科、重点实验室的项目结题、专业认证，以及高功率设备节能等工作。(2) 落实《江苏大学实验室管理绩效考核暂行办法》，组织对全校实验室（含科研实验中心）进行实验室管理绩效考核。

【实验室技术安全管理】 高度重视校园稳定工作，认真做好实验室疫情防控和实验室安全管理工作。(1) 建立健全实验室安全责任体系。对各二级单位实验室安全岗位工作职责进行备案，对实验室安全相关管理人员进行再次确认。学校与相关二级单位签订了23份江苏大学实验室安全管理责任书，将实验室安全责任层层落实到位、落实到人。(2) 进一步健全实验室安全管理制度。相继制定、修订《江苏大学危险化学品安全和危险废物处置综合治理实施方案》《新冠肺炎疫情防控期间科研实验室开放管理规定》《关于进一步强化危险化学品采购管理的通知》《江苏大学实验室安全分类分级管理办法（试行）》。(3) 继续加强实验室安全宣传教育和准入培训。先后进行多批次实验室安全培训，召开实验室疫情防控和安全管理视频工作推进会；学校官微发布《江苏大学实验室安全手册》及疫情防控期间进入实验室开展实验要求；参加“中国高校实验室安全管理2020年第一期研修班（网络）”线上学习。组织80余名实验室安全管理人员，参加“2020江苏省高校实验室安全论坛”80人均取得结业证书。开展2020年实验室安全准入工作，共有9 500余人取得准入制合格证书。(4) 加强实验室安全检查，切实整改实验室安全隐患。全年进行学校层面检查6次，进行网上检查情况通报并要求做好整改工作。进行危化品、废弃物、科研实验室安全、教学实验室安全等专项检查5次；进行疫情防控专项检查和抽查10余次。完成实验室安全自查自纠，按要求上报到省教育厅科学技术与产业处。(5) 启用危险化学品综合管理平台，实现了危化品的信息化全生命周期管控。完成江苏省危险化学品行政许可系统（高校）学校存量危化品数据录入工作。全年通过实验材料综合管理平台采购危化品6 636次，金额1 840 233.99元，其中管控类危险化学品2 246瓶，金额82 820元，账目清楚，手续完备。(6) 完善危险废弃物处置流程，新建危险废弃物暂存场所9月正式启用。截至年底共转移各学院实验室空瓶15.0吨、实验室废物6.8吨，合计转移废弃物21.8吨，转移车次74车，办理新宇公司回收工作20次，处置动物尸体4.8吨。回收处置能动学院、医学院不明废弃物136千克、2017年遗留易制爆化学品约100千克，收缴食品、化工等6个学院剧毒品9个种类共计22瓶。(7) 确定相关二级单位特种设备管理员，对全校特种设备进行了摸排，19 名特种设备管理员参加特检院培训并取得了合格证书，开展特种设备注册登记、操作员培训、取证等工作。（8）开展实验室安全事故应急演练，提升实验人员应急救援能力。4 月，疫情防控教学科研平台工作组举办疫情防控条件下实验室消杀及危化品泄漏应急演练观摩会，近 300 名师生通过企业微信视频线上观摩了此次活动，活动中对各二级单位开展实验室安全应急演练工作做了要求。（9）做好教学科研平台工作组的疫情防控工作。2 月 13 日学校增设“教学科研平台工作组”，协助工作组编写《疫情防控期间教学科研平台工作组工作手册》，召开“教学科研平台工作组”会议，参与检查实验室疫情防控工作责任落实情况。协助制定《教学科研平台工作组关于进一步做好疫情防控工作的方案》（2.0 和 3.0 版）、《新冠肺炎疫情防控期间科研实验室开放管理规定》、《关于疫情防控期间学生返校后工作方案》（3.0 版）、《江苏大学“教学科研平台工作组”秋季学期学生返校工作方案》。

【设备购置计划与执行】 1. 清理了 2019 年以前未完成的优势学科、中央专项、实验室建设等经费采购项目。2. 2020 年共签订合同 760 份，金额 10 395. 05 万元，其中备案合同 137 份，合同金额 1 086. 31 万元。3. 依照江苏大学采购管理办法，会同招标办、财务处、审计处制定了《江苏大学仪器设备采购细则》。4. 规范了仪器设备采购流程，制定了《江苏大学仪器设备采购实施细则》。5. 制订了江苏大学 2020 年度设备采购计划，计划采购设备 6 530 万元、230 余台套。6. 对 2020 和 2021 年购置的、单价在 50 万元及以上的大型仪器设备采购项目进行了校级论证，从购买仪器设备的必要性、可行性、预期目标、校内外现有仪器设备的使用情况、选型理由等方面对二级单位申报的 20 台套设备进行了论证。经论证，同意购置设备 17 台套，金额 6 688 万元。

【设备管理与保障】 1. 进口设备的管理。全年签订进口设备合同共 91 份，采购进口设备 97 台套，合计金额约 3 200 万元，签订外贸合同 82 份，免表办理 108 份。做好镇江海关对学校进口设备的稽查工作，整理相关资料，报送进口大型仪器设备的使用效益；定期对监管期限内减免税货物的进口、保管及使用情况进行自查，登记造册汇总，建立明细账，确保无违反海关监管规定情况；做好镇江商检局对学校部分进口机电产品抽检的准备工作，抽检合格率 100%。2. 设备提货、安装、验收等工作。对提货、送货的搬运公司进行了资格审查，明确了用工报价，对响应时间、安全责任进行了约定。及时接受“大而重”新购入设备 50 余次、200 多台套，协助学院实验室用户进行初步的验收和设备的安装。在设备验收工作中，严格按采购合同的验收标准，对到货情况、技术指标、后续服务等情况进行验收，全年组织专家进行 100 万元以上仪器设备、科研平台的验收 8 次。3. 合同账务处理工作。全年对 522 份合同进行付款，金额达 8 800 余万元，退税金额达 750 万元；设备借款冲账 97 笔，金额达 4 000 余万元。4. 设备的报废处置工作。在设备处置工作中，进行了设备处置“回收商”库的征集，明确了竞价拍卖的有关规则。集中处置报废资产 1 次，回收残值 3 万余元，委托校办工厂、后勤集团自行处置资产各 1 次。全年共清理了 20 多个实验室的待报废设备。5. 设备的维护、维修工作。按照《江苏大学教学科研仪器设备维修暂行规定》进行维修、维护，对空调、电脑等公用设备的维护、维修公司进行了资格审查，采取分项报价方式。全年使用维修经费近270万元。6. 配合军工办公室，做好军工安全生产许可证检查和军工质量管理体系认证相关工作。

【实验动物工作】 1. 疫情防控期间发布《关于做好疫情防控期间实验动物中心相关工作的通知》《新冠肺炎疫情防控期间实验动物中心开放管理规定》等多项公告，做到疫情防控期间中心工作有条不紊地运行。严格把控整个中心人员、物品进出流程，在原有门禁系统的基础上对每位师生、工作人员都进行登记和体温检测，各个实验区及办公区每日常规消毒。2. 积极参与本科生大学生创新计划，中心员工共承担了11项“大创”项目，旨在帮助学生掌握实验动物相关知识和技能。3. 开展“江苏大学实验动物中心大学生科研创新资助”工作，起草《实验动物中心资助大学生科技创新暂行规定》。该资助每年总额度10万元，本次共收到本科生申请25项、研究生申请13项，最终有25项本科生项目、11项研究生项目获得资助。4. 按照教务处下达的全校教学计划，提供合格的实验动物。2020年受疫情影响，以及动物生产的调整，下半年供应教学用动物1万多只。科研用实验动物逐步恢复供应。因学校师生对裸鼠的需求增加，中心于6月引进了裸鼠，主要用于学生动物模型的制作研究。5. 协助IACUC对全校涉及动物实验的基金项目进行伦理审查，共办理310份伦理审查申请，比2019年增加40余份。6. 加强对中心设施内的实验动物的质量管理。根据中心SOP规定，每季度中心对生产区大、小鼠进行一次质量抽检，保障动物安全。7. 强化实验室安全教育培训，严格执行实验室准入制度。所有需在中心进行动物实验的本科生及相关专业的研究生、教师，必须持有江苏省实验动物专业技能培训卡或参加中心培训，获得中心“培训编号”。本学期共开展准入培训17次，培训学生178人。中心进一步规范了准入培训考核流程，将培训分为理论课培训和现场培训，培训后进行考试，考试合格者可办理门禁并拥有相关编号。8. 积极准备全省实验动物质量抽查和许可证的年检工作。

【分析测试中心】 分析测试中心是全校硕士生、博士生实验教学基地、毕业论文的研究基地；是工程学、材料科学、临床医学、化学、农业科学、药理学与毒理学、生物学与生物化学、环境生态学、分子生物学与遗传学等多学科建设的支撑平台；是各实验学科科学研究的公共平台；也是服务区域经济的共享平台。中心现有职工15人，其中高级职称6人，硕士及以上学历13人（其中博士4人），35岁以下8人。1. 中心大型仪器设备开放率100%。分析测试中心大型仪器设备共享平台已率先正式运行，测试经费完成网上充值，仪器设备预约网上进行，实现了中心智能化管理，推进了学校数字化校园的建设进程。利用江苏省分析测试协会高校分会的平台发起成立了全省高校测试联盟并上网正式运行。疫情防控期间，中心制定了《分析测试中心全面开放测试服务工作方案》《疫情防控紧急预案》《疫情期间常态化防控工作方案》等一系列防控措施。中心人员团结协作，保证每台仪器正常运行；利用早、中、晚时间7:45—20:30不间断提供测试，并放弃部分寒、暑假休息时间，为师生提供测试服务。完成中央支持地方高校发展项目“高分辨质谱色谱仪”的招标采购及安装调试工作。2. 加强中心平台建设。中心2020年引进副教授1名、硕士1名，外派8人次参加X-衍射仪、核磁共振光谱仪、电子顺磁共振光谱仪及实验室安全等培训。每台仪器有3人以上共同参与仪器测试管理，提高了测试水平。修订各项管理制度，切实落实安全责任制。在充分调研的基础上提出了中心近三年建设规划并报学校审定。对规划中拟购置的仪器设备和院士团队部分采购项目进行了详细调研，做好中心今后三年拟购置仪器设备的购置前论证工作。3. 服务教学科研，落实“三全育人”。分析测试中心主体责任落实到人，服务至上，科技至上。由“服务型”向“研究服务型”仪器平台转换，集教学、科研、服务为一体。加强技术交流，逐步形成竞争体制。虽受疫情影响，但中心不到8个月就测试样品达30 000多个。为学校300多篇SCI和EI类论文提供了测试数据，支撑国家级研究项目百余项。中心利用先进的仪器设备，面向本科学生开设实验课8门，面向研究生开设公开课3门，受益学生800多人次，做到了“全程育人”。中心利用仪器设备组织为硕士生和博士生开设了大型仪器的操作集中培训10批次及零星培训，有300余人获得独立上机操作能力与资格，实现科研育人、服务育人，全方位育人。4. 主要业绩。(1) 中心获得了“第二十六届全国高校分析测试中心研究会年会”承办权，扩大了中心在全国高校中的影响力。(2) 1人被推荐为江苏大学“青年英才培育计划”培育人选、优秀青年骨干教师。(3) 获得分析测试协会优秀奖2项。获得2020年校第十二届节能减排社会实践与科技竞赛一等奖和三等奖各1项。中心人员利用业余时间发表SCI论文18篇，获授权发明专利3项，申报1项。参与课题近10项。(4) 获得江苏大学2020年自制实验仪器设备项目3项，经费12.5万元。2个项目通过中期检查。

（撰稿：石　峰　李　莉
核稿：陈永清）

2020年江苏大学仪器设备添置、分布情况及金额

部门编码	部门名称	购置数量	购置金额/元	部门编码	部门名称	购置数量	购置金额/元
101	党委办公室	7	20 292.00	202	发展与对外合作办公室		
102	纪委监察处（纪委办公室）	9	39 192.00	203	国际合作与交流处（港澳台事务办公室）	1	31 596.00
103	组织部（党校）	5	14 027.79	205	人事处（人才交流中心）	8	31 172.00
104	宣传部（新闻中心）	16	122 600.22	206	教务处（招生办公室）	198	2 403 244.91
105	统战部	8	25 284.00	207	科学技术与产业处	21	148 101.00
106	退休教职工管理处（老干部工作部）	10	36 764.00	209	学生工作处	7	161 900.00
108	研究生处	9	44 304.00	210	财务处	1	9 599.00
110	工会			211	审计处	13	72 886.54
111	团委	21	185 602.00	212	保卫处（人民武装部）	30	1 167 524.00
113	关工委			214	实验室与设备管理处	28	1 286 953.00
114	江苏大学妇女联合会			215	后勤管理处		
118	校办实体			216	医学部	4	16 805.00
201	校长办公室	6	14 996.00	217	国有资产管理处	8	29 843.00

续表

部门编码	部门名称	购置数量	购置金额/元	部门编码	部门名称	购置数量	购置金额/元
218	社会科学处	1	1 799.00	418	管理学院	160	3 102 088.06
219	采购与招标办公室	3	10 598.00	419	财经学院	98	1 070 720.81
301	流体机械工程技术研究中心	124	2 894 628.81	420	教师教育学院	21	88 656.88
302	农业装备工程学院（生物机电工程研究院）	497	9 654 480.82	421	京江学院		
303	科学研究院			422	继续教育学院	40	315 609.60
304	生命科学研究院	128	583 004.56	423	海外教育学院	97	652 502.93
305	江苏省知识产权研究中心	10	40 082.00	424	体育部	88	557 394.00
306	分析测试中心	18	4 558 609.00	425	土木工程与力学学院	286	4 228 338.88
307	工程技术研究院			426	马克思主义学院	37	984 156.50
308	镇江工程技术研究院			427	法学院	4	13 095.00
309	常州工程技术研究院			430	文学院	8	77 807.90
310	东海汽配研究院			501	档案馆		
311	江苏大学生物质能源研究院				数学科学学院	165	1 768 924.59
312	现代农业装备与技术协调创新中心				物理与电子工程学院	178	1 587 477.26
315	新农村研究院			502	图书馆	151	2 596 392.79
316	廉政法治研究与评估中心			503	出版社		
317	能源研究院	73	1 395 681.46	504	杂志社	9	56 165.68
319	农业装备学部	17	82 850.00	505	附属医院		
320	国际基因组学研究中心	12	1 441 240.76	506	后勤集团	533	3 038 879.26
401	机械工程学院	356	11 765 444.42	507	资产经营管理有限公司		
402	汽车与交通工程学院	216	5 192 757.42	508	信息化中心	468	2 055 531.00
403	能源与动力工程学院	222	5 768 274.45	509	心理健康教育中心	6	13 906.02
404	材料科学与工程学院	404	10 630 408.80	510	附属学校	5	27 800.00
405	电气工程学院	420	7 039 697.80	511	职工医院		
406	计算机科学与通信工程	345	2 521 743.70	512	基础工程训练基地（机电总厂）	16	3 581 234.98
407	食品与生物工程学院	374	11 578 373.73	513	工程训练中心（工业中心）	17	666 408.00
408	环境与安全工程学院	208	6 335 824.63	514	教育教学研究与评估中心	2	8 398.00
409	化学化工学院	244	8 312 894.64	515	基建处	8	32 198.00
410	临床医学院（暂不用）			516	第一临床医学院		
411	医学院	192	2 337 812.30	518	语言文化中心（不用）		
412	药学院	57	3 050 803.33	521	语言文化中心	8	64 897.00
413	理学院			600	其他		
416	外国语学院	16	221 310.83	合计		6 805	129 788 968.97
417	艺术学院	53	1 919 378.91				

（撰稿：石　峰　核稿：陈永清）

国有资产

综述

【支部党建提质增效】 国有资产管理处党支部严格按照党支部建设和党委巡察整改要求，认真履行教育党员、管理党员、监督党员和组织群众、宣传群众、凝聚群众、服务群众的职责，通过开展多种形式的学习教育，在全处范围内形成争先创优、干事创业的良好氛围，党支部被命名为江苏大学 2019—2020 年“党员示范岗”。

【内控管理全面深化】 结合学校经济活动内控制度建设，继续加强各项资产管理，全面梳理资产管理流程，及时发现资产管理中的薄弱环节，建立健全国有资产管理制度，2020 年出台了 7 项管理制度和实施细则，不断提高资产内控管理水平。

【房产资源配置效能整体提升】 根据疫情防控和招生规模扩张的新形势，全面加强房屋资源统筹规划，最大限度发挥房产资源配置效能。整合学校单教公寓和学生宿舍资源，解决了 2020 年新生住宿缺口，统筹协调全校教室资源，解决教务处、研究生院、海外学院等对不同类型教室的需求。组织对全校 69 个单位的公用房进行单位自查和学校核查工作，调整公用房布局，进一步优化房产资源配置，缓解了教学科研单位事业发展用房的供需矛盾。

【历史遗留难题逐渐破解】 完成科技园大楼（耒耜大楼）、青教公寓和青教公寓食堂三栋楼共计 45 271.35 平方米公用房不动产权的确权工作。完成医政路南侧 827 平方米土地收储资产处置工作，完成国控集团支付土地补偿款尾款 250 万元入学校财务账的工作。启动学校不动产历史遗留问题权证办理工作，完成学校四校区房屋产权基本情况梳理。积极与市政府相关部门联系督促新建江苏大学附属学校事宜，已制订新建江苏大学附属学校前期准备工作计划。

【校属企业改制工作稳步推进】 在规定时间内圆满完成学校 6 家重点清理企业的清理工作。完成各公司 2019 年度出资企业上缴学校资源占用费 96.66 万元，出资企业收缴利润 45.86 万元的工作。完成学校 2020 年国有资本经营预算收入上报，以及上缴 2019 年度国有资本经营预算收入 65.4 万元的工作。

【信息化建设迈上新台阶】 为响应学校事业发展需求，有效发挥资产配置效能，促进线上线下一体化平台融合，完成“江苏省属高校国有资产管理信息系统”升级，对资产线上管控流程进行重新梳理，同时增加了无形资产、资产调剂模块和手机移动应用端功能模块，实现了资产管理系统与校园全面对接。将资产管理工作拓展到移动端，实现大事小事掌上办理，信息推送精准无误，极大地提高了国有资产监管力度。

【资产综合管理能力不断增强】 加强国有资产处置监管，适度把握资产处置节奏，按照资产处置规范和勤俭办学相结合的原则做好资产处置工作。分别完成授权管理范围内的 2 959 台（件）、总价值 1 891.36 万元资产的处置及立卷归档工作，以及 14 台（件）、总价值 670.82 万元的资产处置、核销及立卷归档工作；完成非授权管理范围内的 827 平方米土地的立卷归档工作、6 辆公务用车改革处置车辆和 49.39 平方米房改房的上报省教育厅审批工作。对已到处置年限但尚有使用价值的资产，加大校内调剂力度，充分发挥资产使用效能。进一步规范无形资产管理工作，完成了无形资产期初建账，将总价值 2.11 亿元的土地使用权从固定资产中划拨至无形资产。

【办好民生实事】 完成2020年学校机构调整干部换届中办公家具配置200多套（件）、海外学院教室课桌椅配置1 052套（件）、学生宿舍补充家具配置600多套（件）的工作。全年共接待新入职员工及博士后共248人，为107人安排过渡用房；安排院士及“金山英才”计划等高层次人才4人的用房，全年累计发放人才住房补贴共约290万元。为51人办理离校手续，为85人办理过渡用房退房手续，完成42位教职工的购（住）房补贴申请材料的查档、审核和报批工作，发放教职工一次性购（住）房补贴66.02万元。

（撰稿：封青林　核稿：黄爱华）

2020年江苏大学固定资产汇总表

固定资产类别	期初			
	数量/面积（平方米）	原值/元	累计折旧/元	净值/元
合计	6 014 255.62	4 060 070 374.25	1 898 515 182.42	2 161 555 191.83
一、土地、房屋及构筑物	2 968 306.62	2 531 596 500.50	840 179 068.71	1 691 417 431.79
其中：房屋	1 178 684.02	2 166 339 320.95	696 375 789.66	1 469 963 531.29
二、通用设备	72 670.00	1 079 795 046.46	805 387 301.45	274 407 745.01
其中：汽车	49.00	22 160 308.09	14 198 616.80	7 961 691.29
三、专用设备	8 579.00	233 466 972.76	167 839 860.28	65 627 112.48
四、文物和陈列品	547.00	8 089 428.07	638.08	8 088 789.99
其中：（1）文物				
（2）陈列品	547.00	8 089 428.07	638.08	8 088 789.99
五、图书档案	2 714 601.00	106 497 250.87		106 497 250.87
其中：图书资料	2 714 601.00	106 497 250.87		106 497 250.87
六、家具、用具、装具及动植物	249 552.00	100 625 175.59	85 108 313.90	15 516 861.69
其中：家具用具	249 509.00	100 357 739.51	84 912 484.57	15 445 254.94

固定资产类别	购置		原值变动		
	数量/面积（平方米）	原值/元	增加/元	减少/元	折旧冲销
合计	64 188.00	157 802 218.52	5 704 906.52		
一、土地、房屋及构筑物	7.00	1 619 674.50			
其中：房屋					
二、通用设备	5 966.00	128 024 848.41	3 285 327.52		
其中：汽车	2.00	1 189 469.02			
三、专用设备	694.00	20 114 330.26	2 419 579.00		
四、文物和陈列品	1.00	2 198.98			
其中：（1）文物					
（2）陈列品	1.00	2 198.98			
五、图书档案	52 107.00	3 686 651.35			
其中：图书资料	52 107.00	3 686 651.35			

续表

固定资产类别	购置		原值变动		
	数量/面积（平方米）	原值/元	增加/元	减少/元	折旧冲销
六、家具、用具、装具及动植物	5 413.00	4 354 515.02			
其中：家具用具	5 387.00	4 194 425.22			

固定资产类别	处置			
	数量/面积（平方米）	原值/元	累计折旧/元	净值/元
合计	936 458.60	199 123 053.81	9 138 917.04	189 984 136.77
一、土地、房屋及构筑物	936 440.60	190 208 911.77	224 775.00	189 984 136.77
其中：房屋	694.00	299 700.00	224 775.00	74 925.00
二、通用设备	17.00	8 514 142.04	8 514 142.04	0.00
其中：汽车	4.00	2 205 934.00	2 205 934.00	0.00
三、专用设备	1.00	400 000.00	400 000.00	0.00
四、文物和陈列品				
其中：（1）文物				
（2）陈列品				
五、图书档案				
其中：图书资料				
六、家具、用具、装具及动植物				
其中：家具用具				

固定资产类别	本期折旧/元	期末			
		数量/面积（平方米）	原值/元	累计折旧/元	净值/元
合计	169 027 047.19	5 141 985.02	4 024 454 445.48	2 058 403 312.57	1 966 051 132.91
一、土地、房屋及构筑物	42 500 974.54	2 031 873.02	2 343 007 263.23	882 455 268.25	1 460 551 994.98
其中：房屋	42 065 781.84	1 177 990.02	2 166 039 620.95	738 216 796.50	1 427 822 824.45
二、通用设备	102 108 138.37	78 619.00	1 202 591 080.35	898 981 297.78	303 609 782.57
其中：汽车	1 899 371.82	47.00	21 143 843.11	13 892 054.62	7 251 788.49
三、专用设备	21 379 994.62	9 272.00	255 600 882.02	188 819 854.90	66 781 027.12
四、文物和陈列品	402.96	548.00	8 091 627.05	1 041.04	8 090 586.01
其中：（1）文物					
（2）陈列品	402.96	548.00	8 091 627.05	1 041.04	8 090 586.01
五、图书档案		2 766 708.00	110 183 902.22		110 183 902.22
其中：图书资料		2 766 708.00	110 183 902.22		110 183 902.22
六、家具、用具、装具及动植物	3 037 536.70	254 965.00	104 979 690.61	88 145 850.60	16 833 840.01
其中：家具用具	3 003 498.35	254 896.00	104 552 164.73	87 915 982.92	16 636 181.81

（撰稿：蒋　丹　核稿：董爱华）

校办产业

江苏大学资产经营管理有限公司成立于2007年，是由江苏大学出资设立的法人独资有限责任公司，是代表学校对外开展投资活动的唯一主体，依法对学校所属企业行使出资人权利、履行出资人义务，确保学校经营性资产的保值增值。学校对所属企业实施三级管理，江苏大学国有资产管理工作委员会经营性资产管理工作组代表学校层面、江苏大学资产经营管理有限公司代表职能部门、二级管理责任单位（学院）代表基层管理单位对所属企业进行分级管理。校组织部、人事处、财务处、审计处、国有资产管理处、二级管理责任单位（学院）分别对所属企业的干部兼职任职、人事、财务、审计、国有资产及日常生产经营进行管理。

江苏大学资产经营管理有限公司紧密围绕公司年度工作目标，积极落实国有资产保值增值的核心任务，规范学校所属企业经营管理，推进企业内控制度建设，促进企业健康发展，更好地服务学校人才培养、科技创新和成果转化。江苏大学所属企业共计16家，其中全资公司9家，控股公司1家。依据2020年度公司财务审计报告，江苏大学资产经营管理有限公司年度营业收入（合并报表）合计6 078.80万元，净利润285.82万元。

江苏大学所属企业一览表

序号	名称	社会统一信用代码	注册资本/万元
1	江苏大学资产经营管理有限公司	91321100666397200J	1 934.29
2	江苏高创机电制造有限公司	91321100141377813K	508
3	江苏大学流体机械质量技术检验中心有限公司	91321100723516449E	15
4	江苏大学汽车摩托车研究所有限公司	91321100141403903P	210
5	江苏大学土木工程技术研究院有限公司	91321100141383906C	300
6	江苏大学出版社有限公司	91321100661789889T	500
7	镇江亿百特信息服务有限公司	91321111699328455A	100
8	镇江江苏大学技术转移中心有限公司	913211915525123038	60
9	江苏江大恒昌物业管理有限公司	913211007413309631	600
10	镇江市江大科技有限责任公司	91321191141375754G	200
11	江苏汇智知识产权服务有限公司	913211110676629069	534.19
12	镇江江大建筑工程设计有限公司	91321102141378234T	80
13	江苏江大工程管理有限公司	913211027039396987	300
14	成都工具研究所有限公司	91510114201959066C	11 573.64
15	江苏省大亚铝基复合材料工程技术研究中心有限公司	9132118177540756X2	1533
16	镇江市江大江科大大学科技园股份有限公司	91321100672038714N	3 000

（撰稿：蔡　静　核稿：陈　斌）

财务与审计

财务工作综述

【制度建设】 财务处进一步完善财务管理制度，结合学校实际，新制定出台经费审批、往来款、全面预算绩效、项目库管理、货币资金、个人公务卡等管理办法，修订国内会议费、培训管理办法。进一步规范经费支出口径，理顺经费报销流程，提高了经费管理水平和会计核算质量。出台《校院两级财务管理改革实施细则（试行）》等。进一步规范学校绩效管理，建立规范、科学、高效的预算绩效管理体系，合理配置校内资源，提高资金使用效益，充分调动学院办学积极性和创造性，增强办学活力。

【财务预决算管理】 按照“以收定支、收支平衡”的总要求和“统筹兼顾、保证重点、勤俭节约”原则，科学编制 2020 年校内预算。按时完成了 2019 年度省级部门决算报表和全国教育经费统计年报的编制和分析工作，顺利通过省教育厅组织的现场汇审。按时公开 2020 年度部门预算和 2019 年度决算信息，接受全校师生和社会监督。2019 年学校被教育厅评为省属高校部门决算先进单位；按要求完成了 2019 年度政府综合财务报告编制工作。

【科研经费管理】 全面落实国家科研经费管理的“放、管、服”政策，规范预算调整程序，陆续修订和出台了学校科研经费相关制度，进一步优化科研经费管理流程，为广大科研工作者提供更加贴心、周到的服务。针对学校结题科研项目结余经费管理中存在的问题，联合科技处、社科处发布了《关于调整科研结题项目结余经费统筹办法的通知》。督促结题项目及时办理结账手续，完成 2019 年度 164 项国家自然科学基金项目、42 项江苏省人才类项目及 60 余项其他结题项目的财务决算审核工作。完成 6 项江苏省科技计划结题项目财务决算审计材料的整理、报表编制工作。

【财政专项资金管理】 牵头组织召开 2020—2022 年支持地方高校改革发展资金支出规划编制协调会，顺利完成专项资金申报工作。为推动财政专项资金预算的执行，防范资金收回风险，定期统计优势学科、中地共建、协同创新等各大财政专项的预算执行进度并通报至相关部门和专项负责人，推动项目实施，加快资金使用进度，提高预算执行效率和效果。完成 2019 年中央支持地方高校改革发展专项资金绩效评价工作。配合研究生院做好江苏高水平大学建设重点（培育）支持高校阶段性工作总结。积极配合研究生院完成江苏高校优势学科建设三期项目 2020 年度经费预算编制、经费下拨和后续经费管理工作。

【内控体系建设】 根据省教育厅的要求，编制学校 2019 年度内部控制建设报告，及时提交教育厅。由于学校机构调整，与相关部门沟通协调，重新梳理了各个业务模块的流程图、风险点和制度建设等情况，完成对内控手册的修订和细化工作。及时跟进各个部门的内控缺陷整改进度，13 个部门都在积极整改缺陷，制定和修订了 38 个相关文件。完成 2020 年经济内部控制风险评估工作。配合审计部门和第三方制定经济活动内部控制的评价指标、评价标准和评价方法，完成经济活动内部控制建设的首次评价工作。

【审计问题整改】 认真落实审计问题整改工作，处内组织召开整改工作专题会议。梳理审计问题清单，认真组织分析，明确责任领导、责任科室和责任人员，逐一研究制定整改措施，确保整改工作落实到位。增加 2021 年非税收入预算，确保 2020 年末余额基本在可控范围内。2020 年 10 月，启动往来款专项清理工作，设备预付款清理工作成效显著，账面余额为 3 817.90 万元。对 2018 年 14 笔接待费用超过事前预算审批标准的接待活动，重新一一核查，按照新文件标准重新审核，对超标超陪人数及超预算的部分做退款处理。针对审计提出的横向经费中接待比例过高的两个项目，由相关人员办理退款。

【财务信息化建设】 协调财务软件供应商、双机热备软件供应商、信息化中心工程师共同完成了服务器更新、双机热备软件安装、数据库升级安装等工作，经过调试所有系统进入正常工作状态。2020 年 5 月完成两台物流投递柜的采购、硬件安装、软件安装工作，物流投递系统及投递柜通过测试并正常运行。完成电子发票认证接口的调整工作。已完成电子发票认证 2.0 系统接口升级和测试工作，升级后扫码即可完成电子发票认证，极大地方便了师生电子发票认证需求。全面启用预算管理系统，完成预算系统与核算系统的数据同步，全方位监控预算执行进度。完成非税电子票据系统的升级工作，升级后可实现同时根据缴费平台和收费系统数据开具非税票据。积极推进电子税票系统的论证与上线工作，完善了相关方案并启动招标程序。

【收费管理】 积极参与经济责任审计整改工作，梳理各类欠费情况，配合学工部门制定学生欠费清理方案并及时清理到位，涉及学生 2 000 余人，共收回欠费 511 万元。同时，联合信息化处设计学生缴费、注册选课等业务系统数据共享联动方案，探索财务数据与业务数据的互联互通，提高了收费业务管理水平和效率。全面推进线上缴费工作，实现 24 小时自助缴费服务，打破了传统缴费时间和空间的限制，大幅提升了收费管理水平和师生满意度。积极推进票据电子化改革，实现非税票据、行政事业票据和税票等各类票据的电子化，方便师生票据获取，提高了收费管理效率。配合相关部门申报并获批“江苏大学克兰菲尔德未来技术研究生院”办学项目，提升了国际化教育水平。协同学工部门发放国家级、校级及社会各类奖助学金，精准资助疫情严重地区的困难学生。准确调整学生学籍、学费信息，处理毕业生学分学费结算和项目借款结算。科学制定疫情期间住宿费退费方案，认真做好住宿费退费工作。及时做好各类收费标准公示、公开与备案，不断提高收费工作的规范度和透明度。提供学校各种会议、培训等现场收费支撑。加强学校资源有偿使用管理，及时催收各二级核算单位、校办产业资源占用费、返还工资和其他上缴款项。

【会计监督与核算】 积极推进“会计核算质量年”活动，组织审核人员进行相关业务研讨、学习 4 次，发布《江苏大学财务处报销指南》，进一步规范经费支出口径，理顺了经费报销流程，提高了经费管理水平和会计核算质量。通过部门网站、微信公众号等多元化平台，大力宣传报销规定、招待费新规、材料费交通费等财务规定、个人所得税年度汇算清缴等财务相关提醒。根据学校疫情防控工作要求，及时上线物流报销系统，确保疫情防控期间全校会计核算业务正常、有序运转。结合日常报销管理，进一步推行公务卡结算。加大对往来款项的清理力度，采取控制增量、减少存量的措施减少账面往来款的规模，保障了学校资金安全和使用效率。每月准时准确发放各类人员工资，保障广大教职工的个税优惠政策到位。及时申报各类保险与税费，防范税收风险。

【财会队伍建设】 做好财务人员新老交替

工作，不断优化财务人员结构。定期组织相关人员学习并讨论最新财务会计制度，形成会计核算纪要，统一报销口径。结合科级干部聘任，合理调整科室职能与人员分布，根据岗位需求调整人员分工，每周一、三、五安排专人在一站式服务中心提供财务咨询。财务处2020年有2人参加高级会计师考试，6人参加中级会计师考试。组织全体会计人员参加继续教育学习；分批次、分岗位组织20余人次参加复旦天翼组织的系统学习、税务政策学习、会计学会会议交流等，不断提升人员的业务水平和服务水平。

经费收支情况

【收入情况】 本年收入共计20.97亿元，比2019年减少1.39亿元，减少了6.22%。财政拨款本年度为11.70亿元，同比减少0.74亿元，减少了5.95%，占总收入的55.79%。事业收入本年为6.84亿元，同比增加了0.05亿元，增长0.73%，占总收入的32.62%。经营收入1.04亿元，其中饮服中心1.02亿元，其余为司法鉴定收入。其他收入1.38亿元，其中：利息收入379.29万元，租金收入764.34万元，捐赠收入880.1万元，京江学院上交资源使用费5 000万元；收教育部来华留学教育经费1 384.48万元，收博士后科学基金会经费434.00万元，收中国移动镇江分公司租赁合作费327.81万元，校内部门其他服务收入1 613.74万元（包括：测试费、查新费、中标服务费等），购国有设备退增值税184.65万元，后勤集团收入68.10万元，其他零星收入2 780.97万元。

2020年江苏大学收入分析表

项目	2020年实际数/万元	2019年实际数/万元	所占比重/%	比2019年增长/%
财政拨款	117 032.50	124 402.50	55.80	-5.92
事业收入	68 443.55	67 919.36	32.64	0.77
经营收入	10 425.52	13 329.97	4.97	-21.79
其他收入	13 817.48	17 946.99	6.59	-23.01
合计	209 719.05	223 598.81	100	-6.21

2020年江苏大学收入完成情况分析表

项目	2020年预算数/万元	2020年实际数/万元	2020完成收入/%
财政拨款	97 895.47	117 032.50	119.55
事业收入	72 563.00	68 443.55	94.32
经营收入	11 000.00	10 425.52	94.78
其他收入	15 990.00	13 817.48	86.41
合计	197448.47	209 719.05	106.21

【支出情况】 2020年支出总额为22.64亿元，比2019年增加0.21亿元，增加了0.94%。其中：事业支出21.59亿元，经营支出1.04亿元。事业支出中，基本支出16.60亿元，占总支出的73.32%；项目支出5.00亿元，占总支出的22.08%。2020年基本支出和项目支出明细：工资福利支出2020年为114 148.25万元，占总支出的52.87%；商品和服务支出为53 944.08万元，占总支出的24.98%；对个人和家庭补助支出为35 659.11万元，占总支出的16.52%；债务利息支出339.57万元，占总支出的0.16%；其他资本性支出为22 100.53万元，占总支出的10.24%。

2020年江苏大学事业支出分析表

项目	2020年支出数/万元	2019年支出数/万元	比2019年增长百分比/%
工资与福利支出	114 148.25	105 388.02	8.31
商品和服务支出	53 944.08	53 250.29	1.30
对个人和家庭的补助	35 659.11	24 563.67	45.17
基本建设支出	0.00	0.00	0.00
其他资本性支出	22 100.53	28 231.74	-21.72
债务利息支出	339.57	374.66	-9.37
合计	226 191.54	211 808.38	6.79

注：工资与福利支出增加的主要原因为养老保险等社会保障费用的增加。

2020年江苏大学事业支出完成情况分析表

类别	项目	2020年部门预算数/万元	2020年实际数/万元	2020年完成率/%
基本支出	人员经费	103 216.11	126 132.71	122.20
	日常公用经费	55 760.68	39 827.21	71.43
	小计	158 976.79	165 959.91	104.39
项目支出	基本建设类项目	3 000.00	5 249.82	174.99
	行政事业类项目	24 471.68	44 702.9	182.67
	小计	27 471.68	49 952.72	181.83
	合 计	186 448.47	215 912.63	115.80

【净资产构成情况】 2020年年末净资产总额为25.17亿元，较2019年减少1.56亿元，占总资产的83.23%。其中：累计盈余24.60亿元，比2019年减少1.41亿元，主要原因是本年收入减少。专用基金为5 668.70万元，比2019年净减1 146.83万元，减少16.83%，占净资产总额2.25%。专用基金主要包括：职工福利基金1 744.90万元、学生奖贷基金2 500.74万元、勤工助学基金139.67万元、助学基金

171.91 万元、修购基金 591.85 万元、住房基金 62.83 万元、后勤集团经理基金 96.81 万元、后勤集团修购基金 54.92 万元、其他基金 616.64 万元。

（撰稿：朱　珠　核稿：常光辉）

审计工作综述

【组织体系建设】 一是学校成立了党委审计委员会，学校有关审计工作的重大政策、规章制度、审计计划和重要项目审计结果等事项都将在审计委员会内研究决策，切实加强了党对审计工作的集中统一领导。二是完善审计组织机构。在 2020 年校内机构改革和干部换届调整中，在机构职数总体从紧压缩的情况下，学校给审计处增加 1 个副处长岗位，并增设 3 个科室，选配 3 名优秀骨干担任科长，完善审计组织机构，建强审计队伍。三是建立纪监巡审联动机制。制定落实校党委推动“纪监巡审”联动监督意见的实施办法，强化信息沟通，扩大资源共享，促进成果运用，将纪律监督、巡察监督和审计监督有机结合，形成监督合力。

【制度建设】 坚持依法审计，不断完善制度体系。制定学校《工程项目结算审计工作规定》和学校《工程项目全过程跟踪审计工作规定》，进一步规范工程项目审计工作，控制工程造价。制定学校《内部控制评价实施办法》，规范内部控制评价工作，促进学校内部控制体系不断完善和有效实施。为推动纪监巡审联动工作，制定审计处落实校党委关于推动纪监巡审联动监督的指导意见的实施办法，完善纪监巡审联动工作机制。

【经济责任审计】 2020 年是学校处级领导干部集中换届年，按照规定，其中 48 个单位的 65 名处级领导干部须进行经济责任审计，审计处制订了审计计划和工作方案，报校党委批准。2020 年对附属医院、后勤处（后勤服务集团）、京江学院等 18 个部门或单位的 26 名领导干部进行了经济责任审计，并将审计对象由主要行政负责人拓展到全体党政主要负责人，审计内容由经济管理责任拓展到事业发展责任。审计部门严格按照规定程序实施，确保审计质量，如期完成审计任务，审计金额 48.03 亿元。审计增强了领导干部担当履责和依法行权意识，促进了党风廉政建设。

【审计整改】 一是将审计整改作为加强学校治理的重要举措。对省教育厅布置学校用于经营活动的国有资产管理审计、2017 年财务预决算审计、2018 年度公务接待支出管理审计和推动科技高质量发展政策措施落实情况审计等 4 项审计中提出的 53 个问题认真进行整改。针对 2019 年整改率只有 50%的现状，学校高度重视，加大整改力度。校党委常委会和校长办公会多次研究整改工作，校领导多次召开整改推进会专题研究整改方案，校纪委、考核办密切联动，审计部门积极向上级寻求帮助指导，财务、国资、后勤、设备共同努力，全面达到了整改要求，所有问题已全部销号。二是对学校内部审计发现的问题建立“对账销号”制度。从即知即改、通知整改、责令整改和监督整改等 4 个层面推动问题整改和建章立制“后半篇文章”，真正发挥审计“治已病”和“防未病”作用。对 2019 年学校内部审计发现的 140 个问题逐一督促整改，截至 2020 年年底完成 137 个问题的整改，整改率达 98%。

【科技项目审计】 一是省优势学科（第三期）跟踪审计。为加强对江苏高校优势学科建设工程项目资金的使用管理，促进经费使用真实、合法，提高资金使用效益，根据学校批准的内部审计计划，对环境科学与工程、计算机科学与技术、管理科学与工程、控制科学与工程4个省优势学科（第三期）项目进行跟踪审计，审计金额3 920万元，提出加强管理的审计建议。二是协同创新项目审计。根据省教育厅要求，为加强协同创新专项资金管理，开展现代农业装备与技术、高端金属结构材料及装备技术等2项协同创新项目第二建设期专项资金审计，审计金额3 800万元。三是科研经费审计。根据省、市科技项目经费管理规定及学校科技处的委托，开展9项科研经费审计，其中镇江市重点研发计划项目3项、江苏省现代农业开发示范类项目1项、基础研究计划（自然科学基金）项目2项及现代农业项目3项，共提出管理建议8条。开展各类科研项目结题审签80项，审签金额588.93万元，其中：社科基金项目审签24项，审签金额288.93万元；“六大人才高峰”项目审签56项，审签金额300万元。

【内部控制评价】 召开全校内部控制评价启动会，组织开展2020年学校内部控制年度评价，促进学校内部控制持续完善和有效实施。京江学院2018年下半年搬迁至京江校区办学。为加强京江学院内部控制和内部管理，对其开展内部控制专项评价。为规范国际化业务流程，加强风险防范和管控，对国际化业务内部控制开展专项评价。

【工程竣工结算审计】 全年完成工程项目竣工结算审计118项，出具审计报告48份，送审金额14 009.99万元，审计核减803.97万元。其中，内审项目72项，出具审计报告25份，送审金额729.26万元，审计核减70.13万元；委托外审46项，出具审计报告15份，送审金额13 280.73万元，审计核减733.84万元。为保证审计质量，降低审计风险，加强工程结算审计的复核工作，在一审的基础上又核减了167万元，为学校节约了建设资金。

【工程全过程跟踪审计】 委托中介机构对600万元以上工程项目实施全过程跟踪审计，学校建设工程项目全过程跟踪审计的有2个，分别为青年教师周转公寓禹山北路项目和中国农机文化展示馆项目。为及时掌握跟踪审计工程项目实施情况，加强对全过程跟踪审计的组织协调、监督和管理，工程审计人员经常深入施工现场进行督查，对中介机构工作情况进行考核，发现问题及时协调解决。

【工程施工跟踪审计】 2020年开展施工过程跟踪审计6项，分别为暑期新生公寓维修出新工程、科技园大楼电增容工程、海外学院改造工程、老京江学院空调增容改造室外工程、北固食堂改造工程，以及六、七食堂设备增容改造室外工程。

【工程招标控制价审计】 完成工程控制价审计5项，出具审计报告4份，送审金额826.52万元，节约资金预算75.47万元。

【工程项目管理审计】 完成北固综合楼改造项目审计分析评价工作，督促管理部门对审计中发现的问题进行整改。

【经济合同审核】 根据学校合同管理规定，对100万元以上重大经济合同进行审核。全年审核各类经济合同34份，标的金额5 713万元，提出审核修改意见91条，增强了管理部门责任意识，规范了合同签订，防范了合同风险。

【协同监督】 完成外事礼品发放情况审计。完成实验动物中心突发停电损失评估。参加采购工作例会22次，研讨议题83项。完成银行对账单“双签”审核4项，提出建议3条，规范资金使用和管理，保障资金安全。将审计工作中关于资产管理的内容提供给国资处作为资产管理考核依据。及时按要求向校纪委提供相关材料。

【审计队伍建设】 坚决贯彻落实习近平总书记“以审计精神立身，以创新规范立业，以自身建设立信”的重要指示精神，努力打造高素质专业化审计队伍。一是加强学习，通过邀请审计厅专家来校讲学、组织审计人员进行 CIA 和 CPA 等后续教育，鼓励审计人员参加专业考试、结合工作开展理论研讨及课题研究等方式，及时把握上级精神，增加知识储备，拓宽视野，提升能力。审计人员申报的“纪监审联动机制研究”获学校纪检监察研究课题立项。二是凝心聚力。通过组织经常性的工作讨论、倾听群众意见等途径，为审计人员营造团结干事的良好氛围。

【党支部建设】 认真落实全面从严治党主体责任。积极组织学习十九大报告和十九届四中、五中全会精神，增强“四个意识”，坚定“四个自信”，做到“两个维护”。始终将党的建设摆在突出位置，严格按照党支部工作条例加强支部建设，发挥党支部战斗堡垒作用和党员先锋模范作用。制定全面从严治党主体责任清单，班子成员对照责任清单要求，切实履行“一岗双责”，在抓好业务工作的同时，切实担负起党风廉政建设责任。支部书记与各科科长签订《全面从严治党责任书》，明确责任内容、检查与考核要求，将责任逐级传导，层层压实，推动本单位党风廉政建设持续深入，取得良好成效。

【“三全育人”】 为落实学校“三全育人”综合改革相关举措，提供勤工助学岗位，根据其专业安排相应工作任务，促进学生提升综合素质，提高社会实践能力。会同学工处做好高校学生资助政策落实情况的审计调查，并对发现的问题督促整改。精心指导菁英学院学生，取得良好成效。

（撰稿：邓汉宾　核稿：彭绍进）

采购与招标

综述

【“党的建设”工作】 2020 年度，采购办党支部始终坚持以习近平新时代中国特色社会主义思想为引领，认真学习贯彻党的十九大报告、党章党规，以及十九届四中、五中全会精神，努力创建学习型、服务型、创新型党支部，充分发挥党支部的战斗堡垒作用和党员的先锋模范作用。1. 加强政治建设。认真学习习近平新时代中国特色社会主义思想，牢固树立“四个意识”，增强“四个自信”，践行“两个维护”，及时贯彻落实中央、省委、学校党委和上级党组织重大决策部署。积极开展主题教育，组织支部党员参观溧水红色李巷、观影《我和我的家乡》，并邀请民主党派同志参加，努力将“不忘初心、牢记使命”主题教育引向深入。加强廉政文化建设，在取得廉政文化建设一星级创建点的基础上，积极申报二星级创建点。制定了“八不准”工作纪律，领导班子成员每逢节假日都会对分管科室进行廉政教育和工作检查，多次与分管领域的同志进行廉政谈话。重视统战工作，把统战理论方针政策纳入理论学习内容，举办了统战知识专题党课。2. 落实思想建设。确定双周三下午为教职工政治学习时间，建立“第一议题”学习制度，全年组织教职工集体学习 10 余次。全体党员坚持每天登录“学习强国”平台学习，总体参与度较高。重视宣传工作，部门工作人员暑期冒高温坚守工作岗位的事迹被学校媒体报道，支部主题党日活动在本单位网站进行专题报道。认真做好中国农机文化展示馆建设、学校宣传片制作等项目招标工作，全力支持宣传部门的工作。及时更新本部门二级网站内容，增设党建工作专栏。3. 提升组织建设。部门领导班子重视自身建设，主要负责人抓班子、带队伍，团结协作、履职担当，整体表现良好。部门重要事项决策时主任与支部书记共同商量，坚持民主集中制，做到决策民主化、科学化。高质量完成审计整改工作，及时落实退还 2019 年各归口部门收取的“标书制作与专家评审费”。设立部门“三全育人”党员示范岗，充分发挥党员的先锋模范作用。推进新时代江苏大学党支部建设“提质增效”三年行动计划，并以此为抓手，加强优质党支部建设。4. 推进作风建设。为做好《江苏大学采购管理办法》等系列文件的贯彻实施，2020 年 4 月 9 日，以视频会议形式举办线上制度宣讲和业务培训，全校 38 个单位 124 人参加，保证了采购制度的顺利实施。认真落实《中共江苏大学委员会关于进一步改进工作作风密切联系群众的规定》，走访农工院、土力学院、京江学院、海外学院、国际处、附属医院等单位，听取师生意见，了解师生需求，改进工作方法，提高师生满意度。结合网上商城和网上竞价采购实际，分别制作了相应的操作指南，以指导学院老师实施网上采购。5. 强化纪律建设。继续深化运用监督执纪“四种形态”，加强教育，突出抓早抓小、防微杜渐，一体推进不敢腐、不能腐、不想腐，做到有权必有责，有责要担当，失责必追究。针对部门实际，通过“八不准”工作纪律，切实加强工作人员的廉政教育和监督检查工作，班子成员定期开展谈心谈话活动，相互提醒，做到警钟长鸣。

【重点工作】 2020 年度，采购办紧紧围绕学校中心工作，制定了部门重点工作和目标任务，在新冠肺炎疫情蔓延对学校采购工作造成重大影响的情况下，充分发挥全体干部群众肯干、能干和实干精神，与疫情抗争，同时间赛跑，利用暑期、周末等非工作日时间，加班加点，全力拼搏，最终追上了学校年度计划安排的各项采购进度，为学校事业发展提供了优质高效的服务保障。1. 进一步规范采购与招标管理，提升采购与招标效率。以学校文件形式正式出台了《江苏大学委托代理采购实施细则（试行）》（江大校〔2020〕7 号）、《江苏大学非公开招标采购方式实施细则（试行）》（江大校〔2020〕8 号）、《江苏大学网上商城采购实施细则》（江大校〔2020〕9 号）、《江苏大学采购供应商失信行为处置办法（试行）》（江大校〔2020〕72 号）。以部门文件形式出台了《关于网上商城采购若干具体事项的通知》（江大采〔2020〕1 号）、《采购办关于做好疫情防控期间采购工作的通知》（江大采〔2020〕2 号）。2. 全面贯彻落实《江苏大学采购管理办法》（江大校〔2019〕396 号），制定或修订采购规章制度或业务规范，优化流程，提高效率。做好新办法的宣讲和培训工作。以单位内部文件形式制定《江苏大学采购工作领导小组会议议事规则》（江大采〔2020〕4 号）、《采购与招标办公室重大事项议事规则》、《校级采购关键环节及采购规范》、《江苏大学采购与招标办公室日常工作规定》、《江苏大学采购与招标办公室“八不准”工作纪律》和《江苏大学采购与招标办公室用印管理办法》等。4 月 9 日，以视频会议形式举办线上制度宣讲和业务培训，全校共有 38 个单位 124 人参加。在单位网站首页制作网上商城采购和网上竞价采购操作指南 2 个专题培训 PPT，对院级采购人及时进行指导。3. 围绕优势学科建设、专业认证、基本建设等学校重点工作，规范、高效做好各重大项目的招标采购工作，为学校事业发展做好优质高效的服务保障。围绕优势学科建设、专业认证、基本建设等学校重点工作，全年共完成采购项目 9 263 项、21 522.42 万元。其中，网上商城 8 253 项，1 733.04 万元；网上竞价 921 项，8 799.28 万元，节省经费 1 341.01 万元，达 15.24%；校级采购项目 89 项，10 990.09 万元，节省经费 1 379.74 万元，达 12.55%，为学校事业发展做好优质高效的服务保障。4. 加快采购信息化进程，推进一站式服务系统建设，探索网上电子招投标，完善网上竞价采购工作。建成网上一站式服务系统，包括校级采购工程项目审批、校级采购货物与服务项目审批、院级采购备案，进入试运行阶段。遴选教研互动智能系统、生产运作优化实验平台和激光选区熔化增材系统等三个项目在 e 交易系统进行网上电子招标探索。对网上竞价采购提出的经费来源必须审批、预算必须公开等做出明确要求，并付诸实施。5. 加强队伍建设，优化人员结构，加强业务培训，提高采购人员素质和能力。采购办编制增加 1 个、科长及以下新进人员 3 人，年龄结构、专业结构、学历结构、职称结构进一步优化。上半年协办业务培训会议 1 次，全年 5 人次参加校外业务培训。单位日常规定中将单周三下午确定为业务学习与交流时间，并严格执行，进一步提高采购人员的业务能力和素质。6. 加强作风建设和廉政建设，提升服务意识，不断提高服务质量。圆满完成本年度党的建设各项目标任务。制定本单位日常工作规定，提出 13 项工作制度要求，进一步提高服务质量。实行采购工作首问负责制，加强服务意识。

【“三全育人”工作】 为全面加强部门“三全育人”工作，采购办在 9 月 9 日召开部门工作会议，确定成立采购办“三全育人”工作组，明确了工作组组长和成员。专门召开全体工作人员会议，宣传《“三全育人”综合改革试点工作建设要求和管理办法（试行）》文件精神，解读学校“十大育人”体系内涵，全面部署本部门“三全育人”相关工作。制定并出台了《江苏大学采购供应商失信行为处置办法（试行）》（江大校〔2020〕72 号）、部门服务承诺等。在实践育人方面，部门长期设立校内勤工助学岗位 1 名，自聘临时勤工助学岗位 1 名。耿华昌老师在暑期利用业余时间主动担任马克思主义学院和艺术学院社会实践指导老师，指导学生社会实践。在文化育人方面，设立廉政文化长廊，营造廉政文化氛围，积极申报学校二星级廉政文化建设创建点。此外，组织全体人员参观溧水红色李巷革命教育基地，让部门干部群众接受红色文化教育。在管理育人方面，对于新来单位的勤工助学学生进行工作职责、工作规范和纪律要求等方面的岗位培训，促进学生尽快成长成才。在服务育人方面，学校 2020 年在贫困生棉衣、军训服、学生公寓用品、教材图书资源等采购项目中努力保证质量，降低成本，保障好师生利益。在资助育人方面，在学校给予勤工助学学生定额助学费用的基础上，部门根据工作量和家庭实际情况，额外给予了适量的补贴。

（撰稿：耿华昌　核稿：许晓世）

后勤与服务

后勤管理处（后勤服务集团）工作综述

【概况】 2020年，后勤管理处（后勤服务集团）［以下简称“后勤处（集团）”］共有员工2 034人，其中校编员工152人，恒昌企业编制员工271人，劳务派遣员工1 179人，退休返聘员工432人。机构设有综合办公室、采供管理科、人力资源管理科、财务与资产管理科、能源管理科、安全与质量监管科、校园管理科7个职能科室，以及饮食服务中心、公寓服务中心、物业服务中心、运输服务中心、修缮服务中心、绿化卫生中心、经营服务中心（江苏江大恒昌物业管理有限公司）、幼儿园8个服务中心。后勤处（集团）主要负责学校能源规划管理及节能减排及学校授权范围内的物资、修缮工程招标等工作，并承担学校餐饮、洗浴、学生公寓物业、校园绿化保洁、教学科研楼宇、单教宿舍和家属区物业服务、交通运输服务、印刷、会务、幼儿教育服务等工作。2020年，在校党政的正确领导下，在战“疫”的新形势新任务下，后勤处（集团）始终坚持以习近平新时代中国特色社会主义思想为指导，深入贯彻党的十九大和十九届二中、三中、四中、五中全会精神，认真落实党政工作目标，紧紧围绕立德树人根本任务，坚持服务大局，深化目标管理，强化监督考核，主动融入学校“三全育人”综合改革，进一步解放思想，改革创新，扎实推进“品质后勤”建设，提升管理效能，增强服务保障能力。全年师生平均满意度达92.99%。2020年，后勤处（集团）荣获江苏省高等学校能源管理先进单位称号、江苏大学“我与三全育人”主题征文评选活动最佳组织奖、江苏大学2020年99公益日活动“织爱行动·益童助她”项目优秀组织奖、江苏大学2019—2020年度群众体育工作先进集体称号。恒昌公司荣获2020年度镇江市十佳名牌物业管理单位、江苏省优质服务示范单位。后勤党委荣获江苏大学2020年“党建工作创新创优奖”三等奖。1人荣获江苏省高等学校能源管理先进个人称号。1人荣获“黄埔杯”长三角城市群“创新视角下的教育现代化”三等奖。获得江苏省第14届“蓝天杯”幼教优秀教学活动设计评选（2019度）二等奖（2人）、三等奖（3人）。获得江苏省学前教育学会优秀幼儿教育论文、案例评选活动一等奖（1人）、二等奖（1人）、三等奖（9人）。1人荣获镇江市“抗击疫情 心理援助”志愿者称号。1人荣获镇江市2020年度高校消防员运动会二等奖。5人被评为江苏大学先进工作者。1人荣获“江苏大学新长征突击手”称号。2人荣获江苏大学新冠肺炎疫情防控工作先进个人称号。1人荣获江苏大学2020年师德师风主题征文活动二等奖。获得江苏大学“我与三全育人”主题征文评选活动一等奖（2人）、二等奖（3人）、三等奖（2人）。

【党建与思想政治工作】 后勤处（集团）坚持党政齐抓共管，牢固树立“党要管党、从严治党”的观念，精诚合作，认真落实习近平总书记重要指示批示精神和党中央重大决策部署。建立“第一议题”学习制度，制定后勤党委会、党政联席会、行政办公会和“三重一大”议事规则。强化政治担当，紧抓落实整改，校党委巡视整改清单所有项目均已整改到位。党委领导班子建立党支部工作联系点，积极开展党外人士座谈会，深入贯彻党的群众路线。完善意识形态工作领导机制和责任机制，将意识形态工作纳入党委重要议事日程，列为领导班子成员民主生活会、党委理论学习中心组学习和履责记实的重要内容。强化理论武装，利用党委中心组理论学习、“三会一课”、书记课堂等系统学习党章党规、习近平总书记重要讲话精神等内容，全年党委中心组理论学习 6 次，处级领导干部在线学习平均时长 700 分钟。同时，各党支部认真执行“三会一课”制度，严格落实支部组织生活和职工政治理论学习，全年党员、职工政治理论学习各 13 次。组织全体科级及以上干部赴句容茅山新四军纪念馆和赵亚夫事迹馆开展以“践行强农兴农使命，建设一流后勤保障”为主题的实践教育活动。后勤党委狠抓“学习强国”平台管理，建立每日打卡制度，提升学习成效。全年学习率超过 98%，党员平均每日学习 35.5 分。坚持民主集中制，强化责任分工，认真落实党政共同负责制，规范“三重一大”决策程序和党政联席会议制度，充分发挥后勤党委的政治核心作用，全年召开党委会 16 次、党政联席会议 28 次。召开三届三次职代会，让广大职工积极参与到后勤的改革发展中来。推进党支部标准化、优质化建设，各党支部对照标准进行自评，标准支部比例 100%。各党支部全年共开展主题党日活动 30 余次。完成后勤党委换届、后勤纪委组建工作。严格按照《发展党员工作标准化操作手册》，积极做好党员发展工作，2020 年接收中共预备党员 5 名，转正党员 8 名。组织召开四届一次会员代表大会，完成后勤分工会换届选举工作。组织参加学校“我与三全育人”主题征文活动、第十九届运动会、第七届教职工羽毛球比赛和 2020 年教职工八段锦比赛等文体活动。在“我与三全育人”主题征文活动中，后勤处（集团）荣获最佳组织奖；在校运动会上继续蝉联团体总分第一，荣获群众体育先进集体称号。坚持党建带团建，搭建团员青年展示自我平台，在“绽放战疫青春·坚定制度自信”之“五四精神　传承有我”主题网络活动中，后勤团总支荣获三等奖。

【疫情防控】 后勤处（集团）党政领导高度重视疫情防控，1 月 28 日成立由后勤党政主要负责人任组长的疫情防控工作组，迅速做出部署，层层落实责任，采取严格的防范措施，全面加强对后勤疫情防控的集中统一领导。作为学校应对新冠肺炎疫情后勤保障工作组的牵头部门，先后制定了后勤保障组疫情防控工作方案 1.0 版、2.0 版、3.0 版和 4.0 版，并迅速出台《后勤处（集团）进一步做好应对新型冠状病毒肺炎疫情工作预案》《后勤处（集团）应对新型冠状病毒肺炎疫情工作方案》《江苏大学校内商业服务网点场所疫情防控工作细则》《后勤处（集团）疫情期间人员管理细则》等 11 项制度。自 2 月 12 日起正式“复工”，科级及以上干部全员到岗上班（处于居家隔离状态的在线办公），各科室（中心）灵活安排人员到岗上班，其他人员居家办公。全体处级领导干部、30 余名科级干部、80 余名党员、1 500 余名职工日夜奋战在疫情防控第一线。严把疫情防控入口关，增强食堂校园外卖能力，确保万余名师生的饮食安全、便捷。在材料短缺、人员紧缺等重重困难下，建立学生公寓 C 区 10 栋、海外公寓 G 区 6 栋 15 楼、老研究生楼、单教一等集中隔离点，累计服务 935 人次。8 个人一台车组成应急转运小组，累计转运 4 000 余趟次。多渠道采购防控物资。幼儿园遵循自愿返园、鼓励居家看护原则，自 4 月 17 日起，分 4 批次错时、错峰顺利完成了大、中、小班共计 132 名幼儿的返园开学工作。

【内控建设】 发布《江苏大学后勤管理处（后勤服务集团）内部控制手册》（试行版），全面贯彻落实，提升工作实效。根据学校财务处《关于开展2020年度内部控制风险评估工作的通知》《江苏大学经济活动内部控制建设实施方案》等文件要求，开展2020年度内部控制风险评估，提交风险评估调查问卷，优化流程、规范权责，完善内部控制体系，提高风险控制能力。以质量管理体系、精细化管理、《内控手册》为抓手，制（修）订《后勤管理处（后勤服务集团）外购饮食物资验收及供应商信誉评价管理暂行办法》《后勤管理处（后勤服务集团）人员内部调动管理办法》《后勤管理处（后勤服务集团）行政办公会议事规则》等规章制度11项，提升后勤内部治理水平。

【安全生产】 建立安全生产工作领导机构，成立后勤安全生产领导小组，建立后勤监管队伍、兼职督查队伍和安全与质量收集队伍等三大安全与质量监管组织体系。坚持层层签订安全责任书，实行安全生产"一票否决制"，全面压实安全生产责任，细化落实到岗到人，实行责任追究。组织开展安全生产大检查、食堂食品安全专项督查整治、汛期安全检查、开学季专项督查、饮食价格专项督查、水电设施设备安全专项检查、"安全生产月"等活动。以省高校后勤安全检查工作为契机，对安全管理制度、操作规程、相关预案等进行梳理、完善，先后制定了《后勤管理处（后勤服务集团）安全生产目标管理办法》《后勤管理处（后勤服务集团）安全生产档案管理办法》《全校食堂食品安全全流程闭环监管专项行动方案》等规章制度，确保安全生产有规可依，有据可查。组织开展安全知识、消防知识、消防安全演练培训、冬季防火实操演练和幼儿安全知识等安全教育活动24场，强化师生员工安全意识，增强师生的应急处置能力，确保了学校全年安全稳定。

【育人工作】 加强组织领导，修订《江苏大学服务育人工作实施方案》，定期召开"三全育人"服务育人工作推进会。制订2020年育人工作计划，落实"三全育人"工作周报制。深入挖掘岗位育人元素，明确岗位职责和育人职责。修订《员工手册》。后勤处（集团）领导赴学工处等兄弟部门研讨育人工作。联合学工处宿管科召开毕业生学生代表座谈会。疫情防控期间，后勤处（集团）职工化身"外卖员""服务员""转运员""守护者""辅导员"，为隔离师生配送快餐、提供生活用品、进行心理疏导和线上服务等。建立社区帮扶自愿小组，为生病学生取药，为行动不便学生提供"爱心饭菜"送餐服务。开展以"服务进社区，温情暖人心"为主题的亲情服务系列活动，免费为学生缝补、熨烫衣物；开展公寓亲情谈话活动；举办"礼赢职场，'寓'见未来"免费衣物熨烫和面试礼仪培训活动，共计为学生熨烫衬衫、西装和其他外套等衣物260余件。结合毕业季、新生开学季开展系列专题亲情服务活动，如为腿部受伤学生搬运行李、帮读研学子寄存行李、军训期间送绿豆汤等。统筹推进文化育人与后勤服务相融合。在全校开展光盘行动系列活动，如联合团委开展"光盘行动　从我做起"倡议签名活动、在食堂摆放宣传展板挂横幅、推出"半份、半价"菜、"光盘换果优"等。开展"营养进学院"之健康营养知识普及讲座、"民乐品鉴"、"书画赏析"等主题文化课堂。在春节、端午节、中秋节、重阳节等节日开展"迎新春、闹新年""浓情端午　文化后勤""浓浓中秋情　暖暖育人心""爱在重阳节"等礼敬传统文化活动。吸收111名学生成立新一届后勤事务学生助理团。开设美食、生活常识、商务礼仪及职场形象、花艺课堂、冬季花卉养护等课堂。主动邀请学生到饮食、公寓、物业、绿卫等部门开展“常态疫情 文明就餐 红马甲在行动”、“爱护环境 感恩有你 美丽校园 你我共建”、“寻找秋天 创意无限”树叶剪贴画等体验活动。

【职工队伍】 多渠道招聘，加大招聘力度，采取引进实习、网上招聘、学院推荐、个人自荐、他人推荐等多种途径，较好满足人才需求。全年引进13名大学生从事管理和技能岗位的工作。从学工线引进7名科级骨干，新提拔4名正科职干部、3名副科职干部（其中1名为恒昌企业编制人员）。同时，以此次干部换届为契机，结合后勤工作实际和后勤事业发展需要，经学校同意，在后勤内部聘任7名年轻骨干任行政经理（享受副科职待遇）。科学制订2020年度素质教育提升计划，完善两级培训管理体系，组织开展疫情防控应急演练、读书交流活动、科级干部及管理骨干培训，以及急救知识、消防安全、食品安全等各类培训（活动）72场次，并积极组织部分职工参加中式烹饪技能等专业培训，有力地提升了后勤服务水平和岗位技能。

【校园管理】 2020年，完成7 200台美的空调日常维保、全校开水器维保合同签订、物业报修项目论证，以及各类联系单80余项的处理；完成化粪池清理14批次；处理中央空调各类维修50余项；全年处理电梯各类维修20余项，完成75台电梯制动实验及35台电梯年检工作；受理并处置各单位病媒生物防制28批次；受理计划外教学场馆使用审批94批次；做好校园环境督查工作，发现并落实各类整改98项。做好共享单车的监管，对校园2 500辆哈罗单车全部更新。启动国际交流中心（青教公寓、食堂）试运行，青教公寓开放140间独立淋浴间作为临时洗浴点，接待24 172人次；接待培训、会议等团体17批次，共计4 856间次。修建学生公寓区晾衣场12处；楼宇内公共区域安装1 900台烘手器。完成三江楼、三山楼教室窗帘清洗及更换。

【修缮改造】 2020年共完成小型、零星维修工程800余项。其中，重点完成教学区与生活区物理分隔、二区水厂泵房水泵出口管道阀门更换、实践楼地下配电房变压器更换、北固校区食堂室外配套管线工程、老研究生楼隔离区改造、教一隔离点改造（160间房间），以及北固食堂、幼儿园卫生间改造等项目。暑期对学生公寓A区、B区、D区、F区、G区，以及海外公寓、老生楼后楼、北固校区公寓进行维修出新，共计33栋楼、2 956间房间，合同款总计735.41万元。2020年共接听报修电话4 862个，处理微信报修28 421单，累计完成零星维修33 000余单。

【采供管理】 2020年，从严落实疫情防控要求，制订工作方案及应急预案，安全有序开展各项工作。转变工作思路，创新工作方法，充分利用线上平台及校外场所开展招标采购活动，有效减少人员聚集。强化预算管理，落实项目备案，全年完成招标采购项目359项，总成交金额1 920万余元。注重食品安全，强化源头管控，规范引进饮食原材料合格供应商68家，全年采购供应原材料6 550余万元，累计抽样送检20余样品次，合格率100%。

【饮食服务】 牢固树立“三全育人”管理服务理念，以质量管理体系为抓手，将内控建设和精细化管理有机结合，完善饮食安全管理制度，制定《全校食堂食品安全全流程闭环监管专项行动方案》。创新供餐模式，完善校内订餐平台，引进“爽提”校园外卖APP和校园外卖快餐自提柜，方便师生订餐，每天服务师生近 3 000 人次。在校本部医学院东侧增设一辆流动餐车。青教食堂接待校友返校大会、新能源智能汽车技术青年学者国际论坛等各类活动用餐共计 8 259 人次。

【公寓服务】 2020 年，顺利完成 9 134 名毕业生离校、128 名留学生毕业离校，123 名医学生大进大出，以及 34 名留学生、9 472 名新生接待服务工作。承担学校 2020 级新生公寓用品、军训服、运动服、医学实验服的采购、发放等相关工作。完成本部 2020 级新生公寓用品打包 6 000 套；发放公寓用品 5 443 套、军训服 6 377 套、运动服 6 380 套、医学实验服 786 套；完成新生公寓用品退费办理 1 055 套。为做好隔离区人员服务保障工作，紧急添置并发放 380 套公寓用品。同时为做好安全防护工作，共发放口罩、温度计等防疫包 14 000 余套，保障了师生和员工的身体健康和生命安全。2020 年，海外公寓 C10 隔离区项目组荣获后勤处（集团）抗疫先进集体称号，施明玲获评江苏大学新冠肺炎疫情防控工作先进个人，童梦初等 5 名员工获评后勤处（集团）抗疫先进个人。

【运输服务】 2020 年共计发送京江、本部等跨校区实习用车 4 500 余趟次，通勤、外勤等用车 2 000 余趟次，有力保障了学生实习（上课）、各部门教学科研、活动等用车任务。圆满完成高校联盟、老生返校、新生接待、新生打靶、体检、司法考试等大型活动用车保障任务。添置大型客车 2 台，更新充电桩 2 台，通过一系列硬件投入，不断提升服务保障能力。年初突发疫情，接学校疫情防控工作领导小组指令，在第一时间组建了防疫转运班组，转运班组荣获后勤处（集团）“抗疫先进集体”称号。

【绿色校园】 2020 年，积极推进绿色学校建设，组织节水型高校创建研讨会，完成了“校园安全供水模式与新技术应用研究”课题结题评审，组织由水利部、中国教育后勤协会、中国水利学会联合承办的“校园节水安全供水”云课堂专题讲座。加强全校地下供水管网查漏，共查处大小漏点 30 处，累计日漏水量达 3 000 余吨，全年为学校节约水费 100 余万元。在世界水日、世界地球日、节能宣传周和全国低碳日开展主题宣传活动，增强师生环保意识。完成校内景观大道、山顶公园、西山球场东侧、校园水面整治等绿化工程 23 项；生产绿植花卉 6 500 余盆，与 47 家供应商签订长期花卉租摆服务合同，提供临时花卉租摆保障服务 16 次；清出校内生活、办公、绿化垃圾共 8 000 吨左右，装修垃圾 250 吨左右。在新图书馆南侧行人道安设木槽式护栏花坛；在图书馆南侧景观大道种植 4 500 棵向日葵，在老计算机中心西侧、二食堂东侧分别种植鼠尾草、二月兰，提升校园景观品位。

【经营服务】 2020 年，经营服务中心（恒昌公司）更新完善《标准化工作手册》《管理服务制度》《恒昌记录表单》等制度文件，完成 2020 年度 ISO9001 质量、环境、职业健康安全管理三体系外审工作。恒昌公司荣获 2020 年度十佳名牌物业管理单位、江苏省优质服务示范单位称号，成功续签光大银行、江苏大学附属医院、润州检察院、丹阳水利局、丹阳农商行项目。租赁部协助学校招标办完成校本部门面房招标前期工作，建立商户从业人员档案，制定落实门面房防疫管理规定、离镇返镇报备审核制度。校名文化产品服务部新增产品 30 余款，在西山操场开展巡展活动，提升知名度。电梯部开展电梯管理和法规、电梯安全操作技能培训，以及相关作业人员证书换证培训。

【幼儿教育】 2020年，幼儿园在园务管理中深化内控机制建设，完善多项规章制度，规范卫生保健工作，保障幼儿身心健康安全。坚持不懈抓好党风廉政建设和反腐工作，根据上级党委工作部署，幼儿园党支部完成新一届支部换届选举工作。疫情时期，幼儿园党支部不负使命，恪尽职守做好各项疫情防控工作，被后勤处（集团）评为2020年疫情防控先进单位。幼儿园在各级各类研培赛训活动中成绩显著，其中2名教师被镇江市京口区教育局评为“骨干教师”；41名教师在省、市、区级的论文大赛中分获一、二、三等奖，1名教师在京口区共同体赛课中获二等奖。结合疫情背景及园本课程建构需要，完成市级课题“指向幼儿归属感的班本文化建设研究”“促进幼儿深度学习的微课程开发研究”的申报工作，并于12月顺利完成了开题，课题研究按照预订计划目标稳步进行。

（撰稿：汪蕊蕊　核稿：刘群东）

安全与保卫

综述

【概况】 安全保卫处（部）是学校负责实施校园安全保卫任务的职能部门，在学校党委与行政的领导下，在国家公安机关与安全机关的指导下，开展内部安全教育与管理，建设安全有序的校园环境，维护学校的安全与稳定。2020年，安全保卫处（部）在学校党委和行政的正确领导下，把维护学校安全稳定作为头等大事，认真贯彻习近平总书记关于安全生产工作的重要论述和对江苏工作的重要指示批示精神，积极落实学校关于安全稳定的决策部署，坚持一手抓疫情防控，一手抓保障发展，采取一系列有力措施，不断完善校园安全风险防控体系，扎实开展各项校园安全管理工作，圆满完成了校园疫情防控安全保卫组相关工作，未发生重大安全责任事故、重大刑事案件、重大群体性事件，以及危及稳定的政治性事件。安全保卫处（部）荣获镇江市公安局内保工作先进单位称号，获评校疫情防控工作先进单位；1人获评全省抗击新冠肺炎疫情先进个人；2人获评校疫情防控工作先进个人；1人获镇江市公安局内保支队嘉奖；5名同志被评为京口区见义勇为先进个人。

【队伍建设】 一是专兼结合，打造安全工作队伍。新增保安16人充实校园治安管理队伍，招聘1名退伍转业军人加入消防管理队伍。选派参加高校保卫工作等各类专业业务与岗位管理能力培训12人次。全年开展教职工学习6次、支部学习7次，切实加强党性教育，提升“四个意识”，端正态度，文明值勤，依法办事，热情服务。二是壮大兼职安保队伍。重点建设兼职巡防队伍、兼职消防队伍、兼职安全信息员队伍，并出台了多项具体制度、举措，让这些队伍实实在在发挥作用，为学校安全稳定做出较大贡献。

【安全教育】 充分利用“课堂载体”和“活动载体”，开展形式多样的安全法制宣传教育活动。9月新生入学后，进行了20场入学安全教育课，发放《2020年新生安全知识读本》6 000余本；选择了110套安全微课，供大一新生学习，考试通过率达98%；11月组织学生参加江苏省第九届大学生安全知识竞赛，学生参与率达75%以上。与学工、研工、后勤等部门加强联动，集中开展以社区安全为重要内容的“安全文明建设月”活动。进一步密切警校联系，合力组织开展专题展览咨询、制发安全提示及宣传单等，扎实开展各类安全教育活动。联合辖区国家安全机关、公安机关、消防支队等举办防电信诈骗、国家安全、反恐及交通安全等系列教育活动，有效增强了师生的安全防范意识。利用微信公众号、QQ 群等新媒体平台，积极宣传各种安全法律法规，及时发布各类安全警示，将防渗透、防暴恐、防火、防盗、防诈骗等安全教育措施宣传到位。完善安保处文化形象墙及办公区域文化建设，营造浓厚的校园安全文化氛围。利用“消防进军训”“119 消防安全宣传月”“消防运动会”等主题，组织开展内容丰富、形式多样的消防宣传教育活动。对消防责任人、管理人、义务消防员、消防志愿者、学生寝室长、楼栋值班员等进行了针对性培训。2020 年度开展消防安全知识培训活动 8 场，组织灭火演练、疏散演习活动 12 次，参加演练的师生达 1 万余人，累计发放消防知识读本 1 300 余本。积极指导、协助各二级学院开展讲座及技能培训，师生消防素质得到有效提升。

【政治保卫】 牢牢把握校园思想意识形态领域斗争的主动权，抓苗头，抓倾向，见微知著，防微杜渐。始终坚持以教育引领为主线，不断巩固意识形态阵地。以疫情防控为契机，加强学生法治意识、网络素养、爱国主义和理想信念教育。秋季开学之初，安全保卫处通过专题讲座对学生进行面上的安全教育。在课堂以外，利用重大节庆日、重大事件等时间节点，深入开展以爱国主义为主要内容的社会主义核心价值观教育活动。联合宣传部切实加强对课堂教学、学术论坛、学术讲座、社团活动、宣传媒体的管理，加大对报纸、广播电视、社团刊物印刷品等的监管，坚持正确舆论导向，防止错误思潮的传播与扩散；联合信息化处加强对网络平台的微信、QQ、贴吧等进行实时过滤和管控，确保网络空间的纯净。与学校各相关单位紧密联系，配合镇江市公安与安全机关开展政保工作，强化维稳职责，针对易发生渗透的各个环节，筑牢政治保卫防线，严密防范敌对势力利用宗教、境外非政府组织等对学校进行渗透活动。实行重点人群分类分级管理，按实际情况落实教育转化与稳控措施，确定责任单位与责任人，做到底数清、情况明、教育管理有效。稳妥审慎地处理好学生的涉教事宜，深入相关学院，开展学校涉民族宗教基础调研与责任落实，明确相关民族宗教法律规定与政策，并及时做好信息搜集、报送相关工作。

【治安与交通安全】 落实疫情防控措施，严格校园出入管理，开展以门卫、公共场所、重要部位为主要内容的治安管理，突出防范，持续巩固校园内部安全综合防范体系，建设高质量平安校园。一是加强门卫管理。严格执行学校防疫工作要求，加强校园出入管理。全年检查车辆进出共计 609 523 次，并做好相关测量体温、访客登记工作。二是实施交通秩序专项整治。针对校园交通存在的安全隐患，逐步实施校园交通秩序专项整治工作，精心制订实施方案，合理规划机动车、非机动车行驶路线，设定限行范围；投入专项经费，完善交通设施建设；加强重点路段、区域的交通管制与引导；提升师生规则意识，着力整治车辆乱停乱放现象等。8 月，对校本部道路停车位、道路中心线、斑马线等进行全面施划，对重点道路增设了减速坎，对校内其他交通安全标志、标识等设施设备进行了完善；10 月，对校内违章停车现象进行专项整治，共处理违停车辆 1 510 余辆次；11 月，制定《江苏大学电动自行车管理办法》，计划对全校近 6 000 余辆电动自行车规范管理，并建设集中充电桩满足师生需求；9—12 月共清理校内废旧自行车及废旧电动车 3 000 余辆。通过一系列举措，校园交通秩序有了明显改观。三是强化治安防范，严厉打击现行违法行为。进一步加大校内重点部位的巡逻和蹲守的力度，校园失窃案案发率明显下降。全年校 110 指挥中心共电话通联3 270余次，接报、处置各类治安案件报案 100 多起，抓获各类嫌疑人 48 人。追回与归还师生员工电动车 11 辆、自行车 5 辆、手机 7 部、笔记本电脑 2 台、现金 2 660 余元，以及钱包和一卡通等物品若干。校园 110 监控中心充分利用视频监控系统，接待警情监控查询 60 余人次，监看视频录像 450 多小时，发现案件线索 10 多条。此外，针对屡禁不止的学生翻越围栏出入校园的情况开展专项整治工作，共抓获翻越围栏人员 70 余人次，查处疫情防控期间校园违规送外卖现象 20 余起，对违反疫情防控有关规定的二级单位下发 7 份整改意见书。四是做好校园大型活动安保。完成 8 次学生分批返校安全保卫任务。全年组织实施新生入学、毕业典礼、四六级英语考试、研究生入学考试、校内招聘会，以及其他贵宾来校等大型校园活动安保 70 余场次，圆满完成各项安保任务，确保大型活动期间校园安全有序。五是加强物防技防建设。在校园上下坡主要路口设置警示标志，提醒师生上下坡注意行车安全。投入 400 余万元，完成校园家属区和教学区的隔离、人脸识别行人门禁系统、校园围栏建设维护工作，增添了新型消防安全培训设施设备等，把校园安全工作的基础做得更加扎实，提升了安全防护能力。

【安全生产】 2020 年年初，安全保卫处（部）代表学校与各二级单位签订《江苏大学安全生产与综合治理责任书》。根据省委工作部署，出台《江苏大学安全专项整治三年行动实施方案》，持续推进工作落实。将安全稳定工作考核纳入学校教学、科研单位目标任务考核指标体系，持续科学细化指标内容，实行安全责任事故一票否决制。实现了安全检查制度化、检查内容标准化，重点单位（部位）日常巡查、各单位月查、安保处季度查，实验室（危化品）、研究生工作室、公寓、食堂等部位专项检查。作为学校安委会办公室，根据上级部门的工作部署，组织后勤、安保、实验室、学工等部门开展全校安全大检查，认真落实整改工作。全年共开展由校领导带队的学校层面综合安全大检查 4 次，实验室、食堂、消防安全等专项检查 25 次，各类抽查 100 余次，通过“江苏省校园安全风险管控平台”上报重点安全隐患 21 个，整改完成 21 个。完成校内 29 套火灾自动报警系统维保招标工作。2020 年，维护保养消防设备设施 9 952 个，更换“3208 型”火灾自动报警系统主机 1 台。其中，更换疏散指示灯和应急照明灯 1 664 只；更换应急灯逆变器 15 个；更换烟感探测器 360 个；更换温感探测器 23 个；更换消火栓按钮 44 个；更换消防手报按钮 51 个；更换“1750 型”水流指示器模块 24 个；更换“1825 型”电源切换模块 63 个；更换消防泵启动按钮“1807 型”模块 28 个；更换防火门闭门器 4 个；更换消防广播 15 个；更换声光报警器 2 个；修复消防电话 4 只；增补灭火器箱 11 只；更换消防水袋 53 卷；更换火灾自动报警系统火灾显示盘 5 只；对新购 1 100 余只灭火器进行编号、安装喷粉管扎口，对 19 幢建筑内过期灭火器进行更换；对 165 只室外消火栓进行油漆保养，对 8 000 只室内消火栓进行检测和放水试验，加油保养。

【其他工作】 安全保卫处重视做好服务工作，以饱满的热情、优质的服务，树立和维护安全保卫处的良好形象，更好、更快、更方便、更周到地服务师生。2020 年共完成新生入户 321 人，老师、学生户口零散迁入 47 人，师生户口迁出 429 人；办理教师、学生户籍证明 412 人次；共注销 429 人的户口卡片；接听师生电话咨询 340 余次。办理副处级职务、副高级职称及以上人员因私出国（境）政审报备 16 人次，办理师生员工无犯罪记录证明、义工证明、入伍及就业政审等 120 余人次。社区方面，春节前夕慰问困难户 7 户；发放社会保障卡 21 张；采集 27 名残疾人信息；为 44 人登记尊老金申请；办理社区进出门证 1 346 张；防疫健康入户调查 1 220 户、3 682 人；第七次全国人口普查正式登记 12 489 户、36 607 人。日常做好就业证、健康服务证、独生子女父母光荣证等的登记发放工作。

（撰稿：许　雷　核稿：袁海宇）

信息化建设

综述

【概述】 信息化处（中心）是学校信息化建设与管理的归口部门。负责制定学校信息化建设的总体发展规划；负责制定学校信息化建设的信息标准、管理规范和规章制度；负责学校校园网、一卡通系统、信息化公共平台、信息安全、公共多媒体教学设施的建设、运行与管理；负责学校多媒体的使用管理和人员培训；负责全校弱电系统的管理；负责保密信息系统、信息设备和存储设备的管理。2020 年是“十三五”规划的收官之年，也是“十四五”规划的谋篇之年，信息化处（中心）在学校党委、行政的正确领导下，围绕学校工作要点，结合本部门年度工作目标，积极推进基础网络和系统建设，加强信息技术与教学、管理、服务融合，不断提升网络安全防护、技术支撑能力和服务水平。2020 年先后被江苏省高等学校教育技术研究会网络信息专业委员会授予信息化建设先进单位称号，被江苏省教育网络安全和信息化领导小组办公室授予江苏省教育系统网络安全责任制落实先进单位称号。自新冠肺炎疫情暴发以来，信息化处（中心）利用信息化手段精准助力学校疫情防控工作，被授予新冠肺炎疫情防控工作先进集体荣誉称号。主要工作：围绕学校信息化建设工作部署，完成“十四五”信息化建设规划的初稿，积极推进信息化系统建设与项目归口管理，推动信息化建设项目的立项、过程和项目验收等全过程管理相关工作。继续推进智慧校园公共信息资源建设，推进全校数据治理工作，建立数据质量持续改善机制。加强移动应用平台体系建设，推出基于企业微信 APP 的“移动校园”，建设了基于“腾讯云智服”的智能在线问答平台。利用现有核心存储设备服务体系，构建校级非结构化网盘资源库系统。继续完善网上办事流程，构建全校人脸识别管理平台，实现全校各类人员的基本信息管理。完善智慧校园基础设施建设，加强网络信息安全与保密管理。推进微课程和视频公开课程等相关教学视频制作，加强研究生网络学习平台的管理。搭建疫情防控知识学习平台，开发部署健康打卡系统、视频会议系统，做好全校线上教学及直播保障工作，为疫情防控提供信息化支撑手段。强化日常服务保障，提升服务质量。

【组织机构】 信息化处（中心）是学校正处级建制单位，与信息化中心合署，下设：综合办公室、信息化管理科、网络与用户管理科、教学技术部和互联网与计算技术研究所 5 个科级部门，工作人员 31 人。

【进一步完善“十四五”信息化建设规划与项目归口管理】 认真分析当前“互联网+教育”时代面临的新形势，科学谋划并起草了学校“十四五”信息化建设规划。加强信息化建设归口管理，建立信息化建设内控线上流程。完成科研管理系统、教职工基础信息管理系统、大型仪器共享平台、虚拟仿真实验平台、国有资产管理系统等项目与数字化校园的集成实施、跟踪管理工作。按照项目管理规范完成国有资产管理、大型仪器共享平台、虚拟仿真实验平台的项目验收工作。按照内控管理要求完成宿舍区无线网络改造、财务软件升级等项目采购流程。完成 2020 年度校级信息化项目立项评审工作。参与安全保卫处的车辆和行人人脸门禁、访客预约、图书馆人脸门禁，以及工会的服务平台小程序、后勤的爽提送餐小程序等业务系统建设。

【推进智慧校园公共信息资源建设】 继续推进全校数据治理工作，建立数据质量持续改善机制。从系统建设、系统运行到系统维护等各环节高度重视数据治理工作，持续化推进数据质量提升。自主研发 IT 资产安全管理平台，规范运维服务的流程，加强运维过程的台账规范，为全校师生提供更优质的服务。开展信息系统管理人员变更备案、IT 资产梳理、各单位网络安全自查和信息化处集中检查工作，督促存在高危漏洞的网站及信息系统的整改。完善微信企业号信息推送功能，新增新闻订阅功能。对现有核心存储设备服务体系维保服务续保，完善数据备份机制，落实内控数据备份管理流程。构建校级非结构化网盘资源库系统，利用腾讯乐享平台建设空中课堂，构建了疫情防控知识库、视频资源库、疫情考试库等学习资源。继续完善网上办事流程，实现了办公系统组织架构与人员库的自动同步。构建全校人脸识别管理平台，建立校级人员库管理系统和人脸库平台，实现了全校各类人员的信息管理。继续推动教师个人主页系统的普及使用，推进部门网站与教师个人主页系统的紧密衔接。开发图书馆和一卡通等数据系统，建立“师生画像”，进一步推进数据治理工作。协调关于学生财务、学籍、注册费等信息的阶段性管理办法。

【完善智慧校园基础设施建设】 完成学生宿舍区部分楼宇（A 区 1-7 栋、C 区 1-6 栋）光网络改造方案。完成学生宿舍区部分接入交换机更新。对于未改造的学生宿舍区，将原有有线网络百兆交换机更换成千兆交换机（336 台），提升了有线网络性能，解决了网络接入瓶颈问题。完成网络出口及数据中心 SDN 交换机建设。梳理改造办公区 UJSguest 无线信号，方便各类访客的上网需求。完成耒耜大楼、中国农机文化展示馆、海外学院、国际交流中心、江苏大学出版社等改造工程弱电设计图纸、方案审核。

【加强网络信息安全与保密管理】 加强网络安全监测和预警，提高主动发现和主动防御的能力。落实学校教育移动互联网应用 APP 备案及治理的常态化工作。积极开展网络信息安全宣传教育及培训，不断提升学校师生网络安全意识。健全学校网络安全应急响应机制，提升网络安全综合应急的有效性和应急处置能力。开展网络安全应急演练，通过演练进一步检查网络安全应急预案的完整性和可行性。落实网络安全等级保护 2.0 测评工作。完成“2020 年信息系统安全等级保护测评服务”项目，对存在的系统漏洞进行了整改，测评结果符合要求。网络安全工作贯穿信息化规划、建设、运维等各个环节，做到网络安全规划、建设同步执行。加强保密信息化管理，强化归口管理工作，定期对信息系统、信息设备和存储设备的安全保密进行管理和运行维护、审计和风险自评估。

【推进教学资源建设】 配合学校相关部门完成部分学科的教学视频的摄录编辑工作，完成三间自动录播教室及教学视频资源平台的日常管理及运行维护工作，协助教务处完成课程的录制任务。完成研究生在线学习平台的管理工作，协助研究生院完成43门校级精品在线课程建设和海外教育学院25门省级英文精品课程的建设及验收。

【强化日常服务保障工作】 重要系统的保障与服务。保障包括DNS、DHCP、IDS、综合服务门户、共享数据中心、统一身份认证、主数据平台、办公、邮件、网站群平台、教师个人主页等关键系统的稳定运行。新增虚拟机服务器30多台，定期巡检虚拟化平台，及时处置虚拟机报警情况。校园网用户、一卡通和虚拟卡的日常管理与服务。保障全校与一卡通对接的10多套软硬件系统正常运行，保障学校4个校区共300多台POS机、6个综合业务服务点的正常运行。校园网络日常管理与服务。管理及维护全校1 700多台网络设备、4 000多个无线AP、40 000多个信息点，保证校园网服务的正常运行，保障办公区、教学区、科研区、学生宿舍区、教工宿舍区网络畅通。多媒体教学保障与服务。完成全校390多个多媒体教室、2个报告厅的日常多媒体教学保障任务，确保多媒体教学工作顺利进行。标准化考场的管理与保障。完成学校全年两次大学英语四、六级考试，以及综合评价录取考试、普通高校专转本选拔考试、硕士研究生入学考试、两次成教全国英语等级考试标准化考场的技术保障工作。微信校园卡运维服务。保障全校微信校园卡机具的使用，完成学生返校门禁码发放、教务处结业生换证缴费。基于门禁码实现疫情防控期间学生返校管理；实现学生宿舍预约码开水器的集成；完成新校友卡的开通和发放。

【为疫情防控提供信息化支撑手段】 搭建疫情防控知识学习平台，利用该平台对防控知识进行宣传，通过向全校师生提供视频学习、知识测试等，提升师生疫情防控能力。开发、部署健康打卡系统，对人员进行分类管控，实时掌控人员动态信息，为做好疫情防控工作奠定基础。部署学校视频会议系统。利用学校手机应用系统，梳理单位组织架构，快速整合企业微信的最新应用，并部署视频会议，实现面对面的工作部署。做好全校线上直播保障工作。完成“江苏大学新学期第一课”、大学生文化艺术节、江苏大学信仰公开课、江苏大学四届四次“两代会”、耒耜国际论坛、校史馆文化宣讲、江苏大学第三次国际化工作会议、江苏大学第八届金山高层次学术论坛、“一带一路”农业现代化国际论坛等40余场重要活动的视频会议保障。落实公安部关于切实加强新冠肺炎疫情防控期间各线上教学平台网络安全保护工作的部署。结合疫情防控期间学生出行和防控管理的需求，开发了请假备案管理平台，并与大门门禁进行了集成，为疫情防控提供了高效、便捷的信息化管理手段。

（撰稿：毕俊蕾　核稿：许晓东）

2020 年江苏大学校园网建设统计表

序号	项目名称	原有数量	增减数量	现有总数	增减部分说明	备注
1	信息点/个	44 234	244	44 478	保卫处、后勤综合楼杂志社、海外学院	
2	校园网出口带宽（GB）IPv4	4.1	0	4.1		移动 1、联通 1、电信 1.1、教育网 1
3	校园网出口带宽（GB）IPv6	1	0	1		
4	光纤距离/km	164	1	165	后勤综合楼杂志社	
5	主干路由交换机/台	6	0	6		
6	节点交换机/台	20	0	20		校园网
		1	0	1		安防
		8	0	8		节能减排
		1	0	1		一卡通
		2	0	2		无线网
7	接入交换机/台	913	0	913		校园网
		107	0	107		节能减排
		23	0	23		安防
		14	0	14		一卡通
		206	0	206		无线 POE
		4 409	12	4 421	后勤综合楼杂志社	无线 AP
		462	3	465	后勤综合楼杂志社	设备自购
8	边界路由器/台	3	0	3		
9	防火墙/台	7	−4	3	取消原虚拟防火墙	
10	联网校区/个	5	0	5		
11	联网教学、办公、实验楼/栋	85	0	85		
12	联网学生公寓/栋	60	0	60		
13	联网教工宿舍/栋	59	0	59		
14	虚拟化服务器/台	231	−4	227	部分测试机及过期服务关停	
15	机架服务器/台	85	2	87	多媒体云桌面	
16	刀片服务器/台	30	20	50	高性能计算节点	
17	小型机/台	4	−1	3	京江教务关停	

续表

序号	项目名称	原有数量	增减数量	现有总数	增减部分说明	备注
18	存储设备/台	3	0	3		
19	安全设备/台	6	2	8	威胁探针、威胁感知	
20	信息系统/个	115	54	169	节能监管平台、学生公寓查询系统、食品学院大型仪器共享平台、学生用电查询系统、计算机专业课教学平台等	
21	网站	254	12	266	环境生态研究所、大学物理、量子与可持续性技术研究院网站等	

（撰稿：毕俊蕾　核稿：许晓东）

2020 年江苏大学公共多媒体教室建设统计表

校区	楼宇名称	原有多媒体教室/个	座位数/座	现有多媒体教室/个	座位数/座	更新多媒体设备教室/个	备注
校本部	三山楼	106	10 724	106	10 724		
	三江楼	59	6 738	59	6 738		
	主楼	10	716	0	0		主楼 10 个教室全部拆除
	主 A 楼	17	1 858	16	1 690		
	药学楼	7	793	6	632		药学楼 201 拆除，改为实验室。
	医技楼	9	642	9	642		
	医学楼	5	385	5	385		
	研究生楼	40	5 348	40	5 348		
	计算机楼	10	869	10	869		
	电气学院楼	2	208	2	208		
	原京江学院楼	110	12 430	121	8 668	83	因学校规划，原京江学院 1 号楼和 2 号楼教室全部重建。
北固校区	图书馆楼	4	400	4	400		
	综合楼附楼	3	360	3	360		
总计		382	41 471	381	36 664	83	

（撰稿：毕俊蕾　核稿：许晓东）

机电总厂

综述

【概况】 江苏大学机电总厂始建于1961年，是江苏大学直属的重要实践教学单位之一，是学校重要的科研孵化中心，是具有特色的现代制造型企业。基础设施：总建筑面积为11 070平方米，大楼为主体三层、局部四层的框架结构，造型美观、布局合理。管理信息化、设计制造数字化的硬件、软件和网络完善。主要装备：装备种类齐全，总值达2 551.67万元。拥有工业4.0（智能制造）创新实验平台、机器人创新实训套件、焊接机器人工作站、数控编程模拟仿真、数控车铣综合实训、低压电工实操智能网络考核等培训系统，数控高速雕铣机、全功能数控车、数控铣、数控磨等先进的切削加工设备，线切割、电火花、超声加工等特种加工设备，3D打印机、融熔快速成形、激光快速成形、注塑等材料成型设备，激光切割、激光焊接、二氧化碳气体保护焊、氩弧焊、螺柱焊、高频钎焊、等离子切割等焊割设备，高频感应加热、气体渗碳氮化井式炉、电子显微金相观察分析系统等热处理及检测设备；拥有用来侦测并分析物体的形状（几何构造）与外观数据的三维扫描仪设备。人力资源：教职工119人，其中，事业编制人员91人，编制外人员27人（含企业编制11人）。事业及企业编制中研究员、副研究员、高级工程师、高级技师占比12%；讲师、工程师、会计师、助理研究员、实验师、技师占比20%；本科及以上学历占比35%，大专学历占比43%；年龄50岁以下占比49%。质量管理：坚持质量第一，以客户为中心。科研生产和实践教学均通过ISO9001：2008、TS16949质量体系认证，产品设计制造和教学培训在国际公认的质量管理体系下规范运作。

【党建工作】 加强党建，充分发挥保障引领作用。1. 加强政治引领。党总支充分发挥政治核心作用，以党的政治建设为统领，全面推进“六大建设”，着力增强“四个意识”，坚定“四个自信”，做到“两个维护”，切实履行“把方向、管大局、做决策、抓班子、带队伍、保落实”的责任。2. 深化主题教育成果。把“不忘初心、牢记使命”作为加强党的建设的永恒课题和全体党员、干部的终身课题，努力形成长效机制。暑期，组织科级及以上领导干部参观镇江方志馆中“不忘初心　牢记使命”主题教育展，强化大家的责任使命，激发大家的工作激情。3. 加强思想理论武装。全年开展中心组学习8次，全体党员坚持“学习强国”平台学习，在组织部每周学习情况通报中，机电总厂始终名列前茅。注重学以致用，领导班子调研报告获江苏大学2020年度中层干部调研成果三等奖，党总支党建创新创优项目获学校“党建工作创新创优奖”三等奖。获评江苏大学“知农爱农、强农兴农”主题教育优秀征文1篇。获批江苏大学纪检监察研究一般课题2项，学校思想政治工作研究一般课题1项。4. 加强干部队伍建设。严格按照学校党委要求，坚持“政治强、作风好，思路宽、业务精，善于抓改革、促发展，想干事、能成事”的选人用人标准，完成新一轮科级干部换届工作。选拔了3名年轻同志到科级岗位，提拔了2位年轻同志担任正科级干部。加快干部队伍年轻化步伐，科级干部平均年龄由48周岁下降到38周岁。按照学校党委统一部署，顺利完成了党总支、党支部的换届选举工作。5. 抓好意识形态工作。认真落实领导班子成员、职能部门和个人的管理责任，关注意识形态，加强网站建设和舆论监管，开展职工宗教信仰排查，2 次专题研讨意识形态安全问题；加强宣传阵地建设，宣传社会主义核心价值观、安全管理、反间谍法、宪法、厉行节约反对浪费等内容，充分挖掘工作特色、亮点，营造良好舆论氛围，全年投稿 58 篇，较 2019 年增加 53%。注重师德师风教育引导，实行负面清单师德师风一票否决制，全年未发生任何负面舆情或造成不良影响。6. 抓好党支部建设。认真实施《新时代江苏大学党支部建设“提质增效”三年行动计划（2019—2021 年）》，着力加强党支部建设，充分发挥党支部的战斗堡垒作用和党员的先锋模范作用。申报“优质党支部”1 个，荣获“最佳党日活动”三等奖 1 项；获批江苏大学 2019—2020 年度校级党员示范岗 2 个，设立“机电总厂党员示范岗”3 个。7. 抓好党风廉政建设。认真落实党风廉政建设责任制，书记、厂长和班子成员分别履行好“第一责任人责任”“党政同责”和“一岗双责”，认真抓好风险点防控和“未巡先改”。党支部认真履行《江苏大学机电总厂 2020 年度全面从严治党责任书》。严格执行中央八项规定，加强廉政文化建设，及时更新机电总厂网站党风廉政建设栏目，营造风清气正的政治生态和良好发展环境。8. 抓好安全稳定工作。层层落实安全稳定工作责任制，严格执行实习学生安全教育确认制，坚持安全生产监督检查制度，开展安全检查 19 次，及时排除各种安全隐患，全年未发生安全责任事故。充分发挥分工会的桥梁纽带作用，积极开展各种凝心聚力活动，努力构建和谐工厂、和谐校园。

【实践教学】 1. 突出重点，保质保量完成教学任务。（1）教学任务圆满完成。上半年，克服新冠肺炎疫情带来的不利影响，构建了线上线下混合式教学模式，做到“停课不停教、停课不停学”。全年完成实践教学任务 100 025 人天（年度目标为 90 000人天）。其中教务处、京江学院本科生实习 94 125 人天（其中本科生开放性创新训练 11 125 人天，京江学院大学生开放性创新训练 2 000 人天），研究生院工程能力实践 5 880 人天，海外学院留学生 20 人天。全年无教学事故和安全事故，教学合格率为 99.67%，教学满意度达 95.15%。积极配合相关学院做好冶金工程、光电信息科学与工程、高分子材料与工程三个专业的专业认证工作。（2）教学质量不断提高。举行机电总厂 2020 年度教学比赛，大力激发全员创新创优的内生动力。着力加强课程建设，全年新增微课 8 门，在江苏大学微课教学比赛中荣获一等奖 1 项，在学校教师教学竞赛中获优胜奖 2 项。不断加强研究生教学规范管理和过程控制，持续打造专业学位研究生校内生产实践亮点。认真执行干部听课制度、学生评教制度和新开课程专家评审准入制度，建立健全“五制并举”的教学质量保障体系。（3）教研教改持续深化。申报教育部产学合作、协同育人项目 7 项（立项 2 项）；申报 2020 年江苏大学在线开放课程建设项目 1 项。指导大学生创新创业训练项目，获批并结题省级“大创”项目 1 项；获批校级“大创”项目 2 项、大学生科研项目 6 项；发表教研教改论文 9 篇。（4）劳动教育先行先试。把握教育部新时代劳动教育总体要求，在全厂征集了 38 项劳动教育实践项目，组织专家评审后，遴选出 10 项编写教学大纲和教案，并开展现场劳动实践试讲试教，学生通过个人创新设计和劳动均完成了劳动作品和课程小结，取得了较好的教学效果。工作的超前开展得到学校认可，学校将机电总厂（江苏省创新创业实践教育中心）作为江苏大学劳动教育工作领导小组办公室挂靠单位，着手组织校级劳动教育体系的研究和构建。（5）智能制造平台建成验收。智能制造柔性产线于10月19日通过建成验收。机电总厂成立工业4.0（智能制造）创新实验平台建设工作领导小组，协调推进平台建设，加强师资培训，提升平台产教效能。完成智能制造认知教育实践和智能制造基础实践两个实践模块的课程教案编制，新增开放性实验项目10项。组织部分学生开展教学试运行，成效良好。2. 打造亮点，扎实推进"三全育人"工作。（1）深入推进课程思政。为深入推进课程思政，机电总厂开设了"课程思政"系列讲座。联合马克思主义学院共建联合教研室，充分挖掘工程实训中的思政元素，创新工程实践课程思政教学改革。"以劳动课程为切入点　打造课程思政新亮点"项目，获评学校"党建工作创新创优奖"三等奖。"工程训练课程思政教学改革与实践探索"项目获批2020年江苏大学高等教育规划发展课题。（2）大力开展"双创"教育。2020年，在指导大学生竞赛中取得历史上最好成绩，获得国家A类一等奖及以上奖项2项、省级及以上奖项15项，其中第六届大学生智能农业装备国际创新大赛（国家级A类）特等奖1项、一等奖1项、优胜奖1项，2020年中国大学生计算机设计大赛（国家级A类）三等奖1项，省级A类二等奖2项、三等奖6项，省级B类二等奖1项、三等奖2项。持续加强"创客工场"建设，下半年成功举办江苏大学第二届"未来杯"智能车搬运竞赛、"乘风破浪"智慧小船系列挑战赛、第三届江苏大学大学生"匠心杯"创新创意设计大赛。（3）认真落实"书记项目"。党总支2020年度以"牢记初心使命　落实'三全育人'——教工党支部与学生社团结对共建"为"书记项目"。总支书记亲力亲为，抓好顶层设计，加强过程指导，注重示范引领，不断培训提高。三个党支部各展所长，与"未来工程师协会"开展了丰富多彩的"师生结对共建"活动，使全厂形成了"书记总抓、支部对接、班组引领、党员示范、全员参与"的"三全育人"新格局。（4）不断拓展工作成效。机电总厂在充分发挥基础创新班组示范引领作用的基础上，以"机电总厂智能制造教学团队"为主体，申报了江苏大学第二批"三全育人"综合改革管理服务示范岗。撰写的《"七连冠"的背后》故事，在《江苏大学报》上刊登。在校工会"我与三全育人"征文比赛中荣获一、二、三等奖各1项。

【生产科研】 开拓市场，着力抓好生产经营效益。1. 积极应对新冠肺炎疫情冲击。在新冠肺炎疫情冲击下，上海电装公司的主产品901飞锤需求量1—4月大幅度下降，从5月开始"零计划"，这使机电总厂生产经营形势急转直下，2020年仅完成产品销售额425.76万元。为此，领导班子以高度的政治责任感、紧迫感和危机感，带领全厂职工开拓市场，争创效益，做好"六稳""六保"工作。2. 着力开拓科研服务市场。疫情防控期间，与环境与安全工程学院合作，研发试制"静电喷雾消毒机"，并以此申报了镇江市重点研发计划项目"基于强电离放电的公共场所静电喷雾消毒技术研究及装备研制"，获得镇江市财政资助30万元。合作申报并获批江苏省农业科技自主创新资金项目"基于遥感数据同化作物模型的智能灌溉决策系统"1项。完成江苏大学京江学院"水泵运行控制实验台"两台套的安装、调试、验收及交付工作。完成校内外科研加工业务共83项。

3. 努力拓展技能培训市场。一是抓紧做好资质认定工作，成功获批全国应用型人才培养工程基地（已授牌），完成技能鉴定负责人变更，获得了考评员和管理人员资格证书。二是制订并实施学校青年教师实践技能培训方案，申报镇江市就业见习基地，广泛与社会企业开展培训合作。三是与学校继续教育学院联合建设视频课程。4. 持续抓好新产品开发。先后与上海电装公司合作，开发电磁阀、高压共轨管两个新产品。与辽阳新风科技公司合作，成功试制达“国六”排放标准的高压泵盖样品；与镇江金鼎公司合作，该公司产品已有5个品种进入批量生产。5. 抓好精细管理与技术革新。抓好质量管理，确保各类产品的质量指标全面完成；加强技术革新，全年完成技改项目8项；获得授权发明专利2项、实用新型专利2项，获校级科研立项2项，为提高效率、降本降耗提供了有力的技术支撑。

【管理服务】 创先争优，不断提高管理服务水平。1. 切实提高全厂的管理服务水平。年初，党政班子将2020年定为“创先争优年”，并出台了《江苏大学机电总厂2020年部门年度目标任务考核实施细则》，有力催生了内生动力。举办了科级干部、管理骨干、技术骨干培训班。2. 切实加强人才队伍建设。科学制订机电总厂专业技术四级及以下岗位设置和聘用实施方案。积极做好员工岗级晋升和引进人才的培训工作，2020年5人通过了镇江市技师评审；2人参加了江苏省高级技师培训；按相关文件及程序向学校推荐了机电总厂可晋级专业技术岗人员，其中2名高级职称人员成功晋级。3. 切实提高工艺技术水平。认真做好产品设计、工艺、核价、工艺纪律巡查等技术服务工作，加强产品质量管理，努力为生产一线提供技术工艺服务指导。4. 切实加强综合保障工作。认真做好工业4.0（智能制造）创新实验平台建设工作，完成光纤激光切割机招标、安装、调试、验收工作，扎实做好产品销售和采购、外协加工、库房管理等工作。全年完成设备维修230台（次），协助设备处完成校属设备维修14台（套），完成1C南等区域的照明整体改造，努力为教学生产一线提供优质服务。5. 谋划长远，认真制定“十四五”规划。（1）按照《关于开展江苏大学“十四五”事业发展规划（2021—2025年）编制工作的通知》要求，认真回顾总结机电总厂“十三五”期间取得的发展成就和主要经验，找出存在问题，分析问题原因，为科学谋划“十四五”事业发展规划提供借鉴。（2）为学习借鉴兄弟高校的宝贵经验，党政班子及相关人员赴浙江大学等7所高校工程训练中心进行深入调研，赴上海电装公司等三家企业开展市场需求调研，认真对标补差，理清发展思路。（3）紧紧围绕学校第四次党代会确定的奋斗目标，结合机电总厂实际，坚持“前瞻性、协调性、可行性、开放性”的原则，在广泛调研论证的基础上，科学制定了《机电总厂“十四五”事业发展规划（草案）》，并在全体科级干部和管理骨干大会上征求意见。

（撰稿：王　磊　核稿：黄跃才）

图书·档案·出版

图书资源

综述

【概况】 江苏大学图书馆是综合性的高校图书馆。2001 年，随着江苏大学的成立，图书馆由原江苏理工大学图书馆、镇江医学院图书馆、镇江师范专科学校图书馆合并组成。2018 年梦溪分馆撤销，现图书馆由校本部馆、北固分馆和文法学院、财经学院、外国语学院、艺术学院 4 个资料室组成，总面积达 47 270 平方米（不含资料室）。图书馆拥有丰富的印刷型和数字化文献资源，截至 2020 年 12 月，中外文纸质馆藏图书 288 万余册，电子图书 122 万余册，电子报刊 34 300 多种，全文数据库 76 个，二次文献数据库 17 个。校本部馆建筑面积 43 969 平方米，阅览座位 3 900 余个，无线网络全覆盖，集“藏、借、阅、查、咨、育”六种功能于一体，可为读者提供文献流通阅览、馆际互借、文献传递、定题服务、课题查新、参考咨询等多类型、多层次、全方位的文献信息服务。

【读者服务】 1. 基础服务。秉持“服务至上”初心，疫情形势下全面开启线上线下相结合服务新模式，率先推出“委托借书”及“快递还书”服务。全年接待读者 120 万余人次，借还图书 14 万余册；通过“寻书单”为读者找书 120 册。新增各类办证读者 129 人次，上机近 2 万余人次；完成了 21.37 万册教材的征订、发放、结算工作。北固馆与本部馆实现同步开放。开设考研专区，启动控声行动，新增 4 个朗读区，“书香之家”服务更加优质。面向全校师生开展 4 期世界知识产权日线上宣传活动，提供报告厅、会议室等空间借用服务 170 余次，接待招生宣传、会议代表、同行等来馆参观交流 30 余批次。“图书漂流”形式创新，开展 3 期“知识地摊”活动，共收集捐赠图书 4 664 册，漂出图书 3 763 册。在“超星杯”图书馆创新服务征文大赛中，获一等奖、三等奖各 1 项。在江苏大学第四次本科教学工作大会上公布的“师生评管满意率”排行榜上，图书馆以 93.87 的高分位列第一名。2. 学科服务。完成 6 期江苏省高校 ESI 学科快报、6 期江苏大学 ESI 学科快报、6 期常州大学 ESI 学科报告；编制《常州大学 ESI 学科发展报告（2009—2019）》《江苏大学卓越期刊发文分析报告（2015—2020）》；完成江苏科技大学 ESI 论文、EI 论文的数据统计；梳理 6 期 ESI 江苏省高被引论文、江苏大学热点论文；为学校行政部门及相关学院提供情报咨询服务。完善机构知识库建设，新增电气学院、材料学院共 70 名博、硕士生导师个人学术网站，更新 5 个学院 295 位博士生导师和硕士生导师的上万条个人成果；审核 474 名拟引进人才的 2 484 篇科研成果。提供 SCI/ESI、CSSCI 等数据库查收查引服务1 600余人次，论文查重检测 34 篇。“ESI 研究前沿的数据可视化与学科情报服务”案例被评为 2020 年度江苏省高校情报咨询优秀服务案例，并在 2020 年江苏省高校图书馆情报咨询委员会学术年会上做成果交流。2 名教师获 2020 年度江苏省高校情报咨询先进个人称号。3. 文化品牌服务。“光——拾书于旁，和光同尘”读书节首次通过线上视频方式举行开幕式，10 项活动全面开展，吸引了千余人参加。面向研究生、本科生分别举办“耶鲁公益课”2 期。“雅室书香，诗意生活”最美书房征集共收到 100 余件作品，推荐了 300 多本优秀图书。“我和图书馆的故事”主题征文活动共收到作品近 100 篇。

承办“致敬镇江经典传诵”镇江诗词大会，录制6场专家线上讲座，发布8期线上赏析专题，举办全市9个高校的诗词打卡活动，近3 000人打卡满21天，抄诗作品11万多份。推出“书声”活动，以朗诵的形式开展了4个主题的书评。以“毕业季、迎新季、传统节日”为主轴，文化活动贯穿整个学年，1 000余名读者踊跃参与拍照打卡、明信片赠言、致谢短文征集、毕业照征集、给毕业生一封信和枕边书单等毕业纪念主题活动；约2 000名新生读者参与了咨询、入馆考试、新生书单、明信片留言、观影等迎新季主题活动；1 000余人次参与了云冈石窟艺术图片展、邮寄明信片、签名墙、主题放映等活动。打造原创节气文化推文活动，全年发布24幅具有图书馆特色的节气签。读者协会被校团委评为五星社团，获中图学会“悦读之星”演讲大赛优秀组织奖；组织参加“品国学·诵经典”第二届中华经典大学生美文诵读大赛，1人获铜奖。4. 资源建设与服务。持续推进资源规范化建设，修订《纸质图书资源编目外包加工业务规范及考核指标》《纸质图书资源审校典藏规范》《江苏大学图书馆纸质图书馆藏分配原则》等规章制度，建立“图书馆—学院”联络机制。农装资源中心建设提速增效，搭建农业工程学科平台，整理调拨1958年以来收藏的农业装备期刊合订本共计741本；扫描、影印46册价值较高的早期农业机械类藏书；新增纸质图书130余册、纸质中文期刊166册、电子书5 000种；征集老教师手稿、专著等珍贵资源近百份。完成民国时期赛珍珠主题的中文报纸和期刊的文献汇编工作，收集整理64种民国报纸上刊载的赛珍珠主题文章275篇和199种民国期刊上刊载的361篇文章；文心书屋新接收李岚清赠书360种、389册，“江大文库”收编博、硕士论文4 500余本、出版社图书622册；完成古籍编目100余册。5. 社会服务。着力查新质量提升工程，对科技查新系统进行升级，全年完成科技查新7 374项。全面评估协议单位，规范了多家单位的协议价。考点考务工作规范有序，承接3场次HSK考试，119人次参加。

【教学、科研与队伍建设】 1. “文献检索”课程教学成效显著。共完成82个教学班、7 059人的“文献检索”课程教学任务。成功举办图书馆第四届文检课教学竞赛。选送1名教师参加江苏大学第十届教师教学竞赛并获新教师组一等奖。鼓励教师积极开展教学相关研究，发表教研C刊论文2篇。2. 研究生培养工作扎实有效。积极开展招生宣传工作，组织线上第四期暑期夏令营活动，2021年报考人数达294人。共录取2020级研究生45人，其中全日制研究生报录比为9.31，优质生源比例为3%。注重研究生培养与科研能力训练，首次论文送审通过率100%，授予学位14人；多名研究生参加第十届“中外研究生学术交流论坛”财经管理类论坛，其中1名研究生获“最佳口头汇报奖”，1名研究生获“最佳墙报奖”；开展了主题为“CiteSpace学术文献计量操作实务”“图书情报学C刊论文特点及投稿指南”的学术沙龙真人图书馆活动，2名研究生获批“江苏省研究生科研与实践创新计划”项目。加强研究生课程与实践基地建设，鼓励任课教师采用案例教学，加强教学案例库建设，1门课程入选江苏大学研究生教学案例库建设项目；新增3门研究生选修课程；增加3所研究生专业实践基地，逐步摸索出一条校园内外联合培养创新模式，科教协同育人机制逐步形成。1名教师荣获“江苏大学优秀研究生教师”称号，1个研究生导师团队获得“江苏大学优秀研究生导师团队”荣誉称号，1名教师获评江苏大学“最受学生欢迎的十佳教师”。荣获学校2020年大学生暑期“三下乡”社会实践活动优秀团队称号，2名研究生获评社会实践活动先进个人。3. 学科建设及科研管理水平不断提高。学科国际化工作稳步推进，招收2名留学生，毕业2名留学生；出版留学生英文教材《医学信息检索》。信息行为实验室完成私有云实验系统、眼动实验最新软件系统等更新引进工作，开展校内外科研单位的实验指导270小时，数据分析近880小时。《图书情报研究》顺利完成全年4期的出版和发行工作任务，新增注册作者400余人。积极组织科研骨干进行各级各类项目的申报。国家社科基金立项1项，国家社科基金后期资助项目立项1项，教育部人文社科项目立项1项，省教育厅社科一般项目立项3项，省文化和旅游厅项目立项1项，市社科联赛珍珠专项立项1项。发表期刊论文58篇，其中SSCI检索论文1篇、SSCI来源期刊论文2篇、EI检索论文2篇、CSSCI来源期刊论文19篇，出版专著1部。1人获全国图情档青年学者论坛最佳研究方法创新奖；1人获江苏省社科界第十三届学术大会优秀论文二等奖；1人获2020年度镇江市社科应用研究“赛珍珠研究专项”课题一等奖。

2020年江苏大学图书馆馆藏资源及新增情况

项目	数值	单位
当年新增中外文图书	4.8	万册
累计馆藏中外文图书	269	万册
当年新增期刊合订本	0.24	万册
累计馆藏期刊合订本	16.33	万册
总电子资源	12.9	TB

（撰稿：梁　炜　核稿：张明平　符永宏）

档案文献

综述

【概况】 学校档案馆是集中保存、统一管理全校档案并提供利用服务的专门机构。档案馆馆藏始建于1951年，迄今共有江苏大学、江苏理工大学、镇江医学院、镇江师范专科学校和江苏冶金经济管理学校5个机构的全宗。截至2020年年底，馆藏有党群、行政、教学、科研、基建、设备、产业、外事、出版物、财会、声像、实物等十三大类档案的纸质档案103.78万件；纸质照片5.14万张、电子照片7.89万张；实物档案6.53千件；基建图纸3.67万张。电子档案总量5.17TB。

【档案资源】 1. 特色档案资源建设。面向全校及社会收集、征集“新冠肺炎疫情防控”专题档案、学校“095”工程专题档案和学校“知农、爱农、为农”专题档案。2. 常规年度档案资源建设。（1）制定系列归档制度。在《江苏大学档案馆归档材料质量状况调研报告》基础上完成《江苏大学立档单位档案管理流程》《江苏大学〈归档文件整理规则〉实施细则》和“江苏大学立档单位归档自查表”“江苏大学文件材料归档范围和保管期限表（2020）”，明确各立档单位在档案管理中的材料积累流程、职责、标准和截止时间等。（2）归档培训指导。采用线上培训的方式对全校档案员进行归档业务培训，重点讲解2020年归档材料验收的新要求；集中培训后对新兼职档案员进行重点指导、实地指导和电话指导。（3）完成全校71个单位文件材料的收集归档工作。收集党政文书档案3 750件，本科生学籍档案8 100人、8 685份，录取名册、毕业名册、学籍变更、学历学位申报审批统计材料等66盒，研究生教学档案2 119盒，基建、科研、专利、设备、招投标、出版等科技档案12 686卷（件），荣誉、实物档案511件，照片61 524张，视频166个。（4）补收往年老档案。补收文书类材料25件，补收科研材料124件、合同880件，补收外事材料698件，补收基建材料1 657件，补收荣誉材料162件，共补收3 546件。（5）按照国家行业标准《归档文件整理规则》（DA/T22-2015）（国家档案局发布并于2016年6月1日起施行）和《江苏省〈归档文件整理规则〉实施细则》（江苏省档案局发布并于2017年1月1日起施行），结合本馆制定的《江苏大学〈归档文件整理规则〉实施细则》将2020年度入馆材料整理成规范案卷，同时对档案案卷封面、卷内目录、全引目录的制作，以及分类、编号、排序、装订等一系列操作保持标准化、规范化。

【档案信息化】 1. 在完成升级的高校档案管理系统V4.0版基础上，完成了新系统与OA系统的接口对接升级，图书馆硕、博研究生论文数据库的接口对接升级；新冠肺炎疫情防控期间完成开通档案远程预约利用服务平台等多项功能的完善升级。2. 完成2018、2019年度本科生成绩单48 310张、科研档案59 700张和基建档案近5万张数字化扫描、检查验收和全文挂接工作。3. 对85 955条基建、设备电子档案进行了OCR识别，完成冶金学校全宗12 629份（条）文书档案的人工标引；学生成绩数据库录入学生4 358人、成绩数据237 766条。4. 新建各类档案目录数据48 641条，累计建成各类档案目录数据总量1 181 467条（其中案卷目录93 119条、文件目录1 088 348条）。5. 学校中心数据库累计推送进馆数据信息10 441 447条，其中本科生各类信息数据8 453 268条，硕士生各类信息数据369 788条，博士生各类信息数据15 990条；接收OA系统推送当年数据6 766条；接收图书馆推送研究生论文全文数据2 470条。

【“三全育人”】 1. 修订岗位职责，开展岗位育人建设。2. 开展“规范服务行为，使用文明用语”主题活动。3. 开展“优质服务月”“争做优质服务标兵”“打造服务育人示范岗”和“选树服务育人先进典型”等活动，将服务育人融入日常工作。4. 制订《档案员工素质提升计划》《档案职工培训计划》《档案馆服务育人工作计划》《档案馆服务育人实施方案》《档案馆服务保障考核标准》等，加强岗位建设与业务培训，强化内功修炼。5. 8月，组织全体档案人员参加镇江市委档案处举办的新《档案法》培训；9月，组织人员参加镇江市档案馆举办的为期3天的档案业务学习、考核。6. 接待土木学院本科生和图书情报专业、档案学专业研究生来馆实地教学见习。7. 开展毕业生档案意识问卷调查，回收有效问卷680余份；举办“毕业生档案”线上专题培训；举办“档案那些事”专题讲座。8. 举办“扶贫手拉手、大爱心连心——江苏大学扶贫工作记忆”专题档案展出活动。9. 编制《档案服务指南》，全面介绍档案馆馆藏情况，提供馆藏档案基本信息、检索要素。10. 开展“能源有限、节约无限”节能倡议活动。

【档案服务】 1. 服务学校中心工作。为学校筹备重要会议、重大活动提供专题档案服务；为学校党政管理、教学科研、项目申报、工作查考、教学评估、检查验收、奖项申报、基建维修、纪检监察、审计招标、法律诉讼、债务清理和校友返校等工作做好档案服务工作。2020年集中专题查档服务有：为学校“三全育人”综合改革建设工作、江苏大学组建20周年暨办学119周年校庆、学校筹备“三全育人”综合改革推进会、学校安全教育大会等提供专题档案服务；为80/96级校友返校提供学籍档案和毕业照片服务；为自动化（电子信息工程）、金属压加工、化学工程与工艺、钢铁冶金、文秘、金属材料工程、水力机械、安全工程、数学师范等9个专业工程教育专业认证提供档案服务；为教务处、学工处查询历年学生欠费情况、学生学籍异动情况提供档案凭证；为校园总体规划工作提供新附校建设用地档案；为统战部提供戴桂蕊、钱定华、吴起亚、吴相淦、林世裕、翁家昌等人员档案材料；为申报江苏省高校统一战线同心教育实践基地整理支撑材料；提供2014—2016年学校所有基建维修项目合同、图纸、建设工程规划、电梯验收记录、全校避雷针情况等相关资料；为全省安全大检查准备工作提供档案服务；为学校大礼堂修缮提供大礼堂地质详勘、图纸和基建资料；为审计处提供2001—2013年凭证、2012—2019年有关工程项目竣工财务决算审计分析评价；为财务处提供校领导离任审计系列材料，为刘晗青教授提供科研项目凭证材料；为广大毕业生远程提供干部档案专项审核需要的档案材料；为往届毕业生远程提供入职政审档案；为镇江市委宣传部提供江苏大学史话“茉莉芬芳　友谊长存”系列材料；为学校离休职工办理省社保提供系列材料；等等。2. 服务师生校友。服务在校的5万师生，服务毕业的30万校友。为学校历届毕业生求职、升学、职称、工资、职务晋升、户口办理等提供学历认证、学业成绩等档案证明服务。3. 服务社会。为教育部学位与研究生发展中心、江苏省高校就业指导中心、全国各地认证机构、全国用人单位提供档案认证服务。

【档案编研】 1. 完成《江苏大学年鉴（2019）》的编纂、排版、出版工作。2. 续编学校历年《毕业生名册》《新增办学资源》《科研成果鉴定获奖专利申报授奖》《教育教学成果》《表彰奖励》《出版著作、发表论文》《校外媒体宣传报道我校题录》等的2020年内容；3. 续编系列文件汇编的2020年内容。4. 完成2020年《学校大事记》撰写。

2020年江苏大学档案馆馆藏情况

类别	当年新增	入藏总量	单位
纸质档案	182 432	1 037 793	件
纸质照片	3 200	51 391	张
电子照片	10 300	78 916	张
实物档案	1 134	6 530	件
基建图纸	446	36 695	张
电子档案总量	5.17		TB

（撰稿：沈　芳）

出版社

综述

【概况】 2020年是全面建成小康社会和“十三五”规划收官之年，江苏大学出版社在省委宣传部、省新闻出版局和学校党委的指导下，以习近平新时代中国特色社会主义思想为指导，全面贯彻党的十九大和十九届二中、三中、四中、五中全会精神，始终坚持正确的出版方向，坚持社会效益优先，紧紧围绕出版社中心工作，紧扣全年目标任务，坚持稳中求进工作总基调，较好地完成了全年的工作任务。2020年共出版图书700种，其中新书249种、重印书451种，重印占比64.42%。出版的新书品种包括高等教育教材教辅（130种）、学术著作（71种）、大众读物（48种），各类别的比例为52.2%、28.5%、19.3%。

【加强企业团队建设】 出版社共有员工54人。2020年扩充人才队伍，招聘编辑6名。建立集中培训和定期学习制度，每月开展政治理论学习和业务理论学习，全年集中学习8场次，累计400人次，内容包括出版流程与管理，科技类图书的编校规范，图书的装帧、印刷与成本控制，出版流程、审读规范及图书质量问题例析，出版编辑过程中的法律风险及防范等。2020年有3人通过出版专业（中级）职业资格考试。论文《新时代中小型出版社青年编辑的困境与对策》入选《2019中国出版年会暨中国出版协会成立40周年座谈会文件汇编》。

【完成重点出版物规划项目和国家出版基金资助项目】 2020年，完成了“十三五”江苏省重点出版规划项目《中国楹联与诗词艺术》的出版工作。持续推进2020年度国家出版基金资助项目“泵及系统理论与关键技术丛书”的出版工作。该丛书依托国家级科研平台，由流体机械（泵）领域的国内顶级专家学者主持编写，聚焦流体机械（泵）研究领域的最新、最具代表性的重大科研成果和关键技术，吸纳和总结了包括国家自然科学基金、国家科技支撑计划、国家863计划、国家杰出青年基金等项目成果，代表了目前国内研究的先进水平，一些成果填补国内空白或达到国际领先水平。丛书包括《消防炮理论与设计》《核主泵内部流动基础理论与技术》《光伏水泵运行特性与优化设计》《离心泵系统节能运行理论与关键技术》《低比转速离心泵内流特性与水力设计》《混流泵瞬态过程理论与特性》6个分册。重视主题出版。2020年伊始，面对突如其来的新冠肺炎疫情，江苏大学出版社及时响应，化危机为契机，充分利用资源优势，迅速组织全国公共卫生事业管理领域的专家学者，以“社区疫情防控”为主题，以“指导社区，教育民众”为目标，在较短的时间内编写出版了普及读物《新冠肺炎突发疫情的社区防控：组织与管理》和《新冠肺炎突发疫情的社区防控：实践指南》，仅一个月图书销量就突破15 000册，为社区疫情防控提供了有效指导。其中，《新冠肺炎突发疫情的社区防控：组织与管理》荣获第十届钱学森城市学“城市卫生健康问题”金奖提名奖。除了普及读物外，出版社还积极策划出版了现实题材文学作品《八四医院》。该书以插叙和倒叙的手法，描述了主人公的一生及其与八四医院的渊源，并以其人生为剪影，展现了不同时期我国医疗队伍勇于承担重任、不断进取的精神，不论是面对烽烟战场还是新冠肺炎疫情，他们从未退缩。故事内容曲折，传递出永恒不变的希望与暖意，充满正能量，图书入选2019年度中宣部新闻出版署和中作协联合推荐的25部优秀原创文学作品，并获得南京艺术基金的立项资助。

【专注学术出版】 近年来，江苏大学出版社紧紧围绕学校中心工作，本着为学科建设服务的理念，依托国家级科研平台，持续打造“泵流体系列”丛书，已累计出版系列专著近20种，得到行业专家和研究人员的欢迎和好评。2020年，出版了《泵叶轮正反问题》《大型低扬程泵站理论与实践》《离心泵非定常内流激励特性及其控制》《喷微灌工程与应用》《喷微灌装备理论与技术》。同时，继续做好理工科系列专著的出版工作，推出了“光电材料器件测试及控制技术系列丛书”，该丛书反映了江苏省内高校在光电材料研究方面的最新研究成果。江苏大学出版社牢记高校出版社的初心使命，持续关注教育事业发展，出版了一批反映我国高等教育和中小学教育发展研究的学术专著。2020 年，出版了《教育扶贫研究》《新时期高校法治文化建设问题研究》《积极心理学视角下大学生极端心理危机的影响因素与干预机制研究》《知行明德：新时代高校辅导员的发展之道》《班主任工作原理与策略》《小学创客课程的建构与实践探索》《小学信息技术学科思维与数字化学习》《爱在“达学园”：幼儿园外场课程的探究与实践》等学术专著，从教育事业发展、高校文化建设、教师队伍建设、课程建设等方面反映了教育研究的最新理论和实践成果。2019 年起，出版社开始尝试打造心理学领域的特殊分支——绘画投射测验领域的学术专著和普及读物。继 2019 年的《心灵之旅：曼陀罗绘画疗愈图册》之后，2020 年出版了《树木画投射测验全息分析理论和技术》。该书是作者团队 10 年研究成果的综合呈现，其价值在于从我国传统文化出发，将研究贯穿到潜意识空间，从分析理论、研究方法、指标体系等方面创立了具有中国本土特色的绘画投射测验体系，并在应用层面进行了大量有效实践。2019 年，绘画投射测验全息分析理论、技术及培训体系通过了中国心理学会心理学标准与服务研究委员会评审，成为中国绘画投射测验唯一的行业标准。

【创新教材出版】 2020 年，由于受到新冠肺炎疫情的影响，新出版的高等教育教材数量略有下降，出版社在维护好已有系列教材的同时，积极开发职业教育、本科教育和研究生教育教材。组织申报江苏省高等学校重点教材建设项目、教育部中职七科教材建设项目、首届全国教材建设奖全国优秀教材评选，并有多本教材入选。14 种教材入选“十三五”职业教育国家规划教材。

【畅销书出版情况】 出版社对自身出版资源再挖掘，经整理、修订，重新推出了《杨海明词学文集》（精装本）。该丛书共 10 卷，荟萃了杨海明先生 30 余年在唐宋词领域辛勤耕耘的丰硕成果。杨海明先生对中华词学研究做出了卓越贡献，2016 年获得中国词学界的最高荣誉“中华词学研究终身成就奖”。精装本文集的出版是对杨海明先生词学研究的再次深度整理，集中、全面地反映了杨海明先生于唐宋词研究的开创与突破。近年来，江苏大学出版社服务地方文化建设，努力讲好江苏故事、镇江故事，出版了一批弘扬优秀传统文化、反映“强富美高”新江苏建设的图书。2020 年，推出了《镇江诗词一百首》《镇江小史》《苏颂精神长青：北宋著名科学家苏颂史料研究》等反映镇江人文历史的大众读物。出版社还着眼宣传地方知名企业，支持地方经济建设，出版了《恒顺故事》，向读者介绍了镇江知名企业恒顺集团的历史沿革、产品理念和人才培养战略，凸显了恒顺以质量和信誉作为品牌立足的根本、以客户需求为专注焦点的企业文化，成为打造企业形象、宣传镇江品牌的良好媒介。

【图书出版获奖情况】 2020 年出版社多部图书获得各级各类奖项。“泵及系统理论与关键技术丛书”入选 2020 年度国家出版基金资助项目；《亲历农机化：中国农机化发展历程》获“2019 苏版好书”；《近代中国中小学公民教育研究》获江苏省第十六届哲学社会科学优秀成果奖二等奖；《近代中国中小学教员资格检定制度研究》《诗词里的镇江地名》《碳排放转移：宏观涌现与微观机理》《汉画像石西王母图像方位模式研究》获江苏省第十六届哲学社会科学优秀成果奖三等奖；《镇江文物志》被评为江苏省地方志书质量评定优秀成果；《永不打烊的警务室》获江苏省第七届紫金山文学奖（报告文学奖）；《韵河——扬州牵头中国大运河申遗八年纪实》获首届南钢江苏报告文学奖优秀作品奖；《永不打烊的警务室》《大医许祥生》获首届南钢江苏报告文学奖；《张雅琴：一位女支书和她的新农村创业传奇》获首届南钢江苏报告文学奖荣誉奖；《新冠肺炎突发疫情的社区防控：组织与管理》获第十届钱学森城市学“城市卫生健康问题”金奖提名奖；《雪域高原的镇江海拔》获第三届镇江市“五个一工程”奖；《永不打烊的警务室》获扬州市第十届精神文明建设“五一个工程”优秀作品奖；《校园安全教育》等14种图书被评为“十三五”职业教育国家规划教材；《中国绘画史》等3种图书入选2020年江苏省高等学校重点教材立项建设名单（新编教材）；《智能材料结构力学行为》等5种图书入选江苏大学2020年重点教材立项建设项目；《扬中婚俗》获2019海峡两岸书籍设计邀请赛评委会特别推荐奖。

【服务全民阅读】 2020年，江苏大学出版社继续做好农家书屋和中小学图书馆书目推荐工作，有1种图书入选2020年全国农家书屋重点图书推荐目录，19种图书入选2020年江苏省“农家书屋”重点出版物推荐目录，2种图书入选2020年河南省中小学图书馆（室）推荐书目。除了向大众推荐优秀出版物外，出版社还着重开发阅读研究方面的选题，出版了《典藏遗产：博物馆、美术馆与图书馆》《高校图书馆从传统走向大数据》《新媒介环境下图书馆读者心理演变研究》，以期为当代图书馆的建设发展和读者心理研究提供借鉴和参考。疫情防控期间，出版社积极服务高校教学工作，为保障“停课不停学”“云教学”，采取电子教材、快递配送、电商配送等积极措施。配合打造书香校园氛围，策划组织“校长赠书”活动和相关征文活动。

（撰稿：常　钰　夏　冰）

2020年江苏大学出版社图书出版情况

序号	书名	第一责任者及著作方式	出版年月
1	大型低扬程泵站理论与实践	戴景，戴启璠，郑源，著	2020. 11
2	苏颂精神长青：北宋著名科学家苏颂史料研究	管成学，主编	2020. 11
3	泵叶轮正反问题	李文广，张玉良，著	2020. 3
4	书籍装帧	杨奎，谢中杰，辜晨露，主编	2020. 1
5	旅游美学	张苏榕，主编	2020. 6
6	历代雅词大观	车乘轨，编注	2020. 4
7	新型低扬程立式泵装置设计与应用	张仁田，单海春，著	2020. 12
8	小学创客课程的建构与实践探索	蔡艳，著	2020. 11
9	孝爱流风：董永孝文化集萃	金坛董永孝文化研究会，编	2020. 3
10	中外美术史	沈海泳，冼宁，主编	2020. 1
11	消防炮理论与设计	薛林，著	2020. 7

续表

序号	书名	第一责任者及著述方式	出版年月
12	基础会计	黄电，杨淑红，荣明宇，主编	2020.1
13	人体机能学	李月英，李永金，主编	2020.12
14	景观设计原理	段瑞静，王瑛瑛，主编	2020.1
15	四代“四跨”科技人之路	李德桃，主编	2020.5
16	微机原理与单片机技术实验教程	郭业才，左官芳，编著	2020.9
17	人体工程学	陈雷，主编	2020.1
18	小学儿童发展与教育心理学	苏洵，钱雅文，主编	2020.1
19	大学语文：人文思考与写作实践	乔芳，周衡，王祥，徐美秋，张敏，罗昔明，编著	2020.1
20	核医学检验技术	毛朝明，主编	2020.1
21	色彩构成	吴怡昕，梅苏筠，主编	2020.1
22	3ds Max & V-Ray 室内外空间表现	沈杨，主编	2020.1
23	设计素描	吴灵琴，陈洁茹，曾崴，主编	2020.3
24	连云港乡土语文读本	陈武，崔月明，主编	2020.4
25	珥陵掌故	陈辉，编著	2020.4
26	办公空间设计	刘爽，主编	2020.4
27	艺术欣赏	严交笋，周雅彤，主编	2020.4
28	工程力学：静力学和动力学 = Engineering Mechanics：Statics and Dynamics	吴卫国，主编	2020.5
29	CorelDRAW 基础与实例	周序，刘冠南，主编	2020.1
30	衢州乡土语文读本	童志斌，主编	2020.4
31	界面设计	钟华，主编	2020.1
32	中国楹联与诗词文化	汪小洋，著	2020.7
33	绿野诗宗	李汉中，程庆澜，姚以燧，著	2020.8
34	问题与介入	郑海婷，著	2020.4
35	文学及其周边	刘小新，著	2020.4
36	新时代新作为：中华优秀文化与世界华文文学	刘小新，袁勇麟，陈舒劼，主编	2020.2
37	设计文化：产业转型与传统再生	管宁，著	2020.3
38	新媒体时代的网络小说研究	王东，刘媛，刘金华，著	2020.3
39	AutoCAD 室内设计制图	钟华志，梁峰，主编	2020.8
40	无锡城南村明清遗址考古报告	无锡市文化遗产保护和考古研究所，编著	2020.3

续表

序号	书名	第一责任者及著述方式	出版年月
41	光绪丹徒县志．全二册	赵永源，周衡，杨贵环，点校	2020. 10
42	校园足球可持续发展研究：基于实践的探索	徐兴国，著	2020. 4
43	联合收获中的清选物料堵塞问题及仿生防堵研究	马征，著	2020. 4
44	鲜食葡萄标准化建设与实务	镇江市市场监督管理局，句容市市场监督管理局，编	2020. 2
45	喷微灌工程与应用=Spraying and Micro-irrigation Engineering and Its Application	朱兴业，蔡彬，谈明高，主编	2020. 3
46	工程地质与土力学 = Engineering Geology and Soil Mechanics	殷杰，陈亮，主编	2020. 12
47	法哲学原理与实践	董玉荣，秦媛媛，主编	2020. 3
48	景观规划设计	曾誉，主编	2020. 8
49	色彩	黄喆，主编	2020. 7
50	高等混凝土结构理论	陆春华，操礼林，主编	2020. 2
51	室内手绘与设计表现	刘德来，编	2020. 7
52	设计心理学	刘瑛，苏力健，著	2020. 6
53	青少年社交媒体使用与社会心理发展	姜永志，著	2020. 12
54	飞秒激光微器件制备质量优化技术研究	潘雪涛，著	2020. 7
55	知行明德：新时代高校辅导员的发展之道	李宏刚，李洪波，著	2020. 10
56	唐宋词论稿	杨海明，著	2020. 7
57	唐宋词论稿续编	杨海明，著	2020. 7
58	唐宋词史	杨海明，著	2020. 7
59	张炎词研究	杨海明，著	2020. 7
60	唐宋词美学	杨海明，著	2020. 7
61	唐宋词风格论	杨海明，著	2020. 7
62	宋词三百首新注	杨海明，著	2020. 7
63	王步高年谱	徐复兴，编著	2020. 10
64	岘堂诗稿	昆阳子，著	2020. 6
65	镇江诗词一百首	中共镇江市委宣传部，编	2020. 8
66	班主任工作原理与策略	薛晓阳，蔡澄，申卫革，主编	2020. 6
67	唐宋词与人生	杨海明，著	2020. 7
68	唐宋词纵横谈	杨海明，著	2020. 7

续表

序号	书名	第一责任者及著述方式	出版年月
69	镇江小史	徐徐，著	2020. 10
70	宋词趣谈	杨海明，著	2020. 7
71	新时期高校法治文化建设问题研究	任梅，秦犹，著	2020. 12
72	似远行近：万平近自选集	万平近，著	2020. 3
73	印刷工艺与实训	吴华堂，编著	2020. 7
74	计算机应用基础	袁琼，龙军，龚略，主编	2020. 2
75	设计美学	王艳，薛晚如，主编	2020. 8
76	比较视域下孟子与亚里士多德哲学思想探析	宋丽萍，著	2020. 2
77	大学物理实验（修订本）	许伯强，主编	2020. 8
78	公信社区志	中共扬中市新坝镇公信社区委员会，扬中市新坝镇公信社区居民委员会，编	2020. 3
79	构成基础	吴良勇，主编	2020. 7
80	美发与形象设计：初级美发．上	姜南飞，主编	2020. 2
81	美发与形象设计：初级美发．下	姜南飞，主编	2020. 2
82	美发与形象设计：中级美发	姜南飞，主编	2020. 2
83	美发与形象设计：高级美发	姜南飞，主编	2020. 2
84	美发与形象设计：盘发设计	姜南飞，主编	2020. 2
85	京口诗画	柳学健，编著	2020. 12
86	高级护理实践案例教程	罗彩凤，曹松梅，徐剑鸥，主编	2020. 8
87	物流综合实训	李安平，彭聪，舒秘，主编	2020. 3
88	物流管理基础	李英，罗杰，主编	2020. 5
89	典藏遗产：博物馆、美术馆与图书馆	谢友宁，编著	2020. 10
90	建宁苏区的红色记忆	中共建宁县委宣传部，福建社会科学院文学研究所，中共建宁县委党史研究室，编	2020. 1
91	企业物流管理	蒋菲，何海波，左珈，主编	2020. 4
92	MATLAB 基础教程	曾英，华龙，胡友明，主编	2020. 9
93	产品设计手绘表现技法	张龙翔，王林，刘夏滢主编	2020. 3
94	旅游经济学	胡阳，金云，潘丽琴，主编	2020. 10
95	四十年追随改革开放：严正自选集	严正，著	2020. 11
96	英语晨读之旅：诵读励志故事	洪欣平，潘锡娟，许蕴莹，主编	2020. 8
97	多理论视角下专利隐性价值评估研究	王秀红，著	2020. 5

续表

序号	书名	第一责任者及著述方式	出版年月
98	新冠肺炎突发疫情的社区防控：实践指南	汪文新，陈旭，郭子予，主编	2020. 4
99	新冠肺炎突发疫情的社区防控：组织与管理	周绿林，陶红兵，编著	2020. 4
100	定格动画	陈晓燕，主编	2020. 4
101	儿童画基础教程	郑娇娇，主编	2020. 4
102	镇江林业病虫	徐小明，周爱东，编著	2020. 12
103	保险原理与实务	张微娜，魏玮，钟苹，主编	2020. 5
104	食品工程新技术	徐莉莉，主编	2020. 4
105	工程伦理与管理决策简明教程	顾涵，主编	2020. 10
106	纳米药物-多功能聚合物药物递送系统研究 = Nanomedicine-Study on Multifunctional Polymer-Based Drug Delivery Systems	张源源，著	2020. 8
107	配电网工程建设管理	何惠清，韩坚，彭奕，编著	2020. 6
108	发动机高压燃油空化喷雾测试与理论	何志霞，王谦，著	2020. 5
109	科学数据素养教育	刘敏，主编	2020. 6
110	实践集：黄选能文集	黄选能，著	2020. 6
111	色彩基础	刘国松，编著	2020. 6
112	寻觅春天的诗行：朱开宝散文集	朱开宝，著	2020. 7
113	白描花卉写生研究及创作	吴新伟，著	2020. 5
114	病理学学习指导	中职生升学考试命题研究组，主编	2020. 6
115	病理学模拟冲刺试卷	中职生升学考试命题研究组，主编	2020. 6
116	生理学学习指导	中职生升学考试命题研究组，主编	2020. 6
117	生理学模拟冲刺试卷	中职生升学考试命题研究组，主编	2020. 6
118	江庐落叶 . 全二册	张惠峰，著	2020. 12
119	解剖学基础学习指导	中职生升学考试命题研究组，主编	2020. 6
120	解剖学基础模拟冲刺试卷	中职生升学考试命题研究组，主编	2020. 6
121	现代中职生礼仪修炼	陈志新，雷建波，林允筑，主编	2020. 7
122	电路分析仿真与实验教程	郭业才，编著	2020. 8
123	新时代技工院校学生职业素养教育	朱建忠，主编	2020. 8
124	交互艺术设计：符号学视野下的艺术内容设计理论及应用	杨东润，孟翔，李惠芳，著	2020. 9
125	特种加工技术	王鹏程，主编	2020. 8

续表

序号	书名	第一责任者及著述方式	出版年月
126	中国基础设施与经济增长研究：兼论港口水路运输建设	郑广瑄，著	2020.6
127	C语言程序设计	李燕，李振宏，耿焕同，主编	2020.9
128	新编现代礼仪实用教程	雷晓琴，石珂，徐大威，主编	2020.7
129	仓储管理与库存控制	徐国泉，黄文军，主编	2020.9
130	劳动创造美好生活：新时代劳动教育教程	张文胜，彭勇军，柴全喜，主编	2020.7
131	低压电工实用技术	孙丽娜，何玲，主编	2020.8
132	计算机网络技术复习指导	刘丽双，叶文涛，主编	2020.7
133	区域发展和治理的探索与实践：2019年镇江发展研究报告	于伟，主编	2020.7
134	急救护理学	王钰，王丽华，吴鹏飞，主编	2020.7
135	思想道德修养与法律基础教与学：基于BOPPPS模型的指导书	张蓉，夏芸，编著	2020.9
136	水利工程运行系统安全	唐荣桂，马中飞，赵林章，莫根林，编著	2020.10
137	大学出版社差异化发展研究	施小占，著	2020.9
138	学生科学假设能力培养	许应华，著	2020.8
139	行稳致远：大学生职业生涯规划与就业指导	张新生，王凯，赵荣，主编	2020.8
140	美术基础复习指导	王金潮，陈一萍，主编	2020.7
141	立德树人　以文化人：中华优秀传统文化育人创新实践探索	王险峰，主编	2020.8
142	高校图书馆从传统走向大数据	张敷欣，张典焕，张敷慈，编著	2020.9
143	史经坤山水写生集	史经坤，著	2020.7
144	稚幼艺术小画家丛书．全九册	赵烜，孙霞，赵家兴，编	2020.8
145	八四医院	王鹏骄，著	2020.7
146	电子技术基础实验教程	郭业才，编著	2020.8
147	现代产业经济理论与政策	胡绪华，主编	2020.8
148	增量配电网全过程多维精益化管理	何惠清，韩坚，申益平，编著	2020.8
149	新时期中国史学思潮的递进与嬗变研究：1978—2011	范国强，著	2020.11
150	可见光通信系统光场分布关键技术研究	王加安，著	2020.10
151	国民政府时期四川户政文献研究：1935—1949	黄小忠，著	2020.9
152	秋日宴	童晔，著	2020.10

续表

序号	书名	第一责任者及著述方式	出版年月
153	小学信息技术学科思维与数字化学习	周旺纯，著	2020. 8
154	经济数学	雷安平，主编	2020. 8
155	学前儿童卫生与保健	陈小莲，苏丹阳，主编	2020. 8
156	病理学与病理生理学学习与实验指导	邹富鸿，主编	2020. 8
157	读经典名句　写规范汉字：重庆市乡村学校少年宫书法字帖	重庆市乡村学校少年宫管理办公室，主编	2020. 8
158	喷微灌装备理论与技术 = Theories and Technologies of Sprinkler Irrigation and Micro-irrigation Equipment	李红，蒋跃，汤玲迪，汤攀，编著	2020. 12
159	信息技术：基础模块．上册	戴维，裴鹏飞，苏吉金，主编	2020. 8
160	心理健康与职业生涯	罗勇智，刘厚房，王明强，主编	2020. 8
161	职业道德与法治	张娜，陈龙，王明强，主编	2020. 8
162	学前儿童社会教育	肖成林，赵倩倩，冯敏洁，主编	2020. 8
163	电磁波与光学实验教程	刘罡，王伟，编著	2020. 8
164	中国文化概论十五讲	樊娟，单辉，徐晓明，主编	2020. 8
165	硅基氮化镓光电探测器的多层异质外延生长研究 = Studies on Plasma Assisted Molecular Beam Epitaxial Growth of GaN-Based Multilayer Heterostructures on Si for Photodetector Application	郑益，著	2020. 7
166	哲学与人生	陈鹏，许立侠，邓佳英，主编	2020. 10
167	信息技术（基础模块）能力训练．上册	吴俊绩，李朝松，邓泽，主编	2020. 8
168	面向领域问答系统的自然语言理解及语义文法学习方法	王东升，著	2020. 11
169	同题作文对对碰	习斌，编著	2020. 10
170	信息技术：基础模块．下册	江燕，邱长勇，李红艳，主编	2020. 9
171	职业道德与法治学习指导	黄静，吴刚，主编	2020. 8
172	哲学与人生学习指导	秦婧妍，徐瑞婷，王倩，主编	2020. 9
173	心理健康与职业生涯学习指导	李妍，主编	2020. 10
174	电工电子学实验教程 = The Lab Tutorial of Electrical Engineering and Electronics	杨永红，奚彩萍，主编	2020. 10
175	恒顺故事（精装版）	江苏恒顺集团有限公司，编著	2020. 9
176	恒顺故事（平装版）	江苏恒顺集团有限公司，编著	2020. 9
177	信息技术（基础模块）能力训练．下册	鲍巧莉，主编	2020. 9

续表

序号	书名	第一责任者及著述方式	出版年月
178	工程热力学	王谦，刘涛，吉恒松，主编	2020. 9
179	美学探讨与话语建构．全二册	刘小新，杨健民，郑海婷，主编	2020. 10
180	中国传统文化选讲	袁娟，潘山，主编	2020. 12
181	包装英语·Ⅰ：包装设计英语	张冬梅，胡伟，主编	2020. 10
182	包装英语·Ⅱ：包装材料英语	张冬梅，周敏，主编	2020. 10
183	数字平面设计	王勇，主编	2020. 12
184	离心泵非定常内流激励特性及其控制	张宁，高波，著	2020. 12
185	新媒介环境下图书馆读者心理演变研究	张毅华，主编	2020. 11
186	课程与教学论基础．2 版	潘洪建，陈云奔，编著	2020. 12
187	旅游电子商务	宋佳，张敏，向晓芳，主编	2020. 10
188	光电显示技术实践教程	王伟，刘罡，编著	2020. 12
189	培养 3～6 岁幼儿“坚持性”的研究与实践	宋晓东，著	2020. 11
190	地域特色的景观设计构思与过程表现	邢洪涛，著	2020. 12
191	旅游景区服务与管理	范宗建，陈文专，刘宝平，主编	2020. 10
192	小学数学课程与教学	苏新富，李小航，刘兆宗，主编	2020. 11
193	低氟化学溶液法制备 YBCO 超导膜的研究	卞维柏，著	2020. 11
194	行思教学在路上	李艳，著	2020. 12
195	无线传感网实践教程	王青，王新蕾，编著	2020. 12
196	共享发展理念下当代中国社会治理研究	李树文，著	2020. 11
197	广西服务业转型升级研究	朱芳阳，编著	2020. 11
198	旅游政策与法规	王霞，蒋艳，徐宝群，主编	2020. 10
199	应用光学实验实训教程	潘宝珠，刘春梅，王爱红，编著	2020. 12
200	交易所企业债收益率波动研究	王世文，著	2020. 11
201	比较　评估　展望：江苏大学学科年度分析报告	袁俊杰，束长安，王蕾，主编	2020. 11
202	树木画投射测验全息分析理论和技术	刘伟，刘一格，著	2020. 11
203	实用前列腺扩开术	刘加升，主编	2020. 12
204	核主泵内部流动基础理论与技术	袁寿其，朱荣生，龙云，付强，王秀礼，著	2020. 12
205	印象丹徒	张国金，主编	2020. 12
206	溶剂染料分类及应用手册	无锡明辉科技有限公司，无锡明辉国际贸易有限公司，主编	2020. 12

续表

序号	书名	第一责任者及著述方式	出版年月
207	爱在“达学园”：幼儿园外场课程的探究与实践	陶铵，编著	2020. 12
208	娓娓道来不了情	史久雄，著	2020. 12
209	行为与人生	赵春珍，编著	2020. 12
210	临床思维逻辑与病史采集训练	钱炜，蒋鹏程，史霆，主编	2020. 12
211	会计学=Principles of Accounting	杨顺华，吴梦云，编著	2020. 12
212	Autodesk © Inventor © API 解读	沈国华，邓社根，孙云儒，编著	2020. 12
213	嵌入式系统实验指导教程	左官芳，王新蕾，编著	2020. 12
214	职业体育球迷消费行为研究	耿志伟，段斌，著	2020. 12
215	我国“三农”热点问题研究	金丽馥，石宏伟，著	2020. 11
216	企业管理虚拟实景实验教学云平台实务教程	尹隽，欧镇，苏翔，主编	2020. 12
217	学前儿童美术教育与活动指导	肖铁文，主编	2020. 12
218	环境与人生	刘向前，著	2020. 12
219	玩出“大师”来：幼儿园公共建构游戏的实践与探索	朱巧云，编著	2020. 12
220	教育扶贫研究	赵建武，李芳，苏航，著	2020. 12
221	大学物理练习册：习题分析与解答．2 版	江苏大学物理与电子工程学院大学物理教学部，编	2020. 12
222	移动通信与光纤通信实践教程	王新蕾，左官芳，编著	2020. 12
223	基于高频加热电离层的 ELF/VLF 通信技术研究	周凯杰，曹培培，于海春，著	2020. 12
224	江苏大学年鉴．2019	江苏大学档案馆，编	2020. 12
225	婚恋与人生	王宇航，施周婷，编著	2020. 12
226	人工智能技术增强变异测试的理论及应用	党向盈，巩敦卫，姚香娟，著	2020. 12
227	数学教育学	宋晓平，冯志刚，主编	2020. 12
228	园林植物种苗生产	宗树斌，主编	2020. 12
229	高校图书馆读者实体资源检索行为研究	苏文成，著	2020. 12
230	概率论	赵海清，周效良，黄娟，主编	2020. 12
231	越过风景	费永学，著	2020. 12
232	艺陶星火：两代紫砂艺人的对话	毛子健，著	2020. 12
233	董亚芳艺品集	董亚芳，编著	2020. 12

续表

序号	书名	第一责任者及著述方式	出版年月
234	大胡庄·1941	于兆文，著	2020.12
235	药剂学实验=Pharmaceutics Experiment	巢艳红，朱文帅，主编	2020.12
236	独筏集：艺术地理中的美术	于亮，著	2020.12

（撰稿：常　钰　夏　冰）

杂志社

综述

【概况】 2020年，杂志社遵循期刊行业发展规律，紧扣全年目标任务，围绕行业发展的新形势，加强内涵建设，服务学校“三全育人”战略部署，实干担当，擦亮江大期刊学术名片。2020年，《江苏大学学报（自然科学版）》《江苏大学学报（社会科学版）》《江苏大学学报（医学版）》《排灌机械工程学报》《高校教育管理》全部位列中国知网评价Q1区。首次高质量完成期刊社会效益质量考核的相关工作，《高校教育管理》《排灌机械工程学报》考核结果为优秀，其余4本期刊为良好。《排灌机械工程学报》页码从96页扩到112页，《江苏大学学报（社会科学版）》页码从96页扩到128页。《江苏大学学报（自然科学版）》《排灌机械工程学报》入选中国高校科技期刊“百佳期刊”；《江苏大学学报（医学版）》入选中国高校科技期刊“优秀期刊”。《排灌机械工程学报》入选农林领域高质量期刊分级目录，位于世界影响力期刊指数Q2区，获评第十二届江苏省科技期刊“金马奖”十佳精品期刊奖，“农业水土工程”栏目获评江苏省期刊协会明珠奖·优秀栏目，3篇论文获农林百篇优秀论文二等奖；《江苏大学学报（自然科学版）》位于世界影响力期刊指数Q2区，获评第十二届江苏省科技期刊“金马奖”十佳创新团队奖、优秀期刊传播奖，“车辆工程”栏目获评江苏省期刊协会明珠奖·优秀栏目；《高校教育管理》的“一带一路”与高等教育栏目获评第十二届江苏省科技期刊“金马奖”十佳品牌栏目和江苏省期刊协会明珠奖·优秀栏目；《江苏大学学报（社会科学版）》的农村发展论坛栏目获评第十二届江苏省科技期刊“金马奖”十佳品牌栏目；《实用心电学杂志》获评第十二届江苏省科技期刊“金马奖”十佳特色期刊，“心电散点图”栏目获评江苏省期刊协会明珠奖·优秀栏目。《江苏大学学报（医学版）》获评江苏期刊明珠奖·优秀策划。2020年，新成立了杂志社党支部，归属于机关党委。杂志社领导班子成员增加1名副社长编制。杂志社下设7个科级机构，职工27人，其中中共党员19人，正高职称3人，副高职称13人，中级职称9人。

【期刊工作】 1. 统筹兼顾，落实疫情防控。杂志社动态调整防控方案，规范员工出行，督促每天健康打卡，严格落实疫情防控期间外出请假制度；组织所辖相关学术期刊开展“防控新冠肺炎”专题研究：《江苏大学学报（医学版）》推出的“新冠肺炎专题”被江苏省科技期刊学会选作抗击疫情优秀案例进行展示，期刊品牌影响力明显提升；《实用心电学杂志》推出

"新型冠状病毒肺炎防控"特色专栏；《排灌机械工程学报》策划了"新冠肺炎与水处理"及"新冠肺炎与防护"专栏；《江苏大学学报（社会科学版）》就疫情防控过程中出现的一系列新现象、新问题，邀请专家学者从社会治理、经济发展、心理干预、法制建设和舆情引导等多个领域，对相关问题开展研究。2. 改革创新，勾画"十四五"规划。杂志社深入分析"十四五"事业发展面临的新形势、新机遇，结合本单位实际情况，经过多次讨论和论证，牢牢把握"突出特色、提升内涵、媒介融合、培养人才"四大重点，依托校内优势学科，瞄准世界科技前沿，围绕国家战略急需，紧紧围绕学校事业发展中心任务，遵循期刊客观发展规律，制定了杂志社"十四五"事业发展规划。3. 内容为王，夯实期刊内涵。专题组稿，加强期刊内涵建设。参与、组织协办各类学术会议 10 次以上，每位编辑至少深入联系 1 个高水平科研团队，走访校内的高水平研究团队 20 次以上；各刊每期做到新组稿 1 个栏目；《江苏大学学报（自然科学版）》以车辆工程、土木工程、互联网+专题出版 3 期学报；《江苏大学学报（医学版）》与江苏省医学会检验学分会、江苏大学医学院共同主办"第七届国际检验医学金山论坛"，《江苏大学学报（社会科学版）》承办"新时代思想政治教育与铸牢中华民族共同体意识论坛（第四届）"研讨会，《排灌机械工程学报》承办 2020 年江苏省先进流体工程装备产业技术发展论坛，《高校教育管理》协办第五届"一带一路"高等教育研究国际会议等。特色化办刊，抢抓发展机遇。围绕"农"字开设涉农专栏或专刊：《江苏大学学报（自然科学版）》组织车辆工程专刊和农业机械专刊；《排灌机械工程学报》将"农业水土工程"栏目收稿范围扩大至农业工程。发挥编委作用，提高期刊办刊质量。召开编委会讨论期刊发展路径，组织编委会或线上沟通会 10 次以上，形成 1 份关于期刊发展研讨的会议纪要。4. 内引外联，深耕期刊影响力建设。加快媒介融合实践，提高期刊影响力。6 本期刊立足于国家新闻出版广电总局出版融合发展（武汉）重点实验室、武汉理工数字传播公司 OSID 科学开放计划 A 类资助的基础上开展应用研究；与中国新闻文化促进会学术期刊专业委员会签署了战略合作协议，积极筹划一刊三网（官网、APP、小程序）的落地。全年实现粉丝增长率 20%，各刊微信号的粉丝总数超过 5 万人。《高校教育管理》《实用心电学杂志》《江苏大学学报（自然科学版）》《江苏大学学报（社会科学版）》，以及微信公众号进入江苏大学校内其他媒体微信公众号综合影响力排行榜。探索集群化办刊，打造江大学术名片。建设统一的期刊宣传和发布平台，及时发布杂志社和各刊动态。服务"三全育人"，助力学生全方位成长。多名编辑部主任受邀在校内开展论文写作讲座 20 余次，参加校内学术会议 30 余次。

【制度建设】 完善规章制度，提升行政执行力。根据工作实际需要，制定新的《期刊编审校及稿酬发放标准》《优秀论文评选奖励办法》等规章制度，修订了《关于加强学术期刊意识形态工作的意见（试行）》等规章制度。

【队伍建设】 加强人才培养，构建国际化研究平台。杂志社 2020 年被选为江苏省科技期刊学会第八届理事会副理事长单位，崔金贵社长担任学会副理事长，并被学会推荐为江苏省科协第十次代表大会代表。组织并举办了 2 次全省青年编辑论坛，承担了江苏省科技期刊学会内刊全年 4 期的组稿、编辑出版工作。2020 年共发表论文

6篇，其中2篇C刊，2篇SCI；获批3项省高校哲学社会科学项目。2020年度共有1人获评高级职称，1人进入博士后工作站学习，1人报考博士研究生。

【党建工作】 强化党的政治建设，严肃党内政治生活。杂志社党支部根据校党委和机关党委的部署，严格落实“三会一课”制度、谈心谈话制度，建立“第一议题”学习制度。组织全体党员坚持登陆“学习强国”平台进行在线学习，组织策划选题经验交流，党员之间互相交流学习经验和心得体会。加强党建工作，发挥党组织引领作用。社科期刊突出政治导向和价值导向，推动期刊主题出版工作，重大敏感选题及时上报省级主管部门，确保不出现意识形态问题作品；科技期刊注重地图和港澳台问题。重视党风廉政建设，营造廉洁文化氛围。党支部成功获批江苏大学党建研究重点课题“高校基层党组织全面从严治党的现状及提升路径”，相关研究陆续展开。推进“不忘初心、牢记使命”主题教育整改工作，开展“聚力学术出版，守护生命健康”主题党日活动。

2020年江苏大学杂志社期刊出版一览

刊名	创刊时间	出版周期	开本	发行量/册	年载文量/篇	国内刊号
《江苏大学学报（自然科学版）》	1980.12	双月	A4	1 200×6	117	ISSN 1671-7775 CN 32-1668/N
《江苏大学学报（社会科学版）》	1999.03	双月	A4	1 200×6	66	ISSN 1671-6604 CN 32-1655/C
《江苏大学学报（医学版）》	1991.07	双月	A4	1 000×6	104	ISSN 1671-7783 CN 32-1669/R
《排灌机械工程学报》	1982.11	单月	A4	3 000×12	204	ISSN 1674-8530 CN 32-1814/TH
《高校教育管理》	2007.01	双月	A4	2 400×6	77	ISSN 1673-8381 CN 32-1774/G4
《实用心电学杂志》	1993.03	双月	A4	1 500×6	109	ISSN 2095-9354 CN 32-1857/R

2020年江苏大学杂志社期刊出版情况

【江苏大学学报（自然科学版）】 《江苏大学学报（自然科学版）》2020年共收到稿件300多篇，送审160多篇，刊出117篇，基金论文比0.98。2020年学报知网复合影响因子1.303，国际影响因子0.186，均取得历史新高；作者单位分布在26个地区的91家高校或者科研机构，遍布清华大学、东南大学、北京航空航天大学、南京航空航天大学等985、211高校。学报自然版定位为工程技术类学术期刊，结合学校情况，围绕学校中心工作“双一流”学科建设和高水平研究型大学建设，今后将重点打造智慧农业、农业电气化和自动化等相关栏目。2020年学报加强了微信公众号的建设和推送，提高了粉丝量和阅读量。

【排灌机械工程学报】 《排灌机械工程学报》2020年收稿350篇，录用160篇，全年发表204篇，其中第一作者副高职称或博士生以上占60%以上，作者遍布浙江大学、上海交通大学、西安交通大学、中国农业大学、西北农林科技大学、河海大学等985、211高校。2020年编辑部完成了第十届编委会和第一届青年编委会的增补工作，完善了编委会的结构。在组约稿方面，在2020年疫情最严重的时候，约请专家撰写多篇新冠防控专栏相关论文，并均在当年发表。期刊在江苏省期刊出版单位社会效益评价考核中获得优秀等级。期刊紧紧围绕论文影响力建设，大力打造精品期刊建设，根据中国知网2020年影响因子年报数据，期刊复合影响力为1.435，位居农业工程类5/19，机械工程类6/89，总被引频次达到2 667次。

【江苏大学学报（社会科学版）】 《江苏大学学报（社会科学版）》2020年收稿2 800余篇，发表66篇，其中第一作者副高职称或博士生以上占90%以上，刊物由96页增加至128页。期刊所采用的稿件大多是编辑参与的学术会议的约稿，编辑部采取了走出去“主办会中会”“协办学科会议”的方式，如承办“新时代思想政治教育与铸牢中华民族共同体意识论坛（第四届）”研讨会，参与第十二期东吴智库学者沙龙“新冠疫情与城市治理”研讨会、财经学院“开放经济与产业发展”学术创新论坛、第一届赛珍珠研究青年学者暑期研习营、第十六届中国科技政策与管理学术年会知识产权政策与管理分会、2020年第一届中国乡村振兴与发展国际高峰论坛等。作者主要来自北京大学、复旦大学、南京大学、中国人民大学、武汉大学等国内一流高校的一流学科。2020年开辟了“人类命运共同体和全球治理的中国方案之资本主义批判专题”及后疫情时代的城市治理、“农村发展论坛”、“人工智能与合作治理专题研究”、国际法新视野海洋法专题等栏目或选题。栏目刊发的《习近平关于扶贫重要论述的关键词时代价值与实践方案》获中国扶贫发展中心、中国扶贫宣传教育中心开展的“习近平总书记关于扶贫工作的重要论述学习研究成果征集活动三等奖，《理解人类命运共同体的五重维度》获江苏省哲学社会科学界第14届学术大会优秀论文一等奖。

【高校教育管理】 《高校教育管理》2020年共收到稿件近4 000篇，送审近350篇。全年刊出77篇，基金论文占比超过0.95。2019年《高校教育管理》影响力指数CI值在G4/G7教育类284种期刊中排名第22位，复合影响因子为3.325，排名第17位，期刊综合影响因子为2.198，排名第12位，位列Q1分区。为了进一步规范刊物的栏目设置，提高刊物影响力，2020年刊物一方面对所有栏目进行重新整合，另一方面丰富相关选题，新增策划“人工智能时代高等教育发展研究”“区域协同与高等教育”“高等教育评价”“现代职业教育体系构建”“职教集团的探索”“民办高校信用体系构建”“民办高校集团化办学”等一系列选题。与此同时，编辑部积极组约稿件，作者分布在全国近40所高校或者科研机构，遍布北京大学、清华大学、北京师范大学、华东师范大学、同济大学、复旦大学、厦门大学、南京大学等众多“双一流”高校。文章刊发后多次被《新华文摘》《人大复印资料》《高等学校文科学报文摘》和中国社会科学网、相关微信号等转载和转摘。

【江苏大学学报（医学版）】 《江苏大学学报（医学版）》2020年收稿263篇，发表104篇，录用率40%。作者主要来自江苏大学、南京大学、上海交通大学、南方医科大学、四川大学、桂林医学院、苏州大学、中国医科大学、南京医科大学等医学院校及附属医院，基金论文占比82%。加强选题策划和组稿，2020 年共策划出版了“新冠肺炎专题”“肿瘤与铁死亡专题”“肿瘤光热治疗专题”“肿瘤免疫治疗专题”“外泌体专题”“T 细胞研究专题”6 个专题 25 篇文章，占全年发文量的 25%，知网下载排名前面前 10 中有 9 篇是专题栏目的文章。

【实用心电学杂志】《实用心电学杂志》2020 年度共收稿 212 篇，发文 109 篇，基金论文比 0.33。保持知网统计源，影响因子 0.279；中信所影响因子 0.82，在同类期刊中排名第一。强化精品意识，注重心电学与临床相结合，调动编委积极性，组约高影响力论文。新增“心电大数据与人工智能”专栏，及时推出新冠防控专题。参加第 12 届全国室性心律失常专题会议、第 16 届中国远程心脏监护技术学术会议等行业盛会，并受邀做论文规范化写作报告。期刊亮相 2020 南京国际生命健康科技大会进行宣传。微信公众号粉丝达 7 284，年涨幅 10.1%，最高阅读量 2 385，平均 350 次。1 人受中国心电学会邀请做论文写作规范线上讲座。

（撰稿：赵俊杰）

学院·中心·研究院

学院综述

机械工程学院

【学院概况】 学院现有教职工 199 人（含工业中心 29 人、研究院 33 人），其中正高职称 48 人，副高职称 79 人；专职博士生导师 33 人，具有硕士、博士学位人员占专任教师的比例在 95%以上。全日制在校生 2 682 人，其中本科生 1 663 人，硕士研究生 866 人，博士研究生 78 人，留学生 75 人。学院现设有机械制造工程系、机械设计工程系、机械电子工程系、仪器科学与工程系、光电信息科学与工程系、智能制造工程系、工业中心、先进制造与现代装备技术工程研究院、微纳光电子与太赫兹技术研究院和智能柔性机械电子研究院。学院拥有机械工程和仪器科学与技术 2 个一级学科博士点，拥有机械工程博士后流动站，机械工程、仪器科学与技术、光学工程 3 个一级学科硕士点，机械制造及其自动化、机械设计及理论、机械电子工程、精密仪器及机械、测试计量技术及仪器、光学工程 6 个二级学科硕士点，机械工程、仪器仪表工程、光学工程 3 个工程硕士授权领域。机械工程学科是江苏首批省一级重点学科、省国家一级重点学科培育建设点、省高校优势学科。机械制造及其自动化学科是国家重点（培育）学科，1981 年获批国家首批硕士点，1998 年获批博士点。机械设计及理论（原农业机械设计与制造）学科 1981 年获批首批博士点，1987 年获批原机械部重点学科，1994 年获批江苏省重点学科。仪器科学与技术和光学工程学科是江苏大学重点建设学科。学院建有“江苏大学工程训练中心”等多个国家级实验教学示范中心，“光子制造科学与技术”“材料摩擦学”和“农机装备再制造技术”3 个江苏省重点实验室，“激光冲击波加工技术”机械工业重点实验室，江苏省微纳光电器件精密制造工程研究中心，拥有激光加工、微纳制造、模具技术、机器人、成形技术、精密加工、机电控制、测控技术、光电技术等研究所（中心）。

【党建与思想政治工作】 1. 全面加强党的建设，不断深化党委核心作用。建立“第一议题”学习制度，把学习贯彻新思想作为首要政治任务；坚持和完善党政共同负责制；定期开展党委理论学习中心组学习、党风廉政专题学习、警示教育及读书调研活动；积极申报二级党组织理论学习中心组示范点，认真执行党员领导干部双重组织生活制度和领导干部报告个人有关事项等规章制度，深化“不忘初心、牢记使命”主题教育调研成果，提高领导干部的政治能力和政治担当。制定落实全面从严治党党委主体责任清单，将全面从严治党和党风廉政建设工作纳入学院年度工作计划。签署全面从严治党承诺书、党风廉政建设承诺书和家庭助廉承诺书，完善干部廉政档案，用好履责记实平台，积极开展党风廉政和作风建设自查。学院设立专职纪检委员岗位，实施党风廉政建设主体责任“双报告”和责任清单制度，修订完善“预防职务犯罪风险点排查表”。积极申报廉政文化建设示范点，实施“廉政上墙”。积极邀请专家开展廉政主题教育，组织领导干部和党支部书记参观党风廉政警示教育基地和党性教育馆，接受廉政教育。根据学校要求认真做好学院党委和各党支部换届工作。完善教工党支部书记“双带头人”培养机制，开展基层党支部“书记项目”。学院党委获评全国党建工作标杆院系（全校 5 个）、“三全育人”学生先进工作集体荣誉称号，获评党建工作创新创优二等奖、最佳党日活动二等奖和三等奖，党建论文获二等奖，1 名教师获评校级党员示范岗位，1 名研究生获研究生党员标兵（全校仅 10 人）称号，1 个学生党支部获评先进学生党支部荣誉称号，5 名学生党员获评优秀学生共产党员荣誉称号，全年共发展党员 56 人。学院成立意识形态工作领导小组，制定《机械工程学院关于加强意识形态工作实施办法》。学院网站、微信公众号等实行专人管理。成立意识形态舆情工作领导小组，进一步加强意识形态工作和思想领地的主导权。积极做好学院中英文网站的建设与维护，加强学院的信息化公开工作。在《新华日报》《人民日报》《中国教育报》等国家级媒体（含中新社、新华社）发表报道 12 篇，在省级媒体发表 10 篇，在市级媒体发表 19 篇，在国家级团属媒体发表 28 篇。根据学校党委对学院巡察的要求，学院党委始终把巡察整改作为严肃的政治任务，扎实做好巡察“后半篇文章”。学院党委把巡察反馈的每个问题都当作“必答题”，细化分解成可操作、可落实、可评估的具体清单，将巡察反馈意见共细化为 21 个具体问题和 64 项具体任务，逐项明确牵头领导、责任人、整改措施和时间进度，整改工作取得了实实在在的成效。认真总结“十三五”以来工作所取得的成绩与经验、存在的问题与不足。结合学院实际情况，深入分析新形势、新机遇，在此基础上，广泛开展调研，深入进行研讨，重点对发展目标、发展思路、具体指标、建设举措、资源保障等进行科学性、前瞻性和可行性论证，高质量编制“十四五”规划。2. 坚持立德树人，不断强化师德师风建设。学院高度重视教师师德师风建设，制定《机械工程学院进一步加强和改进师德师风建设实施意见（试行）》，开展青年教师岗前培训，组织各系开展师德师风专题学习。通过制订机械工程学院教职工政治理论学习、组织生活计划和“三会一课”计划，规范教职工思想政治学习，做实院领导联系青年教师制度，完善教师评聘考核体系。实施师德“一票否决”制，坚持立德树人，强化师德师风建设。学院制定出台了《关于青年教师参与学院公共事务管理工作规定（试行稿）》，引导广大教师热心参与学院公共事务。2020 年，1 名教师荣获镇江市人民奖章，1 名教师获评镇江市有突出贡献中青年专家，1 名教师获校师德师风主题征文一等奖，2 名教师获校师德师风主题征文三等奖；获江苏大学党建研究专项课题 1 项，获江苏大学纪检监察研究课题 2 项，等等。3. 充分发挥群团组织作用，协同推进学院事业发展。党建带团建，团学工作成果丰硕。学院获评江苏省、镇江市五四红旗团支部各 1 个，1 名学生获评校“十佳青年”，3 名学生获评校“百优青年”，寒暑假社会实践总分位列全校第三，获评校“三下乡暑期社会实践先进单位”，学院青年志愿者协会获评 2020 年知行计划“榜样 100 全国大学生社团”，1 个团队获评镇江市“社会实践活动优秀团队”。学院党委坚持“大统战”工作理念，将统战工作纳入党政联席会议工作范畴，组织开展统战理论方针政策专题学习，完善党外人士及留学人员信息库，建立了院系两级领导班子成员与民主党派及无党派人士联系制度。积极开展党外人士座谈会、民族团结进步教育工作和宗教工作。

【本科教学与实验室建设】 1. 专业建设有成效。机械设计制造及其自动化、测控技术与仪器 2 个专业获评国家一流专业建设点，建设工作顺利开展；机械电子工程专业顺利通过校、省评审，被推荐申报国家一流专业；光电信息科学与工程专业顺利提交自评报告并通过首轮评审；测控技术与仪器专业顺利通过专业认证中期检查；新增卓越工程师实践实训基地1个。作为主要单位参与申报并获批江苏省“人工智能与智能制造”重点产业学院，将牵头申报教育部“人工智能与智能制造”未来产业学院。2. 课堂教学和课程资源建设有成效。获首批省级微课程一等奖1项，微课三等奖1项，7门课程完成视频拍摄，2门课程将被推荐申报国家一流课程；建成2个高标准虚拟仿真实验项目，将冲击省、国家一流课程；1部教材被推荐参加首届全国教材建设奖省内初评，1部教材获2020年江苏省重点教材立项。在江苏大学第十届教师教学竞赛中，一等奖1名、二等奖2名、三等奖2名、优秀奖1名。在全国电子信息类教学竞赛中，一等奖1名、二等奖1名。3. 教育教学改革有成效。全院所有课程顺利完成线上信息化教学改革，圆满完成疫情防控期间线上教学和线上考试。获评线上教学典型案例获2项、课程思政教学设计暨教学改革典型案例获2项；顺利完成全院所有专业2020版本科培养计划修订，实行新工科专业升级。机械电子工程、测控技术仪器2个专业获评校第二批“三全育人”综合改革示范专业；获批教育部校企协同育人项目2项。发表教学改革论文3篇，其中核心以上期刊论文1篇。4. 学生创新成果突出。获批2020年大学生实践创新训练计划项目69项，其中省级重点7项、省级一般及校企合作21项、校级41项。1个毕业设计入围全国高校机械卓越联盟第三届恒星杯毕业设计大赛优秀案例；2019届本科毕业设计获评省优3项；2020届本科毕业设计获评校优11项，推荐省优2项。学生参加全国大学生成图技术大赛、智能制造大赛等各类学科竞赛获国家A类一等奖3项、二等奖19项、三等奖10项、团体二等奖1项，省级A类一等奖2项、三等奖2项。5. 学科/科研仪器设备管理进一步规范。组织实施“机械工程优势学科”与“中央专项”采购项目120余项（总经费1 900万元）。智能制造实验室和虚拟仿真实验室正在抓紧建设中。大型仪器开放共享工作不断推进，顺利完成了大型仪器设备开放服务信息统计与效益评估工作。

【科研工作】 1. 纵向课题取得良好成绩。2020年获批国家自然科学基金项目11项（其中面上基金6项、青年基金5项）、江苏省自然科学基金6项；获批中国博士后科学基金面上项目2项，江苏省博士后资助项目3项。获批中央军委科技委重大基础研究计划1项，2020年经费到账2 200万元；获批军委后勤保障部开放研究项目1项；获批省农业科技自主创新资金项目、省重点研发项目；获批基础计划加强重点基础研究项目1项。2. SCI论文和专利数量稳步提升。全年发表SCI论文175篇（分区及EI文章待统计），其中1篇发表在Science Advances期刊，学院首次在Science子刊发表论文。获授权发明专利188件，转化专利成果64件，申请PCT专利6件。3. 高水平科研成果成绩突出。丁建宁“高效低成本晶硅太阳能电池表界面制造关键技术及应用”参评2020年国家自然科学奖，初评通过为2020年国家技术发明二等奖。程广贵主持、任旭东参与的“超薄玻璃物理钢化及超薄光伏组件制造技术及装备”项目荣获江苏省科技进步一等奖。

【学科建设与研究生教育】 1. 学科发展势头良好。按照学校学科工作布置，学院认真组织、积极协调，完成了教育部机械工程专业博士学位申报和第五轮学科评估材料申报；学科建设在省部级奖、国家级重点重大项目、省部级科技平台等标志性成果/平台上均取得了较好的成绩。2. 研究生招生和毕业工作有序进行。2020 年度招收博士研究生 15 名（硕博连读 14 人）；招收硕士研究生 281 名（学术型 95 名，专业型 171 名，非全日制 15 名）；招收留学博士生 2 人，留学硕士生 2 人。毕业博士生 8 人，其中留学博士生 2 人；毕业硕士生 226 人，其中留学硕士生 1 人，学术型硕士 79 人，专业型硕士 134 人，单证工程硕士 12 人。获省优秀专业型硕士学位论文 2 篇。获校优秀博士学位论文 3 篇；校优秀学术型硕士学位论文 5 篇；校优秀专业型硕士学位论文 5 篇。3. 研究生培养环节的考核与管理进一步强化。完成了 2020 版研究生培养方案修订；开展了全院研究生导师的培训工作，组织研究生导师学习师德师风文件、研究生培养相关文件，邀请优秀导师进行研究生培养的经验介绍。顺利完成 2019 级博士研究生学科综合考核、2021 级硕博连读博士研究生和自主招生博士研究生复试、2018 级硕士研究生论文工作中期检查、2019 级硕士研究生按学科专业集中开题等工作。4. 研究生创新工程项目取得新成绩。申报江苏省研究生工作站 22 家；获批江苏省研究生工作站 17 家。获评江苏省产业教授 1 人。申报江苏省研究生科研创新计划 26 项，获批 11 项。

【师资队伍建设】 2020 年新增军委科技委重大基础研究项目（原“973”）首席科学家 1 人，引进高层次人才 15 名，签约海外人才 3 名。晋升正高职称 4 人、副高职称 8 人；新增博导 2 人、硕导 6 人；获批江苏省青蓝工程中青年学术带头人 1 人；入选江苏省科协青年科级人才托举工程 1 人；获江苏省“双创博士”（世界名校类）4 人；获评镇江市有突出贡献中青年专家 1 人；获评校优秀教师 7 名，校先进工作者 2 名；获评校优秀研究生任课教师 1 名，校优秀研究生导师 1 名，校优秀研究生导师团队 1 个。

【学生工作】 1. 以思想引领为核心，全面加强思想政治教育。以习近平新时代中国特色社会主义思想和党的十九大精神为指引，深刻把握青年学生政治思想状况，深入打造“铸魂工程”，学院获评省先进班集体 1 个、省三好学生干部 1 人、省三好学生 2 人。2 名学生获评“镇江好青年”，1 名学生获评校“十佳青年”，4 名学生获评校“菁英之星”，3 名学生获评校百优青年，1 名学生获评江苏大学 2020 年度“十佳创新创业之星”。2. 以“三全育人”为主线，强化日常教育管理服务。推进“铸魂工程”“读书工程”“三走工程”“创新工程”和“实践工程”五大领航工程，全面培养“四有”机械新青年。2020 届考研达线率为 25.85%，2021 届考研报考率为 62.04%。本科生年终就业率达 93.72%，研究生年终就业率为 97.24%。本科生第十九批科研立项申报 194 项（指标 130 项），成功立项资助项目 88 项（指标 57 项）；本科生第十八批科研立项资助项目成功结项 59 项（指标 25 项）。学院荣获校学生工作先进集体称号、“学风建设月”活动优秀组织奖、第九届“赢在江大·互联网+”大学生创业精英挑战赛优秀组织奖、“三下乡暑期社会实践先进单位”称号、关心下一代工作先进集体称号、十佳创业团队荣誉称号等。3. 扎实开展资助育人、心理辅导和社区安全工作。2020 年秋学期累计发放各类助学金 79.99 万元，其中社会助学金 28.88 万元。心理委员培训 100%通过，在“12·5”心理健康教育活动比赛中获校一等奖。扎实做好社区管理工作，全年社区安全稳定，学院 96%的宿舍获评校优秀寝室，9 个宿舍获评“研究生百优宿舍”。

积极开展社区文化建设，在新学期学生社区橱窗评比结果中获校二等奖。4. 不断加强辅导员队伍建设。组织辅导员积极参加校辅导员职业能力大赛，鼓励辅导员参与申报专项课题、撰写工作案例、发表思政类文章等。2020 年，学院 1 人成功申报校辅导员思政课题，2 人获工作案例评比三等奖，共发表思政论文 3 篇。

（撰稿：王劲松　核稿：叶　霞）

农业工程学院

【学院概况】 2020 年，在学校党委、行政的正确领导下，农业工程学院全体师生进一步解放思想、凝心聚力、改革创新，紧扣“提升内涵，强化特色”发展主旨，不断提高整体实力和竞争力，学院各项事业都取得了显著成效。全职引进陈学庚院士；徐立章荣获第十六届中国青年科技奖；“大型高地隙喷杆喷雾机工作参数调控虚拟仿真实验”获评教育部首批一流本科课程；“新农科、新工科一体化建设，打造一流涉农专业集群的探索与实践”获 2020 年度教育部新农科研究与改革实践项目；国家级大学生创新创业训练计划项目荣获全国大学生创新创业年会“最佳创意项目”奖。2020 年习近平总书记对学校信件作出重要批示，为学校未来发展提供了根本遵循，为学院在农机人才培养、科技创新和社会服务等方面指明了方向。

【党建与思想政治工作】 农业工程学院党委坚持社会主义办学方向，全面贯彻党的教育方针。引导全体师生增强“四个意识”，坚定“四个自信”，做到“两个维护”，贯彻落实习近平总书记给全国涉农高校书记校长和专家代表的回信精神及对学校重要批示精神，充分发挥院党委在事业发展中的核心作用。坚持全面从严治党，加强班子建设，落实领导班子的主体责任、班子成员的“一岗双责”责任；严格执行党管干部、党管人才原则；坚持“立德树人”，大力推进“三全育人”工作；加强制度建设，完善学院各项规章制度。学院党委获评江苏大学党建标杆学院，同时党建方面还获得镇江市先进基层党组织、校党建标杆党支部、校先进学生党支部等荣誉，荣获江苏大学校园文化建设精品项目一等奖、党建工作创新创优一等奖、党的建设优秀论文一等奖、中层干部优秀调研成果二等奖；获批江苏省统战同心实践教育基地。建立教职工小家，开展了居家抗疫征文等活动，获校“三全育人”征文二等奖 3 项；教职工提案建议答复率 100%；全年学院省级以上媒体发稿 32 篇，国家级媒体报道 26 次，央视报道 5 次。

【本科教学与实验室建设】 学院本科教学工作稳步推进，教学运行优良率达 100%。圆满完成了期中教学评价，教授上讲台率 100%。全年开设课程 15 门次，农业装备创新训练 4 门次，实习 3 轮次，组织分散、集中考试计 60 余场次。疫情防控期间，线上完成全部教学环节；督导评教优良率 92%，学生评教优良率 93%。2020 年，毕业论文网上抽评优良率 100%。获江苏省优秀团队毕业设计 1 项、江苏省优秀毕业设计一等奖 1 项、校优秀毕业设计团队 1 个，1 项校优秀毕业设计被推荐为江苏省团队优秀毕业设计、江苏省优秀毕业设计；2020 届毕业生学位授予率 100%，毕业率 100%。新农科新工科融合，教学改革建设取得突破，获批教育部首批新农科教学研究课题 1 项，获批教育部高教司协同育人项目 1 项；获批国家级实践类一流课程 1 项；农业农村部“十三五”规划教材立项 1 部、参编 2 部；“农业装备智能化技术”

获评校课程育人示范教学设计优秀案例；教师发表教研教改类论文 3 篇，其中被 SSCI 收录 2 篇。2020 年荣获全国大学生创新创业年会“最佳创意项目”奖 1 项；本科生作为第一作者发表论文 5 篇，申请专利 6 项。2020 年学院安全、高效地完成了搬迁任务。全年新增设备 359 台套，10 万元以上设备有 97 台套，总值 1 389 万元。制定并落实《疫情防控期间实验室管理办法》和《疫情防控期间学生返校后实验室管理工作方案和应急预案》。修订农业工程学院《实验室安全管理规定》《实验室安全检查制度》《实验室安全检查条例（试行）》等规章制度 11 项，明确了学院、二级单位和实验室安全负责人，并签订安全责任书。每周进行一次实验室安全检查，完善检查结果并通报反馈。全年累计接待各级领导和企事业单位参观 30 余次，圆满完成了全国人大常委会副委员长吉炳轩和江苏省委副书记任振鹤等重要领导来院参观指导的接待工作。

【科研与学术交流】 教育部重点实验室运行情况良好，江苏省科技厅重点实验室评估结果为优秀，农业农村部重点实验室正式立项运行；联合农业农村部、南京农业机械化研究所等 5 家单位成立江苏省智能农机装备产业联盟。受江苏省科技厅委托，承办了 2020 年江苏省装备制造领域重点实验室工作座谈会暨主任沙龙。在陈学庚院士的指导下，江苏大学、石河子大学、四川农业大学三校签署合作协议，组织开展科技攻关，开发适用于玉米、大豆间作新农艺的机械化智能化装备。围绕江苏省重点农机企业开展“助力企业、共渡难关”专题活动，助力企业复工复产；“静电喷雾消毒机”成功应用于新冠肺炎疫情防控；“新型清土机械”助力宁夏地区春耕作业；“智能水稻收割机”助力全国夏粮丰收。2020 年组织申报国家自然基金 39 项，获批 5 项；获批江苏省优秀青年基金 2 项；纵向到账经费 1 428 万元，横向到账经费 218 万元；发表高水平论文 110 余篇；专利转化 15 项。主办或承办中国工程科技论坛——农业机器人工程科技论坛暨智慧农业与智能装备成果技术交流会、耒耜国际论坛等学术会议 6 次。农业装备工程学院（现农业工程学院）和挂靠学校的江苏省农机学会农机学术工作委员会获评江苏省农业机械学会先进单位和《农业机械学报》杰出贡献奖；当选中国农业机械学会基础技术分会副主任 1 人，当选国家级农机装备科技服务团首批专家 2 人。

【学科建设与研究生教育】 从“自评组织实施、主要建设成效、目标任务完成度、专项资金使用情况、总结诊断与改进措施”这 5 个方面，开展了农业工程优势学科三期项目中期评估工作，邀请专家以函评方式提出诊断性意见和建议；完成二期绩效核算工作，继续推进优势学科三期建设。开展农业工程第五轮学科评估工作，根据第五轮学科评估指标体系，撰写农业工程第五轮学科评估材料，多次会同校内职能部门和相关学院专题研讨，并对照指标体系，摸清兄弟高校家底，找准对标学校，查摆差距，进一步凝练学校农业工程学科特色和优势。规范执行研究生招生、培养、学位授予各环节的工作。完成 2020 级硕士研究生、博士研究生、留学生的招生和培养工作；开展了 2021 级研究生招生宣传工作；完成 2020 届毕业硕士生和博士生答辩工作；完成 2020 级新生入学学籍和培养的相关工作；完成 2019 级博士研究生综合考核和 2019 级硕士研究生开题；完成超年限研究生学籍预警和清理的工作；完成 2021 年以“硕博连读”方式申请博士研究生考核工作。获批江苏省企业教授 1 人，省研究生工作站2个。获评江苏大学优秀研究生导师团队1个，申报省优秀研究生导师团队1个，获校“优博”“优硕”各1篇，获批校研究生精品教材建设立项1项，获批研究生“课程思政”示范课程建设立项1项。申报江苏省研究生科研与实践创新计划6项，获批6项。学院牵头组织了江苏大学第六届大学生智能农业装备创新大赛，22支队伍入围参加智能农装大赛国赛，学校再获优胜杯，学院8支队伍获一等奖2项、二等奖6项。在江苏省研究生“互联网+”与智能农业学术创新论坛征文大赛中获一等奖、优秀奖、最佳论文奖各1项。在江苏大学第十届“星光杯”大学生课外学术科技作品竞赛中获一等奖2项、二等奖2项、三等奖1项。

【师资队伍建设】 学院进一步落实“人才强院”战略，围绕“高端、青年、国际化”师资队伍建设目标，采用“内培外引”的工作方针，加快推进学院师资队伍建设步伐。2020年学院全职引进中国工程院陈学庚院士，柔性引进罗锡文院士。徐立章荣获中组部第十六届中国青年科技奖；由天艳获评“江苏省巾帼建功标兵”；聘任知名农机企业董事长及技术专家4人为客座教授，聘任国家级教学名师邹志荣为金山学者特聘教授；5人晋升副高职称。2020年学院修订了人才招聘政策，额外增加安家费和科研启动费；2020年新引进教职工14人；完成3名金山学者特聘教授（短期项目）年度考核；博士后进站8人。

【学生工作】 开设院士“第一课”等“知农爱农为农”情怀教育；完善学院《研究生学业奖学金评审实施细则》《研究生国家奖学金评审办法》；2020年获评江苏省三好学生1人、茅以升家乡奖学金1人、校优秀学生党员2人、校抗疫先进个人1人、镇江市抗疫志愿服务先进个人2人；发放涉农专业奖学金138人次43.1456万元；获评校活力团支部1个、五四红旗团支部1个、优秀主题团日活动2项；获评镇江市暑期社会实践优秀团队1个、先进个人2人、先进工作者1人，获评校暑期社会实践重点团队2个、优秀团队3个。

汽车与交通工程学院

【学院概况】 江苏大学汽车与交通工程学院有60年的办学历史，是国内最早设立汽车拖拉机专业和内燃机专业的高校之一，现有5个本科专业：车辆工程、能源与动力工程（动力机械工程及自动化）、交通工程、交通运输、新能源汽车。车辆工程专业是国家一流本科专业建设点、国家特色专业、教育部首批“卓越工程师计划”专业、江苏省一流本科专业建设点、江苏省品牌专业（A类）；能源与动力工程（动力机械工程及自动化）专业现为国家“一流”本科专业建设点、江苏省“一流”本科专业建设点、江苏省品牌专业（A类）。车辆工程学科是全国高校第4个获得该领域博士学位授予权的学科，新能源汽车学科是江苏省第二期优势学科，车辆工程学科所在的机械工程学科是江苏省第三期优势学科，动力工程及工程热物理学科是江苏省重点一级博士点学科和江苏省第一、第二和第三期优势学科，交通运输工程学科是江苏省重点一级博士点学科。学院是中国汽车工程学会副理事长单位、中国机械工程教育协会车辆工程专业教学指导委员会的副主任委员单位、中国电子商会智能电动汽车专委会副理事长单位、中国汽车标准化委员会电动汽车分会委员单位、江苏省汽车工程学会副理事长单位、江苏省内燃机学会秘书处挂靠单位、未来交通实验室常务理事单位。学院现有教职工135人，其中博士生导师18人，教授32人，副教授49人，具有博士学位人员93人，有海外经历者占50%。学院有国家级人才4名，江苏“外专百人计划”特聘专家1名，江苏特聘教授1名，江苏省“333工程”培养对象8人，江苏省“青蓝工程”科技创新团队1个、中青年学术带头人2名、骨干教师4名，江苏省“六大人才高峰”创新人才团队1个、培养对象40人，江苏省中青年突出贡献专家1人，江苏省产业教授16人，江苏省“双创博士”3名。学院在读本科生1 795名，在读博士后、博士研究生70余名，硕士研究生496名。学院现设有车辆工程系、动力机械工程系、交通工程系、交通运输系、中心实验室、智能车辆感知与线控技术研究所、车辆驱动与控制研究所、汽车轻量化与安全研究所、先进燃烧与排放控制研究所、燃料电池发动机研究所、节能与新能源动力总成研究所、智能网联交通与物流研究所、智能交通管理研究所、先进交通技术研究所、交通大数据与车联网研究所、轮胎与车用橡胶制品研究所、振动噪声NVH研究所、智能拖拉机与工程机械研究所等机构。2002年成立江苏大学车辆产品实验室，是中国质量认证中心和中国汽车认证中心委托检测实验室。学院拥有混合动力车辆技术国家地方联合工程研究中心、国家级车辆工程虚拟仿真实验教学中心、车辆工程国家级工程实践教育中心（与南京汽车集团共建）、国家级大学生校外实践教育基地（与中国重汽、奇瑞汽车、一拖集团、一汽锡柴共建）、江苏省汽车工程重点实验室、江苏省道路载运工具新技术应用重点实验室、江苏省电动车辆驱动与智能控制重点实验室、江苏省新能源汽车运行智能化技术工程实验室、江苏省动力机械清洁能源与应用重点实验室、江苏省中小功率内燃机工程研究中心、江苏省生物柴油动力机械应用工程中心、江苏省内燃机学会、江苏省实验教学示范中心——“车辆工程学科综合训练中心”等教学科研机构，教学科研条件处于国内先进水平。实验室总面积达6 000多平方米，拥有先进的实验仪器设备3 000多台套，设备总值1.2亿元。学院与上汽集团、奇瑞汽车、徐工集团、东风汽车、悦达集团、中集车辆、一汽集团、中国重汽、北汽集团、中国一拖、吉利汽车、长城汽车、中国汽车技术研究中心、中国汽车工程研究院、南汽集团、东华汽车、华域汽车、一汽锡柴、常柴股份、风神轮胎、潍柴动力、蜂巢易创、中航锂电、南京聚隆、坤泰车辆、华海科技、中电海康、苏州海格、江苏罡阳、江苏超力、江苏好孩子、建华集团、苏交科等企业建立了紧密的战略合作关系，与盐城悦达共建联合研究院，与华域汽车及徐工集团等共建联合研究所。

【党建与思想政治工作】 政治建设：旗帜鲜明讲政治，全面增强方向把控力。（1）以党的政治建设为统领。学院党委始终把政治建设放在首位，把学习贯彻习近平新时代中国特色社会主义思想和党的十九大精神作为首要政治任务，增强“四个意识”，坚定“四个自信”，做到“两个维护”。学院党委有效运用各种宣传载体开展教育学习活动，在学习中强化理论武装，坚定把握党的育人方针，及时有效全面贯彻中央、省委、学校党委重大决策部署，严格执行“第一议题”学习制度，在重大事项上把好政治关，严格执行请求报告制度。强化党组织政治核心作用，在实践中推进立德树人，凝聚师生力量投身学院建设，引领学院各项事业稳步发展。做到：定期召开党委会研究党建工作，按照议事规则对人才引进、学科建设、岗位聘任等事项进行酝酿决策，把好政治关。（2）严肃党内政治生活。贯彻落实《关于新形势下党内政治生活的若干准则》等党内法规，规范落实组织生活会、民主生活会、谈心谈话等制度。领导干部认真落实双重组织生活制度，基层支部落实“三会一课”，增强支部组织力。特色做法：学院专门建设了“党建工作室”和“支部规范化建设工作室”，在工作室专门辟出谈话区域，设置专门的谈心谈话场所“清音阁”，发挥党员干部“谈心谈话”制度的积极作用。（3）主题教育工作。深入推进“两学一做”学习教育常态化制度化，扎实开展“不忘初心、牢记使命”主题教育并继续引向深入，学院“两学一做”微党课、案例、征文等获奖4项。（4）落实党风廉政建设责任制。配合校纪委工作，建立了二级党组织党风廉政建设、作风建设主体责任清单，履行党委主体责任，落实书记“第一责任人”责任、领导班子成员“一岗双责”及纪检委员监督责任，运用线上线下的平台加强党风廉政宣传，党委书记、支部书记专门开展党风廉政教育党课，把廉政教育做到入眼入脑入心，营造浓厚的廉政教育氛围。学院党委认真组织材料，开展多项活动，积极申报第三批党风廉政建设示范点。党委、班子成员积极开展述责述廉；对照实施细则，党委积极进行党风廉政建设和作风建设自查，就落实情况及建章立制情况向纪委书面报告。（5）巡察工作。本年度学院党委接受了第四轮巡察。按照要求，专门召开会议部署迎接巡察各项工作，按要求提供自查材料并形成书面报告提交巡察办，按要求整理材料汇总成册供巡察组调阅，按要求提供专门场所供巡察组调研谈话、查阅资料、召开会议等，按要求组织师生参加座谈、填写问卷等，按要求完成其他各项保障、配合、落实工作。（6）统一战线。高度重视统一战线工作，贯彻落实上级和校党委关于统战工作的统一部署，把统战工作纳入宣传工作计划，把统战理论方针政策纳入分党校教学内容，及时组织和宣传统战理论方针政策，学习、传达、落实党的民族宗教政策，关心和帮助少数民族师生及信教师生，每学期党政联席会议至少一次专题讨论统战工作。发挥党建对团建、统战建设、工会建设、关工委建设的引领。党委书记挂帅，党委委员全部参加，建立党组织联系民主党派和无党派人士制度，及时更新民主党派、无党派人士、人大代表、政协委员等台账，向统战部汇报党员中层干部联系党外人士情况，定期召开党外人士座谈会，广泛听取意见和建议，加强各项工作的民主参与和科学决策水平，发挥党领导一切的核心作用。特色工作：积极开展统战理论研究和实践创新，积极提交研究论文；党委班子高度重视学院民主党派和无党派青年骨干的培养，专门研究如何形成梯队人才培养机制。（7）群团工作。学院党委高度重视教职工大会制度建设，每年至少召开一次党政联席会议专题研究教职工大会工作，定期召开学院教职工大会并按期换届，通过召开大会和日常调研，广泛听取群众对事业发展的意见和生活学习的诉求，认真审理与职工切身利益相关的制度文件，切实想职工所想、急教职工所需，规范办理教代会提案，所有提案100%答复。加强党建带工会建设，发挥工会的群众服务功能，努力提升现代化工会建设水平。每年至少召开一次党政联席会专题研究工会工作，支持工会独立开展工作。指导工会每年定期召开会员大会，按期换届，换届过程规范，组织健全。积极组织教职工参加上级工会组织的各项活动，独立开展特色工作和活动，在媒体上进行宣传。建设会员之家和教职工小家，打造具有学院特色的工会文化，教职工满意度99%以上。多次获得工会工作先进单位、模范教职工小家等荣誉。积极开展党建带团建建设，以青年大学生成人成才为根本，强化党组织对团组织的政治引领、思想引领、组织引领，高效开展各项工作，服务办学育人中心。多次荣获“党建带团建”先进单位称号。特色工作：本年度进行了工会换届选举，在校工会组织的运动会、健身操、羽毛球、经典朗诵等活动中获得佳绩，团体、个人累计获奖数十项，在“我与三全育人”教职工征文中获奖3篇。组织开展了重阳登山、公益捐款、观看爱国电影等活动。(8) 安全稳定、人民武装工作。学院党委高度重视安全教育和安全管理工作，党政一把手及分管领导多次现场督导检查，切实做好师生安全培训，入学新生100%覆盖并要求考试通过。落实安全责任制，加强建章立制，用制度保障安全底线，人防、物防、技防全面到位。每学期对师生进行法制、治安、消防、实验室等宣传教育3次以上，受教育面99%以上；积极参加学校组织的消防演练，每学期至少组织1次应急演练，参与人数99%以上。强化学生思想政治教育，落实反恐维稳工作，杜绝学生在网络上出现违反互联网安全管理规定的行为；对少数民族学生、留学生及外籍教师做好教育管理，措施得当、管控有度。细致全面排查院内安全隐患，每季度至少组织1次安全检查，全面配合学校组织的普查、抽查及现场督查，及时整改隐患，对中心实验室等实行安全专人负责。签署并遵守网络信息安全承诺书，及时更新信息资产，按时完成网络信息安全事件的整改工作。网络管理员参加了学校组织的网络安全培训，顺利拿到学分。特色工作：做好新冠肺炎疫情防控工作，圆满完成疫情防控期间学生的管理和授课，高效完成疫情防控期间研究生返校及新学期学生返校、新生入学工作，切实做到舆情稳定、安全高效。1名教师荣获校疫情防控先进个人称号。

【思想建设】 持之以恒抓学习，全面增强思想引领力。(1) 强化思想理论武装。学院党委始终把思想建设作为永葆党员先进底色的坚实基础，认真学习贯彻习近平新时代中国特色社会主义思想，组织教职工开展政治理论学习；抓好理论中心组学习，建设学习型党组织；用好“学习强国”平台，提高师生学习的积极性和主动性。制订教职工理论学习计划，全年组织教职工学习不少于4次。制订二级党组织理论中心组学习计划，全年集体学习讨论8次以上。“学习强国”学习平台覆盖率达到100%，活跃度平均达到95%以上。特色工作：党委理论中心组按照学校文件精神，进行了“巡学旁听”，取得了非常好的学习效果。精心组织材料，申报了“二级党组织理论学习中心组示范点”。(2) 加强意识形态工作。学院党委高度重视意识形态工作，落实意识形态工作责任制，出台了相关制度，加强意识形态阵地建设，坚决抵御在意识形态领域的宗教渗透。把意识形态工作写入年度工作计划；党政一把手分别承担“形势与政策”课程两个模块、8个班级、500多人次的授课；在新课程、线下课程中未出现任何意识形态方面的问题。严格执行讲座、论坛、报告会审批制度，杜绝未经批准接受采访、开展对外文化及学术交流现象；坚决抵制宗教对教育领域的渗透，严防在校园内传教；关注并分析研判本单位意识形态领域的情况，对师生有关意识形态的倾向性苗头进行及时引导干预，化解危机。(3) 增强思想政治工作实效。落实《江苏大学思想政治工作质量提升工程实施方案》要求，加强和改进学院思政工作，积极向大学生党建与思政教育专报投稿。加强教职工思想政治工作，加强师德师风建设，推进“三全育人”综合改革。学院无师德失范行为和人员。(4) 宣传思想工作。扎实推进日常宣传工作，及时总结和宣传本单位事业发展的动态情况，年度省级以上报道8篇以上，其中深度报道2篇；加强中文网站建设，落实网站建设的主体责任和主管责任，院党委书记作为主体责任第一责任人，积极申报江苏大学十佳二级单位中文网站。加强校园文化建设，积极宣讲社会主义核心价值观，用文化载体传承爱国主义和理想信念教育，开展以“知农爱农、强农兴农”为主体的丰富多元的师生文化活动，开展“四史”教育，传承“自强厚德、实干求真”的江大精神。加强舆情监控和出现突发事件的应急演练，形成具体可操作的规范性的应对举措。

【组织建设】 抓好党建促发展，全面增强组织凝聚力。(1) 领导班子建设。根据上级规定，制定了适合本单位实际的党委会、党政联席会议事规则并严格执行。认真落实党管人才原则，在涉及重要的人才引进时，首先要经过党委会的酝酿和把关。落实“围绕中心抓党建，抓好党建促发展”的工作理念，党建工作与中心工作同部署、同推进、同落实，在推进中心工作、重点任务中发挥党建引领作用。认真执行上级和学校财务规定，高质量完成各级各类审计发现问题的整改。按规定要求，及时、完整、合理编制单位预算并认真执行，认真执行财务管理制度，对巡视、审计发现的问题高质量整改完成。做好二级党组织履责记实工作，按《二级党组织履责记实各种办法》在校党风廉政建设履责记实平台上填报履责情况，推动“两个责任”有效落实。学院中层干部履责记实平台全部完成。(2) 干部教育管理。落实领导干部学习培训，按时完成在线学习时长、学习心得、调研报告等；严格执行《领导干部报告个人有关事项报告》报告个人有关事项。严格执行《处级干部兼职管理办法》《关于中层干部请假备案的规定》等，落实领导干部兼职审批及请假备案制度，规范领导干部因公、因私出国（境）审批及证照管理。(3) 基层党组织建设。通过党支部“提质增效”三年行动计划的建设，党委下设12个支部100%达到标准化水平，1个支部获评优质党支部。围绕中心工作，积极开展党建创新创优，认真开展党日活动，积极参加各类评比活动。特色成效：学院党委荣获党建工作创新创优一等奖，党建案例评比三等奖1项，1个支部荣获“江苏大学样板党支部”称号，1名党员获评“江苏大学研究生党员标兵”，党建论文评比中获二等奖1项、鼓励奖2项，获最佳党日活动三等奖1项，获批校党建研究重点资助课题1项。(4) 加强党员队伍建设。严格执行年初制订的发展计划，完成年度党员发展目标；发展过程严格执行“三投票三公示一答辩”，实现保障到位、材料完整。制订全年工作计划，加强对党员的教育培训。按时收缴党费，合理使用，科学管理。发挥师生党员的先进模范作用，以点到面带动班级、支部的学习积极性。

【作风建设】 从严治党抓作风，全面增强廉政监督力。(1) 建设情况。落实中央八项规定精神，开展形式主义、官僚主义集中整治，狠抓作风建设。积极开展党风党纪专题教育，认真执行学校改进作风九项规定、公务接待规定相关要求。召开专题会议通报省委巡视整改反馈意见，高度重视和配合党委巡察，扎实开展“未巡先改”“边巡边改”；配合学校开展违规吃喝问题专项整治“回头看”工作，对公务接待、办公用房、公务用车进行整改，把控“三公”经费。（2）监督情况。加强日常监督检查工作，强化监督成果运用，推动作风建设持续向好。坚持把党风廉政建设与中心工作同研究、同部署、同落实、同考核。认真落实述职述廉、廉政谈话等制度，完善干部廉政档案，用好履职记实平台，涉及干部提拔、科研设备、人才引进等重大事项时，严格执行党委把关、党政联席会议讨论决策。

【纪律建设】 执纪守规抓纪律，全面增强纪律执行力。深化运用监督执纪“四种形态”，突出抓早抓小、防微杜渐，一体推进不敢腐、不能腐、不想腐，切实做到权责一致、责任担当。本年度，没有因“四种形态”被处理的情况，没有领导班子成员受到问责处理，党组织和主要领导没有受到处理。

【本科教学与实验室建设】 1. 加强日常教学管理，确保教学工作顺利推进。认真做好全院教学计划、教学任务落实及课表的编排工作，确保常规教学秩序稳定和教学工作的正常运转；做好常规教学检查工作。制定和完善学院教学管理的有关规章制度，并保证教学文档的完整；组织好每学期各级各类的考试试卷印刷及监考工作，尤其是四、六级英语考试、计算机等级考试等监考的组织、落实、纪律工作；认真做好学生试卷和成绩的管理、归档工作；做好各学期的学生注册和学籍档案管理工作；积极做好本科生学位申报与授予工作；积极做好新生入学资格审查、学生学分梳理工作。2. 推进本科教学“三全育人”综合改革，强化教育教学内涵建设。将育人工作摆在突出位置，重点突出课程改革、搭建多元化平台、强化“三全育人”意识、大力建设教学科研平台、靶向“双万”专业和课程计划，聘请企业专家走进课堂，加大产学融合，真正让“三全育人”实现“育人有方向、效果有反馈”。交通运输专业获评校级“三全育人”综合改革示范专业。3. 加强教学质量建设，切实提高教育教学水平。始终将本科教育放在人才培养的核心地位和教育教学的基础地位。牢固树立本科教学质量是立院之本的办学思想。积极响应“四个回归”的时代呼唤，牢固树立“四个意识”，始终坚定“四个自信”，努力提高人才培养能力，推进本科教育的深度改革。组织申报交通运输国家级一流专业，已通过省级评审。交通运输工程专业认证自评报告通过评审，等待2021年上半年现场审查，配合动力工程专业启动专业认证工作。修订4个专业2020版培养方案，修订4个类别（普通班、卓越班、英才班、中美班）车辆工程专业的培养方案。“汽车构造”线上线下混合式课程2020年被教育部认定为首批国家一流本科课程。获批教育部产学合作协同育人项目3项，申报中国交通教育研究会教育科学研究课题教学改革项目2项，申报中国物流学会2020年物流教改教研课题1项。积极申报“新能源汽车”新专业，申报“电动汽车动力电池安全性能测试虚拟仿真实验”项目，开设3门“智能汽车”微专业课程，1门课程获批留学生本科精品课程建设。组织教研活动考核与评优工作，推进青年教师助理教学工作，本年度有31位青年教师参加青年教师助理教学工作。完善培养流程管理，实行考评结合，关注教师的教学参与度及教师的成长性，提高教学效果；组织学院教师沙龙1次和公开课2次活动，促进教师教学质量的提升，组织参加校外教学会议20余人次；继续推进（副）教授上讲台工作，完成教授100%上讲台工作。组织学生网上评教活动，进一步落实好领导干部和同行听课制度，组织好期中教学检查工作，并将其作为年终考核的重要依据。改革A课程评价机制，完善教学评价体系。积极参加全校讲课比赛和微课，1人获得2020年教学竞赛新教师组第一名，1人获三等奖，2人获优秀奖；1人获得2020年江苏大学微课教学比赛一等奖。完成2019—2020学年学院本科教学质量报告和专业能力报告。4. 以实践教学为抓手，加强学生创新能力培养。（1）积极推进创新学分认定和替换工作。认真做好大学生创新性实验计划的组织申报与结题验收等工作，组织申报“2020年大学生实践创新训练计划”44项，获批40项，其中国家级项目3项、省级项目6项、校级项目31项。2020年结题国家级项目1项、省级项目7项、校级项目24项。（2）扎实做好毕业设计的组织推进工作。进一步规范毕业设计（论文）网络化过程管理，有效地提高了毕业设计（论文）的质量和效果。获省优秀毕业设计三等奖1项（2019届），校级优秀毕业设计9项。（3）积极组织学生参加各级各类学科竞赛活动。作为全国交通科技大赛校内牵头单位，2020年获得全国交通科技大赛比赛作品二等奖2项、三等奖1项、优秀奖1项。获2020中国大学生方程式汽车大赛电车队二等奖1项、创新奖二等奖1项、油车队三等奖1项，切实做到“一系一赛”，以赛促学、以学促用，实现本科生创新创业教育的全覆盖。参加交通科技大赛、物流大赛、第三届全国大学生船舶能源与动力创新大赛，获得特等奖1项，学校获优秀组织奖。通过竞赛，学生的科研能力、创新能力、沟通协调能力得到有力提升，有力地支撑了专业培养目标的达成。5. 规范学生教育管理。（1）积极做好新生入学教育和毕业生毕业教育工作，实施学生培育的过程管理和有效监控，有效地提高了学生的毕业率和学位授予率。学院2020届本科生毕业率98.67%、学位授予率98.14%。（2）做好推荐2020届免试硕士研究生，共推荐21名免试硕士研究生，做好2019级学生转专业推荐工作。6. 加强师资队伍建设，提高教学质量。通过青年教师助理教学工作、教学法活动、教师讲课比赛，以及相关教学文件的出台，有力地规范了教学行为、提高了教学水平、强化了教学团队建设，教学水平显著提高。积极部署“教研活动考核与评优工作”，促进教学法研究的规范化、常态化，有利于提高教师尤其是青年教师讲课水平。7. 完成实验教学任务，积极拓展教学方法。（1）中心实验室完成了车辆工程、热能与动力工程、交通工程、交通运输专业，以及京江学院相关专业2019—2020年第二学期和2020—2021年第一学期本科实验教学工作。其中，校本部开出51门次课程、198个实验项目，完成27 412人时数的实验教学工作量；面向京江学院开出31门次课程、107个实验项目，完成14 207人时数的实验教学工作量。（2）新申报并开放了“现代汽车原理与结构实验”“现代汽车发动机排放污染物检测实验”“新能源汽车充电系统结构原理与充电演示实验”“ABS控制系统实验”等11个开放实验项目。（3）实验室开发线上实验课程，探索实验教学新模式。中心实验室针对疫情防控期间的特殊情况，探索实验教学新模式，除了积极利用车辆工程国家级虚拟仿真中心资源和校外虚拟仿真项目外，还将其他实验项目制作成虚拟实验视频，便于学生线上学习实验课程，实现了“停课不停学、停课不停实验”。中心实验室完成了37个视频实验课程开发，并全部上线。教师采用所开发的视频，在腾讯会议、企业微信等平台进行线上实验课程教学。（4）积极配合交通运输系整理归档相关实验教学材料，参与专业认证的复查工作。8. 全力应对疫情防控，持续加强安全管理。（1）完善实验室各项安全管理规章制度，修订汽车学院实验室安全责任体系，以及实验室安全工作领导小组、实验室安全管理人员疫情防控期间应急预案等。根据各实验室实际情况，制定具有学科特色的实验室安全管理办法和应急预案，做到安全文件上网、制度上墙。疫情防控期间，中心实验室每天安排教职工对全院实验室进行安全巡查并做好登记工作，严格执行实验室开放申请备案制度，对进出实验室的人员和实验区域进行登记和消杀，做好实验室开放前的疫情和安全风险评估工作，落实防疫物资储备。（2）本年度开展了2020级新生实验室安全教育培训活动，全院新生及新入职教师参加考试，通过率达100%；制订了2020年度消防安全教育培训计划，并由中心实验室联合校保卫处，组织实验室相关人员和部分学生参加了消防技能培训活动。（3）实验室现场安全检查工作常态化。配合学校设备处、实验室安全工作督查组对学院开展现场检查工作，并及时根据反馈意见制定整改报告。中心实验室定期对实验区域进行安全巡查，尤其对危化品的存储管理、消防设施的工作状态等进行检查，及时发现安全隐患，并进行通报、督促整改。（4）开展全院范围的实验室基础信息排查统计工作，按期完成特种设备信息统计、管制类危化品清理登记工作，并制定了实验室安全管理人员工作职责，便于动态掌握实验室安全管理情况。（5）积极组织实验室安全培训和应急演练，组织实验室管理人员参加“全国高校实验室安全管理2020年第一期培训班（网络）”，先后组织了“疫情期间实验室开放及安全管理培训会议”“内燃机专业类实验室应急演练活动”及“2020年消防技能演练活动”，取得了良好的教育成效。积极关注安全工作相关会议及培训，获得培训学时证明。9. 规范固定资产管理，稳步推进实验室建设。（1）2020年审核、登记入库的仪器设备和家具共计274台/套，总值498.8万元。按照规定将老旧损坏设备提交处置申请，并联系设备处及时将已报废设备清理回收，维持学院实验室及办公场所的有序、整洁。（2）设立大型仪器设备开放共享平台院级管理员，更新大型仪器设备共享平台系统中汽车与交通工程学院2020年度的单台/套价格在10万元及以上的大型仪器设备信息。统计完成汽车学院2019年1月1日起已建账的单台/套价格在40万元及以上的大型仪器设备信息，逐台添加到省级大型仪器设备共享平台系统。（3）根据设备处《2019—2020学年大型仪器设备效益评价通知》，组织自查本单位所有的贵重仪器设备使用管理现状。按照国资处通知要求，由院系资产管理员负责组织专人采用逐一核对、实地盘点的方式对本单位设备进行盘点。对涉及调拨、报废的设备及时更新、处理，并完成资产盘点报告。（4）根据《关于做好2020年江苏大学教育质量监测状态数据采集工作的通知》要求，对本单位本科教学实验场所、实验设备进行梳理统计，完成表格填报并上传系统。（5）根据设备处《关于对审计整改涉及设备资产进行专项检查的通知》，对涉及学院的资产设备进行检查，核对设备、单位联系人、单位负责人等信息，完成自查表。（6）由中心实验室协调组织申报2020年实验室建设项目，获批实验室建设经费200万元。完成“多模式交通运输综合管控与决策优化实验教学平台”和“智慧城市交通枢纽仿真与实验教学平台”建设项目的调研，以及前期论证、采购、安装调试和验收工作，推进了交通运输专业认证工作。完成“智能网联无人驾驶汽车教学平台”建设项目的调研、校级论证等工作，该项目已进入招标环节。（7）完成 NVH 实验室试验测功系统及台架辅助系统、汽车电子控制系统模拟实验平台的安装调试、培训使用和验收工作。（8）完成学院优势学科、品牌专业教学科研设备采购项目 10 余项。10. 优化实验场所布局，提升教学科研能力。（1）定期组织人员整理各实验区域，保持实验场所整洁有序，对各实验区域的门禁、照明、水电及时进行维修保障，保证了实验室的安全运行和学生返校后实验教学工作的顺利开展。（2）中心实验室专门组织人员对学院各实验教学平台进行了布局优化，缓解了实验室空间不足、仪器设备放置不合理等突出问题。对“新能源汽车实验教学平台”等新建实验平台增置玻璃隔断，规范管理实验室及仪器设备的使用。（3）由实验室人员主持、参与申报获批教育部产学合作协同育人教改项目 2 项：新能源汽车教学创新与虚拟仿真实践平台建设、基于 VR 技术的汽车动力系统虚拟实验教学项目设计。（4）由实验室人员主持申报获批江苏大学 2020 年自制实验仪器设备项目 1 项：内燃机排放控制技术自制实验平台。（5）实验室积极组织系室教学预赛，推荐教师参加学院复赛，获得学院一等奖、校优秀奖。11. 积极申报虚拟仿真项目，认真完成专项工作。（1）参与申报“新能源汽车动力电池安全性检测虚拟仿真实验”虚拟仿真项目。编制完成国家级虚拟仿真实验教学中心年度报告，上传国家级实验教学示范中心（虚拟仿真中心）年度报告管理系统。（2）利用虚拟仿真实验教学平台的软件开设 18 门次在线实验教学，完成本校相关专业的教学任务。江苏海洋大学、东南大学成贤学院、武汉商学院、杭州电子科技大学、常熟理工学院等高校也选用该虚拟仿真实验项目进行实验教学，在线学习已超过 3 000 人次。在疫情防控的特殊时期，江苏大学官微、江苏大学“UJS 实践教学”公众号等平台积极推广学院虚拟实验教学项目。“学习强国”、《扬子晚报》、荔枝新闻、中国江苏网、新浪网等多家媒体对学院虚拟实验项目线上教学进行了报道。（3）“虚拟仿真实验室”为教学科研提供全面服务：提供教学上机实验学时（机时数 9 600 小时）；提供本学院教师、企业教师上理论课、实践课 60 学时（机时数 1 600 小时）；提供教师、研究生、本科生进行科研和毕业论文（设计）上机服务机时数 2 000 小时。（4）“3D 打印创客工作室”为大学生方程式赛车队、教师课题组、学生创新科研活动打印 3D 零部件 6 件。（5）“大学生方程式赛车队”指导工作。全程帮助方程式赛车队解决在赛车设计、发动机标定、整车调试和试验，以及赛车训练过程中出现的各种问题，并对赛车队的人员和财务管理进行指导。现场指导江苏大学“银宝山新”方程式赛车队、“南京聚隆”电动赛车队参加 2020 年中国大学生方程式汽车大赛的各项比赛，两队最终分别获得油车队全国三等奖、电车队全国二等奖的好成绩。

【科研与学术交流】 1. 科研基本情况。（1）科研经费。2020 年学院科研总经费 4 022 万元（横向到账经费 + 纵向到账经费），新到账纵向经费 661. 2 万元（项目经费总和，不包含学科建设经费），新增横向合同 91 项、合同总金额 3 331.16 万元（含检测站数据），新到账横向经费 744. 29 万元（含检测站数据）（数据截至 2020 年

12 月 10 日）。（2）科研项目与产业合作。2020 年，新增纵向项目立项 15 项：国家重点研发计划子课题 1 项，国家自然科学基金项目 6 项（面上 4 项、青年 2 项），江苏省重点研发计划项目 1 项，江苏省自然科学基金面上项目 1 项，其他省级项目 3 项。学院首签千万级企业产业研究院——江苏大学悦达投资股份有限公司产业研究院，积极拓展了新的战略合作地区，与盐城地区、昆山地区、泰州地区等签订了全面战略合作协议，加强与汽车行业龙头企业合作，先后与爱驰汽车中船动力、扬州亚星、航天晨光等企业达成战略合作意向。（3）论文、专利及获奖情况。全年以第一单位发表科技论 300 余篇；发表检索论文 124 篇，其中，SCI 收录 74 篇，EI 收录 50 篇。申请国家发明专利 244 项，获授权发明专利 154 项，申请 PCT 专利 5 项。获批江苏省科学技术二等奖 1 项。（4）国家自然科学基金申报情况。针对 2020 年基金申报，先后举行了 3 场全院集中的基金辅导会。2020 年 11 月，召开了 2021 年度国家自然基金申报动员会，并邀请合肥工业大学陈无畏教授，学校科技处副处长王勇教授及知识产权学院副主任韩魁国分别就基金申报、国家及学校纵向项目政策、高价值专利培育等专题进行报告。定期组织教师研讨国家自然科学基金项目的申报经验，加强对已获青年基金资助的教师进行辅导。

2. 车辆产品实验室及汽车摩托车研究所有限公司运营情况。（1）积极做好新冠肺炎疫情防控工作。新冠肺炎疫情发生后，按照学校和学院的统一部署，落实学校关于“做好新型冠状病毒感染的肺炎疫情防控工作的要求”，严肃认真做好新冠肺炎疫情防控信息统计表，通过“镇江健康申报平台”申报个人健康状况，实验室所有人员通过学校企业微信进行“每日健康打卡”。2 月中旬之后，积极采购防疫物资，安排各部门主要人员灵活上班，积极复工复产；3 月下旬，实现正式上班；4 月，疫情缓解后，按照学校要求，填写并提交“新冠肺炎疫情防控期间学院科研实验室开放申请表”，实现实验室对外开放，全面开展检测业务，安排专人到学校门口迎接来访人员和接收样品；因工作需要，个人到低风险区域出差，填写“疫情期间请假申请表”，如实申报信息。（2）对外合作交流。加强与上级主管部门的联系：派遣 CNAS 评审员参加实验室评审，掌握 CNAS 实验室认可的新要求；派遣国家级资质认定评审员参加认监委组织的资质认定评审员线上培训，了解资质认定的新规定；参加机械工业质检机构工作会议，分析行业发展的趋势和政策走向；参加《道路机动车辆生产企业及产品公告》（简称《公告》）管理信息交流会，学习道路机动车辆生产企业及产品准入管理办法、汽车产品准入的技术要求和注意事项；参加工业和信息化部装备工业发展中心组织的车辆产品检验机构工作会议，领会《公告》对检验检测工作的监管要求；在镇江协助 CNAS 机械领域中小民营企业实验室开展认可知识培训班。参加中国质量认证中心南京分中心组织的 CCC 检查员线上培训，洞悉机动车零部件 CCC 认证模式改变后的动向、工厂检查要求和 CQC 标志认证的要求。联络工业和信息化部装备工业发展中心，申报《公告》检验检测机构。加强外部合作，积极开拓检测市场：继续巩固与 CQC 的合作；继续加强与中机科（北京）车辆检测工程研究院有限公司、襄阳达安汽车检测中心有限公司关于零部件强检的合作；继续开展与重庆车辆检测研究院有限公司（国家客车质量监督检验中心）、中质智通检测技术有限公司关于汽车整车侧翻的合作；与苏州凯瑞汽车测试研发有限公司（中国汽车工程研究院股份有限公司全资子公司）签订业务合作框架协议；开拓了杭州维宜讴标准技术服务有限公司整车出口委托检测业务；与杭州德美认证有限公司、谱尼测试集团苏州有限公司开展机动车灯具的检测合作。（3）实验室建设。加强实验室安全建设：按照学校的要求，各区域安全负责人每周进行安全检查并提交检查记录表，对发现的安全隐患及时采取整改措施，并对全体工作人员进行安全知识再培训；完成实验室消防疏散示意图制作和张贴；消防应急灯和出口指示标志正在安装过程中。重视检测能力建设：2020年实验室新增商用车后下及侧下防护试验台、近光灯具测试自动升降屏幕、机动车灯具启动及闪烁时间测试系统、烟密度测试仪、氧指数测定仪及实验设备工作台、烟密度氧指数检测项目气路系统、全自动荧光压片机、机动车牌照灯亮度计、精密数显直流稳流稳压电源、电池（易事特UPS专用）、自动进样器等固定资产投资56.57万元。积极参与行业活动，加强实验室的宣传：积极利用实验室网站发布实验室动态新闻；更新实验室宣传彩页；制作微信公众号；继续在《江苏质量》《认证技术》《市场监督管理》等杂志上对江苏大学车辆产品实验室的检测能力进行宣传，提高实验室在行业的知名度。加强实验室内部管理：修订并发布了《质量手册》、部分《程序文件》文件；按计划完成了实验室测试仪器设备的检定/校准、维护保养工作；按质量体系文件要求规范开展各项检测工作；对汽车摩托车研究所有限公司的《“三重一大”决策制度》《财务管理制度》《薪酬福利制度》《人事制度》《固定资产管理制度》《市场化业务管理办法》等制度文件进行了修订完善。人力资源建设：2020年退休2人（学校编制），新增聘用人员1人。目前实验室共计30人，其中有CCC工厂检查员17人，CNAS评审员2人，国家级资质认定评审员2人，E4/e4-Mark审核员3人。（4）外部评审情况。9月完成了孟河灯光室的搬迁+自行车照明，以及回复反射器装置标准GBT 31887.1—2019、GBT 31887.2—2019扩项的CNAS和国家资质认定扩项评审。10月完成了孟河灯光室的搬迁+自行车照明，以及回复反射器装置标准GBT 31887.1—2019、GBT 31887.2—2019扩项的省资质认定评审。（5）检测工作。全年完成“3C强制认证”“CQC产品认证”“E-Mark认证”“企业委托”等类别的机动车整车及其零部件检测报告2 765份，检测及工厂检查总收入950万元左右，与上年度基本持平。

【学科建设与研究生教育】 1. 研究生招生。本年度调整工作思路，通过加强生源基地建设，对25家企业进行调研，了解企业对非全日制研究生培养的需要，帮助学院非全日制研究生进行岗位对接。充分利用现代媒体优势，通过举办线上暑期全国优秀大学生夏令营等方式，加大招生宣传力度，取得了良好的效果。在免试推研接收方面，充分发挥导师在招生中的作用，在吸引校外生源方面取得了长足的进步，汽车与交通工程学院连续多年接受免试推研数位居全校前列；在硕博连读招生方面取得了良好成绩，2020年招收的硕博连读学生数量居全校前列。在留学生招生方面，以导师主动性为抓手，进行广泛的宣传，有了新的起色。2020年，共招收博士研究生15人，其中硕博连读14人。博士后进站11人，出站5人。共有867名考生报考学院2020级硕士研究生，生源质量有所提升。招收全日制硕士研究生246人，其中免试硕士研究生8名、非全日制硕士研究生15人，优秀生源率46%；修订了2021年硕士和博士研究生招生目录；举行了2021年硕士研究生招生专场咨询会；采用现代媒体技术进行招生宣传，宣传学科优势的同时吸引了大量的生源；制定了《2020年汽车与交通工程学院硕士研究生复试细则》和《2020年博士研究生招生复试录取工作实施细则》，保证了招生工作的顺利完成。修订了“五年制”博士预备生课程设置方案。2. 研究生培养。本年度组织了2020级261名硕士研究生师生互选、2019级216名硕士生集中选题、2018级210多名硕士生集中文献研讨和2019级博士生的学科综合考核。完成了4项江苏大学研究生教学案例库建设立项的申报工作和2项江苏大学自编研究生精品教材立项的申报工作。本年度共开设54门研究生课程（其中博士课程11门，非全课程20门）。在学校组织的教学质量检查中合格率100%，无教学事故发生。修订了《汽车与交通工程学院关于加强和改进硕士研究生培养的若干补充规定》。获批11项省研究生创新项目，2门研究生课程被列为校级精品课程。1部教材参加了高等学校首届全国教材建设奖遴选推荐。对教学资源进行了验收，对4门在线课程、1门精品培育课程、1门重点建设课程、1个教学案例库、1个精品教材进行了年度验收。本年度根据教育部的要求，完成了博导信息采集和研究生导师轮训工作。承办了由东南大学主办的江苏省智慧交通大赛，2人获得二等奖，6人获得优秀奖。承办了江苏大学第十届中外研究生论坛——理工论坛III分论坛。3. 学位相关工作。2020年共有12名博士研究生、95名工学硕士研究生和101名专业学位硕士研究生顺利通过学位论文答辩并获得学位。获中国汽车工程学会优秀博士论文1篇（全国12篇），校“优博”4篇、校“优硕”8篇。申报企业研究生工作站8个，完成了28家企业工作站年报和12家企业工作站期满验收工作。2人获批为第八批省产业教授。申报了1家江苏大学研究生联合培养实践基地。开展了2020年江苏大学产业教授进校园活动。组织16位教师参加各类新导师遴选，其中申报博导11人、学术硕导10人。4. 学科建设。积极参加机械工程、能源与动力工程江苏省第三期优势学科建设工作，参与机械工程、能源与动力工程两个专业学位博士点申报工作，认真组织建设江苏省重点一级博士点学科“交通运输工程”。注重学科内涵建设，优化各学科的研究方向和团队建设，智能车辆、智能驾驶、新能源汽车“三电（电池、电机、电控）”系统、轮胎技术、车辆安全与轻量化技术、智能交通系统、交通大数据、综合交通运输、燃料电池发动机、先进燃烧与排放控制、低摩擦发动机等科研团队呈现良好发展势头。

【师资队伍建设】 1. 国内人才引进与日常人事管理。全年学院共收到应届优秀博士生应聘简历50多份，分别来自清华大学、湖南大学、上海交通大学、西安交通大学、北京交通大学、吉林大学、长安大学、同济大学和东南大学等知名高校，审核材料后分别组织了22场面试，上报14人应聘面试材料，经学校批准同意引进10人。学院按照专业发展和学科建设的需要制定相应的面试要求，严格执行面试考核流程，强化学院领导、系主任及专业教师共同参与的面试考核模式，立足“破五唯”的人才评价方式，关注引进人才的教学科研能力，提高人才引进质量。全年有5名高层次引进人才、3名专职辅导员岗人员正式报到。全年有6名教师到龄光荣退休，按照学校要求，学院领导与系室负责人同退休教师谈话，回顾历年来的工作成绩，肯定这些退休教师对学院事业发展的贡献，完成工作的交接。按照学校相关规定，认真做好教职工月度考勤工作，规范教职工请假制度，确保学院日常教学科研工作的有序开展。2. 海外人才引进。学院不断推进海外高层次人才引进工作，2020 年美国弗吉尼亚大学涂文琼博士（聘为金山青年特聘教授）、韩国蔚山大学于瀛霄博士（聘为资格副教授）正式入职；积极组织参加学校第八届和第九届江苏大学金山高层次人才论坛，正式邀请 3 名海外学者参会；学校批准引进美国威斯康星大学麦迪逊分校达代聪博士为金山青年特聘教授、美国德州大学阿灵顿分校何忱远博士为资格教授、英国巴斯大学朱思鹏博士为资格教授。1 名外籍博士后合格出站。3. 师德师风建设与教师培养。学院高度重视教师的师德师风建设，依据出台的《江苏大学汽车与交通工程学院学术道德规范》，在学院层面持续强化教师学术道德规范的个人意识，形成积极的引领作用。同时，学院依据出台的《汽车与交通工程学院“教学名师培育计划”实施办法（试行）》，作为学校“教学名师培育计划”的有效补充，对已入选的 4 名院级教学教师持续培育。朱茂桃入选 2020 年度江苏大学“教学名师培育计划”培育人选；王海获江苏大学“奋达杰出青年英才奖”；杨晓峰获评 2020 年江苏大学先进工作者，丁华、何美玲、邵珊珊、嵇乾和姚明等 5 人获评优秀教师；在 2020 年江苏大学第十届教师教学竞赛中，蒋栋获新教师组一等奖，熊晓夏获中级组三等奖，李瑞娜获高级组优秀奖，洪育晗获实验与临床组优秀奖。4. 人才发展。通过学院和学校的层层考核，2020 年晋升正高级职称 4 人，副高级职称 6 人；新增学术学位硕士生指导教师 5 人；1 人获批江苏大学“青年英才培育计划”优秀青年骨干教师；7 人入选江苏省“双创计划”科技副总。学院有 9 名教师进行海外高级人才访学。

【学生工作】 1. 把握强“基”固“本”。（1）思想政治教育工作。首先，在疫情特殊时期，结合线上线下，将学生思政教育内嵌于日常教育管理和活动开展中，拓展形式，创新载体，贴近青年。通过年级大会、主题班会、课外实践、学生反馈、个别谈话，以及 QQ、电子邮件、微信、微博等新媒体手段加强与学生沟通，掌握学生的思想动态和学习生活情况并及时引导。积极探索新媒体阵地建设，打造以微信平台为主体的工作格局，运营最新微信公众平台“江大汽车”——现有粉丝 2 611，近 30 天阅读量为7 622，一年内用户转发 3 315 次，合理规划新闻通知、风采展示和特色原创三个板块，全面覆盖学院重要工作通知、学院人物风采、优秀团日展示，以及专业特色或实时原创资源，做好青年学生的思想引领和价值观导向工作。其次，充分发挥重大活动的教育功能。2020 级新生入学教育以专业启蒙为前提，通过集中学习、参观校史馆、校歌传唱、专业介绍、报告会等形式，加强校纪校规教育、安全文明教育、学业规划教育，帮助新生完成角色转变，尽快适应大学校园生活。落实党委委员联系学生党支部制度，加强学生的思想政治教育，树立廉洁自律、遵纪守法的意识，帮助学生明确自身的时代责任和历史使命。2020 年，学院 5 名学生党员被评为“校优秀学生党员”，本科生第一党支部被评为“校先进党支部”，同时涌现近 40 名抗“疫”志愿者，在疫情防控期间充分发挥当代大学生精神，勇担时代责任。（2）管理制度建设工作。管理育人是学生工作的一个重要环节，育人是目的，管理是手段，而制度就是系统化管理的载体。汽车学院遵循《高校思想政治工作质量提升工程实施纲要》的精神引导，将规范管理的严格要求和春风化雨、润物无声的教育方式结合起来，深化《汽车与交通工程学院学生科研项目基金管理办法（试行）》《江苏大学汽车与交通工程学院关于进一步加强考试管理和考风建设的意见》，贯彻落实《汽车与交通工程学院党委委员联系党支部制度》《汽车与交通工程学院党员专任教师联系本科生党支部制度》《汽车与交通工程学院学生社区安全卫生文明督查小组管理办法》《汽车学院学生海外交流经费资助管理办法》《汽车与交通工程学院本科生科技竞赛奖励办法》《汽车与交通工程学院学生会组织改革实施方案》《共青团江苏大学汽车与交通工程学院委员会改革实施方案》等管理制度。通过健全制度体系、强化评价激励，有效提升育人实效，深化知识教育、能力培养和价值引领的有机结合，着力培养合格的社会主义建设者和接班人。（3）心理健康教育工作。在新生入学教育阶段，学院邀请了心理中心陆菁主任为新生及家长们做了题为“开启大学‘心’生活”的线上心理讲座，为他们尽快适应大学生活指明了清晰的路径。严格执行学院制定的《汽车学院学生心理危机干预及自杀预防实施方案》。2020 级研究生和本科生的心理普查率为 100%，心理委员及心理信息员培训覆盖率达 100%。学院认真对普查中的心理异常学生进行细致的干预，同时建立学院的心理危机干预立体网络，将学业导师、院关工委委员和家长也吸收进来，形成心理健康教育合力。学院根据以往工作经验，划分出心理危机干预的重点人群和高危人群，在主动干预过程中，立体化的心理危机干预网络发挥了巨大作用。学院积极响应学校“3·20幸福心理健康教育周”“5·25 健康教育周”“9·20 新生适应健康教育周”及“12·5 身心健康教育周”系列健康教育活动号召，开展各种形式多样、内涵丰富的心理健康教育活动，成果丰硕。组织贫困生观看电影《风雨哈佛路》，旨在发挥优秀典型的示范效应，指导贫困生提高心理自助能力，克服自卑、敏感的心理问题。观影结束后，引导学生分享观影心得体会并写下奋斗目标，激励他们对美好未来的憧憬和积极向上的动力，并取得一定成效。本年度，学院共有 5 位心理委员获评校级“优秀心理委员”，1 位心理委员获“全国百佳心理委员提名奖”。（4）资助育人工作。重点完成了校园地生源地贷款预申请工作、贫困生建档立卡工作、国家助学金发放工作、往期贷款毕业生还款工作及感恩教育工作。奖助学金评比阶段，严肃操作流程，充分发挥班级评议小组的力量，采取班级、个人两级分配体制，多种指标相结合，将助学金评比与班级平时表现、贫困生平时表现紧密结合，力求做到公开、公平、公正，无论在学院还是学校公示阶段，均实现“零”投诉。本年度学院积极寻求社会资源，增加院企奖助学金，如“坤泰未来之星奖学金”“南京聚隆奖学金”及“中集车辆”奖助学金等，相关活动受市级媒体报道。年度共发放国家助学金、社会助学金近 100 万元，全面覆盖学院贫困生，品学兼优的特困生受到多重资助，资助效果大大增强。学院在做好助学金评比发放的同时，将培养受助学生的争先创优意识和感恩奉献意识作为工作重点，努力打造典型，积极举办“苏乡永助”主题教育。（5）创新创业工作。2020 年，学院共计开展大学生创新创业指导讲座 4 次，组织创新创业大赛共计 8 项，共有 2 项“互联网+”大学生创新创业项目入围学校决赛，其中1项获得省级二等奖，2个团队在全国大学生船舶动力及新能源大赛中分别获得一等奖和二等奖，2个团队入驻大学生创新创业孵化基地，1个团队荣获2020年江苏大学十佳创业团队荣誉称号，1名学生荣获2020年江苏大学十佳创新创业之星荣誉称号。在江苏省第十届大学生就业创业知识竞赛中，荣获优秀组织奖。2020年度学生获得科技竞赛校级一等奖及以上共计103组，学院共计发放单项奖近9万元。学院推荐参与互联网+创新创业大赛项目共计62项，居历史新高。（6）学生社区工作。为创建安全稳定社区、营造文明和谐的社区环境，学院将制度建设与文化培育相结合，将理论学习与具体实践相结合，将源头预防与隐患排查相结合，紧抓问题整改，注重工作实效。首先，加强宣传引导，普及安全知识。学院通过新生入学教育组织学生学习社区管理规章制度，通过主题班会、座谈会等形式，在学生中广泛开展宿舍安全文明教育活动。其次，开展技能培训，提升应急能力。学院配合学校开展了本科生寝室长（心理信息员）安全知识教育和消防技能培训，督促社区文明督察小组加强安全检查，从源头上杜绝隐患。学院辅导员每月至少4次深度走访宿舍，了解学生动态，及时发现问题并予以解决，组织专兼职辅导员不定期开展社区安全卫生和夜不归宿大检查，各班生活委员每天查寝，班委每周用电安全互查互纠，学生会生活部不定时进行卫生安全抽查，对大学生义务工作者定期检查，对违章用电等违纪行为及时通报处理，对违纪学生进行适时批评教育。注重美化社区环境，营造社区氛围。在本学期进行的“新学期”社区橱窗评比中，学院获得一等奖，文明宿舍比例达到87.6%。（7）学生国际化工作。为推动人才培养的国际化进程，进一步满足学生赴境外学习交流的需要，汽车学院在2020年开展了6次海外学习专题讲座，深入解读校、院海外学习项目和资助政策，发挥校、院留学交流经费的激励作用，加强宣传海外学习先进学生典型，教育引导学生参加海外学习，营造学生海外学习氛围。本年度，学院共有41位学生参加了出国类外语考试，34人通过；29人赴海外学习或短期交流，多名毕业生申请国外/境外高校攻读硕士学位；在“第八届中日韩创新工程设计竞赛项目”中，学院有2组入选正式参赛团队，1组入选候补团队。2021年学院将继续整合资源、改进措施，进一步推动国际化建设高质量发展。（8）毕业生就业工作。学院严谨务实，全力做好毕业生工作。不断拓宽就业渠道，搜集需求信息，通过QQ群、企业微信群、学院网站等定时发布校园和社会招聘信息，精心组织线上及院内招聘会，引导学生参加学校和社会大型招聘会，为毕业生做好服务。同时热情为用人单位提供各项便利条件，通过专业优势和服务优势吸引用人单位前来招聘。2020届本科生总就业率93.09%，研究生总就业率达到100%。2020届本科生考研录取率34.57%，较2019年提高6%。对于2021届毕业生，学院提前做好了就业意向摸底统计并有针对性地提供就业推荐。本年度共组织安排就业指导讲座4场，不断帮助毕业生增加求职经验，完善求职技能，提高求职信心。认真组织专场招聘会，为用人单位提供保姆式服务，不断规范流程，强化沟通，形成了提前接洽—及时发布—跟踪服务—定期回访的合作模式。下半年协助用人单位在院内举行专场招聘会，通过网络平台发布招聘简章。截至12月，在2021届毕业生中，18.3%的本科生及60.13%的研究生已签署就业协议或达成就业意向。学院鼓励学生多方位继续深造，邀请往届考研成绩优秀的研究生做考研经验分享，帮助2017级学生明确考研目标、树立考研信心。经统计，2017级考研人数280人，报考率达61.8%，其中122人报考本校研究生，圆满达到了报考率50%、报考本校比率27%的工作目标。积极宣传落实出国深造的奖励政策，鼓励学生海外升学。大四学生中8人申请境外高校入学资格。努力推进就业援助工作，对就业困难的学生积极实施多方面的帮扶，帮助58名家庭经济困难学生申请求职创业补贴。（9）学工队伍建设。建立以专兼职辅导员为主体的学风督察队伍，健全学生工作台账，每周召开学工例会，工作标准量化。同时，辅导员加强能力锻炼和理论研究，提升职业素养。截至2020年12月，学院6名辅导员中，2人取得助理职业指导师资格，1人获评军训优秀指导老师，1人获评省级社会实践先进工作者，1人获评市级社会实践先进工作者，1人获评江苏大学新冠肺炎疫情防控工作先进个人，3人获评校社会实践优秀指导教师，多名辅导员参与了素质教育类课程的教学工作。学院获评2015—2019年度学生工作先进单位。2. 团体培育，保“质”重“效”。本科生专兼职辅导员下课堂次数累计达到150余次，与所有任课教师都单独交流过；邀请校内或国内外教授、副教授举办各类主题讲座近20场，覆盖了全部本科生和研究生。加强学业导师的管理和考核工作，充分发挥学业导师在学生发展中的指导作用。2020年，学院团体培育方面成果明显：学院获评14个校级先进班集体，1个省级先进班集体。2017级、2018级、2019级大学英语四级通过率分别达到90.65%、95.41%、78.37%，大学英语六级通过率分别为51.64%、54.15%、16.22%。同时，学院获评江苏大学2020年暑期社会实践先进单位，1人获评省级先进工作者，获评市级优秀团队2个、先进个人3人、优秀工作者1人，另外还获得校级先进单位、十佳团队、十佳使者、优秀项目、优秀调研报告、优秀团队等荣誉。此外，在校第十九届运动会田径比赛中总分第二，获校“新生杯”男子篮球赛第四、排球赛第六、定向越野比赛第七、拔河对抗赛第八。3. 个体彰显，绽“光”放“彩”。学院成功举办了“神州设计师”创意小车DIY大赛、“鸿雁千里，不曾远游”慢递传情活动、微信推文比赛、“科技探索，动手实践”橡皮筋飞机制作大赛、“创意‘室’界，‘寝’近生活”寝室美化大赛、“光影相伴，扉页有你”文化展等活动，为校园文化注入新的内涵，营造出团结、活泼、积极向上的校园文化氛围。同时，学院积极组织学生参加科研立项、“挑战杯”、“星光杯”、“协鑫杯”、节能减排大赛、方程式赛车大赛、全国大学生首届船舶能源与动力创新大赛、职业生涯规划大赛、全国大学生英语竞赛及数学竞赛等赛事。2020年，郑曰文荣获第十六届江苏大学“百优青年学生学生”荣誉称号，祁义恒荣获第十六届江苏大学“百优青年学生”提名奖，6名学生荣获学校“百优青年”称号，凌一洲进入“全国大学生年度人物”候选、郑曰文荣获“省优秀学生干部”称号、研究生罗丁和本科生祁义恒荣获“省三好学生”称号、车辆（卓越）1702班荣获省先进班集体称号。江苏大学第十九批学生科研课题立项中，学院申请178项，130项获准立项，2项数据大幅超过预定工作目标；下半年，第十八批科研立项中34项结题，超过学校结题数26项的要求。2020年江苏大学本科生职业规划大赛中，学院朱幸怡获三等奖，学院获得优秀组织奖。40位学生的“实践创新训练计划项目”获准立项，其中8项被推荐为省级项目。2020年全国大学生英语竞赛（江苏大学赛点）初赛中，学院10名学生获奖。2020年全国大学生船舶能源动力大赛中，1个团队获得一等奖，1个团队获得二等奖。在第十五届全国大学生交通运输科技大赛中，2个团队获二等奖，1个团队获三等奖，1个团队获优秀奖。在2020年大学生方程式赛车比赛中，燃油车队获得三等奖，电动车队获得二等奖。在2020年江苏大学第十二届全国节能减排社会实践与科技竞赛中，3个团队获得特等奖，3个团队获得一等奖，4个团队获得二等奖，8个团队获得三等奖。

【宣传工作】 2020年，汽车学院累计在省级及以上媒体发表报道14篇，其中，新华社1篇、教育部官网1篇、中新社2篇；在地市级媒体发表报道20余篇。学院中文网站重新改版上线。

【国际合作与交流】 1. 高层次海外人才方面。2020年成功获批国家留基委“智能电动车辆及控制系统创新型人才联合培养项目”。目前已有5名博士、2名硕士获得国家留基委资助。7月，精心组织申报以Muthu院士为首席专家的江苏省“双创团队”，学院教师与Muthu教授在期刊*ESC Journals*和国际会议IMCS-2020上其合作发表了2篇学术论文。2. 联合办学。2020年与美国北亚利桑那大学稳步推进车辆工程（中美学分互认项目）121项目；做好新冠肺炎疫情防控期间的江苏大学—北亚—中教国际—家长和学生四方沟通工作，积极与在美学生沟通，与北亚校方沟通确认防控措施、教学调整、应急预案等事宜，给学生寄去了防疫口罩等用品。做好2019级中美班学生线上授课的日常管理工作。做好4个年级中美班“招、培、派、管”四维一体工作。2020年，与韦恩州立大学该校签订《1+1+1双硕士学位联合培养协议》，与康考迪亚大学签订《博士研究生联合培养协议》，1名研究生赴中英20+20联盟学校—英国克兰菲尔德大学进行双学位硕士项目学习工作。3. 海外交流。11月邀请加拿大Muthu院士和美国得克萨斯理工大学杨景周教授参加2020新能源汽车技术青年学者国际论坛暨第八届江苏青年科学家年会并做主题报告。11月26日，成功承办江苏大学第十届中外研究生学术论坛（工程三类）。论坛的交流形式包括口头汇报、墙报展示和书面交流等多种，共有5位研究生荣获论坛“最佳口头汇报奖”，9位研究生荣获“优秀论文奖”。2020年6月，邀请德州理工大学杨景周教授为学院开设1门全英文线上研究生课程。教师出国（境）交流方面，1名教师（陆颖）顺利结束境外访学。4. 认真落实学校“095”工程。推进涉农学科与专业建设，学院选派4名教师承担“2020年江苏大学赞比亚第三期农业机械培训暨现代农业机械及农产品加工高级工坊”授课工作。5. 海外留学生招收与培养。招收海外博士研究生2名，海外硕士研究生2名，海外本科生2名，已于2020年秋季入学。在海外留学生招生宣传与培养方案方面，积极配合海外学院做好留学生招生宣传工作，对车辆工程、交通运输两个专业的博士研究生、硕士研究生培养方案进行修订。6. 海外课程建设。“汽车构造”获批校级留学生本科全英文课程1门。2名教师（魏胜利、施榆吉）参加2020年江苏大学英文授课课程微课比赛。2名教师（陆颖、徐伟）获得英文授课教师资格。7. 推动人才培养国际化进程。为进一步满足学生赴境外学习交流的需要，汽车学院在2020年开展了4次海外学习专题讲座，深入解读校、院海外学习项目和资助政策，发挥校、院留学交流经费的激励作用，加强宣传海外学习先进学生典型，教育引导学生参加海外学习，营造学生海外学习氛围。本年度，学院共有 31 位学生参加了出国类外语考试，27 人通过；97 人赴海外学习或短期交流，3 名毕业生赴美国韦恩州立大学、香港大学、东京国际文化学院国（境）外高校攻读硕士学位，1 名毕业生赴日本三重大学攻读博士学位。2 个团队参加“中日韩创新工程设计竞赛项目”。出国政策及海外留学宣讲方面，参加中教国际教育交流中心举办的“中美人才培养计划”项目管理经验交谈会。高标准建设学院改版英文网站，对留学生招生及培养政策、留学生信息等内容进行更新。为更好地帮助有出国留学深造意向的学生准确定位，提高留学申请的成功率，学院举办了海外留学经验交流分享会。学院获得 2015—2019 江苏大学国际化工作先进单位称号，耿国庆获得校国际化工作先进个人称号。

（撰稿：杨晓峰　核稿：尹必峰）

能源与动力工程学院

【学院概况】 能源与动力工程学院现设有能源与动力工程、建筑环境与能源应用工程、新能源科学与工程 3 个本科专业及方向。拥有动力工程及工程热物理一级学科博士学位授权点（含自主增设的清洁能源与环境保护二级学科点）和流体力学硕士学位授权点，并设有动力工程及工程热物理博士后科研流动站，其中流体机械及工程为国家重点学科，动力工程及工程热物理一级学科为江苏省重点学科、优势学科。学院设有动力系、建筑环境系、新能源系、中心实验室，以及流体机械研究所、流体力学及多相流研究所、力学与航空宇航动力研究所、动力机械及工程研究所、工程热物理研究所、热能工程研究所、人工环境设备研究所、生物质能源技术研究所、太阳能及储能技术研究所、节能技术研究院等教学科研机构。学院现有教职工 119 人，其中教授 23 人（博士生导师 19 人）、副教授（高级工程师）47 人。教师队伍中具有博士学位的 95 人。现有在校本科生 1 395 人，博士、硕士研究生（含工程硕士）316 人。学院中心实验室面积近 6 000 平方米，实验设备总值约 4 084 万元。学院党委设有 13 个党支部，其中教工党支部 7 个、研究生党支部 4 个、本科生党支部 2 个。共有党员 182 名，其中正式党员 169 名，教工党员 87 名。

【党建与思想政治工作】 学院坚持党政共同负责的集体领导，通过定期召开党政联席会，共同决策学院重要事项，共同负责落实学院各项工作，协同推进学院事业发展。认真落实党委中心组学习、干部读书学习活动，在领导班子中开展专题读书调研活动。党委书记认真履行党风廉政建设“第一责任人”职责，领导班子其他成员切实履行“一岗双责”责任。建筑环境与能源应用工程专业和新能源科学与工程专业获评江苏大学“三全育人”综合改革第二批示范专业；获中层干部优秀调研成果三等奖和党建工作创新创优奖三等奖各 1 项。2 个教学案例获评江苏大学课程育人示范教学设计暨教学改革优秀案例。“基于三全育人理念下实践育人模式探索与分析”荣获学校“一院一品”校园文化建设精品项目评审三等奖，2 名党员获学校党员示范岗表彰。获评“党建带团建”先进单位、“江苏大学 2019—2020 年度群众体育工作先进集体”。根据校党委的部署，结合学院实际编制并落实了教职工理论学习计划，全面贯彻落实学校思想政治工作各项部署，推进意识形态工作，认真落实好2020年大学生形势政策课，认真组织大学生深入学习理解习近平新时代中国特色社会主义思想。学院网站同时获评2020年度江苏大学十佳中文网站和十佳英文网站，2名教师分别获评中、英文优秀网站管理员。在《中国教育报》《中国科学报》等省级以上重要媒体发表报道11篇，其中深度报道1篇；江苏大学官方微博、微信用稿3篇，校内新闻用稿47篇，学院官微累计推送74篇。辅导员获批学校党建专项课题2项，获党建工作案例一等奖1篇、三等奖1篇，获党建优秀论文一等奖1篇、二等奖2篇，获资助育人优秀案例一等奖1项，发表思政论文4篇。1名教师获评江苏大学“十佳青年教师”。

【本科教学与实验室建设】 学院被评为江苏大学本科教学工作先进集体、2020年招生工作先进单位。能源与动力工程获批国家级一流专业建设点；新能源科学与工程专业获批省级一流专业，并推荐申报国家一流专业，与建筑环境与工程专业一并获评为江苏大学“三全育人”综合改革示范专业（第二批）。能源与动力工程专业新增储能科学与工程、动力机械工程两个专业模块。获批能源与动力工程第二学士学位点，并启动能源与动力工程专业认证。“空化现象可视化与控制”等4门课程获批国家一流课程，“流体力学”等6门课程被评为校一流本科课程。“工程热力学”“Renewable Energy”被评为省级重点教材立项建设。获校级讲课比赛二等奖1项，校微课比赛特等奖1名、一等奖1名、二等奖3名。获第十三届全国大学生节能减排社会实践与科技竞赛一等奖1项、三等奖1项及校级竞赛特等奖9项。成功举办江苏大学第二届诗画流体力学创作大赛并扩展到校际联赛。加强实验室安全管理，层层落实安全责任制，全面实行危化品及气体钢瓶网上采购，落实安装实验室门禁和监控系统，打造了学院现代化多媒体“智慧教室”。推进国家级实验教学示范中心建设，获校自制仪器项目1项。

【科研工作与学术交流】 国家自然科学基金申报41项（“杰青”2项，“优青”1项，重点联合1项，面上15项，青年20项，“外青”2项），申报江苏省自然科学基金19项（“杰青”2项，面上4项，青年13项）。获批国家自然科学基金重点项目（联合）1项，国家自然科学基金4项（面上、青年各2项），国家重点研发计划任务1项，省自然科学基金面上项目2项、青年基金2项，省高校自然科学基金项目1项，镇江市重点研发计划项目1项，省部级重点实验室开放课题5项。纵、横向课题新增合同总经费1 463.6万元，其中纵向课题经费总额为309.4万元，横向合同经费总额1 154.2万元（增长49.35%，其中超100万元项目5项），到账经费418.05万元（比2019年增长32.5%）。发表SCI检索论文127篇，其中高水平论文92篇（其中一区65篇，比2019年增长96%；二区27篇）。申请国家发明专利87件，获授权发明专利39件，其中高价值专利14件，转化专利成果数6件，申请PCT专利5件，PCT进入境外发达国家3件，出版论著3部。承办二级学科及省级以上会议2个。科研成果获江苏省科学技术奖二等奖1项、其他社会力量奖二等奖2项。11月获批成立节能技术研究院。学院获评2020年江苏大学国际化工作先进单位。牵头完成了2020年度动力工程与工程热物理学科留学生培养方案的修（制）订工作。申报并获批校来华留学生英文授课精品课程3门、英文教材1部，获批校来华留学本科教学质量工程特色项目立项（实验实践教学平台）1项、线上教学资源2项。3名博士留学生顺利毕业，1名硕士留学生补授学位。教师赴境外参加高水平国际会议（含线上）12人次。学生有3个月以下海外经历的81人，3个月以上海外经历的17人。

【学科建设与研究生教育】 协助牵头单位完成江苏高校优势学科三期建设任务，完成2020年学科建设目标。配合牵头单位完成动力工程及工程热物理专业工程博士点申报材料。发表工程学高水平论文79篇；主动引用工程学期刊论文627篇次。发表一区论文65篇，高被引论文9篇。成功举办国内重要学术会议1场。录取硕士研究生109名（其中7名非全日制）、博士研究生10名，另招收吴仲华班研究生10名。硕士招录比达3.43，录取优质生源率为47%，录取“双一流”高校人数占总人数的14%，硕博连读比例达88.9%。毕业硕士研究生79人，单证工程硕士4人，博士研究生3人。获批省优秀硕士学位论文2篇，校优秀博士学位论文4篇、优秀硕士学位论文5篇。获批省研究生创新计划项目4项。承办2020年江苏省研究生节能低碳创新实践大赛。获批江苏省产业教授1名。与江苏省产业技术研究院流体工程装备技术研究所签订了集萃研究生联合培养协议。

【师资队伍建设】 2020年度共引进教师14名，其中海外人才5名，专业外教1名，教授1名。1名教师被确定为江苏省“六大人才高峰”中青年学术骨干培养对象，1名教师获评江苏省特聘教授，3名教师获评江苏省双创博士，1名教师入选江苏大学教学名师（培育）人选。获2019年度江苏大学奋达杰出青年英才奖二等奖1人、三等奖1人；入围“青年英才培育计划”优秀青年学术带头人培育人选1人，优秀青年骨干教师培育人选1人。晋升正高职称2人，副高职称5人，二级教授2人。

【学生工作】 以“三全育人”综合改革为动力，以“十大育人体系”为抓手，认真学习习近平总书记给全国涉农高校书记校长和专家代表的回信精神，以及对江苏大学重要批示精神。获评江苏大学学生工作先进集体、学生军训优秀单位、早操评比一等奖、学风建设优秀组织奖和校十佳心理协会。本科生就业率96.97%，研究生就业率98.96%，2021届本科毕业生研究生报考率76.49%，2020届考研录取率36%。有116名学生考取研究生，其中，被康奈尔大学、韩国庆尚国立大学、俄勒冈州立大学、美国东北大学等国外名校录取11人，被上海交通大学、浙江大学、西安交通大学、哈尔滨工业大学等“双一流”高校录取55人。全年评定国家级、校级及企业助学金100余万元，苏州苏尔寿泵业奖学金每年6万元，新增无锡日立泵奖助学金25万元，新增陶学子5名，荣获2020年五四红旗团委，团聚135创新创优工程一等奖。获评镇江市优秀实践团队1个，优秀指导教师1人，优秀实践个人3人。

（供稿：刘　浩　核稿：康　灿）

材料科学与工程学院

【学院概况】 2020年，材料科学与工程学院坚持以习近平新时代中国特色社会主义思想为指导，深入贯彻落实党的十九大精神和全国教育大会精神，紧紧围绕学校第四次党代会确定的“高水平、有特色、国际化研究型大学”战略目标，按照党要管党、全面从严治党的要求，坚持以立德树人为根本任务，以学科建设为龙头，以团队建设为抓手，围绕学校创建农机特色双一流战略，瞄准创建一流学科的宏伟愿景，进一步解放思想、凝心聚力，创新举措、狠抓落实，积极推进“三全育人”综合改革和高水平、有特色研究型学院内涵建设，在全院师生的共同努力下，学院各项事业均取得了明显进步。主要成效包括：获评2020年江苏大学“党建工作标杆学院”；获评江苏大学党建工作样板党支部1个、江苏大学“研究生样板党支部”1个、江苏大学“研究生党员标兵”1人；获“党建工作创新创优奖”一等奖。共引进高层次人才11名，其中3人具有海外博士学位，6人具有海外经历，焦静思受聘为“金山青年特聘”教授；潘国庆进入国家级人才答辩阶段；杨娟团队获评江苏省“青蓝工程”优秀教学团队；刘军林获批江苏特聘教授（A类）；李松军当选为俄罗斯自然科学院外籍院士。复合材料与工程专业被推荐参评国家一流专业；1个团队获“互联网+”大学生创新创业大赛省赛金奖、国赛银奖。获批国家自然科学基金项目13项，其中国自然联合基金重点项目1项；获省级科学技术奖2项、江苏省力学学会科学技术特等奖1项、社会力量奖2项；高端金属结构材料及装备技术协同创新中心（培育）晋级转正（B等次）。ESI材料科学国际排名进入前2.01‰（2020年11月数据，排197名）；推荐申报冶金工程博士点；参与机械工程专业博士点申报。获批国家留学基金委2020年度乡村振兴人才培养专项；与英国莱斯特大学化学院签订了研究生联合培养协议；参与建设的江苏大学克兰菲尔德未来技术研究生院获教育部批准，并开始实质化运行。

【坚持以本为本，全面提高人才培养质量】以国家、省、校高等教育规划与改革思路为指导，充分挖掘专业内涵，积极谋划一流本科专业和一流课程建设。复合材料与工程推荐至国家一流本科专业遴选。复合材料与工程、材料成型及控制工程入选校“三全育人”综合改革示范专业。冶金工程、高分子材料工程2个专业克服种种困难，完成自评报告撰写提交，等待现场考查通知。积极组织一流课程和重点教材的申报工作，2门课程获评国家首批一流课程；2门课程获省一流课程。“金属基复合材料”获校微课比赛特等奖；“定向凝固技术”“X射线的产生及其能量”获二等奖。《有色金属材料及制备》被纳入“十三五”国家重点出版物出版规划项目。2门教材获校重点教材立项；获评江苏大学课程育人示范教学设计暨教学改革典型案例优秀案例2个、一般案例4个。通过规范院、系教研活动，量化教研活动内涵考核，鼓励教师积极参加教研教改活动等手段，有计划地培育教学名师，组织学院教学沙龙和公开课活动。结合青年教师助理教学制，全方位帮助青年教师尽快适应大学的教学科研工作。杨娟团队入选江苏高校“青蓝工程”优秀教学团队，杨娟入选校教学名师培育计划，聂仪晶获“江苏大学新长征突击手”称号，张明芬获“江苏大学优秀教务员”称号。组织举办材料学院第十届教师教学竞赛，推选出5名优秀选手参加学校竞赛，获得二等奖2项。继续执行学院《年度本科教学工作评选表彰办法》，评选出7名本科教学工作先进个人（陈飞、李冬升、刘军、聂仪晶、苏明如、王安东、徐桂芳）。2020届本科学位授予率97.85%，CET-4通过率84.6%，CET-6通过率39.4%，计算机通过率20.6%。2020级继续试行材料类大类招生；圆满完成2019级材料类学生专业分流工作。注重学生创新能力与实践能力的培养，学生在参加国家级专业技能比赛中获得多项奖励。在“永冠杯”第六届中国大学生材料热处理创新创业大赛中，获得一等奖1项、二等奖1项；在“永冠杯”第十一届中国大学生铸造工艺设计大赛中，获得三等奖4项；在第九届全国大学生金相技能大赛中，获得一等奖1项、三等奖1项；在第二届虚拟炼钢大赛暨第三届全国大学生冶金科技竞赛中，获得一等奖1项、三等奖2项。2020年获批大学生实践创新训练计划项目52项，其中国家级5项。9篇论文入选校本科优秀毕业设计（论文）。一篇毕业设计论文入选卓工联盟优秀毕业设计作品集。

【加强组织策划，不断提升科研创新能力】 2020年，重点做好本年度国家自然基金项目和省科技厅、教育厅等科技项目的申报组织工作。在前期动员的基础上，做好申请书的院内评审，邀请校内外相关专家评审申请书，院内进行了多次审查，以提升申请书的质量与立项率。国家自然基金项目的申请数量创历史新高，共申请83项。省科技厅项目申请17项。获批国家自然科学基金项目13项，其中国自然联合基金重点项目1项，国自然联合基金培育项目1项、面上项目6项、青年项目4项。江苏省自然基金项目4项。科研总经费5 290万元，其中，纵向经费1 484万元，横向合同经费3 831万元。发表SCI等收录论文225篇，出版专著2部。授权发明专利61件，申请PCT专利3件。科技成果转化29项。获江苏省科学技术三等奖1项、江西省自然科学三等奖1项、江苏省力学学会科学技术特等奖1项、中国科技产业化促进会科学技术二等奖1项、中国技术市场协会金桥奖二等奖1项。江苏省高端金属结构材料及装备技术协同创新中心完成二期验收工作，由培育建设晋级转正B等次。

【强化过程管理，持续推进学科建设和研究生工作】 以实现重点突破为目标，以改革创新为动力，凝练学科方向，突出优势特色，汇聚人才队伍，促进学科交叉，优化结构布局，完善管理机制，提升学科内涵。从材料学科本身要求出发，从具有国家发展战略特征的领域，以及具有国家发展时代特征的领域寻找新的学科生长点。ESI材料科学国际排名进入前2.01‰（2020年11月数据，排197名）。完成江苏高校优势学科三期项目的中期检查、省级优势特色学科建设监测数据的填报；申报冶金工程一级博士点，参与申报机械工程学科工程博士点，已进行五轮学科评估。作为发起单位成立长三角高校材料学科创新联盟，并任副理事长单位。研究生生源质量对于后续培养至关重要，因此，学院严格把关博士、硕士生招生质量。博士生招生强调硕博连读的比例，硕士生招生强调百强学校生源。2018年学院组织教师去近几年学生来源较多的安徽、山东、河南等地高校开展硕士研究生进行招生宣传，2020年报考生源数有了明显提升，突破了400人，为近几年报考人数之最，硕士生招录比达1.92。2020年共招收硕士研究生211人，招收博士研究生19人。录取硕博连读的博士比例达到了84.21%，录取非定向博士生比例达到了94.73%，大幅超过学校的要求。拟录取2021年硕博连读生、自主招收博士研究生16人，拟录取在校生比例达93.75%。2020年全年开设全日制研究生课程41门，开设留学研究生课程6门。在上半年疫情严重的情况下，教师们克服困难，保证所有课程全部线上开课。通过学院领导深入课堂听课，加强督查，保证教学质量。研究生学风优良，考风考纪端正。认真做好研究生的日常管理工作，试卷存档规范，教学档案齐全。成绩单准时且规范无误。严格按照培养方案要求，认真仔细进行研究生管理系统的各项内容审核。组织申报了研究生“课程思政示范课”和精品教材。学院有研究生精品课程在建课程1门、研究生“课程思政示范课”1门、精品教材在建项目1项。积极申报研究生教改课题3项。在平台建设方面，获批江苏省研究生工作站1个，申报省产业教授1人。获批省研究生创新基金9项。授予硕士学位168人，博士学位15人。获校优秀博士学位论文1篇、校优秀硕士学位论文17篇。积极提升研究生培养质量，学院积极承办由江苏省教育厅工学3类研究生教育指导委员会主办的百名“材子”大论坛——2020年江苏省研究生先进材料学术创新论坛。大会从70名口头报告者中评选出了特等奖2名、一等奖6名、二等奖10名；同时根据墙报质量评选出了特等奖2名、一等奖4名、二等奖6名。材料学院获得特等奖2项、一等奖1项、三等奖15项。学院牵头组织了第二届虚拟炼钢大赛暨第三届全国大学生冶金科技竞赛、江苏省冶金工程学科研究生实践创新大赛和江苏省新能源材料与器件研究生科研创新实践大赛校内选拔赛，荣获全国大学生冶金科技竞赛一等奖1项、三等奖2项，获江苏省冶金工程学科研究生一等奖1项、二等奖2项、三等奖6项、优胜奖9项。获江苏省新能源材料与器件研究生创新大赛一等奖1项、三等奖3项，并获赛事优秀组织奖。作为牵头学院承办了江苏大学第十届中外研究生学术论坛理工分论坛，并荣获优秀组织奖。学院积极组织导师按照学校要求进行学习培训，加强导师队伍的师德师风建设，学院未出现导师师德师风问题。组织研究生工作站校内联系人进行省研究生工作站年报数据申报和研究生工作站验收材料上传。配合研招办进行2019—2020年度博导数据采集。为材料专业博士点申报、冶金专业博士点申报、学科评估等提供研究生教育和培养等方面的相关数据。

【培养引进并重，队伍建设保持良好势头】 以“凝练学科方向，汇聚人才队伍”为指导思想，围绕学科重点和特色研究方向，突出“高端、青年、国际化”战略主题，牢固树立“第一资源、人才优先、以用为本、服务发展”的理念，做好规划，加大人才引进力度。引进焦静思为金山青年特聘教授；引进高层次人才11名，其中3人具有海外博士学位，6人具有海外经历。招收外籍博士后4人、国内博士后9人。2020年，李松军当选为俄罗斯自然科学院外籍院士，杨娟团队入选2020年青蓝工程优秀教学团队，刘军林入选江苏省特聘教授（A类），栗兵、曹甫洋、杜成超、王斐、徐晖、陆磊、鞠玉琳、李洪亮入选江苏省“双创博士”。新增教授5人（霍向东、刘芹芹、印胤、李军成、Shahid Hussain）、副教授5人（庄栋栋、曹甫洋、王斐、彭敬敦、陈飞）、研究员1人（景茂祥）。

【安全常抓不懈，实验室高效运行】 在实验中心内涵建设方面，学院修订了以竞争机制为核心的新的绩效考核机制，加强了师风师德建设，完善了相关管理制度。在资源建设方面，优质资源的建设继续有序进行，本年度新增固定资产200余件，价值4 199 685.05元。新增固定资产中10万元以上设备8台（2 738 053.77万元）。2020年完成优势学科三期大型设备透射电镜的论证和招标工作；完成XRD论证工作，开始招标流程。为配合新设备的安装进行实验室的局部调整，完成6间实验室搬迁和改造（老楼拐角2间，新楼1楼2间、二楼1间、三楼1间）。同时进行农测楼和土槽楼规划改造方案的论证工作。协助完成现代农业工程大楼相关实验室初步规划方案。实验教学方面，全年完成实验教学本部39 896人时，京江学院13 150人时；其中线上完成实验教学本部12 256人时，京江学院5 502人时。开放性实验全年完成2 746人时，823人次，21个项目，其中新增开放性实验项目8项。公共平台的学生实验严格按照工程专业国际认证要求的批次数进行，常规实验教学实现全程管理系统的管理，学期初任务下达制订计划→期中质量检查→期末工作量统计均在系统中进行。根学校要求，梳理每个教学实验室及实验设备信息，完成本科教学实验室教育质量监测状态数据填报工作。研究生实验教学继续开设“材料性能测试与分析”实验课，选课人数125人。科研实验室管理进一步规范，加强了测试质量的监控并开始考核大型设备管理情况。全年样品测试总数大约为11 300个，测试时间9 000小时。完成2020年度实验室管理绩效考核和2019/2020学年大型仪器设备效益评价。安全工作方面，继续完善材料学院实验室安全准入制度，进行实验室安全准入考试。2020年新入学本科生（355人）、研究生（230人）、教师（10人）均参加网上安全学习和培训，通过率均为100%，学院已实现实验室安全准入制度全覆盖。本年度组织人员参加“江苏大学危险化学品综合管理平台使用培训”“全国高校实验室安全管理2020年第一期培训班（网络）”“校实验室安全管理员研讨会”“校实验室安全培训会”“省高校实验室安全培训会”，以及“2020年高校科研实验室安全现场检查启动暨培训视频会”共7次，20人次参加。1人获得特种设备专业操作和管理资质。学院共举行安全知识教育培训3次，安全演习2次，一次是疫情防控条件下实验室消杀及危化品泄漏应急演练，一次是消防安全及火灾演习。迎接学校职能部门及省级以上安全检查4次、校设备处飞行检查8次，自查学院安全40次，发现安全风险项累计196项，通过督促整改180项，对由于学院实验条件所限暂时无法整改的加强了检查力度。安全制度方面，学院与五所、两院及实验中心分别签订了《材料学院实验室安全责任书》；为了尽快贯彻落实《江苏大学安全生产责任制规定》，加强学院实验室安全管理力度，明确责任，材料学院制定了《江苏大学材料学院安全生产责任制规定（试行）》《材料学院实验室安全管理员工作职责》等相关规定。全年共申购易制爆化学药品24种161件，易制毒化学药品8种314件。收集化学固体废弃物空瓶401袋（约8 000瓶），化学废液45桶，碎玻璃55箱，过期药品9箱。完成2020年全院固定资产清查盘点工作，办理416条，共969.5万元的固定资产入库登记，报废处理了10批破损的固定资产。家具17件，申请额7 212元；设备149件，其中2台超20万元设备，申请额超294万元。在各所专管员的配合下完成年度全院固定资产核查；完成1 242项资产调拨及多项资产信息修改。

【坚持“三全育人”，促进学生工作发展】 2020年，材料学院学工团队坚持以习近平新时代中国特色社会主义思想为指导，全面落实《江苏大学关于进一步深化“三全育人”综合改革　加快构建思想政治工作体系的实施意见》，坚持把学生安全和身体健康放在首位，坚持疫情防控不松懈，推行“仁爱、陪伴、奉献、成长”的工作理念，努力促成学生成长成才。学院深化学校“三全育人”综合改革和思想政治工作“八项工程”的要求，把立德树人融入思想道德、文化知识、实践教育各环节，使思想政治工作贯穿学科教学、日常教育、管理服务和安全稳定全过程，努力构建目标明确、内容完善、运行科学、保障有力的思想政治工作体系，促进学生德智体美劳全面发展，培养学生爱国情怀、社会责任感、创新精神、实践能力。获评省三好学生1人，省优秀学生干部1人，省先进班集体1个，校长奖学金3人，国家奖学金16人，校三好学生标兵4人，校优秀研究生标兵4人，校先进学生党支部2个，校优秀学生共产党员5人。辅导员队伍建设方面，响应学校队伍建设保障工程要求，暑期举办“辅导员职业能力提升培训班”。本年度学院辅导员主持校级课题1项，发表省级期刊论文1篇，获军训指导优秀辅导员1人，获辅导员工作案例三等奖1人。深入贯彻《江苏大学心理育人质量提升实施方案》，坚持育心与育德相统一，加强人文关怀和心理疏导，引导学生正确认识义和利、群和己、成和败、得和失，培育学生自尊自信、理性平和、积极向上的健康心态，促进学生心理健康素质与思想道德素质、科学文化素质协调发展。结合学院实际开展了“9·20”心理教育周之“坚韧之美——你的心事我来听”活动、“12·5”活动之“呵护心灵，你我同行”心理情景剧大赛。2020级新生心理普查参与率达100%，一甲学生全部由学院具有国家心理咨询师资质的辅导员一对一干预。本年度成功处理心理危机事件2起，帮助梳理一般心理问题10余例。在学校“管理育人”体系不断完善的良好基础之下，深入推进学业导师队伍建设，聘任一批思想政治素质高、业务能力强、作风过硬的专业课教师担任学业导师，实现本科生学业规划100%全覆盖。2019—2020学年学业导师共68人，考核2018—2019学年学业导师共68人，10人获评优秀；举办学业指导教授大讲堂4次。开展科学道德与学风建设宣讲教育、“青春故事报告会”、优良班风建设系列活动等。规范学生日常管理，上半年做好疫情防控工作，下半年学生返校后继续严抓学风建设，保障课堂、早操、晚自习出勤率。受疫情影响，2020年上半年大部分学生未返校，学院学工团队深入学生宿舍，为学生取寄生活学习必需品，帮学生晾晒床单被褥。下半年常态化推进学生社区安全隐患排查和整治工作，抓好学生社区的安全管理。每周开展宿舍安全卫生自查并将检查结果在全院公示，共评选出本科生“文明宿舍”320间、本科生“百佳宿舍”5间和研究生“文明宿舍”132间。围绕“奖、助、贷、勤、补、减、免”七位一体资助体系，全面做好学生帮扶工作。根据学校要求规范贫困生认定管理，重点加强对建档立卡学生的帮扶，促进学生健康成长和全面发展。2020年上半年疫情防控期间发放临时困难补助共计1.57万元，口罩、慰问物资0.1636万元；下半年审核发放各类奖助学金及临时困难补贴近400人次、63余万元，年终学生欠费率控制在1.08%。在学校就业质量提升工程相关要求的指导下，本年度学院把就业创业指导工作作为攻坚克难的重点，依据不同专业、不同年级学生特点，实施分阶段、分类化就业指导帮扶。深入开展本科生学业规划、研究生职业规划指导，获校本科职业规划大赛优秀组织奖，获评优秀指导教师1人，获职业规划大赛二、三等奖各1项。2020届本科生就业率92.28%，考研录取率41.05%；研究生就业率95.94%。2021届研究生报考率70%，报考本校率20%，再创新高。进一步加强对学生创新创业能力的培养，获“互联网+”大学生创新创业大赛省赛金奖1项、国赛银奖1项。加强对素质教育类课程学生上课的考勤与管理，提高素质教育的灵活性、针对性、覆盖面。本年度194名学生选修了素质教育类课程，与往年同比增长了25%。主动深入兄弟学院调研海外推进工作的做法和经验，结合学院情况，充分利用新媒体如学院网站、微信公众号、微博、抖音平台等大力营造海外学习的氛围，举办海外学习经验分享会，合作举办2期雅思培训班，共57人参加培训；21人参加出国类外语考试，2人海外升学，4人参加海外短期学习项目，1人参加海外线上短期学习项目。全年围绕学生工作重点，以党的十九大，十九届二中、三中、四中、五中全会精神和习近平新时代中国特色社会主义思想为引领，围绕“汇聚合力　阻击疫情”、“绽放战疫青春·坚定制度自信”、“喜迎团代会·青春献祖国”、社会主义核心价值观等主题开展主题教育和党团日活动；加强青年学习社的建设，有序推进“信仰公开课”开展和示范课建设，获评江苏大学信仰公开课示范课1项，同时组织全员学生参加全国网络思政大课等；组织学生参加青年大学习网上主题团课，全年学习率保持在97%以上；第19批大学生科研立项申报128项、获批77项（一般项目20项，资助项目57项，本科生资助项目47项），18批结题20项（本科生资助项目14项）；获第十一届“挑战杯”江苏省大学生创业计划竞赛金奖、第十二届“挑战杯”中国大学生创业计划竞赛银奖、第六届江苏省“互联网+”大学生创新创业大赛金奖、江苏大学中外研究生论坛优秀组织奖，获第九届“赢在江大·互联网+”大学生创业精英挑战赛优秀组织奖，且多名学生入围优秀奖。院团委积极从凝聚青年、服务大局、当好桥梁、从严治团“四个维度”开展工作，立足“强三性”“去四化”，深化团学组织改革，进一步完善相关制度章程，推行“三纵四横五协同”团建项目化体系，形成高效、团结、创新的团学组织。开展组织强基工程，完善智慧团建系统和“第二课堂成绩单”建设，认真开展团员发展（11名）、团内推优、“三会两制一课”工作和团组织关系转接；加强队伍建设，联合承办第74、75期团校，开展团学骨干培训班，进行班团一体化运行机制改革，开展“团聚135”创新创优工程，获校三等奖；开展活力提升工程，获校研究生团支部风采展示大赛二等奖；通过各种新媒体平台网聚青年，扩大团学工作覆盖面；表彰先进，榜样示范，聂仪晶荣获“江苏大学新长征突击手”称号，7人入选校百优青年，3人获十佳青年提名奖，1人获十佳青年荣誉称号，1人获镇江市勤学上进好青年称号，1人获江苏省大学生抗疫先进个人称号。第二课堂精彩纷呈。依托团支部和学生组织开展“展材料魅力，做创新之材”“魅力三走，乐享青春”“以文育人，以行修身”等一系列丰富多彩的校园文化活动；组织动员学生参加第十届“星光杯”大学生课外学术科技作品竞赛、科技文化节和百科知识竞赛，浓郁科研创新氛围。学生体育工作成效显著，获评江苏大学学生体育工作先进单位，获校第19届运动会田径第七名、定向越野季军、乒乓球比赛第四名、新生杯篮球赛第七名等。社会实践显成效，组建100余支团队，围绕疫情防控、关爱自闭症儿童、脱贫攻坚、杜绝浪费等主题开展社会实践，尤其疫情防控期间学院志愿者70余人前往祖国各地开展疫情防控志愿服务，组建26人的“手拉手”专项志愿服务团为支教地小学和残疾家庭孩子进行线上课业辅导和心理疏导等，产生了良好的社会影响；获团中央“镜头中的三下乡”优秀视频奖1项；获评江苏省暑期“三下乡”社会实践先进个人1人，市、校优秀指导教师3名，市、校优秀团队4个，先进个人46人等；被教育部、《人民日报》、《新华日报》、中青网、未来网等多家单位和媒体广泛报道转发20余次。

【大力推进国际化工作】 2020年，学院持续重视国际合作。虽然本年度全球严峻的疫情形势给学院国际化工作的开展带来了巨大挑战，但学院仍然坚持对外合作，加强丰富学院国际化合作平台。学院首次成功获批国家留学基金委2020年度乡村振兴人才培养专项，为学生、教师的国际合作交流争取到了更好、更直接的渠道与经费资源。学院与英国莱斯特大学化学院签订了研究生联合培养协议，助力更多优秀学生前往名校深造；同时，学院加强与国外名校合作，继续努力推进英国克兰菲尔德大学—江苏大学双学位项目，本年度大力度资助3名研究生至英国克莱菲尔德大学进行双学位联合培养。在双学位项目取得进展的同时，学院积极支持江苏大学—英国克兰菲尔德大学中英联合研究生院的申报工作，中英研究生院已获教育部批准。此外，学院高度配合学校国际化工作，协助国际处举办了江苏—英国高水平20+20联盟会议。学院加强对教师和学生的国际化指导，根据学校统一部署，依托优势学科建设平台，积极推动国家公派研究生项目、优秀本科生国际交流项目、校际交流项目及大学生暑期海外研修项目。在留学生培养方面，本年度另新招收外国留学博士生4人、硕士生1人。有1名留学博士生成功获得学位，并继续留在学院从事博士后研究工作。学院教师的国际影响力明显提升，多名教师担任国际期刊编辑或客座编辑。

【加强党的建设，为学院事业发展提供坚强组织保证】 （一）加强政治建设，充分发挥党的政治建设统领作用。1. 提高政治站位，强化组织领导。坚持把政治建设摆在首位，积极贯彻落实中央、省委、校党委重大决策部署，围绕立德树人根本任务，发挥党组织政治核心作用，牢固树立“四个意识”，坚定“四个自信”，坚决做到“两个维护”。建立并坚持“第一议题”学习制度，坚持政治建设及重大事项请求报告制度。发挥党组织政治核心作用。切实肩负起学院党建工作责任，落实党委主体责任。及时修订《材料科学与工程学院“三重一大”议事规则》，严格执行党委会、党政联席会议、“三重一大”议事规则。2. 严肃党内政治生活，提高党建工作标准化、规范化水平。严格执行《关于新形势下党内政治生活的若干准则》等党内法规，规范落实民主生活会、组织生活会制度，开展好民主评议党员工作；严格落实党员领导干部双重组织生活制度，严格执行党员领导干部、党支部谈心谈话制度；严格执行《材料学院关于进一步加强党支部建设的意见》，定期检查党支部工作并给以指导意见。学院基层支部“三会一课”制度落实到位，台账规范。3. 充分认识重大意义，扎实推进集中性主题教育。根据中央和省委统一部署，巩固深化“不忘初心、牢记使命”主题教育成果。进一步培育和践行社会主义核心价值观，清明节前后积极开展以“缅怀革命先烈，致敬抗疫英雄”为主题的系列教育活动，引导广大师生在缅怀革命先烈、致敬抗疫英雄的活动中切实增进对新时代爱国主义精神内涵的理解。深入学习贯彻习近平总书记关于防控新冠肺炎疫情的重要指示精神，坚持两手抓、两手硬，振奋精神，奋力夺取疫情防控和事业发展的“双胜利”。开展庆祝中国共产党成立99周年系列活动，组织毕业班学生党员代表重温入党誓词，组织新党员进行集体宣誓活动，通过江苏大学企业微信号召开教职工党员大会，党委书记杨娟上“中国共产党党史——99 年光辉的历程”专题党课，材料学院大厅放置“永远跟党走——热烈庆祝中国共产党成立 99 周年”特别宣传展板，供师生合影留念。开展“学术道德驻我心，真材实学伴我行”系列主题活动。9 月 15 日，材料学院在江苏大学讲堂群举办新生欢迎会暨学科道德与学风建设专题讲座，组织全体研一新生开展学术道德宣誓签字活动，开展“最美科研镜头”摄影比赛、科学道德主题书法展、“学术不端案例警示展览”等活动。通过活动，提升了学生从我做起贯彻落实学术道德规范，以诚实守信的态度开展学术研究的意识。开展学习“习近平总书记重要回信精神”“抗美援朝精神”，以及“宪法”“民法典”“厉行节约”“反间谍法”专题学习活动，学院党委以学院楼大厅、电子屏、廉政文化宣传栏为阵地，设置学习海报，各支部积极开展集中学习和实践活动，取得丰硕成果，无机材料与器件研究所研究生党支部开展的“厉行节约”党日活动被教育部网站报道。4. 抓实党风廉政建设，营造风清气正政治生态。加强组织领导，当好领导者执行者推动者。成立并及时调整全面从严治党责任制领导小组，第一时间成立材料学院党的建设工作领导小组，加强对学院党的建设工作的指导。将党风廉政建设工作纳入学院年度工作计划，研究制定《材料学院 2020 年度全面从严治党主体责任清单》，召开材料学院 2020 年度全面从严治党工作会议，党委书记与党员领导干部签订《全面从严治党责任书》，与党支部书记签订《全面从严治党承诺书》。强化权力制约，完善党风廉政建设运行机制。健全党风廉政相关制度。根据“材料学院 2020 年度重点风险防控时间表”，制定或修订 9 个相关文件。坚持述职述廉机制，坚持谈话机制，认真落实履责记实机制．加强宣传教育，夯实党风廉政建设思想防线。学院党委把廉政教育内嵌到党委理论中心组学习、党组织生活指导意见、教职工政治理论学习计划中，开展经常性的党风廉政宣传教育，广泛宣传校优秀教师、先进工作者、优秀学生党员、学生返校教师党员应急志愿服务队的先进事迹，广泛开展师德师风、科研诚信和学术道德规范专题学习活动，注重发挥正反典型的示范警示作用，营造风清气正的政治生态。积极开展廉政理论研究，获批江苏大学纪检监察研究课题 1 项，获批江苏大学廉政文化一星级创建点。5. 扎实开展未巡先改，不断深化成果运用。学院党委以高度的政治责任感对待党委巡察工作，并认真落实“未巡先改”工作要求；学院党委会专题研究讨论“未巡先改”突出问题专项整治工作，制定并落实《材料学院 2020 年“未巡先改”整改落实情况》，即知即改、立行立改、真改实改、全面整改，切实把“未巡先改”工作抓紧抓实、抓出实效。6. 用心用情做好统战工作，凝聚事业发展强大合力。学院党委高度重视统战工作，认真贯彻落实上级统战工作部署，把统战工作纳入党委年度工作计划、宣传工作计划，把统战理论方针政策学习纳入分党校教学内容，及时通过党委会、支部书记例会组织学习宣传统战理论方针政策，传达落实党的民族宗教政策，维护好《材料学院党外人士名册》和《材料学院欧美同学会名册》，开展统战理论研究，组织撰写统战论文 2 篇。积极开展民族团结进步教育工作。举办庆祝教师节系列活动，慰问民主党派人士刘忠德、非党员教师李亚波。举办座谈会，邀请民主党派人士刘磊、沈湘黔，无党派人士郭顺，非党员教师李军成参加。重阳节走访慰问学院退休党外人士教师，如镇江市政协原副主席罗启富、曹迅。日常关心党外人士教师。李长生教授因科研合作关系，在宁波工作时间较多，材料学院班子成员赴浙江宁波慰问民主党派人士李长生。关心慰问退休前党外人士，材料成型和加工技术研究所教工党支部慰问退休无党派人士傅明喜。材料学院辅导员、教师分别结对帮扶部分少数民族学生。积极支持党外人士开展工作。新材料研究院院长刘磊2020年度当选为民革江苏大学一支部副主委，担任江苏省侨联青年委员会第三届委员会常务委员，牵头申报镇江市侨联系统“微侨家”建设项目。学院教师侯秀丽加入中国民主同盟。加强信仰宗教排查及教育管理工作。充分发挥教职工政治理论学习教育阵地、形势与政策课、信仰公开课、党团日活动作用，在学院师生中不断加强爱国主义教育、科学家精神教育，加强党性教育，加强马克思主义唯物论和无神论教育。做好新生宗教信仰排查工作，定期对学生进行信教排查工作，做好信教学生的引导教育工作。7. 扎实开展群团工作，促推群团新发展。高度重视加强分工会建设。召开党政联席会议专题研究分工会换届工作，召开四届一次教职工工会会员大会，进行分工会委员会换届工作，组建新一届更年轻更有活力的分工会委员会。召开教职工大会，汇报学院事业发展状况和不足，就“十三五”总结和“十四五”规划内容广泛征集教职工意见。进一步美化职工小家，配备棋牌桌等器材，给教职工提供休闲娱乐的场所。组织教职工参加各项活动，获得五人制足球赛冠军、八段锦比赛三等奖、经典吟诵三等奖等。注重发挥工会作用。疫情防控期间，领导分工会开展形式多样的活动，邮寄抗疫爱心包，关心慰问海外工作教师；节日走访慰问、红白喜事走访慰问、举办荣休仪式等，提升了教职工的幸福感和归属感，增强了教职工的向心力和凝聚力。加强党建带团建工作。召开党委会专题研究群团工作，支持鼓励群团组织围绕中心、服务大局，发挥组织动员、引领教育和凝聚人心作用。学院团委书记当选为材料学院党委委员。以江苏大学第八届“党建带团建”先进单位申报评选工作为契机，积极开展团委各项工作。进一步推进关工委优质化建设。持续推进学院关工委工作常态化建设和长效机制建设。材料学院关工委获“江苏大学关心下一代工作先进集体”荣誉称号，1人获评关心下一代工作先进个人。8. 做准做实安全稳定工作，维护学院师生生命安全。加强组织领导。学院党委高度重视安全工作，及时调整安全工作小组，举行安全知识教育培训3次、安全演习2次，暑期开展留校安全动员大会、书记课堂之安全工作警示教育，定期开展实验室安全检查和整改活动。加强疫情防控安全管理。在校党委的正确领导下及时部署、靠前指挥，多次召开党委会、党政联席会议，研究疫情防控工作，向全体师生发出抗击疫情倡议书，开展特殊支部活动，关心海外工作师生，及时报道疫情防控的最新动态，宣传一线师生的抗疫故事，组织师生参加全省高校疫情防控线上专题培训，增强全体师生抗击疫情的决心和信心，保障师生生命安全。加强学习教育。充分发挥领导班子成员的领学促学作用。2020年11月10日和23日在学院党政联席会上，杨娟书记分别领学人民网《习近平就安全生产作出重要指示》精神和《习近平对江苏考察时的重要指示精神》。以“学业规划概论”课程和新生入学教育为平台，向2020级本科生普及消防安全、人身安全、财产安全、网络安全和交通安全等知识。11月29日，学院在新区消防中心举办“学消防知识”活动。健全落实学院安全责任体系和防控体系。建立“谁主管，谁负责；谁使用，谁负责；谁指导，谁负责”的全员安全责任体系，制定了《江苏大学材料学院安全生产责任制规定（试行）》《材料学院实验室安全管理员工作职责》等相关规定。开展重点领域安全专项治理。开展消防安全治理。学院设立消防安全责任人及学院消防志愿者岗位，全面开展消防安全隐患排查，对学院楼内及周围的消防安全设施实施监控和排查。开展治安安全整治。对全院所有公共区域的监控系统进行了维护和升级，发现多处死角、服务器故障、摄像头损坏等问题，学院一一排查并解除隐患，严防无关人员进入、院内危险品流通等问题，切实消除各类隐患。开展实验室危化品安全整治。落实“党政同责，一岗双责，齐抓共管，失职追责”，与各实验室负责人签订相关责任书，实行从学院到各实验室的管理体系。摸排危化品存量，实现所有危险化学品线上采购，所有危险化学品存量和增量及废物处置等信息全过程动态管理。根据学科专业特点和实际情况，制订实验室安全事故应急预案，报实验室与设备管理处备案。完善材料学院实验室安全准入制度，实行实验室安全准入考试。2020年新入学本科生（355人）、研究生（230人）、教师（10人）均参加网上安全学习和培训，通过率均为100%，学院已实现实验室安全准入制度全覆盖。1人获得特种设备专业操作和管理资质。加强落实网络信息安全工作。高度重视网络信息安全，坚持信息化建设和网络安全同步进行。签署并遵守网络信息安全承诺书，完成信息资产更新报备工作，完成信息化处通报的网络信息安全事件整改工作，组织全体教职工参加网络安全培训会并获得学时证明。做好社区安全管理工作。受疫情影响，2020上半年大部分学生未返校，下半年常态化推进学生社区安全隐患排查和整治工作，抓好学生社区的安全管理。做好国防教育、学生军训、征兵和双拥等工作。学生军训出勤率近99%。积极宣传征兵和双拥工作，学生投笔从戎热情高涨，2020年3名学生应征入伍。

（二）着力加强思想建设，为学院事业发展提供精神动力。1. 强化思想理论武装，增强思想政治工作实效。进一步强化理论武装。制订党委理论学习中心组学习计划、教职工政治理论学习计划、组织生活学习计划，把上述内容内化到学习计划中并严格执行“三会一课”制度和考勤制度。2020年党委理论中心组集中学习7次，教工支部每双周开展教工政治理论和组织生活集中学习各1次，研究生、本科生支部每双周开展1次组织生活集中学习；组织支部工作检查和年终支部书记述职述廉工作。认真组织学生参加“形势与政策”课学习。组织教职工集体学习2次。坚持和完善党委理论中心组学习制度。加强理论学习成果转化，获江苏大学中层干部调研报告三等奖1项，专题学习《习近平总书记在科学家座谈会上的讲话精神》，深刻领会精神，形成“弘扬科学家精神　铸牢材料强国之基”微党课并推荐到江苏省参评。积极申报江苏大学二级党组织中心组学习示范点。组织开展好“学习强国”学习平台使用，“学习强国”平台党员覆盖率100%，活跃度平均95%以上。2. 深入推进意识形态工作，增强宣传使命，筑牢思想防线。落实意识形态工作责任制。学院党委坚持党管意识形态工作原则，学院党委对学院意识形态工作负主体责任，党委书记是第一责任人。其他领导班子成员要根据工作分工，按照“一岗双责”要求，抓好分管范围内的意识形态工作，对分管领域职责范围内的意识形态工作负主要领导责任。加强意识形态工作阵地管理。党政主要负责人带头上“形式与政策”课。开展宣传思想文化阵地意识形态表述问题自查自改，严格执行学校有关课堂教学管理办法，严守课堂教学意识形态安全底线，强化学院教师教学考核和教学过程督导。学院中层干部每学期至少听课4次。抵御意识形态领域宗教渗透。坚持教育和宗教相分离原则，严禁在学院传播宗教、发展信徒。学院无传播宗教、发展信徒现象。落实谈心谈话制度，掌握师生宗教信仰的第一手资料。日常管理工作中，党委书记定期与信教教师、党委副书记定期与信教学生谈话，持续关注信教师生的思想动态。强化意识形态分析研判。及时调整材料科学与工程学院意识形态工作领导小组，将意识形态工作列入党委年度工作计划，制定《材料科学与工程学院意识形态工作管理办法（试行）》。多次召开党委会专题研判学院意识形态工作。学院师生无意识形态倾向性苗头性问题。3. 改进思想政治工作，增强工作实效。不断改进学生思想政治工作。通过“形势与政策”课、党团日活动、系列主题活动加强对学生思想政治教育。加强师德师风建设，潜心立德树人。学院成立了以党委书记和院长为组长的师德建设工作组，开展了形式多样的师德师风活动。5月开展师德师风、科研诚信和学术道德规范专题学习教育活动，全体教职工签署了《江苏大学师德师风、科研诚信和知识产权承诺书》，党委书记杨娟制作了“师德师风警示教育”PPT发给全体教职工学习，学院大厅放置师德师风宣传展板，努力营造崇尚师德的良好舆论氛围。开展党风廉政建设主题教育报告会，党委书记从《习近平总书记教育重要论述讲义》入手，要求教师从坚定理想信念、厚植爱国主义情怀等6个方面下功夫，为党育人，为国育才。开展宣传优秀教师事迹等活动，发挥典型教育作用。各项思想政治工作碰撞发酵，产生了较好的效果。获评江苏大学优秀教师7人、江苏大学先进工作者1人、“江苏大学新长征突击手”1人。获江苏大学师德师风征文比赛三等奖1人，获江苏大学“三全育人”征文比赛一等奖1人、二等奖1人、三等奖7人，材料学院党委获“三全育人”征文比赛最佳组织奖。获批江苏大学思政课题1项，发表省级期刊论文1篇。4. 把握宣传思想工作主动权，占领宣传阵地制高点。根据学校二级中文网站管理及考核相关文件，定期维护更新中文网站内容，积极在学院网站报道相关活动，接受学校相关考核，积极向江帆网、学校各部门网站推送报道。积极向校外媒体和学校官方微博微信投稿，向团中央网络媒体发稿23篇，其中深度报道3篇；向地市级网络及纸质媒体发稿3篇；定期向学校官方微信微博提供素材，其中官方微信6篇。开展丰富多彩的文化活动。结合学院特色，构建“一轴三翼”的文化育人体系，获江苏大学“一院一品”校园文化建设精品项目二等奖。组织学生参加学校组织的各类校园文化活动，在中华经典朗诵大赛中获得三等奖。凝练学院精神，征集材料学院精神和院训，激发全院师生爱院荣院、积极参与学院发展建设的热情和动力。加强舆情监管，未出现不良舆情。（三）不断完善基层党组织建设工作，提高党建工作服务能力。1. 加强领导班子建设，严格执行议事规则。全面落实党政共同负责制。坚持“一把手”末位表态。定期召开党政联席会、党委会，做到党建工作与中心工作同部署、同推进、同落实，在推进中心工作、重点任务中发挥党建引领作用。认真执行上级和学校财务管理规定，高质量完成各级各类审计发现问题的整改。按要求向校党风廉政建设履责纪实平台报送履责情况。2. 加强干部教育管理，提升履职尽责能力。材料学院党委高度重视学习，推进学习型领导班子建设。不断在多场合提出“学习学习再学习”的要求，不断强调“善于学习是克服本领恐慌的关键”，通过不断强化指导，提高了中心组成员加强学习、主动学习、深入学习的自觉性。落实《江苏大学干部教育培训学分制管理规定》，学院处级、科级干部已全面完成干部教育培训学分制管理规定的学分。严格执行政治建设事项请示报告制度。召开专题会议，讲解党员领导干部请示报告各项制度规定，在党委会、党政联席会议上督促提醒。严格执行干部兼职管理、个人有关事项报告、请假备案、出国（境）证照管理等规章制度。3. 加强基层党组织建设，为事业发展提供坚强组织保障。完成学院党委换届工作，完成党支部换届工作。选强配齐支部班子，深入实施教师党支部书记“双带头人”工程，教工党支部双带头人比例达到100%。科学设置党支部，2020年调整党支部设置，成立冶金学科教工党支部，探索在学科上成立党支部，以党支部引领带动学科事业发展。加强党务工作者队伍建设。选送新任党支部书记参加江苏大学党校基层党支部书记培训班，全体党支部书记参加校党支部书记培训班；学院通过书记课堂，对全体党支部书记和委员进行培训2次，不断提升基层党务工作者能力。完成党支部优质化建设年工作。认真贯彻落实《江苏大学关于实施先进党支部建设工程的意见》（江大委发〔2016〕31号）文件精神，开展党支部星级评定工作，评出5个四星级党支部、6个三星级党支部。认真贯彻落实《新时代江苏大学党支部建设“提质增效”三年行动计划（2019—2021年）》（江大委发〔2019〕55号）文件精神，完成了党支部优质化建设年工作，建成2个优质党支部，所辖支部均已建设成标准党支部。积极开展党内活动。材料学院党委获批江苏大学“党建工作标杆学院”，1个支部获批江苏大学“党建工作样板党支部”，获评江苏大学“研究生样板党支部”1个、2019—2020年度党员示范岗2个，获江苏大学党建创新创优一等奖1项、“最佳党日活动”三等奖2项、江苏大学党建工作典型案例二等奖1项。积极开展理论研究，获批江苏大学党建研究专项课题1项，获党建论文鼓励奖1项。积极申报书记项目、基层党支部书记项目，选送5个项目上报组织部。全年组织2场书记课堂活动。认真做好党内评奖评优工作，注意树立党员先进典型。2020年获评“江苏大学研究生党员标兵”1人，获评“江苏大学优秀学生共产党员”5人、校先进基层党组织2个。4. 加强党员队伍建设，提升党员队伍素质。严格程序，不断提高发展党员质量。学院党委把发展党员工作列入党委的重要议事日程，严格履行发展程序，探索“答辩预审一体化”工作法，变“预审—公示—答辩”的流程为“答辩—预审—公示”流程。2020年发展党员60名，其中教工2名，具有研究生学历的在读博士4名，研究生25名，本科生29名，转正党员50名。举办新发展党员入党宣誓仪式，克服疫情防控期间学生不在校的困难，通过线上线下相结合的形式，举行入党宣誓仪式。加强党员教育管理，推进教师、大学生党员素质工程。制订年度党员教育管理工作计划，积极开展党员培训。做好毕业生党员（70人）、新生党员（46人）教育管理工作，组织好毕业生党员重温入党誓词、文明离校教育活动和组织关系接转工作，并跟踪毕业生党员组织关系接转情况。加强流动党员管理，跟进流动党员动态。做好党费管理系统的维护和通知工作，做好党员信息管理系统的维护、发展党员台账、材料归档工作。提高服务社会的本领。材料学院党委通过提倡“一部一品”开展党建共建、产学研合作等提高自身服务社会的本领。疫情防控期间，学院教授克服困难，赴南通、扬州、常州、兴化等企业一线，帮助企业解决生产和技术难题，涌现出一批先进典型。乔冠军团队研发的红外探测器为疫情防控阻击战科研助力，被《新华日报》、江苏教育新闻、“学习强国”等报道，培养的博士生侯海港接受了“江苏新时空”的采访，展现出青年科技工作者大力弘扬科学家精神、科技报国的精神追求。彰显党员先锋模范作用。不到半小时，组建成立材料学院学生返校教师党员应急志愿服务队（11 人），在疫情防控期间多次无偿接送学生就诊、隔离，为保证全院师生的健康提供高质量服务。在专业认证、冶金学科博士点申报、学科评估、专业学习、科学研究等工作中，师生党员都发挥了身先士卒作用。（四）深入推进作风建设，提升服务质量。学院党委高度重视作风建设，严格贯彻执行中央八项规定及其实施细则和省委具体办法，将作风建设特别是落实中央八项规定精神，持续整治“四风”工作等内容纳入主体责任清单。每位领导班子成员开展作风建设工作情况，按要求上传履责记实平台 2 次以上。持续深入开展形式主义、官僚主义整治工作，注意加强学院机关作风建设，三次召开作风建设专题会议。加强监督检查，推动作风建设持续向好。在重要时间节点，通过电子大屏、学院网站、微信群、QQ 群推送廉洁、作风等工作要求。将作风建设纳入党员领导干部、党支部书记述职述廉工作要求。深入调查研究，密切联系群众，抓好抓实领导干部联系基层支部、联系党外人士、联系人才等制度。以座谈会和问卷调查的形式开展调研活动，分别对大一新生思想动态和学院事业发展开展问卷调查，征集师生意见，回应师生关切、解决师生难题，出台《青年拔尖人才培育计划》。（五）加强纪律建设，营造风清气正学院氛围。材料学院党委坚持抓早抓小，使“红脸出汗”逐渐成为常态。严格执行疫情防控管理工作规定，两次运用监督执纪“第一种形态”处理违反疫情管理工作规定的人员。在全院党员中开展“党纪党规在线测试”活动，完成率 95%以上。严格执行党员领导干部、支部书记述责述廉制度，将个人执行谈话制度、双重组织生活制度情况纳入党员领导干部、支部书记述职述廉内容。

（撰稿：赵　南　核稿：杨　娟）

电气信息工程学院

【学院概况】 江苏大学电气信息工程学院办学历史悠久，1960 年开始设置专业并招生，目前共有学生 2 200 余人，其中博士生和硕士生 500 余人，本科生 1 700 余人。学院秉承“立德树人”的教育理念和“厚德求真、共创一流”的电气精神，经过 60 年的发展，现已具有较强的综合实力和特色鲜明的多个学科，正全力向高水平研究型学院扎实迈进。学院建立了较为完整的学科体系，拥有电气工程、控制科学与工程、农业工程 3 个一级博士点学科和博士后流动站。农业电气化与自动化为国家重点学科，控制科学与工程为江苏省重点学科，电气工程（新能源汽车）为江苏省优势学科。此外，还拥有信号与通信工程、生物医学工程2个一级学科硕士学位授予点。学院拥有较为雄厚的师资力量。现有教职工162人，专任教师129人，其中博士生导师27人，教授31人，副教授60人。拥有教育部“长江学者”特聘教授、国家杰出青年科学基金获得者、国家百千万人才工程入选者、科技部中青年科技创新领军人才、国务院特殊津贴专家、国家有突出贡献中青年专家、国家优秀青年基金获得者等国家级人才；拥有江苏省有突出贡献中青年专家、江苏省特聘教授、江苏省“333工程”领军人才、江苏省“青蓝工程”中青年学术带头人、江苏省“六大人才高峰”培养对象等30人；聘任10余位国内外院士、知名专家担任学院的名誉教授、兼职教授。学院具有较高的教学水平和较为完备的科研平台。在教学方面，荣获国家教学成果奖1项、江苏省教学成果奖6项，获评江苏省教学名师2人。在科研平台方面，学院拥有“电动车辆驱动与智能控制”“新能源车辆驱动电机与控制”和“设施农业测控技术与装备”3个省部级重点实验室和江苏省“电工电子”教学示范中心；建成“江苏大学—大全集团电气工程”省级实践教育中心。学院构建了较为完备的高质量人才培养体系。设有电气工程及其自动化、自动化、农业电气化、电子信息工程、生物医学工程5个本科专业，其中电气工程及其自动化为国家级特色专业，通过国际工程教育专业认证，入选教育部“卓越工程师教育培养计划”专业；自动化、电子信息工程为省级品牌特色专业；农业电气化为省重点专业。拥有国家级教学团队、国家级精品课程和国家级精品资源共享课，有国家级规划教材7部。学生在全国大学生电子设计竞赛、全国大学生智能农业装备创新大赛等国内外各类竞赛中获奖100余次。学院科学研究与社会服务并重，成效显著。近5年来，学院先后承担了国家科技重大专项、国家自然科学基金、国家863计划、国家重点研发计划、江苏省重点研发计划、江苏省重点工业攻关、江苏省科技成果转化等项目150余项。SCI收录论文400余篇，EI收录论文500余篇，获授权国家发明专利300余项。获得国家技术发明二等奖3项、省部级科技一等奖8项、其他省部级科技奖20余项。学院将继续秉承“提升人才培养质量、强化学科水平和特色”为核心的发展理念，为建成高水平研究型学院而不懈努力。

【党建工作】 1. 强化责任担当，始终把政治建设摆在首位。（1）院党委深入学习贯彻习近平新时代中国特色社会主义思想和党的十九届五中全会精神，深化运用主题教育成果，积极开展党委巡察工作长效机制建设，全面加强党对学院工作的全面领导，切实履行党委主体责任、党委书记第一责任人责任、班子成员“一岗双责”责任，与党支部签订《电气学院2020年全面从严治党责任书》，深入推进全面从严治党，牢固树立“四个意识”，切实增强“四个自信”，坚决做到“两个维护”，坚持社会主义办学方向，全面加强党的政治建设。（2）按照校党委通知，统一思想，精心筹备，做好学院党委和党支部的换届工作，工作中发扬民主，程序规范。学院领导班子坚持党政共同负责制，全面落实中央、省委、校党委重大决策部署，积极落实“三全育人”、“095”工程等重要决策部署；建立“第一议题”学习制度，根据每次党委会、党政联席会的议题内容，学习习近平总书记重要讲话内容、相关文件精神，疫情防控和重要事项按要求及时报告。（3）按学校要求召开专题民主生活会和组织生活会，领导干部执行双重组织生活制度，参与所联系基层单位的组织生活会；严格规范党内生活，开展党支部书记培训班，认真落实“三会一课”并规范记录；坚持谈心谈话制度，院领导班子成员深入系室、实验室、班级，结合分管工作实际，与师生进行深入的谈心谈话活动；持续深化“不忘初心、牢记使命”主题教育成果运用，不断巩固推进学院相关工作发展。2. 加强思想教育，用习近平新时代中国特色社会主义思想武装头脑。认真制订教职工政治理论学习计划，落实双周三理论学习一小时（以上）的学习制度，利用五棵松论坛、在线视频等多种形式组织教职工开展《民法典》、网络安全教育等学习活动；院党委按照要求开展理论学习中心组学习，邀请联系校长列席参加，落实巡学旁听制度，积极申报中心组学习示范点，坚持每天“学习强国”提醒监督，拓展学习内容，创新学习形式，提高学习成效。把握正确政治方向，把落实意识形态工作列入年度工作计划，结合学校考核，召开专题会议研究意识形态工作，党委领导班子对学院意识形态负主体责任，党委书记是第一责任人，其他成员根据工作分工，严格按照“一岗双责”要求，抓好分管系、室、条线的意识形态工作，对职责范围内的意识形态工作负责，认真落实意识形态工作责任制中相关的各项工作要求。高度重视思想政治工作实效，辅导员工作室建设稳步推进，认真落实《江苏大学思想政治工作质量提升工程实施方案》《江苏大学学习贯彻全国教育大会精神实施方案》，结合学院工作，做好学校思想政治工作“十项质量提升工程”。1 个项目荣获江苏大学大学生思想政治教育“一院一品”项目总结评审一等奖。以电气精神“厚德求真、共创一流”为引领，活用“四位一体”新媒体平台，充分利用“两微一端”开展师生思想政治教育工作。及时总结和有效宣传本单位事业发展等方面取得的成绩，向校内网站投稿 300 余篇，外宣国家级报道 19 篇、省部级报道 5 篇、地市级报道 2 篇。开展各类宣传教育引导活动，与镇江市索普化工股份有限公司电仪厂党支部开展党建结对共建，深化校企合作；邀请江南大学商学院副院长王育红、华润微电子党委副书记高鹏飞、关工委副主任郎黔山等人开展各类思想宣传教育；组织学院党支部书记、学生党员代表等走进镇江廉园——古城公园开展廉政教育实践活动；与江南书画艺术馆开展思政教育共建，开展“中国精神”图书阅读活动；在校纪委的领导下，在院党委的具体指导下，“清风廉学社”开展“月是故乡明，廉洁过双节”主题活动，推进廉政文化建设，积极营造浓厚的廉政文化氛围。开展学习习近平总书记对学校重要批示精神主题教育，组织新生参观校史馆，将学校 60 年来坚守为农服务的初心使命的深厚情怀根植于学生心中；举办“知农、爱农、为农”师生交流会，邀请关工委老教师通过亲身经历，结合时代发展，解读习近平总书记给涉农专业高校回信的精神内涵。3. 夯实组织基础，突出政治功能规范党内生活。加强制度学习，确定党委会、党政联席会召开规则和议事程序，完善决策程序，确保重大事项党委讨论决议后报党政联席会审议。配合学校做好 2020 年领导干部换届拟提任干部的政治考察和廉政考察，稳妥有序、公平公正做好学院党委委员选举，以及系（室）主任、教工党支部书记的换届工作。坚持党管干部、党管人才，坚决把好人才引进的入口关，严格政治审查。领导班子成员严格落实干部学习培训、个人有关事项等各项制度。夯实基层党建，以党支部

“提质增效”三年行动计划为抓手，促进党支部全面标准化建设，学院专任教师党支部书记实现“双带头人”100%全覆盖；做好党支部换届和组建工作，创新开展课题组建立党支部制度。专职科研机构师生党支部、电气传动自动化科研团队党支部等2个党支部改名组建，重新命名为农业电气化党支部，加强党建引领；积极参加学校组织的各级各类党建评比，荣获“党建工作创新创优奖”一等奖1项、“最佳党日活动”三等奖1项，获评研究生党员标兵1名、优秀学生共产党员2名、先进学生党支部2个；认真落实书记项目。强化队伍建设，做好党员发展工作，进一步贯彻落实《中国共产党发展党员工作细则》及《江苏大学发展党员工作规定》，全年发展新党员81人，严格入党材料的审查，严格落实“三投票、四公示、一答辩”的过程管理，认真落实专项检查和自查工作；落实“三会一课”，按规定收缴、管理和使用党费，多种形式开展党员教育活动。4. 深化正风肃纪，不断强化纪律作风建设。落实党风廉政建设责任制，对照党风廉政主体责任清单，切实履行党要管党、全面从严治党的主体责任。成立全面从严治党责任制领导小组，制订并落实电气学院2020年全面从严治党年度工作计划和主体责任清单，按照要求履责纪实，“一事一记”；支持院纪检委员叶涛副书记履行职责，积极配合校纪委做好监督执纪问责相关工作。深化作风建设，认真落实《江苏大学关于进一步加强作风建设的工作意见》《电气学院机关作风管理办法》，学院领导班子严格自律、率先垂范，能够严格执行中央八项规定及《实施细则》精神和省委《具体办法》，深入基层，联系群众；加强日常监督，认真开展廉政风险点排查，加强内控机制和制度建设，不断推进程序的规范化和透明化。持之以恒做好正风肃纪工作，自觉肩负党风廉政建设政治责任，通过党委会、党委扩大会及时传达、通报学校要求通报的警示案例；积极配合校纪委做好监督执纪问责工作，和受处分党员教师开展谈心谈话，帮助他们深刻认识错误并加以整改；同时召开受处分党员教师专题民主生活会，举一反三，在全院范围内开展科研经费规范使用教育。5. 围绕中心、服务大局，各项工作有序推进。坚决贯彻和落实校党委关于统一战线工作文件和制度，将统战工作纳入宣传工作计划，学习宣传统战理论方针政策。党政联席会专题讨论统战工作，召开党外人士座谈会，关心支持民主党派等组织发展和活动开展；党员中层干部联系党外代表人士，开展统战理论创新和实践创新工作；组织教师撰写统战论文1篇，获党建论文评比三等奖。落实二级教代会制度，召开教职工代表大会，落实提案和答复。积极组织职工参加文体活动，荣获教职工足球赛冠军，教师成绩位居校运动会总分第八；扎实开展党建带团建，支持学院团学工作，开展丰富多彩的校园文化和社会实践活动，做好思想引领、创新创业等各方面工作，荣获“团聚135”项目三等奖。高度重视安全稳定工作，认真落实安全责任制，多次到实验室、研究生工作室、博导办公室等进行检查，开展导师安全工作培训大会，与相关人员谈话，重视消防安全工作；根据相关要求积极摸排，做好校园政保信息报送工作；认真落实网络信息安全责任制，及时报送学院网络安全负责人和信息资产的变更情况，开展网络安全自查工作；按照学校要求，开展好国防教育、学生军训、征兵双拥等工作。

【教学工作】 学院紧紧围绕2020年度本科教学工作目标，通过创新教学方式，强化组织指导，加强教学管理，并通过学院政策激励引导，在“疫情防控常态化”下，学院教学工作规范有序，育人成效稳步提升。1. 在专业建设方面，农业电气化专业、电气工程及其自动化专业的国家一流专业建设工作稳步推进；自动化专业获得省教育厅推荐申报国家一流专业，并已开展专业认证申请工作；电气工程及其自动化专业、农业电气化专业入选江苏高校品牌专业建设工程二期项目名单；积极开展“新工科”建设，获批申报机器人工程新专业。2. 在教研教改及教学建设方面，参与完成教育部新工科研究与改革实践项目1项，参与教育部新农科研究与改革实践项目1项，获批教育部产学合作协同育人项目3项；获评江苏大学“三全育人”综合改革示范专业2个；获批江苏大学一流本科课程1门、重点培育课程4门；获评江苏大学课程育人示范教学设计暨教学改革典型案例4篇，其中1篇被评为优秀案例。3. 在教学成果方面，获批江苏大学重大教学成果培育项目立项1项；2部教材获评江苏省优秀培育教材，其中1部教材被推荐申报国家优秀教材，另获批江苏大学重点教材立项建设项目2项；发表教研教改论文17篇；获得江苏省优秀毕业设计二等奖1项、江苏省团队优秀毕业设计1项。4. 在教师队伍及建设方面，入选江苏大学“教学名师培育计划”培育人选1人；获江苏大学微课比赛二等奖1人，获江苏大学微课比赛作品二等奖1项；获江苏大学第十届教师教学竞赛一等奖1人、二等奖1人、三等奖3人。

【科研工作】 继续积极宣传和贯彻学校的科研鼓励和激励政策，多渠道、多角度鼓励和帮助学院积极从事科研的教师。针对申报国家自然科学基金这一年度重点工作，早作谋划，精心组织评审，狠抓落实。学院共获批国家自然科学基金项目9项（研究院4项），包括国家自然科学基金杰出青年基金项目1项（研究院1项）、面上项目5项（研究院2项）、青年科学基金项目3项（研究院1项），立项数名列全校前列。获批各类省级项目8项，获批博士后科学基金特助资助项目1项。文章发表方面，学院共发表SCI、EI检索高质量论文160篇，其中SCI检索论文115篇（研究院发表SCI论文18篇），一、二区论文50篇（研究院一区、二区论文12篇）；获得授权发明专利122件，PCT申请3件，出版学术专著1部。获奖方面，获广东省自然科学奖二等奖1项（研究院获省部级科技成果二等奖1项）、江苏省科学技术奖三等奖1项。

【学科建设与研究生教育】 学科建设方面，学院“控制科学与工程”江苏省第三期优势学科顺利通过中期考核，学院抓住进入优势学科的良好契机，精心组织和谋划，制定优势学科建设规划和目标，积极准备“控制科学与工程”和“电气工程”第五轮学科评估申报材料；通过主动申报、专家评审等环节，遴选出一批标志性成果建设项目，为稳步推进优势学科各项工作奠定基础。此外，积极协助学校“农业工程”双一流建设，围绕“095”工程，继续利用与农业装备学院共建“农业电气化与自动化”国家重点学科的便利条件，积极引导学院老师调整研究方向和布局，围绕“智能农业装备电驱动”等方向，助推“双一流”学科建设。电气工程学科建设方面，进一步明确建设目标，聚焦大项目、标志性成果，为下一期进入江苏省优势学科提前谋划和布局。第五届中国科协优秀科技论文遴选计划入选论文1篇（全国共96篇论文入选），这是农业工程类唯一一篇入选论文。在ESI学科建设方面，学院

2020年共发表工程学期刊论文90余篇，ESI主动引用工程学期刊论文265篇次，发表农业科学期刊论文18篇，主动引用农业科学期刊论文80篇。继续积极打造研究生良好科研风貌，积极组织研究生开展研究生科学道德风采和学风建设活动；通过规范硕士研究生集中开题、强化所有类别研究生中期考核、坚持博士学位论文明审会评等制度，显著提高研究生培养质量。获评校优秀博士学位论文3篇，校优秀硕士学位论文11篇。研究生创新实践方面，获批省研究生创新计划立项10项，其中科研计划7项、实践计划3项；获得中国研究生电子设计竞赛国家二等奖1项，华东赛区一等奖3项、二等奖6项、三等奖5项；获得“华为杯”中国研究生创芯大赛全国三等奖2项；第四届全国大学生FPGA创新设计竞赛全国三等奖1项。招生方面，2020年报考学院硕士研究生人数达到979人。招收全日制硕士研究生222名，其中学术型硕士研究生81人（含推免2人），全日制专业型硕士研究生141人，非全日制专业型硕士研究生7人。招收博士研究生16人，其中推免生15人，硕博连读比例达94%（历史新高），全脱产博士研究生比例达到100%。博士后进站4人。

【师资队伍建设】 1. 学院积极打造一流师资队伍，人才队伍实现历史性突破。学院加大对优秀青年教师的培养和帮扶力度，通过精心组织优秀青年教师，积极申报各类高端人才项目。全年申报高端人才项目4项，获批教育部“长江学者”特聘教授1人，国家杰出青年基金获得者1人。2. 科学谋划，强化顶层设计，统筹推进人才引进工作。把人才引进放在提高学院师资队伍质量、优化学缘结构、促进学院发展的中心位置。学院全年联系应聘博士55人（具有海外留学经历15人），面试32人；成功引进英国曼彻斯特大学、英国哈德斯菲尔德大学等国内外知名高校人才4人。3. 创造有利条件，搭建高端平台，为青年教师成长发展提供强有力的保障。学院教师职称、学历全面提高。目前学院高级职称占专任教师的71%，有博士及以上学历的91人，占教师人数的71%。全年晋升教授3人，副教授5人。4. 贯彻落实学校“第八届海外高层次论坛”的承办精神，科学谋划，广泛联系，层层筛选，最终邀请了国外著名高校，如英国谢菲尔德大学、英国卡迪夫大学、美国弗吉尼亚理工大学、法国洛林大学、韩国汉阳大学等海外高层次人才，来校参加高层次海外论坛。

【国际交流与合作】 学院国际化工作继续推进。2020年接受各类留学生申请100余人，目前新增招收留学生5人，学院留学生人数继续维持在20余人。继2019年与世界排名前50的昆士兰大学2+2合作办学成功获批后，各项联合办学工作稳步推进，2020年共招收中澳学分互认项目本科生29人。此外，积极参与海外学院留学生招生线上教育展宣传活动；积极参与中国政府丝路奖学金计划；积极筹备中日韩CEDC竞赛项目。继续营造学院国际化氛围，完成了学院各类场所指引标牌的中英文标识，不断完善英文网址等相关工作，有力扩大了学院的影响力，为持续吸引海外生源奠定了扎实基础。

【学生工作】 1. 积极推进“三全育人”综合改革，优化人才培养机制。以立德树人为根本，结合学院实际积极开展“三全育人”综合改革，科学构建“系室学工协同、辅导员导师关工委老师协同、家校协同”机制，辅导员工作室建设稳步推进，全员育人的氛围日益浓郁，全过程、全方位的人才培养模式逐渐形成。学院荣获江苏大学2015—2019年学生工作先进集体、招生宣传工作先进单位、群众体育工作先进集体、江苏大学关心下一代工作先进集体等荣誉称号；1个项目荣获江苏大学大学生思想政治教育“一院一品”项目总结评审一等奖，获评学校辅导员标兵2人、江苏大学新长征突击手1人、镇江市社会实践先进工作者1人，荣获江苏省高校辅导员工作优秀学术成果二等奖1项、三等奖2项。科研育人成效显著，创新创业氛围浓郁，荣获江苏省“互联网+”、“挑战杯”创新创业大赛三等奖各1项；获第八届中日韩创新工程设计竞赛特等奖1项，获全国智能农业装备竞赛“优胜杯”特等奖3项、一等奖2项、三等奖1项；获首届中国机械工业设计创新大赛银奖、第十四届“西门子杯”中国智能制造挑战赛全国总决赛二等奖、全国大学生智能汽车竞赛全国总决赛二等奖、2020中国农业机器人大赛三等奖、第十九届全国大学生机器人大赛RoboMaster嵌入式组三等奖等国家级奖项；荣获江苏省电子设计竞赛一等奖3项、二等奖2项，全国大学生数学建模大赛省级二等奖5项、省三等奖2项，江苏省物理实验竞赛省二等奖2项、省三等奖3项；1个团队荣获江苏大学“十佳创业团队”称号，大学生科研立项获批92项。2. 紧紧把握“学风建设”主责主业，夯实人才培养基础。学院党政高度重视，专题研究，学业导师、辅导员等多次深入系室、教室、宿舍等学习科研场所，注重教学相长，引导任课教师强化课堂育人、学业导师全过程育人，提高第一课堂教学成效，提醒约谈旷课学生30余人次；帮助引领学生学真知识、做真学问。3人荣获江苏省三好学生称号。2020年考研录取率31.49%，报考2021届研究生考试人数为269人，报考率为56.93%；报考本校的117人，本校报考率为24.58%。优秀宿舍比例超过90%，早操出勤达98.12%以上。2020年本、研毕业生总就业率为94.67%，本科就业率为93.20%，研究生就业率为97.54%。对“学困生”进行重点帮扶，学业导师指导、优秀学生结对、辅导员每周联系了解，加强家校协同，切实提升帮扶实效。3. 广泛开展“第二课堂”拓展活动，提高人才培养水平。围绕“疫情防控”主题开展信仰公开课、领航公开课10余次，加强理想信念教育引领；守住安全底线，通过多种方式从人身财产、身心健康、出行交通、传染病等多个方面进行安全教育提醒，对心理困惑学生加强心理关爱和引导；注重家庭经济困难学生扶贫与扶志、扶智相结合，4人荣获江苏大学励志之星称号，3人荣获勤工助学之星称号，评审发放学院自主设立奖助学金19万元；21名学生保研成功，对256名考研学生进行全员慰问；注重国际化视野引领，2020年参加出国类外语考试29人，短期海外交流（含在线学习）18人。文体活动精彩纷呈，荣获2020年新生杯篮球赛冠军、羽毛球赛季军、乒乓球赛季军、校运动会学生体育成绩第六名等荣誉；注重班团建设，1个研究生团支部荣获江苏大学研究生团支部风采展示大赛三等奖，举办新生团支部班旗班训班歌风采展示大赛；共青团工作不断加强，注重强化“三力一度”，1个项目入选镇江市优秀博爱项目。团学工作做法和优秀学生典型被中青网、《现代快报》、《江苏经济报》、金山网等媒体报道30余次；推进学生组织改革，严格学生干部遴选，转变工作作风，切实提高学生组织的活力和凝聚力。

（撰稿：王　伟　核稿：朱孝勇）

食品与生物工程学院

【学院概况】 江苏大学食品科学与工程学院，1986年获批“农产品加工工程”硕士学位授予权，1993年获批全国首个“农产品加工工程”博士点，1998年获批全国首批“食品科学与工程”博士后流动站，2003年获批“食品科学与工程”一级学科博士点，2003年获批“生物化学与分子生物学”硕士点，2006年自主设立“食品营养与安全”二级学科博士点，1998年获批“食品工程”工程硕士授权领域。“农产品加工及贮藏工程”是原机械部重点学科、江苏省“九五”“十五”“十一五”重点学科、江苏省“十一五”国家重点学科培育点。“食品科学与工程”2012年获批江苏省“十二五”一级重点学科。学科梯队两次被评为江苏省优秀学科梯队。2010年食品科学与工程学科获江苏省首批一级重点学科，2012年第三轮学科评估位居第8位，2016年第四轮学科评估为B+学科。2014年和2018年分别获得江苏省优势学科资助计划（6 360万元）。2015年和2020年全国博士后流动站评估优秀等级。学科所支撑的农业科学、工程学、化学、药理学与毒理学、材料科学和临床医学、生物学与生物化学等7个学科进入ESI排名全球前1%，其中学院支撑的农业工程学进入ESI学科排名全球前2.31‰（食品学科的贡献度>77%），2020软科世界大学学科排名位居一流学科第51—75位档；食品科学与工程在2020软科中国最好学科排名中列第5位。学院现有教职工139人，其中专任教师125人，正高职称33人，副高职称60人；博士生导师28人，96%以上的教师具有博士学位，65%以上的教师具有海外经历。拥有“长江学者”特聘教授1人，百千万工程国家级人选1人，中国青年科技创新领军人才2人，“万人计划”2人，江苏省“杰青”1人，江苏省“双创人才”1人，江苏省特聘教授6人。“食品物理加工技术与装备团队”获批江苏省高等学校优秀科技创新团队。学院拥有一批高水平教学科研平台，建设有农业部蔬菜脱水加工技术集成基地、国家农产品加工技术装备研发分中心、江苏省农产品生物加工与分离工程技术研究中心、江苏省食品物理加工重点实验室、江苏省食品智能制造工程技术研究中心、江苏省食品智能制造装备工程实验室等6个省部级科研平台，以及一大批江苏省研究生工作站。

【党建与思想政治工作】 （一）强化政治建设。1. 以党的政治建设为统领，严肃党内政治生活。学院党委强化“第一议题”学习制度，规范召开民主生活会、组织生活会，坚持“三会一课”制度。严格执行领导干部双重组织生活制度，建立党员领导干部联系党支部制度。认真落实廉政谈话制度，抓早抓小、防微杜渐。领导班子成员之间经常开展谈心谈话和提醒谈话，党政主要负责人对班子成员和各系、所、实验室主要负责人经常进行廉政提醒谈话。2. 落实党风廉政建设责任制工作。学院党委把落实全面从严治党责任制纳入学院党委的建设总体布局，加强党对学院工作的全面领导，召开全面从严治党工作会议，与基层党支部签订责任书。强化党委书记“第一责任人”责任和领导班子“一岗双责”意识。学院党委经常向联系校领导和校纪委领导及纪委联系委员汇报学院的重大事项、决定与安排等相关工作。3. 巡察工作。学院党委把巡察意见的整改落实作为一项重要的政治任务，根据问题清单、任务清单和责任清单，将5个方面的问题细化为21个问题清单，共提出58项具体整改任务，每项任务都明确了责任人，并已完成巡察整改报告。学院党委在深入整改的同时，注重将整改过程中的好经验、好做法以制度形式固定下来，形成长效机制，不断巩固深化巡察整改成果，以整改成效推动学院事业持续健康发展。4. 统战和群团工作。贯彻落实上级和校党委关于统一战线工作文件和制度，党政联席会议专题讨论统战工作 2 次；召开征求党外代表人士意见座谈会 2 次。积极开展统战理论创新和实践创新工作，提交统战论文 2 篇，获二等奖 1 项。按照规定召开教职工大会，做好征集、落实提案工作。积极报名参加校工会组织的各项群体活动，自主开展学院文体娱乐活动，营造“快乐工作、快乐生活”的良好氛围。1 篇征文获一等奖，2 篇征文获三等奖。积极组队参加校工会组织的八段锦比赛和学校第十九届运动会，获得总分全校第六名的好成绩，分工会获得江苏大学 2020 年度群众体育工作先进集体称号。学院党委将关工委工作作为“三全育人”的重要组成部分，充分发挥老教师的作用，聘请两位退休老教师为关工委成员。关工委老教师积极主动参与学生教育培养工作，了解学生学习、思想和生活状况。1 人获得“江苏大学 2015—2019 年度关心下一代工作先进个人”荣誉称号。学院分团委不断完善相关制度和保障机制，力求实现工作制度化、规范化、人性化，全面提升对共青团的归属感。本年度，共有 3 个团支部荣获“江苏大学五四红旗团支部”荣誉称号，另获得先进团队和先进个人称号若干。5. 安全稳定、人民武装工作。严格落实上级和学校安全工作会议的重要指示精神，完善实验室、学生工作室和宿舍等安全管理监督机制。重视网络信息安全，加强学院网站、微信、微博等媒体管理。加强法纪安全教育和民族团结教育，定期组织座谈会，邀请关工委教师、学校专职少数民族辅导员和内派教师与少数民族学生谈心交流。学院全年疫情防控安全平稳有序。（二）强化思想建设。1. 强化思想理论武装。制订了“学院党委理论学习中心组 2020 年学习计划”和“学院教职工政治理论学习 2020 年学习计划”，推进党委理论学习中心组学习和党员政治理论学习制度化、规范化。大力提升学院党员“学习强国”平台参与率和学习效果。2. 意识形态工作。将落实意识形态工作列入学院年度工作计划。学院成立意识形态舆情工作领导小组，建立由辅导员、专业教师、学生骨干等组成的意识形态信息报送队伍，定期分析研判意识形态领域情况，关注学院教师的宗教信仰问题，牢固掌握意识形态舆情工作主动权，维护学院意识形态安全。强化和落实线上教学意识形态工作责任，强化课程育人功能，维护网络意识形态安全。坚持教育和宗教相分离原则，学院没有传播宗教、发展信徒等行为发生。3. 增强思想政治工作实效。成立师德建设工作组，教育引导学院广大教师根据“七严禁”要求时刻自重、自省、自警、自励，坚守师德底线。贯彻落实“三全育人”综合改革要求，探索设立“周恩来班”，全方位加强大学生思政教育。统筹推进院领导、关工委老教授、辅导员、专业课教师、学业导师、校友等力量，形成全员育人的格局。学院制定了《食品与生物工程学院关于鼓励学生考研的激励政策》，目前 2017 级本科生考研报考率 72%，其中报考本校率 39%。学院 2020 届毕业生就业率达 96.4%，位居全校前列，学工团队获得校级表彰和先进个人、先进集体等多项荣誉称号。4. 宣传思想工作。学院党委高度重视宣传工作，改版学院中英文网站，制作党建文化墙，通过橱窗展示学院事业发展、学科建设、专业建设、学生工作等，营造积极向上的学院文化。在新华网、《新华日报》、中新社、《光明日报》、中国青年网、科学网等国家级、省级以上媒体平台上发布及被引用新闻报道共34篇；在《南京晨报》、今日镇江、交汇点新闻等地市级媒体平台发布新闻报道共8篇，11项宣传素材被江苏大学官方微信采用，在江苏大学团委投稿并成功发布4篇原创微信。（三）强化组织建设。1. 领导班子建设。坚持学院党政共同负责制，人才引进、职称评定、年终分配等重大事项规范运作，严格党政联席会议讨论决定。规范做好履责记实工作，及时、准确上传履行主体责任情况。2. 基层党组织建设。顺利完成学院党委换届和党支部换届（组建）工作。选优配强支部书记，教师党支部书记“双带头人”100%。开展支部书记、支部委员工作培训，适时检查党支部组织生活和“三会一课”工作台账，强调支部学习规范化。建立管理人员一对一联系支部制度，开展有特色有亮点的党日活动。3. 加强党员队伍建设。认真落实《中国共产党发展党员工作细则》，党员发展“三公示一答辩”，工作规范化。全年按计划发展新党员共计25名。通过党支部的政治学习、党日活动、社会实践等，让党员接受党性教育，充分发挥教师党员、学生党员在科研、学习中的先锋模范带头作用。（四）强化作风建设。学院领导干部带头严格落实中央八项规定及其实施细则精神，把党的纪律刻在心上，做好亲属和身边工作人员的教育引导工作，自觉做到忠诚、干净、担当。对管理人员从上下班工作制度、首问负责制的执行等方面严格要求，针对日常工作中发现的“四风”苗头性问题，强化学院两办工作人员的服务意识、效率意识和团队协作意识，切实为师生解难题、办实事，提升学院师生满意度。（五）强化纪律建设。学院党委加强纪律建设，正风肃纪，严于监督，严格执纪，严肃问责，举办专题党课和讲座，组织党员师生观看警示教育片，加强党员干部警示教育和党章党风党纪教育，开展反腐倡廉专题学习，提高警示教育的震慑力和影响力，切实增强领导班子的廉洁从政意识。积极开展学院党建文化氛围营造和廉政文化建设，营造向上向善、风清气正的干事创业环境。

【本科教学与实验室建设】（一）专业建设工作。1. 食品科学与工程专业工程认证工作。2020年6月，中国工程教育专业认证协会发布402个专业认证结论，其中包含江苏大学食品科学与工程专业完成了中国工程教育专业认证协会组织开展的学校自评、专业认证委员会审核、专家组现场考察、结论审议等程序，通过了工程教育认证，纳入《华盛顿协议》互认名单，有效期6年（2020年1月—2025年12月）。食品科学与工程专业认证持续改进推进工作，主要包含学院实践教学环节成绩评定/过程考核成绩汇总与达成度评价计算等。2. 一流本科专业建设。食品科学与工程专业获批国家一流专业，食品质量与安全专业获批江苏省一流专业。3. 2020版培养计划制订。工作食品科学与工程、食品质量与安全、生物技术3个专业分别完成了2020版本科培养计划的修订工作。4. 食品科学与工程系经专业申报、学院推荐、学校专家评审，被确定为江苏大学“三全育人”综合改革示范专业（第二批）。5. 制定了学院疫情防控期间教学工作安排及教学质量监控方案，制定了所有开设课程的线上线下教学授课方案。6. 协助江苏大学京江学院和江苏农林职业技术学院、江苏旅游职业技术学院的高职与本科食品专业

“3+2”分段培养项目建设。（二）课程与教材建设。1.“食品加工机械与设备”被认定为首批国家级一流本科课程。2. 出版《食品工程仿生学》、《现代食品检测技术》、*Rapid and Nondestructive Determination Technologies for Food and Agriculture Products*。《食品工程仿生学》获批江苏省重点教材立项，《食品机械与设备》被推荐为全国优秀教材，《食品工程原理》获批江苏省本科优秀培育教材立项。（三）学生培养工作。1. 毕业生。2020届毕业人数为140人，其中毕业136人（6月）、结业4人；授予学位136人，学位授予率97.14%，与往年基本持平。1名全日制中文授课来华留学本科生毕业并获得学位，已被录取为江苏大学2020级留学硕士研究生。2. 学生获奖。张艳同学的作品《一种实验室无机废水处理系统》获得江苏大学减能减排社会实践与科技竞赛三等奖；吴燕伶等同学的团队作品《樱花白巧巴旦木》、杨依然等同学的团队作品《排骨金多多》进入第二届“三只松鼠杯”大学生创新大赛复赛。高佩佩等同学的团队作品《糖醋三剑客》进入2020年恒顺香醋杯大学生创新大赛复赛；曹天宇同学获得第八届江苏大学数学建模校赛“优秀奖”。3. 硕士学位预备生遴选和导师遴选工作。经个人申报、学院初审、教务处组织审核、校“推免硕士预备生工作领导小组”审定，公示无异后，学院林琼晞（指导教师周存山）、吴燕伶（指导教师马海乐）、邓欣悦（指导教师张迪）、刘晓霜（指导教师张迪）同学被确定为2018级推荐免试硕士预备生，蔡健荣、崔恒林、张文、丁青芝4名教师被遴选为2020年新增预备生导师。吕金月等7名学生获得2021级推荐免试硕士研究生。4. 转专业工作。2020年转入6人（5人转入生物技术专业、1人转入食品科学与工程专业），转出46人。针对转专业的问题，学院拟采取“小班授课”、强化“思政课程”、发扬“科学家精神”等有效措施，有效吸引学生。5. 培养质量调查。食品质量与安全系（专业）、生物技术系（专业）开展了毕业生座谈会，收集毕业生意见和建议，为专业教育的持续改进奠定了基础，取得了很好的效果。6. 公开课。食品与生物工程学院教师肖香和侯靖分别开设了一次教学公开课，江南大学夏文水教授开展了教学沙龙活动——“我国高校食品类一流专业建设与工程教育认证发展”。（四）实验室建设。实验室制度管理、安全检查、卫生检查制度化。大型设备专人管理，方向设备由方向专人负责，确保了实验设备的完好率、使用率；定期检查安全、卫生，保证了实验室的正常运行；同时，还持续更新实验中心的网页，确保实验教学、设备管理网络化。积极为本科生参与科研活动创造平台，为学生参加“挑战杯”“节能减排大赛”等科研活动提供条件。实验室建设方面，积极为学院教师的科研活动创造良好的实验平台，确保了学院教师、本科生和研究生的科研工作，为学院科研经费的逐年增长打下了良好的基础。

【科研与学术交流】（一）国家基金项目获批数名列全校前茅，横向合同金额又有新突破。学院领导带头、全体教师积极投入各级各类科研项目的申报，同时认真做好已启动项目的一体化管理工作，形成良好的运行态势。鼓励老师与企业合作，寻求科研项目申报机会，促进本学院科研工作的大力发展。学院2020年获批国家自然基金12项（其中面上项目10项，青年基金2项），基金总数名列全校前茅。科研总经费2 145.29万元，其中，纵向自然科学经费1 740万元；横向合同经费856万元，横向到账经费330万元，专利转让34项。

在继续保持本学科纵向经费优势的同时，横向合同金额数又有新突破。2020年下半年，学院组织了2次国家自然基金动员会和经验交流会，确保2021年基金申报的数量和质量再创新高。（二）科研成果奖励。荣获全国创新争先奖1项，高等学校科学研究优秀成果奖二等奖1项，中国食品科学技术学会科技创新奖一等奖1项、二等奖三项，江苏省科学技术进步奖（三等合作）1项。（三）科研工作全面进步。全院老师发表的论文被SCI、EI检索近300篇，其中影响因子高于10的论文13篇（最高影响因子达16.836），居全校前列；论文数量与质量同时大幅上扬，创历史新高。获授权发明专利56项；申请PCT6项，PCT进入境外发达国家，专利转让数又有新突破。（四）科研诚信和师风师德工作。举办科研诚信及师风师德宣讲党课，召开学习交流会，学习贯彻习近平总书记在科学家座谈会上传达的科学家精神，组织全院教师及学生代表观看2020年全国道德和学风建设宣讲教育报告会，让所有科研成果都建立在坚实的科研诚信基础之上。

【学科建设与研究生教育】（一）学科建设。2020软科世界一流学科排名中位居一流学科第51—75位档；食品科学与工程2020软科中国最好学科排名第5位；超额（130%）完成世界一流学科建设（农业科学）；高质量论文方面也获得突破：2020年新增热点论文4篇，新增高被引论文达18篇。（二）研究生教育。1. 研究生招生工作。2020年共招收全日制学术型硕士研究生58人，全日制硕士专业学位研究生129人；招收博士研究生24人。2020年共有47名应届毕业生报考本院，创历史新高。采取有效措施，激励本校及外校推免生报考学院研究生。共接收7名2021级推免生，创历史新高。2. 研究生培养创新工程。受疫情影响，上半年课程为线上授课，下半年恢复课堂教学，院领导及督导积极走进课堂听课，并通过培训不断提高和巩固在岗导师的业务水平，从根本上保障学生的培养质量。申报并立项精品教材1项；申报并获批2门课程思政；组织中外学生同堂授课课程3门，不断充实学院教育资源。成功举办2020年江苏省研究生“食品智能检测与加工”学术创新论坛，采用线上线下相结合、国内外专家和学生同分享的方式，扩大论坛影响力，受到一致好评。协办江苏大学第十届中外研究生学术论坛，荣获“优秀组织奖”。成功举办产业教授进校园活动，为专业型硕士的学习提供了积极的引导作用。调查国内外多所高校培养方案，修订“食品科学与工程”学科培养方案，制订“生物与医药”专业领域培养方案，并积极参与电子信息、机械等专业的培养方案修订工作。积极组织研究生投入创新实践活动，学院研究生获第二届江苏省研究生数学建模科研创新实践大赛二等奖、三等奖各1项，第五届江苏省科协青年会员创新创业大赛优秀奖1项，江苏大学第十二届节能减排社会实践与科技竞赛特等奖、二等奖、三等奖各1项，第六届江苏大学大学生智能农业装备创新大赛一等奖1项。获批省研究生科研创新计划项目4项、专业硕士获实践创新计划项目5项。3. 研究生毕业及学位授予工作。2020年学院共授予硕士学位104人、博士学位22人。2020年获省“优硕”1篇；校“优博”3篇、校“优硕”10篇。4. 留学研究生培养工作迈上新台阶。2020年，学院共招收海外留学生15名，其中博士留学生7名，硕士留学生5人，本科留学生3人。截至目前，学院共有国外留学人员112人（博士36人，硕士31人，本科生16人，博士后29人），留学研究生占比达

11.4%。2020年毕业留学生12人，其中博士研究生6人，硕士研究生5人，本科生1人。

【师资队伍建设】（一）师资结构。2020年学院新增教职工12人，其中具有博士学位的专任教师11人、管理人员1人、全脱产博士后1人，外籍教师2人。截至目前，学院教职工总数达到136人，专任教师125人；学院具有博士学位的专任教师比例达96%；半年以上海外研修经历教师73人，比例已经达到58.4%，位居全校前列。（二）高端人才引进。2020年学院柔性引进金山学者计划青年特聘教授以上人才3人，外籍教师2人；招收海内外博士后27人，出站11人。（三）师资培养。石吉勇获批“江苏省特聘教授”，任晓锋获批“江苏省青蓝工程优秀骨干教师”，周晨光获批“省双创博士”。3名教师（袁丽、任晓锋、王成全）晋升正高职称，6名教师（周晨光、彭烨、徐保国、白竣文、赵利娜、杨其亚）晋升副高职称。食品科学与工程博士后流动站获得“优秀”等级（全校共4个）。

【学生工作】（一）思想教育扎实全面，成效初显。在思想理论和价值引领方面，以“立德树人，以生为本”为宗旨。学院积极探索“周恩来班”创建工作，出台《江苏大学食品与生物工程学院“周恩来班”管理暂行规定》，推进和完善学业导师制、班主任制和研究生导师负责制，保证全员育人落地生根，出台《食品与生物工程学院学业导师管理暂行规定》。组织开展“信仰公开课”“领航·开学第一课”思政专题讲座，邀请关工委老教师为学生上专题思政课，组织学生参加“知农爱农”专题讲座，举办新生开学典礼、迎新晚会，引导广大团学青年开展青年大学习网上主题团课，共有16期“青年大学习”位居全校第一名（共35期）。打造“互联网+”思政育人平台，依托学院官网、官方微信等媒介，唱响思政育人主旋律。2020年，围绕学院党政中心工作，在学院官方微信平台共发布思政育人、学科建设、学生工作、文化服务等方面的原创微信157篇，有序开展正向舆论宣传。积极拓宽校外媒体平台，做好学院文化宣传工作。向江大学工、江苏大学研究生教育、江苏大学团委微信公众号投稿并成功发布8篇原创微信。（二）党团工作有条不紊，彰显特色。学院与周恩来童年读书处共建大学生思想政治教育基地，以伟人精神领航学生发展。做好学生骨干的培养和激励工作，指导学生自我管理，提升学生干部组织能力和管理能力。做好学生党员发展和教育管理服务工作，组织积极分子和发展对象上党课，择优培养入党发展对象。依托五四青年节等重要时间节点，通过开展团日活动，引导团员青年增强团员意识。3个团支部获评“江苏大学五四红旗团支部”，食品硕1801班荣获江苏省先进班集体称号，7个团支部主题团日活动荣获“优秀主题团日”表彰，1名学生荣获江苏省三好学生称号，17名团干部获江苏大学优秀共青团干部、20名青年团员获江苏大学优秀共青团员称号，2名学生获江苏大学“百优青年”荣誉称号。（三）学风建设做实做细，稳中有进。实施院领导联系学生制度，积极促进本科生考研，多次召开考研动员会、座谈会、交流会，出台学生考研激励政策，为考研学生发放慰问品7 000余元，组织考研模拟考试等活动。以朋辈帮扶的形式指导学生考研复试、就业创业、科研立项等，助力学生自我教育、自我管理和自我服务。副书记、辅导员深入学生操场、宿舍、课堂、班级，切实关心学生学习生活，学院获评“2020年学生军训优秀单位”，在军训内务评比中获全校第二名，在国防教育主题征文比赛中获全校第二名；学院有3名学生参军入伍。学院获校第十届中外研究生学术论坛“优秀组织奖”，获2020年“学风建设月”活动优秀组织奖，获2020年度早操工作三等奖。（四）日常管理务实推进，科学合理。在学生日常管理工作中，做到无微不至。举办新疆籍学生座谈会、转专业学生座谈会，开展学生分类教育引导，了解学生需求，加强学生安全教育、困难生帮扶等工作。加强网络阵地的管理，统筹QQ、微信、微博等媒体资源，发挥网络育人优势，营造良好的育人环境，结合专业特点，举办形式多样的团学活动，加强学院文化建设。学院副书记、辅导员赴医院帮扶学生6次，让学生感受到教师的关心。2篇资助案例荣获江苏大学资助育人优秀案例二等奖。综合多种手段宣传资助育人效果，5名学生荣获第六届“助学·筑梦·铸人”主题宣传活动征文、宣传画、书法一、二、三等奖。多渠道拓展资金来源，通过设立“杰文奖学金”，每年向贫困本研学生发放助学金，帮助他们解决生活困难。（五）心理教育有序开展，平稳过渡。在心理育人方面，构建“134心理健康模式”。理顺一个体系，即成立1个“心怡湾”心理辅导站；固定3个会议，即定期召开心理委员、心理信息员、工作室心理委员座谈会；举办4个节日活动，即定期开展“3·20”“5·25”“9·20”“12·5”心理健康教育活动。运用微信、QQ等网络媒介，定期开展心理健康教育宣传活动。加强对学院心理协会社团的指导。加强预防干预，学生100%参与心理测评，完善“校—院—班—舍”四级预警防控体系，完善心理危机干预预案，提升工作前瞻性、针对性。邀请心理健康教育中心教师为学生开展新生入学适应、考研备考期间的心理调适指导，在特殊节点给予学生关怀。心理辅导员定期找同学们谈心，跟踪心理预警生，及时化解心理危机。（六）职业规划全面指导，质量提高。认真梳理学生考研意向和就业意向情况，帮助学生尽早确定发展方向，制订个性化实施方案。指导30名学生参加线上海外交流项目，拓宽学生视野。高度重视就业工作，在就业的渠道建设、就业的价值引领、就业的服务体系完善上下功夫，分阶段开展2021届毕业生就业指导讲座3场。制定了《食品与生物工程学院就业一把手工程（试行）》，明确分工，责任到人，持续跟踪，定点推荐就业单位，为就业困难学生提供个性化帮扶。学院2020届毕业生就业率达96.4%，本科毕业生升学率29.29%，39名学生考取新加坡国立大学、伯明翰大学、南京大学、华南理工大学等国内外一流高校。2017级本科生考研报考率72%，其中报考本校率39%，位居全校前列。（七）辅导员培养专家化，发展提速。以学生满意为目标，优化辅导员工作流程，细化辅导员工作目标，量化辅导员工作内容，确保重心下移、谋划超前、分工合理。加强内部督导和交流，建立“以老带新、以点带面、专兼结合”的工作体系，注重团队合作，倡导职责明确、互助合作、热情高效的工作氛围，同时加强科研探索和研究成果发表。学院学生工作团队荣获2015—2019年度学生工作先进单位。1名辅导员获评“镇江市爱岗敬业好青年”，1人获评江苏大学2015—2019年度辅导员标兵，2人获得江苏大学学生资助案例二等奖，1人获评镇江市暑期社会实践先进工作者，1人荣获江苏大学辅导员素质能力大赛三等奖，1人获评江苏大学2015—2019年度关心下一代工作先进个人，1人荣获师德师风征文二等奖，1人获批江苏大学大学生思想政治教育专项课题。

（撰稿：王书彦　核稿：万由令）

环境与安全工程学院

【学院概况】 环境与安全工程学院拥有环境科学与工程一级学科博士学位授权点和博士后科研流动站，环境科学与工程、安全科学与工程 2 个一级学科硕士学位授权点，以及资源与环境工程专业硕士学位点。环境科学与工程学科为江苏省优势学科和江苏省重点学科。学院现有环境工程、环保设备工程和安全工程 3 个本科专业，学校是全国最早开设安全工程和环保设备工程两个专业的高校之一；环境工程专业为国家级一流本科专业、江苏省品牌专业、江苏省特色专业和江苏省重点专业；环保设备工程专业为江苏省重点专业；环境工程和安全工程专业已通过工程教育专业认证。学院现有全日制在校本科生 468 人，博士、硕士研究生 252 人，海外留学生 32 人（其中博士生 19 人、硕士生 13 人）。学院下设环境科学系、环境工程系、安全工程系、安全与环境工程中心实验室、生物质能源研究院、江苏大学环境健康与生态安全研究院（江苏大学海绵城市研究院）、环境工程研究院、安全工程技术中心等机构。拥有江苏省环境科学与工程实践教育中心、江苏侨界创新创业基地、中国机械工业联合会机械工业水污染控制绿色氧化技术与装备重点实验室。学院实验室面积 6 000 多平方米，仪器设备总值 5 000 余万元。学院现有教职工 126 人，其中国家“千人计划（企业）”人才 1 人，教育部新世纪优秀人才 1 人，享受国务院政府特殊津贴 2 人，江苏省“创新创业人才计划”、“333 工程”学术带头人和“六大人才高峰”各类人才 23 人，江苏省“杰青”1 人，拥有江苏省科技创新团队 1 个，形成了一支学术水平较高、层次合理的以中青年为主的师资队伍。经过长期的积累，学院已建成环境污染与健康、环境生态与农业环境保护、污染控制理论与技术、生物环保与农业资源利用、环境治理工程及装备和安全科学与工程 6 个科研团队，相继承担了国家水污染控制重大科技专项、国家“863”重大重点项目、科技部国际合作重点项目、国家自然科学基金项目等国家级科研项目 70 余项、省部级科研课题 100 余项，获得了一批具有较高水平并具有自主知识产权的创新成果，获省部级科技进步奖 10 余项，获授权发明专利 130 余项，发表学术论文 1 600 余篇，其中被 SCI、EI 收录近 800 篇；出版专著 5 部、教材 16 部。

【党建与思想政治工作】 以党的政治建设为统领。提高政治站位，践行“两个维护”。加强党风廉政建设责任制检查考核，严肃党内政治生活，规范召开民主生活会、组织生活会，建立党员领导干部联系党支部制度，严格执行双重组织生活制度。深化作风建设，办公室实施月例会制度，制定《环安学院管理岗人员管理规定》，
行首问责任制。加强巡察整改工作，
了整改清单和具体整改方案。严把
员质量和程序关，发展新党员 2
人次参加基层党支部书记培训
参加党员发展对象培训班，8
党校培训班。落实好党建
评比活动，“党建工作
获二等奖 1 项，“最
二等奖 1 项、三等
目”，创设环境
头人”支部书

部分内涵建设。在省级及以上媒体发稿 26 篇，其中国家级 7 篇，深度报道 2 篇。下半年改版了学院英文网站，加强了学院中文网站信息录入。

【本科教学与实验室建设】 日常教学运行稳中有序，各项教学任务落实到位。按计划认真组织并开展公开课、教学沙龙、教学竞赛、教师培训、教学研讨等各项教学活动；教授、副教授 100%上讲台，课堂教学质量学生评教优良率 100%，教师调课率低于学校平均水平。疫情防控期间，很好地完成了包括实验实习在内所有课程的线上教学任务，新增开放实验项目 3 项。圆满完成了本科毕业设计（论文）任务，获评江苏省优毕业设计（论文）1 篇、全国高校环境类专业本科生优秀毕业论文 1 篇。一流专业持续建设并取得一定成效。环境工程专业通过专业认证，环保设备工程专业申请了 2021 年的专业认证，安全工程专业持续改进中。积极推进环境工程国家级一流专业建设，环境工程获批江苏省品牌专业二期项目，并积极投入新工科、新农科专业融合建设中。加强实践基地建设，强化学生实验实训效果，新建教学实践基地 3 个；加强创新创业教育，提高学生创新创业能力，获批大学生实践创新训练项目 20 项，其中省级及以上项目 6 项；教师教学水平和能力有所提升，积极参加各类教学能力提升培训会，申报江苏大学教师教学创新大赛 1 项，在学校第十届教学竞赛中荣获三等奖 1 项；积极组织教师进行一流课程项目建设，申报校精品在线开放课程 3 项；积极开展教学改革与研究工作，获批课程育人示范教学设计暨教学改革典型案例 3 项，其中进入学校优秀案例汇编项；获评江苏大学微课程特等奖 1 项、苏大学重点教材 1 部；发表各类教改论篇，其中 1 篇为 CPCI-SSH 检索。

【科研与学术交流】 2020 年获批国家自然科学基金 7 项，其中国家重点研发计划课题 1 项；获批省重点研发计划 1 项、省部级项目 12 项、市厅级项目 4 项。全年发表高水平论文 160 篇，*Nature* 子刊论文 1 篇、高被引论文 4 篇、热点论文 1 篇。申请 PCT 专利 2 件，获授权发明专利 15 件，成果转化 10 件。组织申报省部级及以上成果奖 5 项，荣获江苏省科学技术二等奖 1 项、中国煤炭工业协会科学技术二等奖 1 项。组织申报省部级以上平台 4 次，其中应急管理部重点实验室的申报通过了江苏省应急厅的审核，积极筹备镇江市生态环境研究院，主办国际会议场、国家级会议场。

【学科建设与研究生教育】 圆满完成 2020 级硕士研究生招生工作，硕士研究生招录比 2.33，录取优质生源比 31%，“双一流”高校生源录取比例 22%，普通公办本科生源比 94%。完成 2020 年度博士生招生工作，硕博连读比例 89%，博士录取非定向人员比例 100%。成功举办环境与安全工程学院 2020 年大学生暑期夏令营，完成 2021 年研究生招生宣传工作。组织制定 2020 版研究生培养方案，完成 2020 级研究生新生教育及双选工作，完成 2019 级硕士研究生开题及 2019 级博士研究生综合考核；研究生教学管理及学籍学历管理规范。4 门课程申报校级研究生“课程思政”示范课程；4 项省级研究生创新项目立项；获省级研究生创新实践赛事二等奖和三等奖各 2 项；研究生学制年限内毕业率 96%；作为协办单位成功举办第十届“中外研究生学术论坛”理工论坛。学位论文一次送审合格率 97%；学位论文抽检合格率 100%；获省“优博”1 篇、省“优硕”1 篇，获校“优博”2 篇、校“优硕”3 篇。研究生工作站期满考核参与率 100%，研究生工作站状态数据年报参与率 100%；获批省企业研究生工作站 2 个，研究生实践质量有保障。加强实验室安全管理，完善实验室安全管理监督机制，与各教学和科研实验室签订实验室安全责任书，明确科研实验室和教学实验室的安全责任；出台《环境与安全工程学院实验室安全事故处理办法（试行）》。

【师资队伍建设】 继续按团队大力引进人才，进一步加强科研团队建设。2020 年引进高层次人才 10 人（其中海外博士 3 人）。申报国家级人才（青年长江）2 人、江苏省“双创人才”2 人；申报江苏省特聘教授 3 人，1 人已通过校内评审；申报江苏大学教学名师 1 人。教师晋升高级职称 7 人，其中正高职称 2 人。目前学院共有正高职称教师 32 人，占教师比例 29.91%，副高职称教师 46 人，占教师比例 42.99%；教师中博士学位比例已超 95%。

【学生工作】 全年共组织主题教育活动 200 余次，1 名学生被录用为江苏省选调生，1 名学生考取公务员，1 名学生获评江苏省三好学生。入围江苏省示范“青年学习社”1 个，获评校“三下乡暑期社会实践先进单位”，1 名学生获评江苏省暑期社会实践先进个人，1 个团队被评为校社会实践十佳团队；学院荣获 2020 年度“学生军训优秀单位”（全校第二），在第十九届运动会上以总分 85 分获全校第五名，获评“体育道德风尚奖”；搭建网络育人平台，荣获江苏大学共青团工作“团聚 135”创新创优工程项目评比二等奖；在《新华日报》、《光明日报》、江苏省人民政府网站等发表对外宣传报道 30 余篇。组织召开苏交科集团、江苏合和环保集团、苏州兴业材料等 20 余家大型优质企业与学院毕业生招聘洽谈会。推进创新创业教育，1 名学生获江苏大学“十佳创新创业之星”提名奖，3 个本科生项目获得第九届“赢在江大·互联网+”大学生创业精英挑战赛优秀奖，学院获评优秀组织奖；学业规划覆盖面 100%，学院在 2020 年校级学业规划书评比结果中排名全校第一。2020 届考研达线率为 29.5%，2021 届考研报考率 60.17%。本科毕业生年终就业率达 97.12%，其中协议就业率达 93.53%；研究生毕业生年终就业率为 97.56%，其中协议就业率为 89.02%。扎实做好社区管理，全年社区安全稳定。学院 92.89%的宿舍获评校文明宿舍，5 个宿舍获评校百佳宿舍；积极开展社区文化建设和安全文明建设，在上、下半年校社区优秀橱窗评选中分获校三等奖和二等奖，在 2020 年校“学风建设月”评比活动中学院排名第四，并获优秀组织奖。

（撰稿：彭立伟　核稿：杜道林）

计算机科学与通信工程学院

【学院概况】 计算机科学与通信工程学院目前在校本科生 2 125 人，研究生 436 人，博士生近 30 人。学院现有教职工 152 名，其中博导 18 人，教授 24 人，副教授 55 人。学院拥有计算机科学与技术一级学科博士点，计算机科学与技术一级学科博士后流动站，计算机科学与技术、信息与通信工程一级学科硕士点，模式识别与智能系统二级学科博士点和硕士点，计算机技术、电子与通信工程、软件工程、电子信息等 4 个全日制专业学位硕士点和工程硕士授予权。学院设有计算机科学与技术、信息安全、软件工程、物联网工程、通信工程和智能科学与技术 6 个本科专业，计算机科学与技术专业获批国家级一流专业。计算机科学与技术、信息安全、软件工程和通信工程 4 个专业获批江苏大学“三全育人”综合改革示范专业。

【党建与思想政治工作】 2020年计算机学院党委以习近平新时代中国特色社会主义思想和党的十九大精神为指导，积极贯彻落实学校第四次党代会精神，积极推进“三全育人”综合改革进程，坚持立德树人根本使命，认真贯彻落实学校“十大育人工程”，不断强化育人意识，落实育人举措，创新工作方法，学院获评“三全育人”综合改革示范创建单位。由于新冠肺炎疫情，上半年大部分学生未返校，学院党委指导各基层党支部开展线上“三会一课”，基层党支部通过视频会议等方式保持“三会一课”常态化。严格按照要求做好履责记实工作，上传80多条履责记录；重视党建带团建、党建带工建工作，积极组织师生参加校第十九届运动会等，获2020年教职工八段锦比赛二等奖、第七届教职工羽毛球比赛团体第三名。规范党员发展工作，加强党员教育管理。全年发展党员73人，39名预备党员按期转正。按规定收缴、管理和使用党费。持续加强党支部书记队伍建设，扎实推进教师党支部“双带头人”培育工程，教师党支部书记“双带头人”比例达100%。组织支部书记参加学校基层党支部书记培训班，学院组织党支部书记培训并赴新四军江南指挥部旧址考察学习；结合纪念中国人民志愿军抗美援朝出国作战70周年等契机，组织开展内容丰富、形式多样的党日活动。积极参加学校组织的各项党建评比活动，1人获评研究生党员标兵，科学系教工党支部获评“党建工作样板支部”，党建研究专项课题获批重点1项、一般1项，获基层党组织党建工作典型案例二等奖1项，4人获“优秀学生共产党员”表彰，本科生第二党支部获评“先进学生党支部”，师德师风主题征文获二等奖1项、三等奖2项，院党委获“党建工作创新创优奖”二等奖，获校“最佳党日活动”三等奖2项。积极做好校内外宣传工作，提高学院知名度与影响力。贯彻中央八项规定及其实施细则精神和省委《具体办法》，落实《江苏大学关于进一步加强作风建设的工作意见》，深入开展形式主义、官僚主义集中整治，制定《计算机学院关于集中整治形式主义、官僚主义第一轮工作方案》，确定《计算机学院排查整治形式主义、官僚主义问题清单及责任人》，及时上报《计算机学院开展形式主义、官僚主义第一轮集中整治情况报告》，把作风建设不断向纵深推进，为学院事业发展提供坚强作风保证。

【教学工作】 2020年，计算机科学与技术专业获批国家一流专业，信息安全专业顺利通过省一流专业评审，计算机科学与技术、信息安全、网络工程、软件工程4个专业通过江苏省专业评估，计算机科学与技术、信息安全、通信工程、软件工程4个通过认证的专业顺利完成工程教育专业认证年度材料报备，获批江苏大学“三全育人”综合改革示范专业。计算机科学与技术（第二学士学位）专业也已顺利招生。王良民、詹永照、赵跃华3位教师入选中国工程教育认证协会认证专家，潘雨青入选江苏大学“教学名师培育计划”，施化吉被评为“江苏大学十佳教师”。5项微课作品在江苏大学微课教学比赛中分别获特等奖1项、一等奖2项、二等奖2项，其中特等奖获得者曹清华老师的作品在江苏省微课教学比赛中获三等奖。5名教师参加江苏大学第十届教师教学大赛校级决赛，获一等奖1项、三等奖3项、优秀奖1项。1名教师在江苏省第三届本科高校青年教师教学竞赛校内选拔赛中获一等奖。获评江苏省优秀教材1部，校重点教材3部。8篇案例获江苏大学课程育人示范教学设计暨教学改革典型案例优秀案例，其中5篇汇编出版。教师发表教学教改论文9篇，获批江苏省教育科学“十三五”规划2020年度课题1项。积极推进留学本科生教育改革，获批留学本科生英文授课校级精品课程3项、课程教材出版资助1项、留学本科教学质量工程特色项目实验实践教学平台1项，新增留学生英语授课教师资格认定2人（直接认定）。本科生获批创新创业项目国家级7项、省级20项、校级41项，结题省级项目13项、校级25项，校企合作基金项目结题4项。本科生发表SCI\EI等高质量论文10余篇，申请国家发明专利和授权软件著作权20余项，10篇论文获评校级优秀毕业设计论文，1人获江苏省优秀毕业设计论文三等奖。获中国大学生计算机设计大赛国赛三等奖4项，全国大学生信息安全竞赛华东赛区一等奖1项，中国机器人大赛三等奖1项，蓝桥杯全国软件和信息技术专业人才大赛国赛二等奖6项、三等奖3项、优秀奖3项。学院为中国计算机学会（CCF）计算机软件能力认证（简称CCF CSP认证）镇江市唯一认证考试单位，2020年有118名学生参加认证考试，7名成绩优秀的学生参加了CCSP竞赛，2人获华东赛区铜奖。共计获得国家级本科竞赛23项。

【科研工作】 2020年，与宜兴市杨巷镇签约，合作共建“江苏大学—宜兴万亩现代农业智慧示范基地”，定制开发“智慧农业综合管理平台”，将发展农业物联网和智慧农业作为落实“095”工程的切入点，主动有力地支撑了学校农业工程一流学科创建。获批省基础研究前沿课题1项（“人机物深度融合高可信网构软件技术、理论与方法”，资助经费400万元），实现学院省基础研究前沿课题零的突破，再次获批省前瞻计划研发计划1项（“支持方言和情感的复杂环境智能语音交互关键技术研发”，资助经费240万元）。获批镇江市重点研发计划1项，省自然基金面上1项，省青年基金3项，省博士后基金1项，省高校自然科学基金1项；学院教师积极开展横向合作，全年共签约横向课题26项。全年纵、横向科研总经费约1 800万元，纵向经费连续多年超过学校下达的目标，横向经费继续保持较高水平。有1名教师牵头负责的国家重点研发计划项目获批。学院教师积极申报国家课题，获批国家博士后特助基金1项，面上项目1项，青年基金3项。首次主办了物联网和智能应用国际会议（ITIA2020），江苏省人工智能学会机器学习专委会会议及江苏省研究生论坛。全年发表高质量论文100篇，较2019年增长10余篇，高水平论文数量进一步提升，在卓越期刊计划期刊、中国计算机学会规定的A类期刊、会议，以及IEEE/ACM Trans.、JCR-2区及以上发表高质量论文35篇；全年申请发明专利62项，授权发明专利约26项。

【学科建设与研究生教育】 2020年计算机科学与技术一级博士点学科作为学校10个优势学科之一，顺利完成2020年度江苏省高水平大学重点学科年度数据填报和建设总结工作。在学科带头人和方向带头人的带领下，现有的5个学科方向（系统安全与信息安全、多媒体与智能计算、物联网设备与系统、数据处理与数据工程、服务计算与软件系统）对照立项学科任务书顺利完成2020年度建设目标和任务及中期目标考核。各方向均在论文、专利、项目申报、社会服务等方面取得了优秀的成果。认真研究第五轮学科评估指标体系，在现有学科方向及团队基础上，顺利完成第五轮学科评估简况表填报工作。1篇博士论文获得江苏省优秀博士论文，实现计算机学科省优博零的突破，获评校优秀博士论文2篇、校优秀硕士论文3篇。有11人获得博士学位，包括8名留学博士研究生；138人获得硕士学位，包括2名留学硕士研究生。学位论文一次送审合格率超过98%，各类论文抽检质量总体良好，抽检合格率为100%。招收了49名前百强高校毕业生，硕士研究生优质生源比例从19.8%提升到31.4%。录取了4名硕博连读博士研究生，硕博连读比例从20%提升到57.1%；非定向博士研究生比例从20%提高到85.7%。获得“华为杯”第十七届中国研究生数学建模竞赛国家级比赛一、二、三等奖各1项。在第二届江苏省研究生数学建模科研创新实践大赛、“兆易创新杯”第十五届研究生电子设计竞赛及2020年江苏省研究生“互联网+”与智能农业学术创新论坛等省级项目中获得一、二、三等奖多项。留学研究生课程建设取得突破，获批2门精品课。1名留学博士研究生学位论文获得校优秀博士论文。在第十届中外研究生论坛中，有2个中外联合组队项目参加现场展示，其中“机器人组网协同表演”项目备受关注与好评。获批1名产业教授，获批3个研究生工作站。工作站的年报和工作站的期满考核完成率达100%。此外，3名产业教授走进校园参加2019级研究生的集体开题工作。

【师资队伍建设】 2020年，继续聘请刘静、马建峰、李飞飞、谷大武和徐常胜5名金山讲座教授，陈晓华和盛胜利为江苏大学金山特聘教授（B类），何强为江苏省特聘教授，董明教授为江苏大学外籍专家。8名高层次人才通过审核参加校海外论坛，其中成功签约资格教授2名、资格副教授1名。2020年孔娃、林琳两位教师顺利毕业获得博士学位，青年教师蔡赛华进入博士后流动站继续深造，3位教师赴美国、英国、澳大利亚著名大学深造。在职称评定方面，2020年晋升正高职称3人、副高职称4人。共有30人参加人才面试，成功引进具有博士学位青年教师5人，其中外籍教师2人。积极组织动员，申报江苏大学2020年国家级人才项目2人，“333工程”高层次人才培养工程1人通过考核，“六大人才高峰”高层次人才选拔培养计划资助项目2人通过结项验收。师资队伍总体学缘结构和学术水平显著提高。

【学生工作】 2020年，学院以立德树人为根本，以理想信念教育为核心，以社会主义核心价值观为引领，坚持“育人导向、问题导向、协同联动”的工作思路，重点构建“互联网+思政”“互联网+实践”育人新模式，努力形成全员、全过程、全方位育人新格局，不断提高学生工作的理论性、科学性、针对性和实效性。获评校“十佳活力团支部”1个、“五四红旗团支部”7个、“十佳团支书”1名、校团建创新创优项目三等奖。1名辅导员获评镇江市大学生暑期社会实践活动优秀指导教师，2名辅导员获评江苏大学“三下乡”暑期社会实践优秀指导教师；获评校学生工作先进单位、五四红旗团委创建单位；获校军训歌咏比赛第二名，第三届中华吟诵大赛三等奖和优秀组织奖。开展以榜样示范为引领，营造良好创新创业氛围的领航工程。1人被评为江苏省优秀学生干部，1个班集体被评为江苏省先进班集体。科研立项获批87项，其中资助项目66项。1件作品荣获“挑战杯”大学生创业计划竞赛国赛银奖，1件作品荣获“互联网+”创新创业大赛江苏省一等奖，1件作品荣获第九届“赢在江大·互联网+”大学生创业精英挑战赛主赛道铜奖。3人获美国大学生数学建模竞赛（MCM/ICM）国际三等奖，2个团队获2020年全国大学生数学建模竞赛三等奖，35 人获 2019 全国大学生数学建模竞赛省级奖励，4 个团队获第十三届中国大学生计算机设计大赛三等奖，1 个团队获第十三届全国大学生信息安全竞赛二等奖，2 人获 2020 年全国大学生英语竞赛一等奖，1 个团队获评校“十佳创业团队”。学生个人参加学科及文体竞赛获国家级奖励 30 余人次，获省级奖励 60 余人次。在《光明日报》《人民日报》《中国教育报》《中国科学报》和光明网、中新社、人民网等国家级媒体发稿 24 篇；在江苏教育电视台、《扬子晚报》、视觉江苏等省级媒体发稿 6 篇，在《镇江日报》、《京江晚报》、学校江帆网等发稿 245 篇。

（撰稿：徐佩锋　核稿：孙　国）

数学科学学院

【学院概况】 数学科学学院由江苏大学原理学院数学与应用数学系、金融数学系、信息与计算科学系和大学数学教学部于 2020 年 5 月组建而成。学院现有 3 个本科专业：数学与应用数学（包括师范、非师范、中外合作办学 3 个方向）、金融数学、数据计算及应用。现有控制科学与工程博士后科研流动站、控制科学与工程一级博士学位授权点，数学、控制科学与工程、统计学 3 个一级学科硕士学位授权点，其中控制科学与工程为江苏省重点学科。设有应用系统分析研究院（校级专职科研机构）、江苏大学能源发展与环境保护战略研究中心（江苏高校哲学社会科学重点研究基地）、非线性科学研究中心、基础数学研究所、概率与金融数学研究所、建模与控制研究所等实践教学科研机构。现有教职工 118 人，其中特聘院士 1 人、博士生导师 11 人、硕士生导师 45 人，教授 21 人、副教授 43 人。在读本科生近 700 人，在读博士、硕士研究生 170 余人，其中海外留学博士生 9 人、硕士生 3 人。外籍博士后 12 人。学院先后涌现出全国优秀教师、国家百千万工程人选、国家级优秀青年骨干教师、江苏省“杰青”、江苏省“优青”、江苏省“333 工程”第二及第三层次人选、江苏省“青蓝工程”学术带头人、江苏省“青蓝工程”优秀骨干教师、江苏省“六大人才高峰”高层次人才、江苏省优秀教育工作者、中国科学院院长特别奖获得者、钟家庆数学奖获得者等优秀人才。

【党建与思想政治工作】 学院党委深入学习贯彻习近平总书记重要讲话精神，以“三全育人”综合改革为抓手，促进学院人才培养、科学研究、学科建设、教学工作等事业发展。坚持“第一议题”制度，认真落实党政共同负责制。切实履行党风廉政建设主体责任，党委书记履行“第一责任人”责任，班子成员认真落实“一岗双责”责任。贯彻校党委巡察工作要求，做到“未巡先改”。贯彻中央八项规定，持之以恒反“四风”，对苗头性问题及时约谈提醒，立行立改。经常性开展党规党纪教育、廉洁教育、警示教育。把握正确政治方向，始终把落实意识形态工作作为重大政治责任。学院关工委获评江苏大学关心下一代工作先进集体。学院党委获得“党建工作创新创优奖”三等奖和中层干部调研成果评选三等奖，1 人获评江苏大学新冠肺炎疫情防控工作先进个人，3 人获评江苏大学关心下一代先进个人，1 名辅导员获评“2015—2019 年度辅导员标兵”，在 2020 年度党的建设研究论文评选中 3 人获得鼓励奖，获“最佳党日活动”三等奖 1 项。“2020 年思想政治工作研究课题”立项 1 项，“2020 年党建研究专项课题”立项1项。1名研究生获评优秀学生共产党员。在省级以上媒体发稿16次，其中深度报道2篇。

【本科教学】 举办2次数学科学学院青年教师助理教学试讲和7次校级公开课活动，举办“数据计算及应用新专业研讨”教学沙龙、“高等数学、工程数学教学经验分享和交流”教学研究活动。获江苏省高校微课教学比赛课程思政类二等奖1项，获2020年江苏大学微课教学比赛特等奖1项。获江苏大学第十届教师教学竞赛二等奖1人、三等奖3人，获江苏省第二届数学微课比赛三等奖1人，获校重点教材立项3项。参加第十二届全国高校大学生数学竞赛，专业组获奖合计40人（其中一等奖9人），2019级数学与应用数学专业1人进入全国总决赛；非数学专业组获一等奖13人、二等奖20人、三等奖34人。获2020年全国大学生数学建模竞赛全国一等奖1项、二等奖6项，省一等奖6项、二等奖11项、三等项11项。1人获第九届江苏省师范生教学基本功大赛三等奖。参加江苏大学第二届大学生计算机设计大赛，获一等奖2人、二等奖3人、三等奖2人。获江苏大学第三届汉语国际教育教学技能大赛非专业组三等奖1项。举办江苏大学第五届高等数学竞赛和江苏大学第八届数学建模大赛。承担江苏省高等数学竞赛镇江赛区的工作。获江苏省第十七届高等数学竞赛一等奖30名、二等奖30名、三等奖85名。获批省级大创项目16个，其中1个重点项目、4个一般项目、11个校级项目。4名学生获得江苏大学优秀毕业设计（论文），1篇论文入选江苏省本科生优秀毕业论文；毕业生一次性学位授予率为99.55%。

【科研与学术交流】 学院狠抓科研立项申报工作，聘请国内外专家来校进行基金申报专题报告，积极组织学院教师申报国家、省部级课题。学院共有23名教师申报了国家自然基金，其中申报国家优秀青年科学基金2项，获批国家自然科学基金项目5项、省部级项目7项、江苏省杰出青年基金1项。学院教师和研究生发表高水平论文100余篇。积极营造学院学术交流氛围，线上线下邀请国内外知名专家、学者为学院做学术报告，开拓师生研究视野，通过承办多场学术研讨会议，加强师生与同行专家的学术交流，扩大了数学学科的影响力。承办“2020年非线性分析与动力系统研讨会”“2020年非线性分析及其应用研讨会”“2020年动力系统及其应用研讨会”“第十一届中国能源经济与管理学术年会暨第十四届中国能源资源开发利用战略学术研讨会”和“江苏省运筹学会2020学术年会”，组织线上会议“非线性分析与偏微分方程及其应用国际研讨会”“可积系统中的理论及应用2020学术研讨会”。

【学科建设与研究生教育】 积极组织数学一级博士点申报和学科评估。通过邀请国际国内知名专家报告、主办各方向的国际国内学术会议，加强学科内涵建设，提升学科在国内外的学术地位。数学一级博士点材料顺利通过江苏省教育厅的审核。2020年录取博士生4人，学术型硕士生48人，留学博士生2人。规范研究生培养中的各项管理制度，修订数学一级硕士学位点研究生培养方案，制定《数学科学学院关于进一步规范和改进学术交流相关工作的规定》《数学科学学院2021年博士研究生招生复试录取工作实施细则》等制度文件。7人参加2020年江苏省研究生“问题驱动下的数学及应用”学术创新论坛，7人（中国4人、外籍3人）参加江苏大学中外研究生学术论坛。9人获博士学位（其中5人为外籍博士生）；45人获学术型硕士学位（其中1人为外籍硕士研究生）。获批校研究生精品教材项目2项，申报校研究生课程思政2项。研究生获批江苏省创新计划项目2项。获校优秀博士学位论文4篇，校优秀硕士学位论文1篇；获江苏大学第十届中外研究生论坛优秀论文奖1项。获“华为杯”第十七届中国研究生数学建模竞赛二等奖2项，江苏省研究生数学建模科研创新实践大赛一等奖3项。学院教师指导研究生数学建模竞赛获国家一等奖1项、二等奖4项、三等奖5项，省一等奖5项、二等奖7项、三等奖19项。

【师资队伍建设】 人才是大学竞争力的核心和关键，队伍建设是学院重点工程。学院专程到中国科学院数学与系统科学研究院、上海交通大学和中国科技大学等国内名校做人才招聘宣传，积极参加人事处组织的人才招聘专场会。全年组织了4次集中面试，举办了有海外博士参加的江苏大学第九届金山高层次学术人才论坛。新教师正式报到7人。鼓励青年教师根据学科建设的需要访名校、拜名师。获批省公派1人。招收外籍博士后2人。获批中国博士后科学基金第68批面上资助人员1人。获江苏省“杰青”1人，江苏省“双创博士”2人，江苏省“青蓝工程”骨干教师1人。5人通过副高职称。教师中博士学位比例达到69.2%。

【学生工作】 学院学生工作以习近平新时代中国特色社会主义思想为指导，以理想信念教育为核心，以社会主义核心价值观为引领，以全面提高人才培养能力为关键，确保疫情防控和人才培养工作双向并举，紧扣学校思政工作“八项工程”、“十大”育人体系，坚持“以学生为本，促全面发展，育时代英才”的工作理念，不断构建“三全育人”的思想政治教育新格局。在全院师生的共同努力下，毕业生本科生就业率为93.71%，毕业研究生总就业率为100%；考研录取率为33.96%，2021届研究生报考率为71.23%；申报科研立项63项，结题7项；在学风建设月中获评“优秀组织奖”。

【应用系统分析研究院工作】 2020年应用系统分析研究院以推动高质量发展为目标，不断提升科研实力和管理效能。专职科研人员全年度发表SCI检索论文30余篇，其中在国际权威期刊*Advances in Mathematics*、*Calculus of Variations and Partial Differential Equations*、*Annales Henri Poincare*和*Zeitschrift für angewandte Mathematik und Physik*上发表论文4篇，在一区、二区期刊上发表论文7篇。1人获江苏大学“奋达杰出青年英才奖”。新增国家自然科学基金面上项目1项，江苏省杰出青年基金项目1项，立项经费151万元。加大高水平人才引进力度，面试应聘者20人，录用6人。主办非线性分析及其应用研讨会、非线性分析与偏微分方程及其应用国际研讨会、名师大讲堂系列讲座、动力系统及其应用研讨会、非线性分析与动力系统研讨会等国际国内学术会议5场。邀请海内外知名专家学者到研究院讲学和交流35人次，其中美国数学会会士1人，教育部“长江学者”特聘教授1人，国家杰出青年基金获得者10人，中组部“千人计划”专家3人，中组部青年拔尖人才2人，海外专家6人。

（撰稿：胡莹晶　核稿：张世兵）

物理与电子工程学院

【学院概况】 物理与电子工程学院组建于2020年5月，下设物理系、大学物理教学部、物理实验中心、生物光学及成像技术研究中心、超声检测研究所、应用物理研究所等教学科研机构，其中物理实验中心为江苏省高等学校实验教学示范中心。与奥地利格拉兹大学联合成立了功能材料与量子器件设计联合研究中心。学院依托国家级国际联合研究中心—高端装备关键结构健康管理、江苏省光子制造重点实验室和物理实验教学中心等科研平台，建设物理学、电子科学与技术、光学工程3个一级学科硕士点和物理学（师范）1个本科专业。学院除了承担本院专业学生的培养外，还面向全校开设物理类的理论和实验全部课程，其中大学物理为学校课程建设“842工程”中的校级核心课程。学院现有教职工75人，其中博士生导师8人、硕士生导师30人，教授、副教授等高职称47人。先后涌现出“教育部新世纪优秀人才支持计划”人选、江苏省突出贡献中青年专家、江苏省特聘教授、江苏省“333工程”第三层次人选、江苏省“青蓝工程”学术带头人、江苏省“青蓝工程”优秀骨干教师、江苏省“六大人才高峰”高层次人才、江苏省“双创人才”、江苏省“双创博士”、全国大学生创新创业计划十周年最佳导师、江苏省五一创新能手、江苏省技术能手、镇江市十佳教师、江苏大学“最受学生欢迎的十佳教师”等一批优秀人才。

【党建与思想政治工作】 物理与电子工程学院党委下设5个党支部。学院现有党员62名，其中正式党员52名；全年发展新党员10名，转正3名。学院党委坚持以习近平新时代中国特色社会主义思想为指导，深入学习贯彻党的十九大和十九届二中、三中、四中、五中全会精神，以政治建设为统领，不断加强党的思想建设、组织建设、作风建设和纪律建设，紧紧围绕学校、学院中心工作，解放思想，贯彻落实“095”工程，聚焦“十四五”规划制定，深化“三全育人”综合改革，开创了学院各项事业发展的新局面，学院工作多次受到“学习强国”、共青团中央创青春、江苏团省委、江苏教育发布、交汇点新闻、紫牛新闻等省级及以上媒体宣传报道。学院党委在2020年度目标任务综合考核中名列“二级党组织”“党的建设”考核第七，党政领导班子考核“优秀”。学院获评江苏大学2020年度学生工作考核优秀单位，名列二级学院第7名。学院关工委获评校关工委先进集体，学院在2020年江苏大学第二十届运动会获得教职工总分第5名的好成绩。学院荣获党建工作创新创优项目三等奖、“最佳党日活动”二等奖，1名教师获评2020年“最受学生欢迎的十佳教师”，3名教师获评2020年“江苏大学优秀教师”“江苏大学先进工作者”；1名教师被省总工会授予“江苏省五一创新能手”称号，被省人力资源和社会保障厅授予“江苏省技术能手”称号，同时获镇江市2019—2020年度市级党员示范岗命名（全校唯一），获评镇江市“出彩教育人”。1名学生获评“校优秀学生共产党员”，1名教师获批江苏高校哲学社会科学研究专题项目1项，1篇调研报告获2020年度中层干部调研成果鼓励奖，1名教师作品获2020年度党的建设研究论文二等奖，1名教师获批江苏大学2020年思想政治工作研究课题1项，1名教师获批江苏大学2020年度高等教育规划发展研究课题1项，1名教师作品获江苏大学2020年师德师风主题征文一等奖。

【教学工作】 积极开展学院青年教师“助理教学期”和“主讲培训期”考核试讲活动，组织开展校级教学沙龙活动1次、校级公开课2次，积极开展物理学（师范）专业2020版“人才培养计划”修订工作，顺利完成 2018 级“推免硕士预备生”工作。物理学（师范）专业认证工作有序推进，已获批江苏省一流专业建设点，正在参加国家一流专业建设点评审。获批微电子科学与工程新专业。学院教师在江苏省本科高校青年教师教学竞赛暨全国高校青年教师教学竞赛选拔赛中荣获理科组一等奖 1 人，在江苏省基础物理（实验）教师上好一堂课竞赛中荣获一等奖 2 人（全省共 5 人）、二等奖 1 人、三等奖 1 人。成功举办了学院首届教师教学大赛，在江苏大学第十届教师教学大赛中获一等奖 1 人、二等奖 1 人、优秀奖 2 人。在江苏大学 2020 年“微课教学”比赛中获特等奖 1 项、二等奖 2 项。在 2020 年江苏大学英文授课课程“微课教学”比赛中获一等奖 1 项。2 人次获 2016—2019 届江苏省优秀毕业设计（论文）指导教师。完成教育部高等物理教学研究项目 1 项（优秀结题），获批江苏大学课程育人示范教学设计暨教学改革典型案例 1 项。在本科生学科竞赛与实践训练方面，获得全国大学生英语竞赛特等奖 1 项、三等奖 4 项；获全国大学生物理实验竞赛三等奖 1 项、优秀奖 1 项；获第九届江苏省师范生基本功大赛二等奖 1 项；成功组织学生参加江苏大学第二届大学生计算机设计大赛，获一等奖 2 项、二等奖 3 项、三等奖 2 项；获“领航杯”江苏省大学生信息技术应用能力比赛一等奖 1 项、三等奖 2 项；成功组织江苏大学第八届物理及实验创新大赛和江苏大学第三届大学物理及大学物理实验竞赛。由学院教师指导的江苏省高校第十七届大学生物理与实验科技作品创新竞赛获二等奖 2 项、三等奖 3 项，4 名教师被评为“优秀指导教师”；获大学生实践创新训练计划项目 10 项；顺利组织完成学校大创项目小组结题答辩和中期检查答辩，获江苏省优秀项目 1 项。成功组织了学院本科毕业论文线上答辩，2 名学生的设计获校优秀毕业设计（论文），1 名学生的设计被推荐参评江苏省优秀毕业设计（论文）。

【科研与学术交流】 2020 年获批国家自然基金项目 4 项，其中面上项目 2 项。获批江苏省哲学社会科学项目 1 项，在物理顶级期刊 *Physics Reports* 和国际权威期刊 *PNAS* 等学术期刊上发表高质量论文 32 篇，获中国发明专利授权 2 项。横向科研项目到账 55 万元。与中国科学院技术物理研究所南通智能感知研究院积极推进成立江苏大学“量子智能感知”研究院、江苏大学南通研究生院和江苏大学智能感知研究院有限公司。成功承办了由国家自然科学基金委员会资助、江苏大学主办的“机器学习在凝聚态物理中的应用研讨会”，邀请了 80 多名国内外知名专家、学者、中科院院士，为学院师生做线上及线下专题学术报告。邀请 20 多名国内外专家知名专家做线上线下学术报告。

【学科建设与研究生教育】 积极申报光学工程博士点，已通过江苏省评审，进入国家评审阶段。同时做好现有物理学一级硕士点和共建 2 个一级硕士点——电子科学与技术和光学工程的建设工作。全年开设 5 门中外研究生线上教学课程。组织研究生参加了 2020 年江苏省研究生先进材料学术创新论坛和江苏省研究生“超构材料中的物理问题”学术创新论坛，获得省一等奖、三等奖各 1 项。承办 2020 年江苏省研究生“凝聚态理论与材料计算”暑期学校；进一步落实研究生导师立德树人工程，组织导师培训，加强研究生学术道德教育，制定并落实疫情防控期间研究生返校工作室管理暂行办法。本年度录取学术型硕士生 23 人，研究生生源质量显著提高，“双一流”高校和优质生源比例分别达到 14%

和59%。第一批次学位申请学术型硕士学位8人。获批江苏省研究生科研创新计划1项、校研究生“课程思政”示范课1项。获评江苏大学优秀研究生导师1人。获江苏省优秀硕士论文1篇、江苏大学优秀硕士论文2篇，开设中外研究生同窗学习课程5门。在第十届江苏大学中外研究生论坛中，获中外研究生同室创新奖1项、优秀论文1篇、最佳展示奖3项。

【师资队伍建设】 通过网络、微信、校友、教师参加学术会议等各种渠道宣传江苏大学和物电学院的人才引进政策。积极参加人事处组织的在南京等地的人才招聘专场会。全年组织了5次集中面试，举办了海外博士参加的江苏大学第八届、第九届海外高层次人才论坛。新教师正式报到2人，均具有海外经历。其中资格教授1人、资格副教授1人。新增正高职称1人，副高职称4人。获江苏省“双创人才”1人，江苏省“青蓝工程”优秀青年骨干教师1名，江苏大学“奋达杰出青年英才奖”三等奖1人。

【学生工作】 认真贯彻落实学校“三全育人”综合改革推进会暨第四次学生工作会议精神，坚持“以学生为本，促全面发展，育时代英才”的工作理念，建立健全富有学院特色的学生工作体系，持续激发学生思想政治工作强大活力。学院成立“三全育人”工作领导小组，举办“三全育人”工作研讨会，实施“5分钟课堂思政”计划，1名教师作为科研育人代表在学校“三全育人”综合改革推进会上交流发言。学院党委书记主讲“开学第一课”，书记、院长讲授“形势与政策”课，开展院、团支部两级“信仰公开课”150场次，“青年大学习”网上主题团课连续15期完成率100%。开展“厉行节约”主题教育实践活动。学院团委获学校共青团工作“团聚135”创新创优工程二等奖，获学校优秀主题团日活动2项，获学校暑期社会实践“我的返家乡故事”最佳传播奖1项，获评镇江市“三下乡返家乡”社会实践优秀团队1个。2020届毕业生研究生录取率达30%，其中包括浙江大学、东南大学等国内知名高校。本科毕业生总就业率达97%，研究生毕业生总就业率达100%。1名学生获评“校优秀学生共产党员”，1名学生获评“校优秀研究生标兵”，1名学生获评“校三好学生标兵”，1名学生获评“校十佳创新创业之星”，1名学生获评“全国百佳心理委员提名奖”，1名学生获评“校十佳团支书”，1个班级获评“校先进班级”，1个支部获评“校十佳活力团支部”，3个支部获评“校五四红旗团支部”。建立心理健康“院—班—寝室”三级网络，开展本科生和研究生新生心理普查、毕业班学生心理筛查和干预工作，举办“9·20”和“12·5”心理健康教育活动，学院心理协会获评“校心理协会十佳分会”。开展学生社区“安全文明建设月”活动。公开、公平、公正做好各类奖助学金评审工作，给51名贫困生发放奖助学金20.35万元。

（撰稿：邢亚林　核稿：潘金彪　陈元平）

土木工程与力学学院

【学院概况】 土木工程与力学学院设有土木工程系、力学与工程科学系、工程管理系，学院学科涵盖土木工程、力学2个一级学科，设有土木工程、工程管理、工程力学3个本科专业，并面向国外招收各层次留学生。学院现有力学一级博士学科点（江苏省重点学科）、土木工程一级硕士学科点，建筑与土木工程专业硕士点及力学博士后流动站。截至2020年12月，学院有各类在校生895人，其中博士硕士研究生258人，外国留学生82人。学院现有教职工95人，其中博士生导师14名，教授、副教授共51人，具有博士学位的教师75人，具有海外研学经历的教师28人。学院拥有国家级国际科技合作基地——高端装备关键结构健康管理国际联合研究中心、部级重点实验室——机械工业机械结构损伤检测评估技术实验室、江苏省力学实验示范中心、江苏省机械及工程结构损伤诊断与管理工程技术研究中心、江苏省振动与噪声工程实验室，以及江苏省土木工程实验示范中心培育点；设立有校级专职科研机构——结构健康管理研究院。

【党建与思想政治工作】 2020年，学院党委坚持以习近平新时代中国特色社会主义思想为指导，深入学习贯彻党的十九大和十九届二中、三中、四中、五中全会精神，坚持“围绕中心抓党建、抓好党建促发展”的工作理念，切实履行全面从严治党主体责任，扎实开展“不忘初心、牢记使命”主题教育，认真贯彻落实“立德树人”根本任务，将党的政治建设、思想建设、组织建设、作风建设、纪律建设和制度建设等各项工作落到实处。科学谋划和制定“十四五”事业规划，加强学院层面的顶层设计。认真贯彻执行“第一议题”学习制度、党委理论中心组学习制度、教职工政治理论学习制度、“三会一课”制度和领导干部双重组织生活制度，不断完善党委会和党政联席会议事规则，共召开党委（扩大）会23次、党政联席会议16次。坚持和创新理论学习制度，积极探索“互联网+党建”基层党建工作创新模式，提高广大师生政治理论学习的主动性和积极性。成立师德建设工作组，开展党纪党规、科研诚信等主题党日活动，举办廉政教育专题书记党课，加强教职工师德师风建设。顺利完成校党委第三轮巡察整改、党委换届、基层党组织换届和分工会换届。全年共培养入党积极分子50名，发展党员26名。获校级党建工作样板支部1个、党建工作创新创优一等奖1项、党建工作典型案例三等奖1项、最佳党日活动二等奖和三等奖各1项、师德师风主题征文活动二等奖和三等奖各1项。在省级及以上媒体发稿20篇，其中深度报道6篇；2名学生“志愿抗疫”的先进事迹先后被多家媒体报道。

【教学工作】 学院高度重视日常教学工作的规范化管理，教风学风明显改善。疫情防控期间，为确保所有课程“停课不停教、停课不停学”，学院多措并举，全力为线上教学保驾助航，全年教学工作稳步顺利完成。学院圆满完成3个专业2020版本科培养计划修订工作；土木工程、工程管理两个专业获批江苏大学第二批“三全育人”综合改革示范专业；土木工程专业获批2020年度国家级一流本科专业建设点。获批教育部产学合作协同育人项目2项、校重点教材2部、校全英文授课课程教材2部、校英文授课精品课程2门、校来华留学本科教学质量工程特色项目2项、校“课程思政”先进教学团队2个、“课程思政”教学示范课3门、校课程育人示范教学设计暨教学改革典型案例9项。助理教学考核主讲培训期通过5人，助教培养期通过6人。在江苏大学第十届教师教学竞赛中，获二等奖1名、三等奖2名、优秀奖1名；在首届长三角高校工科基础力学青年教师讲课竞赛中获特等奖1名、一等奖1名；在第十届江苏省高校土木工程专业青年教师讲课竞赛获二等奖1名；2名教师在校微课教学竞赛中分获一、二等奖。2020 届本科毕业生初次学位授予率 98.14%。获批“大创”项目 26 项，其中国家级项目 3 项；获批校优秀毕业设计 4 篇，首次获批 2 个校优秀毕设团队；在第八届“江苏省大学生工程管理创新、创业与实践竞赛”中获二等奖 4 项，三等奖 2 项。

【科研工作】 秉持“精准科研服务”的理念，注重营造良好科研氛围，重点做好科研活动的引导、服务和监督工作。2020 年发表 SCI 检索论文 49 篇（其中 ESI 工程学论文 18 篇，完成年度任务的 120%），EI 收录论文 24 篇，SSCI 收录论文 3 篇。获得授权发明专利 7 项，其中高价值专利 1 项。获批国家自然面上项目 5 项，国家自然专项 1 项、青年基金 1 项，省自然面上 1 项，省自然青年基金 1 项，省高校自然基金 1 校，中国博士后基金项目 1 项。纵向科研经费合同 372.53 万元，横向科研经费合同额 1 492.77 万元，横向科研经费到款 1 130.24 万元。国家级平台“高端装备关键结构健康管理国际联合研究中心”通过合格性评估，此外，学院与新兴交通、嘉创科技、江苏中野等企业签订了校企合作协议，参与学校与大全集团、建华建材的全面校企合作；与嘉创科技共建智慧城市实验室，与江苏中野共建工程技术研发中心 1 个。结构健康管理研究院教师积极开展科学研究，在理论研究和技术应用研究方面取得了优秀的科研成果，获批国家自然基金 2 项、中国博士后科学基金 1 项；纵向科研项目立项经费为 154.9 万元，横向经费到款 75.14 万元。加强国际交流与合作，研究院教师与巴基斯坦合作开展“一带一路”江苏省国际合作项目 1 项，1 项国家自然科学重点国际合作项目顺利结题，主办国际会议“2020 智能传感器技术及信号成像技术国际学术研讨会”，线上线下同时召开。国家科技合作基地依托学校力学、机械工程、材料工程、汽车、物理和电气工程学科成立 5 个分中心，整合相应的特色研究团队和相应资源，共同推进国际结构健康管理领域的相关研究工作。

【学科建设与研究生教育】 学院精心谋划准备第五轮学科评估材料，着力加强研究生培养质量，举办第十一届全国动力学与控制学术会议，制定完成 2020 年新版力学一级博士学位点、土木工程一级硕士学位点、土木水利工程硕士领域的课程大纲，获批博士生导师 2 名、学术学位硕导 4 名。学院研究生招生规模扩大，共招收博士研究生 5 名，学术型研究生 35 名、专业型硕士 51 名（非全 12 名），较 2019 年分别增长了 17%和 32%。研究生生源质量持续提升，优质生源比例达 30.23%。全日制研究生顺利答辩及毕业 57 人（博士 1 人，留学硕士 2 人）。授予全日制博士学位 1 人，全日制硕士学位 55 人（含留学硕士 2 人），在职工程硕士 5 人。学位论文质量继续保持较高水平，一次送审合格率达 94.62%，抽检合格率继续保持 100%。学院实施了以“砥砺建造强国之志，力践工程报国之行”为主题的系列研究生课程思政教育研讨活动，“高等混凝土结构理论”和“现代工程设计与建造”2 门课程获批校级课程思政示范课立项。学院承办江苏大学研究生智慧城市创新大赛，承办第十届中外研究生论坛理工分论坛；获批省级研究生工作站 1 个，获批省级研究生创新项目 3 项。

【师资队伍建设】 培养、引进并举，师资结构不断优化。做好 2020 年人才招聘工作，2020 年报到教师 9 人，具有博士学位 8 人，新增 1 年以上海外研修经历教师 6 人，新增省部级人才 2 人，新增具有海外博士学位教师 1 人，招收外籍博士后 3 人，招收全脱产博士后1人、在职博士后5人。2020年博士后进站总数8人，含外籍教师3人和在职博士后5人；出站1人。做好2020年度“青年英才培育计划”培育人选选拔工作，以及2021年江苏省特聘教授的申报推荐工作。“青年英才”报名2人(王鹏和郑玉龙)，江苏省特聘申报1人(郑玉龙)。

【学生工作】 学生工作不断夯实管理基础，深化思想引领，形成学生干部、辅导员、专任教师、院领导协同教育机制。在全体师生共同努力之下，学院涌现出一批又一批先进个人和集体，赢得了越来越多的荣誉。6名学生荣获国家奖学金，35名学生获得国家励志奖学金；2名学生获得校长奖学金；1个项目分别荣获第五届中国青年志愿服务大赛银奖、江苏省十佳志愿服务项目、江苏省青年志愿服务大赛三等奖，1人获评江苏省社会实践先进个人，1个项目以江苏第一排名获批全国红十字青少年社会实践活动。1名学生荣获“中国大学生自强之星”称号。1名学生荣获第三届“全国高校百佳心理委员”称号；1人荣获江苏省研究生职业规划大赛二等奖。土力学院荣获镇江市红十字优秀基层组织，1个项目荣获镇江市“博爱青春”优秀项目奖，教评江苏大学“三下乡”社会实践先进单位、江苏大学五四红旗团委创建单位、关心下一代工作先进单位。1个班级获评江苏省先进班级，1名学生获评江苏省三好学生，1个团支部获评江苏大学十佳团支部，1名团支书获评江苏大学十佳团支部，1名学生获评江苏大学优秀学生共产党员。多名学生在全国英语竞赛、数学竞赛、物理竞赛中获奖，多名学生获全国或省级土木专业、工程管理专业类优秀毕业生、校级志愿优秀者、“百优青年”等称号。学院欠费率0.22%，本科生就业率96.35%，研究生就业率100%，均超额完成指标；研究生报考比例53.85%，突破50%大关。学院多次获社区橱窗一等奖等荣誉；学院学工积极拓宽“三困生”帮扶渠道，2020年12名“学困生”全部顺利毕业，2020年全院207名贫困生资助全覆盖。

(撰稿：蒋秀萍　核稿：毕勤胜)

化学化工学院

【学院概况】 学院现有化学工程与工艺、化学、应用化学3个本科专业，其中，化学工程与工艺专业通过了高等教育教学评估中心和中国工程教育专业认证协会的认证并入选国家级一流本科专业建设点。学院有化学和化学工程与技术两个一级学科硕士点。学院有教职工158人，其中正高级职称38人，副高级职称55人，具有博士学位113人；现有博士生导师27人，硕士生导师77人。教师队伍中有“长江学者”青年学者1人，国家优秀青年基金获得者3人，教育部“新世纪”优秀人才1人，省“333工程”人才2人，省“双创团队领军人才”1人，省“双创人才”1人，省“双创博士”7人，省“六大人才高峰”高层次人才8人，省“青蓝工程”5人，省“特聘教授”2人。

【党建工作与思想政治工作】 1. 以党的政治建设为统领，重视发挥党委政治核心作用。建立“第一议题”学习制度，严格执行“三重一大”决策制度、党政联席会议制度，强化学院领导班子党政协同，齐抓共管；强化党风廉政建设责任传导机制，与系部（中心）和研究院分管领导签订责任书，申报党风廉政文化创建点1项；开展党风廉政建设专题部署会议2次、现场警示教育1次，对群众反映的1项苗头性问题及时约谈提醒；密切配合校党委落实政治巡察工作，深挖存在问题及成因，形成初步问题清单及整改方案；加强统战工作，召开学院民主党派教师座谈会2次，提交正式提案4个，其中3个被民革省委采纳，1个被民革中央和省政协采纳。2. 强化思想理论武装。党委中心组严格执行政治理论学习制度，按计划完成6个主题的集中学习研讨；系部（中心）、研究院坚持双周三教职工政治理论学习制度，全年组织教职工集中学习2次；把落实意识形态工作纳入年度工作计划，纳入全面从严治党主体责任范围，通过座谈会、系主任例会、个别谈话等形式摸排师生思想动态，并召开党委会分析研判意识形态工作，与系部（中心）和研究院分管领导签订《意识形态工作责任书》；重视教职工思想政治和师德师风建设工作，强化学术道德与科学诚信，及时排查师德失范现象，强化立德树人；全年在国家级媒体发文10篇，在省级媒体发文16篇。3. 强化领导班子建设，落实党管人才原则，顺利完成学院党委和党支部换届选举工作；严格执行《领导干部报告个人有关事项规定》，落实领导干部学习培训制度；以党支部"提质增效"三年行动计划为抓手，16个党支部全面建成标准化党支部，1个支部申报优质化党支部，获批书记项目1项、党建研究专项课题1项；申报校优秀支部书记项目2项、最佳党日活动3项、党建创新创优项目1项；重视党员培养发展工作，按计划发展预备党员30人，其中教工党员1人，在读博士生1人，本科生21人、研究生7人，预备党员转正25人。

【本科教学与实验室建设】 1. 教学工作运行良好，教学质量稳步提升。学生评教优秀率高于95%，毕业设计及实验教学过程管理按时完成率均100%，学生CET-6通过率33.67%，计算机考试通过率16.53%，2020届毕业生学士学位授予率100%；向学校推荐14位教师防疫期间在线教学典型教学案例，其中有10篇获评校优秀案例；11位教师申报校课程育人示范教学设计及教学改革典型案例，3篇案例获汇编出版。2. 化学工程与工艺专业通过第二次工程认证并获批校"三全育人"综合改革示范专业，成功推荐申报国家一流专业；《能源化工》获江苏省重点教材立项建设；获批"大创"项目国家级7项、省级一般项目12项、省级校企合作基金项目3项、校级项目27项；本科招生宣传，签约登记考生160余人，共计录取57人，其中登记录取34人，自荐率达59.65%。3. 改造学院超纯水生产装置，申请并实施314和316物化实验室整体改造，向学校提交大楼电力增容计划、通风系统改造方案、污水处理方案和气路改造方案等；新增教学类仪器设备共计93台/套，价值471万元；完成扫描电子显微镜采购、安装、培训和正式使用。

【科研与学术交流】 1. 申报国家级课题48项，获批14项，立项经费1 055.2万元；获批省部级课题12项，立项经费189.3万元；获批市级项目7项，立项经费152.4万元；获批省工程技术研究中心1个（合作），经费20万元，纵向课题立项经费共1 416.9万元；新增横向课题40项，合同金额398.5万元，到账280余万元。2. 教师共发表SCI检索论文316篇（其中1区91篇，2区115篇）；完成专利申请119项，获授权69项，PCT申请4项；组织学院教师申报各类成果奖项5项，获批2项。3. 先后组织国内外学者来校交流讲学4场，组织教师参加江苏省化学化工学会年会及1场中德双边国际学术研讨会。4. 稳步推进专职科研机构“绿色化学与化工技术研究院”和“量子与可持续性技术研究院”的建设发展，目前，已到岗专职科研人员27人，新引进教师6人、国内博士后1人、外籍博士后1人；组织申报并获批镇江市工程技术研究中心1个。

【学科建设与研究生教育】 1. 完成化学工程与技术一级学科博士点申报，完成教育部对化学、化学工程与技术两个一级学科硕士点的评估；化学学科进入ESI前1.5‰，泰晤士高等教育首届中国学科评级化学工程与技术为A—等级，“软科世界一流学科排名”化学工程与技术位列全球第42位（全国18位）。2. 积极组织研究生招生宣传工作，招收博士研究生16人、硕士研究生161人，生源中百强高校36人，占比31.9%，“双一流”高校16人，占比9.8%；毕业博士研究生10人、硕士研究生119人；获批江苏省研究生创新项目8项、江苏省研究生工作站2个、江苏省产业教授1人；完成江苏省研究生工作站期满验收与年度数据报送；组织2019级博士和硕士研究生开题，完成2019级研究生（专业学位）实践环节安排和校外指导教师的推荐与配备。3. 研究生学位论文双盲送审合格率98%，毕业研究生申请学位发表论文合格率100%。获江苏省优秀博士学位论文1篇、优秀硕士学位论文3篇；获校优秀博士学位论文5篇、优秀学术硕士论文24篇。

【师资队伍建设】 1. 全年引进博士10人，博士后3人，其中金山特聘教授B类1人，金山青年特聘教授2人，超额完成学校全年工作指标。积极与外籍博士后联系，先后与5人签订协议。成功引进加拿大皇家科学院Federico Rosei院士团队，获重大突破。2. 获批江苏省“双创人才”1人，“双创博士”1人，镇江市突出贡献中青年专家1人。2人晋升正高职称，6人晋升副高职称。6人获评校优秀教师和先进工作者。3. 积极创造条件，选派青年教师出国访问和进修。3名教师学成回国，新增1年以上海外研修经历教师9人。4. 精心组织第八届和第九届海外高层次人才学术论坛，择优邀请18位高层次人才参加论坛并签订意向协议，往届参加论坛人员到岗6人。

【国际交流与合作】 1. 新增1项中德合作项目，引进加拿大外籍院士1人，作为长期专业科研外教。2. 学生3个月以下海外学习经历人数18人，其中17名本科生在线进行短期学习交流，1名博士生已申请赴澳大利亚进行1年以上交流学习。招收留学生6人，其中硕士研究生1人、博士研究生5人。规范完成留学生教学管理各项工作，有两门课程是中、外学生同堂授课课程。3. 参加第十届中外研究生学术论坛，组织2支中、外学生队伍参加装置展示，均获“中外研究生同室创新奖”；外国留学生Daniel参加口头学术报告，获得最佳口头汇报三等奖；Waleed获得最佳墙报展示奖；重视对外宣传工作，完成英文网站全面升级和改版。

【学生工作】 1. 加强学生日常管理。开展“化工科技文化节”和“大学生素质拓展月”系列活动。举办寓教于乐、丰富多彩的第二课堂，开展科研创新、科技探索、社团活动、心理健康教育活动。安全管理常抓不懈，完善安全隐患排查、卫生文明检查等制度。2. 开展“学风建设月”。狠抓班风学风建设，开展优秀班集体评比、学风督察、诚信考试教育，促进学生全面发展。2021届考研报考率为88.5%，2020届考研升学率为50%，考取“双一流”高校29人。参加海外学习共17人。第十九批科研立项共申报71项（其中本科生45

项，研究生26项），获批46项；全年结题25项。3. 扎实服务学生的成长成才。加强职业规划和就业能力提升教育。全年发布就业信息70余条，组织宣讲招聘会10余场，联系接洽10多家企业来院招聘。截至2020年12月，本科总就业率90.16%，研究生总就业率91.89%。4. 完善学生关爱体系，做好助困工作。共有207人申请助学贷款，总计187.16万元，完成2020届毕业生以奖还贷、还贷确认书、还贷诚信教育等工作。组织评定各类奖助学金，合计人民币47.385万元。5. 扎实做好大学生学业规划和学业指导，15人被评为校级优秀学业导师。学院获职业生涯规划大赛优秀组织奖，获评暑期社会实践先进单位，1个研究生党支部被评为“校先进党支部”，获评“校五四红旗团支部”、“校十佳活力团支部”各1个，1人获评“江苏省三好学生”，2人获“校长奖学金”，44位同学获省级以上科技竞赛奖励。2人获评校年度辅导员标兵，1人获镇江市暑期社会实践先进工作者，1人获职业生涯大赛优秀指导老师称号，1人获批2020年大学生思想政治教育专项课题，2人分获校辅导员工作案例一等奖、三等奖。

（撰稿：方孙飞　核稿：倪时平）

管理学院

【学院概况】 管理学院始建于1982年10月，2011年12月12日更为此名。目前学院拥有管理科学与工程一级学科博士学位授权点及博士后科研流动站，拥有管理科学与工程、工商管理、公共管理3个一级学科硕士学位授权点，另有MBA、MPA、MEM、工业工程与管理硕士、物流工程与管理硕士学位授权领域，拥有工商管理、人力资源管理、市场营销、电子商务、信息管理与信息系统、工业工程、公共事业管理、物流管理等8个本科专业。管理科学与工程学科获批省高校优势学科建设工程三期项目，公共事业管理、工商管理专业分获国家级、省级一流本科专业建设点。学院设有工商管理、人力资源、市场营销、电子商务、工业工程、公共事业管理、信息管理与信息系统等7个系，设有中小企业发展研究中心、绿色发展与环境治理研究中心、管理工程研究所、战略管理研究所、医疗保险与医院管理研究所、创业与区域发展研究所、管理与伦理研究所、电子商务与信息化发展研究所、江苏大学社会科学计算实验中心、新农村发展研究院、江苏大学大数据与可持续发展研究中心、江苏大学脑科学与行为科学实验研究中心等研究机构。全国唯一一所中小企业学院——江苏大学中小企业学院挂靠本学院，原国家经贸委中小企业司授予学院“中国中小企业项目研究培训基地”。“江苏大学中小企业发展研究中心”获批“江苏省中小企业发展研究基地”，“绿色发展与环境治理研究中心”获批江苏高校哲学社会科学重点研究基地。学院现有教职员工142人，其中博士生导师、硕士生导师共60余人，教授、副教授共100余人；霍英东基金会第九届高校青年教师奖1人，江苏省“333工程”培养对象4人，江苏省有突出贡献中青年专家1人，江苏省高校“青蓝工程”新世纪学术带头人和青年骨干教师10人，江苏省六大人才高峰项目6人，江苏省社会科学英才培养对象和优秀青年骨干培育对象各1人。“管理科学与工程”学科梯队获评“江苏省高校青蓝工程省级优秀学科梯队”。

【党建与思想政治工作】 1. 加强思想政治教育和教师立德树人教育。扎实做好新冠疫情防控工作；在全院范围内有计划、有步骤地开展了一系列学习活动；组织开展江苏大学师德师风、科研诚信和学术道德规范专题学习教育活动，全院师生签署承诺书。2. 加强基层党组织建设和党员队伍建设。严格做好党员的培养和发展工作，各党支部狠抓落实“三会一课”制度；学院获评江苏大学新时代党建示范创建和质量创优工作“标杆学院”；工业工程系教工支部获评“2019—2020 年度校级党员示范岗”。3. 重视教授治学与民主管理建设。学院教授委员会成为学院党政共同领导下的重要学术事务决策机构和改革与发展重大事项的咨询机构；悉心指导院分工会和院团委工作；定期召开教职工代表大会并按期换届。4. 抓好作风建设，加强权力监管。学院党委按照党风廉政建设“强责工程”的有关要求，加强党风廉政建设，严格落实主体责任，认真履行“一岗双责”；获评江苏大学廉政文化一星级创建点。5. 狠抓对外宣传工作。获评校新闻宣传工作先进单位、校十佳新媒体运营单位。

【教学工作】 1. 专业建设扎实推进。顺利通过教育部对公共事业管理国家级一流建设专业现场考察，积极做好工商管理国家级一流建设专业申报工作；公共事业管理专业获批校“三全育人”综合改革示范专业。2. 课程、教材建设及教学改革喜获佳绩。“创业计划”和知识产权创新创业虚拟仿真实验项目被认定为首批国家级一流本科课程；“运筹学”获教育部高等学校工商管理教指委“金课”建设立项；“管理运筹学”获批江苏省在线课程立项；《创业基础（第 2 版）》入围全国优秀教材推荐名单（本科），《医疗保险学（第 3 版）》获评江苏省本科优秀培育教材；学院教师发表教改论文 12 篇，其中 CSSCI 检索论文 1 篇，核心期刊 3 篇。3. 教学质量稳步提升。1 名教师参加江苏省本科高校青年教师教学竞赛荣获二等奖；1 名教师获校讲课竞赛特等奖；1 名教师获评校最受学生欢迎的“十佳教师”；获批校课程育人示范教学设计暨教学改革典型案例 10 项，其中 4 项优秀；获批校在线教学典型案例 8 项；获批 2020 年大学生实践创新训练计划项目 68 项，其中省级重点项目（训练）8 项，省级一般项目（训练）14 项，校企合作项目 11 项，59 项省级、校级大学生实践创新训练计划项目结题；获评校招生宣传工作优秀组织单位；“跨境电子商务立体化实训平台建设”获 2020 年校来华留学本科教学质量工程特色项目立项；2020 届本科毕业生学位授予率为 95.87%，36 篇本科毕业论文获评院优秀毕业论文，13 篇本科毕业论文获评校级优秀毕业论文；在校第四次本科教学工作大会上，学院获评本科教学工作先进集体并作为代表发言。4. 实验中心建设扎实推进。成功获批国家虚拟仿真实验项目 1 项；完成“ERP-CLOUD 实验管理平台”“E 云教学考试平台”“网络客服实训平台”等教学平台的建设工作；完成“管理信息系统分析与设计实验教学软件”“公共卫生应急物资规划虚拟仿真实验项目”等的论证工作。

【科研与学术交流】 1. 科研平台建设实现新突破。新增以杜建国教授为首席专家的江苏高校哲学社会科学重点研究基地“绿色发展与环境治理研究中心”。2. 科研项目申报稳步推进。获批国家自然科学基金项目 4 项、国家社会科学基金项目 3 项；获批国家统计局重大项目 1 项、教育部人文社会科学研究青年项目 3 项、江苏省社科基金项目 4 项、中国博士后基金项目 1 项、江苏省社科英才资助项目 1 项、江苏省“333工程”科研资助项目1项。3. 科研成果成绩显著。荣获江苏省哲学社会科学优秀成果奖二等奖1项、三等奖2项；发表国家自然科学基金委管理学部认定的权威期刊论文29篇、CSSCI收录论文51篇、SCI和SSCI收录论文75篇；出版论著6部。4. 学术交流稳步推进。邀请国内外知名学者来学院讲学及举办线上学术报告近30场，成功举办了第三届“三江”医改国际论坛和2020年江苏省机械工程学会工业工程分会年会暨“迪弗润特杯”江苏省第七届工业工程至善大赛。

【学科建设与研究生教育】 1. 扎实推进学科建设。认真做好教育部第五轮学科评估工作；扎实做好工商管理、公共管理新一轮博士点申报工作；顺利通过管理科学与工程江苏省高校优势学科建设工程项目中期验收；完成管理科学与工程博士后流动站的评估工作；MEM成功获批，并于2020年招生。2. 研究生教育质量稳步提升。获批省级研究生教学成果奖培育项目2项；获批2020年江苏省研究生培养创新工程项目科研创新计划7项；获评省优秀硕士学位论文4篇；获批校研究生“课程思政”示范课立项建设课程2项；获批校案例库建设项目6项；获批校研究生导师团队1个；获校优秀博士论文1篇，校优秀硕士论文1篇；完成留学研究生新版培养方案的修订；修订了《对预审有不合格意见的留学研究生学位论文的处理办法》等文件；鼓励硕博生赴江苏—英国高水平大学20+20联盟高校学习交流，目前在英高校联合培养或攻读学位学生3人。

【师资队伍建设】 1. 积极引进人才。引进及签约博士16名，报到4名，长期聘请专家3名，新进辅导员4名、实验室管理员1名；招收博士后14名，其中外籍博士后11名，博士后出站8名。2. 高度重视人才培养。4名教师赴国外研修交流（3个月以上）顺利回国；新增教授3名，新增副教授4名；1名教师获评校“十佳青年教职工”。

【学生工作】 1. 思想教育成效显著。研分会、学生会在学校答辩评比中分列第一、第二名，1个团支部获评校十佳活力团支部，1名团支书获评校十佳团支书；1人荣获“中国电信奖学金”，并获评“践行社会主义核心价值观先进个人”；1人获评镇江市十大杰出青年，1人获江苏大学十佳青年（提名）。2. 学风建设扎实有效。学业规划覆盖面达100%；2名学生获评“江苏省优秀学生干部”，1个班级获评“江苏省先进班集体”，1名学生荣获“校长奖学金”，9名学生荣获“国家奖学金”，2名学生获评“校优秀研究生标兵”；2021届研究生报考率60.58%，2020届考研达线率16.97%；108名学生参加各类海外学习交流，其中3个月以上者49人；31人通过雅思、托福等出国类外语考试。3. 就业创新创业特色鲜明。2020届本科生、研究生总就业率分别达97.18%和97.14%；获2020年第六届“互联网+”大学生创新创业大赛国赛银奖和铜奖、“学创杯”2020全国大学生创业综合模拟大赛总决赛特等奖、2020年全国企业竞争模拟大赛总决赛一等奖、第十二届“挑战杯”中国大学生创业计划竞赛银奖、第五届全国大学生人力资源管理知识技能竞赛总决赛一等奖、2020省研究生公共管理案例分析大赛一等奖、江苏省第七届工业工程致善大赛二等奖；3名学生获评校2020年度“十佳创新创业之星”，2支团队获评校2020年度“十佳创新创业团队”；第19批本科生科研立项145项，在全校名列前茅。4. 队伍建设稳步推进。1名辅导员获评2019江苏高校辅导员年度人物；1名辅导员获评镇江市暑期社会实践“先进工作者”；获2020

年校辅导员工作案例二、三等奖各1项，辅导员获批厅级、校级课题2项，发表论文1篇。

（撰稿：许　龙　核稿：周绿林）

财经学院

【学院概况】 财经学院由江苏大学原工商管理学院中的会计、统计、国际经济与贸易、金融等几个系的师生成建制划出，于2006年4月组建。学院目前拥有会计学、统计学、国际经济与贸易、金融学、保险学、财务管理6个本科专业，国际经济与贸易为国家一流专业；经济系统分析与管理为二级博士学位授权点；应用经济学、统计学2个为一级学科硕士学位授权点，其中应用经济学为江苏省重点（培育）学科；MPAcc（会计硕士）、国际商务2个为硕士专业学位授权点。“江苏大学MPAcc教育中心”和“江苏大学产业经济研究院”挂靠学院，学院的“江苏省统计应用研究基地”为江苏省人文社会科学研究基地，“创新经济发展与评价研究中心”为江苏省普通高等学校哲学社会科学重点研究基地培育点，“低碳经济与产业发展”创新团队为江苏省高校哲学社会科学优秀创新团队。

【党建与思想政治工作】 1. 抓好政治建设。坚持不忘初心、牢记使命主题教育常态化制度化，巩固深化主题教育成果。建立并落实“第一议题”学习制度，党政联席会、党委会认真学习习近平总书记给涉农高校书记校长和专家代表回信精神、在教育文化卫生体育领域专家代表座谈会上的讲话精神、在学校信件上的重要批示精神等。坚持政治建设及重大事项请示报告制度。落实党员领导干部认真执行双重组织生活制度、“三会一课”制度。规范组织召开领导班子民主生活会、党支部组织生活会。严肃认真开展民主评议党员工作。2. 抓好责任落实。落实主体责任。深入学习党中央出台的《党委（党组）落实全面从严治党主体责任规定》，切实解决自身客观上存在的“认识理解不全面、责任意识不到位、方式方法不够用、考核监督不扎实”等问题。坚持民主集中制原则，落实党政共同负责制，完善和落实党政联席会、党委会、“三重一大”事项议事决策制度。3. 抓好组织建设。加强干部管理。积极参加学校、有关职能部门组织的各项领导人员政治能力培训计划和分级分类干部专题培训。逐一与班子成员谈话反馈考核结果，引导班子成员对标补差，自我提升。参照学校干部选聘办法，有序推进学院中层干部换届。认真落实干部述责述廉制度，组织学院中层干部年终进行述责述廉。4. 抓好作用发挥。围绕“三全育人”综合改革，积极推进教师党员先锋工程、大学生党员素质工程，充分发挥师生党员在教学科研管理和学习生活中的先锋模范作用。5. 抓好党风廉政。学院党委认真履行党风廉政建设主体责任，党委书记认真履行“第一责任人”责任，领导班子其他成员认真履行“一岗双责”，学院纪检委员严格履行监督职责，对照学院年度党风廉政建设责任清单逐项落实。坚持“未巡先改”，认真开展发展党员、教职工政治学习制度落实、经费管理使用等自查整改，为接受校党委巡察做好准备。6. 抓好意识形态。认真落实意识形态工作责任制。每学期1次分析研判学院意识形态领域情况，做到有针对性地对重大事件及师生中的倾向性、苗头性问题进行引导。支部书记例会、系主任会常强调多提醒。加强学院网站、官微等新媒体管理。对全院信教师生进行排查，召开信教学生座谈会，解读宗教政策，提出明确要求，严防校园传教。7. 抓好安全稳定。积极落实安全工作责任制。每学期对师生员工进行安全技能培训。系主任会议多次强调安全稳定工作，经常带队检查实验室安全，认真排查各类安全隐患，落实整改责任、细化整改措施，督促整改到位；每学期组织学生进行应急演练。高度重视网络信息安全，完成学院信息资产的更新报备工作。团结关心各民族学生，定期开展主题教育，做到教育引导到位，不断增强各民族学生对祖国的认同感。对留学生及外籍教师做到关心有度，管控有力。

【本科教学与实验室建设】 1. 加强日常教学管理。2020 年上半年受疫情影响，学院积极实施线上授课和实习，并加强动态监督；下半年积极进行课堂思政和加强师风师德建设，加强专业和课程建设。在日常教学管理工作中，学院严格规范各项工作，确保教学运行的规范有序。院领导听课情况达到 100%，教授本科生授课比例达到 100%，教研活动完成情况为 100%。2. 不断提高教学水平。获批校级建设或重点培育项目 11 门次，“会计学”获批省一流本科课程和国家一流本科课程；组织申报一流专业 2 个，国际经济与贸易专业被教育厅推荐参评国家一流本科专业；《会计学（英文版）》获批省级重点教材建设项目；财务管理专业通过省评估院本科专业评估，会计学专业完成本科专业线上评估工作；会计学专业、财务管理专业获批“三全育人”综合改革示范专业。开设 16 门双语及全英语课程。教师全年申报江苏大学教学改革研究项目 3 项；1 名教师获批教育部产学合作项目 1 项。3. 注重培养学生专业素养。2019 届学生获评江苏省优秀本科毕业论文二等奖 1 篇，2020 届学生参评江苏省优秀本科毕业论文 1 篇。2019 届学生 CET-4 通过率 98.15%，CET-6 通过率 78.15%；获批校级及以上大创项目 66 项；大学生科研立项 175 项，其中资助 130 项。2020 年全国大学生英语竞赛获特等奖 1 项、一等奖 2 项、三等奖 17 项。学院积极推进“一院一赛”，组织和实施了省级、国家级竞赛“东方财富杯”“财务数智化大赛”和“工商联创新创业大赛”。4. 推进实验室与实践基地建设。2020 年学院图书资料室全天候开放，增订部分图书和杂志。组织申报中央地方软件经费并获批 20 万元，完成 2 套软件采购；完成实验室改造方案，并进入招标程序。学科资源向本科生开放实验项目 22 项。联系新建中信证券、中审天健咨询、无锡通力电梯 3 个江苏大学实习实践基地。

【科研与学术交流】 1. 积极组织科研骨干申报科研项目。获批国家自然科学基金项目 2 项、国家社科基金面上项目 1 项，省部级课题 3 项；市厅级项目 15 项，企事业单位合作项目 10 余项。发表论文近 200 篇，其中 SCI（包括 SSCI）检索 46 篇；CSSCI 检索和发表论文 20 篇。获得江苏省哲学社会科学三等奖 1 项。2. 推进知名专家与教师的交流。共有 20 余次国内外知名学者来学院为师生做学术交流，学院教师参加各类国外国内学术论坛 40 余人次。学院承办江苏省外国经济学说研究会年会，100 余名省内外专家和研究生参加了会议，提升了学院的知名度和影响力。3. 积极开展产学研合作。产业经济研究院在地方经济发展中积极发挥智库功能，以良好等次通过建设期验收考核。研究报告获省市主要领导批示 3 次，“低碳经济与产业发展”创新团队获批江苏省高校哲学社会科学优秀创新团队。学院与中研绿色金融研究院签约《绿色金融与可持续发展研究合作协议》，与无锡市锡山区发改委、国网江苏省电力有限公司、江阴市发改委，以及镇江市发改委、工业和信息化局、财政局、生态环境局等政府部门、企事业单位开展多种形式的咨询合作项目，积极服务地方经济。

【学科建设与研究生教育】 1. 推进博士点申报和学科评估，加快学科点建设步伐，积极申报博士点。牵头组织工商管理博士点的申报工作，积极组织应用经济学、统计学、国际商务硕士点的第五轮学科评估工作。2. 注重立德树人和科研诚信教育.利用新学期开学，对研究生开展科学道德与学风建设的专题讲座；组织2次财经研究生导师培训会，邀请校心理教育中心专家对导师进行心理育人培训，并集中学习关于研究生导师队伍建设、立德树人责任、职业道德规范等文件，进一步明确责任与担当；结合典型案例强调科研诚信并传达到每一位教师。3. 研究生教学秩序保持稳定，研究生教学方面未发生教学事故，学院的课程安排合理、考试工作严谨规范、教师无私自停、调课现象，无成绩漏报、迟报现象。4. 积极开展教改和研究生实践。江苏省2020年度普通高校研究生实践创新计划项目6项。学院牵头，管理学院、图书馆科技信息研究所协办，共同承办第十届中外研究生论坛——财经和管理分论坛，并获得优秀组织奖。承办由江苏省经济学类研究生教育指导委员会主办的2020年江苏省研究生“开放经济与产业发展”学术创新论坛，获一等奖2项、二等奖9项、三等奖4项；组织江苏省研究生科研创新大赛“新时代经济发展与金融科技”和江苏省研究生财经创新实践大赛“新冠疫情影响下的经济社会挑战与机遇”的校内预选赛，决赛中共获得二等奖2项、三等奖5项、优秀奖1项。5. 加强研究生培养质量。2020年成功举办财经学院暑期夏令营，在免推硕士研究生中，共接收13位免推研究生。学院继续在开题、评审、预答辩、答辩等相关环节着重抓研究生的学位论文质量，剖析研究生在开题、撰写论文过程应注意的各种问题。加强督导工作，召开研究生导师和学生期中座谈会各2次。2020年荣获校优硕1篇（学术型）。6. 研究生招生毕业工作稳步推进。2020年国内硕士研究生招生187人（未含留学生），其中非全日制81人，博士生2人。2020年毕业并授予硕士学位65人、博士学位3人。

【国际交流与合作】 1. “引进来”步伐稳步提速。2020年度，引进外专1人，外籍博士后进站7人。举办线上国际会议2次，与巴基斯坦 Lahore School of Economics、澳大利亚 University of Western Australia 初步达成三校定期合作交流的意向。2. “走出去”成效持续向好。1名教师赴境外研修1年以上；参加国际会议（线下）1人次、参加国际会议（线上）8人次；会计学（中美）、金融学（中澳）2个合作办学项目人才培养质量初步显现；江苏大学（赞比亚）境外办学项目 IET 专业建设顺利推进。3. 网上阵地建设不断强化。按照校第四次党代会会议精神和高水平大学建设的要求，做好学院英文网站的改版升级工作；充分展示学术成就、学科特色、教授研究领域，以及留学生招生专业和专业培养计划、导师信息、学科特色、培养成果、中外学生校园生活新闻、院金奖学金信息及实施细则；定期更新新闻栏目，及时发布各类资讯和通知。4. 留学生规模结构持续优化。毕业留学本科生14人、留学硕士研究生23人、留学博士研究生16人；本年度报到留学生新生本科11人、硕士研究生6人、博士研究生33人；目前在校留学本科生83人、留学硕士研究生76人、留学博士研究生 99 人。5. 培养质量保障多措并举。修订了经管类留学本科生大类培养方案，修订了应用经济学硕士中文培养方案。签订校企合作国际人才实践基地 2 个。制定了《财经学院留学研究生培养管理工作规定》，全面规范留学研究生培养的各个环节，不断强化留学研究生培养质量的保障与监控。6. 课程建设成果全面发展。《会计学原理（英文版）》获江苏省重点教材立项建设；获批江苏大学留学本科生英文教材出版立项 4 项；获批江苏大学留学本科生英文授课精品课程 1 项；获批江苏大学来华留学本科教学质量工程特色项目 2 项；2 名教师完成江苏大学留学本科生英文授课精品课程验收结题；1 名教师完成江苏大学留学本科生英文授课精品课程中期检查。

【师资队伍建设】 1. 人才引进持续推进。11 名博士通过学校师资工作会议同意引进，其中外籍博士 2 人。1 名外籍博士正办理入职手续。2. 职称结构进一步优化。1 名教师通过学校的正高职称晋升评审；5 名教师通过学校副高职称晋升评审；专任教师中高级职称教师占比 72%，具有博士学位教师占比 52.7%；具有海外经历的教师占比近 40%。3. 师资荣誉有所收获。1 名教师获评江苏省“青蓝工程”中青年学术带头人，1 名教师荣获中教国际教育交流中心—美国州立大学与学院协会“中美人才培养计划 121 项目突出贡献者”称号，2 名教师获评江苏大学优秀教师，1 名教师获评“江苏大学十佳青年教职工”，1 名教师获江苏大学“奋达杰出青年英才奖”。

【学生工作】 1. 提升组织育人质量。重视和加强意识形态工作。扎实开展“不忘初心、牢记使命”主题教育；认真做好《大学生思想政治教育学习纲要》的学习组织工作、“形势与政策”课程的教学安排工作；围绕新生入学、毕业生离校、学风建设月、考试季等时间节点和时间段，创新开展“云直播”“诚信考试”等专题教育，深入开展本研学生科学道德宣讲教育活动；推进党支部规范化建设，获评校先进学生党支部 1 个、优秀学生党员 4 人；全年共发展学生党员 90 人。2. 创新推动网络和心理育人。占领网络阵地，弘扬主旋律，充分运用微信、公众号、直播等平台丰富大学生思想政治教育，全力加强疫情防控期间思政教育。加强心理普查和重点筛查，及时干预防范。以“3.20”“5.25”“9.20”“12.5”等心理教育节点，开展贯穿全年的系列主题教育活动。学院获得“十佳心理协会分会”称号，心理辅导员获得“十佳心理协会分会指导教师”称号。3. 切实强化管理育人。加强学业导师工作交流，完善学生干部课堂考勤、辅导员随堂听课等制度，设立考研学生自修教室，提供考研学子慰问品服务，切实推进学风建设。502 人获各类奖学金。538 人获评校、院先进。239 人获学院“学习进步奖”。1 个班级评为省先进班集体，18 个班级被评为校先进班集体。2021 届考研报考率近 51.63%。大力推进社区建设，文明百佳宿舍占比约 96.5%，宿舍违章违纪量较 2019 年再减近 30%。4. 扎实推动科研和实践育人。组织学生参加各类创新创业活动和赛事1 200 余人次。获第 19 批大学生科研立项 202 项，第 18 批顺利结题 121 项。全年举办志愿服务活动 30 余场，“博爱青春”志愿服务项目获得江苏省级立项（全校仅 2 项），组织 100 支队伍参加暑期社会实践，学生参与率 100%，2 支队伍获评 2020 年镇江市大学生志愿者暑期社会实践活动优秀团队，3 名学生获评镇江市社会实践活动先进个人。5. 不断深化服务育人。深化就业指导服务。考研升学 106 人，出国深造 39 人，升学出国率 24.21%；本科生就业率 92.65%，研究生就业率 98.5%，总就业率 93.11%。深化学生国际交流指导服务。海外线上交流学习 110 人次，较 2019 年增长 17%。深化学业指导服务。开展好学业教授大讲堂、职业生涯规划大赛等活动。6. 提升资助育人质量。转变资助理念，注重“扶智”与“扶志”并行，积极开展“助学·筑梦·铸人”等主题宣传活动，强化励志、诚信、感恩教育。2020 年学院共有贫困生 378 人，其中特别困难学生 135 人。66 人获得国家奖学金或励志奖学金，314 人获国家助学金，51 人获校内助学金，65 人获陶欣伯助学金等各类社会奖助学金，67 名建档立卡学生减免学费，5 名孤儿学费减免，97 人获得校级奖学金，贫困生受奖助比率 100%全覆盖。7. 推进辅导员队伍建设。2020 年辅导员岗位变动大，现辅导员团队共 8 人，其中休假 1 人，新引进 4 人，学院加强对新引进辅导员的指导，虽人数配备不足，但大家齐心协力，艰苦奋斗，仍基本完成年度任务。

（撰稿：王　欣　核稿：吴梦云）

马克思主义学院

【学院概况】 马克思主义学院成立于 2011 年 5 月，是直属学校的思想政治理论课独立二级教学科研机构。学院设有思想政治教育（师范）本科专业及马克思主义理论和哲学两个一级学科硕士点，思想政治教育（师范）专业 2019 年获批江苏省一流本科专业，马克思主义理论一级学科 2015 年获批江苏省重点一级学科。学院承担全校博士生、硕士生、本科生的思想政治理论课教学和相应学科建设、研究生培养等工作，2016 年获批江苏省高校示范马克思主义学院培育点，2018 年、2020 年两次获批江苏省高校示范马克思主义学院。学院现有思想政治教育（师范）、马克思主义基本原理概论、毛泽东思想和中国特色社会主义理论体系概论、中国近现代史纲要、思想道德修养与法律基础及研究生思想政治理论课等 6 个教研室。学院现有教职工 55 人，其中教授 12 人，副教授 24 人，博士 30 人。学生 267 人，其中本科生 158 人，硕士研究生 109 人。思想政治教育研究院成立于 2017 年 4 月，是挂靠在马克思主义学院的非专职科研机构。目前有兼职院长 1 人，办公室主任 1 人。

【党建与思想政治工作】 1. 发挥政治核心作用。学院党委认真传达学习习近平总书记重要批示精神，积极组织推进“三全育人”工作，精心做好疫情防控工作，全力配合校党委、校纪委对学院党委的巡察工作。2. 加强领导班子建设。认真落实二级党组织领导班子政治建设的各项措施要求，严肃党内政治生活，涵养良好的政治生态。全年党委中心组学习 9 次，修订“三重一大”议事规则，推动提升议事决策水平。自觉履行“一岗双责”，抓好党风廉政建设和意识形态工作。2020 年获江苏大学中层干部优秀调研成果一等奖。3. 加强基层党组织建设。以“三领”为重点，以“三导”为抓手，以“三坚持”为导向，以“两查”为手段，加强基层党支部建设。获评江苏大学“党建工作样板支部”创建支部 1 个、党建工作创新创优项目一等奖 1 个、党建工作典型案例二等奖 1 个、党建研究专项课题重点课题 2 项、“最佳党日活动”三等奖 2 项。党建研究论文投稿 13 篇，获奖 9 篇。获评优秀学生共产党员 1 名。2020 年发展党员 15 人，转正 7 人。4. 加强教师思想政治工作和师德建设。组织教师认真学习习近平新时代中国特色社会主义思想、习近平总书记有关重要讲话精神等，积极推进“三全育人”综合改革，落实立德树人根本任务。强化师德师风建设，获评镇江市“十佳教师”1人。5. 加强党风廉政建设。制定主体责任清单，督促新班子成员履行好“一岗双责”。开展党规党纪教育、廉洁教育等，加强重点工作的风险防控。学院获评江苏大学廉政文化一星级创建点。获批2020年度江苏大学纪检监察研究课题1项。6. 加强宣传和意识形态工作。做好宣传思想工作，引导全院师生增强阵地意识。将落实意识形态工作责任制纳入全面从严治党主体责任，加强落实疫情防控期间线上教学意识形态工作责任。加强对分管范围内意识形态现状的了解与研判，做好督查和汇报工作，有效维护安全稳定。7. 认真做好工会、关工委、统战、安全稳定及其他工作。加强二级教代会制度建设，选举产生新一届工会委员会。组织教职工参加各类文体活动，坚持教职工慰问制度。关心党外知识分子，召开座谈会听取意见，做好统战工作。学院获评校关心下一代工作先进单位，获江苏省教育系统关工委社会主义核心价值观“精品教育项目”案例一等奖1个。继续做好党建研究会马克思主义中国化研究分会工作。

【本科教学】 1. 教学工作有序高效开展。面临疫情，学院周密组织，积极指导，教师主动适应，加倍投入，上半年线上教学任务圆满完成，教学质量和效果远超预期。开设课程学生评教优良率100%，优秀率98.67%。下半年积极探索线上线下混合式教学方式，保证教学质量稳步持续提升。成功开设“习近平总书记关于教育的重要论述研究”课程。思政本科毕业论文工作稳步规范地完成。思政专业学位授予率100%。2. 深度谋划专业建设和发展。制定专业建设规划和举措，系统推进思政专业建设。修订培养方案，认真组织申报国家一流专业。提前谋划师范专业二级论证，积极做好相关准备工作。发挥团队指导作用，2名学生参加省级师范生基本功大赛，分别获得了第四、第六的面试好成绩。3. 教改教研稳步推进。获批2020年江苏大学重点教材立项建设项目1项。申报江苏大学“精品在线开放课程”建设项目5项，参加首届江苏大学教师教学创新大赛暨江苏省高校教师教学创新大赛选拔赛。全年发表教学研究类论文9篇，其中入选北大中文核心2篇。录制微课视频作品10余个。4. 教学比赛取得新的历史突破。获江苏省高等学校思政课教学展示活动特等奖3个，江苏省高等学校微课教学比赛二等奖1个，江苏大学第十届教师教学竞赛一等奖、三等奖、优秀奖各1个，江苏大学微课教学比赛中特等奖1个、一等奖2个。获批江苏大学课程育人示范教学设计暨教学改革典型案例23篇，其中优秀案例10篇。获批大学生实践创新训练计划项目13项，其中省级重点项目2项，省级一般项目3项。5. 教学队伍建设稳步开展。因疫情影响，教研活动采取线上+线下的方式，保证教学交流常态化开展，教师之间互相促进。通过选派教师参加培训、邀请校外知名专家做专题报告，加强与兄弟院校的交流联系，扩大了教师视野。6. 思政课程与课程思政协同共进。充分发挥思政课程的辐射力，积极加入相关学院专业课的课程思政建设，有效发挥思政课程和课程思政同向协同的育人作用。圆满完成江苏省本科院校课程思政培训任务。

【科研与学术交流】 1. 深入推进科研工作。获批国家社科基金项目5项（一般项目4项，后期资助1项），创历史新高。

出版专著4部，发表CSSCI检索论文8篇，核心期刊论文8篇。获评省研究生教育教学改革优秀教学成果奖1项，完成中国学位办研究生教改课题申报1项。设立27项院内招标（委托）项目、10项思政研究院校级开放课题。2. 学术交流稳步推进。邀请清华大学肖贵清教授、浙江大学刘同舫教授、中国人民大学刘建军教授、中央财经大学冯秀军教授、复旦大学李冉教授、大连海事大学曲建武教授、南京航空航天大学王岩教授、上海理工大学彭宗祥教授和胡绪明教授、陕西科技大学吴明永教授等国内著名专家学者来院（或线上）讲学、指导。多名教师参加线上国内学术会议，活跃了学术氛围，扩大了学科影响力。

【学科建设与研究生教育】 1. 学院建设取得标志性成果。以马克思主义理论江苏省一级重点学科为依托，再次成功获批江苏省高校示范马克思主义学院和江苏省高校思政课教育教学改革创新示范点项目。统筹全校相关资源，凝聚学科特色，顺利推进马克思主义理论博士点申报工作。成功招标中国共产党理论资源数据库，改善和充实学科建设条件。2. 抓实研究生教育培养。成立学院研究生教育督导组，出台《马克思主义学院研究生教育督导工作细则（试行）》，加强导师队伍培训，强化研究生教育培养各环节监督质效，切实提升研究生培养质量。顺利完成2020版研究生培养方案的修订工作。获评校优秀研究生任课教师1名、校精品案例库建设立项2项，获研究生教材立项资助1项。获评校“优硕”1篇、省研究生创新工程项目3项。中外研究生论坛参加34人，获最佳墙报1篇，优秀论文1篇。

【师资队伍建设】 1. 师资队伍培训工作正常开展。选派2名教师参加教育部哲学社会科学培训，1名教师参加江苏省马克思主义学院党政负责人培训班。成功投标并承办江苏省教师课程思政能力提升培训班。2. 人才引进工作成效显著。全年通过线上和线下结合的方式面试博士和高级职称人才近20名，成功引进华东师范大学博士1名、兰州大学博士1名，现有10名博士通过了学校师资领导工作小组的审核，3名博士正在办理入职手续。有效改变了多年来人才引进困难的局面。

【国际化工作】 范国强副教授和付清松副教授从美国访学归来，克服疫情带来的重重困难，圆满完成访学任务。遴选适合学院学生的国际交流项目，积极开展海外交流学习宣传。7名学生参加海外交流学习项目，1人赴日本留学深造，1名学生参加并通过雅思考试。学院英文网站进一步完善，网站更新动态内容18篇次，完善基本内容近30项，无零内容栏目。

【学生工作】 努力构建内容完善、标准健全、运行科学、保障有力的学生工作体系，积极推动和深化“三全育人”格局，不断提高教育、管理和服务水平。思想政治教育活动蓬勃开展，校园文化建设缤纷多彩。学风班风建设持续发力，不断提升学工队伍建设质量。心理健康教育扎实有效，心理预防干预及时到位，心理健康教育活动贯穿始终。规范开展贫困生认定，适时实施精准帮扶，突显资助育人导向。日常管理服务做细做优，力促少数民族学生成长成才，深化内涵营造良好育人氛围。“青年学习社”荣获2019—2020年度省级青年学习社（全校唯一）称号，1个班级获评江苏省先进班集体，1人被推荐赴团中央挂职锻炼，3人荣获国家奖学金，1人获评江苏省“三好学生”，2人成功入选省选调生，1人入选苏北计划，3人赴青海海南州支教（连续3年），7人参加海外交流学习项目，1 人赴日本留学深造。2020 届本科毕业生升学出国率 46.43%，硕士毕业生 4 人升博（升博率 12.12%），本、研总就业率 93.65%，2021 届本科毕业生研究生报考率 89.66%。1 篇作品被推荐申报“力行杯”江苏省大学生社会实践项目大赛（全校 3 篇）；选送 1 人参加全国高校大学生讲思政课比赛（全校唯一），选送 1 件作品参加团省委“信仰公开课”省级示范课程评比（全校唯一）。获评第十届“星光杯”大学生课外学术科技作品竞赛特等奖 1 项、一等奖 2 项、三等奖 3 项。获评校第六届研究生班级团支部风采展示大赛获一等奖（列全校第二）、创新创优工程院级团组织二等奖 1 项（列全校第六）。

（撰稿：徐青儿　核稿：李　丽）

法学院

2020 年，法学院紧紧围绕学校“双一流”创建及高水平有特色国际化研究型大学建设，在常规运行的基础上，经历了疫情防控的种种考验，教学科研等工作整体运行顺畅。2020 年是“十三五”的收官之年，法学院对标找差，努力进取，全体教职工凝心聚力，认真总结“十三五”期间经验，开展多次深入调研，精心谋划“十四五”发展。现将学院 2020 年基本情况总结如下：

【党建工作】 2020 年，法学院党委《实践育人下创新“法治+”入党积极分子培养模式》获党建工作创新创优奖二等奖；本科生党支部“树民法信仰‘典’法之光芒”系列党日活动获批最佳党日活动三等奖；《构建“法治+”党建模式，培育德法兼修法治人才》获党建工作案例三等奖；8 篇论文在党建论文评比中获奖（列全校第二），其中中层干部获奖 4 篇（列全校第一）；中层干部优秀调研成果《法学院社工培训与实训基地关于社会组织参与社区治理状况》获校一等奖；获批党建研究专项课题重点课题 1 项，纪检监察研究课题专项委托 2 项，思政工作研究课题 1 项；学院参加江苏省法学会廉政法制研究会、江苏省审计法学研究会 2020 年年会获论文特等奖 1 项、一等奖 2 项、二等奖 8 项；院分工会获第二届中华经典吟诵大赛二等奖、优秀组织奖。学院农工党曾见老师荣获农工党省委 2020 年“农工论坛”征文评比一等奖，农工党党员尚清锋参加农工党江苏省委“主委接待日”活动。学院周国强教授连续 3 年被评为“最受学生欢迎的十佳教师”，并于 2020 年被授予“最受学生欢迎的十佳教师标兵”荣誉称号。1 人获评校疫情防控先进个人，1 人获校工会“一封家书”征文二等奖，1 人获师德师风征文二等奖，1 人获“我与三全育人”主题征文三等奖。获批“以党建带团建来弘扬大学生社会主义核心价值观的困境与路径”书记项目，“党团共建聚合力，德法兼修育人才”获共青团工作“团聚 135”创新创优工程一等奖。学院组建了《民法典》宣讲团和中国精神宣讲团，面向社会，走进机关、企事业单位、社区、中小学开展了大量的宣讲活动，院长李炳烁为校党委中心组做《民法典》宣讲专题报告。

【本科教学工作】 2020 年，学院教师在教学建设与改革方面获得丰硕成果。刘思培和张先昌主编的 2 部教材均获得学校重点教材立项。积极推广精品在线课程建设，学院周德军老师申报“农业机械法学”，唐华彭老师的在线课程“中国法制史（法制人物与法制故事）”即将完成验收工作。2 名老师参加学校的微课教学比赛，唐华彭获得校级特等奖，刘春花获得校级一等奖，唐华彭老师同时获得省级微课比赛二等奖。另外，唐华彭老师在第三届全省本科高校青年教师教学竞赛校内选拔赛中荣获一等奖。“法理学”“中国法制史”两门课程入选江苏大学一流本科课程。8门课程入选课程育人示范教学设计暨教学改革典型案例。成功举办法学院2020年讲课大赛，推荐唐华彭、吴进娥教师参加校级教师讲课大赛，两位教师分别获得高级组二等奖和初级组三等奖的好成绩。学院学生积极申报“2020年高等学校大学生实践创新训练计划项目”，共有24项获得立项，其中省级重点3项、省级指导和一般项目共5项、校级项目16项，进展良好，全部进入中期检查阶段。2019年立项的29项大创项目中已经顺利结项50项。2名学生荣获2020年全国大学生英语竞赛初赛二等奖；2名学生在第五届全省学生“学宪法讲宪法”决赛中荣获二等奖。学院推进思政课程建设与精品课程建设，重点培育创新性教学成果、在线课程、金课、微课；推出“法律案例分析”系列教材，优化应用型教材体系建设。上学期学院有8门课程入选“课程育人示范教学设计暨教学改革典型案例”，本学期其中的3门入选汇编专辑；学院涌现出一批优秀课程思政教师。

【科研与研究生工作】（一）科研工作。1. 积极谋划各级各类课题的申报工作。以学科小组等形式组织相关教师在课题申报方面加强交流，深入研讨，认真做好项目申报书的撰写工作，加强对外联系与交流。2020年共获批国家社科项目2项，江苏省社科基金项目2项，最高检检察理论研究课题项目1项，市厅级项目6项，与镇江市人大等地方机构签订合作项目7项。2. 以学科方向为引领，加强科研工作，推动学院高水平科研成果的培育，增加科研成果产出。在科研成果方面，2020年法学院共发表论文26篇，其中SSCI检索论文1篇，CSSCI期刊论文9篇（含扩展版），出版专著2部。3. 2020年通过“路韬·三江法律论坛”等线上线下方式开展学术活动10次，邀请了吉林大学李拥军教授、山东大学郑智航教授等学界知名专家教授来校讲学；主办、承办第十六届全国民间法、民族习惯法学术研讨会、新时代中国法治乡村建设学术会议等重要会议，产生了良好的学术扩展效应；法学院师生参加省内外学术会议30余人次。4. 科研获奖方面，2020年刘同君教授的研究成果获江苏省第十六届哲学社会科学成果优秀成果二等奖，多名老师的研究成果获得市厅级奖项。（二）研究生工作。2020年学院加强导师队伍建设，积极推进研究生导师“三全育人”，拟定了法学院《研究生导师“三全育人”实施办法》，组织进行了新任导师培训和在岗导师年度教育培训；研究生青海支教1人，提升了研究生社会贡献度。研究生课程建设持续推进。胡良荣教授主持的民法学精品课程结项，其他已获批的精品课程、在线课程建设持续进行；2020年新获批研究生课程思政示范课立项2项、课程案例库立项3项，获批精品教材建设项目1项、江苏大学规划发展课题2项。法学院研究生国家级案例库建设获得重要突破，李炳烁院长、谢仁海副教授、唐华彭副教授、周爱春副教授4人撰写的案例入选中国专业学位教学案例中心案例库。魏小强老师指导学生参加第四届江苏省研究生法律案例大赛，获得亚军和最佳辩手两项奖项，创历史最好成绩。

【师资队伍与国际化工作】（一）师资工作。1. 人才引进工作取得新突破。2020年学院共引进法学博士、副教授、教授共4人，其中1人为具有一年以上海外留学经历的金山特聘教授，所引进博士均为复旦大学、吉林大学、南京大学等名校毕业；廉评中心通过校内调动转入专职科研人员1人。在国际人才方面，2020年年底的海外人才论坛中，学院已确定澳门大学博士1人加入，为学院的发展注入了新的力量。2. 加强学院教师队伍建设。学院进一步强化自身师资队伍建设，1名教师完成为期一年的海外交流，1名教师申报省“双创博士”项目，2名教师进入省“紫金人才”项目的最终评审。（二）国际化工作。积极申报国际合作项目。学院获批“一带一路”国际人才培养校企合作实践基地1项；学院部分教师具有海外背景，继续保持与海外导师的密切联系，利用好学院的国际资源，积极申报国际合作项目。杜乐其老师赴美交流学习，多次参加学术会议并做专题报告。法学院英文教材建设立项1部，英国伦敦大学女王学院教授严忞来校交流并做学术研讨报告。

【团学工作】 成功举办“呵护心灵，你我同行”心理活动周系列活动、“法治文化教育宣传周”系列活动、“宪法日主题教育周”等活动。学院“普法扬善，情牵温暖”博爱青春志愿服务项目入围省级一类立项项目（全省仅25项），获评江苏大学暑期社会实践“十佳团队”；获江苏省先进班集体等多个校级以上奖项。根据学院专业特色，在全校范围内开展“五棵松讲坛”“学业大讲堂”等主题讲座。学院制定实施了《法学院学院学业导师管理条例实施细则》，除学院专职辅导员外，学院现有教职员工中博士及副教授以上成员都担任了学院在校学生的学业导师。在第十九批大学生科研立项工作中，法学院成功获批立项资助项目41项、一般项目12项。在大学生创新创业活动中获批3项省级重点项目、5项省级一般项目和16项校级项目。学院活动被《中国教育报》、《新华日报》、中国青年网、光明网、人民网等国家级媒体报道22篇（次），被江苏电视台、《扬子晚报》、视觉江苏等省级媒体报道12篇（次），在学校江帆网等主要媒体发稿。

【廉评中心工作】 （一）学术活动逐步提升。2020年，中心获批江苏大学纪检监察研究专项委托课题2项。于晓琪、刘强“探索破解高校‘熟人社会’监督难问题”，获批2020年度江苏大学纪检监察研究专项委托课题立项。李永卉、黄宝华“中国历史上的任官制度与‘熟人社会’关系研究”，获批2020年度江苏大学纪检监察研究专项委托课题立项。下半年，江苏大学廉政法治研究与评估中心主任于晓琪教授参加了江苏省法学会廉政法学研究会、江苏省法学会审计法学研究会2020年学术年会暨“新时代党和国家监察、审计、廉政法治建设研究学术研讨会”会议并做大会学术总结。参会的江苏大学法学院师生团队获得优异成绩：李永卉副教授获得论文特等奖，唐华彭副教授、刘强老师获得论文一等奖，于晓琪教授指导的6名法律硕士研究生与2名2018级本科生获得论文二等奖。（二）日常工作扎实推进。2020年，廉评中心与镇江市人大继续保持密切合作，于晓琪“市域治理现代化目标实现中人大作用发挥的路径研究”获批镇江市人大工作理论研究会“镇江市人大制度理论与实践创新研究基地”课题立项，并且于晓琪为市人大内部刊物《民主建设》中每月提供稿件1篇。在研究人员保障方面，下半年中心引进李永卉副教授，同时经过中心主任于晓琪教授的积极努力，确立了以于晓琪、黄宝华、李永卉、唐华彭、刘春花、刘强、吴进娥、张健、梅园、牛玉兵、李炳烁、尚清锋为主体的中心专兼职科研人员研究队伍，为中心事业发展和建设提供保障。（三）社会影响日益彰显。在2020年工作中，廉评中心继续为地方法治建设贡献力量，不断提高自身社会影响力。廉评中心发挥专家团队作用，积极为地方立法、社会工作建言献策。2020年，廉政法治研究中心主任于晓琪教授被聘请为镇江共青团社会工作总督导，并荣获2020年镇江共青团“童享阳光·相伴成长”爱心暑托班优秀督导奖。此次爱心暑托班暨公益夏令营活动通过提供“一站式”教育、活动和托管服务，为全市240多名困境儿童提供为期14天的学业辅导、安全自护、素质拓展、非遗文化传承等特色课程，帮助困境儿童度过安全快乐的假期。下半年，在学校和学院领导的支持关心下，廉政法治研究与评估中心升级为江苏大学廉政与法治研究院，挂靠法学院。高庆国为院长，刘同君为执行院长，于晓琪为副院长。研究院下设3个中心：江苏大学廉政法治研究与评估中心、江苏大学高校廉政文化研究中心、江苏大学农村法治生态研究中心。镇江反腐倡廉研究中心挂靠研究院，为提升学校法学学科特色发展内涵，为学校法学博士点创建提供支撑。

文学院

【学院概况】 2020年文学院各项工作进一步提质增效、喜获丰收：获批江苏省华侨文化交流基地；顺利完成泰国中文教师专项发展项目，收到泰国教育部感谢信；获批全球中文教育主题学术活动资助计划（学术会议类）项目1项；成功承办第四期“亲情中华·为你讲故事”华裔青少年网上夏令营；成功组织4场国家级HSK考试和1场校级线上汉语水平毕业考试；获评省级科研奖2项，江苏省优秀本科毕业论文二等奖1篇；获评镇江中青年社科名家1人；入选国际中文教育发展智库联盟首批成员单位；获批并顺利承办“江苏省研究生科研创新实践活动项目”汉语国际教学技能暨中华才艺大赛；获批校级研究生“课程思政”示范课1项。学院现有教职工55人，专任教师59人，其中教授7人，副教授17人，31人拥有博士学位，3人为在读博士。

【党建工作】 1. 以政治建设为统领，深入开展主题教育。坚持把政治建设摆在首位，坚持“第一议题”制度，及时学习领会习近平总书记最新重要讲话批示指示精神。提高政治站位，提升落实立德树人根本任务、贯彻落实学校第四次党代会精神及“三全育人”综合改革、疫情防控和学生就业等重要部署的自觉性。2. 推进全面从严治党，落实党风廉政建设责任制。党委与班子成员签订《全面从严治党责任书》，与党支部书记签订《全面从严治党承诺书》。3. 推进基层党组织建设，加强党员队伍建设。认真落实教师党支部书记“双带头人”要求，合理设置和调整党支部，规范有序地完成党支部和党委换届工作。全年按计划共发展党员25名。4. 强化理论武装，重视意识形态工作。健全理论学习制度，及时制订下发党委理论学习中心组学习计划、支部组织生活安排和教职工政治理论学习计划，扎实开展理论武装工作。5. 增强思政工作实效，加强对外宣传工作。成立文学院师德建设工作小组。以党支部为单位，深入开展专题学习教育活动，在江苏大学2020年师德师风主题征文活动中，获一等奖、三等奖各1篇。“中华经典吟诵”获评校“一院一品”精品项目一等奖。6. 落实统一战线工作部署，充分发挥党外人士作用。贯彻落实上级关于统战工作部署，及时调整党员领导干部联系党外人士名单。7. 学院党委注重发挥分工会、二级教职工大会作用。进行分工会换届工作，成立了青年教师发展中心。及时调整充实学院关工委，关工委获评校“先进单位”，2人获评关心下一代工作“先进个人”。

【教学工作】 1. 扎实推进专业建设。汉语国际教育专业成功申报省级一流专业，积极申报国家一流专业。全院全年获批“精品在线开放课程”建设重点和一般项目各1项，课程思政示范课3项，教学先进团队1个，课程思政培育校级一般项目2项，校级教改项目重点和一般各1项，校级一流课程培育重点和一般项目各1项，校级教学成果奖一、二等奖各一项，校重点教材立项建设1部。汉语言文学（师范）专业获评校“三全育人”示范专业。成立中小学语文教学研究中心，聘请5位中学正高级教师、特级教师担任兼职教授和特约研究员。汉语言文学（师范）专业顺利通过“三全育人”综合改革示范专业的验收。2. 积极统筹教学运行，确保疫情特殊背景下教学工作的正常开展。学生教务注重分类指导。实践环节注重专业协同。获批“大创”项目省重点4项、省一般10项、校级56项。学生获全国大学生英语竞赛决赛江苏赛区（C类）一等奖1个，第三届校大学生计算机设计大赛一等奖1个。在第五届“中学西渐杯”全国汉语国际教育综合技能大赛中获团体特等奖。获第十六届全国大学生文学作品大赛一等奖12个、二等奖65个、三等奖93个。确保新国学微专业的开设和运行。3. 健全完善工作机制。建立健全意识形态把关工作机制、“教学院长—专业负责人”不定期碰头会制、“教学院长—系主任”双周例会制、“教学院长—教学秘书”半月梳理工作制，以及系科周三理论学习、业务学习制度，建立健全教学质量检测机制、“以赛代练、以评促学”机制、教师教学发展促进机制、青年教师助理教学制度、考风考纪宣传机制。

【科研工作】 学院现有国家社科基金项目9项，其中重点1项。申报国家社科基金项目12项，国家社科基金艺术专项1项；论证国家社科基金重大项目选题2项。本年度，顺利获批国家社科基金项目1项，省哲社专项1项，教育部语合中心项目3项。结项国家社科基金项目3项。获批市厅级课题10项，其中重点2项。出版学术专著3部，另有4部专著已与出版社签约。成功组织丁瑗先生《所堂字问》书稿捐赠仪式暨镇江地域语言文字研究学术研讨会。学校分别聘请段业辉教授、韩陈其教授为江苏大学兼职教授，设立“语言学及应用语言学研究所”“韩陈其工作室”。成功承办线上国际学术会议“汉字文化圈国际中文教学与研究”，线上线下相结合的全国性学术会议“中国比较文学学会海外汉学研究分会2021年会暨国际汉学高级研修班”，并在海外汉学年会开幕式上揭牌成立“江苏省侨联中华文化国际传播研究基地”，实现了学院省级科研平台的突破。

【学科建设与研究生教育】 1. 对接国家战略，应邀加入国际中文教育发展智库联盟。2. 协同推进，大力支持相近学科博士点申报工作。3. 以评促建，认真开展专业学位水平评估工作。4. 顺利获批“江苏省研究生科研创新实践活动项目”，并成功承办“2020年江苏省研究生汉语国际教学技能暨中华才艺大赛”。5. 重视生源质量，有序开展研究生线上招生工作。共招收硕士生45人，其中中国语言文学学硕11人，汉语国际教育专硕34人（全日制19人，非全日制15人）。全日制优质生源比例（前百强高校、“双一流”高校）为43%（目标指标为39%），公办高校生源比例为

93%（目标指标为89%），“双一流”高校生源比例为10%。6. 以生为本，多维度提升研究生培养质量。高度重视导师队伍建设。1名导师获评镇江中青年社科名家。积极申报研究生教改课题。围绕研究生教育中的理论和实践问题申报中国学位研究生教改课题2项，申报江苏省研究生教育改革成果1项。获评校级“课程思政”示范课1项，江苏大学研究生教学改革校内培育项目1项。密切关注海外实习生的身心与学习。有效开展研究生教育过程管理。5月，完成2017级硕士生毕业论文盲审工作，送审的40名研究生的学位论文全部通过，学位论文优秀率达25%。40名汉语国际教育硕士研究生顺利毕业。其中2名学生的学位论文获评为校级优秀论文。1名毕业生的论文获评江苏省优秀论文。5名研究生参加江苏省研究生创新大赛之汉语国际教学技能暨中华才艺大赛，荣获省级一等奖1项、三等奖2项。多渠道培养研究生学术能力。获批省级研究生创新科研项目3项，校级5项；发表学术论文8篇；3名研究生参加江苏大学中外研究生论坛并提交论文，其中获口头汇报二等奖1项、优秀论文奖1项、优秀墙报奖1项。

【师资队伍建设】 全年引进海内外优秀博士4人、副教授1人，聘请1名长期外教。1人获批副教授职称，1人晋升硕士生导师；1人获得香港理工大学博士学位，学成归来，1人赴奥地利格拉茨大学孔子学院任教。聘请一批兼职教授，先后聘请段业辉、韩陈其和校友潘法强、张丹、陈兴才、张金保、陆其勇、徐玲为兼职教授，聘请校友名师陈兴才、张金保、陆其勇、戴银、徐斌为中小学语文教学研究中心特约研究员。

【学生工作】 学院“嗣音”支教团荣获校社会实践“十佳团队”“江苏省‘三下乡’社会实践先进团队”称号，跻身《中国青年报》“千校千项”项目，并被团中央表扬及《人民日报》、“学习强国”等多家媒体报道；文学院师生共同编著的《诗画镇江　遇见江大》一书被选为2021年新生校长赠书；本科生党支部获“庆祝中国共产党成立100周年最佳主题党日活动”校一等奖，2人在党支部书记素质能力大赛中荣获二等奖。汉语言文学师范1801班团支部荣获“全国高校活力团支部”“江苏省优秀班集体”称号。学院代表队在“挑战杯”红色专项荣获江苏省三等奖，在“互联网+”校赛获得铜奖。

（撰稿：陈丹蕾　核稿：曲云进）

外国语学院

【学院概况】 外国语学院现有英语、英语（师范）、日语3个本科专业和“外国语言文学”一级学科硕士学位授权点1个，下设英语系、英语教育系、日语系、欧语系、大学英语教学一部、大学英语教学二部、大学英语教学三部（国际语言课程中心）、研究生外语教学部、外语学习中心（校级实验室）、外语学习诊疗中心；设有国际研究机构1个，校级研究机构3个，院级科研机构7个。拥有1个图书资料室，图书10 023册，期刊16 624册、138种；16个多功能语言实验室、1个影视赏析中心、1个自主学习中心、3套外语教学发射台。学院现有教职工149人，专任教师135人，其中教授7人，副教授47人。全日制本科生710人，硕士研究生78人。

【党建与思想政治工作】 （一）政治建设。深入学习党的十九大及十九届四中、五中全会精神，以及习近平新时代中国特色社会主义思想，认真开展“不忘初心、牢记使命”主题教育，牢固树立“四个意识”，自觉坚定“四个自信”，坚决做到“两个维护”。（二）思想建设。1. 扎实推进学院“三全育人”综合改革的创新和提升；积极探索大学英语课程思政，深度开发蕴含在大学英语课程中的思政资源，“大学英语”获批教育部评审的国家级一流本科课程。2. 认真组织党建、思政课题申报和论文撰写工作，获批校思想政治工作研究重点课题1项、学工处大学生思想政治教育研究专项课题一般项目1项；获评党建思政论文三等奖3项、党建创新创优评比三等奖1项、最佳党日三等奖1项、中层干部学习调研成果一等奖1项、辅导员案例评比二等奖1项。3. 高度重视党建带团建、党建带工建和关工委工作，学院党委获评校关心下一代工作先进集体，获评最受学生欢迎十佳教师、江苏大学新冠肺炎疫情防控工作先进个人各1名。积极组织师生参加学校组织的各类文体科技与实践活动。（三）组织建设。院党委坚持学习型、服务型、法制型、创新型党组织建设，不断增强工作的针对性、实效性。1. 认真开展组织关系排查，及时更新、维护、完善全国党员管理系统中的信息。2. 抓好党支部建设“提质增效”三年行动计划的各项工作，坚持按要求抓好党支部书记述职。3. 举办新生启蒙党校1期；全年共发展党员26名，10名学生党员按期转正。（四）党风廉政建设和作风建设。1. 加强对党员干部的日常监督和教育管理，开展多种形式的党性党纪和廉洁教育，营造风清气正的廉洁文化氛围。2. 把作风建设和学院的各项工作有机结合，获批校纪委的纪检课题重点项目1项。五、意识形态和宣传教育工作。1. 加强理想信念教育，师德师风教育；落实意识形态责任制。2. 在做好二级网站建设的同时，积极向校内外媒体投稿，及时宣传学院教学、科研、人才培养的特色和亮点。校内媒体发稿200余篇，市级以上媒体发稿13篇。

【本科教学与实验室建设】（一）本科教学。1. 线上教学高质量稳定运行。为应对疫情影响，明确了外语类课程线上教学的指导思想为“四个不停”（不停学、不停教、不停教学管理、不停教研活动）、“四个惠及”（惠及所有学生、惠及教师专业发展、惠及一流课程建设、惠及专业建设）、“四个过硬”（政治站位过硬、教学质量过硬、教学文档过硬、教学满意度过硬）和“一个高度注意”（高度注意教学安全与稳定）。通过公开课、示范课、答疑等形式，帮助师生解决教与学中遇到的各种技术问题。学院本科教学疫情防控期间线上教学案例被学校推荐为省优秀教学案例。2. 按时完成江苏省外语专业评估培养方案修订和评估材料填报。3. 外语类课程思政建设稳步推进。大学英语课程思政建设，多渠道搜集中英文语料，为教师补充大量与COVID-19相关的英语词汇、WHO官方建议和反映中国抗疫壮举的英语篇章，要求教师将其以各种形式有机融入日常线上教学，在凸显外语教学现实问题意识的同时充分激发师生线上讨论热情，并以此引导学生坚定“四个自信”。分管教学的副院长在其平台上面向全国高校外语教师做了一场题为“基于课程思政理念的‘一体两翼’式大学英语教学模式探索与实践”的专题直播讲座，收看直播的观众达5 000余人。学院课程思政建设小组成员应邀在“外研在线”平台开设公开课和说课，收看人员累计1 000人次，社会反响热烈。以课程思政为特色的“大学英语”课程本年度先后获批江苏大学一流课程和国家一流课程。4. 国际论辩微专业4月初顺利开班。5. 组织教师积极参加各类教学竞赛，获2020年外研社“教学之星”大赛全国复赛特等奖（团体），5人获2020年外研社“教学之星”大赛全国总决赛一等奖；1人获江苏大学第十届教师教学竞赛中级组一等奖，1人获新教师组三等奖。（二）实验室建设。1. 做好学院网站维护工作。2. 优化发射台工作，顺利完成校本部主发射台的设备更新工作和校本部京江学院四、六级发射台备份发射装置的购置。配合教务处完成了京江学院新校区设备的检测任务，成功排除多个隐患，协助京江学院完成了新设备的紧急更新，保证了京江学院的四、六级考试圆满完成。3. 完成疫情防控期间实验室各项防疫工作，研究生工作室的日常管理和消杀工作，各类在线招生、在线面试、在线考试的技术支持工作。4. 完成了iTest平台采购计划和机辅翻译教学实训科研平台的招标建设工作。配合大学英语教学三部利用新东方考试平台和iTest考试平台完成了A+班770名学生的英语无纸化考试任务。5. 完成虚拟仿真实验室的建设调研和论证工作，已进入最后的参数设置采招阶段。6. 服务教学需求，每周播放并更新英语音频节目并循环播放。

【科学研究】 积极发动与组织各级各类课题的申报，共申报国家社科基金9项、教育部社科基金4项，获批国家社科项目3项、江苏省社科项目1项、省高校哲社一般项目2项、江苏省社科应用研究精品工程课题2项和江苏大学高级人才项目2项。全年学院纵向课题经费为71.3万元。发表CSSCI检索论文7篇（其中扩展版3篇）、日本Cinii论文1篇，其中A&HCI检索1篇；出版译著1部。

【学科建设与研究生教育】（一）学科建设。1. MTI（翻译硕士）学位点申报已通过省内专家评审和省学位办的审定。2. 学院成功承办“江苏省外国文学学会、江苏省作家协会外委会2020年年会暨学术研讨会”，160多位专家学者参会，助推了外国语学院文学学科方向的发展。3. 在2020软科中国最好学科排名中，外国语言文学省内排名第6位。（二）研究生教育。1. 2020级共录取全日制学术型硕士研究生28人。2020届学位论文送审合格率、答辩通过率、年度学位授予率、论文抽查合格率均为100%。2. 研究生发表论文33篇，2人获批省研究生科研实践创新项目；获得第十五届江苏高校外语专业研究生学术论坛二等奖1项、三等奖1项，2020年江苏省研究生外语学科交叉与学术创新论坛”三等奖1项、优秀奖1项，“江苏大学第十届中外研究生论坛”最佳口头汇报奖2项、优秀论文奖1项、最佳墙报奖1项；获得第二届全国高校创新英语挑战活动综合能力赛（大众组）总决赛二等奖1项，第三届“《人民中国》杯”日语国际翻译大赛笔译研究生组日译汉二等奖1项，2020年第四届普译奖全国大学生翻译比赛英译汉组（初赛阶段）三等奖1项，2020年第六届“LSCAT”杯江苏省笔译大赛一等奖5项、二等奖10项、三等奖9项、优胜奖4项，2020“外研社·国才杯”全国英语演讲大赛省级复赛（江苏赛区）优秀奖1项。3. 举办优秀本科生夏令营。4. 组织开展了第17届中外研究生模拟国际会议要素文件写作大赛。

【师资队伍建设】 晋升正高职称1人、副高职称3人，入选2020年度教学名师培育人选2人，新增硕士生导师1人。新增博士3人，其中海外博士1人；新增攻读博士学位教师1人；新增出国访学1年以上教师6人。全年有20来位英、美、日、意、加拿大等国籍的教师在学院任教。

【学生工作】 紧紧围绕立德树人的根本任务，以学风建设为主线，在思想政治教育、学生日常行为规范管理、学风建设、党团建设、校园文化活动、“三困生”帮扶、毕业生工作等方面积极开展有效的教育、指导、管理和服务。1. 2020 年度 3 人获国家奖学金，14 人获国家励志奖学金，2 人获校长奖学金。校友设立“远见奖、助学金”，每年 20 万元。2020 年共有 10 人获远见奖学金，40 人获远见助学金，各类资助共计 45 万余元。2. 第十八批学生科研立项结题 16 项，第十九批科研立项获批 38 项。学生海外访问学习人数 14 人。2020 届本科生就业率 92.96%，协议就业率 64.09%；研究生就业率 95.24%，协议就业率 76.19%。继续深造学生 30 人，其中去海外深造 2 人，考取国内研究生 28 人。3. 在学生党建工作中，开展“三投票三公示”，确保党员发展质量，全年发展学生预备党员 24 人。4. 学生第二课堂丰富多彩，促进了学生综合能力的提高，举办了体现学院特色、具有品牌意义的活动，如传统文化节、英文舞台剧，定期举办英语角、日语角等活动。学生社会实践、志愿者服务工作特色明显，以“格桑花西部助学”“邵仲义支教团”等品牌项目为引领，开展“三下乡”社会实践活动，获评省级优秀团队 1 个，市级优秀团队 1 个，先进个人 2 人，校级十佳团队 1 个。暑期社会实践活动受到新华社、光明网、人民网、教育部网站等多家媒体的关注并被报道，其中发表于省级以上媒体的报道 22 篇，发表于地市级媒体的 8 篇。

（撰稿：朱　文　核稿：谢志芳　李崇月）

艺术学院

【学院概况】 艺术学院由原江苏理工大学艺术设计系、工业设计系和原镇江师专美术系于 2002 年 1 月合并组建而成。学院现有教职工 89 人，其中教授 8 人（其中外籍教授 2 人），副教授 36 人，博士 20 人，硕士 46 人，在读博士 5 人。设有工业设计、产品设计、美术学（师范）、视觉传达设计、环境设计、数字媒体艺术、动画 7 个本科专业，拥有美术学一级学科硕士学位、艺术硕士 MFA（美术和艺术设计领域）和机械（工业设计方向）专业学位授权点，设有艺术设计中心实验室、图书分馆，以及江苏大学工业设计中心（江苏省工业设计中心）、工业设计研究所、艺术设计设计所、美术学研究所、民间艺术研究所、动画研究所、非物质文化遗产研究所、江南美术研究院等科研机构。2020 年，艺术学院以习近平新时代中国特色社会主义思想为指导，深入学习贯彻党的十九大和十九届二中、三中、四中、五中全会精神，全面落实习近平总书记批示精神及全国、全省教育大会精神，紧紧围绕立德树人根本任务，围绕学校党政工作要求与学院党政工作目标，以“三全育人”示范学院创建工作为主线，以教育教学工作为重点，以学科建设为龙头，贯彻落实学校重大决策部署（“095”工程），确保学院“十三五”规划圆满收官，不断开创学院事业发展新局面。

【党建与思想政治工作】 学院党委把深入学习习近平新时代中国特色社会主义思想作为重大政治任务，按照学懂、弄通、做实的要求，坚持读原著、学原文、悟原理，不断完善学院党委中心组学习、教职工政治理论学习、党员干部在线学习、党校培训等制度，充分发挥课堂主渠道作用，推动学习宣传贯彻习近平新时代中国特色社会主义思想往深里走、往实里走、往心里走，进一步增强“四个意识”，坚定“四个自信”，做到“两个维护”。学习宣传和贯彻落实学校第四次党代会精神，围绕立德树人根本任务，贯彻落实校党委重大决策部署。组织教师认真学习《新时代高校教师职业行为十项准则》和《江苏大学教师师德负面清单及失范行为处理办法（试行）》，引导广大教师要争做以德立身、以德立学、以德育德的楷模。积极开展丰富多彩的师德师风建设活动。认真落实《中国共产党支部工作条例（试行）》，深入推进实施基层党建“三提升”工程，配强党组织委员和专兼职组织员，开好民主生活会、组织生活会，做好民主评议党员工作。落实领导干部双重组织生活制度和“三会一课”制度，组织生活会、民主生活会、领导干部双重组织生活、民主评议党员等制度，切实增强“四个意识”，在思想上扎牢管党治党的制度笼子。进一步贯彻落实《中国共产党发展党员工作细则》及《江苏大学发展党员工作规定》，全年发展学生党员 31 名，其中研究生 8 名，本科生 23 名。加强教师党支部书记“双带头人”工程建设，学院教师党支部书记“双带头人”比例达到 100%。严格落实领导干部意识形态工作“一岗双责、党政同责”要求。深入推进思想政治工作“八项工程”和质量提升工程实施方案，推动思政课程与课程思政建设。定期召开党支部书记会议专题研究布置学院“意识形态工作”会议，加强对各类意识形态思想文化阵地的建设管理，完善意识形态领域风险隐患分析研判和处置机制，确保安全稳定。

【本科教学与实验室建设】 教学团队建设和教学能力提升不断加强。专业建设、教学改革和课程建设持续推进，完成了 7 个专业 2020 版培养计划修订工作，产品设计、环境设计、数字媒体艺术 3 个专业获批校第二批“三全育人”综合改革示范专业；视觉传达、环境设计系圆满完成京江学院相关专业评估工作。本年度获批省重点教材立项 2 项、校级教材建设培育项目 3 项，获批教育部产学合作协同育人项目 2 项，发表核心期刊教改论文 2 篇，校微课比赛获奖 5 项（其中特等奖 2 项、一等奖 1 项、二等奖 2 项），获评江苏大学课程育人示范教学设计评选暨教学改革典型案例 10 项（其中优秀案例 5 项），获批江苏大学一流课程 3 门（其中混合式一流课程 2 门，混合式课程重点培育 1 门）。每个系部均开设了研讨性、PBL 和 CBL 课程，积极推动课程教学方法、考核方式的改革与创新。动画系孟翔老师获评“最受学生欢迎的十佳教师”，并在江苏大学教师教学竞赛中获得三等奖 1 项、优秀奖 2 项。创新创业教学特色持续强化。通过交流、展示，强化“以作品说话”的教学氛围。在教学环节中将符合教学要求的各类专业设计竞赛引进课堂和毕业设计。本年度学院教师指导学生在第十二届全国大学生广告艺术大赛江苏赛区、第八届全国高校数字艺术设计大赛、第十三届中国大学生计算机设计大赛等学校认定的国家级、省级学科竞赛中获各类奖项 176 项，获其他学科竞赛各类奖项 122 项，创历史新高。获评省优毕业设计（论文）团队 1 个，校优秀毕业设计 10 项（其中省级优秀毕业设计推荐项目 2 项）；获批省、校级大创项目立项数 38 项。在学生创新创业能力、实践能力培养方面，取得了良好的教学效果。进一步完善实验室相关管理制度。强化对学生的安全教育，确保实验教学正常进行。落实、完善实验室的安全责任体系，明确责任到人。及时拟定《疫情期间艺术学院中心实验室工作方案及应急预案》《艺术学院中心实验室疫情期间学生返校工作方案及应急预案》等多项指导类方案文件。举办

“疫情期间实验室安全教育”专题视频培训会，结合“江苏大学疫情防控条件下实验室安全演练”会议精神开展主题教育。加强对学院实验设备的管理，按照学科教学的真实需要，遵循调整、重组、集中及完善的原则，努力实现资源共享，提高利用率。完成“数字音频制作”课程为校公选实验课申报，协助完成学院金山学者 Steven Drown 教授团队专业设备的网上竞价与购置工作，并落实其所主导的“RCRLC”实验室建设。全力推进虚拟仿真项目后期完善工作，完成“美术与设计创新应用智慧教室”建设与论证工作。

【科研与学术交流】 大力推进学术科研工作。强化团队的建设与凝聚意识，加大对教学和科研团队组成的指导。继续开展“青年艺术论坛”相关活动，广泛邀请校内外专家和知名学者来学院进行科研学术指导和经验交流、举办学术讲座，开阔学院师生的学术视野。2020 年度学院教师发表各类学术论文 58 篇，出版专著 7 部（第一作者 5 部），各类竞赛获奖共计 30 人次，纵向项目金额达 22 万元，横向项目合同总经费 15.6 万元。艺术学院和 AEIC 学术交流中心共同主办的“创新设计与数字技术国际学术会议（ICIDDT 2020）”于线上顺利召开。成功申批江苏省博士后科研资助项目 1 项，省文化和旅游科研项目 2 项，江苏省高校哲学社会科学研究项目 7 项，江苏省高校哲学社会科学研究专题项目 1 项，江苏大学“三全育人”应用研究专项课题 1 项，镇江市哲社项目立项 7 项，镇江市社科应用研究“大运河文化带建设”研究项目 3 项。

【学科建设与研究生教育】 明确思路、目标，制订详细工作方案，全力推进美术学博士点申报工作，并以申报筹建作为艺术教育和学院高水平发展的重要契机，注重人文与科学相结合，融合学校特色优势，汇聚各方面资源，齐心协力共创新局面。学位点申报工作有了较大突破，成功通过了省内资格评审。举办 2020 年研究生导师系列培训活动，分别从师德、师能、管理服务等方面进行培训和交流，增强立德树人理念，加强学术规范，提高研究生导师和管理人员的业务素质及能力，加强沟通交流，建设学习型、创新型研究生导师团队。疫情防控期间，鼓励研究生任课教师学习提高线上教学能力，并思考混合式教学方法在课程改革上的应用。研究生教育方面，全面修订艺术学院研究生管理和教学、培养系列规章制度，完善制度体系。制定艺术学院研究生单项奖实施细则，鼓励包括非全日制研究生在内的学生积极撰写高水平论文、参加各种实践和竞赛。根据艺术学院研究生培养特点，采取各种举措鼓励、支持研究生实践创新，实践成果丰富。各种竞赛获奖奖项达 40 余项。第六届全国“互联网+”创新创业大赛、第八届全国 NCDA 全国高校数字艺术设计大赛、第五届全国大学生工业设计大赛、第四届全国青创杯艺术设计大赛、第十三届全国三维数字化创新设计大赛等均有斩获。举办 2017 级研究生毕业作品线上展、2018 级中期汇报作品展，第九届“江苏大学—扬州大学双城双校”研究生作品展。积极组织研究生参加省级以上研究生创新实践赛事活动，推进实践教学纵深发展。申报并成功举办 2020 年“乡村样本——国际整合设计研创”江苏省研究生暑期学校，扩大了学院知名度和影响力。组织参加了 3 项省教育厅主办的江苏省研究生科研创新实践大赛：图像检验——2020 年江苏省研究生中国画大赛、花园设计与营建科研创新实践大赛、“中华民族视觉形象”创新设计实践大赛。根据历年留学研究生招生和艺术学院实际情况，本着国内外研究生趋同化培养的目标，实施艺术硕士框架下的留学研究生培养方案。6名教师申请新增硕导，新增江苏省研究生工作站2个、研究生基地1个，新增实践指导教师2名。完成研究生招生复试工作，2020年艺术学院各类研究生招生数量达115人。录取优质生源比例47.6%，一般生源比例7.9%，报录比6.4。2021年硕士招收推免生9人。

【师资队伍建设】 加强师德师风建设，促进师资队伍思想政治教育上层次。加大艺术类国家级人才引进及高层次人才引进和培养力度，引进国家级人才外国专家1名，引进金山学者特聘教授1名，新增海外经历1年以上教师3名，新增有博士学位教师1名。4位教师获批副教授职称。强化教师国际化意识，积极参与各类国际化活动。完善留学生培养工作及质量认证工作。原美国马里兰大学 Antonio Pietro Latini 教授于2019年10月30日受聘为学校金山学者特聘教授，在入职的一年间积极推进学院的本科及研究生教学工作。由于 Latini 教授出色的科研和教学成果，学院成功获批2020年国家级高层次外国专家项目，这也是学院第二次获批该国家级高层次外国专家项目。

【学生工作】 做深做实大学生思想政治教育。突出思想引领，唱响育人“主旋律”。进一步加强学风建设力度，通过院领导、辅导员进班听课，抓好课堂纪律；通过日常文明督查，抓好大一早操和晚自习，杜绝其他各年级上课迟到早退等现象；通过学习、竞赛、社会服务等5类优秀学生“艺苑曙华”院长奖学金的评选，打造全院学生学习的榜样，带领广大学生积极主动成长成才；动员学生积极参加各类学科竞赛、创新创业赛事，进一步浓郁学习氛围，形成以赛带学的良好局面；制定《艺术学院学生留学资助管理办法》，配套学校政策，实行学院资助，促进学院学生积极参加海外线上项目，努力利用寒暑假时间抓紧专业学习，重视日常英语学习；开设雅思培训班，为有出国意向的学生提供支撑，促进学院学生国际化工作开展。做好“形势与政策”课、素质类教育课程的教学组织工作。高质量建设“江大艺术小筑”微信公众号，积极向《大学生党建和思想政治教育专报》、江大微信、江大学工微信、江帆网、学工处网站（学院动态）投稿，宣传学院典型经验和工作动态。强化安全教育与心理健康工作，完善资助育人服务体系。高质量推进“三全育人”工作。发挥“三全育人”示范专业、示范研究生导师团队、辅导员工作室、“一院一品”等建设，统筹推进“三全育人”示范学院创建工作。建立协同、贯通、融合的一体化育人体系，形成“三全育人”大格局和长效机制。关注4类重点人群，做好资助育人和心理育人工作。深入推进学风建设，深化创新创业教育与实践。发挥学业导师在学风建设中的引领性作用，切实通过提高大学生学业规划质量，激发学生主动学习、热爱学习的内生动力。精心组织“学风建设月”活动。强化学工与教学的联动，在学生创新创业类赛事组织发动、“互联网+”创新创业项目遴选与培育、第一课堂与第二课堂错位融合、创新创业文化营造等方面合力推进创新创业教育与实践。高质量推进学生就业工作。学院构建全方位就业服务体系，统筹各专业、系部老师的力量，责任到人，精准帮扶，深入指导毕业生就业创业。建立工作机制，通过每周实施就业率党政联席会通报、系主任会研讨的方式，集思广益、拓宽渠道，利用校友资源、校外导师资源，帮助学生就业。合力推动国际化战略。组织开展出国类外语考试、海外短期学习和出国留学专题讲座，积极营造氛围。出台《艺术学院鼓励学生海外学习办法》，修订学业导师考核办法、学生评奖评优条例等规章制度，加大对学生参加出国类外语考试、海外短期学习和出国留学的考核和激励力度。根据江苏大学艺术学院与英国普利茅斯大学艺术、设计与建筑学院达成的协议，每年可推荐在籍硕士生赴英国普利茅斯大学开展研究生双学位学习。学院还完成与韩国UOS的学分对接工作，并推进短期项目与长期项目深入合作工作的启动。

（撰稿：陈恺恺　核稿：韩　荣）

教师教育学院

【学院概况】　教师教育学院始建于2001年12月，是全国第一家以“教师教育”命名的学院。现有教育学系、教育技术学系、教育硕士专业学位研究生教育中心、现代教育技术实验中心、教师培训中心、教育科学研究所、教育政策研究所、教育测评与研究方法研究所等机构。学院于2005年获批高等教育学二级学科硕士授权点，2010年获批教育学一级学科硕士授权点，2014年获得教育硕士专业学位硕士授权点。在教育部第三轮学科评估中，学科水平位居全国第35位（并列）；在教育部第四轮学科评估中，科研成果水平位居全国第34位。学院围绕国家教育发展战略重点，形成了教育基本理论研究、高等教育管理研究、课程与教学论研究、教师教育研究、教育测评与研究方法5个研究方向。学院集聚了一批以江苏社科“优青”“六大高峰”“青蓝工程”“双创人才”等省级高层次人才培养对象为代表的高水平的师资力量。在教师队伍中，教授、副教授高级职称教师占比74%，具有博士、硕士学位的教师占比87.5%，海归博士和拥有1年以上海外学习经历的博士占比37%。学院2019年入选中国人大社科研究中心“复印报刊资料重要转载来源机构”。学院高等教育研究发文量位居全国前列（2018年为21位）。学院重视本科生与研究生的培养与管理。本科人才培养本着“宽口径、厚基础”的培养目标，坚持“以修身为基础，以学业为中心，以就业为导向”工作理念，所培养的本科生素质好、就业面宽，就业率达96%以上；研究生招生人数逐年递增，2011—2019年累计毕业研究生213人，研究生就业率保持在95%以上。人才培养质量得到社会广泛认可。学院是省教育厅确定的中小学骨干教师、基础教育新课程改革、中小学校长省级培训基地。2003年以来已培训1万余人，培训项目有中学新课程培训、中小学校长培训、义务教育课程培训、班主任网络培训等。多次荣获“江苏省教师（校长）培训先进单位”称号，被江苏省教育厅领导称为“江苏省级培训的一面旗帜”。

【党建与思想政治工作】　以“围绕工作抓党建、抓好党建促发展”为工作指针，规范党内生活、密切党群关系、强化党风廉政建设，党建各项工作有序推进。学院党委及时修订完善了《学院党政联席会议事规则》《学院党委会议事规则》和《学院“三重一大”决策制度实施办法》等，并按规定时间、按议事范围召开党委会、党政联席会，围绕立德树人根本任务，充分发挥党组织政治核心作用，强化制度的刚性执行。教育技术学教工党支部举行了“发扬专业优势，助力抗疫复学”主题党日活动；教育学教工党支部组织了“利用专业特色，助力基础教育发展”主题党日活动；研究生党支部和本科生党支部联合举办了“致敬抗美援朝，争做时代新人”主题党日活动，此项活动获得了三等奖。积极开展统战理论创新和实践创新工作，提交统战论文1篇并获得二等奖。学院积极参加校工会组织的各项群体活动，荣获学校中华经典吟诵大赛三等奖、羽毛球比赛第六名，积极组队参与校八段锦大赛等。重视党建带团建、党建带工建工作，调整建设职工小家，支持团学组织、妇女组织等群众团体工作。宣传思想上，在省级及以上媒体发稿10次，其中深度报道（800字以上）4次、市级报道5次、学校官方微博微信发稿7次。积极组织参加学校各类党建评比活动，获得党建论文二等奖1篇和最佳党日活动三等奖。认真落实《中国共产党发展党员工作细则》，严格党员发展程序，党员发展“三公示一答辩”，工作规范，全年发展新党员共计13名。

【教学工作】 学院教师积极从事教学研究，全年发表教改论文8篇，教师教学素质和能力不断提升，获评江苏大学第十届教师教学竞赛二等奖1项。学院本科生源质量不断提升，人才培养成效显著，学生英语四级通过率100%、六级通过率90%，计算机二级通过率60%。学生创新素质和创新能力不断提高，全年获得国家级A类学生竞赛奖励2项、省级A类学生竞赛项目3项，获批大学生创新创业项目共4项，江苏大学计算机设计大赛奖励8项。学院重视本科生实践创新能力的培养，重视师范生基本技能训练，利用江苏省师范生技能大赛筹备的契机，组织2017级教育技术专业的学生进行课前演讲、书法训练、微格教学等专项训练，取得了良好的效果；获评校优秀毕业设计（论文）1项，获省师范生基本功大赛三等奖2项，1名学生被推荐参加第二届长三角师范生教学基本功大赛。

【科研工作】 以省部级及以上课题申报为抓手，先后邀请南京师范大学王建华教授、江苏省教科院倪娟教授等知名学者来学院讲学。课题立项上，学院全年获批国家级课题2项，获批省部级课题5项，获批教育厅高校哲社重大项目1项、一般项目3项，市厅级课题3项，横向科研经费累计180万元。科研成果上，在SSCI来源期刊上发表论文3篇，在CSSCI来源期刊上发表论文18篇，在SCI来源期刊上发表论文1篇；出版著作4部。学院获评江苏省第十六届哲学社会科学优秀成果奖三等奖1项，江苏省高等教育科学研究成果奖一等奖1项，镇江市第十三届哲学社会科学优秀成果奖1项。此外，学院积极申报了江苏高校哲学社会科学重点研究基地。

【学科建设与研究生教育】 学院顺利完成教育学一级博士点的申报工作，稳步推进教育部第五轮学科评估工作。组织多场关于教育部第五轮学科评估的研讨活动，分析研判教育部第五轮学科评估的政策导向和要求，认真落实完成教育部第五轮学科评估工作。积极筹备教育博士的申报工作，逐条对照教育博士的申报标准进行梳理，寻找差距、改进完善；学院对照兄弟单位的情况进行分析研判，明确定位、改进优化。以立德树人为中心，规范培养流程，提升培养质量。本年度学院共招收研究生175人，其中，学术型硕士研究生17人、全日制教育硕士专业学位研究生57人、非全日制教育硕士专业学位研究生101人。学院生源总量持续增长，全日制研究生报录比达到8：1，全国前百强高校和优质生源比例达到24%，一般生源下降到20%。学院获批校研究生精品课程1门，校教学案例库立项建设项目2项，校研究生精品教材1项；3名学生获江苏省研究生科研创新计划立项，获评江苏大学优秀研究生导师1人。全年一次性论文盲审通过率达99%，获评省“优硕”1项、校“优硕”2项。在2020年11月举行的江苏省教育硕士创新能力大赛中，获得特等奖1项、一等奖1项、二等奖2项、优胜奖1项。

【师资队伍建设】 学院加大了人才引进的宣传力度，重点面向国内外知名高校、知名导师开展人才招聘宣传。2020年度，学院引进教师2人，其中，金山讲座教授1名，资格副教授1名。学院意向性签订博士10余人，其中金山青年特聘教授1人。学院高度重视教师队伍建设工作，鼓励教师访名校、拜名师，2020年有2名教师完成为期1年的海外访学。学院不断加大对青年教师的关心和支持力度，积极推动青年教师从事教学科研工作，制定出台了《教师教育学院领导联系青年教师制度》。学院制定了《教师教育学院第四轮岗位设置和聘用实施方案》，组织开展了学院第四轮岗位设置和聘用工作，并顺利完成。

【学生工作】 面对突发疫情，全力做好大学生日常管理和安全稳定工作；结合目标考核，确保毕业生就业、科创项目等核心目标顺利完成；树立先进典型，增强文化自信，积极推广学院品牌文化活动。在配齐配强辅导员队伍的基础上，不断建立健全各项运行机制，健全“六大导师”导学体系，明确“将大学生党建工作贯穿大学生学习生活各方面，将学院关工委工作融入大学生思政教育全过程”。配强配优学业导师，提升大学生科学素养、科研能力，本科生科研立项14项，结题6项；研究生报考率73%。重视社区管理，用身边的案例教育人、引导人，防微杜渐。学院优秀宿舍60个，优秀率89.55%。重视班风学风建设，早操出勤率99.32%。在研究生团支部风采大赛中，以第四名的成绩获得三等奖。研究生党支部成为江苏大学样板党支部，获批党员示范岗2个，研究生党支部和本科生党支部组织的“致敬抗美援朝争做时代新人”获得最佳党日活动三等奖。2名体育生入围女足国家队，备战2021年的东京奥运会。学院以人才培养为中心，精心筹划、认真布置，确保线上教学有序运行，推进教学质量持续提升。教育技术学（师范）专业获批学校“三全育人”综合改革师范专业（第二批），并积极申报了国家一流课程。2门课程入选江苏大学一流本科课程（含培育）；2门课程入选江苏大学课程育人示范教学设计暨教学改革典型案例，其中“优秀”1门。重视毕业生就业指导，先后安排多场就业指导，2020届本科生结业率86.21%（其中升学率24.14%）；研究生就业率93.94%；总就业率92.78%，完成学校给定的总就业率92%的目标。学生欠费率，扣除体育生等，达到100%，实现年初工作目标。重视心理健康教育，做好新生入学后的心理健康筛查，学院本科生一甲4人，研究生一甲7人；对重点人员落实好谈心谈话工作，及时化解学生管理过程中出现的心理健康危机事件。

（撰稿：王宝玺　核稿：王佳佳）

医学院

【学院概况】 医学院于2014年5月由原江苏大学临床医学院和江苏大学基础医学与医学技术学院两所学院合并而成。医学院开设有临床医学、医学检验技术、医学影像技术、护理学和卫生检验与检疫5个本科专业。其中，医学检验技术专业为国家特色专业和江苏省品牌专业，2011年以来连续名列武书连专业排行榜全国前三名

（2014 年至 2016 年连续三年位列第一名）。临床医学专业为江苏省品牌特色专业。医学技术类（含医学检验技术、医学影像技术和卫生检验与检疫）为江苏省“十二五”高等学校重点专业。学院现有教职工 181 人，其中，博士生导师 17 人、硕士生导师 70 余人，享受国务院政府津贴专家 1 人，江苏省特聘教授 2 人，江苏省“杰青”1 人，江苏省医学领军人才 3 人，江苏省“333 高层次人才培养工程”第二层次培养人选 5 人、第三层次培养人选 16 人，江苏省“青蓝工程”学科带头人选 5 人，江苏省“青蓝工程”优秀青年骨干教师 10 人，江苏省医学重点人才 6 人，省“双创团队”1 人。学院拥有临床医学一级学科博士后流动站和博士点各 1 个，临床医学、基础医学 2 个一级学科硕士点。其中，临床医学（以临床检验诊断学为主体）学科为江苏省“十二五”重点学科培育学科，2013 年起在 ESI 学科排名中进入全球大学和科研机构的前 1%。临床检验诊断学为江苏省“十一五”重点学科和江苏省优势学科重要组成之一。学院还拥有江苏省重点学科、江苏省重点实验室和江苏省实验教学示范中心各 1 个。学院与美国、德国、加拿大、澳大利亚、日本等多个国家，以及我国香港和台湾地区的高校或研究机构开展科研合作和学术交流，效果显著。学院毕业生深受用人单位好评，就业率达 98%以上。

【党建工作】 1. 按照学校全面从严治党工作会议要求，部署落实党风廉政建设工作，共同制定《医学院 2020 年度落实全面从严治党党委主体责任清单》，推进学院全面从严治党工作，召开推进会，与党支部签订责任书，层层落实。全年主持召开党委会 8 次，定期召开支部书记会议。制订落实《2020 年医学院党委中心组学习计划》和《2020 年医学院教职工政治理论学习计划》。组织党员观看警示教育片 1 次，教育覆盖 250 人次；组织学院领导干部、党支部书记参观镇江市党风廉政警示教育基地和党性教育馆 1 次；主讲党风廉政、作风建设主题讲座 2 次。2. 学院党委召开全面从严治党工作专题会议 2 次、党风廉政建设工作专题会议 2 次，研究制定全面从严治党主体责任清单、医学院党风廉政风险防控时间表，组织学习《中国共产党纪律处分条例》《中国共产党廉洁自律准则》《江苏大学关于进一步加强作风建设工作的意见》，强化党委主体责任和领导干部“一岗双责”，做好履责纪实。截至 12 月 13 日，医学院党委全年共履行、录入党风廉政建设相关工作职责 235 条，共进行党风廉政建设相关谈心谈话、廉政约谈、集体谈话 115 人次。3. 根据学校防疫工作领导小组的统一布置，制订工作预案，实施疫情防控。做好师生疫情暴发期间的心理帮扶，对赴一线抗疫的校友做好事迹推送和组织学生学习，组织党员志愿服务，展示医学院抗疫风采。4. 配合学校做好学院巡察回头看工作，对巡察发现的主要问题，对“三清单”中的 43 条问题清单重新逐一排查，持续整改加强长效机制建设，深化巩固巡察整改成果。5. 落实思政工作“八项工程”和“十大育人”质量提升工程，着力构建新时代医学生的思想政治工作体系，全面推进学院“三全育人”工作。加大课程思政的推进力度，指导“三全育人”综合改革示范专业和团队建设。6. 按照基层党组织“提质增效”三年行动计划，加强党支部建设，开展具有学院特色的党日活动，2020 年获校“最佳党日活动”一等奖、二等奖各 1 项，党建创新获二等奖。2020 年度医学院共获评校级党员示范岗 2 个。不断规范党员发展工作，共发展党员74名。顺利完成党支部的换届工作，教师党支部书记“双带头人”比例达100%。举办党支部书记培训班，积极参加学校组织的各项党建评比活动。2020年获评先进学生党支部1个，优秀学生党员8名。7. 班子成员与民主党派人士开展谈心谈话，关心他们的困难。全年召开2次征求党外代表人士意见座谈会，听取民主党派人士对学院党政的意见和建议。组织具有海外留学背景的青年教师进行座谈，并带领其参加“走基层，访先进”学习活动。8. 成立医学院安全工作领导小组、实验室安全工作督导组，对实验室、研究所定期进行安全检查，并不断整改加以防范。修订《江苏大学医学院实验室安全管理规定》《江苏大学医学院实验室安全检查制度》《医学院实验室安全准入细则》《医学院实验室人员安全培训制度》《医学院科研实验室管理制度》等相关文件。无群体性事件发生。9. 加强群团工作的指导，工会在师德师风征文活动中成绩显著，关工委获评校先进集体，团委暑期社会实践活动获全国表彰。10. 江大医学发推文69篇，阅读量10万+；对外宣传发稿近100篇，网站推送新闻194篇。

【教学工作】 1. 医学检验技术专业获批国家一流专业建设点；临床医学专业获批省一流专业建设点，推荐申报国家一流专业；新增预防医学专业；获批“三全育人”示范专业2个；获评江苏大学本科教学先进集体；完成医学检验技术、护理学和卫生检验与检疫3个专业评估；修订2020版培养计划；获评校优秀毕业设计论文4篇；2. 获批国家一流课程2门，课程育人案例43个，优秀案例14个；微课获省级以上奖项6项，校级4项；加强教材建设，获评省优秀教材奖2部，推荐申报国家奖1部，获批校级重点教材1部。3. 发表教改论文14篇，其中核心以上期刊4篇；有序高效组织疫情防控期间全面线上教学工作。4. 加强师德师风教育，推进教师教育发展中心工作，在教师教学能力提升、考试和考核方法改革、教育教学评估、教育教学研究方面开展了系列工作，教师教育发展中心被评为党员示范岗。为基础与临床教师举办专题讲座、工作坊20余场，培训师生600多人次，对150余项“大创”项目进行中期检查，组织教师讲课比赛2场，选派教师参加各类竞赛，获省青年教师讲课比赛一等奖1人。5. 完善实验中心网络平台建设，充实实验教学数字资源，完善临床见习、技能培训与考核体系；获批国家级“大创”项目7项、省级12项、校级70项；新增开放性实验项目29个；加强实验室安全检查和整改工作，梳理和排查实验室建设工作的风险点，完善低值易耗品采购与领用流程。6. 加强学籍与学分管理、学生选课辅导工作；确保教学运行的规范化、标准化、常态化和同质化管理，进一步落实评教、评学、考试等环节的监控与反馈措施；顺利完成本年度转专业工作和免试推研工作，完成各专业实习大纲修订、毕业设计等工作。

【科研工作】 1. 2020年新增获授权专利发明3项，转化1项。2. 发表检索论文80篇，其中SCI一、二区检索收录论文30余篇。3. 2020年共获批国家自然项目8项，其中面上项目4项、青年项目4项；获批江苏省社发重大项目1项，社发面上项目2项；获批面上基金1项，省青年基金1项；获批省高校自然基金项目重大1项，面上1项；获批镇江市社发项目1项，面上1项。合计纵向经费777万元。横向科研合作签约项目8项，合同金额187.1万元，实际到账206.7万元。

【学科建设与研究生教育】 1. 2020级硕士

研究生一志愿报考数1 795人，生源数较2019年增幅10.94%，报考数与公布计划数比例为7.4∶1；最终录取硕士研究生367人、全日制硕士研究生329人、非全日制护理学专硕38人，其中推免生接收人数19人，位列全校第一，占学校总推免生比例25.27%，录取优质生源（前百强高校及推免生）比例34.81%。博士研究生生源质量进一步提升，申请硕博连读34人，报考人数70人，录取人数18人，其中录取全国排名前一百强高校生源11人，优质生源比例达61.6%以上。2. 完成江苏省研究生培养创新工程相关项目的申报，其中获批江苏省普通高校研究生科研创新计划项目9项、江苏省普通高校研究生实践创新计划项目4项，获批江苏省研究生学术创新论坛1项，申报省研究生教育改革成果1项。申报中国医药学研究生教育研究课题2项。积极组织参加2020年江苏省研究生“医学显微成像科研创新实践”大赛，获一等奖1项、二等奖1项、三等奖3项、最佳组织奖1项。3. 完成2020年第一批次244名全日制硕士及12名同等学力硕士的毕业论文预审、送审和学位授予工作，最终12名博士研究生（1名留学生）、9名同等学力硕士、74名学术型全日制研究生、130名专业型全日制研究生获得学位，12名专业型非全日制研究生获得学位。获评校优秀博士学位论文3篇，优秀学术硕士学位论文4篇，校优秀专业学位硕士论文2篇。获评省优秀硕士学位论文2篇。4. 2020年临床医学学科ESI排名上升到3.7‰，临床医学学科处于第三期江苏高校优势学科建设期，总经费2 000万元。按照学校优势学科经费使用的新政策，完成了基本项目和针对标志性成果的申请项目申报和建设工作；针对2020年新一轮学位授权点的申报，按照学校要求并结合学院实际，完成了临床医学专业学位博士授权点、医学技术博士硕士授权点和公共卫生专业学位硕士授权点的申报工作，临床医学专业学位博士授权点、医学技术博士授权点、医学技术硕士授权点及公共卫生专业学位硕士授权点已通过省级评审；12月，主办第七届江苏大学国际检验医学“金山论坛”暨血液外泌体分子标志物国家继续教育学习班，秉承“创新、交流、探索、发展”的学术主题，以“医学前沿与血液外泌体分子标志物”为专题，特别邀请了近20位国内外专家做大会报告，会议获得圆满成功，学院的国际影响力得到提升。

【师资队伍建设】 1. 新增具有博士学位教师数6人，半年以上海外研修经历教师比例33%。晋升正高职称1人，副高职称2人。2. 新增具有海外博士学位教师2人，招收国内博士后1人。全年共组织13名海外人才参加学校第七届、第八届海外高层次人才论坛，其中上半年签订意向性协议6人，入职1人。新增1年以上海外研修经历教师数5人。3. 入选江苏省“杰青”1人，获校奋达杰出青年英才奖2人。半年以上工程、社会实践人数2人。

【国际化教育】 1. 全年分3批次毕业留学本科生61人（授予学位48人）。稳步推进留学研究生招生，全年共招收留学硕士生9人、留学博士生2人。2. 规范留学生教学管理，落实领导听课和教学督导制度，做好学院英文网站的改版升级工作。3. 硕士有3个月以上海外经历的1人次，博士有1年以上海外经历的5人次，毕业生出国深造1人。4. 10名教师参加线上国际会议和学术交流，1名教师参加中国教育国际交流协会年会经验交流。举办国际学术会议1次，邀请4名海外专家做专题报告。

5. 5门课程顺利通过江苏省来华留学英文授课精品课程项目验收。新增校英文授课精品课程3门、教材1部，获批校来华留学本科教学质量工程特色项目6项（实践平台3项，线上教学资源建设3项），获批中国教育国际交流协会来华留学教育质量保障重点课题1项。6. 学院获评校国际化工作先进单位，1名教师获评校国际化工作先进个人。7. 1名留学生授课教师获评留学生最喜爱的教师、校十佳教师，1名留学生被评为校十佳青年学生。学院当选中国教育国际交流协会医学教育分会理事单位。

【学生工作】 1. 本科生总就业率77.26%，协议就业率72.61%，初次就业率45.99%，离校就业率38.5%。研究生总就业率96.11%，协议就业率87.22%，初次就业率59.69%，离校就业率44.5%。签约大学生就业创业基地1家；签订医学发展奖学金2家，到账15.5万元。2. 学费欠费率0.83%，早操出勤率96.46%，优秀宿舍比例80%。3. 学业规划覆盖面100%，研究生报考率85.62%，报考学院研究生率41.35%，考研录取率30%；本科生科研立项28项，结题13项；短期海外学习人数7人。4. “博爱传承，生命永恒”团队成为学校唯一一支全国优秀暑期社会实践团队，青年志愿者协会获得江苏省青年志愿服务行动组织奖、江苏省青年志愿服务项目二等奖等荣誉；“初心传承、接续奋进”联合党日活动获得江苏大学2020年“最佳党日活动”一等奖；大学生创业精英挑战赛报名完成率达237.5%，3个项目入围决赛，26个项目获得优秀奖，最终1个项目获得银奖，以总积分第二获优秀组织奖；获评江苏大学十佳新媒体运营单位，获评“江苏大学十佳团支书”“江苏大学十佳活力团支部”各1个、“江苏大学优秀主题团日活动”5个。白袍授予仪式、“领航·开学第一课”、医学发展奖学金颁奖、北固校区篮球赛、师生足球友谊赛等活动相继开展；连续两年获江苏大学“团聚135”创新创业项目二等奖；体育成绩迎来全面突破，获江苏大学第19届运动会篮球赛亚军、排球赛亚军、定向越野团体冠军、田径赛团体第八。

（撰稿：汪婧娴　核稿：沈雪妹）

药学院

【学院概况】 学院设有药学、药物制剂、制药工程3个本科专业，拥有药学、中药学2个一级学科硕士学位授权点和生物与医药硕士专业学位类别，其中药学一级学科为校重点学科。药学院牵头，2014年联合医学院、生命科学学院获批江苏省优势学科——生物技术及其医药转化。2019年药理学与毒理学学科（领域）进入ESI全球大学和科研机构排名前1%。2018年制药工程本科专业通过中国工程教育专业认证。2019年药物制剂专业获批一流专业建设“双万计划”江苏省一流本科专业建设点，2020年获批省级特色专业。学院下设中药学与药学系、药剂学系、制药工程系和药学中心实验室。在校本科生670人，留学本科生43人；硕士研究生219人，留学硕士研究生5人。学院现有教职工66人，其中教授17人，副教授32人。专任教师中博士生导师9人，硕士生导师50人，具有海外留学研修经历的教师比例达61%。学院教师入选“国家百千万人才工程”1人，国家有突出贡献中青年专家1人，江苏省“333高层次人才培养工程”中青年科技领军人才1人，省“双创团队”领军人才1人，省杰出青年基金获得者 1 人，“江苏特聘教授”2 人，“江苏省高层次创新创业人才引进计划”（“双创计划”）2 人，江苏高校“青蓝工程”中青年学术带头人 1 人、优秀青年骨干教师 2 人，江苏省“六大人才高峰”8 人，江苏省“双创博士”2 人，享受国务院政府特殊津贴人员 1 人。学院近年来承担国家科技支撑计划项目、国家“863”项目子课题、国家重点研发计划、国家自然科学基金重点项目及面上项目、江苏省自然科学基金、江苏省科技支撑项目等各级各类课题，总经费 6 000 余万元；获省市科技进步奖 16 项，其中获教育部科技进步一等奖 2 项，中国商业联合会科技进步特等奖 1 项，省部级二等奖 3 项；申请发明专利 150 余项，其中国际 PCT 专利 4 项，授权 74 项（其中美国专利 3 项）；作为第一或通讯作者在 Chemical Society Reviews（IF33. 383）、Cancer Cell（IF：26. 566）、Advanced Functional Materials（IF：11. 088）、Biomaterials（IF：8. 577）、Small（IF：8. 368）等国际权威杂志发表高水平论文，主编、参编多部规划教材。学院目前拥有江苏省食品新资源药用功能开发工程研究中心、镇江市药物传递与组织再生高技术研究重点实验室，共建江苏省名方制剂开发与中试研究科技服务平台、江苏省超临界萃取天然药物工程技术研究中心、水飞蓟深度开发工程技术研究中心，为“安徽省石斛产业化开发协同创新中心”协同单位，与江苏索普兴大药业等企业联合建设了合成药物研发中心、天智绿业药物研究所等研究机构。现已逐步形成了纳米药物传递与干细胞组织工程、脂筏色谱与中药筛选、生物活性化合物合成筛选、药物设计及其作用机理、物质基础及药理机理、道地药材品质评价、天然活性成分高效分离与产品开发、中药新制剂与质量评价、药用新材料等特色研究方向。

【党建与思想政治工作】 1. 落实主体责任，坚持思想建党。学院党委坚持把政治建设摆在首位，为学院事业高质量发展提供坚强保障。定期召开党委会，研究党的建设，研判意识形态领域问题。不断规范议事制度，严格执行“三重一大”议事决策制度，在重大事项上把好政治关。加强学习型党组织建设，认真落实“三会一课”“形势与政策课”，获评校理论中心组学习示范点，学习成果荣获中层干部调研成果三等奖。2. 夯实组织建设，营造发展合力。学院积极推进优质党支部建设，入选教育部高校“双带头人”教师党支部书记工作室（省属高校唯一）。严格党员发展质量，遵守党员发展规范，全年共发展党员 23 名，2 名党员被评为江苏大学优秀学生共产党员。学院获 2020 年度校示范性基层党建“书记项目”、二级党组织书记抓党建工作述职评议考核优秀、党建工作创新创优二等奖等荣誉。3. 加强制度建设，维护和谐稳定。及时修订完善各项规章制度，积极开展党支部业务培训，认真落实未巡先改任务，扎实推进“三全育人”各项工作。不断完善实验安全、消防安全等制度，加大安全教育力度，丰富安全教育培训资料。按要求维护好网站信息，积极参加网络安全培训，全年未出现网络安全事件。4. 打造优良师风，扎实防控疫情。学院建立师德师风工作组，举办新教师座谈会暨师德师风学习会，组织全院教师签署《江苏大学师德师风、科研诚信和知识产权承诺书》，切实将师德师风建设纳入学院党建重要内容。疫情防控期间，院党委第一时间制定《药学院新冠病毒肺炎疫情防控工作方案》，将党员教师值班制度及疫情报告制度落实到位，及时制定疫情线上教学方案，得到学校肯定并在全校推广。1名学生被评为江苏省大学生抗疫先进个人，1名教师党员被评为江苏大学疫情防控先进个人。5. 加强作风建设，筑牢廉政基石。学院制定落实《党风廉政建设主体责任清单》，将党风廉政建设与分管领域相结合，坚持党风廉政建设与业务工作同部署、同落实、同检查、同考核。认真执行中央八项规定，深入开展形式主义、官僚主义集中整治，主动开展办公经费使用情况自查自纠。2020年，院领导开展谈心谈话、履责记实90次，未出现违反中央八项规定和其他违法违纪等现象。

【本科教学与实验室建设】 1. 多措并举保障教学质量。全年无教学事故，日常教学管理、院领导听课、毕业设计过程管理、实验教学管理、实习实训、教学质量报告与教研活动等完成率均为100%，教学资料归档率100%，教授、副教授本科生课堂授课率100%，学生评教优秀率100%。2. 完善创新人才培养体系。积极推进人才培养模式创新，优化专业课程结构体系。2020版本科人才培养计划已完成修订并开始执行。3. 对标找差，高标准推进专业内涵建设。制药工程专业完成工程教育专业认证中期汇报，药物制剂专业积极申报国家级一流专业建设点。获评省高校外国留学生英文授课省级精品课程1门、校精品在线开放课程建设项目1项、校一流课程重点培育课程2门；校英语授课精品课程1门、校重点教材项目1项、校全英文授课课程教材项目1项。4. 坚持立德树人，提升专业育人水平。药物制剂专业获批校"三全育人"综合改革示范专业。获校课程育人示范教学设计暨教学改革典型案例2个、校思想政治工作研究课题1项、校微课竞赛特等奖1项、校英文授课微课竞赛二等奖2项。5. 实践创新，助推人才培养质量提高。推进科研反哺教学，承办江苏大学第三届化学药学知识与实验技能竞赛，中外学生同堂竞技。新增开放性实验项目14项，获批大学生创新训练项目31项，其中国家级2项、省级12项。6. 强化安全意识，保障实践环节。形成培训—检查—整改闭环管理体系。学院实施专业应急演练1次、线上和线下安全教育培训12次，培训人员1 000余人次。全年度发出实验室整改通知20余份，关停实验室4间。

【科研与学术交流】 1. 科研项目及经费，获批国家自然基金、省自然基金等项目，总经费852.4万元。横向新增合同经费212万元，到账经费127.819万元。2. 科研成果。以第一或通讯作者发表A类、B类检索论文82篇，其中高水平论文（IF>10）2篇。获授权专利13项，科技成果转化3项，申请专利14项，其中PCT专利1项。3. 学术交流。教师赴境外参加高水平国际会议（含线上）5人次。

【学科建设与研究生教育】 1. 学科建设。完成中药学一级学科博士点申报及药学、中药学第五轮学科评估工作。新增硕士生导师7名。完成学科标志性成果1项。2. 研究生招生。共招收硕士研究生87人，其中，全日制83人（学术型37人，专业型46人），非全日制4人。学术型第一志愿上线生源数与招生计划比≥100%，录取普通公办本科生源比例94.8%，优质生源比例54.5%，"双一流"高校生源比例7.8%。3. 研究生培养。全日制与非全日制硕士研究生共毕业61人，正常毕业率共96.8%。获批校级思政示范课2项；在2020年江苏省研究生中医中药学术创新论坛中荣获二等奖2项、三等奖1项、墙报奖2项；在2020年江苏省研究生药学学术论坛中荣获优秀奖1项、最佳墙报奖1项；在第十七届江苏大学研究生模拟国际学术会议交流大赛（会议要素文件写作大赛）

中荣获一等奖1项。荣获第十届中外研究生论坛生物医药分论坛优秀组织奖、最佳报告奖2项、最佳展示奖4项、优秀论文奖1项、开幕式同室创新奖1项。4. 研究生创新工程和实践基地工作，获批2020年江苏省普通高校学术学位研究生科研创新计划项目1项，江苏省普通高校专业学位研究生科研实践计划2项。获批省研究生工作站1个。5. 研究生学位与专业学位工作。共授予全日制硕士学位60人，以研究生毕业同等学力申请硕士学位2人。组织申报江苏省优秀硕士学位论文1篇。获批校优秀硕士学位论文5篇。

【师资队伍建设】 1. 人才引进，积极参与学校海外高层次人才论坛和省人社厅招聘，坚持高标准，组织面试15人次，推荐12人。新增海外人才4人，其中资格教授3人，资格副教授1人。2. 青年教师培养，7位教师晋升高级职称，其中教授3人；专任教师博士学位拥有率95%，3人博士在读；新增国家公派留学1人，因疫情原因还未出访。3. 人才工程及团队建设，获批省“双创博士”1人，江苏大学奋达杰出青年英才三等奖1人。同时，凝练学科方向，扎实推进部分青年教师进团队工作并取得初步成效。

【学生工作】 1. 铸魂思政，强化组织育人建设。重构本、研学生党支部，全年发展、转正党员共44名；获评2016—2019年度校关心下一代工作先进集体，2人获评先进个人。获校思想政治教育“一院一品”项目一等奖，获评学工办获评校党员示范岗，2名学生获评校优秀共产党员。2. 从严从细，汇聚战疫防疫力量。成立疫情防控学生工作小组，为百余人次未返校学生寄送物品；获评校疫情防控专项实践优秀调研报告2篇，1名学生获评省大学生抗疫先进个人。3. 强基固本，夯实管理育人服务。1名学生获评省三好学生，8名教师获评校优秀学业导师，5名学生获评校“百优青年”。本科生升学出国率40.76%，8人参加海外学习项目，2人赴德国读博。4. 双线发力，打造学生发展平台。打造辉瑞讲堂，开办首期创新创业训练营，1个项目入驻校创业孵化基地，1个团队在“赢在江大·互联网+”创业精英挑战赛中获银奖。5. 精准帮扶，提升资助、心理育人实效。全年累计资助学生244人次、73.13万元。校友设立制药1301班奖助学金，关工委教师个人资助8人。完成一甲学生心理干预24例、危机干预10例，完成6例精神疾患处理工作。6. 凝心聚力，打造文化育人品牌。开展寻药记、寻变记、职业体验记，获评校“一院一品”校园文化建设精品项目一等奖，打造药文化特色实践，获评校暑期社会实践先进单位，获省市级荣誉4项。2名学生在省第六届大艺展中获二等奖。7. 抢抓阵地，发挥网络育人作用。1名学生获评中青网优秀通讯员。2020年，学院在《中国教育报》、“学习强国”等媒体/平台发稿24篇，深度报道7篇；官方微信微博报道115篇。网络育人成效显著。

生命科学学院

【学院概况】 2020年，生命科学学院在校党委校行政的坚强领导下，全院上下齐心协力、真抓实干，在做好疫情防控的同时，统筹推进学院事业快速发展。截至2020年年底，学院有教职工54人，其中专任教师47人，具有博士学位的46人，博士比例97%，有海外经历1年以上的37人，占比78%。教授12人，副教授30人，高级职称占比89%。博导8人，硕导42人，外院硕士导师 74 人，导师共计 116 人。引进各类高层次人才 11 人。现专任教师队伍中含江苏省“双创人才” 4 人，享受政府特殊津贴 1 人；3 人获批省“双创博士”，2 人获批校“青年英才培育计划”优秀青年骨干教师培养对象；2 人获评校“先进工作者”，2 人获评校“优秀教师”，1 人获评校“优秀研究生导师”。在生命科学研究院的基础上，于 2020 年 5 月 13 日正式成立生命科学学院，随后完成学院党委组建选举工作。顺利完成学院整体搬迁至新大楼工作。教工党支部再获评镇江市“五星先进党支部”，生物学 1801 班获评“江苏省先进班集体”。2020 届学生就业率 100%；推进了生物学一级博士点申报、生物学学科评估工作；完成学院“十三五”总结和“十四五”规划编制工作；顺利承办了江苏省植物生理学会第六届青年学术年会。人才培养、师资引进、教学、科研、国际化、学生工作、实验室建设、安全稳定等方面取得了较好的成绩。院领导班子成员为：院党委书记谭成，副书记、院长谭小力，副书记、副院长张文娟，副院长刘晓勇。

【党建与思想政治工作】 党建工作。发挥党建引领作用。抓实全面从严治党政治责任，落实院党委主体责任。坚持民主管理、科学决策。严格贯彻执行党政共同负责制，健全院党委会、党政联席会集体决策制度。建立健全“第一议题”学习制度，牢固树立“四个意识”，坚定“四个自信”，坚决做到“两个维护”。全年专题研究党风廉政建设责任制工作 3 次，着力查摆存在问题，及时整改到位。压实管党治党责任。院领导干部带头做出廉政承诺，带头讲授专题党课，党委书记履行“第一责任人”责任，其他班子成员履行“一岗双责”责任。严格执行干部管理。召开 2020 年度全面从严治党工作会议，与各党支部书记签订责任书。开展党性党风党纪教育 3 次，高度重视学院安全稳定工作。加强政治理论学习。院党委理论学习中心组集体学习 8 次，党委会、教职工大会、党支部党员大会集中学习 30 余次，院领导撰写专题调研报告 4 篇，3 篇征文荣获校级三等奖，“学习强国”平均参与率超过 95%。开展师生思想动态调研，落实意识形态安全工作责任制。赴南京大学、南京师范大学、扬州大学等进行调研交流，吸收借鉴党建工作经验。夯实党的组织基础。学院各党支部考核得分均超过 95 分，教工党支部 100%落实“双带头人”制度。规范落实“三会一课”等制度。全年发展预备党员 7 名，预备党员转正 5 名。提升学院治理能力。修订和完善院党委会、党政联席会的议事规则，贯彻执行“三重一大”集体决策制度。广泛开展科学道德及师德师风教育，开展学院廉政文化创建工作，大力支持纪检委员开展工作。做好学院中、英文网站建设工作，制定出台《生命科学学院新闻宣传工作管理办法（暂行）》。加强舆情监控工作，未发生负面舆情。维护师生切身利益。重视统战工作，健全党外人士联系制度，召开 2 次党外人士集体座谈会，院领导与党外人士开展经常性谈话，推荐 1 名教师成为民盟发展对象。落实领导干部联系群众制度、课题组组会制度等，举办“我与院领导面对面”学生座谈会。群团工作。专题研究教代会、分工会和团学组织工作，完成教职工大会、分工会和团学组织换届工作。通过主题观影、讲座、报告会等活动，丰富群团文化。建设生科院“职工小家”，支持研究生会、妇女组织等群众团体工作。

【科研与学术交流】 1. 项目申报。申请各类纵向项目 42 项，获批 10 项。申报国家自然科学基金27项，获批5项国家自然科学基金，包括面上项目3项、青年项目2项，共295万元。申报省部级项目11项，其中江苏省科学基金面上项目4项获批1项，青年项目5项获批1项，获批“双创博士”项目2项。申报镇江市重点研发项目2项、江苏省教育厅项目2项，获批江苏省科技厅项目1项。新增各类横向项目8项，共64.7万元。合计359.7万元。2. 在研项目。国家级项目15项，其中国家重点研发项目3项、国家自然科学基金12项，经费961万元。省部级项目7项，共141万元。市厅级项目3项，共11万元。横向课题20项，共计351万元。3. 发表论文及专利、获奖等成果。发表学术论文107篇，其中SCI源期刊论文92篇（含一区16篇、二区30篇），核心及以上期刊中文论文15篇。陈克平研究员出版科普专著《天虫礼物——走进蚕的世界》，汤敏副研究员参编英文专著1部*Systems Medicine*：*Integrative*，*Qualitative and Computational Approaches*，于倩副研究员参编*Material Science and Technology*，陈亮副研究员参编研究生教材《现代环境生物技术与应用》。申请国家发明专利10项，授权国家发明专利5项。侯永忠研究员参与获得中华医学奖二等奖。4. 学术交流。保持良好学风，各课题组坚持每周举行学术讨论会，全年因公出国计划进行预申报计21批次35人，全年9人次参加境内外举办的国际会议或学术交流。

【师资队伍建设】 完成学院教职工人事档案信息采集和更新、第三轮岗位聘用聘期考核及第四轮岗位聘用工作。1. 人才引进。组织线上线下人才招聘6场，面试14人，引进人才报到3人。招收国内脱产博士后1人。2. 人才培养。唐琦、吕鹏、石超文、徐力、汤敏获批副高职称，袁卫家获批中级职称。杨艳华获批泰州市级“双创人才”，汤敏、石超文获批江苏省“双创博士”，王政、张春霞分别荣获校优秀教师及先进工作者称号，高力、吕鹏获批省科技副总项目；周阳、陈东锋、朱菲菲3人留学回国，杜莉莉获批公派留学香港，石超文、王朵朵、崔文杰、汤敏4人参加岗前培训。

【学科建设与研究生教育】 1. 学科建设。完成生物学一级博士点申报工作，并顺利通过江苏省省内评审。与生物学相关的ESI学科进步显著：分子生物学与遗传学达到阈值约90%，动植物学达到阈值约70%，微生物学达到阈值约55%。持续加强涉农领域的建设，完成新增硕导遴选，获批中央支持地方专项，参加江苏省生物学学科联盟会议。学科平台新增家具及设备262个，共66万元。5万元及以上的公用大型仪器（包括待记账）共有25件，价值958万元。大型仪器专人协助管理，14件大型共享仪器上网共享。组织大型仪器培训2次，参加人员50人次以上。制定实验室安全管理的系列制度，疫情防控期间每日向学校汇报学院实验室的运行情况，每周报送实验室工作总结。高度重视实验室安全管理，2020年无实验室重大安全隐患，无事故发生。2. 研究生培养和招生。新招学术型硕士研究生32人，专业硕士10人。现有国内学术型硕士研究生107人。毕业31人，授予学位31人。招收留学生4人，授予学位1人。在校留学生硕士11名。完成2019级开题、2018级中期检查及社会实践相关工作。完成2020年国内和留学生研究生培养方案修订工作。完成2021级硕士研究生招生宣传方案和微信版招生宣传材料。获批2020年江苏省研究生科研与实践创新计划项目2项，获评2020年度江苏大学校级优秀研究生学位论文3篇。研究生发表论文54篇，其中SCI检索论文50篇、核心期刊论文4篇；申请国家发明专利2个，授权专利2个；获批校级科研立项2项。学籍管理规范，研究生教学培养环节检查合格率100%。完成2个企业研究生工作站年报工作、2门研究生精品课程建设的结题检查工作。申报2020年度研究生精品教材1门，“研究生课程思政”1项。与省内2个公司及省产业研究院3个专业所签订合作培养协议。完成2020年度研究生导师培训工作和2020年度生物学新增硕导遴选工作。李玉龙、石超文、汤敏3人获批硕导资格。

【学生工作】 加强研究生学风建设和科学道德宣讲，利用开学、新生入学等时间节点和时间段举办多种活动，营造良好学风。2020届毕业生就业率达100%，学院优秀宿舍率达97.06%。全年举办各类心理健康教育活动4场，建立形成班级、宿舍、课题组多维心理信息员工作机制，定期开展心理委员座谈，畅通心理危机事件信息反馈渠道。做好困难学生帮扶；做好创新创业工作。“彩色油菜花——门源脱贫攻坚路上最亮丽的风景线”项目荣获第九届“赢在江大·互联网+”大赛“青年红色筑梦之旅”赛道金奖、江苏大学2020年度“十佳创新创业之星”提名奖。志愿服务工作突出，疫情防控期间，6名学生参与社区联防联控工作，服务总时长达675小时。学生科研和成长成才成果丰硕，2人获得国家奖学金，1人获评校优秀毕业生，3人获得研究生单项奖，生科硕1801班获评江苏省先进班集体；生科硕1901班获评校五四红旗团支部，研究生党支部被评为样板党支部。

（撰稿：张春霞　核稿：谭小力）

知识产权学院

江苏大学知识产权学院于2020年5月成立，是江苏省第二家独立设置的知识产权学院。知识产权学院以全国具有较大影响的江苏省知识产权研究中心为基础，秉承全国独树一帜的“知识产权产学研用一体化”发展模式，统筹江苏省知识产权研究中心、长三角新结构经济学知识产权研究院2个省级科研平台，以及WIPO技术与创新支持中心（TISC）、国家知识产权（江苏）培训基地、国家专利运营试点——汇智知识产权服务有限公司3个国家级服务平台，面向江苏省及国家战略需求，积极开展理论创新、智库研究、特色人才培养、高水平社会服务及高层次国际交流。学院办学起点高，底蕴深厚。2008年江苏省知识产权局与江苏大学共建成立的江苏省知识产权研究中心，是全国首个设在高校的专门从事知识产权理论与应用研究的省级研究平台；2012年获批国家知识产权（江苏）培训基地；2013年成立了市场化的专利培育与运营中心——江苏汇智知识产权服务有限公司；2014年成立了知识产权学院（挂靠管理学院）；2015年江苏汇智知识产权服务有限公司获评国家专利运营试点单位，江苏省知识管理标准化技术委员会秘书处设在学校；2019年基于江苏大学知识产权工作基础，江苏大学与江苏省知识产权局、南京市人民政府和北京大学新结构经济学研究院四方共建了新结构经济学知识产权研究院；2020年获批WIPO技术与创新支持中心（TISC）。学院知识产权人才培养起步早、类型全、特色鲜明，社会认可度高。在校内人才培养上，2003年在技术经济及管理招收知识产权硕士研究生，现已经在工商管理、管理科学与工程、图书情报与档案管理、法学，以及法律硕士、工商管理硕士、情报硕士等领域招收知识产权方向的硕士生，在管理科学与工程领域招收博士生。2014 年起招收工科背景的知识产权管理辅修专业学生，打造“工科+知识产权”复合型人才培养模式。2020 年，打造微课程体系，创“微专业”特色，招收“知识产权”和“新结构经济学”两个微专业本科生，目前已形成本科、硕士、博士层次齐全、学术性与专业型兼具的校内知识产权人才培养体系。在社会人才培训上，内修知识产权底蕴内涵，外协各方优势教学资源，以研究来支撑培训、深化培训。作为国家培训基地，致力于搭建“五库集成”的培训资源平台，主推线上+线下的课程教学模式，打造了企业知识产权管理规范贯标培训、企业知识产权总监培训、专利价值实务培训、知识产权转化运用人才培养等一系列特色、品牌培训项目；主持国家知识产权人才“十三五”规划重大项目人才强基项目之课程设计、国家知识产权人才“十四五”规划设计、知识产权专业学位教育载体研究等多项人才重大研究项目，编写《知识产权管理规范：培训教程》等系列教材，已为 20 多个省市提供 100 多场培训，培训人数达 1 万余人次。学院已形成一支包含法学、管理学、经济学、工学等多学科融合、专兼职配合、国内外联合的复合型人才队伍。目前拥有专兼职研究人员 100 余人，其中外籍专家 20 余人。专职人员中有全国知识产权领军人才 1 人、江苏省中青年有突出贡献专家 1 人、国家知识产权局专家库专家 2 人、百千万知识产权人才工程百名高层次人才 1 人、全国专利信息实务人才 6 人、江苏省知识产权领军人才 4 人、江苏省骨干人才 9 人，为学院开展高质量的人才培养和研究奠定了基础。学院注重理论前沿与应用实践双轮驱动，学术研究与政策设计同步并举，开辟了企业知识产权管理、新结构经济学与知识产权、产业知识产权发展、知识产权创新与创业 4 个主要特色研究方向，先后承担了国家社会科学基金重点项目、国家自然科学基金项目、国家自然科学基金国际合作项目、科技部重点研发项目子项、科技部软科学项目等国家级项目 9 项，以及教育部哲学社会科学研究项目、教育部博士点基金项目、国家知识产权局重点项目等省部级项目 60 多项，以及企事业单位委托项目 100 余项；出版知识产权相关学术著作 9 部；发表中文学术论文 60 余篇，其中 SSCI 和 SCI 检索论文 20 余篇，研究成果获江苏省哲学社会科学优秀成果一等奖、全国知识产权优秀软科学研究成果一等奖等 10 余项。学院广泛开展知识产权国际交流，通过“请进来”和“走出去”的方式，实施海外访学、学术会议、留学生交换、合作研究等活动，与美国加州大学伯克利分校及洛杉矶分校、美国内华达大学、加拿大渥太华大学、意大利博洛尼亚大学、印度理工学院、日本东京大学、韩国忠南国立大学、欧盟商会、欧洲专利与商标局等高校或机构的专家建立密切合作关系，尤其是重点打造了国际有影响、国内知名的三江知识产权国际论坛。三江知识产权国际论坛自 2013 年创办起已成功举办七届，成为知识产权领域重要的国际交流平台，第一财经、《经济日报》、《中国知识产权报》等各类媒体累计发稿近百篇，《中国知识产权报》多次头版头条予以全面报道。学院把知识产权管理的研究成果践行于实践，致力于提升专利质量、开展高价值专利培养及推动专利的转化运用。作为国家标准《高校知识产权管理规范》起草单位，建立专业管理和服务团队，全面提升学校专利质量。2015 年、2016 年学校发明专利授权量分别位居全国高校的第 6 位和第 8 位，有效发明专利拥有量分别位居全国高校的 13 位和 12 位；2017 年 PCT 国际专利申请位居中国高校第 9 位、全球高校 41 位；2018 年获中国专利金奖 1 项，2019 年获银奖 1 项，共获中国专利优秀奖 9 项。获批了以知识产权为特色的教育部“科技成果转化与技术转移”基地，获批了江苏省高价值专利培育中心，为江苏省教育厅首批“专利确权分割试点”高校。学院致力于社会服务，以政府主导顶天、以市场需求立地，打造知识产权标准化特色服务，建立标准规划、标准制定、验证推广的全方位知识产权标准化工作体系，先后参与制定国家标准、地方标准和行业标准等 10 余项，成为知识管理标准研究领域国内领先、国际有影响的研究基地。学院在江苏省知识产权局的支持下，率先在全国开展高价值专利的系统化研究；在学校设立了智能农机领域的高价值专利培育中心，探索建立以高价值专利为核心的高校产学研新模式。新时代，新起点，新征程。学院将坚定不移地走以提升质量、强化特色为核心的内涵式发展道路，努力发展成为国内一流、在国际上有影响力的知识产权理论与应用研究机构，成为政府联系企业的有效纽带，成为支撑知识产权发展的人才库、信息库、思想库和决策库，为把学校早日建成高水平、有特色、国际化研究型大学贡献学院的力量。

（撰稿：梁迎春　核稿：李　丹）

海外教育学院

2020 年是全面建成小康社会圆梦之年，也是学校“十三五”规划收官之年。海外教育学院聚焦“一带一路”，以服务“双一流”建设为目标开展工作，秉持“合作共赢，快乐成长”理念，完善服务和育人模式，不断提高生源质量、培养质量及就业质量，增强“留学江大”的品牌吸引力。来华留学生疫情防控工作得到充分认可，屡次上报教育部、省外办等上级主管部门。抗疫事迹突出，优秀人物不断涌现。在籍留学生 2 055 人，其中 2020 年注册新生 372 人，中国政府奖学金招生人数和博士比例创历年新高，取得了疫情防控和事业发展双胜利。作为学校归口管理来华留学教育的部门，海外教育学院尽力彰显江苏大学在农机国际化人才培养方面的“不可替代性”：整合优势学科资源申报中国政府奖学金自主招生项目。连续获批中国政府奖学金“丝绸之路项目”及“高校研究生项目”，首次获批“中非友谊”学历生项目。加强来华留学招生市场、生源国和录取标准研究。完善和细化主要生源国的录取标准。受省教育厅委托牵头开展的“一带一路”国别研究稳步推进，已进入收官阶段。校地共建防控体系，高效开展摸排监测。选拔留学生网格员，构建社区—公安—学历留学生校外工作组—辅导员—校外留学生网格员的五级联防体系。该工作多次受到市级媒体报道，得到市政府和省公安厅的表扬。作为农业装备国际产能合作联盟秘书处，与中国农业国际合作促进会“一带一路”农业发展中心联合承办 2020“一带一路”农业现代化国际合作发展论坛。发挥平台资源集聚作用，组织农业装备国际（产能）合作联盟理事会一届二次会议。

【主要成绩】 1. 大力发展高层次学历留学生教育。克服疫情，主动作为。2020 年，组织了 7 期在线教育展，全校所有二级招生单位参与，累计吸引来自近百个国家的近千人次参加，提升了学校的国际影响力。2020年全年招收学历生372人，本、硕、博人数分别为99人、130人、143人。已完成年度目标88%，超额完成研究生招收任务。招生层次显著提升，研究生、本科生招生比达到2.76：1，博士招生规模超过硕士，为历史首次。工科和医学学生比例达到49%，涉农学科占3成。新增芬兰、所罗门群岛、特立尼达和多巴哥、秘鲁4个生源国。生源质量稳中有升，学生录取率降至33%。中国政府奖学金招生人数达到73人。截至2020年，学校招收国家、省政府奖学金生累计达到270名，工科学生占比超过60%。2. 中文预科教育助推生源质量提高。学生规模逐年稳步扩大，生源国结构呈合理化发展，生源质量稳步提升，学校中文授课留学生人数创历史新高。打造了学校中文预科教育品牌，在俄罗斯，江苏大学已成为最受欢迎的预科学校。在全国11所预科中心中，2019、2020年秋季学生规模连续排名第一。截至目前，共有385名预科学生在学校CCN国际预科中心就读，生源绝大部分来自欧洲和东南亚等目标生源地。凝练学校优势特色，通过市场竞争，获得为学校量身定做的定制人才培养项目——“一带一路”国家“政府参与、校企合作订单式人才培养”新模式。3. 停课不停学，教学质量不打折，留学生教育培养质量稳步提升。疫情防控期间，成功组织境内外1 043名本科学生参与228门课程在线教学，共275个教学班；组织223门课程期末考试；完成319名学生的103门补考，教学满意度持续提高。发布《2019—2020年江苏大学来华留学教育质量报告》，完成各专业《大类培养方案》。2020年共有25门课程通过江苏省英文授课精品课程建设验收，名列全省第二。2020年22门课程申报获批留学本科英文授课校级精品课程，22部教材获批来华留学全英文授课课程教材立项资助。已启动2020年度留学生任课教师英文授课教师资格认证申请工作。同时举办全文授课微课比赛，启动来华留学生留学教学质量工程特色项目申报。116位留学本科生毕业，授予学位103人；132位留学研究生毕业，授予学位136名（含补授）。2020年杜凤移老师获得江苏大学“最受学生欢迎的十佳教师”荣誉称号。规范课堂管理助理（TMA）、副监考、预科学校教师3支队伍管理，选拔并合理安排优秀留学研究生参与留学本科生教学管理工作。4. 实时推进宣传引导，有效维稳。疫情防控期间，学院微信发布新闻56（英文22），发布各类通知200余条。学校留学生防疫工作受到各级媒体报道，其中国家级媒报道8篇，省级以上报道25篇，地市级报道18篇。辅导员吴文浩作为党员示范岗，突出示范，亮身份、亮责任。大年初一当天他从家乡返校投入留学生疫情防控一线，“逆行”妥善隔离安置2名由武汉返校的留学生，安抚并协助1名滞留武汉的留学生回国，为留学生的健康安全和后勤保障做出极大努力。疫情防控期间他10余次到车站接留学生返校，先进事迹被光明网和中国青年网以“疫情挡不住温情 江大战‘疫’很暖心”和“江苏大学打响来华留学生防疫保卫战”为题报道，被评为镇江市“我们身边的疫情防控好青年”。“非洲白求恩”莱东瀚将在中国学到的抗疫经验成功应用于贝宁的故事登上了《人民日报》、“学习强国”等。新华网以“贝宁留学生莱东瀚：我是外国人，但不是中国抗疫的‘外人’”为题对其事迹进行了专题新闻报道。学工团队在疫情防控中的突出表现获得了各级部门的认可，获评2020年度镇江市五一巾帼标兵岗。组织留学生社团开展线上活动54次；同时开通3条心理辅导热线，昼夜在线联合处置多名返校留学生心理恐慌问题，未出现严重疾患。5. 弘扬服务精神，共克时艰。物资保障志愿者以楼栋为单位，统计留学生物资需求。疫情防控期间共购买分发面包3 183份、15 L桶装水3 354桶、牛奶1 516盒。协调国际合作平台资源，服务全球防疫与复工复产，为学校相关部门防疫筹集近3 000只口罩，以及消毒液、手套、护目镜等防疫物资近百件；积极带领产学联盟志愿者为企业复工复产在全球募集口罩50余万只；组织附属医院江苏援鄂医疗队队员在中国国际电视总台CGTN为坦赞两国防疫做在线指导；组织雷沃重工与学校一起在CGTN平台为非洲四国复工复产做在线指导，赞比亚、俄罗斯、澳大利亚、国内等联盟单位抗疫行动登上新闻联播等国家媒体，为“共建人类命运共同体”做出贡献。6. 知华友华国际人才涌现。坦桑尼亚籍留学生FATHIYA MOHAMED SAID在第三届“丝路青年梦想汇”演讲比赛中获得二等奖；津巴布韦籍留学生杨靖和乌干达籍留学生天使分别获得“中国—东盟大学生旅游形象大使选拔赛”一等奖、三等奖；杨靖还获得学校2020年第十六届“十佳青年学生”的荣誉称号。留学生导学服务体系和信用体系日益成熟完善，留学生艺术团成功运行，成为中外学生交流活动的新渠道。7. 加强产业认知实践，产教融合融入教学研究。校企协同育人不断深化，国际化人才培养质量持续提升。与企业签订校企实习协议，新增企业实习基地20家。企业参观、实践教学、教学见习工作稳步推进。结合企业业务和发展方向，以及留学生的专业、兴趣，全年在周末和假期共安排企业参观实训15次，参与学生超300人次。组织海外市场调研大赛2次。为中外学生募集国际产学合作奖助学金200万元江苏大学—镇江龙顺“一带一路”产教融合基金。由校长牵头组织申报教育部中外人文交流中心项目，学校获批“国际组织人才培养创新实践项目”首批基地建设高校。完成“一带一路”国际人才学院、“一带一路”产学融合研究院、国际组织人才学院网站校内备案，正式建站。开展留学生职业能力、创新能力专项培训，全年举办校内招聘会4次，与校企合作国际人才网联合举办江苏大学“一带一路”国际人才培养产学联盟冬季招聘会。全年共计22家企业参与海外市场招聘与实习招募。优秀毕业生成功就业创业参与建华事例涌现，多名毕业生成功在中国实现就业创业梦。截至2020年8月，来自“一带一路”113个共建国家的留学生共4 783人，涉农学科的学生占50%。优秀毕业生大多任职于“一带一路”共建国家农业、环保部门及大学、科研机构、跨国公司等的关键岗位。累计与中国一拖、雷沃重工、沃得农机等50家知名企业共建国际人才实践基地，与纳米比亚、赞比亚大学等21所海外高校合作，共建设“一带一路”大学师培博士计划；与一拖集团、镇江龙顺金属股份有限公司等合作订单式培养涉农技术人才。与赞比亚大学签署共建中赞现代农业联合研究中心的协议。

（撰稿：陈　敏　核稿：高　静）

继续教育学院

【学院概况】 继续教育学院有正式职工15人，聘用人员11人。下设6个部门：学院办公室、继续教育管理办公室、质量管理办公室、教育技术办公室、培训发展办公室、学历教育办公室。成人高等学历继续教育专业设置齐全，涵盖工学、理学、医学、管理学、经济学、法学、文学、艺术学等学科门类，具有业余、函授形式的本科办学层次，在省内共设有20个函授站、教学点。2020年，录取新生4 883人，学历继续教育收入2 682.5万元；全校非学历教育收入总额1 991.56万元，培训17 351人次；举办线下培训35期，线上培训班15期，培训4 197人次，培训收入456.4万元。

【党建与思想政治教育工作】 继续教育学院直属党支部不断加强政治建设、思想建设、组织建设、作风建设和纪律建设，较好地完成了全年工作任务。1. 政治建设方面。继续教育学院直属党支部通过深入学习习近平新时代中国特色社会主义思想和党的十九届五中全会精神，不断增强“四个意识”，坚定“四个自信”，做到“两个维护”。学院党政班子围绕立德树人根本任务，坚决贯彻落实中央、省委、校党委的重大决策部署，坚持学院党政共同负责制，认真落实好二级党组织会议和党政联席会议的议事规则。直属党支部认真落实“未巡先改”精神要求，制定“未巡先改”问题清单、任务清单、责任清单，在学院内部层层签订党风廉政建设责任书。高度重视疫情防控和校园安全稳定工作。严格落实疫情防控要求，认真执行教职工外出请假、健康打卡等制度。做好日常安全工作，认真落实安全责任制。2. 思想建设方面。坚持加强政治理论学习，把落实意识形态工作列入年度工作计划，认真加以落实。加强宣传思想阵地管理，严禁在校园开展任何宗教活动，高度重视统战工作。坚持中心组理论学习和教职工政治理论学习，全年中心组理论学习6次，教职工政治理论学习7次。组织开展“学习强国”学习平台使用，“学习强国”注册率100%。为全体教职工开设“立德树人，重在立德”党课，强化师德师风建设。认真做好网站建设工作，强化安全防范，落实网站建设管理主体责任和主管责任。3. 组织建设方面。不断加强班子建设，强化责任担当，落实全面从严治党工作。落实党政联席会、直属党支部支委会、院务会议事规则，坚持决策民主化、科学化原则。按要求履责记实平台记录89条，开展谈心谈话53人次。中层干部按时完成在线学习，及时提交学习心得、调研报告。根据《关于领导干部个人有关事项报告的规定》，及时、如实报告个人有关事项。加强党员日常教育管理，全年召开党员大会9次，经常性组织政治理论学习。获党建创优创新项目研究二等奖、最佳党日活动三等奖，党建工作典型案例三等奖、中层干部优秀调研成果二等奖、“我与三全育人”主题征文三等奖、统战优秀论文鼓励奖等。继续教育管理办公室主任张东萍、培训管理办公室主任魏静获批校级党员示范岗。4. 作风建设方面。认真落实中央八项规定精神，不断加强纪律教育，持之以恒反“四风”。深入开展形式主义官僚主义集中整治，开展作风建设专题学习2次。编制“作风建设自查自纠情况表”，认真对照查摆。领导班子成员经常开展调研、督查，全年有记录的23次，督导推进条线工作。密切联系师生，听取师生意见，领导班子成员开展谈心谈话53次。5. 纪律建设方面。认真落实党风廉政责任制。党组织切实履行主体责任，直属党支部书记认真履行“第一责任人”责任，班子成员认真落实“一岗双责”责任。经常开展廉洁教育和警示教育，坚持抓早抓小、防微杜渐，强化“有权必有责、有责要担当、失责必追究”。切实加强党内监督，主动查摆苗头性问题，规范运用“第一种形态”。一年来，学院未发生违纪事件。

【继续教育管理工作】 按照“加强管理，完善机制，把守底线，防范风险”的思路，不断完善归口管理体系和优化“管办评”分离机制，进一步加强制度约束和监督检查，建立健全办学风险防范长效机制。精心谋划，科学制定学院“十四五”事业发展规划。组织开展了“十三五”工作总结和“十四五”规划编制工作，形成江苏大学继续教育学院“十三五”规划总结自评估报告和江苏大学继续教育学院“十四五”发展规划。履行归口管理职能。加强培训目标考核与绩效管理，制定了《江苏大学非学历教育培训管理办法（试行）》。严格各类合同、协议审核和各类证书审核管理，完成学历继续教育 23 个教学点的协议签订工作和非学历教育培训 57 份协议审核工作。完成《江苏大学 2019 年度继续教育发展报告》（含特色案例）的编写上报工作。加强教学点布局优化和管理。撤销了山西省函授站，对拟申请设立学历教育教学点的 2 个单位进行了实地考察。依据省教育厅年审文件精神，对学历教育校外教学点开展自查工作，完成省内站点年审材料的上报。强化对学历教育教学点生源组织、收费和教学等环节的监管和检查。3 个教学点荣获“2020 年度中国高校继续教育优秀函授站”称号。加强招生学籍和学费管理。完成改革试点项目的招生、考试、录取工作，与 27 家单位签订了校企合作办学协议，录取 867 人，2020 年共录取新生 4 883 人。按时完成在籍学生网上缴费工作，管理规范，一人一票，实现电子发票推送，全年学历教育学费总收入 2 682.5 万元。坚持规范办学、依法办学。加强内控机制建设，修订了党政联席会议等议事规则，制定了《继续教育学院社会培训工作考核与激励办法》《江苏大学高等学历继续教育课程成绩评定办法（试行）》《江苏大学继续教育学院印章管理办法》《江苏大学高等学历继续教育班主任工作职责》《江苏大学继续教育学院安全管理规定》等制度。

【学历继续教育工作】 按照“把牢底线，突出重点，打造亮点，提升内涵”的思路，进一步加强规范管理，深化教育教学改革，促进内涵建设和提高人才培养质量。精心组织在线教学。利用直播平台、江大继教云课堂、“V2 教室”等，积极拓展新型面授方式，落实了全部教学点的在线教学任务。全年组织在线教学 246 门课、在线考试 178 场，2020 年夏季毕业生毕业设计（论文）开题和答辩均在线进行。学院获评 2020 中国互联网教育“停课不停学”突出贡献院校奖。《践行教育者的责任和担当——疫情下的江苏大学继续教育》一文参加中国高等教育学会继续教育分会抗疫征稿，被《继续教育简报》收录。推进“混合式”教学改革向纵深发展。授课方式由“在线资源学习+传统线下面授”变为“在线资源学习+线上互动教学+传统线下面授”，考核评价方式由“在线资源学习成绩+考试成绩”变为“在线资源学习成绩+学习过程考核成绩+考试成绩”，实现了互动教学、精准管理和有效评价。校外教学点 5 327 位学生参与在线满意度问卷调查，满意度达 99.4%。加强专业和课程建设。完成《2020 级教学计划汇编》和 2 个新申报专业的教学计划编制工作。新建“临床微生物学检验技术”“机械制造工程学”“马克思主义基本原理概论”“中国近现代史纲要”等 4 门在线开放课程，《PEST-3 融媒体高分教程》融媒体教材已签订出版合同。加强教研教改。3 个案例入选“2020 中国高校远程与继续教育优秀案例库”，

3篇论文分别获得江苏省高教学会高校成人教育研究会2020年高校继续教育优秀论文评选一、二、三等奖。加强毕业生和学位工作。完成2020届6 089名毕业生审核和626名毕业生学位申报工作，学士学位授予率为10.57%，114名学生被评为江苏大学高等学历继续教育2020届优秀毕业生。强化“三全育人”工作。把“三全育人”考核指标纳入教学点工作评估考核指标体系，制定了班主任工作职责，并纳入信息化平台管理。举办了“课程思政”培训班，校本部和校外教学点1 819名任课教师和教学管理人员参加了培训班学习。组织开展了1次以“敬业、精业、乐业”为主题的“教授大讲堂”。

【非学历教育培训工作】 按照“聚焦国家发展战略，彰显学校办学特色，对内搞活对外合作，加快推进转型发展”思路，坚持“聚焦三农、服务乡村振兴战略”主线，加强“国字头”和“农字头”建设，积极服务“三农”，培育“江大”品牌，不断完善培训体制机制，创新思路拓展培训市场，实现了培训“质”和“量”双提升。高质量完成国培和省培项目。和机械工业仪器仪表综合技术经济研究所共同承办了国家级培训项目“装备制造业数字化转型及创新实践”高级研修班。获批并举办“教师课程思政能力提升培训”“军事理论教师培训”“高校足球师资培训”“高校师范专业书法骨干教师专业能力提升培训”4个省本科院校教师培训项目，“机械制造与自动化——先进制造技术前沿及应用实践”“环境艺术设计教学组织与核心课程实操”2个省高职师资培训项目。获评省高职师资优秀培训项目1项、优秀管理者1名。积极开拓培训市场。在规范办学的前提下，积极探索与社会培训机构的项目化合作，加强社会培训校外教学点建设。新建5个社会培训教学点，成立了学院社会培训中心，确定了内部机构设置和运行机制，制定了《继续教育学院社会培训工作考核与激励办法》，强化社会培训目标考核与绩效管理。打造特色培训品牌。突出“聚焦三农、服务乡村振兴战略”主线和“国字头”主题，彰显学校“工中有农、以工支农”办学特色，围绕一条主线，建设六大基地，开拓形成8个专题，在现代农业、农业智能装备、流体机械及工程、乡镇基层干部、基层财税及统计、乡村基础教育、乡村医生等领域形成了特色鲜明的培训品牌项目。《打造“三农”培训品牌，服务“脱贫攻坚”战略》荣获2019中国高校继续教育优秀成果及特色案例奖，学院荣获优秀组织奖。推进线上线下“混合式”培训新模式和学历教育与非学历培训学分互认。上线非学历教育培训平台，并同步开通移动端应用，实现了线上线下“混合式”培训新模式，提升了非学历教育管理信息化水平。上线非学历培训课程186门，组织线上培训班15个，培训2 905人。设立校企合作自主招生考生入学前的线上9个专业培训班，共1 163名学员，积极探索学历教育与非学历教育培训的衔接和学分互认转换。

【教育技术工作】 按照“优化平台、完善资源、创新模式、融合发展”的思路，进一步加强平台建设和课程资源建设，为学历教育和非学历教育培训提供有力的技术支持。更新和完善学历教育教学平台功能。梳理各模块业务需求，推进在线考试和评阅、学起plus等功能的应用和维护，学费票据实现电子化。按“管用分离”原则，明确平台各级管理员、班主任、教师的权限和责任，确保信息数据真实、可靠、安全。上线非学历教育管理平台收费模块，建成学生缴费、注册、选课等一体化的财务信息管理系统，学历和非学历教育培训的系统化和信息化管理水平得到进一步提升。加强继续教育信息化平台知识产权保护，获授权5项外观设计专利。新上线“江大继教云课堂”平台。课程资源建设取得新进展。新匹配共享38门学历课程资源、17门“爱课程”、186门培训课程资源，支持了在线教学和培训。目前学历教育在线课程总计418门次，总体覆盖率达87.82%，10个校级重点专业在线课程资源覆盖率达到93.27%。第三方使用学校课程资源27万人次，收入108万元，已成功形成“造血”机制。

体育部

【体育部概况】 体育部现有教职工66名，其中教授2人，副教授42人，硕士生导师2人，具有博士学位的2人，国际级裁判1人，国家级裁判11人。体育部承担大学一、二年级本科生和研究生体育教学工作，承担全校群众体育活动、全校本科生的体质健康测试、校各个运动队训练与竞赛、体育场馆管理等组织和管理工作。体育部下设党政办公室、教学管理中心、群体竞赛管理中心、体质健康研究中心、场馆管理中心5个内部管理机构。

【党建工作】 1. 政治建设。坚持用习近平新时代中国特色社会主义思想武装教职工，深入开展政治理论学习，坚定理想信念。认真开好组织生活会与民主生活会，认真执行“三会一课”制度，党内政治生活不断规范。落实好“意识形态工作责任制”，严守课堂教学意识形态安全底线。定期分析研判本单位意识形态领域情况，对重大事件、重要情况和师生中的倾向性苗头性问题，有针对性地进行引导，维护本单位意识形态安全。认真做好统战、妇联、工会等工作，实施领导班子联系民主党派人士制度，支持民主党派人士相对独立地开展活动，充分尊重女职工权益，建设好体育部职工之家。严格落实党总支、党政联席会议事规则及“三重一大”决策制度。狠抓党风廉政建设，践行好党总支履行主体责任、党总支书记履行党建“第一责任人”责任、领导班子成员履行“一岗双责”责任，以及纪检委员履行协助、监督、警示、导向责任，着力建设廉洁高效型部门。2. 巡察整改。2020年6月9日至30日，学校党委对体育部党总支领导班子及成员进行了巡察。针对巡察整改反馈的系列问题，制定清单、落实责任、倒排日期，按照巡察意见进行整改。为积极推动部门信息化建设，开发推出了体育馆场地网上预约系统，满足师生运动便捷化需求。向学校申请经费在体育馆安装视频监控系统，保障师生运动安全。体育馆主馆使用年久，顶部舞台吊灯锈蚀严重存在坠落的安全隐患，及时请示学校，暑假期间经学校同意拆除了舞台吊灯，确保了场馆使用安全。

【教学工作】 体育教学工作面广、量大，60余名教师承担全校（含京江学院）大一、大二600多个本科班级，18 000多名学生的教学任务，并承担研究生体育俱乐部教学工作。面对疫情影响，体育部努力推动线上线下混合式教学。上半年，每位教师按照教学班级组建QQ教学群，通过群发布教学内容，指导学生练习，布置、批改作业。为了丰富学生疫情防控期间的学习与生活，体育部网站精心推出了篮球、足球、排球、跳绳等15项视频教学课程，体育部微信公众号陆续推出了适合居家运动的各种身体练习，以及24式简化太极拳等项目。体育部领导加入各教学群随堂听课，保障教学质量。实施主任值班制度，轮流安排中心主任值班检查早操、教学、课外训练、场馆开放等情况。为丰富研究生的生活，体育部为研究生开设乒乓球、羽毛球等俱乐部课。始终将安全教育摆在突出位置，在全年体育教学、训练工作中，没有发生教学意外或安全事故。积极推进教学改革和课程建设，《大学体育教程》获批省重点教材、校重点教材立项建设；全年教师获省微课竞赛二等奖 1 项，校微课特等奖 1 项、二等奖 1 项，校教学竞赛二等奖 1 项；获批校一流课程培育项目 1 项，课程育人教学设计优秀案例 2 个。

【科研工作】 积极鼓励教师开展科研工作，多次组织开展科研沙龙和青年教师科研辅导，鼓励广大教师提炼、总结教学训练中好的经验做法，转化为科研成果，推动理论与实践创新。全年获批江苏省哲学社会科学基金 1 项、镇江市体育局科研项目 3 项，获批校思政类课题 2 项、校高等教育规划发展课题 1 项，获批科研经费 3 万元。教师发表 SCI 检索论文 1 篇，发表 EI 检索论文 2 篇，出版学术专著 1 部。

【体质测试与体质提升工作】 认真组织本科生体质健康测试、补测工作。根据疫情下学生无法返校的特殊情况，体育部重新调整了体质测试方案，优化了测试项目和方式。首次采取了线上测试，测试过程中由学生家长负责监督，保障测试安全、成绩真实有效。学生返校后，利用周末，对大三 213 个班级 6 284 名学生、大四 187 个班级 5 209 名学生进行了体质测试，配合教育厅对江苏籍 13 个省辖市 2020 级 436 名学生进行了体质抽测。首次实施毕业生体质健康标准等级制度，向体质健康成绩 60 分以上的 5 000 多名毕业生颁发了体质健康证书。为提升大学生体质健康测试信息化水平，积极向学校申请实验室专项经费，购置了体质测试手持终端智能数据采集器和数据管理系统。体育部针对大一新生继续实施课外阳光长跑活动，学生在课外自主安排时间进行跑步锻炼，跑步情况核算学期体育课成绩 20 分。

【群体竞赛工作】 上学期，因受疫情影响，未开展大型校内群体活动。师生返校后，体育部着手制订了群体活动计划。校运动会开幕式暨田径赛，大学生排球、乒乓球、羽毛球、定向越野、“新生杯”篮球、教职工篮球等赛事圆满举办，每项赛事都吸引了很多师生参与，极大地丰富了校园体育文化，营造了良好的运动氛围。2020 年 11 月份，省内外陆续恢复了体育赛事，学校参赛运动队均获得优异成绩。校田径队在省高校 100 公里接力赛中夺冠，校男足蝉联江苏省“省长杯”大学生足球联赛冠军，健美操、街舞多个子项目在省八届全民健身运动会上夺冠，校男篮获得全省篮球联赛亚军，女足在江苏省“省长杯”大学生足球联赛中获得亚军，在江苏省高校体育教师气排球赛中获得亚军。《江苏大学校园体育竞赛文化建设》获校 2020 年“一院一品”校园文化建设精品项目二等奖。学校沙滩排球项目继足球、排球项目后，获得招收高水平运动员资格，省教育厅、体育局授予学校“2017—2019 年度江苏省体育特色学校”荣誉。

【场馆建设与管理】 新冠肺炎疫情暴发后，根据学校疫情防控要求，体育部对体育馆及室外体育场实施封闭管理，及时做好场馆消毒、保洁、通风工作。省内疫情响应等级降低、部分学生返校后，及时开放了室外运动场地，满足了师生运动健身的需求。为满足暑假留校的 5 000 多名学生与校内教师运动需求，体育部制订了暑假期间室内体育馆开放方案，在消除疫情扩散隐患、保障师生身体健康的前提下，开放羽毛球、乒乓球场地。暑假期间，本着“安全责任重于泰山”的理念，体育部对全校体育设施进行了排查，对游泳池泵房电路进行了改造，对校园内篮球架与单双杠进行加固，对室外器材刷漆防锈，对体育馆主馆舞台吊灯进行了拆除，坚决消除各种安全隐患。开学后，制订了常态化疫情防控下体育馆开放方案，以满足师生健身需求，坚持为离退休老同志免费开放体育馆乒乓球厅和多功能厅等运动场所。统筹安排时间与场地为学生健美操、街舞、篮球，以及高水平运动员训练提供充分保障。向学校提交了2021年场馆场地维修计划，向学校申请经费对西山、京江的水泥篮球场、排球场进行塑胶化改造，并对体育馆屋顶漏雨进行维修。风雨操场建设已纳入体育部“十四五”规划。教学训练之余，体育馆积极配合学校举办毕业典礼、人才招聘会等活动，充分利用场馆为师生举办相关体育活动。

（撰稿：傅升日　核稿：王武年）

京江学院

【学院概况】　京江学院（招生代码1845）是1999年成立的公有民办二级学院，2005年经教育部批准为由江苏大学和江苏大学教育发展基金会共同举办的独立学院。学院设置40个专业（方向），涵盖理、工、文、经、管、医、艺等七大学科门类，在校生近1.2万人，全部为四年制本科层次。学院建有3.5万平方米的图文信息中心和4.8万平方米的各类实验室，具有远程视讯、全自动录播、投屏互动等功能的先进多媒体教室124间、11 658座。

【党建与思想政治教育工作】　2020年顺利完成院党委换届选举和纪委组建选举工作。健全党委、党总支、党支部三级组织构架，开展支部、总支、党委组建换届工作。成立机关直属党支部，并探索构建二级学院“教管学”联合党支部。获2020年江苏大学党建工作创新创优一等奖，获校“最佳党日活动方案”三等奖2项，获校优秀党建论文三等奖5篇、鼓励奖1篇，2人获江苏大学党建研究专项课题资助。积极申报2020年度基层党建“书记项目”，2个部门荣获“校级党员示范岗”称号。2020年，学院共290人参加了发展对象培训班，发展党员212人。组织各二级学院（部）开展“宪法宣传周”系列活动。向全院师生发出“节约粮食”的倡议，开展“魔方助力光盘行动”“半份菜、小份饭”等特色活动。开展大四护理实习生“VLOG云家书”活动，并借此开展信仰公开课教育。组织学生积极参与“学习强国”大学生爱国征文投稿。以上活动被多家市级以上媒体报道，其中“节约粮食”“VLOG云家书”“退役女兵”等素材4次选登“学习强国”。外宣发稿省级以上9篇，地市级1篇，深度报道2篇。开展廉政风险防控排查，完成2019年度12个廉政风险点的整改工作，制订“2020年度重点风险防控时间表”，梳理排查廉政风险点15个。召开学院2020年度警示教育大会，邀请校纪委书记、派驻监察专员高庆国同志进行专题警示教育。组织176名教师党员积极参与党章党规党纪知识测试。组织师生参加作风建设网上考评。邀请法学院民商法教授作《民法典》专题学习辅导讲座。组织师生参加“开学第一课”、“全国思政大课”“袁书记云端信仰公开课”、庆祝中国共产党成立99周年、“五个一”等学习活动。组织师生集中收看“两会”实况、“纪念中国人民志愿军抗美援朝出国作战70周年大会”直播，并开展相关主题交流会。《新时期江苏大学京江学院党支部建设困境及提升路径探析——以江苏省独立学院群体为参照》荣获2020年江苏大学中层干部优秀调研成果三等奖。网站首页更新稿件300篇，大幅宣传照片更新20张。2020年“一院一品”校园文化建设精品项目获校三等奖。积极组织教职员工参加江苏大学乒乓球赛、羽毛球赛等赛事。组织教职员工参加学院广播操比赛、第三届体育运动会、第二届教职员工趣味运动会、第一届教职员工“唱响和谐”卡拉OK大赛。

【教学工作】 成功获批“汽车服务工程”新专业。相继出台《江苏大学京江学院推进一流课程建设的实施意见》《江苏大学京江学院一流本科专业项目建设的实施意见》，评选出一流专业建设项目6项，培育项目2项；一流课程建设项目9项，培育项目17项。《能源经济理论与方法》被确定为省级重点教材立项建设，“能源经济”专业教师在全国能源经济教学联盟中主导编写能源价格学专业教材。1名教师当选江苏省高等教育学会护理教育研究会理事会委员。学院护理教师团队参评的护理学导论教学案例荣获三等奖。物理、化学、机械、电气、计算机、力学、土木、基础医学、经管9个实验室投入使用。2020届软件工程（嵌入式培养）专业毕业率为100%，就业率为90.91%。2020年首次招收软件工程（嵌入式培养）、通信工程（嵌入式培养）专转本学生。招收3+4专业2个，录取60人；3+2专业1个，录取18人；专升本专业11个，录取834人。1. 专业竞赛方面。(1) 国家级赛事。在第十三届“高教杯”全国大学生先进成图技术与产品信息建模创新大赛中，学院获团体一等奖1项、团体三等奖1项（学院第一次独立取得国家级A级赛事一等奖）；在第六届大学生智能农业装备国际创新大赛中，学院获一等奖1项（在全国B类作品中列本科组第5名、独立学院组第1名）、二等奖2项；在2020中国大学生广告艺术节学院奖比赛中，学院获银奖1项、铜奖1项。(2) 省级赛事。在江苏省大学生机器人大赛中，学院获三等奖3项，创下最好成绩；在“卓越质量人”全省大学生质量创新大赛中，学院获一等奖1项；在2020年TI杯江苏省大学生电子设计竞赛中，学院获二等奖3项；在全国大学生电子设计大赛省赛中，学院获二等奖1项；在江苏省大学生财务决策比赛中，学院获三等奖1项；94名学生入围“正大杯”全国大学生市场调查复赛。2. 学科竞赛方面。（1）国家级赛事。5名学生在2020“外研社·国才杯”全国英语演讲、写作、阅读比赛省赛中获奖。(2) 省级赛事。116名学生在江苏省普通高等学校第十七届高等数学竞赛中获奖；17名学生在第十二届全国大学生数学竞赛（江苏赛区）中获奖。环境设计、视觉传达设计、化学工程与工艺通过省独立学院专业综合评估。教学质量总结《稳步战“疫”，潜心育人，有导有督，确保质量》被省教育厅2018/2019学年江苏普通高校本科教学质量报告部分采用。2 375位毕业生通过学位授予审议，2020届本科生毕业率99.36%，学位授予率97.29%，创历史新高；截至12月31日，毕业生就业率为84.62%。

【师资队伍建设】 通过人事招聘、校内转聘、退休返聘等方式师资补充59人。新增具有高级职称人员2人。2人获批江苏高校“青蓝工程”优秀青年骨干教师培养对象。通过校内转聘，吸引1名具有高级职称骨干教师来院工作。新增“双师型”教师2人。启动优秀青年教师资助计划，设立学院发展研究课题。举办讲课比赛、微课比赛，推动教师培训常态化，实行“青年教师导师制”，为新进教师配备“授课导师”。注重导师制过程的培养和跟踪，认真做好中期检查与指导。放宽在职进修条件，为青年教师进修深造创造条件。聚焦“1+X”证书制度。全年组织63人次参加短期培训和到企业实习学习。组织辅导员参加全国高校辅导员网络培训示范班，参训辅导员撰写学习心得50余篇；组织3次主题研讨。组织7人参加全国高校辅导员网络培训班。在江苏大学辅导员工作案例评审中，获评三等奖2项。1人获评2019年江苏省辅导员年度人物入围奖（2020年评出）。在第八届江苏省辅导员素质能力大赛复赛中，获得三等奖1项。在江苏大学辅导员能力大赛中，获得二等奖1项、三等奖2项。

【学生工作】 开设“京江讲坛”，开展“汗水与雨滴尽管落下，少年啊从不畏惧长大”征文、“读万卷书，行万里路”线上读书会、“宪兴邦，法启民”国家宪法日知识竞赛、“寻最美‘逆行者’”等活动，活动被国家、省、市媒体报道。“京江青年”官微发布微信推文223篇，抖音公众号获点赞近万；官方QQ发布说说282条，团委官方微博推送462次。首次入围“博爱青春”省级项目，获得“镇江市三下乡优秀团队”“江苏大学三下乡优秀团队”等团体荣誉，曹一波获评“全国大学生自强之星”，薛影获评“全国三下乡优秀工作者”和“镇江市三下乡优秀指导教师”，娄秉文获得“江苏省优秀共青团员”和“镇江市十大好青年——勤学奋进奖”等称号和荣誉。2020届毕业生英语四级通过率为84.69%；1 139人报名考研，报考率为45.27%，480人过国家线，达线率为42.14%。国内高校录取216人，最高419分，1名学生考取浙江大学软件工程专业研究生，车辆专业一个宿舍4名学生均考上研究生，8名学生考取“双一流”建设高校研究生。扎实做好“3·20”“5·25”“9·20”“12·5”4个常规主题特色活动，构建了心理信息员—心理委员—辅导员—二级学院（部）党总支书记—学生工作部五级网络，确保及时掌握学生心理动态。举办“信仰公开课——战‘疫’云讲演”、云健身、线上观影、主题短视频征集、“疫情下的中国”征文比赛、课外经典读物分享会等抗击疫情系列活动。修订学生留学交流经费资助管理办法。构建线上+线下“学院—辅导员—家长—学生”四级国际化网络联动体系。83人赴海外短期游学。实施外语培训计划，帮助有游学、留学意向的学生提前打通“语言关”。日语班顺利开班授课。拓展日本京都情报大学院大学IT领域短期学习项目、美国加州大学河滨分校冬令营项目等线上学习项目，持续拓宽海外研修渠道。38人赴海外留学深造，其中7人赴QS排名前200名高校留学，留学学生数量和层次均创历史新高。发放国家奖学金、励志奖学金、学校奖学金、国家助学金872.015万元。2人手持圆梦助学券入学。15人享受残疾减免政策。1 563名学生成功申请到生源地助学贷款，共计1 245.29万元。45人申请服义务兵役学费补偿、退役复学学费资助，金额共计106.4万元。发放社会奖助学金44万元。深化励志责任诚信主题教育，2020届毕业生欠费仅26 972.14元。

【招生与就业工作】 招生方面。2020年，学院合计招生3 572人，其中普高录取2 660人，专升本834人，3+4转段升学60人，“3+2”高专联合培养18人。在江苏普招录取率为100%，其中，理科最低投档分数线高出省控线12分，文科最低投档分数线高出省控线25分，艺术批次最低投档分数线高出省控线60分，投档分及全省位次排名较2019年相比略有提升，另在17个外省（直辖市）完成招生工作。就业方面。举办“江苏大学京江学院2020届毕业生春季网络招聘会”，126 家单位参会，提供岗位 6 441 个，关注达 22 000 余人次；与智联招聘联合举办“江苏大学京江学院 2020 届毕业生春季空中双选会”，298 家企业入驻，提供岗位 9 600 余个；组织学生参加“镇江市四校联动网络专场招聘会”。下半年，建立招聘会常态化机制，承办 8 场招聘会，吸引招聘单位 157 家，4 116 人次参加招聘会；参加江苏大学招聘会 10 场，1 296 人次参加招聘会；就业网站审核意向前往学院招聘单位共 1 211 家，共发布就业信息 274 余条。

（供稿：王　蒙　核稿：尹志国）

农业装备学部

2020 年，农业装备学部（以下简称学部）紧紧围绕学校“双一流”创建目标，深入落实习近平总书记重要批示精神，按照“095”工程中农业装备学部承担的“集聚创新资源，研发我国农业机械卡脖子关键共性技术以及面向未来的智能农机装备”“获批现代农业装备与技术省部共建协同创新中心”“全国大学生智能农业装备创新大赛办成国际赛事”三个关键任务，积极开展工作，进一步整合校内外农业装备优质创新资源，在攻克农机行业关键技术、培养农机高端人才、推动学科发展等方面不断探索、谋求发展。

【科学研究】 1. 融入国家战略，突出学校特色，制定项目指南。学部进行 2 轮校内指南征集，召开相关单位负责人研讨会 2 次，同时结合重点研发计划内部稿、国家农机战略联盟提出的卡脖子技术，以及学校的特点，按照大需求、大目标、高引领的原则，制定指南，开展智慧农场系统、高性能电动无人驾驶轮式拖拉机、农田残膜回收机、高速犁体材料与制造工艺、大马力拖拉机电控液压提升技术及系统、先进农业传感器件与检测装置研发的研究。项目指南面向学校和农业工程大学国际联盟的国内外高校发布。2. 严把项目立项，确保评审科学严肃，提高项目质量。农业装备学部立项项目包括两类：一类项目主要是突破卡脖子技术和面向未来的智能农业装备关键技术项目，面向农业工程大学国际联盟的国外高校，进行国际联合攻关，形成重大标志性成果；二类项目是面向全校青年教师设立预研基金项目，进行先进农业传感器件与检测装置研发，引导其开展原创性、引领性、集成性智能农业装备关键技术和器件协同攻关，形成样机。吸引非农业工程学科的青年才俊加入，做大农业工程学科研究增量。一类项目申报 13 项，二类项目申报 43 项。项目评审流程分为初评、通讯评审、会评，最终立项资助 4 个一类项目、15 个二类项目，资助金额达到 1 509. 6 万元。学部 2020 年项目联合了农业工程大学国际联盟高校，开展国际联合攻关，攻克农业装备卡脖子技术。来自圭尔夫大学的杨先一教授、拉夫堡大学的陈文华教授，作为团队骨干成员分别联合攻关智慧农场系统关键技术、全动力解耦分布式驱动无人电动拖拉机关键技术。项目资助了电气学院、化工学院、食品学院、环安学院、物理与电子工程等学院教师，开展智能农业装备关键技术和器件协同攻关，在校内形成学科生态体系。3. 明确项目任务，严肃任务书签订，确保项目顺利实施。对于立项项目，逐一检查其研究内容是否按照评审意见进行了修改和完善，要求其明确核心技术指标，并每半年安排进度，明确中期目标，中期目标需具有可考核性，确保立项项目成效。举办项目启动会，从学部项目设置的意义、准确把握项目内涵、加速形成标志性成果三方面提出了要求。参加各团队立项项目推进会并进行指导。健全与项目团队的沟通联络机制，及时协助处理各项目进展中的难题。4. 强化工作任务，加大工作力度，加快推进项目进展。学部所有项目实行“季报告”制度，从强化责任落实、加快标志性成果产出、做好成果转化与推广三方面加强项目进展督查，针对各项目团队当季度的工作进展和项目任务的进展情况，有针对性地给予督促、建议和指导。组织专家对各团队进行现场检查，推进装备成果落地。组织专家对 2018 年、2019 年项目中期检查，在学部对照各团队任务合同中规定的内容进行初审的基础上，组织专家依据各团队的任务完成情况、现场答辩情况给出考核等级和书面评估意见，所有项目通过中期检查。校外专家肯定了学校通过特区政策调动教师积极性、聚焦行业发展、凝练特色的做法，指出项目经费使用投入产出比高，标志性成果有明确的载体，研发的装备未来可成为行业的重大标志性产品。基于学部项目，2020 年获批国家杰出青年资助项目 1 项、国家重点研发计划项目 1 项，在江苏润果农业发展有限公司建设 300 亩无人农场试验示范基地，4 项成果达到国际领先水平，突破关键技术 12 项，轻型水田自走式喷杆喷雾机、高速移栽机等 5 个装备完成第二轮样机试制。

【人才培养】 1. 打造大赛品牌，搭建农机教育交流合作平台。经过周密安排，克服疫情影响，第六届大学生智能农业装备国际创新大赛决赛在山东理工大学成功举办。本届大赛由国际农业和生物系统工程委员会、中国农业机械学会、中国农业工程学会、江苏省现代农业装备与技术协同创新中心、农业工程大学国际联盟共同主办，山东理工大学承办，大赛升级为国际赛事。来自江苏大学、中国农业大学、吉林大学等 48 所高校的学生、指导教师、评委 1 000 余人参加了大赛，经过五大分区赛，共有 305 件优秀作品参加决赛。大赛涌现出一批科技含量高、市场潜力大、社会效益好、具有明显投资价值的好作品。大赛共评选出特等奖 23 项、一等奖 50 项、二等奖 101 项，江苏大学学生以总分第一的成绩捧回优胜杯。雷沃重工股份有限公司、山东巨明机械有限公司、山东希成农业机械科技有限公司 3 家企业与学生代表现场签订创新成果转移转化协议。陈学庚院士、赵春江院士分别代表大赛指导委员会和中国农业工程学会致辞并肯定了大赛协同育人、培育精英的做法，希望大赛不断以高质量赛出生产力，助力创新，服务产业，共同致力于现代农业装备人才培养和科技创新，助力国家农业现代化发展。2. 落实同一门课工程，培养知农爱农新型人才。江苏大学农业工程类学生同上一门学科前沿课共举办了 4 场，授课教师分别为中国农业大学现代精细农业系统集成研究教育部重点实验室主任李民赞教授、中国农机院首席科学家杨学军、南通富来威农业装备有限公司总经理吴亦鹏、雷沃重工总工程师王乐刚。通过该工程，可以将国内外、各单位最前沿的研究动态介绍给学生，改善学缘结构，拓宽学生的思路，促进学生了解我国农机发展的路线图和前景，增强学生发展我国农业装备、振兴乡村的使命感与责任感，有力地促进了以强农兴农为己任，知农爱农的新型人才的培养。3. 以学部统筹研究生指标抓手，扩大农业工程学科人才培养数量。为了推进学校“双一流”建设，吸引非农业工程学院的教师指导研究生从事农业工程学科相关研究，扩大农业工程学科人才培养数量，农业装备学部向学校申请单列农业工程硕士研究生招生指标、农业工程博士研究生招生指标。2020年度，学校批准54个硕士指标、6个博士指标，该类指标归导师所在学院培养与管理，学部对学生开题和学位论文进行监管。

【平台建设】 精心策划并认真组织协同创新中心二期绩效验收。完成第三方机构对现代农业装备与技术协同创新中心专项资金的审计。经审计，中心资金管理制度健全，内控机制完善，资金管理责任明确，各项经费支出合理合规，做到了专款专用。完成了《中心绩效评估报告》《中心绩效评附件材料》《中心绩效评佐证材料》"中心第二建设期绩效统计表"等材料，共计9类、849页、5.1万余字，填报数据2 000多项。本建设期内，中心建立完善规章制度，保障运行规范高效，创新"四大协同"机制，汇聚多方优势资源，实行"柔性化、滚动制"人事制度，精心策划有影响力的品牌创新活动，取得了以下成效：（1）全创新链要素协同，联合承担75%的智能农机国家重点研发项目；（2）通过特区政策中心汇聚了农业装备领域4位工程院院士（全国共5位）、6位"长江学者"特聘教授、3位"杰青"和省部级高端人才108人次；（3）以中心为平台，聚集整合企业、高校和科研院所优势资源，开展协同创新，突破重大科学问题和关键技术25项；（4）通过深化与协同企业间的创新合作，实现了科技成果转移转化供给端与需求端的精准对接，近4年累计新增产值163.4亿元，累计新增利税20.1亿元。

【交流与合作】 1. 承办全国机械化蔬菜生产农机农艺融合研讨会。承办了由中国工程院院士李天来主持，国家大宗蔬菜产业技术体系岗位专家、试验站站长、农机和农艺专家、推广部门专家、农机企业家等80余人参加的首届全国机械化蔬菜生产农机农艺融合研讨会。专家代表们对东北、华北、华东、华南、西北、西南、华中等地区主要设施和露地蔬菜的种植模式的调查报告，以及耕、种、管、收蔬菜生产机械化技术和装备性能调查报告进行了讨论，提出了适于设施和露地蔬菜机械化栽培的农机模式和规范、几类大区适于蔬菜机械化生产的栽培模式和技术规范，以及农机农艺融合建议方案，为加速各地"菜篮子"工程机械化、突破蔬菜生产卡脖子技术，提供了强有力的技术支撑。2. 召开农业工程大学国际联盟理事单位（扩大）会议，推动联盟实质运转。与国际处共同牵头，完成了会议的组织与筹办工作。负责对接联盟10个国内高校，并发挥智囊作用，提出会议内容。国内所有联盟高校及国外联盟高校负责人参加了会议，会议采用线下与线上相结合的方式进行。会上落实了2021年联盟年会暨第二届中外校长论坛在江苏大学举办，毛罕平教授汇报了2020年农业装备学部在联盟高校间推进开展科研项目情况及智能农业装备创新大赛情况，与会人员就开展联合攻关和科研合作，突破农业装备领域卡脖子技术、面向未来的智能农业装备关键技术、推动课程开发和教材建设、面向联盟高校师生开放、国际大学生智能农业装备创新大赛的组织和参与方式等问题进行了讨论。

（撰稿：王亚娜　核稿：毛罕平）

中心·研究院综述

流体机械工程技术研究中心

【中心概况】 流体机械技术研究中心，拥有1个国家水泵及系统工程技术研究中心、

1 个国家级国际联合研究中心、1 个高端流体创新引智基地、1 个国家重点学科和 1 个省优势学科。中心现有职工 70 多人，其中特聘中国工程院院士 2 人，博士生导师 20 人，研究员 20 人，副研究员 26 人；享受政府特殊津贴者 6 人，国家杰出青年基金获得者 1 人，“百万千人才工程”国家级人才 3 人，全国三八红旗手 1 人，教育部霍英东高等院校青年教师奖获得者 1 人，中国农业机械学会青年科技奖获得者 3 人，江苏省特聘教授 3 人，江苏省“双创人才”1 人，省部级有突出贡献专家级青年专家 5 人。5 人被列为江苏省“333 高层次人才培养工程”人选，6 人被评为江苏省“青蓝工程”中青年学术带头人和优秀青年骨干教师，16 人被评为江苏省“六大人才高峰”高层次人才。流体中心共有硕士研究生 316 人，博士研究生 87 人。现有研究生党支部 4 个，辅导员 1 人。

【党建工作】 流体中心党委认真贯彻落实习近平新时代中国特色社会主义思想，始终把政治建设摆在首位，不断提升师生思想政治素质，推动了中心各项事业高质量发展。1. 流体中心党委全年召开党政联席会 24 次、中心党委（扩大）会 15 次，确保党组织在改革发展、教职工切身利益、教师引进和职务评聘等重大事项的前置研究。“创新主题党日活动，推动流体中心党建和业务融合发展”获 2020 年度江苏大学党建工作典型案例二等奖；按照《江苏大学落实意识形态工作责任制责任书》要求，推进中心意识形态工作，党政主要负责人带头上好“形势与政策”课。2. 巩固拓展“不忘初心、牢记使命”主题教育成果，建立健全长效机制，作为党员终身课题。认真落实领导干部双重组织生活制度和“三会一课”制度，落实处级党员领导干部每人联系一个学生党支部，指导各基层党支部每年召开 4 次支部党员大会，每月召开 1 次支委会，每年党委书记和党支部书记至少上 4 次党课；认真落实“第一议题”学习制度，深入学习贯彻党的十九大、十九届五中全会和习近平总书记重要讲话精神，以及习近平总书记对江苏大学一封信的重要批示精神。按照学校要求，组织全体师生员工集中收看学习中国共产党第十九届五中全会、纪念中国人民志愿军抗美援朝出国作战 70 周年大会等重要会议。积极发挥“学习强国”等学习平台作用，中心实现党员 100%覆盖，积极鼓励党外人士参加学习；贯彻落实《江苏大学思想政治工作质量提升工程实施方案》《江苏大学学习贯彻全国教育大会精神实施方案》文件精神，加强和改进师生思想政治工作。张德胜获“我与三全育人”主题征文一等奖，周岭获“我与三全育人”主题征文三等奖。做好中、英文网站建设工作，全年发布新闻稿件 100 余篇，其中，学校要闻录用近 10 篇，综合新闻 3 篇，一线传真 39 篇，菁菁校园 7 篇。国家水泵工程中心公众号发布新闻 75 篇，阅读量达到 2 万多次。中心工作的能见度、美誉度全面提升。加强舆情监管工作，2020 年未出现负面舆情或造成不良影响。3. 2020 年，共发展党员 7 人，转正 2 人，组织答辩，规范每个发展环节。开展多种方式的党员学习教育活动，组织党员和教职员工观看爱国影片《金刚川》，赴滁州来安县皖东烈士陵园（半塔保卫战旧址）和南京六合区竹镇抗日民主旧址等开展主题党日活动。赴其一村开展爱心支教活动，“十年支教坚守　爱心永久流传”获 2020 年最佳党日活动一等奖；截至 2020 年年底，教工党支部书记“双带头人”比例达到 100%，标准党支部比率为 100%；流体硕 1801 班获评江苏省先进班集体，张乾坤获评江苏省优秀研究生干部。流体中心硕士研究生2018级党支部获评“研究生样板党支部”，流体中心硕士研究生2019级党支部获评先进学生党支部，安策获评江苏大学优秀学生共产党员；重视统战工作，充分发挥民主党派教师的主动性。中心在党委会学习中安排统战工作的理论、方针、政策学习，每年召开2次党政联席会议专题讨论统战工作、2次征求党外代表人士意见座谈会，关心支持民主党派、无党派人士、欧美同学会、台侨联组织发展；重视安全稳定工作，确保和谐稳定。举办3次以上强化法律知识与安全意识研究生主题讲座，严禁学生使用违章电器，关心研究生身心健康，避免发生群体性事件。专人管理中心网站信息，新闻稿件由中心党委书记亲自把关修改，认真落实好网络信息安全责任制。军事理论课教员杭玉杰给中心全体研究生开设国防教育专题讲座。4. 中心党委把加强党风廉政建设摆在全局工作重要位置，党委书记认真履行党风廉政建设第一责任人职责，牵头研究部署党风廉政建设工作，全年召开专题研究党风廉政建设工作会议2次，每月的党委会、党政联席会均部署党风廉政工作。5. 贯彻校党委政治巡察要求，积极配合做好党委巡查工作，自觉接受巡查监督，认真做好未巡先改；贯彻中央八项规定及其实施细则精神和省委《具体办法》，落实《江苏大学关于进一步加强作风建设的工作意见》，深入开展形式主义、官僚主义集中整治，认真贯彻落实党的十九大和习近平总书记关于坚决整治形式主义、官僚主义的一系列重要讲话和批示精神，深入推进作风建设；落实《江苏大学干部教育培训学分制管理规定》，执行干部兼职管理、个人有关事项报告、请假备案、出国（境）证照管理等规章制度，强化政治纪律和组织纪律。

【实验室建设】 1. 引江济淮大型调水工程泵站装置模型项目验收工作采用线上线下结合的方式，顺利完成了试验验收工作；完成了四象限试验台鉴定、N350多功能轴流泵试验台主体安装、喷灌实验室隔断整理工作。2. 2020年2月13日实验室在学校率先开始实施封闭管理，并于2月17日开始执行实验室值班巡查制度，每天对所有实验区域进行安全检查并做好有关记录，为疫情防控期间实验室安全及开学后的工作做好预案。3. 提高管理效率与质量，推进大型仪器设备共享平台建设，预约使用大型仪器设备。4. 做好资产的登记、管理工作，截至2020年11月，中心共有仪器设备2 139台（套），设备总值5 701万元。12月17日顺利通过了学校国资处、设备处组织的资产抽查工作。5. 6月，国家市场监督管理总局正式启动了2020年产品质量国家监督抽查工作。实验室7月顺利获批2020年泵产品质量国家监督抽查任务，负责全国770个批次中220个批次泵类产品的抽样检验工作，并顺利完成。到2020年11月底，对外技术服务收入385万元，创历史新高。6. 12月6日，承办第六届全国节水灌溉装备与技术战略研讨会暨江苏省先进流体工程装备产业技术发展论坛。11月12日，承办第五届金山流体机械工程国际学术研讨会。

【科研工作】 1. 2020年流体中心1项国家科技进步二等奖进入会评；获江苏省科技进步一等奖1项、三等奖1项（合作）；获湖南省科学技术奖二等奖1项（合作）；获农业机械科学技术奖一等奖1项；获中国石油和化学工业联合会科学技术奖二等奖1项、三等奖1项；获中国机械工业科技奖二等奖1项、三等奖1项；获中国发明协会发明创业奖成果奖二等奖1项。2. 纵向科研项目新立项9项，其中国家重点研发计划主持1项、国家自然科学基金地区联合基金重点项目1项，立项总经费2 752万元。3. 获授权国家发明专利71项，获授权发达国家PCT专利4项。发表SCI检索论文108篇、EI检索论文45篇；出版专著4部。4. 积极开展技术转移转化及行业服务工作，2020年新增横向合同134余项，合同经费4 753万元，累计到账经费2 905万元。

【学科建设与研究生教育】 （一）学科建设。1. 作为动力工程及工程热物理牵头单位，完成优势学科各类日常建设经费的管理情况和使用进度，严格落实经费报销审核制度。2. 完成优势学科三期2018年度、2019年度报告和三期优势学科项目中期评估报告，并汇总各项佐证材料，完成网上填报工作。三期优势学科项目中期考核顺利通过。3. 联合电气、化工、环境等学科，组织实施了能源动力专业博士学位点的申报工作，完成申报简况表、申报书佐证材料的统计梳理。申请通过省级审核，已提交国家学位点网上申报系统。4. 组织实施动力工程及工程热物理和生物医学的第五轮学科评估工作，基本完成材料的梳理和文字撰写。5. 完成省高水平大学及优势特色学科监测数据填报工作。6. 组织2020年度研究生工作站申报、优秀工作站申请、年度报告填写和期满考核申请等工作。7. 组织完成了江苏省产业教授申报、年报考核和中期考核工作。8. 召开了江苏高校动力工程及工程热物理学科联盟第一届理事会第二次全体会议。9. 更新完善了流体中心的全国研究生教育评估监测专家库更新与报送工作。（二）研究生教育。流体中心目前共有硕士研究生316人，博士研究生87人。流体中心为研究生提供了良好的学习和科研条件，多方联系国内外学者，精心组织多场学术报告，带领研究生参加重要学术会议。2020年10月10日，第二届中国节水论坛在甘肃兰州召开，流体中心领导及师生代表参加会议。2020年11月2日，流体中心举办金山流体机械工程学术沙龙（第1讲），流体中心和能动学院等单位近百名师生参加活动。2020年11月12日，第五届金山流体机械工程国际学术研讨会在江苏大学召开，会议采取全英文交流形式，来自全世界的千余名国内外知名专家学者、科研人员及研究生应邀通过线上线下相结合的方式参加了本次国际学术研讨会。2020年11月18日，流体中心举办金山流体机械工程学术沙龙（第2、3讲），流体中心近百名师生参加活动。2020年11月24日，流体中心与江西耐普矿机新材料股份有限公司联合举办了“首届耐普矿机渣浆泵外观创意设计大赛”，经过作品征集、预赛、决赛等多个环节，为期4个月的大赛圆满结束。2020年12月6日，第六届全国节水灌溉装备与技术战略研讨会暨江苏省先进流体工程装备产业技术发展论坛在镇江召开。本次会议由江苏大学等主办，江苏大学流体机械工程技术研究中心等承办，流体中心师生代表参会。流体中心研究生在研究生科技活动中展现出良好的创新精神和实践动手能力，取得一定成果。韩岳江等人获得“杰瑞杯”第七届中国研究生能源装备创新设计大赛三等奖1项；王金辉获得第四届全国大学生环保知识竞赛一等奖1项；王金辉获得2020年第四届普译奖全国大学生翻译大赛（英译汉）三等奖1项；王金辉获得2020年全国大学生组织管理能力大赛决赛一等奖1项；张晨滢等人获得2020年江苏省研究生节能低碳科研创新实践大赛特等奖1项，何攀、张宇航、廖敏泉等人获得三等奖3项；张安琪等人获得2020年江苏省研究生数学建模科研创新实践大赛一等奖1项，王子超等人获得二等奖1项；姚吉成等人获得江苏大学第十二届节能减排社会实践与科技竞赛一等奖1项，杨飞等人、张乾坤等人获得二等奖2项；王金辉获得第六届“LSCAT杯”江苏省笔译大赛（英译汉）二等奖1项；王金辉获得第六届“LSCAT杯”江苏省笔译大赛（汉译英）三等奖1项；王子超获得第六届江苏省“互联网+”大学生创新创业大赛二等奖1项；张安琪获得江苏大学研究生信息素养与科学道德知识竞赛二等奖1项；季磊磊、安策、汤胜楠、姚吉成、郭瑾楠、王金辉、张乾坤、宋海勤共8人获得国家奖学金；季磊磊、姚吉成共2人获得校长奖学金；季磊磊、姚吉成、王金辉共3人获得校优秀研究生标兵称号；常浩等8人获得2020届校优秀毕业生称号；常浩、卢永刚、潘强、杨勇飞等4人的论文获评2020校优秀博士论文，朱芮、黄松等2人的论文获2020校优秀硕士论文。

【师资队伍建设】 1. 人才招聘录用5人（潘强、常浩、王鹏、史鸿博、孟凡），均已入职。2. 第八届海外高层次人才论坛签约2人（史鸿博、司金华），实际报到1人（史鸿博）。3. 晋升高级职称12人。裴吉、董亮、王凯、司乔瑞破格晋升研究员，曹卫东、张金凤正常晋升研究员，王龙滟海外人才绿色通道晋升研究员，陈思、蒋跃、李娅杰、汤玲迪、朱勇正常晋升副研究员。4. 推荐张德胜申报江苏大学“青年英才培育计划”优秀青年学科带头人培育人选，周岭申报优秀青年学术带头人培育人选，邱宁、龙云申报优秀青年骨干教师培育人选。5. 张德胜研究员国家级人才称号2项。6. 龙云入选“中德博士后交流项目”。7. 周岭入选江苏大学十佳青年教职工；张帆被评为江苏大学优秀教师，陈超被评为江苏大学先进工作者；张帆获江苏大学国际化工作先进个人称号。8. 付强、骆寅、周岭、闫浩芳、董亮晋升博导，王文杰、汤玲迪、龙云、高雄发晋升硕导。9. 魏东从专职辅导员转至实验室岗位，徐希魏通过辅导员招聘考试入职流体中心专职辅导员岗位。10. 李伟研究员当选国家流量仪表评价计量测试联盟副主席。11. 孔繁余、王洋、汤跃、蔡彬光荣退休。

【学生工作】 严格组织生活制度，组织研究生认真学习领会十九大精神和党的十九届五中全会精神，发挥党支部的核心作用和党员的先锋模范作用，进一步加强研究生思想政治教育工作；加强团支部和班级建设，发挥团支部及研究生分会在学生思想教育中的中坚作用，并取得一些荣誉：流体硕1801班获得省先进班集体称号，张乾坤获得江苏省优秀研究生干部称号，姚吉成、张乾坤、陈金维3人获得校优秀共青团干部称号，王金辉、陈轲2人获得优秀共青团员称号，华琳获得校优秀研究生干部称号，季磊磊等9人获得校优秀研究生称号，张乾坤、王金辉2人获得江苏大学优秀学雷锋志愿者称号；根据学校《关于在研究生中开展科学道德与学风建设宣讲教育工作的通知》文件精神，中心积极开展科学道德与学风建设宣讲教育工作，引导研究生树立科学道德，践行科学精神，尊重科学伦理，遵守科学规范；中心创造条件，鼓励学生积极参加学校活动、社会实践活动及创新创业活动，促进学生全面发展，在每年的学术征文和挑战杯等活动中都取得了较好的成绩；及时了解并掌握学生的心理情况，定期向校心理中心进行汇报，并有针对性地进行心理辅导。举办“9.20”新生主题教育周、关工委“谈心屋”、“12.5”心愿墙等活动，呵护学生心理健康；密切关注特困生的成长和学习，深入、细致地做好贫困生工作，为贫困生设置办公室值班岗位，为54名贫困生发放助学金，切实解决特困生的生活困难。2020年共录取博士研究生15人、硕士研究生146人；共毕业博士生7人、硕士生80人，全部获得学位。

【国际化工作】 1.11月12日，第五届金山流体机械工程国际学术研讨会在江苏大学召开，会议采取全英文交流形式，千余名国内外知名专家学者、科研人员及研究生应邀通过线上线下相结合的方式参加了本次国际学术研讨会。2.10月14日，流体中心在图书馆105报告厅举办研究生国际化培养与国家留学基金委项目申请经验交流会。3.6月26日下午，江苏大学与上海凯士比泵有限公司战略合作研讨会在江苏大学流体机械工程技术研究中心举行。4.6名研究生获批CSC全额资助分别赴哈佛大学、伦敦大学学院、意大利帕多瓦大学等世界著名高校联合培养或攻读博士学位，1名研究生获美国南卡罗来纳大学全额资助攻读博士学位。5. 流体中心2020年招收海外留学博士5人，留学硕士2人；毕业留学博士3人，留学硕士2人。受疫情影响，不在国内的留学生采取线上形式答辩。新招收的留学生除中心毕业硕士Ibra Fall直接攻读博士学位外，其余留学生均在各自国家线上报到、选课、提交培养计划、线上上课。

【江苏省产业技术研究院流体工程装备技术研究所建设】 1. 横向合同2 427.72万元，到账1 904.46万元，纵向到账10.24万元；申请国家发明专利31件，实用新型专利1项；完成江苏省科技项目面上项目（BK20171403），镇江市社发项目（SH2017049）验收。完成研究院4项自立预研项目中期检查，3项自立预研项目立项；被全国泵标准化技术委员会授予“十三五”全国泵行业标准化工作先进单位、第六届委员单位。被选为江苏省产业技术研究院江苏大学联合培养基地；与淮阴师范学院合作申报江苏省产学研合作项目：大型泵站进出水流道优化设计软件开发与计算分析（BY2020373）。2. 加强对研究院发展动态和科研工作的宣传力度。进一步规范化研究院的各项管理，着手推进ISO9001质量体系认证。聘请法务，进一步完善研究院的相关管理制度。3. 8月28日至30日，研究院协办的“排灌机械国家和行业标准征求意见研讨会”在浙江省温岭市召开。来自全国各地的质检机构和排灌机械生产企业共40余名代表出席了会议。会议主要讨论了GB/T 18691《农业灌溉设备灌溉阀》等5项国家标准和《屏蔽式潜水电泵能效限定值及能效等级》等5项行业标准的征求意见稿。同时，会议就《TNJ 1144—2019园艺电泵性能评价规范》等5项团体标准内的性能评价指标进行了技术论证和可行性分析。最后，会议宣布国家强制标准施行的新规定，重点讨论了排灌机械行业已施行的3项强制标准（GB32029—2015，GB32030—2015，GB32031—2015）合并成一项强制标准。10月14日至11月6日，研究院顺利举办了第63届水泵设计技术培训班和第49届水泵试验技术培训班，培训技术人员28名。12月16日，孙兵、陈进参加了第六届全国泵标准化技术委员会成立大会暨2020年工作会议。研究院获评“十三五”全国泵行业标准化工作先进单位，孙兵获“十三五”全国泵行业标准化工作突出贡献奖。同时孙兵被聘为第六届全国泵标准化技术委员会委员。本次会议顺利通过了3项国标、4项行标的审查工作。4. 研究院新增专职人员3人（陈进、刘桂林、谷加祥）；获批江苏省产业技术研究院JITRI研究员（研发类）1人（赵东波）、JITRI研究员（管理类）1人（陈进）；申请联合培养 JITRI 研究生 40 名；全国泵标准化技术委员会授予“十三五”全国泵行业标准化工作突出贡献奖 1 人，2 人被聘为全国泵标准化技术委员会委员，1 人次获批镇江市工程师职称。5. 围绕泵系统智慧一体化综合节能技术研发并集聚创新资源进行产业整合，将研究院的研究范围从泵装置向系统转变，实现泵装置、生产工艺流程、末端产品质量或产量科学、精准关联，实现一体化控制，达到智慧安全、节能减排的目的；围绕江苏省产业技术研究院的工作重点，积极推进企业联合创新中心建设，争创国内示范研究所；与地方政府深入交流，镇江国家大学科技园管理办公室党组到研究院走访调研，对研究院近年取得的成效给予了充分的肯定；10 月 22 日，研究院副院长孙兵应邀参加 2020 年高校院所服务苏北五市产学研合作对接活动；10 月 22 日，执行副院长张金凤带领系统节能中心负责人陈进参加在长沙举办的节能服务进企业暨建材行业节能技术与绿色发展交流活动交流会；11 月 27 日，执行副院长张金凤一行 4 人参加 2020 世界智能制造大会；11 月 19 日，研究院参加江苏大学 2020 年研究生联合培养项目需求对接会；12 月 9 日至 11 日，参展 2020 第十届中国（上海）国际流体机械展览会（IFME），多与方深入交流并洽谈合作，提升了研究院的行业影响力。6. 2020 年，新增 3 家孵化衍生企业。

【江苏大学流体机械温岭研究院建设】 1. 搭建科技创新公共服务平台：完成法人注册和财务开户等工作；经招投标程序，完成家具和计算集群购买工作，固定资产投入 230 余万元。温岭研究院与江苏大学 20 余名专职教师和 4 名江苏大学镇江研究院管理人员签订兼职合同，保证每天有 5~6 人常驻温岭研究院。联系江苏大学 4 名退休教授与方圆检测公司签订劳务合同。2. 组织行业人才和技术培训：联合温岭市泵业协会，举办初级水泵培训班 7 期，培训学员 300 余人次，与台州第一技师学院达成合作协议，开办特色水泵培训班，培训 60 课时以上。3. 共性技术联合攻关：调研当地规模企业 40 余家，了解企业的技术和人才需求，目前初步确定 4 项共性技术研究课题初稿。4. 发挥标准引领作用：分别在温岭市和宁波市召开排灌机械国家和行业标准征求意见研讨会和宣传贯彻会议。其中温岭市 20 余家泵企业参与国家标准、行业标准和团体标准的起草和制修订工作。5. 开展技术服务：与温岭市泵类企业签订合同 10 项，合同金额 261.2 万元。委托江苏汇智知识产权公司开展清水多级井泵和污水泵两个产品的知识产权分析报告，对温岭市两大主打产品进行了专利分析。6. 协助温岭市品牌推广工程：组织温岭市企业参加全国农业机械学会（12.12—12.14 宁波）千人大会。组织温岭市企业参加中国通用机械协会流体机械展（12.6—12.8 上海），温岭市 10 余家企业参展。

（撰稿：张　帆　核稿：袁建平）

能源研究院

【研究院概况】 面向国家中长期能源发展战略需求，依托江苏大学在能源领域相关优势学科的支撑，以构建高水平、有特色、国际化的能源科学研究平台和创新人才培养基地为目标，2014 年 5 月江苏大学能源研究院成立。能源研究院下设太阳能研究所、先进动力系统研究所、化学能源研究所、燃料电池研究所、节能技术研究所、实验中心。研究方向涉及：太阳能光催化转化、太阳能光电转换、太阳能电池、先进及新型车用动力技术、燃料电池和微能源动力系统、化石能源清洁利用新技术、锂离子电池和超级电容器、高效节能技术、先进热电材料等。研究院现有教职工 58 人，其中专职科研人员 53 人，办公室和实验室人员 4 人。另有脱产博士后 3 人，外籍博士后 11 人。专职科研人员中有教授、研究员、资格教授 18 人，副教授、副研究员 22 人；博士生导师 10 人，硕士生导师 38 人；江苏省“333 工程”青年科学技术带头人 1 人，江苏省高校青蓝工程中青年学术带头人 1 人，江苏省杰出青年基金获得者 1 人，江苏省特聘教授 3 人，江苏省六大人才高峰计划获得者 6 人，江苏省双创博士 7 人。另外，聘请 20 余名国内外知名的专家学者担任研究院的兼职教授和客座研究员。研究院现有实验室总面积2 300 平方米，并有 1 200 平方米办公区域，固定资产 1 300 万元。研究院建有镇江市动力电池与储能高技术研究重点实验室、江苏大学泰州新能源研究院等科研平台。

【党建与思想政治工作】 （一）党支部工作。1. 建章立制，促进党建工作的科学化和长效化。江苏大学发文成立能源研究院党总支及完成中层换届后，第一时间通过了《能源研究院党政联席会议议事规则》，后续补充了《能源研究院“三重一大”决策制度实施办法》《能源研究院党总支委员会议事规则》，专题学习了《关于加强二级党组织领导班子政治建设的若干措施》文件精神，坚持党政共同负责制度，定期召开党政联席会，认真研判国际、国内形势和高等教育特点，党政共同决策研究院的重要事项，协同推进研究院事业发展。2. 狠抓政治理论学习，守好意识形态阵地，打好党建工作基础。本年度落实了理论中心组学习、每双周周三的全体教职工政治理论学习、“第一议题”学习等。重点针对习近平总书记对江苏大学的批示精神、十九届五中全会精神、《习近平谈治国理政》（第三卷）、《民法典》等内容，完成领导干部讲党课 2 次，邀请法学院尚清峰老师开展主题党课 1 次，中心组理论学习集体研讨 3 次。在多种形式的学习中均安排贯穿了党章党规的学习。贯彻落实《江苏大学思想政治工作质量提升工程实施方案》和《江苏大学学习贯彻全国教育大会精神实施方案》文件精神，加强和改进师生思想政治工作。用正确的意识形态引领研究院的发展。3. 营造风清气正环境，做好党建工作前提。贯彻中央八项规定及其实施细则精神和省委具体办法精神，落实《江苏大学关于进一步加强作风建设的工作意见》。2020 年，处级领导干部和科级干部积极参加学校组织的相关教育活动 10 余人次。4. 团结一切力量，营造党建良好环境。重视团结一切可以团结的力量，形成政治合力，推进党建工作。将统战工作纳入宣传工作计划，推动实施党员干部联系党外代表制度，在党政联席会议中把统战理论方针政策作为“第一议题”专题学习。2020 年召开 1 次党政联席会议专题讨论统战工作，召开 1 次征求党外代表人士意见座谈会。5. 围绕中心抓党建，抓好党建促发展。执行《江苏大学二级党组织履责记实工作办法》，做好记实工作。落实《江苏大学干部教育培训学分制管理规定》，执行干部兼职管理、个人有关事项报告、请假备案、出国（境）证照管理等规章制度，强化政治纪律和组织纪律。对照《党员发展流程标准化手册》规范党员发展工作，2020 年 12 月张莹等 2 名预备党员转正，2020 年 11 月张璇发展为预备党员，江坤等 4 人确定为发展对象，王娟等 7 人确定为入党积极分子。2020 年，周固礼获校优秀共产党员称号。本年度开展“推进党建业务深度融合工程，打造特色品牌党建工作”的书记项目，通过形式多样的各类支部共建活动推进了泰州新能源研究院的建设，推进了与山东中科先进技术研究院前瞻技术联合研究中心的建成，等等。（二）工会工作在党总支的领导下，做好能源研究院分工会一届一次工会会员大会的召开，选举产生能源研究院第一届工会委员会委员。积极完成校工会交办的各项任务。组织教职工参加校工会组织的校级比赛，如校运动会、八段锦比赛、羽毛球比赛，何志霞老师荣获跳远比赛冠军、八段锦比赛三等奖。积极组织策划分工会各项文体活动，如“师生携手，健康羽你同行”的羽毛球师生对抗赛、“包饺子，聚和气，迎新春”包饺子比赛等。通过各种活动进一步增强了分工会的组织建设力和文化凝聚力。

【实验室建设】 完成实验室平台建设工作，使实验室安全管理工作规范化、常态化。进一步建立健全研究院实验室安全管理体系，加大危化品管理力度，以安全检查促进整改。在建成了太阳能、生物质能、能源化学、动力电池及储能、能源利用与燃烧等大型、公共实验平台的基础上，积极落实和贯彻江苏省及学校对实验室安全工作方面的要求，建立起明晰的实验室三层安全管理责任体系，完善和调整了实验室安全工作管理机构，修订了实验室安全员岗位职责、实验室安全管理规定、实验室安全应急预案、实验室日常安全卫生检查实施办法、实验室安全准入细则、实验室危险化学品管理办法等系列制度文件，使实验室安全管理工作规范化、常态化，有效保证了实验室的安全及高效使用和良好运行，为研究院科研工作的有序开展及人才汇聚创建了良好的平台条件。

【科研与学术交流】 （一）科研成果。1. 新增各类科研项目。能源研究院教师新增各类科研项目 41 项，其中纵向 28 项、横向 13 项；新增科研经费合计 1 355 万元，其中纵向 861 万元，横向合同经费 494 万元；横向到账经费 435 万元。能源研究院获得国家自然科学基金立项资助 10 项，其中面上基金 4 项、青年基金 5 项、外国青年学者基金 1 项，为研究院成立以来获批国家自然科学基金项目数最多的一年，列全校第 5 位。2020 年能源研究院申报面上项目 16 项，青年基金 16 项，面上基金的获批率为 25%，青年基金的获批率为 31.2%，均高于全国平均水平。Ahmed I EL-Seesy 获外国青年学者基金资助，实现了研究院外籍博士后主持国家自然科学基金方面的突破。获批江苏特聘教授资助项目 1 项，江苏省“双创人才”资助项目 1 项，江苏省“双创博士”资助项目 2 项。获批中国博士后科学基金 5 项，江苏省博士后基金 1 项。获批江苏省自然科学基金青年基金 1 项，获批江苏省教育厅高校自然科学研究面上项目 1 项。江苏省外专人才项目 1 项，国家或省部级重点实验室开放基金 5 项。横向项目方面，与大连理工大学合作研发项目 1 项；与上海电气集团股份有限公司的产学研协议项目 1 项；与山东中科先进技术研究院合作研发项目 1 项；与中节能（宿迁）生物质发电有限公司合作项目 1 项；与苏州创智云联智能科技有限公司产学研开发项目 1 项；与泰州英格伟精密机械有限公司产学研协议项目 1 项；与中船动力研究院有限公司合作项目 1 项；与蓝色火焰能源科技（镇江）有限公司合作项目 3 项；与哈尔滨工程大学合作研发项目 2 项；与广东泰极动力科技有限公司合作项目 1 项。2. 教师科研成果。研究院以学科交叉为突破口，围绕太阳能、新型能源动力系统、化学能源、高效节能技术等前沿研究领域开展工作。2020年，共发表论文135篇，其中SCI检索论文124篇，在*ACS Nano*、*Nano Energy*等期刊发表一区和二区论文86篇。申请国家发明专利50件，获授权国家发明专利17件。申请PCT专利2件。与能动学院联合申报获江苏省科技进步二等奖1项。获2020年度江苏省能源研究会能源科技创新奖青年能源科技奖一等奖1项。3. 科技开发和产学研合作。本年度申报了中国产学研合作促进会创新成果奖1项，获批江苏省科技进步二等奖1项（第二完成人）。完成第一批研发设备（总值128万元）招标、采购、安装工作，该批设备已正式投入使用。为充分发挥研发设备对地方产业的推动和提升作用，第二批研发设备清单拟定过程中充分考虑地方企业的需求，通过对隆基乐业光伏、智航新能源、春兰清洁能源、瑞遥新能源等企业的设备需求调研，确定第二批研发设备清单。目前已完成第二批研发设备（总值800万元）的招标工作，预计2021年7月可完成安装和调试工作。稳步推进研究院产业化项目的实施，各项目团队已申请发明专利合计12件，孵化生产型企业3家；依托团队资源柔性引入人才3名，分别获批泰州市"双创人才"项目2项，海陵区"双创人才"项目1项。积极向企业推介江苏大学和研究院的技术成果，努力促成校企合作。为地方企业开展技术服务工作，合同金额118.4万元，到账105.1万元。（二）学术交流。1. 承办第二十一届亚洲液体雾化和喷雾系统学术年会。2. 研究院大力推进国际化，鼓励研究院教师和学生加强国际交流。张延志老师赴法国石油研究院做访问学者1年；蒋伟老师从美国田纳西大学学成回国；张铭老师从香港中文大学学成返回学校。博士生季梦夏完成在美国弗吉尼亚理工大学的博士联合培养项目，学成回国；博士生商伟伟赴西班牙瓦伦西亚理工大学开展博士联培研究。3. 能源研究院牵头，江苏大学与意大利燃烧与环境研究中心成立了江苏省外专工作室，提高了研究院的国际化工作水平。4. 与镇江市京口区人民政府共同承办"才聚江大，创响京口"光催化产业国家级人才高峰论坛。5. 主办2020能源创新发展高峰论坛。6. 研究院老师和研究生积极参加各行业全国性的学术会议，参与会议交流42人次，其中16人次做大会邀请报告、口头报告。7. 邀请海内外知名学者到研究院讲学和交流25人次。上述学术交流活动对扩大江苏大学的国际影响力、为学校动力工程及工程热物理学科与国际先进水平的接轨做出了贡献。国内的学术交流活动有效扩大了能源研究院在全国及行业中的知名度和影响力，提高了学术地位。

【学科建设与研究生教育】（一）学科建设。积极参与动力工程及工程热物理江苏省优势学科的建设工作。认真统计能源研究院2016至2020年各项科研成果，配合学科积极参与教育部第五轮学科评估工作。形成了以教授博导为带头人的4个科研团队，团队主要围绕太阳能、先进及新型能源动力系统、化学能源、燃料电池等领域开展研究工作。每个团队建有2~3个研究小组具体开展工作。（二）研究生教育。研究院教师配合能源与动力工程学院、化学化工学院、汽车学院、环境学院等单位指导研究生156人，其中硕士生139人，博士生17人。在2020年的毕业生中，董金涛、丁兴东被免试推荐攻读江苏大学博士学位，姚冬梅到同济大学攻读博士学位，郝全果到华中师范大学攻读博士学位，祁莹赴澳大利亚格里菲斯大学攻读博士学位。

在读研究生中，4人获国家留学基金委博士联合培养基金资助，分别前往新加坡南洋理工大学、西班牙瓦伦西亚理工大学、美国芝加哥阿贡国家实验室、美国弗吉尼亚理工大学学习。朱兴旺获省三好学生荣誉称号。冯欢、郝全果、丁鹏辉的论文获评江苏省优秀硕士论文；郭根苗、黄树全、刘津媛的论文获评校优秀博士论文；朱王芹、姚冬梅、丁兴东的论文获评校优秀硕士论文。宜坚坚、吴成、景立权获研究生国家奖学金；吴成获校长奖学金；黄树全、刘津媛获校优秀博士毕业生称号。目前正培养外国留学生17名，其中外籍博士生6人，外籍博士后11人。

【师资队伍建设】 1. 新增具有博士学位教师6人，其中有海外经历的3人，985高校博士2人，金山特聘教授B类人才1人。新增全脱产博士后3人，办公室人员1人。2. 研究院教师晋升高级职称9人，其中王勇、姜志锋晋升为教授，于卿、陈承、刘俊锋晋升为研究员，马强、张波、张延志、熊君晋升为副研究员。何志霞、许晖晋升为三级教授。3. 王勇获聘江苏特聘教授；陈承入选江苏省“双创人才”计划；田一、刘俊锋入选江苏省“双创博士”计划；吉恒松入选江苏省“双创计划”科技副总；邓久军、包健获评江苏大学2019年度“青年英才培育计划”优秀青年骨干教师。4. 许晖荣获中国化工学会第十二届侯德榜化工科学技术奖“青年奖”，获评2020年镇江市创新争先成绩突出科技人物，获江苏大学奋达杰出青年英才奖。徐谦荣获江苏省工程热物理学会优秀青年科技工作者称号。5. 蒋伟被聘为博士生导师，于卿、刘俊锋、田一、熊君、卜永峰、李奇军、马文成、张延志等8位教师被聘为硕士生导师。6. 张延志和李奇军在海（境）外进修，蒋伟和张铭从海（境）外学成回到学校。7. 组织9位老师参加江苏大学第八届、第九届金山高层次人才学术论坛。

【学生工作】 1. 坚持立德树人根本任务，重视思想政治教育工作。为了引导学生尽快融入校园环境，厚植爱国爱校情怀，带领新生一起学习袁书记的“思政第一课”、开展心理健康、疫情防控思政教育、科研诚信等系列入学教育主题活动；举行研究院新生开学典礼。举行2020年“月满中秋，情暖国庆”国庆中秋联欢会；组织全体新生参观了校史馆；举办“吟诵中华经典　致敬抗疫精神　践行强农使命”主题诗词吟诵大赛；举办全国学联二十七大习近平总书记贺信和党中央致辞精神学习宣传活动；参加校第六届研究生团支部风采展示大赛，深情朗诵《祖国，用青春的名义为你歌唱》；与土力学院、艺术学院联合举办2020—2021年秋季学期第三期研究生“绿色智能生活”跨文化园地交流活动；举办职业生涯规划指导讲座和研究院第一届研究生“解忧杂货店——启航科研”学术沙龙；开展了以“佛系是不是当代青年的幸福之道”为主题的辩论赛；等等。在江苏大学第十届中外研究生学术论坛中，能源研究院徐丽仙同学获“最佳展示”奖。2. 全方位深入普及研究院心理健康知识，在“9·20”“12·5”心理健康教育活动中，充分挖掘学生心理潜能，积极开展丰富多彩的心理健康教育活动。举办“以心启智，用心起航”心理健康主题讲座。扎实做好新生心理普查与干预工作，普查建档率达100%。3. 共青团江苏大学能源研究院总支部委员会于2020年7月23日成立，作为江大最年轻的二级团组织之一，能源研究院团总支在校团委和研究院党总支的领导下，全面落实高校团委工作目标及各项指标。

（撰稿：范延臣　核稿：李华明）

汽车工程研究院

【研究院概况】 汽车工程研究院是学校建设研究型大学背景下成立的校级专职科研机构，是中国汽车工程学会副理事长单位。研究院自2010年成立以来，始终坚持以立德树人为宗旨、以学科建设为龙头、以人才战略为根本，面向国家战略需求、面向科技发展前沿、面向地方经济主战场，依托10多个国家、省部级科研和教学平台，发挥车辆工程、交通运输工程博士点学科人才资源、设备条件和科研优势，攻关车辆和交通领域前沿技术和基础理论，解决行业"卡脖子"难题，努力打造国内一流、国际有影响力的科研创新高地和人才培养基地。研究院牵头或作为主要力量，建设了江苏省"新能源汽车""机械工程""计算机科学与技术"优势学科、江苏省"交通运输工程""车辆工程"博士点重点学科。拥有混合动力车辆技术国家工程技术中心、国家虚拟仿真实验教学中心、国家实践教育中心3个国家级教学和科研平台，江苏省道路载运工具新技术应用重点实验室、江苏省智能车辆及运行工程研究中心、江苏省新能源汽车电驱动系统与智能控制工程研究中心等7个省部级科研平台。研究院现有教职工44人，其中博士生导师11人，教授9人，副教授24人，具有博士学位的40人，有海外经历者占57%。国家级人才4名，江苏特聘教授1人，江苏省"青蓝工程"科技创新团队1个，江苏省"六大人才高峰"创新人才团队1个，江苏省中青年突出贡献专家1人，江苏省"杰青"1人、"优青"2人，江苏省"青蓝工程"中青年学术带头人1人，江苏省"六大高峰人才计划"资助对象20人，江苏省"333工程"第三层次培养对象3人，江苏省"青年人才托举工程"培养对象2人，江苏省"双创博士"6人。在读研究生228人，其中外籍博士1人、外籍硕士3人。2020年5月13日，学校发布《关于成立和调整部分行政、教学科研机构的通知》（江大校〔2020〕87号），决定汽车工程研究院独立设置，正处级建制。9月7日，研究院将内部科研机构调整为"现代车辆动力学与控制研究中心""智能网联车辆与未来交通研究中心""车辆动力电源系统技术研究中心"和"混合动力车辆技术研究中心"4个研究中心，下设7个研究所和4个实验室，为进一步打造特色学科方向奠定基础。

【党建与思想政治工作】 1. 加强思想政治建设，不断提高政治站位，发挥党组织政治核心作用。坚持"第一议题"学习制度、中心组学习制度，规范教职工双周理论学习制度，进入2020年度江苏大学教职工政治理论学习"五类课堂"建设优秀单位名单，认真落实党支部"三会一课"制度，深入开展"不忘初心、牢记使命"主题教育，党员领导干部带头践行初心使命，被《新华日报》《江苏经济报》《扬州日报》等多家媒体报道。制定研究院《2020年度落实全面从严治党党委主体责任清单》，清单里明确了院党委主体责任清单、院党委书记履行"第一责任人"清单和领导班子其他成员履行"一岗双责"清单，照单履责。专题研讨意识形态工作，成立意识形态工作领导小组，加强意识形态工作审批和检查，分析研判研究院意识形态领域情况，加强立德树人，严守课堂教学意识形态安全底线，加强文明网络建设，引导师生不散布传播政治谣言，对师生中有意识形态的倾向性苗头性问题进行针对性引导，本年度没有出现意识形态领域较大事件。2. 加强党的组织建设，增强战斗堡垒作用。成立汽车工程研究院全面从严治党工作领导小组、党风廉政建设工作领导小组、师德师风工作领导小组、意识形态工作领导小组、法制宣传工作领导小组、实验室安全工作领导小组等，全面加强组织领导建设。不断建立健全本单位各项工作相关制度，制定了《江苏大学汽车工程研究院党委会议议事规则》《江苏大学汽车工程研究院党政联席会议议事规则》《江苏大学汽车工程研究院“三重一大”决策制度实施办法》等，落实责任传导机制，在重大事项和关键环节上发挥党组织政治核心作用。认真落实党政共同负责制，将党建工作与中心工作同部署、同推进、同落实，在学科建设、人才培养、实验平台建设、大型设备购置、科研项目和重大奖项申报等中心工作和重点任务中充分发挥党建引领作用。院党委不断加强基层党组织建设和党员队伍建设，高标准、严要求全面推进党支部标准化、优质化建设，达标党支部达到100%；推荐1个党支部申报江苏大学优质党支部。本年度车辆动力学教职工党支部的“新冠疫情背景下创新构建党支部科技助力企业‘三化’服务体系”党建创新创优项目获江苏大学二等奖。博士研究党支部的“三维食粮”专题党日活动获江苏大学三等奖。严把党员发展质量和程序关，本年度按计划完成党员发展工作，发展硕士生党员4人、博士生党员1人。3. 加强作风建设和纪律建设。研究院党委持之以恒抓好党的作风建设，将作风建设特别是落实中央八项规定精神、持续整治“四风”工作纳入主体责任清单中，并严格落实。领导干部述职述责述廉报告中已全部报告了自身的作风建设情况。领导班子成员开展作风建设工作情况，按照要求上传履责记实平台。按要求开展作风建设自查，形成自查报告。积极发动师生参与年度作风建设网上考评。没有人违反作风建设相关规定，没有人受到第一种形态处置，没有人受到第二种形态处置。

【实验室建设】 加强实验室平台建设，支撑科学研究，服务经济社会。做好混合动力车辆技术国家地方联合工程研究中心管理和运行维护工作，完成建设任务，提交验收报告。完成江苏省道路载运工具新技术应用重点实验室验收评估工作，评估“良好”，获滚动资助。申报智能网联汽车运行控制与信息安全技术国家工程研究中心，获批江苏省新能源汽车电驱动系统与智能控制工程研究中心。共同完成江苏省电动车辆驱动与智能控制重点实验室、江苏省工业网络安全技术重点实验室建设任务。入选2020年度江苏省大型科学仪器设备共享服务平台，依托平台为比亚迪、博世等龙头企业提供技术支撑，服务社会成效显著。推进标志性装备建设，提升科研保障条件。完成“电动轮汽车多功能测试台架”“无人驾驶远程开发及控制平台”“快速温变环境试验箱”等10余台（套）研发装备建设验收工作。具有国际领先水平的“智能网联驾驶模拟仿真集群系统”（1 000万余元）已通过校内及专家论证，进入实质采购阶段。完成“智能驾驶环境感知快速原型开发系统”的招投标工作；“无人驾驶开发平台”“远程驾驶开发平台”和“线控底盘开发平台”已通过校内论证，进入招投标阶段。

【科研与学术交流】 1. 科研项目。组织申报包括国家重点研发计划项目、国家自然科学基金、省重点研发计划项目等10多类70余项，获批纵向项目37项，立项科研经费1 417万元，主要包括：国家自然科学基金项目6项（其中联合基金重点项目2项、面上项目3项、青年基金1项），国家重点研发计划项目子任务1项，江苏省重点研发计划重点项目2项，江苏省“双创博士”资助项目2项，江苏省自然科学基金3项（其中面上项目1项、青年基金2项），中国博士后基金7项（其中特助项目2项、面上项目5项）。签订横向合同13项，合同经费377万元，到账经费208万元。2020年研究院立项总经费1 794万元。2. 科研成果。全年共投稿论文160余篇，发表高质量论文87篇，其中SCI检索58篇（一区12篇、二区16篇）、EI检索15篇。申请国家发明专利146件，获授权68件，申请PCT专利15件，授权PCT专利2件。专利转化21项。组织申报了9项国家、省部级奖励，获批5项。其中，省政府奖2项（牵头一等奖1项）、中国汽车工业科技进步一等奖1项（以第二完成单位参与）、中国汽车工业优秀青年科技人才奖1项、江苏省汽车工业科技进步奖一等奖1项。3. 产学研合作。加强校企合作和技术转化力度，提升行业影响力。通过江苏大学扬州（江都）新能源汽车产业研究院，搭建政产学研服务平台，助力企业转型升级，促成产学研合作协议16项，创办高科技企业1家，获批省市级项目3项，获批江苏省科技副总6人；推动与扬州市宝应县共建江苏大学扬州（宝应）汽车汽配产业研究院工作；推进与镇江市丹徒区政府共建智能新能源汽车研究院相关工作。4. 学术交流。承办2020年新能源智能汽车技术青年学者国际论坛暨第八届江苏省青年科学家年会、2020年中国汽车工业科学技术奖终评会、2020年工程教育专业认证专家工作研讨会等国际、国内学术会议及研讨会近10场。参加各类行业内学术会议100余人次。邀请国内外知名高校的院士、“杰青”、“长江学者”等30多位教授专家做学术报告和交流。获批国家留学基金2人、江苏省高校境外研修计划1人，3名教师学成归来，目前1名教师在境外访学；7名研究生获批国家留学基金委项目（含创新型人才国际合作培养项目），2名学生学成归来。与韦恩州立大学共同获批国家重点实验室国际合作项目。

【学科建设与研究生教育】 1. 学科建设。不断夯实学科建设的“龙头”地位，保质保量完成建设任务。研究院与汽车学院共同完成交通运输工程学科第五轮学科评估工作，参与机械工程第五轮学科评估工作。重点参与机械工程、计算机科学与技术优势学科建设，提供高端人才、标志性项目和奖励等关键支撑。主要参与机械工程学院机械博士专业学位授权点申报工作。共同完成2020版车辆与交通学科研究生培养方案修订工作。积极推进ESI工程学进全球1‰工作，发表高质量论文87篇，高被引论文9篇，主动引用350余篇。2. 研究生教育。改革学生工作机制，提升学生综合素质。研究院自2020年5月13日独立运行以来，研究生实施独立管理，在读研究生共计228人，其中外籍博士1人、外籍硕士3人。2020年入学新生83人，其中博士6人，硕士77人。2020届毕业生共46人，其中博士2人，硕士44人，4名硕士论文获评校优秀毕业生论文，毕业生实现100%就业率。2021届毕业生共63人，目前已签订就业协议和确定就业去向41人，占比65.08%。成立汽车工程研究院研究生会，遵照上级团委要求进行研究生会的改革工作，精简部门，细化分工，注重学生干部的质量，开展丰富多彩的研究生活动。学习部的学术沙龙活动、组织部的团内推优和团支部的风采大赛、国际部的文化交流活动、体育部组织的各项体育赛事、宣传部的微信公众号建设等一系列工作充分展现出研究院的学生风采。研究生获评镇江市优秀共青团员称号1人、江苏大学百优青年学生荣誉称号1人；校“优硕”4篇，校优秀研究生干部4人，校优秀研究生2人；院优秀研究生干部6人，院优秀研究生6人；国家奖学金4人，其中博士生1人、硕士生3人，校长奖学金1人、校优秀研究生标兵2人。鼓励学生积极参加各类比赛，发挥专业特长，获得多项奖励。由研究院带领的电动方程式赛车团队获2020年中国大学生电动方程式大赛二等奖；获“赢在江大·互联网+”大学生创业精英挑战赛铜奖1项、优秀奖2项和优秀组织奖；获第十届中外研究生学术论坛优最佳论文2篇、最佳墙报4篇和优秀组织奖；获首届江苏省研究生智慧交通运输科研创新实践大赛二等奖1人；获第十七届中国研究生数学建模竞赛二等奖和三等奖、江苏省研究生数学建模科研创新实践大赛奖项等。积极推进“三全育人”综合改革工作，组建“三全育人”领导小组，对“三全育人”工作进行统一部署和整体规划，进一步推进江苏大学优秀“导师团队”建设。通过微信公众号宣传研究生导师团队的育人理念、优秀毕业研究生心声等。

【师资队伍建设】 坚持引培并举，建设高水平师资队伍。全年共收到简历28份，组织面试14人，其中1人参加江苏大学第八届海外高层次人才论坛。新增3名教师到岗工作，4人晋升高级职称。入选国家“万人计划”青年拔尖人才1人、中国科协青年人才托举工程1人，获江苏青年五四奖章1人，获评江苏省十大青年科技之星1人、江苏大学十佳青年教职工1人。获批国家留学基金2人、江苏省高校境外研修计划1人。3名教师学成归来，1名教师在境外访学。

（撰稿：周卫琪　核稿：蔡英凤）

语言文化中心

【中心概况】 2020年度，语言文化中心各项工作进一步提质增效、喜获丰收：获批江苏省华侨文化交流基地；顺利完成泰国中文教师专项发展项目，收到泰国教育部感谢信；获批全球中文教育主题学术活动资助计划（学术会议类）项目1项；成功承办第四期“亲情中华·为你讲故事”华裔青少年网上夏令营；成功组织4场国家级HSK考试和1场校级线上汉语水平毕业考试；获评省级科研奖2项，获评镇江中青年社科名家1人；入选国际中文教育发展智库联盟首批成员单位；获批校级研究生“课程思政”示范课1项。

【党建与思想政治工作】 1. 以政治建设为统领，深入开展主题教育。坚持把政治建设摆在首位，坚持“第一议题”制度，及时学习领会习近平总书记最新重要讲话批示指示精神。提高政治站位，提升落实立德树人根本任务、贯彻落实学校第四次党代会精神及“三全育人”综合改革、疫情防控和学生就业等重要部署的自觉性。2. 推进全面从严治党，落实党风廉政建设责任制。党委与班子成员签订《全面从严治党责任书》，与党支部书记签订《全面从严治党承诺书》。3. 推进基层党组织建设，加强党员队伍建设。认真落实教师党支部书记“双带头人”要求，合理设置和调整党支部，规范有序地完成党支部和党委换届工作。全年按计划共发展党员25名。4. 强化理论武装，重视意识形态工作。健全理论学习制度，及时制订下发党委理论学习中心组学习计划、支部组织生活安排和教职工政治理论学习计划，扎实开展理论武装工作。5. 增强思政工作实效，加强对外宣传工作。成立文学院师德建设工作小组。以党支部为单位，深入开展专题学习教育活动，在江苏大学2020年师德师风主题征文活动中，获一等奖、三等奖各1项。“中华经典吟诵”获评校“一院一品”精品项目一等奖。6. 落实统一战线工作部署，充分发挥党外人士作用。贯彻落实上级关于统战工作部署，及时调整党员领导干部联系党外人士名单。7. 学院党委注重发挥分工会、二级教职工大会作用。完成分工会换届工作，成立青年教师发展中心。及时调整充实学院关工委，关工委获评“先进单位”，2人获评关心下一代工作“先进个人”。

【教学工作】 1. 深化教学改革，进一步提升留学生汉语教学质量。2019年中心建设并通过验收的“江苏大学汉语国际教育云平台”在本学期线上汉语教学中得到全面运用。国际汉语教学部在全校率先开启留学本科生线上汉语教学工作。全年完成各类语言教学8 230个学时。强化自主学习，创新开设“微信汉语课堂”与“线上汉语角”。加强课程建设，积极开展汉语口语教材编写和虚拟仿真实验教学平台建设。国际汉语教学部组织专职汉语教师分工拟写面向留学生短期文化交流项目的汉语口语专用教材——《汉语口语100句》，为教学部持续开展的汉语研修夏令营、冬令营汉语教学工作服务。重点推进虚拟仿真实验教学平台建设工作，明确虚拟仿真实验教学板块，加强实验中心线上资源建设，录制专题微课，服务学校留学生汉语教学线上线下相结合的教学改革和虚拟仿真实验教学工作。2. 服务留学毕业生，成功组织4场国家级HSK、1场校级毕业汉语水平考试，配合汉考国际组织1场居家HSK专场。3. 创新办营形式，继成功承办2019年海外华裔青少年“寻根之旅”项目，开启学校华文教育新篇章后，2020年6月，中心成功承办了由中国侨联主办，江苏省侨联、镇江市侨联、江苏大学语言文化中心承办的第四期“亲情中华·为你讲故事”网上夏令营江苏镇江营，共有来自美国、西班牙、加拿大、意大利、瑞士5个国家的582名华裔青少年参加了本期网上夏令营。在此基础上，成功获批“江苏省华侨文化交流基地”，为中心华文教育工作再上台阶奠定、夯实了理论与实践基础。4. 重视以赛促学，成功组织并选送留学生参加高层次汉语文化赛事。积极动员并辅导留学生拟写演讲稿、录制演讲视频，全校80余名留学生参与了初级、中级和高级汉语演讲比赛，优秀参赛视频以微信公众号的形式推送，取得了良好的宣传效果，在校园营造了浓郁的汉语学习氛围。教学部选送的留学生创意视频作品成功入选联合国“中文日”，在孔子学院官网巡回播放，并得到孔子学院官微的首篇推送；6—8月持续三个月的2020“同乐江苏”外国人汉语演讲比赛中，2名留学生分别以复赛第一名、第三名的成绩顺利进入总决赛，并获得总决赛二等奖；10月，1名留学生参加“汉语桥·五洲乐”全球音乐才艺视频大赛，荣获二等奖。5. 坚持“日报”制度，语言生管理工作有序开展。受疫情影响，仅有1名语言生在校。教学部在学校国际条线疫情防控工作领导小组和中心领导下，从生活、思想、学习等方面关心该生，使其顺利度过疫情特殊时期。建立24小时联系机制和学生状况每日上报制度，以准确掌握学生健康状况，确保学生随时能联系到老师。总之，在疫情防控工作常态化的背景下，国际中文教学部在学校党政领导下，一方面坚决做好疫情防控工作，服务学校留学生线上线下汉语教学；另一方面继续保持工作热情和工作成效，创新思路、开拓进取，争取将中心工作推上一个更高的台阶，为进一步扩大学校国际影响力做出应有的贡献。6. 疫情防控期间全力服务全校师生外语学习。组织 7 期雅思培训，包括寒假 1 期；为菁英学院开设雅思综合读写（2 个班）、雅思综合听说（2 个班）和学术英语口语（4 个班）培训。与人事处合办 PETS-5 培训 1 期，与组织部合办管理干部口语培训 3 期（上学期 1 期，下学期 2 期），与退管处合办老干部口语培训 1 期（下学期）、日语初级基础培训 1 期。外语学习与考试知识讲座。2020 年新冠肺炎疫情肆虐，校外培训机构无法进校开展工作，同时广大师生参加境外学习交流的意愿也极大降低，为了把疫情的负面影响降到最低，切实做到“停课不停学”，外培部组织校内外师资上学期举办了 30 期雅思学习讲座；下学期新生入学教育期间，为 13 个学院举办了 15 场出国类外语考试普及讲座。作为一站式服务中心的窗口活动项目，举办 1 场讲座。以上 16 场讲座的受益学生达到 3 000 多人次。7. 为参加境外学习交流的研究生等提供英文成绩单和英文在读证明审核。为了应对疫情冲击，外培部与学工处合作，面向全校在读学生开展了暑期外语学习活动。可学习的语种包括日语、德语、法语、西班牙语和韩语。总计报名 1 000 多人，最后有 900 多名学生坚持连续不断地学习 60 天并且获得了学习证书。8. 托福考点建设平稳推进。2020 年 12 月 21 日，江苏大学托福网考考点建设基本完工，等待教育部考试中心验收。7 月 20 日，获得教育部考试中心分配的考场编号：STN80156A 和 STN80156B；11 人通过了 TCA（托福主监考）测试，获得 TCA 资格；网络直连教育网；托福考试系统已经安装并通过测试。9. 合作交流有序开展。与教育部考试中心合作，建设江苏大学托福网考考点；与精英教育、环球雅思、新东方、朗阁等合作，举办雅思学习讲座；组织学生参加美国 ETS 的语言测试项目；与江苏国际预科学院（苏教国际）洽谈外语培训等合作事宜；与英国文化教育协会合作，申请雅思机考考点；向教育部考试中心申请雅思机考考点和剑桥英语考点。

【师资队伍建设】 进一步提升专职汉语教师教研、科研能力。教研与科研是反哺教学实践的重要力量。中心专职汉语教师教学工作量大、文化赛事任务重、专业背景多元化，在教研和科研能力方面还有待进一步提升。为此，中心鼓励教师积极参加省级、校级讲课比赛，参加相关专家讲座、学术沙龙、专业培训、学术会议等，并引导教师积极参与课题论证与申报、论文撰写与发表、教材编写与研讨等教研科研工作，进一步提升专职汉语教师的教研科研能力，加强师资队伍建设。全年组织中心教师参加 2020 国际汉语云端研讨会和语言学、汉语国际教育及相关专业学术论文写作研修班，大大提升了中心专职汉语教师的教研能力。

（撰稿：陈丹蕾　核稿：曲云进）

校友会·董事会·基金会

综述

遵循“探索新路、布局新篇、加压奋进、勇创一流”的工作精神，坚持“将广大校友当作学校发展的最大智库、将校友工作当作大学治理的关键环节”的工作要求，克服疫情对外联及筹资工作的不利影响，确保疫情防控和事业发展双胜利。2020年，外联办协调校友企业与各学院达成合作方案金额超2 000万元，基金会实现现金入账超1 300万元，资源入账和实物捐赠资金超1 000万元，大幅超过学校下达的定量目标及2019年完成额。

【抓堵点痛点，全面建章立制】 基本思路是“让柔性的工作有章可循，让弹性的工作见到实效”。全面梳理工作堵点、查清工作漏洞，完善和出台相关工作制度，包括发布江苏大学学院校友会工作指导意见、地方校友会工作指导意见；出台江苏大学筹资办学奖励办法、接受社会捐赠管理办法、江苏大学教育发展基金财务管理制度；颁布大礼堂修缮募捐倡议书、江苏大学组建20周年校庆筹备工作方案；配合大礼堂修缮工作领导小组起草大礼堂修缮项目管理办法等。建立了学校—学院—班级三级校友工作体制。继续推广校友会“社群”管理系统。为校友顺利返校交流和校友终身学习提供校园资源开放机制，为校友提供菜单式返校活动服务，并启动了微信校友卡的申领工作。

【抓组织建设，延展工作抓手】 基本思路是“系统组会、纵横铺设、区域统筹、业界协同”。在全国各省及各一、二线城市推进建成地方校友会，在全校各人才培养单位推进建成学院校友会，从而让校友工作的抓手大幅、有效延展。区域间通过学院校友会进一步消除界限，行业内又通过地方校友会来进一步促进融通。完成了上海、浙江、云南、贵州、盐城、淮安等地方校友会的换届，推进了湖南、海南、广西、泰州等地方校友会的换届筹备工作。深入学院，推动了汽车学院、医学院、材料学院、机械学院校友会的建设筹备工作。召开了校友总会换届大会及四届一次理事会，产生了第四届校友总会理事会。动员近万名毕业生注册加入“社汇”，聘请了330名2020届毕业班校友联络员，注册发放校友卡2 000余张，发放毕业生纪念印章8 000余枚。

【抓关键契机，深化外联服务】 基本思路是“梳理校友优势资源、挖掘多方合作契机，全面服务学校各单位事业发展”。邀请校领导带队，分14条线走访了20余个省份或城市，加强了校友与母校之间的情感交流和信息互通。召开了毕业10、20、30周年校友值年返校纪念大会，服务了10余个班级集中返校活动。牵头推动了与华配山医疗集团、今世缘酒业集团、上海良相公司、杭州行地集团、江苏悦达投资、无锡申康机械、小麦铺科技等企业的实质性合作。组织了校友企业家高峰论坛，策划了与镇江市政府、市商务局、京口区政府的合作，开展了地方政策宣传推介活动。做好优秀校友代表的推荐、邀请和接待，以及校史馆校友墙更新工作。继续开展“校友大讲堂”，积极打造在校生与校友的互动平台，充分发挥校友在“三全育人”工作的优势资源及作用。

【抓核心指标，强化筹资办学】 基本思路是“以服务促情感、以整合促增值、以培育促反哺、以项目促筹资”。牵头组织大礼堂修缮筹资项目，向海内外校友募集资金和修缮资源1 000余万元，向其他社会贤达募集修缮捐赠意向约800万元，并在基金会开设专门账套，承担起全面提供修缮资金的任务。疫情之下，第一时间成立江苏大学疫情防控基金，组织400余名校友和澳洲校友会等集体捐赠资金近30万元、物资共12批次价值7万余元。推动设立远见奖学金、上海良相独立自强奖学金、天津金米特助学金等奖助学金约500万元。规范运作奖学金、奖教金、助学金、活动赞助资金等各专项基金，指导和监督基金的评审与发放。推动久富农机捐赠新型农业机械、吉利汽车捐赠实验用汽车、康明斯捐赠实验仪器设备等物资。协同财务处等部门，对基金会9 000万元自有资金采取竞争性报价的方式开展投资理财，年综合收益率超过7%，实现基金保值增值。

【抓资源整合，全面谋划校庆】 基本思路是围绕“学术为基、文化为根”的理念进行设计，采取“层层递进、逐步造势、渐达高潮”的方式，结合学校未来1年内计划举办的重大活动，全面融入校庆文化元素并发动社会各界资源共同参与进来。牵头负责校庆办公室的日常办事协调，组织“校庆倒计时一周年启动仪式”“校庆筹备动员大会”等活动，并逐步推进“找到每一个江大校友”“江苏大学校友书画展”“校友企业家联谊会”“地方校友会篮球联谊赛”等造势活动。在校庆筹备动员大会上聘请了12名“095”工程校友行动大使，助力学校“095”工程实施。在校友值年返校纪念大会上访谈了新老农机专业的杰出校友，并促成了6个企业成为学校就业创业或教学实践基地，促成了4个企业合作签约共同迎接校庆。

【抓支部建设，确保勤廉双优】 基本思路是“融合业务开展党建、行政部署首谈政治”。坚持以习近平新时代中国特色社会主义思想为指导，以全面落实新时代党的建设总要求为主线，结合“不忘初心、牢记使命”主题教育的要求，扎实推进政治、思想、组织、作风和纪律建设，充分发挥了党支部“战斗堡垒”作用。学期初制订党组织活动计划，按期召集“三会一课”，每周召开一次处务会，每月组织一次政治理论学习交流研讨，每学期组织一本政治思想类书籍、一本工作业务类书籍的研读，研读后派代表进行读后感分享活动。意识形态常抓不懈，落实意识形态工作专题会议精神，做好各类网络校友群的引导和管理工作，在大是大非面前，在不当错误言论面前，敢于发声，正面回应，积极引导，勇于纠正。认真开展党建工作短板弱项排查，对照“未巡先改”清单逐一整改落实。始终绷紧江苏省属高校综合评价和校友会排行榜排名这两根弦，将其中核心指标的争先进位作为重要政治任务。

江苏大学校友会第四届领导机构组成人员名单

顾问：李盛霖　江泽林　陈　刚　韩立明　庄兆林　胡宗元　袁寿其　李洪波　吴春笃　梅　强　张济建　全　力　赵玉涛　陈　红

会长：颜晓红

副会长：丁建宁

常务理事：（以姓氏笔画为序）

马志强　马国建　王春生　王　鹏　任旭东　任泽中　刘曙阳　李　红　杨敬江　杨道建　肖　奋　吴麟麟　金丽馥　赵喜仓　施进华　黄　婷　嵇康义　潘剑锋

秘书长：任泽中

理事：（以姓氏笔画为序）

卜广庆　万由令　王　征　王友林　王文浩　王志刚　王丽敏　王桂民　尹志国　邓兴强　曲云进　朱　晏　朱立新　朱玲萍　江浩斌　汤同奎　孙　国　孙云明　杨　娟　杨东升

杨永清　杨　柳　杨　斌　何志霞
余一韩　汪少华　沈雪妹　张世兵
张国龙　张秋刚　张德胜　陆　杰
陈文正　陈　杰　陈　磊　林明昆
金玉成　周　彦　郑　伟　赵文祥
胡贵忠　姜　策　姚致清　夏建如
倪时平　徐　宁　高　静　陶　诚
黄勇强　康　灿　彭政纲　谢志芳
蔡真法　蔡海进　谭　成　熊胜群
潘红军　潘金彪　戴叶林

监事：高庆国　彭绍进

江苏大学教育发展基金会第四届理事会、监事会组成人员名单

理事会

理事长（法定代表人）：丁建宁

副理事长：张济建

理事：

颜晓红　李洪波　丁建宁　张济建
朱　晏　施进华　吴麟麟　嵇康义
孔玉生　王　鹏　肖　奋　黄反之
卢九评

秘书长：朱　晏

副秘书长：王　鹏

监事会

监事：高庆国　许晓世　董家友

2020 年“校友突出贡献奖”获奖名单

王晓秋　孙云明　刘志杰　肖　奋
李贤波　张秋刚　赵刻水　郦东兵
黄兴华　陶　诚　曹朝阳　谢炎民
蔡济波　蔡海进　潘　龙　薄晓明

江苏大学“095”工程首批校友行动大使聘任名单

王　民　王桂民　刘曙阳　余一韩
陈文正　杨永清　杨东升　姚致清
徐　宁　徐正华　徐伟松　傅现强

2020 年江苏大学校友工作联络员聘任名单

学院校友工作联络员

许乃熹　宋金行　桂　铠　李绍伟
殷鹏程　宋雅婷　杨　雪　魏国强
康金艳　蔡旻宇　申宝林　张书诚
王秋茹　蒋　雯　钟　艺　陈　智
单毅君　梁小豪　巢　雯　石建明
梁亚权　王伟杰

班级校友工作联络员

机械工程学院

武慧林　王　旭　张露露　王文芳
盖佰慧　王耀锋　马　帅　贺云龙
李昊谦　顾琦峰　丁雯雯　赵宇凡
郭耿亮　卜星宇　焦加飞　俞　乐
於伟杰　李　可　王佳波　修晓波
张　钰

汽车与交通工程学院

郭柯屹　许乃熹　冷　飞　李何亮
张　研　李孝银　柴家栋　王三刚
马玉亭　刘思雅　吴奇凡　周海洋
刘鑫源　宋金行　赵晓聪　毕善汕
胡义攀　李亚勇

能源与动力工程学院

王东保　桂　铠　黄恒章　曹雨桦
陈吉祥　汪　帅　邹子文　郭天栋
范显旺　孙洋凯　朱　炫　苏靖珂
郭　政　赵诚磊

材料科学与工程学院

秦钱万　李伯伦　崔树刚　李绍伟
程则瑞　贾　毅　王　俊　邓融峰
何加珍　王内徭　崔浩楠　徐海瑞
涂　杰　方　正　梁加浩　周　辰
苗　果　王增凯

电气信息工程学院

刘晓洋　殷鹏程　杨继明　陆洋锐

蔡　洋

食品与生物工程学院

彭泽康　郁姗姗　李石磊　宋雅婷
程　静　胡怡波　杨　雪　吴　平

环境与安全工程学院

张　虎　吴泽权　梁显林　高　健
刘雅婷　孙友亮

计算机科学与通信工程学院

魏国强　田学智　杜　阳　陈文龙
汪泽源　朱美玲　李　婕　祁润梅
刘波波　冯　伟　周　晋　何　洋
沈泽远　朱景华　徐丙磊　张大琳

理学院

赵婷婷　翟云佳　康金艳　胡　晓
安雨婷　孙晔旸　沈亚非　吴　波

土木工程与力学学院

蔡旻宇　周清琰　张星宇　曾普鑫
胡光华　徐雪冰　刘　野　江留慧

化学化工学院

申宝林　王　浩　杨浩宇　李　湘
练冬生　谢英杰　葛飞跃　安克奇

管理学院

张书诚　苏佳璐　王翔宇　谢丽玲
张亚茹　钱丹晴　叶佳金　苏清霖
邱林晓　王馨怡　王秋茹　徐宇辰
顾　翔　蔡　尧　毛文智　薛　诗
韩佶容

财经学院

张希羚　宜秀炜　杨　瑾　蒋　雯
张　颖　李立凡　杨　铭　蔡　南
郑光天　钟　艺　常　坤　穆美娟
彭中星　潘修成　王　优　陈逸州
谢　帝　万雪蕾　王璐瑶　杨研兴
张羽佳　靳昭晖　黄　兰

马克思主义学院

陈　智　李赵君

文学院

李卓宸　陈若仪　魏　玮　蒋画意
郑　昕　单毅君

法学院

梁小豪　张伯健　林　容　王豆豆
刘兆路

外国语学院

巢　雯　蔡培巍　段松松　陆秋妍
王剑波　安川川

艺术学院

石建明　邵　会　孟　娜　张金瑶
黄德祥　李小莉　张煜坤　赵海凌
江无右　付　煜

教师教育学院

丁春云　李　婷　刘映雪

医学院

李　涛　赵康容　王文欣　周新茹
刘　奕　陈正威　马贝贝　唐丽娟
邢　唯　周　漾　俞　愈　张子宁
李鸿帆　李玉昆　李　闯　刘　高
苏婷婷　李　成　史奕颖　朱　妍
李天捷　倪　浩

药学院

曹海霞　朱　杰　彭　云　陈宇菲
刘　琦　王庭庭　史文婉　朱　蓉

京江学院

蒋正恒　彭　宁　王致远　李廷松
马敏杰　张涵韬　张飞翔　帅　琦
杨琳琮　闫齐齐　吴　昊　王　薇
朱　慧　朱　翔　杨　姝　张　鸽
陈永强　刘　颖　宗　桦　马志坤
郑诗武　尤良伟　陈泓宇　金裕民
叶浩然　张天帅　黄　健　裘　鹏
顾秦榕　谷　威　王生伟　谢明璐
徐梓荐　罗俊杰　方　栋　殷伟萍
马嘉雯　杨丽馨　李梦笑　景林玲
魏洋杰　张洪伟　吴　铭　杨　明
杨仕瑞　孙钰程　韦红梅　魏献之
陆振凯　唐　能　曹育铭　卢　剑
赵璐璐　朱竟成　郑凡坤　徐少奇

陆慧芳　周昕玥　黄慧颖　石学杰
孙雪儿　冯迎亮　杜伟豪　胡炘鋆
刘　通　王小鹏　王烁翔　刘启漂
马承旭　王　坤　张　榕　孙舒曼
程琳芮　王家栋　许恒杰　严序康
韩　赛　彭　涛　李　凡　盛常宝
张　伟　郭　睿　李　亚　杨淑敏
杨奕文　朱家正　周展乐　乔天骄
许博文　章秀兰　沈一凡　戚兢悦

农业装备工程学院

梁亚权　张鹏鹏　王冠群　朱怀群
卞湧文

生命科学研究院

王伟杰

（撰稿：陆　蓉　陈秋月
核稿：任泽中）

附属医院

综述

2020 年突发的新冠肺炎疫情是新中国成立以来我国遭遇的传播速度最快、感染范围最广、防控难度最大的重大突发公共卫生事件。附属医院认真贯彻落实习近平总书记关于疫情防控的重要指示精神和党中央决策部署，在学校党委和行政的正确领导下，坚持生命至上、人民至上，坚决扛稳扛牢疫情防控政治责任，在非常之年彰显非常之为，在非常时期聚起非常之力，一手抓疫情防控，一手抓医疗服务，充分发挥公立医院的公益性，全力保障人民群众生命安全和身体健康，全院医务人员和就诊患者零感染。

【党的建设全面加强】 一是深化思想政治建设。认真落实党委会“第一议题”学习制度、党委理论学习中心组集中学习制度及职工月度政治学习制度，深入学习《习近平谈治国理政》（第三卷）、党的十九届五中全会精神、《民法典》、习近平总书记对学校的重要批示等。积极推进“学习强国”平台使用，建立“日报告”“日提醒”制度，活跃度排名从全校 30 多位提升并稳定在前 20 位。二是完善党建工作体制机制。认真落实党委领导下的院长负责制，切实发挥党委“把方向、管大局、作决策、促改革、保落实”的领导作用。推进《党委会议事规则》《院长办公会议事规则》《“三重一大”决策制度实施办法》《加强医院党的建设工作实施细则》等重要制度规范有序实施。推动医院“十四五”事业发展规划编制、省属医院建设、公立医院绩效考核等专项工作，扭住岗位设置与聘任、经济运行及化债、床位调整机制建立、门急诊布局优化等“卡脖子”问题持续推进。三是强化党管干部工作。结合医院发展需求，成立医保办（医保服务中心），先后选拔或调任 3 名管理、业务干部担任医保办、神经外科、医务处管理职务。制定印发干部鼓励激励、容错纠错、能上能下试行办法。强化党务干部待遇落实，在两代会、院周会、干部考核测评会等重要工作中，均把党总支、党支部书记列为重要参会、参议、参评成员，充分保障党务干部的知情权、参与权、表达权、监督权。建立“业务科室重大事项集体决策制度”，大力支持党支部书记作为业务科室科务会成员参与科室重大事项集体决策。四是加强基层党组织建设。充分发挥疫情防控下基层党组织战斗堡垒作用和党员先锋模范作用，在急难险重任务考验中全面提升基层党组织凝聚力和战斗力。贯彻落实《中国共产党支部工作条例（试行）》精神，以《新时代江苏大学党支部建设“提质增效”三年行动计划（2019—2021 年）》为指针，落实党建基本制度，不断推进党支部标准化、规范化建设。认真做好评星定级、党内统计等工作。五是推进全面从严治党向纵深发展。不折不扣落实全面从严治党党委主体责任、纪委监督责任，一体推进“不敢腐”“不能腐”“不想腐”，积极营造风清气正、干事创业良好氛围。（1）党委书记认真履行“第一责任人”责任，经常提醒班子成员认真履行“一岗双责”，关注并推动作风建设、医德医风建设和行风建设。（2）院党委、院纪委认真协助做好校纪委（监察专员办）吕剑平案件、严金川案件的查办工作。召开“以案为鉴，警钟长鸣”专题民主生活会 2 次，邀请校党委书记袁寿其同志到会指导并提出要求，同时院班子成员参加党总支、联系科室或重点科室专题会议，通报严金川案件并提出要求；召开全面从严治党大会和警示教育大会，分类别签订全面从严治党责任书（党总支）、党风廉政和行风职业道德建设责任书（业务科室）。（3）院党委大力支持院纪委监督执纪。制定出台医院《科级干部廉政档案实施办法》《关于规范党员领导干部操办婚丧喜庆事宜的暂行规定》《党风廉政意见回复工作实施办法（试行）》等，全年共出具回复廉政意见241人次，其中出具不宜推荐建议10人次；进一步加强内控机制建设，将内部控制的客体由经济业务活动拓展到党政业务活动，把防范经济活动风险内部控制提升为治理型内部控制；开展廉政风险排查防控。六是强化宣传工作和文化建设。坚持“团结稳定鼓劲、正面宣传为主”方针，内聚人心，外塑形象，全力打造宣传思想文化工作矩阵。办好网站、院报、公众号，开通官方抖音，积极宣传发展大事、先进事迹、技术突破、特色服务、典型案例和健康知识。在《光明日报》等省级及以上媒体刊发各类报道132篇，其中“学习强国”28篇。启动《疑难复杂病例汇编（2020版）》编辑出版工作。七是推进群团统战工作。加强民主管理，深化党务、院务公开，统筹抓好党建带工建、党建带团建、党建带妇建、党建带关建工作。坚持以高质量发展为主题汇聚民智民力，成功召开医院四届二次“两代会”，认真做好提案征集和办理工作。鼓励支持群团组织和民主党派建言献策，调整或新建联系民主党派和党外代表人士、联系返聘老专家等制度。八是党建工作成绩显著。院党委《新时代背景下高校附属医院意识形态工作的探索与实践》荣获《健康报》2020年“寻找卫生党建创新案例”活动“最佳实践案例”奖。《创新运用“党建+”模式筑牢疫情防控“红色堡垒”》获校2020年“党建工作创新创优奖”一等奖1项，实现零的突破。另获校“最佳党日活动”一等奖1项、二等奖2项，以及校第三届“中华经典吟诵大赛”一等奖及优秀组织奖；获评校党建工作样板支部1个（全校10个），校2019—2020年度党员示范岗2个，校党的建设2020年优秀论文三等奖1项、鼓励奖2项；获批校2020年度党建研究专项课题一般项目2项，校2020年思想政治工作研究课题一般项目2项；获批校纪检监察重点课题2项、一般课题1项。11月5日，省委组织部、省医院党建工作指导委员会在宁召开公立医院党建工作调研座谈会，医院党委应邀作为8家参会医院之一（唯一大学附属医院）在会上作交流发言。

【疫情防控全力以赴】 一是医疗驰援义无反顾。在抗击疫情最危急时刻，全院上下一盘棋，全体医护人员不畏艰险、冲锋在前，36封请战书、316个红手印，代表了请缨驰援的坚定决心。“若有战，先用我们”“救武汉就是救镇江”等请战宣言践行了“敬佑生命、救死扶伤、甘于奉献、大爱无疆”的崇高职业精神。17名援鄂战士白衣执甲，逆行出征，英勇无畏地奔赴疫情防控最前线，获得了湖北乃至全国人民的高度认可。1名援京、2名援疆的江苏检验医疗队队员也圆满完成支援当地核酸检验任务，为江大、为医院赢得了广泛赞誉。先后有10余人次获“全国卫健系统新冠肺炎疫情防控工作先进个人”、省“百名医德之星”等省级及以上荣誉或表彰，另有5名个人、1个集体获省委、省政府抗疫先进表彰。二是应急防控快速响应。医院迅速制定《应对新冠肺炎病例处置及院感防控应急工作预案》，并根据疫情形势变化和国家卫健委防控及诊疗方案的调整，先后多次对《预案》进行修订。成立疫情防控工作领导小组，下设综合协调、临床诊治、预防控制、物资与后勤保障、职工医院、新闻宣传、督导检查等7个工作组，各部门协调配合、联防联控、精准施策。“网上江滨医院”充分发挥互联网诊疗无接触、响应快、突破空间地域等优势，精准指导患者有序就诊，缓解线下救治压力，降低交叉感染风险。三是复工复诊有序推进。制定《新冠肺炎疫情防控期间有序复诊工作方案》，有序恢复口腔等限制类诊疗服务，规范医院感染防控、门急诊预检分诊、发热患者检验检查等流程。分开设置普通发热门诊和应急发热门诊。做好预约诊疗管理，引导患者错峰就诊，减少人员聚集。受中央广播电视总台中国国际电视台（CGTN）“全球疫情会诊室”节目邀请，援鄂医疗队队员通过视频会议与坦桑尼亚、赞比亚的医生和专家分享了中国的抗疫经验。四是常态化防控毫不松懈。认真贯彻落实“外防输入、内防反弹、人物同防”的防控策略，严格重点人群管控，加强医疗区域常态化防控，做好医疗救治及防控物资等各项准备，继续做好多病共防。

【医院管理全面提升】 一是高质量完成《章程》制定。医院《章程》在推动内部治理现代化中起到统领全局的作用，是医院依法治院、科学管理、履行公益性职责的基本纲领和行为准则。医院《章程》的顺利出台，为推进医院治理体系和治理能力现代化提供了坚强的制度保障。二是做好“十三五”总结和“十四五”规划编制。认真总结医院“十三五”期间取得的主要成就和经验，对照省内标杆医院查找存在的差距和不足，从外部和内部环境清醒分析当前存在的问题与挑战，积极把握面临的机遇和优势。初步确立“十四五”期间医院的总体发展思路是“围绕一个核心，实现两个满意，打造三项工程，推进四个转型，注重五个坚持”，明确医院发展的总体目标是到2025年核心竞争力和科技创新力进一步加强，现代医院管理制度体系进一步完善，社会贡献度和影响力进一步提升，努力建成党的领导坚强有力、管理水平先进、医疗技术领先、教学质量一流、科研实力雄厚、人员队伍精干、软硬件配置精良、人文关怀备至、公益成果突出的综合性、研究型、国际化一流大学附属医院和高水平区域医疗中心。三是落实省大型医院巡查整改。省大型医院巡查是对医院工作的整体“把脉”和全方位、多角度检验，是发现问题、整改问题、推动改革、促进发展的有利契机。各部门、各科室认真制订整改方案，细化整改措施，明确责任分工，强化跟踪督办，切实纠正和解决医院改革发展中存在的突出问题，全力推动医院各项工作再上新台阶。四是做好公立医院绩效考核。贯彻落实《国务院办公厅关于加强三级公立医院绩效考核工作的意见》，认真完成各类绩效考核数据上报工作。2020年省卫健委通报，2019年全省115家三级公立医院参加2018年度绩效考核工作，医院得分804分、A等次，在64家综合医院中位列第11位。

【核心竞争力不断增强】 一是专学科实力稳步提升。以解决危害群众健康的重大疾病、常见病、多发病临床实际问题为导向，以提高临床诊疗水平为目标，持续加强国家、省、市临床重点专科建设与管理。获评国家呼吸与危重症医学科（PCCM科）规范化建设三级达标单位，被国家卫健委批准成为基层医院外科专项能力培训基地。江苏省社区护理专科护士培训基地落户医院，成为医院首个省级专科护士培训基地。麻醉科、核医学科获批省级临床重点专科，建设单位骨科、皮肤科、检验科完成复核评审。着力加强医院感染科、重症医学科、急诊科等专科建设，提高重大疫情救治支撑能力和公共卫生服务保障能力。医院加入江苏省肺栓塞和深静脉血栓（VTE）防治联盟联盟单位、镇江市门静脉高压联盟副理事长单位，位列“2019届中国医院竞争力排行榜—地级城市医院百强榜”第67位。二是科研创新能力稳步提升。获国家自然科学基金7项，其中面上项目4项、青年基金3项；获省自然科学基金面上项目2项，省社会发展项目1项（200万元）；获省卫健委科研项目4项，省妇幼健康科研项目1项；获市社会发展项目13项，市软科学项目1项。成果方面，获省医学新技术引进奖二等奖3项。获发明专利4项，实用新型专利118项，软件著作权1项，其中实用新型专利同比2019年成倍增长。发表SCI检索论文76篇，单篇影响因子最高16.836分，影响因子3分以上39篇。加速康复外科研究团队创新开展ERAS项目，获评2020年市创新争先成绩突出科技团队。

【人事人才工作持续发力】 一是加大人才引进力度，增加人才总量。引进全职博士3人，新攻读博士9人，在职培养博士研究生2人，签订非定向培养协议回院博士2人，柔性引进江苏大学金山讲座教授2人。获批镇江市有突出贡献中青年专家2人、镇江市“金山英才”骨干博士1人，获批2019年江苏大学“青年英才培育计划”培育人选1人。二是加大人才培养力度，提升人才质量。在进修培训、学历教育、继续教育等传统的人才培养模式基础上，与时俱进，拓宽思路，对各类优秀人才加快培养。选派1人境外研修，1名境外博士后回院；获批2019年度江苏大学校级公派出国留学项目1人，2020年度江苏省政府留学奖学金项目1人，32人赴国内知名医院进修培训。新增博导3人，硕导12人。鼓励申报教学系列职称，9人申报教学高级职称，其中正高职称2人，副高职称7人。三是完善人才使用机制，激发人才潜能。完成第一批“5123”人才培养对象的期中考核，均考核通过，考核优秀共8人，发放考核优秀奖励共计6万元；同时，拨付第二年度项目经费共计117万元。做好省第五期“333工程”、市五期“169工程”、江苏省高校“青蓝工程”培养对象期满考核，以及“六大人才高峰”资助项目结项验收。获批2020年度省第五期“333工程”科研项目资助经费1项。在充分调研和讨论的基础上，完成首轮岗位设置实施方案制定，按计划12月底启动聘任工作，2021年1月份完成。加强合同制人员管理，完善转人事代理工作考核办法，29名合同制人员转为人事代理。

【教育教学水平全面提高】 一是做好教学工作。完成系主任、教研室主任、教学秘书的换届聘任，完成2020年助理教师培养期考核。以本科教学审核评估要求和临床医学专业建设规范为基准，加强教学环节管理。健全和完善教学质量管理体系，严格落实教学质量评价的“三听、三评、三查、三反馈”制度，教学质量不断提升。获江苏大学重点教材立项1项、来华留学生全英文授课课程教材立项1项、留学本科生英文授课校级精品课程立项1项，4名教师在江苏大学第十届教师教学竞赛中获奖，1人获评“优秀学业导师”。二是做好学生工作。积极探索推进“三全育人”综合改革，在人才培养的政策、队伍、经费、设施、平台等方面均给予支持和保障。新成立“三全育人”工作领导小组，利用教师节座谈、学业导师见面会组织2次“三全育人”工作专题研讨会，启动“北固讲席”“三全育人”专题系列讲座并举办首讲，获批2020年江苏省哲学社会科学研究项目课题“‘三全育人’视域下思政教学改革探索与实践研究——基于学业韧性的视角”。研究生报考率 86.3%，达线率 65.8%，录取率 54.8%。入选校“十佳青年学生”1 人，临床医学 2017 级 4 个班全部入选校先进班集体。三是做好住培工作。进一步完善住院医师规范化培训工作管理架构，调整住培工作领导小组、督导组成员，完成住院医师规范化培训专业基地（轮转科室）负责人、教学主任、教学秘书换届聘任。2020 年累计组织 53 人参加国家级、省级住培/全科师资培训班，举办市级住培带教师资培训班，培训师资 200 余人，有力提升了师资带教水平。顺利完成镇江市 9 个专业、123 名学员的住培结业技能考核工作。2020 年医院住培学员首次结业理论考试通过率为 91.11%。

【医疗服务持续改善】 一是丰富优质服务内涵。继续巩固实施“改善医疗服务行动计划”，在完善预约诊疗等 8 项工作制度的基础上，推进 12 项创新举措和 15 项“为民服务解难题”服务举措有效落实。开展内容丰富、形式多样的健康宣教及抗疫知识培训，举办线下健康大讲堂 10 余场、线上健康宣教推送 70 余次，受益群众近千人。急诊科普团队进校园、进社区开展心肺复苏等急救技能培训，并通过线上云科普进行急救知识传播，帮助群众在意外发生时能第一时间展开科学自救与互救。二是优化医疗服务流程。利用“网上江滨医院”APP 开通各专科“全时空”门诊，并积极推广线上预约、挂号、缴费、慢病复诊、报告查询、送药到家等服务，满足百姓便捷就医及健康管理需求。截至目前，“网上江滨医院”注册用户已达 4.1 万余人，同比 2019 年增长近 3 倍，日访问量 8 000 余次，患者累计问诊近万人次。开通门诊退费、外带药品使用等一批“马上办”流程。对门诊检验科采血流程进行改造，明显减少患者采血排队。建立重大阳性结果患者快速就诊通道，尽量减少患者来回奔波，实现重大疾病快速诊治。三是升级医疗服务模式。针对疑难复杂疾病、多系统多器官疫病等，建立多学科协作诊疗模式，提升疾病综合诊疗水平，已开设肺癌肺结节、不孕不育、骨质疏松、缓和安宁疗护等 7 个多学科联合门诊。用足优质医疗资源，更好地满足不同层次患者就医需求，开设儿科、消化科、皮肤科等 10 个高级专家门诊。积极开展日间手术，提高床位周转率和医疗服务效率，开展日间手术近 3 000 人次。以社会新需求为导向，持续深化优质护理服务，充分发挥江苏省社区护理专科护士培训基地作用，带动提高社区护理人员专业素质和服务能力。发挥临床药学部门作用，利用“杏林药知道”微信公众号等开展合理用药知识普及和用药能力提升行动。

【信息化建设不断升级】 一是推进智慧医疗。按照电子病历五级相关信息系统建设要求，按进度完成急诊管理系统、ICU 管理系统、知识库系统、CA 认证系统、危机值管理系统等建设，申报电子病历系统应用水平五级测评并通过江苏省初审，正积极筹备迎接国家测评。配合镇江市医保局 DRG 试点，积极推进 DRGs 相关项目的招标和建设，每月按时自动上报 DRG 数据。推进集成平台升级项目的调研和招标工作。二是创新智慧服务。在巩固“网上江滨医院”现有应用的基础上，结合疫情防控形势及患者就诊需求不断开发新功能、新应用。新增“对口支援—西藏地区”模块，藏区百姓通过手机就能享受到三甲医院专家的免费健康咨询，达孜医生也可以通过手机“医生端”随时向医院专家发起专科业务咨询和病例讨论。新增“自助核酸检测”功能，建立患者自助挂号、开单、缴费、采样的快速核酸检测通道。新增“药师咨询”栏目，临床药师在线提供用药指导和咨询，确保患者用药安全。设计集成化门禁系统，提高住院门禁管理效率。医院智慧服务亮点纷呈，荣登第二届中国智慧健康医疗大会“实践社会影响力卓越榜”“实践案例优选创新榜”及“实践责任效益优秀榜”。三是加强网络信息安全。组织开展“网安2020”专项行动，对医院外网和内网的网络安全进行全面检测，认真查找问题、发现隐患、化解风险、提升防护能力，筑牢网络安全防护网。严格按照《网络安全等级保护管理办法》开展三级等保技术测评，增加对“互联网医院”系统的定级备案和等保测评，保证“互联网医院”运营安全。继续推进云容灾系统建设及硬件维保、扩容工作。医院全年未发生重大网络安全事故。

【医疗保障有力有效】 一是完善基础设施。严格按照《江苏省发热门诊评估验收评分标准（试行）》，完成发热门诊规范化建设，有效发挥发热门诊重要前哨作用。在全院主要出入口及通道安装道闸系统和门禁系统，加强人员管理，有效控制人员进出。根据疫情防控需要及内科大楼调整方案，及时完成呼吸科隔离病房监护室改造，风湿科、神经内科及NICU等病房改造，保证住院患者的收治。进行门诊叫号系统升级，完成容灾机房、清洗消毒中心、血液科实验室、心血管实验室等改造，保证医教研工作平稳运行。二是保障物资供应。千方百计做好疫情防控物资储备和供给保障，服务疫情防控大局，并按要求做好医用防护物资、药品、消杀物资、核酸检测试剂及设备等疫情防控重要医疗物资消耗及储备情况定期上报工作。借助信息化手段，强化医疗设备全生命周期管理，确保医疗设备安全有效运行，降低医疗风险，保障患者医疗安全。三是加强“平安医院”建设。做好特殊人群就医管理，加强对重点人群、重点部位、重点时段的安全防控。配合公安机关严厉打击伤医、医闹等违法行为，全年未发生恶性案（事）件，有力维护医院正常医疗秩序。继续开展以安全责任制落实、火灾防控、危险化学品管理、后勤安保为整治重点的安全生产专项整治行动，抓好以“人防、物防、技防”为重点的安全防范能力建设，全面提升本质安全水平，全年安全生产零事故。

【认真履行社会公益责任】 一是持续加强对口帮扶。认真完成城乡对口支援任务，推进构建“双下沉、两提升”的长效机制，累计派出各级医师61人到基层医院坐诊。积极承担援藏、援疆、援陕等政府指令性援助任务，累计选派3人支援西藏达孜区人民医院，1人支援新疆生产建设兵团第四师医院，5人支援陕西蒲城县医院，共接收对口医院12名技术骨干来院进修。线下派驻专家，线上搭建平台，通过线上、线下多形式、立体化的医疗帮扶，有力提升优质医疗资源服务当地百姓的便捷性、可及性及普惠性。医院被陕西省卫健委授予医疗卫生对口帮扶成效奖。完成江苏省第30期桑给巴尔医疗队的组建，由10名医务人员、1名后勤人员及1名外语翻译组成的医疗队远赴万里之外的非洲支援地，开展为期一年的医疗援助，诠释中国医者的使命与担当。二是稳步推进医联体建设。根据国家、省、市关于医联体建设相关文件要求，继续加强城市医疗集团、专科联盟及远程医疗协作网等建设。注重资源整合，完善激励机制，着力构建管理规范、合作密切、利益共享的医联体合作模式。先后与8家医院签订医联体合作协议，江滨医疗集团内下转患者100余人次。推进“互联网+医联体”建设，在谏壁社区卫生服务中心、江苏大学职工医院及西藏达孜区人民医院建立互联网医院接诊点。通过健康路社区卫生服务中心先试先行，打通线上双向转诊通道，实现医疗资源上下贯通，高效便捷开展线上分级诊疗、慢病分级管理等服务，为江滨医疗集团各社区服务中心提供可复制经验。医院成为中国医院协会医疗联合体工作委员会常务委员单位。

（撰稿：吴　冰　核稿：赵　峰）

表彰·奖励

党政管理奖项

2020 年江苏大学及学校各单位（部门）获市级及以上表彰奖励情况

获奖单位	奖励名称	授奖单位	授奖时间
附属医院	中国胸痛中心（再认证）	中国胸痛中心联盟	2019. 11
江苏大学团委	2019 年度全省共青团工作“10100”创新创优工程三等奖	共青团江苏省委	2020. 08
江苏大学团委	2019 全市高校“博爱青春”暑期志愿服务优秀组织奖	镇江市红十字会、镇江市文明办、镇江市教育局、镇江市卫生健康委员会、共青团镇江市委	2020. 01
江苏江大恒昌物业管理有限公司	2020 年度十佳名牌物业管理单位	江苏省广播电视总台（集团）	2020. 01
附属医院	国家 PCCM 科规范化建设三级达标单位	中国医师协会呼吸医师分会	2020. 01
附属医院	在新冠肺炎疫情防控工作中表现突出的先进青年集体	共青团江苏省委	2020. 03. 03
江苏大学新媒体中心	2019 全国优秀高校校园媒体	中国青年报社	2020. 04
江苏大学	2019 年度江苏教育新闻舆论工作表扬单位	江苏省教育厅办公室	2020. 04
江苏大学京江学院团委	镇江市五四红旗团委	共青团镇江市委员会	2020. 04
江苏大学材料科学与工程学院团委	镇江市五四红旗团委	共青团镇江市委员会	2020. 04
江心工作室	2020 年江苏省心理学会抗疫志愿团队通报表扬	江苏省心理学会	2020. 04
江苏大学团委	江苏省五四红旗团委（团工委）	共青团江苏省委	2020. 05
学工处党支部第五党小组	示范党小组	中共镇江市委党建工作领导小组	2020. 06
江苏大学机关党群宣传部党支部	2019 年度全省高校“最佳党日活动”优胜奖	省委教育工委	2020. 06
农业工程学院	镇江市先进基层党组织	中共镇江市委	2020. 06
工程管理 1702 班	江苏省省级先进班集体	江苏省教育厅、共青团江苏省委员会	2020. 06
江苏大学	江苏省教育系统网络安全责任制落实先进单位	江苏省教育网络安全和信息化领导小组办公室	2020. 07
江苏江大恒昌物业管理有限公司	江苏省优质服务示范单位	江苏省广播电视总台（集团）	2020. 07

续表

获奖单位	奖励名称	授奖单位	授奖时间
附属医院	2014—2019 年度红十字工作先进集体	镇江市红十字会	2020. 07
附属医院	镇江市院前急救“四星岗哨”	镇江市医院协会院前急救管理专业委员会	2020. 07
附属医院	“速救优护”群众最满意的急救分站	镇江市医院协会院前急救管理专业委员会	2020. 07
土木工程与力学学院	2014—2019 年度红十字会优秀基层组织	镇江市红十字会	2020. 07
江苏大学项目办	2019 年西部计划绩效考核优秀等次高校项目办	全国大学生志愿服务西部计划管理办公室	2020. 08
土木工程与力学学院	“爱的防护伞”项目获 2019 年度江苏省十佳青年志愿服务项目	共青团江苏省委、江苏省志愿者协会	2020. 08
农业工程学院	江苏省农业机械学会先进单位	江苏省农业机械学会	2020. 08
江苏大学京江学院团委	2019 年度江苏省青年志愿服务新闻宣传奖	共青团江苏省委、江苏省志愿者协会	2020. 08
江苏大学	第六届江苏“互联网+”大学生创新创业大赛高教主赛道优秀组织奖	江苏省“互联网+”大学生创新创业大赛组委会	2020. 08
江苏大学	第六届江苏“互联网+”大学生创新创业大赛红旅赛道优秀组织奖	江苏省“互联网+”大学生创新创业大赛组委会	2020. 08
江苏大学官方微信	2019—2020 年度中国大学官微百强	中国青年报社	2020. 08
江苏大学关心下一代工作委员会	全国关心下一代工作先进集体	中国关心下一代工作委员会中央精神文明建设指导委员会办公室	2020. 08
附属医院	2019 年中国标准版胸痛中心年度质控金奖	中国心血管健康联盟	2020. 08
附属医院	2019 届中国医院竞争力地级城市医院 100 强	艾力彼医院管理研究中心	2020. 08. 28
附属医院	2019 届中国医院竞争力智慧医院 HIC300 强	艾力彼医院管理研究中心	2020. 08. 28
学院实践团队	镇江市大学生志愿者暑期“三下乡”“返家乡”社会实践优秀团队	共青团镇江市委员会、镇江市学生联合会	2020. 09
附属医院	综合卒中中心	中国卒中学会	2020. 09
附属医院	2016—2020 年社会服务先进集体	九三学社中央委员会	2020. 09
附属医院	2020 全国护士微电影节优秀影片	《中国护理管理》杂志社	2020. 09
附属医院	2020 医疗器械医院院内物流案例大赛三等奖	中国物流与采购联合会医疗器械供应链分会	2020. 09
附属医院	镇江市急危重症护理技能竞赛团体二等奖	镇江市卫生健康委员会	2020. 10. 30
附属医院	2020 年镇江市社会主义核心价值观主题微电影（微视频）大赛微视频类三等奖	中共镇江市委宣传部	2020. 10. 30

续表

获奖单位	奖励名称	授奖单位	授奖时间
附属医院	全省抗击新冠肺炎疫情先进集体	中共江苏省委	2020.11
附属医院	镇江市第五届急救技能竞赛优秀组织奖	镇江市职工培训教育技能竞赛领导小组办公室	2020.11
江苏大学团委	2020年全国大中专学生志愿者暑期“三下乡”社会实践“镜头中的三下乡”活动优秀组织单位	共青团中央青年发展部、中国青年报社	2020.11
江苏大学	首批江苏省大学生职业生涯教育示范基地	江苏省教育厅	2020.11
江苏大学	2019年度江苏省学生资助工作绩效评价优秀	江苏省教育厅、江苏省财政厅	2020.11
附属医院	第三批次中国房颤中心认证单位	中国房颤中心联盟	2020.11
附属医院	医疗卫生对口帮扶成效奖	陕西省卫生健康委员会	2020.11
江苏大学团委	“我的返家乡实践故事”征集活动最佳组织单位	团中央青年发展部	2020.11
江苏大学财经学院	全国红十字模范单位	中国红十字会总会	2020.11
附属医院	2020年镇江市卫生健康系统“小白牙”杯乒乓球、羽毛球竞赛乒乓球竞赛团体赛第一名	镇江市卫生健康委员会	2020.11.16
附属医院	2020年“圣和杯”优秀门诊管理创新案例二等奖	江苏省医院协会	2020.11.16
附属医院	“糖尿病运动康复操视频联展”优等奖	江苏省护理学会糖尿病护理专业委员会	2020.11.20
附属医院	2020第二届中国智慧健康医疗大会智慧健康医疗创新应用实践社会影响力卓越榜单	中国卫生信息与健康医疗大数据学会	2020.12
附属医院	2020第二届中国智慧健康医疗大会智慧健康医疗创新应用实践责任效益优秀榜单	中国卫生信息与健康医疗大数据学会	2020.12
附属医院	2020第二届中国智慧健康医疗大会智慧健康医疗创新应用实践案例优选创新榜单	中国卫生信息与健康医疗大数据学会	2020.12
附属医院	2020年心衰中心质控之星	中国心衰中心联盟	2020.12
附属医院	改善医疗服务示范科室	健康报社有限公司	2020.12
江苏大学	《江苏大学新冠疫情防控科普片》第3集《心理(上)》获得2020年“高校影视作品交流展映”活动教学类一类	中国教育电视协会高校电视专业委员会	2020.12
江苏大学	《江苏大学新冠疫情防控科普片》第3集《心理(下)》获得2020年“高校影视作品交流展映”活动教学类二类	中国教育电视协会高校电视专业委员会	2020.12

续表

获奖单位	奖励名称	授奖单位	授奖时间
江苏大学	2020年度常州市荐才工作合作成效突出单位“荐才贡献奖”	常州市人才工作领导小组办公室、常州市人力资源和社会保障局	2020. 12
江苏大学疫情防控后勤保障团队	2020年度感动人物	中国教育后勤协会	2020. 12
附属医院	改善医疗服务示范医院	国家卫健委医政医管局	2020. 12
江苏大学法学院青年志愿者协会	2020年江苏省高校红十字会“博爱青春”暑期志愿服务省级支持项目	江苏省文明办、江苏省教育厅、江苏省卫生健康委员会、共青团江苏省委、新华报业传媒集团、江苏省广播电视总台、江苏省红十字会	2020. 12
江苏大学	江苏省第六届大学生艺术展演活动优秀组织奖	江苏省学生艺术展演活动组委会	2020. 12
江苏大学	江苏省第六届大学生艺术展演活动优秀创作奖	江苏省学生艺术展演活动组委会	2020. 12
江苏大学关心下一代工作委员会	2020年“读懂中国”活动优秀组织奖	教育部关心下一代工作委员会	2020. 12
江苏大学工会	2020年市直基层工会财务工作年度考评“先进集体”	镇江市总工会	2020. 12
土木工程与力学学院青志协	2020年全市高校红十字会“博爱青春”暑期志愿服务活动优秀项目奖	镇江市红十字会、镇江市文明办、镇江市教育局、镇江市卫健委、共青团镇江市委	2020. 12
土木工程与力学学院青志协	第五届中国青年志愿服务项目大赛银奖	共青团中央、中央文明办、民政部、水利部、文化和旅游部、国家卫生健康委员会、中国残疾人联合会	2020. 12
江苏大学团委	第十二届“挑战杯”中国大学生创业计划竞赛学校优秀组织奖	第十二届“挑战杯”中国大学生创业计划竞赛组织委员会	2020. 12
江苏大学团委	第十一届“挑战杯”江苏省大学生创业计划竞赛优秀组织奖	共青团江苏省委、江苏省教育厅、江苏省科学技术协会、江苏省学生联合会	2020. 12
江苏大学	江苏省高等学校信息化建设先进单位	江苏省高等学校教育技术研究会网络信息专业委员会	2020. 12

续表

获奖单位	奖励名称	授奖单位	授奖时间
江苏大学外语学院	优秀组织单位	海外英语杂志、中国文化信息协会创新文化传播专业委员会、全国高校创新英语挑战活动组委会	2020.12
江苏大学	2020年“高校影视作品交流展映”活动专题类三类	中国教育电视协会高校电视专业委员会	2020.12
江苏大学	2020年“高校影视作品交流展映”活动专题类三等奖	中国教育电视协会高校电视专业委员会	2020.12
江苏大学	2020年“高校影视作品交流展映”活动短视频类三类	中国教育电视协会高校电视专业委员会	2020.12
江苏大学	2020年“高校影视作品交流展映”活动教学类一类	中国教育电视协会高校电视专业委员会	2020.12
江苏大学	2020年“高校影视作品交流展映”活动教学类二类	中国教育电视协会高校电视专业委员会	2020.12
江苏大学	2020年“高校影视作品交流展映”活动纪录片类二类	中国教育电视协会高校电视专业委员会	2020.12
江苏大学	2020年“高校影视作品交流展映”活动抗“疫”主题优秀作品	中国教育电视协会高校电视专业委员会	2020.12
江苏大学	2020年“高校影视作品交流展映”活动新闻类二类	中国教育电视协会高校电视专业委员会	2020.12
江苏大学	2020年“高校影视作品交流展映”活动新闻类三类（2项）	中国教育电视协会高校电视专业委员会	2020.12
江苏大学	2020年“高校影视作品交流展映”活动学校形象宣传片类二类	中国教育电视协会高校电视专业委员会	2020.12
江苏大学	2020年“诵读中国”经典诵读大赛江苏省选拔赛大学生组二等奖（2项）	江苏省语言文字工作委员会、江苏省教育厅办公室	2020.12
江苏大学	2020年“诵读中国”经典诵读大赛江苏省选拔赛教师组三等奖	江苏省语言文字工作委员会、江苏省教育厅办公室	2020.12
药学院药剂系教工党支部	第二批高校“双带头人”教师党支部书记工作室	教育部	2020.12
附属医院	2020年市创新争先成绩突出科技团队	镇江市创新争先选树委员会办公室	2020.12.04
附属医院	2020年江苏省老年健康科普及促进项目活动优秀组织奖	江苏省老龄工作委员会办公室	2020.12.07
附属医院	2020年江苏省第三届“优秀护理质量改善项目”三等奖	江苏省护理质量控制中心	2020.12.09
附属医院	2020年江苏省第三届“优秀护理质量改善项目”优等奖	江苏省护理质量控制中心	2020.12.09

续表

获奖单位	奖励名称	授奖单位	授奖时间
附属医院	2020年第二届“寻找卫生健康党建创新案例”活动“最佳实践案例”	健康报社有限公司	2020. 12. 10
附属医院	2019年度省属高校部门决算先进单位	江苏省教育厅	2020. 12. 22
江苏大学关心下一代工作委员会	2020年主题教育读书征文活动组织奖	江苏省教育系统关心下一代工作委员会	2020. 12. 25
教师教育学院	2020年度全省教科研工作先进集体	江苏省教育科学研究院	2021. 01
附属医院	第一批江苏省示范发热门诊	江苏省卫生健康委员会	2021. 01. 13
附属医院	2018—2020年改善医疗服务先进典型医院	国家卫生健康委办公厅	2021. 01. 21
附属医院	2018—2020年改善医疗服务先进典型科室	国家卫生健康委办公厅	2021. 01. 21
校纪委（监察专员办）	省属本科院校等事业单位纪检监察机构2020年度工作了解、核实“第一等次”	中共江苏省纪委办公厅	2021. 02. 09
附属医院	脱贫攻坚工作先进集体	镇江市卫生健康委员会	2021. 02. 18
江苏大学	2020全国校园优秀原创歌曲	中国教育电视台	2021. 03
江苏大学关心下一代工作委员会	镇江市“百名教授老区行”活动先进集体	镇江市关心下一代工作委员会、镇江市老区开发促进会、镇江市总工会	2021. 11. 21
农业工程学院	江苏省统战同心实践教育基地	江苏省统战部	2022

2020年江苏大学各单位（部门）获校级表彰奖励情况

1. 2020年度江苏大学目标任务综合考核“第一等次”单位 江大委发〔2021〕2号

教学科研单位（20个）

机械工程学院
农业工程学院
汽车与交通工程学院
能源与动力工程学院
材料科学与工程学院
电气信息工程学院
化学化工学院
管理学院
艺术学院
医学院
药学院
知识产权学院
体育部
流体机械工程技术研究中心
能源研究院
生物质能源研究院
新材料研究院
高效能电机系统与智能控制研究院
农产品加工工程研究院
绿色化学与化工技术研究院

职能部门/直属单位（14 个）
党委办公室（保密办公室合署）
校长办公室
校纪委（监察专员办）机关
党委组织部
党委宣传部（新闻中心合署）
党委学生工作部（学生工作处合署）
人事处（党委教师工作部合署）
教务处
科学技术处
研究生院（党委研究生工作部合署）
国际合作与交流处（港澳台事务办公室合署）
财务处
审计处
继续教育学院
获奖时间：2021 年 3 月 4 日

2. 2020 年度江苏大学关心下一代工作先进集体 江大委发〔2020〕102 号 （排名不分先后）
机械工程学院关工委
汽车与交通工程学院关工委
能源与动力工程学院关工委
材料科学与工程学院关工委
电气信息工程学院关工委
计算机科学与通信工程学院关工委
数学科学学院关工委
物理与电子工程学院关工委
土木工程与力学学院关工委
管理学院关工委
马克思主义学院关工委
文学院关工委
外国语学院关工委
医学院关工委
药学院关工委
京江学院关工委
马研会
关爱报告团
时雨社
“给我一个家” 工作组
创新工作组
健康服务组
关爱超市
节能工作组
合唱团
网络工作组
“四点钟学校” 服务组
获奖时间：2020 年 10 月 23 日

3. 2020 年度江苏大学新冠肺炎疫情防控工作先进集体 （排名不分先后）
附属医院
党委宣传部
人事处（党委教师工作部）
党委研究生工作部
信息化处
校长办公室
党委保卫部（安全保卫处）
党委学生工作部（处）
教务处
海外教育学院直属党支部
获奖时间：2020 年 11 月 26 日

4. 2020 年度江苏大学优秀研究生导师团队 江大校〔2020〕107 号

序号	单位名称	团队名称
1	机械工程学院	智能柔性机械电子研究团队
2	农业工程学院	智能化收获机械团队
3	食品与生物工程学院	食品物理加工技术与智能化装备团队
4	管理学院	医疗保障制度改革研究团队
5	流体机械工程技术研究中心	大型水力机械团队
6	科技信息研究所	信息行为与数据管理团队

获奖时间：2020 年 6 月 15 日

5. 2020 年度江苏大学国际化工作先进单位

江大校〔2020〕122 号　（排名不分先后）

食品与生物工程学院

理学院

管理学院

流体机械工程技术研究中心

人事处

汽车与交通工程学院

土木工程与力学学院

医学院

能源与动力工程学院

学生工作处

获奖时间：2020 年 6 月 24 日

6. 2020 年度江苏大学本科教学工作先进集体

江大校〔2020〕237 号

机械工程学院

能源与动力工程学院

数学科学学院

管理学院

医学院

获奖时间：2020 年 12 月 9 日

教学成果奖项

江苏大学第十届教师教学竞赛获奖名单　江大校〔2020〕231 号

一等奖（8 名）

组别	获奖教师	所在单位
新教师组	蒋　栋	汽车与交通工程学院
	苏文成	图书馆
中级组	李　霞	外国语学院
	成　静	计算机科学与通信工程学院
高级组	马方方	马克思主义学院
	蔡　杰	机械工程学院
实验和临床教学组	吴翊轩	电气信息工程学院
	郑慧茹	物理与电子工程学院

二等奖（20 名）

组别	获奖教师	所在单位
新教师组	王照伟	电气信息工程学院
	徐志伟	医学院
	石　梦	教师教育学院
	张相召	材料科学与工程学院
	樊　薇	机械工程学院

续表

组别	获奖教师	所在单位
中级组	罗　锐	材料科学与工程学院
	卢　璐	管理学院
	祝　莹	食品与生物工程学院
	洪　云	物理与电子工程学院
	黄　商	体育部
高级组	唐华彭	法学院
	赵燕燕	医学院
	罗　明	能源与动力工程学院
	张富宾	土木工程与力学学院
	杜瑞瑾	数学科学学院
实验和临床教学组	李　玲	临床医学院
	吉　滢	医学院
	王晓光	临床医学院
	彭金娟	医学院
	严　长	工业中心

三等奖（29名）

组别	获奖教师	所在单位
新教师组	孙艳楠	数学科学学院
	毛　茜	管理学院
	王悦澄	外国语学院
	谢晴晴	计算机科学与通信工程学院
	吴进娥	法学院
	昝新艺	食品与生物工程学院
	汤　莹	数学科学学院
中级组	张　莹	管理学院
	乔　薇	电气信息工程学院
	张朝霞	土木工程与力学学院
	许超群	数学科学学院
	丁　伟	计算机科学与通信工程学院
	熊晓夏	汽车与交通工程学院
	王天宝	电气信息工程学院
	王　倩	医学院

续表

组别	获奖教师	所在单位
高级组	万　武	财经学院
	张　磊	食品与生物工程学院
	张维煜	电气信息工程学院
	王志刚	马克思主义学院
	郑召文	计算机科学与通信工程学院
	孙建荣	机械工程学院
	黄雪云	文学院
实验和临床教学组	严　飞	医学院
	赵　丽	临床医学院
	刘朝莹	环境与安全工程学院
	王　猛	土木工程与力学学院
	朱其林	艺术学院
	姚雅极	医学院
	缪璐婷	工业中心

优秀奖（37 名）

组别	获奖教师	所在单位
新教师组	王丽雅	土木工程与力学学院
	刘　槟	化学化工学院
	杨　茜	财经学院
	汪存龙	材料科学与工程学院
	纪冠亚	农业工程学院
	余青桐	药学院
	刘东京	能源与动力工程学院
	王昕旸	物理与电子工程学院
中级组	徐　英	艺术学院
	吴教义	机械工程学院
	郭昭君	马克思主义学院
	王　卫	药学院
	朱晓溪	艺术学院
	闫林琼	外国语学院
	陈海宁	财经学院
	王春燕	财经学院
	吴沛文	化学化工学院
	顾媛媛	能源与动力工程学院

续表

组别	获奖教师	所在单位
中级组	董　星	环境与安全工程学院
	陈晓红	文学院
高级组	李瑞娜	汽车与交通工程学院
	谢月娥	物理与电子工程学院
	朱　方	环境与安全工程学院
	柴　楠	教师教育学院
	张　侃	材料科学与工程学院
	姚　琴	外国语学院
	白红叶	化学化工学院
	金英美	管理学院
实验和临床教学组	陈雪峰	基础工程中心
	张　宁	临床医学院
	洪育晗	汽车与交通工程学院
	王　胜	基础工程中心
	钟镇鸿	计算机科学与通信工程学院
	赵鲁宁	食品与生物工程学院
	史　宏	化学化工学院
	金　成	医学院
	王　双	材料科学与工程学院

获奖时间：2020 年 12 月 4 日

其他表彰

2020 年江苏大学图书获奖情况

获奖单位	获奖图书名	所获奖项	获奖时间
出版社	“泵及系统理论与关键技术丛书”	2020 年度国家出版基金资助项目	2020 年
出版社	《亲历农机化：中国农机化发展历程》	“2019 苏版好书”	2020 年
出版社	《近代中国中小学公民教育研究》	江苏省第十六届哲学社会科学优秀成果奖二等奖	2020 年

续表

获奖单位	获奖图书名	所获奖项	获奖时间
出版社	《近代中国中小学教员资格检定制度研究》 《诗词里的镇江地名》 《碳排放转移：宏观涌现与微观机理》 《汉画像石西王母图像方位模式研究》	江苏省第十六届哲学社会科学优秀成果奖三等奖	2020 年
出版社	《镇江市文物志》	江苏省地方志书质量评定优秀成果	2020 年
出版社	《永不打烊的警务室》	江苏省第七届紫金山文学奖（报告文学奖）	2020 年
出版社	《韵河——扬州牵头中国大运河申遗八年纪实》	首届南钢江苏报告文学奖优秀作品奖	2020 年
出版社	《永不打烊的警务室》《大医许祥生》	首届南钢江苏报告文学奖	2020 年
出版社	《张雅琴：一位女支书的新农村创业传奇》	首届南钢江苏报告文学奖荣誉奖	2020 年
出版社	《新冠肺炎突发疫情的社区防控：组织与管理》	第十届钱学森城市学“城市卫生健康问题”金奖提名奖	2020 年
出版社	《雪域高原的镇江海拔》	第三届镇江市“五个一工程”奖	2020 年
出版社	《永不打烊的警务室》	扬州市第十届精神文明建设“五一个工程”优秀作品奖	2020 年
出版社	《校园安全教育》等 14 种	“十三五”职业教育国家规划教材	2020 年
出版社	《中国绘画史》等 3 种	2020 年江苏省高等学校重点教材立项建设名单（新编教材）	2020 年
出版社	《智能材料结构力学行为》等 5 种	江苏大学 2020 年重点教材立项建设项目	2020 年
出版社	《扬中婚俗》	2019 海峡两岸书籍设计邀请赛评委会特别推荐奖	2020 年

（撰稿：常　钰　夏　冰）

2020 年江苏大学期刊获奖情况

获奖单位/人员	获奖名称	授奖单位	授奖时间
《排灌机械工程学报》	中国高校科技期刊“百佳期刊”	中国高校科技期刊研究会	2020. 11
《排灌机械工程学报》	江苏省科技期刊学会金马奖“十佳精品期刊”	江苏省科技期刊学会	2020. 11
《排灌机械工程学报》	江苏期刊明珠奖优秀栏目	江苏省期刊协会	2020. 09
《排灌机械工程学报》	第五届中国科协农林领域年度“百篇优秀论文”二等奖 3 篇	中国农学会	2020. 12
《高校教育管理》	华东地区期刊优秀栏目	华东地区期刊优秀栏目评审委员会	2020. 12
《高校教育管理》	江苏期刊明珠奖优秀栏目	江苏省期刊协会	2020. 09

续表

获奖单位/人员	获奖名称	授奖单位	授奖时间
《高校教育管理》	江苏省科技期刊金马奖十佳品牌栏目奖	江苏省科技期刊学会	2020. 11
《高校教育管理》刘伦	获江苏期刊优秀论文责任编辑	江苏省期刊协会	2020. 07
《高校教育管理》马双双	获江苏省高校学报优秀编辑学论文	江苏省高等学校学报研究会	2020. 12
《高校教育管理》马双双	江苏省高校学报优秀编辑	江苏省高等学校学报研究会	2020. 12
《高校教育管理》张丽莎	江苏省高校学报优秀编辑学论文	江苏省高等学校学报研究会	2020. 12
《江苏大学学报（社会科学版）》	江苏省科技期刊金马奖十佳品牌栏目奖	江苏省科技期刊学会	2020. 11
《实用心电学杂志》	江苏省科技期刊金马奖特色期刊奖	江苏省科技期刊学会	2020. 11
《实用心电学杂志》	华东地区期刊优秀栏目	华东地区期刊协会联盟	2020. 12
《实用心电学杂志》	江苏期刊明珠奖优秀栏目	江苏省期刊协会	2020. 09
《实用心电学杂志》顾艳	江苏省科技期刊金马奖“优秀论文”一等奖	江苏省科技期刊学会	2020. 11
《实用心电学杂志》顾艳	2020 年度学会工作“先进个人”表彰	江苏省科技期刊学会	2020. 11
《实用心电学杂志》顾艳	江苏大学“三全育人”征文比赛三等奖	江苏大学工会	2020. 07
《实用心电学杂志》顾艳	江苏大学“一封家书”征文比赛优秀奖	江苏大学妇联、工会	2020. 07
徐云峰	江苏紫金文化新闻出版“优青”	中共江苏省委宣传部	2020. 12
《排灌机械工程学报》陈建华	江苏青年编辑精英知识服务高峰论坛优秀论文一等奖	江苏省科技期刊学会	2020. 12
《排灌机械工程学报》陈建华	优秀编辑工作者	江苏省高等学校学报研究会	2020. 12
《排灌机械工程学报》陈建华	优秀编辑出版学论文奖	江苏省高等学校学报研究会	2020. 12
《排灌机械工程学报》陈建华	“金马奖”优秀论文二等奖	江苏省科技期刊学会陈建华	2020. 11
《排灌机械工程学报》陈建华	学术期刊创新发展研讨会暨优秀论文评选三等奖	江苏省科技期刊学会、安徽科技期刊编辑学会、河南省期刊协会	2020. 10
《江苏大学学报（自然科学版）》	江苏期刊明珠奖优秀栏目	江苏省期刊协会	2020. 09
《江苏大学学报（自然科学版）》	江苏省科技期刊“金马奖”十佳创新团队奖	江苏省科技期刊学会	2020. 11

续表

获奖单位/人员	获奖名称	授奖单位	授奖时间
《江苏大学学报（自然科学版）》	江苏省科技期刊“金马奖”优秀期刊传播奖	江苏省科技期刊学会	2020. 11
《江苏大学学报（医学版）》	江苏期刊明珠奖优秀策划奖	江苏省期刊协会	2020. 09
《江苏大学学报（医学版）》	中国高校优秀科技期刊	中国高校科技期刊研究会	2020. 11

（撰稿：赵俊杰）

大事记

江苏大学 2020 年大事记

一月

1 月 6 日 中国高等教育学会会长、教育部党组原副书记、副部长杜玉波应邀来校做了《新时代高等教育的使命担当》的专题报告。全体校领导，学科带头人、方向带头人、专业负责人，各学院系主任、教工党支部书记，全体处级领导干部，校级机关科级领导干部聆听了报告。校党委书记袁寿其主持报告会。

1 月 6 日 学校与哈尔滨电气动力装备有限公司签署战略合作协议。袁寿其和李梦启代表双方签订了战略合作协议书，高波和蔡龙代表双方签订了项目合作协议书。

1 月 10 日 2019 年度国家科学技术奖颁奖大会在北京召开。学校食品学院邹小波团队领衔完成和医学院许文荣团队合作完成的两项成果均获得国家技术发明二等奖。

1 月 11 日 学校李松军教授主持的“仿生与智能高分子材料的开发及应用”课题获得中商华夏湖北公司重大研发计划 2 000 万元的立项资助，立项签约仪式在材料学院举行。

1 月 11 日 校党委书记袁寿其、原副校长程晓农一行赴海安江苏铁锚玻璃股份有限公司和江苏铭利达科技有限公司推进材料学科的产学研合作。

1 月 13 日 学校要闻报道，教育部办公厅发布了关于公布第二批全国党建工作示范高校、标杆院系、样板支部培育创建单位名单的通知。学校药剂系教工党支部入选第二批“全国高校党建工作样板支部”。

1 月 14 日 学校召开“不忘初心、牢记使命”主题教育总结大会。省委党史学习教育第十二巡回指导组副组长袁森林等出席大会。校党委书记袁寿其做学校主题教育总结报告，袁森林代表指导组充分肯定江苏大学主题教育开展情况。校领导、校党委常委、近三年来退任的校级领导、校党委委员、校纪委委员、全体党员中层干部，以及“两代表一委员”代表、教授党员代表、教职工党员代表、学生党员代表等参加会议。参会人员对学校主题教育开展情况进行了现场测评。

1 月 14 日至 15 日 由江苏大学承办的江苏省高教学会保卫研究会第九届四次理事会暨 2019 年学术年会在镇江举行。江苏省公安厅党委副书记、副厅长尚建荣，省委教育工委副书记徐子敏，东南大学党委副书记、省高教学会保卫研究会理事长郑家茂，江苏大学党委书记袁寿其，省公安厅内保总队总队长薛魁，省安全厅涉外联络处处长霍越忠，省教育厅安全保卫与维护稳定处处长焦伟，省公安厅内保总队副总队长张久栋等领导出席会议。全省 140 多所高校保卫干部、特聘理事单位的代表，共 190 余人参加会议。会议听取了研究会第九届四次理事会工作报告、财务报告。郑家茂代表研究会做工作报告，报告主要回顾了研究会 2019 年主要工作成绩和 2010 年研究会工作设想。

1 月 15 日 2019 年度江苏省技术转移工作会议在南京举行，大会对全省技术市场工作及技术合同登记情况进行了总结表彰，2019 年度学校的技术合同额及增长量分别位列全省高校前三名、省属高校第一名。学校技术转移中心获评“2019 年度技术转移工作先进集体”及“2019 年度江苏省首届 J-TOP 创新挑战季优秀挑战者”，镇江江苏大学技术转移中心有限公司王磊荣获“2019年度江苏省首届J-TOP创新挑战季优秀技术经理人”荣誉称号。

1月15日 江苏省教育厅下发通知（苏教师函〔2019〕42号），公布了第八届江苏省师范生教学基本功大赛成绩。江苏大学荣获一等奖2项、二等奖2项、三等奖3项及组织奖，获奖总数位居全省师范生培养院校前列。

1月15日至18日 江苏省第十三届人民代表大会第三次会议在南京召开。会议期间，省人大代表、校长颜晓红提交的《关于大力发展现代智能农机装备推动江苏农业现代化建设走在全国前列的建议》受到媒体广泛关注。《新华日报》、江苏卫视、江苏新闻广播、交汇点、今日头条、《江苏经济报》、《江苏教育报》、我苏网等多家媒体进行了多次报道。

1月19日 江苏大学临床医学学科建设及教学工作座谈会在校召开。校长颜晓红教授、副校长全力教授出席会议并讲话，南京鼓楼医院副院长孙凌云教授，学校附属人民医院院长蒋鹏程教授、医学院院长许文荣教授、附属医院院长陈德玉教授等40多人参加了会议，会议由许文荣主持。

1月22日 第四届“一带一路”达沃斯论坛在瑞士达沃斯举行。本届论坛由清华大学发起，国家发改委国际合作中心、联合国训练研究所联合主办，邀请“一带一路”沿线国家的政要、工商领袖、专家学者出席。本届论坛突出“高质量发展与消除贫困”主题，集中研讨共建“‘一带一路’高质量发展”“人工智能与全球治理”“共享减贫经验与共促减贫发展”三个专题。校长颜晓红应邀出席论坛并就议题三“共享减贫经验与共促减贫发展”做了重点发言和交流。学校中国农业装备产业发展研究院、国际处相关人员出席论坛。17个国家和众多国际组织的130余人出席论坛。

1月22日、24日 学校两次召开工作会议，成立新型冠状病毒感染的肺炎疫情防控工作领导小组，部署安排新型冠状病毒感染的肺炎疫情防控工作。副校长全力主持会议，学校相关职能部门主要负责人参加会议。

1月29日 校党委书记袁寿其、副校长全力专程来到学校附属医院，就贯彻落实市长张叶飞1月28日在新型冠状病毒疫情防控专题会议上的讲话精神，召集附院全体班子成员，就如何进一步查补不足、精准施策、科学防治、有效控制并最终战胜新型冠状病毒疫情进行专题部署。

1月31日 校长颜晓红、副校长赵玉涛、国际处处长李仲兴，以及海外教育学院书记谢志芳、院长高静、学院党政领导班子成员、辅导员来到海外公寓看望在校居住的来华留学生和正在接受医学隔离的留学生。副校长赵玉涛就隔离区的设置和如何做好隔离期间的保障工作提出了指导意见。

1月31日 校党委书记袁寿其主持召开学校应对新型冠状病毒感染的肺炎疫情工作领导小组第二次会议，研究部署疫情防控工作。全体校领导、校党委常委、10个工作组同志及京江学院相关同志参加了会议。会上，校党委副书记李洪波传达了习近平总书记1月27日关于新型冠状病毒感染的肺炎疫情防控工作的重要指示精神，以及《中共中央关于加强党的领导、为打赢疫情防控阻击战提供坚强政治保证的通知》和《中共江苏省委关于深入贯彻落实习近平总书记重要指示精神 切实加强党的领导坚决打赢疫情防控阻击战的通知》精神。副校长全力传达了教育部、省教育厅关于做好疫情防控工作的有关要求。学校应对疫情防控10个工作组汇报了疫情防控进展情况、存在的问题及下一步工作安排。会议对学校当前疫情防控中存在的物资短缺、教职工陆续返校、离退休教职工和留学生等重点对象监管等问题进行了深入研究。袁寿其对下阶段学校全面做好疫情防控工作确保在中央和省委的坚强领导下打赢疫情防控阻击战提出具体要求。

二月

2月1日 学校召开各二级党组织书记工作会议，部署疫情防控工作。校长颜晓红，党委副书记李洪波，校党委常委、纪委书记、监察专员高庆国，校党委常委、副校长全力出席，38个二级党组织书记参加了会议，会议由校党委书记袁寿其主持并作重要讲话。校长颜晓红提出4点防疫要求。纪委书记高庆国传达了学校督查组工作情况，并对疫情防控工作提出具体要求。副校长全力通报了学校前期疫情防控工作情况、附属医院疫情防治情况、校重点人群排查情况，并从"师生返校要求、全面摸排情况、严控集聚活动、开展在线教学、加强综合管控、注重教育引导、加强志愿服务"等方面部署了学校下一阶段疫情防控工作。

2月1日 学校开通新型冠状病毒肺炎疫情防控专题网站。

2月2日 学校召开应对疫情工作组会议，进一步研究新形势下疫情防控工作。校党委副书记李洪波，校党委常委、副校长全力出席，各工作组牵头单位负责人及有关部门负责人参加了会议，会议由校长颜晓红主持。会上，副校长全力就进一步贯彻落实全省高校防控新型冠状病毒感染的肺炎疫情工作视频会议精神、做好学校当前和开学疫情防控工作进行了再部署。校长颜晓红对全力做好当前和开学期间疫情防控工作提出具体要求。

2月3日 京口区区长贾敬远一行来校对接交流新型冠状病毒感染的肺炎疫情防控工作。副区长郑兆巍、赵鹏参加会议。校长颜晓红、副校长全力、校应对疫情相关工作组牵头单位负责人参加了交流会。会议由副校长全力主持。

2月4日 《中国青年报》推出了每周一次的全国高校微信公众号综合影响力排行榜及相应的文章阅读量排行榜。在1月26日—2月1日普通高校公众号综合影响力全国排行与江苏省排行中，学校官微位列第22位和第1位。

2月4日 泰国清迈大学校长 Niwes Nantachit 教授致函校长颜晓红，对学校新型冠状病毒感染的肺炎疫情表达慰问。

2月5日 学校召开各二级党组织书记应对疫情工作第二次会议，对新形势下疫情防控工作进行再动员再部署。校党委副书记李洪波，校党委常委、副校长全力出席，38个二级党组织书记参加了会议。会议由校党委书记袁寿其主持。

2月5日 镇江市委书记惠建林一行来校座谈，了解学校疫情防控工作及下一步工作计划，并做出相关指示和要求。座谈会由校党委书记袁寿其主持。校长颜晓红汇报了江苏大学疫情防控的基本情况。

2月6日 校纪委召开纪委全委会，认真学习贯彻中央纪委国家监委、省纪委监委关于加强疫情防控监督工作的通知精神，听取疫情防控工作报告，研究完善校疫情防控监督工作方案。校纪委书记高庆国主持会议。校党委常委、副校长、校疫情工作领导小组副组长全力应邀通报学校疫情防控工作开展情况。

2月11日 江苏大学附属医院第三批驰援湖北医疗队8名医护人员奔赴湖北黄石。上午10点，在医院门诊大厅，校党委书记袁寿其、副校长全力为8名白衣天使壮行。

2月11日 校长颜晓红、副校长全力，到校职工医院做疫情防控工作检查及指导。

2月11日 学校召开学生工作视频会议，研究部署应对新冠肺炎疫情形势下的学生工作，校长颜晓红出席会议并讲话。会议由副校长张济建主持。学生工作处处长杨道建通报了近期工作情况，并对进一步做好新冠肺炎疫情防控形势下的学生管理、服务、就业、心理健康及思想政治工作等进行了部署。研工部部长沈晨、团委书记王丽敏做了工作发言。校长颜晓红对新冠肺炎疫情防控下的学生工作提出4点要求。各学院党政主要负责人、分管学生工作负责人、纪委督查人员，以及学工处、研工部、团委全体负责人参加会议。

2月12日 学校材料学院乔冠军团队研发的红外传感器应用于疫情防控工作。该传感器从红外敏感材料、红外滤光片，到芯片设计、器件封装，研发出具有我国自主知识产权的红外传感器全套核心技术，并在江苏省重点研发计划、镇江市“金山英才”计划和镇江市江苏大学工程技术研究院的大力支持下，实现了红外测温传感器的产品研发和批量试制。在迎战这次疫情过程中，合作企业已接到200余万件新订单，正在加紧组织生产。

2月15日 学校要闻发布“抗击新冠病毒 我校科研在行动”一文，“学校在扎实做好我校各项防控工作的基础上，充分发挥我校临床医学、药理学与毒理学、生物学与生物化学和工程学等ESI学科优势和省内平台优势，打响2019-nCoV防治的科技战役。一方面针对冠状病毒源头、致病机理和传播机制等问题开展深入的基础研究，为冠状病毒长期防治提供科技支撑。医学院张文教授团队迅速开展联合攻关，利用江苏大学医学院检验医学研究所建立的病毒宏基因组学分析平台，联合复旦大学医学院及上海派森诺测序公司，对实验室多年来保存的采集自100多种野生动物近10 000标本进行病毒宏基因组学分析，进行2019-nCoV溯源研究，以期确认新型冠状病毒的自然宿主及中间宿主。为从源头切断新型冠状病毒的传播打下基础。团队同时比较2019-nCoV及其近缘冠状病毒毒株S蛋白氨基酸序列，找出病毒变异及适应宿主受体分子重要位点，利用酵母双杂交系统，筛选2019-nCov与宿主细胞互作分子，以期阐明2019-nCoV适应性进化机制并明确该新型冠状病毒跨种间感染与传播关键分子，为新型冠状病毒感染的阻断药物制剂的研发及临床核酸诊断和治疗提供理论支撑。另一方面瞄准解决当前新型冠状病毒防治问题，发挥我校工科特色，以工支医，围绕快速检测方法研制疫苗抗体和临床药物筛选研发等问题尽快产出实际有效的科研成果。材料学院乔冠军教授团队研发出具有我国自主知识产权的红外传感器全套核心技术，实现了红外测温传感器的产品研发和批量试制，合作企业已提供数十万件红外测温探头，其探测率、灵敏度、响应时间等关键指标均达到国际先进水平，能更远距离、更快速、更高精度探测体温，目前已接到200余万件新订单，正在加快组织和提高产能，应用于本次2019-nCoV疫情防控工作”。

2月17日 校党委书记袁寿其、副书记李洪波一行慰问奋战在疫情防控一线的工作人员并看望隔离教职工。

2月18日 学校药学院沈松副教授课题组在国际材料科学领域权威杂志 *Nano Letters* 上（IF=12.279）报道题为“Reversible Thermochromic Nanoparticles Composed of a Eutectic Mixture for Temperature-Controlled Photothermal

Therapy（Nano Lett，2020，doi：10.1021/acs. nanolett. 0c00147）”的最新研究成果。江苏大学为第一单位，沈松副教授为第一通讯作者，学校硕士生冯磊为共同第一作者，附属医院吴琳副主任药师及中科院化学所王树研究员为共同通讯作者。

2月19日 学校召开视频会议，研究进一步推进和部署本科生、研究生线上教学工作。校长颜晓红，副校长梅强、全力出席会议并讲话。

2月20日 校党委书记、校友总会会长袁寿其，副校长丁建宁带领校友总会相关人员赴江苏大学附属医院，代表学校和广大校友向援鄂医疗队表示亲切的慰问。附属医院党委书记尹志国、院长陈德玉等参加慰问。截至2月20日，江苏大学疫情防控基金已接收到海内外校友的捐赠21万余元，300余人参加了爱心接力。附属医院已先后派出17名医务骨干支援湖北，校友捐赠物资也在第一时间发往了湖北抗“疫”一线。

2月21日 学校要闻报道，学校60多门研究生课程于2月10日开始线上教学，多措并举确保本科教学“停课不停教、停课不停学”。

2月22日 中国高等教育学会在线发布了最新的全国普通高校学科竞赛排行榜。江苏大学列“2019年全国普通高等学校学科竞赛排行榜（本科）”第64位，位列江苏省属高校第3位；列“2015—2019全国综合类本科院校学科竞赛排行榜”第18位。

2月24日 校党委书记袁寿其到能源与动力工程学院检查指导新学期线上教学工作。能动学院院长王军锋、党委副书记袁海宇，副院长潘剑锋、高波参加。

2月24日 学校全面启动线上教学运行与质量监控。

2月24日 在校长颜晓红的口令下，学校万名师生“云端”同上新学期第一课。齐聚“云端”的近5万名师生，共同面向屏幕上的五星红旗，唱国歌，行注目礼，以一场特别的线上升旗仪式拉开新学期的序幕。学校以“云端”新学期第一课为标志，全面启动新学期本科生在线教学和指导工作。

2月25日 学校召开安全生产委员会（扩大）会议，研究部署疫情防控和安全生产工作。校长颜晓红，副校长丁建宁、梅强、张济建参加会议，会议由颜晓红主持。会上，张济建和丁建宁分别传达学习了《省教育厅关于做好疫情防控期间学校安全生产工作的通知》《省教育厅关于印发〈江苏省高校危险化学品安全综合治理实施方案〉和〈江苏省高校危险废弃物处置专项整治实施方案〉的通知》，并对相关工作提出了部署要求。校长颜晓红做重要讲话，要确保疫情防控和安全生产“两不误”。

2月26日 学校召开了江苏大学2020年博士后综合评估工作启动会，副校长赵玉涛、人事处及13个博士后科研流动站的负责人参加会议。会议由人事处处长石宏伟主持。赵玉涛针对如何开展好本次博士后综合评估工作提出了具体要求。

2月26日 校长颜晓红，副校长全力，校党委常委、宣传部部长金丽馥来到信息化处调研指导学校疫情防控期间线上教学及校园文化活动信息化保障工作。

2月26日 国家出版基金规划管理办公室公布了2020年度国家出版基金资助项目评审结果，江苏大学出版社组织申报的以学校流体机械工程技术研究中心为主要依托的学术出版项目“泵及系统理论与关键技术丛书”获得国家出版基金正式立项，这是学校学术出版领域首次获批“国字号”基金项目。

2月26日 镇江市委常委、宣传部部长、统战部部长孙晓南一行来学校调研疫情防控工作。

2月27日 校党委书记袁寿其，校党委副书记、校长颜晓红，校党委副书记李洪波带头捐款支持疫情防控工作，其他党委常委也进行了捐款。在随后召开的全体中层干部视频会议上，袁寿其传达了中央关于组织党员自愿捐款支持疫情防控工作的文件精神，并对做好学校党员自愿捐款工作提出要求。

2月28日 镇江市委书记马明龙一行来学校调研座谈疫情防控、科研创新、学科建设及校地融合发展等工作。

2月28日 江苏大学第十九届“江大之春”大学生文化艺术节开幕式暨“五湖四海同抗‘疫’，青年学子展风采”文艺演出通过线上直播形式播出。

三月

3月3日 校党委理论学习中心组专题学习习近平总书记关于新冠肺炎疫情防控的重要指示和中央、省委决策部署。校党委书记袁寿其主持专题学习，全体校党委理论学习中心组成员参加学习活动。

3月5日 校党委书记袁寿其、校长颜晓红、副校长全力，以及研究生院常务副院长任旭东、副院长袁俊杰等到流体中心调研能源动力工程博士专业学位授权点申报工作进展。会议由颜晓红主持，流体中心全体领导、相关学院院长和学科秘书参加会议。

3月7日 学校开展新冠肺炎疫情防控应急实战演练。学校领导、相关部门中层干部和教职员工按照预案分角色按场景参加了模拟演练。

3月9日 校党委书记袁寿其一行专题调研学校纪检监察工作，强调要进一步提高政治站位，践行“两个维护”，履行专责监督责任，为营造风清气正的政治生态和良好干事创业环境，办人民满意大学提供坚强保证。校党委副书记、校长颜晓红，校党委副书记李洪波，校党委常委、组织部部长马志强参加调研活动。

3月9日至16日 学校团委依托江苏大学官方哔哩哔哩平台，组织开展“赤子心同战‘疫’——信仰公开课”云计划系列网络直播活动。本次公开课云计划分为“自信战疫”“责任抗疫”“青春防疫”三个篇章。

3月12日 学校要闻报道，2020年度中国教育干部在线学习平台开放，应国家教育行政学院邀请，学校学生处副处长任泽中在平台上讲授“创新创业教育改革创新”系列课程，分三讲分享和推广了学校在创新创业教育方面卓有成效的探索与实践。

3月12日 校长颜晓红、副校长全力，以及研究生院常务副院长任旭东、副院长袁俊杰一行4人，莅临科技园新大楼生命科学研究院调研指导，参加生物学一级博士点学位申报工作推进会。

3月12日 校长颜晓红、副校长丁建宁、全力，以及研究生院常务副院长任旭东、副院长袁俊杰调研机械学院牵头申报机械博士专业学位点相关工作。会议由颜晓红主持，机械学院全体领导、机械学科方向带头人、相关学院院长和学科秘书参加会议。

3月13日 学校召开课程育人、科研育人、实践育人工作组专题会议。校党委书记袁寿其，副校长丁建宁、梅强、张济建、全力出席会议，校课程育人、科研育人、实践育人工作组的牵头单位负责人和有关单位领导参加会议。会议由张济建主持，袁寿其作重要讲话。

3月15日 由学校药学院徐希明教授牵头，联合江苏天晟药业股份有限公司、乌兹别克斯坦塔什干国立农业大学共同申报的国家重点研发计划“甘草活性成分的创新研究与开发”成功获批（总经费1 041万元，其中学校获拨经费541万元），该项目为学校主持的首个战略性国际科技创新合作重点专项，学校实现了医药板块国家重点研发计划零的突破。

3月16日 江苏大学—兴源环境抗击新冠肺炎疫情防控产学研合作签约仪式举行。校党委书记袁寿其，副校长丁建宁、全力，校党委常委、宣传部部长金丽馥，兴源环境科技股份有限公司总裁颜学升、浙江疏浚工程有限公司总经理卢德明等出席签约仪式。丁建宁和刘卫杰共同签订《兴源环境科技股份有限公司与江苏大学产学研合作协议》，这是学校第一个专门针对校园疫情防控签订的产学研合作项目。

3月17日 学校召开公用房资源保障专题研讨会。校长颜晓红、副校长吴春笃、国资处处长赵喜仓等出席会议。会议由吴春笃主持。

3月18日 学校要闻报道，江苏省人民政府公布了2019年度江苏省科学技术奖励决定，学校18项优秀成果获奖，其中一等奖4项、二等奖10项、三等奖4项，获奖总数名列全省高校第二、省属高校第一。此外，学校4项科技成果荣获2019年度高等学校科学研究优秀成果奖（科学技术），其中一、二等奖各2项，获奖总数名列全国高校第15位。

3月19日 学校召开全校安全工作会议，学习贯彻习近平总书记关于安全工作的重要论述精神，推动落实中央、省委、省政府及省教育厅关于做好疫情防控期间安全生产工作的有关决策部署，研究部署学校当前和今后一段时期的安全工作。校党委书记袁寿其，校长颜晓红，副校长吴春笃、梅强、张济建、全力出席会议。会议由颜晓红主持。

3月25日 “中国智能农业装备国际创新中心”建设会在江苏大学召开。镇江市副市长陈可可、校长颜晓红、副校长丁建宁、启迪集团高级副总裁沈童刚等出席会议。会议由丁建宁主持。镇江市各部门、江苏大学、启迪集团分别就平台引进、团队入驻、企业落户、基金设置、政策制定、土地资金保障等问题进行了充分交流。

3月25日 全国高校毕业生就业状况布点监测工作视频会在京召开，教育部高校学生司司长王辉主持会议并讲话。学校被确定为首批全国100所布点监测高校之一，校党委书记袁寿其、校长颜晓红、副校长张济建参加了视频会。

3月26日 校长颜晓红，副校长全力、陈红等到江苏大学附属学校视察师生返校准备及疫情防控工作。

3月27日 学校累计有40门课程在中国大学MOOC平台（http://www.icourse163.org）面向社会免费开放。教务处充分利用假期时间，专门成立“在线课程上线攻坚小组”，推动“会计学”“CPS技术与创客实践”等11门优质课程在中国大学MOOC平台上线。学校与爱课程网（中国大学MOOC）合作建设了江苏大学在线课程中心。

3月27日 学校设立主会场，以视频会议的形式召开了2020年宣传思想文化工作暨文化育人、网络育人工作推进会。校党委书记袁寿其参加会议并讲话，校党委副书记李洪波主持会议，校党委常委、宣传部部长金丽馥，校党委常委、组织部部长马志强出席会议。会上，金丽馥首先做工作报告。马志强宣读了2019年度新闻宣传工作先进单位、优秀教职工记者、十佳二级中文网站、优秀网络管理员、十佳新媒体运营单位、优秀新媒体管理员、优秀大学生记者等表彰文件。校党委书记袁寿其、副校长李洪波做重要讲话。

3月27日　徐州工程机械集团有限公司总经理杨东升一行来校开展产学研合作洽谈。

3月29日　学校在小礼堂设立主会场，以视频会议方式召开四届四次教职工和工会会员代表大会。校党委书记袁寿其、校长颜晓红等全体校领导出席会议。学校20个代表团共300余名代表分别在主会场和17个分会场，线上线下同步参加了本次会议。

四月

4月3日　校长颜晓红召集金山英才班加拿大访学组53名同学召开视频交流会议，教务处、国际处、卓越学院相关领导参加会议。会议由教务处处长、卓越学院院长王谦主持。

4月3日　学校在学府路1号门入口举行2020年春季学期学生开学返校演练。校党委书记袁寿其，校长颜晓红，校党委副书记李洪波，副校长张济建、全力，校党委常委、宣传部部长金丽馥到场指导演练。演练结束后，袁寿其讲话总结演练情况。镇江市有关方面领导和部分在镇高校相关领导到达现场观摩。江苏大学应对新冠疫情工作领导小组成员、各工作组主要负责人，以及各学院副书记、辅导员等参加演练。

4月10日　校长颜晓红、副校长全力一行赴南通开展产学研对接活动，与中科院上海技术物理研究所南通智能感知研究院签署《江苏大学与中科院上海技术物理研究所南通智能感知研究院战略合作框架协议》。

4月14日　学校召开学生返校工作部署视频会，进一步做好学生返校的疫情防控和管理服务工作，进一步明确学校近期重点工作安排，确保返校开学工作平稳有序、各项工作高质量推进。会议设立1个主会场和31个分会场，线上线下同步进行。会上，校长颜晓红部署了学生返校及近期重点工作。校党委书记袁寿其主持会议并讲话。

4月14日　学校要闻报道，农业装备工程学院吴春笃教授、贾卫东研究员领导的科研团队自主研发的新型超低量静电喷雾消毒机和强电离静电喷雾消毒机应用于疫情防控。新装备极大地提高了消杀作业效率和极大地降低了劳动强度，是学生全面返校后开展大面积消杀必备的机型。

4月15日至16日　学校召开“三全育人”工作中期检查汇报会。本次检查汇报会分组设立三个会场，校党委副书记李洪波，副校长张济建，校党委常委、宣传部部长金丽馥分别出席分组会议，校纪委副书记夏民、监督检查处处长李志红等列席会议，12个育人工作组的牵头部门负责领导参加汇报会。

4月17日　江苏大学、国网江苏综合能源服务有限公司、国网镇江供电公司举行综合能源服务战略合作框架协议签约仪式。三方在综合能源互补利用、分布式能源建设、合同能源管理等方面正式达成战略合作。校长颜晓红，副校长吴春笃，后勤管理处、附属医院主要领导，以及国网江苏综合能源服务有限公司董事长、党委书记蔡钧，国网镇江供电公司总经理王勇等主要负责人出席签约仪式。仪式由国网镇江供电公司副总经理王文天主持。

4月17日　南京市溧水区委副书记、南京国家农业高新技术产业示范区管委会主任方靖一行来学校开展调研会谈，校党委书记袁寿其、副校长丁建宁出席会议。

4 月 19 日至 20 日 经江苏省新型冠状病毒感染肺炎疫情防控工作领导小组学校防控组备案通过，学校 2020 年春季学期研究生正式返校。根据“错峰、分批、分流”的原则，目前共有 4 333 名研究生完成返校，整体工作平稳有序、安全高效。

4 月 20 日 “新结构经济学知识产权研究院”揭牌仪式在南京江北新区隆重举行。南京市委常委、江北新区党工委专职副书记罗群，江苏省知识产权局局长支苏平，南京市人民政府副秘书长包洪新，北京大学新结构经济学研究院副院长王勇，江苏大学校长颜晓红，江北新区管委会副主任陈潺嵋共同为新结构经济学知识产权研究院揭牌。揭牌仪式由江苏省知识产权局副局长张传博主持。

4 月 22 日 学校要闻报道，为了深入学习习近平总书记关于扶贫工作的重要论述，总结提炼教育扶贫先进典型，推广教育扶贫的经验做法，北京师范大学中国扶贫研究院组织实施了全国教育扶贫典型案例征集评选活动。该活动共评选出全国教育扶贫典型案例 235 项，学校申报的“初心如磐深耕老区扶贫　久久为功助力脱贫攻坚”成功入选。

4 月 22 日 全国大学生志愿服务西部计划项目管理办公室公布了 2019 年西部计划绩效考核结果，学校再次获评西部计划绩效考核优秀等次高校项目办，这是学校继 2018 年获评该荣誉后连续第二年获评（全省仅 3 所高校连续两年获评）。

4 月 27 日 校党委理论学习中心组专题学习了省委组织部、省委教育工委印发的《关于加强省属高校领导班子政治建设的若干措施》。专题学习由校党委书记袁寿其主持，全体校党委理论学习中心组成员参加学习活动。

4 月 27 日 为迎接研究生返校，进一步提升检测人员效率，江苏大学与兴源环境、同盛环保产学研合作项目“校园防疫通道 2.0 版”在学校正式投入使用。

4 月 28 日 学校召开 2020 年度全面从严治党工作会议。全体校领导、校党委委员、校纪委委员、全体中层干部、全体专兼职纪检监察干部、特约监督员代表参加了会议。校党委书记、校党的建设领导小组组长袁寿其出席会议并讲话，对学校 2020 年度全面从严治党工作进行了总体部署并提出要求。会议由校党委副书记、校长、校党的建设领导小组副组长颜晓红主持。会上，校党委常委、校纪委书记、监察专员高庆国代表学校党风廉政建设责任制领导小组做了《深化落实“两个责任”深入推进全面从严治党　为高水平研究型大学建设提供坚强政治保证》工作报告。颜晓红就贯彻落实好会议精神强调 4 点要求。会上，全体校党委常委、二级党组织书记代表向校党委书记袁寿其同志递交了《2020 年度全面从严治党责任书》。

4 月 28 日 2020 年美国大学生数学建模竞赛（MCM/ICM）成绩揭晓，由理学院应用数学（中外合作）专业 2017 级的杨佳凝、王炳胥、曹澍铖组成的队伍（指导教师：朱霖河）喜获特等奖提名奖（Finalist）。美国大学生数学建模竞赛由美国数学及其应用联合会主办，是唯一的国际性数学建模竞赛，也是世界范围内最具影响力的数学建模竞赛。

4 月 29 日 由中国农业机械学会、中国农业机械工业协会、中国农业工程学会、中国农业机械化协会、中国农业机械流通协会主办，江苏大学和农业工程大学国际联盟联合承办的“2020 耒耜国际论坛”在学校召开。受疫情影响，2020 年“耒耜国际论坛”采取线上线下相结合的方式举办。本次论坛以“脱贫攻坚，农机赋能”为主题，围绕“智能农业装备发展趋势”展开研讨，来自美国、英国、泰国等7个国家和地区，以及中国农业大学、浙江大学、吉林大学、西北农林科技大学、南京农业大学等60余所涉农高校的300余位专家学者参加会议。校党委书记袁寿其教授做《中国农机装备产业的发展历程与展望》报告。江苏省农业科学院院长易中懿、校党委书记袁寿其共同为耒耜大楼揭牌。论坛还举办了“农业装备产业发展”“‘十四五’农机发展”两场次研讨会。

4月30日　“青春在奉献中绽放”——江苏大学2020年“五四”颁奖典礼暨青年师生信仰公开课在学校小礼堂和江苏大学官方哔哩哔哩线上线下同步举行。活动由“自强篇”“实干篇”“奉献篇”三个部分组成。活动上，校党委书记袁寿其、校长颜晓红为“挑战杯”获奖指导教师颁奖，李洪波、丁建宁、吴春笃为“挑战杯”获奖学生代表颁奖，梅强、张济建、高庆国为“江苏大学十佳青年教职工”颁奖，全力、赵玉涛、陈红为2019年度“江苏大学五四红旗团委（团总支）”颁奖。金丽馥宣读校“十佳活力团支部”名单，马志强宣读校“十佳团支书”名单，杨敬江宣读第十六届江苏大学“十佳青年学生”名单。

4月30日　学校要闻报道，经学校申报，省教育厅、省体育局组织专家评审、复核、公示等环节，学校获评2017—2019年度江苏省体育特色学校。

五月

5月7日　校长、京江学院理事长颜晓红，副校长张济建、全力、陈红，以及校长办公室、学生工作处、安全保卫处、后勤管理处领导和有关工作人员对京江学院2016级返校毕业生进行走访看望，京江学院院长路正南、党委书记陈志刚等院领导陪同看望。

5月8日　由中国青年报社、中青校媒举办的“寻找2019全国百强校园媒体”评选结果揭晓，江苏大学党委宣传部新媒体中心获“2019全国优秀高校校园媒体”称号（位列全国22位）。

5月13日　2020年度研究生培养方案修订工作布置会在学校小礼堂召开。校长颜晓红、副校长全力出席会议。各学院院长、分管院长和硕士点学科带头（负责）人，以及研究生院相关院领导和工作人员参加会议。会议由全力主持。研究生院常务副院长任旭东介绍了本轮研究生培养方案的修订工作进程和修订方案思路，并对下一步工作进行了布置。颜晓红对研究生培养方案修订工作提出了具体要求。

5月15日　科睿唯安公布了2020年5月最新一期的世界一流学科排名数据，学校相关学科排名再创新高，国际影响力再度攀升。学校整体排名列国内第47位，较上一期排名提升了3位；全球排名列第751位，首次进入该榜的全球前800位，较上一期排名提升了73位。学校进入世界一流学科全球前1%的7个学科排名均有较大提升：工程学排名第211位，提升39位，由1.58‰提升至1.37‰；农业科学排名第240位，提升44位，由3.17‰提升至2.76‰；化学学科排名提升33位，升至1.76‰；材料科学排名提升30位，升至2.18‰；临床医学排名提升71位；药理学与毒理学排名提升70位；生物学与生物化学排名提升98位。另外，在全球领先的高等教育评价机构软科发布的2020“软科中国大学排名”中，学校列全国第72位，比2019年的第85位提升了13位。“2020软科中国大学排名”的对象是中国 1 200 多所本科层次的高校，其评价体系设置了十大模块，细分 30 个评价维度，内嵌上百项评价指标，是对中国大学办学水平的立体化监测评价。高度重视人才培养、突出强调服务国家是软科排名指标体系的两个最重要特点。

5 月 16 日 学校非毕业班本科生顺利完成返校复学，疫情防控期间学校大规模学生返校工作圆满完成。校党委书记袁寿其，校长颜晓红，党委副书记李洪波，副校长张济建、全力及相关部门负责人看望慰问了返校同学。

5 月 18 日 江苏省人力资源和社会保障厅对 2020 年度江苏省资助招收博士后人员和江苏省博士后科研资助计划拟资助名单进行了公示。学校拟获批 2020 年江苏省博士后科研资助计划 28 项，其中，A 类 4 项、B 类 4 项、C 类 20 项，项目数量位居全省第二。此外，另有 14 名校企联合培养博士后从企业申报拟获资助。

5 月 19 日 江苏大学第四届党委第三轮巡察工作动员会召开，计划对 10 个基层党组织开展巡察动员。校党委书记、校党委巡察工作领导小组组长袁寿其出席会议并做动员讲话。校党委副书记、校党委巡察工作领导小组副组长李洪波宣布了校党委第三轮巡察组长授权及任务分工。会议由校党委常委、校巡察工作领导小组副组长高庆国主持。

5 月 20 日 车载信息服务产业应用联盟秘书长庞春霖一行来学校调研。

5 月 26 日至 27 日 学校召开 2020 届毕业班学生代表座谈会。校长颜晓红，校党委副书记李洪波，副校长张济建、全力、赵玉涛出席会议。座谈会分 4 场举行，2020 届毕业班 26 名研究生、45 名本科生、41 名来华留学生代表参加座谈。

5 月 27 日 镇扬片区高校人事工作调研座谈会在学校召开，省教育厅和省人力资源和社会保障厅领导及相关职能处室负责人、镇扬片区部分高校人事和学工部门主要负责人参加会议。副校长赵玉涛出席座谈会。会议由江苏省委教育工委副书记徐子敏主持。

5 月 27 日 2020 年镇江市重点人才企业驻镇高校专场招聘会在学校体育馆二楼主馆举行，校长颜晓红、副校长张济建出席仪式。活动由镇江市委组织部副部长、镇江市人才办主任毛健主持。52 家高质量用人单位进校选才，提供有效需求职位 1 241个，岗位需求基本涵盖学校各个学科专业，近 500 名已返校毕业生分批错峰有序进场应聘。

5 月 27 日 应中央广播电视总台中国国际电视台（CGTN）“全球疫情会诊室”节目邀请，江苏大学附属医院、南京医科大学第二附属医院等江苏援鄂医疗队部分骨干成员，通过视频连线方式与坦桑尼亚、赞比亚医务工作者分享了新冠肺炎疫情防控与救治经验。共 15 名来自坦桑尼亚公私医院、赞比亚卫生部的医疗专家和中国专家隔空对话。

5 月 29 日 学校召开本科培养计划修订工作推进会，校长颜晓红、副校长梅强出席会议。教务处处长王谦详细解读了《江苏大学关于制定 2020 版本科培养计划的原则意见》，对学校本科培养计划修订工作的背景、改革思路与举措进行了阐述，并就下一步工作进行了安排。颜晓红从如何看待培养计划修订的原则意见、怎样落实、如何做到“四个坚持”等三方面对此次培养计划修订工作提出了具体要求。

5 月 29 日 江苏大学、苏州大学、苏州科技大学、常熟理工学院、江苏理工学院、常州大学、江苏科技大学纪检监察机构协同工作研讨会在学校召开。学校被确定为苏南地区组首轮组长单位。校党委书记袁寿其出席会议并致辞。会议研究完善了《苏南地区组高校纪检监察机构协同工作方案》。

六月

6月3日 校长颜晓红、副校长全力一行调研农业工程学院，就农业工程“一流学科”建设、第五轮学科评估，以及农业工程学院运行体制机制等方面进行指导。农业工程学院院长由天艳汇报了学科评估准备工作、“一流学科”建设思路和学院重点工作，与会人员就调研主题进行了研讨。

6月4日 学校组织参加2020年全省教育系统全面从严治党工作视频会。省委教育工委召开2020年全省教育系统全面从严治党工作视频会，回顾总结2019年工作，研究部署2020年推进全面从严治党工作各项任务。省委教育工委书记、省教育厅厅长葛道凯，省纪委省监委派驻省教育厅纪检监察组组长张姬雯出席会议并讲话。

6月5日 江苏大学新时代“三农”问题研究中心茅山研究基地在句容市茅山镇何庄乡村振兴指挥部揭牌。江苏大学党委副书记李洪波与句容市委副书记、市长周必松共同为研究基地揭牌。

6月5日 江苏大学与恒顺集团全面合作战略协议签约仪式在校举行。

6月6日 教育部批复了2020—2021学年“中非友谊”中国政府奖学金项目，学校申报的“非洲国家高校高层次人才培养项目”入选，首次获批“中非友谊”中国政府奖学金学历项目。

6月10日 教育部发布《教育部高等教育司关于公布2019年第二批产学合作协同育人项目立项名单的通知》，学校推荐申报的18个项目获批立项。

6月10日 江苏省委、省政府在南京举行全省科学技术奖励大会，表彰2019年度省科学技术奖获奖单位和个人。江苏大学18项成果荣获江苏省科学技术奖，其中一等奖4项、二等奖10项、三等奖4项，获奖总数名列全省高校第二，省属高校第一。陈龙教授主持完成的“车用高性能空气悬架系统关键技术及应用”、鲁金忠教授主持完成的“航空复杂构件激光表面强化与复合再制造关键技术及其应用”、程晓农教授领衔完成的“先进核能系统关键管材与核心部件研制及产业化”、李彦军副研究员合作完成的“南水北调工程大流量泵站高性能泵装置关键技术集成及推广应用”等4项成果荣获2019年度江苏省科学技术奖一等奖。

6月17日 科技部火炬中心网站公布2018年度国家技术转移机构考核评价工作结果，学校技术转移中心在此次考评中获评为优秀单位，并位列全省高校第一。

6月19日 受中国国际电视台（CGTN）“全球疫情会诊室”邀请，江苏大学携手雷沃重工应邀参加“全球疫情会诊室”非洲四国常态化防控抗疫和复工复产主题的活动，与其他中外嘉宾共同为赞比亚常态化防控和复工复产提供意见建议。活动中，江苏大学副校长赵玉涛和雷沃重工海外总经理孙德明一起，分析了疫情对农业农村经济和粮食安全问题的主要影响，指出智能农机在农业复产中的作用，分享了教育界和产业界落实“六稳”“六保”、抓好疫情防控和复工复产复学的工作经验，回答了赞比亚农业生产复工和高校复学的咨询。节目由央视CGTN英语主持人邹韵主持。

6月19日 江苏大学与新希望集团校企合作洽谈会在校举行。

6月23日 江苏大学2020年毕业典礼暨学位授予仪式在学校体育馆主会场举行。受新冠肺炎疫情影响，今年的毕业典礼采取“主会场+分会场”“线上+线下”的模式。学校共有10 398名毕业生，其中本科生8 048名，硕士研究生1 940名，博士研究生149名，留学生261名。截至6月22日，2020届毕业生中将有1 565人进入浙江大学、复旦大学等国内知名高校继续学习，有139人将赴哥伦比亚大学、伦敦大学等世界名校留学深造，有14人通过了名校优生选调，有23人参加西部计划和苏北计划。

6月26日 学校与上海凯士比泵有限公司战略合作研讨会召开。双方就校企合作、联合攻关，加强科技成果转化，人才培养、培训与交流等方面内容开展战略合作。

6月26日 教育部办公厅公布首批新工科研究与实践项目结题验收结果。校长颜晓红主持的“新工科理念下新卓越工程人才四维度交融培养模式改革与实践”项目验收结果为优秀。

6月28日 学校召开第三次国际化工作会议。会议总结回顾了第二次国际化工作推进会以来学校国际交流与合作工作取得的成绩，查找差距和不足，分析面临的新形势与新要求，明确新时期国际化工作的指导思想、预期目标和重点任务。江苏省教育厅副厅长王成斌、江苏省科技厅副厅长赵建国、江苏省引进国外智力办公室主任暨江苏省外国专家局局长杨小平，以及全体校领导、全体处级领导、教师代表、获奖代表、学生代表等参加会议。会议由副校长赵玉涛主持。江苏省教育厅副厅长王成斌代表教育厅在大会上致辞。校长颜晓红做了《坚定信心　坚毅前行　加快提升学校事业发展国际化水平》的工作报告。会上江苏省科技厅副厅长赵建国和江苏省教育厅副厅长王成斌共同为科技部、教育部高端基地揭牌。大会对学校国际化工作先进单位和先进个人进行了表彰。

6月29日 软科发布了2020“软科世界一流学科排名”，江苏大学有15个学科上榜，其中，化学工程学科首次进入世界前50名，食品科学与工程进入前75名，仪器科学学科进入前100名。学校上榜学科数量在全国高校中并列第50名、位列省属高校第2名，在全国非“双一流”高校中位列第3名。

6月29日 江苏省委教育工委公布了2019年度高校“最佳党日活动”优胜奖评选结果，学校机关党群宣传部党支部报送的“壮丽七十年，奋斗新时代”——“四个一”党日活动成功获评。

6月29日 学校要闻报道，全国人大常委会副委员长吉炳轩一行来校调研农业机械化促进法有关工作。

6月29日 学校要闻报道，中国工程教育专业认证协会和教育部高等教育教学评估中心先后发布2019年度通过工程教育认证专业名单，学校8个专业顺利通过工程教育认证。截至目前，学校共有19个专业通过工程教育认证，通过认证并在有效期内的专业数量并列全国第一。

七月

7月1日 学校召开党的建设研究会年会，校党委书记袁寿其出席会议并讲话，校党委副书记李洪波，校党委常委、纪委书记、监察专员高庆国出席会议。会议由李洪波主持。袁寿其就进一步加强学校党建研究工作提出三点要求。李洪波总结讲话。

7月10日 2020年（第十二届）苏州国际精英创业周暨首届“苏州科学家日”活动拉开帷幕。江苏大学苏州集萃研究生院正式签约。校党委书记袁寿其、副校长全力，党办、研究生院负责人参加了此次活动。

7月10日 学校召开2020年度审计工作会议。校长颜晓红，党委副书记李洪波，校党委常委、纪委书记、监察专员高庆国出席会议。会议由高庆国主持。会上，审计处做2019年度审计工作报告，并反馈2019年经济责任审计意见，通报2020—2021年经济责任审计实施方案。李洪波宣布校党委关于对2020年集中换届的65名正处职领导干部进行离任审计的决定。

7月13日 学校召开新一届处级领导干部集体廉政谈话暨警示教育大会。全体校领导、党委常委出席会议。会议由党委副书记、校长颜晓红主持。会上，校党委书记袁寿其总结了本次干部换届聘任工作情况，对新一届全体干部提出5点期望和要求。校纪委书记高庆国从4个方面开展廉政谈话，并提出具体要求。

7月13日 由学校牵头，四川农业大学和石河子大学参加的“玉米大豆间作新农艺机械化智能化装备开发合作项目”签约仪式在四川农业大学成都校区举行。

7月13日至16日 学校党委举办新一届处级领导干部培训班，全体校领导和处级领导干部参加培训。校长颜晓红作题为“锐意进取　勇创一流”的专题报告。

7月14日 学校要闻报道，校党委书记袁寿其、校长颜晓红分别率队赴省内外7所兄弟院校开展“双一流”建设工作及“十四五”事业发展规划编制工作调研。校党委书记袁寿其、校长颜晓红强调指出，要客观分析研判学校事业发展面临的机遇和挑战，积极学习借鉴兄弟院校的成功经验和做法，大力推进学校“双一流”建设，科学编制“十四五”事业发展规划。

7月14日 国家知识产权局发布了第二十一届中国专利奖授奖决定。学校流体机械工程技术研究中心袁寿其研究员团队的“一种离心泵空化诊断的方法及装置”获得中国专利银奖，这是学校获得的首个中国专利银奖。

7月14日 全国博士后管委会办公室公布了2020年度“中德博士后交流项目”获选人员名单（博管办〔2020〕49号），学校动力工程及工程热物理流动站在站博士后龙云成功获选。本批次全国仅有31人获选“中德博士后交流项目”。

7月14日 学校召开党委常委会专题学习会，专题学习研讨习近平总书记对“江苏大学写给习近平总书记的一封信”重要批示精神。全体校领导及党委常委参加会议。

7月14日 法学院举办卓越法治人才培养研讨会暨江苏大学附属法治人才培养基地揭牌仪式。江苏省法学会法学教育研究会会长，江苏省社科院党委书记、院长夏锦文教授应邀出席会议，并做“新时代卓越法治人才培养的校地联合培养机制”专题辅导报告。

7月21日 校长颜晓红、副校长赵玉涛赴汽车工程研究院调研考察上半年工作进展和“十四五”规划谋划情况。汽车工程研究院学科带头人陈龙教授、院党政领导等参加会议。

7月22日 泰晤士高等教育发布了首届中国学科评级（China Subject Ratings）。江苏大学以3个A类学科数、22个上榜学科数并列大陆高校第44位，在“双非”高校中排名第二，仅次于深圳大学。其中，化学、化学工程与技术、环境科学与工程等3个学科为A类等级；动力工程及工程热物理、食品科学与工程等14个学科为B类等级。

7月22日 江苏省副省长马欣到学校

专题调研指导。省政府副秘书长徐光辉、省教育厅厅长葛道凯、省农业农村厅副厅长沈毅，镇江市委书记马明龙等人陪同调研。校党委书记袁寿其、校长颜晓红向马欣一行介绍了学校农机人才培养、科学研究、社会服务等情况。马欣听取了学校事业发展汇报并讲话。省教育厅厅长葛道凯、省农业农村厅副厅长沈毅、校党委书记袁寿其发表重要讲话。校长颜晓红汇报了学校60年“为农兴农”的办学传统与积淀，以及近年来“强农兴农”的新作为与新实践。

7月23日 江苏省人民政府、江苏省委宣传部主办的第十届江苏书展在苏州开幕，开幕式隆重推介了学校出版社出版的《亲历农机化——中国农机化发展历程》一书。

7月23日 校长颜晓红、副校长赵玉涛到外国语学院调研指导工作，对学院学科发展、人才培养、特色发展提出要求。

7月27日至29日 校长颜晓红带队走访南京、扬州、无锡校友会及部分校友企业，介绍学校成就，了解校友近况，征集校友意见，洽谈校企合作，推动学校“双一流”建设。颜晓红听取了各地校友会工作汇报，并实地走访了校友企业江苏龙腾工程设计股份有限公司、扬州中集通华专用车有限公司、一汽解放发动机事业部。

7月30日 由党委研究生工作部组织，学校召开了学习全国研究生教育会议精神师生座谈会。全体成员认真学习领会了全国研究生教育会议内容和重要讲话精神。

八月

8月1日至3日 校党委书记袁寿其带队出席上海校友会换届大会，并看望上海、杭州两地校友。

8月4日 校长颜晓红到海外教育学院调研，就2020年秋季留学生教学安排等重点工作进行指导，副校长赵玉涛陪同调研。

8月4日 镇江市委书记马明龙在市委召开座谈会，调研学校现代农业装备与技术学科建设和校地融合发展等工作。镇江市委常委、市委秘书长郭建等人参加座谈。校党委书记袁寿其、校长颜晓红出席座谈会。

8月5日 江苏省副省长马秋林一行到学校调研指导。省政府副秘书长张乐夫、省教育厅一级巡视员洪流、省科技厅副厅长蒋洪、省农业农村厅副厅长沈毅、省工业和信息化厅二级巡视员李裕桃，镇江市委书记马明龙、副市长陈可可等陪同调研。校党委书记袁寿其、校长颜晓红向马秋林一行介绍了学校农机人才培养、科学研究、社会服务等情况。

8月6日 校长颜晓红先后到学府路2号门值班岗、京江大楼施工工地和学生公寓F区9栋大楼，看望并慰问暑期冒着高温奋战一线的工作人员和施工人员。

8月6日 学校要闻报道，学校出版社出版的近100种图书在“学习强国”新华书店网上书城陆续上架销售，其中包括《亲历农机化：中国农机化发展历程》《永不打烊的警务室》《行走西藏的力量》《我们的节日》《江苏大学史话》等各类受读者欢迎的图书。

8月10日 国家留学基金委、江苏省教育厅分别公布了2020年度国家建设高水平大学公派研究生项目和江苏政府留学奖学金研究生项目录取情况，学校研究生获批人数分别位列省属高校第二名和第一名。学校共有28名研究生获批国家建设高水平大学公派研究生项目，外方高校为哈佛大学、加州大学伯克利分校等名校，奖学金总额达680余万元。在2020年首次实施的江苏政府留学奖学金中外联合培养博士生项目中，全省共录取32人，学校11人申报且全部获批。

8月10日 2020“软科世界大学学术排名”正式发布。此次排名中国（除港澳台地区）共有144所大学上榜，学校首次跻身世界400强，排名国内（除港澳台地区）高校第33—49位，世界高校第301—400位，在2019年首次进入全球500强的基础上取得新突破。

8月10日 “江苏省高等教育学会外国文教专家工作研究会2019年年会暨新形势下高等教育国际合作与交流的机遇、使命与挑战研讨会”顺利召开，本次会议由学校主办。江苏省高等教育学会会长丁晓昌、江苏省教育厅对外合作与交流处处长贺兴初、江苏省引进国外智力办公室主任暨江苏省外国专家局局长杨小平，校长颜晓红、副校长赵玉涛等领导出席会议。60余所高校130余名代表参会。学校国际处处长黄婷代表会长单位做《研究会2019年度工作总结和2020年工作计划报告》。杨小平做《江苏省引才引智工作介绍》指导报告。会议表彰了2019年度江苏省外国文教专家管理工作先进单位、先进个人，并颁发了特殊贡献奖。

8月18日 江苏大学与赞比亚大学联合举办的2020江苏大学赞比亚第三期农业机械培训暨现代农业机械及农产品加工高级工坊开班典礼举行。会议采用线上线下结合方式，主会场设在学校小礼堂，分会场设在赞比亚大学。在主会场，教育部国际合作与交流司副司长方军、江苏省教育厅副厅长王成斌等发来祝贺视频。江苏大学校长颜晓红、校党委副书记李洪波为开班典礼致辞。在分会场，赞比亚高等教育部副部长Kayula Siame、农业部副部长Songowayo Zyambo、技术教育局局长Cleophas Takaiza、赞比亚大学执行校长Tamala Tonga-Kambikambi、德元集团董事长李铁等出席仪式并致辞。副校长李洪波、赞比亚大学执行校长Tamala Tonga-Kambikambi发表讲话。8月18日19时，赞比亚国家广播电视台第一频道（赞比亚国家新闻联播）ZNBC TV1专门报道此次培训。

8月18日 江苏南京国家农业高新技术产业示范区建设工作领导小组第二次会议在白马农业国际博览中心举行。学校校长颜晓红、副校长丁建宁参加会议。会上，丁建宁代表学校与南京农高区签署了《江苏南京国家农业高新技术产业示范区—江苏大学战略合作协议》。根据协议，双方将在产业技术研究与成果转化、前沿技术研究与储备、学科建设与研究生教育、国际学术交流与合作等方面开展战略合作。

8月18日 江苏大学、江苏省光伏科学与工程协同创新中心和美国加州大学伯克利分校合作，在多孔反渗透膜领域取得了突破性进展。该成果于2020年8月19日在线发表于国际著名学术期刊《科学进展》（*Science Advances*）。丁建宁团队和美国加州大学伯克利分校李少凡团队、米宝霞团队合作完成了该项研究工作。团队骨干张忠强教授为第一作者，丁建宁、李少凡为共同通讯作者。项目得到了国家自然科学基金项目的资助。

8月18日 学校环境与安全工程学院生物质能源研究院雍阳春教授课题组与化学化工学院施伟东教授课题组合作，在《自然—通讯》（*Nature Communications*）杂志在线发表了题为“Single cell electron collectors for highly efficient wiring-up electronic abiotic/biotic interfaces”的研究论文。该工作完全由江苏大学自主独立完成，江苏大学为该论文唯一完成单位。

8月18日 学校在国家农创园展示中心举行智能农机装备江苏省高技术重点实验室和农业工程学院下设的设施农业工程与信息技术研究院建设方案研讨会，中国工程院院士罗锡文，校党委书记袁寿其、校长颜晓红、副校长丁建宁出席研讨会。会议由副校长全力主持。

8月18日 江苏省教育厅下发了《省教育厅关于公布2020年度江苏政府留学奖学金录取名单的通知》（苏教外函〔2020〕32号），学校有22人（含1个课题组）获得项目资助，获批人数并列全省第一。

8月18日至21日 2020校媒精英汇暨全国高校融媒体提升论坛在全国青少年井冈山革命传统教育基地举行。《中国青年报》于论坛期间揭晓2019—2020年度中国大学官微百强，江苏大学官微入选，位居全国第84位。

8月19日 江苏大学—徐工集团战略合作协议签约仪式在徐工集团举行。中国工程院院士罗锡文、赵春江，校党委书记袁寿其、副校长全力，徐工集团董事长王民，徐工机械总裁陆川出席签约仪式。全力、陆川代表校企双方签署协议。根据协议，双方将本着“优势互补、互惠共赢”的原则，在科学研究、成果转化、人才培养等方面开展战略合作。

8月19日 学校召开各级人大代表、政协委员和党外代表人士座谈会，会议以“抢抓机遇，咬定目标，奋进跨越”为主题。校长颜晓红出席会议并讲话。会议由副校长张济建主持。江苏省政协委员邹小波、陈吉祥，镇江市人大代表郑金旭，市政协委员袁建平、沈小平、李耀明、周宏图、黄秋生、金洁、张文莉、庄晋财，党外代表人士孙平、唐淳参加会议。

8月20日 校纪委与镇江市纪委监委签订校地协作配合框架协议。镇江市委常委、市纪委书记、市监委主任黄利民，校党委副书记李洪波出席签约仪式并致辞。校纪委书记、监察专员高庆国与市纪委副书记、市监委副主任周奇恒签署校地协作配合框架协议。

8月25日 江苏大学与巴基斯坦—奥地利应用科技大学（简称巴奥科技大学）通过互联网视频连线方式正式签约，达成合作协议共建农业与食品卓越中心，为“一带一路”中巴经济走廊社会经济发展倡议落实做出贡献。本次签约的项目由中巴政府出资，双方拟以农业及食品加工技术为重点，在江苏大学指导下建立农业与食品卓越中心，巴奥科技大学承建校园，配备教学、试验设施，双方开展包括线上线下结合的人才培养和产学合作等。巴奥科技大学出资承担来华青年师资培训、“1+2+1”来华留学博士学历培养、“1+2”来华留学硕士学历培养等项目学费，以及学校教师往返中巴差旅、在巴授课等成本费用。

8月26日 农业农村部科教司副司长张晔到学校进行专题调研指导。农业农村部科教司教育处处长曹子祎、农业农村部科教司教育处三级调研员冯剑等陪同调研。校长颜晓红向张晔一行介绍了学校农机人才培养、科学研究、社会服务等情况；汇报了学校60年为农兴农的办学传统与积淀，以及近年来在落实部省共建方面取得的主要成效。

8月27日至30日 “赛迪环保杯”第十三届全国大学生节能减排社会实践与科技竞赛决赛在重庆大学举行。学校共获得一等奖1项、三等奖2项及优秀组织奖。在王谦教授和冯永强副教授的指导下，能动学院储晨阳同学负责的作品——《耦合空调制冷和有机朗肯循环的冷电联供系统》，获得全国一等奖。

8月30日 上海软科整理汇总了近5年来中国博士后科学基金面上资助项目的高校分布情况，江苏大学“十三五”期间获批资助302项，获批资助项目数位居全国第19位，在江苏省内仅次于南京大学位列第二。

8月30日 外人文交流中心发布《关于“国际组织人才培养创新实践项目”2020年首批基地申报评审结果的通知》，学校获批“国际组织人才培养创新实践项目”，成为首批“国际组织人才培养创新实践基地”建设高校。

8月30日 江苏大学湖北校友代表座谈会在武汉召开，校党委书记袁寿其出席会议。会议由湖北校友分会秘书长、东风畅行总经理高立中主持。

8月31日 甘肃省卫生健康委副主任张浩来校洽谈交流。甘肃医学院院长王坤、甘肃省卫生健康委科教处处长魏雪峰、甘肃省教育厅发展规划处副处长崔兴云、甘肃省人民医院副院长田利民等陪同。双方就江苏大学、甘肃医学院合作培养医学生进行了深入交流。副校长梅强、张济建参加洽谈。

8月31日至9月2日 学校党校举办新一届科级领导干部培训班。学校全体科级领导干部参加培训。校党委书记袁寿其做《在争创一流中强本领、显担当》的专题报告，校长颜晓红做《勇立潮头，争创一流，在贡献学校事业大发展中成就自己》的专题报告，校党委副书记李洪波做《坚持立德树人根本任务　构建“三全育人”工作新格局》的专题报告，校党委常委、纪委书记、监察专员高庆国做《增强法纪观念锤炼良好作风》的专题报告。

九月

9月1日 校长颜晓红调研环境与安全工程学院。

9月2日 校长颜晓红、副校长吴春笃一行深入校园教学区和开学重点场所开展检查指导。

9月3日 在习近平总书记给全国涉农高校书记校长和专家代表回信一周年到来之际，江苏大学召开进一步贯彻落实习近平给全国涉农高校的书记校长和专家代表的回信及对学校重要批示精神大会，进一步明确学校农机发展特色和办学思路，加快推进农机特色一流大学创建工作。中国工程院院士罗锡文、陈学庚、赵春江，中国农业机械工业协会会长陈志，徐州工程机械集团股份有限公司副总裁李锁云，校党委书记袁寿其、校长颜晓红等校领导，校科级及以上干部、涉农学院师生代表参加本次大会。会议由校党委副书记李洪波主持。校长颜晓红做《以立德树人为根本　以强农兴农为己任　奋力开启农机特色一流大学创建新篇章》工作报告。会议正式发布了《江苏大学“新农科”“新工科”融合建设方案》和《江苏大学“095”工程行动计划》，明确了“新农科”“新工科”融合建设，以及“095”工程行动的指导思想、建设目标、主要任务和保障措施；学校农业工程与信息技术研究院、经济作物机械化研究院、智能农业研究院、收获装备研究院、田间管理装备研究院，以及江苏大学—徐工集团农业机械研究院正式揭牌成立；举行了“国际大学生智能农业装备创新大赛”启动仪式。总结发言中，袁寿其就深入贯彻习近平总书记重要批示精神强调了三点意见。

9月3日 在镇江市人大的组织下，在镇全国人大代表、省人大代表20余人就“深化校地合作，助推高质量发展”主题来校调研。

9月5日 新学期全校干部教师大会

暨四届五次教职工和工会会员代表大会在小礼堂召开。会议部署下半年学校重点工作，增补第四届工会委员会委员、经费审查委员会委员。会议由校党委副书记李洪波主持。校长颜晓红做《把握机遇夯实举措加快推进农机特色一流大学创建》的主题报告，校纪委书记、监察专员高庆国代表校纪委（监察专员办）讲话，校党委书记袁寿其总结讲话，就做好下半年工作，强调四点意见。

9月4日 2020年第十四届“西门子杯”中国智能制造挑战赛全国总决赛落下帷幕。学校首次组队参赛，取得决赛二等奖1项，初赛一等奖1项、三等奖2项。

9月4日 第十三届中国大学生计算机设计大赛分别在厦门大学、山东大学落下帷幕，经过近5个月的备赛，江苏大学14项作品荣获国赛各类奖项，其中一等奖3项、二等奖3项、三等奖8项。

9月4日 全国教育科学规划领导小组办公室发布“全国教育科学‘十三五’规划2020年度课题立项名单”。学校王宝玺副教授主持的“通向世界一流学科的组织化路径建构与中国经验研究”课题、吕寿伟副教授主持的“学校教育功利化现象的精神哲学研究”课题获批国家社科基金（教育学）一般项目。

9月4日至6日 学校2020年秋季学期高年级中国学生分批次、安全有序地回到学校，疫情防控常态化下学生分批错峰返校报到工作圆满完成。

9月5日 江苏省智能农机装备产业联盟（筹）第一次工作会议在学校召开。校党委书记袁寿其，农业农村部南京农业机械化研究所所长陈巧敏，江苏省农机工业协会会长徐顺年，副校长丁建宁、全力，江苏省农业农村厅农机装备处处长张耀春，江苏省农机具开发应用中心主任蔡国芳，江苏省农业机械试验鉴定站站长马立新，江苏省北斗卫星应用产业研究院有限公司院长陈伏州等领导出席会议。江苏省智能农机装备产业联盟由江苏大学、农业农村部南京农业机械化研究所、江苏省农机工业协会、江苏省农机学会、江苏省农机具开发应用中心、江苏省北斗卫星应用产业研究院有限公司等6家单位发起，省内相关高校、各市农机推广部门、农机相关企业参加。联盟经江苏省农业农村厅批准后成立，接受江苏省农业农村厅业务指导。江苏大学当选为联盟理事长单位，袁寿其当选为联盟专家委员会主任委员，全力当选为联盟理事长。与会人员就《江苏省智能农机装备产业联盟章程》、联盟组织构架、江苏省智能农机装备产业“十四五”主要工作任务和重点项目等方面进行研讨。

9月7日 学习贯彻习近平总书记给全国涉农高校的书记校长和专家代表重要回信精神一周年座谈会在京举行。教育部党组成员、副部长钟登华出席座谈会并讲话。教育部高等教育司、农业农村部科技教育司负责人，教育部新农科建设工作组组长，吉林省教育厅、有关高校负责人参加会议。学校校长颜晓红以“助推农业机械化、智能化”为题在会上做交流发言。

9月8日 南京工业大学党委书记芮鸿岩，党委副书记崔益虎、吴胜红等一行7人来校调研考察。

9月9日 第一届新结构经济学与知识产权论坛暨知识产权学院揭牌仪式在学校举办。国务院参事、全国政协经济委员会副主任、北京大学新结构经济学研究院院长林毅夫受聘为学校荣誉教授，并为新结构经济学微专业开讲第一课。本次活动由江苏大学主办，知识产权学院揭牌。

9月9日始 学校开展系列活动庆祝第36个教师节。

9月11日至14日 江苏大学迎来了1万余名2020级新生，迎新接待工作圆满完成。

9月12日 全国政协原副主席刘晓峰在江苏调研健康产业复工复产、科技创新工作。当天下午，刘晓峰考察调研江苏大学，并出席在学校举办的第五届中国健康产业发展论坛。

9月14日 中国工程院院士陈学庚以“科学行为与责任担当”为题开展“知农爱农，强农兴农”宣讲教育。报告会由校长颜晓红主持。

9月15日 校党委书记袁寿其以“悟初心，续情怀，做有担当有梦想的青年人”为题，给2020级全体新生上了一堂生动的思政课。

9月17日 巴奥科技大学落成仪式在巴基斯坦举行。巴基斯坦总理伊姆兰·汗，巴基斯坦总理科技团队主席、中国科学院外籍院士阿塔·拉曼，巴奥科技大学校长那瑟尔出席仪式。学校与巴奥科技大学共建农业与食品卓越中心。作为共建中巴农业与食品卓越中心中方代表，校长颜晓红在线参与落成仪式。北京交通大学、中国矿业大学、广东工业大学、奥地利应用科技大学校领导参加仪式。

9月18日 校长颜晓红率队赴西北农林科技大学调研交流“十四五”发展规划编制、参与国家农业高新技术产业示范区建设等工作。

9月19日 湖北黄石市政协副主席、卫生健康委员会主任刘安定，黄石市卫生健康委员会副主任、鄂东医养集团董事长、总经理李京鹤一行5人到访学校附属医院，对江苏援黄石医疗队队员表示感谢。江苏省卫生健康委员会二级巡视员吴红辉，镇江市卫生健康委员会二级调研员许见远，江苏大学党委常委、副校长、附属医院党委书记张济建，医院党委副书记、院长陈德玉，医院党委副书记、副院长徐岷，江苏援黄石医疗队队员黄汉鹏、丁明、包泉磊、胡振奎、陈慧丹、陈良莹、孙国付、秦宜梅、邢虎及部分职能科室负责人参加活动。刘安定向9名援黄石队员表示了诚挚的谢意，感谢队员们在黄石疫情形势最严峻的时刻奋勇逆行，帮助黄石闯过难关。

9月19日至20日 江苏大学云南校友会和贵州校友会分别在昆明和贵阳举行理事会换届大会，选举产生了云南校友会第二届理事会和贵州校友会第二届理事会。校友总会会长、校长颜晓红，副校长全力出席大会，校办、校友会等领导参会。

9月20日 江苏省第30期援桑给巴尔医疗队从南京禄口机场出发，飞赴万里之外的非洲支援地——桑给巴尔，开展为期一年的医疗援助工作。援桑医疗队由镇江市组建，队中有10名来自学校附属医院的医务人员、1名后勤人员及1名学校外国语学院讲师。18日下午，附属医院为援非医疗队举行欢送仪式。校党委常委、副校长、附属医院党委书记张济建代表学校党委、行政向执行援外医疗任务的12位队员致以亲切问候和崇高敬意。

9月20日 教育部办公厅发布《关于公布新农科研究与改革实践项目的通知》，学校喜获1项2020年度教育部新农科研究与改革实践项目。该项目名称为“新农科、新工科一体化建设，打造一流涉农专业集群的探索与实践”，由校党委书记袁寿其牵头负责，农业工程学院为该项目实施的主体单位。

9月20日 学校主办的“第七届金山食品物理加工研讨会（国际论坛）”顺利召开。来自不同国家的530余位学者线上、400多位老师和研究生线下参加论坛。副校长赵玉涛参加开幕式并致辞。开幕式由食品物理加工研究院院长马海乐教授主持。

9月21日 学校2020级研究生新学期开课第一天，校长颜晓红、副校长全力深入教学一线，检查新学期研究生教学情况。研究生院常务副院长李红、研工部部长沈晨、研究生院副院长周正嵩陪同检查。

9月22日至25日 学校召开“十四五”事业发展规划草案研讨会，围绕学校总规划、学科建设与研究生教育、本科人才培养、人才队伍、科学技术与社会服务、学生工作、国际化工作、校园文化、信息化建设、财务保障、农业工程一流学科、人文社科等主题进行了12场专题研讨。全体校领导、校党委常委、各职能部门主要负责人、专项规划小组全体成员参加会议，听取了各规划工作小组的汇报。

9月23日 学校牵头组织召开长江/黄河中下游棉区麦棉套种技术集成与示范项目研讨会，研讨如何充分利用长江/黄河流域的光、热资源，实现春棉与冬小麦的全程机械化套种生产。中国工程院院士陈学庚，江苏大学副校长丁建宁、全力，镇江市科技局副局长杨国祥，项目参与单位山东省农科院副院长刘兆辉、山东省农机院院长范本荣、江苏省农机推广站副站长张璐、金色阳光农业有限公司董事长王宣山等出席研讨会。丁建宁代表江苏大学致辞。会议由项目具体负责人、农业工程学院魏新华研究员主持。全力与刘兆辉共同为江苏大学研究生实践基地揭牌。江苏大学与山东省农机院签署了战略合作框架协议。

9月25日 技术与创新支持中心（TISC）及高校国家知识产权信息服务中心交流研讨活动在济南举办。学校正式获批世界知识产权组织的技术与创新支持中心（TISC），成为TISC在华设立的第三批34个正式运行单位之一。学校是全国第一批知识产权管理标准化试点高校，2020年5月成立的独立的知识产权学院也是江苏省成立的第二所知识产权学院。

9月25日下午 学校与中国核电工程有限公司（以下简称中核工程）在北京举行“核电泵及装置智能诊断运维联合实验室”共建签约仪式暨第一次委员会会议。中核集团首席专家、中核工程总工程师邢继，校党委书记袁寿其出席签约仪式。中核工程、校流体机械工程技术研究中心等领导参加会议。邢继、袁寿其代表双方签署《核电泵及装置智能诊断运维联合实验室》共建协议，双方共同见证了揭牌仪式。

9月25日至27日 中国机械工业教育协会院校就业创业委员会成立大会在山东荣成召开。学校作为理事单位，党委副书记李洪波当选为副会长，并代表学校做大会交流发言。

9月26日 学校召开“新农科、新工科一体化建设，打造一流涉农专业集群的探索与实践”项目启动会，该项目是首批教育部新农科研究与改革实践项目。项目负责人校党委书记袁寿其，教务处、相关涉农专业学院的负责人，项目组成员参加会议。会议由农业工程学院党委书记金玉成主持。

9月27日 学校召开“新农科新工科融合创新发展”高等教育改革研讨会，与会专家就“新农科新工科融合创新发展”展开专题研讨，在体制机制改革、顶层设计、农机农艺融合、一流专业建设、课程设计和生源质量提升等方面达成共识。校党委书记袁寿其、副校长梅强出席会议。会议由农业工程学院党委书记金玉成主持。

袁寿其从指导思想、建设目标、主要任务、保障措施、育人成效及后续规划6个方面，做新农科新工科融合建设探索与实践专题报告。张国琛就“构建‘一体两翼’体系，强化学生国际化工程实践能力培养”、姬江涛就“新农科背景下农业机械专业产教融合协同育人实践探讨”、张强就“新农工融合人才培养体系探索”分别做内容翔实、观点明确的主旨报告。会议还对江苏大学农业智能装备工程专业建设方案进行了论证。

9月28日 2020年第八届全国高校数字艺术设计大赛国赛获奖名单正式公布。学校首次组织参加全国高校数字艺术设计大赛，获一等奖5项、二等奖9项（含公益&命题赛事1项）、三等奖10项、优秀奖1项（为公益&命题赛事）。一等奖数量并列全国第二，获奖总数进入全国十强。学校还获得大赛组委会特别颁发的“杰出贡献奖”。

9月28日 后勤管理处（后勤服务集团）举办第十期科级干部及管理骨干培训班。校党委书记袁寿其出席并做第一讲专题报告，要求建设一流后勤，创建服务“双一流”。培训班由后勤党委书记施爱平主持。

9月29日 学校关工委举办优质化建设工作骨干培训班，本次培训是校院两级关工委班子调整后举办的首次工作大会和骨干培训。校党委书记、关工委主任袁寿其出席会议并讲话。培训会由副校长、校关工委常务副主任赵玉涛主持。关工委常务副主任柴顺根做专题培训报告。袁寿其做《弘扬光荣传统　勇于创优争先　进一步开创我校关工委优质化建设新局面》的讲话。

9月29日 南京工程学院党委副书记濮励杰一行7人来校调研交流。校党委副书记李洪波出席调研交流座谈会。

9月29日 学校优秀校友、上海大学教授叶志明应邀来校做专题报告，就“如何讲好一堂课”与学校教师进行了分享，同时还举行了叶志明《我的高数笔记》新书发布会。副校长梅强主持报告会。叶志明是江苏大学的优秀校友代表，1980年以全校第一的成绩被录取为镇江农机学院工程力学硕士研究生。

9月29日 学校基层党组织换届选举工作动员部署会召开。校党委书记袁寿其出席动员会并讲话。会议由党委副书记李洪波主持。袁寿其代表学校党委做动员部署讲话。

十月

10月2日 校长颜晓红深入联系学院，分别与文学院、汽车与交通工程学院、汽车工程研究院党委理论学习中心组成员，围绕“学习贯彻习近平总书记给涉农高校的书记校长回信精神”和贯彻落实习近平总书记对学校重要批示精神开展专题学习。

10月5日 学校“形势与政策”课启动“习近平总书记教育重要论述讲义”专题课程教学。首次专题教学面向2020级英语师范专业三个班开设，由外国语学院党委书记谢志芳教授主讲。校党委常委、副校长梅强到场并讲话。

10月5日 由学校承担的国家重点研发计划“政府间国际科技创新合作”重点专项“基于催化层全有序结构聚电解质膜燃料电池高性能超低铂载量膜电极研究开发”项目启动会在学校召开。校党委书记袁寿其出席项目启动会并致辞。会议由能源研究院执行院长李华明主持。项目负责人苏华能研究员和课题负责人徐谦副教授做汇报。

10月8日 学校要闻报道，“远见奖助学金”签约仪式在校举行。该奖助学金由学校杰出校友、国内著名技术翻译写作与管理专家张建农设立，张建农共捐赠人民币100万元支持母校教育事业，纪念恩师张志远老师。

10 月 8 日　中国科协公布了“第五届中国科协优秀科技论文遴选计划入选论文名单”，电气信息工程学院孙俊教授等人发表于《农业工程学报》的论文《基于改进卷积神经网络的多种植物叶片病害识别》获评农业工程类唯一优秀论文，该论文同时获农林集群学科年度优秀论文特等奖。截至目前，该论文被引用 101 次，下载 1 678 次。

10 月 9 日至 14 日　第九届全国大学生金相技能大赛在山西太原理工大学举行。学校代表队刘俊菱获一等奖，张肖佩佩获三等奖，杜京伦获优胜奖。学校获最佳组织奖及优秀指导教师奖。

10 月 10 日　学校与大禹节水集团股份有限公司在甘肃兰州签署战略合作协议。大禹节水集团党委书记兼副董事长王冲、校党委书记袁寿其出席签约仪式，代表双方签署战略合作协议。

10 月 10 日　学校要闻报道，省教育厅监审处在学校召开镇江片区教育系统内部审计工作调研座谈会，交流贯彻内部审计工作规定，推进镇江片区教育系统内部审计工作高质量发展。镇江市教育局、江苏科技大学及学校有关领导，市监督与审计部门负责人参加座谈会。座谈会由教育厅监审处处长（二级巡视员）赵晓群主持。

10 月 11 日　教育部学位管理与研究生教育司司长洪大用来校调研指导。教育部学位管理与研究生教育司综合处副处长熊磊、江苏省教育厅研究生教育处处长杨树兵等陪同调研。

10 月 12 日　校长颜晓红到图书馆检查指导李岚清同志新赠资源梳理工作，确保李岚清同志新赠资源妥善对师生开放，发挥好该资源独特的作用，体现该资源独特的价值。李岚清同志本批次捐赠各类资源 389 件（册），其中重要的签名本 10 册。李岚清同志先后 4 批次向学校图书馆捐赠文献资源，共计捐赠 8 000 余件（册），包括李岚清同志本人专著、各界知名人士签名本和精品文献等三大类，涵盖政治、经济、法律、文学、艺术、历史、哲学等领域。

10 月 12 日　江苏大学与澳大利亚昆士兰大学、麦考瑞大学联合举办的 2020 年中澳学分互认双学位项目开学典礼在小礼堂举行。校长颜晓红、副校长赵玉涛，校党委常委、宣传部部长金丽馥，昆士兰大学常务副校长李荣誉、工程建筑信息技术学院副院长亚里克桑德拉·瑞克，麦考瑞大学副校长妮可·布里格士、国际部执行部长大卫·哈里森，江苏卓越国际交流教育基金会秘书长林跃，校相关部门、学院负责人及教师代表，2019、2020 级中澳项目学生和学生家长代表共 160 余人出席典礼。

10 月 14 日　学校 2021 届毕业生第一场秋季综合性供需洽谈会在校体育馆举行。本次洽谈会是常态化疫情防控以来 2021 届毕业生首场线下综合性供需洽谈会，现场提供有效就业需求岗位超过 13 000 个。岗位需求涵盖学校各个学科专业，共吸引 2 000 余名毕业生进场应聘。校党委副书记李洪波走访参会单位，慰问与会学生。

10 月 14 日　流体中心举办研究生国际化培养与国家留学基金委项目申请经验交流会。校党委书记袁寿其出席交流会，研究生院、国际处、流体中心领导及师生代表参加会议。

10 月 16 日　学校与镇江市公安局在校举行“来华留学生校外实习管理警校共建签约仪式”，校长颜晓红，副校长赵玉涛，镇江市公安局党委委员、副局长高建新，实习单位代表龙顺股份董事长薛卫龙，留学生代表参加签约仪式。

10 月 16 日 由学校承办的江苏省本科院校教师课程思政能力提升培训班在校开幕。来自全省 30 多个本科高校的 70 余名老师参加了为期 3 天的集中培训，助力课程思政能力提升。

10 月 18 日 中共中央组织部、人力资源和社会保障部、中国科学技术协会、共青团中央联合表彰第十六届中国青年科技奖获奖者的颁奖仪式在 2020 世界青年科学家峰会上举行。学校农业工程学院徐立章研究员荣获第十六届中国青年科技奖。

10 月 18 至 25 日 第六届中国大学生材料热处理创新创业大赛落下帷幕。学校参赛项目“核电换热器用 Inconel 617B 合金传热管的制备与热处理工艺研究”“高性能铝合金用搅拌摩擦焊头的热处理工艺研发”分获全国一等奖、二等奖。

10 月 19 日 南通市委副书记沈雷来校，就合作筹建江苏大学南通研究生院进行深入交流。

10 月 19 日至 22 日 2020 南亚东南亚教育合作云上论坛暨中泰高等教育合作联盟成立大会在云南昆明举行。校长颜晓红、副校长赵玉涛参加论坛，学校当选为中泰高等教育合作联盟中方理事长单位。颜晓红当选为联盟中方理事长，泰国暹罗大学校长蓬猜·蒙空瓦尼当选为联盟泰方理事长。赵玉涛代表联盟中方理事长单位做《“一带一路”视阈下中泰教育合作实践与构想》主旨演讲。

10 月 20 日 U. S. News 公布了 2021 年世界大学学科排名，此次排名共有 200 所中国（除港澳台地区）高校的 1 488 个学科上榜。江苏大学以 3 个前 100 位学科、总共 11 个上榜学科数排名国内高校第 46 位，其中机械工程、能源和燃料、化学工程等 3 个学科进入了全球前 100 位。

10 月 21 日 西安理工大学党委书记刘德安，副校长刘军、梁淑华一行来校调研。校党委书记袁寿其、副校长梅强参加调研座谈会。

10 月 21 日 学校杰出校友、猿辅导联合创始人帅科为在校学生做励志报告。近 300 名师生到场参加报告会。

10 月 22 日 来华留学生教育质量工程推进会在校举行。校长颜晓红出席会议，教务处、研究生院、海外教育学院、各培养单位留学生教育相关领导参加会议。

10 月 23 日 学校关心下一代工作第六次总结表彰会举行，会议总结了学校关工委 4 年来工作情况，并对关心下一代工作先进集体和个人进行表彰。校党委书记、关工委主任袁寿其，关工委名誉主任金树德，校党委常委、组织部部长马志强，校关工委常务副主任柴顺根出席会议。

10 月 23 日 江苏大学组建 20 周年暨办学 119 周年校庆倒计时一周年启动仪式举行，学校校庆筹备工作正式进入实质性开展阶段。仪式上，校党委书记袁寿其宣布校庆倒计时牌正式启动，学校组建 20 周年暨办学 119 周年校庆网站正式上线。

10 月 23 日 中国人民志愿军抗美援朝出国作战 70 周年大会在北京人民大会堂隆重召开，学校组织师生收看大会直播。

10 月 23 日至 26 日 由亚洲液体雾化与喷雾系统学会主办、江苏大学能源研究院承办的第 21 届亚洲液体雾化和喷雾系统学术年会召开。300 余名国内外专家学者以线上和线下相结合的模式参会。校党委书记袁寿其出席会议并致开幕词，国际喷雾学会主席文森特·麦克唐纳教授、亚洲喷雾学会主席尹英彬教授及亚洲喷雾学会副主席李理光教授分别致辞。中国工程院院士苏万华教授、英国皇家工程院院士高塔姆·卡尔加吉教授、美国的国际喷雾学会主席麦克唐纳教授、日本喷雾学会主席森吉泰生教授等国际著名专家学者做国际特邀报告。清华大学、上海交通大学、西安交通大学、浙江大学等高校18位专家做国内特邀报告。5个分会场进行了论文交流与墙报展示，会议还评选出10篇优秀论文并颁发证书。

10月24日 智能农业与技术创新全国博士后学术论坛在校举办。本次论坛由全国博士后管委会办公室、中国博士后科学基金会、江苏省人力资源和社会保障厅联合主办，江苏大学承办。人力资源和社会保障部专技司二级巡视员仲笑林、江苏省人力资源与社会保障厅专技处副处长黄文娟、江苏大学校长颜晓红出席本次论坛。200多名来自国内外的专家学者、博士后围绕农业工程领域前沿技术理论开展学术报告与研讨交流。论坛开幕式由副校长赵玉涛主持。江苏大学党委书记袁寿其分别做《5G技术在农业机械中的应用与发展》《农业信息无损无源智能感知》《中国农机装备产业的发展历程与展望》的专题报告。

10月24日至25日 由学校主办的非线性分析与偏微分方程及其应用国际研讨会在云端召开。来自美国、加拿大、澳大利亚等国家和地区的300余名专家学者及研究生参加了本次研讨会。校长颜晓红在开幕式上致辞。

10月25日 江苏大学—宜兴万亩现代农业智慧示范基地启动仪式在校举行。校长颜晓红，宜兴市委常委、副市长何晓进出席会议。何晓进表示宜兴市政府将全力支持现代农业智慧示范基地共建工作。双方领导为江苏大学—宜兴万亩现代农业智慧示范基地剪彩，并签署了江苏大学—宜兴万亩现代农业智慧示范基地合作协议，现场还演示了计算机学院落实学校“095”工程的阶段性成果及研究团队近期开发的“智慧农业综合管理平台”。

10月27日 校长颜晓红率队赴南京国家农业高新技术产业示范区，就推进双方深入合作事宜进行调研交流。

10月27日至29日 由中国机械工程学会、中国电机工程学会、江苏省科学技术协会、江苏大学主办的智能制造暨第二届柔性机械电子产业化国际论坛在扬中市召开。近200名国内外业内知名专家学者、省市智能制造相关企业负责人应邀以视频连线、集中到会的方式，共议产业发展、共话创新未来。中国工程院院士、南京航空航天大学校长单忠德，中国工程院院士罗安，江苏省科学技术协会党组书记、副主席孙春雷，镇江市委常委、宣传部部长孙晓南，江苏大学校长颜晓红等领导出席会议。论坛同时邀请美国国家工程院院士、美国德克萨斯大学分校教授雷伊·鲍曼等国外专家视频连线致辞。

10月29日 新农科新工科融合建设研讨会举行。校党委书记袁寿其、副校长梅强出席会议，党办、校办、宣传部、教务处及各涉农学院领导参加会议。会上，教务处处长王谦介绍了研讨会的背景和涉农专业集群情况。农业工程学院副院长贾卫东介绍了新农科新工科融合建设方案工作分解。

10月30日 学校第四届党委第四轮巡察工作动员会召开。在本轮巡察工作中，校党委将对汽车与交通工程学院、能源与动力工程学院、化学化工学院、艺术学院、马克思主义学院等5个党委开展常规巡察，对党委宣传部、学生工作处、研究生院（研工部）、财务处、审计处等5个机关党支部进行专项巡察。校党委书记、校党委巡察工作领导小组组长袁寿其做动员讲话，校党委副书记、校长颜晓红宣布了巡察组组长授权、组成及任务分工。会议由党委巡察办主任杨志春主持。

10月31日至11月1日 第十三届全国大学生创新创业年会在重庆召开。在经验交流项目网上展示中，农业工程学院本科农机1702班任辉、李禧尧、吴彪、陈新达完成的国家级大学生创新创业训练计划项目“联合收割机浮筏式低频减振座椅结构设计与性能分析”（项目编号：201910299030Z），最终荣获全国大学生创新创业年会“最佳创意项目”奖，项目指导教师唐忠获得优秀指导教师奖。

十一月

11月2日 学校召开落实意识形态工作责任制专题会议，进一步推进意识形态工作落实落细。校党委书记、校意识形态工作领导小组组长袁寿其，校党委副书记、校意识形态工作领导小组副组长李洪波，校党委常委、宣传部部长、校意识形态工作领导小组办公室主任金丽馥，校党委常委、组织部部长马志强，校党委常委、统战部部长杨敬江，校意识形态工作领导小组成员及学校各二级党组织书记参加会议。会议由李洪波主持。会上，袁寿其代表学校党委和各二级党组织书记签订了落实意识形态工作责任制责任书。

11月2日 校长颜晓红调研机电总厂智能制造实践平台建设情况，要求加快推进智能制造实践平台建设步伐，把智能制造实践平台建设为江苏大学工程实训的亮点和名片。

11月2日至4日 第十一届全国动力学与控制学术会议在学校召开，全国近300位动力学与控制学科专家参会。本次会议由国家自然科学基金委数理科学部资助，中国力学学会动力学与控制专业委员会主办。中国科学院院士胡海岩担任大会主席，国家自然科学基金委数理学部副主任孟庆国、力学处处长雷天刚、综合处处长张攀峰，学校校长颜晓红等领导出席会议。

11月3日 学校要闻报道，江苏省发改委发布了2020年江苏省大众创业万众创新示范基地评估结果，学校获评高校和科研院所类优秀等次。全省获评优秀等次的单位共7家。

11月3日 学校要闻报道，教育部公布第六届中国国际“互联网+”大学生创新创业大赛全国总决赛项目名单，学校1个高教主赛道项目“绿萝科技——国内领先的可视化智慧电力运维系统服务商”进入全国总决赛。这也是学校连续两年挺进“互联网+”大赛全国总决赛。

11月3日 图书馆管理骨干素质能力提升培训班在校图书馆一楼报告厅开班。校党委书记袁寿其以“建设一流图书馆助力学校双一流”为主题做第一讲专题报告。图书馆全体党员、科级及以上干部、部门骨干等60余人参加培训班。培训班由图书馆党总支书记张明平主持。

11月3日 学校党委常委会专题学习党的十九届五中全会精神，全体校党委常委参加学习。专题学习由校党委书记袁寿其主持。

11月3日 教育部新文科建设工作组在山东大学召开新文科建设工作会议，学校组织人员参加视频会议。教育部高等教育司司长吴岩做《积势蓄势谋势　识变应变求变——全面推进新文科建设》的主旨报告。教育部新文科建设工作组组长、山东大学校长樊丽明宣读《新文科建设宣言》。吴岩、樊丽明共同为“全国新文科教育研究中心”揭牌。8位专家学者分别围绕不同领域的新文科建设做交流发言。

11月3日至4日 全国水产养殖机械

化现场会在常州市金坛区举办。学校电气学院赵德安团队研制的河蟹养殖智能投饵施药作业船应邀在现场进行作业演示，展示了自动投饵、施药、转塘、驻泊等功能。

11月4日 菁英学院“行走的课堂”活动正式启动。在国家水泵及系统工程技术研究中心和农机大院，校党委书记、菁英学院院长袁寿其通过“沉浸式”教育方式，为全体2019级菁英学员讲授第一讲。

11月4日 学校2021年国家自然学基金项目申报启动会暨专题报告会在北汽礼堂举行。校长颜晓红、副校长丁建宁出席会议。

11月5日 江苏省委副书记任振鹤来校进行专题调研。省委副秘书长尹卫东，镇江市委书记马明龙，市委副书记李健，市委常委、市委秘书长陈可可等陪同调研。校党委书记袁寿其、校长颜晓红、副校长全力参加调研活动。

11月5日至6日 由江苏省教育厅与英国文化教育协会主办，江苏大学承办的2020年江苏—英国高水平大学联盟年会暨第二届国际产学研合作论坛在常州科教城举行。来自江苏和英国48所成员高校的270余名嘉宾参会，围绕“后疫情时代的跨国科研与教育”“后疫情时代先进制造、环境工程及医疗健康等领域面临的挑战与机遇”等主题开展交流、分享经验。此外，年会还举行了校际合作协议签约仪式、联盟工作委员会委员聘书颁发仪式、“江苏—英国高水平大学联盟国际技术转移中心”揭牌仪式。江苏省教育厅副厅长王成斌，英国驻华使领馆文化教育处文化教育领事、华东地区主任季佳，常州市委常委、统战部部长、科教城党工委书记韩九云，江苏省教育厅对外合作与交流处处长贺兴初，英国驻华使领馆文化教育处教育合作发展主任王海军，南京大学、东南大学、南京航空航天大学、江苏大学等32所江苏高校，牛津大学、剑桥大学、利物浦大学等16所英方高校的相关负责人及专家学者参会。出席本次大会的还有20余家工业园区及合作企业等单位的领导和代表。副校长全力主持年会开幕式。校长颜晓红致欢迎辞。利物浦大学、克兰菲尔德大学、约克大学等10所英国高校校领导也发来视频，对大会的召开表示祝贺。会议举行了学术委员会、产学研合作委员会、教师交流委员会和留学事务委员会委员聘书颁发仪式，以及东南大学和利物浦大学、江苏大学和利物浦大学、南京信息工程大学和雷丁大学的校际合作签约仪式。王成斌和韩九云为“江苏—英国高水平大学联盟国际技术转移中心”揭牌。会议期间，还举行了中英校长论坛、平行学术分论坛与国际产学研合作论坛。闭门会议通报了联盟执行委员会成员单位和理事单位名单，讨论《江苏—英国高水平大学联盟优质科教资源建设行动计划（2021—2023）》和联盟2021年工作计划，为联盟未来发展指明了方向。大会闭幕式上，联盟英方执行主席、利物浦大学电气与电子工程系主任艾伦·马歇尔对联盟年会暨国际产学研合作论坛的丰硕成果进行了全面总结。

11月6日 “才聚江大　创响京口”光催化产业国家级人才高峰论坛在学校举行。本次论坛由江苏大学、京口区人民政府主办，江苏省科技镇长团、京口区人才办、京口区科技局和镇江京口经济开发区承办。江苏大学党委书记袁寿其，镇江市京口区委副书记、区长贾敬远，京口区、北京泊菲莱科技有限公司、学校相关职能部门负责人出席论坛。学校师生及部分企业代表260余人参会。论坛邀请了来自清华大学、北京大学、南京大学、湖南大学、西安交通大学等知名高校院所的9位国家级重点人才工程获得者，围绕光催化技术在能源生产、环境治理和卫生医疗等领域的应用做学术报告。

11月7日至8日 由江苏大学主办的第十六届全国民间法·民族习惯法学术研讨会在镇江召开。来自全国多所高校，以及科研机构的100多名专家学者和实务工作者共同围绕“网络平台上的国家法与民间法”主题进行深入交流研讨。校党委副书记李洪波出席会议开幕式。

11月9日 学校举行2020年消防安全管理教育培训大会。校党委副书记李洪波，镇江市消防救援支队防火处处长纪洪出席会议。学校安全保卫处、消防安全工作领导小组成员、各二级单位消防安全管理员等参加会议。会上举行消防安全责任书签订交接仪式，李洪波代表学校分别与16个二级单位消防安全责任人代表交接消防安全责任书。培训会后，参会人员进行“灭火器模拟灭火和烟雾模拟应急疏散演练棚”实操体验。

11月10日 学校要闻报道，经江苏省教育厅组织专家评审、公示，学校成功获评全省首批大学生职业生涯教育示范基地。全省共有15家单位获批首批基地。

11月10日 江苏海洋大学党委副书记史顺良一行6人来校就宣传思想文化及“三全育人”工作进行调研。校党委副书记李洪波，校党委常委、宣传部部长金丽馥参加调研座谈会。会上双方还就课程思政、十大育人体系及对外宣传工作进行了深入交流。

11月10日 中北大学党委书记沈兴全，副校长潘晋孝、李东光一行10人来校调研。校党委书记袁寿其参加调研座谈。双方还围绕大学治理、职称评聘、破“五唯”举措、后勤改革等主题进行了深入交流。

11月10日 镇江市委书记马明龙会见了国机集团党委书记、董事长张晓仑一行，校长颜晓红陪同会见。

11月11日 教育部印发《关于同意设立江苏大学克兰菲尔德未来技术研究生院的函》（教外函〔2020〕51号），学校与英国克兰菲尔德大学共同申报的非独立法人中外合作办学机构——江苏大学克兰菲尔德未来技术研究生院正式获批。这是学校获批的首个中外合作办学机构。江苏大学克兰菲尔德未来技术研究生院开设农业工程、机械工程、环境工程和工程管理4个硕士专业，动力工程及工程热物理、材料科学与工程、环境科学与工程3个博士专业。研究生院办学层次涵盖硕士、博士研究生教育，招生规模360人，主要致力于培养具有国际视野和跨文化沟通能力，拥有工程领域坚实基础理论和宽广专业知识，积极服务于创新驱动发展的高端工程类国际化人才。

11月12日 第五届金山流体机械工程国际学术研讨会在学校召开。会议采取全英文交流形式，来自美国、德国、法国、西班牙、新加坡、韩国、中国等国家和地区的千余名知名专家学者、科研人员及研究生通过线上线下相结合的方式参加了研讨会。本次国际研讨会由国家水泵及系统工程技术研究中心、国家流体工程装备节能技术国际联合研究中心、高端流体机械装备与技术学科创新引智基地、江苏省产业技术研究院、中国农业机械学会排灌机械分会主办，江苏大学承办。校党委书记袁寿其致辞。来自美国圣路易斯华盛顿大学、韩国工业技术研究院、江苏大学、新加坡南洋理工大学、法国巴黎高科—国立高等工程技术大学、德国凯泽斯劳滕工业大学、西班牙瓦伦西亚理工大学的特邀专家围绕“流体机械工程中的基础理论及应用”做线上专题报告。

11月12日至13日　作为牵头单位，学校组织召开江苏高校统战工作第三协作片区2020年工作会议。副校长张济建、省委教育工委统群处、省委统战部五处及21所高校统战部门负责人与会。会议由校党委常委、统战部部长杨敬江主持。

11月13日至16日　由中国生态学学会种群生态专业委员会主办、江苏大学联合承办的第七届全国种群生态学前沿论坛在镇江召开。来自国内近百家高校和科研院所的200多位种群生态学家参会。校长颜晓红到会致辞，介绍江苏大学及环境与安全工程学院发展情况。论坛举行了近百场学术报告。

11月14日　第十一届蓝桥杯全国软件和信息技术专业人才大赛举行全国总决赛。来自北京大学、武汉大学等高校的800余名选手参加比赛。学校首次派出队伍参赛，共荣获国赛二等奖6项、三等奖3项、优秀奖3项。

11月14日　学校召开“三全育人”综合改革推进会暨第四次学生工作会议，总结5年来学校学生工作的主要成绩和经验，表彰学生工作先进集体和先进个人，部署当前和“十四五”期间学校“三全育人”工作和学生工作，深入推进学校“三全育人”综合改革。校党委书记袁寿其，校党委副书记、校长颜晓红，校党委副书记李洪波，副校长丁建宁、吴春笃、梅强、张济建，校党委常委、纪委书记、监察专员高庆国，副校长赵玉涛，校党委常委、宣传部部长金丽馥，校党委常委、组织部部长马志强，校党委常委、统战部部长杨敬江出席会议。会议由李洪波主持。校长颜晓红做《落实立德树人根本任务　深化“三全育人”综合改革　奋力书写新时代江大特色一流学生工作新篇章》的工作报告。会上，学校领导分别为33个第二批“三全育人”综合改革示范专业授牌，为9个学生工作先进集体、23名“辅导员标兵”、22名“学业导师先进个人”颁奖。校党委书记袁寿其做总结讲话。

11月14日　学校在小礼堂举行2020年学生表彰大会暨“爱国·励志·求真·力行”大学生先进事迹报告会。50余个先进学生集体（团队）、3 100余名学生先进个人、31位优秀辅导员受到表彰。

11月15日　江苏省2020年高雅艺术进校园活动拓展项目——南京工业大学交响管乐专场音乐会“青春的约定”在学校小礼堂举办。本次活动由江苏省教育厅和财政厅主办，学校和南京工业大学共同承办。南京工业大学党委副书记吴胜红、学校党委副书记李洪波，两校团委主要负责人及750余名师生代表参加音乐会。

11月15日　“2019江苏省大学生年度人物和江苏高校辅导员年度人物”颁奖典礼在南京工业职业技术大学举行。管理学院辅导员周以林获评“2019江苏省高校辅导员年度人物”（全省共10名），并作为全省优秀辅导员代表在颁奖典礼接受现场采访；教师教育学院学生徐振霞获“2019江苏省大学生年度人物”提名奖（全省共18名）。校党委副书记李洪波带队参加，学生工作处处长杨道建及学校10余名辅导员、大学生前往观摩。

11月15日　首届“金斯瑞2020南京·高校百公里接力赛”在南京举行，学校代表队以3小时35分3秒的优异成绩荣获团体冠军。

11月16日　江苏大学洛阳研究生院项目合作与建设推进会在学校召开。会上签署了共建江苏大学洛阳研究生院补充协议，学校与中国一拖集团有限公司、国家农机装备创新中心初步达成一批合作意向，科产教三方合作进一步深化。会议由研究生院常务副院长李红主持。

11月16日 由江苏大学、中国农业机械学会联合举办的“农业装备产业与技术发展路线图”研讨会暨中国科协学科发展项目启动会在学校召开。中国工程院院士陈学庚、中国农业机械工业协会副会长洪暹国、中国农业机械学会秘书长张咸胜、江苏大学党委书记袁寿其、校长颜晓红、校党委副书记李洪波、副校长全力及校内相关农机装备专家参加会议。会议以线上线下结合的方式进行。会议研讨了江苏大学研究成果《农业装备产业与技术发展》，完成了中国科协学科发展项目“农业装备产业与技术发展路线图研究”开题启动会，并讨论了中国农业装备产业发展研究院的使命、定位与研究方向。农业工程学院刘继展做《农业装备产业与技术发展》报告，陈学庚进行“农业装备产业与技术发展路线图研究”启动会的专家总结性发言。

11月16日至19日 由中国生态学学会生物入侵专业委员会主办，江苏大学、台州学院和沈阳农业大学联合承办的第四届全球变化与生物入侵国际学术研讨会在镇江举行。来自国内外近百家高校和科研院所的200多位国内专家学者及50多位国外专家学者参会。副校长梅强、中国生态学学会生物入侵专业委员会主任冯玉龙、环境与安全工程学院院长杜道林到会致辞。

11月17日至19日 2020国际食品非热加工技术研讨会在镇江召开。来自77所高等学校、研究院所和企业的240余位专家学者，围绕“未来食品与装备创新”主题，研讨面向未来食品产业的技术进步，深入推进绿色可持续社会发展，加强技术交流和创新能力融合。副校长赵玉涛致欢迎词。35位专家、14位研究生做学术报告。分论坛围绕“食品非热加工的理论探索与技术开发”“食品非热加工的装备创新与成果转化”“食品等离子体专场加工”3个主题做专题报告。研讨会还设置了研究生论坛和海报展示环节，评选出一等奖4项、二等奖7项。

11月17日至21日 第六届中国国际“互联网+”大学生创新创业大赛全国总决赛在华南理工大学举行。学校“绿萝科技——国内领先的可视化智慧电力运维系统服务商”获银奖；“嘉创科技——全球主流语种语音数据服务提供商”项目获铜奖。

11月18日 江苏大学第十届“中外研究生学术论坛”开幕式举行。校长颜晓红、副校长全力，以及研究生院、党委研究生工作部、团委、海外教育学院及各研究生培养单位领导、线上和线下中外研究生代表共400余人参加开幕式。马达事业部全球总监查尔斯·安东尼·贝茨、食品与生物工程学院院长邹小波做大会报告。活动共收到学校、扬州大学、南通大学、江苏科技大学700余名中外研究生投稿，共设理工一、理工二、理工三、生物医药、财经管理、文化交流6个分论坛。论坛将从11月18日持续到12月上旬。

11月18日 《四代“四跨”科技人之路》出版暨团队发展与“三全育人”座谈会召开。校长颜晓红出席并讲话，座谈会由教务处处长王谦主持。《四代“四跨”科技人之路》一书主要介绍了我国内燃机行业知名专家李德桃带领跨学科、跨单位、跨地区、跨国界的“四跨”学术团队，实现产、学、研联动，在柴油机领域取得了丰硕成果。该书展现学校四代科技工作者在科研道路上的奋斗事迹，也是老教师“知农、爱农、为农”的生动呈现。能源与动力工程学院党委书记康灿代表学院接受李德桃赠书。

11月18日 驻镇高校“百名教授老区行”第20次活动在发源地句容市茅山镇举行。镇江市委副书记、组织部部长李健出席活动并讲话。校党委常委、组织部部长马志强，市关工委副主任、校关工委名誉主任金树德，校关工委常务副主任柴顺根等参加会议。会上，“百名教授老区行”活动荣获镇江市首届“最佳老干部志愿服务项目”，由市委老干部局、离退休干部工委授牌。会议还对“百名教授老区行”活动中2名突出贡献者、4个先进集体、100名先进个人进行了表彰。学校金树德荣获“突出贡献奖”，学校关工委荣获“先进集体”荣誉称号，樊桂林等34名同志荣获“先进个人”荣誉称号。

11月18日 教育部高等学校公共管理类专业教学指导委员会专家组福州大学叶先宝教授、上海财经大学杨翠迎教授、江西师范大学唐天伟教授一行莅临学校，对公共事业管理专业（国家一流本科专业建设点）建设情况进行实地考察和调研指导。

11月19日 学校要闻报道，学校与奥地利格拉茨大学共建孔子学院成立十周年庆祝活动暨第五届中国论坛通过网络方式举行。我国驻奥地利大使李晓驷、施泰尔马克州州长舒岑霍夫、格拉茨市市长纳格尔、格拉茨大学校长波拉舍克，中国国际中文教育基金会副理事长、秘书长赵灵山等中奥代表分别以视频、贺信等方式祝贺。校长颜晓红录制视频为庆祝活动致辞，并为建院十周年纪念册——《通达顶峰之路》撰文。

11月19日 江苏大学2020年研究生联合培养项目需求对接会召开。“江苏大学—江苏省产业技术研究院集萃研究生联合培养基地”揭牌，相关学院与省产业技术研究院专业研究所就共建10个“江苏大学研究生联合培养基地”达成合作意向。副校长全力、江苏省产业技术研究院材料与能源环保事业部主任姚正军、长三角先进材料研究院执行副院长程晓农等代表40余人、学校师生代表70余人出席会议。会议由研究生院常务副院长李红主持。

11月20日 学校在汽车工程研究院会议室设立分会场，集中收看2020年全国科学道德和学风建设宣讲教育报告会暨宣传月启动仪式网络直播。校长颜晓红，科技处、社科处、知识产权学院全体人员和部分师生代表在分会场集中学习，学校其他单位采用集中收看和个人自学相结合的方式收看学习。

11月21日 江苏大学2021届毕业生首场智慧校园招聘会在校本部体育馆举办。招聘会首次采用智慧化技术手段，对所有参会毕业生进行面部识别并提供大数据服务。全国325家用人单位参会，提供有效就业需求职位21 800余个，累计吸引学校毕业生近2 000人次进场求职。

11月21日 江苏高校动力工程及工程热物理学科联盟第一届理事会第二次全体会议在校召开。学科联盟理事长、校党委书记袁寿其，学科联盟理事、校教务处处长王谦，动力工程及工程热物理学科建设单位主要领导，以及东南大学、南京航空航天大学、南京工业大学、南京理工大学等联盟副理事长、理事单位代表共25人参加会议。会议由江苏省工学Ⅰ类研究生教育指导委员会副主任、校研究生院常务副院长李红主持。会议审议通过了理事变更申请、联盟工作规划和2021年工作计划，重点研讨了科研项目联合申报、课程建设与共享、青年教师论坛等具体措施和方案。会议决定由江苏大学牵头成立联盟学术交流工作组，建议江苏省研究生实践创新大赛与动力工程及工程热物理学科联盟理事会活动联合开展。

11月21日 由江苏大学和中国卫生经济杂志社联合主办的第三届“三江”医改国际论坛在校召开。来自海内外50余所高校和研究机构的300余名学者，围绕“后疫情时代的中国医改”主题，前瞻中国与国际医改趋势。

11月21日至22日 由江苏省工学Ⅰ类研究生教育指导委员会主办，江苏大学和江苏省工程热物理学会承办的2020年江苏省研究生节能低碳科研创新实践大赛决赛在镇江举行。本次大赛共收到129件来自12所省内外兄弟院校的初赛作品，作品总量相对2019年增加了41.8%。大赛评出优胜作品16件，进入决赛作品36件，其中包括留学生作品。校党委书记袁寿其致欢迎辞。江苏省工学Ⅰ类研究生教育指导委员会秘书长沈星提出了落实研究生教育内涵式发展的要求。大赛评选出特等奖2项、一等奖8项、二等奖11项、三等奖15项，10所高校荣获“优秀组织奖”。学校表现突出，获特等奖1项、一等奖4项、二等奖5项、三等奖6项，共获奖16项及“优秀组织奖”。

11月21日至23日 第十四届微米纳米技术创新与产业化国际论坛在镇江举办。150多名知名专家学者、微纳制造相关企业负责人围绕“智能、健康、绿色、生活”主题，共同探讨微纳领域的学术前沿、成果转化与产业瓶颈，共享微米纳米技术的研发成果，共商微米纳米技术创新发展，共议科技助推产业化融合发展。校长颜晓红、副校长丁建宁和苏州大学机电工程学院院长孙立宁等在会议上致辞。

11月23日 学校要闻报道，2020年全国大学生数学建模竞赛获奖名单公布，学校参赛选手共获得全国一等奖1项、二等奖6项，国赛获奖总数创新高。

11月23日 根据江苏省委统一部署，省委宣讲团成员、镇江市委常委、市委宣传部部长孙晓南来学校宣讲党的十九届五中全会精神。专题报告会由校党委书记袁寿其主持。全体校领导、全校科级及以上领导干部、各民主党派主要负责人、师生代表等参加了报告会。校党委书记袁寿其做总结讲话。

11月23日 镇江市委常委、宣传部部长孙晓南一行来校调研意识形态工作。校党委书记袁寿其，校党委常委、宣传部部长金丽馥，马克思主义学院院长李丽等师生代表参加座谈会。座谈会由袁寿其主持。

11月23日至29日 江苏省“省长杯”大学生足球联赛暨2021年全国青少年校园足球联赛在盐城大丰足球训练基地举行。学校男足队成功卫冕校园组冠军，这是继2019年取得江苏省“省长杯”大学生足球联赛冠军后再次夺冠。

11月24日 应秦山核电有限公司邀请，校党委书记袁寿其带队赴秦山核电有限公司进行调研。会议交流了联合实验室的组织架构、研究基础、研究方向及优势资源，提出了与秦山核电有限公司未来发展的合作模式。双方就人才培养、核电泵智能运维问题进行了深入细致的洽谈，初步达成了人才培养与核电泵智能运维具体项目合作意向。

11月24日 校长颜晓红率队赴成都参加2020中国—中东欧农业国际合作论坛。中国农业国际合作促进会会长翟虎渠、联合国粮农组织助理代表张忠军、保加利亚驻华大使白思谛、匈牙利驻华大使格里戈尔·波罗扎诺夫，以及农业农村部国际合作司、四川省农业农村厅、成都市相关领导出席。在圆桌论坛上，颜晓红结合江苏大学“一带一路”农业现代化合作实践探索举措与成果，与中国融通农业发展集团有限公司党委书记、董事长许国成，清华大学全球共同发展研究院秘书长、正大集团副总裁曾劲松，新希望集团有限公司常务副总裁、首席运营官李建雄等就如何促进中国与中东欧国家农业人才交流进行探讨与经验分享，并向与会各方发出加强国际产教融合、推进中东欧农业领域多方位合作的倡议；举行了江苏大学与保加利亚食品科技大学人才培训合作签约仪式，双方拟在食品技术、生物工程等领域的“一带一路”师资培养、境内外短期培训、跨国技术转移等方面进行战略合作，通过国际产学融合为“一带一路”建设贡献力量。

11 月 25 日　第十三届全国大学生先进成图技术与产品信息建模创新大赛日前落下帷幕，来自全国 395 所高校、647 支参赛队伍的 4 538 名学生参赛。学校获得单项一等奖 3 项、二等奖 16 项、三等奖 6 项及团体二等奖 1 项，成绩再创新高。

11 月 25 日　由江苏省教育厅主办、江苏大学承办的江苏省研究生工作站经验交流暨工作推进会在镇江举行。会议总结交流了全省研究生工作站 13 年来的建设经验，探索研究生工作站未来发展方向。省教育厅、省科技厅、民盟江苏省委、九三学社江苏省委领导出席会议，来自 43 家高校、科研院所和企业的 100 余位专家学者参加会议。会议由省教育厅研究生教育处处长、省学位办主任杨树兵主持。校长颜晓红致辞。与会领导为“河海大学—南瑞集团有限公司研究生工作站”“东南大学—中国能源建设集团江苏省电力设计院有限公司研究生工作站”“南京航空航天大学—天奇自动化工程股份有限公司研究生工作站”和“南京邮电大学—江苏亿通高科技股份有限公司研究生工作站”4 家江苏省优秀研究生示范基地授牌。南京航空航天大学、南京邮电大学、扬州大学 3 所高校，以及南瑞集团有限公司、中国能源建设集团江苏省电力设计院有限公司、江苏现代路桥有限责任公司、江苏银环精密钢管股份有限公司 4 家企业代表结合工作站建设实际做主题发言，围绕深化产教融合、提高研究生创新意识和实践能力的探索展开交流。省教育厅一级巡视员洪流做总结发言。

11 月 25 日　校党委、流体中心党委理论学习中心组赴江都水利枢纽开展联办联学专题实践学习。

11 月 26 日　中国关工委和中央文明办下发了《关于表彰全国关心下一代工作先进集体和先进个人的决定》，学校关工委获得“全国关心下一代工作先进集体”荣誉称号，学校关工委名誉主任金树德同志获得“全国关心下一代工作先进工作者”荣誉称号。学校是江苏省获得“全国关心下一代工作先进集体”荣誉表彰的唯一高校，这也是学校第三次获得该项荣誉。

11 月 26 日　江苏省抗击新冠肺炎疫情表彰大会在南京举行。学校附属医院副院长陈吉祥、ICU 主治医师孙志伟、ICU 副主任张德厚、ICU 主管护师梅琼、检验科副主任技师刘强、校安全保卫处副处长赵德民等 6 人获评江苏省抗击新冠肺炎疫情先进个人，附属医院医务处获评江苏省抗击新冠肺炎疫情先进集体。在江苏省抗击新冠肺炎疫情表彰大会当日，学校也发文表彰了江苏大学新冠肺炎疫情防控工作先进集体和先进个人。学校共授予附属医院等 10 个集体“江苏大学新冠肺炎疫情防控工作先进集体”荣誉称号，授予丁明等 79 人“江苏大学新冠肺炎疫情防控工作先进个人”荣誉称号。

11 月 26 日至 27 日　第二届免疫学进

展与转化菁英论坛暨2020年度江苏省免疫学会理事会与学术年会在镇江举办。会议聚焦免疫学前沿进展，旨在构建转化医学交流合作平台，为免疫学和转化医学交叉领域提供新的研究视角与思路，成就更多免疫学前沿进展的高效临床转化与应用。会议由江苏省免疫学会主办，江苏大学国际基因组学研究中心联合承办。会议吸引了来自全国高校、科研院所和医院的500余人线上线下参与。江苏大学校长颜晓红、中国免疫学会理事长吴玉章、江苏省免疫学会副理事长高晓明在大会上致辞。开幕式由江苏省免疫学会副理事长王立新主持。

11月27日至29日 由江苏大学主办、江苏大学计算机科学与通信工程学院承办的第一届物联网与智能应用国际会议在镇江市举办。来自美国、英国、中国、新加坡等9个国家的100多位学术界和业界的研究者就“物联网、人工智能等理论、方法及其在农业、教育等领域中的应用”进行研讨。大会主席、学校校长颜晓红致欢迎词。大会邀请了北京农业信息技术研究中心首席科学家、中国工程院院士赵春江研究员，浙江大学信息学部常务副主任陈积明教授，大湾区5G工业联盟主席、香港城市大学曾剑锋教授分别做主旨报告。大会共收到纽卡斯尔大学、布拉德福德大学、东南大学等72家单位论文投稿105篇，62篇论文最终被录取。与会期间，论文作者采用线上线下相结合的方式，分别就“智慧农业与智能应用”“物联网与智能安全技术”“智能算法与优化”“多媒体与人工智能”4个专题进行分组报告与讨论，大会共评选出优秀论文4篇。

11月28日 由江苏省科学技术协会主办，江苏大学汽车工程研究院承办的2020新能源智能汽车技术青年学者国际论坛暨第八届江苏省青年科学家年会在学校开幕。来自美国得克萨斯理工大学、日本东京大学、加拿大滑铁卢大学、加拿大康考迪亚大学、清华大学、上海交通大学等国内外知名高校的200余名青年学者参加了论坛。中国工程院院士郭孔辉，江苏省科学技术协会副主席冯少东，江苏省汽车工程学会理事长孙军、秘书长徐爱民等出席开幕式。校长颜晓红致欢迎词。本次论坛以“科技应对挑战，创新引领未来”为主题，设“智能网联汽车与智慧交通”“节能与新能源汽车技术”和“车辆动力学与底盘控制”三个分论坛，与会嘉宾聚焦汽车电动化与智能化技术的最新发展方向进行交流。

11月28日 江苏大学奋达教育发展基金颁奖典礼举行，典礼上对2019年度“奋达杰出青年英才奖”“奋达优秀研究生海外学习奖学金”获得者进行了颁奖。校长颜晓红，校党委副书记李洪波，副校长丁建宁、赵玉涛，校党委常委、宣传部部长金丽馥，校党委常委、组织部部长马志强，杰出校友、深圳市奋达科技股份有限公司董事长肖奋出席颁奖典礼。颁奖典礼由赵玉涛主持。

11月28日 学校要闻报道，科技部发布了国家重点研发计划“重大自然灾害监测预警与防范”重点专项2020年度立项项目。由学校流体中心牵头，校党委书记袁寿其主持的“山区和边远灾区应急供水与净水一体化装备”项目获得立项。这是学校在“重大自然灾害监测预警与防范”领域承担的首个国家重点专项。项目总经费8 098万元，其中中央财政专项资金2 098万元。项目共设置5个课题，学校承担其中2个课题，分别是袁寿其主持的课题三“应急智慧供水系统关键技术与提水装备研发”和李伟主持的课题五“应急供水与净水一体化技术装备集成及应用示范”。

11 月 28 日 江苏大学校友会第三届理事会换届大会暨 2021 年校庆筹备动员大会在校举行。校党委书记袁寿其，校长颜晓红，校党委副书记李洪波，副校长丁建宁、梅强，校党委常委、纪委书记、监察专员高庆国，校党委常委、宣传部部长金丽馥，校党委常委、组织部部长马志强，校党委常委、统战部部长杨敬江，江苏大学校友会第三届理事会理事及第四届理事会候选理事，各地方校友会副会长、秘书长、杰出校友代表，各学院校友会（筹）会长、副会长、秘书长，全校各单位主要负责人，2021 届毕业班校友工作联络员等参加大会。江苏大学第三届校友会会长袁寿其代表校友会第三届理事会做任期工作报告。丁建宁主持大会。与会校友代表和教师代表审议并表决通过了校友会章程及第四届理事会建议名单。召开了四届一次理事会，选举产生了理事会负责人和常务理事；召开了地方校友会秘书长工作会议。新当选的校友会第四届理事会会长颜晓红讲话。会上还进行了“江苏大学校友突出贡献奖”的表彰，李洪波宣读《关于 2020 年度“校友突出贡献奖”的表彰决定》，共有 16 名校友受到表彰，袁寿其、颜晓红为受表彰代表颁发奖牌并与其合影留念。

李洪波主持江苏大学组建 20 周年暨办学 119 周年校庆筹备动员大会，校友总会秘书长任泽中发布校庆活动方案建议稿。上海校友会会长、上海千荟温室工程技术有限公司总经理余一韩代表地方校友会宣读了《聚力一流创建，献礼母校华诞的倡议》。会上聘任了 12 名“095”工程首批校友行动大使。在校友企业共建、战略合作签约仪式上，丁建宁与江苏悦达投资总裁、铸造 1987 级校友王圣杰就共建千万元级别的研究院，梅强与申康机械董事长、热能 1997 级校友王康兵就设立 200 万元的科研合作基金，马志强与久富农机董事长、农机 1993 级校友徐正华就“久富牌”新型农业机械捐赠，杨敬江与上海良相智能化工程董事长、材料 1989 级校友陈晓群的代表黄丽娜女士就设立 100 万元的“上海良相独立自强奖学金”分别签约。校庆筹备工作领导小组组长袁寿其对校庆筹备工作提出三点意见。同期，1990 届、2000 届、2010 届校友从天南海北相聚在美丽的江大校园，参加值年返校纪念活动。

11 月 29 日 由学校教务处、人事处、工会联合举办的江苏大学第十届教师教学竞赛决赛落下帷幕。汽车学院蒋栋、图书馆苏文成、外国语学院李霞、计算机学院成静、马克思学院马方方、机械学院蔡杰、电气学院吴翃轩、物电学院郑慧茹 8 名教师分获新教师组、中级职称组、高级职称组、实验和临床教学组一等奖，另有 20 名教师获二等奖，29 名教师获三等奖，37 名教师获优秀奖。

11 月 29 日 “学创杯”2020 全国大学生创业综合模拟大赛总决赛暨全国高校创新创业实验教学研讨会在北京工商大学嘉华学院举办。由管理学院教师李昕、张海斌指导，管理学院马苗苗、马健航，财经学院厉剑三名同学组成的代表队一路过关斩将，以全国总决赛本科组总分第二的成绩，荣获特等奖。

11 月 29 日 学校与周恩来童年读书处共建大学生思想政治教育实践基地揭牌仪式在淮安举行。校党委书记袁寿其，校机关党委书记、党委组织部副部长周国华，周恩来纪念地管理局党委书记、局长孙晓燕，食品与生物工程学院、艺术学院师生代表共 40 余人参加活动。双方为“江苏大学大学生思想政治教育实践基地”揭牌，签署共建协议，为两个学院校外兼职辅导员发放聘书。

十二月

12月1日 学校要闻报道，教育部公布了首批国家级一流本科课程认定结果，学校共有18门课程被认定为国家级一流本科课程，其中，线上一流课程6门、线下一流课程4门、线上线下混合式一流课程2门、虚拟仿真实验教学一流课程6门。

12月1日 学校关工委召开常委会，深入学习习近平总书记重要指示精神。校党委书记、关工委主任袁寿其出席会议并讲话。校关工委常务副主任柴顺根主持会议。

12月1日 教育部在北京召开2021届全国普通高校毕业生就业创业工作网络视频会议，教育部副部长翁铁慧、人力资源和社会保障部副部长李忠出席会议并讲话。学校在会议中心第三报告厅设立分会场，校党委副书记李洪波出席会议。

12月1日 校党委书记袁寿其为机关全体党员讲授学习贯彻党的十九届五中全会精神专题党课。党委副书记、校长颜晓红，校党委副书记李洪波，副校长梅强等领导出席专题党到场听课。党课由机关党委书记周国华主持。

12月2日 江苏文化名人王川应邀做客学校“人文大讲堂”，做《千古江山——镇江3000年历史》专题报告。200余名文学院师生聆听了报告。

12月2日 江苏省教育厅召开全省教育评价改革专题视频培训会议，学校在会议中心第三报告厅设置分会场收看视频会议。校党委书记袁寿其，校长颜晓红，副校长梅强，校党委常委、纪委书记、派驻监察专员高庆国，副校长陈红，校党委常委、宣传部部长金丽馥，校党委常委、统战部部长杨敬江，各部门、学院、科研单位、直属单位党政主要负责人参加了会议。中央教育工作领导小组秘书局局长、教育部综改司司长刘自成做专题辅导报告，全面系统地讲解了《深化新时代教育评价改革总体方案》。《深化新时代教育评价改革总体方案》是新中国成立以来第一份教育评价改革的系统性文件。

12月3日 江苏省2021年硕士研究生招生考试安全工作及考务培训工作会议在南京召开，会议对2020年江苏省研究生招生考务管理工作考核优秀单位进行了表彰。学校获“优秀报考点”“优秀招生单位”两项荣誉称号，并以总分第一位列18个高校报考点首位。

12月3日 学校要闻报道，第五届中国青年志愿服务项目大赛全国决赛终评落下帷幕。学校选送的志愿服务项目“为建筑女工撑起爱的防护伞”经省级推报、全国初评、全国决赛终评、社会公示等环节，从决赛终评的1 000个项目中脱颖而出，荣获银奖。

12月3日至4日 首届高层次国际化人才培养工作经验交流及推进会在京召开，校长颜晓红出席并做《在教育国际化实践中推进涉农国际组织人才培养》典型经验分享。学校还正式获批首批高层次国际化人才培养创新实践基地高校。教育部中外人文交流中心举行了“高层次国际化人才培养创新实践基地”授牌仪式。

12月5日 新时代中国法治乡村建设学术研讨会在学校召开，来自全国高校、实务部门专家、学者共70余人参加会议。会议由江苏大学法学院、江苏高校区域法治发展协同创新中心、南京师范大学法学院、中国法治现代化研究院、江苏法治发展研究院共同承办。中国法治现代化研究院院长、南京师范大学公丕祥教授，江苏高校区域法治发展协同创新中心主任、江苏省社会科学院党委书记、院长夏锦文教授等出席开幕式，校长颜晓红出席会议并致辞。开幕式由法学院院长李炳烁主持。与会专家围绕“新时代乡村法治建设”“乡村振兴与地方立法”“农村环境保护法律创新”“农业机械法律问题”等专题展开研讨，取得了丰富的学术成果，进一步推动了学校法学涉农学科领域的发展，提升了学校在“三农”研究领域的学术影响力。

12月5日 国家级教学名师、东南大学特聘教授李霄翔应邀来校，为参加岗前培训的200余名新教师做《信息化环境下高校教师职业发展——青年教师职业发展漫谈》的专题讲座。讲座由党委教师工作部部长、人事处处长石宏伟主持。

12月6日 共青团江苏省委书记司勇一行到学校调研考察。校党委副书记李洪波陪同考察。

12月6日 江苏大学第六次团代会、第八次学代会、第七次研代会在校召开。共青团江苏省委书记司勇，校党委书记袁寿其，校党委副书记、校长颜晓红，校党委副书记李洪波，副校长丁建宁、吴春笃、梅强、张济建、赵玉涛，校党委常委、纪委书记、派驻监察专员高庆国，共青团江苏省委办公室主任夏威，共青团江苏省委组织部部长陈文娟，共青团江苏省委高校工作部部长付建龙等出席大会开幕会。学校党群部门主要负责同志，各学院、直属单位分管共青团工作的领导，团代会、学代会、研代会正式代表共计660人参加了本次大会。王海军代表共青团江苏大学第五届委员会在会上做《不忘初心跟党走，青春奋进新征程，为努力开创学校创建“双一流”和建设高水平研究型大学新局面贡献青春力量》的工作报告。叶雨曦代表江苏大学第七届学生会委员会做《革故鼎新，砥砺前行，奋力开创学生会工作发展新局面》的工作报告。许国冶代表江苏大学第六届研究生会委员会做《凝心聚力，与时偕行，为学校加快推动“双一流”创建贡献青春力量》的报告。大会第二次全体会议选举产生了共青团江苏大学第六届委员会委员，江苏大学学生会、研究生会主席团成员和常任代表，审议通过了关于工作报告的决议，并发出了《江苏大学第六次团代会、第八次学代会、第七次研代会倡议书》。共青团江苏大学第六届委员会委员第一次全体会议召开，选举产生了共青团江苏大学第六届委员会常务委员、书记和副书记。李洪波与全体委员、学生会组织主席团成员见面，提出了4点要求。

12月6日 第六届全国节水灌溉装备与技术战略研讨会暨江苏省先进流体工程装备产业技术发展论坛在江苏镇江召开。来自高校、科研院所和企业的150余名代表齐聚一堂，研讨推动国家节水行动的落实，加强节水灌溉装备与技术的研究开发及应用推广。会议由江苏省先进流体工程装备产业技术创新战略联盟、江苏省新型节水灌溉装备产业技术创新战略联盟、中国农业机械学会排灌机械分会、中国农业节水和农村供水协会农业节水设备分会、中国机械工业标准化技术协会排灌专业委员会、江苏大学主办，江苏大学流体机械工程技术研究中心、国家水泵及系统工程技术研究中心、江苏大学镇江流体工程装备技术研究院、《排灌机械工程学报》编委会承办。中国机械工业联合会主任李燕霞、江苏大学党委书记袁寿其、南通大学校长施卫东、中国农业科学院农田灌溉研究所所长黄修桥等国内知名专家及行业主要生产企业代表参会。袁寿其致欢迎词，国家水泵工程中心副主任袁建平代表联盟汇报了2020年度建设情况及2021年工作计划。镇江市科技局副局长张松代表主管单位致辞。大会做了《通报机械工业行业经济运行和泵质量状况》《农业节水化关键技术与对策建议》《节水灌溉工程水力学问题研究》《我国绿色制造体系建设总体规划和发展》《高扬程矿山排水抢险泵节能降耗关键技术研究与产业化》《大型立式蜗壳泵水力模型智能优化设计及应用》等主题报告，与会代表还从行业奖申报、节水行业新技术和新装备研发和推广等方面进行了广泛而深入的研讨，共商产学研用深度合作，进一步推动先进节水技术的应用。

12 月 7 日　全国机械化蔬菜生产农机农艺融合研讨会在镇江举办，为加速各地“菜篮子”工程机械化提供了强有力的技术支撑。会议由国家大宗蔬菜产业技术体系机械化研究室主办，江苏大学农业装备学部、现代农业装备与技术教育部重点实验室、江苏省农业装备与智能化高技术研究重点实验室承办。中国工程院院士李天来，国家大宗蔬菜产业技术体系岗位专家、试验站站长、农机和农艺专家、推广部门专家、农机企业家等 80 余人参加会议，会议由农业装备学部执行主任毛罕平主持。副校长全力致欢迎辞。专家代表分别交流了东北、华北、华东、华南、西北、西南、华中等地区主要设施和露地蔬菜的种植模式，以及耕、种、管、收蔬菜生产机械化技术和装备性能的调查报告，讨论并提出适于设施和露地蔬菜机械化栽培的农机模式和规范、哪几类大区适于蔬菜机械化生产的栽培模式和技术规范，以及农机农艺融合建议方案。

12 月 7 日　2020 年度江苏大学与格拉茨大学共建孔子学院理事会会议以网络视频形式召开。校长颜晓红，格拉茨大学大学校长马丁·伯拉叙克、副校长彼得·里德勒出席理事会。会议审议了孔子学院 2020 年度工作总结报告，通报了孔子学院管理机构变更情况，介绍了中国国际中文教育基金会、中外语言交流合作中心工作职责及运行机制。会议还讨论了 2021 年孔子学院工作计划，围绕建设国际联合研究中心、拓展汉语线上教学渠道、搭建数字教学平台、推进汉德语言文化中心项目、加快阿尔伯特史怀哲老年护理技能中心项目等年度重点工作进行了沟通。

12 月 9 日　学校要闻报道，江苏省妇女联合会、江苏省城镇妇女“巾帼建功”活动领导小组、江苏省妇女“双学双比”竞赛活动领导小组联合发文，表彰 2020 年度全省城乡妇女岗位建功先进典型。学校一站式学生事务与发展中心服务岗被表彰为“江苏省巾帼文明岗”。

12 月 9 日　九三学社江大委员会举行年度总结和表彰大会。会议由九三学社江大主委蔡健荣主持，统战部、九三学社镇江市委组织处、九三学社江大委员会和各支社社员代表近 50 人参加会议。

12 月 9 日　学校第四次本科教学工作大会召开，全体校领导出席大会。会议由副校长梅强主持。校长颜晓红做《聚焦育人　聚力一流　全面开启江大特色一流本科教育建设新征程》的工作报告。报告全面总结了学校本科教学工作在坚持品牌引领、坚持内涵发展、坚持学为中心、坚持教为主体、坚持产出导向和坚持教学中心地位等方面取得的显著成绩，明确提出了未来 5 年本科教学工作的指导思想、总体目标，重点阐述了“十四五”期间学校本科教育教学工作在 8 个方面的主要任务。教务处处长王谦发布了本科教学质量系列报告。大会举行了颁奖仪式，学校领导为国家级教学成果奖代表、国家级一流专业代表、国家级一流课程代表、学校本科教学工作先进集体、江苏高校“青蓝工程”优秀教学团队带头人、江苏省优秀毕业设计（论文）获奖指导教师代表、教学竞赛获奖教师代表、学科竞赛优秀指导教师代表、学校教学名师、学校优秀教务员颁发了奖牌和证书。国家教学成果奖代表材料科学与工程学院党委书记杨娟、国家级一流专业建设代表电气信息工程学院刘国海、校本科教学工作先进集体代表管理学院院长杜建国、国家一流课程建设代表能源与动力工程学院党委书记康灿、教学竞赛获奖者代表医学院吴燕、学科竞赛优秀指导教师代表艺术学院朱喆做交流发言。校党委书记袁寿其做总结发言。学校师生代表近 800 人参加了此次大会。

12 月 10 日　校长颜晓红作为主讲嘉宾，做客校园热点面对面活动，做《实施校院两级管理，促进大学治理现代化》的专题报告。

12 月 11 日　国家人力资源和社会保障部、全国博士后管理委员会公布了 2020 年度全国博士后综合评估结果，并对优秀的设站单位和博士后管理工作者予以通报表扬。学校共有 13 个博士后科研流动站参加评估且顺利通过，其中农业工程、动力工程与工程热物理、食品科学与工程、环境科学与工程等 4 个博士后科研流动站获得“优秀”等级，9 个站获“良好”等级。同时，人事处刘雁玲获得“优秀博士后管理工作者”称号。

12 月 12 日　江苏省高校图书馆“十四五”规划研讨会在镇江召开。省内 50 余所高校图书馆馆长及代表 60 余人参加会议。会议由江苏省高校图书情报工作委员会战略规划与空间建设专业委员会主办，江苏大学图书馆承办。江苏大学副校长张济建，江苏省高校图工委主任、南京大学图书馆馆长程章灿在会议上致辞。开幕式由学校图书馆馆长符永宏主持。大会分为主旨报告和分组研讨两部分。上海交通大学图书馆馆长李新碗、程章灿，东南大学图书馆馆长李爱国，以及符永宏分别介绍了各自大学图书馆“十四五”规划的经验与特色。

12 月 14 日　学校召开党委常委会意识形态工作专题会议。会议由校党委书记、校意识形态工作领导小组组长袁寿其主持。

12 月 18 日　民盟江大委员会在学校流体中心召开四届四次会议，校党委书记袁寿其应邀出席并指导理论学习。会议由市政协常委、民盟镇江市委员会副主委、民盟江大委员会主委袁建平主持，民盟江大委员会委员参加会议。

12 月 18 日至 19 日　由学校牵头组织的“中联重科”杯第六届大学生智能农业装备国际创新大赛在山东理工大学举行，江苏大学学生以总分第一的成绩连续第六次捧得优胜杯。中国工程院院士陈学庚、赵春江，中国农业机械学会理事长王博，学校党委副书记李洪波等领导、嘉宾出席开幕式。国际农业和生物系统工程委员会秘书长费德罗教授代表国际农业与生物工程系统委员会致辞，李洪波代表主办单位江苏省现代农业装备与技术协同创新中心、农业工程大学国际联盟致辞。来自中国农业大学、吉林大学等 48 所高校、院所的 305 支参赛队伍约 1 100 名师生参赛，其中 A 类作品 194 件、B 类作品 99 件、C 类作品 12 件入围全国决赛。大赛共评选出特等奖 23 项、一等奖 50 项、二等奖 101 项。学校农业工程学院、电气学院、机电总厂等单位组成 21 支代表队入围全国决赛，经过现场竞赛、专家问答等环节角逐，共 19 支参赛队获奖，其中特等奖 3 项、一等奖 5 项，另有 9 名指导教师获评优秀指导教师。

12月19日 江苏省教育厅副厅长王成斌、校长颜晓红会见中非合作论坛非方共同主席国塞内加尔驻广州总领事穆哈玛杜·艾尔·巴希尔·迪亚克先生等重要来宾。总领事穆哈玛杜·艾尔·巴希尔·迪亚克、联合国粮农组织中国区助理代表张忠军、非洲研究联盟理事长傅朗和非洲研究联盟秘书长刘继森到学校参加2020“一带一路”农业现代化国际合作发展论坛，其间进行了会谈交流。

12月19日至20日 由中国农业国际合作促进会主办，学校承办的“一带一路”农业现代化国际合作发展论坛举行。国际组织代表，外国官员和专家学者，我国农业装备行业企业、高校和研究机构代表围绕“人类团结—数字赋能，高质量发展‘一带一路’农业”主题，共同探讨“一带一路”农业现代化国际合作发展。论坛开幕式上，联合国工发组织农业司司长德耶内·泰泽拉，巴基斯坦国家农产品特别委员会常委珊达娜·古尔匝罕，意中友好协会名誉主席、意大利共和国国会议员安东尼奥·塔索，英国四十八家集团俱乐部主席史蒂芬·佩里，意大利江苏商会主席朱裕华，俄罗斯自然科学院院士、俄罗斯沃罗涅日国立林业技术大学校长德拉巴留科·米哈伊尔·瓦连京诺维奇，塞内加尔驻广州总领事穆哈玛杜·艾尔·巴希尔·迪亚克，柬埔寨国际商会副会长李德美，联合国粮农组织中国区助理代表张忠军，中国农业国际合作促进会会长翟虎渠，中国人民争取和平与裁军协会副会长于洪君，农业农村部对外经济合作中心主任张陆彪，南南合作促进会副会长须同凯，江苏省教育厅副厅长王成斌，中国科学院院士沈学础，中国工程院院士赵春江，校党委书记袁寿其、校长颜晓红等出席开幕式。开幕式由颜晓红主持。袁寿其致欢迎词，表示本届论坛旨在发挥政产学融合效应，合作推动国际产能合作，帮助企业进一步了解我国促进国际产能合作方面的政策，把握合作国投资环境和优惠政策，搭建海外项目合作对接平台，提供国际人才支撑、项目对接等具体指导和服务。他希望政产学深入合作，助力国内国际双循环相互促进的大发展格局，团结抗击国际疫情。开幕式举行了联合国工发组织与江苏大学合作谅解备忘录线上签约仪式、教育部“高层次国际化人才培养创新实践基地”揭牌仪式、江苏大学校企合作国际人才实践基地授牌仪式，以及江苏大学—镇江龙顺“一带一路”新材料研究院揭牌仪式。副校长赵玉涛主持签约和授牌仪式。在20日上午的主旨报告与研讨环节，赵春江、沈学础、于洪君和张陆彪分别开展“智慧农业发展”“农业大数据应用”“‘一带一路’国际产能合作”“中国农业‘走出去’”主旨报告。20日下午，农业装备国际（产能）合作联盟一届三次会议和项目对接研讨会召开。在联盟会议上，副校长、联盟副理事长丁建宁做2020年工作汇报并提出2021年工作规划。会议对联盟理事单位的变更和增补申请进行了审议。联盟理事长颜晓红发表讲话。论坛期间还举办了“一带一路”中非研究联盟一届三次会议。

12月19日至20日 第七届江苏大学国际检验医学“金山论坛”在镇江举办。本次论坛由江苏大学主办，江苏省医学会检验学分会、镇江市外泌体基础与转化应用重点实验室协办。副校长张济建致开幕词，教育部医学技术类教育指导委员会副主任委员、重庆医科大学尹一兵，江苏省医学会检验学分会主任委员许文荣，大会主席、医学院院长钱晖分别发言。论坛以“创新、交流、探索、发展”为主题，日本国立儿童健康和发育研究所、香港大学、复旦大学等单位和学校的近20位国内外专家通过线上或线下方式做大会报告。

12月20日 第八届中日韩创新工程设计竞赛在沈阳落幕，江苏大学代表团获本次竞赛唯一的特等奖和2项金奖、1项银奖、1项铜奖。

12月21日 学校审计委员会第一次会议召开。校党委书记袁寿其，校长颜晓红，校党委副书记李洪波，副校长丁建宁，校党委常委、纪委书记、派驻监察专员高庆国出席会议。审计委员会全体成员参加会议。会议由颜晓红主持。会议传达并学习了习近平总书记在中央审计委员会会议上的讲话精神、省委书记娄勤俭讲话精神和相关上级文件精神，听取了学校2020年审计工作情况汇报，研究部署了2021年重点审计项目安排，审议讨论了《审计委员会工作规则》及学校《内部控制评价实施办法（试行）》。

12月21日至25日 2020“一带一路”农业现代化国际合作发展论坛摩洛哥分会、可持续发展先进智能系统国际会议暨第十五届“一带一路”国际技术转移与创新合作峰会开幕。峰会由摩洛哥教育部、能源矿产和可持续发展部，中国国际科技促进会、中国—阿拉伯国家技术文化转移中心、中国—阿拉伯青年创业园管委会、江苏大学、摩洛哥丹吉尔大学在丹吉尔共同举办。校长颜晓红线上出席开幕式并发表主旨演讲。摩洛哥教育部部长阿姆匝兹·赛义德、能源矿产部部长阿姆匝兹·赛义德、相关“一带一路”高校校长现场参加了会议。摩洛哥、阿联酋、约旦、埃及、法国、英国、西班牙、阿尔及利亚、突尼斯、葡萄牙、德国、中国等16个国家的政要、专家、学者、研究人员以线上线下结合的方式交流最新的想法，讨论工业4.0背景下后疫情时代如何促进联合国可持续发展目标有关的农业、能源、健康、环境、工业、教育、经济和安全等领域先进智能系统跨国技术转移、人才培养及经贸合作问题。

12月22日 学校要闻报道，在全国劳动模范和先进工作者表彰大会上，学校1984届校友、国机集团中国农业机械化科学研究院首席专家韩增德获得“全国劳动模范”荣誉称号。

12月22日 江苏省教育厅召开全省普通高校毕业生就业创业工作网络视频会，省委教育工委副书记苏春海、省人社厅副厅长金鑫出席会议并讲话。学校在会议中心设立分会场，校党委副书记李洪波作为典型经验高校代表在主会场发言。会议对2020年全省高校毕业生就业创业工作进行了全面总结，并对仍然存在的问题进行了分析。

12月22日 农业工程大学国际联盟2020年理事单位（扩大）会议在学校召开。本次会议由农业工程大学国际联盟主办、理事长单位江苏大学承办，线上线下联动，来自10个国家和地区的22个联盟成员高校的50余位专家代表参会。会议由副校长赵玉涛主持。会上，校长颜晓红代表理事长单位向大会作联盟工作报告。俄罗斯莫尔多瓦国立大学校长谢尔盖·沃多文、尼日利亚大学校长查尔斯·艾格威、美国北亚利桑那大学副校长丹尼尔·帕尔姆分别致辞。

12月22日 济南大学校长张士强、副校长陈月辉一行来学校调研，校长颜晓红、副校长梅强参加调研座谈。

12月23日 江苏省哲学社会科学界第十四届学术大会苏南区域学术专场在学校举行，会议围绕“新发展格局与苏南对外开放再出发”主题展开深入研讨。校长颜晓红，镇江市委常委、宣传部部长孙晓南，江苏省社科联党组成员、副主席徐之顺，校党委副书记李洪波，江苏省社科联组联中心副主任王淑芬等出席会议。苏南五市社科专家学者约250人参加会议。会议由镇江市社科联党组书记、主席于伟主持。会议宣布了学术大会获奖论文，优秀论文获奖者分享了研究成果。

12月23日 依托学校文学院（语言文化中心）获批的江苏省华侨文化交流基地揭牌仪式在“互联网+”江南文化传承与传播实验中心举行。校长颜晓红、镇江市侨联主席王永新出席揭牌仪式并致辞。

12月24日 江苏省教育厅召开全省“十四五”教育发展规划编制培训会议，学校在会议中心第三报告厅设置分会场，校“十四五”各专项规划工作小组牵头单位主要负责人，各学院、科研单位党政主要负责人参加了会议。会上，教育厅厅长葛道凯就做好教育事业发展“十四五”规划编制工作发表讲话。中国教育学会副秘书长高书国做《高质量教育体系的中国方案——兼论“十四五”教育规划》专题报告，省政府研究室副主任沈和做《凝聚“强富美高”新江苏建设澎湃力量》专题报告，分别进行了规划编制辅导。

12月25日 华为企业BG全球副总裁、华为数通产品线全球副总裁陈帮华一行来校访问。校党委书记袁寿其，副校长丁建宁、梅强与来访客人座谈交流。

12月25日 江苏省智能农机装备产业联盟成立大会在校举行。副省长赵世勇，省农业农村厅厅长杨时云，中国工程院院士陈学庚、张洪程，农业农村部南京农业机械化研究所所长陈巧敏，省农业农村厅副厅长沈毅，镇江市副市长曹丽虹，学校党委书记袁寿其、校长颜晓红，江苏省农业科学院、江苏沃得农业机械股份有限公司等95家联盟单位代表参加会议。袁寿其致辞。陈学庚院士、张洪程院士分别做大会发言。杨时云和张洪程共同为联盟揭牌。江苏大学被推荐为联盟首届理事长单位，袁寿其当选为联盟专家委员会主任委员，副校长全力当选为联盟理事长。

12月26日至28日 2021年全国硕士研究生招生入学考试举行。学校考点考生人数7 801人，校本部共设置265个考场。

12月27日 校长颜晓红在线参加第四次国际农业合作洽谈会。柬埔寨农林渔业部部长翁萨坤，吉尔吉斯斯坦农业、食品工业和土壤改良部副部长伊萨耶夫·阿曼格莉季·萨帕尔别科维奇，俄罗斯“中央联邦区”区域间社会经济合作协会代理会长瓦休克·谢勒格·伊万诺维奇等上合组织、东盟地区政校商代表共同出席。第四届国际农洽会由中国农业国际合作促进会“一带一路”农业发展中心、农业装备国际产能合作联盟、丝绸之路经济联盟、吉尔吉斯斯坦农业、食品工业和土壤改良部、柬埔寨农林渔业部、阿布扎比农业与食品安全部、俄罗斯中央联邦区社会经济发展协会、华和国际商务咨询机构联合主办。会上，颜晓红介绍了学校在农机教育、“一带一路”农业装备人才培养、科技创新等方面的情况，号召“一带一路”上合组织、东盟组织等国际农业专家企业团结合作解决后疫情时代粮食安全和农业可持续发展问题。颜晓红与华和国际创始人、商务部中国欧洲经济技术合作协会（中欧协会）高级顾问、商务部中国国际贸易学会常务理事刘传武签署了第五届国际农业合作洽谈会合作谅解备忘录。第五届国际农业合作洽谈会将于2021年11月在镇江举办。

12月27日 江苏公共管理学科联盟成立大会在江苏大学举行。会议由江苏省管理学类研究生教育指导委员会主办、学校管理学院承办。全国MPA教指委秘书长、中国人民大学公共管理学院院长杨开峰，江苏省管理学类研究生教指委主任委员、东南大学经济管理学院仲伟俊，校长颜晓红、副校长梅强出席大会。全省拥有公共管理学科的31所高校公共管理学院院长、系主任、MPA中心主任等参加会议。大会由学校公共管理学科带头人周绿林主持。

12月27日至29日 江苏大学第九届金山高层次学术论坛成功举办。校党委书记袁寿其、校长颜晓红，校党委常委、纪委书记、派驻监察专员高庆国出席论坛开幕式，全体参会嘉宾、江苏大学师资队伍建设工作领导小组成员、相关学院主要领导、教师代表等200余人参加开幕式。论坛由副校长赵玉涛主持。本次论坛采取线上线下相结合的方式进行，共收到来自25个国家和地区，包括芝加哥大学、宾夕法尼亚州立大学、曼彻斯特大学等世界知名高校的参会申请320余份。经综合评议，共有115名优秀青年才俊应邀参加本次论坛。

12月29日 学校要闻报道，2020江苏大学赞比亚第三期农业机械培训暨现代农业机械及农产品加工高级工坊结业典礼举行。500名赞比亚农机干部、青年农机人员和学生在线进行了课程学习、实地操作和项目考核。江苏大学校长颜晓红、副校长赵玉涛，赞比亚大学副校长塔玛拉·汤加·坎比坎比，德元机械设备（赞比亚）有限公司董事长李铁等出席仪式。此次培训中，17名学员荣获“优秀学员”称号，其中一等奖5名、二等奖6名、三等奖6名。任课教师代表、食品与生物工程学院张迪，优秀学员代表、赞比亚大学学生姆瓦巴·埃利亚达分别发表感言。

12月31日 江苏大学研究生教育会议召开。会议总结了学校“十三五”期间研究生教育取得的主要成果，谋划了学校“十四五”期间研究生教育改革发展战略蓝图。全体校领导出席大会，会议由副校长全力主持。校长颜晓红做《立德树人 追求卓越 加快建设江大特色一流研究生教育》工作报告，总结了近年来研究生教育的成绩，分析了新时代研究生教育的新形势与新要求，部署了未来一段时期研究生教育的7个主要任务。大会举行了颁奖仪式。校党委书记袁寿其做总结讲话，全体中层干部、全体学科带头人、导师代表及研究生代表等近700人参会。

12月31日 “丝路梅花讲坛”开幕式暨第一讲在学校举行。校党委书记袁寿其，镇江市外办副主任张忠华，校党委常委、宣传部部长金丽馥等领导出席活动，海外教育学院全体教职工、中外学生代表近400人现场参与，百余名境外留学生通过网络直播同步观看。活动由海外教育学院直属党支部书记高静主持。开幕式上，袁寿其和张忠华共同为“丝路梅花讲坛”揭牌。袁寿其以“找准定位，贡献‘一带一路’”为题带来第一讲。会上，参会领导还向中外学生代表赠送了《习近平谈治国理政》第三卷英文版。

（撰稿：沈　芳）

编后语

《江苏大学年鉴》是在“江苏大学年鉴编纂委员会”领导下由校档案馆负责编撰的一部编年体工具书和史料文献。《江苏大学年鉴（2021）》记载2020年1月1日起至12月31日止学校所发生和存在的事实。

《江苏大学年鉴（2021）》设有特载、概况、党群工作、人才培养、科学研究·科技服务、人文社会科学研究、学科建设、师资队伍建设、学生工作、交流与合作、管理·服务·保障、图书·档案·出版、学院·中心·研究院、校友会·董事会·基金会、附属医院、表彰·奖励、大事记等栏目，比较系统、客观地反映了2020年度江苏大学在党建工作、教学科研、学科建设、人才培养、管理服务、后勤保障等各方面的最新成就。

《江苏大学年鉴（2021）》的编撰工作自始至终得到了全校各单位（部门）的高度重视和大力支持，在此，我们谨向对学校年鉴编撰工作给予关心支持的各级领导和付出辛勤劳动的各位撰（供）稿人员表示衷心感谢！

校档案馆作为学校年鉴编撰的责任单位，编撰学校年鉴虽已多年，但由于年鉴涉及全校各单位，内容多、工作量大，加之编撰人员少且受水平局限，因而所编年鉴难免存在疏漏与不妥之处，恳请各级领导和广大师生员工批评指正。

江苏大学档案馆

2022年8月